行政事业单位会计准则制度及配套法规案例详解

（2022年版）

本书编委会　编著

图书在版编目（CIP）数据

行政事业单位会计准则制度及配套法规案例详解 / 本书编委会编著. —北京：地震出版社，2022.2
ISBN 978-7-5028-5389-1

Ⅰ. ①行… Ⅱ. ①本… Ⅲ. ①单位预算会计—会计准则—案例—中国②行政事业单位—会计法—案例—中国 Ⅳ. ①F812.2②D922.265

中国版本图书馆CIP数据核字（2021）第242266号

地震版　XM5053/F（6190）

行政事业单位会计准则制度及配套法规案例详解
本书编委会　编著
责任编辑：范静泊
责任校对：凌　樱

出版发行：地震出版社		
北京市海淀区民族大学南路9号	邮编：100081	
发行部：68423031　68467991	传真：68467991	
总编室：68462709　68423029		
编辑一部：68426052		
http://seismologicalpress.com		
E-mail: zqbj68426052@163.com		

经销：全国各地新华书店
印刷：北京盛彩捷印刷有限公司

版（印）次：2022年2月第一版　2022年2月第一次印刷
开本：787×1092　1/16
字数：1484千字
印张：58
书号：ISBN 978-7-5028-5389-1
定价：198.00元

版权所有　翻印必究

（图书出现印装问题，本社负责调换）

编辑说明

为帮助行政事业单位会计工作者更好地学习、应用政府会计准则制度及相关配套制度，我们编写了《行政事业单位会计准则制度及配套法规案例详解》一书。

本书收录了现行的会计法规、政府会计准则、政府会计制度及相关的配套制度，为帮助大家更好地理解与学习法律、准则和制度，我们在准则制度中加入了丰富的实务应用案例，案例按照与正文不同的字体进行排版，方便大家学习使用。

本书共分为6大部分，具体内容如下：

第一部分，会计基本法规，包括会计法、会计基础工作规范、会计人员管理办法等10项内容。

第二部分，政府会计准则、实务指南及解释，包括10项政府会计准则，2项政府会计准则实务指南，以及3项政府会计准则解释。

第三部分，政府会计制度，包括《政府会计制度——行政事业单位会计科目和报表》以及一些重要行业内行政事业单位的补充规定和衔接规定。政府会计制度是行政事业单位进行会计核算的直接依据，为了帮助大家更好地学习理解"一笔业务、两种分录"这种政府会计核算新模式，我们在本部分中提供了近500道实务例题。

第四部分，财务管理制度法规，包括《行政单位财务规则》《事业单位财务规则》《基本建设财务规则》和《基本建设项目竣工财务决算管理暂行办法》等财务管理的法规。

第五部分，经费管理制度法规，主要包括行政事业单位会议费、差旅费、培训费、公费出国等方面的管理制度。

第六部分，内部控制法规制度，包括行政事业单位内部控制规范、行政事业单位内部控制报告管理制度等规范制度。

在本书编写过程中，我们对会计法规、准则、制度中不影响实务操作规范的个别序号、文字进行了适当处理。

本书编委会

2021年12月31日

目　录

01 会计基本法规

1.1 中华人民共和国会计法
2017 年 11 月 4 日第二次修正 1

1.2 会计基础工作规范
2019 年 3 月 14 日　财政部令第 98 号 7

1.3 代理记账管理办法
2019 年 3 月 14 日　财政部令第 98 号 18

1.4 总会计师条例
2011 年 1 月 8 日　《国务院关于废止和修改部分行政法规的决定》修订 23

1.5 会计人员管理办法
2018 年 12 月 6 日　财会〔2018〕33 号 25

1.6 会计专业技术人员继续教育规定
2018 年 5 月 19 日　财会〔2018〕10 号 27

1.7 会计档案管理办法
2015 年 12 月 11 日　财政部、国家档案局令第 79 号 31

1.8 关于规范电子会计凭证报销入账归档的通知
2020 年 3 月 23 日　财会〔2020〕6 号 36

1.9 企业会计信息化工作规范
2013 年 12 月 6 日　财会〔2013〕20 号 37

02 政府会计准则、实务指南及解释

2.1 政府会计准则第 1 号——存货
2016 年 7 月 6 日　财会〔2016〕12 号 42

2.2 政府会计准则第 2 号——投资
2016 年 7 月 6 日　财会〔2016〕12 号 44

2.3 政府会计准则第 3 号——固定资产
2016 年 7 月 6 日　财会〔2016〕12 号 47

2.4 《政府会计准则第 3 号——固定资产》应用指南
2017 年 2 月 21 日　财会〔2017〕4 号 50

2.5 政府会计准则第 4 号——无形资产
2016 年 7 月 6 日　财会〔2016〕12 号 53

2.6 政府会计准则第 5 号——公共基础设施
2017 年 4 月 17 日　财会〔2017〕11 号 56

2.7 政府会计准则第 6 号——政府储备物资
2017 年 7 月 28 日　财会〔2017〕23 号 60

2.8 政府会计准则第 7 号——会计调整
2018 年 10 月 21 日　财会〔2018〕28 号 62

2.9 政府会计准则第 8 号——负债
2018 年 11 月 9 日　财会〔2018〕31 号 69

2.10 政府会计准则第 9 号——财务报表编制和列报
2018 年 12 月 26 日　财会〔2018〕37 号 73

2.11 政府会计准则第 10 号——政府和社会资本合作项目合同
2019 年 12 月 17 日　财会〔2019〕23 号 83

2.12 《政府会计准则第 10 号——政府和社会资本合作项目合同》应用指南
2020 年 12 月 17 日　财会〔2020〕19 号 86

2.13 政府会计准则制度解释第 1 号
2019 年 7 月 16 日　财会〔2019〕13 号 92

2.14 政府会计准则制度解释第 2 号
2019 年 12 月 17 日　财会〔2019〕24 号 97

2.15 政府会计准则制度解释第 3 号
2020 年 10 月 20 日　财会〔2020〕15 号 102

03 政府会计制度

3.1 政府会计制度——行政事业单位会计科目和报表
2017 年 10 月 24 日　财会〔2017〕25 号 106

3.2 政府财务报告编制办法（试行）
2019 年 12 月 12 日　财库〔2019〕56 号 407

3.3 政府综合财务报告编制操作指南（试行）
2019 年 12 月 12 日　财库〔2019〕58 号 412

3.4 政府部门财务报告编制操作指南（试行）
2019 年 12 月 12 日　财库〔2019〕57 号 480

3.5 机关事业单位职业年金基金相关业务会计处理规定
2021 年 9 月 8 日　财会〔2021〕19 号 527

3.6 《政府会计制度——行政事业单位会计科目和报表》与《行政单位会计制度》有关衔接问题的处理规定
   2018年2月1日　财会〔2018〕3号 538
3.7 《政府会计制度——行政事业单位会计科目和报表》与《事业单位会计制度》有关衔接问题的处理规定
   2018年2月1日　财会〔2018〕3号 547
3.8 关于国有林场和苗圃执行《政府会计制度——行政事业单位会计科目和报表》的补充规定
   2018年7月12日　财会〔2018〕11号 560
3.9 关于国有林场和苗圃执行《政府会计制度——行政事业单位会计科目和报表》的衔接规定
   2018年7月12日　财会〔2018〕11号 562
3.10 关于测绘事业单位执行《政府会计制度——行政事业单位会计科目和报表》的衔接规定
   2018年7月22日　财会〔2018〕16号 580
3.11 关于地质勘查事业单位执行《政府会计制度——行政事业单位会计科目和报表》的衔接规定
   2018年7月22日　财会〔2018〕17号 593
3.12 关于高等学校执行《政府会计制度——行政事业单位会计科目和报表》的补充规定
   2018年8月14日　财会〔2018〕19号 606
3.13 关于高等学校执行《政府会计制度——行政事业单位会计科目和报表》的衔接规定
   2018年8月14日　财会〔2018〕19号 617
3.14 关于中小学校执行《政府会计制度——行政事业单位会计科目和报表》的补充规定
   2018年8月14日　财会〔2018〕20号 631
3.15 关于中小学校执行《政府会计制度——行政事业单位会计科目和报表》的衔接规定
   2018年8月14日　财会〔2018〕20号 640
3.16 关于科学事业单位执行《政府会计制度——行政事业单位会计科目和报表》的补充规定
   2018年8月20日　财会〔2018〕23号 653
3.17 关于科学事业单位执行《政府会计制度——行政事业单位会计科目和报表》的衔接规定
   2018年8月20日　财会〔2018〕23号 659
3.18 关于医院执行《政府会计制度——行政事业单位会计科目和报表》的补充规定
   2018年8月27日　财会〔2018〕24号 672
3.19 关于医院执行《政府会计制度——行政事业单位会计科目和报表》的衔接规定
   2018年8月27日　财会〔2018〕24号 695
3.20 关于基层医疗卫生机构执行《政府会计制度——行政事业单位会计科目和报表》的补充规定
   2018年8月31日　财会〔2018〕25号 707
3.21 关于基层医疗卫生机构执行《政府会计制度——行政事业单位会计科目和报表》的衔接规定
   2018年8月31日　财会〔2018〕25号 734
3.22 关于彩票机构执行《政府会计制度——行政事业单位会计科目和报表》的补充规定
   2018年8月31日　财会〔2018〕26号 746
3.23 关于彩票机构执行《政府会计制度——行政事业单位会计科目和报表》的衔接规定
   2018年8月31日　财会〔2018〕26号 753

04 财务管理制度法规

4.1 行政单位财务规则
　　2012 年 12 月 6 日　财政部令第 71 号 766
4.2 事业单位财务规则
　　2012 年 2 月 7 日　财政部令第 68 号 772
4.3 基本建设财务规则
　　2016 年 4 月 26 日　财政部令第 81 号 778
4.4 基本建设项目竣工财务决算管理暂行办法
　　2016 年 6 月 30 日　财建〔2016〕503 号 785

05 经费管理制度法规

5.1 关于印发《中央和国家机关会议费管理办法》的通知
　　2016 年 6 月 29 日　财行〔2016〕214 号 803
5.2 中共中央办公厅、国务院办公厅印发《关于严禁党政机关到风景名胜区开会的通知》
　　2014 年 9 月 19 日　厅字〔2014〕50 号 808
5.3 关于印发《党政机关会议定点管理办法》的通知
　　2015 年 1 月 13 日　财行〔2015〕1 号 809
5.4 关于党政机关会议定点场所管理信息系统投入使用的通知
　　2017 年 4 月 19 日　财办行〔2017〕72 号 812
5.5 财政部关于印发《在华举办国际会议经费管理办法》的通知
　　2015 年 7 月 30 日　财行〔2015〕371 号 812
5.6 关于印发《中央财政科研项目专家咨询费管理办法》的通知
　　2017 年 9 月 4 日　财科教〔2017〕128 号 817
5.7 关于印发《中央和国家机关差旅费管理办法》的通知
　　2013 年 12 月 31 日　财行〔2013〕531 号 818
5.8 关于印发《中央和国家机关差旅费管理办法有关问题的解答》的通知
　　2014 年 9 月 15 日　财办行〔2014〕90 号 822
5.9 关于调整中央和国家机关差旅住宿费标准等有关问题的通知
　　2015 年 9 月 30 日　财行〔2015〕497 号 824
5.10 关于印发《中央和国家机关工作人员赴地方差旅住宿费标准明细表》的通知
　　2016 年 4 月 1 日　财行〔2016〕71 号 826
5.11 财政部 中国民用航空局关于加强公务机票购买管理有关事项的通知
　　2014 年 4 月 14 日　财库〔2014〕33 号 831
5.12 关于中央国家机关和事业单位出差人员乘坐高速铁路列车座位等级及报销问题的通知
　　2011 年 6 月 21 日　财办行〔2011〕36 号 834
5.13 财政部 中国民用航空局关于加强公务机票购买管理有关事项的补充通知
　　2014 年 11 月 3 日　财库〔2014〕180 号 834

5.14 干部教育培训工作条例
　　2015 年 10 月 14 日 835
5.15 中央党的群众路线教育实践活动领导小组 中共中央组织部 教育部关于严格规范领导干部参加社会化培训有关事项的通知
　　2014 年 7 月 31 日　中组发〔2014〕18 号 841
5.16 关于印发《中央和国家机关培训费管理办法》的通知
　　2016 年 12 月 27 日　财行〔2016〕540 号 842
5.17 关于停止执行培训年度计划备案及执行情况报告规定的通知
　　2019 年 7 月 29 日　财行〔2019〕231 号 846
5.18 关于印发《因公短期出国培训费用管理办法》的通知
　　2014 年 2 月 25 日　财行〔2014〕4 号 846
5.19 党政机关公务用车管理办法
　　2017 年 12 月 11 日　中办发〔2017〕71 号 850
5.20 国家机关事务管理局关于印发《在京中央和国家机关公务用车指标管理办法》的通知
　　2011 年 4 月 12 日　国管资〔2011〕167 号 854
5.21 中央公务用车制度改革领导小组关于印发《中央事业单位公务用车制度改革实施意见》的通知 856
5.22 国务院机关事务管理局　中共中央直属机关事务管理局关于印发《中央和国家机关公务用车耗油定额标准（试行）》的通知
　　2009 年 1 月 7 日　国管资〔2009〕28 号 859
5.23 关于印发《因公临时出国经费管理办法》的通知
　　2013 年 12 月 20 日　财行〔2013〕516 号 860
5.24 财政部外交部关于调整因公临时出国住宿费标准等有关事项的通知
　　2017 年 11 月 13 日　财行〔2017〕434 号 865
5.25 财政部 外交部 监察部 审计署 国家预防腐败局关于印发《加强党政干部因公出国（境）经费管理暂行办法》的通知
　　2008 年 8 月 5 日　财行〔2008〕230 号 869
5.26 中共中央办公厅 国务院办公厅转发中央组织部 中央外办等部门《关于加强和改进教学科研人员因公临时出国管理工作的指导意见》的通知
　　2016 年 5 月 11 日　厅字〔2016〕17 号 871
5.27 关于印发《关于加强中长期因公出国（境）培训管理工作的意见》的通知
　　2015 年 12 月 21 日　外专发〔2015〕212 号 873
5.28 国家外国专家局　财政部关于调整中长期出国（境）培训人员费用开支标准的通知
　　2012 年 7 月 30 日　外专发〔2012〕126 号 877
5.29 中共中央办公厅 国务院办公厅关于印发《党政机关国内公务接待管理规定》的通知
　　2013 年 12 月 1 日　中办发〔2013〕22 号 879
5.30 财政部关于印发《中央和国家机关外宾接待经费管理办法》
　　2013 年 12 月 31 日　财行〔2013〕533 号 882

5.31　财政部 中国人民银行关于印发《中央预算单位公务卡管理暂行办法》的通知
　　　2007 年 7 月 12 日　财办库〔2007〕63 号 886
5.32　关于实施中央预算单位公务卡强制结算目录的通知
　　　2011 年 11 月 25 日　财库〔2011〕160 号 891
5.33　财政部 科技部关于中央财政科研项目使用公务卡结算有关事项的通知
　　　2015 年 12 月 31 日　财库〔2015〕245 号 893
5.34　关于印发《中央和国家机关基层党组织党建活动经费管理办法》的通知
　　　财行〔2017〕324 号 894

06　内部控制法规制度

6.1　行政事业单位内部控制规范（试行）
　　　2012 年 11 月 29 日　财会〔2012〕21 号 898
6.2　财政部关于印发《行政事业单位内部控制报告管理制度（试行）》的通知
　　　2017 年 1 月 25 日　财会〔2017〕1 号 906

01 会计基本法规

1.1 中华人民共和国会计法

2017 年 11 月 4 日第二次修正

（2017 年 11 月 4 日第十二届全国人民代表大会常务委员会第三十次会议《关于修改〈中华人民共和国会计法〉等十一部法律的决定》第二次修正）

第一章 总则

第一条 为了规范会计行为，保证会计资料真实、完整，加强经济管理和财务管理，提高经济效益，维护社会主义市场经济秩序，制定本法。

第二条 国家机关、社会团体、公司、企业、事业单位和其他组织（以下统称单位）必须依照本法办理会计事务。

第三条 各单位必须依法设置会计帐簿，并保证其真实、完整。

第四条 单位负责人对本单位的会计工作和会计资料的真实性、完整性负责。

第五条 会计机构、会计人员依照本法规定进行会计核算，实行会计监督。

任何单位或者个人不得以任何方式授意、指使、强令会计机构、会计人员伪造、变造会计凭证、会计帐簿和其他会计资料，提供虚假财务会计报告。

任何单位或者个人不得对依法履行职责、抵制违反本法规定行为的会计人员实行打击报复。

第六条 对认真执行本法，忠于职守，坚持原则，做出显著成绩的会计人员，给予精神的或者物质的奖励。

第七条 国务院财政部门主管全国的会计工作。

县级以上地方各级人民政府财政部门管理本行政区域内的会计工作。

第八条 国家实行统一的会计制度。国家统一的会计制度由国务院财政部门根据本法制定并公布。

国务院有关部门可以依照本法和国家统一的会计制度制定对会计核算和会计监督有特殊要求的行业实施国家统一的会计制度的具体办法或者补充规定，报国务院财政部门审核批准。

中国人民解放军总后勤部可以依照本法和国家统一的会计制度制定军队实施国家统一的会

计制度的具体办法，报国务院财政部门备案。

第二章　会计核算

第九条　各单位必须根据实际发生的经济业务事项进行会计核算，填制会计凭证，登记会计帐簿，编制财务会计报告。

任何单位不得以虚假的经济业务事项或者资料进行会计核算。

第十条　下列经济业务事项，应当办理会计手续，进行会计核算：

（一）款项和有价证券的收付；

（二）财物的收发、增减和使用；

（三）债权债务的发生和结算；

（四）资本、基金的增减；

（五）收入、支出、费用、成本的计算；

（六）财务成果的计算和处理；

（七）需要办理会计手续、进行会计核算的其他事项。

第十一条　会计年度自公历 1 月 1 日起至 12 月 31 日止。

第十二条　会计核算以人民币为记帐本位币。

业务收支以人民币以外的货币为主的单位，可以选定其中一种货币作为记帐本位币，但是编报的财务会计报告应当折算为人民币。

第十三条　会计凭证、会计帐簿、财务会计报告和其他会计资料，必须符合国家统一的会计制度的规定。

使用电子计算机进行会计核算的，其软件及其生成的会计凭证、会计帐簿、财务会计报告和其他会计资料，也必须符合国家统一的会计制度的规定。

任何单位和个人不得伪造、变造会计凭证、会计帐簿及其他会计资料，不得提供虚假的财务会计报告。

第十四条　会计凭证包括原始凭证和记帐凭证。

办理本法第十条所列的经济业务事项，必须填制或者取得原始凭证并及时送交会计机构。

会计机构、会计人员必须按照国家统一的会计制度的规定对原始凭证进行审核，对不真实、不合法的原始凭证有权不予接受，并向单位负责人报告；对记载不准确、不完整的原始凭证予以退回，并要求按照国家统一的会计制度的规定更正、补充。

原始凭证记载的各项内容均不得涂改；原始凭证有错误的，应当由出具单位重开或者更正，更正处应当加盖出具单位印章。原始凭证金额有错误的，应当由出具单位重开，不得在原始凭证上更正。

记帐凭证应当根据经过审核的原始凭证及有关资料编制。

第十五条　会计帐簿登记，必须以经过审核的会计凭证为依据，并符合有关法律、行政法规和国家统一的会计制度的规定。会计帐簿包括总帐、明细帐、日记帐和其他辅助性帐簿。

会计帐簿应当按照连续编号的页码顺序登记。会计帐簿记录发生错误或者隔页、缺号、跳行的，应当按照国家统一的会计制度规定的方法更正，并由会计人员和会计机构负责人（会计主管人员）在更正处盖章。

使用电子计算机进行会计核算的，其会计帐簿的登记、更正，应当符合国家统一的会计制度的规定。

第十六条 各单位发生的各项经济业务事项应当在依法设置的会计帐簿上统一登记、核算，不得违反本法和国家统一的会计制度的规定私设会计帐簿登记、核算。

第十七条 各单位应当定期将会计帐簿记录与实物、款项及有关资料相互核对，保证会计帐簿记录与实物及款项的实有数额相符、会计帐簿记录与会计凭证的有关内容相符、会计帐簿之间相对应的记录相符、会计帐簿记录与会计报表的有关内容相符。

第十八条 各单位采用的会计处理方法，前后各期应当一致，不得随意变更；确有必要变更的，应当按照国家统一的会计制度的规定变更，并将变更的原因、情况及影响在财务会计报告中说明。

第十九条 单位提供的担保、未决诉讼等或有事项，应当按照国家统一的会计制度的规定，在财务会计报告中予以说明。

第二十条 财务会计报告应当根据经过审核的会计帐簿记录和有关资料编制，并符合本法和国家统一的会计制度关于财务会计报告的编制要求、提供对象和提供期限的规定；其他法律、行政法规另有规定的，从其规定。

财务会计报告由会计报表、会计报表附注和财务情况说明书组成。向不同的会计资料使用者提供的财务会计报告，其编制依据应当一致。有关法律、行政法规规定会计报表、会计报表附注和财务情况说明书须经注册会计师审计的，注册会计师及其所在的会计师事务所出具的审计报告应当随同财务会计报告一并提供。

第二十一条 财务会计报告应当由单位负责人和主管会计工作的负责人、会计机构负责人（会计主管人员）签名并盖章；设置总会计师的单位，还须由总会计师签名并盖章。

单位负责人应当保证财务会计报告真实、完整。

第二十二条 会计记录的文字应当使用中文。在民族自治地方，会计记录可以同时使用当地通用的一种民族文字。在中华人民共和国境内的外商投资企业、外国企业和其他外国组织的会计记录可以同时使用一种外国文字。

第二十三条 各单位对会计凭证、会计帐簿、财务会计报告和其他会计资料应当建立档案，妥善保管。会计档案的保管期限和销毁办法，由国务院财政部门会同有关部门制定。

第三章 公司、企业会计核算的特别规定

第二十四条 公司、企业进行会计核算，除应当遵守本法第二章的规定外，还应当遵守本章规定。

第二十五条 公司、企业必须根据实际发生的经济业务事项，按照国家统一的会计制度的规定确认、计量和记录资产、负债、所有者权益、收入、费用、成本和利润。

第二十六条 公司、企业进行会计核算不得有下列行为：

（一）随意改变资产、负债、所有者权益的确认标准或者计量方法，虚列、多列、不列或者少列资产、负债、所有者权益；

（二）虚列或者隐瞒收入，推迟或者提前确认收入；

（三）随意改变费用、成本的确认标准或者计量方法，虚列、多列、不列或者少列费用、成本；

（四）随意调整利润的计算、分配方法，编造虚假利润或者隐瞒利润；

（五）违反国家统一的会计制度规定的其他行为。

第四章 会计监督

第二十七条 各单位应当建立、健全本单位内部会计监督制度。单位内部会计监督制度应当符合下列要求：

（一）记帐人员与经济业务事项和会计事项的审批人员、经办人员、财物保管人员的职责权限应当明确，并相互分离、相互制约；

（二）重大对外投资、资产处置、资金调度和其他重要经济业务事项的决策和执行的相互监督、相互制约程序应当明确；

（三）财产清查的范围、期限和组织程序应当明确；

（四）对会计资料定期进行内部审计的办法和程序应当明确。

第二十八条 单位负责人应当保证会计机构、会计人员依法履行职责，不得授意、指使、强令会计机构、会计人员违法办理会计事项。

会计机构、会计人员对违反本法和国家统一的会计制度规定的会计事项，有权拒绝办理或者按照职权予以纠正。

第二十九条 会计机构、会计人员发现会计帐簿记录与实物、款项及有关资料不相符的，按照国家统一的会计制度的规定有权自行处理的，应当及时处理；无权处理的，应当立即向单位负责人报告，请求查明原因，作出处理。

第三十条 任何单位和个人对违反本法和国家统一的会计制度规定的行为，有权检举。收到检举的部门有权处理的，应当依法按照职责分工及时处理；无权处理的，应当及时移送有权处理的部门处理。收到检举的部门、负责处理的部门应当为检举人保密，不得将检举人姓名和检举材料转给被检举单位和被检举人个人。

第三十一条 有关法律、行政法规规定，须经注册会计师进行审计的单位，应当向受委托的会计师事务所如实提供会计凭证、会计帐簿、财务会计报告和其他会计资料以及有关情况。

任何单位或者个人不得以任何方式要求或者示意注册会计师及其所在的会计师事务所出具不实或者不当的审计报告。

财政部门有权对会计师事务所出具审计报告的程序和内容进行监督。

第三十二条 财政部门对各单位的下列情况实施监督：

（一）是否依法设置会计帐簿；

（二）会计凭证、会计帐簿、财务会计报告和其他会计资料是否真实、完整；

（三）会计核算是否符合本法和国家统一的会计制度的规定；

（四）从事会计工作的人员是否具备专业能力、遵守职业道德。

在对前款第（二）项所列事项实施监督，发现重大违法嫌疑时，国务院财政部门及其派出机构可以向与被监督单位有经济业务往来的单位和被监督单位开立帐户的金融机构查询有关情况，有关单位和金融机构应当给予支持。

第三十三条 财政、审计、税务、人民银行、证券监管、保险监管等部门应当依照有关法律、行政法规规定的职责，对有关单位的会计资料实施监督检查。

前款所列监督检查部门对有关单位的会计资料依法实施监督检查后，应当出具检查结论。有关监督检查部门已经作出的检查结论能够满足其他监督检查部门履行本部门职责需要的，其他监督检查部门应当加以利用，避免重复查帐。

第三十四条 依法对有关单位的会计资料实施监督检查的部门及其工作人员对在监督检查

中知悉的国家秘密和商业秘密负有保密义务。

第三十五条 各单位必须依照有关法律、行政法规的规定，接受有关监督检查部门依法实施的监督检查，如实提供会计凭证、会计帐簿、财务会计报告和其他会计资料以及有关情况，不得拒绝、隐匿、谎报。

第五章　会计机构和会计人员

第三十六条 各单位应当根据会计业务的需要，设置会计机构，或者在有关机构中设置会计人员并指定会计主管人员；不具备设置条件的，应当委托经批准设立从事会计代理记帐业务的中介机构代理记帐。

国有的和国有资产占控股地位或者主导地位的大、中型企业必须设置总会计师。总会计师的任职资格、任免程序、职责权限由国务院规定。

第三十七条 会计机构内部应当建立稽核制度。

出纳人员不得兼任稽核、会计档案保管和收入、支出、费用、债权债务帐目的登记工作。

第三十八条 会计人员应当具备从事会计工作所需要的专业能力。

担任单位会计机构负责人（会计主管人员）的，应当具备会计师以上专业技术职务资格或者从事会计工作三年以上经历。

本法所称会计人员的范围由国务院财政部门规定。

第三十九条 会计人员应当遵守职业道德，提高业务素质。对会计人员的教育和培训工作应当加强。

第四十条 因有提供虚假财务会计报告，做假帐，隐匿或者故意销毁会计凭证、会计帐簿、财务会计报告，贪污，挪用公款，职务侵占等与会计职务有关的违法行为被依法追究刑事责任的人员，不得再从事会计工作。

第四十一条 会计人员调动工作或者离职，必须与接管人员办清交接手续。

一般会计人员办理交接手续，由会计机构负责人（会计主管人员）监交；会计机构负责人（会计主管人员）办理交接手续，由单位负责人监交，必要时主管单位可以派人会同监交。

第六章　法律责任

第四十二条 违反本法规定，有下列行为之一的，由县级以上人民政府财政部门责令限期改正，可以对单位并处三千元以上五万元以下的罚款；对其直接负责的主管人员和其他直接责任人员，可以处二千元以上二万元以下的罚款；属于国家工作人员的，还应当由其所在单位或者有关单位依法给予行政处分：

（一）不依法设置会计帐簿的；

（二）私设会计帐簿的；

（三）未按照规定填制、取得原始凭证或者填制、取得的原始凭证不符合规定的；

（四）以未经审核的会计凭证为依据登记会计帐簿或者登记会计帐簿不符合规定的；

（五）随意变更会计处理方法的；

（六）向不同的会计资料使用者提供的财务会计报告编制依据不一致的；

（七）未按照规定使用会计记录文字或者记帐本位币的；

（八）未按照规定保管会计资料，致使会计资料毁损、灭失的；

（九）未按照规定建立并实施单位内部会计监督制度或者拒绝依法实施的监督或者不如实提供有关会计资料及有关情况的；

（十）任用会计人员不符合本法规定的。

有前款所列行为之一，构成犯罪的，依法追究刑事责任。

会计人员有第一款所列行为之一，情节严重的，五年内不得从事会计工作。

有关法律对第一款所列行为的处罚另有规定的，依照有关法律的规定办理。

第四十三条 伪造、变造会计凭证、会计帐簿，编制虚假财务会计报告，构成犯罪的，依法追究刑事责任。

有前款行为，尚不构成犯罪的，由县级以上人民政府财政部门予以通报，可以对单位并处五千元以上十万元以下的罚款；对其直接负责的主管人员和其他直接责任人员，可以处三千元以上五万元以下的罚款；属于国家工作人员的，还应当由其所在单位或者有关单位依法给予撤职直至开除的行政处分；其中的会计人员，五年内不得从事会计工作。

第四十四条 隐匿或者故意销毁依法应当保存的会计凭证、会计帐簿、财务会计报告，构成犯罪的，依法追究刑事责任。

有前款行为，尚不构成犯罪的，由县级以上人民政府财政部门予以通报，可以对单位并处五千元以上十万元以下的罚款；对其直接负责的主管人员和其他直接责任人员，可以处三千元以上五万元以下的罚款；属于国家工作人员的，还应当由其所在单位或者有关单位依法给予撤职直至开除的行政处分；其中的会计人员，五年内不得从事会计工作。

第四十五条 授意、指使、强令会计机构、会计人员及其他人员伪造、变造会计凭证、会计帐簿，编制虚假财务会计报告或者隐匿、故意销毁依法应当保存的会计凭证、会计帐簿、财务会计报告，构成犯罪的，依法追究刑事责任；尚不构成犯罪的，可以处五千元以上五万元以下的罚款；属于国家工作人员的，还应当由其所在单位或者有关单位依法给予降级、撤职、开除的行政处分。

第四十六条 单位负责人对依法履行职责、抵制违反本法规定行为的会计人员以降级、撤职、调离工作岗位、解聘或者开除等方式实行打击报复，构成犯罪的，依法追究刑事责任；尚不构成犯罪的，由其所在单位或者有关单位依法给予行政处分。对受打击报复的会计人员，应当恢复其名誉和原有职务、级别。

第四十七条 财政部门及有关行政部门的工作人员在实施监督管理中滥用职权、玩忽职守、徇私舞弊或者泄露国家秘密、商业秘密，构成犯罪的，依法追究刑事责任；尚不构成犯罪的，依法给予行政处分。

第四十八条 违反本法第三十条规定，将检举人姓名和检举材料转给被检举单位和被检举人个人的，由所在单位或者有关单位依法给予行政处分。

第四十九条 违反本法规定，同时违反其他法律规定的，由有关部门在各自职权范围内依法进行处罚。

第七章 附则

第五十条 本法下列用语的含义：

单位负责人，是指单位法定代表人或者法律、行政法规规定代表单位行使职权的主要负责人。

国家统一的会计制度,是指国务院财政部门根据本法制定的关于会计核算、会计监督、会计机构和会计人员以及会计工作管理的制度。

第五十一条 个体工商户会计管理的具体办法,由国务院财政部门根据本法的原则另行规定。

第五十二条 本法自 2000 年 7 月 1 日起施行。

1.2 会计基础工作规范

2019 年 3 月 14 日　财政部令第 98 号

(2019 年 3 月 14 日《财政部关于修改〈代理记账管理办法〉等 2 部部门规章的决定》修改)

第一章　总则

第一条 为了加强会计基础工作,建立规范的会计工作秩序,提高会计工作水平,根据《中华人民共和国会计法》的有关规定,制定本规范。

第二条 国家机关、社会团体、企业、事业单位、个体工商户和其他组织的会计基础工作,应当符合本规范的规定。

第三条 各单位应当依据有关法律、法规和本规范的规定,加强会计基础工作,严格执行会计法规制度,保证会计工作依法有序地进行。

第四条 单位领导人对本单位的会计基础工作负有领导责任。

第五条 各省、自治区、直辖市财政厅(局)要加强对会计基础工作的管理和指导,通过政策引导、经验交流、监督检查等措施,促进基层单位加强会计基础工作,不断提高会计工作水平。

国务院各业务主管部门根据职责权限管理本部门的会计基础工作。

第二章　会计机构和会计人员

第一节　会计机构设置和会计人员配备

第六条 各单位应当根据会计业务的需要设置会计机构;不具备单独设置会计机构条件的,应当在有关机构中配备专职会计人员。

事业行政单位会计机构的设置和会计人员的配备,应当符合国家统一事业行政单位会计制度的规定。

设置会计机构,应当配备会计机构负责人;在有关机构中配备专职会计人员,应当在专职会计人员中指定会计主管人员。

会计机构负责人、会计主管人员的任免,应当符合《中华人民共和国会计法》和有关法律的规定。

第七条 会计机构负责人、会计主管人员应当具备下列基本条件:

（一）坚持原则，廉洁奉公；
（二）具备会计师以上专业技术职务资格或者从事会计工作不少于三年；
（三）熟悉国家财经法律、法规、规章和方针、政策，掌握本行业业务管理的有关知识；
（四）有较强的组织能力；
（五）身体状况能够适应本职工作的要求。

第八条 没有设置会计机构或者配备会计人员的单位，应当根据《代理记账管理办法》的规定，委托会计师事务所或者持有代理记账许可证书的代理记账机构进行代理记账。

第九条 大、中型企业、事业单位、业务主管部门应当根据法律和国家有关规定设置总会计师。总会计师由具有会计师以上专业技术资格的人员担任。

总会计师行使《总会计师条例》规定的职责、权限。

总会计师的任命（聘任）、免职（解聘）依照《总会计师条例》和有关法律的规定办理。

第十条 各单位应当根据会计业务需要配备会计人员，督促其遵守职业道德和国家统一的会计制度。

第十一条 各单位应当根据会计业务需要设置会计工作岗位。

会计工作岗位一般可分为：会计机构负责人或者会计主管人员，出纳，财产物资核算，工资核算，成本费用核算，财务成果核算，资金核算，往来结算，总帐报表，稽核，档案管理等。开展会计电算化和管理会计的单位，可以根据需要设置相应工作岗位，也可以与其他工作岗位相结合。

第十二条 会计工作岗位，可以一人一岗、一人多岗或者一岗多人。但出纳人员不得兼管稽核、会计档案保管和收入、费用、债权债务帐目的登记工作。

第十三条 会计人员的工作岗位应当有计划地进行轮换。

第十四条 会计人员应当具备必要的专业知识和专业技能，熟悉国家有关法律、法规、规章和国家统一会计制度，遵守职业道德。

会计人员应当按照国家有关规定参加会计业务的培训。各单位应当合理安排会计人员的培训，保证会计人员每年有一定时间用于学习和参加培训。

第十五条 各单位领导人应当支持会计机构、会计人员依法行使职权；对忠于职守，坚持原则，做出显著成绩的会计机构、会计人员，应当给予精神的和物质的奖励。

第十六条 国家机关、国有企业、事业单位任用会计人员应当实行回避制度。

单位领导人的直系亲属不得担任本单位的会计机构负责人、会计主管人员。会计机构负责人、会计主管人员的直系亲属不得在本单位会计机构中担任出纳工作。

需要回避的直系亲属为：夫妻关系、直系血亲关系、三代以内旁系血亲以及配偶亲关系。

第二节 会计人员职业道德

第十七条 会计人员在会计工作中应当遵守职业道德，树立良好的职业品质、严谨的工作作风，严守工作纪律，努力提高工作效率和工作质量。

第十八条 会计人员应当热爱本职工作，努力钻研业务，使自己的知识和技能适应所从事工作的要求。

第十九条 会计人员应当熟悉财经法律、法规、规章和国家统一会计制度，并结合会计工作进行广泛宣传。

第二十条 会计人员应当按照会计法律、法规和国家统一会计制度规定的程序和要求进行会计工作，保证所提供的会计信息合法、真实、准确、及时、完整。

第二十一条 会计人员办理会计事务应当实事求是、客观公正。

第二十二条 会计人员应当熟悉本单位的生产经营和业务管理情况，运用掌握的会计信息和会计方法，为改善单位内部管理、提高经济效益服务。

第二十三条 会计人员应当保守本单位的商业秘密。除法律规定和单位领导人同意外，不能私自向外界提供或者泄露单位的会计信息。

第二十四条 财政部门、业务主管部门和各单位应当定期检查会计人员遵守职业道德的情况，并作为会计人员晋升、晋级、聘任专业职务、表彰奖励的重要考核依据。

会计人员违反职业道德的，由所在单位进行处理。

第三节 会计工作交接

第二十五条 会计人员工作调动或者因故离职，必须将本人所经管的会计工作全部移交给接替人员。没有办清交接手续的，不得调动或者离职。

第二十六条 接替人员应当认真接管移交工作，并继续办理移交的未了事项。

第二十七条 会计人员办理移交手续前，必须及时做好以下工作：

（一）已经受理的经济业务尚未填制会计凭证的，应当填制完毕。

（二）尚未登记的帐目，应当登记完毕，并在最后一笔余额后加盖经办人员印章。

（三）整理应该移交的各项资料，对未了事项写出书面材料。

（四）编制移交清册，列明应当移交的会计凭证、会计帐簿、会计报表、印章、现金、有价证券、支票簿、发票、文件、其他会计资料和物品等内容；实行会计电算化的单位，从事该项工作的移交人员还应当在移交清册中列明会计软件及密码、会计软件数据磁盘（磁带等）及有关资料、实物等内容。

第二十八条 会计人员办理交接手续，必须有监交人负责监交。一般会计人员交接，由单位会计机构负责人、会计主管人员负责监交；会计机构负责人、会计主管人员交接，由单位领导人负责监交，必要时可由上级主管部门派人会同监交。

第二十九条 移交人员在办理移交时，要按移交清册逐项移交；接替人员要逐项核对点收。

（一）现金、有价证券要根据会计帐簿有关记录进行点交。库存现金、有价证券必须与会计帐簿记录保持一致。不一致时，移交人员必须限期查清。

（二）会计凭证、会计帐簿、会计报表和其他会计资料必须完整无缺。如有短缺，必须查清原因，并在移交清册中注明，由移交人员负责。

（三）银行存款帐户余额要与银行对帐单核对，如不一致，应当编制银行存款余额调节表调节相符，各种财产物资和债权债务的明细帐户余额要与总帐有关帐户余额核对相符；必要时，要抽查个别帐户的余额，与实物核对相符，或者与往来单位、个人核对清楚。

（四）移交人员经管的票据、印章和其他实物等，必须交接清楚；移交人员从事会计电算化工作的，要对有关电子数据在实际操作状态下进行交接。

第三十条 会计机构负责人、会计主管人员移交时，还必须将全部财务会计工作、重大财务收支和会计人员的情况等，向接替人员详细介绍。对需要移交的遗留问题，应当写出书面材料。

第三十一条 交接完毕后，交接双方和监交人员要在移交清册上签名或者盖章。并应在移交清册上注明：单位名称，交接日期，交接双方和监交人员的职务、姓名，移交清册页数以及需要说明的问题和意见等。

移交清册一般应当填制一式三份，交接双方各执一份，存档一份。

第三十二条 接替人员应当继续使用移交的会计帐簿，不得自行另立新帐，以保持会计记录的连续性。

第三十三条 会计人员临时离职或者因病不能工作且需要接替或者代理的，会计机构负责人、会计主管人员或者单位领导人必须指定有关人员接替或者代理，并办理交接手续。

临时离职或者因病不能工作的会计人员恢复工作的，应当与接替或者代理人员办理交接手续。

移交人员因病或者其他特殊原因不能亲自办理移交的，经单位领导人批准，可由移交人员委托他人代办移交，但委托人应当承担本规范第三十五条规定的责任。

第三十四条 单位撤销时，必须留有必要的会计人员，会同有关人员办理清理工作，编制决算。未移交前，不得离职。接收单位和移交日期由主管部门确定。

单位合并、分立的，其会计工作交接手续比照上述有关规定办理。

第三十五条 移交人员对所移交的会计凭证、会计帐簿、会计报表和其他有关资料的合法性、真实性承担法律责任。

第三章 会计核算

第一节 会计核算一般要求

第三十六条 各单位应当按照《中华人民共和国会计法》和国家统一会计制度的规定建立会计帐册，进行会计核算，及时提供合法、真实、准确、完整的会计信息。

第三十七条 各单位发生的下列事项，应当及时办理会计手续、进行会计核算：

（一）款项和有价证券的收付；

（二）财物的收发、增减和使用；

（三）债权债务的发生和结算；

（四）资本、基金的增减；

（五）收入、支出、费用、成本的计算；

（六）财务成果的计算和处理；

（七）其他需要办理会计手续、进行会计核算的事项。

第三十八条 各单位的会计核算应当以实际发生的经济业务为依据，按照规定的会计处理方法进行，保证会计指标的口径一致、相互可比和会计处理方法的前后各期相一致。

第三十九条 会计年度自公历1月1日起至12月31日止。

第四十条 会计核算以人民币为记帐本位币。

收支业务以外国货币为主的单位，也可以选定某种外国货币作为记帐本位币，但是编制的会计报表应当折算为人民币反映。

境外单位向国内有关部门编报的会计报表，应当折算为人民币反映。

第四十一条 各单位根据国家统一会计制度的要求，在不影响会计核算要求、会计报表指标汇总和对外统一会计报表的前提下，可以根据实际情况自行设置和使用会计科目。

事业行政单位会计科目的设置和使用，应当符合国家统一事业行政单位会计制度的规定。

第四十二条 会计凭证、会计帐簿、会计报表和其他会计资料的内容和要求必须符合国家统一会计制度的规定，不得伪造、变造会计凭证和会计帐簿，不得设置帐外帐，不得报送虚假会计报表。

第四十三条 各单位对外报送的会计报表格式由财政部统一规定。

第四十四条 实行会计电算化的单位，对使用的会计软件及其生成的会计凭证、会计帐簿、会计报表和其他会计资料的要求，应当符合财政部关于会计电算化的有关规定。

第四十五条 各单位的会计凭证、会计帐簿、会计报表和其他会计资料，应当建立档案，妥善保管。会计档案建档要求、保管期限、销毁办法等依据《会计档案管理办法》的规定进行。

实行会计电算化的单位，有关电子数据、会计软件资料等应当作为会计档案进行管理。

第四十六条 会计记录的文字应当使用中文，少数民族自治地区可以同时使用少数民族文字。中国境内的外商投资企业、外国企业和其他外国经济组织也可以同时使用某种外国文字。

第二节 填制会计凭证

第四十七条 各单位办理本规范第三十七条规定的事项，必须取得或者填制原始凭证，并及时送交会计机构。

第四十八条 原始凭证的基本要求是：

（一）原始凭证的内容必须具备：凭证的名称；填制凭证的日期；填制凭证单位名称或者填制人姓名；经办人员的签名或者盖章；接受凭证单位名称；经济业务内容；数量、单价和金额。

（二）从外单位取得的原始凭证，必须盖有填制单位的公章；从个人取得的原始凭证，必须有填制人员的签名或者盖章。自制原始凭证必须有经办单位领导人或者其指定的人员签名或者盖章。对外开出的原始凭证，必须加盖本单位公章。

（三）凡填有大写和小写金额的原始凭证，大写与小写金额必须相符。购买实物的原始凭证，必须有验收证明。支付款项的原始凭证，必须有收款单位和收款人的收款证明。

（四）一式几联的原始凭证，应当注明各联的用途，只能以一联作为报销凭证。

一式几联的发票和收据，必须用双面复写纸（发票和收据本身具备复写纸功能的除外）套写，并连续编号。作废时应当加盖"作废"戳记，连同存根一起保存，不得撕毁。

（五）发生销货退回的，除填制退货发票外，还必须有退货验收证明；退款时，必须取得对方的收款收据或者汇款银行的凭证，不得以退货发票代替收据。

（六）职工公出借款凭据，必须附在记帐凭证之后。收回借款时，应当另开收据或者退还借据副本，不得退还原借款收据。

（七）经上级有关部门批准的经济业务，应当将批准文件作为原始凭证附件。如果批准文件需要单独归档的，应当在凭证上注明批准机关名称、日期和文件字号。

第四十九条 原始凭证不得涂改、挖补。发现原始凭证有错误的，应当由开出单位重开或者更正，更正处应当加盖开出单位的公章。

第五十条 会计机构、会计人员要根据审核无误的原始凭证填制记帐凭证。

记帐凭证可以分为收款凭证、付款凭证和转帐凭证，也可以使用通用记帐凭证。

第五十一条 记帐凭证的基本要求是：

（一）记帐凭证的内容必须具备：填制凭证的日期；凭证编号；经济业务摘要；会计科目；金额；所附原始凭证张数；填制凭证人员、稽核人员、记帐人员、会计机构负责人、会计主管人员签名或者盖章。收款和付款记帐凭证还应当由出纳人员签名或者盖章。

以自制的原始凭证或者原始凭证汇总表代替记帐凭证的，也必须具备记帐凭证应有的项目。

（二）填制记帐凭证时，应当对记帐凭证进行连续编号。一笔经济业务需要填制两张以上记帐凭证的，可以采用分数编号法编号。

（三）记帐凭证可以根据每一张原始凭证填制，或者根据若干张同类原始凭证汇总填制，也可以根据原始凭证汇总表填制。但不得将不同内容和类别的原始凭证汇总填制在一张记帐凭证上。

（四）除结帐和更正错误的记帐凭证可以不附原始凭证外，其他记帐凭证必须附有原始凭证。如果一张原始凭证涉及几张记帐凭证，可以把原始凭证附在一张主要的记帐凭证后面，并在其他记帐凭证上注明附有该原始凭证的记帐凭证的编号或者附原始凭证复印件。

一张原始凭证所列支出需要几个单位共同负担的，应当将其他单位负担的部分，开给对方原始凭证分割单，进行结算。原始凭证分割单必须具备原始凭证的基本内容：凭证名称、填制凭证日期、填制凭证单位名称或者填制人姓名、经办人的签名或者盖章、接受凭证单位名称、经济业务内容、数量、单价、金额和费用分摊情况等。

（五）如果在填制记帐凭证时发生错误，应当重新填制。

已经登记入帐的记帐凭证，在当年内发现填写错误时，可以用红字填写一张与原内容相同的记帐凭证，在摘要栏注明"注销某月某日某号凭证"字样，同时再用蓝字重新填制一张正确的记帐凭证，注明"订正某月某日某号凭证"字样。如果会计科目没有错误，只是金额错误，也可以将正确数字与错误数字之间的差额，另编一张调整的记帐凭证，调增金额用蓝字，调减金额用红字。发现以前年度记帐凭证有错误的，应当用蓝字填制一张更正的记帐凭证。

（六）记帐凭证填制完经济业务事项后，如有空行，应当自金额栏最后一笔金额数字下的空行处至合计数上的空行处划线注销。

第五十二条 填制会计凭证，字迹必须清晰、工整，并符合下列要求：

（一）阿拉伯数字应当一个一个地写，不得连笔写。阿拉伯金额数字前面应当书写货币币种符号或者货币名称简写和币种符号。币种符号与阿拉伯金额数字之间不得留有空白。凡阿拉伯数字前写有币种符号的，数字后面不再写货币单位。

（二）所有以元为单位（其他货币种类为货币基本单位，下同）的阿拉伯数字，除表示单价等情况外，一律填写到角分；无角分的，角位和分位可写"00"，或者符号"——"；有角无分的，分位应当写"0"，不得用符号"——"代替。

（三）汉字大写数字金额如零、壹、贰、叁、肆、伍、陆、柒、捌、玖、拾、佰、仟、万、亿等，一律用正楷或者行书体书写，不得用〇、一、二、三、四、五、六、七、八、九、十等简化字代替，不得任意自造简化字。大写金额数字到元或者角为止的，在"元"或者"角"字之后应当写"整"字或者"正"字；大写金额数字有分的，分字后面不写"整"或者"正"字。

（四）大写金额数字前未印有货币名称的，应当加填货币名称，货币名称与金额数字之间不得留有空白。

（五）阿拉伯金额数字中间有"0"时，汉字大写金额要写"零"字；阿拉伯数字金额中间连续有几个"0"时，汉字大写金额中可以只写一个"零"字；阿拉伯金额数字元位是"0"，或者数字中间连续有几个"0"、元位也是"0"但角位不是"0"时，汉字大写金额可以只写一个"零"字，也可以不写"零"字。

第五十三条 实行会计电算化的单位，对于机制记帐凭证，要认真审核，做到会计科目使用正确，数字准确无误。打印出的机制记帐凭证要加盖制单人员、审核人员、记帐人员及会计机构负责人、会计主管人员印章或者签字。

第五十四条 各单位会计凭证的传递程序应当科学、合理,具体办法由各单位根据会计业务需要自行规定。

第五十五条 会计机构、会计人员要妥善保管会计凭证。

(一)会计凭证应当及时传递,不得积压。

(二)会计凭证登记完毕后,应当按照分类和编号顺序保管,不得散乱丢失。

(三)记帐凭证应当连同所附的原始凭证或者原始凭证汇总表,按照编号顺序,折叠整齐,按期装订成册,并加具封面,注明单位名称、年度、月份和起讫日期、凭证种类、起讫号码,由装订人在装订线封签外签名或者盖章。

对于数量过多的原始凭证,可以单独装订保管,在封面上注明记帐凭证日期、编号、种类,同时在记帐凭证上注明"附件另订"和原始凭证名称及编号。

各种经济合同、存出保证金收据以及涉外文件等重要原始凭证,应当另编目录,单独登记保管,并在有关的记帐凭证和原始凭证上相互注明日期和编号。

(四)原始凭证不得外借,其他单位如因特殊原因需要使用原始凭证时,经本单位会计机构负责人、会计主管人员批准,可以复制。向外单位提供的原始凭证复制件,应当在专设的登记簿上登记,并由提供人员和收取人员共同签名或者盖章。

(五)从外单位取得的原始凭证如有遗失,应当取得原开出单位盖有公章的证明,并注明原来凭证的号码、金额和内容等,由经办单位会计机构负责人、会计主管人员和单位领导人批准后,才能代作原始凭证。如果确实无法取得证明的,如火车、轮船、飞机票等凭证,由当事人写出详细情况,由经办单位会计机构负责人、会计主管人员和单位领导人批准后,代作原始凭证。

第三节 登记会计帐簿

第五十六条 各单位应当按照国家统一会计制度的规定和会计业务的需要设置会计帐簿。会计帐簿包括总帐、明细帐、日记帐和其他辅助性帐簿。

第五十七条 现金日记帐和银行存款日记帐必须采用订本式帐簿。不得用银行对帐单或者其他方法代替日记帐。

第五十八条 实行会计电算化的单位,用计算机打印的会计帐簿必须连续编号,经审核无误后装订成册,并由记帐人员和会计机构负责人、会计主管人员签字或者盖章。

第五十九条 启用会计帐簿时,应当在帐簿封面上写明单位名称和帐簿名称。在帐簿扉页上应当附启用表,内容包括:启用日期、帐簿页数、记帐人员和会计机构负责人、会计主管人员姓名,并加盖名章和单位公章。记帐人员或者会计机构负责人、会计主管人员调动工作时,应当注明交接日期、接办人员或者监交人员姓名,并由交接双方人员签名或者盖章。

启用订本式帐簿,应当从第一页到最后一页顺序编定页数,不得跳页、缺号。使用活页式帐页,应当按帐户顺序编号,并须定期装订成册。装订后再按实际使用的帐页顺序编定页码。另加目录,记明每个帐户的名称和页次。

第六十条 会计人员应当根据审核无误的会计凭证登记会计帐簿。登记帐簿的基本要求是:

(一)登记会计帐簿时,应当将会计凭证日期、编号、业务内容摘要、金额和其他有关资料逐项记入帐内,做到数字准确、摘要清楚、登记及时、字迹工整。

(二)登记完毕后,要在记帐凭证上签名或者盖章,并注明已经登帐的符号,表示已经记帐。

(三)帐簿中书写的文字和数字上面要留有适当空格,不要写满格;一般应占格距的二分之一。

（四）登记帐簿要用蓝黑墨水或者碳素墨水书写，不得使用圆珠笔（银行的复写帐簿除外）或者铅笔书写。

（五）下列情况，可以用红色墨水记帐：

1. 按照红字冲帐的记帐凭证，冲销错误记录；
2. 在不设借贷等栏的多栏式帐页中，登记减少数；
3. 在三栏式帐户的余额栏前，如未印明余额方向的，在余额栏内登记负数余额；
4. 根据国家统一会计制度的规定可以用红字登记的其他会计记录。

（六）各种帐簿按页次顺序连续登记，不得跳行、隔页。如果发生跳行、隔页，应当将空行、空页划线注销，或者注明"此行空白""此页空白"字样，并由记帐人员签名或者盖章。

（七）凡需要结出余额的帐户，结出余额后，应当在"借或贷"等栏内写明"借"或者"贷"等字样。没有余额的帐户，应当在"借或贷"等栏内写"平"字，并在余额栏内用"Q"表示。

现金日记帐和银行存款日记帐必须逐日结出余额。

（八）每一帐页登记完毕结转下页时，应当结出本页合计数及余额，写在本页最后一行和下页第一行有关栏内，并在摘要栏内注明"过次页"和"承前页"字样；也可以将本页合计数及金额只写在下页第一行有关栏内，并在摘要栏内注明"承前页"字样。

对需要结计本月发生额的帐户，结计"过次页"的本页合计数应当为自本月初起至本页末止的发生额合计数；对需要结计本年累计发生额的帐户，结计"过次页"的本页合计数应当为自年初起至本页末止的累计数；对既不需要结计本月发生额也不需要结计本年累计发生额的帐户，可以只将每页末的余额结转次页。

第六十一条 帐簿记录发生错误，不准涂改、挖补、刮擦或者用药水消除字迹，不准重新抄写，必须按照下列方法进行更正：

（一）登记帐簿时发生错误，应当将错误的文字或者数字划红线注销，但必须使原有字迹仍可辨认；然后在划线上方填写正确的文字或者数字，并由记帐人员在更正处盖章。对于错误的数字，应当全部划红线更正，不得只更正其中的错误数字。对于文字错误，可只划去错误的部分。

（二）由于记帐凭证错误而使帐簿记录发生错误，应当按更正的记帐凭证登记帐簿。

第六十二条 各单位应当定期对会计帐簿记录的有关数字与库存实物、货币资金、有价证券、往来单位或者个人等进行相互核对，保证帐证相符、帐帐相符、帐实相符。对帐工作每年至少进行一次。

（一）帐证核对。核对会计帐簿记录与原始凭证、记帐凭证的时间、凭证字号、内容、金额是否一致，记帐方向是否相符。

（二）帐帐核对。核对不同会计帐簿之间的帐簿记录是否相符，包括：总帐有关帐户的余额核对，总帐与明细帐核对，总帐与日记帐核对，会计部门的财产物资明细帐与财产物资保管和使用部门的有关明细帐核对等。

（三）帐实核对。核对会计帐簿记录与财产等实有数额是否相符。包括：现金日记帐帐面余额与现金实际库存数相核对；银行存款日记帐帐面余额定期与银行对帐单相核对；各种财物明细帐帐面余额与财物实存数额相核对；各种应收、应付款明细帐帐面余额与有关债务、债权单位或者个人核对等。

第六十三条 各单位应当按照规定定期结帐。

（一）结帐前，必须将本期内所发生的各项经济业务全部登记入帐。

（二）结帐时，应当结出每个帐户的期末余额。需要结出当月发生额的，应当在摘要栏内注明"本月合计"字样，并在下面通栏划单红线。需要结出本年累计发生额的，应当在摘要栏内注明"本年累计"字样，并在下面通栏划单红线；12月末的"本年累计"就是全年累计发生额。全年累计发生额下面应当通栏划双红线。年度终了结帐时，所有总帐帐户都应当结出全年发生额和年末余额。

（三）年度终了，要把各帐户的余额结转到下一会计年度，并在摘要栏注明"结转下年"字样；在下一会计年度新建有关会计帐簿的第一行余额栏内填写上年结转的余额，并在摘要栏注明"上年结转"字样。

第四节　编制财务报告

第六十四条　各单位必须按照国家统一会计制度的规定，定期编制财务报告。

财务报告包括会计报表及其说明。会计报表包括会计报表主表、会计报表附表、会计报表附注。

第六十五条　各单位对外报送的财务报告应当根据国家统一会计制度规定的格式和要求编制。

单位内部使用的财务报告，其格式和要求由各单位自行规定。

第六十六条　会计报表应当根据登记完整、核对无误的会计帐簿记录和其他有关资料编制，做到数字真实、计算准确、内容完整、说明清楚。

任何人不得篡改或者授意、指使、强令他人篡改会计报表的有关数字。

第六十七条　会计报表之间、会计报表各项目之间，凡有对应关系的数字，应当相互一致。本期会计报表与上期会计报表之间有关的数字应当相互衔接。如果不同会计年度会计报表中各项目的内容和核算方法有变更的，应当在年度会计报表中加以说明。

第六十八条　各单位应当按照国家统一会计制度的规定认真编写会计报表附注及其说明，做到项目齐全，内容完整。

第六十九条　各单位应当按照国家规定的期限对外报送财务报告。

对外报送的财务报告，应当依次编写页码，加具封面，装订成册，加盖公章。封面上应当注明：单位名称，单位地址，财务报告所属年度、季度、月度，送出日期，并由单位领导人、总会计师、会计机构负责人、会计主管人员签名或者盖章。

单位领导人对财务报告的合法性、真实性负法律责任。

第七十条　根据法律和国家有关规定应当对财务报告进行审计的，财务报告编制单位应当先行委托注册会计师进行审计，并将注册会计师出具的审计报告随同财务报告按照规定的期限报送有关部门。

第七十一条　如果发现对外报送的财务报告有错误，应当及时办理更正手续。除更正本单位留存的财务报告外，并应同时通知接受财务报告的单位更正。错误较多的，应当重新编报。

第四章　会计监督

第七十二条　各单位的会计机构、会计人员对本单位的经济活动进行会计监督。

第七十三条　会计机构、会计人员进行会计监督的依据是：

（一）财经法律、法规、规章；

（二）会计法律、法规和国家统一会计制度；

（三）各省、自治区、直辖市财政厅（局）和国务院业务主管部门根据《中华人民共和国会计法》和国家统一会计制度制定的具体实施办法或者补充规定；

（四）各单位根据《中华人民共和国会计法》和国家统一会计制度制定的单位内部会计管理制度；

（五）各单位内部的预算、财务计划、经济计划、业务计划等。

第七十四条 会计机构、会计人员应当对原始凭证进行审核和监督。

对不真实、不合法的原始凭证，不予受理。对弄虚作假、严重违法的原始凭证，在不予受理的同时，应当予以扣留，并及时向单位领导人报告，请求查明原因，追究当事人的责任。

对记载不准确、不完整的原始凭证，予以退回，要求经办人员更正、补充。

第七十五条 会计机构、会计人员对伪造、变造、故意毁灭会计帐簿或者帐外设帐行为，应当制止和纠正；制止和纠正无效的，应当向上级主管单位报告，请求作出处理。

第七十六条 会计机构、会计人员应当对实物、款项进行监督，督促建立并严格执行财产清查制度。发现帐簿记录与实物、款项不符时，应当按照国家有关规定进行处理。超出会计机构、会计人员职权范围的，应当立即向本单位领导报告，请求查明原因，作出处理。

第七十七条 会计机构、会计人员对指使、强令编造、篡改财务报告行为，应当制止和纠正；制止和纠正无效的，应当向上级主管单位报告，请求处理。

第七十八条 会计机构、会计人员应当对财务收支进行监督。

（一）对审批手续不全的财务收支，应当退回，要求补充、更正。

（二）对违反规定不纳入单位统一会计核算的财务收支，应当制止和纠正。

（三）对违反国家统一的财政、财务、会计制度规定的财务收支，不予办理。

（四）对认为是违反国家统一的财政、财务、会计制度规定的财务收支，应当制止和纠正；制止和纠正无效的，应当向单位领导人提出书面意见请求处理。

单位领导人应当在接到书面意见起十日内作出书面决定，并对决定承担责任。

（五）对违反国家统一的财政、财务、会计制度规定的财务收支，不予制止和纠正，又不向单位领导人提出书面意见的，也应当承担责任。

（六）对严重违反国家利益和社会公众利益的财务收支，应当向主管单位或者财政、审计、税务机关报告。

第七十九条 会计机构、会计人员对违反单位内部会计管理制度的经济活动，应当制止和纠正；制止和纠正无效的，向单位领导人报告，请求处理。

第八十条 会计机构、会计人员应当对单位制定的预算、财务计划、经济计划、业务计划的执行情况进行监督。

第八十一条 各单位必须依照法律和国家有关规定接受财政、审计、税务等机关的监督，如实提供会计凭证、会计帐簿、会计报表和其他会计资料以及有关情况，不得拒绝、隐匿、谎报。

第八十二条 按照法律规定应当委托注册会计师进行审计的单位，应当委托注册会计师进行审计，并配合注册会计师的工作，如实提供会计凭证、会计帐簿、会计报表和其他会计资料以及有关情况，不得拒绝、隐匿、谎报，不得示意注册会计师出具不当的审计报告。

第五章　内部会计管理制度

第八十三条　各单位应当根据《中华人民共和国会计法》和国家统一会计制度的规定，结合单位类型和内容管理的需要，建立健全相应的内部会计管理制度。

第八十四条　各单位制定内部会计管理制度应当遵循下列原则：

（一）应当执行法律、法规和国家统一的财务会计制度。

（二）应当体现本单位的生产经营、业务管理的特点和要求。

（三）应当全面规范本单位的各项会计工作，建立健全会计基础，保证会计工作的有序进行。

（四）应当科学、合理，便于操作和执行。

（五）应当定期检查执行情况。

（六）应当根据管理需要和执行中的问题不断完善。

第八十五条　各单位应当建立内部会计管理体系。主要内容包括：单位领导人、总会计师对会计工作的领导职责；会计部门及其会计机构负责人、会计主管人员的职责、权限；会计部门与其他职能部门的关系；会计核算的组织形式等。

第八十六条　各单位应当建立会计人员岗位责任制度。主要内容包括：会计人员的工作岗位设置；各会计工作岗位的职责和标准；各会计工作岗位的人员和具体分工；会计工作岗位轮换办法；对各会计工作岗位的考核办法。

第八十七条　各单位应当建立帐务处理程序制度。主要内容包括：会计科目及其明细科目的设置和使用；会计凭证的格式、审核要求和传递程序；会计核算方法；会计帐簿的设置；编制会计报表的种类和要求；单位会计指标体系。

第八十八条　各单位应当建立内部牵制制度。主要内容包括：内部牵制制度的原则；组织分工；出纳岗位的职责和限制条件；有关岗位的职责和权限。

第八十九条　各单位应当建立稽核制度。主要内容包括：稽核工作的组织形式和具体分工；稽核工作的职责、权限；审核会计凭证和复核会计帐簿、会计报表的方法。

第九十条　各单位应当建立原始记录管理制度。主要内容包括：原始记录的内容和填制方法；原始记录的格式；原始记录的审核；原始记录填制人的责任；原始记录签署、传递、汇集要求。

第九十一条　各单位应当建立定额管理制度。主要内容包括：定额管理的范围；制定和修订定额的依据、程序和方法；定额的执行；定额考核和奖惩办法等。

第九十二条　各单位应当建立计量验收制度。主要内容包括：计量检测手段和方法；计量验收管理的要求；计量验收人员的责任和奖惩办法。

第九十三条　各单位应当建立财产清查制度。主要内容包括：财产清查的范围；财产清查的组织；财产清查的期限和方法；对财产清查中发现问题的处理办法；对财产管理人员的奖惩办法。

第九十四条　各单位应当建立财务收支审批制度。主要内容包括：财务收支审批人员和审批权限；财务收支审批程序；财务收支审批人员的责任。

第九十五条　实行成本核算的单位应当建立成本核算制度。主要内容包括：成本核算的对象；成本核算的方法和程序；成本分析等。

第九十六条　各单位应当建立财务会计分析制度。主要内容包括：财务会计分析的主要内容；财务会计分析的基本要求和组织程序；财务会计分析的具体方法；财务会计分析报告的编写要求等。

第六章 附则

第九十七条 本规范所称国家统一会计制度，是指由财政部制定、或者财政部与国务院有关部门联合制定、或者经财政部审核批准的在全国范围内统一执行的会计规章、准则、办法等规范性文件。

本规范所称会计主管人员，是指不设置会计机构、只在其他机构中设置专职会计人员的单位行使会计机构负责人职权的人员。

本规范第三章第二节和第三节关于填制会计凭证、登记会计帐簿的规定，除特别指出外，一般适用于手工记帐。实行会计电算化的单位，填制会计凭证和登记会计帐簿的有关要求，应当符合财政部关于会计电算化的有关规定。

第九十八条 各省、自治区、直辖市财政厅（局）、国务院各业务主管部门可以根据本规范的原则，结合本地区、本部门的具体情况，制定具体实施办法，报财政部备案。

第九十九条 本规范由财政部负责解释、修改。

第一百条 本规范自公布之日起实施。1984年4月24日财政部发布的《会计人员工作规则》同时废止。

1.3 代理记账管理办法

2019年3月14日　财政部令第98号

（2019年3月14日《财政部关于修改〈代理记账管理办法〉等2部部门规章的决定》修改）

第一条 为了加强代理记账资格管理，规范代理记账活动，促进代理记账行业健康发展，根据《中华人民共和国会计法》等法律、行政法规，制定本办法。

第二条 代理记账资格的申请、取得和管理，以及代理记账机构从事代理记账业务，适用本办法。

本办法所称代理记账机构是指依法取得代理记账资格，从事代理记账业务的机构。

本办法所称代理记账是指代理记账机构接受委托办理会计业务。

第三条 除会计师事务所以外的机构从事代理记账业务，应当经县级以上地方人民政府财政部门（以下简称审批机关）批准，领取由财政部统一规定样式的代理记账许可证书。具体审批机关由省、自治区、直辖市、计划单列市人民政府财政部门确定。

会计师事务所及其分所可以依法从事代理记账业务。

第四条 申请代理记账资格的机构应当同时具备以下条件：

（一）为依法设立的企业；

（二）专职从业人员不少于3名；

（三）主管代理记账业务的负责人具有会计师以上专业技术职务资格或者从事会计工作不少于三年，且为专职从业人员；

（四）有健全的代理记账业务内部规范。

代理记账机构从业人员应当具有会计类专业基础知识和业务技能，能够独立处理基本会计业务，并由代理记账机构自主评价认定。

本条第一款所称专职从业人员是指仅在一个代理记账机构从事代理记账业务的人员。

第五条 申请代理记账资格的机构，应当向所在地的审批机关提交申请及下列材料，并对提交材料的真实性负责：

（一）统一社会信用代码；

（二）主管代理记账业务的负责人具备会计师以上专业技术职务资格或者从事会计工作不少于三年的书面承诺；

（三）专职从业人员在本机构专职从业的书面承诺；

（四）代理记账业务内部规范。

第六条 审批机关审批代理记账资格应当按照下列程序办理：

（一）申请人提交的申请材料不齐全或不符合规定形式的，应当在 5 日内一次告知申请人需要补正的全部内容，逾期不告知的，自收到申请材料之日起即视为受理；申请人提交的申请材料齐全、符合规定形式的，或者申请人按照要求提交全部补正申请材料的，应当受理申请。

（二）受理申请后应当按照规定对申请材料进行审核，并自受理申请之日起 10 日内作出批准或者不予批准的决定。10 日内不能作出决定的，经本审批机关负责人批准可延长 10 日，并应当将延长期限的理由告知申请人。

（三）作出批准决定的，应当自作出决定之日起 10 日内向申请人发放代理记账许可证书，并向社会公示。审批机关进行全覆盖例行检查，发现实际情况与承诺内容不符的，依法撤销审批并给予处罚。

（四）作出不予批准决定的，应当自作出决定之日起 10 日内书面通知申请人。书面通知应当说明不予批准的理由，并告知申请人享有依法申请行政复议或者提起行政诉讼的权利。

第七条 申请人应当自取得代理记账许可证书之日起 20 日内通过企业信用信息公示系统向社会公示。

第八条 代理记账机构名称、主管代理记账业务的负责人发生变更，设立或撤销分支机构，跨原审批机关管辖地迁移办公地点的，应当自作出变更决定或变更之日起 30 日内依法向审批机关办理变更登记，并应当自变更登记完成之日起 20 日内通过企业信用信息公示系统向社会公示。

代理记账机构变更名称的，应当向审批机关领取新的代理记账许可证书，并同时交回原代理记账许可证书。

代理记账机构跨原审批机关管辖地迁移办公地点的，迁出地审批机关应当及时将代理记账机构的相关信息及材料移交迁入地审批机关。

第九条 代理记账机构设立分支机构的，分支机构应当及时向其所在地的审批机关办理备案登记。

分支机构名称、主管代理记账业务的负责人发生变更的，分支机构应当按照要求向其所在地的审批机关办理变更登记。

代理记账机构应当在人事、财务、业务、技术标准、信息管理等方面对其设立的分支机构进行实质性的统一管理，并对分支机构的业务活动、执业质量和债务承担法律责任。

第十条 未设置会计机构或配备会计人员的单位，应当委托代理记账机构办理会计业务。

第十一条 代理记账机构可以接受委托办理下列业务：

（一）根据委托人提供的原始凭证和其他相关资料，按照国家统一的会计制度的规定进行会计核算，包括审核原始凭证、填制记账凭证、登记会计账簿、编制财务会计报告等；

（二）对外提供财务会计报告；

（三）向税务机关提供税务资料；

（四）委托人委托的其他会计业务。

第十二条 委托人委托代理记账机构代理记账，应当在相互协商的基础上，订立书面委托合同。委托合同除应具备法律规定的基本条款外，应当明确下列内容：

（一）双方对会计资料真实性、完整性各自应当承担的责任；

（二）会计资料传递程序和签收手续；

（三）编制和提供财务会计报告的要求；

（四）会计档案的保管要求及相应的责任；

（五）终止委托合同应当办理的会计业务交接事宜。

第十三条 委托人应当履行下列义务：

（一）对本单位发生的经济业务事项，应当填制或者取得符合国家统一的会计制度规定的原始凭证；

（二）应当配备专人负责日常货币收支和保管；

（三）及时向代理记账机构提供真实、完整的原始凭证和其他相关资料；

（四）对于代理记账机构退回的，要求按照国家统一的会计制度的规定进行更正、补充的原始凭证，应当及时予以更正、补充。

第十四条 代理记账机构及其从业人员应当履行下列义务：

（一）遵守有关法律、法规和国家统一的会计制度的规定，按照委托合同办理代理记账业务；

（二）对在执行业务中知悉的商业秘密予以保密；

（三）对委托人要求其作出不当的会计处理，提供不实的会计资料，以及其他不符合法律、法规和国家统一的会计制度行为的，予以拒绝；

（四）对委托人提出的有关会计处理相关问题予以解释。

第十五条 代理记账机构为委托人编制的财务会计报告，经代理记账机构负责人和委托人负责人签名并盖章后，按照有关法律、法规和国家统一的会计制度的规定对外提供。

第十六条 代理记账机构应当于每年4月30日之前，向审批机关报送下列材料：

（一）代理记账机构基本情况表（附表）；

（二）专职从业人员变动情况。

代理记账机构设立分支机构的，分支机构应当于每年4月30日之前向其所在地的审批机关报送上述材料。

第十七条 县级以上人民政府财政部门对代理记账机构及其从事代理记账业务情况实施监督，随机抽取检查对象、随机选派执法检查人员，并将抽查情况及查处结果依法及时向社会公开。

对委托代理记账的企业因违反财税法律、法规受到处理处罚的，县级以上人民政府财政部门应当将其委托的代理记账机构列入重点检查对象。

对其他部门移交的代理记账违法行为线索，县级以上人民政府财政部门应当及时予以查处。

第十八条 公民、法人或者其他组织发现有违反本办法规定的代理记账行为，可以依法向县级以上人民政府财政部门进行举报，县级以上人民政府财政部门应当依法进行处理。

第十九条 代理记账机构采取欺骗、贿赂等不正当手段取得代理记账资格的，由审批机关撤销其资格，并对代理记账机构及其负责人给予警告，记入会计领域违法失信记录，根据有关规定实施联合惩戒，并向社会公告。

第二十条 代理记账机构在经营期间达不到本办法规定的资格条件的，审批机关发现后，应当责令其在60日内整改；逾期仍达不到规定条件的，由审批机关撤销其代理记账资格。

第二十一条 代理记账机构有下列情形之一的，审批机关应当办理注销手续，收回代理记账许可证书并予以公告：

（一）代理记账机构依法终止的；

（二）代理记账资格被依法撤销或撤回的；

（三）法律、法规规定的应当注销的其他情形。

第二十二条 代理记账机构违反本办法第七条、第八条、第九条、第十四条、第十六条规定，由县级以上人民政府财政部门责令其限期改正，拒不改正的，将代理记账机构及其负责人列入重点关注名单，并向社会公示，提醒其履行有关义务；情节严重的，由县级以上人民政府财政部门按照有关法律、法规给予行政处罚，并向社会公示。

第二十三条 代理记账机构及其负责人、主管代理记账业务负责人及其从业人员违反规定出具虚假申请材料或者备案材料的，由县级以上人民政府财政部门给予警告，记入会计领域违法失信记录，根据有关规定实施联合惩戒，并向社会公告。

第二十四条 代理记账机构从业人员在办理业务中违反会计法律、法规和国家统一的会计制度的规定，造成委托人会计核算混乱、损害国家和委托人利益的，由县级以上人民政府财政部门依据《中华人民共和国会计法》等有关法律、法规的规定处理。

代理记账机构有前款行为的，县级以上人民政府财政部门应当责令其限期改正，并给予警告；有违法所得的，可以处违法所得3倍以下罚款，但最高不得超过3万元；没有违法所得的，可以处1万元以下罚款。

第二十五条 委托人向代理记账机构隐瞒真实情况或者委托人会同代理记账机构共同提供虚假会计资料的，应当承担相应法律责任。

第二十六条 未经批准从事代理记账业务的单位或者个人，由县级以上人民政府财政部门按照《中华人民共和国行政许可法》及有关规定予以查处。

第二十七条 县级以上人民政府财政部门及其工作人员在代理记账资格管理过程中，滥用职权、玩忽职守、徇私舞弊的，依法给予行政处分；涉嫌犯罪的，移送司法机关处理。

第二十八条 代理记账机构依法成立的行业组织，应当维护会员合法权益，建立会员诚信档案，规范会员代理记账行为，推动代理记账信息化建设。

代理记账行业组织应当接受县级以上人民政府财政部门的指导和监督。

第二十九条 本办法规定的"5日""10日""20日""30日"均指工作日。

第三十条 省级人民政府财政部门可以根据本办法制定具体实施办法，报财政部备案。

第三十一条 外商投资企业申请代理记账资格，从事代理记账业务按照本办法和其他有关规定办理。

第三十二条 本办法自2016年5月1日起施行，财政部2005年1月22日发布的《代理记账管理办法》（财政部令第27号）同时废止。

附表

代理记账机构基本情况表

年度

代理记账机构（分支机构）基本信息			
代理记账许可证书编号		发证日期	
机构名称		组织形式	
注册号/统一社会信用代码		成立日期	
注册资本/出资总额（万元）		企业类型	
办公地址（与注册地不一致时填写实际办公地址）		邮政编码	
机构负责人姓名		机构负责人身份证号	
股东/合伙人数量		机构人员数量	
联系人姓名		联系电话	
传真号码		电子邮箱	
本年度业务总收入（万元）		其中：代理记账业务收入（万元）	
代理客户数量		分支机构数量	
专职从业人员信息			
代理记账业务负责人姓名	身份证号	会计专业技术资格证书管理号	会计专业技术资格等级
		是否具有三年以上从事会计工作的经历	备注
		□是　□否	需附书面承诺书
其他专职从业人员姓名	身份证号	备注	
		需附书面承诺书	
我机构保证本表所填内容全部属实			

代理记账机构负责人签名（或签章）：
代理记账机构盖章
年　月　日

注：1. "组织形式"栏根据以下选择填写：有限责任公司、股份有限公司、分公司、非公司企业法人、企业非法人分支机构、个人独资企业、普通合伙企业、特殊普通合伙企业、有限合伙企业。

2. "企业类型"栏根据以下选择填写：内资企业、外商投资企业、港澳商投资企业、台商投资企业。

3. 分支机构填写时，代理记账许可证书编号及发证日期填写总部机构的证书信息；表中部分栏目对分支机构不适用的，分支机构可不用填写。

1.4　总会计师条例

2011 年 1 月 8 日　《国务院关于废止和修改部分行政法规的决定》修订

第一章　总则

第一条　为了确定总会计师的职权和地位，发挥总会计师在加强经济管理、提高经济效益中的作用，制定本条例。

第二条　全民所有制大、中型企业设置总会计师；事业单位和业务主管部门根据需要，经批准可以设置总会计师。

总会计师的设置、职权、任免和奖惩，依照本条例的规定执行。

第三条　总会计师是单位行政领导成员，协助单位主要行政领导人工作，直接对单位主要行政领导人负责。

第四条　凡设置总会计师的单位，在单位行政领导成员中，不设与总会计师职权重叠的副职。

第五条　总会计师组织领导本单位的财务管理、成本管理、预算管理、会计核算和会计监督等方面的工作，参与本单位重要经济问题的分析和决策。

第六条　总会计师具体组织本单位执行国家有关财经法律、法规、方针、政策和制度，保护国家财产。

总会计师的职权受国家法律保护。单位主要行政领导人应当支持并保障总会计师依法行使职权。

第二章　总会计师的职责

第七条　总会计师负责组织本单位的下列工作：

（一）编制和执行预算、财务收支计划、信贷计划，拟订资金筹措和使用方案，开辟财源，有效地使用资金；

（二）进行成本费用预测、计划、控制、核算、分析和考核，督促本单位有关部门降低消耗、节约费用、提高经济效益；

（三）建立、健全经济核算制度，利用财务会计资料进行经济活动分析；

（四）承办单位主要行政领导人交办的其他工作。

第八条　总会计师负责对本单位财会机构的设置和会计人员的配备、会计专业职务的设置和聘任提出方案；组织会计人员的业务培训和考核；支持会计人员依法行使职权。

第九条　总会计师协助单位主要行政领导人对企业的生产经营、行政事业单位的业务发展以及基本建设投资等问题作出决策。

总会计师参与新产品开发、技术改造、科技研究、商品（劳务）价格和工资奖金等方案的制定；参与重大经济合同和经济协议的研究、审查。

第三章 总会计师的权限

第十条 总会计师对违反国家财经法律、法规、方针、政策、制度和有可能在经济上造成损失、浪费的行为，有权制止或者纠正。制止或者纠正无效时，提请单位主要行政领导人处理。

单位主要行政领导人不同意总会计师对前款行为的处理意见的，总会计师应当依照《中华人民共和国会计法》的有关规定执行。

第十一条 总会计师有权组织本单位各职能部门、直属基层组织的经济核算、财务会计和成本管理方面的工作。

第十二条 总会计师主管审批财务收支工作。除一般的财务收支可以由总会计师授权的财会机构负责人或者其他指定人员审批外，重大的财务收支，须经总会计师审批或者由总会计师报单位主要行政领导人批准。

第十三条 预算、财务收支计划、成本和费用计划、信贷计划、财务专题报告、会计决算报表，须经总会计师签署。

涉及财务收支的重大业务计划、经济合同、经济协议等，在单位内部须经总会计师会签。

第十四条 会计人员的任用、晋升、调动、奖惩，应当事先征求总会计师的意见。财会机构负责人或者会计主管人员的人选，应当由总会计师进行业务考核，依照有关规定审批。

第四章 任免与奖惩

第十五条 企业的总会计师由本单位主要行政领导人提名，政府主管部门任命或者聘任；免职或者解聘程序与任命或者聘任程序相同。

事业单位和业务主管部门的总会计师依照干部管理权限任命或者聘任；免职或者解聘程序与任命或者聘任程序相同。

第十六条 总会计师必须具备下列条件：

（一）坚持社会主义方向，积极为社会主义建设和改革开放服务；

（二）坚持原则，廉洁奉公；

（三）取得会计师任职资格后，主管一个单位或者单位内一个重要方面的财务会计工作时间不少于3年；

（四）有较高的理论政策水平，熟悉国家财经法律、法规、方针、政策和制度，掌握现代化管理的有关知识；

（五）具备本行业的基本业务知识，熟悉行业情况，有较强的组织领导能力；

（六）身体健康，能胜任本职工作。

第十七条 总会计师在工作中成绩显著，有下列情形之一的，依照国家有关企业职工或者国家行政机关工作人员奖惩的规定给予奖励：

（一）在加强财务会计管理，应用现代化会计方法和技术手段，提高财务管理水平和经济效益方面，取得显著成绩的；

（二）在组织经济核算，挖掘增产节约、增收节支潜力，加速资金周转，提高资金使用效果方面，取得显著成绩的；

（三）在维护国家财经纪律，抵制违法行为，保护国家财产，防止或者避免国家财产遭受重大损失方面，有突出贡献的；

（四）在廉政建设方面，事迹突出的；
（五）有其他突出成就或者模范事迹的。

第十八条 总会计师在工作中有下列情形之一的，应当区别情节轻重，依照国家有关企业职工或者国家行政机关工作人员奖惩的规定给予处分：

（一）违反法律、法规、方针、政策和财经制度，造成财会工作严重混乱的；
（二）对偷税漏税，截留应当上交国家的收入，滥发奖金、补贴，挥霍浪费国家资财，损害国家利益的行为，不抵制、不制止、不报告，致使国家利益遭受损失的；
（三）在其主管的工作范围内发生严重失误，或者由于玩忽职守，致使国家利益遭受损失的；
（四）以权谋私，弄虚作假，徇私舞弊，致使国家利益遭受损失，或者造成恶劣影响的；
（五）有其他渎职行为和严重错误的。

总会计师有前款所列行为，情节严重，构成犯罪的，由司法机关依法追究刑事责任。

第十九条 单位主要行政领导人阻碍总会计师行使职权的，以及对其打击报复或者变相打击报复的，上级主管单位应当根据情节给予行政处分。情节严重，构成犯罪的，由司法机关依法追究刑事责任。

第五章 附则

第二十条 城乡集体所有制企业事业单位需要设置总会计师的，参照本条例执行。

第二十一条 各省、自治区、直辖市，国务院各部门可以根据本条例的规定，结合本地区、本部门的实际情况制定实施办法。

第二十二条 本条例由财政部负责解释。

第二十三条 本条例自发布之日起施行。1963年10月18日国务院批转国家经济委员会、财政部《关于国营工业、交通企业设置总会计师的几项规定（草案）》、1978年9月12日国务院发布的《会计人员职权条例》中有关总会计师的规定同时废止。

1.5 会计人员管理办法

2018年12月6日 财会〔2018〕33号

第一条 为加强会计人员管理，规范会计人员行为，根据《中华人民共和国会计法》及相关法律法规的规定，制定本办法。

第二条 会计人员，是指根据《中华人民共和国会计法》的规定，在国家机关、社会团体、企业、事业单位和其他组织（以下统称单位）中从事会计核算、实行会计监督等会计工作的人员。

会计人员包括从事下列具体会计工作的人员：
（一）出纳；
（二）稽核；
（三）资产、负债和所有者权益（净资产）的核算；
（四）收入、费用（支出）的核算；

（五）财务成果（政府预算执行结果）的核算；

（六）财务会计报告（决算报告）编制；

（七）会计监督；

（八）会计机构内会计档案管理；

（九）其他会计工作。

担任单位会计机构负责人（会计主管人员）、总会计师的人员，属于会计人员。

第三条 会计人员从事会计工作，应当符合下列要求：

（一）遵守《中华人民共和国会计法》和国家统一的会计制度等法律法规；

（二）具备良好的职业道德；

（三）按照国家有关规定参加继续教育；

（四）具备从事会计工作所需要的专业能力。

第四条 会计人员具有会计类专业知识，基本掌握会计基础知识和业务技能，能够独立处理基本会计业务，表明具备从事会计工作所需要的专业能力。

单位应当根据国家有关法律法规和本办法有关规定，判断会计人员是否具备从事会计工作所需要的专业能力。

第五条 单位应当根据《中华人民共和国会计法》等法律法规和本办法有关规定，结合会计工作需要，自主任用（聘用）会计人员。

单位任用（聘用）的会计机构负责人（会计主管人员）、总会计师，应当符合《中华人民共和国会计法》《总会计师条例》等法律法规和本办法有关规定。

单位应当对任用（聘用）的会计人员及其从业行为加强监督和管理。

第六条 因发生与会计职务有关的违法行为被依法追究刑事责任的人员，单位不得任用（聘用）其从事会计工作。

因违反《中华人民共和国会计法》有关规定受到行政处罚五年内不得从事会计工作的人员，处罚期届满前，单位不得任用（聘用）其从事会计工作。

本条第一款和第二款规定的违法人员行业禁入期限，自其违法行为被认定之日起计算。

第七条 单位应当根据有关法律法规、内部控制制度要求和会计业务需要设置会计岗位，明确会计人员职责权限。

第八条 县级以上地方人民政府财政部门、新疆生产建设兵团财政局、中央军委后勤保障部、中共中央直属机关事务管理局、国家机关事务管理局应当采用随机抽取检查对象、随机选派执法检查人员的方式，依法对单位任用（聘用）会计人员及其从业情况进行管理和监督检查，并将监督检查情况及结果及时向社会公开。

第九条 依法成立的会计人员自律组织，应当依据有关法律法规和其章程规定，指导督促会员依法从事会计工作，对违反有关法律法规、会计职业道德和其章程的会员进行惩戒。

第十条 各省、自治区、直辖市、计划单列市财政厅（局），新疆生产建设兵团财政局，中央军委后勤保障部、中共中央直属机关事务管理局、国家机关事务管理局可以根据本办法制定具体实施办法，报财政部备案。

第十一条 本办法自2019年1月1日起施行。

1.6 会计专业技术人员继续教育规定

2018年5月19日 财会〔2018〕10号

第一章 总则

第一条 为了规范会计专业技术人员继续教育，保障会计专业技术人员合法权益，不断提高会计专业技术人员素质，根据《中华人民共和国会计法》和《专业技术人员继续教育规定》（人力资源社会保障部令第25号），制定本规定。

第二条 国家机关、企业、事业单位以及社会团体等组织（以下称单位）具有会计专业技术资格的人员，或不具有会计专业技术资格但从事会计工作的人员（以下简称会计专业技术人员）继续教育，适用本规定。

第三条 会计专业技术人员继续教育应当紧密结合经济社会和会计行业发展要求，以能力建设为核心，突出针对性、实用性，兼顾系统性、前瞻性，为经济社会和会计行业发展提供人才保证和智力支持。

第四条 会计专业技术人员继续教育工作应当遵循下列基本原则：

（一）以人为本，按需施教。会计专业技术人员继续教育面向会计专业技术人员，引导会计专业技术人员更新知识、拓展技能，完善知识结构、全面提高素质。

（二）突出重点，提高能力。把握会计行业发展趋势和会计专业技术人员从业基本要求，引导会计专业技术人员树立诚信理念、提高职业道德和业务素质，全面提升专业胜任能力。

（三）加强指导，创新机制。统筹教育资源，引导社会力量参与继续教育，不断丰富继续教育内容，创新继续教育方式，提高继续教育质量，形成政府部门规划指导、社会力量积极参与、用人单位支持配合的会计专业技术人员继续教育新格局。

第五条 用人单位应当保障本单位会计专业技术人员参加继续教育的权利。

会计专业技术人员享有参加继续教育的权利和接受继续教育的义务。

第六条 具有会计专业技术资格的人员应当自取得会计专业技术资格的次年开始参加继续教育，并在规定时间内取得规定学分。

不具有会计专业技术资格但从事会计工作的人员应当自从事会计工作的次年开始参加继续教育，并在规定时间内取得规定学分。

第二章 管理体制

第七条 财政部负责制定全国会计专业技术人员继续教育政策，会同人力资源社会保障部监督指导全国会计专业技术人员继续教育工作的组织实施，人力资源社会保障部负责对全国会计专业技术人员继续教育工作进行综合管理和统筹协调。

除本规定另有规定外，县级以上地方人民政府财政部门、人力资源社会保障部门共同负责本地区会计专业技术人员继续教育工作。

第八条 新疆生产建设兵团按照财政部、人力资源社会保障部有关规定，负责所属单位的会计专业技术人员继续教育工作。中共中央直属机关事务管理局、国家机关事务管理局（以下统称中央主管单位）按照财政部、人力资源社会保障部有关规定，分别负责中央在京单位的会计专业技术人员继续教育工作。

第三章　内容与形式

第九条　会计专业技术人员继续教育内容包括公需科目和专业科目。

公需科目包括专业技术人员应当普遍掌握的法律法规、政策理论、职业道德、技术信息等基本知识，专业科目包括会计专业技术人员从事会计工作应当掌握的财务会计、管理会计、财务管理、内部控制与风险管理、会计信息化、会计职业道德、财税金融、会计法律法规等相关专业知识。

财政部会同人力资源社会保障部根据会计专业技术人员能力框架，定期发布继续教育公需科目指南、专业科目指南，对会计专业技术人员继续教育内容进行指导。

第十条　会计专业技术人员可以自愿选择参加继续教育的形式。会计专业技术人员继续教育的形式有：

（一）参加县级以上地方人民政府财政部门、人力资源社会保障部门，新疆生产建设兵团财政局、人力资源社会保障局，中共中央直属机关事务管理局、国家机关事务管理局（以下统称继续教育管理部门）组织的会计专业技术人员继续教育培训、高端会计人才培训、全国会计专业技术资格考试等会计相关考试、会计类专业会议等；

（二）参加会计继续教育机构或用人单位组织的会计专业技术人员继续教育培训；

（三）参加国家教育行政主管部门承认的中专以上（含中专，下同）会计类专业学历（学位）教育；承担继续教育管理部门或行业组织（团体）的会计类研究课题，或在有国内统一刊号（CN）的经济、管理类报刊上发表会计类论文；公开出版会计类书籍；参加注册会计师、资产评估师、税务师等继续教育培训；

（四）继续教育管理部门认可的其他形式。

第十一条　会计专业技术人员继续教育采用的课程、教学方法，应当适应会计工作要求和特点。同时，积极推广网络教育等方式，提高继续教育教学和管理的信息化水平。

第四章　学分管理

第十二条　会计专业技术人员参加继续教育实行学分制管理，每年参加继续教育取得的学分不少于90学分。其中，专业科目一般不少于总学分的三分之二。

会计专业技术人员参加继续教育取得的学分，在全国范围内当年度有效，不得结转以后年度。

第十三条　参加本规定第十条规定形式的继续教育，其学分计量标准如下：

（一）参加全国会计专业技术资格考试等会计相关考试，每通过一科考试或被录取的，折算为90学分；

（二）参加会计类专业会议，每天折算为10学分；

（三）参加国家教育行政主管部门承认的中专以上会计类专业学历（学位）教育，通过当年度一门学习课程考试或考核的，折算为90学分；

（四）独立承担继续教育管理部门或行业组织（团体）的会计类研究课题，课题结项的，每项研究课题折算为90学分；与他人合作完成的，每项研究课题的课题主持人折算为90学分，其他参与人每人折算为60学分；

（五）独立在有国内统一刊号（CN）的经济、管理类报刊上发表会计类论文的，每篇论文折算为30学分；与他人合作发表的，每篇论文的第一作者折算为30学分，其他作者每人折算为10学分；

（六）独立公开出版会计类书籍的，每本会计类书籍折算为90学分；与他人合作出版的，每本会计类书籍的第一作者折算为90学分，其他作者每人折算为60学分；

（七）参加其他形式的继续教育，学分计量标准由各省、自治区、直辖市、计划单列市财政厅（局）（以下称省级财政部门）、新疆生产建设兵团财政局会同本地区人力资源社会保障部门、中央主管单位制定。

第十四条　对会计专业技术人员参加继续教育情况实行登记管理。

用人单位应当对会计专业技术人员参加继续教育的种类、内容、时间和考试考核结果等情况进行记录，并在培训结束后及时按照要求将有关情况报送所在地县级以上地方人民政府财政部门、新疆生产建设兵团财政局或中央主管单位。

省级财政部门、新疆生产建设兵团财政局、中央主管单位应当建立会计专业技术人员继续教育信息管理系统，对会计专业技术人员参加继续教育取得的学分进行登记，如实记载会计专业技术人员接受继续教育情况。

继续教育登记可以采用以下方式：

（一）会计专业技术人员参加继续教育管理部门组织的继续教育和会计相关考试，县级以上地方人民政府财政部门、新疆生产建设兵团财政局或中央主管单位应当直接为会计专业技术人员办理继续教育事项登记；

（二）会计专业技术人员参加会计继续教育机构或用人单位组织的继续教育，县级以上地方人民政府财政部门、新疆生产建设兵团财政局或中央主管单位应当根据会计继续教育机构或用人单位报送的会计专业技术人员继续教育信息，为会计专业技术人员办理继续教育事项登记；

（三）会计专业技术人员参加继续教育采取上述（一）、（二）以外其他形式的，应当在年度内登陆所属县级以上地方人民政府财政部门、新疆生产建设兵团财政局或中央主管单位指定网站，按要求上传相关证明材料，申请办理继续教育事项登记；也可持相关证明材料向所属继续教育管理部门申请办理继续教育事项登记。

第五章　会计继续教育机构管理

第十五条　会计继续教育机构必须同时符合下列条件：
（一）具备承担继续教育相适应的教学设施，面授教育机构还应有相应的教学场所；
（二）拥有与承担继续教育相适应的师资队伍和管理力量；
（三）制定完善的教学计划、管理制度和其他相关制度；
（四）能够完成所承担的继续教育任务，保证教学质量；
（五）符合有关法律法规的规定。

应当充分发挥国家会计学院、会计行业组织（团体）、各类继续教育培训基地（中心）等在开展会计专业技术人员继续教育方面的主渠道作用，鼓励、引导高等院校、科研院所等单位参与会计专业技术人员继续教育工作。

第十六条　会计继续教育机构应当认真实施继续教育教学计划，向社会公开继续教育的范围、内容、收费项目及标准等情况。

第十七条 会计继续教育机构应当按照专兼职结合的原则，聘请具有丰富实践经验、较高理论水平的业务骨干和专家学者，建立继续教育师资库。

第十八条 会计继续教育机构应当建立健全继续教育培训档案，根据考试或考核结果如实出具会计专业技术人员参加继续教育的证明，并在培训结束后及时按照要求将有关情况报送所在地县级以上地方人民政府财政部门、新疆生产建设兵团财政局或中央主管单位。

第十九条 会计继续教育机构不得有下列行为：

（一）采取虚假、欺诈等不正当手段招揽生源；

（二）以会计专业技术人员继续教育名义组织旅游或者进行其他高消费活动；

（三）以会计专业技术人员继续教育名义乱收费或者只收费不培训。

第六章　考核与评价

第二十条 用人单位应当建立本单位会计专业技术人员继续教育与使用、晋升相衔接的激励机制，将参加继续教育情况作为会计专业技术人员考核评价、岗位聘用的重要依据。

会计专业技术人员参加继续教育情况，应当作为聘任会计专业技术职务或者申报评定上一级资格的重要条件。

第二十一条 继续教育管理部门应当加强对会计专业技术人员参加继续教育情况的考核与评价，并将考核、评价结果作为参加会计专业技术资格考试或评审、先进会计工作者评选、高端会计人才选拔等的依据之一，并纳入其信用信息档案。

对未按规定参加继续教育或者参加继续教育未取得规定学分的会计专业技术人员，继续教育管理部门应当责令其限期改正。

第二十二条 继续教育管理部门应当依法对会计继续教育机构、用人单位执行本规定的情况进行监督。

第二十三条 继续教育管理部门应当定期组织或者委托第三方评估机构对所在地会计继续教育机构进行教学质量评估，评估结果作为承担下年度继续教育任务的重要参考。

第二十四条 会计继续教育机构发生本规定第十九条行为，继续教育管理部门应当责令其限期改正，并依法依规进行处理。

第七章　附则

第二十五条 中央军委后勤保障部会计专业技术人员继续教育工作，参照本规定执行。

第二十六条 省级财政部门、新疆生产建设兵团财政局可会同本地区人力资源社会保障部门根据本规定制定具体实施办法，报财政部、人力资源社会保障部备案。

中央主管单位可根据本规定制定具体实施办法，报财政部、人力资源社会保障部备案。

第二十七条 本规定自2018年7月1日起施行。财政部2013年8月27日印发的《会计人员继续教育规定》（财会〔2013〕18号）同时废止。

1.7 会计档案管理办法

2015 年 12 月 11 日　财政部、国家档案局令第 79 号

第一条　为了加强会计档案管理，有效保护和利用会计档案，根据《中华人民共和国会计法》《中华人民共和国档案法》等有关法律和行政法规，制定本办法。

第二条　国家机关、社会团体、企业、事业单位和其他组织（以下统称单位）管理会计档案适用本办法。

第三条　本办法所称会计档案是指单位在进行会计核算等过程中接收或形成的，记录和反映单位经济业务事项的，具有保存价值的文字、图表等各种形式的会计资料，包括通过计算机等电子设备形成、传输和存储的电子会计档案。

第四条　财政部和国家档案局主管全国会计档案工作，共同制定全国统一的会计档案工作制度，对全国会计档案工作实行监督和指导。

县级以上地方人民政府财政部门和档案行政管理部门管理本行政区域内的会计档案工作，并对本行政区域内会计档案工作实行监督和指导。

第五条　单位应当加强会计档案管理工作，建立和完善会计档案的收集、整理、保管、利用和鉴定销毁等管理制度，采取可靠的安全防护技术和措施，保证会计档案的真实、完整、可用、安全。

单位的档案机构或者档案工作人员所属机构（以下统称单位档案管理机构）负责管理本单位的会计档案。单位也可以委托具备档案管理条件的机构代为管理会计档案。

第六条　下列会计资料应当进行归档：

（一）会计凭证，包括原始凭证、记账凭证；

（二）会计账簿，包括总账、明细账、日记账、固定资产卡片及其他辅助性账簿；

（三）财务会计报告，包括月度、季度、半年度、年度财务会计报告；

（四）其他会计资料，包括银行存款余额调节表、银行对账单、纳税申报表、会计档案移交清册、会计档案保管清册、会计档案销毁清册、会计档案鉴定意见书及其他具有保存价值的会计资料。

第七条　单位可以利用计算机、网络通信等信息技术手段管理会计档案。

第八条　同时满足下列条件的，单位内部形成的属于归档范围的电子会计资料可仅以电子形式保存，形成电子会计档案：

（一）形成的电子会计资料来源真实有效，由计算机等电子设备形成和传输；

（二）使用的会计核算系统能够准确、完整、有效接收和读取电子会计资料，能够输出符合国家标准归档格式的会计凭证、会计账簿、财务会计报表等会计资料，设定了经办、审核、审批等必要的审签程序；

（三）使用的电子档案管理系统能够有效接收、管理、利用电子会计档案，符合电子档案的长期保管要求，并建立了电子会计档案与相关联的其他纸质会计档案的检索关系；

（四）采取有效措施，防止电子会计档案被篡改；

（五）建立电子会计档案备份制度，能够有效防范自然灾害、意外事故和人为破坏的影响；

（六）形成的电子会计资料不属于具有永久保存价值或者其他重要保存价值的会计档案。

第九条 满足本办法第八条规定条件，单位从外部接收的电子会计资料附有符合《中华人民共和国电子签名法》规定的电子签名的，可仅以电子形式归档保存，形成电子会计档案。

第十条 单位的会计机构或会计人员所属机构（以下统称单位会计管理机构）按照归档范围和归档要求，负责定期将应当归档的会计资料整理立卷，编制会计档案保管清册。

第十一条 当年形成的会计档案，在会计年度终了后，可由单位会计管理机构临时保管一年，再移交单位档案管理机构保管。因工作需要确需推迟移交的，应当经单位档案管理机构同意。

单位会计管理机构临时保管会计档案最长不超过三年。临时保管期间，会计档案的保管应当符合国家档案管理的有关规定，且出纳人员不得兼管会计档案。

第十二条 单位会计管理机构在办理会计档案移交时，应当编制会计档案移交清册，并按照国家档案管理的有关规定办理移交手续。

纸质会计档案移交时应当保持原卷的封装。电子会计档案移交时应当将电子会计档案及其元数据一并移交，且文件格式应当符合国家档案管理的有关规定。特殊格式的电子会计档案应当与其读取平台一并移交。

单位档案管理机构接收电子会计档案时，应当对电子会计档案的准确性、完整性、可用性、安全性进行检测，符合要求的才能接收。

第十三条 单位应当严格按照相关制度利用会计档案，在进行会计档案查阅、复制、借出时履行登记手续，严禁篡改和损坏。

单位保存的会计档案一般不得对外借出。确因工作需要且根据国家有关规定必须借出的，应当严格按照规定办理相关手续。

会计档案借用单位应当妥善保管和利用借入的会计档案，确保借入会计档案的安全完整，并在规定时间内归还。

第十四条 会计档案的保管期限分为永久、定期两类。定期保管期限一般分为10年和30年。

会计档案的保管期限，从会计年度终了后的第一天算起。

第十五条 各类会计档案的保管期限原则上应当按照本办法附表执行，本办法规定的会计档案保管期限为最低保管期限。

单位会计档案的具体名称如有同本办法附表所列档案名称不相符的，应当比照类似档案的保管期限办理。

第十六条 单位应当定期对已到保管期限的会计档案进行鉴定，并形成会计档案鉴定意见书。经鉴定，仍需继续保存的会计档案，应当重新划定保管期限；对保管期满、确无保存价值的会计档案，可以销毁。

第十七条 会计档案鉴定工作应当由单位档案管理机构牵头，组织单位会计、审计、纪检监察等机构或人员共同进行。

第十八条 经鉴定可以销毁的会计档案，应当按照以下程序销毁：

（一）单位档案管理机构编制会计档案销毁清册，列明拟销毁会计档案的名称、卷号、册数、起止年度、档案编号、应保管期限、已保管期限和销毁时间等内容。

（二）单位负责人、档案管理机构负责人、会计管理机构负责人、档案管理机构经办人、会计管理机构经办人在会计档案销毁清册上签署意见。

（三）单位档案管理机构负责组织会计档案销毁工作，并与会计管理机构共同派员监销。监销人在会计档案销毁前，应当按照会计档案销毁清册所列内容进行清点核对；在会计档案销毁后，应当在会计档案销毁清册上签名或盖章。

电子会计档案的销毁还应当符合国家有关电子档案的规定，并由单位档案管理机构、会计管理机构和信息系统管理机构共同派员监销。

第十九条 保管期满但未结清的债权债务会计凭证和涉及其他未了事项的会计凭证不得销毁，纸质会计档案应当单独抽出立卷，电子会计档案单独转存，保管到未了事项完结时为止。

单独抽出立卷或转存的会计档案，应当在会计档案鉴定意见书、会计档案销毁清册和会计档案保管清册中列明。

第二十条 单位因撤销、解散、破产或其他原因而终止的，在终止或办理注销登记手续之前形成的会计档案，按照国家档案管理的有关规定处置。

第二十一条 单位分立后原单位存续的，其会计档案应当由分立后的存续方统一保管，其他方可以查阅、复制与其业务相关的会计档案。

单位分立后原单位解散的，其会计档案应当经各方协商后由其中一方代管或按照国家档案管理的有关规定处置，各方可以查阅、复制与其业务相关的会计档案。

单位分立中未结清的会计事项所涉及的会计凭证，应当单独抽出由业务相关方保存，并按照规定办理交接手续。

单位因业务移交其他单位办理所涉及的会计档案，应当由原单位保管，承接业务单位可以查阅、复制与其业务相关的会计档案。对其中未结清的会计事项所涉及的会计凭证，应当单独抽出由承接业务单位保存，并按照规定办理交接手续。

第二十二条 单位合并后原各单位解散或者一方存续其他方解散的，原各单位的会计档案应当由合并后的单位统一保管。单位合并后原各单位仍存续的，其会计档案仍应当由原各单位保管。

第二十三条 建设单位在项目建设期间形成的会计档案，需要移交给建设项目接受单位的，应当在办理竣工财务决算后及时移交，并按照规定办理交接手续。

第二十四条 单位之间交接会计档案时，交接双方应当办理会计档案交接手续。

移交会计档案的单位，应当编制会计档案移交清册，列明应当移交的会计档案名称、卷号、册数、起止年度、档案编号、应保管期限和已保管期限等内容。

交接会计档案时，交接双方应当按照会计档案移交清册所列内容逐项交接，并由交接双方的单位有关负责人负责监督。交接完毕后，交接双方经办人和监督人应当在会计档案移交清册上签名或盖章。

电子会计档案应当与其元数据一并移交，特殊格式的电子会计档案应当与其读取平台一并移交。档案接受单位应当对保存电子会计档案的载体及其技术环境进行检验，确保所接收电子会计档案的准确、完整、可用和安全。

第二十五条 单位的会计档案及其复制件需要携带、寄运或者传输至境外的，应当按照国家有关规定执行。

第二十六条 单位委托中介机构代理记账的，应当在签订的书面委托合同中，明确会计档案的管理要求及相应责任。

第二十七条 违反本办法规定的单位和个人，由县级以上人民政府财政部门、档案行政管理部门依据《中华人民共和国会计法》《中华人民共和国档案法》等法律法规处理处罚。

第二十八条 预算、计划、制度等文件材料，应当执行文书档案管理规定，不适用本办法。

第二十九条 不具备设立档案机构或配备档案工作人员条件的单位和依法建账的个体工商户，其会计档案的收集、整理、保管、利用和鉴定销毁等参照本办法执行。

第三十条 各省、自治区、直辖市、计划单列市人民政府财政部门、档案行政管理部门、新疆生产建设兵团财务局、档案局，国务院各业务主管部门，中国人民解放军总后勤部，可以根据本办法制定具体实施办法。

第三十一条 本办法由财政部、国家档案局负责解释，自 2016 年 1 月 1 日起施行。1998 年 8 月 21 日财政部、国家档案局发布的《会计档案管理办法》（财会字〔1998〕32 号）同时废止。

附表：1. 企业和其他组织会计档案保管期限表
2. 财政总预算、行政单位、事业单位和税收会计档案保管期限表

附表 1

企业和其他组织会计档案保管期限表

序号	档案名称	保管期限	备注
一	会计凭证		
1	原始凭证	30 年	
2	记账凭证	30 年	
二	会计账簿		
3	总账	30 年	
4	明细账	30 年	
5	日记账	30 年	
6	固定资产卡片		固定资产报废清理后保管 5 年
7	其他辅助性账簿	30 年	
三	财务会计报告		
8	月度、季度、半年度财务会计报告	10 年	
9	年度财务会计报告	永久	
四	其他会计资料		
10	银行存款余额调节表	10 年	
11	银行对账单	10 年	
12	纳税申报表	10 年	
13	会计档案移交清册	30 年	
14	会计档案保管清册	永久	
15	会计档案销毁清册	永久	
16	会计档案鉴定意见书	永久	

附表 2

财政总预算、行政单位、事业单位和税收会计档案保管期限表

序号	档案名称	保管期限			备注
		财政总预算	行政单位事业单位	税收会计	
一	会计凭证				
1	国家金库编送的各种报表及缴库退库凭证	10 年		10 年	
2	各收入机关编送的报表	10 年			
3	行政单位和事业单位的各种会计凭证		30 年		包括：原始凭证、记账凭证和传票汇总表
4	财政总预算拨款凭证和其他会计凭证	30 年			包括：拨款凭证和其他会计凭证
二	会计账簿				
5	日记账		30 年	30 年	
6	总账	30 年	30 年	30 年	
7	税收日记账（总账）			30 年	
8	明细分类、分户账或登记簿	30 年	30 年	30 年	
9	行政单位和事业单位固定资产卡片				固定资产报废清理后保管 5 年
三	财务会计报告				
10	政府综合财务报告	永久			下级财政、本级部门和单位报送的保管 2 年
11	部门财务报告		永久		所属单位报送的保管 2 年
12	财政总决算	永久			下级财政、本级部门和单位报送的保管 2 年
13	部门决算		永久		所属单位报送的保管 2 年
14	税收年报（决算）			永久	
15	国家金库年报（决算）	10 年			
16	基本建设拨、贷款年报（决算）	10 年			
17	行政单位和事业单位会计月、季度报表		10 年		所属单位报送的保管 2 年
18	税收会计报表			10 年	所属税务机关报送的保管 2 年
四	其他会计资料				
19	银行存款余额调节表	10 年	10 年		
20	银行对账单	10 年	10 年	10 年	
21	会计档案移交清册	30 年	30 年	30 年	

续表

序号	档案名称	保管期限			备注
		财政总预算	行政单位事业单位	税收会计	
22	会计档案保管清册	永久	永久	永久	
23	会计档案销毁清册	永久	永久	永久	
24	会计档案鉴定意见书	永久	永久	永久	

注：税务机关的税务经费会计档案保管期限，按行政单位会计档案保管期限规定办理。

1.8 关于规范电子会计凭证报销入账归档的通知

2020 年 3 月 23 日　财会〔2020〕6 号

党中央有关部门财务部门、档案部门，各省、自治区、直辖市、计划单列市财政厅（局）、档案局，新疆生产建设兵团财政局、档案局，国务院各部委财务部门、档案部门，财政部各地监管局，有关人民团体财务部门、档案部门，中央企业财务部门、档案部门：

为适应电子商务、电子政务发展，规范各类电子会计凭证的报销入账归档，根据国家有关法律、行政法规，现就有关事项通知如下：

一、本通知所称电子会计凭证，是指单位从外部接收的电子形式的各类会计凭证，包括电子发票、财政电子票据、电子客票、电子行程单、电子海关专用缴款书、银行电子回单等电子会计凭证。

二、来源合法、真实的电子会计凭证与纸质会计凭证具有同等法律效力。

三、除法律和行政法规另有规定外，同时满足下列条件的，单位可以仅使用电子会计凭证进行报销入账归档：

（一）接收的电子会计凭证经查验合法、真实；

（二）电子会计凭证的传输、存储安全、可靠，对电子会计凭证的任何篡改能够及时被发现；

（三）使用的会计核算系统能够准确、完整、有效接收和读取电子会计凭证及其元数据，能够按照国家统一的会计制度完成会计核算业务，能够按照国家档案行政管理部门规定格式输出电子会计凭证及其元数据，设定了经办、审核、审批等必要的审签程序，且能有效防止电子会计凭证重复入账；

（四）电子会计凭证的归档及管理符合《会计档案管理办法》（财政部国家档案局令第79号）等要求。

四、单位以电子会计凭证的纸质打印件作为报销入账归档依据的，必须同时保存打印该纸质件的电子会计凭证。

五、符合档案管理要求的电子会计档案与纸质档案具有同等法律效力。除法律、行政法规另有规定外，电子会计档案可不再另以纸质形式保存。

六、单位和个人在电子会计凭证报销入账归档中存在违反本通知规定行为的，县级以上人民政府财政部门、档案行政管理部门应当依据《中华人民共和国会计法》《中华人民共和国档案法》等有关法律、行政法规处理处罚。

七、本通知由财政部、国家档案局负责解释，并自发布之日起施行。

财政部

国家档案局

2020 年 3 月 23 日

1.9　企业会计信息化工作规范

2013 年 12 月 6 日　财会〔2013〕20 号

第一章　总则

第一条　为推动企业会计信息化，节约社会资源，提高会计软件和相关服务质量，规范信息化环境下的会计工作，根据《中华人民共和国会计法》《财政部关于全面推进我国会计信息化工作的指导意见》（财会〔2009〕6 号），制定本规范。

第二条　本规范所称会计信息化，是指企业利用计算机、网络通信等现代信息技术手段开展会计核算，以及利用上述技术手段将会计核算与其他经营管理活动有机结合的过程。

本规范所称会计软件，是指企业使用的，专门用于会计核算、财务管理的计算机软件、软件系统或者其功能模块。会计软件具有以下功能：

（一）为会计核算、财务管理直接采集数据；

（二）生成会计凭证、账簿、报表等会计资料；

（三）对会计资料进行转换、输出、分析、利用。

本规范所称会计信息系统，是指由会计软件及其运行所依赖的软硬件环境组成的集合体。

第三条　企业（含代理记账机构，下同）开展会计信息化工作，软件供应商（含相关咨询服务机构，下同）提供会计软件和相关服务，适用本规范。

第四条　财政部主管全国企业会计信息化工作，主要职责包括：

（一）拟订企业会计信息化发展政策；

（二）起草、制定企业会计信息化技术标准；

（三）指导和监督企业开展会计信息化工作；

（四）规范会计软件功能。

第五条　县级以上地方人民政府财政部门管理本地区企业会计信息化工作，指导和监督本地区企业开展会计信息化工作。

第二章　会计软件和服务

第六条　会计软件应当保障企业按照国家统一会计准则制度开展会计核算，不得有违背国家统一会计准则制度的功能设计。

第七条 会计软件的界面应当使用中文并且提供对中文处理的支持，可以同时提供外国或者少数民族文字界面对照和处理支持。

第八条 会计软件应当提供符合国家统一会计准则制度的会计科目分类和编码功能。

第九条 会计软件应当提供符合国家统一会计准则制度的会计凭证、账簿和报表的显示和打印功能。

第十条 会计软件应当提供不可逆的记账功能，确保对同类已记账凭证的连续编号，不得提供对已记账凭证的删除和插入功能，不得提供对已记账凭证日期、金额、科目和操作人的修改功能。

第十一条 鼓励软件供应商在会计软件中集成可扩展商业报告语言（XBRL）功能，便于企业生成符合国家统一标准的 XBRL 财务报告。

第十二条 会计软件应当具有符合国家统一标准的数据接口，满足外部会计监督需要。

第十三条 会计软件应当具有会计资料归档功能，提供导出会计档案的接口，在会计档案存储格式、元数据采集、真实性与完整性保障方面，符合国家有关电子文件归档与电子档案管理的要求。

第十四条 会计软件应当记录生成用户操作日志，确保日志的安全、完整，提供按操作人员、操作时间和操作内容查询日志的功能，并能以简单易懂的形式输出。

第十五条 以远程访问、云计算等方式提供会计软件的供应商，应当在技术上保证客户会计资料的安全、完整。对于因供应商原因造成客户会计资料泄露、毁损的，客户可以要求供应商承担赔偿责任。

第十六条 客户以远程访问、云计算等方式使用会计软件生成的电子会计资料归客户所有。

软件供应商应当提供符合国家统一标准的数据接口供客户导出电子会计资料，不得以任何理由拒绝客户导出电子会计资料的请求。

第十七条 以远程访问、云计算等方式提供会计软件的供应商，应当做好本厂商不能维持服务情况下，保障企业电子会计资料安全以及企业会计工作持续进行的预案，并在相关服务合同中与客户就该预案做出约定。

第十八条 软件供应商应当努力提高会计软件相关服务质量，按照合同约定及时解决用户使用中的故障问题。

会计软件存在影响客户按照国家统一会计准则制度进行会计核算问题的，软件供应商应当为用户免费提供更正程序。

第十九条 鼓励软件供应商采用呼叫中心、在线客服等方式为用户提供实时技术支持。

第二十条 软件供应商应当就如何通过会计软件开展会计监督工作，提供专门教程和相关资料。

第三章 企业会计信息化

第二十一条 企业应当充分重视会计信息化工作，加强组织领导和人才培养，不断推进会计信息化在本企业的应用。

除本条第三款规定外，企业应当指定专门机构或者岗位负责会计信息化工作。

未设置会计机构和配备会计人员的企业，由其委托的代理记账机构开展会计信息化工作。

第二十二条 企业开展会计信息化工作，应当根据发展目标和实际需要，合理确定建设内容，避免投资浪费。

第二十三条 企业开展会计信息化工作，应当注重信息系统与经营环境的契合，通过信息化推动管理模式、组织架构、业务流程的优化与革新，建立健全适应信息化工作环境的制度体系。

第二十四条 大型企业、企业集团开展会计信息化工作，应当注重整体规划，统一技术标准、编码规则和系统参数，实现各系统的有机整合，消除信息孤岛。

第二十五条 企业配备的会计软件应当符合本规范第二章要求。

第二十六条 企业配备会计软件，应当根据自身技术力量以及业务需求，考虑软件功能、安全性、稳定性、响应速度、可扩展性等要求，合理选择购买、定制开发、购买与开发相结合等方式。

定制开发包括企业自行开发、委托外部单位开发、企业与外部单位联合开发。

第二十七条 企业通过委托外部单位开发、购买等方式配备会计软件，应当在有关合同中约定操作培训、软件升级、故障解决等服务事项，以及软件供应商对企业信息安全的责任。

第二十八条 企业应当促进会计信息系统与业务信息系统的一体化，通过业务的处理直接驱动会计记账，减少人工操作，提高业务数据与会计数据的一致性，实现企业内部信息资源共享。

第二十九条 企业应当根据实际情况，开展本企业信息系统与银行、供应商、客户等外部单位信息系统的互联，实现外部交易信息的集中自动处理。

第三十条 企业进行会计信息系统前端系统的建设和改造，应当安排负责会计信息化工作的专门机构或者岗位参与，充分考虑会计信息系统的数据需求。

第三十一条 企业应当遵循企业内部控制规范体系要求，加强对会计信息系统规划、设计、开发、运行、维护全过程的控制，将控制过程和控制规则融入会计信息系统，实现对违反控制规则情况的自动防范和监控，提高内部控制水平。

第三十二条 对于信息系统自动生成、且具有明晰审核规则的会计凭证，可以将审核规则嵌入会计软件，由计算机自动审核。未经自动审核的会计凭证，应当先经人工审核再进行后续处理。

第三十三条 处于会计核算信息化阶段的企业，应当结合自身情况，逐步实现资金管理、资产管理、预算控制、成本管理等财务管理信息化。

处于财务管理信息化阶段的企业，应当结合自身情况，逐步实现财务分析、全面预算管理、风险控制、绩效考核等决策支持信息化。

第三十四条 分公司、子公司数量多、分布广的大型企业、企业集团应当探索利用信息技术促进会计工作的集中，逐步建立财务共享服务中心。

实行会计工作集中的企业以及企业分支机构，应当为外部会计监督机构及时查询和调阅异地储存的会计资料提供必要条件。

第三十五条 外商投资企业使用的境外投资者指定的会计软件或者跨国企业集团统一部署的会计软件，应当符合本规范第二章要求。

第三十六条 企业会计信息系统数据服务器的部署应当符合国家有关规定。数据服务器部署在境外的，应当在境内保存会计资料备份，备份频率不得低于每月一次。境内备份的会计资料应当能够在境外服务器不能正常工作时，独立满足企业开展会计工作的需要以及外部会计监督的需要。

第三十七条 企业会计资料中对经济业务事项的描述应当使用中文，可以同时使用外国或者少数民族文字对照。

第三十八条 企业应当建立电子会计资料备份管理制度,确保会计资料的安全、完整和会计信息系统的持续、稳定运行。

第三十九条 企业不得在非涉密信息系统中存储、处理和传输涉及国家秘密,关系国家经济信息安全的电子会计资料;未经有关主管部门批准,不得将其携带、寄运或者传输至境外。

第四十条 企业内部生成的会计凭证、账簿和辅助性会计资料,同时满足下列条件的,可以不输出纸面资料:

(一)所记载的事项属于本企业重复发生的日常业务;

(二)由企业信息系统自动生成;

(三)可及时在企业信息系统中以人类可读形式查询和输出;

(四)企业信息系统具有防止相关数据被篡改的有效机制;

(五)企业对相关数据建立了电子备份制度,能有效防范自然灾害、意外事故和人为破坏的影响;

(六)企业对电子和纸面会计资料建立了完善的索引体系。

第四十一条 企业获得的需要外部单位或者个人证明的原始凭证和其他会计资料,同时满足下列条件的,可以不输出纸面资料:

(一)会计资料附有外部单位或者个人的、符合《中华人民共和国电子签名法》的可靠的电子签名;

(二)电子签名经符合《中华人民共和国电子签名法》的第三方认证;

(三)满足第四十条第(一)项、第(三)项、第(五)项和第(六)项规定的条件。

第四十二条 企业会计资料的归档管理,遵循国家有关会计档案管理的规定。

第四十三条 实施企业会计准则通用分类标准的企业,应当按照有关要求向财政部报送 XBRL 财务报告。

第四章 监督

第四十四条 企业使用会计软件不符合本规范要求的,由财政部门责令限期改正。限期不改的,财政部门应当予以公示,并将有关情况通报同级相关部门或其派出机构。

第四十五条 财政部采取组织同行评议,向用户企业征求意见等方式对软件供应商提供的会计软件遵循本规范的情况进行检查。

省、自治区、直辖市人民政府财政部门发现会计软件不符合本规范规定的,应当将有关情况报财政部。

任何单位和个人发现会计软件不符合本规范要求的,有权向所在地省(自治区、直辖市)人民政府财政部门反映,财政部门应当根据反映开展调查,并按本条第二款规定处理。

第四十六条 软件供应商提供的会计软件不符合本规范要求的,财政部可以约谈该供应商主要负责人,责令限期改正。限期内未改正的,由财政部予以公示,并将有关情况通报相关部门。

第五章 附则

第四十七条 省、自治区、直辖市人民政府财政部门可以根据本规范制定本地区具体实施办法。

第四十八条 自本规范施行之日起,《会计核算软件基本功能规范》(财会字〔1994〕27号)、《会计电算化工作规范》(财会字〔1996〕17号)不适用于企业及其会计软件。

第四十九条 本规范自2014年1月6日起施行,1994年6月30日财政部发布的《商品化会计核算软件评审规则》(财会字〔1994〕27号)、《会计电算化管理办法》(财会字〔1994〕27号)同时废止。

02 政府会计准则、实务指南及解释

2.1 政府会计准则第 1 号——存货

2016 年 7 月 6 日　财会〔2016〕12 号

第一章　总则

第一条　为了规范存货的确认、计量和相关信息的披露，根据《政府会计准则——基本准则》，制定本准则。

第二条　本准则所称存货，是指政府会计主体在开展业务活动及其他活动中为耗用或出售而储存的资产，如材料、产品、包装物和低值易耗品等，以及未达到固定资产标准的用具、装具、动植物等。

第三条　政府储备物资、收储土地等，适用其他相关政府会计准则。

第二章　存货的确认

第四条　存货同时满足下列条件的，应当予以确认：

（一）与该存货相关的服务潜力很可能实现或者经济利益很可能流入政府会计主体；

（二）该存货的成本或者价值能够可靠地计量。

第三章　存货的初始计量

第五条　存货在取得时应当按照成本进行初始计量。

第六条　政府会计主体购入的存货，其成本包括购买价款、相关税费、运输费、装卸费、保险费以及使得存货达到目前场所和状态所发生的归属于存货成本的其他支出。

第七条　政府会计主体自行加工的存货，其成本包括耗用的直接材料费用、发生的直接人工费用和按照一定方法分配的与存货加工有关的间接费用。

第八条　政府会计主体委托加工的存货，其成本包括委托加工前存货成本、委托加工的成本（如委托加工费以及按规定应计入委托加工存货成本的相关税费等）以及使存货达到目前场所和状态所发生的归属于存货成本的其他支出。

第九条 下列各项应当在发生时确认为当期费用，不计入存货成本：

（一）非正常消耗的直接材料、直接人工和间接费用。

（二）仓储费用（不包括在加工过程中为达到下一个加工阶段所必需的费用）。

（三）不能归属于使存货达到目前场所和状态所发生的其他支出。

第十条 政府会计主体通过置换取得的存货，其成本按照换出资产的评估价值，加上支付的补价或减去收到的补价，加上为换入存货发生的其他相关支出确定。

第十一条 政府会计主体接受捐赠的存货，其成本按照有关凭据注明的金额加上相关税费、运输费等确定；没有相关凭据可供取得，但按规定经过资产评估的，其成本按照评估价值加上相关税费、运输费等确定；没有相关凭据可供取得、也未经资产评估的，其成本比照同类或类似资产的市场价格加上相关税费、运输费等确定；没有相关凭据且未经资产评估、同类或类似资产的市场价格也无法可靠取得的，按照名义金额入账，相关税费、运输费等计入当期费用。

第十二条 政府会计主体无偿调入的存货，其成本按照调出方账面价值加上相关税费、运输费等确定。

第十三条 政府会计主体盘盈的存货，按规定经过资产评估的，其成本按照评估价值确定；未经资产评估的，其成本按照重置成本确定。

第四章 存货的后续计量

第十四条 政府会计主体应当根据实际情况采用先进先出法、加权平均法或者个别计价法确定发出存货的实际成本。计价方法一经确定，不得随意变更。

对于性质和用途相似的存货，应当采用相同的成本计价方法确定发出存货的成本。

对于不能替代使用的存货、为特定项目专门购入或加工的存货，通常采用个别计价法确定发出存货的成本。

第十五条 对于已发出的存货，应当将其成本结转为当期费用或者计入相关资产成本。

按规定报经批准对外捐赠、无偿调出的存货，应当将其账面余额予以转销，对外捐赠、无偿调出中发生的归属于捐出方、调出方的相关费用应当计入当期费用。

第十六条 政府会计主体应当采用一次转销法或者五五摊销法对低值易耗品、包装物进行摊销，将其成本计入当期费用或者相关资产成本。

第十七条 对于发生的存货毁损，应当将存货账面余额转销计入当期费用，并将毁损存货处置收入扣除相关处置税费后的差额按规定作应缴款项处理（差额为净收益时）或计入当期费用（差额为净损失时）。

第十八条 存货盘亏造成的损失，按规定报经批准后应当计入当期费用。

第五章 存货的披露

第十九条 政府会计主体应当在附注中披露与存货有关的下列信息：

（一）各类存货的期初和期末账面余额。

（二）确定发出存货成本所采用的方法。
（三）以名义金额计量的存货名称、数量，以及以名义金额计量的理由。
（四）其他有关存货变动的重要信息。

第六章　附则

第二十条　本准则自 2017 年 1 月 1 日起施行。

2.2　政府会计准则第 2 号——投资

2016 年 7 月 6 日　财会〔2016〕12 号

第一章　总则

第一条　为了规范投资的确认、计量和相关信息的披露，根据《政府会计准则——基本准则》，制定本准则。

第二条　本准则所称投资，是指政府会计主体按规定以货币资金、实物资产、无形资产等方式形成的债权或股权投资。

第三条　投资分为短期投资和长期投资。

短期投资，是指政府会计主体取得的持有时间不超过 1 年（含 1 年）的投资。

长期投资，是指政府会计主体取得的除短期投资以外的债权和股权性质的投资。

第四条　政府会计主体外币投资的折算，适用其他相关政府会计准则。

第二章　短期投资

第五条　短期投资在取得时，应当按照实际成本（包括购买价款和相关税费，下同）作为初始投资成本。

实际支付价款中包含的已到付息期但尚未领取的利息，应当于收到时冲减短期投资成本。

第六条　短期投资持有期间的利息，应当于实际收到时确认为投资收益。

第七条　期末，短期投资应当按照账面余额计量。

第八条　政府会计主体按规定出售或到期收回短期投资，应当将收到的价款扣除短期投资账面余额和相关税费后的差额计入投资损益。

第三章　长期投资

第九条　长期投资分为长期债权投资和长期股权投资。

第一节 长期债权投资

第十条 长期债券投资在取得时，应当按照实际成本作为初始投资成本。

实际支付价款中包含的已到付息期但尚未领取的债券利息，应当单独确认为应收利息，不计入长期债券投资初始投资成本。

第十一条 长期债券投资持有期间，应当按期以票面金额与票面利率计算确认利息收入。

对于分期付息、一次还本的长期债券投资，应当将计算确定的应收未收利息确认为应收利息，计入投资收益；对于一次还本付息的长期债券投资，应当将计算确定的应收未收利息计入投资收益，并增加长期债券投资的账面余额。

第十二条 政府会计主体按规定出售或到期收回长期债券投资，应当将实际收到的价款扣除长期债券投资账面余额和相关税费后的差额计入投资损益。

第十三条 政府会计主体进行除债券以外的其他债权投资，参照长期债券投资进行会计处理。

第二节 长期股权投资

第十四条 长期股权投资在取得时，应当按照实际成本作为初始投资成本。

（一）以支付现金取得的长期股权投资，按照实际支付的全部价款（包括购买价款和相关税费）作为实际成本。

实际支付价款中包含的已宣告但尚未发放的现金股利，应当单独确认为应收股利，不计入长期股权投资初始投资成本。

（二）以现金以外的其他资产置换取得的长期股权投资，其成本按照换出资产的评估价值加上支付的补价或减去收到的补价，加上换入长期股权投资发生的其他相关支出确定。

（三）接受捐赠的长期股权投资，其成本按照有关凭据注明的金额加上相关税费确定；没有相关凭据可供取得，但按规定经过资产评估的，其成本按照评估价值加上相关税费确定；没有相关凭据可供取得、也未经资产评估的，其成本比照同类或类似资产的市场价格加上相关税费确定。

（四）无偿调入的长期股权投资，其成本按照调出方账面价值加上相关税费确定。

第十五条 长期股权投资在持有期间，通常应当采用权益法进行核算。政府会计主体无权决定被投资单位的财务和经营政策或无权参与被投资单位的财务和经营政策决策的，应当采用成本法进行核算。

成本法，是指投资按照投资成本计量的方法。

权益法，是指投资最初以投资成本计量，以后根据政府会计主体在被投资单位所享有的所有者权益份额的变动对投资的账面余额进行调整的方法。

第十六条 在成本法下，长期股权投资的账面余额通常保持不变，但追加或收回投资时，应当相应调整其账面余额。长期股权投资持有期间，被投资单位宣告分派的现金股利或利润，政府会计主体应当按照宣告分派的现金股利或利润中属于政府会计主体应享有的份额确认为投资收益。

第十七条 采用权益法的，按照如下原则进行会计处理：

（一）政府会计主体取得长期股权投资后，对于被投资单位所有者权益的变动，应当按照下列规定进行处理：

1. 按照应享有或应分担的被投资单位实现的净损益的份额，确认为投资损益，同时调整长期股权投资的账面余额。

2. 按照被投资单位宣告分派的现金股利或利润计算应享有的份额，确认为应收股利，同时减少长期股权投资的账面余额。

3. 按照被投资单位除净损益和利润分配以外的所有者权益变动的份额，确认为净资产，同时调整长期股权投资的账面余额。

（二）政府会计主体确认被投资单位发生的净亏损，应当以长期股权投资的账面余额减记至零为限，政府会计主体负有承担额外损失义务的除外。

被投资单位发生净亏损，但以后年度又实现净利润的，政府会计主体应当在其收益分享额弥补未确认的亏损分担额等后，恢复确认投资收益。

第十八条　政府会计主体因处置部分长期股权投资等原因无权再决定被投资单位的财务和经营政策或者参与被投资单位的财务和经营政策决策的，应当对处置后的剩余股权投资改按成本法核算，并以该剩余股权投资在权益法下的账面余额作为按照成本法核算的初始投资成本。其后，被投资单位宣告分派现金股利或利润时，属于已计入投资账面余额的部分，作为成本法下长期股权投资成本的收回，冲减长期股权投资的账面余额。

政府会计主体因追加投资等原因对长期股权投资的核算从成本法改为权益法的，应当自有权决定被投资单位的财务和经营政策或者参与被投资单位的财务和经营政策决策时，按成本法下长期股权投资的账面余额加上追加投资的成本作为按照权益法核算的初始投资成本。

第十九条　政府会计主体按规定报经批准处置长期股权投资，应当冲减长期股权投资的账面余额，并按规定将处置价款扣除相关税费后的余额作应缴款项处理，或者按规定将处置价款扣除相关税费后的余额与长期股权投资账面余额的差额计入当期投资损益。

采用权益法核算的长期股权投资，因被投资单位除净损益和利润分配以外的所有者权益变动而将应享有的份额计入净资产的，处置该项投资时，还应当将原计入净资产的相应部分转入当期投资损益。

第四章　投资的披露

第二十条　政府会计主体应当在附注中披露与投资有关的下列信息：
（一）短期投资的增减变动及期初、期末账面余额；
（二）各类长期债权投资和长期股权投资的增减变动及期初、期末账面余额；
（三）长期股权投资的投资对象及核算方法；
（四）当期发生的投资净损益，其中重大的投资净损益项目应当单独披露。

第五章　附则

第二十一条　本准则自 2017 年 1 月 1 日起施行。

2.3 政府会计准则第3号——固定资产

2016年7月6日 财会〔2016〕12号

第一章 总则

第一条 为了规范固定资产的确认、计量和相关信息的披露,根据《政府会计准则——基本准则》,制定本准则。

第二条 本准则所称固定资产,是指政府会计主体为满足自身开展业务活动或其他活动需要而控制的,使用年限超过1年(不含1年)、单位价值在规定标准以上,并在使用过程中基本保持原有物质形态的资产,一般包括房屋及构筑物、专用设备、通用设备等。

单位价值虽未达到规定标准,但是使用年限超过1年(不含1年)的大批同类物资,如图书、家具、用具、装具等,应当确认为固定资产。

第三条 公共基础设施、政府储备物资、保障性住房、自然资源资产等,适用其他相关政府会计准则。

第二章 固定资产的确认

第四条 固定资产同时满足下列条件的,应当予以确认:

(一)与该固定资产相关的服务潜力很可能实现或者经济利益很可能流入政府会计主体;

(二)该固定资产的成本或者价值能够可靠地计量。

第五条 通常情况下,购入、换入、接受捐赠、无偿调入不需安装的固定资产,在固定资产验收合格时确认;购入、换入、接受捐赠、无偿调入需要安装的固定资产,在固定资产安装完成交付使用时确认;自行建造、改建、扩建的固定资产,在建造完成交付使用时确认。

第六条 确认固定资产时,应当考虑以下情况:

(一)固定资产的各组成部分具有不同使用年限或者以不同方式为政府会计主体实现服务潜力或提供经济利益,适用不同折旧率或折旧方法且可以分别确定各自原价的,应当分别将各组成部分确认为单项固定资产。

(二)应用软件构成相关硬件不可缺少的组成部分的,应当将该软件的价值包括在所属的硬件价值中,一并确认为固定资产;不构成相关硬件不可缺少的组成部分的,应当将该软件确认为无形资产。

(三)购建房屋及构筑物时,不能分清购建成本中的房屋及构筑物部分与土地使用权部分的,应当全部确认为固定资产;能够分清购建成本中的房屋及构筑物部分与土地使用权部分的,应当将其中的房屋及构筑物部分确认为固定资产,将其中的土地使用权部分确认为无形资产。

第七条 固定资产在使用过程中发生的后续支出,符合本准则第四条规定的确认条件的,应当计入固定资产成本;不符合本准则第四条规定的确认条件的,应当在发生时计入当期费用或者相关资产成本。

将发生的固定资产后续支出计入固定资产成本的,应当同时从固定资产账面价值中扣除被替换部分的账面价值。

第三章　固定资产的初始计量

第八条　固定资产在取得时应当按照成本进行初始计量。

第九条　政府会计主体外购的固定资产，其成本包括购买价款、相关税费以及固定资产交付使用前所发生的可归属于该项资产的运输费、装卸费、安装费和专业人员服务费等。以一笔款项购入多项没有单独标价的固定资产，应当按照各项固定资产同类或类似资产市场价格的比例对总成本进行分配，分别确定各项固定资产的成本。

第十条　政府会计主体自行建造的固定资产，其成本包括该项资产至交付使用前所发生的全部必要支出。

在原有固定资产基础上进行改建、扩建、修缮后的固定资产，其成本按照原固定资产账面价值加上改建、扩建、修缮发生的支出，再扣除固定资产被替换部分的账面价值后的金额确定。

为建造固定资产借入的专门借款的利息，属于建设期间发生的，计入在建工程成本；不属于建设期间发生的，计入当期费用。

已交付使用但尚未办理竣工决算手续的固定资产，应当按照估计价值入账，待办理竣工决算后再按实际成本调整原来的暂估价值。

第十一条　政府会计主体通过置换取得的固定资产，其成本按照换出资产的评估价值加上支付的补价或减去收到的补价，加上换入固定资产发生的其他相关支出确定。

第十二条　政府会计主体接受捐赠的固定资产，其成本按照有关凭据注明的金额加上相关税费、运输费等确定；没有相关凭据可供取得，但按规定经过资产评估的，其成本按照评估价值加上相关税费、运输费等确定；没有相关凭据可供取得、也未经资产评估的，其成本比照同类或类似资产的市场价格加上相关税费、运输费等确定；没有相关凭据且未经资产评估、同类或类似资产的市场价格也无法可靠取得的，按照名义金额入账，相关税费、运输费等计入当期费用。

如受赠的系旧的固定资产，在确定其初始入账成本时应当考虑该项资产的新旧程度。

第十三条　政府会计主体无偿调入的固定资产，其成本按照调出方账面价值加上相关税费、运输费等确定。

第十四条　政府会计主体盘盈的固定资产，按规定经过资产评估的，其成本按照评估价值确定；未经资产评估的，其成本按照重置成本确定。

第十五条　政府会计主体融资租赁取得的固定资产，其成本按照其他相关政府会计准则确定。

第四章　固定资产的后续计量

第一节　固定资产的折旧

第十六条　政府会计主体应当对固定资产计提折旧，但本准则第十七条规定的固定资产除外。

折旧，是指在固定资产的预计使用年限内，按照确定的方法对应计的折旧额进行系统分摊。

固定资产应计的折旧额为其成本，计提固定资产折旧时不考虑预计净残值。

政府会计主体应当对暂估入账的固定资产计提折旧，实际成本确定后不需调整原已计提的折旧额。

第十七条 下列各项固定资产不计提折旧：

（一）文物和陈列品；

（二）动植物；

（三）图书、档案；

（四）单独计价入账的土地；

（五）以名义金额计量的固定资产。

第十八条 政府会计主体应当根据相关规定以及固定资产的性质和使用情况，合理确定固定资产的使用年限。

固定资产的使用年限一经确定，不得随意变更。

政府会计主体确定固定资产使用年限，应当考虑下列因素：

（一）预计实现服务潜力或提供经济利益的期限；

（二）预计有形损耗和无形损耗；

（三）法律或者类似规定对资产使用的限制。

第十九条 政府会计主体一般应当采用年限平均法或者工作量法计提固定资产折旧。

在确定固定资产的折旧方法时，应当考虑与固定资产相关的服务潜力或经济利益的预期实现方式。

固定资产折旧方法一经确定，不得随意变更。

第二十条 固定资产应当按月计提折旧，并根据用途计入当期费用或者相关资产成本。

第二十一条 固定资产提足折旧后，无论能否继续使用，均不再计提折旧；提前报废的固定资产，也不再补提折旧。

已提足折旧的固定资产，可以继续使用的，应当继续使用，规范实物管理。

第二十二条 固定资产因改建、扩建或修缮等原因而延长其使用年限的，应当按照重新确定的固定资产的成本以及重新确定的折旧年限计算折旧额。

第二节 固定资产的处置

第二十三条 政府会计主体按规定报经批准出售、转让固定资产或固定资产报废、毁损的，应当将固定资产账面价值转销计入当期费用，并将处置收入扣除相关处置税费后的差额按规定作应缴款项处理（差额为净收益时）或计入当期费用（差额为净损失时）。

第二十四条 政府会计主体按规定报经批准对外捐赠、无偿调出固定资产的，应当将固定资产的账面价值予以转销，对外捐赠、无偿调出中发生的归属于捐出方、调出方的相关费用应当计入当期费用。

第二十五条 政府会计主体按规定报经批准以固定资产对外投资的，应当将该固定资产的账面价值予以转销，并将固定资产在对外投资时的评估价值与其账面价值的差额计入当期收入或费用。

第二十六条 固定资产盘亏造成的损失，按规定报经批准后应当计入当期费用。

第五章 固定资产的披露

第二十七条 政府会计主体应当在附注中披露与固定资产有关的下列信息：
（一）固定资产的分类和折旧方法；
（二）各类固定资产的使用年限、折旧率；
（三）各类固定资产账面余额、累计折旧额、账面价值的期初、期末数及其本期变动情况；
（四）以名义金额计量的固定资产名称、数量，以及以名义金额计量的理由；
（五）已提足折旧的固定资产名称、数量等情况；
（六）接受捐赠、无偿调入的固定资产名称、数量等情况；
（七）出租、出借固定资产以及以固定资产投资的情况；
（八）固定资产对外捐赠、无偿调出、毁损等重要资产处置的情况；
（九）暂估入账的固定资产账面价值变动情况。

第六章 附则

第二十八条 本准则自 2017 年 1 月 1 日起施行。

2.4 《政府会计准则第 3 号——固定资产》应用指南

2017 年 2 月 21 日 财会〔2017〕4 号

一、关于固定资产折旧年限

（一）通常情况下，政府会计主体应当按照表 1 规定确定各类应计提折旧的固定资产的折旧年限。

表 1 　　　　　　　　政府固定资产折旧年限表

固定资产类别	内容		折旧年限（年）
房屋及构筑物	业务及管理用房	钢结构	不低于 50
		钢筋混凝土结构	不低于 50
		砖混结构	不低于 30
		砖木结构	不低于 30
	简易房		不低于 8
	房屋附属设施		不低于 8
	构筑物		不低于 8

续表

固定资产类别	内容	折旧年限（年）
通用设备	计算机设备	不低于 6
	办公设备	不低于 6
	车辆	不低于 8
	图书档案设备	不低于 5
	机械设备	不低于 10
	电气设备	不低于 5
	雷达、无线电和卫星导航设备	不低于 10
	通信设备	不低于 5
	广播、电视、电影设备	不低于 5
	仪器仪表	不低于 5
	电子和通信测量设备	不低于 5
	计量标准器具及量具、衡器	不低于 5
专用设备	探矿、采矿、选矿和造块设备	10-15
	石油天然气开采专用设备	10-15
	石油和化学工业专用设备	10-15
	炼焦和金属冶炼轧制设备	10-15
	电力工业专用设备	20-30
	非金属矿物制品工业专用设备	10-20
	核工业专用设备	20-30
	航空航天工业专用设备	20-30
	工程机械	10-15
	农业和林业机械	10-15
	木材采集和加工设备	10-15
	食品加工专用设备	10-15
	饮料加工设备	10-15
	烟草加工设备	10-15
	粮油作物和饲料加工设备	10-15
	纺织设备	10-15
	缝纫、服饰、制革和毛皮加工设备	10-15
	造纸和印刷机械	10-20

续表

固定资产类别	内容	折旧年限（年）
专用设备	化学药品和中药专用设备	5–10
	医疗设备	5–10
	电工、电子专用生产设备	5–10
	安全生产设备	10–20
	邮政专用设备	10–15
	环境污染防治设备	10–20
	公安专用设备	3–10
	水工机械	10–20
	殡葬设备及用品	5–10
	铁路运输设备	10–20
	水上交通运输设备	10–20
	航空器及其配套设备	10–20
	专用仪器仪表	5–10
	文艺设备	5–15
	体育设备	5–15
	娱乐设备	5–15
家具、用具及装具	家具	不低于15
	用具、装具	不低于5

（二）国务院有关部门在遵循本应用指南中表1所规定的固定资产折旧年限的情况下，可以根据实际需要进一步细化本行业固定资产的类别，具体确定各类固定资产的折旧年限，并报财政部审核批准。

（三）政府会计主体应当在遵循本应用指南、主管部门有关折旧年限规定的情况下，根据固定资产的性质和实际使用情况，合理确定其折旧年限。

具体确定固定资产的折旧年限时，应当考虑下列因素：

1. 固定资产预计实现服务潜力或提供经济利益的期限；
2. 固定资产预计有形损耗和无形损耗；
3. 法律或者类似规定对固定资产使用的限制。

（四）固定资产的折旧年限一经确定，不得随意变更。

因改建、扩建等原因而延长固定资产使用年限的，应当重新确定固定资产的折旧年限。

（五）政府会计主体盘盈、无偿调入、接受捐赠以及置换的固定资产，应当考虑该项资产的新旧程度，按照其尚可使用的年限计提折旧。

二、关于固定资产折旧计提时点

固定资产应当按月计提折旧，当月增加的固定资产，当月开始计提折旧；当月减少的固定资产，当月不再计提折旧。

固定资产提足折旧后，无论能否继续使用，均不再计提折旧；提前报废的固定资产，也不再补提折旧。已提足折旧的固定资产，可以继续使用的，应当继续使用，规范实物管理。

2.5 政府会计准则第 4 号——无形资产

2016 年 7 月 6 日　财会〔2016〕12 号

第一章　总则

第一条　为了规范无形资产的确认、计量和相关信息的披露，根据《政府会计准则——基本准则》，制定本准则。

第二条　本准则所称无形资产，是指政府会计主体控制的没有实物形态的可辨认非货币性资产，如专利权、商标权、著作权、土地使用权、非专利技术等。资产满足下列条件之一的，符合无形资产定义中的可辨认性标准：

（一）能够从政府会计主体中分离或者划分出来，并能单独或者与相关合同、资产或负债一起，用于出售、转移、授予许可、租赁或者交换。

（二）源自合同性权利或其他法定权利，无论这些权利是否可以从政府会计主体或其他权利和义务中转移或者分离。

第二章　无形资产的确认

第三条　无形资产同时满足下列条件的，应当予以确认：

（一）与该无形资产相关的服务潜力很可能实现或者经济利益很可能流入政府会计主体；

（二）该无形资产的成本或者价值能够可靠地计量。政府会计主体在判断无形资产的服务潜力或经济利益是否很可能实现或流入时，应当对无形资产在预计使用年限内可能存在的各种社会、经济、科技因素做出合理估计，并且应当有确凿的证据支持。

第四条　政府会计主体购入的不构成相关硬件不可缺少组成部分的软件，应当确认为无形资产。

第五条　政府会计主体自行研究开发项目的支出，应当区分研究阶段支出与开发阶段支出。

研究是指为获取并理解新的科学或技术知识而进行的独创性的有计划调查。

开发是指在进行生产或使用前，将研究成果或其他知识应用于某项计划或设计，以生产出新的或具有实质性改进的材料、装置、产品等。

第六条　政府会计主体自行研究开发项目研究阶段的支出，应当于发生时计入当期费用。

政府会计主体自行研究开发项目开发阶段的支出，先按合理方法进行归集，如果最终形成无形资产的，应当确认为无形资产；如果最终未形成无形资产的，应当计入当期费用。

政府会计主体自行研究开发项目尚未进入开发阶段，或者确实无法区分研究阶段支出和开发阶段支出，但按法律程序已申请取得无形资产的，应当将依法取得时发生的注册费、聘请律师费等费用确认为无形资产。

第七条 政府会计主体自创商誉及内部产生的品牌、报刊名等，不应确认为无形资产。

第八条 与无形资产有关的后续支出，符合本准则第三条规定的确认条件的，应当计入无形资产成本；不符合本准则第三条规定的确认条件的，应当在发生时计入当期费用或者相关资产成本。

第三章　无形资产的初始计量

第九条 无形资产在取得时应当按照成本进行初始计量。

第十条 政府会计主体外购的无形资产，其成本包括购买价款、相关税费以及可归属于该项资产达到预定用途前所发生的其他支出。

政府会计主体委托软件公司开发的软件，视同外购无形资产确定其成本。

第十一条 政府会计主体自行开发的无形资产，其成本包括自该项目进入开发阶段后至达到预定用途前所发生的支出总额。

第十二条 政府会计主体通过置换取得的无形资产，其成本按照换出资产的评估价值加上支付的补价或减去收到的补价，加上换入无形资产发生的其他相关支出确定。

第十三条 政府会计主体接受捐赠的无形资产，其成本按照有关凭据注明的金额加上相关税费确定；没有相关凭据可供取得，但按规定经过资产评估的，其成本按照评估价值加上相关税费确定；没有相关凭据可供取得、也未经资产评估的，其成本比照同类或类似资产的市场价格加上相关税费确定；没有相关凭据且未经资产评估、同类或类似资产的市场价格也无法可靠取得的，按照名义金额入账，相关税费计入当期费用。

确定接受捐赠无形资产的初始入账成本时，应当考虑该项资产尚可为政府会计主体带来服务潜力或经济利益的能力。

第十四条 政府会计主体无偿调入的无形资产，其成本按照调出方账面价值加上相关税费确定。

第四章　无形资产的后续计量

第一节　无形资产的摊销

第十五条 政府会计主体应当于取得或形成无形资产时合理确定其使用年限。

无形资产的使用年限为有限的，应当估计该使用年限。无法预见无形资产为政府会计主体提供服务潜力或者带来经济利益期限的，应当视为使用年限不确定的无形资产。

第十六条 政府会计主体应当对使用年限有限的无形资产进行摊销，但已摊销完毕仍继续使用的无形资产和以名义金额计量的无形资产除外。

摊销是指在无形资产使用年限内，按照确定的方法对应摊销金额进行系统分摊。

第十七条 对于使用年限有限的无形资产，政府会计主体应当按照以下原则确定无形资产的摊销年限：

（一）法律规定了有效年限的，按照法律规定的有效年限作为摊销年限；

（二）法律没有规定有效年限的，按照相关合同或单位申请书中的受益年限作为摊销年限；

（三）法律没有规定有效年限、相关合同或单位申请书也没有规定受益年限的，应当根据无形资产为政府会计主体带来服务潜力或经济利益的实际情况，预计其使用年限；

（四）非大批量购入、单价小于1000元的无形资产，可以于购买的当期将其成本一次性全部转销。

第十八条　政府会计主体应当按月对使用年限有限的无形资产进行摊销，并根据用途计入当期费用或者相关资产成本。

政府会计主体应当采用年限平均法或者工作量法对无形资产进行摊销，应摊销金额为其成本，不考虑预计残值。

第十九条　因发生后续支出而增加无形资产成本的，对于使用年限有限的无形资产，应当按照重新确定的无形资产成本以及重新确定的摊销年限计算摊销额。

第二十条　使用年限不确定的无形资产不应摊销。

第二节　无形资产的处置

第二十一条　政府会计主体按规定报经批准出售无形资产，应当将无形资产账面价值转销计入当期费用，并将处置收入大于相关处置税费后的差额按规定计入当期收入或者做应缴款项处理，将处置收入小于相关处置税费后的差额计入当期费用。

第二十二条　政府会计主体按规定报经批准对外捐赠、无偿调出无形资产的，应当将无形资产的账面价值予以转销，对外捐赠、无偿调出中发生的归属于捐出方、调出方的相关费用应当计入当期费用。

第二十三条　政府会计主体按规定报经批准以无形资产对外投资的，应当将该无形资产的账面价值予以转销，并将无形资产在对外投资时的评估价值与其账面价值的差额计入当期收入或费用。

第二十四条　无形资产预期不能为政府会计主体带来服务潜力或者经济利益的，应当在报经批准后将该无形资产的账面价值予以转销。

第五章　无形资产的披露

第二十五条　政府会计主体应当按照无形资产的类别在附注中披露与无形资产有关的下列信息：

（一）无形资产账面余额、累计摊销额、账面价值的期初、期末数及其本期变动情况。

（二）自行开发无形资产的名称、数量，以及账面余额和累计摊销额的变动情况。

（三）以名义金额计量的无形资产名称、数量，以及以名义金额计量的理由。

（四）接受捐赠、无偿调入无形资产的名称、数量等情况。

（五）使用年限有限的无形资产，其使用年限的估计情况；使用年限不确定的无形资产，其使用年限不确定的确定依据。

（六）无形资产出售、对外投资等重要资产处置的情况。

第六章　附则

第二十六条　本准则自2017年1月1日起施行。

2.6 政府会计准则第5号——公共基础设施

2017年4月17日　财会〔2017〕11号

第一章　总则

第一条　为了规范公共基础设施的确认、计量和相关信息的披露，根据《政府会计准则——基本准则》，制定本准则。

第二条　本准则所称公共基础设施，是指政府会计主体为满足社会公共需求而控制的，同时具有以下特征的有形资产：

（一）是一个有形资产系统或网络的组成部分；

（二）具有特定用途；

（三）一般不可移动。

公共基础设施主要包括市政基础设施（如城市道路、桥梁、隧道、公交场站、路灯、广场、公园绿地、室外公共健身器材，以及环卫、排水、供水、供电、供气、供热、污水处理、垃圾处理系统等）、交通基础设施（如公路、航道、港口等）、水利基础设施（如大坝、堤防、水闸、泵站、渠道等）和其他公共基础设施。

第三条　下列各项适用于其他相关政府会计准则：

（一）独立于公共基础设施、不构成公共基础设施使用不可缺少组成部分的管理维护用房屋建筑物、设备、车辆等，适用《政府会计准则第3号——固定资产》；

（二）属于文物文化资产的公共基础设施，适用其他相关政府会计准则；

（三）采用政府和社会资本合作模式（即PPP模式）形成的公共基础设施的确认和初始计量，适用其他相关政府会计准则。

第二章　公共基础设施的确认

第四条　通常情况下，符合本准则第五条规定的公共基础设施，应当由按规定对其负有管理维护职责的政府会计主体予以确认。

多个政府会计主体共同管理维护的公共基础设施，应当由对该资产负有主要管理维护职责或者承担后续主要支出责任的政府会计主体予以确认。

分为多个组成部分由不同政府会计主体分别管理维护的公共基础设施，应当由各个政府会计主体分别对其负责管理维护的公共基础设施的相应部分予以确认。

负有管理维护公共基础设施职责的政府会计主体通过政府购买服务方式委托企业或其他会计主体代为管理维护公共基础设施的，该公共基础设施应当由委托方予以确认。

第五条　公共基础设施同时满足下列条件的，应当予以确认：

（一）与该公共基础设施相关的服务潜力很可能实现或者经济利益很可能流入政府会计主体；

（二）该公共基础设施的成本或者价值能够可靠地计量。

第六条　通常情况下，对于自建或外购的公共基础设施，政府会计主体应当在该项公共基础设施验收合格并交付使用时确认；对于无偿调入、接受捐赠的公共基础设施，政府会计主体应当在开始承担该项公共基础设施管理维护职责时确认。

第七条 政府会计主体应当根据公共基础设施提供公共产品或服务的性质或功能特征对其进行分类确认。

公共基础设施的各组成部分具有不同使用年限或者以不同方式提供公共产品或服务，适用不同折旧率或折旧方法且可以分别确定各自原价的，应当分别将各组成部分确认为该类公共基础设施的一个单项公共基础设施。

第八条 政府会计主体在购建公共基础设施时，能够分清购建成本中的构筑物部分与土地使用权部分的，应当将其中的构筑物部分和土地使用权部分分别确认为公共基础设施；不能分清购建成本中的构筑物部分与土地使用权部分的，应当整体确认为公共基础设施。

第九条 公共基础设施在使用过程中发生的后续支出，符合本准则第五条规定的确认条件的，应当计入公共基础设施成本；不符合本准则第五条规定的确认条件的，应当在发生时计入当期费用。

通常情况下，为增加公共基础设施使用效能或延长其使用年限而发生的改建、扩建等后续支出，应当计入公共基础设施成本；为维护公共基础设施的正常使用而发生的日常维修、养护等后续支出，应当计入当期费用。

第三章 公共基础设施的初始计量

第十条 公共基础设施在取得时应当按照成本进行初始计量。

第十一条 政府会计主体自行建造的公共基础设施，其成本包括完成批准的建设内容所发生的全部必要支出，包括建筑安装工程投资支出、设备投资支出、待摊投资支出和其他投资支出。

在原有公共基础设施基础上进行改建、扩建等建造活动后的公共基础设施，其成本按照原公共基础设施账面价值加上改建、扩建等建造活动发生的支出，再扣除公共基础设施被替换部分的账面价值后的金额确定。

为建造公共基础设施借入的专门借款的利息，属于建设期间发生的，计入该公共基础设施在建工程成本；不属于建设期间发生的，计入当期费用。

已交付使用但尚未办理竣工决算手续的公共基础设施，应当按照估计价值入账，待办理竣工决算后再按照实际成本调整原来的暂估价值。

第十二条 政府会计主体接受其他会计主体无偿调入的公共基础设施，其成本按照该项公共基础设施在调出方的账面价值加上归属于调入方的相关费用确定。

第十三条 政府会计主体接受捐赠的公共基础设施，其成本按照有关凭据注明的金额加上相关费用确定；没有相关凭据可供取得，但按规定经过资产评估的，其成本按照评估价值加上相关费用确定；没有相关凭据可供取得、也未经资产评估的，其成本比照同类或类似资产的市场价格加上相关费用确定。

如受赠的系旧的公共基础设施，在确定其初始入账成本时应当考虑该项资产的新旧程度。

第十四条 政府会计主体外购的公共基础设施，其成本包括购买价款、相关税费以及公共基础设施交付使用前所发生的可归属于该项资产的运输费、装卸费、安装费和专业人员服务费等。

第十五条 对于包括不同组成部分的公共基础设施，其只有总成本、没有单项组成部分成本的，政府会计主体可以按照各单项组成部分同类或类似资产的成本或市场价格比例对总成本进行分配，分别确定公共基础设施中各单项组成部分的成本。

第四章　公共基础设施的后续计量

第一节　公共基础设施的折旧或摊销

第十六条　政府会计主体应当对公共基础设施计提折旧，但政府会计主体持续进行良好的维护使得其性能得到永久维持的公共基础设施和确认为公共基础设施的单独计价入账的土地使用权除外。

公共基础设施应计提的折旧总额为其成本，计提公共基础设施折旧时不考虑预计净残值。

政府会计主体应当对暂估入账的公共基础设施计提折旧，实际成本确定后不需调整原已计提的折旧额。

第十七条　政府会计主体应当根据公共基础设施的性质和使用情况，合理确定公共基础设施的折旧年限。政府会计主体确定公共基础设施折旧年限，应当考虑下列因素：

（一）设计使用年限或设计基准期；

（二）预计实现服务潜力或提供经济利益的期限；

（三）预计有形损耗和无形损耗；

（四）法律或者类似规定对资产使用的限制。

公共基础设施的折旧年限一经确定，不得随意变更，但符合本准则第二十条规定的除外。

对于政府会计主体接受无偿调入、捐赠的公共基础设施，应当考虑该项资产的新旧程度，按照其尚可使用的年限计提折旧。

第十八条　政府会计主体一般应当采用年限平均法或者工作量法计提公共基础设施折旧。

在确定公共基础设施的折旧方法时，应当考虑与公共基础设施相关的服务潜力或经济利益的预期实现方式。

公共基础设施折旧方法一经确定，不得随意变更。

第十九条　公共基础设施应当按月计提折旧，并计入当期费用。当月增加的公共基础设施，当月开始计提折旧；当月减少的公共基础设施，当月不再计提折旧。

第二十条　处于改建、扩建等建造活动期间的公共基础设施，应当暂停计提折旧。

因改建、扩建等原因而延长公共基础设施使用年限的，应当按照重新确定的公共基础设施的成本和重新确定的折旧年限计算折旧额，不需调整原已计提的折旧额。

第二十一条　公共基础设施提足折旧后，无论能否继续使用，均不再计提折旧；已提足折旧的公共基础设施，可以继续使用的，应当继续使用，并规范实物管理。

提前报废的公共基础设施，不再补提折旧。

第二十二条　对于确认为公共基础设施的单独计价入账的土地使用权，政府会计主体应当按照《政府会计准则第4号——无形资产》的相关规定进行摊销。

第二节　公共基础设施的处置

第二十三条　政府会计主体按规定报经批准无偿调出、对外捐赠公共基础设施的，应当将公共基础设施的账面价值予以转销，无偿调出、对外捐赠中发生的归属于调出方、捐出方的相关费用应当计入当期费用。

第二十四条 公共基础设施报废或遭受重大毁损的，政府会计主体应当在报经批准后将公共基础设施账面价值予以转销，并将报废、毁损过程中取得的残值变价收入扣除相关费用后的差额按规定做应缴款项处理（差额为净收益时）或计入当期费用（差额为净损失时）。

第五章 公共基础设施的披露

第二十五条 政府会计主体应当在附注中披露与公共基础设施有关的下列信息：
（一）公共基础设施的分类和折旧方法；
（二）各类公共基础设施的折旧年限及其确定依据；
（三）各类公共基础设施账面余额、累计折旧额（或摊销额）、账面价值的期初、期末数及其本期变动情况；
（四）各类公共基础设施的实物量；
（五）公共基础设施在建工程的期初、期末金额及其增减变动情况；
（六）确认为公共基础设施的单独计价入账的土地使用权的账面余额、累计摊销额及其变动情况；
（七）已提足折旧继续使用的公共基础设施的名称、数量等情况；
（八）暂估入账的公共基础设施账面价值变动情况；
（九）无偿调入、接受捐赠的公共基础设施名称、数量等情况（包括未按照本准则第十二条和第十三条规定计量并确认入账的公共基础设施的具体情况）；
（十）公共基础设施对外捐赠、无偿调出、报废、重大毁损等处置情况；
（十一）公共基础设施年度维护费用和其他后续支出情况。

第六章 附则

第二十六条 对于应当确认为公共基础设施、但已确认为固定资产的资产，政府会计主体应当在本准则首次执行日将该资产按其账面价值重分类为公共基础设施。

第二十七条 对于应当确认但尚未入账的存量公共基础设施，政府会计主体应当在本准则首次执行日按照以下原则确定其初始入账成本：
（一）可以取得相关原始凭据的，其成本按照有关原始凭据注明的金额减去应计提的累计折旧后的金额确定；
（二）没有相关凭据可供取得，但按规定经过资产评估的，其成本按照评估价值确定；
（三）没有相关凭据可供取得、也未经资产评估的，其成本按照重置成本确定。

本准则首次执行日以后，政府会计主体应当对存量公共基础设施按其在首次执行日确定的成本和剩余折旧年限计提折旧。

第二十八条 本准则自 2018 年 1 月 1 日起施行。

2.7 政府会计准则第6号——政府储备物资

2017年7月28日 财会〔2017〕23号

第一章 总则

第一条 为了规范政府储备物资的确认、计量和相关信息的披露，根据《政府会计准则——基本准则》，制定本准则。

第二条 本准则所称政府储备物资，是指政府会计主体为满足实施国家安全与发展战略、进行抗灾救灾、应对公共突发事件等特定公共需求而控制的，同时具有下列特征的有形资产：

（一）在应对可能发生的特定事件或情形时动用；

（二）其购入、存储保管、更新（轮换）、动用等由政府及相关部门发布的专门管理制度规范。

政府储备物资包括战略及能源物资、抢险抗灾救灾物资、农产品、医药物资和其他重要商品物资，通常情况下由政府会计主体委托承储单位存储。

第三条 企业以及纳入企业财务管理体系的事业单位接受政府委托收储并按企业会计准则核算的储备物资，不适用本准则。

第四条 政府会计主体的存货，适用《政府会计准则第1号——存货》。

第二章 政府储备物资的确认

第五条 通常情况下，符合本准则第六条规定的政府储备物资，应当由按规定对其负有行政管理职责的政府会计主体予以确认。

本准则规定的行政管理职责主要指提出或拟定收储计划、更新（轮换）计划、动用方案等。

相关行政管理职责由不同政府会计主体行使的政府储备物资，由负责提出收储计划的政府会计主体予以确认。

对政府储备物资不负有行政管理职责但接受委托具体负责执行其存储保管等工作的政府会计主体，应当将受托代储的政府储备物资作为受托代理资产核算。

第六条 政府储备物资同时满足下列条件的，应当予以确认：

（一）与该政府储备物资相关的服务潜力很可能实现或者经济利益很可能流入政府会计主体；

（二）该政府储备物资的成本或者价值能够可靠地计量。

第三章 政府储备物资的初始计量

第七条 政府储备物资在取得时应当按照成本进行初始计量。

第八条 政府会计主体购入的政府储备物资，其成本包括购买价款和政府会计主体承担的相关税费、运输费、装卸费、保险费、检测费以及使政府储备物资达到目前场所和状态所发生的归属于政府储备物资成本的其他支出。

第九条 政府会计主体委托加工的政府储备物资，其成本包括委托加工前物料成本、委托加工的成本（如委托加工费以及按规定应计入委托加工政府储备物资成本的相关税费等）以及政府会计主体承担的使政府储备物资达到目前场所和状态所发生的归属于政府储备物资成本的其他支出。

第十条 政府会计主体接受捐赠的政府储备物资，其成本按照有关凭据注明的金额加上政府会计主体承担的相关税费、运输费等确定；没有相关凭据可供取得，但按规定经过资产评估的，其成本按照评估价值加上政府会计主体承担的相关税费、运输费等确定；没有相关凭据可供取得、也未经资产评估的，其成本比照同类或类似资产的市场价格加上政府会计主体承担的相关税费、运输费等确定。

第十一条 政府会计主体接受无偿调入的政府储备物资，其成本按照调出方账面价值加上归属于政府会计主体的相关税费、运输费等确定。

第十二条 下列各项不计入政府储备物资成本：
（一）仓储费用；
（二）日常维护费用；
（三）不能归属于使政府储备物资达到目前场所和状态所发生的其他支出。

第十三条 政府会计主体盘盈的政府储备物资，其成本按照有关凭据注明的金额确定；没有相关凭据，但按规定经过资产评估的，其成本按照评估价值确定；没有相关凭据、也未经资产评估的，其成本按照重置成本确定。

第四章 政府储备物资的后续计量

第十四条 政府会计主体应当根据实际情况采用先进先出法、加权平均法或者个别计价法确定政府储备物资发出的成本。计价方法一经确定，不得随意变更。

对于性质和用途相似的政府储备物资，政府会计主体应当采用相同的成本计价方法确定发出物资的成本。

对于不能替代使用的政府储备物资、为特定项目专门购入或加工的政府储备物资，政府会计主体通常应采用个别计价法确定发出物资的成本。

第十五条 因动用而发出无需收回的政府储备物资的，政府会计主体应当在发出物资时将其账面余额予以转销，计入当期费用。

第十六条 因动用而发出需要收回或者预期可能收回的政府储备物资的，政府会计主体应当在按规定的质量验收标准收回物资时，将未收回物资的账面余额予以转销，计入当期费用。

第十七条 因行政管理主体变动等原因而将政府储备物资调拨给其他主体的，政府会计主体应当在发出物资时将其账面余额予以转销。

第十八条 政府会计主体对外销售政府储备物资的，应当在发出物资时将其账面余额转销计入当期费用，并按规定确认相关销售收入或将销售取得的价款大于所承担的相关税费后的差额做应缴款项处理。

第十九条 政府会计主体采取销售采购方式对政府储备物资进行更新（轮换）的，应当将物资轮出视为物资销售，按照本准则第十八条规定处理；将物资轮入视为物资采购，按照本准则第八条规定处理。

第二十条 政府储备物资报废、毁损的，政府会计主体应当按规定报经批准后将报废、毁损的政府储备物资的账面余额予以转销，确认应收款项（确定追究相关赔偿责任的）或计入当期费用（因储存年限到期报废或非人为因素致使报废、毁损的）；同时，将报废、毁损过程中取得的残值变价收入扣除政府会计主体承担的相关费用后的差额按规定作应缴款项处理（差额为净收益时）或计入当期费用（差额为净损失时）。

第二十一条　政府储备物资盘亏的，政府会计主体应当按规定报经批准后将盘亏的政府储备物资的账面余额予以转销，确定追究相关赔偿责任的，确认应收款项；属于正常耗费或不可抗力因素造成的，计入当期费用。

第五章　政府储备物资的披露

第二十二条　政府会计主体应当在附注中披露与政府储备物资有关的下列信息：

（一）各类政府储备物资的期初和期末账面余额；

（二）因动用而发出需要收回或者预期可能收回，但期末尚未收回的政府储备物资的账面余额；

（三）确定发出政府储备物资成本所采用的方法；

（四）其他有关政府储备物资变动的重要信息。

第六章　附则

第二十三条　对于应当确认为政府储备物资，但已确认为存货、固定资产等其他资产的，政府会计主体应当在本准则首次执行日将该资产按其账面余额重分类为政府储备物资。

第二十四条　对于应当确认但尚未入账的存量政府储备物资，政府会计主体应当在本准则首次执行日按照下列原则确定其初始入账成本：

（一）可以取得相关原始凭据的，其成本按照有关原始凭据注明的金额确定；

（二）没有相关凭据可供取得，但按规定经过资产评估的，其成本按照评估价值确定；

（三）没有相关凭据可供取得、也未经资产评估的，其成本按照重置成本确定。

第二十五条　本准则自 2018 年 1 月 1 日起施行。

2.8　政府会计准则第 7 号——会计调整

2018 年 10 月 21 日　财会〔2018〕28 号

第一章　总则

第一条　为了规范政府会计调整的确认、计量和相关信息的披露，根据《政府会计准则——基本准则》，制定本准则。

第二条　本准则所称会计调整，是指政府会计主体因按照法律、行政法规和政府会计准则制度的要求，或者在特定情况下对其原采用的会计政策、会计估计，以及发现的会计差错、发生的报告日后事项等所作的调整。

本准则所称会计政策，是指政府会计主体在会计核算时所遵循的特定原则、基础以及所采用的具体会计处理方法。特定原则，是指政府会计主体按照政府会计准则制度所制定的、适合于本政府会计主体的会计处理原则。具体会计处理方法，是指政府会计主体从政府会计准则制度规定的诸多可选择的会计处理方法中所选择的、适合于本政府会计主体的会计处理方法。

本准则所称会计估计，是指政府会计主体对结果不确定的经济业务或者事项以最近可利用的信息为基础所作的判断，如固定资产、无形资产的预计使用年限等。

本准则所称会计差错，是指政府会计主体在会计核算时，在确认、计量、记录、报告等方面出现的错误，通常包括计算或记录错误、应用会计政策错误、疏忽或曲解事实产生的错误、财务舞弊等。

本准则所称报告日后事项，是指自报告日（年度报告日通常为12月31日）至报告批准报出日之间发生的需要调整或说明的事项，包括调整事项和非调整事项两类。

第三条 政府会计主体应当根据本准则及相关政府会计准则制度的规定，结合自身实际情况，确定本政府会计主体具体的会计政策和会计估计，并履行本政府会计主体内部报批程序；法律、行政法规等规定应当报送有关方面批准或备案的，从其规定。

政府会计主体的会计政策和会计估计一经确定，不得随意变更。如需变更，应重新履行本条第一款的程序，并按本准则的规定处理。

第二章 会计政策及其变更

第四条 政府会计主体应当对相同或者相似的经济业务或者事项采用相同的会计政策进行会计处理。但是，其他政府会计准则制度另有规定的除外。

第五条 政府会计主体采用的会计政策，在每一会计期间和前后各期应当保持一致。但是，满足下列条件之一的，可以变更会计政策：

（一）法律、行政法规或者政府会计准则制度等要求变更。

（二）会计政策变更能够提供有关政府会计主体财务状况、运行情况等更可靠、更相关的会计信息。

第六条 下列各项不属于会计政策变更：

（一）本期发生的经济业务或者事项与以前相比具有本质差别而采用新的会计政策。

（二）对初次发生的或者不重要的经济业务或者事项采用新的会计政策。

第七条 政府会计主体应当按照政府会计准则制度规定对会计政策变更进行处理。政府会计准则制度对会计政策变更未作出规定的，通常情况下，政府会计主体应当采用追溯调整法进行处理。

追溯调整法，是指对某项经济业务或者事项变更会计政策时，视同该项经济业务或者事项初次发生时即采用变更后的会计政策，并以此对财务报表相关项目进行调整的方法。

第八条 采用追溯调整法时，政府会计主体应当将会计政策变更的累积影响调整最早前期有关净资产项目的期初余额，其他相关项目的期初数也应一并调整；涉及收入、费用等项目的，应当将会计政策变更的影响调整受影响期间的各个相关项目。

会计政策变更的累积影响，是指按照变更后的会计政策对以前各期追溯计算的最早前期各个受影响的净资产项目以及其他相关项目的期初应有金额与现有金额之间的差额；会计政策变更的影响，是指按照变更后的会计政策对以前各期追溯计算的各个受影响的项目变更后的金额与现有金额之间的差额。

第九条 政府会计主体按规定编制比较财务报表的，对于比较财务报表可比期间的会计政策变更影响，应当调整各该期间的收入或者费用以及其他相关项目，视同该政策在比较财务报表期间一直采用。对于比较财务报表可比期间以前的会计政策变更的累积影响，政府会计主体应当调整比较财务报表最早期间所涉及的期初净资产各项目，财务报表其他相关项目的期初数也应一并调整。

第十条 会计政策变更的影响或者累积影响不能合理确定的，政府会计主体应当采用未来适用法对会计政策变更进行处理。

未来适用法，是指将变更后的会计政策应用于变更当期及以后各期发生的经济业务或者事项，或者在会计估计变更当期和未来期间确认会计估计变更的影响的方法。

采用未来适用法时，政府会计主体不需要计算会计政策变更产生的影响或者累积影响，也无需调整财务报表相关项目的期初数和比较财务报表相关项目的金额。

第三章　会计估计变更

第十一条 政府会计主体据以进行估计的基础发生了变化，或者由于取得新信息、积累更多经验以及后来的发展变化，可能需要对会计估计进行修订。会计估计变更应以掌握的新情况、新进展等真实、可靠的信息为依据。

第十二条 政府会计主体应当对会计估计变更采用未来适用法处理。

会计估计变更时，政府会计主体不需要追溯计算前期产生的影响或者累积影响，但应当对变更当期和未来期间发生的经济业务或者事项采用新的会计估计进行处理。

会计估计变更仅影响变更当期的，其影响应当在变更当期予以确认；会计估计变更既影响变更当期又影响未来期间的，其影响应当在变更当期和未来期间分别予以确认。

第十三条 政府会计主体对某项变更难以区分为会计政策变更或者会计估计变更的，应当按照会计估计变更的处理方法进行处理。

第四章　会计差错更正

第十四条 政府会计主体在本报告期（以下简称本期）发现的会计差错，应当按照以下原则处理：

（一）本期发现的与本期相关的会计差错，应当调整本期报表（包括财务报表和预算会计报表，下同）相关项目。

（二）本期发现的与前期相关的重大会计差错，如影响收入、费用或者预算收支的，应当将其对收入、费用或者预算收支的影响或者累积影响调整发现当期期初的相关净资产项目或者预算结转结余，并调整其他相关项目的期初数；如不影响收入、费用或者预算收支的，应当调整发现当期相关项目的期初数。经上述调整后，视同该差错在差错发生的期间已经得到更正。

与前期相关的重大会计差错的影响或者累积影响不能合理确定的，政府会计主体可比照本条（三）的规定进行处理。

重大会计差错，是指政府会计主体发现的使本期编制的报表不再具有可靠性的会计差错，一般是指差错的性质比较严重或者差错的金额比较大。该差错会影响报表使用者对政府会计主体过去、现在或者未来的情况作出评价或者预测，则认为性质比较严重，如未遵循政府会计准则制度、财务舞弊等原因产生的差错。通常情况下，导致差错的经济业务或者事项对报表某一具体项目的影响或者累积影响金额占该类经济业务或者事项对报表同一项目的影响金额的10%及以上，则认为金额比较大。

政府会计主体滥用会计政策、会计估计及其变更，应当作为重大会计差错予以更正。

（三）本期发现的与前期相关的非重大会计差错，应当将其影响数调整相关项目的本期数。

第十五条 政府会计主体在报告日至报告批准报出日之间发现的报告期以前期间的重大会计差错，应当视同本期发现的与前期相关的重大会计差错，比照本准则第十四条（二）的规定进行处理。

政府会计主体在报告日至报告批准报出日之间发现的报告期间的会计差错及报告期以前期间的非重大会计差错，应当按照本准则第五章报告日后事项中的调整事项进行处理。

第十六条 政府会计主体按规定编制比较财务报表的，对于比较财务报表期间的重大会计差错，应当调整各该期间的收入或者费用以及其他相关项目；对于比较财务报表期间以前的重大会计差错，应当调整比较财务报表最早期间所涉及的各项净资产项目的期初余额，财务报表其他相关项目的金额也应一并调整。

对于比较财务报表期间和以前的非重大会计差错，以及影响或者累积影响不能合理确定的重大会计差错，应当调整相关项目的本期数。

第五章 报告日后事项

第十七条 报告日以后获得新的或者进一步的证据，有助于对报告日存在状况的有关金额作出重新估计，应当作为调整事项，据此对报告日的报表进行调整。调整事项包括已证实资产发生了减损、已确定获得或者支付的赔偿、财务舞弊或者差错等。

第十八条 报告日以后发生的调整事项，应当如同报告所属期间发生的事项一样进行会计处理，对报告日已编制的报表相关项目的期末数或者本期数作相应的调整，并对当期编制的报表相关项目的期初数或者上期数进行调整。

第十九条 报告日以后才发生或者存在的事项，不影响报告日的存在状况，但如不加以说明，将会影响报告使用者作出正确估计和决策，这类事项应当作为非调整事项，在财务报表附注中予以披露，如自然灾害导致的资产损失、外汇汇率发生重大变化等。

第六章 披露

第二十条 政府会计主体应当在财务报表附注中披露如下信息：

（一）会计政策变更的内容和理由、会计政策变更的影响，以及影响或者累积影响不能合理确定的理由。

（二）会计估计变更的内容和理由、会计估计变更对当期和未来期间的影响数。

（三）重大会计差错的内容和重大会计差错的更正方法、金额，以及与前期相关的重大会计差错影响或者累积影响不能合理确定的理由。

（四）与报告日后事项有关的下列信息：

1.财务报告的批准报出者和批准报出日。

2. 每项重要的报告日后非调整事项的内容，及其估计对政府会计主体财务状况、运行情况的影响；无法作出估计的，应当说明其原因。

第二十一条 政府会计主体在以后的会计期间，不需要重复披露在以前期间的财务报表附注中已披露的会计政策变更、会计估计变更和会计差错更正的信息。

第七章 附则

第二十二条 财政总预算会计中涉及的会计调整事项，按照《财政总预算会计制度》和财政部其他相关规定处理。

行政事业单位预算会计涉及的会计调整事项，按照部门决算报告制度有关要求进行披露。

第二十三条 本准则自 2019 年 1 月 1 日起施行。

财政部会计司有关负责人就印发《政府会计准则第 7 号——会计调整》答记者问
2018 年 11 月 1 日

为了积极贯彻落实国务院批转财政部的《权责发生制政府综合财务报告改革方案》（以下简称《改革方案》），建立健全政府会计准则体系，近日，财政部制定发布了《政府会计准则第 7 号——会计调整》（以下简称会计调整准则）。财政部会计司有关负责人就会计调整准则有关问题回答了记者的提问。

问：为什么要制定会计调整准则？

答：制定会计调整准则，主要有以下三点考虑：

一是建立健全政府会计准则体系的需要。按照《改革方案》要求，2020 年之前要建立起具有中国特色的政府会计准则体系。无论从企业会计准则还是国际公共部门会计准则的经验看，关于会计政策、会计估计变更、会计差错更正和报告日后事项（以下统称"会计调整"）的会计处理规定，都是政府会计准则体系的重要组成部分。

二是规范各类会计调整事项处理的需要。现行财政总预算会计制度、行政事业单位会计制度中，对于会计调整的处理没有统一明确的规定，实务中对上述会计调整业务的处理方法很不规范，也很不统一，一定程度上降低了会计信息质量。近年来，审计部门、会计实务界等多次建议我们对此问题予以规范。

三是确保政府会计标准体系内在协调一致的需要。按照《改革方案》，政府会计标准体系采用了"准则+制度"的模式，目前，《政府会计制度——行政事业单位会计科目和报表》（以下简称《政府会计制度》）对会计差错等调整事项已经从账务处理角度进行了一些规范，《政府会计制度》与行政事业单位会计制度新旧衔接规定对国家法定会计政策、会计估计变更等事项也进行了规范，但这些规定不系统，缺乏统一的会计处理原则和方法，需要制定具体准则进行系统规范。

因此，基于以上三方面原因，我们制定发布了会计调整准则。

问：会计调整准则起草发布的过程是怎样的？

答：起草发布会计调整准则，主要经历了以下四个阶段：

一是研究论证阶段。2017 年以来，我们在起草《政府会计制度》以及相关具体会计准则的同时，就开始对会计调整问题进行了研究，并就是否专门制定具体准则进行了反复讨论。相关研究和讨论结果对于会计调整准则制定奠定了理论基础。

二是起草征求意见稿阶段。2018年以来，我们在前期研究基础上，通过咨询专家、政府会计准则制度制定联系点单位等，充分了解当前会计核算中遇到的会计调整事项以及具体做法，并认真分析了现行行政事业单位会计制度、财政总预算会计制度、企业会计准则制度、国际公共部门会计准则中关于会计调整的规定，在此基础上于3月份起草了会计调整准则讨论稿，并在工作层面进行了多次讨论和修改完善后形成征求意见稿。

三是公开征求意见阶段。2018年4月，我们印发了《关于征求〈政府会计准则第 X 号——会计调整（征求意见稿）〉意见的函》（财办会〔2018〕9号），就会计调整准则征求意见稿面向中央部门和单位、地方财政部门、社会公众征求意见，同时也向部内相关司局、各地专员办、政府会计准则委员会咨询专家征求意见。截至2018年6月1日，我们共收到106份书面反馈意见，其中53份无不同意见，其余53份共提出了264条具体意见和建议。反馈意见总体上对征求意见稿表示赞同，有关方面也针对其中的具体内容提出了一些意见和建议。

四是送审发布阶段。2018年7月份以来，我们对所有反馈意见一一进行了梳理，并逐条对是否采纳情况进行了分析，并根据有关反馈意见和建议对会计调整准则征求意见稿进行了修改和完善，形成了送审稿。9月下旬，经会计司技术小组审核和司务会审议并据此进一步修订完善后，启动部内会签和报批程序，最终于2018年10月21日由部领导签发。

问：制定会计调整准则主要遵循了哪些原则？

答：制定会计调整准则主要遵循了以下原则：

一是积极借鉴相关企业会计准则制度和国际公共部门会计准则。现行企业会计准则制度和国际公共部门会计准则均对会计调整的处理进行了规定，很多原则与方法值得政府会计借鉴。因此，我们在起草过程中，结合政府会计主体特点，积极借鉴了《企业会计制度》《企业会计准则第28号——会计政策、会计估计变更和差错更正》《企业会计准则第29号——资产负债表日后事项》以及《国际公共部门会计准则第3号——会计政策、会计估计变更和差错》《国际公共部门会计准则第14号——报告日后事项》等会计准则制度中相关内容。

二是立足我国政府会计主体实务，着力提高可操作性。从满足政府会计主体核算需要出发，坚持问题导向，对会计调整的处理进行规范；同时，考虑到政府会计主体的核算现状，在借鉴企业会计准则制度和国际相关准则时，力求原则明确、方法简化、语言接地气，尽可能减少专业判断，以提高准则的可操作性。

三是与相关政策做好协调。会计调整不仅涉及会计账务处理和报表的调整，还涉及会计基础工作规范、预决算管理等政策。因此，在会计调整准则制定过程中，不仅着眼于会计调整事项，还充分考虑了决算管理等调整事项；不仅规定会计处理，还力求做好与相关政策的协调。

问：会计调整准则的范围和主要内容是什么？

答：本准则名称为"会计调整"，范围包括会计政策变更、会计估计变更、会计差错更正和报告日后事项的会计处理规定，这种体例安排借鉴了《企业会计制度》（2000年）第十章"会计调整"的写法，但在具体处理原则和方法上充分考虑了政府会计主体的特点。

具体而言，会计调整准则共七章23条，主要内容如下：

第一章为总则，主要规定本准则制定依据、会计调整、会计政策、会计估计、会计差错、报告日后事项等基本概念，以及具体会计政策和会计估计的确定程序等。

第二章为会计政策及其变更，主要规定会计政策及其变更的确认、追溯调整法和未来适用法在会计政策变更中的应用等。

第三章为会计估计变更，主要规定会计估计变更的确认、未来适用法在会计估计变更中的应用。

第四章为会计差错更正，主要规定本期发现的会计差错以及报告日后期间发现的会计差错的会计处理。

第五章为报告日后事项，主要规定报告日后调整事项的会计处理和非调整事项的披露。

第六章为披露，主要规定财务报表附注中应当披露的与会计调整相关的内容。

第七章为附则，主要规定本准则的例外事项和生效日期。

问：关于会计调整准则，还有哪些需要说明的重要事项？

答：关于会计调整准则，需要说明的重要事项有：

一是关于会计政策变更及追溯调整法。现行企业会计准则和国际公共部门会计准则规定，会计政策变更能够提供更可靠、更相关的会计信息的，应当采用追溯调整法处理，但确定该项会计政策变更累积影响数不切实可行的，应当从可追溯调整的最早期间期初开始应用变更后的会计政策。在当期期初确定会计政策变更对以前各期累积影响数不切实可行的，应当采用未来适用法处理。考虑到"不切实可行"的规定需要会计人员有相当的专业判断，为了简化实务操作，会计调整准则适当简化了追溯调整法的会计处理，且没有引入"不切实可行"的规定。对于会计政策变更的影响或者累积影响数不能合理确定的，要求政府会计主体均采用未来适用法进行处理。

二是关于会计差错重要性的判断标准。对于会计差错更正，现行企业会计准则和国际公共部门会计准则均分别重要性和非重要性作出不同规定，但并未在准则中明确重要性的判断标准。为了提高可操作性，会计调整准则对重要性标准进行了规定，即"重大会计差错，一般是指差错的性质比较严重或差错的金额比较大。该差错会影响报表使用者对政府会计主体过去、现在或者未来的情况作出评价或者预测，则认为性质比较严重，如未遵循政府会计准则制度、财务舞弊等原因产生的差错。通常情况下，导致差错的经济业务或事项对报表某一具体项目的影响或累积影响金额占该类经济业务或事项对报表同一项目的影响金额的10%及以上，则认为金额比较大"。此外还规定，政府会计主体滥用会计政策、会计估计及其变更，应当作为重大会计差错予以更正。

三是关于重大前期差错的会计处理方法。现行企业会计准则和国际公共部门会计准则采用"追溯重述法"对重大前期差错进行会计处理，虽然追溯重述法与追溯调整法概念不同，但会计处理方法一致。为了减少新概念的出现，增强政府会计准则的可理解性，会计调整准则对于重大前期差错更正未引入"追溯重述法"，也没有引入"追溯调整法"，而是对相关会计处理方法直接做出规定，即"本期发现的与前期相关的重大会计差错，如影响收入、费用或者预算收支的，应当将其对收入、费用或者预算收支的影响或累积影响调整发现当期期初的相关净资产项目或者预算结转结余，并调整其他相关项目的期初数；如不影响收入、费用或者预算收支，应当调整发现当期相关项目的期初数。经上述调整后，视同该差错在差错发生的期间已经得到更正"。

四是关于报告日后事项。由于现行政府会计准则制度中没有明确提出"资产负债表日"这一概念，因此，会计调整准则借鉴国际公共部门准则的规定，采用了"报告日后事项"的概念，并将其界定为"报告日（年度报告日通常为12月31日）至报告批准报出日之间发生的需要调整或说明的事项，包括调整事项和非调整事项两类"。

五是关于预算会计调整。考虑到实务中预算会计涉及的会计政策变更和会计估计变更情形很少，即使存在，一般也是法定政策变更，国务院财政部门会在变更同时统一出台相关规定，因此会计调整准则关于会计政策变更、会计估计变更的会计处理原则仅适用政府财务会计。另外，会计调整准则关于预算会计前期重大会计差错的处理未要求调整可比期间的预算结转结余，主要考虑决算报告经人大批准后不应再做调整。此外，鉴于财政总预算会计及部门决算工作的特殊要求，会计调整准则在附则部分规定，财政总预算会计中涉及的会计调整事项，按照《财政总预算会计制度》和财政部其他相关规定处理。行政事业单位预算会计涉及的会计调整事项，按照部门决算报告制度有关要求进行披露。

2.9 政府会计准则第8号——负债

2018年11月9日　财会〔2018〕31号

第一章　总则

第一条　为了规范负债的确认、计量和相关信息的披露，根据《政府会计准则——基本准则》，制定本准则。

第二条　本准则所称负债，是指政府会计主体过去的经济业务或者事项形成的，预期会导致经济资源流出政府会计主体的现时义务。

现时义务，是指政府会计主体在现行条件下已承担的义务。未来发生的经济业务或者事项形成的义务不属于现时义务，不应当确认为负债。

第三条　符合本准则第二条规定的负债定义的义务，在同时满足以下条件时，确认为负债：

（一）履行该义务很可能导致含有服务潜力或者经济利益的经济资源流出政府会计主体；

（二）该义务的金额能够可靠地计量。

第四条　政府会计主体的负债按照流动性，分为流动负债和非流动负债。

流动负债是指预计在1年内（含1年）偿还的负债，包括短期借款、应付短期政府债券、应付及预收款项、应缴款项等。

非流动负债是指流动负债以外的负债，包括长期借款、长期应付款、应付长期政府债券等。

第五条　政府会计主体的负债包括偿还时间与金额基本确定的负债和由或有事项形成的预计负债。

偿还时间与金额基本确定的负债按政府会计主体的业务性质及风险程度，分为融资活动形成的举借债务及其应付利息、运营活动形成的应付及预收款项和暂收性负债。

第六条　本准则规范政府会计主体负债的一般情况。其他政府会计准则对政府会计主体的特定负债做出专门规定的，从其规定。

第二章　举借债务

第七条　举借债务是指政府会计主体通过融资活动借入的债务，包括政府举借的债务以及其他政府会计主体借入的款项。

政府举借的债务包括政府发行的政府债券，向外国政府、国际经济组织等借入的款项，以及向上级政府借入转贷资金形成的借入转贷款。

其他政府会计主体借入的款项是指除政府以外的其他政府会计主体从银行或其他金融机构等借入的款项。

第八条 对于举借债务，政府会计主体应当在与债权人签订借款合同或协议并取得举借资金时确认为负债。

第九条 举借债务初始确认为负债时，应当按照实际发生额计量。

对于借入款项，初始确认为负债时应当按照借款本金计量；借款本金与取得的借款资金的差额应当计入当期费用。

对于发行的政府债券，初始确认为负债时应当按照债券本金计量；债券本金与发行价款的差额应当计入当期费用。

第十条 政府会计主体应当按照借款本金（或债券本金）和合同或协议约定的利率（或债券票面利率）按期计提举借债务的利息。

对于属于流动负债的举借债务以及属于非流动负债的分期付息、一次还本的举借债务，应当将计算确定的应付未付利息确认为流动负债，计入应付利息；对于其他举借债务，应当将计算确定的应付未付利息确认为非流动负债，计入相关非流动负债的账面余额。

第十一条 政府会计主体应当按照本准则第十二条、第十三条的规定，将因举借债务发生的借款费用分别计入工程成本或当期费用。

借款费用，是指政府会计主体因举借债务而发生的利息及其他相关费用，包括借款利息、辅助费用以及因外币借款而发生的汇兑差额等。其中，辅助费用是指政府会计主体在举借债务过程中发生的手续费、佣金等费用。

第十二条 政府以外的其他政府会计主体为购建固定资产等工程项目借入专门借款的，对于发生的专门借款费用，应当按照借款费用减去尚未动用的借款资金产生的利息收入后的金额，属于工程项目建设期间发生的，计入工程成本；不属于工程项目建设期间发生的，计入当期费用。

工程项目建设期间是指自工程项目开始建造起至交付使用时止的期间。

工程项目建设期间发生非正常中断且中断时间连续超过3个月（含3个月）的，政府会计主体应当将非正常中断期间的借款费用计入当期费用。如果中断是使工程项目达到交付使用所必须的程序，则中断期间所发生的借款费用仍应计入工程成本。

第十三条 政府会计主体因举借债务所发生的除本准则第十二条规定外的借款费用（包括政府举借的债务和其他政府会计主体的非专门借款所发生的借款费用），应当计入当期费用。

第十四条 政府会计主体应当在偿还举借债务本息时，冲减相关负债的账面余额。

第三章　应付及预收款项

第十五条 应付及预收款项，是指政府会计主体在运营活动中形成的应当支付而尚未支付的款项及预先收到但尚未实现收入的款项，包括应付职工薪酬、应付账款、预收款项、应交税费、应付国库集中支付结余和其他应付未付款项。

应付职工薪酬，是指政府会计主体为获得职工（含长期聘用人员）提供的服务而给予各种形式的报酬或因辞退等原因而给予职工补偿所形成的负债。职工薪酬包括工资、津贴补贴、奖金、社会保险费等。

应付账款，是指政府会计主体因取得资产、接受劳务、开展工程建设等而形成的负债。

预收款项，是指政府会计主体按照货物、服务合同或协议或者相关规定，向接受货物或服务的主体预先收款而形成的负债。

应交税费，是指政府会计主体因发生应税事项导致承担纳税义务而形成的负债。

应付国库集中支付结余，是指国库集中支付中，按照财政部门批复的部门预算，政府会计主体（政府财政）当年未支而需结转下一年度支付款项而形成的负债。

其他应付未付款项，是指政府会计主体因有关政策明确要求其承担支出责任等而形成的应付未付款项。

第十六条　除因辞退等原因给予职工的补偿外，政府会计主体应当在职工为其提供服务的会计期间，将应支付的职工薪酬确认为负债，除本条第二款规定外，计入当期费用。

政府会计主体应当根据职工提供服务的受益对象，将下列职工薪酬分情况处理：

（一）应由自制物品负担的职工薪酬，计入自制物品成本。

（二）应由工程项目负担的职工薪酬，比照本准则第十二条有关借款费用的处理原则计入工程成本或当期费用。

（三）应由自行研发项目负担的职工薪酬，在研究阶段发生的，计入当期费用；在开发阶段发生并且最终形成无形资产的，计入无形资产成本。

第十七条　政府会计主体按照有关规定为职工缴纳的医疗保险费、养老保险费、职业年金等社会保险费和住房公积金，应当在职工为其提供服务的会计期间，根据有关规定加以计算并确认为负债，具体按照本准则第十六条的规定处理。

第十八条　政府会计主体因辞退等原因给予职工的补偿，应当于相关补偿金额报经批准时确认为负债，并计入当期费用。

第十九条　对于应付账款，政府会计主体应当在取得资产、接受劳务，或外包工程完成规定进度时，按照应付未付款项的金额予以确认。

第二十条　对于预收款项，政府会计主体应当在收到预收款项时，按照实际收到款项的金额予以确认。

第二十一条　对于应交税费，政府会计主体应当在发生应税事项导致承担纳税义务时，按照税法等规定计算的应交税费金额予以确认。

第二十二条　对于应付国库集中支付结余，政府会计主体（政府财政）应当在年末，按照国库集中支付预算指标数大于国库资金实际支付数的差额予以确认。

第二十三条　对于其他应付未付款项，政府会计主体应当在有关政策已明确其承担支出责任，或者其他情况下相关义务满足负债的定义和确认条件时，按照确定应承担的负债金额予以确认。

第二十四条　政府会计主体应当在支付应付款项或将预收款项确认为收入时，冲减相关负债的账面余额。

第四章　暂收性负债

第二十五条　暂收性负债是指政府会计主体暂时收取，随后应做上缴、退回、转拨等处理的款项。暂收性负债主要包括应缴财政款和其他暂收款项。

应缴财政款，是指政府会计主体暂时收取、按规定应当上缴国库或财政专户的款项而形成的负债。

其他暂收款项，是指除应缴财政款以外的其他暂收性负债，包括政府会计主体暂时收取、随后应退还给其他方的押金或保证金、随后应转付给其他方的转拨款等款项。

第二十六条 对于应缴财政款，政府会计主体通常应当在实际收到相关款项时，按照相关规定计算确定的上缴金额予以确认。

第二十七条 对于其他暂收款项，政府会计主体应当在实际收到相关款项时，按照实际收到的金额予以确认。

第二十八条 政府会计主体应当在上缴应缴财政款、退还、转付其他暂收款项等时，冲减相关负债的账面余额。

第五章 预计负债

第二十九条 政府会计主体应当将与或有事项相关且满足本准则第三条规定条件的现时义务确认为预计负债。

或有事项，是指由过去的经济业务或者事项形成的，其结果须由某些未来事项的发生或不发生才能决定的不确定事项。未来事项是否发生不在政府会计主体控制范围内。

政府会计主体常见的或有事项主要包括：未决诉讼或未决仲裁、对外国政府或国际经济组织的贷款担保、承诺（补贴、代偿）、自然灾害或公共事件的救助等。

第三十条 预计负债应当按照履行相关现时义务所需支出的最佳估计数进行初始计量。

所需支出存在一个连续范围，且该范围内各种结果发生的可能性相同的，最佳估计数应当按照该范围内的中间值确定。

在其他情形下，最佳估计数应当分别下列情况确定：

（一）或有事项涉及单个项目的，按照最可能发生金额确定。

（二）或有事项涉及多个项目的，按照各种可能结果及相关概率计算确定。

第三十一条 政府会计主体在确定最佳估计数时，一般应当综合考虑与或有事项有关的风险、不确定性等因素。

第三十二条 政府会计主体清偿预计负债所需支出预期全部或部分由第三方补偿的，补偿金额只有在基本确定能够收到时才能作为资产单独确认。确认的补偿金额不应当超过预计负债的账面余额。

第三十三条 政府会计主体应当在报告日对预计负债的账面余额进行复核。有确凿证据表明该账面余额不能真实反映当前最佳估计数的，应当按照当前最佳估计数对该账面余额进行调整。履行该预计负债的相关义务不是很可能导致经济资源流出政府会计主体时，应当将该预计负债的账面余额予以转销。

第三十四条 政府会计主体不应当将下列与或有事项相关的义务确认为负债，但应当按照本准则第三十六条规定对该类义务进行披露：

（一）过去的经济业务或者事项形成的潜在义务，其存在须通过未来不确定事项的发生或不发生予以证实，未来事项是否能发生不在政府会计主体控制范围内。潜在义务是指结果取决于不确定未来事项的可能义务。

（二）过去的经济业务或者事项形成的现时义务，履行该义务不是很可能导致经济资源流出政府会计主体或者该义务的金额不能可靠计量。

第六章 披露

第三十五条 政府会计主体应当在附注中披露与举借债务、应付及预收款项、暂收性负债和预计负债有关的下列信息:

(一)各类负债的债权人、偿还期限、期初余额和期末余额。

(二)逾期借款或者违约政府债券的债权人、借款(债券)金额、逾期时间、利率、逾期未偿还(违约)原因和预计还款时间等。

(三)借款的担保方、担保方式、抵押物等。

(四)预计负债的形成原因以及经济资源可能流出的时间、经济资源流出的时间和金额不确定的说明,预计负债有关的预期补偿金额和本期已确认的补偿金额。

第三十六条 政府会计主体应当在附注中披露本准则第三十四条规定的或有事项相关义务的下列信息:

(一)或有事项相关义务的种类及其形成原因。

(二)经济资源流出时间和金额不确定的说明。

(三)或有事项相关义务预计产生的财务影响,以及获得补偿的可能性;无法预计的,应当说明原因。

第七章 附则

第三十七条 本准则自 2019 年 1 月 1 日起施行。

2.10 政府会计准则第 9 号——财务报表编制和列报

2018 年 12 月 26 日 财会〔2018〕37 号

第一章 总则

第一条 为了规范政府会计主体财务报表的编制和列报,根据《政府会计准则——基本准则》,制定本准则。

第二条 财务报表是对政府会计主体财务状况、运行情况和现金流量等信息的结构性表述。财务报表至少包括下列组成部分:

(一)资产负债表;

(二)收入费用表;

(三)附注。

政府会计主体可以根据实际情况自行选择编制现金流量表。

第三条 本准则适用于政府会计主体个别财务报表和合并财务报表。行政事业单位个别财务报表的编制和列报,还应遵循《政府会计制度——行政事业单位会计科目和报表》的规定;其他政府会计主体个别财务报表的编制和列报,还应遵循其他相关会计制度。

其他政府会计准则有特殊列报要求的，从其规定。

第二章 基本要求

第四条 政府会计主体应当以持续运行为前提，根据实际发生的经济业务或事项，按照政府会计准则制度的规定对相关会计要素进行确认和计量，在此基础上编制财务报表。政府会计主体不应以附注披露代替确认和计量，也不能通过充分披露相关会计政策而纠正不恰当的确认和计量。

如果按照政府会计准则制度规定披露的信息不足以让财务报表使用者了解特定经济业务或事项对政府会计主体财务状况和运行情况的影响时，政府会计主体还应当披露其他必要的相关信息。

第五条 除现金流量表以收付实现制为基础编制外，政府会计主体应当以权责发生制为基础编制财务报表。

第六条 财务报表项目的列报应当在各个会计期间保持一致，不得随意变更，但政府会计准则制度和财政部发布的其他有关规定（以下简称政府会计准则制度等）要求变更财务报表项目的除外。

第七条 性质或功能不同的项目，应当在财务报表中单独列报，但不具有重要性的项目除外。性质或功能类似的项目，其所属类别具有重要性的，应当按其类别在财务报表中单独列报。

某些项目的重要性程度不足以在资产负债表、收入费用表等报表中单独列示，但对理解报表具有重要性的，应当在附注中单独披露。

第八条 财务报表某些项目的省略、错报等，能够合理预期将影响报表主要使用者据此作出决策的，该项目具有重要性。

重要性应当根据政府会计主体所处的具体环境，从项目的性质和金额两方面予以判断。关于各项目重要性的判断标准一经确定，不得随意变更。判断项目性质的重要性，应当考虑该项目在性质上是否显著影响政府会计主体的财务状况和运行情况等因素；判断项目金额的重要性，应当考虑该项目金额占资产总额、负债总额、净资产总额、收入总额、费用总额、盈余总额等直接相关项目金额的比重或所属报表单列项目金额的比重。

第九条 资产负债表中的资产和负债，应当分别按流动资产和非流动资产、流动负债和非流动负债列示。

第十条 财务报表中的资产项目和负债项目的金额、收入项目和费用项目的金额不得相互抵销，但其他政府会计准则制度另有规定的除外。

资产或负债项目按扣除备抵项目后的净额列示，不属于抵销。

第十一条 当期财务报表的列报，至少应当提供所有列报项目上一个可比会计期间的比较数据，以及与理解当期财务报表相关的说明，但其他政府会计准则制度等另有规定的除外。

第十二条 政府会计主体应当至少在财务报表的显著位置披露下列各项：

（一）编报主体的名称；

（二）报告日或财务报表涵盖的会计期间；

（三）人民币金额单位；

（四）财务报表是合并财务报表的，应当予以标明。

第十三条 政府会计主体至少应当按年编制财务报表。

年度财务报表涵盖的期间短于一年的，应当披露年度财务报表的涵盖期间、短于一年的原因以及报表数据不具可比性的事实。

第三章 合并财务报表

第十四条 合并财务报表，是指反映合并主体和其全部被合并主体形成的报告主体整体财务状况与运行情况的财务报表。

合并主体，是指有一个或一个以上被合并主体的政府会计主体。合并主体通常也是合并财务报表的编制主体。

被合并主体，是指符合本准则规定的纳入合并主体合并范围的会计主体。

合并财务报表至少包括下列组成部分：

（一）合并资产负债表；

（二）合并收入费用表；

（三）附注。

第十五条 合并财务报表按照合并级次分为部门（单位）合并财务报表、本级政府合并财务报表和行政区政府合并财务报表。

部门（单位）合并财务报表，是指以政府部门（单位）本级作为合并主体，将部门（单位）本级及其合并范围内全部被合并主体的财务报表进行合并后形成的，反映部门（单位）整体财务状况与运行情况的财务报表。部门（单位）合并财务报表是政府部门财务报告的主要组成部分。

本级政府合并财务报表，是指以本级政府财政作为合并主体，将本级政府财政及其合并范围内全部被合并主体的财务报表进行合并后形成的，反映本级政府整体财务状况与运行情况的财务报表。本级政府合并财务报表是本级政府综合财务报告的主要组成部分。

行政区政府合并财务报表，是指以行政区本级政府作为合并主体，将本行政区内各级政府的财务报表进行合并后形成的，反映本行政区政府整体财务状况与运行情况的财务报表。行政区政府合并财务报表是行政区政府财务报告的主要组成部分。

第十六条 部门（单位）合并财务报表由部门（单位）负责编制；本级政府合并财务报表由本级政府财政部门负责编制。

各级政府财政部门既负责编制本级政府合并财务报表，也负责编制本级政府所辖行政区政府合并财务报表。

第一节 合并程序

第十七条 合并财务报表应当以合并主体和其被合并主体的财务报表为基础，根据其他有关资料加以编制。

合并财务报表应当以权责发生制为基础编制。合并主体和其合并范围内被合并主体个别财务报表应当采用权责发生制基础编制，按规定未采用权责发生制基础编制的，应当先调整为权责发生制基础的财务报表，再由合并主体进行合并。

编制合并财务报表时，应当将合并主体和其全部被合并主体视为一个会计主体，遵循政府会计准则制度规定的统一的会计政策。合并范围内合并主体、被合并主体个别财务报表未遵循政府会计准则制度规定的统一会计政策的，应当先调整为遵循政府会计准则制度规定的统一会计政策的财务报表，再由合并主体进行合并。

第十八条 编制合并财务报表的程序主要包括：

（一）根据本准则第十七条规定，对需要进行调整的个别财务报表进行调整，以调整后的个别财务报表作为编制合并财务报表的基础；

（二）将合并主体和被合并主体个别财务报表中的资产、负债、净资产、收入和费用项目进行逐项合并；

（三）抵销合并主体和被合并主体之间、被合并主体相互之间发生的债权债务、收入费用等内部业务或事项对财务报表的影响。

第十九条 对于在报告期内因划转而纳入合并范围的被合并主体，合并主体应当将其报告期内的收入、费用项目金额包括在本期合并收入费用表的本期数中，合并资产负债表的期初数不作调整。

对于在报告期内因划转而不再纳入合并范围的被合并主体，其报告期内的收入、费用项目金额不包括在本期合并收入费用表的本期数中，合并资产负债表的期初数不作调整。

合并主体应当确保划转双方的会计处理协调一致，确保不重复、不遗漏，并在合并财务报表附注中对划转情况及其影响进行充分披露。

第二十条 在报告期内，被合并主体撤销的，其期初资产、负债和净资产项目金额应当包括在合并资产负债表的期初数中，其期初至撤销日的收入、费用项目金额应当包括在本期合并收入费用表的本期数中，其期初至撤销日的收入、费用项目金额所引起的净资产变动金额应当包括在合并资产负债表的期末数中。

第二十一条 在编制合并财务报表时，被合并主体除了应当向合并主体提供财务报表外，还应当提供下列有关资料：

（一）采用的与政府会计准则制度规定的统一的会计政策不一致的会计政策及其影响金额；

（二）其与合并主体、其他被合并主体之间发生的所有内部业务或事项的相关资料；

（三）编制合并财务报表所需要的其他资料。

第二节 部门（单位）合并财务报表

第二十二条 部门（单位）合并财务报表的合并范围一般应当以财政预算拨款关系为基础予以确定。有下级预算单位的部门（单位）为合并主体，其下级预算单位为被合并主体。合并主体应当将其全部被合并主体纳入合并财务报表的合并范围。

部门（单位）所属的企业不纳入部门（单位）合并财务报表的合并范围。

第二十三条 部门（单位）合并资产负债表应当以部门（单位）本级和其被合并主体符合本准则第十七条要求的个别资产负债表或合并资产负债表为基础，在抵销内部业务或事项对合并资产负债表的影响后，由部门（单位）本级合并编制。

编制部门（单位）合并资产负债表时，需要抵销的内部业务或事项包括：

（一）部门（单位）本级和其被合并主体之间、被合并主体相互之间的债权（含应收款项坏账准备，下同）、债务项目；

（二）部门（单位）本级和其被合并主体之间、被合并主体相互之间其他业务或事项对部门（单位）合并资产负债表的影响。

第二十四条 部门（单位）合并资产负债表中的资产类至少应当单独列示反映下列信息的项目：

（一）货币资金；

（二）短期投资；

（三）财政应返还额度；

（四）应收票据；

（五）应收账款净额；

（六）预付账款；

（七）应收股利；

（八）应收利息；

（九）其他应收款净额；

（十）存货；

（十一）待摊费用；

（十二）一年内到期的非流动资产；

（十三）长期股权投资；

（十四）长期债券投资；

（十五）固定资产净值；

（十六）工程物资；

（十七）在建工程；

（十八）无形资产净值；

（十九）研发支出；

（二十）公共基础设施净值；

（二十一）政府储备物资；

（二十二）文化文物资产；

（二十三）保障性住房净值；

（二十四）长期待摊费用；

（二十五）待处理财产损溢；

（二十六）受托代理资产。

第二十五条 部门（单位）合并资产负债表中的资产类应当包括流动资产、非流动资产的合计项目。

第二十六条 部门（单位）合并资产负债表中的负债类至少应当单独列示反映下列信息的项目：

（一）短期借款；

（二）应交增值税；

（三）其他应交税费；

（四）应缴财政款；

（五）应付职工薪酬；

（六）应付票据；

（七）应付账款；

（八）应付政府补贴款；

（九）应付利息；

（十）预收款项；

（十一）其他应付款；

（十二）预提费用；

（十三）一年内到期的非流动负债；

（十四）长期借款；

（十五）长期应付款；

（十六）预计负债；

（十七）受托代理负债。

第二十七条 部门（单位）合并资产负债表中的负债类应当包括流动负债、非流动负债和负债的合计项目。

第二十八条 部门（单位）合并资产负债表中的净资产类至少应当单独列示反映下列信息的项目：

（一）累计盈余；

（二）专用基金；

（三）权益法调整。

第二十九条 部门（单位）合并资产负债表中的净资产类应当包括净资产的合计项目。

第三十条 部门（单位）合并资产负债表应当列示资产总计项目、负债和净资产总计项目。

第三十一条 部门（单位）合并收入费用表应当以部门（单位）本级和其被合并主体符合本准则第十七条要求的个别收入费用表或合并收入费用表为基础，在抵销内部业务或事项对合并收入费用表的影响后，由部门（单位）本级合并编制。

编制部门（单位）合并收入费用表时，需要抵销的内部业务或事项包括部门（单位）本级和其被合并主体之间、被合并主体相互之间的收入、费用项目。

第三十二条 部门（单位）合并收入费用表中的收入，应当按照收入来源进行分类列示。

第三十三条 部门（单位）合并收入费用表中的收入类至少应当单独列示反映下列信息的项目：

（一）财政拨款收入；

（二）事业收入；

（三）经营收入；

（四）非同级财政拨款收入；

（五）投资收益；

（六）捐赠收入；

（七）利息收入；

（八）租金收入。

第三十四条 部门（单位）合并收入费用表中的收入类应当包括收入的合计项目。

第三十五条 部门（单位）合并收入费用表中的费用，应当按照费用的性质进行分类列示。

第三十六条 部门（单位）合并收入费用表中的费用类至少应当单独列示反映下列信息的项目：

（一）工资福利费用；

（二）商品和服务费用；

（三）对个人和家庭补助费用；

（四）对企事业单位补贴费用；

（五）固定资产折旧费用；

（六）无形资产摊销费用；
（七）公共基础设施折旧（摊销）费用；
（八）保障性住房折旧费用；
（九）计提专用基金；
（十）所得税费用；
（十一）资产处置费用。

第三十七条 部门（单位）合并收入费用表中的费用类应当包括费用的合计项目。

第三十八条 部门（单位）合并收入费用表应当列示本期盈余项目。

本期盈余，是指部门（单位）某一会计期间收入合计金额减去费用合计金额后的差额。

第三节 本级政府合并财务报表

第三十九条 本级政府合并财务报表的合并范围一般应当以财政预算拨款关系为基础予以确定。本级政府财政为合并主体，其所属部门（单位）等为被合并主体。

第四十条 本级政府合并财务报表应当以本级政府财政和其被合并主体符合本准则第十七条要求的个别财务报表或合并财务报表为基础，在抵销内部业务或事项对合并财务报表的影响后，由本级政府财政部门合并编制。

编制本级政府合并财务报表时，需要抵销的内部业务或事项包括：

（一）本级政府财政和其被合并主体之间的债权债务、收入费用等项目；
（二）被合并主体相互之间的债权债务、收入费用等项目。

第四十一条 本级政府合并资产负债表中的资产类至少应当单独列示反映下列信息的项目：

（一）货币资金；
（二）短期投资；
（三）应收及预付款项；
（四）存货；
（五）一年内到期的非流动资产；
（六）长期投资；
（七）应收转贷款；
（八）固定资产净值；
（九）在建工程；
（十）无形资产净值；
（十一）公共基础设施净值；
（十二）政府储备物资；
（十三）文物文化资产；
（十四）保障性住房净值；
（十五）受托代理资产。

第四十二条 本级政府合并资产负债表中的资产类应当包括流动资产、非流动资产的合计项目。

第四十三条 本级政府合并资产负债表中的负债类至少应当单独列示反映下列信息的项目：

（一）应付短期政府债券；
（二）短期借款；

（三）应付及预收款项；
（四）应付职工薪酬；
（五）应付政府补贴款；
（六）一年内到期的非流动负债；
（七）应付长期政府债券；
（八）应付转贷款；
（九）长期借款；
（十）长期应付款；
（十一）预计负债；
（十二）受托代理负债。

第四十四条 本级政府合并资产负债表中的负债类应当包括流动负债、非流动负债和负债的合计项目。

第四十五条 本级政府合并资产负债表应当列示净资产项目。

第四十六条 本级政府合并资产负债表应当列示资产总计项目、负债和净资产总计项目。

第四十七条 本级政府合并收入费用表中的收入，应当按照收入来源进行分类列示。

第四十八条 本级政府合并收入费用表中的收入类至少应当单独列示反映下列信息的项目：
（一）税收收入；
（二）非税收入；
（三）事业收入；
（四）经营收入；
（五）投资收益；
（六）政府间转移性收入。

第四十九条 本级政府合并收入费用表中的收入类应当包括收入的合计项目。

第五十条 本级政府合并收入费用表中的费用，应当按照费用的性质进行分类列示。

第五十一条 本级政府合并收入费用表中的费用类至少应当单独列示反映下列信息的项目：
（一）工资福利费用；
（二）商品和服务费用；
（三）对个人和家庭补助费用；
（四）对企事业单位补贴费用；
（五）政府间转移性费用；
（六）折旧费用；
（七）摊销费用；
（八）资产处置费用。

第五十二条 本级政府合并收入费用表中的费用类应当包括费用的合计项目。

第五十三条 本级政府合并收入费用表应当列示本期盈余项目。

第四节 行政区政府合并财务报表

第五十四条 行政区政府合并财务报表的合并范围一般应当以行政隶属关系为基础予以确定。行政区本级政府为合并主体，其所属下级政府为被合并主体。

第五十五条 县级以上政府应当编制本行政区政府合并财务报表。

第五十六条 行政区政府合并财务报表应当以本级政府和其所属下级政府合并财务报表为基础，在抵销内部业务或事项对合并财务报表的影响后，由本级政府财政部门合并编制。

编制行政区政府合并财务报表时，需要抵销的内部业务或事项包括：

（一）本级政府和其所属下级政府之间的债权债务、收入费用等项目；

（二）本级政府所属下级政府相互之间的债权债务、收入费用等项目。

第五十七条 行政区政府合并财务报表的项目列示与本级政府合并财务报表一致。

第五节 附注

第五十八条 合并财务报表附注一般应当披露下列信息：

（一）合并财务报表的编制基础。

（二）遵循政府会计准则制度的声明。

（三）合并财务报表的合并主体、被合并主体清单。

（四）合并主体、被合并主体个别财务报表所采用的编制基础，所采用的与政府会计准则制度规定不一致的会计政策，编制合并财务报表时的调整情况及其影响。

（五）本期增加、减少被合并主体的基本情况及影响。

（六）合并财务报表重要项目明细信息及说明。

（七）未在合并财务报表中列示但对报告主体财务状况和运行情况有重大影响的事项的说明。

（八）需要说明的其他事项。

第四章 附则

第五十九条 合并财务报表的具体合并范围由财政部另行规定。

第六十条 部门（单位）合并资产负债表的格式参见《政府会计制度——行政事业单位会计科目和报表》规定的资产负债表格式。

部门（单位）合并收入费用表的格式参见附录。

本级政府合并财务报表、行政区政府合并财务报表的格式以及部门（单位）合并财务报表附注的披露格式由财政部另行规定。

第六十一条 本准则自 2019 年 1 月 1 日起施行，适用于 2019 年年度及以后的财务报表。

附录：部门（单位）合并收入费用表格式

合并收入费用表

编制单位：　　　　　　　　　　　　　　　年　　　　　　　　　　　　　　　单位：元

项　目	本年数	上年数
一、本期收入		
（一）财政拨款收入		
（二）事业收入		

续表

项目	本年数	上年数
其中：非同级财政拨款收入		
（三）上级补助收入 *		
（四）附属单位上缴收入 *		
（五）经营收入		
（六）非同级财政拨款收入		
（七）投资收益		
（八）捐赠收入		
（九）利息收入		
（十）租金收入		
（十一）其他收入		
二、本期费用		
（一）工资福利费用		
（二）商品和服务费用		
（三）对个人和家庭补助费用		
（四）对企事业单位补贴费用		
（五）固定资产折旧费用		
（六）无形资产摊销费用		
（七）公共基础设施折旧（摊销）费用		
（八）保障性住房折旧费用		
（九）计提专用基金		
（十）所得税费用		
（十一）资产处置费用		
（十二）上缴上级费用 *		
（十三）对附属单位补助费用 *		
（十四）其他费用		
三、本期盈余		

注：1. 本表中"本期费用"各项目应当根据个别财务报表附注中"本期费用按经济分类的披露格式"所提供的信息合并填列。

2. 编制部门（单位）合并收入费用表时，标 * 项目原则上应抵销完毕，金额为零。

2.11 政府会计准则第10号——政府和社会资本合作项目合同

2019年12月17日　财会〔2019〕23号

第一章　总则

第一条　为了规范政府方对政府和社会资本合作（PPP）项目合同的确认、计量和相关信息的列报，根据《政府会计准则——基本准则》，制定本准则。

第二条　本准则所称PPP项目合同，是指政府方与社会资本方依法依规就PPP项目合作所订立的合同，该合同应当同时具有以下特征：

（一）社会资本方在合同约定的运营期间内代表政府方使用PPP项目资产提供公共产品和服务；

（二）社会资本方在合同约定的期间内就其提供的公共产品和服务获得补偿。

本准则所称政府方，是指政府授权或指定的PPP项目实施机构，通常为政府有关职能部门或事业单位。

本准则所称社会资本方，是指与政府方签署PPP项目合同的社会资本或项目公司。

本准则所称PPP项目资产，是指PPP项目合同中确定的用来提供公共产品和服务的资产。该资产有以下两方面来源：

（一）由社会资本方投资建造或者从第三方购买，或者是社会资本方的现有资产；

（二）政府方现有资产，或者对政府方现有资产进行改建、扩建。

第三条　本准则适用于同时满足以下条件的PPP项目合同：

（一）政府方控制或管制社会资本方使用PPP项目资产必须提供的公共产品和服务的类型、对象和价格；

（二）PPP项目合同终止时，政府方通过所有权、收益权或其他形式控制PPP项目资产的重大剩余权益。

第四条　通常情况下，采用建设–运营–移交（BOT）、转让–运营–移交（TOT）、改建–运营–移交（ROT）方式运作的PPP项目合同，满足本准则第三条规定的条件，应当适用本准则。

下列各项适用其他相关会计准则：

（一）不同时具有本准则第二条第一款规定的两个特征的合同，如建设–移交（BT）、租赁、无偿捐赠等，不属于本准则所称的PPP项目合同，不适用本准则，应当由政府方按照其他相关政府会计准则制度的规定进行会计处理。

（二）不同时满足本准则第三条规定的两个条件的PPP项目合同，如采用建设–拥有–运营（BOO）、转让–拥有–运营（TOO）等方式运作的PPP项目合同，不适用本准则，应当由政府方按照其他相关政府会计准则制度的规定进行会计处理。

（三）PPP项目合同中有关政府方对项目公司的直接投资，适用《政府会计准则第2号——投资》；有关代表政府出资的企业对项目公司的投资，适用相关企业会计准则。

（四）社会资本方对PPP项目合同的确认、计量和相关信息的披露，适用相关企业会计准则。

第二章　PPP 项目资产的确认

第五条　符合本准则第二条、第三条规定的 PPP 项目资产，在同时满足以下条件时，应当由政府方予以确认：

（一）与该资产相关的服务潜力很可能实现或者经济利益很可能流入；

（二）该资产的成本或者价值能够可靠地计量。

第六条　PPP 项目资产的各组成部分具有不同使用年限或者以不同方式提供公共产品和服务的，应当分别将各组成部分确认为一个单项 PPP 项目资产。

第七条　由社会资本方投资建造或从第三方购买形成的 PPP 项目资产，政府方应当在 PPP 项目资产验收合格交付使用时予以确认。

使用社会资本方现有资产形成的 PPP 项目资产，政府方应当在 PPP 项目开始运营日予以确认。

政府方使用其现有资产形成 PPP 项目资产的，应当在 PPP 项目开始运营日将其现有资产重分类为 PPP 项目资产。

社会资本方对政府方现有资产进行改建、扩建形成的 PPP 项目资产，政府方应当在 PPP 项目资产验收合格交付使用时予以确认，同时终止确认现有资产。

第八条　在 PPP 项目资产运营过程中发生的后续支出，满足本准则第五条规定的确认条件的，政府方应当计入 PPP 项目资产成本。

通常情况下，为增加 PPP 项目资产的使用效能或延长其使用年限而发生的改建、扩建等后续支出，政府方应当计入 PPP 项目资产的成本；为维护 PPP 项目资产的正常使用而发生的日常维修、养护等后续支出，不计入 PPP 项目资产的成本。

第九条　PPP 项目合同终止时，PPP 项目资产按规定移交至政府方的，政府方应当根据 PPP 项目资产的性质和用途，将其重分类为公共基础设施等资产。

第三章　PPP 项目资产的计量

第十条　政府方在取得 PPP 项目资产时一般应当按照成本进行初始计量；按规定需要进行资产评估的，应当按照评估价值进行初始计量。

第十一条　社会资本方投资建造形成的 PPP 项目资产，其成本包括该项资产至验收合格交付使用前所发生的全部必要支出，包括建筑安装工程投资、设备投资、待摊投资、其他投资等支出。

已交付使用但尚未办理竣工财务决算手续的 PPP 项目资产，应当按照估计价值入账，待办理竣工财务决算后再按照实际成本调整原来的暂估价值。

第十二条　社会资本方从第三方购买形成的 PPP 项目资产，其成本包括购买价款、相关税费以及验收合格交付使用前发生的可归属于该项资产的运输费、装卸费、安装费和专业人员服务费等。

第十三条　使用社会资本方现有资产形成的 PPP 项目资产，其成本按规定以该项资产的评估价值确定。

第十四条　政府方使用其现有资产形成的 PPP 项目资产，其成本按照 PPP 项目开始运营日该资产的账面价值确定；按照相关规定对现有资产进行资产评估的，其成本按照评估价值确定，资产评估价值与评估前资产账面价值的差额计入当期收入或当期费用。

第十五条 社会资本方对政府方现有资产进行改建、扩建形成的 PPP 项目资产，其成本按照该资产改建、扩建前的账面价值加上改建、扩建发生的支出，再扣除该资产被替换部分账面价值后的金额确定。

第十六条 除本准则第十七条和第二十三条规定外，政府方应当参照《政府会计准则第 3 号——固定资产》《政府会计准则第 5 号——公共基础设施》等，对 PPP 项目资产进行后续计量。

第十七条 PPP 项目合同终止时，PPP 项目资产按规定移交至政府方并进行资产评估的，政府方应当以评估价值作为重分类后资产的入账价值，评估价值与 PPP 项目资产账面价值的差额计入当期收入或当期费用；政府方按规定无需对移交的 PPP 项目资产进行资产评估的，应当以 PPP 项目资产的账面价值作为重分类后资产的入账价值。

第四章 PPP 项目净资产的确认和计量

第十八条 除本准则第十九条规定外，政府方在确认 PPP 项目资产时，应当同时确认一项 PPP 项目净资产，PPP 项目净资产的初始入账金额与 PPP 项目资产的初始入账金额相等。

第十九条 政府方使用其现有资产形成 PPP 项目资产的，在初始确认 PPP 项目资产时，应当同时终止确认现有资产，不确认 PPP 项目净资产。

社会资本方对政府方现有资产进行改建、扩建形成 PPP 项目资产的，政府方应当仅按照 PPP 项目资产初始入账金额与政府方现有资产账面价值的差额确认 PPP 项目净资产。

第二十条 按照 PPP 项目合同约定，政府方承担向社会资本方支付款项的义务的，相关义务应当按照《政府会计准则第 8 号——负债》有关规定进行会计处理，会计处理结果不影响 PPP 项目资产及净资产的账面价值。

政府方按照《政府会计准则第 8 号——负债》有关规定不确认负债的，应当在支付款项时计入当期费用。政府方按照《政府会计准则第 8 号——负债》有关规定确认负债的，应当同时确认当期费用；在以后期间支付款项时，相应冲减负债的账面余额。

第二十一条 在 PPP 项目合同约定的期间内，政府方从社会资本方收到款项的，应当按规定做应缴款项处理或计入当期收入。

第二十二条 在 PPP 项目运营过程中，政府方因 PPP 项目资产改建、扩建等后续支出增加 PPP 项目资产成本的，应当依据本准则第十八、十九条的规定同时增加 PPP 项目净资产的账面余额。

第二十三条 政府方按照本准则规定在确认 PPP 项目资产的同时确认 PPP 项目净资产的，在 PPP 项目运营期间内，按月对该 PPP 项目资产计提折旧（摊销）的，应当于计提折旧（摊销）时冲减 PPP 项目净资产的账面余额。

政府方初始确认的 PPP 项目净资产金额等于 PPP 项目资产初始入账金额的，应当按照计提的 PPP 项目资产折旧（摊销）金额，等额冲减 PPP 项目净资产的账面余额。

政府方初始确认的 PPP 项目净资产金额小于 PPP 项目资产初始入账金额的，应当按照计提的 PPP 项目资产折旧（摊销）金额的相应比例（即 PPP 项目净资产初始入账金额占 PPP 项目资产初始入账金额的比例），冲减 PPP 项目净资产的账面余额；当期计提的折旧（摊销）金额与所冲减的 PPP 项目净资产金额的差额，应当计入当期费用。

PPP 项目合同终止时，政府方应当将尚未冲减完的 PPP 项目净资产账面余额转入累计盈余。

第五章 列报

第二十四条 政府方应当在资产负债表中单独列示 PPP 项目资产及相应的 PPP 项目净资产。

第二十五条 政府方应当在附注中披露与 PPP 项目合同有关的下列信息：

（一）对 PPP 项目合同的总体描述。

（二）PPP 项目合同中的重要条款：

1. PPP 项目合同主要参与方；
2. 合同生效日、建设完工日、运营开始日、合同终止日等关键时点；
3. PPP 项目资产的来源；
4. PPP 项目的付费方式；
5. 合同终止时资产移交的权利和义务；
6. 政府方和社会资本方其他重要权利和义务。

（三）报告期间所发生的 PPP 项目合同变更情况。

（四）相关会计信息：

1. 政府方确认的 PPP 项目资产及其类别；
2. PPP 项目资产、PPP 项目净资产初始入账金额及其确定依据；
3. 政府方确认的与 PPP 项目合同有关的负债金额及其确定依据；
4. 报告期内 PPP 项目资产折旧（摊销）冲减 PPP 项目净资产的金额；
5. 报告期内政府方向社会资本方支付的款项金额，或者从社会资本方收到的款项金额；
6. 其他需要披露的会计信息。

第二十六条 政府方除应遵循本准则第二十五条的披露要求外，还应遵循其他政府会计准则制度关于 PPP 项目合同的披露要求。

第六章 附则

第二十七条 对于不满足本准则第三条规定条件的 PPP 项目合同，政府方应当按照本准则第二十五条（一）至（三）的规定披露与该合同相关的信息。

第二十八条 本准则自 2021 年 1 月 1 日起施行。政府方关于存量 PPP 项目合同会计处理的新旧衔接办法，由财政部另行规定。

2.12 《政府会计准则第 10 号——政府和社会资本合作项目合同》应用指南

2020 年 12 月 17 日　财会〔2020〕19 号

一、关于《政府会计准则第 10 号——政府和社会资本合作项目合同》（以下简称本准则）适用范围的判断

（一）适用本准则的情形。

本准则主要规范了政府方对依法依规签订的 PPP 项目合同的确认、计量和相关信息的列报。

本准则所指的政府方，是指政府授权或指定的 PPP 项目实施机构，通常为政府有关职能部门或事业单位。对于由多级政府跨区域或本级政府跨部门共同实施的 PPP 项目合同，应当根据合同约定确定具体的政府会计主体。

本准则所指的 PPP 项目合同应同时具有如下两个特征（以下简称"双特征"）：（1）社会资本方在合同约定的运营期间内代表政府方使用 PPP 项目资产提供公共产品和服务（以下简称特征一）；（2）社会资本方在合同约定的期间内就其提供的公共产品和服务获得补偿（以下简称特征二）。

本准则适用于符合"双特征"要求，同时满足如下"双控制"标准的 PPP 项目合同：（1）政府方控制或管制社会2资本方使用 PPP 项目资产必须提供的公共产品和服务的类型、对象和价格（以下简称控制标准一）；（2）PPP 项目合同终止时，政府方通过所有权、收益权或其他形式控制 PPP 项目资产的重大剩余权益（以下简称控制标准二）。

采用建设–运营–移交（BOT）、转让–运营–移交（TOT）、改建–运营–移交（ROT）方式运作的 PPP 项目合同，通常情况下同时满足"双特征"与"双控制"标准，适用本准则。采用建设–拥有–经营–移交（BOOT）、委托运营（O&M）等其他运作方式的项目合同，同时满足"双特征""双控制"标准的，也适用本准则。

政府方应当按照图 1 所示来判断确定本准则的适用范围。

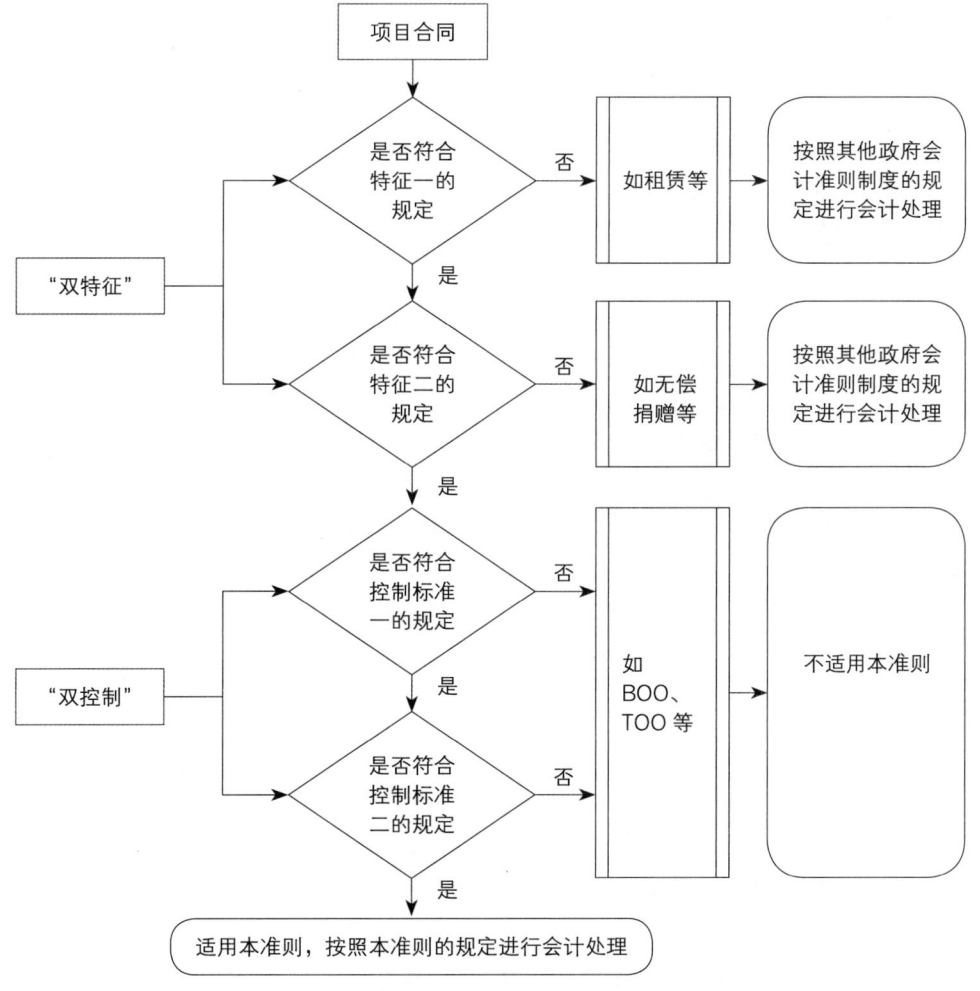

图 1 本准则适用范围判断流程图

（二）不适用本准则的情形。

项目合同未同时满足"双特征""双控制"标准的，不适用本准则，包括但不限于以下情形：

1. 不满足"双特征"的情形。

（1）政府方作为出租人的租赁合同，因承租方虽然可能使用项目资产提供公共产品和服务，但并非代表政府方来提供，不满足特征一的规定，不适用本准则。对于租赁合同，政府方应当按照其他政府会计准则制度的规定进行会计处理。

（2）政府方作为接受捐赠方的无偿捐赠合同，因捐赠方未获得补偿，不满足特征二的规定，不适用本准则。政府方接受捐赠取得的资产，应当按照其他政府会计准则制度的规定进行会计处理。

2. 满足"双特征"，但不满足"双控制"标准的情形。

（1）采用建设–拥有–运营（BOO）方式的项目合同，社会资本方拥有项目资产所有权，且政府方未控制项目资产的重大剩余权益，不满足"双控制"标准，不适用本准则。

（2）采用转让–拥有–运营（TOO）方式的项目合同，政府方将项目资产所有权有偿转让给社会资本方，并由社会资本方负责运营和维护，政府方未控制项目资产的重大剩余权益，不满足"双控制"标准，不适用本准则。政府方转让资产时应当按照其他政府会计准则制度的规定进行会计处理。

二、关于本准则第二条"双特征"的说明

（一）关于"合同约定的运营期间"，指的是社会资本方对PPP项目资产的使用期或运营期，通常在PPP项目合同中有明确约定。

（二）关于"社会资本方代表政府方使用PPP项目资产提供公共产品和服务"，指的是根据合同约定或政府方授权，社会资本方享有建设、运营、管理、维护本项目设施等权利，同时承担代表政府方提供公共产品和服务的义务。

（三）关于"社会资本方就其提供的公共产品和服务获得补偿"，指的是社会资本方就其在运营期内运营或维护项目资产等按照合同约定获得回报。

三、关于本准则第三条"双控制"标准的说明

（一）关于控制标准一的说明。

1. 关于"控制"，指的是政府方通过具有法律效力的合同条款等方式，有权决定社会资本方提供的公共产品和服务的类型、对象和价格。通常情况下，政府方和社会资本方在PPP项目合同中应当明确规定社会资本方提供的公共产品和服务的类型、对象和价格。

2. 关于"管制"，是指社会资本方提供的公共产品和服务的类型、对象和价格，虽未在PPP项目合同中进行明确规定，但受有关法律法规或监管部门规章制度的约束。

3. 如果定价的基础或框架受到监管约束，政府方对价格的"控制或管制"不需要完全控制价格，这种情况仍然符合控制标准。如设定政府调价机制，进行调价前应当经过政府方审核同意，即满足控制标准一的价格控制要求。如果项目合同条款给予社会资本方自主定价权，但约定政府方有权参与分享PPP项目资产的超额收益部分，则仍然满足控制标准一中的价格控制要求。

（二）关于控制标准二的说明。

控制标准二中的"重大剩余权益"，指的是PPP项目合同终止时，在项目资产剩余使用寿命内使用、处置该项目资产所能获得的权益。政府方对"重大剩余权益"的控制具体表现为以下两种情形：

1. PPP项目合同终止时，社会资本方应当将项目资产移交给政府方，且移交的项目资产预期仍能为政府方带来经济利益流入或者产生服务潜力。

2. 政府方能够通过合同条款限制社会资本方处置或抵押项目资产，保障重大剩余权益不受损害。

（三）"双控制"标准的应用。

1. 关于项目资产更新改造时"双控制"标准的应用。在合同约定的运营期间，对不可分离的项目资产进行更新改造的（包括更换部分设施设备），应当将更新改造前后的项目资产视为一个整体来考虑。如果政府方控制了更新改造后项目资产的重大剩余权益，则项目合同仍然适用本准则。

2. 关于项目资产部分受政府方控制时"双控制"标准的应用。

项目资产部分受政府方控制的，分为以下两种情况：

（1）项目资产在功能设置和空间分布上可分割且能独立运营的，应当单独进行分析。如果政府方不能控制该部分资产，则该部分资产不适用本准则。

（2）使用PPP项目资产提供不受政府方控制的辅助性服务，并不减损政府方对PPP项目资产的控制，在应用"双控制"标准时不应当考虑该项服务。

3. 关于运营期占项目资产全部使用寿命时"双控制"标准的应用。

对于运营期占项目资产全部使用寿命的项目合同，即使项目合同结束时项目资产不存在重大剩余权益，如果该项目合同满足前述"双控制"标准中的控制标准一，则仍然适用本准则。

四、关于本准则第二十条"政府方承担向社会资本方支付款项的义务"的说明

本准则第二十条规定，按照PPP项目合同约定，政府方承担向社会资本方支付款项义务的，相关义务应当按照《政府会计准则第8号——负债》有关规定进行会计处理，会计处理结果不影响PPP项目资产及净资产的账面价值。政府方按照《政府会计准则第8号——负债》有关规定确认负债的，应当同时确认当期费用，在以后期间支付款项时，相应冲减负债的账面余额。

按照我国PPP有关规章制度规定，规范的PPP项目应建立按效付费机制，不得通过降低考核标准等方式，提前锁定、固化政府支出责任。因此，本准则中"政府方承担的向社会资本方支付款项的义务"，是指在项目运营期的每一个会计期间内，当社会资本方提供的公共产品或服务满足合同约定的绩效考核要求时，政府方根据合同约定按期应向社会资本方进行补偿的义务。对于这种义务的会计处理，分为以下两种情况：（1）政府方在义务发生的当期及时向社会资本方支付款项的，在支付款项时确认当期费用，同时在预算会计中确认预算支出。（2）政府方在义务发生的当期未及时向社会资本方支付款项的，应当按照应付未付的金额确认当期费用和负债（应付账款等）；在后续实际支付款项时冲减负债的账面余额，同时在预算会计中确认预算支出。

对于PPP项目合同中政府承担的法律风险、政策风险以及因政府方原因导致项目合同终止的违约风险等，不属于政府方应承担的现时义务，不满足负债的确认条件。但是，当相关事项发生，政府方承担的潜在义务转化为现时义务，满足预计负债的确认条件时，政府方应当按照其他政府会计准则制度的相关规定进行会计处理。

五、关于会计科目设置及主要账务处理

（一）应增设的会计科目。

1. 政府方应当设置"1841PPP项目资产"一级科目，核算按照本准则规定确认的PPP项目资产，并按照资产类别、项目等进行明细核算。本科目的期末借方余额，反映PPP项目资产的账面余额。

2. 政府方应当设置"1842PPP项目资产累计折旧(摊销)"一级科目,核算按照本准则规定计提的PPP项目资产累计折旧(摊销),并按照资产类别、项目等进行明细核算。本科目期末贷方余额,反映政府方计提的PPP项目资产折旧(摊销)的累计数。

3. 政府方应当设置"3601PPP项目净资产"一级科目,核算按照本准则规定所确认的PPP项目净资产。本科目的期末贷方余额,反映PPP项目净资产的账面余额。

(二)主要账务处理。

1.PPP项目资产取得时的账务处理。

(1)社会资本方投资建造形成的PPP项目资产,政府方应当在资产验收合格交付使用时,按照确定的成本(包括该项资产自建造开始至验收合格交付使用前所发生的全部必要支出),借记"PPP项目资产"科目,贷记"PPP项目净资产"科目。对于已交付使用但尚未办理竣工财务决算手续的PPP项目资产,政府方应当按暂估价值,借记"PPP项目资产"科目,贷记"PPP项目净资产"科目;待办理竣工财务决算后,政府方应当按照实际成本与暂估价值的差额,借记或贷记"PPP项目资产"科目,贷记或借记"PPP项目净资产"科目。

(2)社会资本方从第三方购买形成的PPP项目资产,政府方应当在资产验收合格交付使用时,按照确定的成本(包括该项资产的购买价款、相关税费以及验收合格交付使用前发生的可归属于该项资产的运输费、装卸费、安装费和专业人员服务费等),借记"PPP项目资产"科目,贷记"PPP项目净资产"科目。

(3)使用社会资本方现有资产形成的PPP项目资产,政府方应当在PPP项目开始运营日,按照该项资产的评估价值,借记"PPP项目资产"科目,贷记"PPP项目净资产"科目。

(4)使用政府方现有资产形成的PPP项目资产,无需进行资产评估的,政府方应当在PPP项目开始运营日,按照该资产的账面价值,借记"PPP项目资产"科目,按照资产已计提的累计折旧或摊销,借记"公共基础设施累计折旧(摊销)"等科目,按照资产的账面余额,贷记"公共基础设施"等科目;按照相关规定需要进行资产评估的,政府方应当按照资产评估价值,借记"PPP项目资产"科目,按照资产已计提的累计折旧或摊销,借记"公共基础设施累计折旧(摊销)"等科目,按照资产的账面余额,贷记"公共基础设施"等科目,按照资产评估价值与账面价值的差额贷记"其他收入"科目或借记"其他费用"科目。

(5)社会资本方对政府方原有资产进行改建、扩建形成的PPP项目资产,政府方应当在资产验收合格交付使用时,按照资产改建、扩建前的账面价值加上改建、扩建发生的支出,再扣除资产被替换部分账面价值后的金额,借记"PPP项目资产"科目,按照资产改建、扩建前已计提的累计折旧或摊销,借记"公共基础设施累计折旧(摊销)"等科目,按照资产的账面余额,贷记"公共基础设施"等科目,按照PPP项目资产初始入账金额与原有资产账面价值的差额,贷记"PPP项目净资产"科目。

2.PPP项目资产在项目运营期间的账务处理。

(1)对于为维护PPP项目资产的正常使用而发生的日常维修、养护等后续支出,不计入PPP项目资产的成本。

(2)对于为增加PPP项目资产的使用效能或延长其使用年限而发生的大修、改建、扩建等后续支出,政府方应当在资产验收合格交付使用时,按照相关支出扣除资产被替换部分账面价值的差额,借记"PPP项目资产"科目,贷记"PPP项目净资产"科目。

(3)在PPP项目运营期间,政府方应当按月对PPP项目资产计提折旧(摊销),但社会资本方持续进行良好维护使得其性能得到永久维护的PPP项目资产除外。对于作为PPP项目资产单独计价入账的土地使用权，政府方应当按照其他政府会计准则制度的规定进行摊销。

政府方初始确认的PPP项目净资产金额等于PPP项目资产初始入账金额的，按月计提PPP项目资产折旧（摊销）时，应当按照计提的PPP项目资产折旧（摊销）金额，借记"PPP项目净资产"科目，贷记"PPP项目资产累计折旧（摊销）"科目。

政府方初始确认的PPP项目净资产金额小于PPP项目资产初始入账金额的，按月计提PPP项目资产折旧（摊销）时，应当按照计提的PPP项目资产折旧（摊销）金额的相应比例（即PPP项目净资产初始入账金额占PPP项目资产初始入账金额的比例），借记"PPP项目净资产"科目，按照计提的PPP项目资产折旧（摊销）金额，贷记"PPP项目资产累计折旧（摊销）"科目，按照当期计提的折旧（摊销）金额与所冲减的PPP项目净资产金额的差额，借记"业务活动费用"等科目。

3.PPP项目合同终止时的账务处理。

（1）PPP项目合同终止时，PPP项目资产按规定移交至政府方的，政府方应当根据PPP项目资产的性质和用途，将在国务院财政部门对PPP项目资产折旧（摊销）年限作出规定之前，政府方对PPP项目资产暂不计提折旧。

其重分类为公共基础设施等资产。无需对所移交的PPP项目资产进行资产评估的，政府方应当按移交日PPP项目资产的账面价值，借记"公共基础设施"等科目，按照已计提的累计折旧（摊销），借记"PPP项目资产累计折旧（摊销）"科目，按照PPP项目资产的账面余额，贷记"PPP项目资产"科目；按规定需要对所移交的PPP项目资产进行资产评估的，政府方应当按照资产评估价值，借记"公共基础设施"等科目，按照已计提的累计折旧（摊销），借记"PPP项目资产累计折旧（摊销）"科目，按照PPP项目资产的账面余额，贷记"PPP项目资产"科目，按照资产评估价值与PPP项目资产账面价值的差额，贷记"其他收入"科目或借记"其他费用"科目。

（2）PPP项目合同终止时，政府方应当将尚未冲减完的PPP项目净资产账面余额转入累计盈余，即按PPP项目净资产的账面余额，借记"PPP项目净资产"科目，贷记"累计盈余"科目。

4.其他相关业务的账务处理。

对于上述规定中未明确的其他相关经济业务或事项，政府方应当按照其他政府会计准则制度的规定进行账务处理。

六、关于财务报表项目

（一）关于资产负债表。

1.政府方应当在"保障性住房净值"和"长期待摊费用"项目之间依次增加"PPP项目资产""减：PPP项目资产累计折旧（摊销）""PPP项目资产净值"项目。

2.政府方应当在"权益法调整"项目和"无偿调拨净资产"项目之间增加"PPP项目净资产"项目。

（二）关于净资产变动表。

1.政府方应当在"本年数""上年数"两栏中的"权益法调整"和"净资产合计"项目之间增加"PPP项目净资产"列项目。

2.政府方应当在"（六）权益法调整"和"五、本年年末余额"项目之间增加"PPP项目净资产"行项目。

七、关于新旧衔接规定

（一）关于本准则首次执行时已入库的PPP项目合同。对于符合本准则"双特征"和"双控制"标准且已纳入全国PPP综合信息平台项目库的PPP项目合同，在本准则首次执行日，有关衔接规定如下：

1. 项目资产已由政府方确认为公共基础设施、固定资产等资产的，政府方应当按照所确认资产的账面价值，将其重分类为 PPP 项目资产。具体进行账务处理时，按照资产的账面价值，借记"PPP 项目资产"科目，按照计提的累计折旧或摊销（如果有），借记"公共基础设施累计折旧（摊销）""固定资产累计折旧"等科目，按照资产账面余额，贷记"公共基础设施""固定资产"等科目。

2. 项目资产未由政府方确认，但已由社会资本方确认的，政府方应当按照社会资本方确认的资产账面原值，确认 PPP 项目资产，同时确认 PPP 项目净资产。具体进行账务处理时，按照确定的资产入账成本，借记"PPP 项目资产"科目，贷记"PPP 项目净资产"科目。

3. 政府方和社会资本方均未确认的项目资产，政府方应当及时确认入账，并按照以下原则确定其初始入账成本：可以取得相关原始凭据的，其成本按照有关原始凭据注明的金额确定；没有相关凭据可供取得，但按规定经过资产评估的，其成本按照资产评估价值确定；没有相关凭据可供取得、也未经资产评估的，其成本按照重置成本确定。具体进行账务处理时，按照确定的资产入账成本，借记"PPP 项目资产"科目，贷记"PPP 项目净资产"科目。

（二）关于本准则首次执行时未入库的特许经营项目协议。

对于符合本准则"双特征"和"双控制"标准但未纳入全国 PPP 综合信息平台项目库的特许经营项目协议，在本准则首次执行日，有关衔接规定如下：

1. 协议中不含提前锁定、固化政府支出责任等兜底条款的，在本准则首次执行日，政府方应当参照已入库项目的新旧衔接规定进行会计处理。

2. 协议中含有提前锁定、固化政府支出责任等兜底条款的，政府方应当按照《政府会计准则第 5 号——公共基础设施》《政府会计准则第 8 号——负债》等准则规定，对政府方控制的公共基础设施及相应的负债进行会计处理。

（三）关于 PPP 项目资产折旧（摊销）政策规定。

在国务院财政部门对 PPP 项目资产折旧（摊销）年限作出规定之前，政府方在 PPP 项目资产首次入账时暂不考虑补提折旧（摊销），初始入账后也暂不计提折旧（摊销）。

八、附则

本应用指南自 2021 年 1 月 1 日起施行。

2.13　政府会计准则制度解释第 1 号

2019 年 7 月 16 日　财会〔2019〕13 号

一、关于企业集团中的事业单位会计制度执行问题

企业集团中纳入部门预算编报范围的事业单位（不含执行《军工科研事业单位会计制度》的事业单位，下同）应当按照政府会计准则制度进行会计核算；企业集团中未纳入部门预算编报范围的事业单位，可以不执行《政府会计制度——行政事业单位会计科目和报表》（以下称《政府会计制度》）中的预算会计内容，只执行财务会计内容。

二、关于事业单位长期股权投资的会计处理

（一）事业单位采用权益法核算长期股权投资、且被投资单位编制合并财务报表的，在持

有投资期间,应当以被投资单位合并财务报表中归属于母公司的净利润和其他所有者权益变动为基础,计算确定应当调整长期股权投资账面余额的金额,并进行相关会计处理。

(二)事业单位以其持有的科技成果取得的长期股权投资,应当按照评估价值加相关税费作为投资成本。事业单位按规定通过协议定价、在技术交易市场挂牌交易、拍卖等方式确定价格的,应当按照以上方式确定的价格加相关税费作为投资成本。

(三)事业单位处置以科技成果转化形成的长期股权投资,按规定所取得的收入全部留归本单位的,应当按照实际取得的价款,借记"银行存款"等科目,按照被处置长期股权投资的账面余额,贷记"长期股权投资"科目,按照尚未领取的现金股利或利润,贷记"应收股利"科目,按照发生的相关税费等支出,贷记"银行存款"等科目,按照借贷方差额,借记或贷记"投资收益"科目;同时,在预算会计中,按照实际取得的价款,借记"资金结存——货币资金"科目,按照处置时确认的投资收益金额,贷记"投资预算收入"科目,按照贷方差额,贷记"其他预算收入"科目。

(四)权益法下,事业单位处置以现金以外的其他资产取得的(不含科技成果转化形成的)长期股权投资时,按规定将取得的投资收益(此处的投资收益,是指长期股权投资处置价款扣除长期股权投资成本和相关税费后的差额)纳入本单位预算管理的,分别以下两种情况处理:

1. 长期股权投资的账面余额大于其投资成本的,应当按照被处置长期股权投资的成本,借记"资产处置费用"科目,贷记"长期股权投资——成本"科目;同时,按照实际取得的价款,借记"银行存款"等科目,按照尚未领取的现金股利或利润,贷记"应收股利"科目,按照发生的相关税费等支出,贷记"银行存款"等科目,按照长期股权投资的账面余额减去其投资成本的差额,贷记"长期股权投资——损益调整、其他权益变动"科目(以上明细科目为贷方余额的,借记相关明细科目),按照实际取得的价款与被处置长期股权投资账面余额、应收股利账面余额和相关税费支出合计数的差额,贷记或借记"投资收益"科目,按照贷方差额,贷记"应缴财政款"科目。预算会计的账务处理按照《政府会计制度》进行。

这种情况下的会计分录举例如下:

财务会计	预算会计

借:资产处置费用
  贷:长期股权投资——成本
借:银行存款
  贷:应收股利(如有)
      长期股权投资——损益调整、其他权益变动(也可能在借方)
      银行存款(相关税费)
      投资收益(取得价款与投资账面余额、应收股利账面余额和相关税费支出合计数的差额)
      应缴财政款
	借:资金结存——货币资金
	  贷:投资预算收益(取得价款减去投资成本和相关税费后的金额)

2. 长期股权投资的账面余额小于或等于其投资成本的,应当按照被处置长期股权投资的账面余额,借记"资产处置费用"科目,按照长期股权投资各明细科目的余额,贷记"长期股权投资——成本"科目,贷记或借记"长期股权投资——损益调整、其他权益变动"科目;同时,按照实际取得的价款,借记"银行存款"等科目,按照尚未领取的现金股利或利润,贷记"应收股利"科目,按照发生的相关税费等支出,贷记"银行存款"等科目,按照实际取得的价款

大于被处置长期股权投资成本、应收股利账面余额和相关税费支出合计数的差额，贷记"投资收益"科目，按照贷方差额，贷记"应缴财政款"科目。预算会计的账务处理按照《政府会计制度》进行。

这种情况下的会计分录举例如下：

财务会计	预算会计
借：资产处置费用（投资账面余额） 长期股权投资——损益调整、其他权益变动（部分明细科目余额也可能在贷方） 　　贷：长期股权投资——成本 借：银行存款 　　贷：应收股利（如有） 　　　　银行存款（相关税费） 　　　　投资收益（取得价款大于投资成本、应收股利账面余额和相关税费支出合计数的差额） 　　　　应缴财政款	借：资金结存——货币资金 　　贷：投资预算收益（取得价款减去投资成本和相关税费后的金额）

（五）事业单位按规定应将长期股权投资持有期间取得的投资净收益，以及以现金取得的长期股权投资处置时取得的净收入（处置价款扣除投资本金和相关税费后的净额）上缴本级财政并纳入一般公共预算管理的，在应收或收到上述有关款项时不确认投资收益，应通过"应缴财政款"科目核算。

三、关于单位年末暂收暂付非财政资金的会计处理

单位对于纳入本年度部门预算管理的现金收支业务，在采用财务会计核算的同时应当及时进行预算会计核算。年末结账前，单位应当对暂收暂付款项进行全面清理，并对于纳入本年度部门预算管理的暂收暂付款项进行预算会计处理，确认相关预算收支，确保预算会计信息能够完整反映本年度部门预算收支执行情况。

（一）对于纳入本年度部门预算管理的暂付款项，按照《政府会计制度》规定，单位在支付款项时可不做预算会计处理，待结算或报销时，按照结算或报销的金额，借记相关预算支出科目，贷记"资金结存"科目。但是，在年末结账前，对于尚未结算或报销的暂付款项，单位应当按照暂付的金额，借记相关预算支出科目，贷记"资金结存"科目。以后年度，实际结算或报销金额与已计入预算支出的金额不一致的，单位应当通过相关预算结转结余科目"年初余额调整"明细科目进行处理。

（二）对于应当纳入下一年度部门预算管理的暂收款项，单位在收到款项时，借记"银行存款"等科目，贷记"其他应付款"科目；本年度不做预算会计处理。待下一年初，单位应当按照上年暂收的款项金额，借记"其他应付款"科目，贷记有关收入科目；同时在预算会计中，按照暂收款项的金额，借记"资金结存"科目，贷记有关预算收入科目。

对于应当纳入下一年度部门预算管理的暂付款项，单位在付出款项时，借记"其他应收款"科目，贷记"银行存款"等科目，本年度不做预算会计处理。待下一年实际结算或报销时，单位应当按照实际结算或报销的金额，借记有关费用科目，按照之前暂付的款项金额，贷记"其他应收款"科目，按照退回或补付的金额，借记或贷记"银行存款"等科目；同时，在预算会计中，按照实际结算或报销的金额，借记有关支出科目，贷记"资金结存"科目。下一年度内尚未结算或报销的，按照上述（一）中的规定处理。

（三）对于不纳入部门预算管理的暂收暂付款项（如应上缴、应转拨或应退回的资金），单位应当按照《政府会计制度》规定，仅作财务会计处理，不做预算会计处理。

四、关于由有关部门统一管理，但由其他部门占有、使用的固定资产的会计处理

按规定由本级政府机关事务管理等部门统一管理（如仅持有资产的产权证等），但具体由其他部门占有、使用的固定资产，应当由占有、使用该资产的部门作为会计确认主体，对该资产进行会计核算。

2019年1月1日前相关部门未按照上述规定对某项固定资产进行会计核算的，在新旧会计制度转换时，按照以下规定处理：

（一）该项固定资产已经在其统一管理的部门入账的，负责资产统一管理的部门应当按照该项固定资产已经计提的折旧金额（按照原制度已经计提折旧的），借记新账的"固定资产累计折旧"科目，按照该项固定资产的账面余额，贷记新账的"固定资产"科目，按其差额，借记新账的"累计盈余"科目；占有、使用该资产的部门应当按照该项固定资产在统一管理部门记录的账面余额，借记新账的"固定资产"科目，按照该项资产在统一管理部门已经计提的折旧金额（按照原制度已经计提折旧的），贷记新账的"固定资产累计折旧"科目，按其差额，贷记新账的"累计盈余"科目。

（二）该项固定资产尚未登记入账的，应当由占有、使用该项资产的部门按照盘盈资产进行处理，具体账务处理参照财政部已经印发的相关衔接规定执行。

在按照上述规定进行新旧制度衔接时，相关会计主体的会计处理应当协调一致，确保资产确认不重复、不遗漏。在新旧制度衔接中，如涉及资产产权变更或实物资产划拨等事项，相关会计主体应当按照资产管理有关规定办理。

多个部门共同占用、使用同一项固定资产，且该项固定资产由本级政府机关事务管理等部门统一管理并负责后续维护、改造的，由本级政府机关事务管理等部门作为确认主体，对该项固定资产进行会计核算。

同一部门内部所属单位共同占有、使用同一项固定资产，或者所属事业单位占有、使用部门本级拥有产权的固定资产的，按照本部门规定对固定资产进行会计核算。

五、关于单位无偿调入资产的账务处理

按照相关政府会计准则规定，单位（调入方）接受其他政府会计主体无偿调入的固定资产、无形资产、公共基础设施等资产，其成本按照调出方的账面价值加上相关税费确定。但是，无偿调入资产在调出方的账面价值为零（即已经按制度规定提足折旧）或者账面余额为名义金额的，单位（调入方）应当将调入过程中其承担的相关税费计入当期费用，不计入调入资产的初始入账成本。

无偿调入资产在调出方的账面价值为零的，单位（调入方）在进行财务会计处理时，应当按照该项资产在调出方的账面余额，借记"固定资产""无形资产"等科目，按照该项资产在调出方已经计提的折旧或摊销金额（与资产账面余额相等），贷记"固定资产累计折旧""无形资产累计摊销"等科目；按照支付的相关税费，借记"其他费用"科目，贷记"零余额账户用款额度""银行存款"等科目。同时，在预算会计中按照支付的相关税费，借记"其他支出"科目，贷记"资金结存"科目。

无偿调入资产在调出方的账面余额为名义金额的，单位（调入方）在进行财务会计处理时，应当按照名义金额，借记"固定资产""无形资产"等科目，贷记"无偿调拨净资产"科目；按照支付的相关税费，借记"其他费用"科目，贷记"零余额账户用款额度""银行存款"等科目。同时，在预算会计中按照支付的相关税费，借记"其他支出"科目，贷记"资金结存"科目。

六、关于"业务活动费用"和"单位管理费用"科目的核算范围

按照《政府会计制度》规定，"业务活动费用"科目核算单位为实现其职能目标、依法履职或开展专业业务活动及其辅助活动所发生的各项费用。"单位管理费用"科目核算事业单位本级行政及后勤管理部门开展管理活动发生的各项费用，包括单位行政及后勤管理部门发生的人员经费、公用经费、资产折旧（摊销）等费用，以及由单位统一负担的离退休人员经费、工会经费、诉讼费、中介费等。

按照上述规定，行政单位不使用"单位管理费用"科目，其为实现其职能目标、依法履职发生的各项费用均计入"业务活动费用"科目。事业单位应当同时使用"业务活动费用"和"单位管理费用"科目，其业务部门开展专业业务活动及其辅助活动发生的各项费用计入"业务活动费用"科目，其本级行政及后勤管理部门发生的各项费用以及由单位统一负担的费用计入"单位管理费用"科目。

事业单位应当按照《政府会计制度》的规定，结合本单位实际，确定本单位业务活动费用和单位管理费用划分的具体会计政策。

七、关于"保障性住房"科目的核算范围

《政府会计制度》中规定的"保障性住房"科目，核算单位为满足社会公共需要而控制的保障性住房的原值。此处的保障性住房，主要指地方政府住房保障主管部门持有全部或部分产权份额、纳入城镇住房保障规划和年度计划、向符合条件的保障对象提供的住房。

八、关于第三方支付平台账户资金的会计科目适用问题

单位通过支付宝、微信等方式取得相关收入的，对于尚未转入银行存款的支付宝、微信收付款等第三方支付平台账户的余额，应当通过"其他货币资金"科目核算。

九、关于有关往来科目和收入、费用科目明细信息的披露

单位在按照债务人（债权人）对应收款项（应付款项）进行明细核算的基础上，应当在财务报表附注中按照债务人（债权人）分类对应收款项（应付款项）进行披露。债务人（债权人）类别主要分为本部门内部单位（指纳入单位所属部门财务报告合并范围的单位，下同）、本部门以外同级政府单位、本部门以外非同级政府单位和其他单位。

单位在按照收入来源（支付对象）对有关收入科目（费用科目）进行明细核算的基础上，应当在财务报表附注中按照收入来源（支付对象）分类对有关收入（费用）进行披露。收入来源（支付对象）主要分为本部门内部单位、本部门以外同级政府单位、本部门以外非同级政府单位和其他单位。

单位按照《政府会计制度》中财务报表附注所列格式分类对应收款项、应付款项、有关收入和费用进行具体披露时，应当遵循重要性原则。单位对重要性的判断，应当依据《政府会计准则第9号——财务报表编制和列报》，并考虑满足编制合并财务报表的信息需要，即相关合并主体能够基于单位所披露的信息，抵销合并主体与被合并主体之间、被合并主体相互之间发生的债权债务、收入费用等内部业务或事项对财务报表的影响。

十、关于单位售房款的会计处理

中央级行政事业单位应当自2019年1月1日起，将归属于本单位的售房款及其利息收入纳入部门预算管理，并按照《政府会计制度》统一进行会计核算。收到售房款项（售房收入扣除按标准计提的住宅专项维修资金）及其利息收入时，借记"银行存款"科目，贷记"其他收入"

科目；同时在预算会计中借记"资金结存"科目，贷记"其他预算收入"科目。按规定使用售房款发放购房补贴的，计提购房补贴费用时，借记"业务活动费用""单位管理费用"等科目，贷记"应付职工薪酬"科目的相关明细科目；发放购房补贴时，借记"应付职工薪酬"科目的相关明细科目，贷记"银行存款"等科目，同时在预算会计中借记"行政支出""事业支出"等科目，贷记"资金结存"科目。

新旧会计制度转换时，中央级行政单位和中央级事业单位应当分别进行如下会计处理：

（一）行政单位在原账中将售房款作为负债（其他应付款或长期应付款等）核算的，应当将有关负债科目的相关明细科目余额，转入新账财务会计中的"累计盈余"科目；同时，按照相同金额在新账预算会计中借记"资金结存"科目，贷记"非财政拨款结转"相关明细科目。

行政单位原对售房款单独建账、单独核算（即未将售房款资金纳入"大账"核算）的，应当将售房款资金统一纳入"大账"核算，按照有关账套（或台账）核算的售房款余额，在新账财务会计中借记"银行存款"等科目，贷记"累计盈余"科目；同时，按照相同金额在新账预算会计中借记"资金结存"科目，贷记"非财政拨款结转"相关明细科目。

（二）事业单位在原账中将售房款记入"专用基金"科目的，应当将"专用基金"科目相关明细科目的余额，转入新账财务会计中的"累计盈余"科目；同时，按照相同金额在新账预算会计中借记"资金结存"科目，贷记"非财政拨款结转"相关明细科目。

尚未将单位售房款纳入财政统筹使用的省级及以下行政事业单位，应当比照本解释中有关中央级行政事业单位售房款的会计处理规定执行。

十一、关于单位集中管理的住宅专项维修资金的会计处理

单位对于其集中管理的住宅专项维修资金，属于按规定从本单位售房收入中提取的，应当比照本解释中有关单位售房款的规定进行会计处理；属于本单位职工个人缴存的，应当作为受托代理业务，按照《政府会计制度》的规定进行会计处理。

专门从事住宅专项维修资金管理的单位所管理的住宅专项维修资金的会计核算，由财政部另行规定。

十二、本解释自 2019 年 1 月 1 日起施行。

2.14 政府会计准则制度解释第 2 号

2019 年 12 月 17 日 财会〔2019〕24 号

一、关于归垫资金的账务处理

行政事业单位（以下简称单位）按规定报经财政部门审核批准，在财政授权支付用款额度或财政直接支付用款计划下达之前，用本单位实有资金账户资金垫付相关支出，再通过财政授权支付方式或财政直接支付方式将资金归还原垫付资金账户的，应当按照以下规定进行账务处理：

（一）用本单位实有资金账户资金垫付相关支出时，按照垫付的资金金额，借记"其他应收款"科目，贷记"银行存款"科目；预算会计不做处理。

（二）通过财政直接支付方式或授权支付方式将资金归还原垫付资金账户时，按照归垫的资金金额，借记"银行存款"科目，贷记"财政拨款收入"科目，并按照相同的金额，借记"业务活动费用"等科目，贷记"其他应收款"科目；同时，在预算会计中，按照相同的金额，借记"行政支出""事业支出"等科目，贷记"财政拨款预算收入"科目。

二、关于从本单位零余额账户向本单位实有资金账户划转资金的账务处理

单位在某些特定情况下按规定从本单位零余额账户向本单位实有资金账户划转资金用于后续相关支出的，可在"银行存款"或"资金结存——货币资金"科目下设置"财政拨款资金"明细科目，或采用辅助核算等形式，核算反映按规定从本单位零余额账户转入实有资金账户的资金金额，并应当按照以下规定进行账务处理：

（一）从本单位零余额账户向实有资金账户划转资金时，按照划转的资金金额，借记"银行存款"科目，贷记"零余额账户用款额度"科目；同时，在预算会计中借记"资金结存——货币资金"科目，贷记"资金结存——零余额账户用款额度"科目。

（二）将本单位实有资金账户中从零余额账户划转的资金用于相关支出时，按照实际支付的金额，借记"应付职工薪酬""其他应交税费"等科目，贷记"银行存款"科目；同时，在预算会计中借记"行政支出""事业支出"等支出科目下的"财政拨款支出"明细科目，贷记"资金结存——货币资金"科目。

三、关于从财政科研项目中计提项目间接费用或管理费的账务处理

单位按规定从财政科研项目中计提项目间接费用或管理费的，应当按照以下规定进行账务处理：

（一）从财政科研项目中计提项目间接费用或管理费时，按照计提的金额，借记"业务活动费用""单位管理费用"等科目，贷记"预提费用——项目间接费用或管理费"科目；预算会计不做处理。

（二）按规定将计提的项目间接费用或管理费从本单位零余额账户划转到实有资金账户的，按照本解释"二、关于从本单位零余额账户向本单位实有资金账户划转资金的账务处理"的相关规定处理。

（三）使用计提的项目间接费用或管理费时，在财务会计下，按照实际支付的金额，借记"预提费用——项目间接费用或管理费"科目，贷记"银行存款""零余额账户用款额度""财政拨款收入"等科目。使用计提的项目间接费用或管理费购买固定资产、无形资产的，按照固定资产、无形资产的成本金额，借记"固定资产""无形资产"科目，贷记"银行存款""零余额账户用款额度""财政拨款收入"等科目；同时，按照相同的金额，借记"预提费用——项目间接费用或管理费"科目，贷记"累计盈余"科目。

同时，在预算会计下，按照实际支付的金额，借记"事业支出"等支出科目下的"财政拨款支出"明细科目，贷记"资金结存""财政拨款预算收入"科目。

四、关于事业单位按规定需将长期股权投资持有期间取得的投资收益上缴财政的账务处理

事业单位按规定需将长期股权投资持有期间取得的投资收益上缴本级财政的，应当按照以下规定进行账务处理：

（一）长期股权投资采用成本法核算的，被投资单位宣告发放现金股利或利润时，事业单位按照应收的金额，借记"应收股利"科目，贷记"投资收益"科目；收到现金股利或利润时，借记"银行存款"等科目，贷记"应缴财政款"科目，同时按照此前确定的应收股利金额，借记"投资收益"科目或"累计盈余"科目（此前确认的投资收益已经结转），贷记"应收股利"科目；将取得的现金股利或利润上缴财政时，借记"应缴财政款"科目，贷记"银行存款"等科目。

（二）长期股权投资采用权益法核算的，被投资单位实现净利润的，按照应享有的份额，借记"长期股权投资——损益调整"科目，贷记"投资收益"科目；被投资单位宣告发放现金股利或利润时，单位按照应享有的份额，借记"应收股利"科目，贷记"长期股权投资——损益调整"科目；收到现金股利或利润时，借记"银行存款"等科目，贷记"应缴财政款"科目，同时按照此前确定的应收股利金额，借记"投资收益"科目或"累计盈余"科目（此前确认的投资收益已经结转的），贷记"应收股利"科目；将取得的现金股利或利润上缴财政时，借记"应缴财政款"科目，贷记"银行存款"等科目。

五、关于收取差旅伙食费和市内交通费的账务处理

接待单位按规定收取出差人员差旅伙食费和市内交通费并出具相关票据的，应当按照以下规定进行账务处理：

（一）单位不承担支出责任的，应当按照收到的款项金额，借记"库存现金"等科目，贷记"其他应付款"科目或"其他应收款"科目（前期已垫付资金的）；向其他会计主体转付款时，借记"其他应付款"科目，贷记"库存现金"等科目。预算会计不做处理。

（二）单位承担支出责任的，应当按照收到的款项金额，借记"库存现金"等科目，贷记相关费用科目；同时在预算会计中借记"资金结存"科目，贷记相关支出科目。

单位如因开具税务发票承担增值税等纳税义务的，按照《政府会计制度——行政事业单位会计科目和报表》（以下简称《政府会计制度》）相关规定处理。

六、关于专利权维护费的会计处理

单位应当按照《政府会计准则第4号——无形资产》规定，将依法取得的专利权确认为无形资产，并进行后续摊销。在以后年度，单位按照相关规定发生的专利权维护费，应当在发生时计入当期费用，原确定的无形资产摊销年限不据此调整。

七、关于公费医疗经费的会计处理

享受公费医疗待遇的单位从所在地公费医疗管理机构取得的公费医疗经费，应当在实际取得时计入非同级财政拨款收入（非同级财政拨款预算收入），在实际支用时计入相关费用（支出）。

八、关于单位基本建设会计有关问题

（一）关于基本建设项目会计核算主体。

基本建设项目应当由负责编报基本建设项目预决算的单位（即建设单位）作为会计核算主体。建设单位应当按照《政府会计制度》规定在相关会计科目下分项目对基本建设项目进行明细核算。

基本建设项目管理涉及多个主体难以明确识别会计核算主体的，项目主管部门应当按照《基本建设财务规则》相关规定确定建设单位。

建设项目按照规定实行代建制的，代建单位应当配合建设单位做好项目会计核算和财务管理的基础工作。

（二）关于代建制项目的会计处理。

建设项目实行代建制的，建设单位应当要求代建单位通过工程结算或年终对账确认在建工程成本的方式，提供项目明细支出、建设工程进度和项目建设成本等资料，归集"在建工程"成本，及时核算所形成的"在建工程"资产，全面核算项目建设成本等情况。有关账务处理如下：

1. 关于建设单位的账务处理。

（1）拨付代建单位工程款时，按照拨付的款项金额，借记"预付账款——预付工程款"科目，贷记"财政拨款收入""零余额账户用款额度""银行存款"等科目；同时，在预算会计

中借记"行政支出""事业支出"等科目，贷记"财政拨款预算收入""资金结存"科目。

（2）按照工程进度结算工程款或年终代建单位对账确认在建工程成本时，按照确定的金额，借记"在建工程"科目下的"建筑安装工程投资"等明细科目，贷记"预付账款——预付工程款"等科目。

（3）确认代建管理费时，按照确定的金额，借记"在建工程"科目下的"待摊投资"明细科目，贷记"预付账款——预付工程款"等科目。

（4）项目完工交付使用资产时，按照代建单位转来在建工程成本中尚未确认入账的金额，借记"在建工程"科目下的"建筑安装工程投资"等明细科目，贷记"预付账款——预付工程款"等科目；同时，按照在建工程成本，借记"固定资产""公共基础设施"等科目，贷记"在建工程"科目。

工程结算、确认代建费或竣工决算时涉及补付资金的，应当在确认在建工程的同时，按照补付的金额，贷记"财政拨款收入""零余额账户用款额度""银行存款"等科目；同时在预算会计中进行相应的账务处理。

2. 关于代建单位的账务处理。

代建单位为事业单位的，应当设置"1615 代建项目"一级科目，并与建设单位相对应，按照工程性质和类型设置"建筑安装工程投资""设备投资""待摊投资""其他投资""待核销基建支出""基建转出投资"等明细科目，对所承担的代建项目建设成本进行会计核算，全面反映工程的资金资源消耗情况；同时，在"代建项目"科目下设置"代建项目转出"明细科目，通过工程结算或年终对账确认在建工程成本的方式，将代建项目的成本转出，体现在建设单位相应"在建工程"账上。年末，"代建项目"科目应无余额。有关账务处理规定如下：

（1）收到建设单位拨付的建设项目资金时，按照收到的款项金额，借记"银行存款"等科目，贷记"预收账款——预收工程款"科目。预算会计不做处理。

（2）工程项目使用资金或发生其他耗费时，按照确定的金额，借记"代建项目"科目下的"建筑安装工程投资"等明细科目，贷记"银行存款""应付职工薪酬""工程物资""累计折旧"等科目。预算会计不做处理。

（3）按工程进度与建设单位结算工程款或年终与建设单位对账确认在建工程成本并转出时，按照确定的金额，借记"代建项目——代建项目转出"科目，贷记"代建项目"科目下的"建筑安装工程投资"等明细科目，同时，借记"预收账款——预收工程款"等科目，贷记"代建项目——代建项目转出"科目。

（4）确认代建费收入时，按照确定的金额，借记"预收账款——预收工程款"等科目，贷记有关收入科目；同时，在预算会计中借记"资金结存"科目，贷记有关预算收入科目。

（5）项目完工交付使用资产时，按照代建项目未转出的在建工程成本，借记"代建项目——代建项目转出"科目，贷记"代建项目"科目下的"建筑安装工程投资"等明细科目，同时，借记"预收账款——预收工程款"等科目，贷记"代建项目——代建项目转出"科目。

工程竣工决算时收到补付资金的，按照补付的金额，借记"银行存款"等科目，贷记"预收账款——预收工程款"科目。

代建单位为企业的，按照企业类会计准则制度相关规定进行账务处理。

3. 关于新旧衔接的规定。

建设单位在首次执行本解释时尚未登记应确认的在建工程的，应当按照本解释规定确定的建设成本，借记"在建工程"科目，贷记"累计盈余"科目。代建单位在首次执行本解释时已将代建项目登记为在建工程的,应当按照"在建工程"科目余额,借记"累计盈余"科目,贷记"在建工程"科目。建设单位应与代建单位做好在建工程入账的协调,确保在建工程在记账上不重复、不遗漏。

(三)关于"在建工程"科目有关账务处理规定。

1. 工程交付使用时,单位应当按照合理的分配方法分配待摊投资,借记"在建工程——建筑安装工程投资、设备投资"科目,贷记"在建工程——待摊投资"科目;待摊投资中有按规定应当分摊计入转出投资价值和待核销基建支出的,还应当借记"在建工程——待核销基建支出、基建转出投资"科目,贷记"在建工程——待摊投资"科目。

2. 建设项目竣工验收交付使用时,按规定直接转入建设单位以外的会计主体的,建设单位应当按照转出的建设项目的成本,借记"在建工程——基建转出投资"科目,贷记"在建工程——建筑安装工程投资、设备投资"科目;同时,借记"无偿调拨净资产"科目,贷记"在建工程——基建转出投资"科目。

建设项目竣工验收交付使用时,按规定先转入建设单位、再无偿划拨给其他会计主体的,建设单位应当按照《政府会计制度》规定,先将在建工程转入"固定资产""公共基础设施"等科目,再按照无偿调拨资产相关规定进行账务处理。

建设单位与资产调入方应当按规定做好资产核算工作的衔接和相关会计资料的交接,确保交付使用资产在记账上不重复、不遗漏。

(四)关于基本建设项目的明细科目或辅助核算。

单位按照《政府会计制度》对基本建设项目进行会计核算的,应当通过在有关会计科目下设置与基本建设项目相关的明细科目或增加标记,或设置基建项目辅助账等方式,满足基本建设项目竣工决算报表编制的需要。

九、关于部门(单位)合并财务报表范围

(一)部门(单位)合并财务报表合并范围确定的一般原则。

按照《政府会计准则第9号——财务报表编制和列报》规定,部门(单位)合并财务报表的合并范围一般应当以财政预算拨款关系为基础予以确定。有下级预算单位的部门(单位)为合并主体,其下级预算单位为被合并主体。合并主体应当将其全部被合并主体纳入合并财务报表的合并范围。

通常情况下,纳入本部门预决算管理的行政事业单位和社会组织(包括社会团体、基金会和社会服务机构,下同)都应当纳入本部门(单位)合并财务报表范围。

(二)除满足一般原则的会计主体外,以下会计主体也应当纳入部门(单位)合并财务报表范围:

1. 部门(单位)所属的未纳入部门预决算管理的事业单位。
2. 部门(单位)所属的纳入企业财务管理体系执行企业类会计准则制度的事业单位。
3. 财政部规定的应当纳入部门(单位)合并财务报表范围的其他会计主体。

(三)以下会计主体不纳入部门(单位)合并财务报表范围:

1. 部门(单位)所属的企业,以及所属企业下属的事业单位。
2. 与行政机关脱钩的行业协会商会。
3. 部门(单位)财务部门按规定单独建账核算的会计主体,如工会经费、党费、团费和土地储备资金、住房公积金等资金(基金)会计主体。
4. 挂靠部门(单位)的没有财政预算拨款关系的社会组织以及非法人性质的学术团体、研究会等。

单位内部非法人独立核算单位的核算及合并问题，按照《政府会计制度》及相关补充规定执行。

十、关于工会系统适用的会计制度

县级及以上总工会和基层工会组织应当执行《工会会计制度》（财会〔2009〕7号），工会所属事业单位应当执行政府会计准则制度，工会所属企业应当执行企业类会计准则制度，挂靠工会管理的社会团体应当按规定执行《民间非营利组织会计制度》（财会〔2004〕7号，下同）。

十一、关于纳入部门预决算管理的社会组织适用的会计制度

纳入部门预决算管理的社会组织，原执行《事业单位会计制度》（财会〔2012〕22号）的，应当自2019年1月1日起执行政府会计准则制度；原执行《民间非营利组织会计制度》的，仍然执行《民间非营利组织会计制度》。

十二、关于本解释生效日期及新旧衔接规定

本解释第一至第八项自2020年1月1日起施行，允许单位提前采用；第九项适用于2019年度及以后期间的财务报表；第十项、十一项自2019年1月1日起施行。

本解释除第八项（二）以外，其余各项首次施行时均采用未来适用法。

2.15 政府会计准则制度解释第3号

2020年10月20日　财会〔2020〕15号

一、关于接受捐赠业务的会计处理

（一）行政事业单位（以下简称单位）按规定接受捐赠，应当区分以下情况进行会计处理：

1. 单位取得捐赠的货币资金按规定应当上缴财政的，应当按照《政府会计制度——行政事业单位会计科目和报表》（以下简称《政府会计制度》）中"应缴财政款"科目相关规定进行财务会计处理。预算会计不做处理。

2. 单位接受捐赠人委托转赠的资产，应当按照《政府会计制度》中受托代理业务相关规定进行财务会计处理。预算会计不做处理。

3. 除上述两种情况外，单位接受捐赠取得的资产，应当按照《政府会计制度》中"捐赠收入"科目相关规定进行财务会计处理；接受捐赠取得货币资金的，还应当同时按照"其他预算收入"科目相关规定进行预算会计处理。

（二）单位接受捐赠的非现金资产的初始入账成本，应当根据《政府会计准则第1号——存货》第十一条、《政府会计准则第3号——固定资产》第十二条、《政府会计准则第4号——无形资产》第十三条、《政府会计准则第5号——公共基础设施》第十三条、《政府会计准则第6号——政府储备物资》第十条等规定确定。

上述准则条款中所称"凭据"，包括发票、报关单、有关协议等。有确凿证据表明凭据上注明的金额高于受赠资产同类或类似资产的市场价格30%或达不到其70%的，则应当以同类或类似资产的市场价格确定成本。

上述准则条款中所称"同类或类似资产的市场价格"，一般指取得资产当日捐赠方自产物

资的出厂价、所销售物资的销售价、非自产或销售物资在知名大型电商平台同类或类似商品价格等。如果存在政府指导价或政府定价的，应符合其规定。

（三）单位作为主管部门或上级单位向其附属单位分配受赠的货币资金，应当按照《政府会计制度》中"对附属单位补助费用（支出）"科目相关规定处理；单位按规定向其附属单位以外的其他单位分配受赠的货币资金，应当按照《政府会计制度》中"其他费用（支出）"科目相关规定处理。

单位向政府会计主体分配受赠的非现金资产，应当按照《政府会计制度》中"无偿调拨净资产"科目相关规定处理；单位向非政府会计主体分配受赠的非现金资产，应当按照《政府会计制度》中"资产处置费用"科目相关规定处理。

（四）单位使用、处置受赠资产，应当按照《政府会计制度》相关规定进行会计处理。处置受赠资产取得的净收入（取得价款扣减支付的相关税费后的金额），按规定上缴财政的，应当通过"应缴财政款"科目核算；按规定纳入本单位预算管理的，应当通过"其他（预算）收入"科目核算。

二、关于政府对外投资业务的会计处理

（一）《政府会计准则第2号——投资》（以下简称2号准则）所称"股权投资"，是指政府会计主体持有的各类股权投资资产，包括国际金融组织股权投资、投资基金股权投资、企业股权投资等。政府财政总预算会计应当按照财政总预算会计制度相关规定对本级政府持有的各类股权投资资产进行核算。

（二）根据国务院和地方人民政府授权、代表本级人民政府对国家出资企业履行出资人职责的单位，与其履行出资人职责的国家出资企业之间不存在股权投资关系，其履行出资人职责的行为不适用2号准则规定，不作为单位的投资进行会计处理。通过单位账户对国家出资企业投入货币资金，纳入本单位预算管理的，应当按照《政府会计制度》中"其他费用（支出）"科目相关规定处理；不纳入本单位预算管理的，应当按照《政府会计制度》中"其他应付款"科目相关规定处理。

本解释施行前有关单位将国家出资企业计入本单位长期股权投资的，应当自本解释施行之日，将原"长期股权投资"科目余额中的相关账面余额转出，借记"累计盈余"科目（以前年度出资）或"其他费用"科目（本年度出资），贷记"长期股权投资"科目，并将相应的"权益法调整"科目余额（如有）转入"累计盈余"科目。

（三）单位按规定出资成立非营利法人单位，如事业单位、社会团体、基金会等，不适用2号准则规定，出资时应当按照出资金额，借记"其他费用"科目，贷记"银行存款"等科目；同时，在预算会计中借记"其他支出"科目，贷记"资金结存"科目。单位应当对出资成立的非营利法人单位设置备查簿进行登记。

本解释施行前单位出资成立非营利法人单位并将出资金额计入长期股权投资的，应当自本解释施行之日，将原"长期股权投资"科目余额中对非营利法人单位的出资金额转出，借记"累计盈余"科目（以前年度出资）或"其他费用"科目（本年度出资），贷记"长期股权投资"科目。

三、关于政府债券的会计处理

根据《政府会计准则第8号——负债》（以下简称8号准则）第七条规定，政府发行的政府债券属于政府举借的债务。有关政府债券的会计处理规定如下：

（一）财政总预算会计的处理。

政府财政总预算会计应当按照8号准则和财政总预算会计制度相关规定对政府债券进行会

计处理。

（二）使用政府债券资金的单位的会计处理。

1. 单位实际从同级财政取得政府债券资金的，应当借记"银行存款""零余额账户用款额度"等科目，贷记"财政拨款收入"科目；同时在预算会计中借记"资金结存"等科目，贷记"财政拨款预算收入"科目。

按照预算管理要求需对政府债券资金单独反映的，应当在"财政拨款（预算）收入"科目下进行明细核算。例如，取得地方政府债券资金的，应当根据地方政府债券类别按照"地方政府一般债券资金收入""地方政府专项债券资金收入"等进行明细核算。

2. 同级财政以地方政府债券置换单位原有负债的，单位应当借记"长期借款""应付利息"等科目，贷记"累计盈余"科目。预算会计不做处理。

3. 单位需要向同级财政上缴专项债券对应项目专项收入的，取得专项收入时，应当借记"银行存款"等科目，贷记"应缴财政款"科目；实际上缴时，借记"应缴财政款"科目，贷记"银行存款"等科目。预算会计不做处理。

4. 单位应当对使用地方政府债券资金所形成的资产、上缴的专项债券对应项目专项收入进行辅助核算或备查簿登记。

四、关于报告日后调整事项的会计处理

（一）单位应当按规定的结账日进行结账，不得提前或者延迟。年度结账日为公历年度每年的 12 月 31 日，即《政府会计准则第 7 号——会计调整》（以下简称 7 号准则）所称的年度报告日。年度终了结账时，所有总账账户都应当结出全年发生额和年末余额，并将各账户的余额结转到下一会计年度。单位不得对已记账凭证进行删除、插入或修改。

7 号准则规定的"报告日以后发生的调整事项"（以下简称报告日后调整事项）是指自报告日至报告批准报出日之间发生的、单位获得新的或者进一步的证据有助于对报告日存在状况的有关金额作出重新估计的事项，包括已证实资产发生了减损、已确定获得或者支付的赔偿、财务舞弊或者差错等。报告批准报出日一般为财政部门审核通过后，单位负责人批准报告报出的日期。

对于报告日后调整事项，单位应当按照 7 号准则第十八条的规定进行会计处理，具体规定如下：

1. 在发生调整事项的期间进行账务处理：

（1）涉及盈余调整的事项，通过"以前年度盈余调整"科目核算。调整增加以前年度收入或调整减少以前年度费用的事项，记入"以前年度盈余调整"科目的贷方；反之，记入"以前年度盈余调整"科目的借方。

（2）涉及预算收支调整的事项，通过"财政拨款结转""财政拨款结余""非财政拨款结转""非财政拨款结余"等科目下"年初余额调整"明细科目核算。调整增加以前年度预算收入或调整减少以前年度预算支出的事项，记入"年初余额调整"明细科目的贷方；反之，记入"年初余额调整"明细科目的借方。

（3）不涉及盈余调整或预算收支调整的事项，调整相关科目。

2. 调整会计报表和附注相关项目的金额：

（1）报告日编制的会计报表相关项目的期末数或（和）本年发生数。

（2）调整事项发生当期编制的会计报表相关项目的期初数或（和）上年数。

（3）经过上述调整后，如果涉及报表附注内容的，还应作出相应调整或说明。

（二）单位在报告日至报告批准报出日之间发现的报告期以前期间的重大会计差错，应当根据7号准则第十五条第一款和第十八条的规定进行会计处理，具体规定如下：

1. 按照本条（一）关于报告日后调整事项账务处理的规定，在发现差错的期间进行账务处理。

2. 调整会计报表和附注相关项目的金额：

（1）影响收入、费用或者预算收支的，应当将会计差错对收入、费用或者预算收支的影响或者累积影响调整报告期期初、期末会计报表相关净资产项目或者预算结转结余项目，并调整其他相关项目的期初、期末数或（和）本年发生数；不影响收入、费用或者预算收支的，应当调整报告期相关项目的期初、期末数。

（2）调整发现差错当期编制的会计报表相关项目的期初数或（和）上年数。

（3）经过上述调整后，如果涉及报表附注内容的，还应作出相应调整或说明。

（三）单位在报告日至报告批准报出日之间发现的报告期间的会计差错或报告期以前期间的非重大会计差错、影响或者累积影响不能合理确定的重大会计差错，应当根据7号准则第十五条第二款规定执行，具体按照本条（一）的规定进行会计处理。

五、关于生效日期

本解释自公布之日起施行。

03 政府会计制度

3.1 政府会计制度——行政事业单位会计科目和报表

2017年10月24日 财会〔2017〕25号

第一部分 总说明

一、为了规范行政事业单位的会计核算,保证会计信息质量,根据《中华人民共和国会计法》《中华人民共和国预算法》《政府会计准则——基本准则》等法律、行政法规和规章,制定本制度。

二、本制度适用于各级各类行政单位和事业单位(以下统称单位,特别说明的除外)。

纳入企业财务管理体系执行企业会计准则或小企业会计准则的单位,不执行本制度。

本制度尚未规范的有关行业事业单位的特殊经济业务或事项的会计处理,由财政部另行规定。

三、单位应当根据政府会计准则(包括基本准则和具体准则)规定的原则和本制度的要求,对其发生的各项经济业务或事项进行会计核算。

四、单位对基本建设投资应当按照本制度规定统一进行会计核算,不再单独建账,但是应当按项目单独核算,并保证项目资料完整。

五、单位会计核算应当具备财务会计与预算会计双重功能,实现财务会计与预算会计适度分离并相互衔接,全面、清晰反映单位财务信息和预算执行信息。

单位财务会计核算实行权责发生制;单位预算会计核算实行收付实现制,国务院另有规定的,依照其规定。单位对于纳入部门预算管理的现金收支业务,在采用财务会计核算的同时应当进行预算会计核算;对于其他业务,仅需进行财务会计核算。

六、单位会计要素包括财务会计要素和预算会计要素。

财务会计要素包括资产、负债、净资产、收入和费用。

预算会计要素包括预算收入、预算支出和预算结余。

七、单位应当按照下列规定运用会计科目:

(一)单位应当按照本制度的规定设置和使用会计科目。在不影响会计处理和编制报表的前提下,单位可以根据实际情况自行增设或减少某些会计科目。

（二）单位应当执行本制度统一规定的会计科目编号，以便于填制会计凭证、登记账簿、查阅账目，实行会计信息化管理。

（三）单位在填制会计凭证、登记会计账簿时，应当填列会计科目的名称，或者同时填列会计科目的名称和编号，不得只填列会计科目编号、不填列会计科目名称。

（四）单位设置明细科目或进行明细核算，除遵循本制度规定外，还应当满足权责发生制政府部门财务报告和政府综合财务报告编制的其他需要。

八、单位应当按照下列规定编制财务报表和预算会计报表：

（一）财务报表的编制主要以权责发生制为基础，以单位财务会计核算生成的数据为准；预算会计报表的编制主要以收付实现制为基础，以单位预算会计核算生成的数据为准。

（二）财务报表由会计报表及其附注构成。会计报表一般包括资产负债表、收入费用表和净资产变动表。单位可根据实际情况自行选择编制现金流量表。

（三）预算会计报表至少包括预算收入支出表、预算结转结余变动表和财政拨款预算收入支出表。

（四）单位应当至少按照年度编制财务报表和预算会计报表。

（五）单位应当根据本制度规定编制真实、完整的财务报表和预算会计报表，不得违反本制度规定随意改变财务报表和预算会计报表的编制基础、编制依据、编制原则和方法，不得随意改变本制度规定的财务报表和预算会计报表有关数据的会计口径。

（六）财务报表和预算会计报表应当根据登记完整、核对无误的账簿记录和其他有关资料编制，做到数字真实、计算准确、内容完整、编报及时。

（七）财务报表和预算会计报表应当由单位负责人和主管会计工作的负责人、会计机构负责人（会计主管人员）签名并盖章。

九、单位应当重视并不断推进会计信息化的应用。

单位开展会计信息化工作，应当符合财政部制定的相关会计信息化工作规范和标准，确保利用现代信息技术手段开展会计核算及生成的会计信息符合政府会计准则和本制度的规定。

十、本制度自 2019 年 1 月 1 日起施行。

第二部分　会计科目名称和编号

表 3.1-1　　　　　　　　　　会计科目名称和编号

序号	科目编号	科目名称
一、财务会计科目		
（一）资产类		
1	1001	库存现金
2	1002	银行存款
3	1011	零余额账户用款额度
4	1021	其他货币资金
5	1101	短期投资（事业单位）

续表

序号	科目编号	科目名称
6	1201	财政应返还额度
7	1211	应收票据（事业单位）
8	1212	应收账款（事业单位）
9	1214	预付账款
10	1215	应收股利（事业单位）
11	1216	应收利息（事业单位）
12	1218	其他应收款
13	1219	坏账准备（事业单位）
14	1301	在途物品
15	1302	库存物品
16	1303	加工物品
17	1401	待摊费用
18	1501	长期股权投资（事业单位）
19	1502	长期债券投资（事业单位）
20	1601	固定资产
21	1602	固定资产累计折旧
22	1611	工程物资
23	1613	在建工程
24	1701	无形资产
25	1702	无形资产累计摊销
26	1703	研发支出
27	1801	公共基础设施
28	1802	公共基础设施累计折旧（摊销）
29	1811	政府储备物资
30	1821	文物文化资产
31	1831	保障性住房
32	1832	保障性住房累计折旧
33	1891	受托代理资产
34	1901	长期待摊费用
35	1902	待处理财产损溢

续表

序号	科目编号	科目名称
（二）负债类		
36	2001	短期借款（事业单位）
37	2101	应交增值税
38	2102	其他应交税费
39	2103	应缴财政款
40	2201	应付职工薪酬
41	2301	应付票据（事业单位）
42	2302	应付账款
43	2303	应付政府补贴款（行政单位）
44	2304	应付利息（事业单位）
45	2305	预收账款（事业单位）
46	2307	其他应付款
47	2401	预提费用
48	2501	长期借款（事业单位）
49	2502	长期应付款
50	2601	预计负债
51	2901	受托代理负债
（三）净资产类		
52	3001	累计盈余
53	3101	专用基金（事业单位）
54	3201	权益法调整（事业单位）
55	3301	本期盈余
56	3302	本年盈余分配
57	3401	无偿调拨净资产
58	3501	以前年度盈余调整
（四）收入类		
59	4001	财政拨款收入
60	4101	事业收入（事业单位）
61	4201	上级补助收入（事业单位）
62	4301	附属单位上缴收入（事业单位）

续表

序号	科目编号	科目名称
63	4401	经营收入（事业单位）
64	4601	非同级财政拨款收入
65	4602	投资收益（事业单位）
66	4603	捐赠收入
67	4604	利息收入
68	4605	租金收入
69	4609	其他收入
（五）费用类		
70	5001	业务活动费用
71	5101	单位管理费用（事业单位）
72	5201	经营费用（事业单位）
73	5301	资产处置费用
74	5401	上缴上级费用（事业单位）
75	5501	对附属单位补助费用（事业单位）
76	5801	所得税费用（事业单位）
77	5901	其他费用
二、预算会计科目		
（一）预算收入类		
1	6001	财政拨款预算收入
2	6101	事业预算收入（事业单位）
3	6201	上级补助预算收入（事业单位）
4	6301	附属单位上缴预算收入（事业单位）
5	6401	经营预算收入（事业单位）
6	6501	债务预算收入（事业单位）
7	6601	非同级财政拨款预算收入
8	6602	投资预算收益（事业单位）
9	6609	其他预算收入
（二）预算支出类		
10	7101	行政支出（行政单位）
11	7201	事业支出（事业单位）

续表

序号	科目编号	科目名称
12	7301	经营支出（事业单位）
13	7401	上缴上级支出（事业单位）
14	7501	对附属单位补助支出（事业单位）
15	7601	投资支出（事业单位）
16	7701	债务还本支出（事业单位）
17	7901	其他支出
（三）预算结余类		
18	8001	资金结存
19	8101	财政拨款结转
20	8102	财政拨款结余
21	8201	非财政拨款结转
22	8202	非财政拨款结余
23	8301	专用结余（事业单位）
24	8401	经营结余（事业单位）
25	8501	其他结余
26	8701	非财政拨款结余分配（事业单位）

第三部分　会计科目使用说明

一、财务会计科目

（一）资产类

1001　库存现金

一、本科目核算单位的库存现金。

二、单位应当严格按照国家有关现金管理的规定收支现金，并按照本制度规定核算现金的各项收支业务。本科目应当设置"受托代理资产"明细科目，核算单位受托代理、代管的现金。

三、库存现金的主要账务处理如下：

（一）从银行等金融机构提取现金，按照实际提取的金额，借记本科目，贷记"银行存款"科目；将现金存入银行等金融机构，按照实际存入金额，借记"银行存款"科目，贷记本科目。

根据规定从单位零余额账户提取现金，按照实际提取的金额，借记本科目，贷记"零余额账户用款额度"科目。将现金退回单位零余额账户，按照实际退回的金额，借记"零余额账户用款额度"科目，贷记本科目。

【例3.1-1】提取现金的会计核算。

某单位于2×19年12月20日从甲银行账户提取现金500元用以作为备用金，其账务处理如下：

财务会计：
借：库存现金 500
　　贷：银行存款 500
预算会计无分录。

【例3.1-2】退回现金的会计核算。
某单位2×19年12月25日将内部职工出差退回的300元存入甲银行账户，账务处理如下：
财务会计：
借：银行存款 300
　　贷：库存现金 300
预算会计无分录。

（二）因内部职工出差等原因借出的现金，按照实际借出的现金金额，借记"其他应收款"科目，贷记本科目。出差人员报销差旅费时，按照实际报销的金额，借记"业务活动费用""单位管理费用"等科目，按照实际借出的现金金额，贷记"其他应收款"科目，按照其差额，借记或贷记本科目。

【例3.1-3】借出现金的会计核算。
某事业单位内部职工张三2×19年2月10日借出2 000元现金作为差旅费，2×19年3月10日最终报销1 800元，归还200元，账务处理如下：
2×19年2月10日借出现金时
财务会计：
借：其他应收款——张三 2 000
　　贷：库存现金 2 000
预算会计无分录。
2×19年3月10日实际报销时
财务会计：
借：业务活动费用 1 800
　　库存现金 200
　　贷：其他应收款——张三 2 000
预算会计：
借：事业支出 1 800
　　贷：资金结存——货币资金 1 800

（三）因提供服务、物品或者其他事项收到现金，按照实际收到的金额，借记本科目，贷记"事业收入""应收账款"等相关科目。涉及增值税业务的，相关账务处理参见"应交增值税"科目。

因购买服务、物品或者其他事项支付现金，按照实际支付的金额，借记"业务活动费用""单位管理费用""库存物品"等相关科目，贷记本科目。涉及增值税业务的，相关账务处理参见"应交增值税"科目。以库存现金对外捐赠，按照实际捐出的金额，借记"其他费用"科目，贷记本科目。

【例3.1-4】收到现金的会计核算。
2×19年6月20日，某事业单位因向乙企业提供相关服务获取了400元收益，账务处理如下：

财务会计：
借：库存现金 400
　　贷：事业收入 400
预算会计：
借：资金结存——货币资金 400
　　贷：事业预算收入等 400

【例 3.1-5】支付现金的会计核算。

2×19 年 6 月 30 日，某行政单位用现金支付办公用品费 150 元，其账务处理如下：
财务会计：
借：单位管理费用 150
　　贷：库存现金 150
预算会计：
借：行政支出 150
　　贷：资金结存——货币资金 150

【例 3.1-6】捐赠现金的会计核算。

2×19 年 8 月 30 日，某事业单位向希望工程捐赠现金 20 000 元，其账务处理如下：
财务会计：
借：其他费用 20 000
　　贷：库存现金 20 000
预算会计：
借：其他支出 20 000
　　贷：资金结算——货币资金 20 000

（四）收到受托代理、代管的现金，按照实际收到的金额，借记本科目（受托代理资产），贷记"受托代理负债"科目；支付受托代理、代管的现金，按照实际支付的金额，借记"受托代理负债"科目，贷记本科目（受托代理资产）。

【例 3.1-7】收到受托代理、代管的现金的会计核算。

某单位 2×19 年 6 月 30 日收到 X 公司委托代理货币捐赠 50 000 元，专用于资助广西某村贫困学生上学，应做如下会计处理：
财务会计：
借：库存现金——受托代理资产 50 000
　　贷：受托代理负债 50 000
预算会计无分录。

该公司 2×19 年 10 月 30 日将资助款支付用于给广西某村贫困学生采购学习用品和书籍，应做如下会计处理：
财务会计：
借：受托代理负债 50 000
　　贷：库存现金——受托代理资产 50 000
预算会计无分录。

四、单位应当设置"库存现金日记账"，由出纳人员根据收付款凭证，按照业务发生顺序逐笔登记。每日终了，应当计算当日的现金收入合计数、现金支出合计数和结余数，并将结余数与实际库存数相核对，做到账款相符。每日账款核对中发现有待查明原因的现金短缺或溢余的，应当通过"待处理财产损溢"科目核算。属于现金溢余，应当按照实际溢余的金额，借记本科目，贷记"待处理财产损溢"科目；属于现金短缺，应当按照实际短缺的金额，借记"待处理财产损溢"科目，贷记本科目。待查明原因后及时进行账务处理，具体内容参见"待处理财产损溢"科目。

【例3.1-8】现金溢余的会计核算。

某单位出纳人员在当日结账时发现现金溢余1 200元，经调查发现其中1 000元是属于应支付给内部职员李四（已支付），剩余金额无法查明原因，报经批准后计入其他收入。应做如下会计处理：

财务会计：
发现现金溢余时：
借：库存现金　　　　　　　　　　　　　　　　　　　　　　　　1 200
　　贷：待处理财产损溢　　　　　　　　　　　　　　　　　　　　1 200
预算会计：
借：资金结存——货币资金　　　　　　　　　　　　　　　　　　1 200
　　贷：其他预算收入　　　　　　　　　　　　　　　　　　　　　1 200
财务会计：
报经批准后：
借：待处理财产损溢　　　　　　　　　　　　　　　　　　　　　1 200
　　贷：其他应付款——李四　　　　　　　　　　　　　　　　　　1 000
　　　　其他收入　　　　　　　　　　　　　　　　　　　　　　　　200
借：其他应付款——李四　　　　　　　　　　　　　　　　　　　1 000
　　贷：库存现金　　　　　　　　　　　　　　　　　　　　　　　1 000
预算会计：
借：其他预算收入　　　　　　　　　　　　　　　　　　　　　　1 000
　　贷：资金结存——货币资金　　　　　　　　　　　　　　　　　1 000

【例3.1-9】现金短缺的会计核算。

某单位出纳人员在当日结账时发现现金短缺2 000元，由于无法查清短款原因，报经批准后，由责任人王刚赔偿500元（已赔偿），其余短款计入当期费用。应做如下会计处理：

财务会计：
发现现金短缺时：
借：待处理财产损溢　　　　　　　　　　　　　　　　　　　　　2 000
　　贷：库存现金　　　　　　　　　　　　　　　　　　　　　　　2 000
预算会计：
借：其他支出　　　　　　　　　　　　　　　　　　　　　　　　2 000
　　贷：资金结存——货币资金　　　　　　　　　　　　　　　　　2 000
财务会计：
报经批准后：
借：其他应收款——王刚　　　　　　　　　　　　　　　　　　　　500

	经费支出	1 500
	贷：待处理财产损溢	2 000
借：库存现金		500
	贷：其他应付款——王刚	500

预算会计：

借：资金结存——货币资金　　　　　　　　　　　　　　　　500
　　贷：其他支出　　　　　　　　　　　　　　　　　　　　　500

五、现金收入业务繁多、单独设有收款部门的单位，收款部门的收款员应当将每天所收现金连同收款凭据一并交财务部门核收记账，或者将每天所收现金直接送存开户银行后，将收款凭证及向银行送存现金的凭证等一并交财务部门核收记账。

六、单位有外币现金的，应当分别按照人民币、外币种类设置"库存现金日记账"进行明细核算。有关外币现金业务的账务处理参见"银行存款"科目的相关规定。

七、本科目期末借方余额，反映单位实际持有的库存现金。

1002　银行存款

一、本科目核算单位存入银行或者其他金融机构的各种存款。

二、单位应当严格按照国家有关支付结算办法的规定办理银行存款收支业务，并按照本制度规定核算银行存款的各项收支业务。

本科目应当设置"受托代理资产"明细科目，核算单位受托代理、代管的银行存款。

三、银行存款的主要账务处理如下：

（一）将款项存入银行或者其他金融机构，按照实际存入的金额，借记本科目，贷记"库存现金""应收账款""事业收入""经营收入""其他收入"等相关科目。涉及增值税业务的，相关账务处理参见"应交增值税"科目。收到银行存款利息，按照实际收到的金额，借记本科目，贷记"利息收入"科目。

【例3.1-10】款项存入银行的会计核算。

某事业单位2×19年12月1日将因提供相关服务获取的的3万元收入存入甲银行账户，账务处理如下：

财务会计：

借：银行存款　　　　　　　　　　　　　　　　　　　　30 000
　　贷：事业收入　　　　　　　　　　　　　　　　　　　30 000

预算会计：

借：资金结存——货币资金　　　　　　　　　　　　　　30 000
　　贷：事业预算收入　　　　　　　　　　　　　　　　　30 000

【例3.1-11】收到利息的会计核算。

某行政单位期末收到银行存款利息共计2 000元，应做如下账务处理：

财务会计：

借：银行存款　　　　　　　　　　　　　　　　　　　　2 000
　　贷：利息收入　　　　　　　　　　　　　　　　　　　2 000

预算会计：

借：资金结存——货币资金　　　　　　　　　　　　　　2 000

贷：其他预算收入　　　　　　　　　　　　　　　　　　　　　2 000
支付银行手续费等

【例3.1-12】提取现金的会计核算。

某单位于2×19年1月1日从甲银行账户提取现金1 000元用以作为备用金，其账务处理如下：
财务会计：
借：库存现金　　　　　　　　　　　　　　　　　　　　　　　1 000
　　贷：银行存款　　　　　　　　　　　　　　　　　　　　　　1 000
预算会计无分录。

（二）从银行等金融机构提取现金，按照实际提取的金额，借记"库存现金"科目，贷记本科目。

【例3.1-13】提取现金的会计核算。

某单位于2×19年1月1日从甲银行账户提取现金1 000元用以作为备用金，其账务处理如下：
财务会计：
借：库存现金　　　　　　　　　　　　　　　　　　　　　　　1 000
　　贷：银行存款　　　　　　　　　　　　　　　　　　　　　　1 000
预算会计无分录。

（三）以银行存款支付相关费用，按照实际支付的金额，借记"业务活动费用""单位管理费用""其他费用"等相关科目，贷记本科目。涉及增值税业务的，相关账务处理参见"应交增值税"科目。以银行存款对外捐赠，按照实际捐出的金额，借记"其他费用"科目，贷记本科目。

【例3.1-14】支付费用的会计核算。

某行政单位以银行转账方式购置文件柜、纸、笔、书桌等办公用品，共计3 000元，应做如下账务处理：
财务会计：
借：经费支出　　　　　　　　　　　　　　　　　　　　　　　3 000
　　贷：银行存款　　　　　　　　　　　　　　　　　　　　　　3 000
预算会计：
借：行政支出　　　　　　　　　　　　　　　　　　　　　　　3 000
　　贷：资金结存——货币资金　　　　　　　　　　　　　　　　3 000

【例3.1-15】支付费用的会计核算。

某行政单位因办理询证业务支付银行手续费200元，应做如下账务处理：
财务会计：
借：经费支出　　　　　　　　　　　　　　　　　　　　　　　200
　　贷：银行存款　　　　　　　　　　　　　　　　　　　　　　200
预算会计：
借：行政支出　　　　　　　　　　　　　　　　　　　　　　　200
　　贷：资金结存——货币资金　　　　　　　　　　　　　　　　200

（四）收到受托代理、代管的银行存款，按照实际收到的金额，借记本科目（受托代理资产），贷记"受托代理负债"科目；支付受托代理、代管的银行存款，按照实际支付的金额，借记"受托代理负债"科目,贷记本科目(受托代理资产)。

【例 3.1-16】收到受托代理、代管银行存款的会计核算。

某事业单位受托代理海外校友基金会货币捐赠 100 万元元,准备用于建立一专项科研资助基金。该组织根据有关凭证,编制如下会计分录:

财务会计:

借:银行存款——受托代理资产　　　　　　　　　　　　　1 000 000
　　贷:受托代理负债　　　　　　　　　　　　　　　　　　　　　1 000 000

预算会计无分录。

转出受托代理资产时,编制如下会计分录:

财务会计:

借:受托代理负债　　　　　　　　　　　　　　　　　　　　1 000 000
　　贷:银行存款——受托代理资产　　　　　　　　　　　　　　　1 000 000

预算会计无分录。

四、单位发生外币业务的,应当按照业务发生当日的即期汇率,将外币金额折算为人民币金额记账,并登记外币金额和汇率。期末,各种外币账户的期末余额,应当按照期末的即期汇率折算为人民币,作为外币账户期末人民币余额。调整后的各种外币账户人民币余额与原账面余额的差额,作为汇兑损益计入当期费用。

(一)以外币购买物资、设备等,按照购入当日的即期汇率将支付的外币或应支付的外币折算为人民币金额,借记"库存物品"等科目,贷记本科目、"应付账款"等科目的外币账户。涉及增值税业务的,相关账务处理参见"应交增值税"科目。

(二)销售物品、提供服务以外币收取相关款项等,按照收入确认当日的即期汇率将收取的外币或应收取的外币折算为人民币金额,借记本科目、"应收账款"等科目的外币账户,贷记"事业收入"等相关科目。

(三)期末,根据各外币银行存款账户按照期末汇率调整后的人民币余额与原账面人民币余额的差额,作为汇兑损益,借记或贷记本科目,贷记或借记"业务活动费用""单位管理费用"等科目。"应收账款""应付账款"等科目有关外币账户期末汇率调整业务的账务处理参照本科目。

【例 3.1-17】以外币购买物资、设备的会计核算。

2×19 年 11 月 1 日某事业单位的美元银行存款账户余额 500 000 美元,共折合人民币 3 300 000 元;11 月 6 日该单位以 200 000 美元的价格从国外购进一批固定资产,当日的汇率为: 1 美元 =6.53 元人民币;11 月 31 日的汇率为 1 美元 =6.50 人民币。应做如下账务处理:

购进固定资产时:

财务会计

借:固定资产　　　　　　　　　　　　　　　　　　　　　　1 306 000
　　贷:银行存款——美元户　　　　　　　　　　　　　　　　　　1 306 000

预算会计:

借:事业支出　　　　　　　　　　　　　　　　　　　　　　1 306 000
　　贷:资金结存——货币资金　　　　　　　　　　　　　　　　　1 306 000

月底计算汇兑损益时:

计算汇兑损益前"银行存款——美元户"的余额 = 3 300 000 - 1 306 000 = 1 994 000（元）

月末美元账户余额折合人民币金额 =（500 000 - 200 000）× 6.50 = 1 950 000（元）

11月汇兑损失 = 1 994 000 - 1 950 000 = 44 000（元）

财务会计：

借：业务活动费用——汇兑损失　　　　　　　　　　　　　　　　44 000
　　贷：银行存款　　　　　　　　　　　　　　　　　　　　　　　　44 000

预算会计：

借：事业支出——汇兑损失　　　　　　　　　　　　　　　　　　44 000
　　贷：资金结存——货币资金　　　　　　　　　　　　　　　　　　44 000

五、单位应当按照开户银行或其他金融机构、存款种类及币种等，分别设置"银行存款日记账"，由出纳人员根据收付款凭证，按照业务的发生顺序逐笔登记，每日终了应结出余额。"银行存款日记账"应定期与"银行对账单"核对，至少每月核对一次。月度终了，单位银行存款日记账账面余额与银行对账单余额之间如有差额，应当逐笔查明原因并进行处理，按月编制"银行存款余额调节表"，调节相符。

六、本科目期末借方余额，反映单位实际存放在银行或其他金融机构的款项。

1011　零余额账户用款额度

一、本科目核算实行国库集中支付的单位根据财政部门批复的用款计划收到和支用的零余额账户用款额度。

二、零余额账户用款额度的主要账务处理如下：

（一）收到额度单位收到"财政授权支付到账通知书"时，根据通知书所列金额，借记本科目，贷记"财政拨款收入"科目。

【例3.1-18】收到额度单位收到"财政授权支付到账通知书"时的会计核算。

某行政单位收到财政授权支付额度到账通知书，收到财政拨款200 000元，应做如下会计分录：

财务会计：

借：零余额账户用款额度　　　　　　　　　　　　　　　　　　200 000
　　贷：财政拨款收入　　　　　　　　　　　　　　　　　　　　　200 000

预算会计：

借：资金结存——零余额账户用款额度　　　　　　　　　　　　200 000
　　贷：财政拨款预算收入　　　　　　　　　　　　　　　　　　　200 000

（二）支用额度

1. 支付日常活动费用时，按照支付的金额，借记"业务活动费用""单位管理费用"等科目，贷记本科目。

2. 购买库存物品或购建固定资产，按照实际发生的成本，借记"库存物品""固定资产""在建工程"等科目，按照实际支付或应付的金额，贷记本科目、"应付账款"等科目。涉及增值税业务的，相关账务处理参见"应交增值税"科目。

【例3.1-19】购买库存物品的会计核算。

某行政单位使用零余额账户用款额度50 000元购进一批存货，应做如下会计分录：

财务会计：

借：库存物品　　　　　　　　　　　　　　　　　　　　　　　　50 000

贷：零余额账户用款额度　　　　　　　　　　　　　　　　50 000
预算会计：
借：行政支出　　　　　　　　　　　　　　　　　　　　　　50 000
　　贷：资金结存——零余额账户用款额度　　　　　　　　　　50 000

3. 从零余额账户提取现金时，按照实际提取的金额，借记"库存现金"科目，贷记本科目。

【例3.1-20】从零余额账户提取现金时的会计核算。

2×19年6月10日，某行政单位从零余额账户中提现2 000元，应做如下会计分录：

财务会计：
借：库存现金　　　　　　　　　　　　　　　　　　　　　　2 000
　　贷：零余额账户用款额度　　　　　　　　　　　　　　　　2 000
预算会计：
借：资金结存——货币资金　　　　　　　　　　　　　　　　2 000
　　贷：资金结存——零余额账户用款额度　　　　　　　　　　2 000

2×19年6月30日，该行政单位将剩余的500元现金退回单位零余额账户，应做如下会计分录：

财务会计：
借：零余额账户用款额度　　　　　　　　　　　　　　　　　500
　　贷：库存现金　　　　　　　　　　　　　　　　　　　　　500
预算会计：
借：资金结存——零余额账户用款额度　　　　　　　　　　　500
　　贷：资金结存——货币资金　　　　　　　　　　　　　　　500

（三）因购货退回等发生财政授权支付额度退回的，按照退回的金额，借记本科目，贷记"库存物品"等科目。

【例3.1-21】因购货退回等发生财政授权支付额度退回的会计核算。

某事业单位2×19年11月30日因购货退回发生2 500元国库授权支付额度退回，退回的货物于2×19年6月30日用本年授权支付的款项购买，应做如下会计分录：

财务会计：
借：零余额账户用款额度　　　　　　　　　　　　　　　　　2 500
　　贷：库存物品　　　　　　　　　　　　　　　　　　　　　2 500
预算会计：
借：资金结存——零余额账户用款额度　　　　　　　　　　　2 500
　　贷：事业支出　　　　　　　　　　　　　　　　　　　　　2 500

若该批退回的货物是用以前年度授权支付的款项所购买，应做如下会计分录：

财务会计：
借：零余额账户用款额度　　　　　　　　　　　　　　　　　2 500
　　贷：库存物品　　　　　　　　　　　　　　　　　　　　　2 500
预算会计：
借：资金结存——零余额账户用款额度　　　　　　　　　　　2 500
　　贷：财政拨款结余——年初余额调整　　　　　　　　　　　2 500

（四）年末，根据代理银行提供的对账单作注销额度的相关账务处理，借记"财政应返还额度——财政授权支付"科目,贷记本科目。年末,单位本年度财政授权支付预算指标数大于零余额账户用款额度下达数的,根据未下达的用款额度,借记"财政应返还额度——财政授权支付"科目,贷记"财政拨款收入"科目。下年初,单位根据代理银行提供的上年度注销额度恢复到账通知书作恢复额度的相关账务处理,借记本科目,贷记"财政应返还额度——财政授权支付"科目。单位收到财政部门批复的上年未下达零余额账户用款额度,借记本科目,贷记"财政应返还额度——财政授权支付"科目。

【例3.1-22】根据代理银行提供的对账单作注销额度的的会计核算。

2×19年末,某单位的代理银行提供的对账单中注销额度为300 000元,应做如下账务处理:

财务会计:
借:财政应返还额度——财政授权支付　　　　　　　　　300 000
　　贷:零余额账户用款额度　　　　　　　　　　　　　　　300 000

预算会计:
借:资金结存——财政应返还额度　　　　　　　　　　　300 000
　　贷:资金结存——零余额账户用款额度　　　　　　　　　300 000

【例3.1-23】单位本年度财政授权支付预算指标数大于零余额账户用款额度下达数的会计核算。

某单位当年财政授权支付的预算指标数为1 000 000元,当年财政授权支付实际支出数为800 000元,年末,应做如下账务处理:

财务会计:
借:财政应返还额度——财政授权支付　　　　　　　　　200 000
　　贷:财政拨款收入　　　　　　　　　　　　　　　　　　200 000

预算会计:
借:资金结存——财政应返还额度　　　　　　　　　　　200 000
　　贷:财政拨款预算收入　　　　　　　　　　　　　　　　200 000

【例3.1-24】单位根据代理银行提供的上年度注销额度恢复到账通知书作恢复额度的会计核算。

接上例。下年初,该单位收到代理银行提供的额度恢复到账通知书中恢复额度为300 000元,应做如下会计处理:

财务会计:
借:零余额账户用款额度　　　　　　　　　　　　　　　300 000
　　贷:财政应返还额度——财政授权支付　　　　　　　　　300 000

预算会计:
借:资金结存——零余额账户用款额度　　　　　　　　　300 000
　　贷:资金结存——财政应返还额度　　　　　　　　　　　300 000

三、本科目期末借方余额,反映单位尚未支用的零余额账户用款额度。年末注销单位零余额账户用款额度后,本科目应无余额。

1021　其他货币资金

一、本科目核算单位的外埠存款、银行本票存款、银行汇票存款、信用卡存款等各种其他货币资金。

二、本科目应当设置"外埠存款""银行本票存款""银行汇票存款""信用卡存款"等明细科目，进行明细核算。

三、其他货币资金的主要账务处理如下：

（一）单位按照有关规定需要在异地开立银行账户，将款项委托本地银行汇往异地开立账户时，借记本科目，贷记"银行存款"科目。收到采购员交来供应单位发票账单等报销凭证时，借记"库存物品"等科目，贷记本科目。将多余的外埠存款转回本地银行时，根据银行的收账通知，借记"银行存款"科目，贷记本科目。

【例3.1-25】取得银行本票的会计核算。

某单位取得一张金额为20 000元的银行本票一张，该业务的账务处理如下：

财务会计：

借：其他货币资金——银行本票存款　　　　　　　　　　　　20 000
　　贷：银行存款　　　　　　　　　　　　　　　　　　　　　　20 000

预算会计无分录。

（二）将款项交存银行取得银行本票、银行汇票，按照取得的银行本票、银行汇票金额，借记本科目，贷记"银行存款"科目。使用银行本票、银行汇票购买库存物品等资产时，按照实际支付金额，借记"库存物品"等科目，贷记本科目。如有余款或因本票、汇票超过付款期等原因而退回款项，按照退款金额，借记"银行存款"科目，贷记本科目。

【例3.1-26】使用银行本票、银行汇票购买库存物品的会计核算。

某事业单位用银行汇票支付购买一批金额为15 000元的存货，其账务处理如下：

财务会计：

借：库存物品　　　　　　　　　　　　　　　　　　　　　　　15 000
　　贷：其他货币资金——银行汇票存款　　　　　　　　　　　　15 000

预算会计：

借：事业支出　　　　　　　　　　　　　　　　　　　　　　　15 000
　　贷：资金结存——货币资金　　　　　　　　　　　　　　　　15 000

【例3.1-27】退回款项的会计核算。

2×19年期末，银行将某单位银行汇票的余额5 000元退回，该业务的账务处理如下：

财务会计：

借：银行存款　　　　　　　　　　　　　　　　　　　　　　　5 000
　　贷：其他货币资金——银行汇票存款　　　　　　　　　　　　5 000

预算会计无分录。

（三）将款项交存银行取得信用卡，按照交存金额，借记本科目，贷记"银行存款"科目。用信用卡购物或支付有关费用，按照实际支付金额，借记"单位管理费用""库存物品"等科目，贷记本科目。单位信用卡在使用过程中，需向其账户续存资金的，按照续存金额，借记本科目，贷记"银行存款"科目。

四、单位应当加强对其他货币资金的管理，及时办理结算，对于逾期尚未办理结算的银行汇票、银行本票等，应当按照规定及时转回，并按照上述规定进行相应账务处理。

五、本科目期末借方余额，反映单位实际持有的其他货币资金。

1101 短期投资

一、本科目核算事业单位按照规定取得的，持有时间不超过1年（含1年）的投资。

二、本科目应当按照投资的种类等进行明细核算。

三、短期投资的主要账务处理如下：

（一）取得短期投资时，按照确定的投资成本，借记本科目，贷记"银行存款"等科目。收到取得投资时实际支付价款中包含的已到付息期但尚未领取的利息，按照实际收到的金额，借记"银行存款"科目，贷记本科目。

【例3.1-28】 取得短期投资时的会计核算。

3月1日，该单位以银行存款购买51 000元的有价债券，其中包含已到付息期但尚未领取的利息1 000元，该事业单位准备9个月之内出售。

财务会计：

借：短期投资	51 000
贷：银行存款	51 000
借：银行存款	1 000
贷：短期投资	1 000

预算会计：

借：投资支出	51 000
贷：资金结存——货币资金	51 000
借：资金结存——货币资金	1 000
贷：投资支出	1 000

（二）收到短期投资持有期间的利息，按照实际收到的金额，借记"银行存款"科目，贷记"投资收益"科目。

【例3.1-29】 收到短期投资持有期间的利息的会计核算。

接上例。6月1日，该单位收到持有该债券利息500元。

财务会计：

借：银行存款	500
贷：投资收益	500

预算会计：

借：资金结存——货币资金	500
贷：投资预算收益	500

（三）出售短期投资或到期收回短期投资本息，按照实际收到的金额，借记"银行存款"科目，按照出售或收回短期投资的账面余额，贷记本科目，按照其差额，借记或贷记"投资收益"科目。涉及增值税业务的，相关账务处理参见"应交增值税"科目。

【例3.1-30】 出售短期投资或到期收回短期投资本息的会计核算。

接上题，12月1日，该单位出售该债券，收到50 500元，并收到持有期间的其他利息1 500元。

财务会计：

借：银行存款	52 000
贷：短期投资	50 000
投资收益	2 000

预算会计：
借：资金结存——货币资金 52 000
　　贷：投资预算收益 2 000
　　　　投资支出 50 000

四、本科目期末借方余额，反映事业单位持有短期投资的成本。

1201　财政应返还额度

一、本科目核算实行国库集中支付的单位应收财政返还的资金额度，包括可以使用的以前年度财政直接支付资金额度和财政应返还的财政授权支付资金额度。

二、本科目应当设置"财政直接支付""财政授权支付"两个明细科目进行明细核算。

三、财政应返还额度的主要账务处理如下：

（一）财政直接支付。

年末，单位根据本年度财政直接支付预算指标数大于当年财政直接支付实际发生数的差额，借记本科目（财政直接支付），贷记"财政拨款收入"科目。单位使用以前年度财政直接支付额度支付款项时，借记"业务活动费用""单位管理费用"等科目，贷记本科目（财政直接支付）。

【例3.1-31】财政直接支付的会计核算。

某事业单位发生如下业务：

（1）至2×19年12月31日，本年度财政直接支付预算指标数为200 000元，当年财政直接支付实际支出数为180 000元。

财务会计：
借：财政应返还额度——财政直接支付 20 000
　　贷：财政拨款收入 20 000
预算会计：
借：资金结存——财政应返还额度 20 000
　　贷：财政拨款预算收入 20 000

（2）2×20年3月，以财政直接支付方式发生实际支出10 000元。

财务会计：
借：业务活动费用 10 000
　　贷：财政应返还额度——财政直接支付 10 000
预算会计：
借：事业支出 10 000
　　贷：资金结存——财政应返还额度 10 000

（二）财政授权支付。

年末，根据代理银行提供的对账单作注销额度的相关账务处理，借记本科目（财政授权支付），贷记"零余额账户用款额度"科目。年末，单位本年度财政授权支付预算指标数大于零余额账户用款额度下达数的，根据未下达的用款额度，借记本科目（财政授权支付），贷记"财政拨款收入"科目。下年初，单位根据代理银行提供的上年度注销额度恢复到账通知书作恢复额度的相关账务处理，借记"零余额账户用款额度"科目，贷记本科目（财政授权支付）。单位收到财政部门批复的上年未下达零余额账户用款额度，借记"零余额账户用款额度"科目，贷记本科目（财政授权支付）。

详见【例3.1-21】和【例3.1-23】。

四、本科目期末借方余额，反映单位应收财政返还的资金额度。

1211 应收票据

一、本科目核算事业单位因开展经营活动销售产品、提供有偿服务等而收到的商业汇票，包括银行承兑汇票和商业承兑汇票。

二、本科目应当按照开出、承兑商业汇票的单位等进行明细核算。

三、应收票据的主要账务处理如下：

（一）因销售产品、提供服务等收到商业汇票，按照商业汇票的票面金额，借记本科目，按照确认的收入金额，贷记"经营收入"等科目。涉及增值税业务的，相关账务处理参见"应交增值税"科目。

【例3.1-32】因销售产品、提供服务等收到商业汇票的会计核算。

某事业单位发生如下业务：

销售 M 产品一批给甲公司，货已发出，价款10 000元，增值税款为1 300元。按合同约定两个月后付款，甲公司交给该事业单位1张两个月到期的商业承兑汇票，面值为11 300元。其会计分录为：

财务会计：

借：应收票据	11 300
贷：经营收入	10 000
应缴增值税——应交税金（销项税额）	1 300

预算会计无分录。

（二）持未到期的商业汇票向银行贴现，按照实际收到的金额（即扣除贴现息后的净额），借记"银行存款"科目，按照贴现息金额，借记"经营费用"等科目，按照商业汇票的票面金额，贷记本科目（无追索权）或"短期借款"科目（有追索权）。附追索权的商业汇票到期未发生追索事项的，按照商业汇票的票面金额，借记"短期借款"科目，贷记本科目。

【例3.1-33】持未到期的商业汇票向银行贴现的会计核算。

2×19年3月5日，某事业单位持未到期面值为10 000元的商业汇票向银行贴现，到期日为2×19年5月4日，不附追溯权，按 7.2% 的贴现率贴现。该业务账务处理如下：

贴现天数为60天

贴现利息 =10 000×60×7.2%/360=120（元）

实付贴现金额 =10 000-120=9 880（元）

财务会计：

借：银行存款	9 880
经营费用	120
贷：应收票据	10 000

预算会计：

| 借：资金结存——货币资金 | 9 880 |
| 贷：经营预算收入 | 9 880 |

若上述贴现附追索权，则账务处理如下：

财务会计：
借：银行存款　　　　　　　　　　　　　　　　　　　　　　　9 880
　　经营费用　　　　　　　　　　　　　　　　　　　　　　　　120
　　贷：短期借款　　　　　　　　　　　　　　　　　　　　　　　　10 000
预算会计：
借：资金结存——货币资金　　　　　　　　　　　　　　　　　9 880
　　贷：经营预算收入　　　　　　　　　　　　　　　　　　　　　　9 880

（三）将持有的商业汇票背书转让以取得所需物资时，按照取得物资的成本，借记"库存物品"等科目，按照商业汇票的票面金额，贷记本科目，如有差额，借记或贷记"银行存款"等科目。涉及增值税业务的，相关账务处理参见"应交增值税"科目。

【例 3.1-34】将持有的商业汇票背书转让以取得所需物资时的会计核算。

某事业单位将一张面值 5 000 元的商业汇票背书转让给甲公司并支付 1 000 元差额，用以取得一批价值 6 000 元的货物。该业务账务处理如下：

财务会计：
借：库存物品　　　　　　　　　　　　　　　　　　　　　　　6 000
　　贷：应收票据　　　　　　　　　　　　　　　　　　　　　　　　5 000
　　　　银行存款　　　　　　　　　　　　　　　　　　　　　　　　1 000
预算会计：
借：经营支出　　　　　　　　　　　　　　　　　　　　　　　1 000
　　贷：资金结存——货币资金　　　　　　　　　　　　　　　　　　1 000

（四）商业汇票到期时，应当分别以下情况处理：

1. 收回票款时，按照实际收到的商业汇票票面金额，借记"银行存款"科目，贷记本科目。
2. 因付款人无力支付票款，收到银行退回的商业承兑汇票、委托收款凭证、未付票款通知书或拒付款证明等，按照商业汇票的票面金额，借记"应收账款"科目，贷记本科目。

【例 3.1-35】商业汇票到期时的会计核算。

某事业单位收到付款人承兑到期的商业汇票的票面金额 10 000 元。该业务账务处理如下：

财务会计：
借：银行存款　　　　　　　　　　　　　　　　　　　　　　　10 000
　　贷：应收票据　　　　　　　　　　　　　　　　　　　　　　　　10 000
预算会计：
借：资金结存——货币资金　　　　　　　　　　　　　　　　　10 000
　　贷：经营预算收入　　　　　　　　　　　　　　　　　　　　　　10 000

若付款人无力支付票款时，账务处理如下：

财务会计：
借：应收账款　　　　　　　　　　　　　　　　　　　　　　　10 000
　　贷：应收票据　　　　　　　　　　　　　　　　　　　　　　　　10 000
预算会计无分录。

四、事业单位应当设置"应收票据备查簿"，逐笔登记每一应收票据的种类、号数、出票日期、到期日、票面金额、交易合同号和付款人、承兑人、背书人姓名或单位名称、背书转让日、贴现日期、贴现率和贴现净额、收款日期、收回金额和退票情况等。应收票据到期结清票款或退票后，应当在备查簿内逐笔注销。

五、本科目期末借方余额，反映事业单位持有的商业汇票票面金额。

1212 应收账款

一、本科目核算事业单位提供服务、销售产品等应收取的款项，以及单位因出租资产、出售物资等应收取的款项。

二、本科目应当按照债务单位（或个人）进行明细核算。

三、应收账款的主要账务处理如下：

（一）应收账款收回后不需上缴财政单位发生应收账款时，按照应收未收金额，借记本科目，贷记"事业收入""经营收入""租金收入""其他收入"等科目。涉及增值税业务的，相关账务处理参见"应交增值税"科目。收回应收账款时，按照实际收到的金额，借记"银行存款"等科目，贷记本科目。

【例3.1-36】应收账款收回后不需上缴财政单位发生应收账款时的会计核算。

2×19年，某向外提供劳务和产品的科研事业单位有关应收账款的业务如下：

6月5日，向甲公司提供劳务获得收入50 000元，不需要上缴财政。按照合同规定，这笔款项应在6月25日支付。

6月5日的会计分录为：

财务会计：
借：应收账款　　　　　　　　　　　　　　　　　　　50 000
　　贷：经营收入　　　　　　　　　　　　　　　　　　　　50 000
预算会计无分录。

6月25日收到款项时的会计分录为：

财务会计：
借：银行存款　　　　　　　　　　　　　　　　　　　50 000
　　贷：应收账款　　　　　　　　　　　　　　　　　　　　50 000
预算会计：
借：资金结存——货币资金　　　　　　　　　　　　　50 000
　　贷：经营预算收入　　　　　　　　　　　　　　　　　　50 000

（二）应收账款收回后需上缴财政。

1. 单位出租资产发生应收未收租金款项时，按照应收未收金额，借记本科目，贷记"应缴财政款"科目。

收回应收账款时，按照实际收到的金额，借记"银行存款"等科目，贷记本科目。

2. 单位出售物资发生应收未收款项时，按照应收未收金额，借记本科目，贷记"应缴财政款"科目。收回应收账款时，按照实际收到的金额，借记"银行存款"等科目，贷记本科目。

涉及增值税业务的，相关账务处理参见"应交增值税"科目。

【例3.1-37】应收账款收回后需上缴财政的会计核算。

2×19年，某向外提供劳务和产品的科研事业单位有关应收账款的业务如下：

6月5日，向甲公司提供劳务获得收入50 000元，需要上缴财政。按照合同规定，这笔款项应在6月25日支付。

6月5日的会计分录为：

财务会计：

借：应收账款 50 000
　　贷：应缴财政款 50 000

预算会计无分录。

6月25日收到款项时的会计分录为：

财务会计：

借：银行存款 50 000
　　贷：应收账款 50 000

预算会计：

借：资金结存——货币资金 50 000
　　贷：经营预算收入 50 000

四、事业单位应当于每年年末，对收回后不需上缴财政的应收账款进行全面检查，如发生不能收回的迹象，应当计提坏账准备。

（一）对于账龄超过规定年限、确认无法收回的应收账款，按照规定报经批准后予以核销。按照核销金额，借记"坏账准备"科目，贷记本科目。核销的应收账款应在备查簿中保留登记。

（二）已核销的应收账款在以后期间又收回的，按照实际收回金额，借记本科目，贷记"坏账准备"科目；同时，借记"银行存款"等科目，贷记本科目。

【例3.1-38】不能收回的会计核算。

沿用【例3.1-36】6月25日该事业单位发现无法完全收回甲公司应收账款，按规定报经批准后予以核销10 000元。7月26日该事业单位收回50 000元应收账款。其账务处理如下：

6月25日的会计分录为：

财务会计：

借：坏账准备 10 000
　　贷：应收账款 10 000

预算会计无分录。

7月26日收到款项时的会计分录为：

财务会计：

借：银行存款 50 000
　　贷：坏账准备 10 000
　　　　应收账款 40 000

预算会计：

借：资金结存——货币资金 50 000
　　贷：非财政拨款结余 50 000

五、单位应当于每年年末，对收回后应当上缴财政的应收账款进行全面检查。

（一）对于账龄超过规定年限、确认无法收回的应收账款，按照规定报经批准后予以核销。按照核销金额，借记"应缴财政款"科目，贷记本科目。核销的应收账款应当在备查簿中保留登记。

（二）已核销的应收账款在以后期间又收回的，按照实际收回金额，借记"银行存款"等科目，贷记"应缴财政款"科目。

【例 3.1-39】 核销的会计核算。

沿用【例 3.1-37】6 月 25 日该事业单位发现无法完全收回甲公司应收账款，按规定报经批准后予以核销 10 000 元。7 月 26 日该事业单位收回 50 000 元应收账款。其账务处理如下：

6 月 25 日的会计分录为：

财务会计：

借：应缴财政款　　　　　　　　　　　　　　　　　　　　10 000
　　贷：应收账款　　　　　　　　　　　　　　　　　　　　　　　10 000

预算会计无分录。

7 月 26 日收到款项时的会计分录为：

财务会计：

借：银行存款　　　　　　　　　　　　　　　　　　　　　50 000
　　贷：应缴财政款　　　　　　　　　　　　　　　　　　　　　　50 000

预算会计：

借：资金结存——货币资金　　　　　　　　　　　　　　　50 000
　　贷：非财政拨款结余　　　　　　　　　　　　　　　　　　　　50 000

六、本科目期末借方余额，反映单位尚未收回的应收账款。

1214　预付账款

一、本科目核算单位按照购货、服务合同或协议规定预付给供应单位（或个人）的款项，以及按照合同规定向承包工程的施工企业预付的备料款和工程款。

二、本科目应当按照供应单位（或个人）及具体项目进行明细核算；对于基本建设项目发生的预付账款，还应当在本科目所属基建项目明细科目下设置"预付备料款""预付工程款""其他预付款"等明细科目，进行明细核算。

三、预付账款的主要账务处理如下：

（一）根据购货、服务合同或协议规定预付款项时，按照预付金额，借记本科目，贷记"财政拨款收入""零余额账户用款额度""银行存款"等科目。

【例 3.1-40】 根据购货、服务合同或协议规定预付款项的会计核算。

2×19 年 1 月 10 日，某行政单位与 A 公司签订购买合同，约定购买三台设备，价款共 500 000 元，该行政单位先预付 30% 的款项，应做如下会计处理：

财务会计：

借：预付账款——A 公司　　　　　　　　　　　　　　　150 000
　　贷：银行存款　　　　　　　　　　　　　　　　　　　　　　150 000

预算会计：

借：行政支出　　　　　　　　　　　　　　　　　　　　150 000
　　贷：资金结存——货币资金　　　　　　　　　　　　　　　　150 000

（二）收到所购资产或服务时，按照购入资产或服务的成本，借记"库存物品""固定资产""无形资产""业务活动费用"等相关科目，按照相关预付账款的账面余额，贷记本科目，按照实际补付的金额，贷记"财政拨款收入""零余额账户用款额度""银行存款"等科目。涉及增值税业务的，相关账务处理参见"应交增值税"科目。

【例 3.1-41】收到所购资产或服务的会计核算。

沿用【例 3.1-40】2×19 年 1 月 12 日，A 公司收到预付款后发货。1 月 15 日，该行政单位验货后支付剩余 70% 的价款，应做如下会计处理：

财务会计：

借：固定资产	500 000
贷：预付账款	150 000
银行存款	350 000

预算会计：

借：行政支出	350 000
贷：资金结存——货币资金	350 000

（三）根据工程进度结算工程价款及备料款时，按照结算金额，借记"在建工程"科目，按照相关预付账款的账面余额，贷记本科目，按照实际补付的金额，贷记"财政拨款收入""零余额账户用款额度""银行存款"等科目。

（四）发生预付账款退回的，按照实际退回金额，借记"财政拨款收入"[本年直接支付]、"财政应返还额度"[以前年度直接支付]、"零余额账户用款额度""银行存款"等科目，贷记本科目。

【例 3.1-42】发生预付账款退回的会计核算。

沿用【例 3.1-40】2×19 年 1 月 12 日，A 公司受到预付款后发货。1 月 15 日，该行政单位发现设备质量不符合要求，将设备退回，并解除购货合同。1 月 20 日，A 公司将预付款退回，应做如下会计处理：

财务会计：

借：银行存款	150 000
贷：预付账款——A 公司	150 000

预算会计：

借：资金结存——货币资金	150 000
贷：行政支出	150 000

四、单位应当于每年年末，对预付账款进行全面检查。如果有确凿证据表明预付账款不再符合预付款项性质，或者因供应单位破产、撤销等原因可能无法收到所购货物、服务的，应当先将其转入其他应收款，再按照规定进行处理。将预付账款账面余额转入其他应收款时，借记"其他应收款"科目，贷记本科目。

【例 3.1-43】有确凿证据表明预付账款不再符合预付款项性质的会计核算。

沿用【例 3.1-40】该行政单位预付 30% 的款项后，A 公司迟迟未发货。截至 2×23 年 3 月 31 日有确凿证据表明确实无法收到所购设备，也无法收回预付款，按照规定将其转为其他应收款。应做如下会计处理：

财务会计：

借：其他应收款	150 000
贷：预付账款	150 000

预算会计无分录。

五、本科目期末借方余额，反映单位实际预付但尚未结算的项。

1215 应收股利

一、本科目核算事业单位持有长期股权投资应当收取的现金股利或应当分得的利润。

二、本科目应当按照被投资单位等进行明细核算。

三、应收股利的主要账务处理如下：

（一）取得长期股权投资，按照支付的价款中所包含的已宣告但尚未发放的现金股利，借记本科目，按照确定的长期股权投资成本，借记"长期股权投资"科目，按照实际支付的金额，贷记"银行存款"等科目。

收到取得投资时实际支付价款中所包含的已宣告但尚未发放的现金股利时，按照收到的金额，借记"银行存款"科目，贷记本科目。

（二）长期股权投资持有期间，被投资单位宣告发放现金股利或利润的，按照应享有的份额，借记本科目，贷记"投资收益"（成本法下）或"长期股权投资"（权益法下）科目。

（三）实际收到现金股利或利润时，按照收到的金额，借记"银行存款"等科目，贷记本科目。

【例3.1-44】宣告发放和收到现金股利的会计核算。

某事业单位拥有A公司90%的股权，有权决定A公司的财务和经营政策，相应的长期股权投资采用权益法核算。某日，A公司宣告发放现金股利200 000元，该事业单位应享有的份额为180 000元（200 000×90%）。次月，该事业单位收到A公司发放的现金股利180 000元，款项已存入开户银行。该事业单位应编制如下会计分录：

财务会计：

（1）A公司宣告发放现金股利时。

借：应收股利　　　　　　　　　　　　　　　　　　　180 000
　　贷：长期股权投资　　　　　　　　　　　　　　　　180 000

（2）收到A公司发放的现金股利时。

借：银行存款　　　　　　　　　　　　　　　　　　　180 000
　　贷：应收股利　　　　　　　　　　　　　　　　　　180 000

预算会计无分录。

四、本科目期末借方余额，反映事业单位应当收取但尚未收到的现金股利或利润。

1216 应收利息

一、本科目核算事业单位长期债券投资应当收取的利息。

事业单位购入的到期一次还本付息的长期债券投资持有期间的利息，应当通过"长期债券投资——应计利息"科目核算，不通过本科目核算。

二、本科目应当按照被投资单位等进行明细核算。

三、应收利息的主要账务处理如下：

（一）取得长期债券投资，按照确定的投资成本，借记"长期债券投资"科目，按照支付的价款中包含的已到付息期但尚未领取的利息，借记本科目，按照实际支付的金额，贷记"银行存款"等科目。

收到取得投资时实际支付价款中所包含的已到付息期但尚未领取的利息时，按照收到的金额，借记"银行存款"等科目，贷记本科目。

（二）按期计算确认长期债券投资利息收入时，对于分期付息、一次还本的长期债券投资，按照以票面金额和票面利率计算确定的应收未收利息金额，借记本科目，贷记"投资收益"科目。

（三）实际收到应收利息时，按照收到的金额，借记"银行存款"等科目，贷记本科目。

【例3.1-45】计算和收到利息的会计核算。

某事业单位持有一项长期债券投资。某月末，该事业单位按照债券票面金额和票面利率计算确定的应收未收利息金额为3 600元。次月初，该事业单位收到相应债券的利息收入3 600元。该债券为分期付息、一次还本的债券。该事业单位应编制如下会计分录：

财务会计：

（1）计算确定应收未收利息金额时。

借：应收利息　　　　　　　　　　　　　　　　　　　　　3 600
　　贷：投资收益　　　　　　　　　　　　　　　　　　　　3 600

（2）收到债券利息收入时。

借：银行存款　　　　　　　　　　　　　　　　　　　　　3 600
　　贷：应收利息　　　　　　　　　　　　　　　　　　　　3 600

预算会计无分录。

四、本科目期末借方余额，反映事业单位应收未收的长期债券投资利息。

1218　其他应收款

一、本科目核算单位除财政应返还额度、应收票据、应收账款、预付账款、应收股利、应收利息以外的其他各项应收及暂付款项，如职工预借的差旅费、已经偿还银行尚未报销的本单位公务卡欠款、拨付给内部有关部门的备用金、应向职工收取的各种垫付款项、支付的可以收回的订金或押金、应收的上级补助和附属单位上缴款项等。

二、本科目应当按照其他应收款的类别以及债务单位（或个人）进行明细核算。

三、其他应收款的主要账务处理如下：

（一）发生其他各种应收及暂付款项时，按照实际发生金额，借记本科目，贷记"零余额账户用款额度""银行存款""库存现金""上级补助收入""附属单位上缴收入"等科目。涉及增值税业务的，相关账务处理参见"应交增值税"科目。

【例3.1-46】发生其他各种应收及暂付款项的会计核算。

2×19年8月31日，某行政单位为职工代垫房租和水电费20 000元。9月30日，该行政单位从应付工资中扣除代垫款项。应做如下会计处理：

8月31日，代垫房租和水电费时：

财务会计：

借：其他应收款　　　　　　　　　　　　　　　　　　　　20 000
　　贷：银行存款　　　　　　　　　　　　　　　　　　　　20 000

预算会计无分录。

9月30日，从应付工资中扣除代垫款时：

财务会计：

借：应付职工薪酬　　　　　　　　　　　　　　　　　　　20 000
　　贷：其他应收款　　　　　　　　　　　　　　　　　　　20 000

预算会计：

借：行政支出 20 000
  贷：资金结存——货币资金 20 000

（二）收回其他各种应收及暂付款项时，按照收回的金额，借记"库存现金""银行存款"等科目，贷记本科目。

【例3.1-47】收回其他各种应收及暂付款项的会计核算。

2×19年8月31日，某行政单位从上级补助收入为职工代垫房租和水电费20 000元。9月30日，该行政单位收回该代垫款项。应做如下会计处理：

8月31日，代垫房租和水电费时：

财务会计：

借：其他应收款 20 000
  贷：上级补助收入 20 000

预算会计无分录。

9月30日，从应付工资中扣除代垫款时：

财务会计：

借：银行存款 20 000
  贷：其他应收款 20 000

预算会计：

借：资金结存——货币资金 20 000
  贷：上级补助预算收入 20 000

（三）单位内部实行备用金制度的，有关部门使用备用金以后应当及时到财务部门报销并补足备用金。

财务部门核定并发放备用金时，按照实际发放金额，借记本科目，贷记"库存现金"等科目。

根据报销金额用现金补足备用金定额时，借记"业务活动费用""单位管理费用"等科目，贷记"库存现金"等科目，报销数和拨补数都不再通过本科目核算。

【例3.1-48】单位内部实行备用金制度的会计核算。

某行政单位2月1日起实行备用金制度，由刘明负责管理备用金。管理部门的定额备用金核定为3 000元。2月15日，刘明使用备用金购买办公用品1 000元，交来普通发票，财务用现金补足备用金。应做如下会计处理：

2月1日，发放备用金时：

财务会计：

借：其他应收款——备用金 3 000
  贷：库存现金 3 000

预算会计无分录。

2月15日，补足备用金时：

财务会计：

借：业务活动费用 1 000
  贷：库存现金 1 000

预算会计：

借：行政支出 1 000

贷：资金结存——货币资金　　　　　　　　　　　　　　　　　　　1 000

（四）偿还尚未报销的本单位公务卡欠款时，按照偿还的款项，借记本科目，贷记"零余额账户用款额度""银行存款"等科目；持卡人报销时，按照报销金额，借记"业务活动费用""单位管理费用"等科目，贷记本科目。

（五）将预付账款账面余额转入其他应收款时，借记本科目，贷记"预付账款"科目。具体说明参见"预付账款"科目。

四、事业单位应当于每年年末，对其他应收款进行全面检查，如发生不能收回的迹象，应当计提坏账准备。

（一）对于账龄超过规定年限、确认无法收回的其他应收款，按照规定报经批准后予以核销。按照核销金额，借记"坏账准备"科目，贷记本科目。核销的其他应收款应当在备查簿中保留登记。

（二）已核销的其他应收款在以后期间又收回的，按照实际收回金额，借记本科目，贷记"坏账准备"科目；同时，借记"银行存款"等科目，贷记本科目。

【例3.1-49】发生不能收回的迹象的会计核算。

某事业单位估计2 000元的其他应付款中有1 000元无法收回，3月15日经批准核销，其业务处理如下：

财务会计：

借：坏账准备　　　　　　　　　　　　　　　　　　　　　　　　　1 000
　　贷：其他应收款　　　　　　　　　　　　　　　　　　　　　　　　1 000

预算会计无分录。

4月15日，该笔应收款全额收回，其业务处理为：

财务会计：

借：银行存款　　　　　　　　　　　　　　　　　　　　　　　　　2 000
　　贷：坏账准备　　　　　　　　　　　　　　　　　　　　　　　　　1 000
　　　　其他应收款　　　　　　　　　　　　　　　　　　　　　　　　1 000

预算会计：

借：资金结存——货币资金　　　　　　　　　　　　　　　　　　　2 000
　　贷：其他预算收入　　　　　　　　　　　　　　　　　　　　　　　2 000

五、行政单位应当于每年年末，对其他应收款进行全面检查。对于超过规定年限、确认无法收回的其他应收款，应当按照有关规定报经批准后予以核销。核销的其他应收款应在备查簿中保留登记。

（一）经批准核销其他应收款时，按照核销金额，借记"资产处置费用"科目，贷记本科目。

（二）已核销的其他应收款在以后期间又收回的，按照收回金额，借记"银行存款"等科目，贷记"其他收入"科目。

【例3.1-50】核销的会计核算。

某行政单位预计1 000元的其他应付款无法收回，3月15日经批准核销，其业务处理如下：

财务会计：

借：资产处置费用　　　　　　　　　　　　　　　　　　　　　　　1 000
　　贷：其他应收款　　　　　　　　　　　　　　　　　　　　　　　　1 000

预算会计无分录。

4月15日，该笔应收款全额收回，其业务处理为：

财务会计：

借：银行存款　　　　　　　　　　　　　　　　　　　　　1 000

　　贷：其他收入　　　　　　　　　　　　　　　　　　　　　　1 000

预算会计：

借：资金结存——货币资金　　　　　　　　　　　　　　　1 000

　　贷：其他预算收入　　　　　　　　　　　　　　　　　　　　1 000

六、本科目期末借方余额，反映单位尚未收回的其他应收款。

1219　坏账准备

一、本科目核算事业单位对收回后不需上缴财政的应收账款和其他应收款提取的坏账准备。

二、本科目应当分别应收账款和其他应收款进行明细核算。

三、事业单位应当于每年年末，对收回后不需上缴财政的应收账款和其他应收款进行全面检查，分析其可收回性，对预计可能产生的坏账损失计提坏账准备、确认坏账损失。

四、事业单位可以采用应收款项余额百分比法、账龄分析法、个别认定法等方法计提坏账准备。坏账准备计提方法一经确定，不得随意变更。如需变更，应当按照规定报经批准，并在财务报表附注中予以说明。

五、当期应补提或冲减的坏账准备金额的计算公式如下：

当期应补提或冲减的坏账准备 ＝ 按照期末应收账款和其他应收款计算应计提的坏账准备金额 － 本科目期末贷方余额（或 ＋ 本科目期末借方余额）

六、坏账准备的主要账务处理如下：

（一）提取坏账准备时，借记"其他费用"科目，贷记本科目；冲减坏账准备时，借记本科目，贷记"其他费用"科目。

（二）对于账龄超过规定年限并确认无法收回的应收账款、其他应收款，应当按照有关规定报经批准后，按照无法收回的金额，借记本科目，贷记"应收账款""其他应收款"科目。已核销的应收账款、其他应收款在以后期间又收回的，按照实际收回金额，借记"应收账款""其他应收款"科目，贷记本科目；同时，借记"银行存款"等科目，贷记"应收账款""其他应收款"科目。

例题参照【例3.1-38】、【例3.1-49】

七、本科目期末贷方余额，反映事业单位提取的坏账准备金额。

1301　在途物品

一、本科目核算单位采购材料等物资时货款已付或已开出商业汇票但尚未验收入库的在途物品的采购成本。

二、本科目可按照供应单位和物品种类进行明细核算。

三、在途物品的主要账务处理如下：

（一）单位购入材料等物品，按照确定的物品采购成本的金额，借记本科目，按照实际支付的金额，贷记"财政拨款收入""零余额账户用款额度""银行存款"等科目。涉及增值税业务的，相关账务处理参见"应交增值税"科目。

【例3.1-51】单位购入材料等物品的会计核算。

某事业单位2×19年1月1日购入物资,支付价款30 000元,结算凭证已收到,货仍在运输途中。其账务处理如下:

2×19年1月1日
财务会计:
借:在途物品　　　　　　　　　　　　　　　　　　　　　　　30 000
　　贷:银行存款　　　　　　　　　　　　　　　　　　　　　　30 000
预算会计:
借:经营支出　　　　　　　　　　　　　　　　　　　　　　　30 000
　　贷:资金结存——货币资金　　　　　　　　　　　　　　　　30 000

(二)所购材料等物品到达验收入库,按照确定的库存物品成本金额,借记"库存物品"科目,按照物品采购成本金额,贷记本科目,按照使得入库物品达到目前场所和状态所发生的其他支出,贷记"银行存款"等科目。

【例3.1-52】所购材料等物品到达验收入库的会计核算。

接上例。单位2×19年1月30日,所购物资到达验收入库。其账务处理如下:
财务会计:
2×19年1月30日
借:库存商品　　　　　　　　　　　　　　　　　　　　　　　30 000
　　贷:在途物品　　　　　　　　　　　　　　　　　　　　　　30 000
预算会计无分录。

四、本科目期末借方余额,反映单位在途物品的采购成本。

1302　库存物品

一、本科目核算单位在开展业务活动及其他活动中为耗用或出售而储存的各种材料、产品、包装物、低值易耗品,以及达不到固定资产标准的用具、装具、动植物等的成本。

已完成的测绘、地质勘察、设计成果等的成本,也通过本科目核算。

单位随买随用的零星办公用品,可以在购进时直接列作费用,不通过本科目核算。

单位控制的政府储备物资,应当通过"政府储备物资"科目核算,不通过本科目核算。

单位受托存储保管的物资和受托转赠的物资,应当通过"受托代理资产"科目核算,不通过本科目核算。

单位为在建工程购买和使用的材料物资,应当通过"工程物资"科目核算,不通过本科目核算。

二、本科目应当按照库存物品的种类、规格、保管地点等进行明细核算。

单位储存的低值易耗品、包装物较多的,可以在本科目(低值易耗品、包装物)下按照"在库""在用"和"摊销"等进行明细核算。

三、库存物品的主要账务处理如下:

(一)取得的库存物品,应当按照其取得时的成本入账。

1.外购的库存物品验收入库,按照确定的成本,借记本科目,贷记"财政拨款收入""零余额账户用款额度""银行存款""应付账款""在途物品"等科目。涉及增值税业务的,相关账务处理参见"应交增值税"科目。

2.自制的库存物品加工完成并验收入库,按照确定的成本,借记本科目,贷记"加工物品——自制物品"科目。

3. 委托外单位加工收回的库存物品验收入库，按照确定的成本，借记本科目，贷记"加工物品——委托加工物品"等科目。

4. 接受捐赠的库存物品验收入库，按照确定的成本，借记本科目，按照发生的相关税费、运输费等，贷记"银行存款"等科目，按照其差额，贷记"捐赠收入"科目。

接受捐赠的库存物品按照名义金额入账的，按照名义金额，借记本科目，贷记"捐赠收入"科目；同时，按照发生的相关税费、运输费等，借记"其他费用"科目，贷记"银行存款"等科目。

5. 无偿调入的库存物品验收入库，按照确定的成本，借记本科目，按照发生的相关税费、运输费等，贷记"银行存款"等科目，按照其差额，贷记"无偿调拨净资产"科目。

6. 置换换入的库存物品验收入库，按照确定的成本，借记本科目，按照换出资产的账面余额，贷记相关资产科目（换出资产为固定资产、无形资产的，还应当借记"固定资产累计折旧""无形资产累计摊销"科目），按照置换过程中发生的其他相关支出，贷记"银行存款"等科目，按照借贷方差额，借记"资产处置费用"科目或贷记"其他收入"科目。涉及补价的，分别以下情况处理：

（1）支付补价的，按照确定的成本，借记本科目，按照换出资产的账面余额，贷记相关资产科目（换出资产为固定资产、无形资产的，还应当借记"固定资产累计折旧""无形资产累计摊销"科目），按照支付的补价和置换过程中发生的其他相关支出，贷记"银行存款"等科目，按照借贷方差额，借记"资产处置费用"科目或贷记"其他收入"科目。

（2）收到补价的，按照确定的成本，借记本科目，按照收到的补价，借记"银行存款"等科目，按照换出资产的账面余额，贷记相关资产科目（换出资产为固定资产、无形资产的，还应当借记"固定资产累计折旧""无形资产累计摊销"科目），按照置换过程中发生的其他相关支出，贷记"银行存款"等科目，按照补价扣减其他相关支出后的净收入，贷记"应缴财政款"科目，按照借贷方差额，借记"资产处置费用"科目或贷记"其他收入"科目。

【例3.1-53】外购的库存物品验收入库的会计核算。

某行政单位购入材料80 000元，当日收到材料并验收合格入库，应做如下会计处理：

若价款使用财政授权支付方式支付，收到材料并验收入库时：

财务会计：

借：库存物品	80 000
贷：零余额账户用款额度	80 000

预算会计：

借：行政支出	80 000
贷：资金结存——零余额账户用款额度	80 000

【例3.1-54】委托外单位加工收回的库存物品验收入库的会计核算。

2×19年1月5日，某事业单位委托C公司加工材料一批，发出甲材料200 000元。1月7日，支付加工费用和相关运输费用共计100 000元。3月10日，材料加工完毕为乙材料，并验收入库。应做如下会计处理：

1月5日，发出材料时：

财务会计：

借：加工物品——委托加工物品	200 000
贷：库存物品——甲材料	200 000

预算会计无分录。

1月7日,支付加工费用和相关运输费用时:

财务会计:

借:加工物品——委托加工物品　　　　　　　　　　　　　　100 000
　　贷:零余额账户用款额度　　　　　　　　　　　　　　　　100 000

预算会计:

借:经营支出　　　　　　　　　　　　　　　　　　　　　　100 000
　　贷:资金结存——零余额账户用款额度　　　　　　　　　　100 000

3月10日,材料加工完毕验收入库时:

财务会计:

借:库存物品——乙材料　　　　　　　　　　　　　　　　　300 000
　　贷:加工物品——委托加工物品　　　　　　　　　　　　　300 000

预算会计无分录。

【例3.1-55】 置换换入的库存物品验收入库的会计核算。

某行政单位用两台旧设备置换换入一批材料,换出旧设备的原价为500 000元,已提折旧300 000元,评估价值为200 000元。置换换出旧设备收到补价50 000元,当日收到材料并验收入库。应做如下会计处理:

财务会计:

借:库存物品　　　　　　　　　　　　　　　　　　　　　　150 000
　　固定资产累计折旧　　　　　　　　　　　　　　　　　　300 000
　　银行存款　　　　　　　　　　　　　　　　　　　　　　 50 000
　　贷:固定资产　　　　　　　　　　　　　　　　　　　　500 000

预算会计无分录。

【例3.1-56】 无偿调入的库存物品验收入库的会计核算。

某单位收到上级无偿调入的库存物品,发票上注明价值共计100 000元,支付相关税费和运输费5 000元,收到材料当天验收入库,应做如下会计处理:

财务会计:

借:库存物品　　　　　　　　　　　　　　　　　　　　　　105 000
　　贷:银行存款　　　　　　　　　　　　　　　　　　　　　5 000
　　　　无偿调拨净资产　　　　　　　　　　　　　　　　　100 000

预算会计:

借:其他支出　　　　　　　　　　　　　　　　　　　　　　　5 000
　　贷:资金结算　　　　　　　　　　　　　　　　　　　　　5 000

【例3.1-57】 接受捐赠的库存物品验收入库的会计核算。

某行政单位接受B公司的捐赠收到材料一批,发票上注明价值共计100 000元,并使用银行存款支付运输费5 000元,收到材料当天验收入库,应做如下会计处理:

财务会计:

借:库存物品　　　　　　　　　　　　　　　　　　　　　　105 000
　　贷:银行存款　　　　　　　　　　　　　　　　　　　　　5 000

捐赠收入	100 000

预算会计：
借：其他支出　　　　　　　　　　　　　　　　　　　　　　　5 000
　　贷：资金结存——货币资金　　　　　　　　　　　　　　　　5 000

（二）库存物品在发出时，分别以下情况处理：

1. 单位开展业务活动等领用、按照规定自主出售发出或加工发出库存物品，按照领用、出售等发出物品的实际成本，借记"业务活动费用""单位管理费用""经营费用""加工物品"等科目，贷记本科目。

采用一次转销法摊销低值易耗品、包装物的，在首次领用时将其账面余额一次性摊销计入有关成本费用，借记有关科目，贷记本科目。

采用五五摊销法摊销低值易耗品、包装物的，首次领用时，将其账面余额的50%摊销计入有关成本费用，借记有关科目，贷记本科目；使用完时，将剩余的账面余额转销计入有关成本费用，借记有关科目，贷记本科目。

2. 经批准对外出售的库存物品（不含可自主出售的库存物品）发出时，按照库存物品的账面余额，借记"资产处置费用"科目，贷记本科目；同时，按照收到的价款，借记"银行存款"等科目，按照处置过程中发生的相关费用，贷记"银行存款"等科目，按照其差额，贷记"应缴财政款"科目。

3. 经批准对外捐赠的库存物品发出时，按照库存物品的账面余额和对外捐赠过程中发生的归属于捐出方的相关费用合计数，借记"资产处置费用"科目，按照库存物品账面余额，贷记本科目，按照对外捐赠过程中发生的归属于捐出方的相关费用，贷记"银行存款"等科目。

4. 经批准无偿调出的库存物品发出时，按照库存物品的账面余额，借记"无偿调拨净资产"科目，贷记本科目；同时，按照无偿调出过程中发生的归属于调出方的相关费用，借记"资产处置费用"科目，贷记"银行存款"等科目。

5. 经批准置换换出的库存物品，参照本科目有关置换换入库存物品的规定进行账务处理。

【例3.1-58】单位开展业务活动等领用的会计核算。

某单位为开展业务活动领用材料一批，价值50 000元，应做如下会计处理：

财务会计：
借：业务活动费用　　　　　　　　　　　　　　　　　　　　50 000
　　贷：库存物品　　　　　　　　　　　　　　　　　　　　　50 000

预算会计无分录。

【例3.1-59】捐赠的会计核算。

某单位向西南小学捐赠图书，该批图书价值100 000元，并用银行存款支付运输费2 000元，应做如下会计处理：

财务会计：
借：资产处置费用　　　　　　　　　　　　　　　　　　　　102 000
　　贷：库存物品——图书　　　　　　　　　　　　　　　　100 000
　　　　银行存款　　　　　　　　　　　　　　　　　　　　　2 000

预算会计：
借：其他支出　　　　　　　　　　　　　　　　　　　　　　2 000

贷：资金结存——货币资金　　　　　　　　　　　　　　　　　　　　　　2 000

【例3.1-60】无偿调出的会计核算。

某单位向下级无偿调出库存物品一批，发票上注明价值共计100 000元，并用银行存款支付相关费用2 000元，应做如下会计处理：

财务会计：
借：无偿调拨净资产　　　　　　　　　　　　　　　　　　　　　　　　　100 000
　　贷：库存物品　　　　　　　　　　　　　　　　　　　　　　　　　　　100 000
借：资产处置费用　　　　　　　　　　　　　　　　　　　　　　　　　　　2 000
　　贷：银行存款　　　　　　　　　　　　　　　　　　　　　　　　　　　2 000

预算会计：
借：其他支出　　　　　　　　　　　　　　　　　　　　　　　　　　　　　2 000
　　贷：资金结存——货币资金　　　　　　　　　　　　　　　　　　　　　2 000

【例3.1-61】非自主出售的会计核算。

某单位经批准将一批材料出售（非自主出售），材料成本50 000元，售价60 000元，应做如下会计处理：

财务会计：
借：资产处置费用　　　　　　　　　　　　　　　　　　　　　　　　　　　50 000
　　贷：库存物品　　　　　　　　　　　　　　　　　　　　　　　　　　　50 000
借：银行存款　　　　　　　　　　　　　　　　　　　　　　　　　　　　　60 000
　　贷：应缴财政款　　　　　　　　　　　　　　　　　　　　　　　　　　60 000

预算会计无分录。

（三）单位应当定期对库存物品进行清查盘点，每年至少盘点一次。对于发生的库存物品盘盈、盘亏或者报废、毁损，应当先计入"待处理财产损溢"科目，按照规定报经批准后及时进行后续账务处理。

1.盘盈的库存物品，其成本按照有关凭据注明的金额确定；没有相关凭据、但按照规定经过资产评估的，其成本按照评估价值确定；

没有相关凭据、也未经过评估的，其成本按照重置成本确定。如无法采用上述方法确定盘盈的库存物品成本的，按照名义金额入账。

盘盈的库存物品，按照确定的入账成本，借记本科目，贷记"待处理财产损溢"科目。

2.盘亏或者毁损、报废的库存物品，按照待处理库存物品的账面余额，借记"待处理财产损溢"科目，贷记本科目。

属于增值税一般纳税人的单位，若因非正常原因导致的库存物品盘亏或毁损，还应当将与该库存物品相关的增值税进项税额转出，按照其增值税进项税额，借记"待处理财产损溢"科目，贷记"应交增值税——应交税金（进项税额转出）"科目。

【例3.1-62】盘亏盘盈的会计核算。

某单位拥有甲、乙和丙三种材料，丙材料为非自用材料，增值税税率为13%，2×19年6月30日，该单位进行存货盘点，发生如下业务：

财务会计：

（1）盘盈甲材料，价值500元。

借：库存物品——甲材料　　　　　　　　　　　　　　500
　　　贷：待处理财产损溢　　　　　　　　　　　　　　　500
（2）盘点过程中，发现乙材料短缺，短缺的乙材料账面价值为300元。
借：待处理财产损溢　　　　　　　　　　　　　　　　300
　　　贷：库存物品——乙材料　　　　　　　　　　　　　300
（3）盘点过程中，发现丙材料毁损，丙材料毁损账面价值为200元。
借：待处理财产损溢　　　　　　　　　　　　　　　　226
　　　贷：库存物品——丙材料　　　　　　　　　　　　　200
　　　　　应缴税费——应缴增值税（进项税额转出）　　　32
预算会计无分录。
四、本科目期末借方余额，反映单位库存物品的实际成本。

1303　加工物品

一、本科目核算单位自制或委托外单位加工的各种物品的实际成本。

未完成的测绘、地质勘察、设计成果的实际成本，也通过本科目核算。

二、本科目应当设置"自制物品""委托加工物品"两个一级明细科目，并按照物品类别、品种、项目等设置明细账，进行明细核算。

本科目"自制物品"一级明细科目下应当设置"直接材料""直接人工""其他直接费用"等二级明细科目归集自制物品发生的直接材料、直接人工（专门从事物品制造人员的人工费）等直接费用；对于自制物品发生的间接费用，应当在本科目"自制物品"一级明细科目下单独设置"间接费用"二级明细科目予以归集，期末，再按照一定的分配标准和方法，分配计入有关物品的成本。

三、加工物品的主要账务处理如下：

（一）自制物品。

1. 为自制物品领用材料等，按照材料成本，借记本科目（自制物品——直接材料），贷记"库存物品"科目。

2. 专门从事物品制造的人员发生的直接人工费用，按照实际发生的金额，借记本科目（自制物品——直接人工），贷记"应付职工薪酬"科目。

3. 为自制物品发生的其他直接费用，按照实际发生的金额，借记本科目（自制物品——其他直接费用），贷记"零余额账户用款额度""银行存款"等科目。

4. 为自制物品发生的间接费用，按照实际发生的金额，借记本科目（自制物品——间接费用），贷记"零余额账户用款额度""银行存款""应付职工薪酬""固定资产累计折旧""无形资产累计摊销"等科目。

间接费用一般按照生产人员工资、生产人员工时、机器工时、耗用材料的数量或成本、直接费用（直接材料和直接人工）或产品产量等进行分配。单位可根据具体情况自行选择间接费用的分配方法。分配方法一经确定，不得随意变更。

5. 已经制造完成并验收入库的物品，按照所发生的实际成本（包括耗用的直接材料费用、直接人工费用、其他直接费用和分配的间接费用），借记"库存物品"科目，贷记本科目（自制物品）。

【例3.1-63】自行加工验收入库的会计核算。

2×19年6月1日，某事业单位自行加工材料一批，领用甲材料200 000元。7月1日，发生直接人工费用共计100 000元，为自制物品发生其他费用50 000元。7月10日，材料加工完毕为乙材料，并验收入库。应做如下会计处理：

2×19年6月1日

财务会计：

借：加工物品——自制物品　　　　　　　　　　　　　200 000
　　贷：库存物品——甲材料　　　　　　　　　　　　　　　200 000

预算会计无分录。

2×19年7月1日

财务会计：

借：加工物品——自制物品　　　　　　　　　　　　　100 000
　　贷：应付职工薪酬　　　　　　　　　　　　　　　　　　100 000

借：加工物品——自制物品　　　　　　　　　　　　　 50 000
　　贷：银行存款　　　　　　　　　　　　　　　　　　　　 50 000

预算会计：

借：经营支出　　　　　　　　　　　　　　　　　　　 50 000
　　贷：资金结存——货币资金　　　　　　　　　　　　　　 50 000

2×19年7月10日

财务会计：

借：库存物品——乙材料　　　　　　　　　　　　　　350 000
　　贷：加工物品——自制物品　　　　　　　　　　　　　　350 000

预算会计无分录。

（二）委托加工物品。

1. 发给外单位加工的材料等，按照其实际成本，借记本科目（委托加工物品），贷记"库存物品"科目。

2. 支付加工费、运输费等费用，按照实际支付的金额，借记本科目（委托加工物品），贷记"零余额账户用款额度""银行存款"等科目。涉及增值税业务的，相关账务处理参见"应交增值税"科目。

3. 委托加工完成的材料等验收入库，按照加工前发出材料的成本和加工、运输成本等，借记"库存物品"等科目，贷记本科目（委托加工物品）。

【例3.1-64】委托加工的会计核算。

2×19年1月5日，某事业单位委托C公司加工材料一批，发出甲材料200 000元。1月7日，支付加工费用和相关运输费用共计100 000元。3月10日，材料加工完毕为乙材料，并验收入库。应做如下会计处理：

1月5日，发出材料时：

财务会计：

借：加工物品——委托加工物品　　　　　　　　　　　200 000
　　贷：库存物品——甲材料　　　　　　　　　　　　　　　200 000

预算会计无分录。

1月7日，支付加工费用和相关运输费用时：
财务会计：
借：加工物品——委托加工物品　　　　　　　　　　　　　　100 000
　　贷：零余额账户用款额度　　　　　　　　　　　　　　　　　　100 000
预算会计：
借：经营支出　　　　　　　　　　　　　　　　　　　　　　　100 000
　　贷：资金结存——零余额账户用款额度　　　　　　　　　　　　100 000
3月10日，材料加工完毕验收入库时：
财务会计：
借：库存物品——乙材料　　　　　　　　　　　　　　　　　　300 000
　　贷：加工物品——委托加工物品　　　　　　　　　　　　　　　300 000
预算会计无分录。

四、本科目期末借方余额，反映单位自制或委托外单位加工但尚未完工的各种物品的实际成本。

1401　待摊费用

一、本科目核算单位已经支付，但应当由本期和以后各期分别负担的分摊期在1年以内（含1年）的各项费用，如预付航空保险费、预付租金等。

摊销期限在1年以上的租入固定资产改良支出和其他费用，应当通过"长期待摊费用"科目核算，不通过本科目核算。

待摊费用应当在其受益期限内分期平均摊销，如预付航空保险费应在保险期的有效期内、预付租金应在租赁期内分期平均摊销，计入当期费用。

二、本科目应当按照待摊费用种类进行明细核算。

三、待摊费用的主要账务处理如下：

（一）发生待摊费用时，按照实际预付的金额，借记本科目，贷记"财政拨款收入""零余额账户用款额度""银行存款"等科目。

【例3.1-65】发生待摊费用的会计核算。

某事业单位2×19年3月1日向A公司租赁一间房屋作为仓库，当日支付了1年的房租12 000元。

财务会计：
借：待摊费用　　　　　　　　　　　　　　　　　　　　　　　12 000
　　贷：银行存款　　　　　　　　　　　　　　　　　　　　　　　12 000
预算会计：
借：事业支出　　　　　　　　　　　　　　　　　　　　　　　12 000
　　贷：资金结存——货币资金　　　　　　　　　　　　　　　　　12 000

（二）按照受益期限分期平均摊销时，按照摊销金额，借记"业务活动费用""单位管理费用""经营费用"等科目，贷记本科目。

【例3.1-66】按照受益期限分期平均摊销的会计核算。

承接上例，该事业单位以后每月按照收益期限分期平均摊销。应做如下会计处理：
2×19年3月31日

财务会计：
借：业务活动费用　　　　　　　　　　　　　　　　　　　　　　　　1 000
　　贷：待摊费用　　　　　　　　　　　　　　　　　　　　　　　　　　1 000
预算会计无分录。

（三）如果某项待摊费用已经不能使单位受益，应当将其摊余金额一次全部转入当期费用。按照摊销金额，借记"业务活动费用""单位管理费用""经营费用"等科目，贷记本科目。

【例3.1-67】 待摊费用已经不能使单位受益的会计核算。

承接上例，2×19年8月31日，该事业单位因情况发生变化不再需要使用租赁的该房屋。应做如下会计处理：

财务会计：
借：业务活动费用　　　　　　　　　　　　　　　　　　　　　　　　6 000
　　贷：待摊费用　　　　　　　　　　　　　　　　　　　　　　　　　　6 000
预算会计无分录。

四、本科目期末借方余额，反映单位各种已支付但尚未摊销的分摊期在1年以内（含1年）的费用。

1501　长期股权投资

一、本科目核算事业单位按照规定取得的，持有时间超过1年（不含1年）的股权性质的投资。

二、本科目应当按照被投资单位和长期股权投资取得方式等进行明细核算。长期股权投资采用权益法核算的，还应当按照"成本""损益调整""其他权益变动"设置明细科目，进行明细核算。

三、长期股权投资的主要账务处理如下：

（一）长期股权投资在取得时，应当按照其实际成本作为初始投资成本。

1. 以现金取得的长期股权投资，按照确定的投资成本，借记本科目或本科目（成本），按照支付的价款中包含的已宣告但尚未发放的现金股利，借记"应收股利"科目，按照实际支付的全部价款，贷记"银行存款"等科目。

实际收到取得投资时所支付价款中包含的已宣告但尚未发放的现金股利时，借记"银行存款"科目，贷记"应收股利"科目。

2. 以现金以外的其他资产置换取得的长期股权投资，参照"库存物品"科目中置换取得库存物品的相关规定进行账务处理。

3. 以未入账的无形资产取得的长期股权投资，按照评估价值加相关税费作为投资成本，借记本科目，按照发生的相关税费，贷记"银行存款""其他应交税费"等科目，按其差额，贷记"其他收入"科目。

4. 接受捐赠的长期股权投资，按照确定的投资成本，借记本科目或本科目（成本），按照发生的相关税费，贷记"银行存款"等科目，按照其差额，贷记"捐赠收入"科目。

5. 无偿调入的长期股权投资，按照确定的投资成本，借记本科目或本科目（成本），按照发生的相关税费，贷记"银行存款"等科目，按照其差额，贷记"无偿调拨净资产"科目。

【例3.1-68】 以现金取得的长期股权投资的会计核算。

2×19年6月20日，某事业单位以1 500万元购入乙公司10%的股权，其中包含已宣告但未发放的股利 20 万元，2×19 年 9 月 20 日该事业单位收到未发放股利 20 万元。该业务的账务处理如下：

2×19 年 6 月 20 日

财务会计：

借：长期股权投资	14 800 000	
应收股利	200 000	
贷：银行存款		15 000 000

预算会计：

借：投资支出	15 000 000	
贷：资金结存——货币资金		15 000 000

2×19 年 9 月 20 日

财务会计：

借：银行存款	200 000	
贷：应收股利		200 000

预算会计：

借：资金结存——货币资金	200 000	
贷：投资支出		200 000

【例 3.1-69】以现金以外的其他资产置换取得长期股权投资的会计核算。

某事业单位 2×18 年购入一机器设备，原始价值为 100 000 元，预计使用年限为 10 年。2×19 年该设备已经计提折旧 10 000 元，该单位将该设备用于对外投资，双方协商作价 70 000 元。

财务会计：

借：长期投资——长期股权投资	70 000	
累计折旧	10 000	
资产处置费用	30 000	
贷：固定资产		100 000

预算会计无分录。

【例 3.1-70】接受捐赠的长期股权投资的会计核算。

2×19 年，某事业单位接受 A 公司捐赠的价值 100 000 的股权，其业务处理如下：

财务会计：

借：长期投资——长期股权投资	100 000	
贷：捐赠收入		100 000

预算会计无分录。

（二）长期股权投资持有期间，应当按照规定采用成本法或权益法进行核算。

1. 采用成本法核算。

被投资单位宣告发放现金股利或利润时，按照应收的金额，借记"应收股利"科目，贷记"投资收益"科目。收到现金股利或利润时，按照实际收到的金额，借记"银行存款"等科目，贷记"应收股利"科目。

【例 3.1-71】成本法核算的会计核算。

2×19 年 1 月 20 日，某事业单位以 1 500 万元购入甲公司 80% 的股权。该事业单位取得该部分股权后,能够有权力主导乙公司的相关活动并获得可变回报。2×19年6月30日,甲公司宣告分派现金股利,该事业单位按照其持有比例确定可分回20万元。2×19年7月30日,该事业单位收到现金股利。应作以下账务处理:

2×19年1月20日

财务会计:

借:长期股权投资   15 000 000

    贷:银行存款   15 000 000

预算会计:

借:投资支出   15 000 000

    贷:资金结存——货币资金   15 000 000

2×19年6月30日

借:应收股利   200 000

    贷:投资收益   200 000

2×19年7月30日

财务会计:

借:银行存款   200 000

    贷:应收股利   200 000

预算会计:

借:资金结存——货币资金   200 000

    贷:投资预算收益   200 000

2. 采用权益法核算。

(1)被投资单位实现净利润的,按照应享有的份额,借记本科目(损益调整),贷记"投资收益"科目。

(2)被投资单位发生净亏损的,按照应分担的份额,借记"投资收益"科目,贷记本科目(损益调整),但以本科目的账面余额减记至零为限。发生亏损的被投资单位以后年度又实现净利润的,按照收益分享额弥补未确认的亏损分担额等后的金额,借记本科目(损益调整),贷记"投资收益"科目。

(3)被投资单位宣告分派现金股利或利润的,按照应享有的份额,借记"应收股利"科目,贷记本科目(损益调整)。

(4)被投资单位发生除净损益和利润分配以外的所有者权益变动的,按照应享有或应分担的份额,借记或贷记"权益法调整"科目,贷记或借记本科目(其他权益变动)。

【例3.1-72】权益法核算的会计核算。

某事业单位于2×19年1月1日取得A公司30%的股权,2×19年A公司实现净利润8 000 000元,其账务处理如下:

财务会计:

借:长期股权投资——损益调整   2 400 000

    贷:投资收益   2 400 000

预算会计无分录。

【例3.1-73】权益法核算的会计核算。

沿用【例3.1-69】A公司于2×20年3月1日宣告发放现金股利，该事业单位按其持股比例计算确定可得30 000万元，2×20年6月1日，A公司支付现金股利。应作如下账务处理：

2×20年3月1日

财务会计：

借：应收股利　　　　　　　　　　　　　　　　　　　　　30 000
　　贷：长期股权投资——损益调整　　　　　　　　　　　　　30 000

预算会计无分录。

2×20年6月1日

财务会计：

借：银行存款　　　　　　　　　　　　　　　　　　　　　30 000
　　贷：应收股利　　　　　　　　　　　　　　　　　　　　30 000

预算会计：

借：资金结存——货币资金　　　　　　　　　　　　　　　30 000
　　贷：投资预算收益　　　　　　　　　　　　　　　　　　30 000

3.成本法与权益法的转换。

（1）单位因处置部分长期股权投资等原因而对处置后的剩余股权投资由权益法改按成本法核算的，应当按照权益法下本科目账面余额作为成本法下本科目账面余额（成本）。

其后，被投资单位宣告分派现金股利或利润时，属于单位已计入投资账面余额的部分，按照应分得的现金股利或利润份额，借记"应收股利"科目，贷记本科目。

（2）单位因追加投资等原因对长期股权投资的核算从成本法改为权益法的，应当按照成本法下本科目账面余额与追加投资成本的合计金额，借记本科目（成本），按照成本法下本科目账面余额，贷记本科目，按照追加投资的成本，贷记"银行存款"等科目。

【例3.1-74】成本法与权益法的转换的会计核算。

A事业单位于2×18年1月2日取得B公司10%的股权，成本为3 000 000元，因对被投资单位不具有重大影响且无法可靠确定该项投资的公允价值，A事业单位对其采用成本法核算。A事业单位按照净利润的10%提取盈余公积。

2×19年1月2日，A事业单位又以6 000 000元取得B公司12%的股权，当日A事业单位之前对B公司的长期股权投资账面价值为4 000 000元。

该事业单位应作如下账务处理：

2×19年1月2日，A事业单位应确认对B公司的长期股权投资

财务会计：

借：长期股权投资——B公司——成本　　　　　　　　　10 000 000
　　贷：长期股权投资　　　　　　　　　　　　　　　　　4 000 000
　　　　银行存款　　　　　　　　　　　　　　　　　　　6 000 000

预算会计：

借：投资支出　　　　　　　　　　　　　　　　　　　　6 000 000
　　贷：资金结存——货币资金　　　　　　　　　　　　　6 000 000

【例3.1-75】成本法与权益法的转换的会计核算。

甲事业单位持有乙公司30%的有表决权股份，能够对乙公司的生产经营决策施加重大影响，采用权益法核算。2×19年10月，甲事业单位将该项投资中的50%对外出售。出售以后，无法再对乙公司施加重大影响，且该项投资不存在活跃市场，公允价值无法可靠确定，转为采用成本法核算。出售时，该项长期股权投资的账面价值为16 000 000元，其中投资成本13 000 000元，损益调整为2 000 000元，其他权益变动1 000 000元。对于处置后剩余部分的投资相关账务处理如下：

财务会计：

借：长期股权投资　　　　　　　　　　　　　　　　　　　　8 000 000
　　贷：长期股权投资——乙公司——成本　　　　　　　　　　6 500 000
　　　　　　　　　　　　　　——损益调整　　　　　　　　　　100 000
　　　　　　　　　　　　　　——其他权益变动　　　　　　　　 50 000

预算会计无分录。

（三）按照规定报经批准处置长期股权投资。

1. 按照规定报经批准出售（转让）长期股权投资时，应当区分长期股权投资取得方式分别进行处理。

（1）处置以现金取得的长期股权投资，按照实际取得的价款，借记"银行存款"等科目，按照被处置长期股权投资的账面余额，贷记本科目，按照尚未领取的现金股利或利润，贷记"应收股利"科目，按照发生的相关税费等支出，贷记"银行存款"等科目，按照借贷方差额，借记或贷记"投资收益"科目。

（2）处置以现金以外的其他资产取得的长期股权投资，按照被处置长期股权投资的账面余额，借记"资产处置费用"科目，贷记本科目；同时，按照实际取得的价款，借记"银行存款"等科目，按照尚未领取的现金股利或利润，贷记"应收股利"科目，按照发生的相关税费等支出，贷记"银行存款"等科目，按照贷方差额，贷记"应缴财政款"科目。按照规定将处置时取得的投资收益纳入本单位预算管理的，应当按照所取得价款大于被处置长期股权投资账面余额、应收股利账面余额和相关税费支出合计的差额，贷记"投资收益"科目。

2. 因被投资单位破产清算等原因，有确凿证据表明长期股权投资发生损失，按照规定报经批准后予以核销时，按照予以核销的长期股权投资的账面余额，借记"资产处置费用"科目，贷记本科目。

3. 报经批准置换转出长期股权投资时，参照"库存物品"科目中置换换入库存物品的规定进行账务处理。

4. 采用权益法核算的长期股权投资的处置，除进行上述账务处理外，还应结转原直接计入净资产的相关金额，借记或贷记"权益法调整"科目，贷记或借记"投资收益"科目。

【例3.1-76】按照规定报经批准处置长期股权投资的会计核算。

2×19年2月1日，该事业单位向外转让该长期股权投资，该长期股权投资原始投资额为60 000元，现在账面余额为70 000元，转让价格为71 000元，转让过程中共发生税费8 000元。其业务处理如下：

财务会计：

借：银行存款　　　　　　　　　　　　　　　　　　　　　　71 000
　　投资收益　　　　　　　　　　　　　　　　　　　　　　 7 000
　　贷：长期股权投资　　　　　　　　　　　　　　　　　　70 000

　　　　银行存款　　　　　　　　　　　　　　　　　　　　　　　　8 000
　预算会计：
　借：资金结存——货币资金　　　　　　　　　　　　　　　　　63 000
　　　贷：投资支出　　　　　　　　　　　　　　　　　　　　　　　60 000
　　　　　投资预算收益　　　　　　　　　　　　　　　　　　　　　 3 000

【例3.1-77】长期股权投资发生损失的会计核算。

某事业单位持有对其他公司的长期股权投资，账面价值50 000元，2×19年12月31日，证实该公司破产清算，长期股权投资发生损失。

将待核销长期股权投资转入待处置资产：

财务会计：
　借：资产处置费用　　　　　　　　　　　　　　　　　　　　　　50 000
　　　贷：长期股权投资　　　　　　　　　　　　　　　　　　　　　 50 000

预算会计无分录。

四、本科目期末借方余额，反映事业单位持有的长期股权投资的价值。

1502　长期债券投资

一、本科目核算事业单位按照规定取得的，持有时间超过1年（不含1年）的债券投资。

二、本科目应当设置"成本"和"应计利息"明细科目，并按照债券投资的种类进行明细核算。

三、长期债券投资的主要账务处理如下：

（一）长期债券投资在取得时，应当按照其实际成本作为投资成本。取得的长期债券投资，按照确定的投资成本，借记本科目（成本），按照支付的价款中包含的已到付息期但尚未领取的利息，借记"应收利息"科目，按照实际支付的金额，贷记"银行存款"等科目。

实际收到取得债券时所支付价款中包含的已到付息期但尚未领取的利息时，借"银行存款"科目，贷记"应收利息"科目。

【例3.1-78】取得长期债券投资的会计核算。

某事业单位在2×19年1月1日取得长期债券投资，支付对价70 000元。

财务会计：
　借：长期债券投资——成本　　　　　　　　　　　　　　　　　70 000
　　　贷：银行存款　　　　　　　　　　　　　　　　　　　　　　　70 000
预算会计：
　借：投资支出　　　　　　　　　　　　　　　　　　　　　　　　70 000
　　　贷：资金结存——货币资金　　　　　　　　　　　　　　　　　70 000

（二）长期债券投资持有期间，按期以债券票面金额与票面利率计算确认利息收入时，如为到期一次还本付息的债券投资，借记本科目（应计利息），贷记"投资收益"科目；如为分期付息、到期一次还本的债券投资，借记"应收利息"科目，贷记"投资收益"科目。

收到分期支付的利息时，按照实收的金额，借记"银行存款"等科目，贷记"应收利息"科目。

【例3.1-79】收到利息的会计核算。

某事业单位在2×19年12月31日，收到被投资单位发放的利息5 000元，款项存入银行账户。

财务会计：

借：应收利息　　　　　　　　　　　　　　　　　　　　　　　5 000
　　贷：投资收益　　　　　　　　　　　　　　　　　　　　　　　5 000
借：银行存款　　　　　　　　　　　　　　　　　　　　　　　5 000
　　贷：应收利息　　　　　　　　　　　　　　　　　　　　　　　5 000
预算会计：
借：资金结存——货币资金　　　　　　　　　　　　　　　　50 000
　　贷：投资预算收益　　　　　　　　　　　　　　　　　　　　50 000

（三）到期收回长期债券投资，按照实际收到的金额，借记"银行存款"科目，按照长期债券投资的账面余额，贷记本科目，按照相关应收利息金额，贷记"应收利息"科目，按照其差额，贷记"投资收益"科目。

【例3.1-80】到期收回长期债券投资的会计核算。

某事业单位在2×19年12月31日，将持有的长期债券卖出，收到金额10万元，款项存入银行账户，长期债券投资账面余额为9.5万。

财务会计：
借：银行存款　　　　　　　　　　　　　　　　　　　　　100 000
　　贷：长期债券投资　　　　　　　　　　　　　　　　　　　95 000
　　　　投资收益　　　　　　　　　　　　　　　　　　　　　5 000
预算会计：
借：资金结存——货币资金　　　　　　　　　　　　　　　100 000
　　贷：投资支出/其他结余[投资成本]　　　　　　　　　　　95 000
　　　　投资预算收益　　　　　　　　　　　　　　　　　　　5 000

（四）对外出售长期债券投资，按照实际收到的金额，借记"银行存款"科目，按照长期债券投资的账面余额，贷记本科目，按照已记入"应收利息"科目但尚未收取的金额，贷记"应收利息"科目，按照其差额，贷记或借记"投资收益"科目。涉及增值税业务的，相关账务处理参见"应交增值税"科目。

【例3.1-81】对外出售长期债券投资的会计核算。

某事业单位发生于2×20年2月1日向外转让其持有的长期债券，转让价格为71 000元，届时长期债券投资账面余额为70 000元。

财务会计：
借：银行存款　　　　　　　　　　　　　　　　　　　　　71 000
　　贷：长期债券投资　　　　　　　　　　　　　　　　　　70 000
　　　　投资收益　　　　　　　　　　　　　　　　　　　　1 000
预算会计：
借：资金结存——货币资金　　　　　　　　　　　　　　　71 000
　　贷：投资支出　　　　　　　　　　　　　　　　　　　　70 000
　　　　投资预算收益　　　　　　　　　　　　　　　　　　1 000

四、本科目期末借方余额，反映事业单位持有的长期债券投资的价值。

1601　固定资产

一、本科目核算单位固定资产的原值。

二、本科目应当按照固定资产类别和项目进行明细核算。

固定资产一般分为六类：房屋及构筑物；专用设备；通用设备；文物和陈列品；图书、档案；家具、用具、装具及动植物。

三、固定资产核算时，应当考虑以下情况：

（一）购入需要安装的固定资产，应当先通过"在建工程"科目核算，安装完毕交付使用时再转入本科目核算。

（二）以借入、经营租赁租入方式取得的固定资产，不通过本科目核算，应当设置备查簿进行登记。

（三）采用融资租入方式取得的固定资产，通过本科目核算，并在本科目下设置"融资租入固定资产"明细科目。

（四）经批准在境外购买具有所有权的土地，作为固定资产，通过本科目核算；单位应当在本科目下设置"境外土地"明细科目，进行相应明细核算。

四、固定资产的主要账务处理如下：

（一）固定资产在取得时，应当按照成本进行初始计量。

1. 购入不需安装的固定资产验收合格时，按照确定的固定资产成本，借记本科目，贷记"财政拨款收入""零余额账户用款额度""应付账款""银行存款"等科目。

购入需要安装的固定资产，在安装完毕交付使用前通过"在建工程"科目核算，安装完毕交付使用时再转入本科目。

购入固定资产扣留质量保证金的，应当在取得固定资产时，按照确定的固定资产成本，借记本科目[不需安装]或"在建工程"科目[需要安装]，按照实际支付或应付的金额，贷记"财政拨款收入""零余额账户用款额度""应付账款"[不含质量保证金]、"银行存款"等科目，按照扣留的质量保证金数额，贷记"其他应付款"[扣留期在1年以内（含1年）]或"长期应付款"[扣留期超过1年]科目。

质保期满支付质量保证金时，借记"其他应付款""长期应付款"科目，贷记"财政拨款收入""零余额账户用款额度""银行存款"等科目。

【例3.1-82】购入不需安装的固定资产的会计核算。

某事业单位用事业经费购入一项不需要安装新设备，买价为10 000元，运杂费1 000元，有关款项均已通过银行支付，该项固定资产安装完毕交付使用。会计处理如下：

财务会计：

借：固定资产　　　　　　　　　　　　　　　　　　　　　　　　　11 000
　　贷：银行存款　　　　　　　　　　　　　　　　　　　　　　　　11 000

预算会计：

借：事业支出　　　　　　　　　　　　　　　　　　　　　　　　　11 000
　　贷：资金结存——货币资金　　　　　　　　　　　　　　　　　　11 000

【例3.1-83】购入需要安装的固定资产的会计核算。

某事业单位用事业经费购入一项新设备，买价为10 000元，运杂费300元，安装费为700元，有关款项均已通过银行支付，该项固定资产安装完毕交付使用。该业务处理如下：

购入设备时：

财务会计：

借：在建工程 10 300
　　贷：资金结存——货币资金 10 300
预算会计：
借：事业支出 10 300
　　贷：银行存款 10 300
安装时：
财务会计：
借：在建工程 700
　　贷：银行存款 700
预算会计：
借：事业支出 700
　　贷：资金结存——货币资金 700
安装完工交付使用时：
财务会计：
借：固定资产 11 000
　　贷：在建工程 11 000
预算会计无分录。

2.自行建造的固定资产交付使用时，按照在建工程成本，借记本科目，贷记"在建工程"科目。

已交付使用但尚未办理竣工决算手续的固定资产，按照估计价值入账，待办理竣工决算后再按照实际成本调整原来的暂估价值。

【例3.1-84】自行建造的固定资产的会计核算。

某事业单位自行建造固定资产，在前期投入工程价款 2 000 000 元。
财务会计：
借：在建工程 2 000 000
　　贷：银行存款 2 000 000
　　贷：预算会计：
借：事业支出 2 000 000
　　贷：资金结存——货币资金 2 000 000
工程中期发现原材料不足，故投入 400 000 元购买原材料以满足完工需要。
财务会计：
借：在建工程 400 000
　　贷：银行存款 400 000
预算会计：
借：事业支出 400 000
　　贷：资金结存——货币资金 400 000
工程交付使用
财务会计：
借：固定资产 2 400 000
　　贷：在建工程 2 400 000
预算会计无分录。

3. 融资租赁取得的固定资产,其成本按照租赁协议或者合同确定的租赁价款、相关税费以及固定资产交付使用前所发生的可归属于该项资产的运输费、途中保险费、安装调试费等确定。

融资租入的固定资产,按照确定的成本,借记本科目[不需安装]或"在建工程"科目[需安装],按照租赁协议或者合同确定的租赁付款额,贷记"长期应付款"科目,按照支付的运输费、途中保险费、安装调试费等金额,贷记"财政拨款收入""零余额账户用款额度""银行存款"等科目。

定期支付租金时,按照实际支付金额,借记"长期应付款"科目,贷记"财政拨款收入""零余额账户用款额度""银行存款"等科目。

【例3.1–85】融资租赁取得的固定资产的会计核算。

某事业单位融资租入固定资产,固定资产价值400 000元,支付运输费等2 000元。租赁协议规定该事业单位需要支付租赁价款400 000元,每个月支付10 000元,分40个月支付完。该事业单位的会计处理如下:

财务会计:

借:固定资产　　　　　　　　　　　　　　　　402 000
　　贷:长期应付款　　　　　　　　　　　　　　400 000
　　　　银行存款　　　　　　　　　　　　　　　　2 000

预算会计:

借:事业支出　　　　　　　　　　　　　　　　　 2 000
　　贷:资金结存——货币资金　　　　　　　　　　 2 000

该事业单位需要每月支付租金10 000元,支付租金时,

财务会计:

借:长期应付款　　　　　　　　　　　　　　　　10 000
　　贷:银行存款　　　　　　　　　　　　　　　　10 000

预算会计:

借:事业支出　　　　　　　　　　　　　　　　　10 000
　　贷:资金结存——货币资金　　　　　　　　　　10 000

4. 按照规定跨年度分期付款购入固定资产的账务处理,参照融资租入固定资产。

5. 接受捐赠的固定资产,按照确定的固定资产成本,借记本科目[不需安装]或"在建工程"科目[需安装],按照发生的相关税费、运输费等,贷记"零余额账户用款额度""银行存款"等科目,按照其差额,贷记"捐赠收入"科目。

接受捐赠的固定资产按照名义金额入账的,按照名义金额,借记本科目,贷记"捐赠收入"科目;按照发生的相关税费、运输费等,借记"其他费用"科目,贷记"零余额账户用款额度""银行存款"等科目。

【例3.1–86】接受捐赠的固定资产的会计核算。

某单位接受社会捐赠的固定资产,资产价值50 000元,期间发生的运输费800元。

财务会计:

借:固定资产　　　　　　　　　　　　　　　　　50 800
　　贷:捐赠收入　　　　　　　　　　　　　　　　50 000
　　　　银行存款　　　　　　　　　　　　　　　　　800

预算会计：

借：其他支出 800
　　贷：资金结存——货币资金 800

6. 无偿调入的固定资产，按照确定的固定资产成本，借记本科目[不需安装]或"在建工程"科目[需安装]，按照发生的相关税费、运输费等，贷记"零余额账户用款额度""银行存款"等科目，按照其差额，贷记"无偿调拨净资产"科目。

【例 3.1–87】无偿调入的固定资产的会计核算。

某单位接受无偿调入的固定资产，资产价值 70 000 元，期间发生的运输费 900 元。

财务会计：

借：固定资产 70 900
　　贷：无偿调拨净资产 70 000
　　　　银行存款 900

预算会计：

借：其他支出 900
　　贷：资金结存——货币资金 900

7. 置换取得的固定资产，参照"库存物品"科目中置换取得库存物品的相关规定进行账务处理。固定资产取得时涉及增值税业务的，相关账务处理参见"应交增值税"科目。

（二）与固定资产有关的后续支出。

1. 符合固定资产确认条件的后续支出。

通常情况下，将固定资产转入改建、扩建时，按照固定资产的账面价值，借记"在建工程"科目，按照固定资产已计提折旧，借记"固定资产累计折旧"科目，按照固定资产的账面余额，贷记本科目。

为增加固定资产使用效能或延长其使用年限而发生的改建、扩建等后续支出，借记"在建工程"科目，贷记"财政拨款收入""零余额账户用款额度""银行存款"等科目。

固定资产改建、扩建等完成交付使用时，按照在建工程成本，借记本科目，贷记"在建工程"科目。

2. 不符合固定资产确认条件的后续支出。

为保证固定资产正常使用发生的日常维修等支出，借记"业务活动费用""单位管理费用"等科目，贷记"财政拨款收入""零余额账户用款额度""银行存款"等科目。

【例 3.1–88】不符合固定资产确认条件的后续支出的会计核算。

某事业单位决定对固定资产进行扩建，固定资产账面余额为 500 000 元，已提折旧 100 000 元，扩建过程中支付工程款 200 000 元。

财务会计：

借：在建工程 400 000
　　累计折旧 100 000
　　贷：固定资产 500 000
借：在建工程 200 000
　　贷：银行存款 200 000

预算会计：
借：事业支出   200 000
    贷：资金结存——货币资金   200 000
工程完工，交付使用。
财务会计：
借：固定资产   600 000
    贷：在建工程   600 000
预算会计无分录。

（三）按照规定报经批准处置固定资产，应当分别以下情况处理：

1. 报经批准出售、转让固定资产，按照被出售、转让固定资产的账面价值，借记"资产处置费用"科目，按照固定资产已计提的折旧，借记"固定资产累计折旧"科目，按照固定资产账面余额，贷记本科目；同时，按照收到的价款，借记"银行存款"等科目，按照处置过程中发生的相关费用，贷记"银行存款"等科目，按照其差额，贷记"应缴财政款"科目。

【例3.1-89】报经批准出售、转让固定资产的会计核算。

某事业单位出售固定资产一批，固定资产账面余额72 000元，已计提折旧60 000元，出售固定资产收到价款20 000元。该业务账务处理为：

财务会计：
借：资产处置费用   12 000
    固定资产累计折旧   60 000
    贷：固定资产   72 000
借：银行存款   20 000
    贷：应缴财政款   20 000
预算会计无分录。

2. 报经批准对外捐赠固定资产，按照固定资产已计提的折旧，借记"固定资产累计折旧"科目，按照被处置固定资产账面余额，贷记本科目，按照捐赠过程中发生的归属于捐出方的相关费用，贷记"银行存款"等科目，按照其差额，借记"资产处置费用"科目。

【例3.1-90】报经批准对外捐赠固定资产的会计核算。

某事业单位对外捐赠固定资产，固定资产账面余额为100 000元，已计提折旧30 000元，另外该事业单位支付运输费3 000元。该业务处理如下：

财务会计：
借：资产处置费用   73 000
    固定资产累计折旧   30 000
    贷：固定资产   100 000
        银行存款   3 000
预算会计：
借：其他支出   3 000
    贷：资金结存——货币资金   3 000

3. 报经批准无偿调出固定资产，按照固定资产已计提的折旧，借记"固定资产累计折旧"科目，按照被处置固定资产账面余额，贷记本科目，按照其差额，借记"无偿调拨净资产"科目；

同时，按照无偿调出过程中发生的归属于调出方的相关费用，借记"资产处置费用"科目，贷记"银行存款"等科目。

【例 3.1-91】 报经批准无偿调出固定资产的会计核算。

某事业单位无偿调出固定资产，固定资产账面余额为 200 000 元，已计提折旧 50 000 元，另外该事业单位支付运输费 3 000 元。该业务处理如下：

财务会计：

借：无偿调拨净资产	150 000
固定资产累计折旧	50 000
贷：固定资产	200 000
借：资产处置费用	3 000
贷：银行存款	3 000

预算会计：

借：其他支出	3 000
贷：资金结存——货币资金	3 000

4. 报经批准置换换出固定资产，参照"库存物品"中置换换入库存物品的规定进行账务处理。固定资产处置时涉及增值税业务的，相关账务处理参见"应交增值税"科目。

（四）单位应当定期对固定资产进行清查盘点，每年至少盘点一次。对于发生的固定资产盘盈、盘亏或毁损、报废，应当先记入"待处理财产损溢"科目，按照规定报经批准后及时进行后续账务处理。

1. 盘盈的固定资产，其成本按照有关凭据注明的金额确定；没有相关凭据、但按照规定经过资产评估的，其成本按照评估价值确定；

没有相关凭据、也未经过评估的，其成本按照重置成本确定。如无法采用上述方法确定盘盈固定资产成本的，按照名义金额（人民币 1 元）入账。

盘盈的固定资产，按照确定的入账成本，借记本科目，贷记"待处理财产损溢"科目。

2. 盘亏、毁损或报废的固定资产，按照待处理固定资产的账面价值，借记"待处理财产损溢"科目，按照已计提折旧，借记"固定资产累计折旧"科目，按照固定资产的账面余额，贷记本科目。

【例 3.1-92】 盘盈盘亏的会计核算。

某单位于 2×19 年年底对单位的固定资产进行盘点，发生如下业务：

盘盈固定资产 A，价值 5 000 元。

财务会计：

借：固定资产——A	5 000
贷：待处理财产损溢	5 000

预算会计无分录。

盘点过程中，发现固定资产 B 毁损，B 的账面价值为 3 000 元，已计提折旧 2 000 元。

财务会计：

借：待处理财产损溢	1 000
固定资产累计折旧	2 000
贷：固定资产——B	3 000

预算会计无分录。

五、本科目期末借方余额,反映单位固定资产的原值。

1602　固定资产累计折旧

一、本科目核算单位计提的固定资产累计折旧。

公共基础设施和保障性住房计提的累计折旧,应当分别通过"公共基础设施累计折旧(摊销)"科目和"保障性住房累计折旧"科目核算,不通过本科目核算。

二、本科目应当按照所对应固定资产的明细分类进行明细核算。

三、单位计提融资租入固定资产折旧时,应当采用与自有固定资产相一致的折旧政策。能够合理确定租赁期届满时将会取得租入固定资产所有权的,应当在租入固定资产尚可使用年限内计提折旧;无法合理确定租赁期届满时能够取得租入固定资产所有权的,应当在租赁期与租入固定资产尚可使用年限两者中较短的期间内计提折旧。

四、固定资产累计折旧的主要账务处理如下:

(一)按月计提固定资产折旧时,按照应计提折旧金额,借记"业务活动费用""单位管理费用""经营费用""加工物品""在建工程"等科目,贷记本科目。

(二)经批准处置或处理固定资产时,按照所处置或处理固定资产的账面价值,借记"资产处置费用""无偿调拨净资产""待处理财产损溢"等科目,按照已计提折旧,借记本科目,按照固定资产的账面余额,贷记"固定资产"科目。

【例3.1-93】按月计提固定资产折旧的会计核算。

某事业单位新购进固定资产一批,价值72 000元,计划使用6年,每月计提折旧1 000元。

购进时:

财务会计:

借:固定资产　　　　　　　　　　　　　　　　　　　72 000
　　贷:银行存款　　　　　　　　　　　　　　　　　　　　72 000

预算会计:

借:事业支出　　　　　　　　　　　　　　　　　　　72 000
　　贷:资金结存——货币资金　　　　　　　　　　　　　　72 000

按月计提固定资产折旧时:

财务会计:

借:业务活动费用　　　　　　　　　　　　　　　　　1 000
　　贷:固定资产累计折旧　　　　　　　　　　　　　　　　1 000

预算会计无分录。

假设第五年末对固定资产进行报废处置

财务会计:

借:待处置资产损溢　　　　　　　　　　　　　　　　12 000
　　固定资产累计折旧　　　　　　　　　　　　　　　　60 000
　　贷:固定资产　　　　　　　　　　　　　　　　　　　　72 000

预算会计无分录。

五、本科目期末贷方余额,反映单位计提的固定资产折旧累计数。

1611　工程物资

一、本科目核算单位为在建工程准备的各种物资的成本,包括工程用材料、设备等。

二、本科目可按照"库存材料""库存设备"等工程物资类别进行明细核算。
三、工程物资的主要账务处理如下：
（一）购入为工程准备的物资，按照确定的物资成本，借记本科目，贷记"财政拨款收入""零余额账户用款额度""银行存款""应付账款"等科目。

【例3.1-94】购入为工程准备的物资的会计核算。
2×19年1月1日，某行政单位购入一批工程物资，支付8 000元。
财务会计：
借：工程物资　　　　　　　　　　　　　　　　　　　　　　　　8 000
　　贷：银行存款　　　　　　　　　　　　　　　　　　　　　　　8 000
预算会计：
借：行政支出　　　　　　　　　　　　　　　　　　　　　　　　8 000
　　贷：资金结存——货币资金　　　　　　　　　　　　　　　　　8 000

（二）领用工程物资，按照物资成本，借记"在建工程"科目，贷记本科目。工程完工后将领出的剩余物资退库时做相反的会计分录。

【例3.1-95】领用工程物资的会计核算。
承接上例，2×19年1月31日该行政单位因建造需要领用该批工程物资的80%。
财务会计：
借：在建工程　　　　　　　　　　　　　　　　　　　　　　　　6 400
　　贷：工程物资　　　　　　　　　　　　　　　　　　　　　　　6 400
预算会计无分录。

（三）工程完工后将剩余的工程物资转作本单位存货等的，按照物资成本，借记"库存物品"等科目，贷记本科目。

涉及增值税业务的，相关账务处理参见"应交增值税"科目。

【例3.1-96】工程完工后将剩余的工程物资转作本单位存货的会计核算。
承接上例，2×19年10月31日，该行政单位将剩余20%的工程物资转为存货。
财务会计：
借：库存物品　　　　　　　　　　　　　　　　　　　　　　　　1 600
　　贷：工程物资　　　　　　　　　　　　　　　　　　　　　　　1 600
预算会计无分录。

四、本科目期末借方余额，反映单位为在建工程准备的各种物资的成本。

1613　在建工程

一、本科目核算单位在建的建设项目工程的实际成本。

单位在建的信息系统项目工程、公共基础设施项目工程、保障性住房项目工程的实际成本，也通过本科目核算。

二、本科目应当设置"建筑安装工程投资""设备投资""待摊投资""其他投资""待核销基建支出""基建转出投资"等明细科目，并按照具体项目进行明细核算。

（一）"建筑安装工程投资"明细科目，核算单位发生的构成建设项目实际支出的建筑工程和安装工程的实际成本，不包括被安装设备本身的价值以及按照合同规定支付给施工单位的预付备料款和预付工程款。本明细科目应当设置"建筑工程"和"安装工程"两个明细科目进行明细核算。

（二）"设备投资"明细科目，核算单位发生的构成建设项目实际支出的各种设备的实际成本。

（三）"待摊投资"明细科目，核算单位发生的构成建设项目实际支出的、按照规定应当分摊计入有关工程成本和设备成本的各项间接费用和税费支出。本明细科目的具体核算内容包括以下方面：

1. 勘察费、设计费、研究试验费、可行性研究费及项目其他前期费用。

2. 土地征用及迁移补偿费、土地复垦及补偿费、森林植被恢复费及其他为取得土地使用权、租用权而发生的费用。

3. 土地使用税、耕地占用税、契税、车船税、印花税及按照规定缴纳的其他税费。

4. 项目建设管理费、代建管理费、临时设施费、监理费、招投标费、社会中介审计（审查）费及其他管理性质的费用。

项目建设管理费是指项目建设单位从项目筹建之日起至办理竣工财务决算之日止发生的管理性质的支出，包括不在原单位发工资的工作人员工资及相关费用、办公费、办公场地租用费、差旅交通费、劳动保护费、工具用具使用费、固定资产使用费、招募生产工人费、技术图书资料费（含软件）、业务招待费、施工现场津贴、竣工验收费等。

5. 项目建设期间发生的各类专门借款利息支出或融资费用。

6. 工程检测费、设备检验费、负荷联合试车费及其他检验检测类费用。

7. 固定资产损失、器材处理亏损、设备盘亏及毁损、单项工程或单位工程报废、毁损净损失及其他损失。

8. 系统集成等信息工程的费用支出。

9. 其他待摊性质支出。

本明细科目应当按照上述费用项目进行明细核算，其中有些费用（如项目建设管理费等），还应当按照更为具体的费用项目进行明细核算。

（四）"其他投资"明细科目，核算单位发生的构成建设项目实际支出的房屋购置支出，基本畜禽、林木等购置、饲养、培育支出，办公生活用家具、器具购置支出，软件研发和不能计入设备投资的软件购置等支出。单位为进行可行性研究而购置的固定资产，以及取得土地使用权支付的土地出让金，也通过本明细科目核算。本明细科目应当设置"房屋购置""基本畜禽支出""林木支出""办公生活用家具、器具购置""可行性研究固定资产购置""无形资产"等明细科目。

（五）"待核销基建支出"明细科目，核算建设项目发生的江河清障、航道清淤、飞播造林、补助群众造林、水土保持、城市绿化、取消项目的可行性研究费以及项目整体报废等不能形成资产部分的基建投资支出。本明细科目应按照待核销基建支出的类别进行明细核算。

（六）"基建转出投资"明细科目，核算为建设项目配套而建成的、产权不归属本单位的专用设施的实际成本。本明细科目应按照转出投资的类别进行明细核算。

三、在建工程的主要账务处理如下：

（一）建筑安装工程投资。

1. 将固定资产等资产转入改建、扩建等时，按照固定资产等资产的账面价值，借记本科目（建筑安装工程投资），按照已计提的折旧或摊销，借记"固定资产累计折旧"等科目，按照固定资产等资产的原值，贷记"固定资产"等科目。

固定资产等资产改建、扩建过程中涉及到替换（或拆除）原资产的某些组成部分的，按照被替换（或拆除）部分的账面价值，借记"待处理财产损溢"科目，贷记本科目（建筑安装工程投资）。

2.单位对于发包建筑安装工程，根据建筑安装工程价款结算账单与施工企业结算工程价款时，按照应承付的工程价款，借记本科目（建筑安装工程投资），按照预付工程款余额，贷记"预付账款"科目，按照其差额，贷记"财政拨款收入""零余额账户用款额度""银行存款""应付账款"等科目。

3.单位自行施工的小型建筑安装工程，按照发生的各项支出金额，借记本科目（建筑安装工程投资），贷记"工程物资""零余额账户用款额度""银行存款""应付职工薪酬"等科目。

4.工程竣工，办妥竣工验收交接手续交付使用时，按照建筑安装工程成本（含应分摊的待摊投资），借记"固定资产"等科目，贷记本科目（建筑安装工程投资）。

【例3.1-97】将固定资产等资产转入改建、扩建等的会计核算。

某行政单位一办公楼因多年使用需要改建，原值8 000 000元，已计提折旧5 000 000元。改建过程中，拆除部分建筑，账面价值500 000元，并获得残值收入200 000元。改建过程发生改建支出3 000 000元，用零余额账户用款额度支付。改建完工后，验收合格，投入使用。应做如下会计处理：

办公楼转入改建工程时：
财务会计：
借：在建工程——建筑安装工程　　　　　　　　　　　　　3 000 000
　　固定资产累计折旧　　　　　　　　　　　　　　　　　5 000 000
　　贷：固定资产——办公楼　　　　　　　　　　　　　　8 000 000
预算会计无分录。

拆除部分建筑时：
财务会计：
借：待处理财产损溢　　　　　　　　　　　　　　　　　　500 000
　　贷：在建工程——建筑安装工程　　　　　　　　　　　500 000
预算会计无分录。

获得残值收入时：
财务会计：
借：银行存款　　　　　　　　　　　　　　　　　　　　　200 000
　　贷：应缴财政款　　　　　　　　　　　　　　　　　　200 000
预算会计无分录。

发生改建支出时：
财务会计：
借：在建工程——建筑安装工程　　　　　　　　　　　　　3 000 000
　　贷：零余额账户用款额度　　　　　　　　　　　　　　3 000 000
预算会计：
借：行政支出　　　　　　　　　　　　　　　　　　　　　3 000 000
　　贷：资金结存——零余额账户用款额度　　　　　　　　3 000 000

完工验收时：

财务会计：
借：固定资产——办公楼　　　　　　　　　　　　　　　　5 500 000
　　贷：在建工程——建筑安装工程　　　　　　　　　　　　　5 500 000
预算会计无分录。

（二）设备投资。

1. 购入设备时，按照购入成本，借记本科目（设备投资），贷记"财政拨款收入""零余额账户用款额度""银行存款"等科目；采用预付款方式购入设备的，有关预付款的账务处理参照本科目有关"建筑安装工程投资"明细科目的规定。

2. 设备安装完毕，办妥竣工验收交接手续交付使用时，按照设备投资成本（含设备安装工程成本和分摊的待摊投资），借记"固定资产"等科目，贷记本科目（设备投资、建筑安装工程投资——安装工程）。

将不需要安装的设备和达不到固定资产标准的工具、器具交付使用时，按照相关设备、工具、器具的实际成本，借记"固定资产""库存物品"科目，贷记本科目（设备投资）。

【例3.1-98】购入设备的会计核算。

某事业单位2×19年1月1日购入一台机器设备，支付800 000元，因需要安装，2×19年2月1日支付安装费200 000元，2×19年5月1日安装完毕后交付使用。其业务处理如下：

2×19年1月1日
财务会计：
借：在建工程——设备投资　　　　　　　　　　　　　　　　800 000
　　贷：银行存款　　　　　　　　　　　　　　　　　　　　　800 000
预算会计：
借：事业支出　　　　　　　　　　　　　　　　　　　　　　800 000
　　贷：资金结存——货币资金　　　　　　　　　　　　　　　800 000

2×19年2月1日
财务会计：
借：在建工程——建筑安装工程投资　　　　　　　　　　　　200 000
　　贷：银行存款　　　　　　　　　　　　　　　　　　　　　200 000
预算会计：
借：事业支出　　　　　　　　　　　　　　　　　　　　　　200 000
　　贷：资金结存——货币资金　　　　　　　　　　　　　　　200 000

2×19年5月1日
财务会计：
借：固定资产　　　　　　　　　　　　　　　　　　　　　1 000 000
　　贷：在建工程——设备投资　　　　　　　　　　　　　　　800 000
　　　　在建工程——建筑安装工程投资　　　　　　　　　　　200 000
预算会计无分录。

（三）待摊投资。

建设工程发生的构成建设项目实际支出的、按照规定应当分摊计入有关工程成本和设备成本的各项间接费用和税费支出，先在本明细科目中归集；建设工程办妥竣工验收手续交付使用时,按照合理的分配方法,摊入相关工程成本、在安装设备成本等。

1. 单位发生的构成待摊投资的各类费用,按照实际发生金额,借记本科目(待摊投资),贷记"财政拨款收入""零余额账户用款额度""银行存款""应付利息""长期借款""其他应交税费""固定资产累计折旧""无形资产累计摊销"等科目。

2. 对于建设过程中试生产、设备调试等产生的收入,按照取得的收入金额,借记"银行存款"等科目,按照依据有关规定应当冲减建设工程成本的部分,贷记本科目(待摊投资),按照其差额贷记"应缴财政款"或"其他收入"科目。

3. 由于自然灾害、管理不善等原因造成的单项工程或单位工程报废或毁损,扣除残料价值和过失人或保险公司等赔款后的净损失,报经批准后计入继续施工的工程成本的,按照工程成本扣除残料价值和过失人或保险公司等赔款后的净损失,借记本科目(待摊投资),按照残料变价收入、过失人或保险公司赔款等,借记"银行存款""其他应收款"等科目,按照报废或毁损的工程成本,贷记本科目(建筑安装工程投资)。

4. 工程交付使用时,按照合理的分配方法分配待摊投资,借记本科目(建筑安装工程投资、设备投资),贷记本科目(待摊投资)。

待摊投资的分配方法,可按照下列公式计算:

(1)按照实际分配率分配。适用于建设工期较短、整个项目的所有单项工程一次竣工的建设项目。实际分配率 = 待摊投资明细科目余额 ÷ (建筑工程明细科目余额 + 安装工程明细科目余额 + 设备投资明细科目余额) × 100%。

(2)按照概算分配率分配。适用于建设工期长、单项工程分期分批建成投入使用的建设项目。

概算分配率 = (概算中各待摊投资项目的合计数 – 其中可直接分配部分) ÷ (概算中建筑工程、安装工程和设备投资合计) × 100%。

(3)某项固定资产应分配的待摊投资 = 该项固定资产的建筑工程成本或该项固定资产(设备)的采购成本和安装成本合计 × 分配率。

【例 3.1–99】建设工程发生的构成建设项目的会计核算。

2×19 年 2 月 1 日,某事业单位在建造某一设备时,以银行存款支付可行性研究费用 15 000 元;根据相关凭证,做如下会计处理:

财务会计:
借:在建工程——待摊投资　　　　　　　　　　　　　　　　　　15 000
　　贷:银行存款　　　　　　　　　　　　　　　　　　　　　　　15 000
预算会计:
借:事业支出　　　　　　　　　　　　　　　　　　　　　　　　15 000
　　贷:资金结存——货币资金　　　　　　　　　　　　　　　　　15 000

2×19 年 3 月 1 日,该事业单位在设备调试过程中产生的收入为 2 000 元,分配的待摊投资为 1 000 元。做如下会计处理:

财务会计:
借:银行存款　　　　　　　　　　　　　　　　　　　　　　　　2 000
　　贷:在建工程——待摊投资　　　　　　　　　　　　　　　　　1 000
　　　　其他收入　　　　　　　　　　　　　　　　　　　　　　　1 000

预算会计：
借：资金结存——货币资金　　　　　　　　　　　　　　1 000
　　贷：其他预算收入　　　　　　　　　　　　　　　　　　　1 000
2×19 年 10 月 1 日，该设备完工交付使用，做如下会计处理：
财务会计：
借：在建工程——设备投资　　　　　　　　　　　　　　14 000
　　贷：在建工程——待摊投资　　　　　　　　　　　　　　　14 000
预算会计无分录。

（四）其他投资。

1. 单位为建设工程发生的房屋购置支出，基本畜禽、林木等的购置、饲养、培育支出，办公生活用家具、器具购置支出，软件研发和不能计入设备投资的软件购置等支出，按照实际发生金额，借记本科目（其他投资），贷记"财政拨款收入""零余额账户用款额度""银行存款"等科目。

2. 工程完成将形成的房屋、基本畜禽、林木等各种财产以及无形资产交付使用时，按照其实际成本，借记"固定资产""无形资产"等科目，贷记本科目（其他投资）。

【例 3.1–100】单位为建设工程发生的房屋购置支出的会计核算。

某单位 2×19 年 10 月 1 日新购入一批办公生活用家具，花费 5 万元，用银行存款支付。2×19 年 11 月 1 日，该批家具安装完成交付使用。应做如下会计处理：

2×19 年 10 月 1 日：
财务会计：
借：在建工程——其他投资　　　　　　　　　　　　　　50 000
　　贷：财政拨款收入/零余额账户用款额度/银行存款等　　　50 000
预算会计：
借：行政支出/事业支出等　　　　　　　　　　　　　　50 000
　　贷：财政拨款预算收入/资金结存　　　　　　　　　　　50 000

2×19 年 11 月 1 日：
财务会计：
借：固定资产/无形资产等　　　　　　　　　　　　　　50 000
　　贷：在建工程——其他投资　　　　　　　　　　　　　　50 000
预算会计无分录。

（五）待核销基建支出。

1. 建设项目发生的江河清障、航道清淤、飞播造林、补助群众造林、水土保持、城市绿化等不能形成资产的各类待核销基建支出，按照实际发生金额，借记本科目（待核销基建支出），贷记"财政拨款收入""零余额账户用款额度""银行存款"等科目。

2. 取消的建设项目发生的可行性研究费，按照实际发生金额，借记本科目（待核销基建支出），贷记本科目（待摊投资）。

3. 由于自然灾害等原因发生的建设项目整体报废所形成的净损失，报经批准后转入待核销基建支出，按照项目整体报废所形成的净损失，借记本科目（待核销基建支出），按照报废工程回收的残料变价收入、保险公司赔款等，借记"银行存款""其他应收款"等科目，按照报废的工程成本,贷记本科目(建筑安装工程投资等)。

4.建设项目竣工验收交付使用时,对发生的待核销基建支出进行冲销,借记"资产处置费用"科目,贷记本科目(待核销基建支出)。

【例3.1-101】对发生的待核销基建支出进行冲销的会计核算。

某事业单位新建一栋办公楼,已投资200 000元,现由于自然灾害导致项目整体报废,经批准冲销该基建支出。应做以下会计处理:

财务会计:

报废时:

借:在建工程——待核销基建支出　　　　　　　　　　　　200 000
　　贷:在建工程——建筑安装工程投资　　　　　　　　　　　200 000

经批准冲销时:

借:资产处置费用　　　　　　　　　　　　　　　　　　　200 000
　　贷:在建工程——待核销基建支出　　　　　　　　　　　　200 000

预算会计无分录。

(六)基建转出投资。

为建设项目配套而建成的、产权不归属本单位的专用设施,在项目竣工验收交付使用时,按照转出的专用设施的成本,借记本科目(基建转出投资),贷记本科目(建筑安装工程投资);同时,借记"无偿调拨净资产"科目,贷记本科目(基建转出投资)。

【例3.1-102】为建设项目配套而建成的、产权不归属本单位的专用设施的会计核算。

某行政单位新建一座办公楼,根据工作需要配套建设了一台仪器,但产权不归属本单位。该仪器的实际成本为3 000 000元,该项目完工后将产权移交其他部门,应做如下会计处理:

财务会计:

借:在建工程——基建转出投资　　　　　　　　　　　　　3 000 000
　　贷:在建工程——建筑安装工程投资　　　　　　　　　　　3 000 000

预算会计无分录。

四、本科目期末借方余额,反映单位尚未完工的建设项目工程发生的实际成本。

1701　无形资产

一、本科目核算单位无形资产的原值。

非大批量购入、单价小于1000元的无形资产,可以于购买的当期将其成本直接计入当期费用。

二、本科目应当按照无形资产的类别、项目等进行明细核算。

三、无形资产的主要账务处理如下:

(一)无形资产在取得时,应当按照成本进行初始计量。

1.外购的无形资产,按照确定的成本,借记本科目,贷记"财政拨款收入""零余额账户用款额度""应付账款""银行存款"等科目。

【例3.1-103】外购的无形资产的会计核算。

某行政单位取得一项专利,使用财政授权支付方式支付价款200 000元,应做如下会计处理:

财务会计:

借:无形资产　　　　　　　　　　　　　　　　　　　　　200 000

　　　　贷：零余额账户用款额度　　　　　　　　　　　　　　　　200 000
　　预算会计：
　　借：行政支出　　　　　　　　　　　　　　　　　　　　　　200 000
　　　　贷：资金结存——零余额账户用款额度　　　　　　　　　　200 000

2. 委托软件公司开发软件，视同外购无形资产进行处理。

合同中约定预付开发费用的，按照预付金额，借记"预付账款"科目，贷记"财政拨款收入""零余额账户用款额度""银行存款"等科目。

软件开发完成交付使用并支付剩余或全部软件开发费用时，按照软件开发费用总额，借记本科目，按照相关预付账款金额，贷记"预付账款"科目，按照支付的剩余金额，贷记"财政拨款收入""零余额账户用款额度""银行存款"等科目。

【例3.1-104】委托软件公司开发软件的会计核算。

某行政单位与软件公司合作，委托其开发软件，价款500 000元。根据合同，该行政单位先预付40%的开发费用，剩余费用完工交付后支付。所有款项使用财政授权支付方式支付。应做如下会计处理：

预付开发费用时：
财务会计：
借：预付账款　　　　　　　　　　　　　　　　　　　　　　200 000
　　贷：零余额账户用款额度　　　　　　　　　　　　　　　　200 000
预算会计：
借：行政支出　　　　　　　　　　　　　　　　　　　　　　200 000
　　贷：资金结存——零余额账户用款额度　　　　　　　　　　200 000
完工交付时：
财务会计：
借：无形资产　　　　　　　　　　　　　　　　　　　　　　500 000
　　贷：预付账款　　　　　　　　　　　　　　　　　　　　200 000
　　　　零余额账户用款额度　　　　　　　　　　　　　　　300 000
预算会计：
借：行政支出　　　　　　　　　　　　　　　　　　　　　　300 000
　　贷：资金结存——零余额账户用款额度　　　　　　　　　　300 000

3. 自行研究开发形成的无形资产，按照研究开发项目进入开发阶段后至达到预定用途前所发生的支出总额，借记本科目，贷记"研发支出——开发支出"科目。

自行研究开发项目尚未进入开发阶段，或者确实无法区分研究阶段支出和开发阶段支出，但按照法律程序已申请取得无形资产的，按照依法取得时发生的注册费、聘请律师费等费用，借记本科目，贷记"财政拨款收入""零余额账户用款额度""银行存款"等科目；

按照依法取得前所发生的研究开发支出，借记"业务活动费用"等科目，贷记"研发支出"科目。

【例3.1-105】自行研究开发形成的无形资产的会计核算。

某行政单位自行开发一项技术，并申请专利，按法律程序申请专利时发生的注册费、聘请律师费等共计100 000元。在取得专利之前共发生研发费用200 000元。所有款项均使用财政授权支付方式进行支付。应做如下会计处理：

取得专利前发生研发费用时：

财务会计：

借：研发支出　　　　　　　　　　　　　　　　　　　　　　200 000
　　贷：零余额账户用款额度　　　　　　　　　　　　　　　　　　200 000

预算会计：

借：行政支出　　　　　　　　　　　　　　　　　　　　　　200 000
　　贷：资金结存——零余额账户用款额度　　　　　　　　　　　　200 000

依法取得专利时：

财务会计：

借：无形资产　　　　　　　　　　　　　　　　　　　　　　300 000
　　贷：研发支出　　　　　　　　　　　　　　　　　　　　　　200 000
　　　　零余额账户用款额度　　　　　　　　　　　　　　　　　100 000

预算会计：

借：行政支出　　　　　　　　　　　　　　　　　　　　　　100 000
　　贷：资金结存——零余额账户用款额度　　　　　　　　　　　　100 000

4. 接受捐赠的无形资产，按照确定的无形资产成本，借记本科目，按照发生的相关税费等，贷记"零余额账户用款额度""银行存款"等科目，按照其差额，贷记"捐赠收入"科目。

接受捐赠的无形资产按照名义金额入账的，按照名义金额，借记本科目，贷记"捐赠收入"科目；同时，按照发生的相关税费等，借记"其他费用"科目，贷记"零余额账户用款额度""银行存款"等科目。

【例 3.1-106】接受捐赠的无形资产的会计核算。

某事业单位接受 A 公司捐赠的一项专利，价值 200 000 元，支付相关税费 2 000 元。应做如下会计处理：

财务会计：

借：无形资产　　　　　　　　　　　　　　　　　　　　　　202 000
　　贷：银行存款　　　　　　　　　　　　　　　　　　　　　　2 000
　　　　捐赠收入　　　　　　　　　　　　　　　　　　　　　200 000

预算会计：

借：其他支出　　　　　　　　　　　　　　　　　　　　　　2 000
　　贷：资金结存——货币资金　　　　　　　　　　　　　　　　　2 000

5. 无偿调入的无形资产，按照确定的无形资产成本，借记本科目，按照发生的相关税费等，贷记"零余额账户用款额度""银行存款"等科目，按照其差额，贷记"无偿调拨净资产"科目。

【例 3.1-107】无偿调入的无形资产的会计核算。

某单位接受无偿调入的无形资产，资产价值 50 000 元，期间发生的运输费 400 元。

财务会计：

借：无形资产　　　　　　　　　　　　　　　　　　　　　　50 400
　　贷：无偿调拨净资产　　　　　　　　　　　　　　　　　　　50 000
　　　　银行存款　　　　　　　　　　　　　　　　　　　　　　400

预算会计：
借：其他支出 400
　　贷：资金结存——货币资金 400

6. 置换取得的无形资产，参照"库存物品"科目中置换取得库存物品的相关规定进行账务处理。

无形资产取得时涉及增值税业务的，相关账务处理参见"应交增值税"科目。

【例3.1-108】置换取得的无形资产的会计核算。

某行政单位用一项专利置换换入一批材料，换出专利的原价为500 000元，已提摊销300 000元，评估价值为200 000元。置换换出专利收到补价50 000元，当日收到材料并验收入库。应做如下会计处理：

财务会计：
借：库存物品 150 000
　　无形资产累计摊销 300 000
　　银行存款 50 000
　　贷：无形资产 500 000

预算会计无分录。

（二）与无形资产有关的后续支出。

1. 符合无形资产确认条件的后续支出为增加无形资产的使用效能对其进行升级改造或扩展其功能时，如需暂停对无形资产进行摊销的，按照无形资产的账面价值，借记"在建工程"科目，按照无形资产已摊销金额，借记"无形资产累计摊销"科目，按照无形资产的账面余额，贷记本科目。

无形资产后续支出符合无形资产确认条件的，按照支出的金额，借记本科目[无需暂停摊销的]或"在建工程"科目[需暂停摊销的]，贷记"财政拨款收入""零余额账户用款额度""银行存款"等科目。

暂停摊销的无形资产升级改造或扩展功能等完成交付使用时，按照在建工程成本，借记本科目，贷记"在建工程"科目。

【例3.1-109】符合无形资产确认条件的后续支出的会计核算。

某事业单位拥有一项软件技术账面价值为50 000元，已摊销5 000元，现为增加该软件技术的效用增加支出20 000元，若该支出符合无形资产确认条件。则账务处理如下：

财务会计：
借：在建工程 45 000
　　无形资产累积摊销 5 000
　　贷：无形资产 50 000
借：在建工程 20 000
　　贷：银行存款 20 000

预算会计：
借：其他支出 20 000
　　贷：资金结存——货币资金 20 000

2. 不符合无形资产确认条件的后续支出为保证无形资产正常使用发生的日常维护等支出，

借记"业务活动费用""单位管理费用"等科目,贷记"财政拨款收入""零余额账户用款额度""银行存款"等科目。

【例 3.1-110】不符合无形资产确认条件的后续支出的会计核算。

某事业单位拥有一项软件技术账面价值为 50 000 元,已摊销 5 000 元,现为维护该软件技术的正常使用发生后续支出 20 000 元,若该支出不符合无形资产确认条件。则账务处理如下:

财务会计:
借:业务活动费用　　　　　　　　　　　　　　　　　　　　20 000
　　贷:银行存款　　　　　　　　　　　　　　　　　　　　　　20 000
预算会计:
借:事业支出　　　　　　　　　　　　　　　　　　　　　　　20 000
　　贷:资金结存——货币资金　　　　　　　　　　　　　　　　20 000

(三)按照规定报经批准处置无形资产,应当分别以下情况处理:

1. 报经批准出售、转让无形资产,按照被出售、转让无形资产的账面价值,借记"资产处置费用"科目,按照无形资产已计提的摊销,借记"无形资产累计摊销"科目,按照无形资产账面余额,贷记本科目;同时,按照收到的价款,借记"银行存款"等科目,按照处置过程中发生的相关费用,贷记"银行存款"等科目,按照其差额,贷记"应缴财政款"[按照规定应上缴无形资产转让净收入的]或"其他收入"[按照规定将无形资产转让收入纳入本单位预算管理的]科目。

【例 3.1-111】报经批准出售、转让无形资产的会计核算。

某行政单位经批准将一项专利权出售,该项专利权原价 500 000 元,已计提摊销 300 000 元,售价 250 000 元,应做如下会计处理:

财务会计:
借:资产处置费用　　　　　　　　　　　　　　　　　　　　200 000
　　无形资产累计摊销　　　　　　　　　　　　　　　　　　　300 000
　　贷:无形资产　　　　　　　　　　　　　　　　　　　　　　500 000
借:银行存款　　　　　　　　　　　　　　　　　　　　　　　250 000
　　贷:应缴财政款　　　　　　　　　　　　　　　　　　　　　250 000
预算会计无分录。

2. 报经批准对外捐赠无形资产,按照无形资产已计提的摊销,借记"无形资产累计摊销"科目,按照被处置无形资产账面余额,贷记本科目,按照捐赠过程中发生的归属于捐出方的相关费用,贷记"银行存款"等科目,按照其差额,借记"资产处置费用"科目。

【例 3.1-112】报经批准对外捐赠无形资产的会计核算。

某行政单位对外捐赠无形资产,无形资产账面余额为 100 000 元,已计提摊销 30 000 元,另外该行政单位支付运输费 3 000 元。该业务处理如下:

财务会计:
借:资产处置费用　　　　　　　　　　　　　　　　　　　　73 000
　　无形资产累计摊销　　　　　　　　　　　　　　　　　　　30 000
　　贷:无形资产　　　　　　　　　　　　　　　　　　　　　　100 000
　　　　银行存款　　　　　　　　　　　　　　　　　　　　　　3 000

预算会计：
借：其他支出　　　　　　　　　　　　　　　　　　　3 000
　　贷：资金结存——货币资金　　　　　　　　　　　　　　　3 000

3. 报经批准无偿调出无形资产，按照无形资产已计提的摊销，借记"无形资产累计摊销"科目，按照被处置无形资产账面余额，贷记本科目，按照其差额，借记"无偿调拨净资产"科目；同时，按照无偿调出过程中发生的归属于调出方的相关费用，借记"资产处置费用"科目，贷记"银行存款"等科目。

【例 3.1-113】报经批准无偿调出无形资产的会计核算。

某事业单位打算无偿调出内部的一项无形资产，该无形资产的原值为 100 000 元，已计提摊销 20 000 元。该业务处理如下：

财务会计：
借：无偿调拨净资产　　　　　　　　　　　　　　　80 000
　　无形资产累计摊销　　　　　　　　　　　　　　20 000
　　贷：无形资产　　　　　　　　　　　　　　　　　　100 000
预算会计无分录。

4. 报经批准置换换出无形资产，参照"库存物品"科目中置换换入库存物品的规定进行账务处理。

5. 无形资产预期不能为单位带来服务潜力或经济利益，按照规定报经批准核销时，按照待核销无形资产的账面价值，借记"资产处置费用"科目，按照已计提摊销，借记"无形资产累计摊销"科目，按照无形资产的账面余额，贷记本科目。

无形资产处置时涉及增值税业务的，相关账务处理参见"应交增值税"科目。

【例 3.1-114】无形资产预期不能为单位带来服务潜力或经济利益的会计核算。

某行政单位将一批不再能为行政单位带来经济利益的著作权予以核销，该批著作权原价 100 000 元，已计提摊销 85 000 元，应做如下会计处理：

财务会计：
借：资产处置费用　　　　　　　　　　　　　　　15 000
　　无形资产累计摊销　　　　　　　　　　　　　　85 000
　　贷：无形资产　　　　　　　　　　　　　　　　　　100 000
预算会计无分录。

（四）单位应当定期对无形资产进行清查盘点，每年至少盘点一次。单位资产清查盘点过程中发现的无形资产盘盈、盘亏等，参照"固定资产"科目相关规定进行账务处理。

四、本科目期末借方余额，反映单位无形资产的成本。

1702　无形资产累计摊销

一、本科目核算单位对使用年限有限的无形资产计提的累计摊销。

二、本科目应当按照所对应无形资产的明细分类进行明细核算。

三、无形资产累计摊销的主要账务处理如下：

（一）按月对无形资产进行摊销时，按照应摊销金额，借记"业务活动费用""单位管理费用""加工物品""在建工程"等科目，贷记本科目。

【例 3.1-115】按月对无形资产进行摊销的会计核算。

2×19年3月9日,某行政单位购入一项专利,总价款360 000元,按规定摊销年限为10年,应做如下会计处理:

2×19年3月31日,当月购入的无形资产不计提摊销

2×19年4月30日,计提专利权摊销:

专利权月摊销额= 360 000÷10÷12=3 000(元)

财务会计:

借:单位管理费用 3 000

  贷:无形资产累计摊销 3 000

预算会计无分录。

(二)经批准处置无形资产时,按照所处置无形资产的账面价值,借记"资产处置费用""无偿调拨净资产""待处理财产损溢"等科目,按照已计提摊销,借记本科目,按照无形资产的账面余额,贷记"无形资产"科目。

【例3.1-116】经批准处置无形资产时的会计核算。

某行政单位的某项无形资产预期已经不能再为单位带来服务潜力,按照规定报经批准核销。该项无形资产的账面余额为720 000元,已计提累计摊销为560 000元,账面价值为160 000元(720 000-560 000)。该行政单位应编制如下会计分录:

财务会计:

借:资产处置费用 160 000

  无形资产累计摊销 560 000

  贷:无形资产 720 000

预算会计无分录。

四、本科目期末贷方余额,反映单位计提的无形资产摊销累计数。

1703　研发支出

一、本科目核算单位自行研究开发项目研究阶段和开发阶段发生的各项支出。

建设项目中的软件研发支出,应当通过"在建工程"科目核算,不通过本科目核算。

二、本科目应当按照自行研究开发项目,分别"研究支出""开发支出"进行明细核算。

三、研发支出的主要账务处理如下:

(一)自行研究开发项目研究阶段的支出,应当先在本科目归集。按照从事研究及其辅助活动人员计提的薪酬,研究活动领用的库存物品,发生的与研究活动相关的管理费、间接费和其他各项费用,借记本科目(研究支出),贷记"应付职工薪酬""库存物品""财政拨款收入""零余额账户用款额度""固定资产累计折旧""银行存款"等科目。

期(月)末,应当将本科目归集的研究阶段的支出金额转入当期费用,借记"业务活动费用"等科目,贷记本科目(研究支出)。

(二)自行研究开发项目开发阶段的支出,先通过本科目进行归集。按照从事开发及其辅助活动人员计提的薪酬,开发活动领用的库存物品,发生的与开发活动相关的管理费、间接费和其他各项费用,借记本科目(开发支出),贷记"应付职工薪酬""库存物品""财政拨款收入""零余额账户用款额度""固定资产累计折旧""银行存款"等科目。自行研究开发项目完成,达到预定用途形成无形资产的,按照本科目归集的开发阶段的支出金额,借记"无形资产"科目,贷记本科目(开发支出)。

单位应于每年年度终了评估研究开发项目是否能达到预定用途,如预计不能达到预定用途(如无法最终完成开发项目并形成无形资产的),应当将已发生的开发支出金额全部转入当期费用,借记"业务活动费用"等科目,贷记本科目(开发支出)。

自行研究开发项目时涉及增值税业务的,相关账务处理参见"应交增值税"科目。

【例3.1-117】自行研究开发项目开发阶段的支出的会计核算。

某事业单位自行开展研究开发活动。在研究阶段,计提从事研究活动人员的薪酬共计48 500元。当年末,将发生的研究阶段支出合计630 000元转入业务活动费用。次年初.经论证和批准,相应研发活动进入开发阶段。在开发阶段,计提从事开发活动人员的薪酬共计76 100元。半年后,开发项目完成,形成一项无形资产,开发成本合计为522 000元。该事业单位应编制如下会计分录:

财务会计:

(1)计提从事研究活动人员的薪酬时。

借:研发支出——研究支出　　　　　　　　　　　　48 500
　　贷:应付职工薪酬　　　　　　　　　　　　　　　　48 500

(2)结转研究阶段支出时。

借:业务活动费用　　　　　　　　　　　　　　　630 000
　　贷:研发支出——研究支出　　　　　　　　　　　630 000

(3)计提从事开发活动人员的薪酬时。

借:研发支出——开发支出　　　　　　　　　　　　76 100
　　贷:应付职工薪酬　　　　　　　　　　　　　　　　76 100

(4)开发项目完成并形成一项无形资产时。

借:无形资产　　　　　　　　　　　　　　　　　522 000
　　贷:研发支出——开发支出　　　　　　　　　　　522 000

预算会计无分录。

四、本科目期末借方余额,反映单位预计能达到预定用途的研究开发项目在开发阶段发生的累计支出数。

1801　公共基础设施

一、本科目核算单位控制的公共基础设施的原值。

二、本科目应当按照公共基础设施的类别、项目等进行明细核算。

三、单位应当根据行业主管部门对公共基础设施的分类规定,制定适合于本单位管理的公共基础设施目录、分类方法,作为进行公共基础设施核算的依据。

四、公共基础设施的主要账务处理如下:

(一)公共基础设施在取得时,应当按照其成本入账。

1.自行建造的公共基础设施完工交付使用时,按照在建工程的成本,借记本科目,贷记"在建工程"科目。

已交付使用但尚未办理竣工决算手续的公共基础设施,按照估计价值入账,待办理竣工决算后再按照实际成本调整原来的暂估价值。

【例3.1-118】自行建造的公共基础设施完工交付使用的会计核算。

某行政单位根据市政规划自行建造市民广场,该项公共基础设施至交付使用前所完成的全部必要支出为3 000 000元,应做如下会计处理:

财务会计：
借：公共基础设施　　　　　　　　　　　　　　　　　　　3 000 000
　　贷：在建工程　　　　　　　　　　　　　　　　　　　　　　3 000 000
预算会计无分录。

2. 接受其他单位无偿调入的公共基础设施，按照确定的成本，借记本科目，按照发生的归属于调入方的相关费用，贷记"财政拨款收入""零余额账户用款额度""银行存款"等科目，按照其差额，贷记"无偿调拨净资产"科目。

无偿调入的公共基础设施成本无法可靠取得的，按照发生的相关税费、运输费等金额，借记"其他费用"科目，贷记"财政拨款收入""零余额账户用款额度""银行存款"等科目。

【例3.1-119】接受其他单位无偿调入的公共基础设施的会计核算。

某单位接受上级无偿调入健身设施，经评估该项公共基础设施的价值为200 000元，该单位支付安装费10 000元。应做如下会计处理：

财务会计：
借：公共基础设施　　　　　　　　　　　　　　　　　　　210 000
　　贷：无偿调拨净资产　　　　　　　　　　　　　　　　　　　200 000
　　　　银行存款　　　　　　　　　　　　　　　　　　　　　　 10 000
预算会计：
借：其他支出　　　　　　　　　　　　　　　　　　　　　 10 000
　　贷：资金结存——货币资金　　　　　　　　　　　　　　　　10 000

3. 接受捐赠的公共基础设施，按照确定的成本，借记本科目，按照发生的相关费用，贷记"财政拨款收入""零余额账户用款额度""银行存款"等科目，按照其差额，贷记"捐赠收入"科目。

接受捐赠的公共基础设施成本无法可靠取得的，按照发生的相关税费等金额，借记"其他费用"科目，贷记"财政拨款收入""零余额账户用款额度""银行存款"等科目。

4. 外购的公共基础设施，按照确定的成本，借记本科目，贷记"财政拨款收入""零余额账户用款额度""银行存款"等科目。

【例3.1-120】外购的公共基础设施的会计核算。

某行政单位外购一批防灾设施，支付款项100 000元，支付运费等相关支出2 000元，使用财政授权支付方式进行支付。应做如下会计处理：

财务会计：
借：公共基础设施　　　　　　　　　　　　　　　　　　　102 000
　　贷：零余额账户用款额度　　　　　　　　　　　　　　　　　102 000
预算会计：
借：行政支出　　　　　　　　　　　　　　　　　　　　　102 000
　　贷：资金结存——零余额账户用款额度　　　　　　　　　　　102 000

5. 对于成本无法可靠取得的公共基础设施，单位应当设置备查簿进行登记，待成本能够可靠确定后按照规定及时入账。

（二）与公共基础设施有关的后续支出将公共基础设施转入改建、扩建时，按照公共基础设施的账面价值，借记"在建工程"科目，按照公共基础设施已计提折旧，借记"公共基础设施累计折旧（摊销）"科目，按照公共基础设施的账面余额，贷记本科目。

为增加公共基础设施使用效能或延长其使用年限而发生的改建、扩建等后续支出，借记"在建工程"科目，贷记"财政拨款收入""零余额账户用款额度""银行存款"等科目。

公共基础设施改建、扩建完成，竣工验收交付使用时，按照在建工程成本，借记本科目，贷记"在建工程"科目。

为保证公共基础设施正常使用发生的日常维修等支出，借记"业务活动费用""单位管理费用"等科目，贷记"财政拨款收入""零余额账户用款额度""银行存款"等科目。

【例3.1-121】改扩建的会计核算。

某行政单位为延长市民广场的使用年限对其进行改扩建，该市民广场账面价值1 000 000，计提累计折旧200 000元，发生后续支出共200 000元，使用财政授权支付方式进行支付，应做如下会计处理：

财务会计：
借：在建工程　　　　　　　　　　　　　　　　　　　800 000
　　公共基础设施累计折旧　　　　　　　　　　　　　200 000
　　贷：公共基础设施　　　　　　　　　　　　　　1 000 000
借：在建工程　　　　　　　　　　　　　　　　　　　200 000
　　贷：零余额账户用款额度　　　　　　　　　　　　200 000

预算会计：
借：行政支出　　　　　　　　　　　　　　　　　　　200 000
　　贷：资金结存——零余额账户用款额度　　　　　　200 000

【例3.1-122】为保证公共基础设施正常使用发生的日常维修等支出的会计核算。

某行政单位管理的市民广场为正常使用进行了日常维护，发生日常维护支出共100 000元，使用财政授权支付方式进行支付，应做如下会计处理：

财务会计：
借：业务活动费用　　　　　　　　　　　　　　　　　100 000
　　贷：零余额账户用款额度　　　　　　　　　　　　100 000

预算会计：
借：行政支出　　　　　　　　　　　　　　　　　　　100 000
　　贷：资金结存——零余额账户用款额度　　　　　　100 000

（三）按照规定报经批准处置公共基础设施，分别以下情况处理：

1. 报经批准对外捐赠公共基础设施，按照公共基础设施已计提的折旧或摊销，借记"公共基础设施累计折旧（摊销）"科目，按照被处置公共基础设施账面余额，贷记本科目，按照捐赠过程中发生的归属于捐出方的相关费用，贷记"银行存款"等科目，按照其差额，借记"资产处置费用"科目。

2. 报经批准无偿调出公共基础设施，按照公共基础设施已计提的折旧或摊销，借记"公共基础设施累计折旧（摊销）"科目，按照被处置公共基础设施账面余额，贷记本科目，按照其差额，借记"无偿调拨净资产"科目；同时，按照无偿调出过程中发生的归属于调出方的相关费用，借记"资产处置费用"科目，贷记"银行存款"等科目。

（四）单位应当定期对公共基础设施进行清查盘点。对于发生的公共基础设施盘盈、盘亏、毁损或报废，应当先记入"待处理财产损溢"科目，按照规定报经批准后及时进行后续账务处理。

1.盘盈的公共基础设施,其成本按照有关凭据注明的金额确定;没有相关凭据、但按照规定经过资产评估的,其成本按照评估价值确定;没有相关凭据、也未经过评估的,其成本按照重置成本确定。盘盈的公共基础设施成本无法可靠取得的,单位应当设置备查簿进行登记,待成本确定后按照规定及时入账。

盘盈的公共基础设施,按照确定的入账成本,借记本科目,贷记"待处理财产损溢"科目。

2.盘亏、毁损或报废的公共基础设施,按照待处置公共基础设施的账面价值,借记"待处理财产损溢"科目,按照已计提折旧或摊销,借记"公共基础设施累计折旧（摊销）"科目,按照公共基础设施的账面余额,贷记本科目。

【例3.1-123】发生的公共基础设施盘盈、盘亏、毁损或报废的会计核算。

某行政单位管理的市民广场因洪灾遭到毁损,其原价为3 000 000元,已计提折旧1 000 000元,应做如下会计处理:

财务会计:

借:待处理财产损溢　　　　　　　　　　　　　　　　　2 000 000
　　公共基础设施累计折旧　　　　　　　　　　　　　　1 000 000
　　贷:公共基础设施　　　　　　　　　　　　　　　　　　3 000 000

预算会计无分录。

五、本科目期末借方余额,反映公共基础设施的原值。

1802　公共基础设施累计折旧（摊销）

一、本科目核算单位计提的公共基础设施累计折旧和累计摊销。

二、本科目应当按照所对应公共基础设施的明细分类进行明细核算。

三、公共基础设施累计折旧（摊销）的主要账务处理如下:

（一）按月计提公共基础设施折旧时,按照应计提的折旧额,借记"业务活动费用"科目,贷记本科目。

（二）按月对确认为公共基础设施的单独计价入账的土地使用权进行摊销时,按照应计提的摊销额,借记"业务活动费用"科目,贷记本科目。

（三）处置公共基础设施时,按照所处置公共基础设施的账面价值,借记"资产处置费用""无偿调拨净资产""待处理财产损溢"等科目,按照已提取的折旧和摊销,借记本科目,按照公共基础设施账面余额,贷记"公共基础设施"科目。

【例3.1-124】处置公共基础设施的会计核算。

某行政单位对外捐赠公共基础设施,该设施账面余额为100 000元,已计提折旧30 000元,另外该行政单位支付运输费3 000元。该业务处理如下:

财务会计:

借:资产处置费用　　　　　　　　　　　　　　　　　　73 000
　　公共基础设施累计折旧　　　　　　　　　　　　　　30 000
　　贷:公共基础设施　　　　　　　　　　　　　　　　　　100 000
　　　　银行存款　　　　　　　　　　　　　　　　　　　　3 000

预算会计:

借:其他支出　　　　　　　　　　　　　　　　　　　　3 000
　　贷:资金结存——货币资金　　　　　　　　　　　　　　3 000

四、本科目期末贷方余额,反映单位提取的公共基础设施折旧和摊销的累计数。

1811 政府储备物资

一、本科目核算单位控制的政府储备物资的成本。

对政府储备物资不负有行政管理职责但接受委托具体负责执行其存储保管等工作的单位,其受托代储的政府储备物资应当通过"受托代理资产"科目核算,不通过本科目核算。

二、本科目应当按照政府储备物资的种类、品种、存放地点等进行明细核算。单位根据需要,可在本科目下设置"在库""发出"等明细科目进行明细核算。

三、政府储备物资的主要账务处理如下:

(一)政府储备物资取得时,应当按照其成本入账。

1. 购入的政府储备物资验收入库,按照确定的成本,借记本科目,贷记"财政拨款收入""零余额账户用款额度""银行存款"等科目。

【例3.1-125】购入的政府储备物资验收入库的会计核算。

某行政单位购入一批抗震救灾政府储备物资,价款5 000 000元,相关税费850 000元,运费保险费共计20 000元,使用财政授权支付方式进行结算,购入的政府储备物资验收入库。应做如下会计处理:

财务会计:
借:政府储备物资   5 870 000
    贷:零余额账户用款额度   5 870 000
预算会计:
借:行政支出   5 870 000
    贷:资金结存——零余额账户用款额度   5 870 000

2. 涉及委托加工政府储备物资业务的,相关账务处理参照"加工物品"科目。

3. 接受捐赠的政府储备物资验收入库,按照确定的成本,借记本科目,按照单位承担的相关税费、运输费等,贷记"零余额账户用款额度""银行存款"等科目,按照其差额,贷记"捐赠收入"科目。

【例3.1-126】接受捐赠的政府储备物资验收入库的会计核算。

某行政单位接受一批抗震救灾政府储备物资的捐赠,价款2 000 000元,支付运输费用5 000元,物资验收入库。应做如下会计处理:

财务会计:
借:政府储备物资   2 005 000
    贷:捐赠收入   2 000 000
        银行存款   5 000
预算会计:
借:行政支出   5 000
    贷:资金结存——货币资金   5 000

4. 接受无偿调入的政府储备物资验收入库,按照确定的成本,借记本科目,按照单位承担的相关税费、运输费等,贷记"零余额账户用款额度""银行存款"等科目,按照其差额,贷记"无偿调拨净资产"科目。

(二)政府储备物资发出时,分别以下情况处理:

1.因动用而发出无需收回的政府储备物资的,按照发出物资的账面余额,借记"业务活动费用"科目,贷记本科目。

2.因动用而发出需要收回或者预期可能收回的政府储备物资的,在发出物资时,按照发出物资的账面余额,借记本科目(发出),贷记本科目(在库);按照规定的质量验收标准收回物资时,按照收回物资原账面余额,借记本科目(在库),按照未收回物资的原账面余额,借记"业务活动费用"科目,按照物资发出时登记在本科目所属"发出"明细科目中的余额,贷记本科目(发出)。

3.因行政管理主体变动等原因而将政府储备物资调拨给其他主体的,按照无偿调出政府储备物资的账面余额,借记"无偿调拨净资产"科目,贷记本科目。

4.对外销售政府储备物资并将销售收入纳入单位预算统一管理的,发出物资时,按照发出物资的账面余额,借记"业务活动费用"

科目,贷记本科目;实现销售收入时,按照确认的收入金额,借记"银行存款""应收账款"等科目,贷记"事业收入"等科目。

对外销售政府储备物资并按照规定将销售净收入上缴财政的,发出物资时,按照发出物资的账面余额,借记"资产处置费用"科目,贷记本科目;取得销售价款时,按照实际收到的款项金额,借记"银行存款"等科目,按照发生的相关税费,贷记"银行存款"等科目,按照销售价款大于所承担的相关税费后的差额,贷记"应缴财政款"科目。

【例3.1-127】捐赠政府储备物资的会计核算。

承接上例,该行政单位经批准将这批政府储备物资向灾区捐赠,运输费用20 000元,应做如下会计处理:

财务会计:

借:资产处置费用　　　　　　　　　　　　　　　　　2 007 000
　　贷:政府储备物资　　　　　　　　　　　　　　　　2 005 000
　　　　银行存款　　　　　　　　　　　　　　　　　　　　2 000

预算会计:

借:行政支出　　　　　　　　　　　　　　　　　　　　　2 000
　　贷:资金结存——货币资金　　　　　　　　　　　　　2 000

(三)单位应当定期对政府储备物资进行清查盘点,每年至少盘点一次。对于发生的政府储备物资盘盈、盘亏或者报废、毁损,应当先记入"待处理财产损溢"科目,按照规定报经批准后及时进行后续账务处理。

1.盘盈的政府储备物资,按照确定的入账成本,借记本科目,贷记"待处理财产损溢"科目。

2.盘亏或者毁损、报废的政府储备物资,按照待处理政府储备物资的账面余额,借记"待处理财产损溢"科目,贷记本科目。

【例3.1-128】盘亏或者毁损、报废的政府储备物资的会计核算。

承接上例,该批政府储备物资由于洪灾损毁,报经批准予以核销,应做如下会计处理:

财务会计:

借:待处理财产损溢　　　　　　　　　　　　　　　　2 005 000
　　贷:政府储备物资　　　　　　　　　　　　　　　　2 005 000

预算会计无分录。

四、本科目期末借方余额,反映政府储备物资的成本。

1821 文物文化资产

一、本科目核算单位为满足社会公共需求而控制的文物文化资产的成本。

单位为满足自身开展业务活动或其他活动需要而控制的文物和陈列品,应当通过"固定资产"科目核算,不通过本科目核算。

二、本科目应当按照文物文化资产的类别、项目等进行明细核算。

三、文物文化资产的主要账务处理如下:

(一)文物文化资产在取得时,应当按照其成本入账。

1. 外购的文物文化资产,其成本包括购买价款、相关税费以及可归属于该项资产达到预定用途前所发生的其他支出(如运输费、安装费、装卸费等)。

外购的文物文化资产,按照确定的成本,借记本科目,贷记"财政拨款收入""零余额账户用款额度""银行存款"等科目。

【例3.1-129】外购的文物文化资产的会计核算。

某事业单位用事业经费购入一批文物文化资产,买价为10 000元,运杂费1 000元,有关款项均已通过银行支付。会计处理如下:

财务会计:

借:文物文化资产　　　　　　　　　　　　　　　　　　　11 000
　　贷:银行存款　　　　　　　　　　　　　　　　　　　　11 000

预算会计:

借:事业支出　　　　　　　　　　　　　　　　　　　　　11 000
　　贷:资金结存——货币资金　　　　　　　　　　　　　　11 000

2. 接受其他单位无偿调入的文物文化资产,其成本按照该项资产在调出方的账面价值加上归属于调入方的相关费用确定。

调入的文物文化资产,按照确定的成本,借记本科目,按照发生的归属于调入方的相关费用,贷记"零余额账户用款额度""银行存款"等科目,按照其差额,贷记"无偿调拨净资产"科目。

无偿调入的文物文化资产成本无法可靠取得的,按照发生的归属于调入方的相关费用,借记"其他费用"科目,贷记"零余额账户用款额度""银行存款"等科目。

【例3.1-130】接受其他单位无偿调入的文物文化资产的会计核算。

某单位接受无偿调入的文物文化资产,资产价值70 000元,期间发生的运输费900元。

财务会计:

借:文物文化资产　　　　　　　　　　　　　　　　　　　70 900
　　贷:无偿调拨净资产　　　　　　　　　　　　　　　　　70 000
　　　　银行存款　　　　　　　　　　　　　　　　　　　　　900

预算会计:

借:其他支出　　　　　　　　　　　　　　　　　　　　　　900
　　贷:资金结存——货币资金　　　　　　　　　　　　　　　900

3. 接受捐赠的文物文化资产,其成本按照有关凭据注明的金额加上相关费用确定;没有相关凭据可供取得,但按照规定经过资产评估的,其成本按照评估价值加上相关费用确定;没有相关凭据可供取得、也未经评估的,其成本比照同类或类似资产的市场价格加上相关费用确定。

接受捐赠的文物文化资产，按照确定的成本，借记本科目，按照发生的相关税费、运输费等金额，贷记"零余额账户用款额度""银行存款"等科目，按照其差额，贷记"捐赠收入"科目。

接受捐赠的文物文化资产成本无法可靠取得的，按照发生的相关税费、运输费等金额，借记"其他费用"科目，贷记"零余额账户用款额度""银行存款"等科目。

【例3.1-131】接受捐赠的文物文化资产的会计核算。

某单位接受社会捐赠的文物文化资产，资产价值50 000元，期间发生的运输费800元。

财务会计：

借：文物文化资产　　　　　　　　　　　　　　　　　　　　　50 800
　　贷：捐赠收入　　　　　　　　　　　　　　　　　　　　　　50 000
　　　　银行存款　　　　　　　　　　　　　　　　　　　　　　　　800

预算会计：

借：其他支出　　　　　　　　　　　　　　　　　　　　　　　　　800
　　贷：资金结存——货币资金　　　　　　　　　　　　　　　　　　800

4. 对于成本无法可靠取得的文物文化资产，单位应当设置备查簿进行登记，待成本能够可靠确定后按照规定及时入账。

（二）与文物文化资产有关的后续支出，参照"公共基础设施"科目相关规定进行处理。

（三）按照规定报经批准处置文物文化资产，应当分别以下情况处理：

1. 报经批准对外捐赠文物文化资产，按照被处置文物文化资产账面余额和捐赠过程中发生的归属于捐出方的相关费用合计数，借记"资产处置费用"科目，按照被处置文物文化资产账面余额，贷记本科目，按照捐赠过程中发生的归属于捐出方的相关费用，贷记"银行存款"等科目。

【例3.1-132】报经批准对外捐赠文物文化资产的会计核算。

某行政单位对外捐赠文物文化资产，文物文化资产账面余额为100 000元，另外该行政单位支付运输费3 000元。该业务处理如下：

财务会计：

借：资产处置费用　　　　　　　　　　　　　　　　　　　　　103 000
　　贷：文物文化资产　　　　　　　　　　　　　　　　　　　　100 000
　　　　银行存款　　　　　　　　　　　　　　　　　　　　　　　3 000

预算会计：

借：其他支出　　　　　　　　　　　　　　　　　　　　　　　　3 000
　　贷：资金结存——货币资金　　　　　　　　　　　　　　　　　3 000

2. 报经批准无偿调出文物文化资产，按照被处置文物文化资产账面余额，借记"无偿调拨净资产"科目，贷记本科目；同时，按照无偿调出过程中发生的归属于调出方的相关费用，借记"资产处置费用"科目，贷记"银行存款"等科目。

【例3.1-133】报经批准无偿调出文物文化资产的会计核算。

某事业单位打算无偿调出内部的一项无形资产，该无形资产的原值为100 000元。该业务处理如下：

财务会计：

借：无偿调拨净资产　　　　　　　　　　　　　　　　　　　　100 000
　　　　贷：文物文化资产　　　　　　　　　　　　　　　　　　　　100 000
预算会计无分录。
　　（四）单位应当定期对文物文化资产进行清查盘点，每年至少盘点一次。对于发生的文物文化资产盘盈、盘亏、毁损或报废等，参照"公共基础设施"科目相关规定进行账务处理。

【例3.1-134】清查盘点的会计核算。
某单位于2×19年年底对单位的文物文化资产进行盘点，发现价值3 000元的文物文化资产毁损。会计处理如下：
　　财务会计：
　　借：待处理财产损溢　　　　　　　　　　　　　　　　　　　　3 000
　　　　贷：文物文化资产　　　　　　　　　　　　　　　　　　　　3 000
预算会计无分录。
　　四、本科目期末借方余额，反映文物文化资产的成本。

1831　保障性住房

一、本科目核算单位为满足社会公共需求而控制的保障性住房的原值。
二、本科目应当按照保障性住房的类别、项目等进行明细核算。
三、保障性住房的主要账务处理如下：
（一）保障性住房在取得时，应当按其成本入账。
1. 外购的保障性住房，其成本包括购买价款、相关税费以及可归属于该项资产达到预定用途前所发生的其他支出。
外购的保障性住房，按照确定的成本，借记本科目，贷记"财政拨款收入""零余额账户用款额度""银行存款"等科目。

【例3.1-135】外购的保障性住房的会计核算。
2×19年3月15日，某事业单位外购一批保障性住房，支付价款2 000 000元，使用财政授权支付方式进行结算。该业务会计处理如下：
　　财务会计：
　　借：保障性住房　　　　　　　　　　　　　　　　　　　　　2 000 000
　　　　贷：零余额账户用款额度　　　　　　　　　　　　　　　　2 000 000
　　预算会计：
　　借：事业支出　　　　　　　　　　　　　　　　　　　　　　2 000 000
　　　　贷：资金结存——零余额账户用款额度　　　　　　　　　　2 000 000
2. 自行建造的保障性住房交付使用时，按照在建工程成本，借记本科目，贷记"在建工程"科目。已交付使用但尚未办理竣工决算手续的保障性住房，按照估计价值入账，待办理竣工决算后再按照实际成本调整原来的暂估价值。

【例3.1-136】自行建造的保障性住房的会计核算。
2×19年10月15日，某单位自行建造的保障性住房工程完工交付使用，前期投入工程价款3 000 000元。该业务会计处理如下：
　　财务会计：
　　借：保障性住房　　　　　　　　　　　　　　　　　　　　　3 000 000

贷：在建工程　　　　　　　　　　　　　　　　　　　　　　　　　3 000 000

预算会计无分录。

3. 接受其他单位无偿调入的保障性住房，其成本按照该项资产在调出方的账面价值加上归属于调入方的相关费用确定。

无偿调入的保障性住房，按照确定的成本，借记本科目，按照发生的归属于调入方的相关费用，贷记"零余额账户用款额度""银行存款"等科目，按照其差额，贷记"无偿调拨净资产"科目。

【例 3.1-137】无偿调入的保障性住房的会计核算。

2×19 年 10 月 30 日，某单位接受无偿调入的保障性住房 10 套，价值 4 000 000 元，该单位支付相关费用 20 000 元。该业务处理如下：

财务会计：

借：保障性住房　　　　　　　　　　　　　　　　　　　　　　　　　4 020 000
　　贷：银行存款　　　　　　　　　　　　　　　　　　　　　　　　　　20 000
　　　　无偿调拨净资产　　　　　　　　　　　　　　　　　　　　　　4 000 000

预算会计：

借：其他支出　　　　　　　　　　　　　　　　　　　　　　　　　　　20 000
　　贷：资金结存——货币资金　　　　　　　　　　　　　　　　　　　　20 000

4. 接受捐赠、融资租赁取得的保障性住房，参照"固定资产"科目相关规定进行处理。

（二）与保障性住房有关的后续支出，参照"固定资产"科目相关规定进行处理。

按照规定出租保障性住房并将出租收入上缴同级财政，按照收取的租金金额，借"银行存款"等科目，贷记"应缴财政款"科目。

【例 3.1-138】出租保障性住房的会计核算。

某单位将拥有的保障性住房租给单位职工，每月收取租金 1 000 元，该业务会计处理如下：

财务会计：

借：银行存款　　　　　　　　　　　　　　　　　　　　　　　　　　　1 000
　　贷：应缴财政款　　　　　　　　　　　　　　　　　　　　　　　　　1 000

预算会计无分录。

（四）按照规定报经批准处置保障性住房，应当分别以下情况处理：

1. 报经批准无偿调出保障性住房，按照保障性住房已计提的折旧，借记"保障性住房累计折旧"科目，按照被处置保障性住房账面余额，贷记本科目，按照其差额，借记"无偿调拨净资产"科目；同时，按照无偿调出过程中发生的归属于调出方的相关费用，借记"资产处置费用"科目，贷记"银行存款"等科目。

2. 报经批准出售保障性住房，按照被出售保障性住房的账面价值，借记"资产处置费用"科目，按照保障性住房已计提的折旧，借记"保障性住房累计折旧"科目，按照保障性住房账面余额，贷记本科目；同时，按照收到的价款，借记"银行存款"等科目，按照出售过程中发生的相关费用，贷记"银行存款"等科目，按照其差额，贷记"应缴财政款"科目。

【例 3.1-139】出售保障性住房的会计核算。

某事业单位出售保障性住房一批，保障性住房账面余额 72 000 元，已计提折旧 60 000 元，出售保障性住房收到价款 20 000 元。该业务账务处理为：

财务会计：
借：资产处置费用　　　　　　　　　　　　　　　　　　　12 000
　　保障性住房累计折旧　　　　　　　　　　　　　　　　60 000
　　贷：保障性住房　　　　　　　　　　　　　　　　　　　　72 000
借：银行存款　　　　　　　　　　　　　　　　　　　　　　20 000
　　贷：应缴财政款　　　　　　　　　　　　　　　　　　　　20 000
预算会计无分录。

（五）单位应当定期对保障性住房进行清查盘点。对于发生的保障性住房盘盈、盘亏、毁损或报废等，参照"固定资产"科目相关规定进行账务处理。

【例3.1-140】清查盘点的会计核算。

某单位于2×19年年底对单位的保障性住房进行盘点，发生如下业务：

盘盈保障性住房，价值50 000元。该业务账务处理为：

财务会计：
借：保障性住房　　　　　　　　　　　　　　　　　　　　50 000
　　贷：待处理财产损溢　　　　　　　　　　　　　　　　　50 000
预算会计无分录。

四、本科目期末借方余额，反映保障性住房的原值。

1832　保障性住房累计折旧

一、本科目核算单位计提的保障性住房的累计折旧。

二、本科目应当按照所对应保障性住房的类别进行明细核算。

三、单位应当参照《政府会计准则第3号——固定资产》及其应用指南的相关规定，按月对其控制的保障性住房计提折旧。

四、保障性住房累计折旧的主要账务处理如下：

（一）按月计提保障性住房折旧时，按照应计提的折旧额，借记"业务活动费用"科目，贷记本科目。

【例3.1-141】按月计提保障性住房折旧的会计核算。

某事业单位新购进保障性住房一批，价值72 000元，计划使用6年，每月计提折旧1 000元。该业务会计处理如下：

财务会计：
借：业务活动费用　　　　　　　　　　　　　　　　　　　1 000
　　贷：保障性住房累计折旧　　　　　　　　　　　　　　　1 000
预算会计无分录。

（二）报经批准处置保障性住房时，按照所处置保障性住房的账面价值，借记"资产处置费用""无偿调拨净资产""待处理财产损溢"等科目，按照已计提折旧，借记本科目，按照保障性住房的账面余额，贷记"保障性住房"科目。

五、本科目期末贷方余额，反映单位计提的保障性住房折旧累计数。

1891　受托代理资产

一、本科目核算单位接受委托方委托管理的各项资产，包括受托指定转赠的物资、受托存储保管的物资等的成本。单位管理的罚没物资也应当通过本科目核算。单位收到的受托代理资产为现金和银行存款的，不通过本科目核算，应当通过"库存现金""银行存款"科目进行核算。

二、本科目应当按照资产的种类和委托人进行明细核算；属于转赠资产的，还应当按照受赠人进行明细核算。

三、受托代理资产的主要账务处理如下：

（一）受托转赠物资。

1. 接受委托人委托需要转赠给受赠人的物资，其成本按照有关凭据注明的金额确定。接受委托转赠的物资验收入库，按照确定的成本，借记本科目，贷记"受托代理负债"科目。

受托协议约定由受托方承担相关税费、运输费等的，还应当按照实际支付的相关税费、运输费等金额，借记"其他费用"科目，贷记"银行存款"等科目。

2. 将受托转赠物资交付受赠人时，按照转赠物资的成本，借记"受托代理负债"科目，贷记本科目。

3. 转赠物资的委托人取消了对捐赠物资的转赠要求，且不再收回捐赠物资的，应当将转赠物资转为单位的存货、固定资产等。按照转赠物资的成本，借记"受托代理负债"科目，贷记本科目；同时，借记"库存物品""固定资产"等科目，贷记"其他收入"科目。

【例3.1-142】接受委托人委托需要转赠给受赠人的物资的会计核算。

2×19年6月3日，某行政单位接受E公司受托转增物资一批验收入库，该批物资的实际成本为360 000元，该行政单位使用银行存款支付运费5 000元。应做如下会计处理：

2×19年6月3日，接受受托转赠物资时：

财务会计：

借：受托代理资产　　　　　　　　　　　　　　　　　　　　360 000
　　贷：受托代理负债　　　　　　　　　　　　　　　　　　　360 000
借：其他费用　　　　　　　　　　　　　　　　　　　　　　　5 000
　　贷：银行存款　　　　　　　　　　　　　　　　　　　　　5 000

预算会计：

借：其他支出　　　　　　　　　　　　　　　　　　　　　　　5 000
　　贷：资金结存——货币资金　　　　　　　　　　　　　　　5 000

2×19年7月5日，该行政单位将物资交付受赠人甲希望小学，业务处理如下：

财务会计：

借：受托代理负债　　　　　　　　　　　　　　　　　　　　360 000
　　贷：受托代理资产　　　　　　　　　　　　　　　　　　　360 000

预算会计无分录。

若2×19年6月15日，E公司取消了对捐赠物资的转赠要求，业务处理如下：

财务会计：

借：受托代理负债　　　　　　　　　　　　　　　　　　　　360 000
　　贷：受托代理资产　　　　　　　　　　　　　　　　　　　360 000
借：库存物品　　　　　　　　　　　　　　　　　　　　　　　360 000
　　贷：其他收入　　　　　　　　　　　　　　　　　　　　　360 000

预算会计无分录。

（二）受托存储保管物资。

1. 接受委托人委托存储保管的物资，其成本按照有关凭据注明的金额确定。接受委托储存的物资验收入库，按照确定的成本，借记本科目，贷记"受托代理负债"科目。

2. 发生由受托单位承担的与受托存储保管的物资相关的运输费、保管费等费用时，按照实际发生的费用金额，借记"其他费用"等科目，贷记"银行存款"等科目。

3. 根据委托人要求交付或发出受托存储保管的物资时，按照发出物资的成本，借记"受托代理负债"科目，贷记本科目。

【例3.1-143】受托存储保管物资的会计核算。

2×19年7月7日，某行政单位接受F公司委托储存物资一批，实际成本为480 000元，该行政单位用银行存款支付运费6 000元，并将物资验收入库。应做如下会计处理：

2×19年7月7日，接受受托储存物资时：

财务会计：

借：受托代理资产　　　　　　　　　　　　　　　　480 000
　　贷：受托代理负债　　　　　　　　　　　　　　　480 000
借：其他费用　　　　　　　　　　　　　　　　　　　6 000
　　贷：银行存款　　　　　　　　　　　　　　　　　　6 000

预算会计：

借：其他支出　　　　　　　　　　　　　　　　　　　6 000
　　贷：资金结存——货币资金　　　　　　　　　　　　6 000

2×19年7月16日，该行政单位根据委托将受托储存物资交付。应做如下会计处理：

财务会计：

借：受托代理负债　　　　　　　　　　　　　　　　480 000
　　贷：受托代理资产　　　　　　　　　　　　　　　480 000

预算会计无分录。

（三）罚没物资。

1. 取得罚没物资时，其成本按照有关凭据注明的金额确定。罚没物资验收（入库），按照确定的成本，借记本科目，贷记"受托代理负债"科目。罚没物资成本无法可靠确定的，单位应当设置备查簿进行登记。

2. 按照规定处置或移交罚没物资时，按照罚没物资的成本，借记"受托代理负债"科目，贷记本科目。处置时取得款项的，按照实际取得的款项金额，借记"银行存款"等科目，贷记"应缴财政款"等科目。

单位受托代理的其他实物资产，参照本科目有关受托转赠物资、受托存储保管物资的规定进行账务处理。

【例3.1-144】罚没物资的会计核算。

2×19年10月1日，某行政单位没收一批物资，该物资成本30 000元。应做如下会计处理：

财务会计：

借：受托代理资产　　　　　　　　　　　　　　　　 30 000
　　贷：受托代理负债　　　　　　　　　　　　　　　 30 000

预算会计无分录。

2×19年12月1日，该行政单位按照规定处置罚没物资，取得款项30 500元。应做如下会计处理：

财务会计：

借：银行存款　　　　　　　　　　　　　　　　　　　　　　　　30 500
　　贷：应缴财政款　　　　　　　　　　　　　　　　　　　　　　30 500

预算会计无分录。

四、本科目期末借方余额，反映单位受托代理实物资产的成本。

1901　长期待摊费用

一、本科目核算单位已经支出，但应由本期和以后各期负担的分摊期限在1年以上（不含1年）的各项费用，如以经营租赁方式租入的固定资产发生的改良支出等。

二、本科目应当按照费用项目进行明细核算。

三、长期待摊费用的主要账务处理如下：

（一）发生长期待摊费用时，按照支出金额，借记本科目，贷记"财政拨款收入""零余额账户用款额度""银行存款"等科目。

【例3.1-145】发生长期待摊费用的会计核算。

2×19年4月1日，某事业单位对其以经营租赁方式新租入的办公楼进行装修，一共发生120 000元的支出，使用财政授权支付方式进行结算。假定不考虑其他因素，应做如下会计处理：

2×19年4月1日

财务会计：

借：长期待摊费用　　　　　　　　　　　　　　　　　　　　　　120 000
　　贷：零余额账户用款额度　　　　　　　　　　　　　　　　　　120 000

预算会计：

借：事业支出　　　　　　　　　　　　　　　　　　　　　　　　120 000
　　贷：资金结存——零余额账户用款额度　　　　　　　　　　　　120 000

（二）按照受益期间摊销长期待摊费用时，按照摊销金额，借记"业务活动费用""单位管理费用""经营费用"等科目，贷记本科目。

【例3.1-146】按照受益期间摊销长期待摊费用的会计核算。

接上例。2×19年11月30日，该办公楼装修完工，达到预定可使用状态并交付使用，按租赁期10年开始进行摊销。假定不考虑其他因素，应做如下会计处理：

2×19年12月摊销装修支出时

财务会计：

借：业务活动费用　　　　　　　　　　　　　　　　　　　　　　1 000
　　贷：长期待摊费用　　　　　　　　　　　　　　　　　　　　　1 000

预算会计无分录。

（三）如果某项长期待摊费用已经不能使单位受益，应当将其摊余金额一次全部转入当期费用。按照摊销金额，借记"业务活动费用""单位管理费用""经营费用"等科目，贷记本科目。

四、本科目期末借方余额，反映单位尚未摊销完毕的长期待摊费用。

1902　待处理财产损溢

一、本科目核算单位在资产清查过程中查明的各种资产盘盈、盘亏和报废、毁损的价值。

二、本科目应当按照待处理的资产项目进行明细核算；对于在资产处理过程中取得收入或发生相关费用的项目，还应当设置"待处理财产价值""处理净收入"明细科目，进行明细核算。

三、单位资产清查中查明的资产盘盈、盘亏、报废和毁损，一般应当先记入本科目，按照规定报经批准后及时进行账务处理。年末结账前一般应处理完毕。

四、待处理财产损溢的主要账务处理如下：

（一）账款核对时发现的库存现金短缺或溢余。

1.每日账款核对中发现现金短缺或溢余，属于现金短缺，按照实际短缺的金额，借记本科目，贷记"库存现金"科目；属于现金溢余，按照实际溢余的金额，借记"库存现金"科目，贷记本科目。

2.如为现金短缺，属于应由责任人赔偿或向有关人员追回的，借记"其他应收款"科目，贷记本科目；属于无法查明原因的，报经批准核销时，借记"资产处置费用"科目，贷记本科目。

3. 如为现金溢余，属于应支付给有关人员或单位的，借记本科目，贷记"其他应付款"科目；属于无法查明原因的，报经批准后，借记本科目，贷记"其他收入"科目。

案例解析参照"库存现金"科目的案例解析例题。

（二）资产清查过程中发现的存货、固定资产、无形资产、公共基础设施、政府储备物资、文物文化资产、保障性住房等各种资产盘盈、盘亏或报废、毁损。

1.盘盈的各类资产。

（1）转入待处理资产时，按照确定的成本，借记"库存物品""固定资产""无形资产""公共基础设施""政府储备物资""文物文化资产""保障性住房"等科目，贷记本科目。

（2）按照规定报经批准后处理时，对于盘盈的流动资产，借记本科目，贷记"单位管理费用"[事业单位]或"业务活动费用"[行政单位]科目。对于盘盈的非流动资产，如属于本年度取得的，按照当年新取得相关资产进行账务处理；如属于以前年度取得的，按照前期差错处理，借记本科目，贷记"以前年度盈余调整"科目。

【例3.1–147】盘盈的会计核算。

某事业单位在2×19年11月10日对固定资产盘点时，盘盈一台设备，账面价值3 000元。报经批准后2×19年12月10日对该设备进行处理。业务处理如下：

财务会计：

2×19年11月10日

借：固定资产——设备　　　　　　　　　　　　　　　　　　　　3 000
　　贷：待处理财产损溢　　　　　　　　　　　　　　　　　　　　　　3 000

2×19年12月10日

借：待处理财产损溢　　　　　　　　　　　　　　　　　　　　　　3 000
　　贷：以前年度盈余调整　　　　　　　　　　　　　　　　　　　　　3 000

预算会计无分录。

2.盘亏或者毁损、报废的各类资产。

（1）转入待处理资产时，借记本科目（待处理财产价值）[盘亏、毁损、报废固定资产、无形资产、公共基础设施、保障性住房的，还应借记"固定资产累计折旧""无形资产累计摊销""公共基础设施累计折旧（摊销）""保障性住房累计折旧"科目]，贷记"库存物品""固定资产""无形资产""公共基础设施""政府储备物资""文物文化资产""保障性住房""在建工程"

等科目。涉及增值税业务的，相关账务处理参见"应交增值税"科目。

报经批准处理时，借记"资产处置费用"科目，贷记本科目（待处理财产价值）。

（2）处理毁损、报废实物资产过程中取得的残值或残值变价收入、保险理赔和过失人赔偿等，借记"库存现金""银行存款""库存物品""其他应收款"等科目，贷记本科目（处理净收入）；处理毁损、报废实物资产过程中发生的相关费用，借记本科目（处理净收入），贷记"库存现金""银行存款"等科目。

处理收支结清，如果处理收入大于相关费用的，按照处理收入减去相关费用后的净收入，借记本科目（处理净收入），贷记"应缴财政款"等科目；如果处理收入小于相关费用的，按照相关费用减去处理收入后的净支出，借记"资产处置费用"科目，贷记本科目（处理净收入）。

【例3.1-148】 盘亏的会计核算。

某事业单位在2×19年6月1日对固定资产盘点时，盘点过程中，发现一台设备B毁损，B的账面价值为5 000元，已计提折旧4 000元。2×19年6月10日，报经批准处理。2×19年6月30日，对毁损的设备B变卖获取300元，另支付运费100元。账务处理如下：

2×19年6月1日

财务会计：

借：待处理财产损溢——待处理财产价值　　　　　　　　　　1 000

　　固定资产累计折旧　　　　　　　　　　　　　　　　　　2 000

　　　贷：固定资产　　　　　　　　　　　　　　　　　　　　　　　3 000

预算会计无分录。

2×19年6月10日

财务会计：

借：资产处置费用　　　　　　　　　　　　　　　　　　　　1 000

　　　贷：待处理财产损溢——待处理财产价值　　　　　　　　　　　1 000

预算会计无分录。

2×19年6月30日

财务会计：

借：银行存款　　　　　　　　　　　　　　　　　　　　　　　300

　　　贷：待处理财产损溢——处理净收入　　　　　　　　　　　　　　300

借：待处理财产损溢——处理净收入　　　　　　　　　　　　　100

　　　贷：银行存款　　　　　　　　　　　　　　　　　　　　　　　　100

借：待处理财产损溢——处理净收入　　　　　　　　　　　　　200

　　　贷：应缴财政款　　　　　　　　　　　　　　　　　　　　　　　200

预算会计无分录。

五、本科目期末如为借方余额，反映尚未处理完毕的各种资产的净损失；期末如为贷方余额，反映尚未处理完毕的各种资产净溢余。

年末，经批准处理后，本科目一般应无余额。

（二）负债类

2001　短期借款

一、本科目核算事业单位经批准向银行或其他金融机构等借入的期限在1年内（含1年）

的各种借款。

二、本科目应当按照债权人和借款种类进行明细核算。

三、短期借款的主要账务处理如下：

（一）借入各种短期借款时，按照实际借入的金额，借记"银行存款"科目，贷记本科目。

【例3.1-149】 借入各种短期借款的会计核算。

某事业单位为满足事业业务发展的资金需要，从中国建设银行A支行借入100 000元，借款期限8个月，年利率6%。账务处理如下：

财务会计：
借：银行存款　　　　　　　　　　　　　　　　　　　100 000
　　贷：短期借款——建设银行A支行　　　　　　　　　100 000

预算会计：
借：资金结存——货币资金　　　　　　　　　　　　　100 000
　　贷：债务预算收入　　　　　　　　　　　　　　　　100 000

（二）银行承兑汇票到期，本单位无力支付票款的，按照应付票据的账面余额，借记"应付票据"科目，贷记本科目。

【例3.1-150】 银行承兑汇票到期，本单位无力支付票款的会计核算。

2×19年3月1日，某事业单位因采购需要向B银行申请了银行承兑汇票50 000元。截止到期日2×19年9月1日，本单位无力支付票款。账务处理如下：

财务会计：
借：应付票据　　　　　　　　　　　　　　　　　　　50 000
　　贷：短期借款　　　　　　　　　　　　　　　　　　50 000

预算会计：
借：经营支出　　　　　　　　　　　　　　　　　　　50 000
　　贷：债务预算收入　　　　　　　　　　　　　　　　50 000

（三）归还短期借款时，借记本科目，贷记"银行存款"科目。

【例3.1-151】 归还短期借款的会计核算。

沿用【例2-1】某事业单位到期归还上述短期借款，并支付借款利息。账务处理如下：

借款利息 =100 000×6%×8/12=4 000元

财务会计：
借：短期借款　　　　　　　　　　　　　　　　　　　100 000
　　其他费用　　　　　　　　　　　　　　　　　　　　4 000
　　贷：银行存款　　　　　　　　　　　　　　　　　　104 000

预算会计：
借：债务还本支出　　　　　　　　　　　　　　　　　100 000
　　其他支出　　　　　　　　　　　　　　　　　　　　4 000
　　贷：资金结存——货币资金　　　　　　　　　　　　104 000

四、本科目期末贷方余额，反映事业单位尚未偿还的短期借款本金。

2101　应交增值税

一、本科目核算单位按照税法规定计算应交纳的增值税。

二、属于增值税一般纳税人的单位，应当在本科目下设置"应交税金""未交税金""预交税金""待抵扣进项税额""待认证进项税额""待转销项税额""简易计税""转让金融商品应交增值税""代扣代交增值税"等明细科目。

（一）"应交税金"明细账内应当设置"进项税额""已交税金""转出未交增值税""减免税款""销项税额""进项税额转出""转出多交增值税"等专栏。其中：

1. "进项税额"专栏，记录单位购进货物、加工修理修配劳务、服务、无形资产或不动产而支付或负担的、准予从当期销项税额中抵扣的增值税额；

2. "已交税金"专栏，记录单位当月已交纳的应交增值税额；

3. "转出未交增值税"和"转出多交增值税"专栏，分别记录一般纳税人月度终了转出当月应交未交或多交的增值税额；

4. "减免税款"专栏，记录单位按照现行增值税制度规定准予减免的增值税额；

5. "销项税额"专栏，记录单位销售货物、加工修理修配劳务、服务、无形资产或不动产应收取的增值税额；

6. "进项税额转出"专栏，记录单位购进货物、加工修理修配劳务、服务、无形资产或不动产等发生非正常损失以及其他原因而不应从销项税额中抵扣、按照规定转出的进项税额。

（二）"未交税金"明细科目，核算单位月度终了从"应交税金"或"预交税金"明细科目转入当月应交未交、多交或预缴的增值税额，以及当月交纳以前期间未交的增值税额。

（三）"预交税金"明细科目，核算单位转让不动产、提供不动产经营租赁服务等，以及其他按照现行增值税制度规定应预缴的增值税额。

（四）"待抵扣进项税额"明细科目，核算单位已取得增值税扣税凭证并经税务机关认证，按照现行增值税制度规定准予以后期间从销项税额中抵扣的进项税额。

（五）"待认证进项税额"明细科目，核算单位由于未经税务机关认证而不得从当期销项税额中抵扣的进项税额。包括：一般纳税人已取得增值税扣税凭证并按规定准予从销项税额中抵扣，但尚未经税务机关认证的进项税额；一般纳税人已申请稽核但尚未取得稽核相符结果的海关缴款书进项税额。

（六）"待转销项税额"明细科目，核算单位销售货物、加工修理修配劳务、服务、无形资产或不动产，已确认相关收入（或利得）但尚未发生增值税纳税义务而需于以后期间确认为销项税额的增值税额。

（七）"简易计税"明细科目，核算单位采用简易计税方法发生的增值税计提、扣减、预缴、缴纳等业务。

（八）"转让金融商品应交增值税"明细科目，核算单位转让金融商品发生的增值税额。

（九）"代扣代交增值税"明细科目，核算单位购进在境内未设经营机构的境外单位或个人在境内的应税行为代扣代缴的增值税。

属于增值税小规模纳税人的单位只需在本科目下设置"转让金融商品应交增值税""代扣代交增值税"明细科目。

三、应交增值税的主要账务处理如下：

（一）单位取得资产或接受劳务等业务。

1. 采购等业务进项税额允许抵扣。

单位购买用于增值税应税项目的资产或服务等时，按照应计入相关成本费用或资产的金额，借记"业务活动费用""在途物品""库存物品""工程物资""在建工程""固定资产""无形资产"等科目，按照当月已认证的可抵扣增值税额，借记本科目（应交税金——进项税额），按照当月未认证的可抵扣增值税额，借记本科目（待认证进项税额），按照应付或实际支付的金额，贷记"应付账款""应付票据""银行存款""零余额账户用款额度"等科目。发生退货的，如原增值税专用发票已做认证，应根据税务机关开具的红字增值税专用发票做相反的会计分录；如原增值税专用发票未做认证，应将发票退回并做相反的会计分录。

小规模纳税人购买资产或服务等时不能抵扣增值税，发生的增值税计入资产成本或相关成本费用。

2. 采购等业务进项税额不得抵扣单位购进资产或服务等，用于简易计税方法计税项目、免征增值税项目、集体福利或个人消费等，其进项税额按照现行增值税制度规定不得从销项税额中抵扣的，取得增值税专用发票时，应按照增值税发票注明的金额，借记相关成本费用或资产科目，按照待认证的增值税进项税额，借记本科目（待认证进项税额），按照实际支付或应付的金额，贷记"银行存款""应付账款""零余额账户用款额度"等科目。经税务机关认证为不可抵扣进项税时，借记本科目（应交税金——进项税额）科目，贷记本科目（待认证进项税额），同时，将进项税额转出，借记相关成本费用科目，贷记本科目（应交税金——进项税额转出）。

3. 购进不动产或不动产在建工程按照规定进项税额分年抵扣单位取得应税项目为不动产或者不动产在建工程，其进项税额按照现行增值税制度规定自取得之日起分2年从销项税额中抵扣的，应当按照取得成本，借记"固定资产""在建工程"等科目，按照当期可抵扣的增值税额，借记本科目（应交税金——进项税额），按照以后期间可抵扣的增值税额，借记本科目（待抵扣进项税额），按照应付或实际支付的金额，贷记"应付账款""应付票据""银行存款""零余额账户用款额度"等科目。尚未抵扣的进项税额待以后期间允许抵扣时，按照允许抵扣的金额，借记本科目（应交税金——进项税额），贷记本科目（待抵扣进项税额）。

4. 进项税额抵扣情况发生改变。

单位因发生非正常损失或改变用途等，原已计入进项税额、待抵扣进项税额或待认证进项税额，但按照现行增值税制度规定不得从销项税额中抵扣的，借记"待处理财产损益""固定资产""无形资产"等科目，贷记本科目（应交税金——进项税额转出）、本科目（待抵扣进项税额）或本科目（待认证进项税额）；原不得抵扣且未抵扣进项税额的固定资产、无形资产等，因改变用途等用于允许抵扣进项税额的应税项目的，应按照允许抵扣的进项税额，借记本科目（应交税金——进项税额），贷记"固定资产""无形资产"等科目。固定资产、无形资产等经上述调整后，应按照调整后的账面价值在剩余尚可使用年限内计提折旧或摊销。

单位购进时已全额计入进项税额的货物或服务等转用于不动产在建工程的，对于结转以后期间的进项税额，应借记本科目（待抵扣进项税额），贷记本科目（应交税金——进项税额转出）。

5. 购买方作为扣缴义务人。

按照现行增值税制度规定，境外单位或个人在境内发生应税行为，在境内未设有经营机构的，以购买方为增值税扣缴义务人。境内一般纳税人购进服务或资产时，按照应计入相关成本费用或资产的金额，借记"业务活动费用""在途物品""库存物品""工程物资""在建工程""固定资产""无形资产"等科目，按照可抵扣的增值税额，借记本科目（应交税金——进项税额）[小规模纳税人应借记相关成本费用或资产科目]，按照应付或实际支付的金额，贷记"银行存款""应付账款"等科目，按照应代扣代缴的增值税额，贷记本科目（代扣代交增值税）。实际缴纳代扣代缴增值税时，按照代扣代缴的增值税额，借记本科目（代扣代交增值税），贷记"银行存款""零余额账户用款额度"等科目。

【例3.1-152】 单位购买用于增值税应税项目的资产或服务的会计核算。

2×19年5月1日,某事业单位买了一座楼办公用,2 000万元,进项税额180万元,款项由财政直接支付。进项会计处理:

购入时可抵扣进项税=180×60%=108万元,待抵扣进项税=180×40%=72万元

财务会计:

借:固定资产   20 000 000
    应交增值税——应交税费(进项税额)   1 080 000
    应交增值税——待抵扣进项税   720 000
    贷:财政拨款收入   21 800 000

预算会计:

借:事业支出   10 900 000
    贷:财政拨款预算收入   10 900 000

【例3.1-153】 进项税额不得抵扣的会计核算。

沿用【例3.1-152】在2×20年4月,单位将办公楼改造成员工食堂,用于集体福利。假设2×20年4月该不动产的净值为1 800万元。进行会计处理:

不动产净值率=1 800/2 000×100%=90%

不得抵扣的进项税额=(108+72)×90%=162万元

由于不得抵扣的进项税额=198万元,大于已抵扣的进项税额108万元。所以:

财务会计:

借:固定资产   1 620 000
    贷:应交增值税——应交税费(进项税转出)   1 080 000
        应交增值税——待抵扣进项税   540 000

预算会计无分录。

2×20年5月,其余抵扣待抵扣进项税余额18(72-54)万元。进行会计处理:

财务会计:

借:应交增值税——待抵扣进项税   180 000
    贷:应交增值税——应交税费(进项税)   180 000

预算会计无分录。

【例3.1-154】 购进不动产或不动产在建工程的会计核算。

承接【例3.1-153】,假设2×20年4月,该不动产的净值为1 000万元,进行会计处理:

不动产净值率=1 000/2 000×100%=50%

不得抵扣的进项税额=(132+88)×50%=110万元

由于不得抵扣的进项税额=110万元,小于已抵扣的进项税额132万元。所以:

财务会计:

借:固定资产   1 100 000
    贷:应交增值税——应交税费(进项税额)   1 100 000

预算会计无分录。

2×20年5月,其余抵扣待抵扣进项税余额88万元。进行会计处理:

财务会计:

借：应交增值税——待抵扣进项税　　　　　　　　　　　880 000
　　贷：应交增值税——应交税费（进项税额）　　　　　880 000
预算会计无分录。

【例3.1-155】2×19年7月9日，某事业单位购入一台打印机用于办公，取得增值税专用发票并认证通过，专用发票上注明的金额为20 000元，增值税额2 600元。进行会计处理：
财务会计：
借：固定资产　　　　　　　　　　　　　　　　　　　　20 000
　　应交增值税——应交税费（进项税额）　　　　　　　2 600
　　贷：财政拨款收入　　　　　　　　　　　　　　　　22 600
预算会计：
借：事业支出　　　　　　　　　　　　　　　　　　　　22 600
　　贷：财政拨款预算收入　　　　　　　　　　　　　　22 600
假定该打印机分10年按直线法计提折旧，无残值。2×21年8月20日，该打印机改用于免税项目。
打印机每年计提折旧=20 000÷10=2 000元
2×21年8月，打印机净值=20 000-2 000=18 000元
打印机转出进项税=18 000×13%=2 340元
财务会计：
借：固定资产　　　　　　　　　　　　　　　　　　　　2 340
　　贷：应交增值税——应交税费（进项税转出）　　　　2 340
预算会计无分录。

（二）单位销售资产或提供服务等业务。

1. 销售资产或提供服务业务。

单位销售货物或提供服务，应当按照应收或已收的金额，借记"应收账款""应收票据""银行存款"等科目，按照确认的收入金额，贷记"经营收入""事业收入"等科目，按照现行增值税制度规定计算的销项税额（或采用简易计税方法计算的应纳增值税额），贷记本科目（应交税金——销项税额）或本科目（简易计税）[小规模纳税人应贷记本科目]。发生销售退回的，应根据按照规定开具的红字增值税专用发票做相反的会计分录。

按照本制度及相关政府会计准则确认收入的时点早于按照增值税制度确认增值税纳税义务发生时点的，应将相关销项税额计入本科目（待转销项税额），待实际发生纳税义务时再转入本科目（应交税金——销项税额）或本科目（简易计税）。

按照增值税制度确认增值税纳税义务发生时点早于按照本制度及相关政府会计准则确认收入的时点的，应按照应纳增值税额，借记"应收账款"科目，贷记本科目（应交税金——销项税额）或本科目（简易计税）。

2. 金融商品转让按照规定以盈亏相抵后的余额作为销售额。

金融商品实际转让月末，如产生转让收益，则按照应纳税额，借记"投资收益"科目，贷记本科目（转让金融商品应交增值税）；如产生转让损失，则按照可结转下月抵扣税额，借记本科目（转让金融商品应交增值税），贷记"投资收益"科目。交纳增值税时，应借记本科目（转让金融商品应交增值税），贷记"银行存款"等科目。年末，本科目（转让金融商品应交增值税

如有借方余额，则借记"投资收益"科目，贷记本科目（转让金融商品应交增值税）。

【例 3.1-156】 销售资产或提供服务业务的会计核算。

某事业单位属于增值税一般纳税人，经营业务为销售商品，销售商品不含税价格共计 20 000 元，增值税销项税额 2 600 元，货款共计 22 600 元，款项尚未收到。

财务会计：

借：应收账款	22 600
贷：经营收入	20 000
应缴税费——应缴增值税（销项税额）	2 600

预算会计无分录。

（三）月末转出多交增值税和未交增值税。

月度终了，单位应当将当月应交未交或多交的增值税自"应交税金"明细科目转入"未交税金"明细科目。对于当月应交未交的增值税，借记本科目（应交税金——转出未交增值税），贷记本科目（未交税金）；对于当月多交的增值税，借记本科目（未交税金），贷记本科目（应交税金——转出多交增值税）。

（四）交纳增值税。

1. 交纳当月应交增值税。

单位交纳当月应交的增值税，借记本科目（应交税金——已交税金）[小规模纳税人借记本科目]，贷记"银行存款"等科目。

2. 交纳以前期间未交增值税。

单位交纳以前期间未交的增值税，借记本科目（未交税金）[小规模纳税人借记本科目]，贷记"银行存款"等科目。

3. 预交增值税。

单位预交增值税时，借记本科目（预交税金），贷记"银行存款"等科目。月末，单位应将"预交税金"明细科目余额转入"未交税金"明细科目，借记本科目（未交税金），贷记本科目（预交税金）。

4. 减免增值税。

对于当期直接减免的增值税，借记本科目（应交税金——减免税款），贷记"业务活动费用""经营费用"等科目。

按照现行增值税制度规定，单位初次购买增值税税控系统专用设备支付的费用以及缴纳的技术维护费允许在增值税应纳税额中全额抵减的，按照规定抵减的增值税应纳税额，借记本科目（应交税金——减免税款）[小规模纳税人借记本科目]，贷记"业务活动费用""经营费用"等科目。

四、本科目期末贷方余额，反映单位应交未交的增值税；期末如为借方余额，反映单位尚未抵扣或多交的增值税。

2102　其他应交税费

一、本科目核算单位按照税法等规定计算应交纳的除增值税以外的各种税费，包括城市维护建设税、教育费附加、地方教育费附加、车船税、房产税、城镇土地使用税和企业所得税等。

单位代扣代缴的个人所得税，也通过本科目核算。

单位应交纳的印花税不需要预提应交税费，直接通过"业务活动费用""单位管理费用""经营费用"等科目核算，不通过本科目核算。

二、本科目应当按照应交纳的税费种类进行明细核算。

三、其他应交税费的主要账务处理如下：

（一）发生城市维护建设税、教育费附加、地方教育费附加、车船税、房产税、城镇土地使用税等纳税义务的，按照税法规定计算的应缴税费金额，借记"业务活动费用""单位管理费用""经营费用"等科目，贷记本科目（应交城市维护建设税、应交教育费附加、应交地方教育费附加、应交车船税、应交房产税、应交城镇土地使用税等）。

【例3.1-157】缴纳车船税的会计核算。

某事业单位用车本年应缴纳车船税1 000元。账务处理如下：

财务会计：

借：业务活动费用　　　　　　　　　　　　　　　　　　　　1 000
　　贷：其他应交税费——应交车船税　　　　　　　　　　　　1 000

预算会计无分录。

该事业单位实际缴纳时，账务处理如下：

财务会计：

借：其他应交税费——应交车船税　　　　　　　　　　　　　1 000
　　贷：银行存款　　　　　　　　　　　　　　　　　　　　　1 000

预算会计：

借：事业支出　　　　　　　　　　　　　　　　　　　　　　1 000
　　贷：资金结存——货币资金　　　　　　　　　　　　　　　1 000

（二）按照税法规定计算应代扣代缴职工（含长期聘用人员）的个人所得税，借记"应付职工薪酬"科目，贷记本科目（应交个人所得税）。

按照税法规定计算应代扣代缴支付给职工(含长期聘用人员)以外人员劳务费的个人所得税，借记"业务活动费用""单位管理费用"等科目，贷记本科目（应交个人所得税）。

【例3.1-158】代扣代缴职工个人所得税的会计核算。

某行政单位从职工工资中代扣个人所得税60 000元，从劳务费中代扣个人所得税30 000元，应做如下会计处理：

计算代扣代缴个人所得税时：

财务会计：

借：应付职工薪酬　　　　　　　　　　　　　　　　　　　60 000
　　业务活动费用　　　　　　　　　　　　　　　　　　　30 000
　　贷：其他应交税费——应交个人所得税　　　　　　　　90 000

预算会计无分录。

实际缴纳代扣代缴个人所得税时：

财务会计：

借：其他应交税费——应交个人所得税　　　　　　　　　90 000
　　贷：银行存款　　　　　　　　　　　　　　　　　　　90 000

预算会计：

借：事业支出　　　　　　　　　　　　　　　　　　　　90 000

　　　　贷：资金结存——货币资金　　　　　　　　　　　　　　　　　　　90 000

（三）发生企业所得税纳税义务的，按照税法规定计算的应交所得税额，借记"所得税费用"科目，贷记本科目（单位应交所得税）。

【例3.1-159】 计算的应交所得税额的会计核算。

某事业单位按照税法固定计算得出，应缴纳企业所得税10 000元。账务处理如下：

财务会计：

借：所得税费用　　　　　　　　　　　　　　　　　　　　　　　　　10 000
　　贷：其他应交税务——单位应交所得税　　　　　　　　　　　　　　　10 000

预算会计无分录。

该事业单位实际缴纳企业所得税10 000元时。账务处理如下：

财务会计：

借：其他应交税务——单位应交所得　　　　　　　　　　　　　　　　　10 000
　　贷：银行存款等　　　　　　　　　　　　　　　　　　　　　　　　10 000

预算会计：

借：非财政拨款结余　　　　　　　　　　　　　　　　　　　　　　　　10 000
　　贷：资金结存——货币资金　　　　　　　　　　　　　　　　　　　10 000

（四）单位实际交纳上述各种税费时，借记本科目（应交城市维护建设税、应交教育费附加、应交地方教育费附加、应交车船税、应交房产税、应交城镇土地使用税、应交个人所得税、单位应交所得税等），贷记"财政拨款收入""零余额账户用款额度""银行存款"等科目。

四、本科目期末贷方余额，反映单位应交未交的除增值税以外的税费金额；期末如为借方余额，反映单位多交纳的除增值税以外的税费金额。

2103　应缴财政款

一、本科目核算单位取得或应收的按照规定应当上缴财政的款项，包括应缴国库的款项和应缴财政专户的款项。

单位按照国家税法等有关规定应当缴纳的各种税费，通过"应交增值税""其他应交税费"科目核算，不通过本科目核算。

二、本科目应当按照应缴财政款项的类别进行明细核算。

三、应缴财政款的主要账务处理如下：

（一）单位取得或应收按照规定应缴财政的款项时，借记"银行存款""应收账款"等科目，贷记本科目。

【例3.1-160】 单位取得或应收按照规定应缴财政的款项的会计核算。

某事业单位收到一项事业性收费5 000元，已经存入银行账户。此款项按规定需要全额上缴财政专户。会计处理如下：

财务会计：

借：银行存款　　　　　　　　　　　　　　　　　　　　　　　　　　　5 000
　　贷：应缴财政款　　　　　　　　　　　　　　　　　　　　　　　　5 000

上缴财政款时，

借：应缴财政款　　　　　　　　　　　　　　　　　　　　　　　　　　5 000
　　贷：银行存款　　　　　　　　　　　　　　　　　　　　　　　　　5 000

预算会计无分录。

（二）单位处置资产取得的应上缴财政的处置净收入的账务处理，参见"待处理财产损溢"等科目。

【例3.1-161】单位处置资产取得的应上缴财政的处置净收入的会计核算。

某行政单位经批准将一项专利权出售，该项专利权原价600 000元，已计提摊销400 000元，售价250 000元，应做如下会计处理：

财务会计：
借：资产处置费用　　　　　　　　　　　　　　　　200 000
　　无形资产累计摊销　　　　　　　　　　　　　　400 000
　　贷：无形资产　　　　　　　　　　　　　　　　　　　600 000
借：银行存款　　　　　　　　　　　　　　　　　　250 000
　　贷：应缴财政款　　　　　　　　　　　　　　　　　　250 000
上缴财政款时，
借：应缴财政款　　　　　　　　　　　　　　　　　250 000
　　贷：银行存款　　　　　　　　　　　　　　　　　　　250 000

预算会计无分录。

（三）单位上缴应缴财政的款项时，按照实际上缴的金额，借记本科目，贷记"银行存款"科目。

四、本科目期末贷方余额，反映单位应当上缴财政但尚未缴纳的款项。年终清缴后，本科目一般应无余额。

2201　应付职工薪酬

一、本科目核算单位按照有关规定应付给职工（含长期聘用人员）及为职工支付的各种薪酬，包括基本工资、国家统一规定的津贴补贴、规范津贴补贴（绩效工资）、改革性补贴、社会保险费（如职工基本养老保险费、职业年金、基本医疗保险费等）、住房公积金等。

二、本科目应当根据国家有关规定按照"基本工资"（含离退休费）、"国家统一规定的津贴补贴""规范津贴补贴（绩效工资）""改革性补贴""社会保险费""住房公积金""其他个人收入"等进行明细核算。其中，"社会保险费""住房公积金"明细科目核算内容包括单位从职工工资中代扣代缴的社会保险费、住房公积金，以及单位为职工计算缴纳的社会保险费、住房公积金。

三、应付职工薪酬的主要账务处理如下：

（一）计算确认当期应付职工薪酬（含单位为职工计算缴纳的社会保险费、住房公积金）。

1. 计提从事专业及其辅助活动人员的职工薪酬，借记"业务活动费用""单位管理费用"科目，贷记本科目。

2. 计提应由在建工程、加工物品、自行研发无形资产负担的职工薪酬，借记"在建工程""加工物品""研发支出"等科目，贷记本科目。

3. 计提从事专业及其辅助活动之外的经营活动人员的职工薪酬，借记"经营费用"科目，贷记本科目。

4. 因解除与职工的劳动关系而给予的补偿，借记"单位管理费用"等科目，贷记本科目。

【例3.1-162】计算确认当期应付职工薪酬的会计核算。

某行政单位本月职工薪酬总额为900 000元,其中,从事专业及其辅助活动职工工资720 000元,离退休费80 000元,地方津贴补贴50 000元,住房公积金50 000元,代扣代缴住房公积金50 000元,代扣代缴社会保险费12 000元,代扣代缴个人所得税36 000元,代扣为职工垫付的房租、水电费共75 000元。应做如下会计处理:

计算本月应付职工薪酬时:

财务会计:

借:业务活动费用	900 000
贷:应付职工薪酬——基本工资	720 000
——离退休费	80 000
——地方津贴补贴	50 000
——住房公积金	50 000

预算会计无分录。

计算本月代扣代缴税费和代扣垫付费用时,

财务会计:

借:其他应收款	75 000
贷:银行存款	75 000
借:应付职工薪酬——基本工资	173 000
贷:应付职工薪酬——住房公积金	50 000
——社会保险费	12 000
其他应交税费——应交个人所得税	36 000
其他应收款	75 000

预算会计无分录。

使用财政直接支付方式支付职工薪酬和代缴住房公积金、社会保险费和个人所得税时,

财务会计:

借:应付职工薪酬——基本工资	547 000
——离退休费	80 000
——地方津贴补贴	50 000
——住房公积金	50 000
——住房公积金	50 000
——社会保险费	12 000
其他应交税费——应交个人所得税	36 000
贷:财政拨款收入	825 000

预算会计:

借:事业支出	825 000
贷:财政拨款预算收入	825 000

(二)向职工支付工资、津贴补贴等薪酬时,按照实际支付的金额,借记本科目,贷记"财政拨款收入""零余额账户用款额度""银行存款"等科目。

(三)按照税法规定代扣职工个人所得税时,借记本科目(基本工资),贷记"其他应交税费——应交个人所得税"科目。

从应付职工薪酬中代扣为职工垫付的水电费、房租等费用时,按照实际扣除的金额,借记

本科目（基本工资），贷记"其他应收款"等科目。

从应付职工薪酬中代扣社会保险费和住房公积金，按照代扣的金额，借记本科目（基本工资），贷记本科目（社会保险费、住房公积金）。

（四）按照国家有关规定缴纳职工社会保险费和住房公积金时，按照实际支付的金额，借记本科目（社会保险费、住房公积金），贷记"财政拨款收入""零余额账户用款额度""银行存款"等科目。

（五）从应付职工薪酬中支付的其他款项，借记本科目，贷记"零余额账户用款额度""银行存款"等科目。

【例3.1-163】 从应付职工薪酬中支付的其他款项的会计核算。

某行政单位计提当月职工薪酬共计568 500元（422 000+43 500+68 000+35 000），其中包含了职工基本工资422 000元，国家统一规定的津贴补贴43 500元，应从职工基本工资中代扣的社会保险费65 000元和住房公积金32 000元，代扣的社会保险费和住房公积金合计97 000元（65 000+32 000），单位应为职工计算缴纳的社会保险费68 000元和住房公积金35 000元，单位按税法规定应从职工基本工资中代扣的职工个人所得税7 800元。在当月职工薪酬中，社会保险费合计133 000元（65 000+68 000），住房公积金合计67 000元（32 000+35 000）。数日后，该行政单位通过财政直接支付的方式向职工支付基本工资317 200元（422 000-65 000-32 000-7 800）和津贴补贴43 500元，两项款项合计360 700元（317 200+43 500）。按照国家规定向相关机构缴纳职工社会保险费133 000元和住房公积金67 000元，两项款项合计200 000元（133 000+67 000）通过财政直接支付方式支付。该行政单位应编制如下会计分录：

（1）计提职工薪酬时。

财务会计：

借：业务活动费用　　　　　　　　　　　　　　　　　　568 500
　　贷：应付职工薪酬——基本工资　　　　　　　　　　422 000
　　　　　　　　——国家统一规定的津贴补贴　　　　　 43 500
　　　　　　　　——社会保险费　　　　　　　　　　　 68 000
　　　　　　　　——住房公积金　　　　　　　　　　　 35 000

预算会计无分录。

（2）按税法规定代扣职工个人所得税时。

财务会计：

借：应付职工薪酬——基本工资　　　　　　　　　　　　7 800
　　贷：其他应交税费——应交个人所得税　　　　　　　7 800

预算会计无分录。

（3）从应付职工薪酬中代扣社会保险费和住房公积金时。

财务会计：

借：应付职工薪酬——基本工资　　　　　　　　　　　　97 000
　　贷：应付职工薪酬——社会保险费　　　　　　　　　65 000
　　　　　　　　——住房公积金　　　　　　　　　　　32 000

预算会计无分录。

（4）向职工支付基本工资和津贴补贴时。

财务会计：
借：应付职工薪酬——基本工资　　　　　　　　　　　317 200
　　　　　　　　——国家统一规定的津贴补贴　　　　43 500
　　贷：财政拨款收入　　　　　　　　　　　　　　　360 700
预算会计无分录。
（5）向相关机构缴纳职工社会保险费和住房公积金时。
（6）财务会计：
借：应付职工薪酬——社会保险费　　　　　　　　　133 000
　　　　　　　　——住房公积金　　　　　　　　　　67 000
　　贷：财政拨款收入　　　　　　　　　　　　　　　200 000
预算会计无分录。
四、本科目期末贷方余额，反映单位应付未付的职工薪酬。

2301　应付票据

一、本科目核算事业单位因购买材料、物资等而开出、承兑的商业汇票，包括银行承兑汇票和商业承兑汇票。

二、本科目应当按照债权人进行明细核算。

三、应付票据的主要账务处理如下：

（一）开出、承兑商业汇票时，借记"库存物品""固定资产"等科目，贷记本科目。涉及增值税业务的，相关账务处理参见"应交增值税"科目。

以商业汇票抵付应付账款时，借记"应付账款"科目，贷记本科目。

（二）支付银行承兑汇票的手续费时，借记"业务活动费用""经营费用"等科目，贷记"银行存款""零余额账户用款额度"等科目。

（三）商业汇票到期时，应当分别以下情况处理：

1. 收到银行支付到期票据的付款通知时，借记本科目，贷记"银行存款"科目。

【例3.1-164】收到银行支付到期票据的付款通知的会计核算。

某事业单位2×19年3月2日购入所需物资，共计60 000元，货物已经验收入库，并交付供货方金额60 000元的银行承兑汇票。支付银行承兑汇票的手续费2 000元。会计处理如下：

财务会计：
借：库存物品　　　　　　　　　　　　　　　　　　60 000
　　贷：应付票据　　　　　　　　　　　　　　　　　60 000
借：业务活动费用　　　　　　　　　　　　　　　　　2 000
　　贷：银行存款　　　　　　　　　　　　　　　　　2 000
预算会计：
借：事业支出　　　　　　　　　　　　　　　　　　　2 000
　　贷：资金结存——货币资金　　　　　　　　　　　2 000

2. 银行承兑汇票到期，单位无力支付票款的，按照应付票据账面余额，借记本科目，贷记"短期借款"科目。

3. 商业承兑汇票到期，单位无力支付票款的，按照应付票据账面余额，借记本科目，贷记"应付账款"科目。

【例 3.1-165】商业承兑汇票到期的会计核算。

沿用【例 3.1-164】若该银行承兑汇票已到期，收到银行支付到期票据的付款通知时，
财务会计：
借：应付票据　　　　　　　　　　　　　　　　　　　　60 000
　　贷：银行存款　　　　　　　　　　　　　　　　　　　　60 000
预算会计：
借：事业支出　　　　　　　　　　　　　　　　　　　　60 000
　　贷：资金结存——货币资金　　　　　　　　　　　　　60 000

若该银行承兑汇票到期，无力支付票据
财务会计：
借：应付票据　　　　　　　　　　　　　　　　　　　　60 000
　　贷：短期借款　　　　　　　　　　　　　　　　　　　60 000
预算会计：
借：事业支出　　　　　　　　　　　　　　　　　　　　60 000
　　贷：债务预算收入　　　　　　　　　　　　　　　　　60 000

四、单位应当设置"应付票据备查簿"，详细登记每一应付票据的种类、号数、出票日期、到期日、票面金额、交易合同号、收款人姓名或单位名称，以及付款日期和金额等。

应付票据到期结清票款后，应当在备查簿内逐笔注销。

五、本科目期末贷方余额，反映事业单位开出、承兑的尚未到期的应付票据金额。

2302　应付账款

一、本科目核算单位因购买物资、接受服务、开展工程建设等而应付的偿还期限在 1 年以内（含 1 年）的款项。

二、本科目应当按照债权人进行明细核算。对于建设项目，还应设置"应付器材款""应付工程款"等明细科目，并按照具体项目进行明细核算。

三、应付账款的主要账务处理如下：

（一）收到所购材料、物资、设备或服务以及确认完成工程进度但尚未付款时，根据发票及账单等有关凭证，按照应付未付款项的金额，借记"库存物品""固定资产""在建工程"等科目，贷记本科目。涉及增值税业务的，相关账务处理参见"应交增值税"科目。

【例 3.1-166】收到所购材料、物资、设备或服务以及确认完成工程进度但尚未付款的会计核算。

2×19 年 5 月 1 日，某事业单位向某供应商购买自用材料一批，增值税专用发票上表明含增值税价格为 2 340 元，材料已经入库，款项未付。账务处理如下：
财务会计：
借：库存物品　　　　　　　　　　　　　　　　　　　　2 000
　　应交增值税——应交税金（进项税额）　　　　　　　　340
　　贷：应付账款——某供应商　　　　　　　　　　　　　2 340
预算会计无分录。

（二）偿付应付账款时，按照实际支付的金额，借记本科目，贷记"财政拨款收入""零余额账户用款额度""银行存款"等科目。

【例3.1-167】偿付应付账款的会计核算。

沿用【例3.1-166】2×19年6月30日，该事业单位偿付该笔应付账款，账务处理如下：

财务会计：

借：应付账款——某供应商　　　　　　　　　　　　　　2 340
　　贷：银行存款　　　　　　　　　　　　　　　　　　　　　2 340

预算会计：

借：事业单位　　　　　　　　　　　　　　　　　　　　2 340
　　贷：资金结存——货币资金　　　　　　　　　　　　　　　2 340

（三）开出、承兑商业汇票抵付应付账款时，借记本科目，贷记"应付票据"科目。

【例3.1-168】开出、承兑商业汇票抵付应付账款的会计核算。

某事业单位开出商业汇票用以抵付对甲公司的应付账款20 000元，该账务处理如下：

财务会计：

借：应付账款　　　　　　　　　　　　　　　　　　　　20 000
　　贷：应付票据　　　　　　　　　　　　　　　　　　　　　20 000

预算会计无分录。

（四）无法偿付或债权人豁免偿还的应付账款，应当按照规定报经批准后进行账务处理。经批准核销时，借记本科目，贷记"其他收入"科目。

核销的应付账款应在备查簿中保留登记。

【例3.1-169】无法偿付或债权人豁免偿还的应付账款的会计核算。

某事业单位的一项应付帐款账面余额为1 700元，因债权人豁免偿还予以核销。

财务会计：

借：应付账款——某供应商　　　　　　　　　　　　　　1 700
　　贷：其他收入　　　　　　　　　　　　　　　　　　　　　1 700

预算会计无分录。

四、本科目期末贷方余额，反映单位尚未支付的应付账款金额。

2303　应付政府补贴款

一、本科目核算负责发放政府补贴的行政单位，按照规定应当支付给政府补贴接受者的各种政府补贴款。

二、本科目应当按照应支付的政府补贴种类进行明细核算。单位还应当根据需要按照补贴接受者进行明细核算，或者建立备查簿对补贴接受者予以登记。

三、应付政府补贴款的主要账务处理如下：

（一）发生应付政府补贴时，按照依规定计算确定的应付政府补贴金额，借记"业务活动费用"科目，贷记本科目。

【例3.1-170】发生应付政府补贴的会计核算。

某行政单位负责给当地的低保居民发放政府给予的生活补助，共计650 000元，计算应付政府补贴金额时，应作如下会计处理：

财务会计：

借：业务活动费用　　　　　　　　　　　　　　　　　　650 000
　　贷：应付政府补贴款——生活补助　　　　　　　　　　　　650 000

预算会计无分录。

（2）支付应付政府补贴款时，按照支付金额，借记本科目，贷记"零余额账户用款额度""银行存款"等科目。

【例3.1-171】支付应付政府补贴款的会计核算。

沿用【例3.1-170】该行政单位用财政授权支付方式支付上述政府补贴款，应做如下会计处理：

财务会计：

借：应付政府补贴款——生活补助　　　　　　　　　650 000
　　贷：零余额账户用款额度　　　　　　　　　　　　650 000

预算会计：

借：行政支出　　　　　　　　　　　　　　　　　　2 340
　　贷：资金结存——零余额账户用款额度　　　　　　2 340

四、本科目期末贷方余额，反映行政单位应付未付的政府补贴金额。

2304　应付利息

一、本科目核算事业单位按照合同约定应支付的借款利息，包括短期借款、分期付息到期还本的长期借款等应支付的利息。

二、本科目应当按照债权人等进行明细核算。

三、应付利息的主要账务处理如下：

（一）为建造固定资产、公共基础设施等借入的专门借款的利息，属于建设期间发生的，按期计提利息费用时，按照计算确定的金额，借记"在建工程"科目，贷记本科目；不属于建设期间发生的，按期计提利息费用时，按照计算确定的金额，借记"其他费用"科目，贷记本科目。

（二）对于其他借款，按期计提利息费用时，按照计算确定的金额，借记"其他费用"科目，贷记本科目。

（三）实际支付应付利息时，按照支付的金额，借记本科目，贷记"银行存款"等科目。

【例3.1-172】计提利息费用的会计核算。

某事业单位经批准向银行借入一笔短期借款，年末计提借款利息费用450元。该事业单位应编制如下会计分录：

财务会计：

借：其他费用　　　　　　　　　　　　　　　　　　450
　　贷：应付利息　　　　　　　　　　　　　　　　　450

预算会计无分录。

四、本科目期末贷方余额，反映事业单位应付未付的利息金额。

2305　预收账款

一、本科目核算事业单位预先收取但尚未结算的款项。

二、本科目应当按照债权人进行明细核算。

三、预收账款的主要账务处理如下：

（一）从付款方预收款项时，按照实际预收的金额，借记"银行存款"等科目，贷记本科目。

【例3.1-173】预收款项的会计核算。

2×19年5月，某事业单位与某企业签订购货协议，该企业在事业单位订购A产品，共计500 000元，按照购货协议，企业需要按购货金额的20%预先支付给该事业单位。账务处理如下：

财务会计：
借：银行存款　　　　　　　　　　　　　　　　　　　　　　　　100 000
　　贷：预收账款　　　　　　　　　　　　　　　　　　　　　　　　100 000
预算会计：
借：资金结存——货币资金　　　　　　　　　　　　　　　　　　　100 000
　　贷：经营预算收入　　　　　　　　　　　　　　　　　　　　　　100 000

（二）确认有关收入时，按照预收账款账面余额，借记本科目，按照应确认的收入金额，贷记"事业收入""经营收入"等科目，按照付款方补付或退回付款方的金额，借记或贷记"银行存款"等科目。涉及增值税业务的，相关账务处理参见"应交增值税"科目。

【例3.1-174】确认有关收入时的会计核算。

沿用【例3.1-173】A产品于9月全部交付，并验收入库，且事业单位已经收到相应货款。账务处理如下：

财务会计：
借：银行存款　　　　　　　　　　　　　　　　　　　　　　　　400 000
　　预收账款　　　　　　　　　　　　　　　　　　　　　　　　　100 000
　　贷：经营收入　　　　　　　　　　　　　　　　　　　　　　　500 000
借：资金结存——货币资金　　　　　　　　　　　　　　　　　　　400 000
　　贷：经营预算收入　　　　　　　　　　　　　　　　　　　　　　400 000
预算会计无分录。

（三）无法偿付或债权人豁免偿还的预收账款，应当按照规定报经批准后进行账务处理。经批准核销时，借记本科目，贷记"其他收入"科目。

核销的预收账款应在备查簿中保留登记。

【例3.1-175】无法偿付或债权人豁免偿还的预收账款的会计核算。

沿用【例3.1-174】若该企业无法偿付剩余价款，账务处理如下：

财务会计：
借：预收账款　　　　　　　　　　　　　　　　　　　　　　　　100 000
　　贷：其他收入　　　　　　　　　　　　　　　　　　　　　　　　100 000
预算会计无分录。

四、本科目期末贷方余额，反映事业单位预收但尚未结算的款项金额。

2307　其他应付款

一、本科目核算单位除应交增值税、其他应交税费、应缴财政款、应付职工薪酬、应付票据、应付账款、应付政府补贴款、应付利息、预收账款以外，其他各项偿还期限在1年内（含1年）的应付及暂收款项，如收取的押金、存入保证金、已经报销但尚未偿还银行的本单位公务卡欠款等。

同级政府财政部门预拨的下期预算款和没有纳入预算的暂付款项，以及采用实拨资金方式通过本单位转拨给下属单位的财政拨款，也通过本科目核算。

二、本科目应当按照其他应付款的类别以及债权人等进行明细核算。

三、其他应付款的主要账务处理如下：

（一）发生其他应付及暂收款项时，借记"银行存款"等科目，贷记本科目。支付（或退回）

其他应付及暂收款项时，借记本科目，贷记"银行存款"等科目。将暂收款项转为收入时，借记本科目，贷记"事业收入"等科目。

【例3.1-176】发生其他应付及暂收款项的会计核算。

2×19年5月1日，某行政单位将办公楼出租，收取F公司押金10 000元，应做如下会计处理：

财务会计：

借：银行存款　　　　　　　　　　　　　　　　　　　　　10 000
　　贷：其他应付款——押金（F公司）　　　　　　　　　　10 000

预算会计无分录。

2×19年5月10日确认为收入，应做如下会计处理：

财务会计：

借：其他应付款——押金（F公司）　　　　　　　　　　　10 000
　　贷：事业收入　　　　　　　　　　　　　　　　　　　　10 000

预算会计：

借：资金结存——货币资金　　　　　　　　　　　　　　　10 000
　　贷：事业预算收入　　　　　　　　　　　　　　　　　　10 000

若2×19年5月6日该行政单位与F公司的租赁合约到期，F公司不再租用办公楼，该行政单位返还押金，应做如下会计处理：

财务会计：

借：其他应付款——押金（F公司）　　　　　　　　　　　10 000
　　贷：银行存款　　　　　　　　　　　　　　　　　　　　10 000

预算会计无分录。

（二）收到同级政府财政部门预拨的下期预算款和没有纳入预算的暂付款项，按照实际收到的金额，借记"银行存款"等科目，贷记本科目；待到下一预算期或批准纳入预算时，借记本科目，贷记"财政拨款收入"科目。

采用实拨资金方式通过本单位转拨给下属单位的财政拨款，按照实际收到的金额，借记"银行存款"科目，贷记本科目；向下属单位转拨财政拨款时，按照转拨的金额，借记本科目，贷记"银行存款"科目。

【例3.1-177】收到同级政府财政部门预拨的下期预算款和没有纳入预算的暂付款项的会计核算。

2×19年12月6日，某行政单位收到同级财政部门预拨的下期预算款100 000元。2×20年1月6日，批准纳入该年的预算。账务处理如下：

2×19年12月6日，

财务会计：

借：银行存款　　　　　　　　　　　　　　　　　　　　　100 000
　　贷：其他应付款　　　　　　　　　　　　　　　　　　　100 000

预算会计无分录。

2×20年1月6日，

财务会计：

借：其他应付款　　　　　　　　　　　　　　　　　　　　100 000

  贷：财政拨款收入　　　　　　　　　　　　　　　　　　　　　100 000
预算会计：
  借：资金结存——货币资金　　　　　　　　　　　　　　　　100 000
    贷：财政拨款预算收入　　　　　　　　　　　　　　　　　100 000

  （三）本单位公务卡持卡人报销时，按照审核报销的金额，借记"业务活动费用""单位管理费用"等科目，贷记本科目；偿还公务卡欠款时，借记本科目，贷记"零余额账户用款额度"等科目。

  （四）涉及质保金形成其他应付款的，相关账务处理参见"固定资产"科目。

  （五）无法偿付或债权人豁免偿还的其他应付款项，应当按照规定报经批准后进行账务处理。经批准核销时，借记本科目，贷记"其他收入"科目。

  核销的其他应付款应在备查簿中保留登记。

  【例3.1-178】无法偿付或债权人豁免偿还的其他应付款项的会计核算。

  沿用【例3.1-176】F公司因破产清算无法偿还租金，该行政单位按规定报经批准后核销该笔押金，应做如下会计处理：

财务会计：
  借：其他应付款——押金（F公司）　　　　　　　　　　　　　10 000
    贷：其他收入　　　　　　　　　　　　　　　　　　　　　　10 000
预算会计无分录。

  四、本科目期末贷方余额，反映单位尚未支付的其他应付款金额。

2401　预提费用

  一、本科目核算单位预先提取的已经发生但尚未支付的费用，如预提租金费用等。

  事业单位按规定从科研项目收入中提取的项目间接费用或管理费，也通过本科目核算。

  事业单位计提的借款利息费用，通过"应付利息""长期借款"科目核算，不通过本科目核算。

  二、本科目应当按照预提费用的种类进行明细核算。对于提取的项目间接费用或管理费，应当在本科目下设置"项目间接费用或管理费"明细科目，并按项目进行明细核算。

  三、预提费用的主要账务处理如下：

  （一）项目间接费用或管理费。

  按规定从科研项目收入中提取项目间接费用或管理费时，按照提取的金额，借记"单位管理费用"科目，贷记本科目（项目间接费用或管理费）。

  实际使用计提的项目间接费用或管理费时，按照实际支付的金额，借本科目（项目间接费用或管理费），贷记"银行存款""库存现金"等科目。

  【例3.1-179】项目间接费用或管理费的会计核算。

  2×19年6月6日，某事业单位按规定从科研项目收入中提取项目间接费用20 000元，会计处理如下：

财务会计：
  借：单位管理费用　　　　　　　　　　　　　　　　　　　　　20 000
    贷：预提费用——项目间接费用　　　　　　　　　　　　　　20 000
预算会计：

借：非财政拨款结转——项目间接费用　　　　　　　　　　　20 000
　　贷：非财政拨款结余——项目间接费用　　　　　　　　　　20 000

2×19年12月6日，该事业单位实际使用计提的项目间接费用15 000元，会计处理如下：

财务会计：

借：预提费用——项目间接费用　　　　　　　　　　　　　　15 000
　　贷：银行存款　　　　　　　　　　　　　　　　　　　　　15 000

预算会计：

借：事业支出　　　　　　　　　　　　　　　　　　　　　　15 000
　　贷：资金结存——货币资金　　　　　　　　　　　　　　　15 000

（二）其他预提费用

按期预提租金等费用时，按照预提的金额，借记"业务活动费用""单位管理费用""经营费用"等科目，贷记本科目。

实际支付款项时，按照支付金额，借记本科目，贷记"零余额账户用款额度""银行存款"等科目。

【例3.1-180】按期预提租金等费用的会计核算。

甲公司供销部门于2×19年7月1日租入一台运输设备，合同规定租期半年，租赁期满一次付清租金6 000元。

公司租入设备使用期7月至11月，每月月末应作如下相同分录：

财务会计：

借：营业费用　　　　　　　　　　　　　　　　　　　　　　1 000
　　贷：预提费用　　　　　　　　　　　　　　　　　　　　　1 000

预算会计无分录。

2×19年12月末开出转账支票支付租金时，应作如下分录：

财务会计：

借：营业费用　　　　　　　　　　　　　　　　　　　　　　1 000
　　预提费用　　　　　　　　　　　　　　　　　　　　　　5 000
　　贷：银行存款　　　　　　　　　　　　　　　　　　　　　6 000

预算会计：

借：经营支出　　　　　　　　　　　　　　　　　　　　　　6 000
　　贷：资金结存——货币资金　　　　　　　　　　　　　　　6 000

四、本科目期末贷方余额，反映单位已预提但尚未支付的各项费用。

2501　长期借款

一、本科目核算事业单位经批准向银行或其他金融机构等借入的期限超过1年（不含1年）的各种借款本息。

二、本科目应当设置"本金"和"应计利息"明细科目，并按照贷款单位和贷款种类进行明细核算。对于建设项目借款，还应按照具体项目进行明细核算。

三、长期借款的主要账务处理如下：

（一）借入各项长期借款时，按照实际借入的金额，借记"银行存款"科目，贷记本科目（本金）。

【例 3.1-181】 借入各项长期借款的会计核算。

某事业单位与 2×19 年 1 月 1 日从银行借入资金 300 000 元，借款期限为 5 年，年利率为 8%，按年支付利息，到期一次还本。业务处理如下：

2×19 年 1 月 1 日，取得借款

财务会计：

借：银行存款　　　　　　　　　　　　　　　　　　　　　300 000
　　贷：长期借款——本金　　　　　　　　　　　　　　　　　300 000

预算会计：

借：资金结存——货币资金　　　　　　　　　　　　　　　　300 000
　　贷：债务预算收入——本金　　　　　　　　　　　　　　　300 000

（二）为建造固定资产、公共基础设施等应支付的专门借款利息，按期计提利息时，分别以下情况处理：

1.属于工程项目建设期间发生的利息，计入工程成本，按照计算确定的应支付的利息金额，借记"在建工程"科目，贷记"应付利息"科目。

2.属于工程项目完工交付使用后发生的利息，计入当期费用，按照计算确定的应支付的利息金额，借记"其他费用"科目，贷记"应付利息"科目。

（三）按期计提其他长期借款的利息时，按照计算确定的应支付的利息金额，借记"其他费用"科目，贷记"应付利息"科目 [分期付息、到期还本借款的利息] 或本科目（应计利息）[到期一次还本付息 90 借款的利息]。

（四）到期归还长期借款本金、利息时，借记本科目（本金、应计利息），贷记"银行存款"科目。

【例 3.1-182】 到期归还长期借款本金、利息的会计核算。

沿用【例 3.1-181】该事业单位借入的长期借款用以建设办公楼，该办公楼于 2×19 年 1 月 1 日开工，2×23 年 1 月 1 日完工交付使用。2×23 年 12 月 31 日该事业单位归还长期借款本息。

2×19 年年末至 2×22 年年末的会计处理为：

财务会计：

借：在建工程　　　　　　　　　　　　　　　　　　　　　　24 000
　　贷：应付利息　　　　　　　　　　　　　　　　　　　　　24 000

借：应付利息　　　　　　　　　　　　　　　　　　　　　　24 000
　　贷：银行存款　　　　　　　　　　　　　　　　　　　　　24 000

预算会计：

借：其他支出　　　　　　　　　　　　　　　　　　　　　　24 000
　　贷：资金结存——货币资金　　　　　　　　　　　　　　　24 000

2×23 年年末的会计处理为：

财务会计：

借：其他费用　　　　　　　　　　　　　　　　　　　　　　24 000
　　贷：应付利息　　　　　　　　　　　　　　　　　　　　　24 000

借：应付利息　　　　　　　　　　　　　　　　　　　　　　24 000
　　贷：银行存款　　　　　　　　　　　　　　　　　　　　　24 000

借：长期借款——本金　　　　　　　　　　　　　　　　300 000
　　贷：银行存款　　　　　　　　　　　　　　　　　　　　300 000
预算会计：
借：其他支出　　　　　　　　　　　　　　　　　　　　　24 000
　　贷：资金结存——货币资金　　　　　　　　　　　　　　24 000
借：债务预算收入——本金　　　　　　　　　　　　　　　300 000
　　贷：资金结存——货币资金　　　　　　　　　　　　　　300 000

四、本科目期末贷方余额，反映事业单位尚未偿还的长期借款本息金额。

2502　长期应付款

一、本科目核算单位发生的偿还期限超过1年（不含1年）的应付款项，如以融资租赁方式取得固定资产应付的租赁费等。

二、本科目应当按照长期应付款的类别以及债权人进行明细核算。

三、长期应付款的主要账务处理如下：

（一）发生长期应付款时，借记"固定资产""在建工程"等科目，贷记本科目。

【例3.1-183】发生长期应付款的会计核算。

某行政单位以分期付款方式从G公司购入一台仪器，总价款270 000元，分三年支付，于每年年末支付，购入时应做如下会计处理：

财务会计：
借：固定资产　　　　　　　　　　　　　　　　　　　　270 000
　　贷：长期应付款　　　　　　　　　　　　　　　　　　　270 000

预算会计无分录。

（二）支付长期应付款时，按照实际支付的金额，借记本科目，贷记"财政拨款收入""零余额账户用款额度""银行存款"等科目。涉及增值税业务的，相关账务处理参见"应交增值税"科目。

【例3.1-184】支付长期应付款的会计核算。

沿用【例3.1-183】该行政单位年末使用财政直接支付方式支付款项，应做如下会计处理：

财务会计：
借：长期应付款　　　　　　　　　　　　　　　　　　　　90 000
　　贷：财政拨款收入　　　　　　　　　　　　　　　　　　90 000
预算会计：
借：行政支出　　　　　　　　　　　　　　　　　　　　　90 000
　　贷：财政拨款预算收入　　　　　　　　　　　　　　　　90 000

（三）无法偿付或债权人豁免偿还的长期应付款，应当按照规定报经批准后进行账务处理。经批准核销时，借记本科目，贷记"其他收入"科目。

核销的长期应付款应在备查簿中保留登记。

【例3.1-185】无法偿付或债权人豁免偿还的长期应付款的会计核算。

沿用【例3.1-183】该笔长期应付款支付两年后，G公司豁免最后一年应付的款项，该行政单位按照规定报经批准后予以核销，应做如下会计处理：

财务会计：

借：长期应付款 90 000
　　贷：其他收入 90 000
预算会计无分录。

（四）涉及质保金形成长期应付款的，相关账务处理参见"固定资产"科目。

四、本科目期末贷方余额，反映单位尚未支付的长期应付款金额。

2601　预计负债

一、本科目核算单位对因或有事项所产生的现时义务而确认的负债，如对未决诉讼等确认的负债。

二、本科目应当按照预计负债的项目进行明细核算。

三、预计负债的主要账务处理如下：

（一）确认预计负债时，按照预计的金额，借记"业务活动费用""经营费用""其他费用"等科目，贷记本科目。

（二）实际偿付预计负债时，按照偿付的金额，借记本科目，贷记"银行存款""零余额账户用款额度"等科目。

（三）根据确凿证据需要对已确认的预计负债账面余额进行调整的，按照调整增加的金额，借记有关科目，贷记本科目；按照调整减少的金额，借记本科目，贷记有关科目。

【例3.1-186】确认预计负债的会计核算。

2×19年11月1日，某事业单位因合同违约而被甲公司起诉。2×19年12月31日，该事业单位尚未接到法院的判决。在咨询了单位的法律顾问后，该事业单位认为最终的法律判决很可能对单位不利。假定该事业单位预计将要支付的赔偿金额、诉讼费等费用为1 600 000元至2 000 000元之间的某一金额，而且这个区间内每个金额的可能性都大致相同。

该事业单位应在资产负债表中确认一项预计负债，金额为：

（1 600 000+2 000 000）÷2＝1 800 000（元）

同时在2×19年12月31日的附注中进行披露。

事业单位的有关账务处理如下：

财务会计：

借：业务活动费用 1 800 000
　　贷：预计负债——未决诉讼 1 800 000

预算会计无分录。

2×20年3月1日，法律判决表明该事业单位要支付赔偿金额等1 900 000元，账务处理如下：

财务会计：

借：预计负债——未决诉讼 1 800 000
　　业务活动费用 100 000
　　贷：银行存款 1 900 000

预算会计：

借：事业支出 1 900 000
　　贷：资金结存——货币资金 1 900 000

四、本科目期末贷方余额，反映单位已确认但尚未支付的预计负债金额。

2901 受托代理负债

一、本科目核算单位接受委托取得受托代理资产时形成的负债。

二、本科目的账务处理参见"受托代理资产""库存现金""银行存款"等科目。

三、本科目期末贷方余额,反映单位尚未交付或发出受托代理资产形成的受托代理负债金额。

（三）净资产类

3001 累计盈余

一、本科目核算单位历年实现的盈余扣除盈余分配后滚存的金额,以及因无偿调入调出资产产生的净资产变动额。

按照规定上缴、缴回、单位间调剂结转结余资金产生的净资产变动额,以及对以前年度盈余的调整金额,也通过本科目核算。

二、累计盈余的主要账务处理如下：

（一）年末,将"本年盈余分配"科目的余额转入累计盈余,借记或贷记"本年盈余分配"科目,贷记或借记本科目。

【例3.1-187】累计盈余的会计核算。

某行政事业单位在2×19年发生如下经济业务：12月31日本年盈余分配科目余额为50 000元。相关账务处理如下：

财务会计：

借：本年盈余分配　　　　　　　　　　　　　　　　　　　　50 000
　　贷：累计盈余　　　　　　　　　　　　　　　　　　　　　　50 000

预算会计无分录。

（二）年末,将"无偿调拨净资产"科目的余额转入累计盈余,借记或贷记"无偿调拨净资产"科目,贷记或借记本科目。

【例3.1-188】将"无偿调拨净资产"科目的余额转入累计盈余的会计核算。

某行政事业单位在2×19年发生如下经济业务：12月31日无偿调拨净资产科目余额为150 000元。相关账务处理如下：

财务会计：

借：无偿调拨净资产　　　　　　　　　　　　　　　　　　　150 000
　　贷：累计盈余　　　　　　　　　　　　　　　　　　　　　150 000

预算会计无分录。

（三）按照规定上缴财政拨款结转结余、缴回非财政拨款结转资金、向其他单位调出财政拨款结转资金时,按照实际上缴、缴回、调出金额,借记本科目,贷记"财政应返还额度""零余额账户用款额度""银行存款"等科目。

按照规定从其他单位调入财政拨款结转资金时,按照实际调入金额,借记"零余额账户用款额度""银行存款"等科目,贷记本科目。

【例3.1-189】从其他单位调入财政拨款结转资金的会计核算。

某行政事业单位在2×19年发生如下经济业务：12月31日与其他单位发生资金调入20 000元。相关账务处理如下：

财务会计：

借：零余额账户用款额度　　　　　　　　　　　　　　　　　20 000

　　　　贷：累计盈余　　　　　　　　　　　　　　　　　　　　　　20 000
　　借：资金结存——零余额账户用款额度　　　　　　　　　　　　20 000
　　　　贷：财政拨款结转——归集调入　　　　　　　　　　　　　20 000
　　预算会计无分录。
　　（四）将"以前年度盈余调整"科目的余额转入本科目，借记或贷记"以前年度盈余调整"科目，贷记或借记本科目。

　　【例3.1-190】将"以前年度盈余调整"科目的余额转入的会计核算。
　　某行政事业单位在2×19年发生如下经济业务：12月31日以前年度盈余调整借方余额20 000元。相关账务处理如下：
　　财务会计：
　　借：以前年度盈余调整　　　　　　　　　　　　　　　　　　　20 000
　　　　贷：累计盈余　　　　　　　　　　　　　　　　　　　　　　20 000
　　预算会计无分录。
　　（五）按照规定使用专用基金购置固定资产、无形资产的，按照固定资产、无形资产成本金额，借记"固定资产""无形资产"科目，贷记"银行存款"等科目；同时，按照专用基金使用金额，借记"专用基金"科目，贷记本科目。
　　三、本科目期末余额，反映单位未分配盈余（或未弥补亏损）的累计数以及截至上年末无偿调拨净资产变动的累计数。本科目年末余额，反映单位未分配盈余（或未弥补亏损）以及无偿调拨净资产变动的累计数。

3101　专用基金

　　一、本科目核算事业单位按照规定提取或设置的具有专门用途的净资产，主要包括职工福利基金、科技成果转换基金等。
　　二、本科目应当按照专用基金的类别进行明细核算。
　　三、专用基金的主要账务处理如下：
　　（一）年末，根据有关规定从本年度非财政拨款结余或经营结余中提取专用基金的，按照预算会计下计算的提取金额，借记"本年盈余分配"科目，贷记本科目。
　　（二）根据有关规定从收入中提取专用基金并计入费用的，一般按照预算会计下基于预算收入计算提取的金额，借记"业务活动费用"等科目，贷记本科目。国家另有规定的，从其规定。
　　（三）根据有关规定设置的其他专用基金，按照实际收到的基金金额，借记"银行存款"等科目，贷记本科目。
　　（四）按照规定使用提取的专用基金时，借记本科目，贷记"银行存款"等科目。使用提取的专用基金购置固定资产、无形资产的，按照固定资产、无形资产成本金额，借记"固定资产""无形资产"科目，贷记"银行存款"等科目；同时，按照专用基金使用金额，借记本科目，贷记"累计盈余"科目。

　　【例3.1-191】使用提取的专用基金购置固定资产、无形资产的会计核算。
　　某行政事业单位在2×19年利用从经营结余中提取的专用基金购置了一台固定资产，市场公允价值为100 000元，应缴纳的增值税额为16 000元。相关账务处理如下：
　　财务会计：
　　借：固定资产　　　　　　　　　　　　　　　　　　　　　　　100 000

　　　　应交税费——应交增值税（进项税额）　　　　　　　16 000
　　　　　贷：银行存款　　　　　　　　　　　　　　　　　　　　116 000
　　　借：专用基金　　　　　　　　　　　　　　　　　　　　116 000
　　　　　贷：累计盈余　　　　　　　　　　　　　　　　　　　　116 000
　　　借：专用结余　　　　　　　　　　　　　　　　　　　　116 000
　　　　　贷：资金结存——货币资金　　　　　　　　　　　　　　116 000
　　预算会计无分录。
　　四、本科目期末贷方余额，反映事业单位累计提取或设置的尚未使用的专用基金。

3201　权益法调整

　　一、本科目核算事业单位持有的长期股权投资采用权益法核算时，按照被投资单位除净损益和利润分配以外的所有者权益变动份额调整长期股权投资账面余额而计入净资产的金额。

　　二、本科目应当按照被投资单位进行明细核算。

　　三、权益法调整的主要账务处理如下：

　　（一）年末，按照被投资单位除净损益和利润分配以外的所有者权益变动应享有（或应分担）的份额，借记或贷记"长期股权投资——其他权益变动"科目，贷记或借记本科目。

　　【例3.1-192】按照被投资单位除净损益和利润分配以外的所有者权益变动应享有（或应分担）的份额的会计核算。

　　某事业单位在2×19年被投资单位除净损益和利润分配以外的所有者权益变动金额为100 000元，该单位持有被投资单位30%的股权，不考虑相关税费。相关账务处理如下：

　　财务会计：
　　　借：长期股权投资——其他权益变动　　　　　　　　　　30 000
　　　　　贷：权益法调整　　　　　　　　　　　　　　　　　　　30 000
　　预算会计无分录。

　　（二）采用权益法核算的长期股权投资，因被投资单位除净损益和利润分配以外的所有者权益变动而将应享有（或应分担）的份额计入单位净资产的，处置该项投资时，按照原计入净资产的相应部分金额，借记或贷记本科目，贷记或借记"投资收益"科目。

　　【例3.1-193】处置权益法核算的长期股权投资的会计核算。

　　某事业单位在2×19年被投资单位除净损益和利润分配以外的所有者权益变动金额为100 000元，该单位持有被投资单位30%的股权，不考虑相关税费，之后在2×10年处置了该项投资。相关账务处理如下：

　　财务会计：
　　　借：长期股权投资——其他权益变动　　　　　　　　　　30 000
　　　　　贷：权益法调整　　　　　　　　　　　　　　　　　　　30 000
　　　借：权益法调整　　　　　　　　　　　　　　　　　　　　30 000
　　　　　贷：投资收益　　　　　　　　　　　　　　　　　　　　30 000
　　预算会计无分录。

　　四、本科目期末余额，反映事业单位在被投资单位除净损益和利润分配以外的所有者权益变动中累积享有（或分担）的份额。

3301 本期盈余

一、本科目核算单位本期各项收入、费用相抵后的余额。

二、本期盈余的主要账务处理如下:

(一)期末,将各类收入科目的本期发生额转入本期盈余,借记"财政拨款收入""事业收入""上级补助收入""附属单位上缴收入""经营收入""非同级财政拨款收入""投资收益""捐赠收入""利息收入""租金收入""其他收入"科目,贷记本科目;将各类费用科目本期发生额转入本期盈余,借记本科目,贷记"业务活动费用""单位管理费用""经营费用""所得税费用""资产处置费用""上缴上级费用""对附属单位补助费用""其他费用"科目。

【例3.1-194】将各类收入科目的本期发生额转入本期盈余的会计核算。

某行政单位2×19年发生以下经济业务:

(1)12月18日,财政拨款收入科目余额20 000元,事业收入科目余额5 000元,上级补助收入科目余额10 000元,附属的单位上缴收入科目余额20 000元,经营收入科目余额3 000元,投资收益科目余额2 000元,其他收入科目余额8 000元。

(2)12月18日,业务活动费用科目余额9 000元,单位管理费用科目余额3 000元,经营费用科目余额3 000元,资产处置费用科目余额2 000元,所得税费用科目余额2 000元,其他费用科目余额2 000元。

相关账务处理如下:

(1)结转本年年度收入:

财务会计:

借:财政拨款收入	20 000
事业收入	5 000
上级补助收入	10 000
附属单位上缴收入	20 000
经营收入	3 000
非同级财政拨款收入	2 000
投资收益	8 000
贷:本期盈余	68 000

预算会计无分录。

(2)结转本年年度费用:

财务会计:

借:本期盈余	21 000
贷:业务活动费用	9 000
单位管理费用	3 000
经营费用	3 000
资产处置费用	2 000
所得税费用	2 000
其他费用	2 000

预算会计无分录。

（3）年末，完成上述结转后，将本科目余额转入"本年盈余分配"科目，借记或贷记本科目，贷记或借记"本年盈余分配"科目。

【例3.1-195】转入"本年盈余分配"的会计核算。

某行政单位2×19年发生以下经济业务：12月18日之后没有发生其他的经济业务，12月31日结转本年盈余科目余额47 000。相关账务处理如下：

财务会计：
借：本期盈余　　　　　　　　　　　　　　　　　　　　　47 000
　　贷：本年盈余分配　　　　　　　　　　　　　　　　　　　　47 000

预算会计无分录。

三、本科目期末如为贷方余额，反映单位自年初至当期期末累计实现的盈余；如为借方余额，反映单位自年初至当期期末累计发生的亏损。

四、年末结账后，本科目应无余额。

3302　本年盈余分配

一、本科目核算单位本年度盈余分配的情况和结果。

二、本年盈余分配的主要账务处理如下：

（一）年末，将"本期盈余"科目余额转入本科目，借记或贷记"本期盈余"科目，贷记或借记本科目。

【例3.1-196】将"本期盈余"科目余额转入的会计核算。

某行政单位2×19年12月31日本年盈余科目贷方余额为47 000元。相关账务处理如下：

财务会计：
借：本期盈余　　　　　　　　　　　　　　　　　　　　　47 000
　　贷：本年盈余分配　　　　　　　　　　　　　　　　　　　　47 000

预算会计无分录。

（二）年末，根据有关规定从本年度非财政拨款结余或经营结余中提取专用基金的，按照预算会计下计算的提取金额，借记本科目，贷记"专用基金"科目。

【例3.1-197】提取专用基金的会计核算。

某行政单位2×19年12月31日按预算会计下计算提取专用基金4 000元。相关账务处理如下：

财务会计：
借：本年盈余分配　　　　　　　　　　　　　　　　　　　　4 000
　　贷：专用基金　　　　　　　　　　　　　　　　　　　　　　4 000
借：非财政拨款结余分配　　　　　　　　　　　　　　　　　4 000
　　贷：专用结余　　　　　　　　　　　　　　　　　　　　　　4 000

预算会计无分录。

（三）年末，按照规定完成上述（一）、（二）处理后，将本科目余额转入累计盈余，借记或贷记本科目，贷记或借记"累计盈余"科目。

【例3.1-198】转入累计盈余的会计核算。

某行政单位2×19年12月31日本年盈余分配科目余额为43 000元。相关账务处理如下：

财务会计：
借：本年盈余分配　　　　　　　　　　　　　　　　　　　　43 000

贷：累计盈余	43 000

预算会计无分录。

三、年末结账后，本科目应无余额。

3401 无偿调拨净资产

一、本科目核算单位无偿调入或调出非现金资产所引起的的净资产变动金额。

二、无偿调拨净资产的主要账务处理如下：

（一）按照规定取得无偿调入的存货、长期股权投资、固定资产、无形资产、公共基础设施、政府储备物资、文物文化资产、保障性住房等，按照确定的成本，借记"库存物品""长期股权投资""固定资产""无形资产""公共基础设施""政府储备物资""文物文化资产""保障性住房"等科目，按照调入过程中发生的归属于调入方的相关费用，贷记"零余额账户用款额度""银行存款"等科目，按照其差额，贷记本科目。

【例3.1-199】取得无偿调入的存货的会计核算。

某事业单位2×19年取得无偿调入存货20 000元，长期股权投资10 000元，固定资产5 000元，同时发生调入费用5 000元。相关账务处理如下：

财务会计：

借：库存物品	20 000
固定资产	5 000
长期股权投资	10 000
贷：无偿调拨净资产	35 000
借：其他支出	5 000
贷：资金结存	5 000

预算会计无分录。

（二）按照规定经批准无偿调出存货、长期股权投资、固定资产、无形资产、公共基础设施、政府储备物资、文物文化资产、保障性住房等，按照调出资产的账面余额或账面价值，借记本科目，按照固定资产累计折旧、无形资产累计摊销、公共基础设施累计折旧或摊销、保障性住房累计折旧的金额，借记"固定资产累计折旧""无形资产累计摊销""公共基础设施累计折旧（摊销）""保障性住房累计折旧"科目，按照调出资产的账面余额，贷记"库存物品""长期股权投资""固定资产""无形资产""公共基础设施""政府储备物资""文物文化资产""保障性住房"等科目；同时，按照调出过程中发生的归属于调出方的相关费用，借记"资产处置费用"科目，贷记"零余额账户用款额度""银行存款"等科目。

【例3.1-200】无偿调出无形资产的会计核算。

某事业单位2×19年发生无偿调出无形资产原价20 000元，累计摊销2 000元，无偿调出存货10 000元，无偿调出公共基础设施2 000元。相关账务处理如下：

财务会计：

借：无偿调拨净资产	30 000
无形资产累计摊销	2 000
贷：无形资产	20 000
库存商品	10 000
公共基础设施	2 000

预算会计无分录。

（三）年末，将本科目余额转入累计盈余，借记或贷记本科目，贷记或借记"累计盈余"科目。

【例3.1-201】 转入累计盈余的会计核算。

某事业单位2×19年末无偿调拨净资产科目的余额为5 000。相关账务处理如下：

财务会计：
借：无偿调拨净资产　　　　　　　　　　　　　　　　　　　5 000
　　贷：累计盈余　　　　　　　　　　　　　　　　　　　　　　5 000

预算会计无分录。

三、年末结账后，本科目应无余额。

3501　以前年度盈余调整

一、本科目核算单位本年度发生的调整以前年度盈余的事项，包括本年度发生的重要前期差错更正涉及调整以前年度盈余的事项。

二、以前年度盈余调整的主要账务处理如下：

（一）调整增加以前年度收入时，按照调整增加的金额，借记有关科目，贷记本科目。调整减少的，做相反会计分录。

【例3.1-202】 调整增加以前年度收入的会计核算。

某单位在2×20年3月在单位账务自查中发现，企业存在本年度应该确认但是没有确认的收入200 000元。相关账务处理如下：

财务会计：
借：预收账款　　　　　　　　　　　　　　　　　　　　　200 000
　　贷：以前年度损益调整　　　　　　　　　　　　　　　　　200 000
借：资金结存　　　　　　　　　　　　　　　　　　　　　200 000
　　贷：财政拨款结转　　　　　　　　　　　　　　　　　　　200 000

预算会计无分录。

（二）调整增加以前年度费用时，按照调整增加的金额，借记本科目，贷记有关科目。调整减少的，做相反会计分录。

（三）盘盈的各种非流动资产，报经批准后处理时，借记"待处理财产损溢"科目，贷记本科目。

（四）经上述调整后，应将本科目的余额转入累计盈余，借记或贷记"累计盈余"科目，贷记或借记本科目。

【例3.1-203】 转入累计盈余的会计核算。

某单位在2×20年12月31日的以前年度损益调整的余额为200 000。相关账务处理如下：

财务会计：
借：以前年度损益调整　　　　　　　　　　　　　　　　　200 000
　　贷：累计盈余　　　　　　　　　　　　　　　　　　　　　200 000

预算会计无分录。

三、本科目结转后应无余额。

（四）收入类

4001　财政拨款收入

一、本科目核算单位从同级政府财政部门取得的各类财政拨款。

同级政府财政部门预拨的下期预算款和没有纳入预算的暂付款项，以及采用实拨资金方式通过本单位转拨给下属单位的财政拨款，通过"其他应付款"科目核算，不通过本科目核算。

二、本科目可按照一般公共预算财政拨款、政府性基金预算财政拨款等拨款种类进行明细核算。

三、财政拨款收入的主要账务处理如下：

（一）财政直接支付方式下，根据收到的"财政直接支付入账通知书"及相关原始凭证，按照通知书中的直接支付入账金额，借记"库存物品""固定资产""业务活动费用""单位管理费用""应付职工薪酬"等科目，贷记本科目。涉及增值税业务的，相关账务处理参见"应交增值税"科目。

年末，根据本年度财政直接支付预算指标数与当年财政直接支付实际支付数的差额，借记"财政应返还额度——财政直接支付"科目，贷记本科目。

【例3.1-204】财政直接支付方式下，财政拨款收入的会计核算。

某行政单位收到财政部门委托其代理银行转来的财政直接支付入账通知书，其中包含财政部门为行政部门支付100 000元的日常行政活动经费，200 000元的在职人员工资，70 000元的为开展某项专业业务活动所发生的费用。相关账务处理如下：

财务会计：
借：业务活动费用　　　　　　　　　　　　　　　　　　170 000
　　应付职工薪酬　　　　　　　　　　　　　　　　　　200 000
　　贷：财政拨款收入　　　　　　　　　　　　　　　　370 000

预算会计：
借：行政支出　　　　　　　　　　　　　　　　　　　　370 000
　　贷：财政拨款预算收入　　　　　　　　　　　　　　370 000

【例3.1-205】财政直接支付方式下，财政拨款收入的会计核算。

某行政单位本年度财政直接支付的基本支出拨款预算指标数为800 000元，而当年财政直接支付实际支出为730 000元，年末确定该行政单位应收财政返还的资金额度为70 000元。相关账务处理如下：

财务会计：
借：财政应返还额度——财政直接支付　　　　　　　　70 000
　　贷：财政拨款收入　　　　　　　　　　　　　　　　70 000

预算会计：
借：资金结存——财政应返还额度　　　　　　　　　　70 000
　　贷：财政拨款预算收入　　　　　　　　　　　　　　70 000

（二）财政授权支付方式下，根据收到的"财政授权支付额度到账通知书"，按照通知书中的授权支付额度，借记"零余额账户用款额度"科目，贷记本科目。

年末，本年度财政授权支付预算指标数大于零余额账户用款额度下达数的，根据未下达的用款额度，借记"财政应返还额度——财政授权支付"科目，贷记本科目。

【例3.1-206】财政授权支付方式下，财政拨款收入的会计核算。

2×20年6月，某行政单位收到财政授权支付额度到账通知书，授权支付金额为100 000元。

财务会计：

借：零余额账户用款额度　　　　　　　　　　　　　　　　100 000
　　贷：财政拨款收入　　　　　　　　　　　　　　　　　　　　100 000

预算会计：

借：资金结存——零余额账户用款额度
　　贷：财政拨款预算收入

【例3.1-207】财政授权支付方式下，财政拨款收入的会计核算。

某行政单位本年度财政授权支付的基本支出拨款预算指标数为100 000元，而当年财政授权支付实际支出为70 000元，年末确定该行政单位应收财政返还的资金额度为30 000元。相关账务处理如下：

财务会计：

借：财政应返还额度——财政授权支付　　　　　　　　　　30 000
　　贷：财政拨款收入　　　　　　　　　　　　　　　　　　　　30 000

预算会计：

借：资金结存——财政应返还额度　　　　　　　　　　　　30 000
　　贷：财政拨款预算收入　　　　　　　　　　　　　　　　　　30 000

（三）其他方式下收到财政拨款收入时，按照实际收到的金额，借记"银行存款"等科目，贷记本科目。

【例3.1-208】其他方式下收到财政拨款收入的会计核算。

2×20年6月，某行政单位收到其他方式下的财政拨款收入，金额为800 000元。

财务会计：

借：银行存款等　　　　　　　　　　　　　　　　　　　　800 000
　　贷：财政拨款收入　　　　　　　　　　　　　　　　　　　　800 000

预算会计：

借：资金结存——货币资金　　　　　　　　　　　　　　　800 000
　　贷：财政拨款预算收入　　　　　　　　　　　　　　　　　　800 000

（四）因差错更正或购货退回等发生国库直接支付款项退回的，属于以前年度支付的款项，按照退回金额，借记"财政应返还额度——财政直接支付"科目，贷记"以前年度盈余调整""库存物品"等科目；属于本年度支付的款项，按照退回金额，借记本科目，贷记"业务活动费用""库存物品"等科目。

【例3.1-209】因差错更正或购货退回等发生国库直接支付款项退回的会计核算。

某行政单位本年度发生了一笔由购货退回引起的国库直接支付款项退回的业务，经相关人员查证，属于本年度支付的款项，退货物品的金额为70 000元。相关账务处理如下：

财务会计：

借：财政拨款收入　　　　　　　　　　　　　　　　　　　70 000
　　贷：库存物品　　　　　　　　　　　　　　　　　　　　　　70 000

预算会计：

借：财政拨款预算收入　　　　　　　　　　　　　　　　　　　70 000
　　贷：事业支出　　　　　　　　　　　　　　　　　　　　　　70 000
（五）期末，将本科目本期发生额转入本期盈余，借记本科目，贷记"本期盈余"科目。

【例3.1-210】期末结转的会计核算。

某行政单位年终进行结账，财政拨款收入贷方余额为7 900 000元。相关账务处理如下：

财务会计：
借：财政拨款收入　　　　　　　　　　　　　　　　　　　　7 900 000
　　贷：本期盈余　　　　　　　　　　　　　　　　　　　　　7 900 000

预算会计：
借：财政拨款预算收入　　　　　　　　　　　　　　　　　　7 900 000
　　贷：财政拨款结转——本年收支结转　　　　　　　　　　　7 900 000

四、期末结转后，本科目应无余额。

4101　事业收入

一、本科目核算事业单位开展专业业务活动及其辅助活动实现的收入，不包括从同级政府财政部门取得的各类财政拨款。

二、本科目应当按照事业收入的类别、来源等进行明细核算。

对于因开展科研及其辅助活动从非同级政府财政部门取得的经费拨款，应当在本科目下单设"非同级财政拨款"明细科目进行核算。

三、事业收入的主要账务处理如下：

（一）采用财政专户返还方式管理的事业收入。

1.实现应上缴财政专户的事业收入时，按照实际收到或应收的金额，借记"银行存款""应收账款"等科目，贷记"应缴财政款"科目。

2.向财政专户上缴款项时，按照实际上缴的款项金额，借记"应缴财政款"科目，贷记"银行存款"等科目。

3.收到从财政专户返还的事业收入时，按照实际收到的返还金额，借记"银行存款"等科目，贷记本科目。

【例3.1-211】采用财政专户返还方式管理的事业收入的会计核算。

某事业单位采用财政专户返还方式管理的事业收入，在7月初开展了一项鉴证服务，服务费10 000元，预计2个月完成，到期收到10 000元的款项，并于5日后上缴财政专户，10日后收到财政专户返还的事业收入。相关账务处理如下：

（1）确认收入时：

财务会计：
借：银行存款/应收账款等　　　　　　　　　　　　　　　　　10 000
　　贷：应缴财政款　　　　　　　　　　　　　　　　　　　　10 000

预算会计无分录。

（2）上缴财政专户时：

财务会计：
借：应缴财政款　　　　　　　　　　　　　　　　　　　　　　10 000
　　贷：应收账款　　　　　　　　　　　　　　　　　　　　　　10 000

预算会计无分录。

（3）收到财政专户返还款项时：

财务会计：

借：银行存款等 10 000
　　贷：事业收入 10 000

预算会计：

借：资金结存——货币资金 10 000
　　贷：事业预算收入 10 000

（二）采用预收款方式确认的事业收入。

1. 实际收到预收款项时，按照收到的款项金额，借记"银行存款"等科目，贷记"预收账款"科目。

2. 以合同完成进度确认事业收入时，按照基于合同完成进度计算的金额，借记"预收账款"科目，贷记本科目。

【例3.1-212】采用预收款方式确认的事业收入的会计核算。

某事业单位7月初开展了一项鉴证服务，服务费10 000元，预计2个月完成，7月初预收了10 000元的款项，7月底按照服务完成进度确认了一半的事业收入。相关账务处理如下：

7月初：

财务会计：

借：银行存款 10 000
　　贷：预收账款 10 000

预算会计：

借：资金结存——货币资金 10 000
　　贷：事业预算收入 10 000

7月底：

财务会计：

借：预收账款 5 000
　　贷：事业收入 5 000

预算会计无分录。

（三）采用应收款方式确认的事业收入。

1. 根据合同完成进度计算本期应收的款项，借记"应收账款"科目，贷记本科目。

2. 实际收到款项时，借记"银行存款"等科目，贷记"应收账款"科目。

【例3.1-213】采用应收款方式确认的事业收入的会计核算。

某事业单位开展的咨询服务，咨询服务费10 000元，款项尚未收到。相关账务处理如下：

财务会计：

借：应收账款 10 000
　　贷：事业收入——科技咨询业务 10 000

（四）其他方式下确认的事业收入，按照实际收到的金额，借记"银行存款""库存现金"等科目，贷记本科目。

上述（二）至（四）中涉及增值税业务的，相关账务处理参见"应交增值税"科目。

【例3.1-214】其他方式下确认的事业收入的会计核算。

某事业单位销售科研中间产品一批，单价260元，共800件，计200 000元，增值税额26 000元，款已收到。相关账务处理如下：

财务会计：

借：银行存款 226 000
　　贷：事业收入 200 000
　　　　应交增值税—应交税金（销项税额） 26 000

预算会计：

借：资金结存—货币资金 226 000
　　贷：事业预算收入 226 000

【例3.1-215】承接【例3.1-214】

若上述已销科研中间产品有40件因质量问题被退货，货款10 000元，增值税额为1 300元。其会计分录为：

财务会计：

借：事业收入 10 000
　　应交增值税——应交税金（销项税额） 1 300
　　贷：银行存款 11 300

预算会计：

借：事业预算收入 113 000
　　贷：资金结存——货币资金 113 000

（五）期末，将本科目本期发生额转入本期盈余，借记本科目，贷记"本期盈余"科目。

【例3.1-216】期末结转的会计核算。

某事业单位年终进行结账，事业收入贷方余额为7 900 000元，均为专项资金收入。相关账务处理如下：

财务会计：

借：事业收入 7 900 000
　　贷：本期盈余 7 900 000

预算会计：

借：事业预算收入 7 900 000
　　贷：非财政拨款结转——本年收支结转 7 900 000

四、期末结转后，本科目应无余额。

4201　上级补助收入

一、本科目核算事业单位从主管部门和上级单位取得的非财政拨款收入。

二、本科目应当按照发放补助单位、补助项目等进行明细核算。

三、上级补助收入的主要账务处理如下：

（一）确认上级补助收入时，按照应收或实际收到的金额，借记"其他应收款""银行存款"等科目，贷记本科目。

实际收到应收的上级补助款时，按照实际收到的金额，借记"银行存款"等科目，贷记"其他应收款"科目。

【例3.1-217】确认上级补助收入时的会计核算。

某事业单位收到主管部门拨来的补助款100 000元，款项已经到账。此款项是上级单位用其所集中的款项对附属单位基本支出进行的调剂。相关账务处理如下：

财务会计：
借：银行存款　　　　　　　　　　　　　　　　　　　　　　100 000
　　贷：上级补助收入——主管部门　　　　　　　　　　　　　　100 000

预算会计：
借：资金结存——货币资金　　　　　　　　　　　　　　　　100 000
　　贷：上级补助预算收入　　　　　　　　　　　　　　　　　100 000

（二）期末，将本科目本期发生额转入本期盈余，借记本科目，贷记"本期盈余"科目。

【例3.1-218】期末结转的会计核算。

年终，结转上级补助收入科目，其中专项资金600 000元，非专项资金300 000元。相关账务处理如下：

财务会计：
借：上级补助收入　　　　　　　　　　　　　　　　　　　　900 000
　　贷：本期盈余　　　　　　　　　　　　　　　　　　　　　900 000

预算会计：
借：上级补助预算收入　　　　　　　　　　　　　　　　　　900 000
　　贷：非财政拨款结转　　　　　　　　　　　　　　　　　　600 000
　　　　其他结余　　　　　　　　　　　　　　　　　　　　　300 000

四、期末结转后，本科目应无余额。

4301　附属单位上缴收入

一、本科目核算事业单位取得的附属独立核算单位按照有关规定上缴的收入。

二、本科目应当按照附属单位、缴款项目等进行明细核算。

三、附属单位上缴收入的主要账务处理如下：

（一）确认附属单位上缴收入时，按照应收或收到的金额，借记"其他应收款""银行存款"等科目，贷记本科目。实际收到应收附属单位上缴款时，按照实际收到的金额，借记"银行存款"等科目，贷记"其他应收款"科目。

【例3.1-219】确认附属单位上缴收入时的会计核算。

某事业单位下属的招待所为独立核算的附属单位。按事业单位与招待所签订的收入分配办法规定，2×19年招待所应缴纳分成款60 000元，事业单位已收到招待所上缴的款项。相关账务处理如下：

财务会计：
借：银行存款　　　　　　　　　　　　　　　　　　　　　　60 000
　　贷：附属单位上缴收入　　　　　　　　　　　　　　　　　60 000

预算会计：
借：资金结存——货币资金　　　　　　　　　　　　　　　　60 000
　　贷：附属单位上缴预算收入　　　　　　　　　　　　　　　60 000

（二）期末，将本科目本期发生额转入本期盈余，借记本科目，贷记"本期盈余"科目。

【例 3.1-220】期末结转的会计核算。

某事业单位年终进行结账,附属单位上缴收入贷方余额为 900 000 元,均为专项资金收入。相关账务处理如下:

财务会计:
借:附属单位上缴收入　　　　　　　　　　　　　　　　900 000
　　贷:本期盈余　　　　　　　　　　　　　　　　　　　　　900 000

预算会计:
借:附属单位上缴预算收入　　　　　　　　　　　　　　900 000
　　贷:非财政拨款结转——本年收支结转　　　　　　　　　　900 000

四、期末结转后,本科目应无余额。

4401　经营收入

一、本科目核算事业单位在专业业务活动及其辅助活动之外开展非独立核算经营活动取得的收入。

二、本科目应当按照经营活动类别、项目和收入来源等进行明细核算。

三、经营收入应当在提供服务或发出存货,同时收讫价款或者取得索取价款的凭据时,按照实际收到或应收的金额予以确认。

四、经营收入的主要账务处理如下:

(一)实现经营收入时,按照确定的收入金额,借记"银行存款""应收账款""应收票据"等科目,贷记本科目。涉及增值税业务的,相关账务处理参见"应交增值税"科目。

【例 3.1-221】实现经营收入时的会计核算。

某事业单位附属的服务部提供打印服务应收取打印费 1 000 元,实际收到 800 元,款项已经存入银行。相关账务处理如下:

财务会计:
借:银行存款　　　　　　　　　　　　　　　　　　　　800
　　应收账款　　　　　　　　　　　　　　　　　　　　200
　　贷:经营收入—打印服务　　　　　　　　　　　　　　　1 000

预算会计:
借:资金结存—货币资金　　　　　　　　　　　　　　　800
　　贷:经营预算收入—打印服务　　　　　　　　　　　　　　800

(二)期末,将本科目本期发生额转入本期盈余,借记本科目,贷记"本期盈余"科目。

【例 3.1-222】期末结转的会计核算。

某事业单位年终进行结账,附属单位开展非独立核算经营活动取得的经营收入贷方余额为 1 000 元,均为非专项资金收入。相关账务处理如下:

财务会计:
借:经营收入——打印服务　　　　　　　　　　　　　　1 000
　　贷:本期盈余　　　　　　　　　　　　　　　　　　　　1 000

预算会计:
借:经营预算收入　　　　　　　　　　　　　　　　　　1 000
　　贷:非财政拨款结转——本年收支结转　　　　　　　　　　1 000

五、期末结转后，本科目应无余额。

4601 非同级财政拨款收入

一、本科目核算单位从非同级政府财政部门取得的经费拨款，包括从同级政府其他部门取得的横向转拨财政款、从上级或下级政府财政部门取得的经费拨款等。

事业单位因开展科研及其辅助活动从非同级政府财政部门取得的经费拨款，应当通过"事业收入——非同级财政拨款"科目核算，不通过本科目核算。

二、本科目应当按照本级横向转拨财政款和非本级财政拨款进行明细核算，并按照收入来源进行明细核算。

三、非同级财政拨款收入的主要账务处理如下：

（一）确认非同级财政拨款收入时，按照应收或实际收到的金额，借记"其他应收款""银行存款"等科目，贷记本科目。

【例3.1-223】确认非同级财政拨款收入时的会计核算。

某单位收到了非同级财政部门委托其代理银行转来的财政直接支付入账通知书，包含了银行存款 900 000 元。相关账务处理如下：

财务会计：
借：银行存款   900 000
　　贷：非同级财政拨款收入   900 000

预算会计：
借：资金结存——货币资金   900 000
　　贷：非同级财政拨款预算收入   900 000

（二）期末，将本科目本期发生额转入本期盈余，借记本科目，贷记"本期盈余"科目。

【例3.1-224】期末结转的会计核算。

某单位年终进行结账，非同级财政拨款收入贷方余额为 900 000 元，其中，专项资金收入为 300 000，非专项资金收入为 600 000。相关账务处理如下：

财务会计：
借：非同级财政拨款收入   900 000
　　贷：本期盈余   900 000

预算会计：
借：非同级财政拨款预算收入   900 000
　　贷：非财政拨款结转——本年收支结转   300 000
　　　　其他结余   600 000

四、期末结转后，本科目应无余额。

4602 投资收益

一、本科目核算事业单位股权投资和债券投资所实现的收益或发生的损失。

二、本科目应当按照投资的种类等进行明细核算。

三、投资收益的主要账务处理如下：

（一）收到短期投资持有期间的利息，按照实际收到的金额，借记"银行存款"科目，贷记"投资收益"科目。

【例3.1-225】收到短期投资持有期间的利息时的会计核算。

某事业单位收到一项短期投资持有期间利息50 000元。相关账务处理如下：

财务会计：

借：银行借款　　　　　　　　　　　　　　　　　　　　　50 000
　　贷：投资收益　　　　　　　　　　　　　　　　　　　　　　　50 000

预算会计无分录。

（二）出售或到期收回短期债券本息，按照实际收到的金额，借记"银行存款"科目，按照出售或收回短期投资的成本，贷记"短期投资"科目，按照其差额，贷记或借记本科目。涉及增值税业务的，相关账务处理参见"应交增值税"科目。

【例3.1-226】出售或到期收回短期债券本息的会计核算。

某事业单位一项短期国债投资到期兑付，其收到国债投资本息61 200元，其中短期投资成本为60 000元，利息1 200元。相关账务处理如下：

财务会计：

借：银行存款　　　　　　　　　　　　　　　　　　　　　61 200
　　贷：短期投资　　　　　　　　　　　　　　　　　　　　　　　60 000
　　　　投资收益　　　　　　　　　　　　　　　　　　　　　　　 1 200

预算会计：

借：资金结存——货币资金　　　　　　　　　　　　　　　 61 200
　　贷：投资支出　　　　　　　　　　　　　　　　　　　　　　　60 000
　　　　投资预算收益　　　　　　　　　　　　　　　　　　　　　12 000

（三）持有的分期付息、一次还本的长期债券投资，按期确认利息收入时，按照计算确定的应收未收利息，借记"应收利息"科目，贷记本科目；持有的到期一次还本付息的债券投资，按期确认利息收入时，按照计算确定的应收未收利息，借记"长期债券投资——应计利息"科目，贷记本科目。

【例3.1-227】持有的分期付息、一次还本的长期债券投资，按期确认利息收入时的会计核算。

某事业单位投资了一项长期债券，采用的支付方式是分期付息，一次还本，每期应计的利息为5 000元，利息已收到。相关账务处理如下：

财务会计：

借：应收利息　　　　　　　　　　　　　　　　　　　　　 5 000
　　贷：投资收益　　　　　　　　　　　　　　　　　　　　　　　 5 000

预算会计：

借：银行存款　　　　　　　　　　　　　　　　　　　　　 5 000
　　贷：应收利息　　　　　　　　　　　　　　　　　　　　　　　 5 000

（四）出售长期债券投资或到期收回长期债券投资本息，按照实际收到的金额，借记"银行存款"等科目，按照债券初始投资成本和已计未收利息金额，贷记"长期债券投资——成本、应计利息"科目[到期一次还本付息债券]或"长期债券投资""应收利息"科目[分期付息债券]，按照其差额，贷记或借记本科目。涉及增值税业务的，相关账务处理参见"应交增值税"科目。

【例3.1-228】出售长期债券投资或到期收回长期债券投资本息的会计核算。

某事业单位出售了一项一次还本付息的长期债券，转让价款110 000，其中成本100 000元，当期应计利息为 5 000 元。相关账务处理如下：

财务会计：

借：银行存款　　　　　　　　　　　　　　　　　　　　110 000
　　贷：长期债券投资——成本　　　　　　　　　　　　　　100 000
　　　　长期债券投资——应计利息　　　　　　　　　　　　　5 000
　　　　投资收益　　　　　　　　　　　　　　　　　　　　　5 000

预算会计：

借：资金结存——货币资金　　　　　　　110 000
　　贷：投资支出　　　　　　　　　　　　　　　　　　　　105 000
　　　　投资预算收益　　　　　　　　　　　　　　　　　　　5 000

（五）采用成本法核算的长期股权投资持有期间，被投资单位宣告分派现金股利或利润时，按照宣告分派的现金股利或利润中属于单位应享有的份额，借记"应收股利"科目，贷记本科目。采用权益法核算的长期股权投资持有期间，按照应享有或应分担的被投资单位实现的净损益的份额，借记或贷记"长期股权投资——损益调整"科目，贷记或借记本科目；被投资单位发生净亏损，但以后年度又实现净利润的，单位在其收益分享额弥补未确认的亏损分担额等后，恢复确认投资收益，借记"长期股权投资——损益调整"科目，贷记本科目。

【例 3.1-229】采用成本法核算的长期股权投资持有期间，被投资单位宣告分派现金股利或利润时的会计核算。

某事业单位一项长期股权投资按成本法核算，被投资单位次年宣告分配股利 20 000 元，属于本单位享有的股利份额为 12 000 元，股利尚未收到。相关账务处理如下：

财务会计：

借：应收股利　　　　　　　　　　　　　　　　　　　　　12 000
　　贷：投资收益　　　　　　　　　　　　　　　　　　　　　12 000

预算会计无分录。

【例 3.1-230】采用权益法核算的长期股权投资持有期间，被投资单位宣告分派现金股利或利润时的会计核算。

某事业单位一项长期股权投资按权益法核算，年底被投资单位实现净利润 60 000 元，按投资份额计算，属于该事业单位享有的被投资单位净利润为 30 000 元。相关账务处理如下：

财务会计：

借：长期股权投资——损益调整　　　　　　　　　　　　　30 000
　　贷：投资收益　　　　　　　　　　　　　　　　　　　　　30 000

预算会计无分录。

被投资单位次年 3 月宣告分配股利 20 000 元，属于本单位享有的股利份额为 12 000 元，股利尚未收到。相关账务处理如下：

财务会计：

借：应收股利　　　　　　　　　　　　　　　　　　　　　12 000
　　贷：长期股权投资——损益调整　　　　　　　　　　　　　12 000

预算会计无分录。

（六）按照规定处置长期股权投资时有关投资收益的账务处理，参见"长期股权投资"

科目。

【例3.1-231】 处置长期股权投资时有关投资收益的会计核算。

2×19年2月1日,该事业单位向外转让该长期股权投资,该长期股权投资原始投资额为60 000元,现在账面余额为70 000元,转让价格为71 000元,转让过程中共发生税费8 000元。其业务处理如下:

财务会计:

借:银行存款	71 000
投资收益	7 000
贷:长期股权投资	70 000
银行存款	8 000

预算会计:

借:资金结存——货币资金	63 000
贷:投资支出	60 000
投资预算收益	3 000

(七)期末,将本科目本期发生额转入本期盈余,借记或贷记本科目,贷记或借记"本期盈余"科目。

【例3.1-232】 期末结转的会计核算。

某事业单位年终进行结账,投资收益贷方余额为900 000元。相关账务处理如下:

财务会计:

借:投资收益	900 000
贷:本期盈余	900 000

预算会计:

借:投资预算收益	900 000
贷:其他结余	900 000

四、期末结转后,本科目应无余额。

4603 捐赠收入

一、本科目核算单位接受其他单位或者个人捐赠取得的收入。

二、本科目应当按照捐赠资产的用途和捐赠单位等进行明细核算。

三、捐赠收入的主要账务处理如下:

(一)接受捐赠的货币资金,按照实际收到的金额,借记"银行存款""库存现金"等科目,贷记本科目。

【例3.1-233】 接受货币资金捐赠的会计核算。

某单位接受了其他单位捐赠的货币资金,金额为30 000元。相关账务处理如下:

财务会计:

借:银行存款	30 000
贷:捐赠收入	30 000

预算会计:

借:资金结存——货币资金	30 000
贷:其他预算收入——捐赠收入	30 000

（二）接受捐赠的存货、固定资产等非现金资产，按照确定的成本，借记"库存物品""固定资产"等科目，按照发生的相关税费、运输费等，贷记"银行存款"等科目，按照其差额，贷记本科目。

【例3.1-234】接受存货、固定资产等非现金资产捐赠的会计核算。

某单位接受了其他单位捐赠的固定资产，成本为31 000元，其中发生的相关税费和运费为1 000元。相关账务处理如下：

财务会计：
借：固定资产　　　　　　　　　　　　　　　　　　　　　　31 000
　　贷：银行存款　　　　　　　　　　　　　　　　　　　　　　1 000
　　　　捐赠收入　　　　　　　　　　　　　　　　　　　　　30 000
预算会计：
借：其他支出　　　　　　　　　　　　　　　　　　　　　　　1 000
　　贷：资金结存　　　　　　　　　　　　　　　　　　　　　　1 000

（三）接受捐赠的资产按照名义金额入账的，按照名义金额，借记"库存物品""固定资产"等科目，贷记本科目；同时，按照发生的相关税费、运输费等，借记"其他费用"科目，贷记"银行存款"等科目。

【例3.1-235】接受捐赠的资产按照名义金额入账时的会计核算。

某单位接受了其他单位捐赠的固定资产，按照名义金额入账，其中发生的相关税费和运费为1 000元。相关账务处理如下：

财务会计：
借：库存物品/固定资产等　　　　　　　　　　　　　　　　　　　1
　　贷：捐赠收入　　　　　　　　　　　　　　　　　　　　　　　　1
借：其他费用　　　　　　　　　　　　　　　　　　　　　　　1 000
　　贷：银行存款　　　　　　　　　　　　　　　　　　　　　　1 000
预算会计：
借：其他支出　　　　　　　　　　　　　　　　　　　　　　　1 000
　　贷：资金结存　　　　　　　　　　　　　　　　　　　　　　1 000

（四）期末，将本科目本期发生额转入本期盈余，借记本科目，贷记"本期盈余"科目。

【例3.1-236】期末结转的会计核算。

某单位年终进行结账，捐赠收入贷方余额为600 000元，均为非专项资金收入。相关账务处理如下：

财务会计：
借：捐赠收入　　　　　　　　　　　　　　　　　　　　　　600 000
　　贷：本期盈余　　　　　　　　　　　　　　　　　　　　　600 000
预算会计：
借：其他预算收入——捐赠收入　　　　　　　　　　　　　　600 000
　　贷：其他结余　　　　　　　　　　　　　　　　　　　　　600 000

四、期末结转后，本科目应无余额。

4604 利息收入

一、本科目核算单位取得的银行存款利息收入。

二、利息收入的主要账务处理如下：

（一）取得银行存款利息时，按照实际收到的金额，借记"银行存款"科目，贷记本科目。

【例3.1-237】取得银行存款利息时的会计核算。

某单位在银行存了一笔款项，当期收到了银行存款利息收入1 000元。相关账务处理如下：

财务会计：

借：银行存款 1 000
　　贷：利息收入 1 000

预算会计：

借：资金结存——货币资金 1 000
　　贷：其他预算收入——利息收入 1 000

（二）期末，将本科目本期发生额转入本期盈余，借记本科目，贷记"本期盈余"科目。

【例3.1-238】期末结转的会计核算。

某单位年终进行结账，利息收入贷方余额为900 000元。相关账务处理如下：

财务会计：

借：利息收入 900 000
　　贷：本期盈余 900 000

预算会计：

借：其他预算收入——利息收入 900 000
　　贷：其他结余 900 000

三、期末结转后，本科目应无余额。

4605 租金收入

一、本科目核算单位经批准利用国有资产出租取得并按照规定纳入本单位预算管理的租金收入。

二、本科目应当按照出租国有资产类别和收入来源等进行明细核算。

三、租金收入的主要账务处理如下：

（一）国有资产出租收入，应当在租赁期内各个期间按照直线法予以确认。

1.采用预收租金方式的，预收租金时，按照收到的金额，借记"银行存款"等科目，贷记"预收账款"科目；分期确认租金收入时，按照各期租金金额，借记"预收账款"科目，贷记本科目。

【例3.1-239】国有资产出租采用预收租金方式的会计核算。

某单位和另一单位签订了一份办公楼租赁合同，约定租金支付方式为预收租金方式，当期预收款项为100 000元，租期为10个月。相关账务处理如下：

财务会计：

借：银行存款 100 000
　　贷：预收账款 100 000

预算会计：

借：资金结存——货币资金 100 000
　　贷：其他预算收入——租金收入 100 000

2.采用后付租金方式的，每期确认租金收入时，按照各期租金金额，借记"应收账款"科目，贷记本科目；收到租金时，按照实际收到的金额，借记"银行存款"等科目，贷记"应收账款"科目。

【例3.1-240】国有资产出租采用后付租金方式的会计核算。

某单位和另一单位签订了一份办公楼租赁合同，约定租金支付方式为后付租金方式，租金总额为100 000元，租期为10个月，每期确认10 000元租金收入，款项尚未收到。相关账务处理如下：

财务会计：
借：应收账款   10 000
　　贷：租金收入   10 000
预算会计无分录。

3.采用分期收取租金方式的，每期收取租金时，按照租金金额，借记"银行存款"等科目，贷记本科目。

涉及增值税业务的，相关账务处理参见"应交增值税"科目。

【例3.1-241】国有资产出租采用分期收取租金方式的会计核算。

某单位和另一单位签订了一份办公楼租赁合同，预定租金支付方式为分期收取租金方式，租金总额为100 000元，租期为10个月，每期收取10 000元租金收入。相关账务处理如下：

财务会计：
借：银行存款   10 000
　　贷：租金收入   10 000
预算会计：
借：资金结存——货币资金   10 000
　　贷：其他预算收入——租金收入   10 000

（二）期末，将本科目本期发生额转入本期盈余，借记本科目，贷记"本期盈余"科目。

【例3.1-242】期末结转的会计核算。

某单位年终进行结账，租金收入贷方余额为400 000元。相关账务处理如下：

财务会计：
借：租金收入   400 000
　　贷：本期盈余   400 000
预算会计：
借：其他预算收入——租金收入   400 000
　　贷：其他结余   400 000

四、期末结转后，本科目应无余额。

4609　其他收入

一、本科目核算单位取得的除财政拨款收入、事业收入、上级补助收入、附属单位上缴收入、经营收入、非同级财政拨款收入、投资收益、捐赠收入、利息收入、租金收入以外的各项收入，包括现金盘盈收入、按照规定纳入单位预算管理的科技成果转化收入、行政单位收回已核销的其他应收款、无法偿付的应付及预收款项、置换换出资产评估增值等。

二、本科目应当按照其他收入的类别、来源等进行明细核算。

三、其他收入的主要账务处理如下：

（一）现金盘盈收入。

每日现金账款核对中发现的现金溢余，属于无法查明原因的部分，报经批准后，借记"待处理财产损溢"科目，贷记本科目。

【例3.1-243】现金盘盈收入的会计核算。

某单位进行每日的现金账款核对，盘盈现金10 000元，无法查明原因，报经批准后，相关账务处理如下：

财务会计：
借：待处理财产损溢　　　　　　　　　　　　　　　　　　　10 000
　　贷：其他收入　　　　　　　　　　　　　　　　　　　　　　　10 000

预算会计无分录。

（二）科技成果转化收入。

单位科技成果转化所取得的收入，按照规定留归本单位的，按照所取得收入扣除相关费用之后的净收益，借记"银行存款"等科目，贷记本科目。

【例3.1-244】科技成果转化收入的会计核算。

某单位进行科技成果转化，取得转化收入100 000元。相关账务处理如下：

财务会计：
借：银行存款　　　　　　　　　　　　　　　　　　　　　　100 000
　　贷：其他收入　　　　　　　　　　　　　　　　　　　　　　　100 000

预算会计：
借：资金结存——货币资金　　　　　　　　　　　　　　　　100 000
　　贷：其他预算收入　　　　　　　　　　　　　　　　　　　　　100 000

（三）收回已核销的其他应收款。

行政单位已核销的其他应收款在以后期间收回的，按照实际收回的金额，借记"银行存款"等科目，贷记本科目。

【例3.1-245】收回已核销的其他应收款的会计核算。

某单位收回了一笔已核销的其他应收款，金额为50 000元。相关账务处理如下：

财务会计：
借：银行存款　　　　　　　　　　　　　　　　　　　　　　　50 000
　　贷：其他收入　　　　　　　　　　　　　　　　　　　　　　　　50 000

预算会计：
借：资金结存—货币资金　　　　　　　　　　　　　　　　　　50 000
　　贷：其他预算收入　　　　　　　　　　　　　　　　　　　　　　50 000

（四）无法偿付的应付及预收款项。

无法偿付或债权人豁免偿还的应付账款、预收账款、其他应付款及长期应付款，借记"应付账款""预收账款""其他应付款""长期应付款"等科目，贷记本科目。

【例3.1-246】无法偿付的应付及预收款项的会计核算。

某单位收回了一笔已核销的其他应收款，金额为50 000元。相关账务处理如下：

财务会计：
借：银行存款　　　　　　　　　　　　　　　　　　　　　　　50 000

       贷：其他收入   50 000
   预算会计：
   借：资金结存—货币资金   50 000
       贷：其他预算收入   50 000

（五）置换换出资产评估增值。

资产置换过程中，换出资产评估增值的，按照评估价值高于资产账面价值或账面余额的金额，借记有关科目，贷记本科目。具体账务处理参见"库存物品"等科目。

以未入账的无形资产取得的长期股权投资，按照评估价值加相关税费作为投资成本，借记"长期股权投资"科目，按照发生的相关税费，贷记"银行存款""其他应交税费"等科目，按其差额，贷记本科目。

【例3.1-247】置换换出资产评估增值的会计核算。

某单位在进行固定资产置换的过程中，换出的固定资产被评估为增值，评估价值高于固定资产账面价值10 000元。相关账务处理如下：

财务会计：
借：固定资产   10 000
    贷：其他收入   10 000
预算会计无分录。

（六）确认（一）至（五）以外的其他收入时，按照应收或实际收到的金额，借记"其他应收款""银行存款""库存现金"等科目，贷记本科目。涉及增值税业务的，相关账务处理参见"应交增值税"科目。

【例3.1-248】确认（一）至（五）以外的其他收入时的会计核算。

某单位收到其他项目收入5 000元，相关账务处理如下：

财务会计：
借：银行存款   5 000
    贷：其他收入   5 000
预算会计无分录。

（七）期末，将本科目本期发生额转入本期盈余，借记本科目，贷记"本期盈余"科目。

【例3.1-249】期末结转的会计核算。

某单位年终进行结账，其他贷方余额为900 000元，其中，专项资金收入为500 000，非专项资金收入为400 000。相关账务处理如下：

财务会计：
借：其他收入   900 000
    贷：本期盈余   900 000
预算会计：
借：其他预算收入   900 000
    贷：非财政拨款结转——本年收支结转   500 000
        其他结余   400 000

四、期末结转后，本科目应无余额。

（五）费用类

5001 业务活动费用

一、本科目核算单位为实现其职能目标，依法履职或开展专业业务活动及其辅助活动所发生的各项费用。

二、本科目应当按照项目、服务或者业务类别、支付对象等进行明细核算。为了满足成本核算需要，本科目下还可按照"工资福利费用""商品和服务费用""对个人和家庭的补助费用""对企业补助费用""固定资产折旧费""无形资产摊销费""公共基础设施折旧（摊销）费""保障性住房折旧费""计提专用基金"等成本项目设置明细科目，归集能够直接计入业务活动或采用一定方法计算后计入业务活动的费用。

三、业务活动费用的主要账务处理如下：

（一）为履职或开展业务活动人员计提的薪酬，按照计算确定的金额，借记本科目，贷记"应付职工薪酬"科目。

【例3.1-250】为履职或开展业务活动人员计提薪酬的会计核算。

某行政单位本月职工薪酬总额为900 000元，代扣代缴个人所得税36 000元，使用财政直接支付方式支付职工薪酬和个人所得税。账务处理如下：

（1）计提工资时：

财务会计：

借：业务活动费用——工资福利费用　　　　　　　　　　900 000
　　贷：应付职工薪酬——工资　　　　　　　　　　　　　　900 000

预算会计无分录。

（2）实际支付给职工并代扣个人所得税时：

财务会计：

借：应付职工薪酬——工资　　　　　　　　　　　　　　900 000
　　贷：财政拨款收入——基本支出拨款（人员经费）　　　864 000
　　　　其他应交税费——应交个人所得税　　　　　　　　 36 000

预算会计：

借：行政支出　　　　　　　　　　　　　　　　　　　　864 000
　　贷：财政拨款预算收入——基本支出拨款（人员经费）　864 000

（3）实际缴纳税款时：

财务会计：

借：其他应交税费——应交个人所得税　　　　　　　　　 36 000
　　贷：银行存款　　　　　　　　　　　　　　　　　　　 36 000

预算会计：

借：行政支出　　　　　　　　　　　　　　　　　　　　 36 000
　　贷：资金结存——货币资金　　　　　　　　　　　　　 36 000

（二）为履职或开展业务活动发生的外部人员劳务费，按照计算确定的金额，借记本科目，按照代扣代缴个人所得税的金额，贷记"其他应交税费——应交个人所得税"科目，按照扣税后应付或实际支付的金额，贷记"其他应付款""财政拨款收入""零余额账户用款额度""银行存款"等科目。

【例3.1-251】为履职或开展业务活动发生的外部人员劳务费的会计核算。

某事业单位为开展业务活动发生外部人员劳务费共计23 800元,其中,应代扣代缴个人所得税1 600元,扣税后应支付的劳务费为22 200元(23 800-1 600)。该事业单位应编制如下会计分录:

财务会计:
借:业务活动费用　　　　　　　　　　　　　　　　　　　　　　23 800
　　贷:其他应交税费——应交个人所得税　　　　　　　　　　　　1 600
　　　　其他应付款　　　　　　　　　　　　　　　　　　　　　　22 200
预算会计无分录。

(三)为履职或开展业务活动领用库存物品,以及动用发出相关政府储备物资,按照领用库存物品或发出相关政府储备物资的账面余额,借记本科目,贷记"库存物品""政府储备物资"科目。

【例3.1-252】为履职或开展业务活动领用库存物品,以及动用发出相关政府储备物资的会计核算。

6月10日,某行政单位购入一批材料80 000元,价款使用财政授权支付方式进行支付,当日收到材料并验收合格入库。6月15日,该行政单位领用该材料30 000元用于开展业务活动。其会计分录为:

(1)购入材料时:

财务会计:
借:库存物品　　　　　　　　　　　　　　　　　　　　　　　　80 000
　　贷:零余额账户用款额度　　　　　　　　　　　　　　　　　　80 000
预算会计:
借:行政支出　　　　　　　　　　　　　　　　　　　　　　　　80 000
　　贷:资金结存——零余额账户用款额　　　　　　　　　　　　　80 000

(2)领用材料时:

财务会计:
借:业务活动费用——商品和服务费用　　　　　　　　　　　　　30 000
　　贷:库存物品　　　　　　　　　　　　　　　　　　　　　　　30 000
预算会计无分录。

(四)为履职或开展业务活动所使用的固定资产、无形资产以及为所控制的公共基础设施、保障性住房计提的折旧、摊销,按照计提金额,借记本科目,贷记"固定资产累计折旧""无形资产累计摊销""公共基础设施累计折旧(摊销)""保障性住房累计折旧"科目。

【例3.1-253】为履职或开展业务活动所使用的资产计提的折旧、摊销的会计核算。

某行政单位的设备A专门用于开展业务活动,该设备采用直线法计提折旧,该设备原价为240 000元,预计使用年限为10年,预计净残值为零。截止2×19年4月30日,该设备已计提折旧120 000元,则2×19年5月31日,计提折旧的会计分录为:

每月折旧金额=240 000÷10÷12=2 000元

财务会计:
借:业务活动费用——固定资产折旧费　　　　　　　　　　　　　2 000
　　贷:固定资产累计折旧——设备A　　　　　　　　　　　　　　2 000

预算会计无分录。

（五）为履职或开展业务活动发生的城市维护建设税、教育费附加、地方教育费附加、车船税、房产税、城镇土地使用税等，按照计算确定应交纳的金额，借记本科目，贷记"其他应交税费"等科目。

【例3.1-254】为履职或开展业务活动发生的相关税费的会计核算。

某行政单位20×7年1月，出租办公室产生应交增值税5 000元，城市建设维护税以及教育费附加的税率分别为7%、3%。与其他应交税费相关的会计分录为：

应缴城市建设维护税＝5 000×7%=350（元）

教育费附加＝5 000×3%=150（元）

（1）计算应交税费时：

财务会计：

借：业务活动费用　　　　　　　　　　　　　　　　　　　　　　500

　　贷：其他应交税费——城市建设维护税　　　　　　　　　　　　350

　　　　　　　　　　——教育费附加　　　　　　　　　　　　　　150

预算会计无分录。

（2）支付税费时：

财务会计：

借：其他应交税费——城市建设维护税　　　　　　　　　　　　　350

　　　　　　　——教育费附加　　　　　　　　　　　　　　　　150

　　贷：银行存款　　　　　　　　　　　　　　　　　　　　　　500

预算会计：

借：行政支出　　　　　　　　　　　　　　　　　　　　　　　　500

　　贷：资金结存——货币资金　　　　　　　　　　　　　　　　500

（六）为履职或开展业务活动发生其他各项费用时，按照费用确认金额，借记本科目，贷记"财政拨款收入""零余额账户用款额度""银行存款""应付账款""其他应付款""其他应收款"等科目。

【例3.1-255】为履职或开展业务活动发生其他各项费用的会计核算。

某行政单位用于开展业务的固定资产发生日常维修费用1 000元，该费用不计入固定资产成本，用财政授权支付方式进行支付，其会计分录为：

财务会计：

借：业务活动费用　　　　　　　　　　　　　　　　　　　　　　1 000

　　贷：零余额账户用款额度　　　　　　　　　　　　　　　　　1 000

预算会计：

借：行政支出　　　　　　　　　　　　　　　　　　　　　　　　1 000

　　贷：资金结存——零余额账户用款额度　　　　　　　　　　　1 000

（七）按照规定从收入中提取专用基金并计入费用的，一般按照预算会计下基于预算收入计算提取的金额，借记本科目，贷记"专用基金"科目。国家另有规定的，从其规定。

【例3.1-256】按照规定从收入中提取专用基金并计入费用的的会计核算。

2×19年，某事业单位按照规定从事业收入中提取100 000元作为修购基金，其会计分录为：

财务会计：
借：业务活动费用——计提专用基金 100 000
　　贷：专用基金——修购基金 100 000
预算会计无分录。

（八）发生当年购货退回等业务，对于已计入本年业务活动费用的，按照收回或应收的金额，借记"财政拨款收入""零余额账户用款额度""银行存款""其他应收款"等科目，贷记本科目。

【例3.1-257】发生当年购货退回等业务，并且已计入本年业务活动费用的的会计核算。

某事业单位已领用的部分库存物品存在质量问题，价值5 000元，系当年用财政授权支付方式购入的存货，领用当时计入业务活动费用，已做退回处理，收到来自供应商的退款。其会计分录为：

财务会计：
借：零余额账户用款额度 5 000
　　贷：业务活动费用——商品和服务费用 5 000
预算会计：
借：资金结存——零余额账户用款额度 5 000
　　贷：事业支出 5 000

（九）期末，将本科目本期发生额转入本期盈余，借记"本期盈余"科目，贷记本科目。

【例3.1-258】期末结转的会计核算。

2×19年11月30日，某事业单位业务活动费用科目余额5 000元，单位管理费用科目余额2 000元，经营费用科目余额2 000元，资产处置费用科目余额1 000元，所得税费用科目余额5 000元，其他费用科目余额5 000元。

财务会计：
借：本期盈余 20 000
　　贷：业务活动费用 5 000
　　　　单位管理费用 2 000
　　　　经营费用 2 000
　　　　资产处置费用 1 000
　　　　所得税费用 5 000
　　　　其他费用 5 000
预算会计无分录。

【例3.1-259】期末结转的会计核算。

某单位2×19年行政支出共计200 000元，其中财政拨款支出为100 000元，非同级财政专项资金支出为60 000元，非同级财政非专项资金支出为40 000元。

预算会计：
借：财政拨款结转——本年收支结转 100 000
　　非财政拨款结转——本年收支结转 60 000
　　其他结余 40 000
　　贷：行政支出 200 000
财务会计无分录。

四、期末结转后，本科目应无余额。

5101 单位管理费用

一、本科目核算事业单位本级行政及后勤管理部门开展管理活动发生的各项费用，包括单位行政及后勤管理部门发生的人员经费、公用经费、资产折旧（摊销）等费用，以及由单位统一负担的离退休人员经费、工会经费、诉讼费、中介费等。

二、本科目应当按照项目、费用类别、支付对象等进行明细核算。

为了满足成本核算需要，本科目下还可按照"工资福利费用""商品和服务费用""对个人和家庭的补助费用""固定资产折旧费""无形资产摊销费"等成本项目设置明细科目，归集能够直接计入单位管理活动或采用一定方法计算后计入单位管理活动的费用。

三、单位管理费用的主要账务处理如下：

（一）为管理活动人员计提的薪酬，按照计算确定的金额，借记本科目，贷记"应付职工薪酬"科目。

【例3.1-260】为管理活动人员计提薪酬的会计核算。

某事业单位本月后勤部门人员薪酬总额为50 000元，代扣代缴个人所得税1 000元，使用财政直接支付方式支付职工薪酬和个人所得税。账务处理如下：

（1）计提工资时：

财务会计：

借：单位管理费用——工资福利费用　　　　　　　　　　50 000
　　贷：应付职工薪酬——工资　　　　　　　　　　　　　　50 000

预算会计无分录。

（2）实际支付给职工并代扣个人所得税时：

财务会计：

借：应付职工薪酬——工资　　　　　　　　　　　　　　50 000
　　贷：财政拨款收入　　　　　　　　　　　　　　　　　49 000
　　　　其他应交税费——应交个人所得税　　　　　　　　1 000

预算会计：

借：事业支出　　　　　　　　　　　　　　　　　　　　49 000
　　贷：财政拨款预算收入——基本支出（人员经费）　　　49 000

（3）实际缴纳税款时：

财务会计：

借：其他应交税费——应交个人所得税　　　　　　　　　1 000
　　贷：银行存款　　　　　　　　　　　　　　　　　　　1 000

预算会计：

借：事业支出　　　　　　　　　　　　　　　　　　　　1 000
　　贷：资金结存——货币资金　　　　　　　　　　　　　1 000

（二）为开展管理活动发生的外部人员劳务费，按照计算确定的费用金额，借记本科目，按照代扣代缴个人所得税的金额，贷记"其他应交税费——应交个人所得税"科目，按照扣税后应付或实际支付的金额，贷记"其他应付款""财政拨款收入""零余额账户用款额度""银行存款"等科目。

【例3.1-261】为开展管理活动发生的外部人员劳务费的会计核算。

某事业单位为开展管理活动发生外部人员劳务费共计18 500元，其中，应代扣代缴个人所得税1 100元，扣税后实际支付的劳务费为17 400元（18 500-1 100），款项通过零余额账户用款额度支付。该事业单位应编制如下会计分录：

财务会计：
借：单位管理费用　　　　　　　　　　　　　　　　　　　　18 500
　　贷：其他应交税费——应交个人所得税　　　　　　　　　　　 1 100
　　　　零余额账户用款额度　　　　　　　　　　　　　　　　　17 400
预算会计无分录。

（三）开展管理活动内部领用库存物品，按照领用物品实际成本，借记本科目，贷记"库存物品"科目。

【例3.1-262】展管理活动内部领用库存物品的会计核算。

2×19年5月，某事业单位后勤部门领用库存物品，成本为3 000元，其会计分录为：

财务会计：
借：单位管理费用——商品和服务费用　　　　　　　　　　　　3 000
　　贷：库存物品　　　　　　　　　　　　　　　　　　　　　　3 000
预算会计无分录。

（四）为管理活动所使用固定资产、无形资产计提的折旧、摊销，按照应提折旧、摊销额，借记本科目，贷记"固定资产累计折旧""无形资产累计摊销"科目。

【例3.1-263】为管理活动所使用资产计提的折旧、摊销的会计核算。

某事业单位的设备A专门用于管理活动，该设备采用直线法计提折旧，该设备原价为60 000元，预计使用年限为5年，预计净残值为零。截止2×19年3月31日，该设备已计提折旧30 000元，则2×19年4月30日，计提折旧的会计分录为：

每月折旧金额=60 000÷5÷12=1 000元

财务会计：
借：单位管理费用——固定资产折旧费　　　　　　　　　　　　1 000
　　贷：固定资产累计折旧——设备A　　　　　　　　　　　　　1 000
预算会计无分录。

（五）为开展管理活动发生城市维护建设税、教育费附加、地方教育费附加、车船税、房产税、城镇土地使用税等，按照计算确定应交纳的金额，借记本科目，贷记"其他应交税费"等科目。

【例3.1-264】为开展管理活动发生相关税费的会计核算。

2×19年，某事业单位管理用车辆发生车船税460元，已用银行存款支付，其会计分录为：

（1）确认其他应交税费时：

财务会计：
借：单位管理费用——商品和服务费用　　　　　　　　　　　　 460
　　贷：其他应交税费——车船税　　　　　　　　　　　　　　　 460
预算会计无分录。

（2）实际支付时：

财务会计：
借：其他应交税费——车船税 460
　　贷：银行存款 460
预算会计：
借：事业支出 460
　　贷：资金结存——货币资金 460

（六）为开展管理活动发生的其他各项费用，按照费用确认金额，借记本科目，贷记"财政拨款收入""零余额账户用款额度""银行存款""其他应付款""其他应收款"等科目。

【例3.1-265】为开展管理活动发生的其他各项费用的会计核算。

某事业单位管理用固定资产发生日常维修费用5 000元，该费用不计入固定资产成本，用财政授权支付方式进行支付，其会计分录为：

财务会计：
借：单位管理费用——商品和服务费用 5 000
　　贷：零余额账户用款额度 5 000
预算会计：
借：事业支出 5 000
　　贷：资金结存——零余额账户用款额度 5 000

（七）发生当年购货退回等业务，对于已计入本年单位管理费用的，按照收回或应收的金额，借记"财政拨款收入""零余额账户用款额度""银行存款""其他应收款"等科目，贷记本科目。

【例3.1-266】发生当年购货退回等业务，并且已计入本年单位管理费用的的会计核算。

某事业单位已领用的部分库存物品存在质量问题，价值2 000元，系当年用财政授权支付方式购入的存货，领用当时计入单位管理费用，已做退回处理，收到来自供应商的退款。其会计分录为：

财务会计：
借：零余额账户用款额度 2 000
　　贷：单位管理费用——商品和服务费用 2 000
预算会计：
借：资金结存——零余额账户用款额度 2 000
　　贷：事业支出 2 000

（八）期末，将本科目本期发生额转入本期盈余，借记"本期盈余"科目，贷记本科目。

【例3.1-267】期末结转的会计核算。

2×19年11月30日，某事业单位业务活动费用科目余额5 000元，单位管理费用科目余额2 000元，经营费用科目余额2 000元，资产处置费用科目余额1 000元，所得税费用科目余额5 000元，其他费用科目余额5 000元。

期末结转分录为：
财务会计：
借：本期盈余 200 000
　　贷：业务活动费用 5 000
　　　　单位管理费用 2 000

经营费用	2 000
资产处置费用	1 000
所得税费用	5 000
其他费用	5 000

预算会计无分录。

四、期末结转后，本科目应无余额。

5201　经营费用

一、本科目核算事业单位在专业业务活动及其辅助活动之外开展非独立核算经营活动发生的各项费用。

二、本科目应当按照经营活动类别、项目、支付对象等进行明细核算。

为了满足成本核算需要，本科目下还可按照"工资福利费用""商品和服务费用""对个人和家庭的补助费用""固定资产折旧费""无形资产摊销费"等成本项目设置明细科目，归集能够直接计入单位经营活动或采用一定方法计算后计入单位经营活动的费用。

三、经营费用的主要账务处理如下：

（一）为经营活动人员计提的薪酬，按照计算确定的金额，借记本科目，贷记"应付职工薪酬"科目。

【例3.1-268】为经营活动人员计提的薪酬的会计核算。

某事业单位开展经营活动，2×19年4月经营活动人员薪酬总额为70 000元，代扣代缴个人所得税3 000元，使用银行存款支付职工薪酬和个人所得税。账务处理如下：

（1）计提工资时：

财务会计：

借：经营费用——工资福利费用	70 000
贷：应付职工薪酬——工资	70 000

预算会计无分录。

（2）实际支付给职工并代扣个人所得税时：

财务会计：

借：应付职工薪酬——工资	70 000
贷：银行存款	67 000
其他应交税费——应交个人所得税	3 000

预算会计：

借：经营支出——工资福利支出	67 000
贷：资金结存——货币资金	67 000

（3）实际缴纳税款时：

财务会计：

借：其他应交税费——应交个人所得税	3 000
贷：银行存款	3 000

预算会计：

借：经营支出	3 000
贷：资金结存——货币资金	3 000

（二）开展经营活动领用或发出库存物品，按照物品实际成本，借记本科目，贷记"库存物品"科目。

【例3.1-269】开展经营活动领用或发出库存物品的会计核算。

某事业单位开展经营活动，2×19年4月出售一批库存物品，已发出，该批物品的成本为50 000元，其会计处理为：

财务会计：

借：经营费用——商品和服务费用　　　　　　　　　　　　　　　50 000

　　贷：库存物品　　　　　　　　　　　　　　　　　　　　　　　50 000

预算会计无分录。

（三）为经营活动所使用固定资产、无形资产计提的折旧、摊销，按照应提折旧、摊销额，借记本科目，贷记"固定资产累计折旧""无形资产累计摊销"科目。

【例3.1-270】为经营活动所使用固定资产、无形资产计提的折旧、摊销的会计核算。

2×19年5月，某事业单位购买一项专利权，价值240 000元，用于开展经营活动，全部价款使用银行存款支付。其会计分录为：

财务会计：

借：无形资产　　　　　　　　　　　　　　　　　　　　　　　　240 000

　　贷：银行存款　　　　　　　　　　　　　　　　　　　　　　　240 000

预算会计：

借：经营支出——资本性支出　　　　　　　　　　　　　　　　　240 000

　　贷：资金结存——货币资金　　　　　　　　　　　　　　　　　240 000

【例3.1-271】为经营活动所使用固定资产、无形资产计提的折旧、摊销的会计核算。

沿用【例3.1-270】，假如该项专利权摊销年限为10年，则2×19年5月计提无形资产摊销的会计分录为：

无形资产摊销金额=240 000÷10÷12=2 000元

财务会计：

借：经营费用——无形资产摊销费　　　　　　　　　　　　　　　2 000

　　贷：无形资产累计摊销　　　　　　　　　　　　　　　　　　　2 000

预算会计无分录。

（四）开展经营活动发生城市维护建设税、教育费附加、地方教育费附加、车船税、房产税、城镇土地使用税等，按照计算确定应交纳的金额，借记本科目，贷记"其他应交税费"等科目。

【例3.1-272】开展经营活动发生相关税费的会计核算。

某事业单位开展经营活动，2×19年1月，出售库存物品取得收入20 000元，增值税销项税额为3 400元，城市建设维护税以及教育费附加的税率分别为7%、3%。计提并缴纳城市维护建设税以及教育费附加的会计分录为：

应缴城市建设维护税=3 400×7%=238（元）

教育费附加=3 400×3%=102（元）

（1）计算应交税费时：

财务会计：

借：经营费用——商品和服务费用　　　　　　　　　　　　　　　340

贷：其他应交税费——城市建设维护税　　　　　　　　　　　238
　　　　　　　　——教育费附加　　　　　　　　　　　　　　　102
预算会计无分录。
（2）支付税费时：
财务会计：
借：其他应交税费——城市建设维护税　　　　　　　　　　　238
　　　　　　　　——教育费附加　　　　　　　　　　　　　　　102
　　贷：银行存款　　　　　　　　　　　　　　　　　　　　　340
预算会计：
借：经营支出——商品和服务费用　　　　　　　　　　　　　　340
　　贷：资金结存——货币资金　　　　　　　　　　　　　　　340

（五）发生与经营活动相关的其他各项费用时，按照费用确认金额，借记本科目，贷记"银行存款""其他应付款""其他应收款"等科目。涉及增值税业务的，相关账务处理参见"应交增值税"科目。

【例3.1-273】 发生与经营活动相关的其他各项费用时的会计核算。

2×19年5月，某事业单位发生经营部门退职人员生活补贴3 000元，已用银行存款支付，其会计分录为：
财务会计：
借：经营费用——对个人和家庭的补助费用　　　　　　　　　3 000
　　贷：银行存款　　　　　　　　　　　　　　　　　　　　3 000
预算会计：
借：经营支出——对个人和家庭的补助　　　　　　　　　　　3 000
　　贷：资金结存——货币资金　　　　　　　　　　　　　　3 000

（六）发生当年购货退回等业务，对于已计入本年经营费用的，按照收回或应收的金额，借记"银行存款""其他应收款"等科目，贷记本科目。

【例3.1-274】 发生当年购货退回等业务，对于已计入本年经营费用的会计核算。

某事业单位经营部门已发出的部分库存物品存在质量问题，价值2 000元，系当年用银行存款支付方式购入的存货，领用当时计入经营费用，已收回并做退货处理，收到来自供应商的退款。其会计分录为：
财务会计：
借：银行存款　　　　　　　　　　　　　　　　　　　　　　2 000
　　贷：业务活动费用——商品和服务费用　　　　　　　　　2 000
预算会计：
借：资金结存——货币资金　　　　　　　　　　　　　　　　2 000
　　贷：经营支出——商品和服务支出　　　　　　　　　　　2 000

（七）期末，将本科目本期发生额转入本期盈余，借记"本期盈余"科目，贷记本科目。

【例3.1-275】 期末结转的会计核算。

2×19年12月，某事业单位开展经营活动产生的经营费用为60 000元，其结转会计分录为：
财务会计：

借：本期盈余 60 000
　　贷：经营费用 60 000
预算会计无分录。

【例3.1-276】期末结转的会计核算。

2×19年年末，某事业单位经营支出借方余额为250 000元，其结转会计分录为：
预算会计：
借：经营结余 250 000
　　贷：经营支出 250 000
财务会计无分录。

四、期末结转后，本科目应无余额。

5301　资产处置费用

一、本科目核算单位经批准处置资产时发生的费用，包括转销的被处置资产价值，以及在处置过程中发生的相关费用或者处置收入小于相关费用形成的净支出。资产处置的形式按照规定包括无偿调拨、出售、出让、转让、置换、对外捐赠、报废、毁损以及货币性资产损失核销等。

单位在资产清查中查明的资产盘亏、毁损以及资产报废等，应当先通过"待处理财产损溢"科目进行核算，再将处理资产价值和处理净支出计入本科目。

短期投资、长期股权投资、长期债券投资的处置，按照相关资产科目的规定进行账务处理。

二、本科目应当按照处置资产的类别、资产处置的形式等进行明细核算。

三、资产处置费用的主要账务处理如下：

（一）不通过"待处理财产损溢"科目核算的资产处置。

1. 按照规定报经批准处置资产时，按照处置资产的账面价值，借记本科目[处置固定资产、无形资产、公共基础设施、保障性住房的，还应借记"固定资产累计折旧""无形资产累计摊销""公共基础设施累计折旧（摊销）""保障性住房累计折旧"科目]，按照处置资产的账面余额，贷记"库存物品""固定资产""无形资产""公共基础设施""政府储备物资""文物文化资产""保障性住房""其他应收款""在建工程"等科目。

2. 处置资产过程中仅发生相关费用的，按照实际发生金额，借记本科目，贷记"银行存款""库存现金"等科目。

3. 处置资产过程中取得收入的，按照取得的价款，借记"库存现金""银行存款"等科目，按照处置资产过程中发生的相关费用，贷记"银行存款""库存现金"等科目，按照其差额，借记本科目或贷记"应缴财政款"等科目。

涉及增值税业务的，相关账务处理参见"应交增值税"科目。

【例3.1-277】不通过"待处理财产损溢"科目核算的资产处置的会计核算。

某单位经批准无偿调出一项专利权，该项专利权原价500 000元，已计提摊销300 000元，调出过程中发生相关费用10 000元，已通过银行存款支付。其会计分录为：
财务会计：
借：资产处置费用 200 000
　　无形资产累计摊销 300 000
　　贷：无形资产 500 000
借：资产处置费用 10 000

　　　　贷：银行存款　　　　　　　　　　　　　　　　　　　　　　　10 000
　　预算会计：
　　借：其他支出　　　　　　　　　　　　　　　　　　　　　　　　　10 000
　　　　贷：资金结存——货币资金　　　　　　　　　　　　　　　　　10 000
　　（二）通过"待处理财产损溢"科目核算的资产处置。
　　1.单位账款核对中发现的现金短缺，属于无法查明原因的，报经批准核销时，借记本科目，贷记"待处理财产损溢"科目。
　　2.单位资产清查过程中盘亏或者毁损、报废的存货、固定资产、无形资产、公共基础设施、政府储备物资、文物文化资产、保障性住房等，报经批准处理时，按照处理资产价值，借记本科目，贷记"待处理财产损溢——待处理财产价值"科目。处理收支结清时，处理过程中所取得收入小于所发生相关费用的，按照相关费用减去处理收入后的净支出，借记本科目，贷记"待处理财产损溢——处理净收入"科目。

【例3.1-278】通过"待处理财产损溢"科目核算的资产处置的会计核算。
　　某行政单位在资产清查过程中发现用于开展业务活动的设备A已老化，无法继续正常使用，应报废。该设备原价300 000元，已计提折旧280 000元。经批准后，设备A已做报废处理。其会计分录为：
　　财务会计：
　　借：待处理财产损溢——待处理财产价值　　　　　　　　　　　　20 000
　　　　固定资产累计折旧　　　　　　　　　　　　　　　　　　　　280 000
　　　　贷：固定资产　　　　　　　　　　　　　　　　　　　　　　300 000
　　借：资产处置费用　　　　　　　　　　　　　　　　　　　　　　　20 000
　　　　贷：待处理财产损溢——待处理财产价值　　　　　　　　　　　20 000
　　预算会计无分录。
　　（三）期末，将本科目本期发生额转入本期盈余，借记"本期盈余"科目，贷记本科目。

【例3.1-279】期末结转的会计核算。
　　2×19年11月30日，某事业单位业务活动费用科目余额5 000元，单位管理费用科目余额2 000元，经营费用科目余额2 000元，资产处置费用科目余额1 000元，所得税费用科目余额5 000元，其他费用科目余额5 000元。
　　期末结转分录为：
　　财务会计：
　　借：本期盈余　　　　　　　　　　　　　　　　　　　　　　　　200 000
　　　　贷：业务活动费用　　　　　　　　　　　　　　　　　　　　　5 000
　　　　　　单位管理费用　　　　　　　　　　　　　　　　　　　　　2 000
　　　　　　经营费用　　　　　　　　　　　　　　　　　　　　　　　2 000
　　　　　　资产处置费用　　　　　　　　　　　　　　　　　　　　　1 000
　　　　　　所得税费用　　　　　　　　　　　　　　　　　　　　　　5 000
　　　　　　其他费用　　　　　　　　　　　　　　　　　　　　　　　5 000
　　预算会计无分录。
　　四、期末结转后，本科目应无余额。

5401 上缴上级费用

一、本科目核算事业单位按照财政部门和主管部门的规定上缴上级单位款项发生的费用。

二、本科目应当按照收缴款项单位、缴款项目等进行明细核算。

三、上缴上级费用的主要账务处理如下：

（一）单位发生上缴上级支出的，按照实际上缴的金额或者按照规定计算出应当上缴上级单位的金额，借记本科目，贷记"银行存款""其他应付款"等科目。

【例3.1-280】单位发生上缴上级支出的会计核算。

2×19年12月，某事业单位根据体制安排和本年事业收入的数额，经过计算，本年应上缴上级单位款项100 000元，事业单位通过银行转账上缴了款项。其会计分录为：

财务会计：
借：上缴上级费用——上缴单位**   100 000
    贷：银行存款   100 000

预算会计：
借：上缴上级支出——上缴单位**   100 000
    贷：资金结存——货币资金   100 000

（二）期末，将本科目本期发生额转入本期盈余，借记"本期盈余"科目，贷记本科目。

【例3.1-281】期末结转的会计核算。

沿用【例3.1-280】，假如该事业单位在2×19年没有发生其他的上缴上级支出，则期末和年末结转分录为：

财务会计：
借：本期盈余   100 000
    贷：上缴上级费用   100 000

预算会计：
借：其他结余   100 000
    贷：上缴上级支出   100 000

四、期末结转后，本科目应无余额。

5501 对附属单位补助费用

一、本科目核算事业单位用财政拨款收入之外的收入对附属单位补助发生的费用。

二、本科目应当按照接受补助单位、补助项目等进行明细核算。

三、对附属单位补助费用的主要账务处理如下：

（一）单位发生对附属单位补助支出的，按照实际补助的金额或者按照规定计算出应当对附属单位补助的金额，借记本科目，贷记"银行存款""其他应付款"等科目。

【例3.1-282】单位发生对附属单位补助支出的会计核算。

2×19年12月，某事业单位自有经费，对所属独立核算杂志社补助10 000元，以银行存款支付。其会计分录为：

财务会计：
借：对附属单位补助费用——杂志社   10 000
    贷：银行存款   10 000

预算会计：

借：对附属单位补助支出——杂志社　　　　　　　　　　　　　　10 000
　　贷：资金结存——货币资金　　　　　　　　　　　　　　　　　　　10 000

（二）期末，将本科目本期发生额转入本期盈余，借记"本期盈余"科目，贷记本科目。

【例3.1-283】期末结转的会计核算。

沿用【例3.1-283】，假如该事业单位在2×19年没有发生其他的对附属单位的补助支出，则期末和年末结转分录为：

财务会计：
借：本期盈余　　　　　　　　　　　　　　　　　　　　　　　　　　10 000
　　贷：对附属单位补助费用　　　　　　　　　　　　　　　　　　　　10 000

预算会计：
借：其他结余　　　　　　　　　　　　　　　　　　　　　　　　　　10 000
　　贷：对附属单位补助支出　　　　　　　　　　　　　　　　　　　　10 000

四、期末结转后，本科目应无余额。

5801　所得税费用

一、本科目核算有企业所得税缴纳义务的事业单位按规定缴纳企业所得税所形成的费用。

二、所得税费用的主要账务处理如下：

（一）发生企业所得税纳税义务的，按照税法规定计算的应交税金数额，借记本科目，贷记"其他应交税费——单位应交所得税"科目。

实际缴纳时，按照缴纳金额，借记"其他应交税费——单位应交所得税"科目，贷记"银行存款"科目。

【例3.1-284】企业发生所得税纳税义务的的会计核算。

2×19年，某事业单位按照税法规定应交所得税为2 500元，已用银行存款支付。其会计分录为：

（1）计算并支付所得税费用

财务会计：
借：所得税费用　　　　　　　　　　　　　　　　　　　　　　　　　2 500
　　贷：其他应交税费——单位应交所得税　　　　　　　　　　　　　　2 500
借：其他应交税费——单位应交所得税　　　　　　　　　　　　　　　 2 500
　　贷：银行存款　　　　　　　　　　　　　　　　　　　　　　　　　2 500

预算会计：
借：非财政拨款结余——累计结余　　　　　　　　　　　　　　　　　 2 500
　　贷：资金结存——货币资金　　　　　　　　　　　　　　　　　　　2 500

（二）年末，将本科目本年发生额转入本期盈余，借记"本期盈余"科目，贷记本科目。

【例3.1-285】年末结转的会计核算。

沿用【例3.1-284】，假如该事业单位在2×19年没有发生其他所得税费用，年末结转。

财务会计：
借：本期盈余　　　　　　　　　　　　　　　　　　　　　　　　　　2 500
　　贷：所得税费用　　　　　　　　　　　　　　　　　　　　　　　　2 500

三、年末结转后，本科目应无余额。

5901 其他费用

一、本科目核算单位发生的除业务活动费用、单位管理费用、经营费用、资产处置费用、上缴上级费用、附属单位补助费用、所得税费用以外的各项费用,包括利息费用、坏账损失、罚没支出、现金资产捐赠支出以及相关税费、运输费等。

二、本科目应当按照其他费用的类别等进行明细核算。

单位发生的利息费用较多的,可以单独设置"5701 利息费用"科目。

三、其他费用的主要账务处理如下:

(一)利息费用。

按期计算确认借款利息费用时,按照计算确定的金额,借记"在建工程"科目或本科目,贷记"应付利息""长期借款——应计利息"科目。

【例3.1-286】利息费用的会计核算。

单位将借入5年期到期还本每年付息的长期借款5 000 000元,合同约定利率为3.5%。其会计分录为:

(1)计算确定利息费用时:

财务会计:

借:其他费用——利息费用　　　　　　　　　　　　175 000
　　贷:应付利息　　　　　　　　　　　　　　　　　　　175 000

单位每年支付的利息 =5 000 000*3.5%=175 000

(2)实际支付利息时:

财务会计:

借:应付利息　　　　　　　　　　　　　　　　　　175 000
　　贷:银行存款　　　　　　　　　　　　　　　　　　　175 000

预算会计:

借:其他支出——利息支出　　　　　　　　　　　　175 000
　　贷:资金结存——货币资金　　　　　　　　　　　　　175 000

(二)坏账损失。

年末,事业单位按照规定对收回后不需上缴财政的应收账款和其他应收款计提坏账准备时,按照计提金额,借记本科目,贷记"坏账准备"科目;冲减多提的坏账准备时,按照冲减金额,借记"坏账准备"科目,贷记本科目。

【例3.1-287】坏账损失的会计核算。

2×19年,某事业单位根据应收款项余额百分比法计算出本年应计提的坏账准备金额为25 000元,"坏账准备"科目期末贷方余额为20 000。则计提坏账准备的会计分录为:

当期应补提的坏账准备 =25 000–20 000=5 000元

财务会计:

借:其他费用——坏账损失　　　　　　　　　　　　5 000
　　贷:坏账准备　　　　　　　　　　　　　　　　　　　5 000

预算会计无分录。

【例3.1-288】坏账损失的会计核算。

2×19年,某事业单位根据应收款项余额百分比法计算出本年应计提的坏账准备金额为

25 000 元,"坏账准备"科目期末贷方余额为 30 000。则冲减坏账准备的会计分录为:

当期应冲减的坏账准备 =30 000-25 000=5 000 元

财务会计:

借:坏账准备 5 000
　　贷:其他费用——坏账损失 5 000

预算会计无分录。

(三)罚没支出。

单位发生罚没支出的,按照实际缴纳或应当缴纳的金额,借记本科目,贷记"银行存款""库存现金""其他应付款"等科目。

【例3.1-289】罚没支出的会计核算。

某事业单位因未按规定按时缴纳税金,发生税收滞纳金 2 000 元,已用银行存款支付,其会计分录为:

财务会计:

借:其他费用——罚没支出 2 000
　　贷:银行存款 2 000

预算会计:

借:其他支出——其他资金支出 2 000
　　贷:资金结存——货币资金 2 000

(四)现金资产捐赠。

单位对外捐赠现金资产的,按照实际捐赠的金额,借记本科目,贷记"银行存款""库存现金"等科目。

【例3.1-290】现金资产捐赠的会计核算。

某事业单位为社会公益事业的发展,向某慈善机构捐赠现款 100 000 元。

财务会计:

借:其他费用——捐赠费用 100 000
　　贷:银行存款 100 000

预算会计:

借:其他支出——其他资金支出 100 000
　　贷:资金结存——货币资金 100 000

(五)其他相关费用。

单位接受捐赠(或无偿调入)以名义金额计量的存货、固定资产、无形资产,以及成本无法可靠取得的公共基础设施、文物文化资产等发生的相关税费、运输费,按照实际支付的金额,借记本科目,贷记"财政拨款收入""零余额账户用款额度""银行存款""库存现金"等科目。

单位发生的与受托代理资产相关的税费、运输费、保管费等,按照实际支付或应付的金额,借记本科目,贷记"零余额账户用款额度""银行存款""库存现金""其他应付款"等科目。

【例3.1-291】其他相关费用的会计核算。

某事业单位接受了一项固定资产的捐赠,发生相关税费以及运输费共计 5 000,已用银行存款支付,其会计分录为:

财务会计:

借：其他费用 5 000
　　贷：银行存款 5 000
预算会计：
借：其他支出——其他资金支出 5 000
　　贷：资金结存——货币资金 5 000

（六）期末，将本科目本期发生额转入本期盈余，借记"本期盈余"科目，贷记本科目。

【例3.1-292】期末结转的会计核算。

2×19年12月，某事业单位发生其他费用共计15 000元，期末会计分录为：

财务会计：
借：本期盈余 15 000
　　贷：其他费用 15 000
预算会计无分录。

【例3.1-293】期末结转的会计核算。

2×19年，某事业单位发生其他支出共计50 000元，其中财政拨款支出20 000元、非财政拨款支出20 000元、其他资金支出10 000元，年末结转分录为：

预算会计：
借：财政拨款结转——本年收支结转 20 000
　　非财政拨款结转——本年收支结转 20 000
　　其他结余 10 000
　　贷：其他支出 50 000
财务会计无分录。

四、期末结转后，本科目应无余额。

二、预算会计科目

（一）预算收入类

6001　财政拨款预算收入

一、本科目核算单位从同级政府财政部门取得的各类财政拨款。

二、本科目应当设置"基本支出"和"项目支出"两个明细科目，并按照《政府收支分类科目》中"支出功能分类科目"的项级科目进行明细核算；同时，在"基本支出"明细科目下按照"人员经费"和"日常公用经费"进行明细核算，在"项目支出"明细科目下按照具体项目进行明细核算。

有一般公共预算财政拨款、政府性基金预算财政拨款等两种或两种以上财政拨款的单位，还应当按照财政拨款的种类进行明细核算。

三、财政拨款预算收入的主要账务处理如下：

（一）财政直接支付方式下，单位根据收到的"财政直接支付入账通知书"及相关原始凭证，按照通知书中的直接支付金额，借记"行政支出""事业支出"等科目，贷记本科目。年末，根据本年度财政直接支付预算指标数与当年财政直接支付实际支出数的差额，借记"资金结存——财政应返还额度"科目，贷记本科目。

【例3.1-294】财政直接支付方式下，财政拨款预算收入的会计核算。

某行政单位通过财政直接支付方式向某社会组织支付一笔款项45 600元，具体内容为向该社会组织支付一笔政府购买服务的费用。该行政单位应编制如下会计分录：

财务会计
借：业务活动费用　　　　　　　　　　　　　　　　　　　　45 600
　　贷：财政拨款收入　　　　　　　　　　　　　　　　　　　　45 600
预算会计
借：行政支出　　　　　　　　　　　　　　　　　　　　　　　45 600
　　贷：财政拨款预算收入　　　　　　　　　　　　　　　　　　45 600

（二）财政授权支付方式下，单位根据收到的"财政授权支付额度到账通知书"，按照通知书中的授权支付额度，借记"资金结存——零余额账户用款额度"科目，贷记本科目。

年末，单位本年度财政授权支付预算指标数大于零余额账户用款额度下达数的，按照两者差额，借记"资金结存——财政应返还额度"科目，贷记本科目。

【例3.1-295】财政授权支付方式下，财政拨款预算收入的会计核算。

某行政单位本年度取得财政授权支付方式下的预算收入为5 000 000元，相应的分录为：

财务会计：
借：零余额账户用款额度　　　　　　　　　　　　　　　　　5 000 000
　　贷：财政拨款收入　　　　　　　　　　　　　　　　　　　5 000 000
预算会计：
借：资金结存——零余额账户用款额度　　　　　　　　　　　5 000 000
　　贷：财政拨款预算收入　　　　　　　　　　　　　　　　　5 000 000

（三）其他方式下，单位按照本期预算收到财政拨款预算收入时，按照实际收到的金额，借记"资金结存——货币资金"科目，贷记本科目。

单位收到下期预算的财政预拨款，应当在下个预算期，按照预收的金额，借记"资金结存——货币资金"科目，贷记本科目。

【例3.1-296】其他方式下，财政拨款预算收入的会计核算。

某事业单位尚未纳入财政国库单一账户制度改革。该事业单位收到开户银行转来的收款通知，收到财政部门拨入的本期预算经费24 800元。该事业单位应编制如下会计分录：

财务会计：
借：银行存款　　　　　　　　　　　　　　　　　　　　　　24 800
　　贷：财政拨款收入　　　　　　　　　　　　　　　　　　　24 800
预算会计：
借：资金结存——货币资金　　　　　　　　　　　　　　　　24 800
　　贷：财政拨款预算收入　　　　　　　　　　　　　　　　　24 800

（四）因差错更正、购货退回等发生国库直接支付款项退回的，属于本年度支付的款项，按照退回金额，借记本科目，贷记"行政支出""事业支出"等科目。

【例3.1-297】因差错更正、购货退回等发生国库直接支付款项退回的会计核算。

某行政单位因货品质量问题退回一批当年购入的货品460元，该批货品在购入时已计入本年业务活动费用和行政支出，退货款项已收到并存入银行，而且计入当年财政拨款预算收入。该行政单位应编制如下会计分录：

财务会计：

借：银行存款 460
    贷：业务活动费用 460
预算会计：
借：财政拨款预算收入 460
    贷：行政支出 460

（五）年末，将本科目本年发生额转入财政拨款结转，借记本科目，贷记"财政拨款结转——本年收支结转"科目。

【例3.1-298】 期末结转的会计核算。

年末，某事业单位"财政拨款预算收入"科目的本年发生额为658 000元。该事业单位将其全数转入"财政拨款结转——本年收支结转"科目。该事业单位应编制如下会计分录：

预算会计：
借：财政拨款预算收入 658 000
    贷：财政拨款结转——本年收支结转 658 000
财务会计无分录。

四、年末结转后，本科目应无余额。

6101 事业预算收入

一、本科目核算事业单位开展专业业务活动及其辅助活动取得的现金流入。

事业单位因开展科研及其辅助活动从非同级政府财政部门取得的经费拨款，也通过本科目核算。

二、本科目应当按照事业预算收入类别、项目、来源、《政府收支分类科目》中"支出功能分类科目"项级科目等进行明细核算。对于因开展科研及其辅助活动从非同级政府财政部门取得的经费拨款，应当在本科目下单设"非同级财政拨款"明细科目进行明细核算；事业预算收入中如有专项资金收入，还应按照具体项目进行明细核算。

三、事业预算收入的主要账务处理如下：

（一）采用财政专户返还方式管理的事业预算收入，收到从财政专户返还的事业预算收入时，按照实际收到的返还金额，借记"资金结存——货币资金"科目，贷记本科目。

【例3.1-299】 采用财政专户返还方式管理的事业预算收入的会计核算。

某事业单位收到从财政专户返还的一部分事业预算收入85 000元，款项已存入开户银行。该事业单位应编制如下会计分录：

财务会计：
借：银行存款 85 000
    贷：事业收入 85 000
预算会计：
借：资金结存——货币资金 85 000
    贷：事业预算收入 85 000

（二）收到其他事业预算收入时，按照实际收到的款项金额，借记"资金结存——货币资金"科目，贷记本科目。

【例3.1-300】 收到其他事业预算收入的会计核算。

某事业单位按合同约定从付款方预收一笔事业活动款项85 000元，款项已存入开户银行。该事业单位应编制如下会计分录：
　　财务会计：
　　借：银行存款　　　　　　　　　　　　　　　　　　　85 000
　　　　贷：预收账款　　　　　　　　　　　　　　　　　　　85 000
　　预算会计：
　　借：资金结存——货币资金　　　　　　　　　　　　　85 000
　　　　贷：事业预算收入　　　　　　　　　　　　　　　　　85 000
　　该事业单位在按合同完成进度计算确认当年实现的事业收入时，只做财务会计核算，不做预算会计核算。

【例3.1-301】收到其他事业预算收入的会计核算。
某事业单位按合同约定开展一项专业业务活动。次月，该事业单位收到上月末按合同完成进度计算确认的事业收入25 600元。收到款项时，该事业单位应编制如下会计分录：
　　财务会计：
　　借：银行存款　　　　　　　　　　　　　　　　　　　25 600
　　　　贷：应收账款　　　　　　　　　　　　　　　　　　　25 600
　　预算会计：
　　借：资金结存——货币资金　　　　　　　　　　　　　25 600
　　　　贷：事业预算收入　　　　　　　　　　　　　　　　　25 600
　　该事业单位在按合同完成进度计算确认当月实现的事业收入时，只做财务会计核算，不做预算会计核算。

【例3.1-302】收到其他事业预算收入的会计核算。
某事业单位在开展专业业务活动中收到现金1 220元。该事业单位应编制如下会计分录：
　　财务会计：
　　借：库存现金　　　　　　　　　　　　　　　　　　　1 220
　　　　贷：事业收入　　　　　　　　　　　　　　　　　　　1 220
　　预算会计：
　　借：资金结存——货币资金　　　　　　　　　　　　　1 220
　　　　贷：事业预算收入　　　　　　　　　　　　　　　　　1 220

（三）年末，将本科目本年发生额中的专项资金收入转入非财政拨款结转，借记本科目下各专项资金收入明细科目，贷记"非财政拨款结转——本年收支结转"科目；将本科目本年发生额中的非专项资金收入转入其他结余，借记本科目下各非专项资金收入明细科目，贷记"其他结余"科目。

【例3.1-303】期末结转的会计核算。
年末，某事业单位"事业预算收入"科目的本年发生额为417 200元，其中，专项资金收入102 200元，非专项资金收入315 000元。该事业单位分别将其转入"非财政拨款结转——本年收支结转"和"其他结余"科目。该事业单位应编制如下会计分录：
　　预算会计：
　　借：事业预算收入　　　　　　　　　　　　　　　　　417 200
　　　　贷：非财政拨款结转——本年收支结转　　　　　　　　102 200

其他结余　　　　　　　　　　　　　　　　　　　　　　　　315 000

财务会计无分录。

四、年末结转后，本科目应无余额。

6201　上级补助预算收入

一、本科目核算事业单位从主管部门和上级单位取得的非财政补助现金流入。

二、本科目应当按照发放补助单位、补助项目、《政府收支分类科目》中"支出功能分类科目"的项级科目等进行明细核算。上级补助预算收入中如有专项资金收入，还应按照具体项目进行明细核算。

三、上级补助预算收入的主要账务处理如下：

（一）收到上级补助预算收入时，按照实际收到的金额，借记"资金结存——货币资金"科目，贷记本科目。

【例3.1-304】收到上级补助预算收入的会计核算。

某事业单位收到上级单位拨入一笔非财政补助资金26 000元，款项已存入开户银行。该事业单位应编制如下会计分录：

财务会计：

借：银行存款　　　　　　　　　　　　　　　　　　　　　　26 000
　　贷：上级补助收入　　　　　　　　　　　　　　　　　　　　　26 000

预算会计：

借：资金结存——货币资金　　　　　　　　　　　　　　　　26 000
　　贷：上级补助预算收入　　　　　　　　　　　　　　　　　　　26 000

（二）年末，将本科目本年发生额中的专项资金收入转入非财政拨款结转，借记本科目下各专项资金收入明细科目，贷记"非财政拨款结转——本年收支结转"科目；将本科目本年发生额中的非专项资金收入转入其他结余，借记本科目下各非专项资金收入明细科目，贷记"其他结余"科目。

【例3.1-305】期末结转的会计核算。

年末，某事业单位"上级补助预算收入"科目的本年发生额为90 600元，其中，专项资金收入85 500元，非专项资金收入5 100元。该事业单位分别将其转入"非财政拨款结转——本年收支结转"和"其他结余"科目。该事业单位应编制如下会计分录：

预算会计：

借：上级补助预算收入　　　　　　　　　　　　　　　　　　90 600
　　贷：非财政拨款结转——本年收支结转　　　　　　　　　　　　85 500
　　　　其他结余　　　　　　　　　　　　　　　　　　　　　　　5 100

财务会计无分录。

四、年末结转后，本科目应无余额。

6301　附属单位上缴预算收入

一、本科目核算事业单位取得附属独立核算单位根据有关规定上缴的现金流入。

二、本科目应当按照附属单位、缴款项目、《政府收支分类科目》中"支出功能分类科目"的项级科目等进行明细核算。附属单位上缴预算收入中如有专项资金收入，还应按照具体项目进行明细核算。

三、附属单位上缴预算收入的主要账务处理如下：

（一）收到附属单位缴来款项时，按照实际收到的金额，借记"资金结存——货币资金"科目，贷记本科目。

【例3.1-306】收到附属单位缴来款项的会计核算。

某事业单位收到一笔上月确认的附属单位上缴收入17 800元，款项已存入开户银行。该事业单位应编制如下会计分录：

财务会计
借：银行存款　　　　　　　　　　　　　　　　　　　　17 800
　　贷：其他应收款　　　　　　　　　　　　　　　　　　17 800
预算会计：
借：资金结存——货币资金　　　　　　　　　　　　　　17 800
　　贷：附属单位上缴预算收入　　　　　　　　　　　　17 800

（二）年末，将本科目本年发生额中的专项资金收入转入非财政拨款结转，借记本科目下各专项资金收入明细科目，贷记"非财政拨款结转——本年收支结转"科目；将本科目本年发生额中的非专项资金收入转入其他结余，借记本科目下各非专项资金收入明细科目，贷记"其他结余"科目。

【例3.1-307】期末结转的会计核算。

年末，某事业单位"附属单位上缴预算收入"科目的本年发生额为47 100元，其中，专项资金收入1 500元，非专项资金收入45 600元。该事业单位分别将其转入"非财政拨款结转——本年收支结转"和"其他结余"科目。该事业单位应编制如下会计分录：

预算会计：
借：附属单位上缴预算收入　　　　　　　　　　　　　　47 100
　　贷：非财政拨款结转——本年收支结转　　　　　　　 1 500
　　　　其他结余　　　　　　　　　　　　　　　　　　45 600
财务会计无分录。

四、年末结转后，本科目应无余额。

6401　经营预算收入

一、本科目核算事业单位在专业业务活动及其辅助活动之外开展非独立核算经营活动取得的现金流入。

二、本科目应当按照经营活动类别、项目、《政府收支分类科目》中"支出功能分类科目"的项级科目等进行明细核算。

三、经营预算收入的主要账务处理如下：

（一）收到经营预算收入时，按照实际收到的金额，借记"资金结存——货币资金"科目，贷记本科目。

【例3.1-308】收到经营预算收入的会计核算。

某事业单位开展一项非独立核算的经营活动，取得经营收入5 800元，款项已存入开户银行。暂不考虑增值税业务。该事业单位应编制如下会计分录：

财务会计：
借：银行存款　　　　　　　　　　　　　　　　　　　　 5 800

        贷：经营收入　　　　　　　　　　　　　　　　　　　　　　　　　　　5 800
    预算会计：
    借：资金结存——货币资金　　　　　　　　　　　　　　　　　　　　　5 800
        贷：经营预算收入　　　　　　　　　　　　　　　　　　　　　　　　5 800
    （二）年末，将本科目本年发生额转入经营结余，借记本科目，贷记"经营结余"科目。

【例3.1-309】期末结转的会计核算。

年末，某事业单位"经营预算收入"科目的本年发生额为23 100元。该事业单位将其全额转入"经营结余"科目。该事业单位应编制如下会计分录：

预算会计：
借：经营预算收入　　　　　　　　　　　　　　　　　　　　　　　　　23 100
    贷：经营结余　　　　　　　　　　　　　　　　　　　　　　　　　　23 100
财务会计无分录。

四、年末结转后，本科目应无余额。

6501　债务预算收入

一、本科目核算事业单位按照规定从银行和其他金融机构等借入的、纳入部门预算管理的、不以财政资金作为偿还来源的债务本金。

二、本科目应当按照贷款单位、贷款种类、《政府收支分类科目》中"支出功能分类科目"的项级科目等进行明细核算。债务预算收入中如有专项资金收入，还应按照具体项目进行明细核算。

三、债务预算收入的主要账务处理如下：

（一）借入各项短期或长期借款时，按照实际借入的金额，借记"资金结存——货币资金"科目，贷记本科目。

【例3.1-310】借入各项短期或长期借款的会计核算。

某事业单位经批准向银行借入一笔短期借款，借款金额为50 000元。该事业单位应编制如下会计分录：

财务会计：
借：银行存款　　　　　　　　　　　　　　　　　　　　　　　　　　　50 000
    贷：短期借款　　　　　　　　　　　　　　　　　　　　　　　　　　50 000
预算会计：
借：资金结存——货币资金　　　　　　　　　　　　　　　　　　　　　50 000
    贷：债务预算收入　　　　　　　　　　　　　　　　　　　　　　　　50 000

（二）年末，将本科目本年发生额中的专项资金收入转入非财政拨款结转，借记本科目下各专项资金收入明细科目，贷记"非财政拨款结转——本年收支结转"科目；将本科目本年发生额中的非专项资金收入转入其他结余，借记本科目下各非专项资金收入明细科目，贷记"其他结余"科目。

【例3.1-311】期末结转的会计核算。

年末，某事业单位"债务预算收入"科目的本年发生额为120 000元，其中，专项资金收入110 000元，非专项资金收入10 000元。该事业单位分别将其转入"非财政拨款结转——本年收支结转"和"其他结余"科目。该事业单位应编制如下会计分录：

预算会计:
借: 债务预算收入 120 000
　　贷: 非财政拨款结转——本年收支结转 110 000
　　　　其他结余 10 000

会计会计无分录。

四、年末结转后,本科目应无余额。

6601　非同级财政拨款预算收入

一、本科目核算单位从非同级政府财政部门取得的财政拨款,包括本级横向转拨财政款和非本级财政拨款。

对于因开展科研及其辅助活动从非同级政府财政部门取得的经费拨款,应当通过"事业预算收入——非同级财政拨款"科目进行核算,不通过本科目核算。

二、本科目应当按照非同级财政拨款预算收入的类别、来源、《政府收支分类科目》中"支出功能分类科目"的项级科目等进行明细核算。非同级财政拨款预算收入中如有专项资金收入,还应按照具体项目进行明细核算。

三、非同级财政拨款预算收入的主要账务处理如下:

(一)取得非同级财政拨款预算收入时,按照实际收到的金额,借记"资金结存——货币资金"科目,贷记本科目。

【例 3.1-312】取得非同级财政拨款预算收入的会计核算。

某纳入省级政府财政部门预算范围的事业单位从当地市级政府财政部门获得一笔财政资金 55 000 元,该笔财政资金属于当地市政府支持该事业单位发展的专项资金,款项已存入该事业单位的银行存款账户。该事业单位应编制如下会计分录:

财务会计:
借: 银行存款 55 000
　　贷: 非同级财政拨款收入 55 000
预算会计:
借: 资金结存——货币资金 55 000
　　贷: 非同级财政拨款预算收入 55 000

(二)年末,将本科目本年发生额中的专项资金收入转入非财政拨款结转,借记本科目下各专项资金收入明细科目,贷记"非财政拨款结转——本年收支结转"科目;将本科目本年发生额中的非专项资金收入转入其他结余,借记本科目下各非专项资金收入明细科目,贷记"其他结余"科目。

【例 3.1-313】期末结转的会计核算。

年末,某事业单位"非同级财政拨款预算收入"科目的本年发生额为 299 000 元,其中,专项资金收入 234 000 元,非专项资金收入 65 000 元。该事业单位分别将其转入"非财政拨款结转——本年收支结转"和"其他结余"科目。该事业单位应编制如下会计分录:

预算会计:
借: 非同级财政拨款预算收入 299 000
　　贷: 非财政拨款结转——本年收支结转 234 000
　　　　其他结余 65 000

财务会计无分录。

四、年末结转后,本科目应无余额。

6602 投资预算收益

一、本科目核算事业单位取得的按照规定纳入部门预算管理的属于投资收益性质的现金流入,包括股权投资收益、出售或收回债券投资所取得的收益和债券投资利息收入。

二、本科目应当按照《政府收支分类科目》中"支出功能分类科目"的项级科目等进行明细核算。

三、投资预算收益的主要账务处理如下:

(一)出售或到期收回本年度取得的短期、长期债券,按照实际取得的价款或实际收到的本息金额,借记"资金结存——货币资金"科目,按照取得债券时"投资支出"科目的发生额,贷记"投资支出"科目,按照其差额,贷记或借记本科目。出售或到期收回以前年度取得的短期、长期债券,按照实际取得的价款或实际收到的本息金额,借记"资金结存——货币资金"科目,按照取得债券时"投资支出"科目的发生额,贷记"其他结余"科目,按照其差额,贷记或借记本科目。出售、转让以货币资金取得的长期股权投资的,其账务处理参照出售或到期收回债券投资。

【例3.1-314】出售或到期收回本年度取得的短期、长期债券的会计核算。

某事业单位出售一项本年度取得的短期债券,实际收到款项12 800元,款项已存入开户银行。该项短期债券的账面余额为12 500元,取得时"投资支出"科目的发生额也为12 500元。按照规定,本次短期债券出售取得的投资收益纳入单位预算管理。该事业单位应编制如下会计分录:

财务会计:
借:银行存款　　　　　　　　　　　　　　　　　　　　　　12 800
　　贷:短期投资　　　　　　　　　　　　　　　　　　　　12 500
　　　　投资收益　　　　　　　　　　　　　　　　　　　　　　300
预算会计:
借:资金结存——货币资金　　　　　　　　　　　　　　　　12 800
　　贷:投资支出　　　　　　　　　　　　　　　　　　　　12 500
　　　　投资预算收益　　　　　　　　　　　　　　　　　　　　300

(二)持有的短期投资以及分期付息、一次还本的长期债券投资收到利息时,按照实际收到的金额,借记"资金结存——货币资金"科目,贷记本科目。

【例3.1-315】持有的短期投资以及分期付息、一次还本的长期债券投资收到利息时的会计核算。

某事业单位收到短期投资持有期间的利息2 200元,款项已存入开户银行。该事业单位应编制如下会计分录:

财务会计:
借:银行存款　　　　　　　　　　　　　　　　　　　　　　2 200
　　贷:投资收益　　　　　　　　　　　　　　　　　　　　2 200
预算会计:
借:资金结存——货币资金　　　　　　　　　　　　　　　　2 200
　　贷:投资预算收益　　　　　　　　　　　　　　　　　　2 200

（三）持有长期股权投资取得被投资单位分派的现金股利或利润时，按照实际收到的金额，借记"资金结存——货币资金"科目，贷记本科目。

【例3.1-316】持有长期股权投资取得被投资单位分派的现金股利或利润时的会计核算。

某事业单位持有B公司10%的股份，相应的长期股权投资采用成本法核算。某日，该事业单位收到B公司数日前宣告分派的现金股利12 000元，款项已存入开户银行。该事业单位应编制如下会计分录：

财务会计：
借：银行存款　　　　　　　　　　　　　　　　　　　　12 000
　　贷：应收股利　　　　　　　　　　　　　　　　　　12 000

预算会计：
借：资金结存——货币资金　　　　　　　　　　　　　　12 000
　　贷：投资预算收益　　　　　　　　　　　　　　　　12 000

（四）出售、转让以非货币性资产取得的长期股权投资时，按照实际取得的价款扣减支付的相关费用和应缴财政款后的余额（按照规定纳入单位预算管理的），借记"资金结存——货币资金"科目，贷记本科目。

【例3.1-317】出售、转让以非货币性资产取得的长期股权投资时的会计核算。

某事业单位出售一项本年度取得的长期股权投资，实际收到款项12 800元，款项已存入开户银行。该项长期股权投资的账面余额为12 500元，取得时"投资支出"科目的发生额也为12 500元。按照规定，本次长期股权投资出售取得的投资收益纳入单位预算管理。该事业单位应编制如下会计分录：

财务会计：
借：银行存款　　　　　　　　　　　　　　　　　　　　12 800
　　贷：短期投资　　　　　　　　　　　　　　　　　　12 500
　　　　投资收益　　　　　　　　　　　　　　　　　　　　300

预算会计：
借：资金结存——货币资金　　　　　　　　　　　　　　12 800
　　贷：投资支出　　　　　　　　　　　　　　　　　　12 500
　　　　投资预算收益　　　　　　　　　　　　　　　　　　300

（五）年末，将本科目本年发生额转入其他结余，借记或贷记本科目，贷记或借记"其他结余"科目。

【例3.1-318】期末结转的会计核算。

年末，某事业单位"投资预算收益"科目的本年发生额为89 000元。该事业单位将其全额转入"其他结余"科目。该事业单位应编制如下会计分录：

预算会计：
借：投资预算收益　　　　　　　　　　　　　　　　　　89 000
　　贷：其他结余　　　　　　　　　　　　　　　　　　89 000

财务会计无分录。

四、年末结转后，本科目应无余额。

6609 其他预算收入

一、本科目核算单位除财政拨款预算收入、事业预算收入、上级补助预算收入、附属单位上缴预算收入、经营预算收入、债务预算收入、非同级财政拨款预算收入、投资预算收益之外的纳入部门预算管理的现金流入,包括捐赠预算收入、利息预算收入、租金预算收入、现金盘盈收入等。

二、本科目应当按照其他收入类别、《政府收支分类科目》中"支出功能分类科目"的项级科目等进行明细核算。其他预算收入中如有专项资金收入,还应按照具体项目进行明细核算。单位发生的捐赠预算收入、利息预算收入、租金预算收入金额较大或业务较多的,可单独设置"6603 捐赠预算收入""6604 利息预算收入""6605 租金预算收入"等科目。

三、其他预算收入的主要账务处理如下:

(一)接受捐赠现金资产、收到银行存款利息、收到资产承租人支付的租金时,按照实际收到的金额,借记"资金结存——货币资金"科目,贷记本科目。

【例 3.1-319】接受捐赠现金资产、收到银行存款利息、收到资产承租人支付的租金时的会计核算。

某事业单位接受捐赠一笔货币资金 60 000 元,按捐赠约定规定用于专门用途,款项已存入开户银行。该事业单位应编制如下会计分录:

财务会计:
借:银行存款　　　　　　　　　　　　　　　　　　　　　　　60 000
　　贷:捐赠收入　　　　　　　　　　　　　　　　　　　　　　　60 000
预算会计:
借:资金结存——货币资金　　　　　　　　　　　　　　　　　60 000
　　贷:其他预算收入　　　　　　　　　　　　　　　　　　　　　60 000

(二)每日现金账款核对中如发现现金溢余,按照溢余的现金金额,借记"资金结存——货币资金"科目,贷记本科目。经核实,属于应支付给有关个人和单位的部分,按照实际支付的金额,借记本科目,贷记"资金结存——货币资金"科目。

【例 3.1-320】现金溢余的会计核算。

某事业单位某日现金账款核对中发现现金溢余 5 000 元。经核实,该部分款项不属于任何人,款项已存入开户银行。该事业单位应编制如下会计分录:

财务会计:
借:银行存款　　　　　　　　　　　　　　　　　　　　　　　5 000
　　贷:其他收入　　　　　　　　　　　　　　　　　　　　　　　5 000
预算会计:
借:资金结存——货币资金　　　　　　　　　　　　　　　　　5 000
　　贷:其他预算收入　　　　　　　　　　　　　　　　　　　　　5 000

(三)收到其他预算收入时,按照收到的金额,借记"资金结存——货币资金"科目,贷记本科目。

【例 3.1-321】收到其他预算收入的会计核算。

某事业单位经批准采用预收租金方式出租一项固定资产,预收半年的租金 90 000 元,款项已存入开户银行。该事业单位应编制如下会计分录:

财务会计：
借：银行存款　　　　　　　　　　　　　　　　　　　　90 000
　　贷：预收账款　　　　　　　　　　　　　　　　　　　　90 000
预算会计：
借：资金结存——货币资金　　　　　　　　　　　　　　90 000
　　贷：其他预算收入　　　　　　　　　　　　　　　　　90 000

【例3.1-322】收到其他预算收入的会计核算。

某事业单位经批准出售一项自主研发的无形资产，出售价款为385 000元，相应款项已收到并存入开户银行。按照规定，该项无形资产的出售收入纳入本单位预算管理。暂不考虑增值税业务。该事业单位应编制如下会计分录：

财务会计：
借：银行存款　　　　　　　　　　　　　　　　　　　　385 000
　　贷：其他收入　　　　　　　　　　　　　　　　　　　385 000
预算会计：
借：资金结存——货币资金　　　　　　　　　　　　　　385 000
　　贷：其他预算收入　　　　　　　　　　　　　　　　　385 000

（四）年末，将本科目本年发生额中的专项资金收入转入非财政拨款结转，借记本科目下各专项资金收入明细科目，贷记"非财政拨款结转——本年收支结转"科目；将本科目本年发生额中的非专项资金收入转入其他结余，借记本科目下各非专项资金收入明细科目，贷记"其他结余"科目。

【例3.1-323】期末结转的会计核算。

年末，某事业单位"其他预算收入"科目的本年发生额为59 500元，其中，专项资金收入34 500元，非专项资金收入25 000元。该事业单位分别将其转入"非财政拨款结转——本年收支结转"和"其他结余"科目。该事业单位应编制如下会计分录：

预算会计：
借：其他预算收入　　　　　　　　　　　　　　　　　　59 500
　　贷：非财政拨款结转——本年收支结转　　　　　　　　34 500
　　　　其他结余　　　　　　　　　　　　　　　　　　　25 000
财务会计无分录。

四、年末结转后，本科目应无余额。

（二）预算支出类

7101　行政支出

一、本科目核算行政单位履行其职责实际发生的各项现金流出。

二、本科目应当分别按照"财政拨款支出""非财政专项资金支出"和"其他资金支出"，"基本支出"和"项目支出"等进行明细核算，并按照《政府收支分类科目》中"支出功能分类科目"的项级科目进行明细核算；"基本支出"和"项目支出"明细科目下应当按照《政府收支分类科目》中"部门预算支出经济分类科目"的款级科目进行明细核算，同时在"项目支出"明细科目下按照具体项目进行明细核算。

有一般公共预算财政拨款、政府性基金预算财政拨款等两种或两种以上财政拨款的行政单位,还应当在"财政拨款支出"明细科目下按照财政拨款的种类进行明细核算。

对于预付款项,可通过在本科目下设置"待处理"明细科目进行核算,待确认具体支出项目后再转入本科目下相关明细科目。年末结账前,应将本科目"待处理"明细科目余额全部转入本科目下相关明细科目。

三、行政支出的主要账务处理如下:

(一)支付单位职工薪酬。

向单位职工个人支付薪酬时,按照实际支付的金额,借记本科目,贷记"财政拨款预算收入""资金结存"科目。

按照规定代扣代缴个人所得税以及代扣代缴或为职工缴纳职工社会保险费、住房公积金等时,按照实际缴纳的金额,借记本科目,贷记"财政拨款预算收入""资金结存"科目。

【例3.1-324】支付单位职工薪酬的会计核算。

某行政单位通过财政直接支付的方式向单位职工个人支付薪酬共计360 700元。该行政单位应编制如下会计分录:

财务会计:
借:应付职工薪酬　　　　　　　　　　　　　　　　360 700
　　贷:财政拨款收入　　　　　　　　　　　　　　　　360 700

预算会计:
借:行政支出　　　　　　　　　　　　　　　　　　360 700
　　贷:财政拨款预算收入　　　　　　　　　　　　　　360 700

(二)支付外部人员劳务费。

按照实际支付给外部人员个人的金额,借记本科目,贷记"财政拨款预算收入""资金结存"科目。

按照规定代扣代缴个人所得税时,按照实际缴纳的金额,借记本科目,贷记"财政拨款预算收入""资金结存"科目。

【例3.1-325】支付外部人员劳务费的会计核算。

某行政单位通过财政直接支付的方式向外部人员支付应付劳务费22 200元。该行政单位应编制如下会计分录:

财务会计:
借:其他应付款　　　　　　　　　　　　　　　　　22 200
　　贷:财政拨款收入　　　　　　　　　　　　　　　　22 200

预算会计:
借:行政支出　　　　　　　　　　　　　　　　　　22 200
　　贷:财政拨款预算收入　　　　　　　　　　　　　　22 200

(三)为购买存货、固定资产、无形资产等以及在建工程支付相关款项时,按照实际支付的金额,借记本科目,贷记"财政拨款预算收入""资金结存"科目。

【例3.1-326】购买资产等支付相关款项时的会计核算。

某行政单位通过财政直接支付方式购入一台不需要安装的固定资产,实际支付价款为85 500元。该行政单位应编制如下会计分录:

财务会计:

借：固定资产　　　　　　　　　　　　　　　　　　　　　　　85 500
　　贷：财政拨款收入　　　　　　　　　　　　　　　　　　　　85 500
预算会计：
借：行政支出　　　　　　　　　　　　　　　　　　　　　　　85 500
　　贷：财政拨款预算收入　　　　　　　　　　　　　　　　　　85 500

（四）发生预付账款时，按照实际支付的金额，借记本科目，贷记"财政拨款预算收入""资金结存"科目。

对于暂付款项，在支付款项时可不做预算会计处理，待结算或报销时，按照结算或报销的金额，借记本科目，贷记"资金结存"科目。

【例3.1-327】发生预付账款的会计核算。

某行政单位向社会力量购买一项服务，发生预付账款4 500元，款项通过财政直接支付方式支付。该行政单位应编制如下会计分录：

财务会计：
借：预付账款　　　　　　　　　　　　　　　　　　　　　　　4 500
　　贷：财政拨款收入　　　　　　　　　　　　　　　　　　　　4 500
预算会计：
借：行政支出　　　　　　　　　　　　　　　　　　　　　　　4 500
　　贷：财政拨款预算收入　　　　　　　　　　　　　　　　　　4 500

（五）发生其他各项支出时，按照实际支付的金额，借记本科目，贷记"财政拨款预算收入""资金结存"科目。

【例3.1-328】发生其他各项支出的会计核算。

某行政单位为履职发生水费、电费、物业管理费等各项办公费用1 850元，款项通过财政授权支付方式支付。该行政单位应编制如下会计分录：

财务会计：
借：业务活动费用　　　　　　　　　　　　　　　　　　　　　1 850
　　贷：零余额账户用款额度　　　　　　　　　　　　　　　　　1 850
预算会计：
借：行政支出　　　　　　　　　　　　　　　　　　　　　　　1 850
　　贷：资金结存——零余额账户用款额度　　　　　　　　　　　1 850

（六）因购货退回等发生款项退回，或者发生差错更正的，属于当年支出收回的，按照收回或更正金额，借记"财政拨款预算收入""资金结存"科目，贷记本科目。

【例3.1-329】当年因购货退回等发生款项退回，或者发生差错更正的会计核算。

某行政单位因货品质量问题退回一批当年购入的货品460元，该批货品在购入时已计入本年业务活动费用和行政支出，退货款项已收到并存入单位零余额账户。该行政单位应编制如下会计分录：

财务会计：
借：零余额账户用款额度　　　　　　　　　　　　　　　　　　460
　　贷：业务活动费用　　　　　　　　　　　　　　　　　　　　460
预算会计：

借：资金结存——零余额账户用款额度	460	
贷：行政支出		460

（七）年末，将本科目本年发生额中的财政拨款支出转入财政拨款结转，借记"财政拨款结转——本年收支结转"科目，贷记本科目下各财政拨款支出明细科目；将本科目本年发生额中的非财政专项资金支出转入非财政拨款结转，借记"非财政拨款结转——本年收支结转"科目，贷记本科目下各非财政专项资金支出明细科目；将本科目本年发生额中的其他资金支出（非财政非专项资金支出）转入其他结余，借记"其他结余"科目，贷记本科目下其他资金支出明细科目。

【例 3.1-330】期末结转的会计核算。

年末，某行政单位"行政支出"科目的本年发生额为 422 550 元，其中，财政拨款支出 415 000 元，非财政专项资金支出 7 200 元，其他资金支出 350 元。该行政单位分别将其转入"财政拨款结转——本年收支结转""非财政拨款结转——本年收支结转"和"其他结余"科目。该行政单位应编制如下会计分录：

（1）结转财政拨款支出时。

预算会计：

借：财政拨款结转——本年收支结转　　　　　　　　　　　　　415 000
　　贷：行政支出——财政拨款支出　　　　　　　　　　　　　　415 000

财务会计无分录。

（2）结转非财政专项资金支出时。

预算会计：

借：非财政拨款结转——本年收支结转　　　　　　　　　　　　　7 200
　　贷：行政支出——非财政专项资金支出　　　　　　　　　　　　7 200

财务会计无分录。

（3）结转其他资金支出时。

预算会计：

借：其他结余　　　　　　　　　　　　　　　　　　　　　　　　350
　　贷：行政支出——其他资金支出　　　　　　　　　　　　　　　350

财务会计无分录。

四、年末结转后，本科目应无余额。

7201　事业支出

一、本科目核算事业单位开展专业业务活动及其辅助活动实际发生的各项现金流出。

二、单位发生教育、科研、医疗、行政管理、后勤保障等活动的，可在本科目下设置相应的明细科目进行核算，或单设"7201 教育支出""7202 科研支出""7203 医疗支出""7204 行政管理支出""7205 后勤保障支出"等一级会计科目进行核算。

三、本科目应当分别按照"财政拨款支出""非财政专项资金支出"和"其他资金支出"，"基本支出"和"项目支出"等进行明细核算，并按照《政府收支分类科目》中"支出功能分类科目"的项级科目进行明细核算；"基本支出"和"项目支出"明细科目下应当按照《政府收支分类科目》中"部门预算支出经济分类科目"的款级科目进行明细核算，同时在"项目支出"明细科目下按照具体项目进行明细核算。

有一般公共预算财政拨款、政府性基金预算财政拨款等两种或两种以上财政拨款的事业单位，还应当在"财政拨款支出"明细科目下按照财政拨款的种类进行明细核算。

对于预付款项，可通过在本科目下设置"待处理"明细科目进行明细核算，待确认具体支出项目后再转入本科目下相关明细科目。年末结账前，应将本科目"待处理"明细科目余额全部转入本科目下相关明细科目。

四、事业支出的主要账务处理如下：

（一）支付单位职工（经营部门职工除外）薪酬向单位职工个人支付薪酬时，按照实际支付的数额，借记本科目，贷记"财政拨款预算收入""资金结存"科目。

按照规定代扣代缴个人所得税以及代扣代缴或为职工缴纳职工社会保险费、住房公积金等时，按照实际缴纳的金额，借记本科目，贷记"财政拨款预算收入""资金结存"科目。

【例3.1-331】支付单位职工（经营部门职工除外）薪酬的会计核算。

某事业单位通过财政直接支付的方式向单位开展专业业务活动及其辅助活动的职工个人支付薪酬共计750 000元。该事业单位应编制如下会计分录：

财务会计：
借：应付职工薪酬　　　　　　　　　　　　　　　　750 000
　　贷：财政拨款收入　　　　　　　　　　　　　　750 000

预算会计：
借：事业支出　　　　　　　　　　　　　　　　　　750 000
　　贷：财政拨款预算收入　　　　　　　　　　　　750 000

【例3.1-332】支付单位职工（经营部门职工除外）薪酬的会计核算。

某事业单位通过财政直接支付的方式为单位开展专业业务活动及其辅助活动的职工代扣代缴个人所得税26 600元，同时通过财政直接支付的方式为这些职工代扣代缴和缴纳职工社会保险费和住房公积金共计288 000元。本次实际向相关部门和机构缴纳金额合计为314 600元（26 600+288 000）。该事业单位应编制如下会计分录：

财务会计：
借：应付职工薪酬　　　　　　　　　　　　　　　　288 000
　　其他应交税费——应交个人所得税　　　　　　　 26 600
　　贷：财政拨款收入　　　　　　　　　　　　　　314 600

预算会计：
借：事业支出　　　　　　　　　　　　　　　　　　314 600
　　贷：财政拨款预算收入　　　　　　　　　　　　314 600

（二）为专业业务活动及其辅助活动支付外部人员劳务费。

按照实际支付给外部人员个人的金额，借记本科目，贷记"财政拨款预算收入""资金结存"科目。

按照规定代扣代缴个人所得税时，按照实际缴纳的金额，借记本科目，贷记"财政拨款预算收入""资金结存"科目。

【例3.1-333】为专业业务活动及其辅助活动支付外部人员劳务费的会计核算。

某事业单位通过银行存款账户为专业业务活动及其辅助活动支付外部人员的应付劳务费63 500元。该事业单位应编制如下会计分录：

财务会计：

借：其他应付款　　　　　　　　　　　　　　　　　　　63 500
　　贷：银行存款　　　　　　　　　　　　　　　　　　　63 500
预算会计：
借：事业支出　　　　　　　　　　　　　　　　　　　　63 500
　　贷：资金结存——货币资金　　　　　　　　　　　　63 500

（三）开展专业业务活动及其辅助活动过程中为购买存货、固定资产、无形资产等以及在建工程支付相关款项时，按照实际支付的金额，借记本科目，贷记"财政拨款预算收入""资金结存"科目。

【例3.1-334】开展专业业务活动及其辅助活动过程中购买资产支付相关款项的会计核算。

某事业单位在开展专业业务活动及其辅助活动过程中通过财政授权支付方式购入一批库存物品，实际支付价款为14 500元。暂不考虑增值税业务。该事业单位应编制如下会计分录：

财务会计：
借：库存物品　　　　　　　　　　　　　　　　　　　　14 500
　　贷：零余额账户用款额度　　　　　　　　　　　　　　14 500
预算会计：
借：事业支出　　　　　　　　　　　　　　　　　　　　14 500
　　贷：资金结存——零余额账户用款额度　　　　　　　14 500

（四）开展专业业务活动及其辅助活动过程中发生预付账款时，按照实际支付的金额，借记本科目，贷记"财政拨款预算收入""资金结存"科目。

对于暂付款项，在支付款项时可不做预算会计处理，待结算或报销时，按照结算或报销的金额，借记本科目，贷记"资金结存"科目。

【例3.1-335】发生预付账款的会计核算。

某事业单位在开展专业业务活动及其辅助活动过程中购买一项服务，发生预付账款15 000元，款项通过财政直接支付方式支付。次月，购买的该项服务完成，该事业单位补付相应的款项22 000元，款项通过财政直接支付方式支付。该事业单位购买该项服务发生的费用属于业务活动费用，金额合计为37 000元（15 000+22 000）。该事业单位应编制如下会计分录：

（1）预付账款时。
财务会计：
借：预付账款　　　　　　　　　　　　　　　　　　　　15 000
　　贷：财政拨款收入　　　　　　　　　　　　　　　　　15 000
预算会计：
借：事业支出　　　　　　　　　　　　　　　　　　　　15 000
　　贷：财政拨款预算收入　　　　　　　　　　　　　　　15 000
（2）服务完成并补付款项时。
财务会计：
借：业务活动费用　　　　　　　　　　　　　　　　　　37 000
　　贷：财政拨款收入　　　　　　　　　　　　　　　　　22 000
　　　　预付账款　　　　　　　　　　　　　　　　　　　15 000
预算会计：

借：事业支出 22 000
　　贷：财政拨款预算收入 22 000

【例3.1-336】 发生预付账款的会计核算。

某事业单位行政管理部门职工出差预借差旅费600元，款项以库存现金支付。数日后，相关职工出差回来报销差旅费570元，退回多余现金30元（600-570）。该事业单位应编制如下会计分录：

（1）预借差旅费时。

财务会计：
借：其他应收款 600
　　贷：库存现金 600

预算会计无分录。

（2）报销差旅费时。

财务会计：
借：单位管理费用 570
　　库存现金 30
　　贷：其他应收款 600

预算会计：
借：事业支出 570
　　贷：资金结存——货币资金 570

（五）开展专业业务活动及其辅助活动过程中缴纳的相关税费以及发生的其他各项支出，按照实际支付的金额，借记本科目，贷记"财政拨款预算收入""资金结存"科目。

【例3.1-337】 开展专业业务活动及其辅助活动过程中缴纳的相关税费以及发生的其他各项支出的会计核算。

某事业单位在开展专业业务活动及其辅助活动过程中缴纳城市维护建设税720元，款项通过银行存款账户支付。该事业单位应编制如下会计分录：

财务会计：
借：其他应交税费——应交城市维护建设税 720
　　贷：银行存款 720

预算会计：
借：事业支出 720
　　贷：资金结存——货币资金 720

【例3.1-338】 开展专业业务活动及其辅助活动中缴纳相关税费以及发生的其他各项支出的会计核算。

某事业单位在开展专业业务活动及其辅助活动过程中发生应当计入当期业务活动费用的相关办公费用5 300元，款项通过银行存款账户支付。该事业单位应编制如下会计分录：

财务会计：
借：业务活动费用 5 300
　　贷：银行存款 5 300

预算会计：

借：事业支出　　　　　　　　　　　　　　　　　　　　　　5 300
　　贷：资金结存——货币资金　　　　　　　　　　　　　　　　　5 300

（六）开展专业业务活动及其辅助活动过程中因购货退回等发生款项退回，或者发生差错更正的，属于当年支出收回的，按照收回或更正金额，借记"财政拨款预算收入""资金结存"科目，贷记本科目。

【例3.1-339】当年因购货退回等发生款项退回，或者发生差错更正的的会计核算。

某事业单位因货品质量问题退回一批当年购入的货品460元，该批货品在购入时已计入本年单位管理费用和事业支出，退货款项已收到并存入银行存款账户。该事业单位应编制如下会计分录：

财务会计：
借：银行存款　　　　　　　　　　　　　　　　　　　　　　460
　　贷：单位管理费用　　　　　　　　　　　　　　　　　　　　　460
预算会计：
借：资金结存——货币资金　　　　　　　　　　　　　　　　　460
　　贷：事业支出　　　　　　　　　　　　　　　　　　　　　　　460

（七）年末，将本科目本年发生额中的财政拨款支出转入财政拨款结转，借记"财政拨款结转——本年收支结转"科目，贷记本科目下各财政拨款支出明细科目；将本科目本年发生额中的非财政专项资金支出转入非财政拨款结转，借记"非财政拨款结转——本年收支结转"科目，贷记本科目下各非财政专项资金支出明细科目；将本科目本年发生额中的其他资金支出（非财政非专项资金支出）转入其他结余，借记"其他结余"科目，贷记本科目下其他资金支出明细科目。

【例3.1-340】期末结转的会计核算。

年末，某事业单位"事业支出"科目的本年发生额为998 500元，其中，财政拨款支出515 000元，非财政专项资金支出362 000元，其他资金支出121 500元。该事业单位分别将其转入"财政拨款结转——本年收支结转""非财政拨款结转——本年收支结转"和"其他结余"科目。该事业单位应编制如下会计分录：

（1）结转财政拨款支出时。
预算会计：
借：财政拨款结转——本年收支结转　　　　　　　　　　　　515 000
　　贷：事业支出——财政拨款支出　　　　　　　　　　　　　　515 000
财务会计无分录。

（2）结转非财政专项资金支出时。
预算会计：
借：非财政拨款结转——本年收支结转　　　　　　　　　　　362 000
　　贷：事业支出——非财政专项资金支出　　　　　　　　　　　362 000
财务会计无分录。

（3）结转其他资金支出时。
预算会计：
借：其他结余　　　　　　　　　　　　　　　　　　　　　　121 500
　　贷：事业支出——其他资金支出　　　　　　　　　　　　　　121 500
财务会计无分录。

五、年末结转后,本科目应无余额。

7301 经营支出

一、本科目核算事业单位在专业业务活动及其辅助活动之外开展非独立核算经营活动实际发生的各项现金流出。

二、本科目应当按照经营活动类别、项目、《政府收支分类科目》中"支出功能分类科目"的项级科目和"部门预算支出经济分类科目"的款级科目等进行明细核算。

对于预付款项,可通过在本科目下设置"待处理"明细科目进行明细核算,待确认具体支出项目后再转入本科目下相关明细科目。年末结账前,应将本科目"待处理"明细科目余额全部转入本科目下相关明细科目。

三、经营支出的主要账务处理如下:

(一)支付经营部门职工薪酬。

向职工个人支付薪酬时,按照实际的金额,借记本科目,贷记"资金结存"科目。

按照规定代扣代缴个人所得税以及代扣代缴或为职工缴纳职工社会保险费、住房公积金时,按照实际缴纳的金额,借记本科目,贷记"资金结存"科目。

【例3.1-341】支付经营部门职工薪酬的会计核算。

某事业单位通过银行存款账户向单位开展经营活动的职工个人支付薪酬共计22 300元。该事业单位应编制如下会计分录:

财务会计:
借:应付职工薪酬　　　　　　　　　　　　　　　　　　22 300
　　贷:银行存款　　　　　　　　　　　　　　　　　　22 300

预算会计:
借:经营支出　　　　　　　　　　　　　　　　　　　　22 300
　　贷:资金结存——货币资金　　　　　　　　　　　　22 300

(二)为经营活动支付外部人员劳务费。

按照实际支付给外部人员个人的金额,借记本科目,贷记"资金结存"科目。

按照规定代扣代缴个人所得税时,按照实际缴纳的金额,借记本科目,贷记"资金结存"科目。

【例3.1-342】为经营活动支付外部人员劳务费的会计核算。

某事业单位通过银行存款账户为经营活动支付外部人员的应付劳务费4 500元。该事业单位应编制如下会计分录:

财务会计:
借:其他应付款　　　　　　　　　　　　　　　　　　　4 500
　　贷:银行存款　　　　　　　　　　　　　　　　　　4 500

预算会计:
借:经营支出　　　　　　　　　　　　　　　　　　　　4 500
　　贷:资金结存——货币资金　　　　　　　　　　　　4 500

(三)开展经营活动过程中为购买存货、固定资产、无形资产等以及在建工程支付相关款项时,按照实际支付的金额,借记本科目,贷记"资金结存"科目。

【例3.1-343】开展经营活动过程中为购买资产等支付相关款项时的会计核算。

某事业单位在开展经营活动过程中通过银行存款账户购入一批库存物品,实际支付价款为

7 800 元。暂不考虑增值税业务。该事业单位应编制如下会计分录：

财务会计：

借：库存物品　　　　　　　　　　　　　　　　　　　　　7 800

　　贷：银行存款　　　　　　　　　　　　　　　　　　　　　7 800

预算会计：

借：经营支出　　　　　　　　　　　　　　　　　　　　　　7 800

　　贷：资金结存——货币资金　　　　　　　　　　　　　　7 800

（四）开展经营活动过程中发生预付账款时，按照实际支付的金额，借记本科目，贷记"资金结存"科目。

对于暂付款项，在支付款项时可不做预算会计处理，待结算或报销时，按照结算或报销的金额，借记本科目，贷记"资金结存"科目。

【例3.1-344】开展经营活动过程中发生预付账款的会计核算。

某事业单位在开展经营活动过程中购买一项固定资产，发生预付账款5 000元，款项通过银行存款账户支付。次月，购买的该项固定资产收到并投入使用，该事业单位补付相应的款项18 000元，款项通过银行存款账户支付。该事业单位在购买该项固定资产过程中共支付款项23 000元（5 000+18 000）。暂不考虑增值税业务。该事业单位应编制如下会计分录：

（1）预付账款时。

财务会计：

借：预付账款　　　　　　　　　　　　　　　　　　　　　5 000

　　贷：银行存款　　　　　　　　　　　　　　　　　　　　　5 000

预算会计：

借：经营支出　　　　　　　　　　　　　　　　　　　　　　5 000

　　贷：资金结存——货币资金　　　　　　　　　　　　　　5 000

（2）收到固定资产并补付款项时。

财务会计：

借：固定资产　　　　　　　　　　　　　　　　　　　　　23 000

　　贷：银行存款　　　　　　　　　　　　　　　　　　　　18 000

　　　　预付账款　　　　　　　　　　　　　　　　　　　　　5 000

预算会计：

借：经营支出　　　　　　　　　　　　　　　　　　　　　18 000

　　贷：资金结存——货币资金　　　　　　　　　　　　　　8 000

（五）因开展经营活动缴纳的相关税费以及发生的其他各项支出，按照实际支付的金额，借记本科目，贷记"资金结存"科目。

【例3.1-345】因开展经营活动缴纳的相关税费以及发生的其他各项支出的会计核算。

某事业单位在开展经营活动过程中缴纳房产税1 230元，款项通过银行存款账户支付。该事业单位应编制如下会计分录：

财务会计：

借：其他应交税费——应交房产税　　　　　　　　　　　　1 230

　　贷：银行存款　　　　　　　　　　　　　　　　　　　　　1 230

预算会计：
借：经营支出　　　　　　　　　　　　　　　　　　　　　1 230
　　贷：资金结存——货币资金　　　　　　　　　　　　　　　1 230

【例3.1-346】因开展经营活动缴纳的相关税费以及发生的其他各项支出的会计核算。

某事业单位在开展经营活动过程中发生相关办公费用6 600元，款项通过银行存款账户支付。该办公费用在上月份通过"其他应付款"科目记入了上月份的"经营费用"科目。该事业单位应编制如下会计分录：

财务会计：
借：其他应付款　　　　　　　　　　　　　　　　　　　　6 600
　　贷：银行存款　　　　　　　　　　　　　　　　　　　　　6 600
预算会计：
借：经营支出　　　　　　　　　　　　　　　　　　　　　　6 600
　　贷：资金结存——货币资金　　　　　　　　　　　　　　　6 600

（六）开展经营活动中因购货退回等发生款项退回，或者发生差错更正的，属于当年支出收回的，按照收回或更正金额，借记"资金结存"科目，贷记本科目。

【例3.1-347】当年开展经营活动中因购货退回等发生款项退回，或者发生差错更正的的会计核算。

某事业单位因货品质量问题退回一批当年购入的货品320元，该批货品在购入时已计入本年经营费用和经营支出，退货款项已收到并存入银行存款账户。该事业单位应编制如下会计分录：

财务会计：
借：银行存款　　　　　　　　　　　　　　　　　　　　　　320
　　贷：经营费用　　　　　　　　　　　　　　　　　　　　　　320
预算会计：
借：资金结存——货币资金　　　　　　　　　　　　　　　　320
　　贷：经营支出　　　　　　　　　　　　　　　　　　　　　　320

（七）年末，将本科目本年发生额转入经营结余，借记"经营结余"科目，贷记本科目。

【例3.1-348】期末结转的会计核算。

年末，某事业单位"经营支出"科目的本年发生额为89 100元。该事业单位将其全额转入"经营结余"科目。该事业单位应编制如下会计分录：

预算会计：
借：经营结余　　　　　　　　　　　　　　　　　　　　　89 100
　　贷：经营支出　　　　　　　　　　　　　　　　　　　　　89 100
财务会计无分录。

四、年末结转后，本科目应无余额。

7401　上缴上级支出

一、本科目核算事业单位按照财政部门和主管部门的规定上缴上级单位款项发生的现金流出。

二、本科目应当按照收缴款项单位、缴款项目、《政府收支分类科目》中"支出功能分类科目"的项级科目和"部门预算支出经济分类科目"的款级科目等进行明细核算。

三、上缴上级支出的主要账务处理如下：

（一）按照规定将款项上缴上级单位的，按照实际上缴的金额，借记本科目，贷记"资金结存"科目。

【例3.1-349】款项上缴上级单位的会计核算。

某事业单位按照财政部门和主管部门的规定上缴上级单位款项18 000元，款项以银行存款支付。该事业单位应编制如下会计分录：

财务会计：
借：上缴上级费用　　　　　　　　　　　　　　　　　　　18 000
　　贷：银行存款　　　　　　　　　　　　　　　　　　　　　　18 000
预算会计：
借：上缴上级支出　　　　　　　　　　　　　　　　　　　18 000
　　贷：资金结存——货币资金　　　　　　　　　　　　　　　　18 000

（二）年末，将本科目本年发生额转入其他结余，借记"其他结余"科目，贷记本科目。

【例3.1-350】期末结转的会计核算。

年末，某事业单位"上缴上级支出"科目的本年发生额为46 000元。该事业单位将其全额转入"其他结余"科目。该事业单位应编制如下会计分录：

预算会计：
借：其他结余　　　　　　　　　　　　　　　　　　　　46 000
　　贷：上缴上级支出　　　　　　　　　　　　　　　　　　　46 000

财务会计无分录。

四、年末结转后，本科目应无余额。

7501　对附属单位补助支出

一、本科目核算事业单位用财政拨款预算收入之外的收入对附属单位补助发生的现金流出。

二、本科目应当按照接受补助单位、补助项目、《政府收支分类科目》中"支出功能分类科目"的项级科目和"部门预算支出经济分类科目"的款级科目等进行明细核算。

三、对附属单位补助支出的主要账务处理如下：

（一）发生对附属单位补助支出的，按照实际补助的金额，借记本科目，贷记"资金结存"科目。

【例3.1-351】发生对附属单位补助支出的会计核算。

某事业单位通过银行存款账户支付上一会计期间记入"其他应付款"科目的对附属单位补助款项24 000元。该事业单位应编制如下会计分录：

财务会计：
借：其他应付款　　　　　　　　　　　　　　　　　　　24 000
　　贷：银行存款　　　　　　　　　　　　　　　　　　　　　　24 000
预算会计：
借：对附属单位补助支出　　　　　　　　　　　　　　　24 000
　　贷：资金结存——货币资金　　　　　　　　　　　　　　　　24 000

（二）年末，将本科目本年发生额转入其他结余，借记"其他结余"科目，贷记本科目。

【例3.1-352】期末结转的会计核算。

年末，某事业单位"对附属单位补助支出"科目的本年发生额为 67 300 元。该事业单位将其全额转入"其他结余"科目。该事业单位应编制如下会计分录：

预算会计：
借：其他结余　　　　　　　　　　　　　　　　　　　　　　67 300
　　贷：对附属单位补助支出　　　　　　　　　　　　　　　　　　67 300

财务会计无分录。

四、年末结转后，本科目应无余额。

7601　投资支出

一、本科目核算事业单位以货币资金对外投资发生的现金流出。

二、本科目应当按照投资类型、投资对象、《政府收支分类科目》中"支出功能分类科目"的项级科目和"部门预算支出经济分类科目"的款级科目等进行明细核算。

三、投资支出的主要账务处理如下：

（一）以货币资金对外投资时，按照投资金额和所支付的相关税费金额的合计数，借记本科目，贷记"资金结存"科目。

【例3.1-353】以货币资金对外投资时的会计核算。

某事业单位以银行存款 860 000 元购买取得一项长期股权投资，购买过程中发生相关税费支出 10 000 元，款项以银行存款支付。该项长期股权投资在取得时，确定的成本为 870 000 元（860 000+10 000）。该事业单位应编制如下会计分录：

财务会计：
借：长期股权投资　　　　　　　　　　　　　　　　　　　　870 000
　　贷：银行存款　　　　　　　　　　　　　　　　　　　　　　870 000

预算会计：
借：投资支出　　　　　　　　　　　　　　　　　　　　　　　870 000
　　贷：资金结存——货币资金　　　　　　　　　　　　　　　　870 000

（二）出售、对外转让或到期收回本年度以货币资金取得的对外投资的，如果按规定将投资收益纳入单位预算，按照实际收到的金额，借记"资金结存"科目，按照取得投资时"投资支出"科目的发生额，贷记本科目，按照其差额，贷记或借记"投资预算收益"科目；如果按规定将投资收益上缴财政的，按照取得投资时"投资支出"科目的发生额，借记"资金结存"科目，贷记本科目。

出售、对外转让或到期收回以前年度以货币资金取得的对外投资的，如果按规定将投资收益纳入单位预算，按照实际收到的金额，借记"资金结存"科目，按照取得投资时"投资支出"科目的发生额，贷记"其他结余"科目，按照其差额，贷记或借记"投资预算收益"科目；如果按规定将投资收益上缴财政的，按照取得投资时"投资支出"科目的发生额，借记"资金结存"科目，贷记"其他结余"科目。

【例3.1-354】出售、对外转让或到期收回本年度以货币资金取得的对外投资的会计核算。

某事业单位利用闲散资金购买一批国债作为短期投资，实际投资成本为 12 500 元，款项以银行存款支付。次年，该事业单位出售该项短期投资，出售价款为 12 800 元，实际收到款项 12 800 元，按照规定，取得的相应投资收益 300 元（12 800–12 500）直接上缴财政。该事业单位应编制如下会计分录：

（1）取得短期投资时。

财务会计：

借：短期投资　　　　　　　　　　　　　　　　　　　　12 500
　　贷：银行存款　　　　　　　　　　　　　　　　　　　　　　12 500

预算会计：

借：投资支出　　　　　　　　　　　　　　　　　　　　12 500
　　贷：资金结存——货币资金　　　　　　　　　　　　　　　　12 500

（2）出售短期投资时。

财务会计：

借：银行存款　　　　　　　　　　　　　　　　　　　　12 800
　　贷：短期投资　　　　　　　　　　　　　　　　　　　　　　12 800
借：应缴财政款　　　　　　　　　　　　　　　　　　　　　300
　　贷：银行存款　　　　　　　　　　　　　　　　　　　　　　　300

预算会计：

借：资金结存——货币资金　　　　　　　　　　　　　　12 500
　　贷：其他结余　　　　　　　　　　　　　　　　　　　　　　12 500
借：资金结存——货币资金　　　　　　　　　　　　　　　　300
　　贷：投资支出　　　　　　　　　　　　　　　　　　　　　　　300

（三）年末，将本科目本年发生额转入其他结余，借记"其他结余"科目，贷记本科目。

【例3.1-355】期末结转的会计核算。

年末，某事业单位"投资支出"科目的本年发生额为85 000元。该事业单位将其全额转入"其他结余"科目。该事业单位应编制如下会计分录：

预算会计：

借：其他结余　　　　　　　　　　　　　　　　　　　　85 000
　　贷：投资支出　　　　　　　　　　　　　　　　　　　　　　85 000

财务会计无分录。

四、年末结转后，本科目应无余额。

7701　债务还本支出

一、本科目核算事业单位偿还自身承担的纳入预算管理的从金融机构举借的债务本金的现金流出。

二、本科目应当按照贷款单位、贷款种类、《政府收支分类科目》中"支出功能分类科目"的项级科目和"部门预算支出经济分类科目"的款级科目等进行明细核算。

三、债务还本支出的主要账务处理如下：

（一）偿还各项短期或长期借款时，按照偿还的借款本金，借记本科目，贷记"资金结存"科目。

【例3.1-356】偿还各项短期或长期借款时的会计核算。

某事业单位向金融机构偿还一项短期借款本金50 000元，款项通过银行存款账户支付。该事业单位应编制如下会计分录：

财务会计：

借：短期借款 50 000
　　贷：银行存款 50 000
预算会计：
借：债务还本支出 50 000
　　贷：资金结存——货币资金 50 000

【例3.1-357】偿还各项短期或长期借款时的会计核算。

某事业单位向金融机构偿还一项到期一次还本付息的长期借款165 200元，其中，借款本金150 000元，应计利息15 200元，款项通过银行存款账户支付。该事业单位应编制如下会计分录：

财务会计：
借：长期借款——本金 150 000
　　　　　　——应计利息 15 200
　　贷：银行存款 165 200
预算会计：
借：债务还本支出 165 200
　　贷：资金结存——货币资金 165 200

（二）年末，将本科目本年发生额转入其他结余，借记"其他结余"科目，贷记本科目。

【例3.1-358】期末结转的会计核算。

年末，某事业单位"债务还本支出"科目的本年发生额为365 000元。该事业单位将其全额转入"其他结余"科目。该事业单位应编制如下会计分录：

预算会计：
借：其他结余 365 000
　　贷：债务还本支出 365 000
财务会计无分录。

四、年末结转后，本科目应无余额。

7901　其他支出

一、本科目核算单位除行政支出、事业支出、经营支出、上缴上级支出、对附属单位补助支出、投资支出、债务还本支出以外的各项现金流出，包括利息支出、对外捐赠现金支出、现金盘亏损失、接受捐赠（调入）和对外捐赠（调出）非现金资产发生的税费支出、资产置换过程中发生的相关税费支出、罚没支出等。

二、本科目应当按照其他支出的类别，"财政拨款支出""非财政专项资金支出"和"其他资金支出"，《政府收支分类科目》中"支出功能分类科目"的项级科目和"部门预算支出经济分类科目"的款级科目等进行明细核算。其他支出中如有专项资金支出，还应按照具体项目进行明细核算。

有一般公共预算财政拨款、政府性基金预算财政拨款等两种或两种以上财政拨款的事业单位，还应当在"财政拨款支出"明细科目下按照财政拨款的种类进行明细核算。

单位发生利息支出、捐赠支出等其他支出金额较大或业务较多的，可单独设置"7902 利息支出""7903 捐赠支出"等科目。

三、其他支出的主要账务处理如下：

（一）利息支出。

支付银行借款利息时，按照实际支付金额，借记本科目，贷记"资金结存"科目。

【例 3.1-359】 利息支出的会计核算。

某事业单位支付银行借款利息 450 元,款项通过银行存款账户支付。相应的银行借款利息在财务会计中已记入了"应付利息"总账科目。该事业单位应编制如下会计分录:

财务会计:
借:应付利息   450
　　贷:银行存款   450
预算会计:
借:其他支出   450
　　贷:资金结存——货币资金   450

（二）对外捐赠现金资产。

对外捐赠现金资产时,按照捐赠金额,借记本科目,贷记"资金结存——货币资金"科目。

【例 3.1-360】 对外捐赠现金资产的会计核算。

某事业单位对外捐赠现金资产 50 000 元,款项通过银行存款支付。该事业单位应编制如下会计分录:

财务会计:
借:其他费用   50 000
　　贷:银行存款   50 000
预算会计:
借:其他支出   50 000
　　贷:资金结存——货币资金   50 000

（三）现金盘亏损失。

每日现金账款核对中如发现现金短缺,按照短缺的现金金额,借记本科目,贷记"资金结存——货币资金"科目。经核实,属于应当由有关人员赔偿的,按照收到的赔偿金额,借记"资金结存——货币资金"科目,贷记本科目。

【例 3.1-361】 现金盘亏损失的会计核算。

某事业单位现金账款核对中发现现金短缺 50 元。经核实,其中 30 元应当由责任人赔偿;其余 20 元（50-30）无法查明原因,经批准予以核销。次日,收到相关责任人赔偿现金 30 元。该事业单位应编制如下会计分录:

（1）现金账款核对中发现现金短缺时。

财务会计:
借:待处理财产损溢   50
　　贷:库存现金   50
预算会计:
借:其他支出   50
　　贷:资金结存——货币资金   50

（2）核实批准相关情况时。

财务会计:
借:其他应收款   30
　　资产处置费用   20

贷：待处理财产损溢　　　　　　　　　　　　　　　　　　　　　　　50
预算会计无分录。
（3）收到相关责任人赔偿现金时。
财务会计：
　借：库存现金　　　　　　　　　　　　　　　　　　　　　　　　　　30
　　贷：其他应收款　　　　　　　　　　　　　　　　　　　　　　　　30
预算会计：
　借：资金结存——货币资金　　　　　　　　　　　　　　　　　　　　30
　　贷：其他支出　　　　　　　　　　　　　　　　　　　　　　　　　30

（四）接受捐赠（无偿调入）和对外捐赠（无偿调出）非现金资产发生的税费支出接受捐赠（无偿调入）非现金资产发生的归属于捐入方（调入方）的相关税费、运输费等，以及对外捐赠（无偿调出）非现金资产发生的归属于捐出方（调出方）的相关税费、运输费等，按照实际支付金额，借记本科目，贷记"资金结存"科目。

【例 3.1-362】 无偿捐赠发生的相关税费的会计核算。

某事业单位接受捐赠一批库存物品，有关凭据注明的金额为 62 500 元，以银行存款支付运输费用 500 元，库存物品已验收入库，成本金额为 63 000 元（62 500+500）。该事业单位应编制如下会计分录：

财务会计：
　借：库存物品　　　　　　　　　　　　　　　　　　　　　　　　63 000
　　贷：银行存款　　　　　　　　　　　　　　　　　　　　　　　　　500
　　　　捐赠收入　　　　　　　　　　　　　　　　　　　　　　　62 500
预算会计：
　借：其他支出　　　　　　　　　　　　　　　　　　　　　　　　　500
　　贷：资金结存——货币资金　　　　　　　　　　　　　　　　　　　500

【例 3.1-363】 无偿捐赠发生相关税费的会计核算。

某行政单位接受其他单位无偿调入一项公共基础设施，该项公共基础设施在调出方的账面价值为 724 000 元。调入过程中，该行政单位发生相关费用 3 000 元，款项通过财政授权支付方式支付。该项无偿调入的公共基础设施的成本为 727 000 元（724 000+3 000）。该行政单位应编制如下会计分录：

财务会计：
　借：公共基础设施　　　　　　　　　　　　　　　　　　　　　727 000
　　贷：零余额账户用款额度　　　　　　　　　　　　　　　　　　3 000
　　　　无偿调拨净资产　　　　　　　　　　　　　　　　　　　724 000
预算会计：
　借：其他支出　　　　　　　　　　　　　　　　　　　　　　　　3 000
　　贷：资金结存——零余额账户用款额度　　　　　　　　　　　　3 000

（五）资产置换过程中发生的相关税费支出。
资产置换过程中发生的相关税费，按照实际支付金额，借记本科目，贷记"资金结存"科目。

【例 3.1-364】 资产置换过程中发生的相关税费支出的会计核算。

某事业单位以一项无形资产置换取得一项固定资产,该项无形资产的账面余额为850 000元,相应的累计摊销数为170 000元,账面净值为680 000元(850 000-170 000)。经评估,该项无形资产的评估价值为650 000元。置换过程中发生相关税费支出10 000元,款项以银行存款支付。该项固定资产在取得时,确定的成本为660 000元(650 000+10 000)。该事业单位在该项无形资产置换业务中发生资产处置费用30 000元(680 000-650 000)。该事业单位应编制如下会计分录:

财务会计:
借:固定资产　　　　　　　　　　　　　　　　　　　　660 000
　　无形资产累计摊销　　　　　　　　　　　　　　　　170 000
　　资产处置费用　　　　　　　　　　　　　　　　　　 30 000
　　贷:银行存款　　　　　　　　　　　　　　　　　　　 10 000
　　　　无形资产　　　　　　　　　　　　　　　　　　 850 000
预算会计:
借:其他支出　　　　　　　　　　　　　　　　　　　　 10 000
　　贷:资金结存——货币资金　　　　　　　　　　　　 10 000

(六)其他支出。

发生罚没等其他支出时,按照实际支出金额,借记本科目,贷记"资金结存"科目。

【例3.1-365】其他支出的会计核算。

某事业单位因未按规定按时缴纳税金,发生税收滞纳金2 000元,已用银行存款支付,其会计分录为:

财务会计:
借:其他费用——罚没支出　　　　　　　　　　　　　　2 000
　　贷:银行存款　　　　　　　　　　　　　　　　　　　2 000
预算会计:
借:其他支出——其他资金支出　　　　　　　　　　　　2 000
　　贷:资金结存——货币资金　　　　　　　　　　　　 2 000

(七)年末,将本科目本年发生额中的财政拨款支出转入财政拨款结转,借记"财政拨款结转——本年收支结转"科目,贷记本科目下各财政拨款支出明细科目;将本科目本年发生额中的非财政专项资金支出转入非财政拨款结转,借记"非财政拨款结转——本年收支结转"科目,贷记本科目下各非财政专项资金支出明细科目;将本科目本年发生额中的其他资金支出(非财政非专项资金支出)转入其他结余,借记"其他结余"科目,贷记本科目下各其他资金支出明细科目。

【例3.1-366】期末结转的会计核算。

年末,某事业单位"其他支出"科目的本年发生额为7 400元,其中,财政拨款支出500元,非财政专项资金支出300元,其他资金支出6 600元。该事业单位分别将其转入"财政拨款结转——本年收支结转""非财政拨款结转——本年收支结转"和"其他结余"科目。该事业单位应编制如下会计分录:

(1)结转财政拨款支出时。
预算会计:
借:财政拨款结转——本年收支结转　　　　　　　　　　500

　　　　贷：其他支出——财政拨款支出　　　　　　　　　　　　500
财务会计无分录。
（2）结转非财政专项资金支出时。
预算会计：
借：非财政拨款结转——本年收支结转　　　　　　　　　　300
　　　　贷：其他支出——非财政专项资金支出　　　　　　　　　300
财务会计无分录。
（3）结转其他资金支出时。
预算会计：
借：其他结余　　　　　　　　　　　　　　　　　　　　6 600
　　　　贷：其他支出——其他资金支出　　　　　　　　　　　6 600
财务会计无分录。
四、年末结转后，本科目应无余额。
（三）预算结余类

8001　资金结存

一、本科目核算单位纳入部门预算管理的资金的流入、流出、调整和滚存等情况。
二、本科目应当设置下列明细科目：
（一）"零余额账户用款额度"：本明细科目核算实行国库集中支付的单位根据财政部门批复的用款计划收到和支用的零余额账户用款额度。
年末结账后，本明细科目应无余额。
（二）"货币资金"：本明细科目核算单位以库存现金、银行存款、其他货币资金形态存在的资金。
本明细科目年末借方余额，反映单位尚未使用的货币资金。
（三）"财政应返还额度"：本明细科目核算实行国库集中支付的单位可以使用的以前年度财政直接支付资金额度和财政应返还的财政授权支付资金额度。本明细科目下可设置"财政直接支付""财政授权支付"两个明细科目进行明细核算。
本明细科目年末借方余额，反映单位应收财政返还的资金额度。
三、资金结存的主要账务处理如下：
（一）财政授权支付方式下，单位根据代理银行转来的财政授权支付额度到账通知书，按照通知书中的授权支付额度，借记本科目（零余额账户用款额度），贷记"财政拨款预算收入"科目。
以国库集中支付以外的其他支付方式取得预算收入时，按照实际收到的金额，借记本科目（货币资金），贷记"财政拨款预算收入""事业预算收入""经营预算收入"等科目。

【例3.1-367】财政授权支付方式下，资金结存的会计核算。
某行政单位本年度取得财政授权支付方式下的预算收入为5 000 000元，相应的分录为：
财务会计：
借：零余额账户用款额度　　　　　　　　　　　　　　5 000 000
　　　　贷：财政拨款收入　　　　　　　　　　　　　　　　5 000 000
预算会计：

借：资金结存——零余额账户用款额度 5 000 000
  贷：财政拨款预算收入 5 000 000

【例 3.1-368】 财政授权支付方式下，资金结存的会计核算。

某事业单位收到代理银行转来的财政授权支付额度到账通知书，通知书中所列的财政授权支付额度为 55 000 元。该事业单位应编制如下会计分录：

财务会计：
借：零余额账户用款额度 55 000
  贷：财政拨款收入 55 000

预算会计：
借：资金结存——零余额账户用款额度 55 000
  贷：财政拨款预算收入 55 000

（二）财政授权支付方式下，发生相关支出时，按照实际支付的金额，借记"行政支出""事业支出"等科目，贷记本科目（零余额账户用款额度）。

从零余额账户提取现金时，借记本科目（货币资金），贷记本科目（零余额账户用款额度）。退回现金时，做相反会计分录。

使用以前年度财政直接支付额度发生支出时，按照实际支付金额，借记"行政支出""事业支出"等科目，贷记本科目（财政应返还额度）。

国库集中支付以外的其他支付方式下，发生相关支出时，按照实际支付的金额，借记"事业支出""经营支出"等科目，贷记本科目（货币资金）。

【例 3.1-369】 财政授权支付方式下，发生相关支出的会计核算。

某行政单位在开展业务活动过程中通过财政授权支付方式购入一项不需要安装的固定资产，实际支付价款为 8 500 元。该行政单位应编制如下会计分录：

财务会计：
借：固定资产 8 500
  贷：零余额账户用款额度 8 500

预算会计：
借：行政支出 8 500
  贷：资金结存——零余额账户用款额度 8 500

【例 3.1-370】 财政授权支付方式下，发生相关支出的会计核算。

某事业单位从单位零余额账户中提取现金 500 元，以备日常零星开支使用。该事业单位应编制如下会计分录：

财务会计：
借：库存现金 500
  贷：零余额账户用款额度 500

预算会计：
借：资金结存——货币资金 500
  贷：资金结存——零余额账户用款额度 500

【例 3.1-371】 财政授权支付方式下，发生相关支出的会计核算。

某行政单位使用以前年度财政直接支付额度支付业务活动费用 1 080 元。该行政单位应编制如下会计分录：

财务会计：
借：业务活动费用　　　　　　　　　　　　　　　　　　1 080
　　贷：财政应返还额度——财政直接支付　　　　　　　　　1 080

预算会计：
借：行政支出　　　　　　　　　　　　　　　　　　　　1 080
　　贷：资金结存——财政应返还额度　　　　　　　　　　　1 080

（三）按照规定上缴财政拨款结转结余资金或注销财政拨款结转结余资金额度的，按照实际上缴资金数额或注销的资金额度数额，借记"财政拨款结转——归集上缴"或"财政拨款结余——归集上缴"科目，贷记本科目（财政应返还额度、零余额账户用款额度、货币资金）。

按规定向原资金拨入单位缴回非财政拨款结转资金的，按照实际缴回资金数额，借记"非财政拨款结转——缴回资金"科目，贷记本科目（货币资金）。

收到从其他单位调入的财政拨款结转资金的，按照实际调入资金数额，借记本科目（财政应返还额度、零余额账户用款额度、货币资金），贷记"财政拨款结转——归集调入"科目。

【例3.1-372】上缴财政拨款结转结余资金的会计核算。

某行政单位按规定上缴财政拨款结转资金3 200元，具体通过上缴财政授权支付额度的方式完成。该行政单位应编制如下会计分录：

财务会计：
借：累计盈余　　　　　　　　　　　　　　　　　　　　3 200
　　贷：零余额账户用款额度　　　　　　　　　　　　　　　3 200

预算会计：
借：财政拨款结转——归集上缴　　　　　　　　　　　　3 200
　　贷：资金结存——零余额账户用款额度　　　　　　　　　3 200

【例3.1-373】收到从其他单位调入的财政拨款结转资金的会计核算。

某事业单位按照规定从其他单位调入财政拨款结转资金15 000元，收到相应数额的财政授权支付额度。该事业单位应编制如下会计分录：

财务会计：
借：零余额账户用款额度　　　　　　　　　　　　　　　15 000
　　贷：累计盈余　　　　　　　　　　　　　　　　　　　　15 000

预算会计：
借：资金结存——零余额账户用款额度　　　　　　　　　15 000
　　贷：财政拨款结转——归集调入　　　　　　　　　　　　15 000

（四）按照规定使用专用基金时，按照实际支付金额，借记"专用结余"科目[从非财政拨款结余中提取的专用基金]或"事业支出"等科目[从预算收入中计提的专用基金]，贷记本科目（货币资金）。

【例3.1-374】按照规定使用专用基金的会计核算。

某事业单位按照规定使用从预算收入中提取的专用基金购置一项固定资产，款项合计9 600元通过银行存款账户支付。购置的固定资产用于开展专业业务活动及其辅助活动。该事业单位应编制如下会计分录：

财务会计：
借：固定资产　　　　　　　　　　　　　　　　　　　　　　9 600
　　贷：银行存款　　　　　　　　　　　　　　　　　　　　　9 600
借：专用基金　　　　　　　　　　　　　　　　　　　　　　　9 600
　　贷：累计盈余　　　　　　　　　　　　　　　　　　　　　9 600
预算会计：
借：事业支出　　　　　　　　　　　　　　　　　　　　　　　9 600
　　贷：资金结存——货币资金　　　　　　　　　　　　　　　9 600

（五）因购货退回、发生差错更正等退回国库直接支付、授权支付款项，或者收回货币资金的，属于本年度支付的，借记"财政拨款预算收入"科目或本科目（零余额账户用款额度、货币资金），贷记相关支出科目；属于以前年度支付的，借记本科目（财政应返还额度、零余额账户用款额度、货币资金），贷记"财政拨款结转""财政拨款结余""非财政拨款结转""非财政拨款结余"科目。

【例3.1-375】当年因购货退回、发生差错更正等退回国库直接支付、授权支付款项，或者收回货币资金的会计核算。

某事业单位因货品质量问题退回一批当年购入的货品560元，该批货品在购入时已计入本年业务活动费用和事业支出，退货款项已收到并增加单位零余额账户用款额度。该事业单位应编制如下会计分录：

财务会计：
借：零余额账户用款额度　　　　　　　　　　　　　　　　　560
　　贷：业务活动费用　　　　　　　　　　　　　　　　　　　560
预算会计：
借：资金结存——零余额账户用款额度　　　　　　　　　　　560
　　贷：事业支出　　　　　　　　　　　　　　　　　　　　　560

（六）有企业所得税缴纳义务的事业单位缴纳所得税时，按照实际缴纳金额，借记"非财政拨款结余——累计结余"科目，贷记本科目（货币资金）。

【例3.1-376】发生企业所得税纳税义务的会计核算。

某事业单位有企业所得税缴纳义务，通过银行存款账户缴纳应交企业所得税1 120元。该事业单位应编制如下会计分录：

财务会计：
借：其他应交税费——单位应交所得税　　　　　　　　　　　1 120
　　贷：银行存款　　　　　　　　　　　　　　　　　　　　　1 120
预算会计：
借：非财政拨款结余——累计结余　　　　　　　　　　　　　1 120
　　贷：资金结存——货币资金　　　　　　　　　　　　　　　1 120

（七）年末，根据本年度财政直接支付预算指标数与当年财政直接支付实际支出数的差额，借记本科目（财政应返还额度），贷记"财政拨款预算收入"科目。

【例3.1-377】期末财政直接支付预算指标数与当年财政直接支付实际支出数的差额的会计核算。

年末,某行政单位本年度财政直接支付预算指标数大于当年财政直接支付实际支出数的差额为2 720元。该行政单位应编制如下会计分录:

财务会计:
借:财政应返还额度——财政直接支付　　　　　　　　　　　　2 720
　　贷:财政拨款收入　　　　　　　　　　　　　　　　　　　　2 720

预算会计:
借:资金结存——财政应返还额度　　　　　　　　　　　　　　2 720
　　贷:财政拨款预算收入　　　　　　　　　　　　　　　　　　2 720

(八)年末,单位依据代理银行提供的对账单作注销额度的相关账务处理,借记本科目(财政应返还额度),贷记本科目(零余额账户用款额度);本年度财政授权支付预算指标数大于零余额账户用款额度下达数的,根据未下达的用款额度,借记本科目(财政应返还额度),贷记"财政拨款预算收入"科目。

下年初,单位依据代理银行提供的额度恢复到账通知书作恢复额度的相关账务处理,借记本科目(零余额账户用款额度),贷记本科目(财政应返还额度)。单位收到财政部门批复的上年末未下达零余额账户用款额度的,借记本科目(零余额账户用款额度),贷记本科目(财政应返还额度)。

【例3.1-378】期末注销额度的会计核算。

年初,某事业单位收到代理银行提供的上年度注销零余额账户用款额度恢复到账通知书,恢复上年度注销的零余额账户用款额度2 500元。年末,该事业单位本年度财政授权支付预算指标数大于零余额账户用款额度下达数,两者间的差额为1 680元。年末,该事业单位根据代理银行提供的对账单,注销本年度尚未使用的零余额账户用款额度1 300元。该事业单位应编制如下会计分录:

(1)年初,恢复上年度注销的零余额账户用款额度时。

财务会计:
借:零余额账户用款额度　　　　　　　　　　　　　　　　　　2 500
　　贷:财政应返还额度——财政授权支付　　　　　　　　　　　2 500

预算会计:
借:资金结存——零余额账户用款额度　　　　　　　　　　　　2 500
　　贷:资金结存——财政应返还额度　　　　　　　　　　　　　2 500

(2)年末,确认本年度尚未收到的财政授权支付预算指标数时。

财务会计:
借:财政应返还额度——财政授权支付　　　　　　　　　　　　1 680
　　贷:财政拨款收入　　　　　　　　　　　　　　　　　　　　1 680

预算会计:
借:资金结存——财政应返还额度　　　　　　　　　　　　　　1 680
　　贷:财政拨款预算收入　　　　　　　　　　　　　　　　　　1 680

(3)年末,注销本年度尚未使用的零余额账户用款额度时。

财务会计:
借:财政应返还额度——财政授权支付　　　　　　　　　　　　1 300
　　贷:零余额账户用款额度　　　　　　　　　　　　　　　　　1 300

预算会计：

借：资金结存——财政应返还额度　　　　　　　　　　　　1 300
　　贷：资金结存——零余额账户用款额度　　　　　　　　　　1 300

四、本科目年末借方余额，反映单位预算资金的累计滚存情况。

8101　财政拨款结转

一、本科目核算单位取得的同级财政拨款结转资金的调整、结转和滚存情况。

二、本科目应当设置下列明细科目：

（一）与会计差错更正、以前年度支出收回相关的明细科目"年初余额调整"：本明细科目核算因发生会计差错更正、以前年度支出收回等原因，需要调整财政拨款结转的金额。

年末结账后，本明细科目应无余额。

（二）与财政拨款调拨业务相关的明细科目。

1."归集调入"：本明细科目核算按照规定从其他单位调入财政拨款结转资金时，实际调增的额度数额或调入的资金数额。年末结账后，本明细科目应无余额。

2."归集调出"：本明细科目核算按照规定向其他单位调出财政拨款结转资金时，实际调减的额度数额或调出的资金数额。年末结账后，本明细科目应无余额。

3."归集上缴"：本明细科目核算按照规定上缴财政拨款结转资金时，实际核销的额度数额或上缴的资金数额。年末结账后，本明细科目应无余额。

4."单位内部调剂"：本明细科目核算经财政部门批准对财政拨款结余资金改变用途，调整用于本单位其他未完成项目等的调整金额。年末结账后，本明细科目应无余额。

（三）与年末财政拨款结转业务相关的明细科目。

1."本年收支结转"：本明细科目核算单位本年度财政拨款收支相抵后的余额。年末结账后，本明细科目应无余额。

2."累计结转"：本明细科目核算单位滚存的财政拨款结转资金。本明细科目年末贷方余额，反映单位财政拨款滚存的结转资金数额。

本科目还应当设置"基本支出结转""项目支出结转"两个明细科目，并在"基本支出结转"明细科目下按照"人员经费""日常公用经费"进行明细核算，在"项目支出结转"明细科目下按照具体项目进行明细核算；同时，本科目还应按照《政府收支分类科目》中"支出功能分类科目"的相关科目进行明细核算。

有一般公共预算财政拨款、政府性基金预算财政拨款等两种或两种以上财政拨款的，还应当在本科目下按照财政拨款的种类进行明细核算。

三、财政拨款结转的主要账务处理如下：

（一）与会计差错更正、以前年度支出收回相关的账务处理。

1.因发生会计差错更正退回以前年度国库直接支付、授权支付款项或财政性货币资金，或者因发生会计差错更正增加以前年度国库直接支付、授权支付支出或财政性货币资金支出，属于以前年度财政拨款结转资金的，借记或贷记"资金结存——财政应返还额度、零余额账户用款额度、货币资金"科目，贷记或借记本科目（年初余额调整）。

【例3.1-379】因发生会计差错更正退回以前年度授权支付款项的会计核算。

某行政单位上一会计年度发生一项业务活动费用600元，款项已通过财政授权支付方式全额支付，入账时金额误入为60元，发生记账差错540元（600-60），具体为少记录上一会计年度的

费用和支出。本会计年度发现这一会计差错,予以更正。该项资金属于以前年度财政拨款结转资金。该行政单位应编制如下会计分录:

财务会计:
借:以前年度盈余调整   540
　　贷:零余额账户用款额度   540
预算会计:
借:财政拨款结转——年初余额调整   540
　　贷:资金结存——零余额账户用款额度   540

2.因购货退回、预付款项收回等发生以前年度支出又收回国库直接支付、授权支付款项或收回财政性货币资金,属于以前年度财政拨款结转资金的,借记"资金结存——财政应返还额度、零余额账户用款额度、货币资金"科目,贷记本科目(年初余额调整)。

【例3.1-380】因购货退回发生以前年度支出又收回国库授权支付款项,属于以前年度财政拨款结转资金的会计核算。

某事业单位上一会计年度因订购货品发生预付账款5 000元,款项已通过财政授权支付方式支付。由于订购的货品未按时收到,该事业单位于本会计年度收回了上一会计年度的全部预付账款5 000元,款项已转入单位零余额账户。该项资金属于以前年度财政拨款结转资金。该事业单位应编制如下会计分录:

财务会计:
借:零余额账户用款额度   5 000
　　贷:预付账款   5 000
预算会计:
借:资金结存——零余额账户用款额度   5 000
　　贷:财政拨款结转——年初余额调整   5 000

(二)与财政拨款结转结余资金调整业务相关的账务处理。

1.按照规定从其他单位调入财政拨款结转资金的,按照实际调增的额度数额或调入的资金数额,借记"资金结存——财政应返还额度、零余额账户用款额度、货币资金"科目,贷记本科目(归集调入)。

2.按照规定向其他单位调出财政拨款结转资金的,按照实际调减的额度数额或调出的资金数额,借记本科目(归集调出),贷记"资金结存——财政应返还额度、零余额账户用款额度、货币资金"科目。

【例3.1-381】按照规定从其他单位调入财政拨款结转资金的会计核算。

某行政单位按照规定向其他单位调出财政拨款结转资金15 000元,实际调减相应的零余额账户用款额度。该行政单位应编制如下会计分录:

财务会计:
借:累计盈余   15 000
　　贷:零余额账户用款额度   15 000
预算会计:
借:财政拨款结转——归集调出   15 000
　　贷:资金结存——零余额账户用款额度   1 500

3.按照规定上缴财政拨款结转资金或注销财政拨款结转资金额度的,按照实际上缴资金数额或注销的资金额度数额,借记本科目(归集上缴),贷记"资金结存——财政应返还额度、零余额账户用款额度、货币资金"科目。

【例3.1-382】按照规定上缴财政拨款结转资金或注销财政拨款结转资金额度的会计核算。

某事业单位本年度按照规定上缴财政拨款结余资金300 000元,上述款项通过银行缴纳,相应的分录分为:

财务会计:
借:累计盈余 300 000
  贷:银行存款 300 000

预算会计:
借:财政拨款结余——归集上缴 300 000
  贷:资金结存——货币资金 300 000

4.经财政部门批准对财政拨款结余资金改变用途,调整用于本单位基本支出或其他未完成项目支出的,按照批准调剂的金额,借"财政拨款结余——单位内部调剂"科目,贷记本科目(单位内部调剂)。

【例3.1-383】改变财政拨款结余资金用途的会计核算。

某事业单位本年度经财政部门批准对财政拨款结余资金1 000 000元将其由办公经费支出改为购买固定资产,相应的分录分为:

预算会计:
借:财政拨款结余——单位内部调剂 1 000 000
  贷:财政拨款结转——单位内部调剂 1 000 000

财务会计无分录。

(三)与年末财政拨款结转和结余业务相关的账务处理。

1.年末,将财政拨款预算收入本年发生额转入本科目,借记"财政拨款预算收入"科目,贷记本科目(本年收支结转);将各项支出中财政拨款支出本年发生额转入本科目,借记本科目(本年收支结转),贷记各项支出(财政拨款支出)科目。

【例3.1-384】期末将财政拨款预算收入本年发生额结转的会计核算。

年末,某事业单位"财政拨款预算收入"科目和各项支出中财政拨款支出科目的本年发生额如表8-1所示。

表8-1 财政拨款预算收入和财政拨款支出本年发生额表 单位:元

财政拨款预算收入和财政拨款支出科目	本年贷方发生额	本年借方发生额
财政拨款预算收入	356000	
事业支出——财政拨款支出		348000
其他支出——财政拨款支出		3000
合计	356000	351000

根据表8-1,该事业单位应编制如下会计分录:

(1)结转财政拨款预算收入科目本年发生额时:

预算会计：
借：财政拨款预算收入　　　　　　　　　　　　　　　　356 000
　　贷：财政拨款结转——本年收支结转　　　　　　　　　　356 000
财务会计无分录。

（2）结转财政拨款支出科目本年发生额时。
预算会计：
借：财政拨款结转——本年收支结转　　　　　　　　　　351 000
　　贷：事业支出——财政拨款支出　　　　　　　　　　　348 000
　　　　其他支出——财政拨款支出　　　　　　　　　　　　3 000
财务会计无分录。

年末，在完成财政拨款预算收入和财政拨款支出的本年发生额结转后，该事业单位"财政拨款结转——本年收支结转"科目的贷方余额为5000元（356000-351000）。该贷方余额应当转入"财政拨款结转——累计结转"科目的贷方。

2.年末冲销有关明细科目余额。将本科目（本年收支结转、年初余额调整、归集调入、归集调出、归集上缴、单位内部调剂）余额转入本科目（累计结转）。结转后，本科目除"累计结转"明细科目外，其他明细科目应无余额。

【例3.1-385】年末冲销有关明细科目余额的会计核算。

年末，某事业单位"财政拨款结转"科目相关明细科目的余额如表8-2所示。

表8-2　　　　　　　　财政拨款结转相关明细科目余额表　　　　　　　　单位：元

财政拨款结转相关明细科目	贷方余额	借方余额
本年收支结转	5000	
归集调出		1800
合计	5000	1800

根据表8-2，该事业单位应编制如下会计分录：
预算会计：
借：财政拨款结转——本年收支结转　　　　　　　　　　　5 000
　　贷：财政拨款结转——归集调出　　　　　　　　　　　　1 800
　　　　　　　　　　——累计结转　　　　　　　　　　　　3 200
财务会计无分录。

年末，在冲销财政拨款结转有关明细科目余额后，该事业单位本年财政拨款结转中的累计结转增加3200元（5000-1800）。本年增加的累计结转加上年初累计结转，为年末按规定转财政拨款结余前的财政拨款累计结转资金数额。

3.年末完成上述结转后，应当对财政拨款结转各明细项目执行情况进行分析，按照有关规定将符合财政拨款结余性质的项目余额转入财政拨款结余，借记本科目（累计结转），贷记"财政拨款结余——结转转入"科目。

【例3.1-386】期末将符合财政拨款结余性质的项目余额转入财政拨款结余的会计核算。

年末，某事业单位"财政拨款结转——累计结转"科目贷方余额为5 500元。经对各明细项目执行情况进行分析,其中,按照有关规定符合财政拨款结余性质的项目余额为 2 400 元,将其转入财政拨款结余。该事业单位应编制如下会计分录:

预算会计:
借:财政拨款结转——累计结转 2 400
　　贷:财政拨款结余——结转转入 2 400
财务会计无分录。

四、本科目年末贷方余额,反映单位滚存的财政拨款结转资金额。

8102　财政拨款结余

一、本科目核算单位取得的同级财政拨款项目支出结余资金的调整、结转和滚存情况。

二、本科目应当设置下列明细科目:

(一)与会计差错更正、以前年度支出收回相关的明细科目"年初余额调整":本明细科目核算因发生会计差错更正、以前年度支出收回等原因,需要调整财政拨款结余的金额。年末结账后,本明细科目应无余额。

(二)与财政拨款结余资金调整业务相关的明细科目。

1."归集上缴":本明细科目核算按照规定上缴财政拨款结余资金时,实际核销的额度数额或上缴的资金数额。

年末结账后,本明细科目应无余额。

2."单位内部调剂":本明细科目核算经财政部门批准对财政拨款结余资金改变用途,调整用于本单位其他未完成项目等的调整金额。

年末结账后,本明细科目应无余额。

(三)与年末财政拨款结余业务相关的明细科目。

1."结转转入":本明细科目核算单位按照规定转入财政拨款结余的财政拨款结转资金。

年末结账后,本明细科目应无余额。

2."累计结余":本明细科目核算单位滚存的财政拨款结余资金。

本明细科目年末贷方余额,反映单位财政拨款滚存的结余资金数额。

本科目还应当按照具体项目、《政府收支分类科目》中"支出功能分类科目"的相关科目等进行明细核算。

有一般公共预算财政拨款、政府性基金预算财政拨款等两种或两种以上财政拨款的,还应当在本科目下按照财政拨款的种类进行明细核算。

三、财政拨款结余的主要账务处理如下:

(一)与会计差错更正、以前年度支出收回相关的账务处理。

1.因发生会计差错更正退回以前年度国库直接支付、授权支付款项或财政性货币资金,或者因发生会计差错更正增加以前年度国库直接支付、授权支付支出或财政性货币资金支出,属于以前年度财政拨款结余资金的,借记或贷记"资金结存——财政应返还额度、零余额账户用款额度、货币资金"科目,贷记或借记本科目(年初余额调整)。

【例 3.1-387】因发生会计差错更正增加以前年度国库授权支付支出的会计核算。

某行政单位上一会计年度发生一项业务活动费用 600 元,款项已通过财政授权支付方式全额支付,入账时金额误入为 60 元,发生记账差错 540 元(600-60),具体为少记录上一会计年度的费用和支出。本会计年度发现这一会计差错,予以更正。该项资金属于以前年度财政拨款结余资金。

该行政单位应编制如下会计分录：

财务会计：
借：以前年度盈余调整　　　　　　　　　　　　　　　540
　　贷：零余额账户用款额度　　　　　　　　　　　　　　　540
预算会计：
借：财政拨款结余——年初余额调整　　　　　　　　540
　　贷：资金结存——零余额账户用款额度　　　　　　　　540

2.因购货退回、预付款项收回等发生以前年度支出又收回国库直接支付、授权支付款项或收回财政性货币资金，属于以前年度财政拨款结余资金的，借记"资金结存——财政应返还额度、零余额账户用款额度、货币资金"科目，贷记本科目（年初余额调整）。

【例3.1-388】因购货退回、预付款项收回等发生以前年度支出又收回国库授权支付款项，属于以前年度财政拨款结余资金的会计核算。

某事业单位上一会计年度因订购货品发生预付账款5 000元，款项已通过财政授权支付方式支付。由于订购的货品未按时收到，该事业单位于本会计年度收回了上一会计年度的全部预付账款5 000元，款项已转入单位零余额账户。该项资金属于以前年度财政拨款结余资金。该事业单位应编制如下会计分录：

财务会计：
借：零余额账户用款额度　　　　　　　　　　　　　5 000
　　贷：预付账款　　　　　　　　　　　　　　　　　　　　5 000
预算会计：
借：资金结存——零余额账户用款额度　　　　　　5 000
　　贷：财政拨款结余——年初余额调整　　　　　　　　　5 000

（二）与财政拨款结余资金调整业务相关的账务处理。

1.经财政部门批准对财政拨款结余资金改变用途，调整用于本单位基本支出或其他未完成项目支出的，按照批准调剂的金额，借记本科目（单位内部调剂），贷记"财政拨款结转——单位内部调剂"科目。

【例3.1-389】财政拨款结余资金改变用途的会计核算。

某事业单位经财政部门批准对财政拨款结余资金改变用途，调整用于本单位其他未完成项目，批准的调剂金额为1 600元。该事业单位应编制如下会计分录：

预算会计：
借：财政拨款结余——单位内部调剂　　　　　　　1 600
　　贷：财政拨款结转——单位内部调剂　　　　　　　　　1 600
财务会计无分录。

2.按照规定上缴财政拨款结余资金或注销财政拨款结余资金额度的，按照实际上缴资金数额或注销的资金额度数额，借记本科目（归集上缴），贷记"资金结存——财政应返还额度、零余额账户用款额度、货币资金"科目。

【例3.1-390】上缴财政拨款结余资金或注销财政拨款结余资金额度的会计核算。

某单位本年上缴财政拨款财政授权内拨款结余资金5 000 000元，相应的分录为：

财务会计：

借：累计盈余 5 000 000
　　贷：银行存款 5 000 000
预算会计：
借：财政拨款结余——归集上缴 5 000 000
　　贷：资金结存——货币资金 5 000 000

（三）与年末财政拨款结转和结余业务相关的账务处理。

1.年末，对财政拨款结转各明细项目执行情况进行分析，按照有关规定将符合财政拨款结余性质的项目余额转入财政拨款结余，借记"财政拨款结转——累计结转"科目，贷记本科目（结转转入）。

【例3.1-391】期末将符合财政拨款结余性质的项目余额转入财政拨款结余的会计核算。

某单位本年按照有关规定将符合财政拨款结余性质的项目余额为300 000元，相应的分录为：
预算会计：
借：财政拨款结转——累计结转 300 000
　　贷：财政拨款结余——结转转入 300 000
借：财政拨款结余——结转转入 300 000
　　贷：财政拨款结转——累计结转 300 000
财务会计无分录。

2.年末冲销有关明细科目余额。将本科目（年初余额调整、归集上缴、单位内部调剂、结转转入）余额转入本科目（累计结余）。结转后，本科目除"累计结余"明细科目外，其他明细科目应无余额。

【例3.1-392】年末冲销有关明细科目余额的会计核算。

年末，某行政单位"财政拨款结余"科目相关明细科目的余额如表8-3所示。

表8-3　　　　　　　　　财政拨款结余相关明细科目余额表　　　　　　　　　单位：元

财政拨款结余相关明细科目	贷方余额	借方余额
结转转入	3600	
归集上缴		3100
合计	3600	3100

根据表8-3，该行政单位应编制如下会计分录：
预算会计：
借：财政拨款结余——结转转入 3 600
　　贷：财政拨款结余——归集上缴 3 100
　　　　　　　　——累计结余 500
财务会计无分录。

年末，在冲销财政拨款结余有关明细科目余额后，该行政单位本年财政拨款结余中的累计结余增加500元（3600-3100）。本年增加的累计结余加上年初累计结余，为年末单位滚存的财政拨款结余资金数额。

四、本科目年末贷方余额，反映单位滚存的财政拨款结余资金数额。

8201 非财政拨款结转

一、本科目核算单位除财政拨款收支、经营收支以外各非同级财政拨款专项资金的调整、结转和滚存情况。

二、本科目应当设置下列明细科目：

（一）"年初余额调整"：本明细科目核算因发生会计差错更正、以前年度支出收回等原因，需要调整非财政拨款结转的资金。年末结账后，本明细科目应无余额。

（二）"缴回资金"：本明细科目核算按照规定缴回非财政拨款结转资金时，实际缴回的资金数额。年末结账后，本明细科目应无余额。

（三）"项目间接费用或管理费"：本明细科目核算单位取得的科研项目预算收入中，按照规定计提项目间接费用或管理费的数额。年末结账后，本明细科目应无余额。

（四）"本年收支结转"：本明细科目核算单位本年度非同级财政拨款专项收支相抵后的余额。年末结账后，本明细科目应无余额。

（五）"累计结转"：本明细科目核算单位滚存的非同级财政拨款专项结转资金。本明细科目年末贷方余额，反映单位非同级财政拨款滚存的专项结转资金数额。

本科目还应当按照具体项目、《政府收支分类科目》中"支出功能分类科目"的相关科目等进行明细核算。

三、非财政拨款结转的主要账务处理如下：

（一）按照规定从科研项目预算收入中提取项目管理费或间接费时，按照提取金额，借记本科目（项目间接费用或管理费），贷记"非财政拨款结余——项目间接费用或管理费"科目。

【例3.1-393】从科研项目预算收入中提取项目管理费或间接费时的会计核算。

某单位从单位的科研项目预算收入中提取项目管理费100 000元，相应的分录为：

财务会计：

借：单位管理费用　　　　　　　　　　　　　　　　　　　　　　　100 000
　　贷：预提费用——管理费　　　　　　　　　　　　　　　　　　　　100 000

预算会计：

借：非财政拨款结转——管理费　　　　　　　　　　　　　　　　　100 000
　　贷：非财政拨款结余——管理费　　　　　　　　　　　　　　　　　100 000

（二）因会计差错更正收到或支出非同级财政拨款货币资金，属于非财政拨款结转资金的，按照收到或支出的金额，借记或贷记"资金结存——货币资金"科目，贷记或借记本科目（年初余额调整）。因收回以前年度支出等收到非同级财政拨款货币资金，属于非财政拨款结转资金的，按照收到的金额，借记"资金结存——货币资金"科目，贷记本科目（年初余额调整）。

【例3.1-394】因会计差错更正支出非同级财政拨款货币资金，属于非财政拨款结转资金的会计核算。

某行政单位上一会计年度发生一项业务活动费用600元，款项已通过财政授权支付方式全额支付，入账时金额误入为60元，发生记账差错540元（600-60），具体为少记录上一会计年度的费用和支出。本会计年度发现这一会计差错，予以更正。该项资金属于以前年度非财政拨款结转资金。该行政单位应编制如下会计分录：

财务会计：

借：以前年度盈余调整　　　　　　　　　　　　　　　　　　　　　540

贷：零余额账户用款额度　　　　　　　　　　　　　　　　　　　540
预算会计：
　　借：非财政拨款结转——年初余额调整　　　　　　　　　　　　540
　　　　贷：资金结存——零余额账户用款额度　　　　　　　　　　540

（三）按照规定缴回非财政拨款结转资金的，按照实际缴回资金数额，借记本科目（缴回资金），贷记"资金结存——货币资金"科目。

【例3.1-395】 缴回非财政拨款结转资金的会计核算。

某单位按照规定缴回非财政拨款结转资金为300 000元，相应的分录为：

财务会计：
　　借：累计盈余　　　　　　　　　　　　　　　　　　　　　　300 000
　　　　贷：银行存款　　　　　　　　　　　　　　　　　　　　300 000
预算会计：
　　借：非财政拨款结转——缴回资金　　　　　　　　　　　　　300 000
　　　　贷：资金结存——货币资金　　　　　　　　　　　　　　300 000

（四）年末，将事业预算收入、上级补助预算收入、附属单位上缴预算收入、非同级财政拨款预算收入、债务预算收入、其他预算收入本年发生额中的专项资金收入转入本科目，借记"事业预算收入""上级补助预算收入""附属单位上缴预算收入""非同级财政拨款预算收入""债务预算收入""其他预算收入"科目下各专项资金收入明细科目，贷记本科目（本年收支结转）；将行政支出、事业支出、其他支出本年发生额中的非财政拨款专项资金支出转入本科目，借记本科目（本年收支结转），贷记"行政支出""事业支出""其他支出"科目下各非财政拨款专项资金支出明细科目。

【例3.1-396】 期末将专项资金收入转入非财政拨款结转的会计核算。

年末，某事业单位有关非财政拨款专项资金预算收入和非财政拨款专项资金支出科目的本年发生额如表8-4所示。

表8-4　　　　　　　非财政拨款专项资金预算收支本年发生额表　　　　　　　单位：元

非财政拨款专项资金预算收支科目	本年贷方发生额	本年借方发生额
事业预算收入——专项资金收入	43 200	
上级补助预算收入——专项资金收入	56 000	
附属单位上缴预算收入——专项资金收入	4 200	
非同级财政拨款预算收入——专项资金收入	78 000	
债务预算收入——专项资金收入	36 000	
其他预算收入——专项资金收入	8 300	
事业支出——非财政专项资金支出		202 000
其他支出——非财政专项资金支出		9 200
合计	225 700	211 200

根据表8-4，该事业单位应编制如下会计分录：

（1）结转非财政拨款专项资金预算收入科目本年发生额时。

预算会计：

借：事业预算收入——专项资金收入	43 200
上级补助预算收入——专项资金收入	56 000
附属单位上缴预算收入——专项资金收入	4 200
非同级财政拨款预算收入——专项资金收入	78 000
债务预算收入——专项资金收入	36 000
其他预算收入——专项资金收入	8 300
贷：非财政拨款结转——本年收支结转	225 700

财务会计无分录。

（2）结转非财政拨款专项资金支出科目本年发生额时。

预算会计：

借：非财政拨款结转——本年收支结转	211 200
贷：事业支出——非财政专项资金支出	202 000
其他支出——非财政专项资金支出	9 200

财务会计无分录。

年末，在完成非财政拨款专项资金预算收入和非财政拨款专项资金支出的本年发生额结转后，该事业单位"非财政拨款结转——本年收支结转"科目的贷方余额为14 500元（225 700-211 200）。该贷方余额应当转入"非财政拨款结转——累计结转"科目的贷方。

（五）年末冲销有关明细科目余额。将本科目（年初余额调整、项目间接费用或管理费、缴回资金、本年收支结转）余额转入本科目（累计结转）。结转后，本科目除"累计结转"明细科目外，其他明细科目应无余额。

【例3.1-397】年末冲销有关明细科目余额的会计核算。

年末，某事业单位"非财政拨款结转"科目相关明细科目的余额如表8-5所示。

表 8-5　　　　　非财政拨款结转相关明细科目余额表　　　　　单位：元

非财政拨款结转相关明细科目	贷方余额	借方余额
项目间接费用或管理费		6500
本年收支结转	14500	
合计	14500	6500

根据表8-5，该事业单位应编制如下会计分录：

预算会计：

借：非财政拨款结转——本年收支结转	14 500
贷：非财政拨款结转——项目间接费用或管理费	6 500
——累计结转	8 000

财务会计无分录。

年末，在冲销非财政拨款结转有关明细科目余额后，该事业单位本年非财政拨款结转中的累计结转增加8000元（14500-6500）。本年增加的累计结转加上年初累计结转，为年末按规定转非财政拨款结余前的财政拨款累计结转资金数额。

（六）年末完成上述结转后，应当对非财政拨款专项结转资金各项目情况进行分析，将留归本单位使用的非财政拨款专项（项目已完成）剩余资金转入非财政拨款结余，借记本科目（累计结转），贷记"非财政拨款结余——结转转入"科目。

【例3.1-398】将留归本单位使用的非财政拨款专项（项目已完成）剩余资金转入非财政拨款结余的会计核算。

年末，某事业单位"非财政拨款结转——累计结转"科目贷方余额为65 000元。经对各项目情况进行分析，其中，应留归本单位使用的非财政拨款专项（项目已完成）剩余资金数额为4 600元，将其转入非财政拨款结余。该事业单位应编制如下会计分录：

预算会计：

借：非财政拨款结转——累计结转　　　　　　　　　　　　　　　　　　　　4 600

　　贷：非财政拨款结余——结转转入　　　　　　　　　　　　　　　　　　4 600

财务会计无分录。

年末，在将留归本单位使用的非财政拨款专项剩余资金转入非财政拨款结余后，该事业单位本年非财政拨款结转中的累计结转余额为60400元（65000-4600）。该余额为年末单位滚存的非财政拨款结转资金数额，应当在第二年继续按照专项资金的规定用途使用。

四、本科目年末贷方余额，反映单位滚存的非同级财政拨款专项结转资金数额。

8202　非财政拨款结余

一、本科目核算单位历年滚存的非限定用途的非同级财政拨款结余资金，主要为非财政拨款结余扣除结余分配后滚存的金额。

二、本科目应当设置下列明细科目：

（一）"年初余额调整"：本明细科目核算因发生会计差错更正、以前年度支出收回等原因，需要调整非财政拨款结余的资金。年末结账后，本明细科目应无余额。

（二）"项目间接费用或管理费"：本明细科目核算单位取得的科研项目预算收入中，按照规定计提的项目间接费用或管理费数额。年末结账后，本明细科目应无余额。

（三）"结转转入"：本明细科目核算按照规定留归单位使用，由单位统筹调配，纳入单位非财政拨款结余的非同级财政拨款专项剩余资金。

年末结账后，本明细科目应无余额。

（四）"累计结余"：本明细科目核算单位历年滚存的非同级财政拨款、非专项结余资金。本明细科目年末贷方余额，反映单位非同级财政拨款滚存的非专项结余资金数额。

本科目还应当按照《政府收支分类科目》中"支出功能分类科目"的相关科目进行明细核算。

三、非财政拨款结余的主要账务处理如下：

（一）按照规定从科研项目预算收入中提取项目管理费或间接费时，借记"非财政拨款结转——项目间接费用或管理费"科目，贷记本科目（项目间接费用或管理费）。

【例3.1-399】从科研项目预算收入中提取项目管理费或间接费的会计核算。

某单位按照规定从科研项目预算收入中提取项目管理费200 000元，相应的分录为：

财务会计：

借：单位管理费用　　　　　　　　　　　　　　　　　　　　　　　　　　200 000

　　贷：预提费用——项目管理费　　　　　　　　　　　　　　　　　　　　200 000

预算会计：
借：非财政拨款结转——项目管理费　　　　　　　　　　　　200 000
　　贷：非财政拨款结余——项目管理费　　　　　　　　　　　　200 000

（二）有企业所得税缴纳义务的事业单位实际缴纳企业所得税时，按照缴纳金额，借记本科目（累计结余），贷记"资金结存——货币资金"科目。

【例3.1-400】缴纳企业所得税时的会计核算。

某单位本年实际缴纳企业所得税为300 000元，相应的分录为：

财务会计：
借：其他应交税费——单位应交所得税　　　　　　　　　　　　300 000
　　贷：银行存款　　　　　　　　　　　　　　　　　　　　　　　300 000

预算会计：
借：非财政拨款结余——累计结余　　　　　　　　　　　　　　300 000
　　贷：资金结存——货币资金　　　　　　　　　　　　　　　　300 000

（三）因会计差错更正收到或支出非同级财政拨款货币资金，属于非财政拨款结余资金的，按照收到或支出的金额，借记或贷记"资金结存——货币资金"科目，贷记或借记本科目（年初余额调整）。

因收回以前年度支出等收到非同级财政拨款货币资金，属于非财政拨款结余资金的，按照收到的金额，借记"资金结存——货币资金"科目，贷记本科目（年初余额调整）。

在非财政拨款结余业务中，会计差错更正和以前年度支出收回业务的会计核算举例可参阅财政拨款结转的相关业务核算举例，此处不再举例说明。

（四）年末，将留归本单位使用的非财政拨款专项（项目已完成）剩余资金转入本科目，借记"非财政拨款结转——累计结转"科目，贷记本科目（结转转入）。

【例3.1-401】期末将留归本单位使用的非财政拨款专项（项目已完成）剩余资金转入本科目的会计核算。

某单位年末非财政拨款结余下明细科目情况如下：年初余额调整贷方700 000元，项目间接费用借方400 000元，相应的分录为：

预算会计：
借：非财政拨款结余——年末余额调整　　　　　　　　　　　　700 000
　　贷：非财政拨款结余——累计结余　　　　　　　　　　　　　700 000
借：非财政拨款结余——累计结余　　　　　　　　　　　　　　400 000
　　贷：非财政拨款结余——项目间接费用　　　　　　　　　　　400 000

财务会计无分录。

（五）年末冲销有关明细科目余额。将本科目（年初余额调整、项目间接费用或管理费、结转转入）余额结转入本科目（累计结余）。结转后，本科目除"累计结余"明细科目外，其他明细科目应无余额。

【例3.1-402】年末冲销有关明细科目余额的会计核算。

年末，某事业单位"非财政拨款结余"科目相关明细科目的余额如表8-6所示。

表8-6　　　　　　　　　　非财政拨款结余相关明细科目余额表　　　　　　　　　　单位：元

非财政拨款结余相关明细科目	贷方余额	借方余额
结转转入	9600	
项目间接费用或管理费	3000	
年初余额调整		200
合计	12600	200

根据表8-6，该事业单位应编制如下会计分录：
预算会计：
借：非财政拨款结余——结转转入　　　　　　　　　　　　　　　　　9 600
　　　　　　　　——项目间接费用或管理费　　　　　　　　　　　　3 000
　　贷：非财政拨款结余——年初余额调整　　　　　　　　　　　　　　200
　　　　　　　　　　　——累计结余　　　　　　　　　　　　　　　12 400
财务会计无分录。

年末，在冲销非财政拨款结余有关明细科目余额后，该事业单位本年非财政拨款结余中的累计结余增加12 400元（9 600+3 000-200）。本年增加的累计结余加上年初累计结余，为年末单位滚存的非财政拨款结余资金数额。

年末，"财政拨款结转""财政拨款结余""非财政拨款结转"和"非财政拨款结余"科目在冲销有关明细科目余额后，都是除"累计结转"或"累计结余"明细科目外，其他明细科目无余额。

（六）年末，事业单位将"非财政拨款结余分配"科目余额转入非财政拨款结余。"非财政拨款结余分配"科目为借方余额的，借记本科目（累计结余），贷记"非财政拨款结余分配"科目；"非财政拨款结余分配"科目为贷方余额的，借记"非财政拨款结余分配"科目，贷记本科目（累计结余）。年末，行政单位将"其他结余"科目余额转入非财政拨款结余。
"其他结余"科目为借方余额的，借记本科目（累计结余），贷记"其他结余"科目；"其他结余"科目为贷方余额的，借记"其他结余"科目，贷记本科目（累计结余）。

【例3.1-403】期末将"非财政拨款结余分配"科目余额转入非财政拨款结余的会计核算。
年末，某事业单位"非财政拨款结余分配"科目贷方余额为17 500元，将其转入非财政拨款结余。该事业单位应编制如下会计分录：
预算会计：
借：非财政拨款结余分配　　　　　　　　　　　　　　　　　　　　17 500
　　贷：非财政拨款结余——累计结余　　　　　　　　　　　　　　17 500
财务会计无分录。

【例3.1-404】期末将"其他结余"科目余额转入非财政拨款结余的会计核算。
年末，某行政单位"其他结余"科目贷方余额为650元，将其转入非财政拨款结余。该行政单位应编制如下会计分录：
预算会计：
借：其他结余　　　　　　　　　　　　　　　　　　　　　　　　　　650
　　贷：非财政拨款结余——累计结余　　　　　　　　　　　　　　　650
财务会计无分录。

四、本科目年末贷方余额，反映单位非同级财政拨款结余资金累计滚存数额。

8301　专用结余

一、本科目核算事业单位按照规定从非财政拨款结余中提取的具有专门用途的资金的变动和滚存情况。

二、本科目应当按照专用结余的类别进行明细核算。

三、专用结余的主要账务处理如下：

（一）根据有关规定从本年度非财政拨款结余或经营结余中提取基金的，按照提取金额，借记"非财政拨款结余分配"科目，贷记本科目。

【例3.1-405】从本年度非财政拨款结余或经营结余中提取基金的的会计核算。

某单位从本年度经营结余中提取基金200 000元，相应的分录为：

预算会计：

借：非财政拨款结余分配　　　　　　　　　　　　　　200 000
　　贷：专用结余　　　　　　　　　　　　　　　　　　　　200 000
借：本年盈余分配　　　　　　　　　　　　　　　　　200 000
　　贷：专用基金　　　　　　　　　　　　　　　　　　　　200 000

财务会计无分录。

（二）根据规定使用从非财政拨款结余或经营结余中提取的专用基金时，按照使用金额，借记本科目，贷记"资金结存——货币资金"科目。

【例3.1-406】从非财政拨款结余或经营结余中提取的专用基金时的会计核算。

某单位利用从经营结余中提取的专用基金购买一台价值200 000元机器设备，相应的分录为：

财务会计：

借：固定资产　　　　　　　　　　　　　　　　　　　200 000
　　贷：银行存款　　　　　　　　　　　　　　　　　　　　200 000
借：专用基金　　　　　　　　　　　　　　　　　　　200 000
　　贷：累计盈余　　　　　　　　　　　　　　　　　　　　200 000

预算会计：

借：专用结余　　　　　　　　　　　　　　　　　　　200 000
　　贷：资金结存——货币资金　　　　　　　　　　　　　　200 000

四、本科目年末贷方余额，反映事业单位从非同级财政拨款结余中提取的专用基金的累计滚存数额。

8401　经营结余

一、本科目核算事业单位本年度经营活动收支相抵后余额弥补以前年度经营亏损后的余额。

二、本科目可以按照经营活动类别进行明细核算。

三、经营结余的主要账务处理如下：

（一）年末，将经营预算收入本年发生额转入本科目，借记"经营预算收入"科目，贷记本科目；将经营支出本年发生额转入本科目，借记本科目，贷记"经营支出"科目。

【例3.1-407】期末将经营预算收入本年发生额转入本科目的会计核算。

某单位本年度发生经营预算收入200 000元，发生经营支出150 000元，相应的分录为：

预算会计：

借：经营预算收入	200 000	
贷：经营结余		200 000
借：经营结余	150 000	
贷：经营支出		150 000

财务会计无分录。

（二）年末，完成上述（一）结转后，如本科目为贷方余额，将本科目贷方余额转入"非财政拨款结余分配"科目，借记本科目，贷记"非财政拨款结余分配"科目；如本科目为借方余额，为经营亏损，不予结转。

【例3.1-408】年末，某事业单位"经营预算收入"科目本年贷方发生额为74 000元，将其转入"经营结余"科目；"经营支出"科目本年借方发生额为61 000元，将其转入"经营结余"科目。在完成经营预算收入和经营支出的本年发生额结转后，"经营结余"科目的贷方余额为13 000元（74 000-61 000），将其转入"非财政拨款结余分配"科目的贷方。该事业单位应编制如下会计分录：

（1）结转经营预算收入科目本年发生额时。

预算会计：

借：经营预算收入	74 000	
贷：经营结余		74 000

财务会计无分录。

（2）结转经营支出科目本年发生额时。

预算会计：

借：经营结余	61 000	
贷：经营支出		61 000

财务会计无分录。

（3）将"经营结余"科目的贷方余额转入"非财政拨款结余分配"科目时。

预算会计：

借：经营结余	13 000	
贷：非财政拨款结余分配		13 000

财务会计无分录。

年末，在完成"经营结余"科目贷方余额结转后，"经营结余"科目无余额。

四、年末结账后，本科目一般无余额；如为借方余额，反映事业单位累计发生的经营亏损。

8501　其他结余

一、本科目核算单位本年度除财政拨款收支、非同级财政专项资金收支和经营收支以外各项收支相抵后的余额。

二、其他结余的主要账务处理如下：

（一）年末，将事业预算收入、上级补助预算收入、附属单位上缴预算收入、非同级财政拨款预算收入、债务预算收入、其他预算收入本年发生额中的非专项资金收入以及投资预算收益本年发生额转入本科目，借记"事业预算收入""上级补助预算收入""附属单位上缴预算收入""非同级财政拨款预算收入""债务预算收入""其他预算收入"科目下各非专项资金收入明细科目和"投资预算收益"科目，贷记本科目（"投资预算收益"科目本年发生额为借方净额时，借记本科目，贷记"投资预算收益"科目）；将行政支出、事业支出、其他支出本年发生额中的非同级财政、非专项资金支出,以及上缴上级支出、对附属单位补助支出、投资支出、债务还本支出本年发生额转入本科目,借记本科目,贷记"行政支出""事业支出""其他支出"科目下各非同级财政、非专项资金支出明细科目和"上缴上级支出""对附属单位补助支出""投资支出""债务还本支出"科目。

【例3.1-409】期末将符合规定的收入、收益本年发生额转入本科目的会计核算。

某行政单位本年度发生事业预算收入200 000元,债务预算收入100 000元,其他预算收入100 000元,发生相应的行政支出150 000元,事业支出120 000元,投资支出150 000元,相应的分录为:

预算会计:

借:事业预算收入	200 000
债务预算收入	100 000
其他预算收入	100 000
贷:其他结余	500 000
借:其他结余	420 000
贷:行政支出	150 000
事业支出	120 000
其他支出	150 000

财务会计无分录。

(二)年末,完成上述(一)结转后,行政单位将本科目余额转入"非财政拨款结余——累计结余"科目;事业单位将本科目余额转入"非财政拨款结余分配"科目。当本科目为贷方余额时,借记本科目,贷记"非财政拨款结余——累计结余"或"非财政拨款结余分配"科目;当本科目为借方余额时,借记"非财政拨款结余——累计结余"或"非财政拨款结余分配"科目,贷记本科目。

【例3.1-410】期末本科目余额结转的会计核算。

接上例【例3.1-409】,该行政单位年末需要进行相应结转,相应的分录为:

预算会计:

借:其他结余	80 000
贷:非财政拨款结余——累计结余	80 000

财务会计无分录。

三、年末结账后,本科目应无余额。

8701 非财政拨款结余分配

一、本科目核算事业单位本年度非财政拨款结余分配的情况和结果。

二、非财政拨款结余分配的主要账务处理如下:

(一)年末,将"其他结余"科目余额转入本科目,当"其他结余"科目为贷方余额时,借记"其他结余"科目,贷记本科目;当"其他结余"科目为借方余额时,借记本科目,贷记"其他结余"科目。

年末,将"经营结余"科目贷方余额转入本科目,借记"经营结余"科目,贷记本科目。

【例3.1-411】期末将"其他结余"科目余额转入本科目的会计核算。

某行政单位年末需要进行相应结转本年度其他结余的贷方余额为100 000元,相应的分录为:

预算会计：
借：其他结余 100 000
　　贷：非财政拨款结余——累计结余 100 000
财务会计无分录。

（二）根据有关规定提取专用基金的，按照提取的金额，借记科目，贷记"专用结余"科目。

【例3.1-412】提取专用基金的会计核算。

某单位从本年度经营结余中提取基金150 000元，相应的分录为：
预算会计：
借：非财政拨款结余分配 150 000
　　贷：专用结余 150 000
借：本年盈余分配 150 000
　　贷：专用基金 150 000
财务会计无分录。

（三）年末，按照规定完成上述（一）至（二）处理后，将本科目余额转入非财政拨款结余。当本科目为借方余额时，借记"非财政拨款结余——累计结余"科目，贷记本科目；当本科目为贷方余额时，借记本科目，贷记"非财政拨款结余——累计结余"科目。

【例3.1-413】期末将本科目余额转入非财政拨款结余的会计核算。

接上两例，该单位年末需要对非财政拨款结余分配进行相应结转，相应的分录为：
预算会计：
借：非财政拨款结余——累计结余 50 000
　　贷：非财政拨款结余分配 50 000
财务会计无分录。

三、年末结账后，本科目应无余额。

第四部分　报表格式

编号	报表名称	编制期
财务报表		
会政财01表	资产负债表	月度、年度
会政财02表	收入费用表	月度、年度
会政财03表	净资产变动表	年度
会政财04表	现金流量表	年度
	附注	年度
预算会计报表		
会政预01表	预算收入支出表	年度
会政预02表	预算结转结余变动表	年度
会政预03表	财政拨款预算收入支出表	年度

会政财 01 表

编制单位：　　　　　　　　　　　　　　　　　　年　月　日　　　　　　　　　　　　　　　　　单位：元

资　产	期末余额	年初余额	负债和净资产	期末余额	年初余额
流动资产：			流动负债：		
货币资金			短期借款		
短期投资			应交增值税		
财政应返还额度			其他应交税费		
应收票据			应缴财政款		
应收账款净额			应付职工薪酬		
预付账款			应付票据		
应收股利			应付账款		
应收利息			应付政府补贴款		
其他应收款净额			应付利息		
存货			预收账款		
待摊费用			其他应付款		
一年内到期的非流动资产			预提费用		
其他流动资产			一年内到期的非流动负债		
流动资产合计			其他流动负债		
非流动资产：			流动负债合计		
长期股权投资			非流动负债：		
长期债券投资			长期借款		
固定资产原值			长期应付款		
减：固定资产累计折旧			预计负债		
固定资产净值			其他非流动负债		
工程物资			非流动负债合计		
在建工程			受托代理负债		
无形资产原值			负债合计		
减：无形资产累计摊销					
无形资产净值					
研发支出					
公共基础设施原值					
减：公共基础设施累计折旧（摊销）					

续表

资　产	期末余额	年初余额	负债和净资产	期末余额	年初余额
公共基础设施净值					
政府储备物资					
文物文化资产					
保障性住房原值					
减：保障性住房累计折旧			净资产：		
保障性住房净值			累计盈余		
长期待摊费用			专用基金		
待处理财产损溢			权益法调整		
其他非流动资产			无偿调拨净资产 *		
资产负债表					
非流动资产合计			本期盈余 *		
受托代理资产			净资产合计		
资产总计			负债和净资产总计		

注：" * "标识项目为月报项目，年报中不需列示。

收入费用表

会政财02表

编制单位：　　　　　　　　　　　年　月　日　　　　　　　　　　单位：元

项目	本月数	本年累计数
一、本期收入		
（一）财政拨款收入		
其中：政府性基金收入		
（二）事业收入		
（三）上级补助收入		
（四）附属单位上缴收入		
（五）经营收入		
（六）非同级财政拨款收入		
（七）投资收益		
（八）捐赠收入		
（九）利息收入		
（十）租金收入		

续表

项目	本月数	本年累计数
（十一）其他收入		
二、本期费用		
（一）业务活动费用		
（二）单位管理费用		
（三）经营费用		
（四）资产处置费用		
（五）上缴上级费用		
（六）对附属单位补助费用		
（七）所得税费用		
（八）其他费用		
三、本期盈余		

净资产变动表

编制单位：　　　　　　　　　　　年　月　日　　　　　　　　　　　　　　　　　　　　　　　　会政财03表
单位：元

项目	本年数				上年数			
	累计盈余	专用基金	权益法调整	净资产合计	累计盈余	专用基金	权益法调整	净资产合计
一、上年年末余额			—				—	
二、以前年度盈余调整（减少以"-"号填列）		—	—			—	—	
三、本年年初余额			—				—	
四、本年变动金额（减少以"-"号填列）								
（一）本年盈余		—	—		—	—	—	
（二）无偿调拨净资产		—	—		—	—	—	
（三）归集调整预算结转结余	—	—	—		—	—	—	
（四）提取或设置专用基金			—		—	—	—	
其中：从预算收入中提取	—		—		—	—	—	
从预算结余中提取	—		—		—	—	—	
设置的专用基金	—		—		—	—	—	
（五）使用专用基金	—		—		—	—	—	
（六）权益法调整	—	—			—	—	—	
五、本年年末余额			—				—	

注："—"标识单元格不需填列。

现金流量表

会政财 04 表

编制单位：　　　　　　　　年　月　日　　　　　　　　单位：元

项目	本年金额	上年金额
一、日常活动产生的现金流量：		
财政基本支出拨款收到的现金		
财政非资本性项目拨款收到的现金		
事业活动收到的除财政拨款以外的现金		
收到的其他与日常活动有关的现金		
日常活动的现金流入小计		
购买商品、接受劳务支付的现金		
支付给职工以及为职工支付的现金		
支付的各项税费		
支付的其他与日常活动有关的现金		
日常活动的现金流出小计		
日常活动产生的现金流量净额		
二、投资活动产生的现金流量：		
收回投资收到的现金		
取得投资收益收到的现金		
处置固定资产、无形资产、公共基础设施等收回的现金净额		
收到的其他与投资活动有关的现金		
投资活动的现金流入小计		
购建固定资产、无形资产、公共基础设施等支付的现金		
对外投资支付的现金		
上缴处置固定资产、无形资产、公共基础设施等净收入支付的现金		
支付的其他与投资活动有关的现金		
投资活动的现金流出小计		
投资活动产生的现金流量净额		
三、筹资活动产生的现金流量：		
财政资本性项目拨款收到的现金		
取得借款收到的现金		
收到的其他与筹资活动有关的现金		
筹资活动的现金流入小计		

续表

项目	本年金额	上年金额
偿还借款支付的现金		
偿还利息支付的现金		
支付的其他与筹资活动有关的现金		
筹资活动的现金流出小计		
筹资活动产生的现金流量净额		
四、汇率变动对现金的影响额		
五、现金净增加额		

预算收入支出表

会政预01表

编制单位：　　　　　　　　　　　年　月　日　　　　　　　　　　　单位：元

项目	本年数	上年数
一、本年预算收入		
（一）财政拨款预算收入		
其中：政府性基金收入		
（二）事业预算收入		
（三）上级补助预算收入		
（四）附属单位上缴预算收入		
（五）经营预算收入		
（六）债务预算收入		
（七）非同级财政拨款预算收入		
（八）投资预算收益		
（九）其他预算收入		
其中：利息预算收入		
捐赠预算收入		
租金预算收入		
二、本年预算支出		
（一）行政支出		
（二）事业支出		
（三）经营支出		
（四）上缴上级支出		

续表

项目	本年数	上年数
（五）对附属单位补助支出		
（六）投资支出		
（七）债务还本支出		
（八）其他支出		
其中：利息支出		
捐赠支出		
三、本年预算收支差额		

预算结转结余变动表

会政预 02 表

编制单位： 　　　　　　　　年　月　日　　　　　　　　单位：元

项目	本年数	上年数
一、年初预算结转结余		
（一）财政拨款结转结余		
（二）其他资金结转结余		
二、年初余额调整（减少以"-"号填列）		
（一）财政拨款结转结余		
（二）其他资金结转结余		
三、本年变动金额（减少以"-"号填列）		
（一）财政拨款结转结余		
1.本年收支差额		
2.归集调入		
3.归集上缴或调出		
（二）其他资金结转结余		
1.本年收支差额		
2.缴回资金		
3.使用专用结余		
4.支付所得税		
四、年末预算结转结余		
（一）财政拨款结转结余		
1.财政拨款结转		

续表

项目	本年数	上年数
2. 财政拨款结余		
（二）其他资金结转结余		
1. 非财政拨款结转		
2. 非财政拨款结余		
3. 专用结余		
4. 经营结余（如有余额，以"-"号填列）		

财政拨款预算收入支出表

项目	年初财政拨款结转结余		调整年初财政拨款结转结余	本年归集调入	本年归集上缴或调出	单位内部调剂		本年财政拨款收入	本年财政拨款支出	年末财政拨款结转结余	
	结转	结余				结转	结余			结转	结余
一、一般公共预算财政拨款											
（一）基本支出											
1.人员经费											
2.日常公用经费											
（二）项目支出											
1.××项目											
2.××项目											
……											
二、政府性基金预算财政拨款											
（一）基本支出											
1.人员经费											
2.日常公用经费											
（二）项目支出											
1.××项目											
2.××项目											
……											
总计											

第五部分　报表编制说明

一、资产负债表编制说明

（一）本表反映单位在某一特定日期全部资产、负债和净资产的情况。

（二）本表"年初余额"栏内各项数字，应当根据上年年末资产负债表"期末余额"栏内数字填列。

如果本年度资产负债表规定的项目的名称和内容同上年度不一致，应当对上年年末资产负债表项目的名称和数字按照本年度的规定进行调整，将调整后数字填入本表"年初余额"栏内。

如果本年度单位发生了因前期差错更正、会计政策变更等调整以前年度盈余的事项，还应当对"年初余额"栏中的有关项目金额进行相应调整。

（三）本表中"资产总计"项目期末（年初）余额应当与"负债和净资产总计"项目期末（年初）余额相等。

（四）本表"期末余额"栏各项目的内容和填列方法。

1. 资产类项目。

（1）"货币资金"项目，反映单位期末库存现金、银行存款、零余额账户用款额度、其他货币资金的合计数。本项目应当根据"库存现金""银行存款""零余额账户用款额度""其他货币资金"科目的期末余额的合计数填列；若单位存在通过"库存现金""银行存款"科目核算的受托代理资产还应当按照前述合计数扣减"库存现金""银行存款"科目下"受托代理资产"明细科目的期末余额后的金额填列。

（2）"短期投资"项目，反映事业单位期末持有的短期投资账面余额。本项目应当根据"短期投资"科目的期末余额填列。

（3）"财政应返还额度"项目，反映单位期末财政应返还额度的金额。本项目应当根据"财政应返还额度"科目的期末余额填列。

（4）"应收票据"项目，反映事业单位期末持有的应收票据的票面金额。本项目应当根据"应收票据"科目的期末余额填列。

（5）"应收账款净额"项目，反映单位期末尚未收回的应收账款减去已计提的坏账准备后的净额。本项目应当根据"应收账款"科目的期末余额，减去"坏账准备"科目中对应收账款计提的坏账准备的期末余额后的金额填列。

（6）"预付账款"项目，反映单位期末预付给商品或者劳务供应单位的款项。本项目应当根据"预付账款"科目的期末余额填列。

（7）"应收股利"项目，反映事业单位期末因股权投资而应收取的现金股利或应当分得的利润。本项目应当根据"应收股利"科目的期末余额填列。

（8）"应收利息"项目，反映事业单位期末因债券投资等而应收取的利息。事业单位购入的到期一次还本付息的长期债券投资持有期间应收的利息，不包括在本项目内。本项目应当根据"应收利息"科目的期末余额填列。

（9）"其他应收款净额"项目，反映单位期末尚未收回的其他应收款减去已计提的坏账准备后的净额。本项目应当根据"其他应收款"科目的期末余额减去"坏账准备"科目中对其他应收款计提的坏账准备的期末余额后的金额填列。

（10）"存货"项目，反映单位期末存储的存货的实际成本。本项目应当根据"在途物品""库存物品""加工物品"科目的期末余额的合计数填列。

（11）"待摊费用"项目，反映单位期末已经支出，但应当由本期和以后各期负担的分摊期在1年以内（含1年）的各项费用。本项目应当根据"待摊费用"科目的期末余额填列。

（12）"一年内到期的非流动资产"项目，反映单位期末非流动资产项目中将在1年内（含1年）到期的金额，如事业单位将在1年内（含1年）到期的长期债券投资金额。本项目应当根据"长期债券投资"等科目的明细科目的期末余额分析填列。

（13）"其他流动资产"项目，反映单位期末除本表中上述各项之外的其他流动资产的合计金额。本项目应当根据有关科目期末余额的合计数填列。

（14）"流动资产合计"项目，反映单位期末流动资产的合计数。本项目应当根据本表中"货币资金""短期投资""财政应返还额度""应收票据""应收账款净额""预付账款""应收股利""应收利息""其他应收款净额""存货""待摊费用""一年内到期的非流动资产""其他流动资产"项目金额的合计数填列。

（15）"长期股权投资"项目，反映事业单位期末持有的长期股权投资的账面余额。本项目应当根据"长期股权投资"科目的期末余额填列。

（16）"长期债券投资"项目，反映事业单位期末持有的长期债券投资的账面余额。本项目应当根据"长期债券投资"科目的期末余额减去其中将于1年内（含1年）到期的长期债券投资余额后的金额填列。

（17）"固定资产原值"项目，反映单位期末固定资产的原值。本项目应当根据"固定资产"科目的期末余额填列。

"固定资产累计折旧"项目，反映单位期末固定资产已计提的累计折旧金额。本项目应当根据"固定资产累计折旧"科目的期末余额填列。

"固定资产净值"项目，反映单位期末固定资产的账面价值。本项目应当根据"固定资产"科目期末余额减去"固定资产累计折旧"科目期末余额后的金额填列。

（18）"工程物资"项目，反映单位期末为在建工程准备的各种物资的实际成本。本项目应当根据"工程物资"科目的期末余额填列。

（19）"在建工程"项目，反映单位期末所有的建设项目工程的实际成本。本项目应当根据"在建工程"科目的期末余额填列。

（20）"无形资产原值"项目，反映单位期末无形资产的原值。本项目应当根据"无形资产"科目的期末余额填列。

"无形资产累计摊销"项目，反映单位期末无形资产已计提的累计摊销金额。本项目应当根据"无形资产累计摊销"科目的期末余额填列。

"无形资产净值"项目，反映单位期末无形资产的账面价值。本项目应当根据"无形资产"科目期末余额减去"无形资产累计摊销"科目期末余额后的金额填列。

（21）"研发支出"项目，反映单位期末正在进行的无形资产开发项目开发阶段发生的累计支出数。本项目应当根据"研发支出"科目的期末余额填列。

（22）"公共基础设施原值"项目，反映单位期末控制的公共基础设施的原值。本项目应当根据"公共基础设施"科目的期末余额填列。

"公共基础设施累计折旧（摊销）"项目，反映单位期末控制的公共基础设施已计提的累计折旧和累计摊销金额。本项目应当根据"公共基础设施累计折旧（摊销）"科目的期末余额填列。

"公共基础设施净值"项目，反映单位期末控制的公共基础设施的账面价值。本项目应当根据"公共基础设施"科目期末余额减去"公共基础设施累计折旧（摊销）"科目期末余额后的金额填列。

（23）"政府储备物资"项目，反映单位期末控制的政府储备物资的实际成本。本项目应当根据"政府储备物资"科目的期末余额填列。

（24）"文物文化资产"项目，反映单位期末控制的文物文化资产的成本。本项目应当根据"文物文化资产"科目的期末余额填列。

（25）"保障性住房原值"项目，反映单位期末控制的保障性住房的原值。本项目应当根据"保障性住房"科目的期末余额填列。

"保障性住房累计折旧"项目，反映单位期末控制的保障性住房已计提的累计折旧金额。本项目应当根据"保障性住房累计折旧"科目的期末余额填列。

"保障性住房净值"项目，反映单位期末控制的保障性住房的账面价值。本项目应当根据"保障性住房"科目期末余额减去"保障性住房累计折旧"科目期末余额后的金额填列。

（26）"长期待摊费用"项目，反映单位期末已经支出，但应由本期和以后各期负担的分摊期限在1年以上（不含1年）的各项费用。本项目应当根据"长期待摊费用"科目的期末余额填列。

（27）"待处理财产损溢"项目，反映单位期末尚未处理完毕的各种资产的净损失或净溢余。本项目应当根据"待处理财产损溢"科目的期末借方余额填列；如"待处理财产损溢"科目期末为贷方余额，以"-"号填列。

（28）"其他非流动资产"项目，反映单位期末除本表中上述各项之外的其他非流动资产的合计数。本项目应当根据有关科目的期末余额合计数填列。

（29）"非流动资产合计"项目，反映单位期末非流动资产的合计数。本项目应当根据本表中"长期股权投资""长期债券投资""固定资产净值""工程物资""在建工程""无形资产净值""研发支出""公共基础设施净值""政府储备物资""文物文化资产""保障性住房净值""长期待摊费用""待处理财产损溢""其他非流动资产"项目金额的合计数填列。

（30）"受托代理资产"项目，反映单位期末受托代理资产的价值。本项目应当根据"受托代理资产"科目的期末余额与"库存现金""银行存款"科目下"受托代理资产"明细科目的期末余额的合计数填列。

（31）"资产总计"项目，反映单位期末资产的合计数。本项目应当根据本表中"流动资产合计""非流动资产合计""受托代理资产"项目金额的合计数填列。

2. 负债类项目。

（32）"短期借款"项目，反映事业单位期末短期借款的余额。本项目应当根据"短期借款"科目的期末余额填列。

（33）"应交增值税"项目，反映单位期末应缴未缴的增值税税额。本项目应当根据"应交增值税"科目的期末余额填列；如"应交增值税"科目期末为借方余额，以"-"号填列。

（34）"其他应交税费"项目，反映单位期末应缴未缴的除增值税以外的税费金额。本项目应当根据"其他应交税费"科目的期末余额填列；如"其他应交税费"科目期末为借方余额，以"-"号填列。

（35）"应缴财政款"项目，反映单位期末应当上缴财政但尚未缴纳的款项。本项目应当根据"应缴财政款"科目的期末余额填列。

（36）"应付职工薪酬"项目，反映单位期末按有关规定应付给职工及为职工支付的各种薪酬。本项目应当根据"应付职工薪酬"科目的期末余额填列。

（37）"应付票据"项目，反映事业单位期末应付票据的金额。本项目应当根据"应付票据"科目的期末余额填列。

（38）"应付账款"项目，反映单位期末应当支付但尚未支付的偿还期限在1年以内（含1年）的应付账款的金额。本项目应当根据"应付账款"科目的期末余额填列。

（39）"应付政府补贴款"项目，反映负责发放政府补贴的行政单位期末按照规定应当支付给政府补贴接受者的各种政府补贴款余额。本项目应当根据"应付政府补贴款"科目的期末余额填列。

（40）"应付利息"项目，反映事业单位期末按照合同约定应支付的借款利息。事业单位到期一次还本付息的长期借款利息不包括在本项目内。本项目应当根据"应付利息"科目的期末余额填列。

（41）"预收账款"项目，反映事业单位期末预先收取但尚未确认收入和实际结算的款项余额。本项目应当根据"预收账款"科目的期末余额填列。

（42）"其他应付款"项目，反映单位期末其他各项偿还期限在1年内（含1年）的应付及暂收款项余额。本项目应当根据"其他应付款"科目的期末余额填列。

（43）"预提费用"项目，反映单位期末已预先提取的已经发生但尚未支付的各项费用。本项目应当根据"预提费用"科目的期末余额填列。

（44）"一年内到期的非流动负债"项目，反映单位期末将于1年内（含1年）偿还的非流动负债的余额。本项目应当根据"长期应付款""长期借款"等科目的明细科目的期末余额分析填列。

（45）"其他流动负债"项目，反映单位期末除本表中上述各项之外的其他流动负债的合计数。本项目应当根据有关科目的期末余额的合计数填列。

（46）"流动负债合计"项目，反映单位期末流动负债合计数。本项目应当根据本表"短期借款""应交增值税""其他应交税费""应缴财政款""应付职工薪酬""应付票据""应付账款""应付政府补贴款""应付利息""预收账款""其他应付款""预提费用""一年内到期的非流动负债""其他流动负债"项目金额的合计数填列。

（47）"长期借款"项目，反映事业单位期末长期借款的余额。本项目应当根据"长期借款"科目的期末余额减去其中将于1年内（含1年）到期的长期借款余额后的金额填列。

（48）"长期应付款"项目，反映单位期末长期应付款的余额。本项目应当根据"长期应付款"科目的期末余额减去其中将于1年内（含1年）到期的长期应付款余额后的金额填列。

（49）"预计负债"项目，反映单位期末已确认但尚未偿付的预计负债的余额。本项目应当根据"预计负债"科目的期末余额填列。

（50）"其他非流动负债"项目，反映单位期末除本表中上述各项之外的其他非流动负债的合计数。本项目应当根据有关科目的期末余额合计数填列。

（51）"非流动负债合计"项目，反映单位期末非流动负债合计数。本项目应当根据本表中"长期借款""长期应付款""预计负债""其他非流动负债"项目金额的合计数填列。

（52）"受托代理负债"项目，反映单位期末受托代理负债的金额。本项目应当根据"受托代理负债"科目的期末余额填列。

（53）"负债合计"项目，反映单位期末负债的合计数。本项目应当根据本表中"流动负债合计""非流动负债合计""受托代理负债"项目金额的合计数填列。

3. 净资产类项目。

（54）"累计盈余"项目，反映单位期末未分配盈余（或未弥补亏损）以及无偿调拨净资产变动的累计数。本项目应当根据"累计盈余"科目的期末余额填列。

（55）"专用基金"项目，反映事业单位期末累计提取或设置但尚未使用的专用基金余额。本项目应当根据"专用基金"科目的期末余额填列。

（56）"权益法调整"项目，反映事业单位期末在被投资单位除净损益和利润分配以外的所有者权益变动中累积享有的份额。本项目应当根据"权益法调整"科目的期末余额填列。如"权益法调整"科目期末为借方余额，以"-"号填列。

（57）"无偿调拨净资产"项目，反映单位本年度截至报告期期末无偿调入的非现金资产价值扣减无偿调出的非现金资产价值后的净值。本项目仅在月度报表中列示，年度报表中不列示。月度报表中本项目应当根据"无偿调拨净资产"科目的期末余额填列；"无偿调拨净资产"科目期末为借方余额时，以"-"号填列。

（58）"本期盈余"项目，反映单位本年度截至报告期期末实现的累计盈余或亏损。本项目仅在月度报表中列示，年度报表中不列示。月度报表中本项目应当根据"本期盈余"科目的期末余额填列；"本期盈余"科目期末为借方余额时，以"-"号填列。

（59）"净资产合计"项目，反映单位期末净资产合计数。本项目应当根据本表中"累计盈余""专用基金""权益法调整""无偿调拨净资产"[月度报表]、"本期盈余"[月度报表]项目金额的合计数填列。

（60）"负债和净资产总计"项目，应当按照本表中"负债合计""净资产合计"项目金额的合计数填列。

二、收入费用表编制说明

（一）本表反映单位在某一会计期间内发生的收入、费用及当期盈余情况。

（二）本表"本月数"栏反映各项目的本月实际发生数。编制年度收入费用表时，应当将本栏改为"本年数"，反映本年度各项目的实际发生数。

本表"本年累计数"栏反映各项目自年初至报告期期末的累计实际发生数。编制年度收入费用表时，应当将本栏改为"上年数"，反映上年度各项目的实际发生数，"上年数"栏应当根据上年年度收入费用表中"本年数"栏内所列数字填列。

如果本年度收入费用表规定的项目的名称和内容同上年度不一致，应当对上年度收入费用表项目的名称和数字按照本年度的规定进行调整，将调整后的金额填入本年度收入费用表的"上年数"栏内。

如果本年度单位发生了因前期差错更正、会计政策变更等调整以前年度盈余的事项，还应当对年度收入费用表中"上年数"栏中的有关项目金额进行相应调整。

（三）本表"本月数"栏各项目的内容和填列方法。

1. 本期收入。

（1）"本期收入"项目，反映单位本期收入总额。本项目应当根据本表中"财政拨款收入""事业收入""上级补助收入""附属单位上缴收入""经营收入""非同级财政拨款收入""投资收益""捐赠收入""利息收入""租金收入""其他收入"项目金额的合计数填列。

（2）"财政拨款收入"项目，反映单位本期从同级政府财政部门取得的各类财政拨款。本项目应当根据"财政拨款收入"科目的本期发生额填列。

"政府性基金收入"项目，反映单位本期取得的财政拨款收入中属于政府性基金预算拨款的金额。本项目应当根据"财政拨款收入"相关明细科目的本期发生额填列。

（3）"事业收入"项目，反映事业单位本期开展专业业务活动及其辅助活动实现的收入。本项目应当根据"事业收入"科目的本期发生额填列。

（4）"上级补助收入"项目，反映事业单位本期从主管部门和上级单位收到或应收的非财政拨款收入。本项目应当根据"上级补助收入"科目的本期发生额填列。

（5）"附属单位上缴收入"项目，反映事业单位本期收到或应收的独立核算的附属单位按照有关规定上缴的收入。本项目应当根据"附属单位上缴收入"科目的本期发生额填列。

（6）"经营收入"项目，反映事业单位本期在专业业务活动及其辅助活动之外开展非独立核算经营活动实现的收入。本项目应当根据"经营收入"科目的本期发生额填列。

（7）"非同级财政拨款收入"项目，反映单位本期从非同级政府财政部门取得的财政拨款，不包括事业单位因开展科研及其辅助活动从非同级财政部门取得的经费拨款。本项目应当根据"非同级财政拨款收入"科目的本期发生额填列。

（8）"投资收益"项目，反映事业单位本期股权投资和债券投资所实现的收益或发生的损失。本项目应当根据"投资收益"科目的本期发生额填列；如为投资净损失，以"-"号填列。

（9）"捐赠收入"项目，反映单位本期接受捐赠取得的收入。本项目应当根据"捐赠收入"科目的本期发生额填列。

（10）"利息收入"项目，反映单位本期取得的银行存款利息收入。本项目应当根据"利息收入"科目的本期发生额填列。

（11）"租金收入"项目，反映单位本期经批准利用国有资产出租取得并按规定纳入本单位预算管理的租金收入。本项目应当根据"租金收入"科目的本期发生额填列。

（12）"其他收入"项目，反映单位本期取得的除以上收入项目外的其他收入的总额。本项目应当根据"其他收入"科目的本期发生额填列。

2. 本期费用。

（13）"本期费用"项目，反映单位本期费用总额。本项目应当根据本表中"业务活动费用""单位管理费用""经营费用""资产处置费用""上缴上级费用""对附属单位补助费用""所得税费用"和"其他费用"项目金额的合计数填列。

（14）"业务活动费用"项目，反映单位本期为实现其职能目标，依法履职或开展专业业务活动及其辅助活动所发生的各项费用。本项目应当根据"业务活动费用"科目本期发生额填列。

（15）"单位管理费用"项目，反映事业单位本期本级行政及后勤管理部门开展管理活动发生的各项费用，以及由单位统一负担的离退休人员经费、工会经费、诉讼费、中介费等。本项目应当根据"单位管理费用"科目的本期发生额填列。

（16）"经营费用"项目，反映事业单位本期在专业业务活动及其辅助活动之外开展非独立核算经营活动发生的各项费用。本项目应当根据"经营费用"科目的本期发生额填列。

（17）"资产处置费用"项目，反映单位本期经批准处置资产时转销的资产价值以及在处置过程中发生的相关费用或者处置收入小于处置费用形成的净支出。本项目应当根据"资产处置费用"科目的本期发生额填列。

（18）"上缴上级费用"项目，反映事业单位按照规定上缴上级单位款项发生的费用。本项目应当根据"上缴上级费用"科目的本期发生额填列。

（19）"对附属单位补助费用"项目，反映事业单位用财政拨款收入之外的收入对附属单位补助发生的费用。本项目应当根据"对附属单位补助费用"科目的本期发生额填列。

（20）"所得税费用"项目，反映有企业所得税缴纳义务的事业单位本期计算应交纳的企业所得税。本项目应当根据"所得税费用"科目的本期发生额填列。

（21）"其他费用"项目，反映单位本期发生的除以上费用项目外的其他费用的总额。本项目应当根据"其他费用"科目的本期发生额填列。

3. 本期盈余。

（22）"本期盈余"项目，反映单位本期收入扣除本期费用后的净额。本项目应当根据本表中"本期收入"项目金额减去"本期费用"项目金额后的金额填列；如为负数，以"-"号填列。

三、净资产变动表编制说明

（一）本表反映单位在某一会计年度内净资产项目的变动情况。

（二）本表"本年数"栏反映本年度各项目的实际变动数。本表"上年数"栏反映上年度各项目的实际变动数，应当根据上年度净资产变动表中"本年数"栏内所列数字填列。

如果上年度净资产变动表规定的项目的名称和内容与本年度不一致，应对上年度净资产变动表项目的名称和数字按照本年度的规定进行调整，将调整后金额填入本年度净资产变动表"上年数"栏内。

（三）本表"本年数"栏各项目的内容和填列方法。

1. "上年年末余额"行，反映单位净资产各项目上年年末的余额。本行各项目应当根据"累计盈余""专用基金""权益法调整"科目上年年末余额填列。

2. "以前年度盈余调整"行，反映单位本年度调整以前年度盈余的事项对累计盈余进行调整的金额。本行"累计盈余"项目应当根据本年度"以前年度盈余调整"科目转入"累计盈余"科目的金额填列；如调整减少累计盈余，以"-"号填列。

3. "本年年初余额"行，反映经过以前年度盈余调整后，单位净资产各项目的本年年初余额。本行"累计盈余""专用基金""权益法调整"项目应当根据其各自在"上年年末余额"和"以前年度盈余调整"行对应项目金额的合计数填列。

4. "本年变动金额"行，反映单位净资产各项目本年变动总金额。本行"累计盈余""专用基金""权益法调整"项目应当根据其各自在"本年盈余""无偿调拨净资产""归集调整预算结转结余""提取或设置专用基金""使用专用基金""权益法调整"行对应项目金额的合计数填列。

5. "本年盈余"行，反映单位本年发生的收入、费用对净资产的影响。本行"累计盈余"项目应当根据年末由"本期盈余"科目转入"本年盈余分配"科目的金额填列；如转入时借记"本年盈余分配"科目，则以"-"号填列。

6. "无偿调拨净资产"行，反映单位本年无偿调入、调出非现金资产事项对净资产的影响。本行"累计盈余"项目应当根据年末由"无偿调拨净资产"科目转入"累计盈余"科目的金额填列；如转入时借记"累计盈余"科目，则以"-"号填列。

7. "归集调整预算结转结余"行，反映单位本年财政拨款结转结余资金归集调入、归集上缴或调出，以及非财政拨款结转资金缴回对净资产的影响。本行"累计盈余"项目应当根据"累计盈余"科目明细账记录分析填列；如归集调整减少预算结转结余，则以"-"号填列。

8. "提取或设置专用基金"行，反映单位本年提取或设置专用基金对净资产的影响。本行"累计盈余"项目应当根据"从预算结余中提取"行"累计盈余"项目的金额填列。本行"专用基金"项目应当根据"从预算收入中提取""从预算结余中提取""设置的专用基金"行"专用基金"项目金额的合计数填列。

"从预算收入中提取"行，反映单位本年从预算收入中提取专用基金对净资产的影响。本行"专用基金"项目应当通过对"专用基金"科目明细账记录的分析，根据本年按有关规定从预算收入中提取基金的金额填列。

"从预算结余中提取"行，反映单位本年根据有关规定从本年度非财政拨款结余或经营结余中提取专用基金对净资产的影响。本行"累计盈余""专用基金"项目应当通过对"专用基金"科目明细账记录的分析，根据本年按有关规定从本年度非财政拨款结余或经营结余中提取专用基金的金额填列；本行"累计盈余"项目以"-"号填列。

"设置的专用基金"行，反映单位本年根据有关规定设置的其他专用基金对净资产的影响。本行"专用基金"项目应当通过对"专用基金"科目明细账记录的分析，根据本年按有关规定设置的其他专用基金的金额填列。

9."使用专用基金"行，反映单位本年按规定使用专用基金对净资产的影响。本行"累计盈余""专用基金"项目应当通过对"专用基金"科目明细账记录的分析，根据本年按规定使用专用基金的金额填列；本行"专用基金"项目以"-"号填列。

10."权益法调整"行，反映单位本年按照被投资单位除净损益和利润分配以外的所有者权益变动份额而调整长期股权投资账面余额对净资产的影响。本行"权益法调整"项目应当根据"权益法调整"科目本年发生额填列；若本年净发生额为借方时，以"-"号填列。

11."本年年末余额"行，反映单位本年各净资产项目的年末余额。本行"累计盈余""专用基金""权益法调整"项目应当根据其各自在"本年年初余额""本年变动金额"行对应项目金额的合计数填列。

12.本表各行"净资产合计"项目，应当根据所在行"累计盈余""专用基金""权益法调整"项目金额的合计数填列。

四、现金流量表编制说明

（一）本表反映单位在某一会计年度内现金流入和流出的信息。

（二）本表所指的现金，是指单位的库存现金以及其他可以随时用于支付的款项，包括库存现金、可以随时用于支付的银行存款、其他货币资金、零余额账户用款额度、财政应返还额度，以及通过财政直接支付方式支付的款项。

（三）现金流量表应当按照日常活动、投资活动、筹资活动的现金流量分别反映。本表所指的现金流量，是指现金的流入和流出。

（四）本表"本年金额"栏反映各项目的本年实际发生数。本表"上年金额"栏反映各项目的上年实际发生数，应当根据上年现金流量表中"本年金额"栏内所列数字填列。

（五）单位应当采用直接法编制现金流量表。

（六）本表"本年金额"栏各项目的填列方法。

1.日常活动产生的现金流量。

（1）"财政基本支出拨款收到的现金"项目，反映单位本年接受财政基本支出拨款取得的现金。本项目应当根据"零余额账户用款额度""财政拨款收入""银行存款"等科目及其所属明细科目的记录分析填列。

（2）"财政非资本性项目拨款收到的现金"项目，反映单位本年接受除用于购建固定资产、无形资产、公共基础设施等资本性项目以外的财政项目拨款取得的现金。本项目应当根据"银行存款""零余额账户用款额度""财政拨款收入"等科目及其所属明细科目的记录分析填列。

（3）"事业活动收到的除财政拨款以外的现金"项目，反映事业单位本年开展专业业务活动及其辅助活动取得的除财政拨款以外的现金。本项目应当根据"库存现金""银行存款""其他货币资金""应收账款""应收票据""预收账款""事业收入"等科目及其所属明细科目的记录分析填列。

（4）"收到的其他与日常活动有关的现金"项目，反映单位本年收到的除以上项目之外的与日常活动有关的现金。本项目应当根据"库存现金""银行存款""其他货币资金""上级补助收入""附属单位上缴收入""经营收入""非同级财政拨款收入""捐赠收入""利息收入""租金收入""其他收入"等科目及其所属明细科目的记录分析填列。

（5）"日常活动的现金流入小计"项目，反映单位本年日常活动产生的现金流入的合计数。本项目应当根据本表中"财政基本支出拨款收到的现金""财政非资本性项目拨款收到的现金""事业活动收到的除财政拨款以外的现金""收到的其他与日常活动有关的现金"项目金额的合计数填列。

（6）"购买商品、接受劳务支付的现金"项目，反映单位本年在日常活动中用于购买商品、接受劳务支付的现金。本项目应当根据"库存现金""银行存款""财政拨款收入""零余额账户用款额度""预付账款""在途物品""库存物品""应付账款""应付票据""业务活动费用""单位管理费用""经营费用"等科目及其所属明细科目的记录分析填列。

（7）"支付给职工以及为职工支付的现金"项目，反映单位本年支付给职工以及为职工支付的现金。本项目应当根据"库存现金""银行存款""零余额账户用款额度""财政拨款收入""应付职工薪酬""业务活动费用""单位管理费用""经营费用"等科目及其所属明细科目的记录分析填列。

（8）"支付的各项税费"项目，反映单位本年用于缴纳日常活动相关税费而支付的现金。本项目应当根据"库存现金""银行存款""零余额账户用款额度""应交增值税""其他应交税费""业务活动费用""单位管理费用""经营费用""所得税费用"等科目及其所属明细科目的记录分析填列。

（9）"支付的其他与日常活动有关的现金"项目，反映单位本年支付的除上述项目之外与日常活动有关的现金。本项目应当根据"库存现金""银行存款""零余额账户用款额度""财政拨款收入""其他应付款""业务活动费用""单位管理费用""经营费用""其他费用"等科目及其所属明细科目的记录分析填列。

（10）"日常活动的现金流出小计"项目，反映单位本年日常活动产生的现金流出的合计数。本项目应当根据本表中"购买商品、接受劳务支付的现金""支付给职工以及为职工支付的现金""支付的各项税费""支付的其他与日常活动有关的现金"项目金额的合计数填列。

（11）"日常活动产生的现金流量净额"项目，应当按照本表中"日常活动的现金流入小计"项目金额减去"日常活动的现金流出小计"项目金额后的金额填列；如为负数，以"-"号填列。

2. 投资活动产生的现金流量。

（12）"收回投资收到的现金"项目，反映单位本年出售、转让或者收回投资收到的现金。本项目应该根据"库存现金""银行存款""短期投资""长期股权投资""长期债券投资"等科目的记录分析填列。

（13）"取得投资收益收到的现金"项目，反映单位本年因对外投资而收到被投资单位分配的股利或利润，以及收到投资利息而取得的现金。本项目应当根据"库存现金""银行存款""应收股利""应收利息""投资收益"等科目的记录分析填列。

（14）"处置固定资产、无形资产、公共基础设施等收回的现金净额"项目，反映单位本年处置固定资产、无形资产、公共基础设施等非流动资产所取得的现金，减去为处置这些资产而支付的有关费用之后的净额。由于自然灾害所造成的固定资产等长期资产损失而收到的保险赔款收入，也在本项目反映。本项目应当根据"库存现金""银行存款""待处理财产损溢"等科目的记录分析填列。

（15）"收到的其他与投资活动有关的现金"项目，反映单位本年收到的除上述项目之外与投资活动有关的现金。对于金额较大的现金流入，应当单列项目反映。本项目应当根据"库存现金""银行存款"等有关科目的记录分析填列。

（16）"投资活动的现金流入小计"项目，反映单位本年投资活动产生的现金流入的合计数。本项目应当根据本表中"收回投资收到的现金""取得投资收益收到的现金""处置固定资产、无形资产、公共基础设施等收回的现金净额""收到的其他与投资活动有关的现金"项目金额的合计数填列。

（17）"购建固定资产、无形资产、公共基础设施等支付的现金"项目，反映单位本年购买和建造固定资产、无形资产、公共基础设施等非流动资产所支付的现金；融资租入固定资产支付的租赁费不在本项目反映，在筹资活动的现金流量中反映。本项目应当根据"库存现金""银行存款""固定资产""工程物资""在建工程""无形资产""研发支出""公共基础设施""保障性住房"等科目的记录分析填列。

（18）"对外投资支付的现金"项目，反映单位本年为取得短期投资、长期股权投资、长期债券投资而支付的现金。本项目应当根据"库存现金""银行存款""短期投资""长期股权投资""长期债券投资"等科目的记录分析填列。

（19）"上缴处置固定资产、无形资产、公共基础设施等净收入支付的现金"项目，反映本年单位将处置固定资产、无形资产、公共基础设施等非流动资产所收回的现金净额予以上缴财政所支付的现金。本项目应当根据"库存现金""银行存款""应缴财政款"等科目的记录分析填列。

（20）"支付的其他与投资活动有关的现金"项目，反映单位本年支付的除上述项目之外与投资活动有关的现金。对于金额较大的现金流出，应当单列项目反映。本项目应当根据"库存现金""银行存款"等有关科目的记录分析填列。

（21）"投资活动的现金流出小计"项目，反映单位本年投资活动产生的现金流出的合计数。本项目应当根据本表中"购建固定资产、无形资产、公共基础设施等支付的现金""对外投资支付的现金""上缴处置固定资产、无形资产、公共基础设施等净收入支付的现金""支付的其他与投资活动有关的现金"项目金额的合计数填列。

（22）"投资活动产生的现金流量净额"项目，应当按照本表中"投资活动的现金流入小计"项目金额减去"投资活动的现金流出小计"项目金额后的金额填列；如为负数，以"-"号填列。

3. 筹资活动产生的现金流量。

（23）"财政资本性项目拨款收到的现金"项目，反映单位本年接受用于购建固定资产、无形资产、公共基础设施等资本性项目的财政项目拨款取得的现金。本项目应当根据"银行存款""零余额账户用款额度""财政拨款收入"等科目及其所属明细科目的记录分析填列。

（24）"取得借款收到的现金"项目，反映事业单位本年举借短期、长期借款所收到的现金。本项目应当根据"库存现金""银行存款""短期借款""长期借款"等科目记录分析填列。

（25）"收到的其他与筹资活动有关的现金"项目，反映单位本年收到的除上述项目之外与筹资活动有关的现金。对于金额较大的现金流入，应当单列项目反映。本项目应当根据"库存现金""银行存款"等有关科目的记录分析填列。

（26）"筹资活动的现金流入小计"项目，反映单位本年筹资活动产生的现金流入的合计数。本项目应当根据本表中"财政资本性项目拨款收到的现金""取得借款收到的现金""收到的其他与筹资活动有关的现金"项目金额的合计数填列。

（27）"偿还借款支付的现金"项目，反映事业单位本年偿还借款本金所支付的现金。本项目应当根据"库存现金""银行存款""短期借款""长期借款"等科目的记录分析填列。

（28）"偿付利息支付的现金"项目，反映事业单位本年支付的借款利息等。本项目应当根据"库存现金""银行存款""应付利息""长期借款"等科目的记录分析填列。

（29）"支付的其他与筹资活动有关的现金"项目，反映单位本年支付的除上述项目之外与筹资活动有关的现金，如融资租入固定资产所支付的租赁费。本项目应当根据"库存现金""银行存款""长期应付款"等科目的记录分析填列。

（30）"筹资活动的现金流出小计"项目，反映单位本年筹资活动产生的现金流出的合计数。本项目应当根据本表中"偿还借款支付的现金""偿付利息支付的现金""支付的其他与筹资活动有关的现金"项目金额的合计数填列。

（31）"筹资活动产生的现金流量净额"项目，应当按照本表中"筹资活动的现金流入小计"项目金额减去"筹资活动的现金流出小计"金额后的金额填列；如为负数，以"-"号填列。

4."汇率变动对现金的影响额"项目，反映单位本年外币现金流量折算为人民币时，所采用的现金流量发生日的汇率折算的人民币金额与外币现金流量净额按期末汇率折算的人民币金额之间的差额。

5."现金净增加额"项目，反映单位本年现金变动的净额。本项目应当根据本表中"日常活动产生的现金流量净额""投资活动产生的现金流量净额""筹资活动产生的现金流量净额"和"汇率变动对现金的影响额"项目金额的合计数填列；如为负数，以"-"号填列。

五、预算收入支出表编制说明

（一）本表反映单位在某一会计年度内各项预算收入、预算支出和预算收支差额的情况。

（二）本表"本年数"栏反映各项目的本年实际发生数。本表"上年数"栏反映各项目上年度的实际发生数，应当根据上年度预算收入支出表中"本年数"栏内所列数字填列。

如果本年度预算收入支出表规定的项目的名称和内容同上年度不一致，应当对上年度预算收入支出表项目的名称和数字按照本年度的规定进行调整，将调整后金额填入本年度预算收入支出表的"上年数"栏。

（三）本表"本年数"栏各项目的内容和填列方法。

1.本年预算收入。

（1）"本年预算收入"项目，反映单位本年预算收入总额。本项目应当根据本表中"财政拨款预算收入""事业预算收入""上级补助预算收入""附属单位上缴预算收入""经营预算收入""债务预算收入""非同级财政拨款预算收入""投资预算收益""其他预算收入"项目金额的合计数填列。

（2）"财政拨款预算收入"项目，反映单位本年从同级政府财政部门取得的各类财政拨款。本项目应当根据"财政拨款预算收入"科目的本年发生额填列。

"政府性基金收入"项目，反映单位本年取得的财政拨款收入中属于政府性基金预算拨款的金额。本项目应当根据"财政拨款预算收入"相关明细科目的本年发生额填列。

（3）"事业预算收入"项目，反映事业单位本年开展专业业务活动及其辅助活动取得的预算收入。本项目应当根据"事业预算收入"科目的本年发生额填列。

（4）"上级补助预算收入"项目，反映事业单位本年从主管部门和上级单位取得的非财政补助预算收入。本项目应当根据"上级补助预算收入"科目的本年发生额填列。

（5）"附属单位上缴预算收入"项目，反映事业单位本年收到的独立核算的附属单位按照有关规定上缴的预算收入。本项目应当根据"附属单位上缴预算收入"科目的本年发生额填列。

（6）"经营预算收入"项目，反映事业单位本年在专业业务活动及其辅助活动之外开展非独立核算经营活动取得的预算收入。本项目应当根据"经营预算收入"科目的本年发生额填列。

（7）"债务预算收入"项目，反映事业单位本年按照规定从金融机构等借入的、纳入部门预算管理的债务预算收入。本项目应当根据"债务预算收入"的本年发生额填列。

（8）"非同级财政拨款预算收入"项目，反映单位本年从非同级政府财政部门取得的财政拨款。本项目应当根据"非同级财政拨款预算收入"科目的本年发生额填列。

（9）"投资预算收益"项目，反映事业单位本年取得的按规定纳入单位预算管理的投资收益。本项目应当根据"投资预算收益"科目的本年发生额填列。

（10）"其他预算收入"项目，反映单位本年取得的除上述收入以外的纳入单位预算管理的各项预算收入。本项目应当根据"其他预算收入"科目的本年发生额填列。

"利息预算收入"项目，反映单位本年取得的利息预算收入。本项目应当根据"其他预算收入"科目的明细记录分析填列。单位单设"利息预算收入"科目的，应当根据"利息预算收入"科目的本年发生额填列。

"捐赠预算收入"项目，反映单位本年取得的捐赠预算收入。本项目应当根据"其他预算收入"科目明细账记录分析填列。单位单设"捐赠预算收入"科目的，应当根据"捐赠预算收入"科目的本年发生额填列。

"租金预算收入"项目，反映单位本年取得的租金预算收入。本项目应当根据"其他预算收入"科目明细账记录分析填列。单位单设"租金预算收入"科目的，应当根据"租金预算收入"科目的本年发生额填列。

2. 本年预算支出。

（11）"本年预算支出"项目，反映单位本年预算支出总额。本项目应当根据本表中"行政支出""事业支出""经营支出""上缴上级支出""对附属单位补助支出""投资支出""债务还本支出"和"其他支出"项目金额的合计数填列。

（12）"行政支出"项目，反映行政单位本年履行职责实际发生的支出。本项目应当根据"行政支出"科目的本年发生额填列。

（13）"事业支出"项目，反映事业单位本年开展专业业务活动及其辅助活动发生的支出。本项目应当根据"事业支出"科目的本年发生额填列。

（14）"经营支出"项目，反映事业单位本年在专业业务活动及其辅助活动之外开展非独立核算经营活动发生的支出。本项目应当根据"经营支出"科目的本年发生额填列。

（15）"上缴上级支出"项目，反映事业单位本年按照财政部门和主管部门的规定上缴上级单位的支出。本项目应当根据"上缴上级支出"科目的本年发生额填列。

（16）"对附属单位补助支出"项目，反映事业单位本年用财政拨款收入之外的收入对附属单位补助发生的支出。本项目应当根据"对附属单位补助支出"科目的本年发生额填列。

（17）"投资支出"项目，反映事业单位本年以货币资金对外投资发生的支出。本项目应当根据"投资支出"科目的本年发生额填列。

（18）"债务还本支出"项目，反映事业单位本年偿还自身承担的纳入预算管理的从金融机构举借的债务本金的支出。本项目应当根据"债务还本支出"科目的本年发生额填列。

（19）"其他支出"项目，反映单位本年除以上支出以外的各项支出。本项目应当根据"其他支出"科目的本年发生额填列。

"利息支出"项目，反映单位本年发生的利息支出。本项目应当根据"其他支出"科目明细账记录分析填列。单位单设"利息支出"科目的，应当根据"利息支出"科目的本年发生额填列。

"捐赠支出"项目，反映单位本年发生的捐赠支出。本项目应当根据"其他支出"科目明细账记录分析填列。单位单设"捐赠支出"科目的，应当根据"捐赠支出"科目的本年发生额填列。

3. 本年预算收支差额。

（20）"本年预算收支差额"项目，反映单位本年各项预算收支相抵后的差额。本项目应当根据本表中"本期预算收入"项目金额减去"本期预算支出"项目金额后的金额填列；如相减后金额为负数，以"-"号填列。

六、预算结转结余变动表编制说明

（一）本表反映单位在某一会计年度内预算结转结余的变动情况。

（二）本表"本年数"栏反映各项目的本年实际发生数。本表"上年数"栏反映各项目的上年实际发生数，应当根据上年度预算结转结余变动表中"本年数"栏内所列数字填列。

如果本年度预算结转结余变动表规定的项目的名称和内容同上年度不一致，应当对上年度预算结转结余变动表项目的名称和数字按照本年度的规定进行调整，将调整后金额填入本年度预算结转结余变动表的"上年数"栏。

（三）本表中"年末预算结转结余"项目金额等于"年初预算结转结余""年初余额调整""本年变动金额"三个项目的合计数。

（四）本表"本年数"栏各项目的内容和填列方法

1. "年初预算结转结余"项目，反映单位本年预算结转结余的年初余额。本项目应当根据本项目下"财政拨款结转结余""其他资金结转结余"项目金额的合计数填列。

（1）"财政拨款结转结余"项目，反映单位本年财政拨款结转结余资金的年初余额。本项目应当根据"财政拨款结转""财政拨款结余"科目本年年初余额合计数填列。

（2）"其他资金结转结余"项目，反映单位本年其他资金结转结余的年初余额。本项目应当根据"非财政拨款结转""非财政拨款结余""专用结余""经营结余"科目本年年初余额的合计数填列。

2. "年初余额调整"项目，反映单位本年预算结转结余年初余额调整的金额。本项目应当根据本项目下"财政拨款结转结余""其他资金结转结余"项目金额的合计数填列。

（1）"财政拨款结转结余"项目，反映单位本年财政拨款结转结余资金的年初余额调整金额。本项目应当根据"财政拨款结转""财政拨款结余"科目下"年初余额调整"明细科目的本年发生额的合计数填列；如调整减少年初财政拨款结转结余，以"-"号填列。

（2）"其他资金结转结余"项目，反映单位本年其他资金结转结余的年初余额调整金额。本项目应当根据"非财政拨款结转""非财政拨款结余"科目下"年初余额调整"明细科目的本年发生额的合计数填列；如调整减少年初其他资金结转结余，以"-"号填列。

3. "本年变动金额"项目，反映单位本年预算结转结余变动的金额。本项目应当根据本项目下"财政拨款结转结余""其他资金结转结余"项目金额的合计数填列。

（1）"财政拨款结转结余"项目，反映单位本年财政拨款结转结余资金的变动。本项目应当根据本项目下"本年收支差额""归集调入""归集上缴或调出"项目金额的合计数填列。

①"本年收支差额"项目，反映单位本年财政拨款资金收支相抵后的差额。本项目应当根据"财政拨款结转"科目下"本年收支结转"明细科目本年转入的预算收入与预算支出的差额填列；差额为负数的，以"-"号填列。

②"归集调入"项目，反映单位本年按照规定从其他单位归集调入的财政拨款结转资金。本项目应当根据"财政拨款结转"科目下"归集调入"明细科目的本年发生额填列。

③"归集上缴或调出"项目，反映单位本年按照规定上缴的财政拨款结转结余资金及按照规定向其他单位调出的财政拨款结转资金。本项目应当根据"财政拨款结转""财政拨款结余"科目下"归集上缴"明细科目，以及"财政拨款结转"科目下"归集调出"明细科目本年发生额的合计数填列，以"-"号填列。

（2）"其他资金结转结余"项目，反映单位本年其他资金结转结余的变动。本项目应当根据本项目下"本年收支差额""缴回资金""使用专用结余""支付所得税"项目金额的合计数填列。

①"本年收支差额"项目，反映单位本年除财政拨款外的其他资金收支相抵后的差额。本项目应当根据"非财政拨款结转"科目下"本年收支结转"明细科目、"其他结余"科目、"经营结余"科目本年转入的预算收入与预算支出的差额的合计数填列；如为负数，以"-"号填列。

②"缴回资金"项目，反映单位本年按照规定缴回的非财政拨款结转资金。本项目应当根据"非财政拨款结转"科目下"缴回资金"明细科目本年发生额的合计数填列，以"-"号填列。

③"使用专用结余"项目，反映本年事业单位根据规定使用从非财政拨款结余或经营结余中提取的专用基金的金额。本项目应当根据"专用结余"科目明细账中本年使用专用结余业务的发生额填列，以"-"号填列。

④"支付所得税"项目，反映有企业所得税缴纳义务的事业单位本年实际缴纳的企业所得税金额。本项目应当根据"非财政拨款结余"明细账中本年实际缴纳企业所得税业务的发生额填列，以"-"号填列。

4."年末预算结转结余"项目，反映单位本年预算结转结余的年末余额。本项目应当根据本项目下"财政拨款结转结余""其他资金结转结余"项目金额的合计数填列。

（1）"财政拨款结转结余"项目，反映单位本年财政拨款结转结余的年末余额。本项目应当根据本项目下"财政拨款结转""财政拨款结余"项目金额的合计数填列。本项目下"财政拨款结转""财政拨款结余"项目，应当分别根据"财政拨款结转""财政拨款结余"科目的本年年末余额填列。

（2）"其他资金结转结余"项目，反映单位本年其他资金结转结余的年末余额。本项目应当根据本项目下"非财政拨款结转""非财政拨款结余""专用结余""经营结余"项目金额的合计数填列。

本项目下"非财政拨款结转""非财政拨款结余""专用结余""经营结余"项目，应当分别根据"非财政拨款结转""非财政拨款结余""专用结余""经营结余"科目的本年年末余额填列。

七、财政拨款预算收入支出表编制说明

（一）本表反映单位本年财政拨款预算资金收入、支出及相关变动的具体情况。

（二）本表"项目"栏内各项目，应当根据单位取得的财政拨款种类分项设置。其中"项目支出"项目下，根据每个项目设置；单位取得除一般公共财政预算拨款和政府性基金预算拨款以外的其他财政拨款的，应当按照财政拨款种类增加相应的资金项目及其明细项目。

（三）本表各栏及其对应项目的内容和填列方法。

1."年初财政拨款结转结余"栏中各项目，反映单位年初各项财政拨款结转结余的金额。各项目应当根据"财政拨款结转""财政拨款结余"及其明细科目的年初余额填列。本栏中各项目的数额应当与上年度财政拨款预算收入支出表中"年末财政拨款结转结余"栏中各项目的数额相等。

2."调整年初财政拨款结转结余"栏中各项目，反映单位对年初财政拨款结转结余的调整金额。各项目应当根据"财政拨款结转""财政拨款结余"科目下"年初余额调整"明细科目及其所属明细科目的本年发生额填列；如调整减少年初财政拨款结转结余，以"-"号填列。

3."本年归集调入"栏中各项目，反映单位本年按规定从其他单位调入的财政拨款结转资金金额。各项目应当根据"财政拨款结转"科目下"归集调入"明细科目及其所属明细科目的本年发生额填列。

4."本年归集上缴或调出"栏中各项目，反映单位本年按规定实际上缴的财政拨款结转结余资金，及按照规定向其他单位调出的财政拨款结转资金金额。各项目应当根据"财政拨款结转""财政拨款结余"科目下"归集上缴"科目和"财政拨款结转"科目下"归集调出"明细科目，及其所属明细科目的本年发生额填列，以"-"号填列。

5."单位内部调剂"栏中各项目，反映单位本年财政拨款结转结余资金在单位内部不同项目等之间的调剂金额。各项目应当根据"财政拨款结转"和"财政拨款结余"科目下的"单位内部调剂"明细科目及其所属明细科目的本年发生额填列；对单位内部调剂减少的财政拨款结余金额，以"-"号填列。

6."本年财政拨款收入"栏中各项目，反映单位本年从同级财政部门取得的各类财政预算拨款金额。各项目应当根据"财政拨款预算收入"科目及其所属明细科目的本年发生额填列。

7."本年财政拨款支出"栏中各项目，反映单位本年发生的财政拨款支出金额。各项目应当根据"行政支出""事业支出"等科目及其所属明细科目本年发生额中的财政拨款支出数的合计数填列。

8."年末财政拨款结转结余"栏中各项目，反映单位年末财政拨款结转结余的金额。各项目应当根据"财政拨款结转""财政拨款结余"科目及其所属明细科目的年末余额填列。

八、附注

附注是对在会计报表中列示的项目所作的进一步说明，以及对未能在会计报表中列示项目的说明。附注是财务报表的重要组成部分。凡对报表使用者的决策有重要影响的会计信息，不论本制度是否有明确规定，单位均应当充分披露。

附注主要包括下列内容：

（一）单位的基本情况。

单位应当简要披露其基本情况，包括单位主要职能、主要业务活动、所在地、预算管理关系等。

（二）会计报表编制基础。

（三）遵循政府会计准则、制度的声明。

（四）重要会计政策和会计估计。

单位应当采用与其业务特点相适应的具体会计政策，并充分披露报告期内采用的重要会计政策和会计估计。主要包括以下内容：

1. 会计期间。
2. 记账本位币，外币折算汇率。
3. 坏账准备的计提方法。
4. 存货类别、发出存货的计价方法、存货的盘存制度，以及低值易耗品和包装物的摊销方法。
5. 长期股权投资的核算方法。
6. 固定资产分类、折旧方法、折旧年限和年折旧率；融资租入固定资产的计价和折旧方法。
7. 无形资产的计价方法；使用寿命有限的无形资产，其使用寿命估计情况；使用寿命不确定的无形资产，其使用寿命不确定的判断依据；单位内部研究开发项目划分研究阶段和开发阶段的具体标准。
8. 公共基础设施的分类、折旧（摊销）方法、折旧（摊销）年限，以及其确定依据。
9. 政府储备物资分类，以及确定其发出成本所采用的方法。
10. 保障性住房的分类、折旧方法、折旧年限。
11. 其他重要的会计政策和会计估计。
12. 本期发生重要会计政策和会计估计变更的，变更的内容和原因、受其重要影响的报表项目名称和金额、相关审批程序，以及会计估计变更开始适用的时点。

（五）会计报表重要项目说明。

单位应当按照资产负债表和收入费用表项目列示顺序，采用文字和数据描述相结合的方式披露重要项目的明细信息。报表重要项目的明细金额合计，应当与报表项目金额相衔接。报表重要项目说明应包括但不限于下列内容：

1. 货币资金的披露格式如下：

项目	期末余额	年初余额
库存现金		
银行存款		
其他货币资金		
合计		

2. 应收账款按照债务人类别披露的格式如下：

债务人类别	期末余额	年初余额
政府会计主体：		
部门内部单位		
单位1		
……		
部门外部单位		
单位1		

续表

债务人类别	期末余额	年初余额
……		
其他:		
单位1		
……		
合计		

注1:"部门内部单位"是指纳入单位所属部门财务报告合并范围的单位(下同)。

2:有应收票据、预付账款、其他应收款的,可比照应收账款进行披露。

3.存货的披露格式如下:

存货种类	期末余额	年初余额
1.		
……		
合计		

4.其他流动资产的披露格式如下:

项目	期末余额	年初余额
1.		
……		
合计		

注:有长期待摊费用、其他非流动资产的,可比照其他流动资产进行披露。

5.长期投资。

(1)长期债券投资的披露格式如下:

债券发行主体	年初余额	本期增加额	本期减少额	期末余额
1.				
……				
合计				

注:有短期投资的,可比照长期债券投资进行披露。

(2)长期股权投资的披露格式如下:

被投资单位	核算方法	年初余额	本期增加额	本期减少额	期末余额
1.					
……					
合计					

(3)当期发生的重大投资净损益项目、金额及原因。

6. 固定资产。

(1)固定资产的披露格式如下:

项目	年初余额	本期增加额	本期减少额	期末余额
一、原值合计				
其中:房屋及构筑物				
通用设备				
专用设备				
文物和陈列品				
图书、档案				
家具、用具、装具及动植物				
二、累计折旧合计				
其中:房屋及构筑物				
通用设备				
专用设备				
家具、用具、装具				
三、账面价值合计				
其中:房屋及构筑物				
通用设备				
专用设备				
文物和陈列品				
图书、档案				
家具、用具、装具及动植物				

(2)已提足折旧的固定资产名称、数量等情况。

(3)出租、出借固定资产以及固定资产对外投资等情况。

7. 在建工程的披露格式如下:

项目	年初余额	本期增加额	本期减少额	期末余额
1.				
……				
合计				

8. 无形资产。

(1)各类无形资产的披露格式如下:

项目	年初余额	本期增加额	本期减少额	期末余额
一、原值合计				
1.				
……				
二、累计摊销合计				
1.				
……				
三、账面价值合计				
1.				
……				

（2）计入当期损益的研发支出金额、确认为无形资产的研发支出金额。

（3）无形资产出售、对外投资等处置情况。

9. 公共基础设施。

（1）公共基础设施的披露格下：

项目	年初余额	本期增加额	本期减少额	期末余额
原值合计				
市政基础设施				
1.				
……				
交通基础设施				
1.				
……				
水利基础设施				
1.				
……				
其他				
……				
累计折旧合计				
市政基础设施				
1.				
……				
交通基础设施				

续表

项目	年初余额	本期增加额	本期减少额	期末余额
1.				
……				
水利基础设施				
1.				
……				
其他				
……				
账面价值合计				
市政基础设施				
1.				
……				
交通基础设施				
1.				
……				
水利基础设施				
1.				
……				
其他				
……				

（2）确认为公共基础设施的单独计价入账的土地使用权的账面余额、累计摊销额及变动情况。

（3）已提取折旧继续使用的公共基础设施的名称、数量等。

10. 政府储备物资的披露格式如下：

物资类别	年初余额	本期增加额	本期减少额	期末余额
1.				
……				
合计				

注：如单位有因动用而发出需要收回或者预期可能收回、但期末尚未收回的政府储备物资，应当单独披露其期末账面余额。

11. 受托代理资产的披露格式如下：

资产类别	年初余额	本期增加额	本期减少额	期末余额
货币资金				
受托转赠物资				
受托存储保管物资				
罚没物资				
其他				
合计				

12. 应付账款按照债权人类别披露的格式如下：

债权人类别	期末余额	年初余额
政府会计主体：		
部门内部单位		
单位1		
……		
部门外部单位		
单位1		
……		
其他：		
单位1		
……		
合计		

注：有应付票据、预收账款、其他应付款、长期应付款的，可比照应付账款进行披露。

13. 其他流动负债的披露格式如下：

项目	期末余额	年初余额
1.		
……		
合计		

注：有预计负债、其他非流动负债的，可比照其他流动负债进行披露。

14. 长期借款。

（1）长期借款按照债权人披露的格式如下：

债权人	期末余额	年初余额
1.		
……		
合计		

注：有短期借款的，可比照长期借款进行披露。

（2）单位有基建借款的，应当分基建项目披露长期借款年初数、本年变动数、年末数及到期期限。

15. 事业收入按照收入来源的披露格式如下：

收入来源	本期发生额	上期发生额
来自财政专户管理资金		
本部门内部单位		
单位1		
……		
本部门以外同级政府单位		
单位1		
……		
其他		
单位1		
……		
合计		

16. 非同级财政拨款收入按收入来源的披露格式如下：

收入来源	本期发生额	上期发生额
本部门以外同级政府单位		
单位1		
……		
本部门以外非同级政府单位		
单位1		
……		
合计		

17. 其他收入按照收入来源的披露格式如下：

续表

收入来源	本期发生额	上期发生额
本部门内部单位		
单位1		
……		
本部门以外同级政府单位		
单位1		
……		
本部门以外非同级政府单位		
单位1		
……		
其他		
单位1		
……		
合计		

18. 业务活动费用。

（1）按经济分类的披露格式如下：

项目	本期发生额	上期发生额
工资福利费用		
商品和服务费用		
对个人和家庭的补助费用		
对企业补助费用		
固定资产折旧费		
无形资产摊销费		
公共基础设施折旧（摊销）费		
保障性住房折旧费		
计提专用基金		
合计		

（2）按支付对象的披露格式如下：

支付对象	本期发生额	上期发生额
本部门内部单位		
单位1		
……		
本部门以外同级政府单位		
单位1		
……		
其他		
单位1		
……		
合计		

注：有单位管理费用、经营费用的，可比照（业务活动费用）此表进行披露。

19. 其他费用按照类别披露的格式如下：

费用类别	本期发生额	上期发生额
利息费用		
坏账损失		
罚没支出		
……		
合计		

20. 本期费用按照经济分类的披露格式如下：

项目	本年数	上年数
工资福利费用		
商品和服务费用		
对个人和家庭的补助费用		
对企业补助费用		
固定资产折旧费		
无形资产摊销费		
公共基础设施折旧（摊销）费		
保障性住房折旧费		
计提专用基金		
所得税费用		

续表

项目	本年数	上年数
资产处置费用		
上缴上级费用		
对附属单位补助费用		
其他费用		
本期费用合计		

注：单位在按照本制度规定编制收入费用表的基础上，可以根据需要按照此表披露的内容编制收入费用表。

（六）本年盈余与预算结余的差异情况说明。

为了反映单位财务会计和预算会计因核算基础和核算范围不同所产生的本年盈余数与本年预算结余数之间的差异，单位应当按照重要性原则，对本年度发生的各类影响收入（预算收入）和费用（预算支出）的业务进行适度归并和分析，披露将年度预算收入支出表中"本年预算收支差额"调节为年度收入费用表中"本期盈余"的信息。有关披露格式如下：

项　目	金额
一、本年预算结余（本年预算收支差额）	
二、差异调节	——
（一）重要事项的差异	
加：1. 当期确认为收入但没有确认为预算收入	
（1）应收款项、预收账款确认的收入	
（2）接受非货币性资产捐赠确认的收入	
2. 当期确认为预算支出但没有确认为费用	
（1）支付应付款项、预付账款的支出	
（2）为取得存货、政府储备物资等计入物资成本的支出	
（3）为购建固定资产等的资本性支出	
（4）偿还借款本息支出	
减：1. 当期确认为预算收入但没有确认为收入	

　　　（1）收到应收款项、预收账款确认的预算收入

　　　（2）取得借款确认的预算收入

　　2. 当期确认为费用但没有确认为预算支出

　　　（1）发出存货、政府储备物资等确认的费用

　　　（2）计提的折旧费用和摊销费用

　　　（3）确认的资产处置费用（处置资产价值）

　　　（4）应付款项、预付账款确认的费用

（二）其他事项差异

三、本年盈余（本年收入与费用的差额）

（七）其他重要事项说明。

1. 资产负债表日存在的重要或有事项说明。没有重要或有事项的，也应说明。

2. 以名义金额计量的资产名称、数量等情况，以及以名义金额计量理由的说明。

3. 通过债务资金形成的固定资产、公共基础设施、保障性住房等资产的账面价值、使用情况、收益情况及与此相关的债务偿还情况等的说明。

4. 重要资产置换、无偿调入（出）、捐入（出）、报废、重大毁损等情况的说明。

5. 事业单位将单位内部独立核算单位的会计信息纳入本单位财务报表情况的说明。

6. 政府会计具体准则中要求附注披露的其他内容。

7. 有助于理解和分析单位财务报表需要说明的其他事项。

附录：主要业务和事项账务处理举例

序号	业务和事项内容			账务处理	
				财务会计	预算会计
一、资产类					
1	1001 库存现金				
(1)	提现			借：库存现金 贷：银行存款等	—
	存现			借：银行存款等 贷：库存现金	—
(2)	差旅费		职工出差等借出现金	借：其他应收款 贷：库存现金	—
			出差人员报销差旅费	借：业务活动费用／单位管理费用等（实际报销金额） 库存现金（实际报销金额小于借款金额的差额） 贷：其他应收款 或： 借：业务活动费用／单位管理费用等（实际报销金额） 贷：其他应收款 库存现金（实际报销金额大于借款金额的差额）	借：行政支出／事业支出等（实际报销金额） 贷：资金结存——货币资金
(3)	其他涉及现金的业务		因开展业务等其他事项收到现金	借：库存现金 贷：事业收入／应收账款等	借：资金结存——货币资金 贷：事业预算收入等
	其他涉及现金的业务		因购买服务、商品或其他事项支出现金	借：业务活动费用／单位管理费用／其他费用／应付账款等 贷：库存现金	借：行政支出／事业支出／其他支出等 贷：资金结存——货币资金
			对外捐赠现金资产	借：其他费用 贷：库存现金	借：其他支出 贷：资金结存——货币资金

续表

（4）	受托代理、代管现金	收到	借：库存现金——受托代理资产 贷：受托代理负债——受托代理资产	—
		支付	借：受托代理负债 贷：库存现金——受托代理资产	—
（5）	现金溢余	按照溢余金额转入待处理财产损溢	借：库存现金 贷：待处理财产损溢	借：资金结存——货币资金 贷：其他预算收入
		属于应支付给有关人员或单位的部分	借：待处理财产损溢 贷：其他应付款	—
		属于无法查明原因的部分，报经批准后	借：待处理财产损溢 贷：其他收入	借：其他预算收入 贷：资金结存——货币资金
（6）	现金短缺	按照短缺金额转入待处理财产损溢	借：待处理财产损溢 贷：库存现金	—
		属于应由责任人赔偿的部分	借：其他应收款 贷：待处理财产损溢	—
		属于无法查明原因的部分，报经批准后	借：资产处置费用 贷：待处理财产损溢	借：资金结存——货币资金 贷：其他支出
2	1002 银行存款			
（1）	将款项存入银行或其他金融机构		借：银行存款 贷：库存现金/事业收入/其他收入等	借：资金结存——货币资金 贷：事业预算收入/其他预算收入等

续表

（2）	提现		借：库存现金 贷：银行存款	—
（3）	支付款项		借：业务活动费用/单位管理费用/其他费用等 贷：银行存款	借：行政支出/事业支出/其他支出等 贷：资金结存——货币资金
（4）	银行存款账户	收到银行存款利息	借：银行存款 贷：利息收入	借：资金结存——货币资金 贷：其他预算收入
		支付银行手续费等	借：业务活动费用/单位管理费用等 贷：银行存款	借：行政支出/事业支出等 贷：资金结存——货币资金
（5）	受托代理、代管银行存款	收到	借：银行存款/库存现金 贷：受托代理——受托代理资产	—
		支付	借：受托代理——受托代理负债 贷：银行存款/库存现金	—
（6）	外币业务	以外币购买物资、劳务等	借：在途物品/库存物品等 贷：银行存款（外币账户）/应付账款等（外币账户）	借：事业支出等 贷：资金结存——货币资金
		以外币收取相关款项等	借：银行存款（外币账户）/应收账款 贷：业务收入等	借：资金结存——货币资金 贷：事业收入等
		期末，根据各外币账户按照期末即期汇率调整后的人民币余额与原账面人民币余额的差额，作为汇兑损益	借：银行存款/应收账款/单位管理费用等（汇兑损失） 贷：银行存款/应付账款等（汇兑收益）	借：行政支出/事业支出等（汇兑损失） 贷：资金结存——货币资金
3	**1011 零余额账户用款额度**			
（1）	收到额度	收到"授权支付到账通知书"	借：零余额账户用款额度 贷：财政拨款收入	借：资金结存——零余额账户用款额度 贷：财政拨款预算收入

续表

			借贷分录
（2）	按照规定支用额度	支付日常活动费用	借：业务活动费用/单位管理费用等 贷：零余额账户用款额度
		购买库存物品或购建固定资产等	借：库存物品/固定资产/在建工程等 贷：零余额账户用款额度
（3）	提现	从零余额账户提取现金	借：库存现金 贷：资金结存——货币资金
		将现金退回单位零余额账户	借：零余额账户用款额度 贷：库存现金
（4）	因购货退回等发生国库授权支付额度退回	本年度授权支付的款项	借：零余额账户用款额度 贷：库存物品/行政支出/事业支出等
		以前年度授权支付的款项	借：资金结存——零余额账户用款额度——年初余额调整 贷：财政拨款结转——年初余额调整/以前年度盈余调整等
（5）	年末，注销额度	根据代理银行提供的对账单注销财政授权支付额度	借：财政应返还额度——财政授权支付 贷：资金结存——零余额账户用款额度
		本年度财政授权支付预算指标数大于零余额账户额度下达数的，根据未下达的用款额度	借：财政应返还额度——财政授权支付 贷：财政拨款预算收入
（6）	下年初，恢复额度	根据代理银行提供的额度恢复到账通知书恢复财政授权支付额度	借：零余额账户用款额度 贷：财政应返还额度——财政授权支付
		收到财政部门批复的上年末下达零余额账户用款额度	借：资金结存——零余额账户用款额度 贷：财政应返还额度——财政授权支付
4	1021 其他货币资金		

续表

（1）	形成其他货币资金	取得银行本票、银行汇票、信用卡时	借：其他货币资金——银行本票存款 　　　　　　　——银行汇票存款 　　　　　　　——信用卡存款 　贷：银行存款	—
（2）	发生支付	用银行本票、银行汇票、信用卡支付时	借：在途物品/库存物品等 　贷：其他货币资金——银行本票存款 　　　　　　　——银行汇票存款 　　　　　　　——信用卡存款	借：事业支出等（实际支付金额） 　贷：资金结存——货币资金
（3）	余款退回时	银行本票、银行汇票、信用卡的余款退回时	借：银行存款 　贷：其他货币资金	—
5	1101 短期投资			
（1）	取得短期投资	取得短期投资时	借：短期投资 　贷：银行存款等	借：投资支出 　贷：资金结存——货币资金
		收到购买时已到付息期但尚未领取的利息时	借：银行存款 　贷：短期投资	借：资金结存——货币资金 　贷：资金结存——投资支出
（2）	短期投资持有期间收到利息		借：银行存款 　贷：投资收益	借：资金结存——货币资金 　贷：投资预算收益
（3）	出售短期投资或期收回短期投资（国债）本息		借：银行存款（实际收到的金额） 　投资收益（借差） 　贷：短期投资（账面余额） 　　投资收益（贷差）	借：资金结存——货币资金（实收款） 　投资预算收益（实收款小于投资成本的差额） 　贷：投资支出（出售或收回当年投资的）/其他 　　结余（出售或收回以前年度投资的） 　　投资预算收益（实收款大于投资成本的差额）

续表

序号	业务类型	业务描述	财务会计分录	预算会计分录
6	1201 财政应返还额度			
(1)	财政直接支付方式下，确认财政应返还额度	年末本年度预算指标数与当年实际支付数的差额	借：财政应返还额度——财政直接支付 贷：财政拨款收入	借：资金结存——财政应返还额度 贷：财政拨款预算收入
		下年度使用以前年度财政直接支付额度支付款项时	借：业务活动费用/单位管理费用/库存物品等 贷：财政应返还额度——财政直接支付	借：行政支出/事业支出等 贷：资金结存——财政应返还额度
		年末本年度预算指标数大于额度下达数的，根据未下达的用款额度	借：财政应返还额度——财政授权支付 贷：财政拨款收入	借：资金结存——财政应返还额度 贷：财政拨款预算收入
(2)	财政授权支付方式下，确认财政应返还额度	年末根据代理银行提供的对账单作注销额度处理	借：财政应返还额度——财政授权支付 贷：零余额账户用款额度	借：资金结存——零余额账户用款额度 贷：资金结存——财政应返还额度
		下年初额度恢复和下年初未收到财政部门批复的上年末未下达零余额账户用款额度	借：零余额账户用款额度 贷：财政应返还额度——财政授权支付	借：资金结存——财政应返还额度 贷：资金结存——零余额账户用款额度
7	1211 应收票据			
(1)	收到商业汇票	销售产品、提供服务等收到商业汇票时	借：应收票据 贷：经营收入等	—
(2)	商业汇票向银行贴现	持未到期的商业汇票向银行贴现	借：银行存款（贴现净额） 经营费用等（贴现利息） 贷：应收票据（不附追索权）/短期借款（附追索权）	借：资金结存——货币资金 贷：经营预算收入等（贴现净额）
(3)	商业汇票背书转让	附追索权的商业汇票到期末发生追索事项	借：短期借款 贷：应收票据	—
		将持有的商业汇票背书转让以取得所需物资	借：库存物品等 贷：应收票据 银行存款（差额）	借：经营支出等（支付的金额） 贷：资金结存——货币资金

		情形	财务会计分录	预算会计分录
(4)		商业汇票到期，收回应收票据	借：银行存款 贷：应收票据	—
		商业汇票到期，付款人无力支付票款时	借：应收账款 贷：应收票据	—
8	1212 应收账款			
(1)	发生应收账款时	应收账款收回后不需上缴财政	借：应收账款 贷：事业收入/经营收入/其他收入等	—
		应收账款收回后需上缴财政	借：应收账款 贷：应缴财政款	—
(2)	收回应收账款时	应收账款收回后不需上缴财政	借：银行存款等 贷：应收账款	借：资金结存——货币资金等 贷：事业预算收入/经营预算收入/其他预算收入等
		应收账款收回后需上缴财政	借：银行存款 贷：应收账款	—
(3)	逾期无法收回的应收账款	报批后予以核销	借：坏账准备/应缴财政款 贷：应收账款	—
		事业单位已核销不需上缴财政的应收款在以后期间收回	借：银行存款等 贷：坏账准备	借：资金结存——货币资金 贷：非财政拨款结余等
		单位已核销需上缴财政的应收账款在以后期间收回	借：银行存款 贷：应缴财政款	—
9	1214 预付账款			
(1)		发生预付账款时	借：预付账款 贷：财政拨款收入/零余额账户用款额度/银行存款等	借：行政支出/事业支出等 贷：财政拨款预算收入/资金结存

续表

			财务会计分录	预算会计分录
(2)		收到所购物资或劳务，以及根据工程进度结算工程价款等时	借：业务活动费用/库存物品/固定资产/在建工程等 贷：预付账款 零余额账户用款额度/财政拨款收入/银行存款等（补付款项）	借：行政支出/事业支出等（补付款项） 贷：财政拨款预算收入/资金结存
(3)	预付账款退回	当年预付账款退回	借：财政拨款收入/零余额账户用款额度/银行存款等 贷：预付账款	借：财政拨款预算收入/资金结存 贷：行政支出/事业支出等
		以前年度预付账款退回	借：财政应返还额度/零余额账户用款额度/银行存款等 贷：预付账款	借：资金结存 贷：财政拨款结余——年初余额调整/财政拨款结转——年初余额调整等
(4)		逾期无法收回的预付账款转为其他应收款	借：其他应收款 贷：预付账款	—
10	1215 应收股利			
(1)	取得长期股权投资	取得长期股权投资	借：长期股权投资 应收股利（取得投资所支付价款中包含的已宣告但尚未发放的现金股利或利润） 贷：银行存款	借：投资支出（取得投资支付的全部价款） 贷：资金结存——货币资金
		收到取得投资所支付价款中包含的已宣告但尚未发放的股利或利润时	借：银行存款 贷：应收股利	—
(2)	持有投资期间	被投资单位宣告发放现金股利或利润	借：应收股利 贷：投资收益/长期股权投资	—
		收到现金股利或利润时	借：银行存款 贷：应收股利	借：资金结存——货币资金 贷：投资预算收益

续表

11	1216 应收利息			
(1)	取得的债券投资	取得长期债券投资	借：长期债券投资 应收利息（取得投资支付价款中包含的已到付息期但尚未领取的利息） 贷：资金结存——货币资金（取得投资支付的全部价款）	借：投资支出（取得投资支付的全部价款） 贷：资金结存——货币资金
		收到取得投资所支付价款中包含的已到付息期但尚未领取的利息时	借：银行存款 贷：应收利息	借：资金结存——货币资金 贷：投资支出等
(2)	持有投资期间	按期计提利息	借：应收利息（分期付息、到期还本债券计提的利息） 贷：投资收益	—
		实际收到利息	借：资金结存——货币资金 贷：应收利息	借：资金结存——货币资金 贷：投资预算收益
12	1218 其他应收款			
(1)	发生暂付款项（包括偿还未报销的公务卡款项）	暂付款项时	借：其他应收款 贷：业务活动费用/单位管理费用等	—
		报销时	借：银行存款/库存现金/零余额账户用款额度等（实际报销金额） 贷：其他应收款	借：行政支出/事业支出等（实际报销金额） 贷：资金结存
		收回暂付款项时	借：库存现金/银行存款等 贷：其他应收款	—
(2)	发生其他各种应收款项	确认其他应收款时	借：其他应收款 贷：上级补助收入/附属单位上缴收入/其他收入等	—
		收到其他应收款项时	借：银行存款/库存现金 贷：其他应收款	借：资金结存——货币资金 贷：上级补助预算收入/附属单位上缴预算收入/其他预算收入等

续表

			账务处理	预算会计处理
(3)		拨付给内部有关部门的备用金		
		财务部门核定并发放备用金时	借：其他应收款 贷：库存现金	—
		根据报销数用现金补足备用金定额时	借：业务活动费用/单位管理费用等 贷：库存现金	借：行政支出/事业支出等 贷：资金结存——货币资金
(4)		逾期无法收回的其他应收款		
		经批准核销时	事业单位： 借：坏账准备（事业单位）/资产处置费用等 贷：其他应收款 行政单位： 借：资产处置费用等（行政单位） 贷：其他应收款	—
		已核销的其他应收款在以后期间收回	事业单位： 借：其他应收款 贷：坏账准备 借：银行存款等 贷：其他应收款 行政单位： 借：银行存款等 贷：其他收入	借：资金结存——货币资金 贷：其他预算收入
13	**1219 坏账准备**			
(1)		年末全面分析不需上缴财政的应收账款和其他应收款		
		计提坏账准备，确认坏账损失	借：其他费用 贷：坏账准备	—
		冲减坏账准备	借：坏账准备 贷：其他费用	—
		报批后予以核销	借：坏账准备 贷：应收账款/其他应收款	—
(2)		逾期无法收回的应收账款和其他应收款		
		已核销不需上缴财政的应收款项在以后期间收回	借：应收账款/其他应收款 贷：坏账准备 借：银行存款 贷：应收账款/其他应收款	借：资金结存——货币资金等 贷：非财政拨款结余等

续表

序号	科目/业务	业务描述	财务会计分录	预算会计分录
14	**1301 在途物品**			
（1）		购入材料等物资，结算凭证收到货未到，款已付或已开出商业汇票	借：在途物品 贷：财政拨款收入/零余额账户用款额度/银行存款/应付票据等	借：行政支出/事业支出/经营支出等 贷：财政拨款预算收入/资金结存
（2）		所购材料等物资到达验收入库	借：库存物品 贷：在途物品	—
15	**1302 库存物品**			
		外购的库存物品验收入库	借：库存物品 贷：财政拨款收入/财政应返还额度/零余额账户用款额度/银行存款/应付账款等	借：行政支出/事业支出/经营支出等 贷：财政拨款预算收入/资金结存
		自制的库存物品加工完成，验收入库	借：库存物品 贷：加工物品——相关明细科目 自制物品	—
		委托外单位加工收回的库存物品	借：库存物品 贷：加工物品——委托加工物品	—
（1）	取得库存物品	置换换入的库存物品	借：库存物品（换出资产评估价值+其他相关支出） 固定资产/无形资产等累计摊销 资产处置费用（借差） 贷：库存物品/固定资产/无形资产等（账面余额） 银行存款 其他收入（贷差）	借：其他支出（实际支付的其他相关支出） 贷：资金结存
		涉及补价的： ①支付补价的	借：库存物品（换出资产评估价值+其他相关支出+补价） 固定资产/无形资产等累计摊销 资产处置费用（借差） 贷：库存物品/固定资产/无形资产等（账面余额） 银行存款 其他收入（贷差）	借：其他支出（实际支付的补价和其他相关支出） 贷：资金结存

续表

		借：库存物品（换出资产评估价值+其他相关支出-补价） 固定资产累计折旧/无形资产累计摊销 资产处置费用（借差） 银行存款等（补价） 贷：库存物品/固定资产/无形资产等（账面余额） 银行存款等（其他相关支出） 应缴财政款（补价-其他相关支出） 其他收入（贷差）	借：其他支出（其他相关支出大于收到补价的差额） 贷：资金结存
（1）取得库存物品	涉及补价的：②收到补价的		
	接受捐赠的库存物品	借：库存物品（按照确定的成本） 贷：捐赠收入	借：其他支出（实际支付的相关税费） 贷：资金结存
	无偿调入的库存物品	借：库存物品（按照确定的成本） 贷：无偿调拨净资产	借：其他支出（实际支付的相关税费） 贷：资金结存
	按照名义金额入账的接收捐赠、无偿调入的库存物品及发生的相关税费、运输费等	借：库存物品（名义金额） 贷：捐赠收入（接受捐赠）/无偿调拨净资产（无偿调入） 借：其他费用 贷：银行存款等	—
（2）发出库存物品	开展业务活动、按照规定自主出售或加工领用、发出库存物品时	借：业务活动费用/单位管理费用/经营费用/加工物品/发出成本 贷：库存物品（按照领用、发出的账面余额）	—
	经批准对外捐赠的库存物品发出时	借：资产处置费用 库存物品（账面余额） 贷：银行存款（归属于捐出方的相关费用）	借：其他支出（实际支付的相关费用） 贷：资金结存

续表

（2）		经批准无偿调出的库存物品发出时	借：无偿调拨净资产 贷：库存物品（账面余额） 贷：资产处置费用（归属于调出方的相关费用）	借：其他支出（实际支付的相关费用） 贷：资金结存
	发出库存物品	经批准对外出售（自主出售除外）的库存物品发出时	借：资产处置费用 贷：库存物品（账面余额） 贷：银行存款等（收到的价款） 贷：应缴财政款（发生的相关税费）	—
		经批准置换换出库存物品	参照置换换入"库存物品"的处理	—
（3）	库存物品定期盘点及毁损、报废	盘盈的库存物品	借：库存物品 贷：待处理财产损溢	—
		盘亏或者毁损、报废的库存物品转入待处理资产	借：待处理财产损溢 贷：库存物品（账面余额）	—
		增值税一般纳税人购进的非自用材料发生盘亏或者毁损、报废的	借：待处理财产损溢 贷：应交税金——应交增值税（进项税额转出）	—
16	1303 加工物品			
（1）	自制物品	为自制物品领用材料时	借：加工物品——自制物品（直接材料） 贷：库存物品（相关明细科目）	—
		专门从事物资制造的人员发生的直接人工费用	借：加工物品——自制物品（直接人工） 贷：应付职工薪酬	—
		为自制物品发生其他直接费用和间接费用	借：加工物品——自制物品（其他直接费用、间接费用） 贷：财政拨款收入/零余额账户用款额度/银行存款等	借：事业支出/经营支出等（实际支付金额） 贷：财政拨款预算收入/资金结存
		自制加工完成，验收入库	借：库存物品 贷：加工物品——自制物品（直接材料、直接人工、其他直接费用、间接费用）	—

续表

序号	科目	业务情形	会计分录（财务会计）	会计分录（预算会计）
（2）	委托加工物品	发给外单位加工的材料	借：加工物品——委托加工物品 贷：库存物品（相关明细科目）	—
		支付加工费用	借：加工物品——委托加工物品 贷：财政拨款收入/零余额账户用款额度/银行存款等	借：行政支出/事业支出/经营支出等 贷：财政拨款预算收入/资金结存
		委托加工完成的物品验收入库	借：库存物品（相关明细科目） 贷：加工物品——委托加工物品	—
17	1401 待摊费用			
（1）		发生待摊费用时	借：待摊费用 贷：财政拨款收入/零余额账户用款额度/银行存款等	借：行政支出/事业支出 贷：财政拨款预算收入/资金结存
（2）		按照受益期限分期平均摊销时	借：业务活动费用/单位管理费用/经营费用 贷：待摊费用（每期摊销金额）	—
（3）		将摊余金额一次全部转入当期费用时	借：业务活动费用/单位管理费用/经营费用等 贷：待摊费用（全部未摊销金额）	—
18	1501 长期股权投资			
（1）	取得长期股权投资	以现金取得的长期股权投资	借：长期股权投资——成本/长期股权投资——应收股利（实际支付价款中包含的已宣告但尚未发放的股利或利润） 贷：银行存款等（实际支付的价款）	借：投资支出（实际支付的价款） 贷：资金结存——货币资金
		收到取得投资时实际支付价款中所包含的已宣告但尚未发放的股利或利润时	借：银行存款 贷：应收股利	借：资金结存——货币资金 贷：投资支出
		以现金以外的其他资产置换取得长期股权投资	参照"库存物品"科目中置换取得存货物品的账务处理	
		以未入账的无形资产取得的长期股权投资	借：长期股权投资 贷：银行存款/其他应交税费 其他收入	借：其他支出（支付的相关税费） 贷：资金结存

续表

			财务会计分录	预算会计分录
（1）取得长期股权投资	接受捐赠的长期股权投资		借：长期股权投资——成本/长期股权投资 贷：银行存款等（相关税费） 　　捐赠收入	借：其他支出（支付的相关税费） 贷：资金结存
	无偿调入的长期股权投资		借：长期股权投资 贷：无偿调拨净资产 　　银行存款等（相关税费）	借：其他支出（支付的相关税费） 贷：资金结存
（2）持有长期股权投资期间	成本法下	被投资单位宣告发放现金股利或利润时	借：应收股利 贷：投资收益	—
		收到被投资单位发放的现金股利的	借：银行存款 贷：应收股利	借：资金结存——货币资金 贷：投资预算收益
	权益法下	被投资单位实现净利润的，按照其份额	借：长期股权投资——损益调整 贷：投资收益	—
		被投资单位发生净亏损的，按照其份额	借：投资收益 贷：长期股权投资——损益调整	—
		被投资单位发生净亏损，但以后年度又实现净利润的，按规定恢复确认投资收益的	借：长期股权投资——损益调整 贷：投资收益	—
		被投资单位宣告发放现金股利或利润的，按照其份额	借：应收股利 贷：长期股权投资——损益调整	—
		被投资单位除净损益和利润分配以外的所有者权益变动时，按照其权益变动的	借：长期股权投资——其他权益变动 贷：权益法调整 或 借：权益法调整 贷：长期股权投资——其他权益变动	—

	场景	子场景	财务会计分录	预算会计分录
（2）持有长期股权投资期间	权益法下	权益法下收到被投资单位发放的现金股利	借：银行存款 贷：应收股利	—
		追加投资成本法改为权益法	借：长期股权投资——成本 贷：长期股权投资（成本法下账面余额） 　　银行存款等（追加投资）	借：投资支出（实际支付金额） 贷：资金结存——货币资金
		权益法改为成本法	借：长期股权投资 贷：长期股权投资——成本 　　长期股权投资——损益调整 　　长期股权投资——其他权益变动	—
（3）出售（转让）长期股权投资		处置以现金取得的长期股权投资	借：银行存款（实际取得价款） 　　投资收益（借差） 贷：长期股权投资（账面余额） 　　应收股利（尚未领取的现金股利或利润） 　　银行存款等（支付的相关税费） 　　投资收益（贷差）	借：资金结存——货币资金/其他结余（投资款） 贷：投资支出（税后金额） 　　投资预算收益
	处置以现金以外的其他资产取得的长期股权投资	处置净收入上缴财政的	借：资产处置费用 贷：长期股权投资	借：资金结存——货币资金（获得的金额） 贷：投资支出 　　投资预算收益
		按照规定投资收益纳入单位预算管理的	借：应收股利（实际取得价款） 贷：长期股权投资（尚未领取的现金股利或利润） 　　银行存款（支付的相关税费） 　　应缴财政款	借：资金结存——货币资金（取得价款扣减投资账面余额和相关税费后的差额） 贷：投资预算收益

续表

（4）	其他方式处置长期股权投资	按照规定核销时	借：资产处置费用 贷：长期股权投资（账面余额）	—
（5）		置换转出时	参照"库存物品"科目中置换取得库存物品的账务处理	—
			权益法下，处置时结转原直接计入净资产的相关金额	借：权益法调整 贷：投资收益 或做相反分录	—
19	1502 长期债券投资			
（1）	取得长期债券投资	取得长期债券投资时	借：长期债券投资——成本 　　应收利息（实际支付价款中包含的已到付息期但尚未领取的利息） 贷：银行存款等（实际支付价款）	借：投资支出（实际支付价款） 贷：资金结存——货币资金
		收到取得投资所支付价款中包含的已到付息期但尚未领取的利息时	借：银行存款 贷：应收利息	借：资金结存——货币资金 贷：投资支出等
（2）	持有长期债券投资期间	按照以票面金额与票面利率计算确认利息收入时	借：应收利息（分期付息、到期还本） 　　长期债券投资——应计利息（到期一次还本付息） 贷：投资收益	—
		实际收到分期支付的利息时	借：银行存款 贷：应收利息	借：资金结存——货币资金 贷：投资预算收益
（3）	到期收回长期债券投资本息		借：银行存款等 贷：长期债券投资（账面余额） 　　应收利息 　　投资收益	借：资金结存——货币资金 / 其他结余（投资成本） 贷：投资预算收益
（4）	对外出售长期债券投资		借：银行存款等（实际收到的款项） 贷：长期债券投资（账面余额） 　　投资收益（贷差）	借：资金结存——货币资金 / 其他结余（投资成本） 贷：投资支出 / 其他结余（投资成本） 　　投资预算收益

续表

序号	科目	业务事项	财务会计分录	预算会计分录
20	1601 固定资产			
		(1) 固定资产取得		
		①外购的固定资产 A. 不需安装的	借:固定资产 贷:财政拨款收入/零余额账户用款额度/应付账款/银行存款等	借:行政支出/事业支出/经营支出等 贷:财政拨款预算收入/资金结存
		B. 需要安装的固定资产先通过"在建工程"科目核算	借:在建工程 贷:财政拨款收入/零余额账户用款额度/应付账款/银行存款等	借:行政支出/事业支出/经营支出等 贷:财政拨款预算收入/资金结存
		安装完工交付使用时	借:固定资产 贷:在建工程	—
		购入固定资产扣留质量保证金的	借:固定资产(不需安装)/在建工程(需要安装) 贷:财政拨款收入/零余额账户用款额度/应付账款/银行存款等 其他应付款[扣留期在1年以内(含1年)]/长期应付款(扣留期超过1年)	借:行政支出/事业支出/经营支出等 贷:财政拨款预算收入(购买固定资产实际支付的金额)/资金结存
		质保期满支付质量保证金时	借:其他应付款/长期应付款 贷:财政拨款收入/零余额账户用款额度/银行存款等	借:行政支出/事业支出/经营支出等 贷:财政拨款预算收入/资金结存
		②自行建造的固定资产,工程完工交付使用时	借:固定资产 贷:在建工程	—
		③融资租入(或跨年度分期付款购入)的固定资产	借:固定资产(不需安装)/在建工程(需要安装) 贷:长期应付款(协议或合同确定的租赁价款) 财政拨款收入/零余额账户用款额度/银行存款等(实际支付的相关税费、运输费等)	借:行政支出/事业支出/经营支出等 贷:财政拨款预算收入 相关税费、运输费等/资金结存
		定期支付租金(或分期付款)时	借:长期应付款 贷:财政拨款收入/零余额账户用款额度/银行存款等	借:行政支出/事业支出/经营支出等 贷:财政拨款预算收入(实际支付的)/资金结存

续表

(1)	固定资产取得	④接受捐赠的固定资产	借：固定资产（不需安装）/在建工程（需安装） 贷：银行存款/零余额账户用款额度等（发生的相关税费、运输费等） 　　捐赠收入（差额）	借：其他支出（支付的相关税费、运输费等） 贷：资金结存
		接受捐赠的固定资产按照名义金额入账的	借：固定资产（名义金额） 贷：其他收入 借：捐赠费用 贷：银行存款/零余额账户用款额度等（发生的相关税费、运输费等）	借：其他支出（支付的相关税费、运输费等） 贷：资金结存
		⑤无偿调入的固定资产	借：固定资产（不需安装）/在建工程（需安装） 贷：银行存款/零余额账户用款额度等（发生的相关税费、运输费等） 　　无偿调拨净资产（差额）	借：其他支出（支付的相关税费、运输费等） 贷：资金结存
		⑥置换换取的固定资产	参照"库存物品"科目中置换取得库存物品的账务处理	—
(2)	与固定资产有关的后续支出	符合固定资产确认条件的（增加固定资产使用年限或能延长其使用年限而发生的改建、扩建等后续支出）	借：在建工程（固定资产账面价值） 　　固定资产累计折旧 贷：固定资产（账面余额）	—
			借：在建工程 贷：财政拨款收入/零余额账户用款额度/应付账款/经营费用/银行存款等	借：行政支出/事业支出/经营支出等 贷：财政拨款预算收入/资金结存
		不符合固定资产确认条件的	借：业务活动费用/单位管理费用/经营费用等 贷：财政拨款收入/零余额账户用款额度/银行存款等	借：行政支出/事业支出/经营支出等 贷：财政拨款预算收入/资金结存
(3)	固定资产处置	出售、转让固定资产	借：资产处置费用 　　固定资产累计折旧 贷：固定资产（账面余额）	—
			借：银行存款（处置固定资产收到的价款） 贷：应缴财政款 　　银行存款等（发生的相关费用）	—

续表

（3）		对外捐赠固定资产	借：资产处置费用 　　固定资产累计折旧 　贷：固定资产（账面余额） 　　　银行存款等（归属于调出方的相关费用）	按照对外捐赠过程中发生的归属于调出方的相关费用 借：其他支出 　贷：资金结存
	固定资产处置	无偿调出固定资产	借：无偿调拨净资产 　　固定资产累计折旧 　贷：固定资产（账面余额） 　　　银行存款等（归属于调出方的相关费用）	借：其他支出 　贷：资金结存
		置换换出固定资产	借：资产处置费用 　　固定资产累计折旧 　贷：固定资产（账面余额） 参照"库存物品"科目中置换取得库存物品的规定进行账务处理	—
（4）	固定资产期末盘点清查	盘盈的固定资产	借：固定资产 　贷：待处理财产损溢	—
		盘亏、毁损或报废的固定资产	借：待处理财产损溢 　　固定资产累计折旧 　贷：固定资产（账面余额）	—
21	1602 固定资产累计折旧			
（1）		按月计提固定资产折旧时	借：业务活动费用/单位管理费用/经营费用等 　贷：固定资产累计折旧	—
（2）		处置固定资产时	借：待处理财产损溢/无偿调拨净资产/资产处置费用等 　　固定资产累计折旧 　贷：固定资产（账面余额）	涉及资金支付的，参照"固定资产"科目相关账务处理
22	1611 工程物资			
（1）		取得工程物资	借：工程物资 　贷：财政拨款收入/零余额账户用款额度/银行存款/应付账款/其他应付款等	借：行政支出/事业支出/经营支出等（实际支付款项） 　贷：财政拨款预算收入/资金结存

续表

（2）	领用工程物资	发出工程物资	借：在建工程 贷：工程物资	—
（3）	剩余工程物资	剩余工程物资转为存货	借：库存物品 贷：工程物资	—
23	1613 在建工程			
（1）	建筑安装工程投资	将固定资产等转入改建、扩建时	借：在建工程——建筑安装工程投资 　　固定资产累计折旧等 贷：固定资产等	—
		发包工程预付工程款时	借：预付账款——预付工程款 贷：财政拨款收入/零余额账户用款额度/银行存款等	借：行政支出/事业支出等 贷：财政拨款预算收入/资金结存
		按照进度结算工程款时	借：在建工程——建筑安装工程投资 贷：预付账款——预付工程款 　　财政拨款收入/零余额账户用款额度/银行存款/应付账款等	借：行政支出/事业支出等（补付款项） 贷：财政拨款预算收入/资金结存
		自行施工小型建筑安装工程发生支出时	借：在建工程——建筑安装工程投资 贷：工程物资/零余额账户用款额度/银行存款/应付职工薪酬等	借：行政支出/事业支出等（实际支付的款项） 贷：资金结存
		改扩建过程中替换（拆除）原资产某些组成部分的	借：待处理财产损溢 贷：在建工程——建筑安装工程投资	—
		工程竣工验收交付使用时	借：固定资产等 贷：在建工程——建筑安装工程投资	—
（2）	设备投资	购入设备时	借：在建工程——设备投资 贷：财政拨款收入/零余额账户用款额度/应付账款/银行存款等	借：行政支出/事业支出等（实际支付的款项） 贷：财政拨款预算收入/资金结存

续表

		情形	账务处理	备注
(2)	设备投资	安装完毕,交付使用时	借:固定资产等 贷:在建工程——设备投资 ——建筑安装工程投资	—
		将不需要安装设备和达不到固定资产标准的工具器具交付使用时	借:固定资产/库存物资 贷:在建工程——设备投资	—
		发生构成待摊投资的各类费用时	借:在建工程——待摊投资 贷:财政拨款收入/零余额账户用款额度/银行存款/应付利息/长期借款/其他应交税费等	借:行政支出/事业支出等(实际支付的款项) 贷:财政拨款预算收入/资金结存
		对于建设过程中试生产、设备调试等产生的收入	借:银行存款等 贷:在建工程——待摊投资(按规定冲减工程成本的部分) 应缴财政款/其他收入(差额)	借:资金结存 贷:其他预算收入
(3)	待摊投资	经批准将单项工程或单位工程报废净损失计入继续施工的工程成本的	借:在建工程——待摊投资 银行存款/其他应收款、赔款等、残料变价收入等 贷:在建工程——建筑安装工程投资(毁损报废工程成本)	—
		工程交付使用时,按照一定的分配方法进行待摊投资分配	借:在建工程——建筑安装工程投资 ——设备投资 贷:在建工程——待摊投资	—
(4)	其他投资	发生其他投资支出时	借:在建工程——其他投资 贷:财政拨款收入/零余额账户用款额度/银行存款等	借:行政支出/事业支出等(实际支付的款项) 贷:财政拨款预算收入/资金结存
		资产交付使用时	借:固定资产/无形资产等 贷:在建工程——其他投资	—
		建造的产权不归属本单位的专用设施移出时	借:在建工程——基建转出投资 贷:在建工程——建筑安装工程投资	—
(5)	基建转出投资	冲销转出的在建工程时	借:无偿调拨净资产 贷:在建工程——基建转出投资	—

续表

(6)	待核销基建支出	发生各类待核销基建支出时	借：在建工程——待核销基建支出 贷：财政拨款收入/零余额账户用款额度/银行存款等	借：行政支出/事业支出（实际支付的款项） 贷：财政拨款预算收入/资金结存
		取消的项目发生的可行性研究费	借：在建工程——待核销基建支出 贷：在建工程——待摊投资	—
		由于自然灾害等原因发生的项目整体报废所形成的净损失	借：在建工程——待核销基建支出 贷：在建工程——建筑安装工程投资等（残料变价收入、保险赔款等）	—
		经批准冲销待核销基建支出时	借：资产处置费用 贷：在建工程——待核销基建支出	—
24	1701 无形资产			
(1)	无形资产取得	①外购的无形资产入账时	借：无形资产 贷：财政拨款收入/零余额账户用款额度/应付账款/银行存款等	借：行政支出/事业支出/经营支出等 贷：财政拨款预算收入/资金结存
		②委托软件公司开发的软件，按照合同约定预付开发费时	借：预付账款 贷：财政拨款收入/零余额账户用款额度/银行存款等	借：行政支出/事业支出/经营支出等（预付的款项） 贷：财政拨款预算收入/资金结存
		委托开发的软件交付使用，并支付剩余或全部软件开发费用时		

续表

			财务会计	预算会计
(1) 无形资产取得	③自行开发	A. 开发完成，达到预定用途形成无形资产的	借：无形资产 贷：研发支出——开发支出	—
		B. 自行研究开发无形资产尚未进入开发阶段，或者确实无法区分研究阶段支出和开发阶段支出，但按照法律程序已申请取得无形资产的	借：无形资产（依法取得时发生的注册费、聘请律师费用） 贷：财政拨款收入/零余额账户用款额度/银行存款等	借：行政支出/事业支出/经营支出等 贷：财政拨款预算收入/资金结存
	④置换取得的无形资产		参照"库存物品"科目中置换取得库存物品的相关规定进行账务处理	
	⑤接受捐赠的无形资产		借：无形资产 贷：银行存款/零余额账户用款额度等（发生相关税费等） 　　捐赠收入（差额）	借：其他支出（支付的相关税费等） 贷：资金结存
		接受捐赠的无形资产按照名义金额入账的	借：无形资产（名义金额） 贷：其他费用	
	⑥无偿调入的无形资产		借：无形资产 贷：银行存款/零余额账户用款额度等（发生相关税费等） 　　无偿调拨净资产（差额）	借：其他支出（支付的相关税费等） 贷：资金结存
(2) 与无形资产有关的后续支出		符合无形资产确认条件的后续支出（如为增加无形资产的使用效能而发生的后续支出）	借：在建工程 　　无形资产累计摊销 贷：无形资产 借：无形资产 贷：在建工程/无形资产（无需暂停计提摊销的） 　　财政拨款收入/零余额账户用款额度/银行存款等	借：行政支出/事业支出/经营支出等（实际支付的资金） 贷：财政拨款预算收入/资金结存
		不符合无形资产确认条件的后续支出（为维护无形资产的正常使用而发生的后续支出）	借：业务活动费用/单位管理费用/经营费用等 贷：财政拨款收入/零余额账户用款额度/银行存款等	借：行政支出/事业支出/经营支出等 贷：财政拨款预算收入/资金结存

续表

（3）	无形资产处置	出售、转让无形资产	借：资产处置费用 无形资产累计摊销 贷：无形资产	—
			借：银行存款等（收到的价款） 贷：银行存款等（发生的相关费用） 应缴财政款/其他收入	如转让收入按照规定纳入本单位预算 借：银行存款等 贷：资金结存 其他预算收入
		对外捐赠无形资产	借：资产处置费用 无形资产累计摊销 贷：无形资产（账面余额） 银行存款等（归属于捐出方的相关费用）	借：其他支出（归属于捐出方的相关费用） 贷：资金结存
		无偿调出无形资产	借：无偿调拨净资产 无形资产累计摊销 贷：无形资产（账面余额） 借：资产处置费用 贷：银行存款等（相关费用）	借：其他支出（归属于调出方的相关费用） 贷：资金结存
		置换换出无形资产	参照"库存物品"科目中置换取得库存物品的规定进行账务处理	
		经批准核销无形资产	借：资产处置费用 无形资产累计摊销 贷：无形资产（账面余额）	—
25	1702 无形资产累计摊销			
（1）		按照月进行无形资产摊销时	借：业务活动费用/单位管理费用/加工物品等 贷：无形资产累计摊销	—
（2）		处置无形资产时	借：资产处置费用/无偿调拨净资产等 无形资产累计摊销 贷：无形资产（账面余额）	—

26	1703 研发支出				
	单位自行研究开发无形资产	自行研究项目开发阶段的支出	应当按照合理的方法先归集	借：研发支出——研究支出 贷：应付职工薪酬/库存物品/财政拨款额度/零余额账户用款额度/银行存款等	借：事业支出/经营支出等（实际支付的款项） 贷：财政拨款预算收入/资金结存
			期（月）末转入当期费用	借：业务活动费用等 贷：研发支出——研究支出	—
		自行研究开发项目开发阶段的支出		借：研发支出——开发支出 贷：应付职工薪酬/库存物品/财政拨款额度/零余额账户用款额度/银行存款等	借：事业支出/经营支出等（实际支付的款项） 贷：财政拨款预算收入/资金结存
		自行研究开发项目完成，达到预定用途形成无形资产		借：无形资产 贷：研发支出——开发支出	—
		年末经评估，研发项目预计不能达到预定用途		借：业务活动费用等 贷：研发支出——开发支出	—
27	1801 公共基础设施				
(1)	取得公共基础设施	自行建造公共基础设施完工交付使用时		借：公共基础设施 贷：在建工程	—
		接受无偿调入的公共基础设施		借：公共基础设施 贷：无偿调拨净资产（发生的归属于公共基础设施成本无法可靠取得的 如无偿调入的公共基础设施成本无法可靠取得 借：其他费用（发生的归属于调入方的相关费用） 贷：财政拨款额度/零余额账户用款额度/银行存款等	借：其他支出（支付的归属于调入方的相关费用） 贷：财政拨款预算收入/资金结存

续表

	业务类型		财务会计分录	预算会计分录
（1）	取得公共基础设施	接受捐赠的公共基础设施	借：公共基础设施 贷：捐赠收入 　　财政拨款收入/零余额账户用款额度/银行存款等（发生的归属于捐入方的相关费用） 如接受捐赠的公共基础设施成本无法可靠取得的 借：其他费用（发生的归属于捐入方的相关费用） 贷：财政拨款收入/零余额账户用款额度/银行存款等	借：其他支出（支付的归属于捐入方的相关费用） 贷：财政拨款预算收入/资金结存
		外购的公共基础设施	借：公共基础设施 贷：财政拨款收入/零余额账户用款额度/应付账款/银行存款等	借：行政支出/事业支出 贷：财政拨款预算收入/资金结存
（2）	与公共基础设施有关的后续支出	为增加公共基础设施使用效能或延长其使用年限而发生的改建、扩建等后续支出	借：在建工程 贷：公共基础设施累计折旧（摊销） 　　公共基础设施（账面余额） 借：公共基础设施 贷：在建工程（发生的相关支出） 　　财政拨款收入/零余额账户用款额度/应付账款/银行存款等	借：行政支出/事业支出（实际支付的款项） 贷：财政拨款预算收入/资金结存
		为维护公共基础设施的正常使用而发生的日常维修、养护等后续支出	借：业务活动费用 贷：财政拨款收入/零余额账户用款额度/银行存款等	借：行政支出/事业支出（实际支付的款项） 贷：财政拨款预算收入/资金结存
（3）	按照规定处置公共基础设施	对外捐赠公共基础设施	借：资产处置费用 　　公共基础设施累计折旧（摊销） 贷：公共基础设施（账面余额） 　　银行存款等（归属于捐出方的相关费用）	借：其他支出（支付的归属于捐出方的相关费用） 贷：资金结存
		无偿调出公共基础设施	借：无偿调拨净资产 　　公共基础设施累计折旧（摊销） 贷：公共基础设施（账面余额） 借：资产处置费用 贷：银行存款等（归属于调出方的相关费用）	借：其他支出（支付的归属于调出方的相关费用） 贷：资金结存

序号	子项	业务	财务会计分录	预算会计分录
(4)		报废、毁损的公共基础设施	借：待处理财产损溢 　　公共基础设施累计折旧（摊销） 贷：公共基础设施（账面余额）	—
28	1802 公共基础设施累计折旧（摊销）			
(1)		按月计提公共基础设施折旧或摊销时	借：业务活动费用 贷：公共基础设施累计折旧（摊销）	—
(2)		处置公共基础设施时	借：待处理财产损溢 　　公共基础设施累计折旧（摊销） 贷：公共基础设施（账面余额）	—
29				
(1)	取得政府储备物资	购入的政府储备物资	借：政府储备物资 贷：财政拨款收入/零余额账户用款额度/应付账款/银行存款等	借：行政支出/事业支出 贷：财政拨款预算收入/资金结存
		接受捐赠的政府储备物资	借：政府储备物资 贷：捐赠收入 　　财政拨款收入/零余额账户用款额度/银行存款（捐入方承担的相关税费）	借：其他支出（捐入方承担的相关税费） 贷：财政拨款预算收入/资金结存
		无偿调入的政府储备物资	借：政府储备物资 贷：无偿调拨净资产 　　财政拨款收入/零余额账户用款额度/银行存款（调入方承担的相关税费）	借：其他支出（调入方承担的相关税费） 贷：财政拨款预算收入/资金结存
(2)	发出政府储备物资	动用发出无需收回的政府储备物资	借：业务活动费用 贷：政府储备物资（账面余额）	—

续表

（2）	发出政府储备物资	动用发出需要收回或预期可能收回的政府储备物资	发出物资时： 借：政府储备物资——发出 贷：政府储备物资——在库 按照规定的质量验收标准收回物资时： 借：政府储备物资——在库 业务活动费用（收回物资的账面余额） 贷：政府储备物资——发出	—
		因行政管理主体变动等原因而将政府储备物资调拨给其他主体的	借：无偿调拨净资产 贷：政府储备物资（账面余额）	—
		对外销售政府储备物资的	按照规定物资销售收入纳入本单位预算的： 借：业务活动费用 贷：政府储备物资 借：银行存款/应收账款等 贷：业务活动收入	借：资金结存（收到的销售价款） 贷：事业预算收入/事业支出 借：行政支出/事业支出 贷：资金结存（支付的相关税费）
			按照规定销售费扣除相关税费后上交财政的	借：银行存款等 贷：政府储备物资 借：银行存款等（收到的销售价款） 贷：资产处置费用 借：资产处置费用（发生的相关税费） 贷：应缴财政款	—
（3）	政府储备物资盘盈、盘亏、报废或毁损	盘盈的政府储备物资	借：政府储备物资 贷：待处理财产损溢	—
		盘亏、报废或毁损的政府储备物资	借：待处理财产损溢 贷：政府储备物资	—
30	1821 文物文化资产			
（1）	取得文物文化资产	外购的文物文化资产	借：文物文化资产 贷：财政拨款收入/零余额账户用款额度/应付账款/银行存款等	借：行政支出/事业支出 贷：财政拨款预算收入/资金结存

续表

(1)	取得文物文化资产	接受无偿调入的文物文化资产	借：文物文化资产 贷：无偿调拨净资产 财政拨款收入/零余额账户用款额度/银行存款等（发生的归属于调入方的相关费用） 如无偿调入的文物文化资产成本无法可靠取得的 借：其他费用（发生的归属于调入方的相关费用） 贷：财政拨款收入/零余额账户用款额度/银行存款等	借：其他支出（支付的归属于调入方的相关费用） 贷：财政拨款预算收入/资金结存
		接受捐赠的文物文化资产	借：文物文化资产 贷：捐赠收入 财政拨款收入/零余额账户用款额度/银行存款（发生的归属于调入方的相关费用） 接受捐赠的文物文化资产成本无法可靠取得的 借：其他费用（发生的归属于调入方的相关费用） 贷：财政拨款收入/零余额账户用款额度/银行存款等	借：其他支出（支付的归属于调入方的相关费用） 贷：资金结存等
(2)	按照规定处置文物文化资产	对外捐赠文物文化资产	借：资产处置费用 贷：文物文化资产（账面余额）	借：其他支出（支付的归属于调出方的相关费用） 贷：资金结存等
		无偿调出文物文化资产	借：无偿调拨净资产 资产处置费用 贷：文物文化资产（归属于调出方的相关费用） 银行存款等（归属于调出方的相关费用）	借：其他支出（支付的归属于调出方的相关费用） 贷：资金结存等
(3)	盘点文物文化资产	盘盈时	借：文物文化资产 贷：待处理财产损溢	—
		盘亏、毁损、报废时	借：待处理财产损溢 贷：文物文化资产（账面余额）	—
31	1831 保障性住房			
(1)	保障性住房取得	外购的保障性住房	借：保障性住房 贷：财政拨款收入/零余额账户用款额度/银行存款等	借：行政支出/事业支出 贷：财政拨款预算收入/资金结存

续表

（1）	保障性住房取得	自行建造的保障性住房，工程完工交付使用时	借：保障性住房 贷：在建工程	—
		无偿调入的保障性住房	借：保障性住房 贷：银行存款/零余额账户用款额度等（发生的相关费用） 无偿调拨净资产（差额）	借：其他支出（支付的相关税费） 贷：资金结存等
（2）	出租保障性住房	按照收取或应收的租金金额	借：银行存款/应收账款 贷：应缴财政款	—
（3）	处置保障性住房	出售保障性住房	借：资产处置费用 保障性住房累计折旧 贷：保障性住房（账面余额）	—
			借：银行存款（处置保障性住房收到的价款） 贷：应缴财政款	—
		无偿调出保障性住房	借：无偿调拨净资产 贷：银行存款等（发生的相关费用）	—
			借：资产处置费用 保障性住房累计折旧 贷：保障性住房（账面余额）	借：其他支出（归属于调出方的相关费用） 贷：资金结存等
（4）	保障性住房定期盘点清查	盘盈的保障性住房	借：保障性住房 贷：待处理财产损溢	—
		盘亏、毁损或报废的保障性住房	借：待处理财产损溢（账面价值） 保障性住房累计折旧 贷：保障性住房（账面余额）	—

续表

32	1832 保障性住房累计折旧			
(1)	按月计提保障性住房折旧时	借：业务活动费用 贷：保障性住房累计折旧	—
(2)	处置保障性住房时	借：待处理财产损溢／无偿调拨净资产／资产处置费用等 保障性住房累计折旧 贷：保障性住房（账面余额）	涉及资金支付的，参照"保障性住房"科目的相关账务处理
33	1891 受托代理资产			
(1)	接受委托人委托需要转赠给受赠人的物资	借：受托代理资产 贷：受托代理负债	—
	受托协议约定由受托方承担相关税费、运输费的	借：其他费用 贷：财政拨款收入／零余额账户用款额度／银行存款等	借：其他支出（实际支付的相关税费、运输费等） 贷：财政拨款预算收入／资金结存
	将受托转赠物资交付受赠人时	借：受托代理负债 贷：受托代理资产	—
	转赠物资的委托人取消了对捐赠物资的转赠要求，且不再收回捐赠物资的	借：受托代理负债 贷：库存物品／固定资产等 贷：其他收入	—
(2)	受托储存保管物资	接受委托人委托保管的物资	借：受托代理资产 贷：受托代理负债	—
	支付由受托单位承担的与受托储存保管的物资相关的运输费、保管费等	借：其他费用等 贷：财政拨款收入／零余额账户用款额度／银行存款等	借：其他支出等（实际支付的运输费、保管费等） 贷：财政拨款预算收入／资金结存
	根据委托人要求支付受托储存保管的物资时	借：受托代理负债 贷：受托代理资产	—
(3)	罚没物资	取得罚没物资时	借：受托代理资产 贷：受托代理负债	—

（3）		罚没物资 按照规定处置罚没物资时	借：受托代理负债 贷：受托代理资产 处置时取得款项的 借：银行存款等 贷：应缴财政款	—
34		1901 长期待摊费用		
（1）		发生长期待摊费用	借：长期待摊费用 贷：财政拨款收入/零余额账户用款额度/银行存款等	借：行政支出/事业支出等 贷：财政拨款预算收入/资金结存
（2）		按期摊销或一次转销长期待摊费用剩余账面余额	借：业务活动费用/单位管理费用/经营费用 贷：长期待摊费用	—
35		1902 待处理财产损溢		
（1）		账款核对时发现的现金短缺或溢余	参照"库存现金"科目的账务处理	—
（2）	盘盈的非现金资产	转入待处理财产时	借：库存物品/固定资产/无形资产/公共基础设施/政府储备物资/文物文化资产/保障性住房等 贷：待处理财产损溢	—
		报经批准后处理时 对于流动资产	借：待处理财产损溢 贷：单位管理费用（事业单位） 业务活动费用（行政单位）	—
		对于非流动资产	借：待处理财产损溢 贷：以前年度盈余调整	—
（3）	盘亏或毁损、报废的非现金资产	转入待处理财产时	借：待处理财产损溢 固定资产累计折旧/公共基础设施/保障性住房累计折旧（摊销）/无形资产累计摊销 贷：库存物品/固定资产/公共基础设施/无形资产/政府储备物资/文物文化资产/保障性住房等	—

续表

		报经批准处理时		—
(3)	盘亏或毁损、报废的非现金资产	处理毁损、报废实物资产过程中取得的残值或残值变价收入、保险理赔或过失人赔偿等	借：库存现金/银行存款/库存物品/其他应收款等 贷：待处理财产损溢——处理净收入	—
		处理毁损、报废实物资产过程中发生的相关费用	借：待处理财产损溢——处理净收入 贷：库存现金/银行存款	—
		处理收支结清，处理收入大于相关费用的	借：待处理财产损溢——处理净收入 贷：应缴财政款	—
		处理收支结清，处理收入小于相关费用的	借：资产处置费用 贷：待处理财产损溢——处理净收入	借：其他支出 贷：资金结存等（支付的处置净支出）

二、负债类

36	2001 短期借款			
(1)		借入各种短期借款	借：银行存款 贷：短期借款	借：资金结存——货币资金 贷：债务预算收入
(2)		银行承兑汇票到期，本单位无力支付票款	借：应付票据 贷：短期借款	借：经营支出等 贷：债务预算收入
(3)		归还短期借款	借：短期借款 贷：银行存款	借：债务还本支出 贷：资金结存——货币资金

续表

37	2101 应交增值税			
(1)	增值税一般纳税人	购入资产或接受劳务	购入应税资产或服务时	借：业务活动费用/在途物品/库存物品/工程物资/在建工程/固定资产/无形资产等 应交增值税——应交税金（进项税额）（当月已认证可抵扣） 应交增值税——待认证进项税额（当月未认证可抵扣） 贷：银行存款/零余额账户用款额度等（实际支付的金额）/应付票据（开出并承兑的商业汇票）/应付账款等（应付的金额）	借：事业支出/经营支出等 贷：资金结存等（实际支付的金额）
			经税务机关认证为不可抵扣进项税时	借：应交增值税——应交税金（进项税额） 贷：业务活动费用等 同时： 借：应交增值税——待认证进项税额 贷：业务活动费用等	—
			尚未抵扣的进项税额以后期间抵扣时	借：应交增值税——应交税金（进项税额） 贷：应交增值税——待抵扣进项税额	—
			购进属于增值税应税项目的资产后，发生非正常损失或改变用途的	借：待处理财产损溢/固定资产/无形资产等（按照现行增值税制度规定不得从销项税额中抵扣的进项税额转出） 贷：应交增值税——应交税金（进项税额）/应交增值税——待认证进项税额（进项税额转出）	—
			原不得抵扣且未抵扣进项税额的固定资产、无形资产等，因改变用途等用于允许抵扣进项税额的应税项目	借：应交增值税——应交税金（进项税额）（可以抵扣的进项税额） 贷：固定资产/无形资产等	—

续表

			会计分录	
(1)	增值税一般纳税人	销售应税产品或提供应税服务	购进资产或服务时作为扣缴义务人	借：业务活动费用/在途物品/库存物品/工程物资/固定资产/无形资产等 　　应交税金——应交增值税（进项税额）（当期可抵扣） 贷：银行存款（实际支付的金额） 　　应付账款等 　　应交增值税——代扣代交增值税	借：事业支出/经营支出等 贷：资金结存（实际支付的金额）
			实际缴纳代扣代缴增值税时	借：应交增值税——代扣代交增值税 贷：银行存款、零余额账户用款额度等	借：事业支出/经营支出等 贷：资金结存（实际支付的金额）
		销售应税产品或提供应税服务时	销售应税产品或提供应税服务时	借：银行存款/应收账款/应收票据等（包含增值税的价款总额） 贷：事业收入/经营收入等（扣除增值税销项税额后的价款） 　　应交增值税——应交税金（销项税额）/应交增值税——简易计税	借：资金结存（实际收到的含税金额） 贷：事业预算收入/经营预算收入等
		金融商品转让	产生收益	借：投资收益（按净收益计算的应纳税额） 贷：应交增值税——转让金融商品应交增值税	—
			产生损失	借：应交增值税——转让金融商品应交增值税 贷：投资收益（按净损失计算的应纳税额）	—
			交纳增值税时	借：应交增值税——转让金融商品应交增值税 贷：银行存款等	借：投资预算收益等 贷：资金结存（实际支付的金额）
			年末，如有借方余额	借：投资收益 贷：应交增值税——转让金融商品应交增值税	—

续表

(1)	增值税一般纳税人	月末转出未交和未交增值税	月末转出本月未交增值税	借：应交增值税——转出未交增值税 贷：应交税金——未交增值税	—
			月末转出本月多交增值税	借：应交增值税——未交增值税 贷：应交税金——转出多交增值税	—
		缴纳增值税	本月缴纳本月增值税时	借：应交增值税——已交税金 贷：银行存款/零余额账户用款额度等	借：事业支出/经营支出等 贷：资金结存
			本月缴纳以前期间未交增值税	借：应交税金——未交增值税 贷：银行存款/零余额账户用款额度等	借：事业支出/经营支出等 贷：资金结存
			预缴时： 按规定预缴增值税	借：应交增值税——预交增值税 贷：银行存款/零余额账户用款额度等 月末： 借：应交税金——未交增值税 贷：应交增值税——预交增值税	借：事业支出/经营支出等 贷：资金结存
			当期直接减免的增值税应纳税额	借：应交增值税——减免税款 贷：业务活动费用/经营费用等	—
(2)	增值税小规模纳税人	购入应税资产或服务	购入应税资产或服务时	借：业务活动费用/库存物品/在途物品等（按价税合计金额） 贷：银行存款等（实际支付的金额） 应付票据（开出并承兑的商业汇票） 应付账款（应付的金额）	借：事业支出/经营支出等 贷：资金结存（实际支付的金额）
		购进资产或服务时作为扣缴义务人	购进资产或服务时作为扣缴义务人	借：在途物品/库存物品/固定资产/无形资产等 贷：应付账款/银行存款 应交增值税——代扣代交增值税 实际缴纳增值税时参见一般纳税人的账务处理	借：事业支出/经营支出等 贷：资金结存（实际支付的金额）

续表

(2)	增值税小规模纳税人	销售应税资产或提供应税服务	销售资产或提供服务	借：银行存款/应收账款/应收票据（包含增值税的价款总额） 贷：事业收入/经营收入等（扣除增值税金额后的价款） 应交增值税	借：资金结存（实际收到的含税金额） 贷：事业预算收入/经营预算收入等
			金融商品转让	产生收益	借：投资收益（按净收益计算的应纳增值税） 贷：应交增值税——转让金融商品应交增值税	—
				产生损失	借：应交增值税——转让金融商品应交增值税 贷：投资收益（按净损失计算的应纳增值税）	—
			实际缴纳时	参见一般纳税人的账务处理		
		缴纳增值税时		借：应交增值税 贷：银行存款等	借：事业支出/经营支出等 贷：资金结存
		减免增值税		借：应交增值税 贷：业务活动费用/经营费用等	—
38	2102 其他应交税费				
(1)	城市维护建设税、教育费附加、地方教育费附加、车船税、房产税、城镇土地使用税等	发生时，按照法规规定计算的应缴税费金额		借：业务活动费用/单位管理费用/经营费用等 其他应交税费——应交城市维护建设税/应交教育费附加/应交地方教育费附加/应交车船税/应交房产税/应交城镇土地使用税等	借：事业支出/经营支出等 贷：资金结存
		实际缴纳时		借：其他应交税费——应交城市维护建设税/应交教育费附加/应交地方教育费附加/应交车船税/应交房产税/应交城镇土地使用税等 贷：银行存款等	—

续表

（2）	代扣代缴职工个人所得税	计算应代扣代缴职工的个人所得税金额	借：应付职工薪酬 贷：其他应交税费——应交个人所得税	—
		计算应代扣代缴职工以外其他人员个人所得税	借：业务活动费用/单位管理费用等 贷：其他应交税费——应交个人所得税	—
		实际缴纳时	借：其他应交税费——应交个人所得税 贷：财政拨款收入/零余额账户用款额度/银行存款等	借：行政支出/事业支出/经营支出等 贷：财政拨款预算收入/资金结存
（3）	发生企业所得税纳税义务	按照税法规定计算的应缴税费金额	借：所得税费用 贷：其他应交税费——单位应交所得税	—
		实际缴纳时	借：其他应交税费——单位应交所得税 贷：银行存款等	借：非财政拨款结余 贷：资金结存
39	2103 应缴财政款			
（1）	取得或应收按照规定应上缴财政的款项时		借：银行存款/应收账款等 贷：应缴财政款	—
（2）	处置资产取得应上缴财政的处置净收入的		参照"待处理财产损溢"科目的相关账务处理	—
（3）	上缴财政款项时		借：应缴财政款 贷：银行存款等	—
40	2201 应付职工薪酬			
（1）	计算确认当期应付职工薪酬	从事专业及其辅助活动人员的职工薪酬	借：业务活动费用/单位管理费用 贷：应付职工薪酬	—
		应由在建工程、加工物品、自行研发无形资产负担的职工薪酬	借：在建工程/加工物品/研发支出等 贷：应付职工薪酬	—
		从事专业及其辅助活动以外的经营活动人员的职工薪酬	借：经营费用 贷：应付职工薪酬	—
		因解除与职工的劳动关系而给予的补偿	借：单位管理费用 贷：应付职工薪酬	—

编号	业务内容	财务会计	预算会计
（2）	向职工支付工资、津贴补贴等薪酬	借：应付职工薪酬 贷：财政拨款收入/零余额账户用款额度/银行存款等	借：行政支出/事业支出/经营支出等 贷：财政拨款预算收入/资金结存等
（3）	从工薪酬中代扣各种款项		
	代扣代缴个人所得税	借：应付职工薪酬——基本工资 贷：应交税费——应交个人所得税	—
	代扣社会保险费和住房公积金	借：应付职工薪酬——基本工资 贷：应付职工薪酬——社会保险费/住房公积金	—
	代付为职工垫付的水电费、房租等费用时	借：应付职工薪酬——基本工资 贷：其他应收款等	—
（4）	按照规定缴纳职工社会保险费和住房公积金	借：应付职工薪酬——社会保险费/住房公积金 贷：财政拨款收入/零余额账户用款额度/银行存款等	借：行政支出/事业支出/经营支出等 贷：财政拨款预算收入/资金结存等
（5）	从应付职工薪酬中支付的其他款项	借：应付职工薪酬 贷：零余额账户用款额度/银行存款等	借：行政支出/事业支出/经营支出等 贷：资金结存等
41	2301 应付票据		
（1）	开出、承兑商业汇票	借：库存物品/固定资产等 贷：应付票据	—
（2）	以商业汇票抵付应付账款时	借：应付账款 贷：应付票据	—
（3）	支付银行承兑汇票的手续费	借：业务活动费用/经营费用等 贷：银行存款等	借：事业支出/经营支出 贷：资金结存——货币资金
（4）	商业汇票到期时		
	收到银行支付到期票据的付款通知时	借：应付票据 贷：银行存款	借：事业支出/经营支出 贷：资金结存——货币资金
	银行承兑汇票到期，本单位无力支付票款	借：应付票据 贷：短期借款	借：事业支出/经营支出 贷：债务预算收入

续表

(4)	商业汇票到期时	商业承兑汇票到期,本单位无力支付票款	借:应付票据 贷:应付账款	—
42	2302 应付账款			
(1)	购入物资、设备或服务以及完成工程进度但尚未付款		借:库存物品/固定资产/在建工程等 贷:应付账款	—
(2)	偿付应付账款		借:应付账款 贷:财政拨款收入/零余额账户用额度/银行存款等	借:行政支出/事业支出等 贷:财政拨款预算收入/资金结存
(3)	开出、承兑商业汇票抵付应付账款		借:应付账款 贷:应付票据	—
(4)	无法偿付或债权人豁免偿还的应付账款		借:应付账款 贷:其他收入	—
43	2303 应付政府补贴款			
(1)	发生(确认)应付政府补贴款		借:业务活动费用 贷:应付政府补贴款	—
(2)	支付应付政府补贴款时		借:应付政府补贴款 贷:零余额账户用额度/银行存款等	借:行政支出 贷:资金结存等
44	2304 应付利息			
(1)	按期计提利息费用		借:在建工程/其他费用 贷:应付利息	—
(2)	实际支付利息时		借:应付利息 贷:银行存款等	借:其他支出 贷:资金结存——货币资金
45	2305 预收账款			
(1)	从付款方预收款项时		借:银行存款等 贷:预收账款	借:资金结存——货币资金 贷:事业预算收入/经营预算收入等

续表

序号	子号	业务描述	财务会计分录	预算会计分录
	（2）	确认有关收入时	借：预收账款 贷：事业收入/经营收入等（退回预收款） 　　银行存款（收到补付款）	借：资金结存——货币资金 贷：事业预算收入/经营预算收入等（收到补付款） 退回预收款的金额做相反会计分录
	（3）	无法偿付或债权人豁免偿还的预收账款	借：预收账款 贷：其他收入	—
46		2307 其他应付款		
	（1）	发生暂收款项——取得暂收款时	借：银行存款等 贷：其他应付款	—
		确认收入时	借：其他应付款 贷：事业收入等	借：资金结存 贷：事业预算收入等
		退回（转拨）暂收款时	借：其他应付款 贷：银行存款等	—
	（2）	收到同级财政部门预拨的下期预算款和没有纳入预算的暂付款项——按照实际收到的金额	借：其他应付款 贷：财政拨款收入	借：资金结存 贷：财政拨款预算收入
		待到下一预算期或批准纳入预算时	—	—
	（3）	发生其他应付义务	借：业务活动费用/单位管理费用等 贷：其他应付款	—
		支付其他应付款项	借：其他应付款 贷：银行存款等	借：行政支出/事业支出等 贷：资金结存
	（4）	无法偿付或债权人豁免偿还的其他应付款项	借：其他应付款 贷：其他收入	—

续表

47	**2401 预提费用**		
(1)	按规定计提项目间接费用或管理费时	借：单位管理费用 　　预提费用——项目间接费用或管理费 　贷：预提费用	借：非财政拨款结转——项目间接费用或管理费 　贷：非财政拨款结余——项目间接费用或管理费
	实际使用计提的项目间接费用或管理费时	借：预提费用——项目间接费用或管理费 　贷：银行存款/库存现金	借：事业支出等 　贷：资金结存
	按照规定预提每期租金等费用	借：业务活动费用/单位管理费用/经营费用等 　贷：预提费用	—
(2)	实际支付款项时	借：预提费用 　贷：银行存款等	借：行政支出/事业支出/经营支出等 　贷：资金结存
48	**2501 长期借款**		
(1)	借入各项长期借款时	借：银行存款 　贷：长期借款——本金	借：资金结存——货币资金 　贷：债务预算收入（本金）
(2)	属于工程项目建设期间发生的	借：在建工程 　贷：应付利息（分期付息，到期还本） 　　　长期借款——应计利息（到期一次还本付息）	—
	属于工程项目完工交付使用后发生的	借：其他费用 　贷：应付利息（分期付息，到期还本） 　　　长期借款——应计利息（到期一次还本付息）	—
	实际支付利息时	借：应付利息 　贷：银行存款等	借：其他支出 　贷：资金结存
(3)	其他长期借款利息	计提利息时	借：其他费用 　贷：应付利息（分期付息，到期还本） 　　　长期借款——应计利息（到期一次还本付息）	—
	分期实际支付利息时	借：应付利息 　贷：银行存款等	借：其他支出 　贷：资金结存

续表

(4)	归还长期借款本息	借：长期借款——本金 ——应计利息（到期一次还本付息） 贷：银行存款	借：债务还本支出（支付的本金） 贷：资金结存 借：其他支出（支付的利息） 贷：资金结存	
49	2502 长期应付款			
(1)	发生长期应付款时	借：固定资产/在建工程等 贷：长期应付款	—	
(2)	支付长期应付款	借：长期应付款 贷：财政拨款收入/零余额账户用款额度/银行存款	借：行政支出/事业支出/经营支出等 贷：财政拨款预算收入/资金结存	
(3)	无法偿付或债权人豁免偿还的长期应付款	借：长期应付款 贷：其他收入	—	
50	2601 预计负债			
(1)	确认预计负债	借：业务活动费用/经营费用/其他费用等 贷：预计负债	—	
(2)	实际偿付预计负债	借：预计负债 贷：银行存款等	借：事业支出/经营支出/其他支出等 贷：资金结存	
(3)	对预计负债账面余额进行调整的	借：业务活动费用/经营费用/其他费用等 贷：预计负债 或做相反会计分录	—	
51	2901 受托代理负债	参照"受托代理资产""库存现金""银行存款"等科目相关账务处理		

续表

三、净资产类

序号	业务事项	财务会计分录	预算会计分录
52	**3001 累计盈余**		
(1)	年末,将"本年盈余分配"科目余额转入	借:本年盈余分配 贷:累计盈余 或做相反会计分录	—
(2)	年末,将"无偿调拨净资产"科目余额转入	借:无偿调拨净资产 贷:累计盈余 或做相反会计分录	—
(3)	按照规定上缴财政拨款结转结余、缴回非财政拨款结转资金,向其他单位调出财政拨款结转资金时	借:累计盈余 贷:财政应返还额度/零余额账户用款额度/银行存款等	参照"财政拨款结转""财政拨款结余""非财政拨款结转"等科目进行账务处理
(4)	按照规定从其他单位调入财政拨款结转资金时	借:零余额账户用款额度/银行存款等 贷:累计盈余	借:资金结存—零余额账户用款额度/货币资金 贷:财政拨款结转—归集调入
(5)	将"以前年度盈余调整"科目余额转入	借:以前年度盈余调整 贷:累计盈余 或做相反会计分录	—
(6)	使用专用基金购置固定资产、无形资产的	相关账务处理参见"专用基金"科目	—
53	**3101 专用基金**		
(1)	年末,按照规定从本年度非财政拨款结余或经营结余中提取专用基金的	借:本年盈余分配 贷:专用基金(按照预算会计下计算的提取金额)	借:非财政拨款结余 贷:专用结余
(2)	根据规定从收入中提取专用基金并计入费用的	借:业务活动费用等 贷:专用基金(一般按照预算收入计算提取的金额)	—
(3)	根据有关规定设置的其他专用基金	借:银行存款等 贷:专用基金	—

续表

(4)	按照规定使用专用基金时	借：专用基金 　　贷：银行存款等 如果购置固定资产、无形资产的： 借：固定资产／无形资产 　　贷：银行存款等 借：专用基金 　　贷：累计盈余	使用从收入中提取并列入费用的专用基金： 借：专用基金 　　贷：事业支出等 　　贷：资金结存 使用从非财政拨款结余或经营结余中提取的专用基金： 借：专用结余 　　贷：资金结存——货币资金
54	3201 权益法调整		
(1)	资产负债表日	按照被投资单位除净损益和利润分配以外的所有者权益变动的份额（增加） 借：长期股权投资——其他权益变动 　　贷：权益法调整 按照被投资单位除净损益和利润分配以外的所有者权益变动的份额（减少） 借：权益法调整 　　贷：长期股权投资——其他权益变动	—
	长期股权投资处置时	权益法调整科目为借方余额 借：投资收益 　　贷：权益法调整（与所处置投资对应部分的金额） 权益法调整科目为贷方余额 借：权益法调整（与所处置投资对应部分的金额） 　　贷：投资收益	—
(2)			

续表

55	3301 本期盈余			
(1)	期末结转	结转收入	借：财政拨款收入 　　事业收入 　　上级补助收入 　　附属单位上缴收入 　　经营收入 　　非同级财政拨款收入 　　投资收益 　　捐赠收入 　　利息收入 　　租金收入 　　其他收入 　贷：本期盈余 投资收益科目为借方净额时，做相反会计分录	—
		结转费用	借：本期盈余 　贷：业务活动费用 　　单位管理费用 　　经营费用 　　资产处置费用 　　上缴上级费用 　　对附属单位补助费用 　　所得税费用 　　其他费用	—
(2)	年末结转	本期盈余科目为贷方余额时	借：本期盈余 　贷：本年盈余分配	—
		本期盈余科目为借方余额时	借：本年盈余分配 　贷：本期盈余	—

序号	科目	业务情形	分录	备注
56	3302 本年盈余分配			
(1)		年末，将本期盈余科目余额转入	本期盈余科目为贷方余额时 借：本期盈余 　　贷：本年盈余分配 本期盈余科目为借方余额时 借：本年盈余分配 　　贷：本期盈余	—
(2)		年末，按照有关规定提取专用基金	按照预算会计下计算的提取金额 借：本年盈余分配 　　贷：专用基金	借：非财政拨款结余分配 　　贷：专用结余
(3)		年末，将本科目余额转入累计盈余	本科目为贷方余额时 借：本年盈余分配 　　贷：累计盈余 本科目为借方余额时 借：累计盈余 　　贷：本年盈余分配	—
57	3401 无偿调拨净资产			
(1)		取得无偿调入的资产时	借：库存物品／固定资产／无形资产／长期股权投资／公共基础设施／政府储备物资／保障性住房等 　　贷：无偿调拨净资产 　　　　固定资产累计折旧／无形资产累计摊销／公共基础设施累计折旧（摊销） 　　　　零余额账户用款额度／银行存款等（发生的归属于调入方的相关费用）	借：其他支出（发生的归属于调入方的相关费用） 　　贷：资金结存等
(2)		经批准无偿调出资产时	借：无偿调拨净资产 　　固定资产累计折旧／无形资产累计摊销／公共基础设施累计折旧（摊销） 　　资产处置费用 　　贷：库存物品／固定资产／无形资产／长期股权投资／公共基础设施／政府储备物资等（账面余额） 　　　　银行存款／零余额账户用款额度等（发生的归属于调出方的相关费用）	借：其他支出（发生的归属于调出方的相关费用） 　　贷：资金结存等

续表

（3）		年末，将本科目余额转入累计盈余	科目余额在贷方时	借：无偿调拨净资产 贷：累计盈余	—
			科目余额在借方时	借：累计盈余 贷：无偿调拨净资产	—
58	3501 以前年度盈余调整				
（1）	调整以前年度收入	增加以前年度收入时		借：有关资产或负债科目 贷：以前年度盈余调整	按照实际收到的金额 借：资金结存 贷：财政拨款结转/财政拨款结余/非财政拨款结转/非财政拨款结余（年初余额调整）
		减少以前年度收入时		借：以前年度盈余调整 贷：有关资产或负债科目	按照实际支付的金额 借：财政拨款结转/财政拨款结余/非财政拨款结转/非财政拨款结余（年初余额调整） 贷：资金结存
（2）	调整以前年度费用	增加以前年度费用时		借：以前年度盈余调整 贷：有关资产或负债科目	按照实际支付的金额 借：财政拨款结转/财政拨款结余/非财政拨款结转/非财政拨款结余（年初余额调整） 贷：资金结存
		减少以前年度费用时		借：有关资产或负债科目 贷：以前年度盈余调整	按照实际收到的金额 借：资金结存 贷：财政拨款结转/财政拨款结余/非财政拨款结转/非财政拨款结余（年初余额调整）
（3）	盘盈非流动资产	报经批准处理时		借：待处理财产损溢 贷：以前年度盈余调整	—
（4）	将本科目余额转入累计盈余	本科目为借方余额时		借：累计盈余 贷：以前年度盈余调整	—
		本科目为贷方余额时		借：以前年度盈余调整 贷：累计盈余	—

续表

四、收入／预算收入类

		59 财政拨款收入 4001	1 财政拨款预算收入 6001
（1）收到拨款	财政直接支付方式下	借：库存物品／固定资产／业务活动费用／单位管理费用／应付职工薪酬等 贷：财政拨款收入	借：行政支出／事业支出等 贷：财政拨款预算收入
	财政授权支付方式下	借：零余额账户用款额度 贷：财政拨款收入	借：资金结存——零余额账户用款额度 贷：财政拨款预算收入
	其他方式下	借：银行存款等 贷：财政拨款收入	借：资金结存——货币资金 贷：财政拨款预算收入
（2）年末确认拨款差额	根据本年度财政直接支付预算指标数与当年财政直接支付实际支付数的差额	借：财政应返还额度——财政直接支付 贷：财政拨款收入	借：资金结存——财政应返还额度 贷：财政拨款预算收入
	本年度财政授权支付预算指标数大于零余额账户用款额度下达数的差额	借：财政应返还额度——财政授权支付 贷：财政拨款收入	借：资金结存——财政应返还额度 贷：财政拨款预算收入
（3）因差错更正或购货退回等发生的国库直接支付款项退回的	属于本年度支付的款项	借：财政拨款收入 贷：业务活动费用／库存物品等	借：财政拨款预算收入 贷：行政支出／事业支出等
	属于以前年度支付的款项（财政直接支付资金）	借：财政应返还额度——财政直接支付 贷：以前年度盈余调整／库存物品等	借：资金结存——财政应返还额度 贷：财政拨款结转——年初余额调整
	属于以前年度支付的款项（财政授权支付资金）		借：资金结存——财政应返还额度 贷：财政拨款结转——年初余额调整
（4）期末／年末结转		借：财政拨款收入 贷：本期盈余	借：财政拨款预算收入 贷：财政拨款结转——本年收入结转

续表

			60 事业收入 4101	2 事业预算收入 6101
(1)	采用财政专户返还方式	实际收到或应上缴财政专户的事业收入时	借:银行存款/应收账款等 贷:应缴财政款	—
		向财政专户上缴款项时	借:应缴财政款 贷:银行存款等	—
		收到从财政专户返还的款项时	借:银行存款等 贷:事业收入	借:资金结存——货币资金 贷:事业预算收入
(2)	采用预收款方式	实际收到款项时	借:银行存款等 贷:预收账款	借:资金结存——货币资金 贷:事业预算收入
		按合同完成进度确认收入时	借:预收账款 贷:事业收入	—
(3)	采用应收款方式	根据合同完成进度计算本期应收的款项	借:应收账款 贷:事业收入	—
		实际收到款项时	借:银行存款等 贷:应收账款	借:资金结存——货币资金 贷:事业预算收入
(4)	其他方式下		借:银行存款/库存现金等 贷:事业收入	借:资金结存——货币资金 贷:事业预算收入
(5)	期末/年末结转	专项资金收入	借:事业收入 贷:本期盈余	借:事业预算收入 贷:非财政拨款结转——本年收支结转
		非专项资金收入		借:事业预算收入 贷:其他结余

续表

序号	财务会计科目	阶段		财务会计分录	预算会计科目	预算会计分录
3	上级补助预算收入 6201	(1) 日常核算	确认时，按照应收或实际收到的金额	借：其他应收款/银行存款等 贷：上级补助收入	61 上级补助收入 4201	借：资金结存——货币资金 贷：上级补助预算收入
			收到应收的上级补助收入时	借：银行存款等 贷：其他应收款		
		(2) 期末/年末结转	专项资金收入	借：上级补助收入 贷：本期盈余		借：上级补助预算收入 贷：非财政拨款结转——本年收支结转
			非专项资金收入			贷：其他结余
4	附属单位上缴预算收入 6301	(1) 日常核算	确认时，按照应收或实际收到的金额	借：其他应收款/银行存款等 贷：附属单位上缴收入	62 附属单位上缴收入 4301	借：资金结存——货币资金 贷：附属单位上缴预算收入
			实际收到应收附属单位上缴收入时	借：银行存款等 贷：其他应收款		
		(2) 期末/年末结转	专项资金收入	借：附属单位上缴收入 贷：本期盈余		借：附属单位上缴预算收入 贷：非财政拨款结转——本年收支结转
			非专项资金收入			贷：其他结余
5	经营预算收入 6401	(1) 确认经营收入入账时	按照确定的收入金额	借：银行存款/应收账款/应收票据等 贷：经营收入	63 经营收入 4401	借：资金结存——货币资金 贷：经营预算收入
		(2) 收到应收的款项时	按照实际收到的金额	借：银行存款 贷：应收账款/应收票据		

续表

（3）	期末/年末结转	—	借：经营收入 贷：本期盈余	借：经营预算收入 贷：经营结余
				6 债务预算收入6501/16 债务还本支出7701
（1）	短期借款	借入各种短期借款	借：银行存款 贷：短期借款	借：资金结存——货币资金 贷：债务预算收入
		归还短期借款本金	借：短期借款 贷：银行存款	借：债务还本支出 贷：资金结存——货币资金
（2）	长期借款	借入各项长期借款时	借：银行存款 贷：长期借款——本金	借：资金结存——货币资金 贷：债务预算收入
		归还长期借款本金	借：长期借款——本金 贷：银行存款	借：债务还本支出 贷：资金结存——货币资金
（3）	期末/年末结转	债务预算收入结转	专项资金	—	借：债务预算收入 贷：非财政拨款结转——本年收支结转
			非专项资金	—	借：债务预算收入 贷：其他结余
		债务还本支出结转	—	借：其他结余 贷：债务还本支出
				7 非同级财政拨款预算收入6601
（1）	确认收入时	按照应收或实际收到的金额	借：其他应收款/银行存款等 贷：非同级财政拨款收入	借：资金结存——货币资金（按照实际收到的金额） 贷：非同级财政拨款预算收入
（2）	收到应收的款项时	按照实际收到的金额	借：银行存款 贷：其他应收款	借：非同级财政拨款预算收入 贷：非财政拨款结转——本年收支结转
（3）	期末/年末结转	专项资金	借：非同级财政拨款收入 贷：本期盈余	借：非同级财政拨款预算收入 贷：其他结余
		非专项资金		

续表

	业务	65 投资收益 4602	8 投资预算收益 6602
(1)	出售或到期收回短期债券本息	借：银行存款 　　投资收益（借差） 贷：短期投资（成本） 　　投资收益（贷差）	借：资金结存——货币资金（实际收到的款项） 　　投资预算收益（借差） 贷：投资支出/其他结余（投资成本） 　　投资预算收益（贷差）
(2)	持有的分期付息、一次还本的长期债券投资 — 确认应收未收利息	借：应收利息 贷：投资收益	—
	实际收到利息时	借：银行存款 贷：应收利息	借：资金结存——货币资金 贷：投资预算收益
(3)	持有的一次还本付息的长期债券投资 — 计算确定的应收未收利息增加长期债券投资的账面余额	借：长期债券投资——应计利息 贷：投资收益	—
(4)	出售长期债券投资或到期收回长期债券投资本息	借：银行存款 　　投资收益（借差） 贷：长期债券投资 　　应收利息 　　投资收益（贷差）	借：资金结存——货币资金（实际收到的款项） 　　投资预算收益（借差） 贷：投资支出/其他结余 　　投资预算收益（贷差）
(5)	成本法下长期股权投资持有期间，被投资单位宣告分派利润或股利 — 按照宣告分派的利润或股利中属于本单位应享有的份额	借：应收股利 贷：投资收益	—
	取得分派的利润或股利，按照实际收到的金额	借：银行存款 贷：应收股利	借：资金结存——货币资金 贷：投资预算收益

续表

			财务会计分录	预算会计分录
(6)	采用权益法核算的长期股权投资持有期间	按照应享有或应分担的被投资单位实现的净损益的份额	借：长期股权投资——损益调整 贷：投资收益（被投资单位实现净利润） （被投资单位发生净亏损）	—
		收到被投资单位发放的现金股利	借：银行存款 贷：应收股利	借：资金结存——货币资金 贷：投资预算收益
		被投资单位发生净亏损，但以后年度又实现净利润的，按规定恢复确认投资收益	借：长期股权投资——损益调整 贷：投资收益	—
(7)	期末/年末结转	投资收益为贷方余额时	借：投资收益 贷：本期盈余	借：投资预算收益 贷：其他结余
		投资收益为借方余额时	借：本期盈余 贷：投资收益	借：其他结余 贷：投资预算收益

66 捐赠收入 4603　　9 其他预算收入 6609

			财务会计分录	预算会计分录
(1)	接受捐赠的货币资金	按照实际收到的金额	借：银行存款/库存现金 贷：捐赠收入	借：资金结存——货币资金 贷：其他预算收入——捐赠收入
(2)	接受捐赠的存货、固定资产等	按照确定的成本	借：库存物品/固定资产等 贷：捐赠收入	借：其他支出（支付的相关税费等） 贷：资金结存
		如按名义金额入账	借：库存物品/固定资产等（名义金额） 　　其他费用 贷：捐赠收入 　　银行存款等（相关税费支出）	借：其他支出（支付的相关税费等） 贷：资金结存
(3)	期末/年末结转	专项资金	借：捐赠收入 贷：本期盈余	借：其他预算收入——捐赠收入 贷：非财政拨款结转——本年收入结转
		非专项资金		借：其他预算收入——捐赠收入 贷：其他结余

续表

			财务会计	预算会计
			67 利息收入 4604	**9 其他预算收入 6609**
(1)	确认银行存款利息收入	实际收到利息时	借:银行存款 贷:利息收入	借:资金结存——货币资金 贷:其他预算收入——利息收入
(2)	期末/年末结转		借:利息收入 贷:本期盈余	借:其他预算收入——利息收入 贷:其他结余
			68 租金收入 4605	**9 其他预算收入 6609**
(1)	预收租金方式	收到预付的租金时	借:银行存款等 贷:预收账款	借:资金结存——货币资金 贷:其他预算收入——租金收入
		按照直线法分期确认租金收入时	借:预收账款 贷:租金收入	—
(2)	后付租金方式	确认租金收入时	借:应收账款 贷:租金收入	—
(3)	分期收取租金	按期收取租金	借:银行存款等 贷:租金收入	借:资金结存——货币资金 贷:其他预算收入——租金收入
(4)	期末/年末结转		借:租金收入 贷:本期盈余	借:其他预算收入——租金收入 贷:其他结余
			69 其他收入 4609	**9 其他预算收入 6609**
(1)	现金盘盈收入	属于无法查明原因的部分,报经批准后	借:待处理财产损溢 贷:其他收入	—
(2)	科技成果转化收入	按照规定留归本单位的	借:银行存款等 贷:其他收入	借:资金结存——货币资金 贷:其他预算收入——其他收入

			财务会计分录	预算会计分录
(3)	行政单位收回已核销的其他应收款	按照实际收回的金额	借:银行存款等 贷:其他收入	借:资金结存——货币资金 贷:其他预算收入
(4)	无法偿付的应付及预收款项		借:应付账款/预收账款/其他应付款/长期应付款 贷:其他收入	—
(5)	置换换出资产评估价值增值	按照换出资产评估价值高于资产账面价值的金额	借:有关科目 贷:其他收入	—
(6)	其他情况	按照应收或实际收到的金额	借:其他应收款/银行存款/库存现金等 贷:其他收入	借:资金结存——货币资金(按照实际收到的金额) 贷:其他预算收入
(7)	期末/年末结转	专项资金	借:其他收入 贷:本期盈余	借:非财政拨款结转——本年收支结转 贷:其他预算收入
		非专项资金		借:其他预算收入 贷:其他结余

五、费用/预算支出类

			70 业务活动费用 5001	10 行政支出 7101/11 事业支出 7201
(1)	为履职或开展业务活动人员计提并支付职工薪酬	计提时,按照计算的金额	借:业务活动费用 贷:应付职工薪酬	—
		实际支付给职工并代扣个人所得税时	借:应付职工薪酬 贷:财政拨款收入/零余额账户用款额度/银行存款等 其他应交税费——应交个人所得税	借:行政支出/事业支出(按照支付给个人部分) 贷:财政拨款预算收入/资金结存
		实际缴纳税款时	借:其他应交税费——应交个人所得税 贷:银行存款/零余额账户用款额度等	借:行政支出/事业支出(按照实际缴纳额) 贷:资金结存

	场景	子场景	财务会计	预算会计
（2）	为履职或开展业务活动发生的外部人员劳务费	计提时，按照计算的金额	借：业务活动费用 贷：其他应付款	—
		实际支付并代扣个人所得税时	借：其他应付款 贷：财政拨款收入/零余额账户用额度/银行存款等 　　其他应交税费——应交个人所得税	借：行政支出/事业支出（按照实际支付给个人部分） 贷：财政拨款预算收入/资金结存
		实际缴纳税款时	借：其他应交税费 贷：银行存款/零余额账户用额度等	借：行政支出/事业支出（按照实际缴纳） 贷：财政拨款预算收入/资金结存
（3）	为履职或开展业务活动发生的预付款项	预付账款 支付款项时	借：预付账款 贷：财政拨款收入/零余额账户用额度/银行存款等	借：行政支出/事业支出 贷：财政拨款预算收入/资金结存
		结算时	借：业务活动费用 贷：预付账款	—
		暂付款项 支付款项时	借：其他应收款 贷：银行存款等	—
		结算或报销时	借：业务活动费用 贷：财政拨款收入/零余额账户用额度/银行存款等（补付金额）/应付账款	借：行政支出/事业支出 贷：财政拨款预算收入/资金结存等（补付金额）
（4）	为履职或开展业务活动购买资产或支付在建工程款等	按照实际支付的价款	借：库存物品/固定资产/无形资产/在建工程等 贷：财政拨款收入/零余额账户用额度/银行存款/应付账款等	—
（5）	为履职或开展业务活动领用库存物品	按照领用库存物品的成本	借：业务活动费用 贷：库存物品等	—

续表

(6)	为履职或开展业务活动计提的固定资产、无形资产、公共基础设施、保障性住房的折旧（摊销）	按照计提的折旧、摊销额	借：业务活动费用 贷：固定资产累计折旧/无形资产累计摊销/公共基础设施累计折旧（摊销）/保障性住房累计折旧
(7)	为履职或开展业务活动发生应负担的税金及附加时	确认其他应交税费时	借：业务活动费用 贷：其他应交税费
		支付其他应交税费时	借：其他应交税费 贷：银行存款等
(8)	为履职或开展业务活动发生其他各项费用		借：业务活动费用 贷：财政拨款收入/零余额账户用款额度/银行存款/应付账款/其他应付款等
(9)	计提专用基金	从收入中按照一定比例提取基金并计入费用	借：业务活动费用 贷：专用基金
(10)	购货退回等	当年发生的	借：财政拨款收入/零余额账户用款额度/银行存款/应收账款等 贷：库存物品/业务活动费用
(11)	期末/年末结转		借：本期盈余 贷：业务活动费用
			借：行政支出/事业支出 贷：资金结存等
			借：行政支出/事业支出（按照实际支付的金额） 贷：财政拨款预算收入/资金结存
			借：财政拨款预算收入/资金结存 贷：行政支出/事业支出
			借：财政拨款结转——本年收支结转（财政拨款支出） 非财政拨款结转——本年收支结转（非同级财政专项资金支出） 其他结余（非同级财政、非专项资金支出） 贷：行政支出/事业支出

续表

			71 单位管理费用 5101	11 事业支出 7201
(1)	管理活动人员职工薪酬	计提时，按照计算的金额	借：单位管理费用 贷：应付职工薪酬	—
		实际支付给职工并扣个人所得税时	借：应付职工薪酬 贷：财政拨款收入/零余额账户用款额度/银行存款等 　　其他应交税费——应交个人所得税	借：事业支出（按照支付给个人部分） 贷：财政拨款收入/资金结存
		实际缴纳税款时	借：其他应交税费 贷：银行存款/零余额账户用款额度等	借：事业支出（按照实际缴纳额） 贷：财政拨款收入/资金结存
(2)	为开展管理活动发生的外部人员劳务费	计提时，按照计算的金额	借：单位管理费用 贷：其他应付款	—
		实际支付并扣个人所得税时	借：其他应付款 贷：财政拨款收入/零余额账户用款额度/银行存款等 　　其他应交税费——应交个人所得税	借：事业支出（按照实际支付给个人部分） 贷：财政拨款收入/资金结存
		实际支付税款时	借：其他应交税费 贷：银行存款/零余额账户用款额度等	借：事业支出（按照实际缴纳额） 贷：资金结存等
(3)	开展管理活动发生的预付款项	预付款项 支付款项时	借：预付账款 贷：财政拨款收入/零余额账户用款额度/银行存款等	借：事业支出 贷：财政拨款收入/资金结存
		预付款项 结算时	借：单位管理费用 贷：预付账款 　　财政拨款收入/零余额账户用款额度/银行存款等（补付金额）	借：事业支出 贷：财政拨款收入/资金结存（补付金额）
		暂付款项 支付款项时	借：其他应收款 贷：银行存款等	—
		暂付款项 结算或报销时	借：单位管理费用 贷：其他应收款	借：事业支出 贷：资金结存等

续表

序号	业务描述		财务会计分录	预算会计分录
（4）	发生其他与管理活动相关的各项费用		借：单位管理费用 贷：财政拨款收入/零余额账户用款额度/银行存款/应付账款等	借：事业支出（按照实际支付的金额） 贷：财政拨款预算收入/资金结存
（5）	为开展管理活动购买资产或支付在建工程款	按照实际支付或应付的价款	借：库存物品/固定资产/无形资产/在建工程等 贷：财政拨款收入/零余额账户用款额度/银行存款/应付账款等	借：事业支出（按照实际支付价款） 贷：财政拨款预算收入/资金结存
（6）	管理活动所用固定资产、无形资产计提的折旧、摊销	按照计提的折旧、摊销额	借：单位管理费用 贷：固定资产累计折旧/无形资产累计摊销	—
（7）	开展管理活动内部领用库存物品	按照库存物品的成本	借：单位管理费用 贷：库存物品	—
（8）	开展管理活动发生应负担的税金及附加	按照计算确定应交纳的金额	借：单位管理费用 贷：其他应交税费	借：事业支出 贷：资金结存等
		实际缴纳时		
（9）	购货退回等	当年发生的	借：财政拨款收入/零余额账户用款额度/银行存款/应收账款等 贷：库存物品/单位管理费用等	借：财政拨款预算收入/资金结存 贷：事业支出
（10）	期末/年末结转		借：本期盈余 贷：单位管理费用	借：财政拨款结转——本年收支结转（财政拨款支出） 非财政拨款结转——本年收支结转（非财政拨款、非专项资金支出） 其他结余（非财政、非专项资金支出） 贷：事业支出

续表

序号	业务描述	时点	72 经营费用 5201	12 经营支出 7301
(1)	为经营活动人员支付职工薪酬	计提时，按照计算的金额	借：经营费用 贷：应付职工薪酬	—
		实际支付给职工时	借：应付职工薪酬 贷：财政拨款收入/零余额账户用款额度/银行存款等 其他应交税费——应交个人所得税	借：经营支出（按照支付给个人部分） 贷：资金结存——货币资金
		实际支付税款时	借：其他应交税费——应交个人所得税 贷：银行存款等	借：经营支出（按照实际缴纳额） 贷：资金结存——货币资金
(2)	为开展经营活动购买资产或支付在建工程款	按照实际支付或应付的金额	借：库存物品/固定资产/无形资产/在建工程 贷：银行存款/应付账款等	借：经营支出 贷：资金结存——货币资金（按照实际支付金额）
(3)	开展经营活动内部领用材料或出售发出物品等	按照实际成本	借：经营费用 贷：库存物品	—
(4)	开展经营活动发生的预付款项	预付时，按照预付的金额	借：经营费用 贷：预付账款	借：经营支出 贷：资金结存——货币资金（补付金额）
		结算时	借：经营费用 贷：预付账款 银行存款等（补付金额）	借：经营支出 贷：资金结存——货币资金（补付金额）
(5)	开展经营活动发生应负担的税金及附加	按照计算确定的缴纳金额	借：经营费用 贷：其他应交税费	—
		实际缴纳时	借：其他应交税费 贷：银行存款等	借：经营支出 贷：资金结存——货币资金（补付金额）
(6)	开展经营活动发生的其他各项费用	开展经营活动发生的其他项费用	借：经营费用 贷：银行存款/应付账款等	借：经营支出（按照实际支付的金额） 贷：资金结存——货币资金

续表

		财务会计	预算会计
（7）	经营活动用固定资产、无形资产计提的折旧、摊销	按照计提的折旧、摊销额 借：经营费用 　贷：固定资产累计折旧/无形资产累计摊销	—
（8）	计提专用基金	按照预算收入的一定比例计提并列入费用 借：经营费用 　贷：专用基金	—
（9）	购货退回等	当年发生的 借：银行存款/应收账款等 　贷：库存物品/经营费用等	借：资金结存——货币资金（按照实际收到的金额） 　贷：经营支出
（10）	期末/年末结转	借：本期盈余 　贷：经营费用	借：经营结余 　贷：经营支出
		73 资产处置费用 5301	
（1）	不通过"待处理财产损溢"科目核算的资产处置	转销被处置资产账面价值 借：资产处置费用 　固定资产累计折旧/无形资产累计摊销/公共基础设施累计折旧（摊销）/保障性住房累计折旧 　贷：库存物品/固定资产/无形资产/公共基础设施/政府储备物资/文物文化资产/保障性住房/在建工程等（账面余额）/其他应收款（行政单位）	—
		处置资产过程中仅发生相关费用的 借：资产处置费用 　贷：银行存款/库存现金等	—
		处置资产过程中取得收入的 借：库存现金/银行存款等（取得的价款） 　贷：银行存款/库存现金等（支付的相关费用） 　　应缴财政款	—
（2）	通过"待处理财产损溢"科目核算的资产处置	账款核对中发现的现金短缺，无法查明原因的，报经批准核销时 借：资产处置费用 　贷：待处理财产损溢	—

续表

				会计分录	
(2)	通过"待处理财产损溢"科目核算的资产处置	盘亏、毁损、报废的资产	经批准处理时	借：资产处置费用 贷：待处理财产损溢——待处理财产价值	—
			处理过程中所发生的费用大于所取得的收入的	借：资产处置费用 贷：待处理财产损溢——处理净收入	借：其他支出（净支出） 贷：资金结存
(3)	期末结转			借：本期盈余 贷：资产处置费用	—
(1)	以货币资金对外投资时			借：短期投资/长期股权投资/长期债券投资 贷：银行存款	15 投资支出 7601 借：投资支出 贷：资金结存——货币资金
(2)	出售、对外转让或到期收回本年度以货币资金取得的对外投资	实际取得价款大于投资成本的		借：银行存款等（实际取得或收回的金额） 贷：短期投资/长期债券投资等（账面余额） 应收利息 投资收益	借：资金结存——货币资金 贷：投资支出（投资成本） 投资预算收益
		实际取得价款小于投资成本的		借：银行存款等（实际取得或收回的金额） 投资收益 贷：短期投资/长期债券投资等（账面余额） 应收利息	借：资金结存——货币资金 投资预算收益 贷：投资支出（投资成本）
(3)	年末结转			—	借：其他结余 贷：投资结余
(1)	按照实际上缴的金额或者按照规定计算出应当上缴的金额			74 上缴上级费用 5401 借：上缴上级费用 贷：银行存款/其他应付款等	13 上缴上级支出 7401 借：上缴上级支出（实际上缴的金额） 贷：资金结存——货币资金

续表

(2)		实际上缴应缴的金额	借：其他应付款 贷：银行存款等	—
(3)		期末/年末结转	借：本期盈余 贷：上级上级费用	借：其他结余 贷：上缴上级支出
			75 对附属单位补助费用 5501	14 对附属单位补助支出 7501
(1)		按照实际补助的金额或者按照规定计算出应当补助的金额	借：其他费用 贷：银行存款/其他应付款等	借：对附属单位补助支出（实际补助的金额） 贷：资金结存——货币资金
(2)		实际支出应补助的金额	借：其他应付款 贷：银行存款等	—
(3)		期末/年末结转	借：本期盈余 贷：对附属单位补助费用	借：其他结余 贷：对附属单位补助支出
			76 所得税费用 5801	
(1)		发生企业所得税纳税义务	借：所得税费用 贷：其他应交税费——单位应交所得税	—
(2)		实际缴纳时	借：其他应交税费——单位应交所得税 贷：银行存款等	—
(3)		年末结转	借：本期盈余 贷：所得税费用	—
			77 其他费用 5901	17 其他支出 7901
(1)		利息费用	计算确定借款利息费 用时	借：其他费用/在建工程 贷：应付利息/长期借款——应计利息	借：其他支出 贷：资金结存——货币资金
		实际支付利息时	借：应付利息等 贷：银行存款等	借：资金结存——货币资金 贷：非财政拨款结余——累计结余
(2)		现金资产对外捐赠	按照实际捐赠的金额	借：其他费用 贷：银行存款/库存现金	借：其他支出 贷：资金结存——货币资金

续表

（3）	坏账损失	按照规定对应收账款和其他应收款计提坏账准备	借：其他费用 贷：坏账准备
（4）	罚没支出	冲减多提的坏账准备时	借：坏账准备 贷：其他费用
（5）	其他相关税费、运输费等	按照实际发生金额	借：其他费用 贷：银行存款/库存现金/其他应付款
			借：其他费用 贷：资金结存——货币资金（实际支付金额）
			借：其他支出 贷：零余额账户用款额度/银行存款等
			借：其他支出 贷：资金结存
（6）	期末/年末结转		借：本期盈余 贷：其他费用
			借：其他结余（非财政、非专项资金支出） 非财政拨款结转——本年收支结转（非财政专项资金支出） 贷：其他支出

六、预算结余类

18 资金结存 8001

（1）	取得预算收入	财政授权支付方式下	借：资金结存——零余额账户用款额度 贷：财政拨款预算收入
		国库集中支付以外的其他支付方式下	借：资金结存——货币资金 贷：财政拨款预算收入/事业预算收入/经营预算收入等
	从零余额账户提取现金		借：资金结存——货币资金 贷：资金结存——零余额账户用款额度
（2）	发生预算支出时	财政授权支付方式下	借：行政支出/事业支出——单位管理费用/库存物品/固定资产等 贷：资金结存——零余额账户用款额度
		使用以前年度财政直接支付额度	借：行政支出/事业支出——单位管理费用/库存物品/固定资产等 贷：资金结存——财政应返还额度

续表

（2）	发生预算支出时	国库集中支付以外的其他方式下	借：事业支出/经营支出等 贷：资金结存——货币资金
（3）	按照规定使用提取的专用基金	一般情况下	使用从非财政拨款结余或经营结余中计提的专用基金 借：专用基金 贷：银行结余 使用从收入中计提并计入费用的专用基金 借：专用基金 贷：银行存款 借：事业支出等 贷：资金结存——货币资金
		购买固定资产、无形资产等	借：固定资产/无形资产等 贷：银行存款 借：专用基金 贷：累计盈余
		按照规定上缴财政拨款结转结余或注销财政拨款结转结余额度的	借：累计盈余 贷：财政应返还额度/零余额账户用款额度/银行存款 借：财政拨款结转——归集上缴 贷：资金结存——归集上缴
（4）	预算结转结余调整	按照规定缴回非财政拨款结转资金的	借：累计盈余 贷：银行存款 借：非财政拨款结转——缴回资金 贷：资金结存——货币资金
		收到调入的财政拨款结转资金的	借：财政应返还额度/零余额账户用款额度/银行存款等 贷：财政拨款收入 借：资金结存——财政应返还额度/零余额账户用款额度/货币资金 贷：财政拨款结转——归集调入
（5）	因购货退回、发生差错更正等退回国库支付款项，或者收回货币资金的	属于本年度的	借：财政应返还额度/零余额账户用款额度/银行存款等 贷：业务活动费用 借：资金结存——财政应返还额度/零余额账户用款额度/货币资金 贷：行政支出/事业支出等
		属于以前年度的	借：财政应返还额度/零余额账户用款额度/银行存款等 贷：以前年度盈余调整 借：资金结存——财政应返还额度/零余额账户用款额度/货币资金 贷：财政拨款结转/财政拨款结余/非财政拨款结转/非财政拨款结余（年初余额调整）
（6）	有企业所得税缴纳义务的事业单位实际缴纳企业所得税时		借：其他应交税费——单位应交所得税 贷：银行存款等 借：非财政拨款结余 贷：资金结存——货币资金

续表

(7)	年末确认未下达的财政用款额度	财政直接支付方式	借：财政应返还额度——财政直接支付 贷：资金结存——财政应返还额度
		财政授权支付方式	借：财政应返还额度——财政授权支付 贷：资金结存——财政拨款预算收入
(8)	年末注销零余额账户用款额度		借：财政应返还额度——财政授权支付 贷：资金结存——零余额账户用款额度
	下年初，恢复零余额账户用款额度或收到上年末未下达的零余额账户用款额度的		借：零余额账户用款额度 贷：财政应返还额度——财政授权支付

19 财政拨款结转 8101

(1)	因会计差错更正、购货退回、预付款项收回等发生以前年度调整事项	调整增加相关资产	借：零余额账户用款额度/银行存款等 贷：以前年度盈余调整
		因会计差错更正调整减少相关资产	借：以前年度盈余调整 贷：零余额账户用款额度/银行存款等
(2)	从其他单位调入财政拨款结转资金	按照实际调入的额度数额或资金数额	借：财政应返还额度/零余额账户用款额度/银行存款等 贷：累计盈余
(3)	向其他单位调出财政拨款结转资金	按照实际调减的额度数额或资金数额	借：累计盈余 贷：财政应返还额度/零余额账户用款额度/银行存款等
(4)	按照规定上缴财政拨款结转资金或注销财政拨款结转额度	按照实际上缴资金数额或注销的资金或额度	借：累计盈余 贷：财政应返还额度——归集上缴 贷：资金结存——财政拨款结转——归集上缴 贷：资金结存——零余额账户用款额度/货币资金
(5)	单位内部调剂财政拨款结转资金	按照调整的金额	借：财政拨款结转——单位内部调剂 贷：财政拨款结转——单位内部调剂

续表

(6)	年末结转	结转财政拨款预算收入	借：财政拨款预算收入 贷：财政拨款结转——本年收支结转
		结转财政拨款预算支出	借：财政拨款结转——本年收支结转 贷：行政支出/事业支出等（财政拨款支出部分）
(7)	年末冲销本科目有关明细科目余额	—	借：财政拨款结转——年初余额调整（该明细科目贷方余额调整）/归集调入/单位内部调剂/本年收支结转（该明细科目为贷方余额时） 贷：财政拨款结转——累计结转 借：财政拨款结转——累计结转 贷：财政拨款结转——归集上缴/归集调出/（该明细科目借方余额调整）/年初余额调整（该明细科目为借方余额时）/本年收支结转（该明细科目为借方余额时）
(8)	转入财政拨款结余	按照有关规定将符合财政拨款结余性质的项目余额转入财政拨款结余	借：财政拨款结转——累计结转 贷：财政拨款结余——结转转入

20 财政拨款结余 8102

(1)	因购货退回、会计差错更正等发生以前年度调整事项	调整增加相关资产	借：零余额账户用款额度/银行存款等 贷：财政拨款结余——年初余额调整
		因会计差错更正调整减少相关资产	借：财政拨款结余——年初余额调整 贷：以前年度盈余调整
(2)	按照规定上缴财政拨款结余或注销财政拨款额度	按照实际上缴资金数额或注销的资金额度	借：财政拨款结余——归集上缴 贷：资金结存——零余额账户用款额度/货币资金等 借：财政拨款结余——零余额账户用款额度 贷：资金结存——财政应返还额度/零余额账户用款额度/银行存款/货币资金

续表

（3）	单位内部调剂财政拨款结余资金	按照调整的金额	借：财政拨款结余——单位内部调剂 贷：财政拨款结转——单位内部调剂
（4）	年末，转入财政拨款结余	按照有关规定将符合财政拨款结余性质的项目余额转入财政拨款结余	借：财政拨款结转——累计结转 贷：财政拨款结余——结转转入
（5）	年末冲销本科目有关明细科目余额	—	借：财政拨款结转——年初余额调整（该明细科目为借方余额时） 贷：财政拨款结转——累计结转 借：财政拨款结转——累计结转 贷：财政拨款结转——年初余额调整（该明细科目为贷方余额时） 借：财政拨款结转——归集上缴 ——单位内部调剂 贷：财政拨款结转——结转转入 ——累计结转

21 非财政拨款结转 8201

（1）	按照规定从科研项目预算收入中提取项目管理费或间接费	—	借：非财政拨款结转——项目间接费用或管理费 贷：单位管理费用 ——项目间接费用或管理费
（2）	因购货退回、会计差错更正等发生以前年度调整事项	调整增加相关资产	借：资金结存——货币资金 贷：银行存款等
		调整减少相关资产	借：非财政拨款结转——以前年度盈余调整 贷：以前年度盈余调整 借：非财政拨款结转——年初余额调整 贷：资金结存——货币资金
（3）	按照规定缴回非财政拨款结转资金	按照实际缴回资金	借：非财政拨款结转——缴回资金 贷：资金结存——货币资金 借：累计盈余 贷：银行存款等

续表

（4）	年末结转	结转非财政拨款专项收入	借：事业预算收入/上级补助预算收入/附属单位上缴预算收入/非同级财政拨款预算收入/债务预算收入/其他预算收入 贷：非财政拨款结转——本年收支结转
		结转非财政拨款专项支出	借：非财政拨款结转——本年收支结转 贷：行政支出/事业支出/其他支出
		—	借：非财政拨款结转——年初余额调整（该明细科目为贷方余额时） 贷：非财政拨款结转——本年收支结转 ——累计结转（该明细科目为贷方余额时）
		—	借：非财政拨款结转——本年收支结转 ——累计结转（该明细科目为借方余额时） 贷：非财政拨款结转——年初余额调整（该明细科目为借方余额时） ——缴回资金 ——项目间接费用或管理费 ——本年收支结转 ——项目间接费用或管理费
（5）	年末冲销本科目相关明细科目金额	—	借：非财政拨款结转——累计结转 贷：非财政拨款结转——结转转入

22 非财政拨款结余 8202

（6）	将留归本单位使用的非财政拨款专项剩余资金转入非财政拨款结余	—	借：非财政拨款结转——累计结转 贷：非财政拨款结余
（1）	按照规定从科研项目预算收入中提取项目管理费或间接费	单位管理费用	借：单位管理费用 贷：预提费用——项目间接费用或管理费
（2）	实际缴纳企业所得税	实际交纳企业所得税	借：其他应交税费——单位应交所得税 贷：银行存款等 贷：资金结存——货币资金

续表

(3)	因购货退回、会计差错更正等发生以前年度调整事项	调整增加相关资产	借：银行存款等 贷：以前年度盈余调整	
		调整减少相关资产	借：以前年度盈余调整 贷：银行存款等	
(4)	将留归本单位使用的非财政拨款专项剩余资金转入非财政拨款结余		—	借：资金结存——货币资金 贷：非财政拨款结余——年初余额调整
				借：非财政拨款结余——年初余额调整 贷：资金结存——货币资金
				借：非财政拨款结转——累计结转 贷：非财政拨款结余——结转转入
(5)	年末冲销本科目相关明细科目余额			借：非财政拨款结余——年初余额调整（该明细科目为贷方余额时） ——项目间接费用或管理费 ——结转转入 贷：非财政拨款结余——累计结余
				借：非财政拨款结余——累计结余 贷：非财政拨款结余——年初余额调整（该明细科目为借方余额时）
(6)	年末结转	非财政拨款结余为贷方余额	—	借：非财政拨款结余 贷：非财政拨款结余分配
		非财政拨款结余为借方余额	—	借：非财政拨款结余分配 贷：非财政拨款结余

23 专用结余 8301

(1)	计提专用基金	从预算收入中按照一定比例提取基金并计入费用	借：业务活动费用等 贷：专用基金	—
		从本年度非财政拨款结余或经营结余中提取基金	借：本年盈余分配 贷：专用基金	借：非财政拨款结余分配 贷：专用结余

续表

(1)	计提专用基金	根据有关规定设置的其他专用基金	借：银行存款等 贷：专用基金	—
(2)	按照规定使用提取的专用基金		借：银行存款等 贷：专用基金 使用专用基金购置固定资产、无形资产的 借：固定资产/无形资产 贷：银行存款等 借：专用基金 贷：累计盈余	使用从非财政拨款结余或经营结余中提取的基金 借：专用结余 贷：资金结存——货币资金 使用从预算收入中提取并计入费用的基金 借：事业支出等 贷：资金结存——货币资金

24 经营结余 8401

(1)	年末经营收支结转		—	借：经营预算收入 贷：经营结余 借：经营结余 贷：经营支出
(2)	年末转入结余分配		—	借：经营结余 贷：非财政拨款结余分配 年末结余在借方，则不予结转

25 其他结余 8501

(1)	年末	结转预算收入（除财政拨款收入、非同级财政拨款收入、经营收入以外）	—	借：事业预算收入/上级补助预算收入/附属单位上缴预算收入/非同级财政拨款预算收入（非专项资金收入部分） 投资预算收益（为贷方余额时） 贷：其他结余 借：其他结余 贷：投资预算收益（为借方余额时）

续表

	业务	说明	会计分录
（1）	年末结转预算支出（除同级财政拨款支出、非同级财政专项支出、经营支出以外）	—	借：其他结余 贷：行政支出/事业支出/其他支出（非财政）/非专项资金支出部分/上缴上级支出/对附属单位补助支出/投资支出/债务还本支出
（2）	行政单位转入非财政拨款结余	其他结余为贷方余额	借：其他结余 贷：非财政拨款结余——累计结余
		其他结余为借方余额	借：非财政拨款结余——累计结余 贷：其他结余
（3）	事业单位年末结余分配	—	借：其他结余 贷：非财政拨款结余分配
			借：非财政拨款结余分配 贷：其他结余

26 非财政拨款结余分配 8701

	业务	说明	会计分录
（1）	事业单位年末结转入	其他结余为贷方余额时	借：其他结余 贷：非财政拨款结余分配
		其他结余为借方余额时	借：非财政拨款结余分配 贷：其他结余
		经营结余为贷方余额时	借：经营结余 贷：非财政拨款结余分配
（2）	计提专用基金	从非财政拨款结余中提取	借：非财政拨款结余分配 贷：专用结余
（3）	事业单位转入非财政拨款结余	非财政拨款结余分配为贷方余额	借：非财政拨款结余分配 贷：非财政拨款结余——累计结余
		非财政拨款结余分配为借方余额	借：非财政拨款结余——累计结余 贷：非财政拨款结余分配

3.2 政府财务报告编制办法（试行）

2019 年 12 月 12 日　财库〔2019〕56 号

第一章　总则

第一条　为规范权责发生制政府财务报告编制工作，确保政府财务报告真实、准确、完整、规范，根据《中华人民共和国预算法》《中华人民共和国会计法》《国务院关于批转财政部权责发生制政府综合财务报告制度改革方案的通知》（国发〔2014〕63 号）、政府会计准则制度等规定，制定本办法。

第二条　本办法适用于各级政府、各部门、各单位。

第三条　政府财务报告以权责发生制为基础编制，包括政府部门财务报告和政府综合财务报告。

政府部门财务报告由政府部门编制，主要反映本部门财务状况、运行情况等，为加强政府部门资产负债管理、预算管理、绩效管理等提供信息支撑。

政府综合财务报告由政府财政部门编制，包括本级政府综合财务报告和行政区政府综合财务报告，分别反映本级政府整体和行政区政府整体财务状况、运行情况和财政中长期可持续性等，可作为考核地方政府绩效、开展地方政府信用评级、评估预警地方政府债务风险、编制全国和地方资产负、债表以及制定财政中长期规划和其他相关规划的重要依据。本办法所称本级政府整体财务状况、运行情况，是指将政府财政、各部门和其他被合并主体的财务报表进行合并，以合并结果反映的财务状况和运行情况。行政区政府整体财务状况、运行情况是指将本级政府和所辖各级政府的财务报表进行合并，以合并结果反映的财务状况和运行情况。

第二章　政府财务报告主要内容

第一节　政府部门财务报告主要内容

第四条　政府部门财务报告应当包括财务报表和财务分析。财务报表包括会计报表和报表附注。

第五条　会计报表主要包括资产负债表和收入费用表等。

资产负债表重点反映政府部门年末财务状况。资产负债表应当按照资产、负债和净资产分类分项列示。其中，资产应当按照流动性分类分项列示，包括流动资产、非流动资产等；负债应当按照流动性分类分项列示，包括流动负债、非流动负债等。

收入费用表重点反映政府部门年度运行情况。收入费用表应当按照收入、费用和盈余分类分项列示。

第六条　报表附注重点对财务报表作进一步解释说明，一般应当按照下列顺序披露：

（一）会计报表编制基础；

（二）遵循相关制度规定的声明；

（三）合并范围；

（四）重要会计政策与会计估计变更情况；
（五）会计报表重要项目明细信息及说明；
（六）需要说明的其他事项。

第七条 政府部门财务分析主要包括财务状况分析、运行情况分析、财务管理情况等。

第二节 政府综合财务报告主要内容

第八条 政府综合财务报告应当包括财务报表、财政经济分析和财政财务管理情况等。财务报表包括会计报表和报表附注。

第九条 会计报表主要包括资产负债表和收入费用等。

资产负债表重点反映政府整体年末财务状况。资产负债表应当按照资产、负债和净资产分类分项列示。其中，资产应当按照流动性分类分项列示，包括流动资产、非流动资产等；负债应当按照流动性分类分项列示，包括流动负债、非流动负债等。

收入费用表重点反映政府整体年度运行情况。收入费用表应当按照收入、费用和盈余分类分项列示。

第十条 报表附注重点对会计报表作进一步解释说明，一般应当按照下列顺序披露：
（一）会计报表编制基础；
（二）遵循相关制度规定的声明；
（三）会计报表包含的主体范围；
（四）重要会计政策与会计估计变更情况；
（五）会计报表重要项目明细信息及说明；
（六）需要说明的其他事项。

第十一条 政府财政经济分析应当包括财务状况分析、运行情况分析、财政中长期可持续性分析等。政府财务状况分析主要包括：资产方面，重点分析政府资产的构成及分布，对于货币资金、长期投资、固定资产、在建工程、公共基础设施、政府储备物资、保障性住房等重要项目，分析各资产比重变化趋势以及对于政府偿债能力和公共服务能力的影响。负债方面，重点分析政府债务规模大小、债务结构以及发展趋势。通过政府资产负债率等指标，分析政府当期债务风险情况。

政府运行情况分析主要包括：收入方面，重点分析政府收入规模、结构及来源分布、重点收入项目的比重及变化趋势，特别是宏观经济运行、相关行业发展、税收政策、非税收入政策等对政府收入变动的影响。费用方面，重点按照经济分类分析政府费用规模及构成、重点费用项目的比重及变化趋势，特别是政府投融资情况对政府费用变动的影响。通过收入费用率等指标，分析政府运行效率。

财政中长期可持续性分析主要包括：基于当前政府财政财务状况和运行情况，结合本地区经济形势、重点产业发展趋势、财政体制、财税政策、社会保障政策、相关负债占 GDP 比重等，预测财政收支缺口，全面分析政府未来中长期收入支出等变化趋势。

第十二条 政府财政财务管理情况，主要反映政府财政财务管理的政策要求、主要措施和取得成效等。

第三章 政府财务报告编制

第十三条 政府财务报告内容应当符合政府会计准则制度等规定。

对于政府会计准则制度尚未作出规定的经济业务或事项，编制政府财务报告应当按照权责发生制原则和相关报告标准规定执行。

第十四条 政府财务报告按公历年度编制，即每年1月1日至12月31日。

第十五条 政府财务报告应当以人民币作为报告币种。

第十六条 政府财务报告应当以经核对无误的会计账簿数据为基础编制。

第十七条 政府财务报告格式应当符合财政部统一规定。

第一节 政府部门财务报告编制

第十八条 政府部门财务报告由本部门所属单位按照财务管理关系逐级编制。

第十九条 政府各部门应当严格按照相关财政财务管理制度以及会计制度规定，全面清查核实单位的资产负债，做到账实相符、账证相符、账账相符、账表相符。对代表政府管理的资产，应全面清查核实，完善基础资料，全面、准确、真实、完整地反映。

第二十条 政府各部门应当对所属各单位财务报表进行合并编制本部门财务报表。编制合并财务报表时，对部门内部单位之间发生的经济业务或事项应当经过确认后抵销，并编制抵销分录，在此基础上分项生成合并财务报表项目。

第二十一条 政府部门财务报表之间、财务报表各项目之间，凡有对应关系的数字，应当相互一致；报表中本期与上期有关的数字应当衔接。

第二十二条 政府部门财务分析应当基于财务报表所反映的信息，结合政府部门职能，重点分析资产状况、债务风险、收入费用、预算管理和绩效管理等方面。

第二节 政府综合财务报告编制

第二十三条 政府财政部门应当以财政总预算会计报表、部门财务报表、土地储备资金财务报表、物资储备资金会计报表等为基础编制政府综合财务报表。

二十四条 政府财政部门应当严格按照相关财政管理制度以及会计制度规定，全面清查核实相关资产负债等，做到账实相符、账证相符、账账相符、账表相符。会计账簿相关数据不符合权责发生制原则的，应当按照相关报告标准进行调整，并编制调整分录。数据调整应当符合重要性原则。

第二十五条 政府财政部门应当对本级财政总预算会计报表、部门财务报表、土地储备资金财务报表、物资储备资金会计报表等进行合并，编制本级政府综合财务报表。对于未在财政总预算会计报表中反映的政府股权投资、投资收益等，暂按权益法从国有企业财务会计决算报表中取得相关数据纳入政府综合财务报表。编制本级政府综合财务报表时，应对上述被合并报表之间经济业务或事项进行确认后抵销，并编制抵销分录，在此基础上分项生成合并财务报表项目。县级以上政府财政部门要合并本级政府综合财务报表和下级政府综合财务报表，编制本行政区政府综合财务报表。

第二十六条 政府综合财务报表之间、财务报表各项目之间，凡有对应关系的数字，应当相互一致；报表中本期与上期有关的数字应当衔接。

第二十七条　政府财政经济分析应当基于财务报表所反映的信息，结合经济形势状况和趋势、财政管理政策措施，对政府整体财务状况、运行情况以及财政中长期可持续性进行综合性分析。

第四章　政府财务报告报送

第二十八条　政府各单位应当按照财务管理关系，按规定内容和时限采取自下而上方式逐级报送财务报告。

第二十九条　政府部门财务报告应当按规定内容和时限报送同级政府财政部门。

第三十条　县级以上地方政府财政部门应当按规定内容和时限，将本级政府综合财务报告以及本行政区政府综合财务报告报送上级政府财政部门。

第五章　政府财务报告数据质量审核

第三十一条　政府财务报告数据质量审核重点是报告真实性、准确性、完整性和规范性，具体包括：

（一）真实性：报表数据与会计账簿数据是否相符，是否有漏报、虚报和瞒报等现象；

（二）准确性：财务报表表内、表间勾稽关系是否衔接，抵销调整事项是否合理、准确，纸质数据与电子数据是否保持一致；

（三）完整性：是否涵盖所有报告主体和事项，报告内容是否完整；

（四）规范性：会计报表、报表附注、分析说明的格式等是否符合政府财务报告编制制度规定。

第三十二条　政府各部门、各单位应当对本部门、本单位财务报告真实性、准确性、完整性、规范性进行初审并负责。政府财政部门应当对部门财务报告的准确性、完整性、规范性进行复审。各级政府财政部门应当对本级政府综合财务报告真实性、准确性、完整性、规范性进行初审并负责。上级财政部门应当对下级政府综合财务报告的准确性、完整性、规范性进行复审。

第三十三条　政府财务报告的审核包括自行审核、集中会审、委托审核等多种形式。

（一）自行审核：各单位在报送财务报告前自行将本单位纸质报表、电子数据以及相关资料，按规定的审核内容进行逐项审核；

（二）集中会审：各地区、各部门组织专门力量对本地区、本部门所属单位编制的财务报告纸质报表、电子数据以及相关资料，按照财政部门的标准及要求集中进行审核；

（三）委托审核：各地区、各部门在遵循有关法律法规的前提下，可委托中介机构对本地区、本部门所属单位编制的财务报告纸质报表、电子数据以及相关资料进行审核。

第三十四条　各地区、各部门应当认真做好财务报告审核工作，凡发现报告编制不符合规定，存在漏报、重报、虚报、瞒报、错报以及相关数据不衔接等错误和问题，应当要求有关单位立即纠正，并限期重新报送。

第三十五条　政府财务报告审核应当依据政府会计准则制度和政府财务报告编制制度等规定，采取人工审核和计算机审核相结合方式进行。人工审核侧重于财务报告完性、规范性等方面；计算机审核侧重于财务报告数据准确性及勾稽关系等方面。

第三十六条　政府财务报告数据质量监督检查采取随机抽取与定向选择相结合的方式，对政府财务报告存在明显质量问题和以往年份监督检查不合格的单位进行重点核查。

第六章　政府财务报告数据资料管理

第三十七条　政府财务报告数据资料包括以各种介质存放的政府财务报告及相关工作底稿等。

第三十八条　各部门、各单位应当按照会计档案管理相关规定，对部门财务报告数据资料进行归类整理、建档建库，并从计算机中传出备份保存。

各级政府财政部门应当按照会计档案管理相关规定对政府综合财务报告数据资料进行归类整理、建档建库，并从计算机中传出备份保存。

第三十九条　政府财务报告数据资料涉及国家秘密的，应当严格实行密级管理。

第七章　职责分工

第四十条　财政部是政府财务报告编制管理工作的主管部门。其职责主要是：

（一）制定政府财务报告编制的制度办法；

（二）制定全国统一的政府财务报告报表体系，明确报表格式要求和填报口径，组织和指导全国政府财务报告编制及软件使用的布置与培训；

（三）组织和指导全国政府财务报告的收集、审核、合并汇总和报送工作；

（四）组织和指导全国政府财务报告数据的分析利用；

（五）组织和指导全国政府财务报告数据质量监督查；

（六）建立和管理全国政府财务报告数据库；

（七）审核中央政府各部门财务报告，合并编制中央政府综合财务报告；

（八）审核省本级和全省政府综合财务报告，合并汇总编制全国政府综合财务报告。

第四十一条　地方各级财政部门负责组织实施本地区政府财务报告的编制管理工作。其职责主要是：

（一）组织和指导本地区政府财务报告编制及软件使用的布置与培训；

（二）组织和指导本地区政府财务报告的收集、审核、合并汇总和报送工作；

（三）组织和指导本地区政府财务报告数据的分析利用；

（四）组织和指导本地区政府财务报告数据质量监督检查；

（五）建立和管理本地区政府财务报告数据库；

（六）审核本级政府各部门财务报告，合并编制本级政府综合财务报告；

（七）审核下级政府综合财务报告，合并汇总编制本行政区政府综合财务报告。

第四十二条　各部门负责组织实施本部门财务报告的编制管理工作，其职责主要是：

（一）组织本部门所属单位财务报告编制及软件使用的布置与培训；

（二）组织和指导本部门所属单位财务报告的收集、审核、合并汇总和报送工作；

（三）组织本部门财务报告数据的分析利用；

（四）组织本部门所属单位财务报告数据质量监督检查；

（五）建立和管理本部门所属单位财务报告数据库；

（六）审核本部门所属单位财务报告，合并编制本部门财务报告。

第八章 罚则

第四十三条 编制部门或单位未按照政府会计准则制度和有关政策要求编报，导致政府财务报告内容不完整、信息披露不充分、数据信息质量较差的，责令重新编报，并予以通报批评。

第四十四条 政府财务报告编制工作中有弄虚作假、提供虚假财务信息，以及严重故意漏报、瞒报等行为的，按照《中华人民共和国预算法》《中华人民共和国会计法》《财政违法行为处罚处分条例》等有关法律法规予以处理。

第九章 附则

第四十五条 本办法自 2020 年 1 月 1 日起施行，财政部于 2015 年印发的《政府财务报告编制办法（试行）》（财库〔2015〕212 号）同时废止。

3.3 政府综合财务报告编制操作指南（试行）

2019 年 12 月 12 日　财库〔2019〕58 号

第一章 总则

第一条 为规范政府综合财务报告编制工作，确保各级政府财政部门准确、完整编制本级政府综合财务报告，根据《政府财务报告编制办法》和政府会计准则制度等，制定本指南。

第二条 政府综合财务报告以权责发生制为基础，主要反映政府整体财务状况、运行情况和财政中长期可持续性等信息，具体包括财务报表、政府财政经济分析和政府财政财务管理情况。

第三条 财务报表包括会计报表和报表附注。会计报表包括资产负债表和收入费用表。

（一）资产负债表。反映政府整体年末财务状况。资产负债表应当按照资产、负债和净资产分类分项列示。

（二）收入费用表。反映政府整体年度运行情况。收入费用表应当按照收入、费用和盈余分类分项列示。

（三）报表附注。重点对会计报表作进一步解释说明。

第四条 政府财政经济分析以财务报表为依据，结合国民经济形势，对政府财务状况、运行情况，以及财政中长期可持续性等内容进行分析。

第五条 政府财政财务管理情况，主要反映政府财政财务管理的政策要求、主要措施和取得成效等。

第二章 政府综合会计报表项目

第一节 资产负债表项目

第六条 资产负债表（附1中表1）包括如下项目：

（一）资产类项目。

1. 货币资金，反映政府持有的货币资金期末余额，包括库存现金、国库存款、国库现金管理存款、其他财政存款、银行存款及其他货币资金等。

2. 短期投资，反映政府持有的能够随时变现并且持有时间不超过1年（含1年）的投资期末余额。

3. 应收及预付款项，反映政府持有的各种应收及预付款项期末余额，包括应收票据、应收账款净额、预付账款、其他应收款净额、与下级往来及在途款等。

4. 应收股利，反映政府因股权投资而应收未收现金股利或利润的期末余额。

5. 应收利息，反映政府尚未收回的应收利息的期末余额。

6. 存货，反映政府期末存储的存货的实际成本。

7. 一年内到期的非流动资产，反映政府持有的将于1年（含1年）到期或于1年内（含1年）变现的非流动资产项目期末余额，包括一年内到期或变现的长期投资、应收转贷款等。

8. 其他流动资产，反映政府除上述各项之外的流动资产期末余额的合计金额。

9. 长期投资，反映政府持有时间超过1年且不在1年内（含1年）变现或到期的债券投资及股权投资的期末余额。

10. 应收转贷款，反映政府尚未收回的偿还期限超过1年的地方政府债券转贷款和主权外债转贷款本金减去1年内（含1年）到期部分后的期末余额。

11. 固定资产净值，反映政府持有的各项固定资产原值减去累计折旧后的期末余额。

12. 在建工程，反映政府尚未完工交付使用的在建工程实际成本的期末余额。

13. 无形资产净值，反映政府持有的各项无形资产原值减去累计摊销后的期末余额。

14. 研发支出，反映政府正在进行的无形资产开发项目开发阶段发生的累计支出数。

15. 公共基础设施净值，反映政府为满足社会公共需求而控制的公共基础设施原值减去累计折旧（摊销）后的期末余额。

16. 政府储备物资，反映政府为满足特定公共需求而控制的战略及能源物资、抢险抗灾救灾物资等储备物资期末余额。

17. 文物文化资产，反映政府为满足社会公共需求而控制的文物文化资产的期末余额。

18. 保障性住房净值，反映政府为满足社会公共需求而控制的保障性住房原值减去累计折旧后的期末余额。

19. 其他非流动资产，反映政府除上述各项之外的非流动资产期末余额的合计金额。

20. 受托代理资产，反映政府接受委托方委托管理的各项资产的期末余额。

资产类项目原则上不能出现负数，负数情况需在附注中作出说明。

（二）负债类项目。

1. 应付短期政府债券，反映政府尚未偿还的发行期限不超过1年（含1年）的政府债券本金期末余额。

2. 短期借款，反映政府所属事业单位等尚未偿还的借入期限在1年内（含1年）的各种借款期末余额。

3. 应付及预收款项，反映政府承担的各种应付及预收款项的期末余额，包括应付票据、应付账款、预收账款、其他应付款及与上级往来等。

4. 应付职工薪酬，反映政府按照有关规定应付给职工及为职工支付的各种薪酬期末余额。

5. 应付政府补贴款，反映政府按照有关规定应付的各种政府补贴款的期末余额。

6. 应付利息，反映政府尚未支付的应付利息期末余额，不含到期一次还本付息的长期政府债券的应付利息余额。

7. 一年内到期的非流动负债，反映政府承担的1年内（含1年）到期的非流动负债期末余额。

8. 其他流动负债，反映政府除上述各项之外的流动负债期末余额的合计金额。包括应交增值税、其他应交税费、应缴财政款及预提费用等。

9. 应付长期政府债券，反映政府承担的偿还期限超过1年的长期政府债券的本金余额及到期一次还本付息的长期政府债的应付利息余额，减去1年内（含1年）到期部分后的期末余额。

10. 应付转贷款，反映政府承担的偿还期限超过1年的地方政府债券转贷款和主权外债转贷款的本金，减去1年内（含1年）到期部分后的期末余额。

11. 长期借款，反映政府向外国政府和国际金融组织借入的偿还期限超过1年的款项及政府所属事业单位等承担的偿还期限超过1年的借入款项，减去1年内（含1年）到期部分后的期末余额。

12. 长期应付款，反映政府承担的偿付期限超过1年的应付款项，减去1年内（含1年）到期部分后的期末余额。

13. 其他非流动负债，反映政府除上述各项之外的非流动负债期末余额的合计金额。

14. 受托代理负债，反映政府接受委托取得受托代理资产形成负债的期末余额。

负债类项目原则上不能出现负数，负数情况需在附注中作出说明。

（三）净资产类项目。

净资产，反映政府期末总资产减去总负债的差额。

第二节　收入费用表项目

第七条　收入费用表（附1中表2）包括如下项目：

（一）收入类项目。

1. 税收收入，反映政府本期取得的税收收入。
2. 非税收入，反映政府本期取得的非税收入。
3. 事业收入，反映政府本期因开展专业业务活动及其辅助活动取得的收入。
4. 经营收入，反映政府本期开展经营活动取得的收入。
5. 投资收益，反映政府本期因持有各类股权债券投资所实现的收益或发生的损失。
6. 政府间转移性收入，反映政府本期取得的来自非同级政府和不同地区同级政府的款项。
7. 其他收入，反映政府本期取得的除上述收入之外的其他收入。

（二）费用类项目。

1. 工资福利费用，反映政府本期发生的给在职职工和编制外长期聘用人员的各类劳动报酬，以及为上述人员缴纳的各项社会保险费等。
2. 商品和服务费用，反映政府本期购买商品和服务发生的各类费用。
3. 对个人和家庭的补助费用，反映政府本期用于对个人和家庭的补助。

4. 对企业补助费用，反映政府本期对各类企业的补助。

5. 对社会保障基金补助费用，反映政府本期对社会保险基金的补助以及补充全国社会保障基金的费用。

6. 政府间转移性支出，反映政府本期提供给非同级政府和不同地区同级政府的款项。

7. 固定资产折旧费用，反映政府本期对固定资产提取的折旧费用。

8. 无形资产摊销费用，反映政府本期对无形资产提取的摊销费用。

9. 公共基础设施折旧（摊销）费用，反映政府本期对公共基础设施提取的折旧（摊销）费用。

10. 保障性住房折旧费用，反映政府本期对保障性住房提取的折旧费用。

11. 财务费用，反映政府本期有偿使用相关资金而发生的未资本化的费用。

12. 资产处置费用，反映政府本期经批准处置资产时发生的费用，包括政府部门资产处置费用。

13. 其他费用，反映政府本期发生的除上述费用以外的其他费用。

（三）盈余类项目。

本年盈余，反映政府本期总收入减去总费用的差额。

第三章　政府综合会计报表编制

第八条　政府综合会计报表属于合并会计报表，在汇总本级政府各部门财务报表、财政总预算会计报表、土地储备资金财务报表、物资储备资金会计报表等被合并主体报表基础上，采用抵销、调整等方法合并编制形成。其中，抵销是指对本级政府各部门之间、政府财政与部门之间、财政内部之间的经济业务或事项进行抵销；调整是指按照权责发生制原则对财政总预算会计报表中的预算收入和预算支出，调整为应归属于当期的收入和费用。

第一节　政府综合会计报表的数据来源

第九条　编制政府综合会计报表的数据主要来源于以下报表：

（一）政府部门财务报表。

（二）财政总预算会计报表。

（三）土地储备资金财务报表。

（四）物资储备资金会计报表。

（五）政府持有股权的国有企业财务会计决算报表。

（一）—（四）类报表称为被合并主体报表，（五）类报表称为权益报表。

财政总预算会计报表应反映一般公共预算资金、政府性基金预算资金、国有资本经营预算资金、财政专户管理资金、专用基金和代管资金等资金活动的信息。

物资储备资金会计报表仅适用于中央。

第二节　资产负债表和收入费用表编制

第十条　资产负债表和收入费用表采用汇总工作表（附2）方式，按照以下步骤编制形成。汇总工作表属于工作底稿。

（一）按照"被合并主体报表项目与政府综合会计报表项目对照表"（以下简称"报表项目对照表"，附3）将被合并主体报表各项目数据填列到汇总工作表对应栏。

将政府部门财务报表、财政总预算会计报表、土地储备资金财务报表、物资储备资金会计报表中的年末资产、年末负债、年末净资产、本年收入、本年费用（支出）项目数据按照"报表项目对照表"分项填入汇总工作表对应栏中。其中，能够直接对应到政府综合会计报表项目的，直接填入对应栏；不能直接对应的，分析填列至相应栏或填入"待抵销调整项目"。分析填列事项应做好备查记录。

（二）对被合并主体之间发生的经济业务或事项，按照"抵销调整事项清单"（附4）编制抵销分录，填入汇总工作表"抵销分录"栏。

1.抵销政府部门之间的经济业务或事项。

政府财政部门应当根据政府部门财务报表项目明细信息，对经确认的本级政府部门之间的经济业务或事项进行抵销。按照重要性原则，设定10万元抵销阈值。不同部门的单位之间债权债务事项，年末余额不超过10万元的，可以不进行抵销。不同部门的单位之间收入费用事项，本年累计发生额不超过10万元的，可以不进行抵销。具备条件的须应抵尽抵，不受阈值限制。

（1）抵销政府部门之间的债权债务事项。

政府部门之间发生的待抵销债权债务事项主要涉及应收账款、预付账款、其他应收款、应付账款、预收账款、其他应付款、长期应付款等报表项目。对于经确认抵销的债权债务事项，要编制抵销分录：借记"应付账款""预收账款""其他应付款""长期应付款"；贷记"应收账款""预付账款""其他应收款"。已计提坏账准备的债权债务，应按债权债务原值编制抵销分录，同时应抵销已计提的坏账准备，借记"坏账准备"，贷记"累计盈余"（以前年度计提的金额）、"其他费用"（当期补提或冲减的金额）。

【例3.3-1】A部门财务报表"其他应收款"明细信息显示，A部门应收B部门款项500万元，B部门财务报表"其他应付款"明细信息显示，B部门应付A部门款项500万元。经确认无误后，编制抵销分录如下：

借：其他应付款——A部门　　　　　　　　　　　　　500
　　贷：其他应收款——B部门　　　　　　　　　　　　500

【例3.3-2】A部门财务报表"应收账款"明细信息显示，应收B部门款项100万元，假设该部门按照账龄分析法对此应收账款计提坏账准备10万元，年末应收账款净额为90万元。B部门财务报表"应付账款"明细信息显示，应付A部门款项100万元。第一年编制政府综合财务报表时，经确认无误后，编制抵销分录如下：

借：应付账款——A部门　　　　　　　　　　　　　　100
　　贷：应收账款——B部门　　　　　　　　　　　　　100
借：坏账准备　　　　　　　　　　　　　　　　　　　10
　　贷：其他费用　　　　　　　　　　　　　　　　　　10

第二年，A部门对该应收账款补提5万元的坏账准备，年末应收账款净额为85万元。第二年编制政府综合财务报表时，抵销分录如下：

借：应付账款——A部门　　　　　　　　　　　　　　100
　　贷：应收账款——B部门　　　　　　　　　　　　　100
借：坏账准备　　　　　　　　　　　　　　　　　　　15
　　贷：其他费用　　　　　　　　　　　　　　　　　　5
　　　　累计盈余　　　　　　　　　　　　　　　　　　10

第三年，A 部门收回该应收账款 50 万元，冲减 8 万元的坏账准备，年末应收账款净额为 43 万元。第三年编制政府综合财务报表时，抵销分录如下：

借：应付账款——A 部门　　　　　　　　　　　　　　　　　　　50
　　贷：应收账款——B 部门　　　　　　　　　　　　　　　　　　　50
借：坏账准备　　　　　　　　　　　　　　　　　　　　　　　　　7
　　贷：其他费用　　　　　　　　　　　　　　　　　　　　　　　－8
　　　　累计盈余　　　　　　　　　　　　　　　　　　　　　　　15

（2）抵销政府部门之间的收入费用事项。政府部门之间发生的待抵销收入费用事项主要涉及事业收入、非同级财政拨款收入、经营收入、其他收入、商品和服务费用等报表项目。对于经确认抵销的收入费用事项，编制抵销分录：借记"事业收入（来自同级政府部门）""非同级财政拨款收入（来自同级政府部门）""经营收入（来自同级政府部门）""其他收入（来自同级政府部门）"，贷记"商品和服务费用（支付给同级政府部门）"。

【例 3.3-3】B 部门财务报表中，来自同级 A 部门的事业收入 6 700 万元，A 部门支付给同级 B 部门的商品和服务费用 6 700 万元。经确认无误后，编制抵销分录如下：

借：事业收入（来自同级政府部门）　　　　　　　　　　　　　6 700
　　贷：商品和服务费用（支付给同级政府部门）　　　　　　　　6 700

2. 抵销财政与部门之间发生的经济业务或事项。

（1）财政总预算会计报表中的"应付国库集中支付结余"。

与政府部门财务报表、土地储备资金财务报表、物资储备资金会计报表中的"财政应返还额度""财政预算额度"之间存在抵消关系，应经相关方确认后抵销。抵销分录为：借记"应付国库集中支付结余"，贷记"财政预算额度""财政应返还额度"。

【例 3.3-4】政府部门财务报表中财政应返还额度 15 000 万元；物资储备资金会计报表中的财政预算额度 1 000 万元；财政总预算会计报表中应付国库集中支付结余 16 000 万元。经确认无误后，编制抵销分录如下：

借：应付国库集中支付结余　　　　　　　　　　　　　　　　16 000
　　贷：财政应返还额度　　　　　　　　　　　　　　　　　　15 000
　　　　财政预算额度　　　　　　　　　　　　　　　　　　　1 000

（2）财政总预算会计报表中的"一般公共预算本级支出""政府性基金预算本级支出"等财政预算支出项目与政府部门财务报表的"财政拨款收入"存在抵销关系，应经相关方确认后抵销。抵销分录为：借记"财政拨款收入"，贷记"一般公共预算本级支出""政府性基金预算本级支出"。

【例 3.3-5】政府部门财务报表中财政拨款收入 9 700 万元，其中一般公共预算安排 5 200 万元，政府性基金预算安排 4 500 万元。

经确认无误后，编制抵销分录如下：

借：财政拨款收入　　　　　　　　　　　　　　　　　　　　　9 700
　　贷：一般公共预算本级支出　　　　　　　　　　　　　　　　5 200
　　　　政府性基金预算本级支出　　　　　　　　　　　　　　　4 500

（3）财政总预算会计报表中的"财政专户管理资金支出"与政府部门财务报表的"事业收入"中来自财政专户拨入的部分之间存在抵销关系，应经相关方确认后抵销。抵销分录为：借记"事业收入（财政专户管理资金）"，贷记"财政专户管理资金支出"。

【例3.3-6】财政总预算会计报表中财政专户管理资金支出7 800万元，政府部门财务报表中事业收入中来自财政专户的资金7 800万元。经确认无误后，编制抵销分录如下：

借：事业收入（财政专户管理资金）　　　　　　　　　　　　　　7 800
　　贷：财政专户管理资金支出　　　　　　　　　　　　　　　　　　　　　7 800

（4）财政总预算会计报表"借出款项"与政府部门财务报表中"其他应付款"之间存在抵销关系，应经确认后抵销。抵销分录为：借记"其他应付款"，贷记"借出款项"。

【例3.3-7】财政总预算会计报表借出款项中属于向C部门借出的金额为430万元，C部门财务报表中的其他应付款430万元，经确认无误后，编制抵销分录如下：

借：其他应付款　　　　　　　　　　　　　　　　　　　　　　　　430
　　贷：借出款项　　　　　　　　　　　　　　　　　　　　　　　　　　　　430

（5）财政总预算会计报表中的"预拨经费"与政府部门财务报表中的"其他应付款"之间存在抵销关系，应经确认后低抵销。抵销分录为：借记"其他应付款"，贷记"预拨经费"。

【例3.3-8】财政总预算会计报表中预拨经费720万元，政府部门财务报表中的其他应付款720万元，经确认无误后，编制抵销分录如下：

借：其他应付款　　　　　　　　　　　　　　　　　　　　　　　　720
　　贷：预拨经费　　　　　　　　　　　　　　　　　　　　　　　　　　　　720

（6）财政代管预算单位资金，单位通过"其他应收款"核算的，财政总预算会计报表中的"应付代管资金"与政府部门财务报表中的"其他应收款"之间存在抵销关系，应经确认后抵销。抵销分录为：借记"应付代管资金"，贷记"其他应收款"。

【例3.3-9】财政总预算会计报表应付代管资金中属于C部门的金额为200万元，C部门财务报表其他应收款中应收财政代管资金的金额为200万元，经确认无误后，编制抵销分录如下：

借：应付代管资金　　　　　　　　　　　　　　　　　　　　　　　200
　　贷：其他应收款　　　　　　　　　　　　　　　　　　　　　　　　　　　200

财政代管预算单位资金，单位通过"银行存款"核算的，财政总预算会计报表中的"应付代管资金"与政府部门财务报表中的"银行存款"之间存在抵销关系，应经确认后抵销。抵销分录为：借记"应付代管资金"，贷记"银行存款"。

【例3.3-10】财政总预算会计报表应付代管资金中属于C部门的金额为200万元，C部门财务报表银行存款中应收财政代管资金的金额为200万元，经确认无误后，编制抵销分录如下：

借：应付代管资金　　　　　　　　　　　　　　　　　　　　　　　200
　　贷：银行存款　　　　　　　　　　　　　　　　　　　　　　　　　　　　200

3.抵销财政内部之间发生的经济业务或事项。

（1）财政总预算会计报表"专用基金收入"中来自一般公共预算安排的部分与"一般公共预算本级支出"之间存在抵销关系，应经确认后抵销。抵销分录为：借记"专用基金收入"，贷记"一般公共预算本级支出"。

【例3.3-11】财政总预算会计报表专用基金收入中由一般公共预算本级支出安排的部分为25 600万元，经确认无误后，编制抵销分录如下：

借：专用基金收入　　　　　　　　　　　　　　　　　　　　　　　25 600
　　贷：一般公共预算本级支出　　　　　　　　　　　　　　　　　　　　　　25 600

（2）财政总预算会计报表中不同预算类型资金之间的"调入资金"和"调出资金"之间存在抵销关系，应经确认后抵销。

抵销分录为：借记"调入资金"，贷记"调出资金"。

【例 3.3-12】财政总预算会计报表中调入资金、调出资金均为 20 100 万元，经确认无误后，编制抵销分录如下：

借：调入资金　　　　　　　　　　　　　　　　　　　　　　20 100
　　贷：调出资金　　　　　　　　　　　　　　　　　　　　　　20 100

（三）对应按权责发生制调整的事项，按照"抵销调整事项清单"（附4）编制调整分录，填入汇总工作表"调整分录"栏。

1.将财政总预算会计报表中"专用基金收入"分析调整至政府综合会计报表的"其他收入"。

财政总预算会计报表"专用基金收入"中不属于通过一般公共预算本级支出安排的部分，按照资金性质应列入政府综合会计报表中的"其他收入"项目。调整分录为：借记"专用基金收入"，贷记"其他收入"。

【例 3.3-13】财政总预算会计报表专用基金收入中不属于一般公共预算本级支出安排的部分为 420 万元。编制调整分录如下：

借：专用基金收入　　　　　　　　　　　　　　　　　　　　420
　　贷：其他收入　　　　　　　　　　　　　　　　　　　　　　420

2.调减国有资本经营预算收入。

按照权责发生制原则，当年取得的国有资本经营预算收入中，利润收入、股利和股息收入实际是收到的报告年度以前年度应收国有资本经营收益，不属于当年收入；产权转让收入、清算收入等属于资产交易所得，不属于收入，应调减收入总额。调整分录为：借记"国有资本经营预算收入"，贷记"净资产"。

【例 3.3-14】例：财政总预算会计报表国有资本经营预算本级收入 33 000 万元。编制调整分录如下：

借：国有资本经营预算收入　　　　　　　　　　　　　　　　33 000
　　贷：净资产　　　　　　　　　　　　　　　　　　　　　　　33 000

3.调减预算稳定调节基金相关收支。

按照权责发生制原则，财政总预算会计报表中的"动用预算稳定调节基金"不属于政府综合会计报表中的收入项目，应调减收入总额。调整分录为：借记"动用预算稳定调节基金"，贷记"净资产"。同理，财政总预算会计报表中的"安排预算稳定调节基金"不属于政府综合会计报表中的费用项目，应调减费用总额。调整分录为：借记"净资产"，贷记"安排预算稳定调节基金"。

【例 3.3-15】财政总预算会计报表中动用预算稳定调节基金 10 000 万元，安排预算稳定调节基金 20 000 万元。编制调整分录如下：

借：动用预算稳定调节基金　　　　　　　　　　　　　　　　10 000
　　贷：净资产　　　　　　　　　　　　　　　　　　　　　　　10 000
借：净资产　　　　　　　　　　　　　　　　　　　　　　　　20 000
　　贷：安排预算稳定调节基金　　　　　　　　　　　　　　　　20 000

4. 调减债务收入、债务转贷收入。

按照权责发生制原则,财政总预算会计报表中的"债务收入""债务转贷收入"不属于政府综合会计报表中的收入项目,应调减收入总额。调整分录为:借记"债务收入""债务转贷收入",贷记"净资产"。

【例3.3-16】财政总预算会计报表中债务转贷收入75 000万元。编制调整分录如下:

借:债务转贷收入　　　　　　　　　　　　　　　75 000
　　贷:净资产　　　　　　　　　　　　　　　　　　　75 000

5. 调减债务还本支出、债务转贷支出。

按照权责发生制原则,财政总预算会计报表中的"债务还本支出""债务转贷支出"不属于政府综合会计报表中的费用项目,应调减费用总额。调整分录为:借记"净资产",贷记"债务还本支出""债务转贷支出"。

【例3.3-17】财政总预算会计报表中债务还本支出3 600万元,债务转贷支出22 000万元。编制调整分录如下:

借:净资产　　　　　　　　　　　　　　　　　　3 600
　　贷:债务还本支出　　　　　　　　　　　　　　　　3 600
借:净资产　　　　　　　　　　　　　　　　　　22 000
　　贷:债务转贷支出　　　　　　　　　　　　　　　　22 000

6. 调减财政部门直接发生的资本性支出。

按照权责发生制原则,财政总预算会计报表中属于财政部门直接发生的形成政府资产的资本性支出不属于政府综合会计报表中的费用项目,应调减费用总额。调整分录为:借记"净资产",贷记"一般公共预算本级支出""政府性基金预算本级支出""国有资本经营预算本级支出"等。

【例3.3-18】财政总预算会计报表反映,一般公共预算安排用于投资基金股权投资的支出50 000万元。编制调整分录如下:

借:净资产　　　　　　　　　　　　　　　　　　50 000
　　贷:一般公共预算本级支出　　　　　　　　　　　　50 000

7. 将财政直接支出分析调整填入相应费用栏。

未安排到部门预算且由财政直接安排的一般公共预算本级支出、政府性基金预算本级支出等支出中属于工资福利费用、商品和服务费用、对个人和家庭的补助费用、对企业的补助费用、对社会保障基金补助费用等部分,应分析调整填入上述费用。借记"工资福利费用""商品和服务费用""对个人和家庭的补助费用""对企业的补助费用""对社会保障基金补用""财务费用"等,贷记"一般公共预算本级支出""政府性基金预算本级支出""国有资本经营预算本级支出"等。

【例3.3-19】财政总预算会计报表一般公共预算本级支出中直接列支的对企业的补助费用支出9 372万元。编制调整分录如下:

借:对企业的补助费用　　　　　　　　　　　　　9 372
　　贷:一般公共预算本级支出　　　　　　　　　　　　9 372

8. 将财政总预算会计报表中"专用基金支出"分析调整至政府综合会计报表相应的费用项目。

对财政总预算会计报表中的专用基金支出,应按支出经济分类分析调整为政府综合会计报表中的"商品和服务费用""对个人和家庭的补助费用""对企业的补助费用"等项目。调整分录为：借记"商品和服务费用""对个人和家庭的补助费用""对企业的补助费用"等，贷记"专用基金支出"。

【例3.3-20】例：财政总预算会计报表专用基金支出中用于对企业的补助费用19 800万元，对个人和家庭的补助费用5 300万元。编制调整分录如下：

借：对个人和家庭的补助费用	5 300
对企业的补助费用	19 800
贷：专用基金支出	25 100

10. 调增长期投资、应收股利、投资收益。

（1）关于财政总预算会计尚未核算的政府持有股权的企业股权投资及相关收益的调整。编制政府综合会计报表时，应根据政府持有股权的国有企业财务会计决算报表中资产负债表的所有者权益和应付股利，以及利润表中的综合收益总额，乘以国家资本占比分别计算长期投资、应收股利、投资收益的金额，并编制调整分录。调整分录为：借记"长期投资""应收股利"，贷记"净资产""投资收益"。

长期投资调整额 = 所有者权益年末数[1] × 国家资本占比[2]

应收股利调整额 = 应付股利年末数 × 国家资本占比

投资收益调整额 = 企业综合收益[3] × 国家资本占比

净资产调整额 = 长期投资调整额 + 应收股利调整额 – 投资收益调整额。

已实行国有资本经营预算的地区，可按照报告年度的下一年度国有资本经营预算数填列应收股利，同时将国有资本经营预算数与上述公式计算得到的应收股利数的差额转入长期投资。

【例3.3-21】某政府的国有企业财务会计决算报表上列示的国有企业所有者权益年末数为400 000万元，国家资本占比为60%。国有企业当年综合收益为100 000万元，应付股利为20 000万元。

经计算，应调整的金额分别为，

长期投资 =400 000×60%=240 000万元；

应收股利 =20 000×60%=12 000万元；

投资收益 =100 000×60%=60 000万元。编制调整分录如下：

借：长期投资	240 000
应收股利	12 000
贷：投资收益	60 000
净资产	192 000

（2）关于财政总预算会计已核算的政府股权投资产生的投资收益的调整。按照《财政总预算会计制度》规定，政府股权投资当期应取得的投资收益，应确认计入"资产基金"科目。编制政府综合会计报表时，对于已确认入账的投资收益部分，应将其从资产负债表的"净资产"项目调至收入费用表的"投资收益"项目。调整分录为：借记"净资产"，贷记"投资收益"。

【例3.3-22】某财政总预算会计已根据某投资基金年末会计报表净利润5 000万元以及政府财政投资比例15%，计算确认投资收益750万元（5 000×15%），记入"资产基金"科目。编制调整分录如下：

---

1 企业为集团公司的，所有者权益年末数为财企01表中"归属于母公司所有者权益合计"。

2 国家资本占比 = 国家资本 / 实收资本。

3 企业为集团公司的，企业综合收益为财企02表中"归属于母公司所有者的综合收益"。

借：净资产　　　　　　　　　　　　　　　　　　　　　　750
　　　　贷：投资收益　　　　　　　　　　　　　　　　　　　　　　750

10. 根据调整分录中收入调整总额与费用调整总额的差额，调整净资产项目。

　　由于对收入和费用的调整最终会影响净资产总额，因此应当按照收入调整总额与费用调整总额的差额，调整净资产。按照所有调整分录汇总后计算（收入调增额 – 收入调减额 – 费用调增额 + 费用调减额）的差额，如果差额为正数，则调增"净资产"；如果差额为负数，则调减"净资产"。

（四）将汇总工作表各项目对应的原始数据栏、抵销分录栏、调整分录栏中的数据，分别计算出经过抵销调整后的金额。

1. 资产类项目。

　　资产类项目中，各项目"被合并主体报表对应项目"栏金额加总，得到"原有金额合计"；"原有金额合计"加上该项目"抵销分录"借方金额，减去该项目"抵销分录"栏贷方金额，得到"包括抵销后合计"；"包括抵销后合计"加上该项目"调整分录"借方金额，减去"调整分录"贷方金额，得到"包括抵销调整后合计"。"待抵销调整项目"抵销调整后原则上无余额。若有余额，填入"其他资产"。资产类各项目加总后，计算出"原有金额合计""包括抵销后合计""包括抵销调整后合计"对应的"资产合计"数。

2. 负债类项目。

　　负债类项目，各项目"被合并主体报表对应项目"栏金额加总，得到"原有金额合计"；"原有金额合计"减去该项目"抵销分录"借方金额，加上该项目"抵销分录"栏贷方金额，得到"包括抵销后合计"；"包括抵销后合计"减去该项目"调整分录"借方金额，加上"调整分录"贷方金额，得到"包括抵销调整后合计"。

　　"待抵销调整项目"抵销调整后原则上无余额。若有余额，填入"其他负债"。

　　负债类各项目加总后，计算出"原有金额合计""包括抵销后合计""包括抵销调整后合计"对应的"负债合计"数。

3. 净资产类项目。

　　将"被合并主体报表对应项目"栏各项目金额加总，得到"原有金额合计"；"原有金额合计"减去该项目"抵销分录"借方金额，加上该项目"抵销分录"栏贷方金额，得到"包括抵销后合计"；"包括抵销后合计"减去该项目"调整分录"借方金额，加上"调整分录"贷方金额，得到"包括抵销调整后合计"。

　　净资产类各项目加总后，计算出"原有金额合计""包括抵销后合计""包括抵销调整后合计"对应的"净资产合计"数。

4. 收入类项目。

　　收入类项目，各项目"被合并主体报表对应项目"栏金额加总，得到"原有金额合计"；"原有金额合计"减去该项目"抵销分录"借方金额，加上该项目"抵销分录"栏贷方金额，得到"包括抵销后合计"；"包括抵销后合计"减去该项目"调整分录"借方金额，加上"调整分录"贷方金额，得到"包括抵销调整后合计"。

　　"待抵销调整项目"抵销调整后原则上无余额。若有余额，填入"其他收入"。

　　收入类各项目加总后，计算出"原有金额合计""包括抵销后合计""包括抵销调整后合计"对应的"收入合计"数。

5. 费用类项目。

费用类项目，"被合并主体报表对应项目"栏金额加总，得到"原有金额合计"；"原有金额合计"加上该项目"抵销分录"借方金额，减去该项目"抵销分录"栏贷方金额，得到"包括抵销后合计"；"包括抵销后合计"加上该项目"调整分录"借方金额，减去"调整分录"贷方金额，得到"包括抵销调整后合计"。

"待抵销调整项目"抵销调整后原则上无余额。若有余额，填入"其他费用"。

费用类各项目加总后，计算出"原有金额合计""包括抵销后合计""包括抵销调整后合计"对应的"费用合计"数。

6. 本年盈余项目。

按照"本年盈余 = 本年收入 – 本年费用"，计算各报表及政府本年盈余数额。

（五）试算平衡后，将数据填入政府综合会计报表对应项目，生成政府综合会计报表。

对调整后的各项目金额进行试算平衡。试算平衡方法：按照"期末净资产总额 = 原始报表期末净资产总额 + 根据所有调整分录汇总的净资产调整额"计算政府综合会计报表中政府期末净资产总额。所计算的期末净资产总额应当符合恒等式"期末净资产总额 = 期末资产总额 – 期末负债总额"计算的政府期末净资产总额。

试算平衡后，将汇总工作表"包括抵销调整后合计"栏数据对应填入政府综合会计报表中"资产负债表"各项目"年末数"栏，"收入费用表"各项目的"本年数"栏。

第四章　会计报表附注编制

第一节　会计报表附注内容

第十一条　会计报表附注具体应包括下列内容：会计报表编制基础、遵循相关制度规定的声明、会计报表包含的主体范围、重要会计政策与会计估计变更情况、会计报表重要项目明细信息及说明、需要说明的其他事项。

第二节　会计报表的编制基础

第十二条　政府综合财务报告中的会计报表以权责发生制为基础编制。

第三节　遵循相关制度规定的声明

第十三条　政府财政部门应当声明编制的会计报表符合政府会计准则、相关会计制度和财务报告编制规定的要求，如实反映政府整体的财务状况、运行情况等有关信息。

第四节　会计报表包含的主体范围

第十四条　会计报表包含的主体至少包括以下内容：

（一）资金主体。

1. 本级政府财政管理的一般公共预算资金、政府性基金预算资金、国有资本经营预算资金、财政专户管理资金、专用基金和代管资金等各项资金，以及土地储备资金和物资储备资金等。

2. 本年资金主体变动情况。

（二）机构主体。

1. 纳入政府综合财务报告编报范围的部门名称、部门所属单位的数量、实有人数情况等（附1-1）。

2、本年机构主体变动情况。

第五节 重要会计政策与会计估计变更情况

第十五条 对本年发生的重要会计政策和会计估计变更，应说明变更的内容和原因，受其重要影响的报表项目名称和金额，以及重要会计政策和会计估计变更开始适用的时点。

第六节 会计报表重要项目明细信息及说明

第十六条 采用数字和文字描述相结合的方式披露重要项目的明细信息。报表重要项目明细信息的金额合计，应当与会计报表中的相应项目金额衔接一致。

第十七条 报表重要项目明细信息应至少包括下列报表（附1中附表1-18）：

（一）货币资金明细表。

（二）应收及预付款项明细表。

（三）一年内到期的非流动资产明细表。

（四）长期投资及投资收益明细表。

（五）应收转贷款明细表。

（六）固定资产明细表。

（七）在建工程明细表。

（八）无形资产明细表。

（九）公共基础设施明细表。

（十）政府储备物资明细表。

（十一）保障性住房明细表。

（十二）应付及预收款项明细表。

（十三）一年内到期的非流动负债明细表。

（十四）应付长期政府债券明细表。

（十五）应付转贷款明细表。

（十六）长期借款明细表。

（十七）政府间转移性收入明细表。

（十八）政府间转移性支出明细表。

第七节 需要说明的其他事项

第十八条 需要说明的其他事项应包括以下内容：

（一）社保基金。按照社保基金的种类，分别列示社保基金的收入、支出及结余情况。

（二）资产负债表日后重大事项。

（三）对于政府部门管理的公共基础设施、文物文化资产、保障性住房、自然资源资产等重要资产，披露种类和实物量等相关信息。

（四）在建工程中土地收储项目名称及面积等情况。

（五）或有事项。披露政府或有事项的事由和金额，如担保事项、未决诉讼或仲裁、承诺（补贴、代偿）、救助等，若无法预计金额应说明理由。

（六）政府会计具体准则中要求附注披露的其他内容，以及其他未在报表中列示，但对政府财务状况有重大影响的事项。

第五章 政府财政经济分析

第一节 政府财政经济分析主要内容

十九条 政府财政经济分析以政府综合财务报表为依据，结合宏观经济形势，分析政府财务状况、运行情况，以及财政中长期可持续性等，主要包括以下内容：

（一）政府财务状况分析。

1. 资产方面，重点分析政府资产的构成及分布，对于货币资金、应收及预付款项、长期投资、固定资产、在建工程、公共基础设施、政府储备物资、保障性住房等重要项目，分析各项目比重、变化趋势以及对于政府偿债能力和公共服务能力的影响。

2. 负债方面，重点分析政府负债规模及结构，分析各项目比重以及变化趋势。

3. 通过政府资产负债率、现金比率、流动比率等指标，分析政府财务风险及可控程度，需要采取的措施等。

（二）政府运行情况分析。

1. 收入方面，重点分析政府收入规模、结构及来源分布、重点收入项目的比重及变化趋势，特别是宏观经济运行、相关行业发展、税收政策、非税收入政策等对政府收入变动的影响。

2. 费用方面，重点按照经济分类分析政府费用规模及构成，特别是政府投融资情况对政府费用变动的影响。

3. 运用政府收入费用率、税收收入比重等指标，分析政府财政财务运行质量和效率。

（三）财政中长期可持续性分析。

基于当前政府财政财务状况和运行情况，结合本地区经济形势、重点产业发展趋势、财政体制、财税政策、社会保障政策、通货膨胀率等，全面分析政府未来中长期收入支出变化趋势、预测财政收支缺口等。

第二节 政府财政经济分析方法和指标

第二十条 分析政府财政经济状况时，可采取比率分析法、比较分析法、结构分析法和趋势分析法等方法。

第二十一条 分析政府财政经济状况时，可参考使用以下分析指标。

序号	指标名称	公式	指标说明
一、政府财务状况分析指标			
1	资产负债率	负债总额 / 资产总额	反映政府偿付债务的能力。
2	流动比率	流动资产 / 流动负债	反映政府利用流动资产偿还短期负债的能力。
3	现金比率	货币资金 / 流动负债	反映政府利用货币资金偿还短期负债的能力。
4	金融资产负债率	（流动资产总额－存货＋长期投资＋应收转贷款）/ 负债总额	反映政府利用金融资产偿还负债的能力。

续表

序号	指标名称	公式	指标说明
5	总负债变动率	（负债总额年末数－负债总额年初数）/负债总额年初数	反映负债的增长速度。同比增速是否过快可参考全国地方政府债务限额增幅。
6	主要负债占比	主要负债项目/负债总额	反映政府主要负债项目占总负债的比重。
分析指标表			
7	单位负债占比	单位负债总额/负债总额	反映政府单位负债占总负债的比重，进而评估政府的直接债务风险和间接债务风险。
8	流动负债占比	流动负债/负债总额	反映政府负债结构是否合理，政府面临负债集中偿付的压力。
9	净资产变动率	净资产总额年末数－净资产总额年初数）/净资产总额年初数	反映净资产的同比变动情况。
二、政府运行情况分析指标			
10	收入费用率	年度总费用/年度总收入	反映政府收入和费用的配比情况。
11	政府自给率	（收入总额－政府间转移性收入）/（支出总额－政府间转移性支出）	反映地方政府自给能力大小。
12	税收收入比重	年度税收收入/年度收入总额	反映政府税收收入在年度总收入中的占比。
13	税收依存度	年度税收收入/年度一般公共预算收入	反映政府收入的稳定性及质量。
14	利息保障倍数。	（本年盈余＋利息支出）/利息支出	反映政府偿还债务利息的能力
15	人均工资福利费用	工资福利费用/政府年末实有人数	反映人均工资福利费用情况。
三、财政中长期可持续性分析指标			
16	负债率*	债务总额/本地区GDP	反映经济增长对债务的依赖程度。
17	税收收入弹性*	年度税收收入增长率/本地区GDP增长率	反映税收收入变动对本地区GDP变动的敏感程度。
18	固定资产成新率	固定资产账面净值/固定资产原值	反映政府固定资产的持续服务能力。
19	公共基础设施成新率	公共基础设施净值/公共基础设施原值	反映政府公共基础设施的持续服务能力。
分析指标表			
20	保障性住房成新率	保障性住房净值/保障性住房原值	反映政府保障性住房的持续服务能力。

注：标*指标，本级政府综合财务报告分析时可不使用。

第六章　政府财政财务管理情况

第一节　政府预算管理情况

第二十二条　主要反映政府预算编制管理、预算执行管理、财政监督管理、绩效管理等方面的政策要求、主要措施和取得的成效。

第二节 政府资产负债管理情况

第二十三条 主要反映政府资产管理、负债管理等方面的政策要求、主要措施和取得的成效。

第三节 政府收支管理情况

第二十四条 主要反映政府收入管理、支出管理等方面的政策要求、主要措施和取得的成效。

第七章 附则

第二十五条 本指南自 2020 年 1 月 1 日起施行，财政部于 2018 年印发的《政府综合财务报告编制操作指南（试行）》（财库〔2018〕30 号）同时废止。

附：1. 政府综合财务报告样式
2. 汇总工作表
3. 被合并主体报表项目与政府综合会计报表项目对照表
4. 抵销调整事项清单

附1 政府综合财务报告样式

××年度××省（市、县）
本级政府综合财务报告

报送单位：（公章）

单位负责人：（签名并盖章）

处室负责人：（签名并盖章）

编制人：（签章）

报送日期：　　　月

一、政府综合财务报表

（一）会计报表

表 1　　　　　　　　　　　　　　资产负债表

编制单位：　　　　　　　　　　　年　月　日　　　　　　　　　　　　单位：万元

项目	附注	年末数	年初数
流动资产			
货币资金	附表1		
短期投资			
应收及预付款项	附表2		
应收股利			
应收利息			

续表

项目	附注	年末数	年初数
存货			
一年内到期的非流动资产	附表 3		
其他流动资产			
非流动资产			
长期投资	附表 4		
应收转贷款	附表 5		
固定资产净值	附表 6		
在建工程	附表 7		
无形资产净值	附表 8		
研发支出			
公共基础设施净值	附表 9		
政府储备物资	附表 10		
文物文化资产			
保障性住房净值	附表 11		
其他非流动资产			
受托代理资产			
资产合计			
流动负债			
应付短期政府债券			
短期借款			
应付职工薪酬			
应付及预收款项	附表 12		
应付政府补贴款			
应付利息			
一年内到期的非流动负债	附表 13		
其他流动负债			
非流动负债			
应付长期政府债券	附表 14		
应付转贷款	附表 15		
长期借款	附表 16		

续表

项目	附注	年末数	年初数
长期应付款			
其他非流动负债			
受托代理负债			
负债合计			
净资产			
负债及净资产合计			

表2　　　　　　　　　　　　　　　收入费用表

编制单位：　　　　　　　　　　　　　　　　年　　　　　　　　　　　　　　　　单位：万元

项目	附注	本年数	上年数
税收收入			
非税收入			
事业收入			
经营收入			
投资收益			
政府间转移性收入	附表17		
其他收入			
收入合计			
工资福利费用			
商品和服务费用			
对个人和家庭的补助			
对个人和家庭的补助			
对企业补助费用			
对社会保障基金补助费用			
政府间转移性支出	附表18		
固定资产折旧费用			
无形资产摊销费用			
公共基础设施折旧（摊销）费用			
保障性住房折旧费用			
资产处置费用			
财务费用			

续表

项目	附注	本年数	上年数
其他费用			
费用合计			
本年盈余			

（二）会计报表附注

1、会计报表编制基础（略）。

2、遵循相关制度规定的声明（略）。

3、会计报表包含的主体范围（略）。

4、重要会计政策与会计估计变更情况（略）。

5、会计报表重要项目明细信息及说明。

（1）货币资金明细信息如下：

附表1   **货币资金明细表**

单位：万元

项目	年初数	年末数
库存现金		
国库存款		
国库现金管理存款		
其他财政存款		
银行存款		
其中：土地储备资金存款		
物资储备资金存款		
其他货币资金		
合计		

（2）应收及预付款项明细信息如下：

附表2   **应收及预付款项明细表**

单位：万元

主体	年初数	年末数
财政		
政府部门		
部门1		
部门2		
……		

续表

主体	年初数	年末数
其他		
合计		

注：1. 本表中的"财政"是指承担核算财政预算资金等职能的政府财政部门。"政府部门"是指纳入本级政府综合财务报告合并范围的部门。"其他"是指土地储备资金和物资储备资金等资金主体。

2. 本表反映被合并主体抵销后的应收及预付款项金额。

（3）一年内到期的非流动资产明细信息如下：

附表3　　　　　　　　　　一年内到期的非流动资产明细表

单位：万元

主体	年初数	年末数
财政		
其中：应收地方政府债券转贷款（1年内到期）		
应收主权外债转贷款（1年内到期）		
政府部门		
合计		

注：本表中的"财政"是指承担核算财政预算资金等职能的政府财政部门。"政府部门"是指纳入本级政府综合财务报告合并范围的部门。

（4）长期投资及投资收益明细表如下：

附表4　　　　　　　　　　长期投资及投资收益明细表

单位：万元

投资对象	长期投资				投资收益	
	年初数	本年增加	本年减少	年末数	上年数	本年数
股权投资（××家）						
对企业股权投资（××家）						
企业1						
企业2						
企业3						
……						
其他企业（××家）						
对投资基金股权投资						
（××家）						
投资基金1						
投资基金2						
投资基金3						
……						
其他股权投资						
债券投资						
合计						

注：1. 本表按照长期投资年末数从大到小排列。

2. 对企业股权投资原则上列示前50家，超过部分合并填入其他企业。

（5）应收转贷款明细信息如下：

附表5　　　　　　　　　　　应收转贷款明细表

单位：万元

转贷对象	年初数	年末数
应收地方政府债券转贷款		
地区1		
地区2		
地区3		
……		
应收主权外债转贷款		
地区1		
地区2		
地区3		
……		
合计		

注：1. 本表按照转贷对象列示明细。

2. 本表仅包含本金金额。

（6）固定资产明细信息如下：

附表6　　　　　　　　　　　固定资产明细表

单位：万元

项目	年初数	本年增加	本年减少	年末数
原值合计				
房屋及构筑物				
通用设备				
专用设备				
文物和陈列品				
图书、档案				
家具、用具、装具及动植物				
累计折旧合计				
房屋及构筑物				
通用设备				
专用设备				
文物和陈列品	---	---	---	---

续表

项目	年初数	本年增加	本年减少	年末数
图书、档案	--	--	--	--
家具、用具、装具及动植物				
净值合计		--	--	
房屋及构筑物		--	--	
通用设备		--	--	
专用设备		--	--	
文物和陈列品		--	--	
图书、档案		--	--	
家具、用具、装具及动植物		--	--	

（7）在建工程明细信息如下：

附表7　　　　　　　　　　在建工程明细表

单位：万元

主体	年初数	本年增加	本年减少	年末数
土地收储项目 其他项目 　部门1 　部门2 　……				
合计				

（8）无形资产明细信息如下：

附表8　　　　　　　　　　无形资产明细表

单位：万元

项目	年初数	本年增加	本年减少	年末数
原值合计				
专利权				
非专利技术				
著作权				
资源资质				
商标权				
信息数据				
其他				

续表

项目	年初数	本年增加	本年减少	年末数
累计摊销合计				
专利权				
非专利技术				
著作权				
资源资质				
商标权				
信息数据				
其他				
净值合计		--	--	
专利权		--	--	
非专利技术		--	--	
著作权		--	--	
资源资质		--	--	
商标权		--	--	
信息数据		--	--	
其他		--	--	

（9）公共基础设施明细信息如下：

附表9-1　　　　　　　公共基础设施明细表（原值）

单位：万元

项目	年初数	本年增加	本年减少	年末数
市政基础设施				
轨道交通				
城市道路桥梁				
地下综合管廊				
园林绿化				
供水设施				
城市燃气设施				
集中供热				
城市排水和污水处理设施				

续表

项目	年初数	本年增加	本年减少	年末数
城市环境卫生设施				
公共文化体育设施				
其他				
交通运输基础设施				
公路				
航道				
港口				
水利基础设施				
其他公共基础设施				
原值合计				

附表 9-2　　　　　公共基础设施明细表（累计折旧/摊销）

单位：万元

项目	年初数	本年增加	本年减少	年末数
市政基础设施				
轨道交通				
城市道路桥梁				
地下综合管廊				
园林绿化				
供水设施				
城市燃气设施				
集中供热				
城市排水和污水处理设施				
城市环境卫生设施				
公共文化体育设施				
其他				
交通运输基础设施				
公路				
航道				
港口				
水利基础设施				

续表

项目	年初数	本年增加	本年减少	年末数
其他公共基础设施				
累计折旧(摊销)合计				

附表 9-3 公共基础设施明细表（净值）

单位：万元

项目	年初数	本年增加	本年减少	年末数
市政基础设施		——	——	
轨道交通		——	——	
城市道路桥梁		——	——	
地下综合管廊		——	——	
园林绿化		——	——	
供水设施		——	——	
城市燃气设施		——	——	
集中供热		——	——	
城市排水和污水处理设施		——	——	
城市环境卫生设施		——	——	
公共文化体育设施		——	——	
其他		——	——	
交通运输基础设施		——	——	
公路		——	——	
航道		——	——	
港口		——	——	
水利基础设施		——	——	
其他公共基础设施		——	——	
净值合计				

（10）政府储备物资明细信息如下：

附表 10-1　　　　　　　　　　　政府储备物资明细表

单位：万元

主体	年初数	本年增加	本年减少	年末数
部门1				
部门2				
……				
合计				

注：本表按照政府储备资产持有部门列示明细。

附表 10-2　　　　　　　　　　　政府储备物资明细表

单位：万元

项目	年初数	本年增加	本年减少	年末数
战略储备物资				
综合物资				
成品油				
火工物资				
天然铀				
其他				
粮、棉、糖、肉、药				
粮食				
棉花				
食糖				
肉				
医药				
自然灾害救助物资				
防汛抗旱储备物资				
森林（草原）防火储备物资				
城市排水防涝设备物资				
应急储备物资				
石油				
其他储备物资				
合计				

注：本表按照政府储备物资种类列示明细。

（11）保障性住房明细信息如下：

附表 11　　　　　　　　　　保障性住房明细表

单位：万元

项目	年初数	本年增加	本年减少	年末数
原值合计				
公共租赁住房（含廉租住房）				
经济适用住房				
累计折旧合计				
公共租赁住房（含廉租住房）				
经济适用住房				
净值合计		--	--	
公共租赁住房（含廉租住房）		--	--	
经济适用住房		--	--	

（12）应付及预收款项明细信息如下：

附表 12　　　　　　　　　　应付及预收款项明细表

单位：万元

主体	年初数	年末数
财政		
政府部门		
部门 1		
部门 2		
……		
其他		
合计		

注：1. 本表中的"财政"是指承担核算财政预算资金等职能的政府财政部门。"政府部门"是指纳入本级政府综合财务报告合并范围的部门。"其他"是指土地储备资金和物资储备资金等资金主体。
2. 本表反映被合并主体抵销后的应付及预收款项金额。

（13）一年内到期的非流动负债明细信息如下：

附表 13　　　　　　　　一年内到期的非流动负债明细表

单位：万元

主体	年初数	年末数
财政		
其中：应付长期政府债券（1 年内到期）		

续表

主体	年初数	年末数
应付地方政府债券转贷款（1年内到期）		
应付主权外债转贷款（1年内到期）		
政府部门		
合计		

注：本表中的"财政"是指承担核算财政预算资金等职能的政府财政部门。"政府部门"是指纳入本级政府综合财务报告合并范围的部门。

（14）应付长期政府债券明细信息如下：

附表 14-1　　　　　　　应付长期政府债券明细表

单位：万元

种类	年初数	年末数
国债		
地方政府一般债券		
地方政府专项债券		
合计		

注：本表按照长期政府债券种类列示明细。

附表 14-2　　　　　　　应付长期政府债券明细表

单位：万元

到期期限	年初数	年末数
1-3年（不含1年）		
3-5年（不含3年）		
5年以上（不含5年）		
合计		

注：本表按照长期政府债券到期期限列示明细。

（15）应付转贷款明细信息如下：

附表 15-1　　　　　　　应付转贷款明细表

单位：万元

种类	年初数	年末数
应付地方政府债券转贷款		
其中：地方政府一般债券		
地方政府专项债券		

续表

种类	年初数	年末数
应付主权外债转贷款		
合计		

注：1. 本表按照应付转贷款种类列示明细。
2. 本表仅列示本金金额。

附表15-2　　　　　　　　　应付转贷款明细表

单位：万元

到期期限	年初数	年末数
1–3年（不含1年）		
3–5年（不含3年）		
5年以上（不含5年）		
合计		

注：本表按照应付转贷款到期期限列示。

（16）长期借款明细信息如下：

附表16-1　　　　　　　　　长期借款明细表

单位：万元

债务人	年初数	年末数
财政		
政府部门		
部门1		
部门2		
……		
其他		
合计		

注：1. 本表按照债务人列示明细，并按长期借款年末数从大到小排列。
2. 本表中的"财政"是指承担核算财政预算资金等职能的政府财政部门。"政府部门"是指纳入本级政府综合财务报告合并范围的部门。"其他"是指土地储备资金和物资储备资金等资金主体。

附表16-2　　　　　　　　　长期借款明细表

单位：万元

债权人	年初数	年末数
机构1		

续表

债权人	年初数	年末数
机构 2		
机构 3		
……		
其他机构		
合计		

注：1. 本表按照债权人列示明细，并按长期借款年末数从大到小排列。
2. 本表债权人原则上列示前 50 家，超过部分合并填入其他机构。

附表 16-3　　　　　　　　　　长期借款明细表

单位：万元

到期期限	年初数	年末数
1-3 年（不含 1 年）		
3-5 年（不含 3 年）		
5 年以上（不含 5 年）		
合计		

注：本表按照长期借款到期期限列示明细。

（17）政府间转移性收入明细信息如下：

附表 17　　　　　　　　　　政府间转移性收入明细表

单位：万元

来源	上年数	本年数
上级政府财政		
下级政府财政		
地区 1		
地区 2		
……		
其他		
合计		

注：本表按照政府间转移性收入来源主体列示明细。

（18）政府间转移性支出明细信息如下：

附表 18　　　　　　　　　政府间转移性支出明细表

单位：万元

对象	上年数	本年数
上级政府财政		
下级政府财政		
地区 1		
地区 2		
……		
其他		
合计		

注：本表按照政府间转移性支出对象列示明细。

6. 需要说明的其他事项。

（1）本级政府社保基金情况。可采用文字及表格结合的方式进行说明，表样如下：

××年度社保基金收支情况表

单位：万元

社保基金种类	上年累计结余	本年收入	本年支出	本年累计结余
企业职工养老保险				
机关事业单位养老保险				
……				
合计				

（2）资产负债表日后重大事项。

（3）政府部门管理的公共基础设施、文物文化资产、保障性住房、自然资源资产等重要资产的种类和实物量等相关信息。

（4）在建工程中土地收储项目及面积等情况。

（5）或有事项。披露政府或有事项的事由和金额，如担保事项、未决诉讼或仲裁、承诺（补贴、代偿）、救助等，若无法预计金额应说明理由。

（6）其他未在会计报表中列示但对政府财务状况有重大影响的事项。

二、政府财政经济分析

（一）政府财务状况分析（略）。

（二）政府运行情况分析（略）。

（三）财政中长期可持续性分析（略）。

三、政府财政财务管理情况

（一）政府预算管理情况（略）。

（二）政府资产负债管理情况（略）。

（三）政府收支管理情况（略）。

附 1-1: ××年度部门清单

序号	部门名称	所属单位（个数）	实有人数
1			
2			
……			
合计			

附2 汇总工作表

单位：万元

政府综合会计报表项目	包括抵销调整后合计	包括抵销后合计	原有金额合计	被合并主体报表项目				备注	调整分录		抵销分录	
				政府部门财务报表项目	财政总预决算会计报表项目	土地储备资金财务报表项目	物资储备资金会计报表项目		借方	贷方	借方	贷方
一、资产类												
货币资金				货币资金	国库存款	库存现金	库存现金	11. 财政代管预算单位资金，单位通过"银行存款"核算的，将财政代管部门资金予以抵销				贷：银行存款
					国库现金管理存款	银行存款	银行存款					
					其他财政存款		外汇存款					
短期投资				短期投资	有价证券							
应收及预付款项				应收票据	在途款	预付工程款	转账收款	01. 抵销政府部门之间的债权债务事项；同时对当期计提或冲减坏账准备的予以抵销。			借：坏账准备	贷：应收账款、预付账款
应收及预付款项				应收账款净额 预付账款	与下级往来[4]		应收索赔款					其他应收款
应收及预付款项				其他应收款净额	其他应收款[5]	其他应收款	合同预付款	08. 财政代管预算单位资金通过"其他应收款"核算的，将代管资金与部门支付的其他应收款进行抵销				贷：其他应收款

[4] 按往来对象录入明细。
[5] 按债务对象录入明细。

续表

政府综合会计报表项目	包括抵销调整后合计	包括抵销后合计	原有金额合计	被合并主体报表项目					备注	调整分录		抵销分录	
				政府部门财务报表项目	财政总预算会计报表项目	土地储备资金财务报表项目	物资储备资金会计报表项目			借方	贷方	借方	贷方
应收股利				应收股利	应收股利				24.将未确认的政府在企业中享有的国有资本权益、应收股利、投资收益予以确认	借：应收股利			
应收利息				应收利息	应收利息[6]	应收利息							
存货				存货									
一年内到期的非流动资产				一年内到期的非流动资产	应收地方政府债券转贷款（1年内到期）[7]								
一年内到期的非流动资产					应收主权外债转贷款（1年内到期）[8]								
其他流动资产				待摊费用			待处理物资短少						
				其他流动资产			待摊支出						

---

6 按应收利息对象录入明细。
7 按应收地方政府债券转贷款（一年内到期）对象录入明细。
8 按应收主权外债转贷款（一年内到期）对象录入明细。

续表

政府综合会计报表项目	包括抵销调整后合计	包括抵销后合计	原有金额合计	政府部门财务报表项目	被合并主体报表项目			备注	调整分录		抵销分录	
					财政总预算会计报表项目	土地储备资金财务报表项目	物资储备资金会计报表项目		借方	贷方	借方	贷方
长期投资				长期股权投资	股权投资[9]			24. 将未确认的政府在企业中享有的国有资本权益、应收股利、投资收益予以确认	借：长期投资			
长期投资				长期债券投资								
应收转贷款					应收地方债券转贷款（剔除1年内到期的部分）							
应收转贷款					应收主权外债转贷款（剔除1年内到期的部分）[10]							
固定资产净值				固定资产净值								
在建工程				工程物资		收储项目						
在建工程				在建工程								

9 按投资对象录入明细。
10 按应收主权外债转贷款（剔除一年内到期的部分）对象录入明细。

续表

政府综合会计报表项目	包括抵销调整后合计	包括抵销后合计	原有金额合计	被合并主体报表项目				备注	调整分录		抵销分录	
				政府部门财务报表项目	财政总预决算会计报表项目	土地储备资金财务报表项目	物资储备资金会计报表项目		借方	贷方	借方	贷方
无形资产净值				无形资产净值								
研发支出				研发支出								
公共基础设施净值				公共基础设施净值								
政府储备物资				政府储备物资		库存储备物资						
						库存专案物资						
							借出储备物资					
							借出专案物资					
政府储备物资							其他待转资产					
							收储物资					
							物资进货费					
							专项储备物资					

续表

政府综合会计报表项目	包括抵销调整后合计	包括抵销后合计	原有金额合计	被合并主体报表项目				备注	调整分录		抵销分录	
				政府部门财务报表项目	财政总预算会计报表项目	土地储备资金财务报表项目	物资储备资金会计报表项目		借方	贷方	借方	贷方
文物文化资产				文物文化资产								
保障性住房净值				保障性住房净值								
其他非流动资产				长期待摊费用	待发国债							
				待处理财产损溢								
				其他非流动资产								
受托代理资产				受托代理资产								
待调整抵销项目				财政应返还额度		财政应返还额度	财政预算额度	03. 抵销财政与部门之间的往来事项				贷：财政应返还额度
待调整抵销项目					借出款项[11]			06. 将财政的借出款项与部门的其他应付款科目进行抵销				贷：借出款项

[11] 按借出对象录入明细。

续表

政府综合会计报表项目	包括抵销调整后合计	包括抵销后合计	原有金额合计	被合并主体报表项目					备注	调整分录		抵销分录	
				政府部门财务报表项目	财政总预算会计报表项目	土地储备资金财务报表项目	物资储备资金会计报表项目		借方	贷方	借方	贷方
					预拨经费[12]			07.将财政的预拨经费与部门中的其他应付款进行抵销				贷：预拨经费
资产合计												
二、负债类												
应付短期政府债券					应付短期政府债券							
短期借款				短期借款		短期借款	借入款项（属于短期的部分）					
应付职工薪酬				应付职工薪酬								
				应付票据	与上级往来[13]	应付工程款	应付账款					
应付及预收款项				应付账款	其他应付款[14]	应付账款	划收货款	01.抵销政府部门之间的债权债务事项			借：应收账款、预收款、其他应付款长期应付款	

---

12 按预拨对象录入明细。
13 按往来对象录入明细。
14 按债权对象录入明细。

续表

政府综合会计报表项目	包括抵销调整后合计	包括抵销后合计	原有金额合计	被合并主体报表项目				备注	调整分录		抵销分录	
				政府部门财务报表项目	财政总预算会计报表项目	土地储备资金财务报表项目	物资储备资金会计报表项目		借方	贷方	借方	贷方
应付及预收款项				预收账款			合同预收款	06.将财政的借出款项与部门中的其他应付款科目进行抵销				
				其他应付款	其他应付款			07.将财政的预拨经费与部门中的其他应付款进行抵销	借：其他应付款			
应付政府补贴款				应付政府补贴款								
应付利息				应付利息	应付利息[15]	应付利息						
一年内到期的非流动负债				一年内到期的非流动负债	一年内到期的非流动负债[16]							
其他流动负债				应交增值税		应交税费	应交税金					
				其他应交税费			待处理物资溢余					
				应缴财政款								
				预提费用								
				其他流动负债			应上交资金					

15 按应付利息对象录入明细。
16 按一年内到期的非流动负债对象录入明细。

续表

政府综合会计报表项目	包括抵销调整后合计	包括抵销后合计	原有金额合计	被合并主体报表项目				备注	调整分录		抵销分录	
				政府部门财务报表项目	财政总预算会计报表项目	土地储备资金财务报表项目	物资储备资金会计报表项目		借方	贷方	借方	贷方
应付长期政府债券					应付长期政府债券							
应付转贷款					应付地方政府债券转贷款[17] 应付主权外债转贷款[18]							
长期借款				长期借款	借入款项	长期借款	借入款项（属于长期的部分）					
长期应付款				长期应付款								
其他非流动负债				预计负债 其他非流动负债	其他负债							
受托代理负债				受托代理负债								
待抵销调整项目					应付国库集中支付结余[19]			03.抵销财政与部门之间的往来事项			借：应付国库集中支付结余	

---

17 按应付地方政府债券转贷款对象录入明细。
18 按应付主权外债转贷款对象录入明细。
19 按应付国库集中支付结余对象录入明细。

续表

政府综合会计报表项目		原有金额合计	被合并主体报表项目				备注	调整分录		抵销分录	
	包括抵销调整后合计		政府部门财务报表项目	财政总预算会计报表项目	土地储备资金财务报表项目	物资储备资金会计报表项目		借方	贷方	借方	贷方
待抵销调整项目	包括抵销后合计			应付代管资金			11. 财政代管单位资金，单位通过"银行存款"核算的，将财政代管的部门资金予以抵销			借：应付代管资金	
							08. 财政代管资金通过"其他应收款"核算的，将应付代管资金与部门其他应收款进行抵销			借：应付代管资金[20]	
负债合计											
三、净资产											
净资产			净资产	一般公共预算结转结余	土地储备资金	储备基金	24. 将未确认的政府在企业中享有的国有资本权益、应收股利、投资收益予以确认		贷：净资产		
			政府性基金预算结转结余		08 专项贷款基金		13. 国有资本经营预算收入不属于本算收入的，应予以调减，并调整净资产		贷：净资产		

20 按应付代管资金对象录入明细。

续表

政府综合会计报表项目	包括抵销调整后合计	包括抵销后合计	原有金额合计	被合并主体报表项目				备注	调整分录		抵销分录	
				政府部门财务报表项目	财政总预算会计报表项目	土地储备资金财务报表项目	物资储备资金会计报表项目		借方	贷方	借方	贷方
净资产				国有资本经营预算结转结余		财政预算基金		14.动用预算稳定调节基金不属于收入,应予以调减,并调整净资产		贷:净资产		
				财政专户管理资金结余		收入与支出合计的差额		16.债务收入不属于收入,应予以调减,并调整净资产		贷:净资产		
					专用基金结余			17.债务转贷收入不属于收入,应予以调减,并调整净资产				
					预算稳定调节基金			18.债务还本支出不属于费用,应予以调减,并调整净资产	借:净资产			
					预算周转金			19.债务转贷支出不属于费用,应予以调减,并调整净资产	借:净资产			
净资产					资产基金			15.安排预算稳定调节基金不属于费用,应予以调减,并调整净资产	借:净资产			

续表

政府综合会计报表项目	包括抵销调整后合计	包括抵销后合计	原有金额合计	被合并主体报表项目					备注	调整分录		抵销分录	
				政府部门财务报表项目	财政总预算会计报表项目	土地储备资金财务报表项目	物资储备资金会计报表项目		借方	贷方	借方	贷方
净资产					待偿债净资产（用负数填列）			20. 财政直接发生的资本性支出不属于费用，应予以调减，并调整净资产 23. 将财政总预算会计中已核算的股权投资收益调出 25. 根据调整分录中收入调整总额与费用调整总额的差额，调整净资产项目	借：净资产			贷：累计盈余
负债及净资产合计												
四、收入类												
税收收入					一般公共预算本级收入中税收收入							
非税收入					一般公共预算本级收入中非税收收入	政府性基金预算本级收入						

续表

政府综合会计报表项目	包括抵销调整后合计	包括抵销后合计	原有金额合计	被合并主体报表项目				备注	调整分录		抵销分录	
				政府部门财务报表项目	财政总预算会计报表项目	土地储备资金财务报表项目	物资储备资金会计报表项目		借方	贷方	借方	贷方
事业收入				事业收入	财政专户管理资金收入			05.将部门的事业收入与财政的财政专户管理资金进行抵销	借：事业收入（财政专户管理资金）			
								02.抵销政府部门之间的收入费用事项			借：事业收入（来自同级政府部门）	
								02.抵销政府部门之间的收入费用事项			借：事业收入（来自同级政府部门）	
经营收入				经营收入				23.将财政总预算会计中已核算的股权投资收益调出		贷：投资收益		
投资收益				投资收益				24.将未确认的政府在企业中享有的国有资本股利，应收益予以确认		贷：投资收益		

续表

政府综合会计报表项目	包括抵销调整后合计	包括抵销后合计	原有金额合计	被合并主体报表项目				备注	调整分录		抵销分录	
				政府部门财务报表项目	财政总预算会计报表项目	土地储备资金财务报表项目	物资储备资金会计报表项目		借方	贷方	借方	贷方
政府间转移性收入				上级补助收入	补助收入[21]							
政府间转移性收入				非同级财政拨款收入（非同级政府单位以及非同级财政）	地区间援助收入[22]							
				非同级财政拨款收入（同级政府单位）	上解收入[23]			02. 抵销政府部门之间的收入费用事项			借：非同级财政拨款收入（来自同级政府部门）	
其他收入				附属单位上缴收入				12. 将财政内部的不属于一般公共预算安排的专用基金收入调整到其他收入中		贷：其他收入		

21 按补助收入来源录入明细。
22 按上解收入来源录入明细。
23 按地区间援助收入来源录入明细。

续表

政府综合会计报表项目	包括抵销调整后合计	包括抵销后合计	原有金额合计	被合并主体报表项目				备注	调整分录		抵销分录	
				政府部门财务报表项目	财政总预算会计报表项目	土地储备资金财务报表项目	物资储备资金会计报表项目		借方	贷方	借方	贷方
其他收入				捐赠收入								
				利息收入								
				租金收入								
				其他收入		其他收入		02. 抵销政府部门之间的收入费用事项			借：其他收入（来自同级政府部门）	
待抵销调整项目				财政拨款收入	借：调入资金	财政拨款收入		04. 将部门、土地储备资金与财政的一般公共预算支出、政府性基金预算支出等相关支出进行抵销			借：财政拨款收入	
								10. 将财政内部不同类型资金之间的调入			调出事项进行抵销	
待抵销调整项目				国有资本经营预算本级收入				13. 国有资本经预算收入不属于收入的，应予以调减，并调整净资产	借：国有资本经营预算收入			

续表

政府综合会计报表项目	包括抵销调整后合计	包括抵销后合计	原有金额合计	被合并主体报表项目				备注	调整分录		抵销分录	
				政府部门财务报表项目	财政总预算会计报表项目	土地储备资金财务报表项目	物资储备资金会计报表项目		借方	贷方	借方	贷方
待抵销调整项目				动用预算稳定调节基金				14. 动用预算稳定调节基金不属于收入，应予以调减，并调整净资产	借：动用预算稳定调节基金			
				债务收入				16. 债务收入不属于收入，应予以调减，并调整净资产				
				债务转贷收入				17. 债务转贷收入不属于收入，应予以调减，并调整净资产	借：债务转贷收入			
					专用基金收入			09. 将财政内部的来自一般公共预算安排的专用基金收入应与相应的一般公共预算本级支出进行抵销				
								12. 将财政内部的不属于一般公共预算安排的专用基金收入调整到其他收入中	借：专用基金收入		借：专用基金收入	
收入合计												

续表

政府综合会计报表项目	包括抵销调整后合计	包括抵销后合计	原有金额合计	被合并主体报表项目				备注	调整分录		抵销分录	
				政府部门财务报表项目	财政总预算会计报表项目	土地储备资金财务报表项目	物资储备资金会计报表项目		借方	贷方	借方	贷方
五、费用类												
工资福利费用				工资福利费用				21. 将财政直接安排支出分析调整人相应费用报表项目	借：工资福利费用			
								02. 抵销政府部门之间的收入费用事项				贷：商品和服务费用（支付给同级政府部门）
商品和服务费用				商品和服务费用				21. 将财政直接安排支出分析调整人相应费用报表项目	借：商品和服务费用			
								22. 将财政调整的专用基金支出相应的费用报表项目	借：商品和服务费用			
对个人和家庭的补助费用				对个人和家庭的补助费用				21. 将财政直接安排支出分析调整人相应费用报表项目	借：对个人和家庭的补助			
								22. 将财政调整的专用基金支出相应的费用报表项目	借：对个人和家庭的补助			

续表

政府综合会计报表项目	包括抵销调整后合计	包括抵销后合计	原有金额合计	被合并主体报表项目				备注	调整分录			抵销分录	
				政府部门财务报表项目	财政总预算会计报表项目	土地储备资金财务报表项目	物资储备资金会计报表项目		借方	贷方		借方	贷方
对企业补助费用				对企业补助费用				21. 将财政直接安排支出分析调整计入相应费用报表项目	借：对企事业单位的补贴				
								22. 将财政的专用基金支出调整计入相应的费用报表项目	借：对企事业单位的补贴				
对社会保障基金补助费用								21. 将财政直接安排支出分析调整计入相应费用报表项目	借：对社会保障基金补助费用				
政府间转移性支出				上缴上级费用	补助支出[24]								
					上解支出[25]								
					地区间援助支出[26]								
固定资产折旧费用				固定资产折旧费用									
无形资产摊销费用				无形资产摊销费用									

[24] 按补助支出对象录入明细。
[25] 按上解支出对象录入明细。
[26] 按地区间援助支出对象录入明细。

续表

政府综合会计报表项目	包括抵销调整后合计	包括抵销后合计	原有金额合计	被合并主体报表项目				备注	调整分录			抵销分录	
				政府部门财务报表项目	财政总预算会计报表项目	土地储备资金财务报表项目	物资储备资金会计报表项目		借方	贷方	借方	贷方
公共基础设施折旧（摊销）费用				公共基础设施折旧（摊销费用）								
保障性住房折旧费用				保障性住房折旧费用								
资产处置费用				资产处置费用		支付项目支出						
财务费用								21. 将财政直接安排支出分析调整计入本应费用项目（债务利息及费用支出）	借：财务费用			
其他费用				其他费用				01. 抵销政府部门之间的债权债务事项；同时对当期补提或冲减坏账准备的予以抵销				贷：其他费用
				计提专用基金								
				所得税费用								
				附属单位补助费用								

续表

政府综合会计报表项目	包括抵销调整后合计	包括抵销后合计	原有金额合计	被合并主体报表项目					备注	调整分录		抵销分录	
				政府部门财务报表项目	财政总预算会计报表项目	土地储备资金财务报表项目	物资储备资金会计报表项目			借方	贷方	借方	贷方
					财政专户管理资金支出[27]			05. 将部门的事业收入与财政专户管理资金支出进行抵销				贷:财政专户管理资金支出
					一般公共预算本级支出[28]			04. 将部门的财政拨款收入与财政的一般公共预算支出、政府性基金预算支出等支出进行抵销				贷:一般公共预算本级支出
								20. 财政直接发生的形成资产的资本性支出不属于费用,应调减,并调整净资产		贷:一般公共预算本级支出		
								09. 将财政内部的来自一般公共预算安排的专用基金收入与相应的一般公共预算本级支出进行抵销				贷:一般公共预算本级支出
待调整抵销项目								21. 将财政分析调整安排支出计入相应费用报表项目		贷:一般公共预算本级支出		

27 按财政专户管理资金支出对象录入明细。
28 一般公共预算本级支出中属于拨付给本级预算单位的,按支出对象录入明细。

续表

政府综合会计报表项目	包括抵销调整后合计	包括抵销后合计	原有金额合计	被合并主体报表项目				备注	调整分录		抵销分录	
				政府部门财务报表项目	财政总预算会计报表项目	土地储备资金财务报表项目	物资储备资金会计报表项目		借方	贷方	借方	贷方
待调整抵销项目								04.将部门的财政拨款收入与财政拨出的一般公共预算支出、政府性基金预算支出等相关支出进行抵销				贷：政府性基金预算本级支出
					政府性基金预算本级支出[29]			20.财政直接发生的资本性支出形成资产的，应予以调减，并调整净资产		贷：政府性基金预算本级支出		
								21.将财政直接安排支出分析调整计入相应费用报表项目		贷：政府性基金预算本级支出		
待调整抵销项目					国有资本经营预算本级支出			20.财政直接发生的资本性支出形成资产的，应予以调减，并调整净资产		贷：国有资本经营预算本级支出		
								21.将财政直接安排支出分析调整计入相应费用报表项目		贷：国有资本经营预算本级支出		

续表

政府综合会计报表项目	包括抵销调整后合计	包括抵销后合计	原有金额合计	被合并主体报表项目					备注	调整分录		抵销分录	
				政府部门财务报表项目	财政总预算会计报表项目	土地储备资金财务报表项目	物资储备资金会计报表项目		借方	贷方	借方	贷方
待调整抵销项目					调出资金			10. 将财政内部不同类型资金之间的调出资金事项进行抵销				贷：调出资金
					债务还本支出			18. 债务还本支出不属于费用，应予以调减，并调整净资产		贷：债务还本支出		
					债务转贷支出			19. 债务转贷支出不属于费用，应予以调减，并调整净资产		贷：债务转贷支出		
					安排预算稳定调节基金			15. 安排预算稳定调节基金不属于费用，应予以调减，净资产		贷：安排预算稳定调节基金		
								22. 将财政的专用基金支出调整计入相应的费用报表项目		贷：专用基金支出		
费用合计												
六、盈余类												
原有收支差额												

续表

政府综合会计报表项目	包括抵销调整后合计	包括抵销后合计	原有金额合计	被合并主体报表项目				备注	调整分录		抵销分录	
				政府部门财务报表项目	财政总预算会计报表项目	土地储备资金财务报表项目	物资储备资金会计报表项目		借方	贷方	借方	贷方
抵销后的收支差额												
本年盈余												

附 3-1　　　　　　　　　政府部门会计报表项目对照表

政府综合会计报表项目	政府部门会计报表项目	项目说明
一、资产类		
货币资金	货币资金	财政代管预算单位资金,单位通过"银行存款"核算的,与财政的"应付代管资金"进行抵销。
短期投资	短期投资	
应收及预付款项	应收票据	
	应收账款净额	部门之间抵销事项。与同级政府部门应付账款、预收账款、其他应付款、长期应付款进行抵销。
	预付账款	
	其他应收款净额	财政代管预算单位资金,单位通过"其他应收款"核算的,与财政的"应付代管资金"进行抵销。
应收股利	应收股利	
应收利息	应收利息	
存货	存货	
一年内到期的非流动资产	一年内到期的非流动资产	
其他流动资产	待摊费用	
	其他流动资产	
长期投资	长期股权投资	
	长期债券投资	
应收转贷款	——	
固定资产净值	固定资产净值	
在建工程	工程物资	
	在建工程	
无形资产净值	无形资产净值	
研发支出	研发支出	
公共基础设施净值	公共基础设施净值	
政府储备物资	政府储备物资	
文物文化资产	文物文化资产	
保障性住房净值	保障性住房净值	
其他非流动资产	长期待摊费用	
	待处理财产损溢	
	其他非流动资产	

续表

政府综合会计报表项目	政府部门会计报表项目	项目说明
受托代理资产	受托代理资产	
待抵销调整项目	财政应返还额度	财政与部门之间抵销事项。抵销财政与部门之间的往来事项。
二、负债类		
应付短期政府债券	——	
短期借款	短期借款	
应付职工薪酬	应付职工薪酬	
应付及预收款项	应付票据	部门之间抵销事项。与同级政府部门应收账款、预付账款、其他应收款进行抵销。
应付及预收款项	应付账款	
应付及预收款项	预收账款	
应付及预收款项	其他应付款	财政与部门之间抵销事项。将财政的借出款项与部门其他应付款科目进行抵销。
应付政府补贴款	应付政府补贴款	
应付利息	应付利息	
一年内到期的非流动负债	一年内到期的非流动负债	
其他流动负债	应交增值税	
其他流动负债	其他应交税费	
其他流动负债	应缴财政款	
其他流动负债	预提费用	
其他流动负债	其他流动负债	
应付长期政府债券	——	
应付转贷款	——	
长期借款	长期借款	
长期借款	长期借款	
长期应付款	长期应付款	部门之间抵销事项。与同级政府部门应收账款、预付账款、其他应收款进行抵销。
其他非流动负债	其他非流动负债	
受托代理负债	受托代理负债	
待抵销调整项目	——	
三、净资产类		
净资产	净资产	

续表

政府综合会计报表项目	政府部门会计报表项目	项目说明
四、收入类		
税收收入	——	
非税收入	——	
事业收入	事业收入	财政与部门之间抵销事项。与财政专户管理资金支出进行抵销。
		部门之间抵销事项。与支付给同级政府部门的商品和服务费用进行抵销。
经营收入	经营收入	部门之间抵销事项。与支付给同级政府部门的商品和服务费用进行抵销。
投资收益	投资收益	
政府间转移性收入	上级补助收入	政府部门本期从上级或下级政府(包括政府财政和政府部门)取得的各类财政款。
	非同级财政拨款收入	
其他收入	附属单位上缴收入	未抵销完的附属单位上缴收入。
其他收入	非同级财政拨款收入	部门之间抵销事项。与支付给同级政府部门的横向转拨财政款进行抵销。
	捐赠收入	
	利息收入	
	租金收入	
	其他收入	部门之间抵销事项。与支付给同级政府部门的商品和服务费用抵销。
待抵销调整项目	财政拨款收入	财政与部门之间抵销事项。将部门的财政拨款收入与财政的一般公共预算支出、政府性基金预算支出等相关支出进行抵销。
五、费用类		
工资福利费用	工资福利费用	
商品和服务费用	商品和服务费用	部门之间抵销事项。与来自同级政府部门的事业收入、其他收入和经营收入进行抵销。
对个人和家庭的补助费用	对个人和家庭的补助费用	
对企业补助费用	对企业补助费用	
对社会保障基金补助费用	——	
政府间转移性支出	上缴上级费用	
固定资产折旧费用	固定资产折旧费用	
无形资产摊销费用	无形资产摊销费用	

续表

政府综合会计报表项目	政府部门会计报表项目	项目说明
公共基础设施折旧（摊销）费用	公共基础设施折旧（摊销）费用	
保障性住房折旧费用	保障性住房折旧费用	
资产处置费用	资产处置费用	
财务费用	——	
其他费用	计提专用基金	未抵销完的对附属单位补助支出。
	所得税费用	
	对附属单位补助支出	
	其他费用	

附 3-2　　　　财政总预算会计报表项目对照表

政府综合会计报表项目	政府部门会计报表项目	项目说明
一、资产类		
货币资金	国库存款	
	国库现金管理存款	
	其他财政存款	
短期投资	有价证券	
应收及预付款项	在途款	"与下级往来"科目所属明细科目期末为贷方余额的，应填入政府综合会计报表的"应付及预收款项"。
	其他应收款	
	与下级往来	
应收股利	应收股利	
应收利息	应收利息	
存货	——	
一年内到期的非流动资产	应收地方政府债券转贷款（1年内到期部分）	
	应收主权外债转贷款（1年内到期部分）	
其他流动资产	——	
长期投资	股权投资	
应收转贷款	应收地方政府债券转贷款（剔除1年内到期部分）	
固定资产净值	——	

续表

政府综合会计报表项目	政府部门会计报表项目	项目说明
在建工程	——	
无形资产净值	——	
研发支出	——	
公共基础设施净值	——	
政府储备物资	——	
文物文化资产	——	
保障性住房净值	——	
其他非流动资产	待发国债	
受托代理资产		
待抵销调整项目	借出款项	财政与部门之间抵销事项。将财政的借出款项与部门其他应付款科目进行抵销。
	预拨经费	财政与部门之间抵销事项。与部门中的其他应付款进行抵销。
二、负债类		
应付短期政府债券	应付短期政府债券	
短期借款	——	
应付职工薪酬		
应付及预收款项	与上级往来	"与上级往来"科目所属明细科目期末为借方余额的，应填入政府综合会计报表的"应收及预付款项"。
	其他应付款	
应付政府补贴款	——	
应付利息	应付利息	
一年内到期的非流动负债	一年内到期的非流动负债	
其他流动负债	——	
应付长期政府债券	应付长期政府债券	
应付转贷款	应付地方政府债券转贷款	
	应付主权外债转贷款	
长期借款	借入款项	
长期应付款	——	
其他非流动负债	其他负债	
受托代理负债	——	

续表

政府综合会计报表项目	政府部门会计报表项目	项目说明
待抵销调整项目	应付国库集中支付结余	财政与部门之间抵销事项。抵销财政与部门之间的往来事项。
	应付代管资金	财政与部门之间抵销。财政代管预算单位资金,单位通过"其他应收款"核算的,与部门的其他应收款进行抵销。
待抵销调整项目	应付代管资金	财政与部门之间抵销。财政代管预算单位资金,单位通过"银行存款"核算的,与部门的银行存款进行抵销。
三、净资产类		
净资产	一般公共预算结转结余	
净资产	政府性基金预算结转结余	
	国有资本经营预算结转结余	
	财政专户管理资金结余	
	专用基金结余	
	预算稳定调节基金	
	预算周转金	
	资产基金	
	待偿债净资产	用负数填列
四、收入类		
税收收入	一般公共预算本级收入中税收收入	
非税收入	一般公共预算本级收入中非税收入	
	政府性基金预算本级收入	
事业收入	财政专户管理资金收入	
经营收入	——	
投资收益	——	
政府间转移性收入	补助收入	
政府间转移性收入	上解收入	
	地区间援助收入	
其他收入	——	财政内部调整事项。将财政内部中不属于一般公共安排的专用基金收入调整到其他收入中。

续表

政府综合会计报表项目	政府部门会计报表项目	项目说明
商品和服务费用	——	财政内部调整事项。将财政直接安排支出分析调整计入相应费用报表项目。
对个人和家庭的补助	——	财政内部调整事项。将财政直接安排支出分析调整计入相应费用报表项目。
对企业补助费用	——	财政内部调整事项。将财政直接安排支出分析调整计入相应费用报表项目。
对社会保障基金补助费用	——	财政内部调整事项。将财政直接安排支出分析调整计入相应费用报表项目。
政府间转移性支出	补助支出	
	上解支出	
	地区间援助支出	
固定资产折旧费用	——	
公共基础设施折旧（摊销）费用	——	
保障性住房折旧费用	——	
财务费用	——	财政内部调整事项。将财政直接安排支出分析调整计入相应费用报表项目。
其他费用	——	
待抵销调整项目	一般公共预算本级支出	财政与部门之间抵销事项。将部门的财政拨款收入与财政的一般公共预算支出相关支出进行抵销。
	一般公共预算本级支出	财政内部调整事项。财政直接发生的资本性支出不属于费用，应予以调减，并调整净资产。
		财政内部抵销事项。将财政内部的来自一般公共预算安排的专用基金收入与相应的一般公共预算支出进行抵销。
		财政内部调整事项。将财政直接安排支出分析调整计入相应费用报表项目。
	政府性基金预算本级支出	财政与部门之间抵销事项。将部门的财政拨款收入与财政的政府性基金预算支出进行抵销。
		财政内部调整事项。财政直接发生的资本性支出不属于费用，应予以调减，并调整净资产。
		财政内部调整事项。将财政直接安排支出分析调整计入相应费用报表项目。

续表

政府综合会计报表项目	政府部门会计报表项目	项目说明
待抵销调整项目	国有资本经营预算本级支出	财政内部调整事项。财政直接发生的资本性支出不属于费用，应予以调减，并调整净资产。
		财政内部调整事项。将财政的直接支出分析调整计入相应费用报表项目。
	财政专户管理资金支出	财政与部门之间抵销事项。与部门的事业收入（财政专户管理资金）进行抵销。
	调出资金	财政内部抵销事项。与财政内部调入资金进行抵销。
	债务还本支出	财政内部调整事项。债务还本支出不属于费用，应予以调减，并调整净资产。
	债务转贷支出	财政内部调整事项。债务转贷支出不属于费用，应予以调减，并调整净资产。
	安排预算稳定调节基金	财政内部调整事项。安排预算稳定调节基金不属于费用，应予以调减，并调整净资产。
	专用基金支出	财政内部调整事项。将财政的专用基金支出调整计入相应的费用报表项目。

附 3-3　　　　　　　　　　土地储备资金财务报表项目对照表

政府综合会计报表项目	政府部门会计报表项目	项目说明
一、资产类		
货币资金	库存现金	
	银行存款	
短期投资	——	
应收及预付款项	预付工程款	
	其他应收款	
应收股利	——	
应收利息	应收利息	
存货	——	
一年内到期的非流动资产	——	
其他流动资产	待摊支出	
长期投资	——	
应收转贷款	——	
固定资产净值		

续表

政府综合会计报表项目	政府部门会计报表项目	项目说明
在建工程	收储项目	
无形资产净值		
研发支出		
公共基础设施净值	——	
政府储备物资	——	
文物文化资产		
保障性住房净值	——	
其他非流动资产		
受托代理资产		
待抵销调整项目		财政应返还额度财政与部门之间抵销事项，抵销财政与土地储备资金之间的往来事项。
二、负债类		
应付短期政府债券	——	
短期借款	短期借款	
应付职工薪酬	——	
应付及预收款项	应付工程款	
	其他应付款	
应付政府补贴款		
应付利息	应付利息	
一年内到期的非流动负债	——	
其他流动负债	应交税费	期末为借方余额的，以"—"号填列。
应付长期政府债券	——	
应付转贷款		
长期借款	长期借款	
长期应付款		
其他非流动负债	——	
受托代理负债	——	
三、净资产类		
净资产	土地储备资金	
四、收入类		
税收收入	——	

续表

政府综合会计报表项目	政府部门会计报表项目	项目说明
非税收入	——	
事业收入	——	
经营收入	——	
投资收益	——	
政府间转移性收入	——	
其他收入	其他收入	
待抵销调整项目		财政拨款收入将土地储备资金的财政拨款收入与财政的一般公共预算支出、政府性基金预算支出等相关支出进行抵销。
五、费用类		
工资和福利费用	——	
商品和服务费用	——	
对个人和家庭补助费用	——	
对企业补助费用		
对社会保障基金补助费用		
政府间转移性支出		
固定资产折旧费用		
无形资产摊销费用		
公共基础设施折旧（摊销）费用		
保障性住房折旧费用	——	
资产处置费用	交付项目支出	
财务费用	——	
其他费用	——	

附3-4　　物资储备资金会计报表项目对照表

政府综合会计报表项目	政府部门会计报表项目	项目说明
一、资产类		
货币资金	库存现金	
	银行存款	
	外汇存款	
短期投资	——	

续表

政府综合会计报表项目	政府部门会计报表项目	项目说明
应收及预付款项	转账收款	
	应收账款	
	应收索赔款	
	合同预付款	
应收股利	——	
应收利息	——	
存货	——	
一年内到期的非流动资产	——	
其他流动资产	待处理物资短少	
长期投资	——	
长期投资	——	
应收转贷款	——	
固定资产净值	——	
在建工程	——	
无形资产净值	——	
研发支出	——	
公共基础设施净值		
政府储备物资	库存储备物资	
	库存专案物资	
	借出储备物资	
	借出专案物资	
	其他待转资产	
	收储物资	
	物资进货费	
	专项储备物资	
文物文化资产	——	
保障性住房净值	——	
其他非流动资产	——	
受托代理资产	——	

续表

政府综合会计报表项目	政府部门会计报表项目	项目说明
待抵销调整项目	财政预算额度	财政与部门之间抵销事项，抵销财政与物资储备资金之间的往来
二、负债类		
应付短期政府债券	——	
短期借款	借入款项（属于短期的部分）	
应付职工薪酬	——	
应付及预收账款	应付账款	
应付及预收账款	划收货款	
	合同预收款	
	其他应付款	
应付政府补贴款	——	
应付利息	——	
一年内到期的非流动负债	——	
其他流动负债	应交税金	
	待处理物资溢余	
	应上交资金	
应付长期政府债券	——	
应付转贷款	——	
长期借款	借入款项（属于长期的部分）	
长期应付款	——	
其他非流动负债	——	
受托代理负债	——	
三、净资产类		
净资产	储备基金	
	08 专项贷款基金	
净资产	财政预算基金	
	收入合计与支出合计的差额	
四、收入类		
税收收入	——	
非税收入	——	

续表

政府综合会计报表项目	政府部门会计报表项目	项目说明
事业收入	——	
经营收入	——	
投资收益	——	
政府间转移性收入	——	
其他收入	——	
五、费用类		
工资和福利费用	——	
商品和服务费用	——	
对个人和家庭补助费用	——	
对企业补助费用	——	
对社会保障基金补助费用	——	
政府间转移性支出	——	
固定资产折旧费用	——	
无形资产摊销费用	——	
公共基础设施折旧（摊销）费用	——	
保障性住房折旧费用	——	
资产处置费用	——	
财务费用	——	
其他费用	——	

附 4　　　　　　　　　抵销调整事项清单

序号	事项说明	分录	事项分类
1-1	抵销政府部门之间的债权债务事项。	借：应付账款/预收账款/其他应付款/长期应付款 　贷：应收账款/预付账款/其他应收款	部门之间抵销事项
1-2	部门之间发生的债权债务事项，债权方已计提坏账准备的，应予以抵销。 其中，以前年度计提的贷记"累计盈余"、当期补提或冲减的贷记"其他费用"。	借：坏账准备部门之间抵销事项 　贷：其他费用 　　　累计盈余	部门之间抵销事项
2	抵销政府部门之间的收入费用事项。对增值税应税业务，按扣除增值税后的净额抵销。	借：事业收入/非同级财政拨款收入/经营收入/其他收入 　贷：商品和服务费用	

续表

序号	事项说明	分录	事项分类
3	抵销财政与部门、土地储备资金、物资储备资金之间的往来事项。	借：应付国库集中支付结余 贷：财政应返还额度/财政预算额度	财政与部门及相关资金主体之间抵销事项
4	将部门、土地储备资金的财政拨款收入与财政的一般公共预算支出、政府性基金预算支出等相关支出进行抵销。	借：财政拨款收入 贷：一般公共预算本级支出/政府性基金预算本级支出等	财政与部门之间抵销事项
5	将部门的事业收入与财政的财政专户管理资金支出进行抵销。	借：事业收入（财政专户管理资金） 贷：财政专户管理资金支出	财政与部门之间抵销事项
6	将财政的借出款项与部门的其他应付款进行抵销。	借：其他应付款 贷：借出款项	财政与部门之间抵销事项
7	将财政的预拨经费与部门的其他应付款进行抵销。	借：其他应付款 贷：预拨经费	财政与部门之间抵销事项
8-1	财政代管预算单位资金，单位通过"其他应收款"核算的，将应付代管资金与部门的其他应收款进行抵销。	借：应付代管资金 贷：其他应收款	财政与部门之间抵销事项
8-2	财政代管预算单位资金，单位通过"银行存款"核算的，将应付代管资金与部门的银行存款进行抵销。	借：应付代管资金 贷：银行存款	财政与部门之间抵销事项
9	将财政内部的来自一般公共预算安排的专用基金收入与相应的一般公共预算本级支出进行抵销。	借：专用基金收入 贷：一般公共预算本级支出	财政内部抵销事项
10	将财政内部不同类型资金之间的调入调出事项进行抵销。	借：调入资金 贷：调出资金	财政内部抵销事项
11	将财政内部的不属于一般公共预算安排的专用基金收入调整至其他收入。	借：专用基金收入 贷：其他收入	财政内部调整事项
12	国有资本经营预算收入不属于收入，应予以调减，并调整净资产。	借：国有资本经营本级预算收入 贷：净资产	财政内部调整事项
13	动用预算稳定调节基金不属于收入，应予以调减，并调整净资产。	借：动用预算稳定调节基金 贷：净资产	财政内部调整事项
14	安排预算稳定调节基金不属于费用，应予以调减，并调整净资产。	借：净资产 贷：安排预算稳定调节基金	财政内部调整事项
15	债务收入不属于收入，应予以调减，并调整净资产。	借：债务收入 贷：净资产	财政内部调整事项
16	债务转贷收入不属于收入，应予以调减，并调整净资产。	借：债务转贷收入 贷：净资产	财政内部调整事项
17	债务还本支出不属于费用，应予以调减，并调整净资产。	借：净资产 贷：债务还本支出	财政内部调整事项

续表

序号	事项说明	分录	事项分类
18	债务转贷支出不属于费用，应予以调减，并调整净资产。	借：净资产 　　贷：债务转贷支出 财政内部调整事项	财政内部调整事项
19	财政直接发生的形成资产的资本性支出不属于费用，应予以调减，并调整净资产。	借：净资产 　　贷：一般公共预算本级支出/政府性基金预算本级支出/国有资本经营预算本级支出	财政内部调整事项
20	将财政直接安排支出分析调整计入相应费用报表项目。	借：工资福利费用/商品和服务费用/对个人和家庭的补助费用/对企业的补贴费用/对社会保障基金补助费用/财务费用 　　贷：一般公共预算本级支出/政府性基金预算本级支出/国有资本经营预算本级支出	财政内部调整事项
21	将财政的专用基金支出调整计入相应的费用报表项目。	借：商品和服务费用/对个人和家庭的补助/对企事业单位的补贴 　　贷：专用基金支出	财政内部调整事项
22	将财政总预算会计中已核算的股权投资收益调出。	借：净资产 　　贷：投资收益	财政内部调整事项
23	将未确认的政府在企业中享有的国有资本权益、应收股利、投资收益予以确认。	借：应收股利/长期投资 　　贷：投资收益/净资产	财政内部调整事项
24	根据调整分录中收入调整总额与费用调整总额的差额调整净资产。	借或贷：收入调整总额与费用总额的差额 贷或借：净资产	其他调整事项。当差额为正数时，调增净资产，为负数时调减净资产。

注：上述清单中未涵盖的抵销事项，可根据实际情况自行增设抵销分录进行抵销。

3.4 政府部门财务报告编制操作指南（试行）

2019年12月12日　财库〔2019〕57号

第一章　总则

第一条　为规范政府部门财务报告编制工作，确保政府部门和单位准确、完整编制政府部门财务报告，根据《政府财务报告编制办法》和政府会计准则制度等，制定本指南。

第二条 政府部门财务报告以权责发生制为基础,主要反映政府部门的财务状况、运行情况等信息,具体包括财务报表和财务分析。

第三条 财务报表包括会计报表和报表附注。会计报表包括资产负债表和收入费用表。

(一)资产负债表。反映政府部门年末财务状况。资产负债表应当按照资产、负债和净资产分类分项列示。

(二)收入费用表。反映政府部门年度运行情况。收入费用表应当按照收入、费用和盈余分类分项列示。

(三)报表附注。重点对会计报表作进一步解释说明。

第四条 政府部门财务分析主要包括财务状况分析、运行情况分析、相关指标变化情况及趋势分析,以及政府部门财务管理方面采取的主要措施和取得成效等。

第五条 政府部门财务报告编制范围包括:

(一)部门及部门所属的行政事业单位,不包括企业(集团)下属的事业单位。

(二)与同级财政部门有预算拨款关系的社会团体。

财政部对政府部门财务报告编制范围另有规定的,依照其规定。

各单位应当按照本指南规定编制本单位财务报告并按照财务管理关系报送上级单位;上级单位除编制本单位财务报告外,还应当按照本指南规定对本单位和所属单位财务报表进行合并,编制合并财务报告。主管部门编制的合并财务报告,即部门财务报告。

第二章 政府部门会计报表项目

第一节 资产负债表项目

第六条 资产负债表(附1中表1)具体包括如下项目:

(一)资产类项目。

1. 货币资金,反映政府部门期末持有的货币资金余额,包括库存现金、银行存款和其他货币资金等。

2. 短期投资,反映政府部门期末持有的短期投资账面余额。

3. 财政应返还额度,反映政府部门期末财政应返还额度的金额。

4. 应收票据,反映政府部门期末持有的应收票据的票面金额。

5. 应收账款净额,反映政府部门期末尚未收回的应收账款减去已计提的坏账准备后的净额。

6. 预付账款,反映政府部门期末预付给商品或者劳务供应单位的款项。

7. 应收股利,反映政府部门期末因股权投资而应收取的现金股利或应当分得的利润。

8. 应收利息,反映政府部门期末因债券投资等而应收取的利息。

9. 其他应收款净额,反映政府部门期末尚未收回的其他应收款减去已计提的坏账准备后的净额。

10. 存货,反映政府部门期末存储的存货的实际成本。

11. 待摊费用,反映政府部门期末已经支出,但应当由本期和以后各期负担的分摊期在1年内(含1年)的各项费用。

12. 一年内到期的非流动资产,反映政府部门期末非流动资产项目中将在1年内(含1年)到期的金额,如事业单位将在1年内(含1年)到期的长期债券投资金额。

13. 其他流动资产,反映政府部门期末除本表中上述各项之外的其他流动资产的合计金额。

14. 长期股权投资,反映政府部门期末持有的长期股权投资的账面余额。

15. 长期债券投资,反映政府部门期末持有的长期债券投资的账面余额,不包含将于1年内(含1年)到期的部分。

16. 固定资产原值,反映政府部门期末固定资产的原值。

固定资产累计折旧,反映政府部门期末固定资产已计提的累计折旧金额。

固定资产净值,反映政府部门期末固定资产的账面价值。

17. 工程物资,反映政府部门期末为在建工程准备的各种物资的实际成本。

18. 在建工程,反映政府部门期末所有的建设项目工程的实际成本。

19. 无形资产原值,反映政府部门期末无形资产的原值。

无形资产累计摊销,反映政府部门期末无形资产已计提的累计摊销金额。

无形资产净值,反映政府部门期末无形资产的账面价值。

20. 研发支出,反映政府部门期末正在进行的无形资产开发项目开发阶段发生的累计支出数。

21. 公共基础设施原值,反映政府部门期末控制的公共基础设施的原值。

公共基础设施累计折旧(摊销),反映政府部门期末控制的公共基础设施已计提的累计折旧和累计摊销金额。

公共基础设施净值,反映政府部门期末控制的公共基础设施的账面价值。

22. 政府储备物资,反映政府部门期末控制的政府储备物资的实际成本。

23. 文物文化资产,反映政府部门期末控制的文物文化资产的成本。

24. 保障性住房原值,反映政府部门期末控制的保障性住房的原值。

保障性住房累计折旧,反映政府部门期末控制的保障性住房已计提的累计折旧金额。

保障性住房净值,反映政府部门期末控制的保障性住房的账面价值。

25. 长期待摊费用,反映政府部门期末已经支出,但应由本期和以后各期负担的分摊期限在1年以上(不含1年)的各项费用。

26. 待处理财产损溢,反映政府部门期末尚未处理完毕的各种资产的净损失或净溢余。

27. 其他非流动资产,反映政府部门期末除本表中上述各项之外的其他非流动资产的合计数。

28. 受托代理资产,反映政府部门期末受托代理资产的价值。

(二)负债类项目。

1. 短期借款,反映政府部门期末短期借款的余额。

2. 应交增值税,反映政府部门期末应缴未缴的增值税税额。

3. 其他应交税费,反映政府部门期末应缴未缴的除增值税以外的税费金额。

4. 应缴财政款,反映政府部门期末应当上缴财政但尚未缴纳的款项。

5. 应付职工薪酬,反映政府部门期末按有关规定应付给职工及为职工支付的各种薪酬。

6. 应付票据,反映政府部门期末应付票据的金额。

7. 应付账款,反映政府部门期末应当支付但尚未支付的偿还期限在1年内(含1年)的应付账款的金额。

8. 应付政府补贴款,反映负责发放政府补贴的政府部门期末按照规定应当支付给政府补贴接受者的各种政府补贴款余额。

9. 应付利息,反映政府部门期末按照合同约定应支付的借款利息。事业单位到期一次还本付息的长期借款利息不包括在本项目内。

10. 预收账款，反映政府部门期末预先收取但尚未确认收入和实际结算的款项余额。

11. 其他应付款，反映政府部门期末其他各项偿还期限在 1 年内（含 1 年）的应付及暂收款项余额。

12. 预提费用，反映政府部门期末已预先提取的已经发生但尚未支付的各项费用。

13. 一年内到期的非流动负债，反映政府部门期末将于 1 年内（含 1 年）偿还的非流动负债的余额。

14. 其他流动负债，反映政府部门期末除本表中上述各项之外的其他流动负债的合计数。

15. 长期借款，反映政府部门期末长期借款的余额，不包含将于 1 年内（含 1 年）到期的部分。

16. 长期应付款，反映政府部门期末长期应付款的余额，不包含将于 1 年内（含 1 年）到期的部分。

17. 预计负债，反映政府部门期末已确认但尚未偿付的预计负债的余额。

18. 其他非流动负债，反映政府部门期末除本表中上述各项之外的其他非流动负债的合计数。

19. 受托代理负债，反映政府部门期末受托代理负债的金额。

（三）净资产类项目。

1. 累计盈余，反映政府部门期末未分配盈余（或未弥补亏损）以及无偿调拨净资产变动的累计数。

2. 专用基金，反映政府部门期末累计提取或设置但尚未使用的专用基金余额。

3. 权益法调整，反映政府部门期末在被投资单位除净损益和利润分配以外的所有者权益变动中累积享有的份额。

第二节 收入费用表项目

第七条 收入费用表（附 1 中表 2）具体包括如下项目：

（一）收入类项目。

1. 财政拨款收入，反映政府部门本期从同级政府财政部门取得的各类财政拨款。

2. 事业收入，反映政府部门本期开展专业业务活动及其辅助活动实现的收入。

3. 上级补助收入，反映政府部门本期从主管部门和上级单位收到或应收的非财政拨款收入。

4. 附属单位上缴收入，反映政府部门本期收到或应收的独立核算的附属单位按照有关规定上缴的收入。

5. 经营收入，反映政府部门本期在专业业务活动及其辅助活动之外开展非独立核算经营活动实现的收入。

6. 非同级财政拨款收入，反映政府部门本期从非同级政府财政部门取得的财政拨款，不包括事业单位因开展专业业务活动及其辅助活动从非同级财政部门取得的经费拨款。

7. 投资收益，反映政府部门本期股权投资和债券投资所实现的收益或发生的损失。

8. 捐赠收入，反映政府部门本期接受捐赠取得的收入。

9. 利息收入，反映政府部门本期取得的银行存款利息收入。

10. 租金收入，反映政府部门本期经批准利用国有资产出租取得并按规定纳入本单位预算管理的租金收入。

11. 其他收入，反映政府部门本期取得的除以上收入项目外的其他收入。

（二）费用类项目（表 2-1）。

1. 业务活动费用，反映政府部门本期为实现其职能目标，依法履职或开展专业业务活动及其辅助活动所发生的各项费用。

2. 单位管理费用，反映政府部门所属事业单位等本期本级行政及后勤管理部门开展管理活动发生的各项费用，以及由政府部门统一负担的离退休人员经费、工会经费、诉讼费、中介费等。

3. 经营费用，反映政府部门本期在专业业务活动及其辅助活动之外开展非独立核算经营活动发生的各项费用。

4. 资产处置费用，反映政府部门本期经批准处置资产时转销的资产价值以及在处置过程中发生的相关费用或者处置收入小于处置费用形成的净支出。

5. 上缴上级费用，反映政府部门本期按照规定上缴上级单位款项发生的费用。

6. 对附属单位补助费用，反映政府部门本期用财政拨款收入之外的收入对附属单位补助发生的费用。

7. 所得税费用，反映政府部门有企业所得税缴纳义务的单位本期计算应交纳的企业所得税。

8. 其他费用，反映政府部门本期发生的除以上费用项目外的其他费用的总额。

（三）费用类项目（表2-2）。

1. 工资福利费用，反映政府部门本期发生的给在职职工和编制外长期聘用人员的各类劳动报酬，以及为上述人员缴纳的各项社会保险费等。

2. 商品和服务费用，反映政府部门本期购买商品和服务发生的费用金额。

3. 对个人和家庭的补助费用，反映政府部门本期用于对个人和家庭的补助金额。

4. 对企业补助费用，反映政府部门本期对各类企业的补助。

5. 固定资产折旧费用，反映政府部门本期对固定资产提取的折旧费用。

6. 无形资产摊销费用，反映政府部门本期对无形资产提取的摊销费用。

7. 公共基础设施折旧（摊销）费用，反映政府部门本期对公共基础设施提取的折旧（摊销）费用。

8. 保障性住房折旧费用，反映政府部门本期对保障性住房提取的折旧费用。

9. 计提专用基金，反映政府部门本期按照规定从收入中提取的专用基金。

10. 资产处置费用，反映政府部门本期经批准处置资产时转销的资产价值以及在处置过程中发生的相关费用或者处置收入小于处置费用形成的净支出。

11. 上缴上级费用，反映政府部门本期按照规定上缴上级单位款项发生的费用。

12. 对附属单位补助费用，反映政府部门本期用财政拨款收入之外的收入对附属单位补助发生的费用。

13. 所得税费用，反映有企业所得税缴纳义务的政府部门本期计算应交纳的企业所得税。

14. 其他费用，反映政府部门本期发生的除以上费用项目外的其他费用的总额。

（四）盈余类项目。

本年盈余，反映政府部门本期收入扣除本期费用后的净额。

第三章 政府部门财务报表编制

第八条 政府部门财务报表编制工作分为两个阶段：

（一）编制单位财务报表。单位按照《单位基础信息填报说明》（附5）填写基础信息，并根据执行的会计制度和《会计报表项目对照表》（附2）编制财务报表。

（二）编制合并财务报表。有下属单位的单位除编制本单位财务报表外，应逐级对本单位和所属单位会计报表数据进行合并，编制合并财务报表。

第一节　单位会计报表编制

第九条　各单位按照《会计报表项目对照表》(附2)，将本单位会计报表中的资产、负债、净资产、收入和费用类项目金额填入资产负债表、收入费用表对应的报表项目。

资产负债表的年初数原则上应与上年的年末数相等。收入费用表的上年数原则上应与上年的本年数相等。涉及会计差错更正、会计政策变更等调整以前年度盈余事项的，资产负债表年初数按调整后的数据填列。

第二节　部门合并会计报表编制

第十条　合并资产负债表和收入费用表的编制包括汇总单位会计报表、编制抵销分录、生成合并会计报表三个步骤。

（一）汇总单位会计报表。

上级单位对本单位和各所属单位上报的资产负债表和收入费用表进行分项加总，得出汇总的会计报表。

（二）编制抵销分录。

上级单位按照《抵销事项清单》（附4）对本单位、所属单位之间发生的经济业务或事项，确认后予以抵销，并编制抵销分录和抵销工作底表（附3）。按照重要性原则，设定10万元抵销阈值。对于单位和单位之间的债权债务事项，年末余额不超过10万元的，可以不进行抵销。对于单位和单位之间的收入费用事项，本年累计发生额不超过10万元的，可以不进行抵销。具备条件的须应抵尽抵，不受阈值限制。

1. 抵销政府部门内部债权债务事项。

对于经确认的内部债权债务事项，要编制抵销分录：借记"应付账款""预收账款""其他应付款""长期应付款"，贷记"应收账款""预付账款""其他应收款"。已计提坏账准备的债权债务事项，应按债权债务原值编制抵销分录，同时应抵销已计提的坏账准备，借记"坏账准备"，贷记"累计盈余"（以前年度计提的金额）、"其他费用"（当期补提或冲减的金额）。

【例3.4-1】A单位有2个所属单位A1、A2单位。A1单位会计报表"其他应收款"明细信息显示，A1单位应收A2单位款项500万元，A2单位会计报表"其他应付款"明细信息显示，A2单位应付A1单位款项500万元。A单位经与A1、A2两单位确认无误后，在编制合并会计报表时，抵销分录如下：

借：其他应付款——A1单位　　　　　　　　　　　　　　500
　　贷：其他应收款——A2单位　　　　　　　　　　　　　　500

【例3.4-2】B单位有2个所属单位B1、B2单位。B1单位会计报表"应收账款"明细信息显示，应收B2单位款项100万元，假设该单位按照账龄分析法对此应收账款计提坏账准备10万元，年末应收账款净额为90万元。B2单位会计报表"应付账款"明细信息显示，应付B1单位款项100万元。B单位经与B1、B2两单位确认无误后，第一年编制合并会计报表时，抵销分录如下：

借：应付账款——B1单位　　　　　　　　　　　　　　100
　　贷：应收账款——B2单位　　　　　　　　　　　　　　100

借：坏账准备 10
　　贷：其他费用 10

第二年，B1单位对该应收账款补提5万元的坏账准备，年末应收账款净额为85万元。第二年编制合并财务报表时，抵销分录如下：

借：应付账款——B1单位 100
　　贷：应收账款——B2单位 100
借：坏账准备 15
　　贷：其他费用 5
　　　　累计盈余 10

第三年，B1单位收回该应收账款50万元，冲减8万元的坏账准备，年末应收账款净额为43万元。第三年编制合并财务报表时，抵销分录如下：

借：应付账款——B1单位 50
　　贷：应收账款——B2单位 50
借：坏账准备 7
　　贷：其他费用 −8
　　　　累计盈余 15

2. 抵销政府部门内部收入费用事项。

对经确认的内部收入费用事项，应编制抵销分录：

（1）"上级补助收入"与"对附属单位补助费用"之间存在抵销关系，抵销分录为：借记"上级补助收入"，贷记"对附属单位补助费用"。

（2）"附属单位上缴收入"与"上缴上级费用"之间存在抵销关系，抵销分录为：借记"附属单位上缴收入"，贷记"上缴上级费用"。

（3）"事业收入""非同级财政拨款收入""经营收入""其他收入"中属于来自本部门内部单位的部分与"业务活动费用（商品和服务费用）""单位管理费用（商品和服务费用）""经营费用（商品和服务费用）"中属于支付给本部门内部单位的部分存在抵销关系，抵销分录为：借记"事业收入""非同级财政拨款收入""经营收入""其他收入"，贷记"业务活动费用（商品和服务费用）""单位管理费用（商品和服务费用）""经营费用（商品和服务费用）"。对涉及增值税的应税业务，按扣除增值税后的净额抵销。

【例3.4-3】A单位有2个所属单位A1、A2单位。A1单位会计报表"事业收入"明细信息显示，A1单位收到来自A2单位款项为112万元，A2单位会计报表"业务活动费用（商品和服务费用）"明细信息显示，A2单位支付给A1单位款项113万元。A单位经与A1、A2两单位确认无误后，在编制合并会计报表时，抵销分录如下：

借：事业收入——A2单位 113
　　贷：业务活动费用（商品和服务费用）——A1单位 113

【例3.4-4】B单位有2个所属单位B1、B2单位，B1单位收到来自B2单位款项100万元，增值税13万元，B2单位支付B1单位款项113万元，B单位经与B1、B2两单位确认无误后，在编制合并会计报表时，抵销分录如下：

借：事业收入——B2单位 100
　　贷：业务活动费用（商品和服务费用）——B1单位 100

(三)生成合并会计报表。

将抵销分录中相关数据填入抵销工作底表(附3),根据抵销工作底表"合计"栏数据,对汇总后的资产负债表、收入费用表相关项目进行抵销,生成合并资产负债表和收入费用表。

第三节 会计报表附注编制

第十一条 附注是对在会计报表中列示的项目所作的进一步说明,以及对未能在会计报表中列示项目的说明。附注应当包括下列内容:

(一)会计报表编制基础。政府部门会计报表以权责发生制为基础编制。

(二)遵循相关制度规定的声明。政府部门应当声明编制的会计报表符合政府会计准则、相关会计制度和财务报告编制规定的要求,如实反映政府部门的财务状况、运行情况等有关信息。

(三)合并范围。合并会计报表应披露其包含的主体范围,具体包括所属单位的名称、性质(如:行政单位、事业单位或社会团体)、实有人员数等基本信息。与上年相比,合并范围发生变化的应详细说明变动情况。

(四)重要会计政策与会计估计变更情况。对本年发生的重要会计政策和会计估计变更,应说明变更的内容和原因,受其重要影响的报表项目名称和金额,以及重要会计政策和会计估计变更开始适用的时点。

(五)会计报表重要项目明细信息及说明。单位应当按照资产负债表和收入费用表项目列示顺序,采用数字和文字描述相结合的方法披露重要项目的明细信息,便于报表信息使用者更好理解报表信息。报表重要项目明细信息应至少包括下列报表(附1中附表1-24):

1. 货币资金明细表;
2. 应收账款净额明细表;
3. 预付账款明细表;
4. 其他应收款净额明细表;
5. 长期投资及投资收益明细表;
6. 固定资产明细表;
7. 在建工程明细表;
8. 无形资产明细表;
9. 公共基础设施明细表;
10. 政府储备物资明细表;
11. 保障性住房明细表;
12. 应付账款明细表;
13. 预收账款明细表;
14. 其他应付款明细表;
15. 长期借款明细表;
16. 长期应付款明细表;
17. 事业收入明细表;
18. 经营收入明细表;
19. 非同级财政拨款收入明细表;
20. 其他收入明细表;

21. 业务活动费用明细表；

22. 单位管理费用明细表；

23. 经营费用明细表；

24. 商品和服务费用明细表。

（六）需要说明的其他事项。

1. 重要或有事项说明。逐笔披露政府部门或有事项的事由和金额，如担保事项、未决诉讼或未决仲裁等，若无法预计金额应说明理由。

2. 以名义金额计量的资产名称、数量等情况，以及以名义金额计量理由的说明。

3. 使用债务资金形成的固定资产、公共基础设施、保障性住房等资产的账面价值、使用情况、收益情况及与此相关的债务偿还情况。

4. 重要资产置换、无偿调入（出）、捐入（出）、报废、重大毁损等情况的说明。

5. 对于政府部门管理的公共基础设施、文物文化资产、保障性住房、自然资源资产等重要资产，披露种类和实物量等相关信息。

6. 政府会计具体准则中要求附注披露的其他内容，以及其他未在报表中列示，但对政府部门财务状况有重大影响的事项。

第四章　政府部门财务分析

第一节　内容构成

第十二条 政府部门财务分析主要包括以下内容：

（一）政府部门工作目标完成情况。

结合政府部门职能、工作任务、相关政策要求等，说明政府部门年度工作目标计划及执行情况、绩效目标及完成情况。

（二）政府部门财务状况分析。

1. 分析政府部门的货币资金、长期投资、固定资产、在建工程、公共基础设施、政府储备物资、保障性住房等重要资产项目的结构特点和变化情况，并评估对政府部门提供公共服务能力的影响。

2. 结合短期借款、长期借款等重点负债项目的增减变化情况，分析政府部门债务规模和债务结构等。

3. 运用资产负债率、现金比率、流动比率等指标，分析政府部门财务状况。

（三）政府部门运行情况分析。

1. 分析政府部门的收入规模、结构及来源分布、重点收入项目的比重和变化趋势，以及经济形势、相关财政政策等对政府部门收入变动的影响等。

2. 分析政府部门费用规模、构成及变化情况，特别是政府部门控制行政成本的政策、投融资情况及对费用变动的影响等。

3. 运用政府部门的收入费用率等指标，分析政府部门收入与费用的比例情况。

（四）政府部门财务管理情况。

从部门预算管理、内控管理、资产管理、绩效管理、人才队伍建设等方面反映部门加强财务管理的主要措施和取得成效。

第二节　分析方法和指标

第十三条　政府部门可采取比率分析法、比较分析法、结构分析法、趋势分析法等方法进行财务分析。

第十四条　政府部门进行财务分析可参考使用以下指标：

分析指标表

序号	指标名称	公式	指标说明
1	资产负债率	负债总额/资产总额	反映政府部门偿付全部债务本息能力的基本指标。
2	现金比率	（货币资金+财政应返还额度）/流动负债	反映政府部门利用现金及现金等价物偿还短期债务的能力。
3	流动比率	流动资产/流动负债	反映政府部门流动资产用于偿还流动负债的能力。
4	固定资产成新率	固定资产净值/固定资产原值	反映政府部门固定资产的持续服务能力。
5	公共基础设施成新率	公共基础设施净值/公共基础设施原值	反映公共基础设施的持续服务能力。
6	保障性住房成新率	保障性住房净值/保障性住房原值	反映政府部门保障性住房的持续服务能力。
7	收入费用率	年度总费用/年度总收入	反映政府部门收入与费用的比例情况。

第五章　附则

第十五条　本指南自 2020 年 1 月 1 日起施行，财政部于 2018 年 3 月 1 日印发的《政府部门财务报告编制操作指南（试行）》（财库〔2018〕29 号）同时废止。

附：1. 政府部门财务报告样式
2. 会计报表项目对照表
3. 抵销工作底表
4. 抵销事项清单
5. 单位基础信息填报说明

附 1 政府部门财务报告样式

×× 年度 ×× 部门/单位
财务报告

部门（单位）名称：（公章）
单位负责人：（签名并盖章）
财务负责人：（签名并盖章）
编制人：（签章）
报送日期：　　年　月

一、政府部门财务报表

(一) 政府部门会计报表

表 1　　　　　　　　　　　　　　　**资产负债表**

编制单位：　　　　　　　　　　　　　年　月　日　　　　　　　　　　　　　　单位：万元

项目	附注	年末数	年初数
流动资产：			
货币资金	附表1		
短期投资			
财政应返还额度			
应收票据			
应收账款净额	附表2		
预付账款	附表3		
应收股利			
应收利息			
其他应收款净额	附表4		
存货			
待摊费用			
一年内到期的非流动资产			
其他流动资产			
流动资产合计			
非流动资产：			
长期股权投资	附表5		
长期债券投资	附表5		
固定资产原值 减：固定资产累计折旧			
固定资产净值	附表6		
工程物资			
在建工程	附表7		
无形资产原值 减：无形资产累计摊销			
无形资产净值	附表8		
研发支出			

续表

项目	附注	年末数	年初数
公共基础设施原值 减：公共基础设施累计折旧（摊销）			
公共基础设施净值	附表9		
政府储备物资	附表10		
文物文化资产			
保障性住房原值 减：保障性住房累计折旧			
保障性住房净值	附表11		
长期待摊费用			
待处理财产损溢			
其他非流动资产			
非流动资产合计			
受托代理资产			
资产总计			
流动负债：			
短期借款			
应交增值税			
其他应交税费			
应缴财政款			
应付职工薪酬			
应付票据			
应付账款	附表12		
应付政府补贴款			
应付利息			
预收账款	附表13		
其他应付款	附表14		
预提费用			
一年内到期的非流动负债			
其他流动负债			
流动负债合计			
非流动负债：			

续表

项目	附注	年末数	年初数
长期借款	附表 15		
长期应付款	附表 16		
预计负债			
其他非流动负债			
非流动负债合计			
受托代理负债			
负债合计			
净资产：			
累计盈余			
专用基金			
权益法调整			
净资产合计			
负债及净资产总计			

表 2-1　　　　　　　　　　　收入费用表（1）

编制单位：　　　　　　　　　年　月　日　　　　　　　　　　单位：万元

项目	附注	本年数	上年数
财政拨款收入			
事业收入	附表 17		
上级补助收入			
附属单位上缴收入			
经营收入	附表 18		
非同级财政拨款收入	附表 19		
投资收益	附表 5		
捐赠收入			
利息收入			
租金收入			
其他收入	附表 20		
收入合计			
业务活动费用	附表 21		
单位管理费用	附表 22		

续表

项目	附注	本年数	上年数
经营费用	附表23		
资产处置费用			
上缴上级费用			
对附属单位补助费用			
所得税费用			
其他费用			
费用合计			
本年盈余			

表 2-2　　　　　　　　　　　　　收入费用表（2）

编制单位：　　　　　　　　　　　　年　月　日　　　　　　　　　　　　　　单位：万元

项目	附注	本年数	上年数
财政拨款收入			
事业收入	附表17		
上级补助收入			
附属单位上缴收入			
经营收入	附表18		
非同级财政拨款收入	附表19		
投资收益	附表5		
捐赠收入			
利息收入			
租金收入			
其他收入	附表20		
收入合计			
工资福利费用			
商品和服务费用	附表24		
对个人和家庭的补助费用			
对企业补助费用			
固定资产折旧费用			
无形资产摊销费用			
公共基础设施折旧（摊销）费用			

续表

项目	附注	本年数	上年数
保障性住房折旧费用			
计提专用基金			
资产处置费用			
上缴上级费用			
对附属单位补助费用			
所得税费用			
其他费用1			
费用合计			
本年盈余			

（二）政府部门会计报表附注

1. 会计报表编制基础。（略）
2. 遵循相关制度规定的声明。（略）
3. 合并范围。（略）
4. 重要会计政策与会计估计变更情况。（略）
5. 会计报表重要项目的明细信息及说明。

（1）货币资金明细信息如下：

附表1　　　　　　　　　　　货币资金明细表

单位：万元

项目	年末数	年初数
库存现金		
银行存款		
其他货币资金		
合计		

（2）应收账款净额明细信息如下：

附表2　　　　　　　　　　　应收账款净额明细表

单位：万元

债务人	应收账款原值	减：坏账准备		应收账款净值
	年末数	当期补提或冲减数	年末数	年末数
应收本部门内部单位				
单位1				
单位2				

续表

债务人	应收账款原值	减：坏账准备		应收账款净值
	年末数	当期补提或冲减数	年末数	年末数
……				
应收本部门以外的同级政府单位				
单位1				
单位2				
……				
应收本部门以外的非同级政府单位				
单位1				
单位2				
应收其他单位				
……				
合计				

注：当期坏账准备冲减数以"-"号填列。

（3）预付账款明细信息如下：

附表3　　　　　　　　　　　　　预付账款明细表

单位：万元

债务人	年末数
预付本部门内部单位	
单位1	
单位2	
……	
预付本部门以外的同级政府单位	
单位1	
单位2	
……	
预付本部门以外的非同级政府单位	
单位1	
单位2	
……	
预付其他单位	
合计	

（4）其他应收款净额明细信息如下：

附表4　　　　　　　　　　　其他应收款净额明细表

单位：万元

债务人	其他应收款原值	减：坏账准备		其他应收款净值
	年末数	当期补提或冲减数	年末数	年末数
应收本部门内部单位				
单位1				
单位2				
……				
应收本部门以外的同级政府单位				
单位1				
单位2				
……				
应收本部门以外非同级政府单位				
单位1				
单位2				
……				
应收同级财政				
应收其他单位				
合计				

注：当期坏账准备冲减数以"-"号填列。

（5）长期投资及投资收益明细信息如下：

附表5　　　　　　　　　　　长期投资及投资收益明细表

单位：万元

投资对象	长期投资				投资收益	
	年初数	本年增加	本年减少	年末数	本年数	上年数
股权投资						
对企业股权投资						
企业1						
企业2						
……						
对投资基金股权投资						

续表

投资对象	长期投资				投资收益	
	年初数	本年增加	本年减少	年末数	本年数	上年数
投资基金1						
投资基金2						
……						
债券投资						
合计						

注：本表中每类投资下分别按照长期投资年末数从大到小排列。

（6）固定资产明细信息如下：

附表6　　　　　　　　　　　　固定资产明细表

单位：万元

项目	年初数	本年增加	本年减少	年末数
原值合计				
房屋及构筑物				
通用设备				
专用设备				
文物和陈列品				
图书、档案				
家具、用具、装具及动植物				
累计折旧合计				
房屋及构筑物				
通用设备				
专用设备				
文物和陈列品	--	--	--	--
图书、档案	--	--	--	--
家具、用具、装具及动植物				
净值合计		--	--	
房屋及构筑物		--	--	
通用设备		--	--	
专用设备		--	--	
文物和陈列品		--	--	

续表

项目	年初数	本年增加	本年减少	年末数
图书、档案		--	--	
家具、用具、装具及动植物		--	--	

（7）在建工程明细信息如下：

附表 7　　　　　　　　　　在建工程明细表

单位：万元

项目	年初数	本年增加	本年减少	年末数
项目 1				
项目 2				
……				
其他项目				
合计				

注：本表原则上按照项目金额从大到小列示前 20 项，其余部分合并填入其他项目。

（8）无形资产明细信息如下：

附表 8　　　　　　　　　　无形资产明细表

单位：万元

项目	年初数	本年增加	本年减少	年末数
原值合计				
专利权				
非专利技术				
著作权				
资源资质				
商标权				
信息数据				
其他				
累计摊销合计				
专利权				
非专利技术				
著作权				
资源资质				
商标权				

续表

项目	年初数	本年增加	本年减少	年末数
信息数据				
其他				
净值合计		--	--	
专利权		--	--	
非专利技术		--	--	
著作权		--	--	
资源资质		--	--	
商标权		--	--	
信息数据		--	--	
其他		--	--	

（9）公共基础设施明细信息如下：

附表9-1　　　　　　　　公共基础设施明细表（原值）

单位：万元

项目	年初数	本年增加	本年减少	年末数
市政基础设施				
轨道交通				
城市道路桥梁				
地下综合管廊				
园林绿化				
供水设施				
城市燃气设施				
集中供热				
城市排水和污水处理设施				
城市环境卫生设施				
公共文化体育设施				
其他				
交通运输基础设施				
公路				
航道				
港口				

续表

项目	年初数	本年增加	本年减少	年末数
水利基础设施				
其他公共基础设施				
原值合计				

附表 9-2　　　　公共基础设施明细表（累计折旧/摊销）

单位：万元

项目	年初数	本年增加	本年减少	年末数
市政基础设施				
轨道交通				
城市道路桥梁				
地下综合管廊				
园林绿化				
供水设施				
城市燃气设施				
集中供热				
城市排水和污水处理设施				
城市环境卫生设施				
公共文化体育设施				
其他				
交通运输基础设施				
公路				
航道				
港口				
水利基础设施				
其他公共基础设施				
累计折旧（摊销）合计				

附表 9-3　　　　公共基础设施明细表（净值）

单位：万元

项目	年初数	本年增加	本年减少	年末数
市政基础设施		---	---	

续表

项目	年初数	本年增加	本年减少	年末数
轨道交通		--	--	
城市道路桥梁		--	--	
地下综合管廊		--	--	
园林绿化		--	--	
供水设施		--	--	
城市燃气设施		--	--	
集中供热		--	--	
城市排水和污水处理设施		--	--	
城市环境卫生设施		--	--	
公共文化体育设施		--	--	
其他		--	--	
交通运输基础设施		--	--	
公路		--	--	
航道		--	--	
港口		--	--	
水利基础设施		--	--	
其他公共基础设施		--	--	
净值合计		--	--	

（10）政府储备物资明细信息如下：

附表 10　　　　　　　　　　政府储备物资明细表

单位：万元

物资类别	年初数	本年增加	本年减少	年末数
战略储备物资		--	--	
综合物资				
成品油				
火工物资				
天然铀				
其他				
粮、棉、糖、肉、药				
粮食				

续表

物资类别	年初数	本年增加	本年减少	年末数
棉花				
食糖				
肉				
医药				
自然灾害救助物资				
防汛抗旱储备物资				
森林（草原）防火储备物资				
城市排水防涝设备物资				
应急储备物资				
石油				
其他储备物资				
合计				

（11）保障性住房明细信息如下：

附表 11　　　　　　　　　　保障性住房明细表

单位：万元

物资类别	年初数	本年增加	本年减少	年末数
原值合计		---	---	
公共租赁住房（含廉租住房）				
经济适用住房				
累计折旧合计				
公共租赁住房（含廉租住房）				
经济适用住房				
净值合计		---	---	
公共租赁住房（含廉租住房）		---	---	
经济适用住房		---	---	

（12）应付账款明细信息如下：

附表 12　　　　　　　　　　应付账款明细表

单位：万元

债权人	年末数
应付本部门内部单位	

续表

债权人	年末数
单位1	
单位2	
……	
应付本部门以外的同级政府单位	
单位1	
单位2	
……	
应付本部门以外的非同级政府单位	
单位1	
单位2	
……	
应付其他单位	
合计	

（13）预收账款明细信息如下：

附表13　　　　　　　　　　预收账款明细表

单位：万元

债权人	年末数
预收本部门内部单位	
单位1	
单位2	
……	
预收本部门以外的同级政府单位	
单位1	
单位2	
……	
预收本部门以外的非同级政府单位	
单位1	
单位2	
……	
预收其他单位	

续表

债权人	年末数
合计	

(14) 其他应付款明细信息如下：

附表 14　　　　　　　　　　其他应付款明细表

单位：万元

债权人	年末数
应付本部门内部单位	
单位 1	
单位 2	
……	
应付本部门以外的同级政府单位	
单位 1	
单位 2	
……	
应付本部门以外的非同级政府单位	
单位 1	
单位 2	
……	
应付同级财政	
应付其他单位	
合计	

注："应付同级财政"主要包括预拨经费、向同级财政部门借入的款项。

(15) 长期借款明细信息如下：

附表 15-1　　　　　　　　　长期借款明细表

单位：万元

债权人	年末数
机构 1	
机构 2	
机构 3	
……	
合计	

注：本表按照债权人列示明细，并按长期借款年末数从大到小排列。

附表 15-2　　　　　　　　　　　长期借款明细表

单位：万元

长期借款到期期限	年末数	年初数
1-3 年到期（不含 1 年）		
3-5 年到期（不含 3 年）		
5 年以上到期（不含 5 年）		
合计		

注：本表按照长期借款余额到期期限列示明细。

（16）长期应付款明细信息如下：

附表 16　　　　　　　　　　　长期应付款明细表

单位：万元

债权人	年末数
应付本部门内部单位	
单位 1	
单位 2	
……	
应付本部门以外的同级政府单位	
单位 1	
单位 2	
……	
应付本部门以外的非同级政府单位	
单位 1	
单位 2	
……	
应付其他单位	
合计	

（17）事业收入明细信息如下：

附表 17　　　　　　　　　　　事业收入明细表

单位：万元

收入来源	本年数
来自财政专户管理资金	
来自本部门内部单位	

续表

收入来源	本年数
单位1	
单位2	
……	
来自本部门以外的同级政府单位	
单位1	
单位2	
……	
来自本部门以外的非同级政府单位	
单位1	
单位2	
……	
来自非同级财政	
** 财政	
……	
来自其他单位	
合计	

（18）经营收入明细信息如下：

附表18　　　　　　　　　经营收入明细表

单位：万元

收入来源	本年数
来自本部门内部单位	
单位1	
单位2	
……	
来自本部门以外的同级政府单位	
单位1	
单位2	
……	
来自本部门以外的非同级政府单位	

续表

收入来源	本年数
单位1	
单位2	
……	
来自其他单位	
合计	

（19）非同级财政拨款收入明细信息如下：

附表 19　　　　　　　　　　非同级财政拨款收入明细表

单位：万元

收入来源	本年数
来自本部门内部单位	
单位1	
单位2	
……	
来自本部门以外的同级政府单位	
单位1	
单位2	
……	
来自本部门以外的非同级政府单位	
单位1	
单位2	
……	
来自非同级财政	
**财政	
……	
合计	

注："来自非同级财政"是指收到其他财政部门的拨款。

（20）其他收入明细信息如下：

附表20　　　　　　　　　　其他收入明细表

单位：万元

收入来源	本年数
来自本部门内部单位	
单位1	
单位2	
……	
来自本部门以外的同级政府单位	
单位1	
单位2	
……	
来自本部门以外的非同级政府单位	
单位1	
单位2	
……	
来自其他单位	
合计	

（21）业务活动费用明细信息如下：

附表21　　　　　　　　　　业务活动费用明细表

单位：万元

项目	本年数	上年数
工资和福利费用		
商品和服务费用		
对个人和家庭的补助费用		
对企业补助费用		
固定资产折旧费用		
无形资产摊销费用		
公共基础设施折旧（摊销）费用		
保障性住房折旧费用		
计提专用基金		
其他业务活动费用		
合计		

（22）单位管理费用明细信息如下：

附表 22　　　　　　　　　　单位管理费用明细表

单位：万元

项目	本年数	上年数
工资和福利费用		
商品和服务费用		
对个人和家庭的补助费用		
对企业补助费用		
固定资产折旧费用		
无形资产摊销费用		
其他单位管理费用		
合计		

（23）经营费用明细信息如下：

附表 23　　　　　　　　　　经营费用明细表

单位：万元

项目	本年数	上年数
工资和福利费用		
商品和服务费用		
对个人和家庭的补助费用		
固定资产折旧费用		
无形资产摊销费用		
其他经营费用		
合计		

（24）商品和服务费用明细信息如下：

附表 24　　　　　　　　　　商品和服务费用明细表

单位：万元

项目	本年数			
	合计	业务活动费用	单位管理费用	经营费用
支付给本部门内部单位				
单位 1				
单位 2				

项目	本年数			
	合计	业务活动费用	单位管理费用	经营费用
……				
支付给本部门以外的同级政府单位				
单位1				
单位2				
……				
支付给本部门以外的非同级政府单位				
单位1				
单位2				
……				
支付给其他单位				
合计				

6. 需要说明的其他事项。（略）

二、政府部门财务分析

（一）政府部门工作目标完成情况。（略）

（二）政府部门财务状况分析。（略）

（三）政府部门运行情况分析。（略）

（四）政府部门财务管理情况。（略）

附2-1　　　　　　　会计报表项目对照表（政府会计制度）

部门财务报告	报表项目	会计报表项目	项目说明
一、资产类			
货币资金	货币资金		
短期投资	短期投资		
财政应返还额度	财政应返还额度		
应收票据	应收票据		
应收账款净额	应收账款净额		"应收账款"所属明细科目期末为贷方余额的，应在本表"预收账款"项目填列。
预付账款	预付账款		应在本表"应付账款"项目填列。
应收股利	应收股利		
应收利息	应收利息		
其他应收款净额	其他应收款净额		"其他应收款"所属明细科目期末为贷方余额的，应在本表"其他应付款"项目填列。

续表

部门财务报告	报表项目	会计报表项目	项目说明
存货	存货		
待摊费用	待摊费用		
一年内到期的非流动资产	一年内到期的非流动资产		
其他流动资产	其他流动资产		
长期股权投资	长期股权投资		
长期债券投资	长期债券投资		
固定资产原值	固定资产原值		
固定资产原值	林木资产		根据国有林场和苗圃单位会计报表中的"林木资产"项目期末余额在固定资产中的"家具、用具、装具及动植物"分类中填列。
减：固定资产累计折旧	固定资产累计折旧		
固定资产净值	固定资产净值		
工程物资	工程物资		
在建工程	在建工程		
无形资产原值	无形资产原值		
减：无形资产累计摊销	无形资产累计摊销		
无形资产净值	无形资产净值		
研发支出	研发支出		
公共基础设施原值	公共基础设施原值		
减：公共基础设施累计折旧（摊销）	公共基础设施累计折旧（摊销）		
公共基础设施净值	公共基础设施净值		
政府储备物资	政府储备物资		
文物文化资产	文物文化资产		
保障性住房原值	保障性住房原值		
减：保障性住房累计折旧	保障性住房累计折旧		
保障性住房净值	保障性住房净值		
长期待摊费用	长期待摊费用		
待处理财产损溢	待处理财产损溢		
其他非流动资产	其他非流动资产		
受托代理资产	受托代理资产		
二、负债类			

续表

部门财务报告	报表项目	会计报表项目	项目说明
短期借款	短期借款		
应交增值税	应交增值税		
其他应交税费	其他应交税费		
应缴财政款	应缴财政款		
应付职工薪酬	应付职工薪酬		
应付票据	应付票据		
应付账款	应付账款		"应付账款"所属明细科目期末为借方余额的，应在本表"预付账款"项目填列。
	应付返奖奖金		根据彩票机构会计报表中"应付返奖奖金"项目的期末余额填列。
	应付代销费		根据彩票机构会计报表中"应付代销费"项目的期末余额填列。
应付利息	应付利息		
预收账款	预收账款		"预收账款"所属明细科目期末为借方余额的，应在本表"应收账款"项目填列。
其他应付款	其他应付款		"其他应付款"所属明细科目期末为借方余额的，应在本表"其他应收款"项目填列。待结算医疗款。
	待结算医疗款		根据基层医疗卫生机构会计报表中"待结算医疗款"项目余额填列。
预提费用			
一年内到期的非流动负债			
其他流动负债			
长期借款			
长期应付款			
预计负债			
其他非流动负债	其他非流动负债		
受托代理负债	受托代理负债		
三、净资产类			
累计盈余	累计盈余		
专用基金	专用基金		
权益法调整	权益法调整		

续表

部门财务报告	报表项目	会计报表项目	项目说明
四、收入类			
财政拨款收入	财政拨款收入		
事业收入	事业收入		
上级补助收入	上级补助收入		
附属单位上缴收入	附属单位上缴收入		
经营收入	经营收入		
非同级财政拨款收入	非同级财政拨款收入		
投资收益	投资收益		
捐赠收入	捐赠收入		
利息收入	利息收入		
租金收入	租金收入		
其他收入	其他收入		
五、费用类（一）			
业务活动费用	业务活动费用		
单位管理费用	单位管理费用		
经营费用	经营费用		
资产处置费用	资产处置费用		
上缴上级费用	上缴上级费用		
对附属单位补助费用	对附属单位补助费用		
所得税费用	所得税费用		
其他费用	其他费用		
五、费用类（二）			
工资和福利费用	业务活动费用、单位管理、费用和经营费用（工资福利费用）		根据"业务活动费用""单位管理费用"和"经营费用"会计科目中"工资福利费用"明细科目填列。
商品和服务费用	业务活动费用、单位管理费用和经营费用（商品和服务费用）		根据"业务活动费用""单位管理费用"和"经营费用"会计科目中"商品和服务费用"明细科目填列。
对个人和家庭的补助费用	业务活动费用、单位管理费用和经营费用（对个人和家庭的补助费用）		根据"业务活动费用""单位管理费用"和"经营费用"会计科目中"对个人和家庭的补助费用"明细科目填列。

续表

部门财务报告	报表项目	会计报表项目	项目说明
对企业补助费用	业务活动费用（对企业补助费用）		根据"业务活动费用"会计科目中"对企业补助费用"明细科目填列。
固定资产折旧费用	业务活动费用、单位管理费用和经营费用（固定资产折旧费用）		根据"业务活动费用""单位管理费用"和"经营费用"会计科目中"固定资产折旧费"明细科目填列。
无形资产摊销费用	业务活动费用、单位管理费用和经营费用（无形资产摊销费用）		根据"业务活动费用""单位管理费用"和"经营费用"会计科目中"无形资产摊销"明细科目填列。
公共基础设施折旧（摊销）费用	业务活动费用（公共基础设施折旧（摊销）费用）		根据"业务活动费用"会计科目中"公共基础设施折旧（摊销）"明细科目填列。
保障性住房折旧费用	业务活动费用（保障性住房折旧费用）		根据"业务活动费用"会计科目中"保障性住房折旧费"明细科目填列。
计提专用基金	业务活动费用（计提专用基金）		根据"业务活动费用"会计科目中"计提专用基金"明细科目填列。
资产处置费用	资产处置费用		
上缴上级费用	上缴上级费用		
对附属单位补助费用	对附属单位补助费用		
所得税费用	所得税费用		
其他费用	"其他费用"和"业务活动费用""单位管理费用""经营费用"会计科目中的其他部分		

附2-2　　会计报表项目对照表（民间非营利组织会计制度）

部门财务报告报表项目	会计报表项目	项目说明
一、资产类		
货币资金	货币资金	
短期投资	短期投资	
财政应返还额度	——	
应收票据	应收款项（应收票据）	根据"应收票据"会计科目期末余额填列。
应收账款净额	应收款项（应收账款）	根据"应收账款"会计科目期末余额，减去"坏账准备"科目中提取的"应收账款"坏账准备余额填列。 "应收账款"所属明细科目期末为贷方余额的，应在本表"预收账款"项目填列。

续表

部门财务报告报表项目	会计报表项目	项目说明
预付账款	预付账款	"预付账款"所属明细科目期末为贷方余额的,应在本表"应付账款"项目填列。
应收股利	——	
应收利息	——	
其他应收款净额	应收款项（其他应收款）	根据"其他应收款"会计科目期末余额,减去"坏账准备"科目中提取的"其他应收款"坏账准备余额填列。 "其他应收款"所属明细科目期末为贷方余额的,应在本表"其他应付款"项目填列。
存货	存货	
待摊费用	待摊费用	
一年内到期的非流动资产	一年内到期的非流动资产	
一年内到期的长期债权投资	一年内到期的长期债权投资	
其他流动资产	其他流动资产	
长期股权投资	长期股权投资	
长期债券投资	长期债券投资	
固定资产原值	——	
减：固定资产累计折旧	——	
固定资产净值	固定资产	
工程物资	——	
在建工程	在建工程	
无形资产原值	——	
减：无形资产累计摊销	——	
无形资产净值	无形资产	
研发支出	——	
公共基础设施原值	——	
减：公共基础设施累计折旧（摊销）	——	
公共基础设施净值	——	
政府储备物资	——	
文物文化资产	文物文化资产	
保障性住房原值	——	
减：保障性住房累计折旧	——	

续表

部门财务报告报表项目	会计报表项目	项目说明
保障性住房净值	——	
长期待摊费用	——	
待处理财产损溢	固定资产清理	
其他非流动资产	——	
受托代理资产	受托代理资产	
二、负债类		
短期借款	短期借款	
应交增值税	应交税金（应交增值税）	根据"应交税金"会计科目期末余额中明细科目"应交增值税"期末余额填列。
其他应交税费	应交税金（其他应交税费）	根据"应交税金"会计科目期末余额减去"应交增值税"余额后填列。
应缴财政款	——	
应付职工薪酬	应付工资	
应付票据	应付款项（应付票据）	根据"应付票据"会计科目期末余额填列。
应付账款	应付款项（应付账款）	根据"应付账款"会计科目期末余额填列。"应付账款"所属明细科目期末为借方余额的，应在本表"预付账款"项目填列。
应付政府补贴款	——	
应付利息	——	
预收账款	预收账款	"预收账款"所属明细科目期末为借方余额的，应在本表"应收账款"项目填列。
其他应付款	应付款项（其他应付款）	根据"其他应付款"会计科目期末余额填列。"其他应付款"所属明细科目期末为借方余额的，应在本表"其他应收款"项目填列。
预提费用	预提费用	
一年内到期的非流动负债	一年内到期的非流动负债	
其他流动负债	其他流动负债	
长期借款	长期借款	
长期应付款	长期应付款	
预计负债	预计负债	
其他非流动负债	其他非流动负债	
受托代理负债	受托代理负债	

续表

部门财务报告报表项目	会计报表项目	项目说明
三、净资产类		
累计盈余	非限定性净资产	
专用基金	限定性净资产	
权益法调整	——	
四、收入类		
财政拨款收入	政府补助收入（同级财政拨款）	根据"政府补助收入"项目分析填列。
事业收入	会费收入	
	提供服务收入	
上级补助收入	——	
附属单位上缴收入	——	
经营收入	商品销售收入	
非同级财政拨款收入	政府补助收入（剔除同级财政拨款部分）	根据"政府补助收入"项目分析填列。
投资收益	投资收益	
捐赠收入	捐赠收入	
利息收入	——	
租金收入	——	
其他收入	其他收入	
五、费用类（一）		
业务活动费用	业务活动成本	
单位管理费用	管理费用	
经营费用	——	
资产处置费用	其他费用（固定资产处置和无形资产处置）	根据"其他费用"会计科目中相关明细科目填列。
上缴上级费用	——	
对附属单位补助费用	——	
所得税费用	——	
其他费用	筹资费用	
	其他费用（剔除固定资产处置和无形资产处置部分）	根据"其他费用"会计科目中相关明细科目填列。

续表

部门财务报告报表项目	会计报表项目	项目说明
五、费用类（二）		
工资和福利费用	业务活动成本、管理费用（工资福利费用）	
商品和服务费用	业务活动成本、管理费用（商品和服务费用）	
对个人和家庭补助费用	业务活动成本、管理费用（对个人和家庭的费用）	
对企业补助费用	——	
固定资产折旧费用	业务活动成本、管理费用（折旧费用）	
无形资产摊销费用	业务活动成本、管理费用（摊销费用）	
公共基础设施折旧（摊销）	——	
保障性住房折旧费	——	
计提专用基金	——	
资产处置费用	其他费用（固定资产处置和无形资产处置）	根据"其他费用"会计科目中相关明细科目填列。
上缴上级费用	——	
对附属单位补助费用	——	
所得税费用	——	
其他费用	筹资费用	根据"其他费用"会计科目中相关明细科目填列。
	其他费用（剔除固定资产处置和无形资产处置部分）	

附2-3 会计报表项目对照表（企业化管理事业单位）

部门财务报告报表项目	企业化管理事业单位会计科目	项目说明
一、资产类		
货币资金	现金	
	银行存款	
	其他货币资金	
短期投资	短期投资	
	减：短期投资跌价准备	
财政应返还额度	——	

续表

部门财务报告报表项目	企业化管理事业单位会计科目	项目说明
应收票据	应收票据	
应收账款净额	应收账款	"应收账款"所属明细科目期末为贷方余额的，应在本表"预收账款"项目填列。
	减：坏账准备	根据"坏账准备"中提取的"应收账款"坏账准备金额填列。
预付账款	预付账款	"预付账款"所属明细科目期末为贷方余额的，应在本表"应付账款"项目填列。
应收股利	应收股利	
应收利息	应收利息	
其他应收款净额	其他应收款	"其他应收款"所属明细科目期末为贷方余额的，应在本表"其他应付款"项目填列。
	减：坏账准备	根据"坏账准备"中提取的"其他应收款"坏账准备金额填列。
存货	存货	
	减：存货跌价准备	
待摊费用	——	
一年内到期的非流动资产	长期债券投资（1年内到期或变现）	根据"长期债券投资"科目期末余额分析填列。
其他流动资产		根据本表上述各项之外的其他流动资产合计金额填列。
长期股权投资	长期股权投资	根据"长期股权投资"科目期末余额减去对应的长期投资减值准备后填列。
	减：长期投资减值准备	
长期债券投资	长期债券投资（剔除1年内到期或变现的部分）	根据"长期债券投资"科目期末余额减去对应的长期投资减值准备后填列。
	减：长期投资减值准备	
固定资产原值	固定资产	根据"固定资产"科目中不属于公共基础设施的期末余额填列。
	生产性生物资产	根据"生产性生物资产"科目期末余额，在固定资产中的"家具、用具、装具及动植物"分类中填列。

续表

部门财务报告报表项目	企业化管理事业单位会计科目	项目说明
减：固定资产累计折旧	累计折旧	根据"累计折旧"科目中不属于公共基础设施折旧的期末余额填列。
	生产性生物资产累计折旧	根据"生产性生物资产累计折旧"科目期末余额，在固定资产累计折旧中的"家具、用具、装具及动植物"分类中填列。
固定资产净值		
工程物资	工程物资	
在建工程	在建工程	根据"在建工程"科目中属于非公共基础设施在建工程的期末余额填列。
无形资产原值	无形资产	
减：无形资产累计摊销	累计摊销	
无形资产净值		
研发支出	研发支出	
公共基础设施原值	——	
减：公共基础设施累计折旧（摊销）	——	
公共基础设施净值	——	
政府储备物资	——	
文物文化资产	——	
保障性住房原值	——	
减：保障性住房累计折旧	——	
保障性住房净值	——	
长期待摊费用	长期待摊费用	
待处理财产损溢	固定资产清理	
	待处理财产损溢	
其他非流动资产		根据本表上述各项之外的其他非流动资产合计金额填列。
受托代理资产	——	
二、负债类		
短期借款	短期借款	
应交增值税	应交税费	根据"应交税金"会计科目期末余额中明细科目"应交增值税"期末余额填列。

续表

部门财务报告报表项目	企业化管理事业单位会计科目	项目说明
其他应交税费	应交税费	根据"应交税金"会计科目期末余额减去"应交增值税"余额后填列。
应缴财政款	应缴款项	
应付职工薪酬	应付职工薪酬	
应付票据	应付票据	
应付账款	应付账款	"应付账款"所属明细科目期末为借方余额的,应在本表"预付账款"项目填列。
应付政府补贴款	——	
应付利息	应付利息	
预收账款	预收账款	"预收账款"所属明细科目期末为借方余额的,应在本表"应收账款"项目填列。
其他应付款	其他应付款	"其他应付款"所属明细科目期末为借方余额的,应在本表"其他应收款"项目填列。
预提费用	预提费用	
一年内到期的非流动负债	长期借款、应付债券、长期应付款（1年内到期）	根据"长期借款""应付债券""长期应付款"科目的期末余额分析填列。
其他流动负债		根据本表上述各项之外的其他流动负债合计金额填列。
长期借款	长期借款、应付债券（剔除1年内到期部分）	根据"长期借款""应付债券"科目的期末余额减去其中将于1年内到期的长期借款、应付债券余额后的金额填列。
长期应付款	长期应付款（剔除1年内到期部分）	根据"长期应付款"科目的期末余额减去其中将于1年内到期的长期应付款余额后的金额填列。
预计负债	预计负债	
其他非流动负债		根据本表上述各项之外的其他非流动负债合计金额填列。
受托代理负债	——	
三、净资产类		
累计盈余	实收资本（股本）	
	资本公积	
	盈余公积	
	未分配利润	
专用基金		

续表

部门财务报告报表项目	企业化管理事业单位会计科目	项目说明
权益法调整	——	
四、收入类		
财政拨款收入	营业外收入（来自同级财政政府补助）	
事业收入		
上级补助收入		
附属单位上缴收入		
经营收入	主营业务收入	
	其他业务收入	
非同级财政拨款收入	营业外收入（来自非同级财政政府补助）	
投资收益	投资收益	
捐赠收入	营业外收入	根据"营业外收入"科目中的捐赠收入填列
利息收入	财务费用	根据"财务费用"科目中的利息收入填列。
租金收入	营业外收入	根据"营业外收入"科目中的租金收入填列。
其他收入	营业外收入	根据"营业外收入"科目中剔除政府补助、捐赠收入、租金收入之外的金额填列。
五、费用类（一）		
业务活动费用	——	
单位管理费用	管理费用	
经营费用	营业成本	
	营业税金及附加	
	销售费用	
资产处置费用	营业外支出	根据"营业外支出"项目中属于"固定资产清理"和"待处理财产损益"转入的明细信息填列。
上缴上级费用	——	
对附属单位补助费用	——	
所得税费用	所得税费用	

续表

部门财务报告报表项目	企业化管理事业单位会计科目	项目说明
其他费用	财务费用	根据"财务费用"项目中剔除利息收入后的金额填列。
	营业外支出	根据"营业外支出"项目中除"固定资产清理"和"待处理财产损益"转入以外的明细信息填列。
五、费用类（二）		
工资和福利费用	主营业务成本、其他业务成本、销售费用、管理费用（属于工资福利费用的部分）	根据"主营业务成本""其他业务成本""销售费用""管理费用"科目中属于工资和福利费用的明细信息填列。
商品和服务费用	主营业务成本、其他业务成本、销售费用、管理费用（属于商品和服务费用的部分）	根据"主营业务成本""其他业务成本""销售费用""管理费用"科目中属于商品和服务费用的明细信息填列。
对个人和家庭的补助费用	主营业务成本、其他业务成本、销售费用、管理费用（属于对个人和家庭的补助费用的部分）	根据"主营业务成本""其他业务成本""销售费用""管理费用"科目中属于对个人和家庭的补助费用的明细信息填列。
对企业补助费用	——	
固定资产折旧费用	主营业务成本、其他业务成本、销售费用、管理费用（属于固定资产折旧费用的部分）	根据"主营业务成本""其他业务成本""销售费用""管理费用"科目中属于固定资产折旧费用的明细信息填列。
无形资产摊销费用	主营业务成本、其他业务成本、销售费用、管理费用（属于无形资产摊销费用的部分）	根据"主营业务成本""其他业务成本""销售费用""管理费用"科目中属于无形资产摊销费用的明细信息填列。
公共基础设施折旧（摊销）费用	——	
保障性住房折旧费用	——	
计提专用基金	——	
资产处置费用	营业外支出	根据"营业外支出"科目中属于"固定资产清理"和"待处理财产损益"转入的明细信息填列。
上缴上级费用	——	
对附属单位补助费用	——	
所得税费用	所得税费用	
其他费用		根据本表上述各项之外的其他费用合计金额填列。

附3

抵销工作底表

单位：万元

序号	抵销事项	抵销分录	所属单位 A1	所属单位 A2	……	合计
1-1	部门内部单位之间发生的债权债务事项，应予以抵销。	借：应付账款、预收款项、其他应付款 贷：应收账款、预付款项、其他应收款				
1-2	部门内部单位之间发生的债权债务事项，债权方已计提坏账准备的，应予以抵销。其中，以前年度计提的贷记"累计盈余"，当期补提或冲减的贷记"其他费用"。（当期坏账准备冲减数以负数填列）	借：坏账准备 贷：其他费用 累计盈余				
1-3	部门内部单位之间发生的债权债务事项，债权方本年计提或冲减坏账准备的，还应根据其对本年盈余的影响调整累计盈余。（系统自动生成）	借：对本年盈余的影响 贷：累计盈余				
2	部门内部单位之间发生的上级补助收入与对附属单位补助费用，应予以抵销。	借：上级补助收入 贷：对附属单位补助费用				
3	部门内部单位之间发生的上缴上级费用与附属单位上缴收入，应予以抵销。	借：附属单位上缴收入 贷：上缴上级费用				
4	支付给部门内部单位的业务活动费用（商品和服务费用）、单位管理费用（商品和服务费用）、经营费用（商品和服务费用）和来自部门内部单位的事业收入，应予以抵销。	借：事业收入、非同级财政拨款收入、经营收入、其他收入 贷：业务活动费用、单位管理费用、经营费用				

附 4　　　　　　　　　　　　　　抵销事项清单

序号	抵销事项	抵销分录
1-1	部门内部单位之间发生的债权债务事项，应予以抵销。	借：应付账款、预收账款、其他应付款、长期应付款
		贷：应收账款、预付账款、其他应收款
1-2	部门内部单位之间发生的债权债务事项，债权方已计提坏账准备的，应予以抵销。其中，以前年度计提的贷记"累计盈余"、当期补提或冲减的贷记"其他费用"。	借：坏账准备
		贷：其他费用累计盈余
1-3	部门内部单位之间发生的债权债务事项，债权方本年计提或冲销坏账准备的，还应根据其对本年盈余的影响调整累计盈余。（系统自动生成）	借：对本年盈余的影响
		贷：累计盈余
2	部门内部单位之间发生的上级补助收入与对附属单位补助费用，应予以抵销。	借：上级补助收入
		贷：对附属单位补助费用
3	部门内部单位之间发生的上缴上级费用与附属单位上缴收入，应予以抵销。	借：附属单位上缴收入
		贷：上缴上级费用
4	支付给部门内部单位的业务活动费用（商品和服务费用）、单位管理费用（商品和服务费用）、经营费用（商品和服务费用）和来自部门内部单位的事业收入、非同级财政拨款收入、经营收入、其他收入，应予以抵销。对涉及增值税的应税业务，按扣除增值税后的净额抵销。	借：事业收入、非同级财政拨款收入、经营收入、其他收入
		贷：业务活动费用、单位管理费用、经营费用

注：上述清单中未涵盖的抵销事项，可根据实际情况自行增设抵销分录。

附 5

单位基础信息填报说明

一、单位名称：填列单位的全称，编制合并财务报表的单位在编制本单位的财务报告时，应在单位名称后加本级。

二、单位负责人。

三、财务负责人。

四、审核人、联系电话。

五、编制人、联系电话。

六、单位地址、邮编。

七、组织机构代码：根据各级技术监督部门核发的机关、团体、事业单位代码证书规定的 9 位码填列。

八、统一社会信用代码：根据有关登记管理部门核发的统一社会信用代码填列，未取得统一社会信用代码的单位暂不填列。

九、财政预算代码：中央一级预算单位按财政部编制的三位代码填列，二级单位为六位代码，前三位填列其一级预算单位编码，后三位由主管部门从 001 - 799 依次自行编制。地方单位应与部门预算代码一致。未纳入部门预算管理的单位，可参照上述方法编制部门预算代码。

十、单位预算级次：填列部门和单位按照预算管理权限和经费领拨关系所确定的预算级次。

十一、单位基本性质：在"11 行政单位""10 行政类事业单位""21 公益一类事业单位""22 公益二类事业单位""23 生产经营类事业单位""90 暂未明确类别""31 社会团体"等类型中选择填列。编制合并财务报表时不填列本项。

十二、单位执行会计制度：按单位实际执行的会计制度选择填列。会计制度包括：1.《政府会计制度—行政事业单位会计科目和报表》；2.《政府会计制度—行政事业单位会计科目和报表》+国有林场苗圃补充规定；3.《政府会计制度—行政事业单位会计科目和报表》+高等学校补充规定；4.《政府会计制度—行政事业单位会计科目和报表》+中小学补充规定；5.《政府会计制度—行政事业单位会计科目和报表》+科学事业补充规定；6.《政府会计制度—行政事业单位会计科目和报表》+医院补充规定；7.《政府会计制度—行政事业单位会计科目和报表》+基层医疗卫生机构补充规定；8.《政府会计制度—行政事业单位会计科目和报表》+彩票机构补充规定；9.民间非营利组织单位会计制度；10.企业会计制度。编制合并财务报表时不填列本项。

十三、预算管理级次：按单位预算分级管理的级次选择填列。选项包括：10. 中央级 20. 省级 30. 地（市）级 40. 县级 50. 乡镇级。

十四、国民经济行业分类：3 位代码，根据国家标准《国民经济行业分类》（GB/T 4754 - 2017）门类、大类代码填列。

十五、隶属关系：由"隶属关系"和"部门标识代码"组成，以 3+6 位代码表示。具体填报方法如下：

中央单位：前六个空格均填零，后三个空格根据国家标准《中央党政机关、人民团体及其他机构代码》（GB/T4657 - 2009）编制。

地方单位：前六个空格根据国家标准《中华人民共和国行政区划代码》（GB/T2260 - 2007）编制。具体编制方法：省级单位以行政区划代码的前两位数字后加 4 个零表示，如湖北省省属单位一律填"420000"；地市级单位以行政区划代码的前四位数字后加 2 个零表示，如湖北省黄冈市市属单位一律填"421100"；县级（含乡镇）所属单位以行政区划代码的本身 6 位数表示，如湖北省黄冈市红安县县级及乡镇级单位一律填列"421122"。后三个空格按照单位财务或归口管理的部门、机构，比照国家标准《中央党政机关、人民团体及其他机构代码》（GB/T4657 - 2009）填报。

十六、报表类型：按单位实际填报的报表类型选择填列。其中："0"表示单户表，编制单位财务报表时填列。"1"表示合并表，编制合并财务报表时填列。

十七、新报因素：根据单位实际报送部门财务报告情况选择填列。

"0"表示连续编报，由连续编报财务报表且隶属关系未改变的单位使用。

"1"表示首次编报，由新增的预算单位使用，包括因机构改革进行合并、分立的单位。

"2"表示隶属关系改变，由当年因机构改革等原因改变隶属关系的单位使用。

十八、是否编制行政事业单位国有资产报表：0 否，1 是。

十九、实有人员数：以机构编制部门核定的编制内单位年末实有在职人员以及人事管理部门长期聘用的其他人员数合计填列。

二十、上年代码：上年组织机构代码 + 上年报表类型代码。

3.5 机关事业单位职业年金基金相关业务会计处理规定

2021年9月8日 财会〔2021〕19号

为了规范各级社会保险经办机构（以下简称经办机构）对机关事业单位职业年金基金（以下简称职业年金基金）的会计核算，提高会计信息质量，根据《中华人民共和国会计法》《机关事业单位职业年金办法》（国办发〔2015〕18号）、《职业年金基金管理暂行办法》（人社部发〔2016〕92号）等法律法规，制定本规定。

一、适用范围和基本原则

本规定适用于各级经办机构负责经办的职业年金基金。

各级经办机构应当按照本规定对职业年金基金进行会计核算、编制财务报表。本规定尚未作出规定的，各级经办机构应当按照《社会保险基金会计制度》（财会〔2017〕28号）执行。

本规定所称职业年金基金，是指依法建立的职业年金计划筹集的资金及其投资运营收益形成的机关事业单位补充养老保险基金。各级经办机构包括作为代理人的中央国家机关养老保险管理中心和省级社会保险经办机构（以下简称中央和省级经办机构），以及地市级和县区级社会保险经办机构（以下简称市县级经办机构）。

二、会计科目设置及其使用说明

经办机构应当在《社会保险基金会计制度》所规定的会计科目基础上，作如下调整：

（一）新增一级会计科目及其使用说明。

各级经办机构应当增设"1006 归集户存款"一级会计科目。具体使用说明如下：

1006 归集户存款

1. 本科目核算各级经办机构按规定存入归集账户的款项。

2. 经办机构应当严格按照职业年金基金相关管理制度规定设置基金归集账户并办理相关业务。

3. 本科目可以根据实际情况按照开户银行等进行明细核算。

4. 归集户存款的主要账务处理如下：

（1）经办机构按规定接收职业年金基金缴费收入、接收税务机关征缴的职业年金基金缴费收入、接收下级经办机构上解的基金收入、接收职业年金或企业年金等各类基金转移收入以及其他收入等时，按照实际收到的金额，借记本科目，贷记"职业年金缴费收入""下级上解收入""转移收入""其他收入"等相关科目。

（2）经办机构按规定从归集账户向受托人划拨资金、向上级基金缴拨资金等时，按照实际划拨或缴拨金额，借记"委托投资——本金""上解上级支出"等相关科目，贷记本科目；原渠道退回当期职业年金基金缴费收入、转移收入等时，按照实际退回金额，借记"职业年金缴费收入""转移收入"等相关科目，贷记本科目。

5. 本科目应当按照开户银行设置归集户存款日记账，由出纳人员根据收付款凭证，逐笔顺序登记。每日终了，应当结出余额。

归集户存款日记账应当定期与银行对账单核对，至少每月核对一次。月度终了，归集账户存款账面余额与银行对账单余额之间如有差额，应当逐笔查明原因进行处理，并按月编制银行归集户存款余额调节表，调节相符。

6. 本科目期末借方余额，反映职业年金基金尚未向上级基金归集或尚未投入到委托投资阶段的资金余额。

（二）调整一级会计科目名称及增设明细科目。

1. 各级经办机构应当将"4001 社会保险费收入"科目调整为"4001 职业年金缴费收入"，并根据需要在该科目下设置如下明细科目：

（1）"400101 个人缴费"科目，本科目核算参保对象按规定缴纳的职业年金。

（2）"400102 单位缴费"科目，本科目核算机关事业单位按规定为参保对象缴纳的职业年金，本科目下还应设置如下明细科目：

"40010201 非财政全额供款单位缴费"，本科目核算非财政全额供款单位按期为参保对象缴纳的职业年金。

"40010202 财政全额供款单位缴费"，本科目核算财政全额供款单位采用实账积累方式或因政策调整由记账方式转为实账积累方式为参保对象缴纳的职业年金本息。本科目下还应当分别按照本金和利息进行明细核算。

"40010203 财政全额供款单位记实记账缴费"，本科目核算财政全额供款单位在参保对象退休、跨统筹地区跨系统转出、死亡或出国时，按规定记实缴纳的职业年金本息。本科目下还应当分别按照本金和利息进行明细核算。

"400103 其他缴费"，本科目核算单位记实缴纳试点期间以记账方式划入的个人缴费本息、职业年金启动投资运营前暂未记实的利息、按规定需要补记的职业年金等各类缴费。

2. 各级经办机构应当在"4201 利息收入"科目下设置如下明细科目：

（1）"420101 归集户利息"科目，本科目核算经办机构归集账户存款产生的利息。

（2）"420102 国库存款利息"科目，本科目核算税务机关征收的职业年金基金缴费款项存入国库期间产生的利息。

3. 各级经办机构应当在"4301 转移收入"科目下设置如下明细科目：

（1）"430101 职业年金转入"科目，本科目核算因参保对象由其他统筹地区机关事业单位职业年金转入而划入的基金收入。

（2）"430102 企业年金转入"科目，本科目核算因参保对象由企业年金转入而划入的基金收入。

（3）"430103 军人职业年金转入"科目，本科目核算因参保对象由军人职业年金转入而划入的基金收入。

4. 中央和省级经办机构应当将"5001 社会保险待遇支出"科目调整为"5001 职业年金待遇支出"，并在该科目下设置如下明细科目：

（1）"500101 按月支付待遇"科目，本科目核算经办机构按规定按月支付给参保对象的待遇支出。

（2）"500102 一次性购买商保"科目，本科目核算经办机构按规定用于购买商业养老保险产品的一次性待遇支出。

（3）"500103 个人账户一次性领取"科目，本科目核算经办机构按规定一次性支付给参保对象或其继承人的待遇支出。

5. 中央和省级经办机构应当在"5201 转移支出"科目下设置如下明细科目：

（1）"520101 转至职业年金"科目，本科目核算因参保对象转出至其他统筹地区的机关事业单位职业年金而划出的基金支出。

（2）"520102 转至企业年金"科目，本科目核算因参保对象转出至企业年金而划出的基金支出。

三、主要业务和事项的会计处理规定

（一）关于采用记账方式累积单位缴费的会计处理。

对于按照《机关事业单位职业年金办法》规定采用记账方式累积单位缴费的，各级经办机构在职业年金资金拨付记实前不做会计处理，应当设备查簿登记累积的本金及利息金额。经办机构在相关款项记实时，应当按照实际收到的金额确认职业年金缴费收入，借记"归集户存款"科目，贷记"职业年金缴费收入"相关明细科目。

（二）关于下级上解收入与上解上级支出的会计处理。

下级经办机构向上级基金归集资金时，应当按照实际划出的金额（含归集账户和国库存款利息）确认上解上级支出，借记"上解上级支出"科目，贷记"归集户存款"科目；上级经办机构应当按照实际收到的金额确认下级上解收入，借记"归集户存款"科目，贷记"下级上解收入"科目。

（三）关于接受税务机关征缴的职业年金基金的会计处理。

1. 征缴款项直接划入经办机构归集账户的会计处理。

税务机关按规定将征收的职业年金基金缴费款项直接划入本级经办机构归集账户的，本级经办机构应当按照实际收到的金额确认职业年金缴费收入，借记"归集户存款"科目，贷记"职业年金缴费收入"相关明细科目。税务机关按规定将征收的职业年金基金缴费款项直接划入上级经办机构归集账户的，本级经办机构应当按照取得的相关凭证所列金额，同时确认上解上级支出和职业年金缴费收入，借记"上解上级支出"科目，贷记"职业年金缴费收入"相关明细科目；上级经办机构应当按照实际收到的金额确认下级上解收入，借记"归集户存款"科目，贷记"下级上解收入"科目。

2. 征缴款项经国库划入经办机构归集账户的会计处理。

各级经办机构应当在税务机关将征收的职业年金基金缴费款项存入国库时，按照取得的相关凭证所列金额，确认职业年金缴费收入，借记"国库存款"科目，贷记"职业年金缴费收入"相关明细科目。

后续按规定将国库存款转入本级经办机构归集账户时，本级经办机构应当按照实际转入的国库存款本息总额，借记"归集户存款"科目，按照实际转入的本金金额，贷记"国库存款"科目，按照实际转入的利息金额确认利息收入，贷记"利息收入——国库存款利息"。

如按规定将国库存款直接转入上级经办机构归集账户的，本级经办机构应当按照实际转入的国库存款本息总额，借记"上解上级支出"科目，按照实际转入的本金金额，贷记"国库存款"科目，按照实际转入的利息金额，贷记"利息收入——国库存款利息"科目；上级经办机构应当按照实际收到的金额确认下级上解收入，借记"归集户存款"科目，贷记"下级上解收入"科目。

（四）关于归集账户存款利息收入的会计处理。

各级经办机构在取得归集账户的存款利息时，应当按照实际收到的利息金额确认利息收入，借记"归集户存款"科目，贷记"利息收入——归集户利息"科目。

市县级经办机构在完成资金划拨、确认上解上级支出后，不再确认已经归集到上级基金的归集户存款利息收入。

（五）关于委托投资和待遇支付的会计处理。

按照《职业年金基金管理暂行办法》规定，中央和省级经办机构负责委托投资和待遇支付的管理和会计核算工作，市县级经办机构不做会计处理。

中央和省级经办机构按规定向受托人划拨委托投资资金时，应当按照实际划拨的金额（含归集户和国库存款利息），借记"委托投资——本金"科目，贷记"归集户存款"科目。

中央和省级经办机构收到受托机构提供的关于委托投资收益的相关通知时，应当按照通知所列收益（损失）金额确认委托投资收益，借记（贷记）"委托投资——投资收益"科目，贷记（借记）"委托投资收益"科目。

中央和省级经办机构按规定向受托机构下达支付指令时，应当按照本期应支付的待遇金额，借记"暂付款"科目，贷记"委托投资"相关明细科目。其中，一次性支付年金待遇的，应当将个人账户累积的"委托投资"科目下"本金"和"投资收益"明细科目的余额全部转出；按月支付待遇的，应当按照本期应发待遇的金额，先冲减"委托投资"科目下"本金"明细科目的余额，个人账户余额中本金部分不足冲减的，应当冲减"委托投资"科目下"投资收益"明细科目的余额。

中央和省级经办机构在收到受托机构提供的待遇支付资金拨付相关通知时，应当按照通知所列金额确认职业年金待遇支出，借记"职业年金待遇支出"相关明细科目，贷记"暂付款"科目。

中央和省级经办机构应当至少每月确认一次投资收益，并定期与受托机构进行对账。

（六）关于账户转移的会计处理。

因参保对象跨统筹地区或跨制度流动而划入基金的，各级经办机构应当按照实际转入的金额确认转移收入，借记"归集户存款"科目，贷记"转移收入"相关明细科目。

因参保对象跨统筹地区或跨制度流动而划出基金的，中央和省级经办机构按规定向受托机构下达支付指令时，应当按照应支付的金额，借记"暂付款"科目，贷记"委托投资"各明细科目，在收到受托机构提供的账户转移付款资金拨付相关通知时，应当按照通知所列金额确认转移支出，借记"转移支出"相关明细科目，贷记"暂付款"科目。市县级经办机构不做会计处理。

参保对象从机关事业单位转出至企业，后续从企业再次流动到机关事业单位并在机关事业养老保险制度内退休的，其补记的职业年金本金及投资收益在退休时按规定划转到机关事业单位基本养老保险统筹基金时，中央和省级经办机构应当按实际划转的金额，借记"其他支出"科目，贷记"委托投资"各明细科目。

（七）关于退费和支出追回的会计处理。

1. 关于退费的会计处理。

（1）当年款项退回。退回本年度职业年金缴费收入、转移收入等，当相关款项仍在本级经办机构归集账户时，本级经办机构按照原路退回的金额，借记"职业年金缴费收入""转移收入"等科目，贷记"归集户存款"科目。当相关款项已由本级经办机构归集至上级基金或由中央和省级经办机构划拨至受托户时，中央和省级经办机构按照实际退回的金额确认其他支出，借记"其他支出"科目，贷记"委托投资"相关明细科目，市县级经办机构不做会计处理。

（2）跨年度款项退回。退回以前年度职业年金缴费收入、转移收入等，当相关款项仍在本级经办机构归集账户时，本级经办机构按照原路退回的金额确认其他支出，借记"其他支出"科目，贷记"归集户存款"科目。当相关款项已由本级经办机构归集至上级基金或由中央和省级经办机构划拨至受托户时，中央和省级经办机构应当按照实际退回的金额确认其他支出，借记"其他支出"科目，贷记"委托投资"相关明细科目，市县级经办机构不做会计处理。

2. 关于支出追回的会计处理。

收回本年度或以前年度职业年金待遇支出、转移支出等，各级经办机构按照实际收回的金额确认其他收入,借记"归集户存款"科目,贷记"其他收入"科目。

四、财务报表及编制说明

各级经办机构应当按规定编制职业年金基金财务报表。职业年金基金财务报表包括资产负债表、收支表及附注。

(一)关于职业年金基金资产负债表。

1. 调整项目及填列说明。

职业年金基金资产负债表应当在《社会保险基金会计制度》资产负债表基础上作如下调整:

(1)在"国库存款"项目前增加"归集户存款"项目。本项目反映尚未向上级基金归集或尚未投入到委托投资阶段的金额。本项目应当按照"归集户存款"科目的期末余额填列。

(2)"库存现金""收入户存款""财政专户存款""支出户存款""债券投资""借入款项""风险基金结余""储备金结余"等项目不适用于职业年金基金,不予列示。"暂付款""暂收款""一般基金结余"下各明细项目不适用于职业年金基金,仅保留本级项目,各明细项目不予列示。

2. 资产负债表格式。

职业年金基金资产负债表格式参见本规定附录一。

(二)关于职业年金基金收支表。

1. 调整项目及填列说明。

职业年金基金收支表应当在《社会保险基金会计制度》机关事业单位基本养老保险基金收支表的基础上作如下调整:

(1)将"社会保险费收入"项目修改为"职业年金缴费收入"。

(2)将"社会保险待遇支出"项目修改为"职业年金待遇支出",并在该项目下增加"其中:按月支付待遇""一次性购买商保""个人账户一次性领取"明细项目。

"其中:按月支付待遇""一次性购买商保""个人账户一次性领取"项目应当分别根据"职业年金待遇支出"科目下对应明细科目的本期发生额填列。

(3)"财政补贴收入""上级补助收入""补助下级支出"项目不适用于职业年金基金,不予列示。原"社会保险待遇支出"本级及各明细项目不适用于职业年金基金,按本规定调整本级及明细项目名称后列示。

2. 收支表的格式。

职业年金基金收支表格式参见本规定附录一。

(三)关于报表附注。

经办机构在执行《社会保险基金会计制度》所规定的附注披露的基础上,应当进一步披露以下事项:

1. 各级经办机构应当在附注中披露采用记账方式累积的职业年金单位缴费本金及利息金额,披露信息样表参见本规定附录一的附表1。

2. 中央和省级经办机构应当在附注中披露支付给市场机构的管理费,披露信息样表参见本规定附录一的附表2。

五、附则

(一)新旧衔接规定。

各级经办机构应当在首次执行本规定时,对相关会计科目和财务报表项目进行相应调整,并按规定确定资产、负债、净资产科目及其明细科目的期初余额,填列资产负债表项目期初金额。

1. 关于中央和省级经办机构委托投资业务。

在本规定执行之前,中央和省级经办机构按照职业年金受托管理合同约定进行委托投资时,将划拨资金确认为支出的,应当在首次执行本规定时,按照实际划拨的金额和受托机构提供的关于投资收益的相关通知,调增"委托投资"各明细科目余额,同时调增"一般基金结余"科目余额。

2. 关于中央和省级经办机构待遇发放业务。

在本规定执行之前,中央和省级经办机构在按月发放待遇时,未按本规定在待遇发放时冲减委托投资各明细科目的,应当自本规定首次执行日起按本规定调整"委托投资"各明细科目冲减顺序,无需对以前期间的相关业务事项会计处理进行调整。

3. 关于经办机构向上级基金归集资金业务。

在本规定执行之前,各级经办机构在职业年金基金向上级基金归集时按照往来款项(即下级经办机构计入"暂付款"科目,上级经办机构计入"暂收款"科目)进行会计处理的,应当在首次执行本规定时,冲减"暂收款""暂付款"科目相关金额,同时调整"一般基金结余"科目余额。

(二)生效日期。

本规定自 2022 年 1 月 1 日起施行。

附录一:财务报表格式

资产负债表

险种和制度:机关事业单位职业年金基金 会职金 01 表
编制单位: 年 月 日 单位:元

资产	年初余额	期末余额	负债和净资产	年初余额	期末余额
一、资产:			二、负债:		
归集户存款			暂收款		
国库存款			负债合计		
暂付款			三、净资产:		
委托投资*			一般基金结余		
其中:本金*			净资产合计		
投资收益*					
资产总计			负债与净资产总计		

注:* 标注项目为中央和省级经办机构资产负债表专用项目,市县级经办机构资产负债表不予列示。

收支表

险种和制度：机关事业单位职业年金基金　　会职金 02 表
编制单位：　　　　　　　　　　　　　　　　年　月　日　　　　　　　　　　　　　　　　单位：元

项目	本月数	本年累计数
一、基金收入		
职业年金缴费收入		
利息收入		
委托投资收益 *		
转移收入		
下级上解收入		
其他收入		
二、基金支出		
职业年金待遇支出 *		
其中：按月支付待遇 *		
一次性购买商保 *		
个人账户一次性领取 *		
转移支出 *		
上解上级支出		
其他支出		
三、本期基金结余		

注：* 标注项目为中央和省级经办机构收支表专用项目，市县级经办机构收支表不予列示。

附表 1：　　　　　　　采用记账方式累积的单位缴费情况
　　　　　　　　　　　　　年　　月　　　　　　　　　　　　　单位：元

项目		金额
期初累计	本金	
	利息	
本期新增	本金	
	利息	
本期记实	本金	
	利息	
期末累计	本金	
	利息	

注：* 本表中记账本金和利息是本级和下属各级经办机构的总金额。其中，期末累计金额＝期初累计金额＋本期新增金额－本期记实金额。

附表 2：　　　　　　　　　　职业年金基金管理费支出明细
　　　　　　　　　　　　　　　　　　年　　月　　　　　　　　　　　　　　　　　　单位：元

支付对象	本月数	本年累计数		
	基础费用	基础费用	业绩费用	合计
受托机构				
托管机构				
投资管理机构				

附录二：主要业务和事项账务处理示例

一、职业年金基金收缴环节

（一）经办机构收到参保的机关事业单位和个人缴纳的职业年金基金缴费。

1. 各级经办机构收到职业年金基金缴费并存入归集账户时，按实际收到的金额：

借：归集户存款
　　贷：职业年金缴费收入——个人缴费
　　　　　　　　　　　　——单位缴费

2. 接受税务机关征缴且款项直接划入归集账户的情形。

（1）税务机关按规定将收缴款项直接转入本级经办机构归集账户的，本级经办机构按实际转入的金额及相关明细：

借：归集户存款
　　贷：职业年金缴费收入——个人缴费
　　　　　　　　　　　　——单位缴费

（2）税务机关将征收的职业年金基金缴费款项直接转入上级经办机构归集账户的，本级经办机构按实际转入的金额及相关明细：

借：上解上级支出
　　贷：职业年金缴费收入——个人缴费
　　　　　　　　　　　　——单位缴费

上级经办机构按实际转入的金额

借：归集户存款
　　贷：下级上解收入

3. 接受税务机关征缴且款项经国库划入归集账户的情形。

（1）在资金存入国库时，本级经办机构按取得的相关凭证所列金额及明细：

借：国库存款
　　贷：职业年金缴费收入——个人缴费
　　　　　　　　　　　　——单位缴费

（2）按规定将国库存款转入本级经办机构归集账户的，本级经办机构按实际转入的国库存款本息金额：

借：归集户存款（实际转入的本息总额）
　　贷：国库存款（实际转入的本金金额）

利息收入——国库存款利息（实际转入的利息金额）

（3）按规定国库存款直接转入上级经办机构归集账户的，本级经办机构按实际转入的国库存款本息金额：

借：上解上级支出（实际转入的本息总额）
　　贷：国库存款（实际转入的本金金额）
　　　　利息收入——国库存款利息（实际转入的利息金额）

上级经办机构按实际转入的金额

借：归集户存款
　　贷：下级上解收入

（二）经办机构实际收到记账方式下记实的缴费本金及利息。

采用记账方式缴纳单位缴费的或由记账方式转为实账积累方式时，各级经办机构在收到记实资金时，按实际收到的金额及相关明细：

借：归集户存款
　　贷：职业年金缴费收入——单位缴费——财政全额供款单位缴费／财政全额供款单位记实记账缴费
　　　　　　　　　　　　　　　　　　　——本金
　　　　　　　　　　　　　　　　　　　——利息

（三）经办机构实际收到试点期间以记账方式划入的个人缴费本息记实缴费、投资运营前贴息记实缴费、补记缴费。

各级经办机构按实际收到的金额：

借：归集户存款
　　贷：职业年金缴费收入——其他缴费

二、经办机构取得归集账户存款利息

各级经办机构取得职业年金基金归集账户存款利息时，按实际收到的利息金额：

借：归集户存款
　　贷：利息收入——归集户利息

三、经办机构按规定向上级基金归集资金

下级经办机构向上级基金归集资金时，按实际划出的金额：

借：上解上级支出
　　贷：归集户存款

上级经办机构收到下级基金归集的资金时，按实际收到的金额：

借：归集户存款
　　贷：下级上解收入

四、委托投资（仅适用于中央和省级经办机构）

（一）划拨委托投资资金。

中央和省级经办机构向受托机构划拨委托投资资金时，按照实际划出的金额：

借：委托投资——本金
　　贷：归集户存款

（二）确认委托投资收益或损失。

中央和省级经办机构收到受托机构提供的关于委托投资收益的相关通知时，按照通知所列的收益金额：
　　借：委托投资——投资收益
　　　　贷：委托投资收益
（投资损失做相反分录）

五、待遇发放（仅适用于中央和省级经办机构）

（一）下达支付指令。

中央和省级经办机构按规定向受托机构下达待遇发放指令时，按照本期应支付的待遇金额：
　　借：暂付款
　　　　贷：委托投资——本金/投资收益

（二）待遇发放成功。

中央和省级经办机构收到受托机构提供的待遇支付资金拨付相关通知时，按照通知所列的支付金额及支付方式：
　　借：职业年金待遇支出——按月支付待遇
　　　　　　　　　　　　——一次性购买商保
　　　　　　　　　　　　——个人账户一次性领取
　　　　贷：暂付款

六、跨统筹地区、跨制度账户转移

（一）账户转入。

各级经办机构收到参保对象跨统筹地区或跨制度流动而划入的基金收入时，按照实际收到的金额及转移来源：
　　借：归集户存款
　　　　贷：转移收入——职业年金转入
　　　　　　　　　　——企业年金转入
　　　　　　　　　　——军人职业年金转入

（二）账户转出。

中央和省级经办机构因参保对象跨统筹地区或跨制度流动而向受托机构下达基金转出指令时，按照参保对象个人账户各明细全部余额：
　　借：暂付款
　　　　贷：委托投资——本金
　　　　　　　　　　——投资收益

中央和省级经办机构在收到受托机构提供的账户转移资金拨付相关通知时，按照通知所列金额及转移去向：
　　借：转移支出——转至职业年金
　　　　　　　　——转至企业年金
　　　　贷：暂付款

（三）职业年金基金补记相关业务账务处理。

1.参保对象离开机关事业单位的，按规定根据改革前本人在机关事业单位工作的年限长短补记职业年金，各级经办机构在收到单位补记资金时，按实际收到的金额：
　　借：归集户存款
　　　　贷：职业年金缴费收入——其他缴费

2. 补记资金向上级基金归集。

本级经办机构向上级基金归集补记资金时，按实际划出的金额：

借：上解上级支出
　　贷：归集户存款

上级经办机构收到归集资金时，按照实际收到的金额：

借：归集户存款
　　贷：下级上解收入

3. 中央和省级经办机构将补记资金划转至受托户时，按实际划出的金额：

借：委托投资——本金
　　贷：归集户存款

4. 为参保对象办理账户转出。

中央和省级经办机构在下达账户转出指令时，按参保对象个人账户各明细的全部余额：

借：暂付款
　　贷：委托投资——本金
　　　　　　　——投资收益

中央和省级经办机构在收到受托机构提供的账户转移资金拨付相关通知时，按通知所列金额：

借：转移支出——转至企业年金
　　贷：暂付款

5. 参保对象从企业再次流动到机关事业单位。

各级经办机构在收到转入资金时，按实际收到的金额：

借：归集户存款
　　贷：转移收入——企业年金转入

补记资金向上级经办机构归集及划转受托户时，本级经办机构相关账务处理与"补记资金向上级经办机构归集及划转受托户的账务处理"相同。

6. 参保对象在机关事业单位养老保险制度内退休时，中央和省级经办机构应当将原补记金额及收益划转至基本养老保险统筹基金，按补记的职业年金本金及收益金额：

借：其他支出
　　贷：委托投资——本金
　　　　　　　——投资收益

七、退费和支出追回业务

（一）退费。

1. 退回本年度职业年金缴费收入、转移收入等款项的，当相关款项仍在本级经办机构归集账户时，各级经办机构按原路退回的金额：

借：职业年金缴费收入/转移收入等
　　贷：归集户存款

2. 退回本年度款项且相关款项已归集至上级基金或划拨至受托户时，相关款项通过受托户退回，中央和省级经办机构按实际退回的金额：

借：其他支出
　　贷：委托投资

3. 退回以前年度职业年金缴费收入、转移收入等款项且相关款项仍在本级经办机构归集账户时，各级经办机构按原路退回的金额：

借：其他支出
　　贷：归集户存款

4. 退回以前年度职业年金缴费收入、转移收入等款项的，当相关款项已归集至上级基金或划拨至受托户时，相关款项通过受托户退回，中央和省级经办机构按实际退回的金额：

借：其他支出
　　贷：委托投资

（二）支出追回。

各级经办机构收回本年度或以前年度职业年金待遇支出、转移支出等时，按实际收回的金额：

借：归集户存款
　　贷：其他收入

八、期末结账

期末，将各收入类、支出类科目本期发生额转入结余类科目。

借：职业年金缴费收入
　　利息收入
　　委托投资收益（中央和省级经办机构专用科目）
　　转移收入
　　下级上解收入
　　其他收入
　　贷：职业年金待遇支出（中央和省级经办机构专用科目）
　　　　转移支出（中央和省级经办机构专用科目）
　　　　上解上级支出（市县级经办机构专用科目）
　　　　其他支出
　　　　一般基金结余

3.6 《政府会计制度——行政事业单位会计科目和报表》与《行政单位会计制度》有关衔接问题的处理规定

2018年2月1日　财会〔2018〕3号

我部于2017年10月24日印发了《政府会计制度——行政事业单位会计科目和报表》（财会〔2017〕25号，以下简称新制度）。目前执行《行政单位会计制度》（财库〔2013〕218号，以下简称原制度）的单位，自2019年1月1日起执行新制度，不再执行原制度。为了确保新旧会计制度顺利过渡，现对单位执行新制度的有关衔接问题规定如下：

一、新旧制度衔接总要求

（一）自 2019 年 1 月 1 日起，单位应当严格按照新制度的规定进行会计核算、编制财务报表和预算会计报表。

（二）单位应当按照本规定做好新旧制度衔接的相关工作，主要包括以下几个方面：

1. 根据原账编制 2018 年 12 月 31 日的科目余额表，并按照本规定要求，编制原账的部分科目余额明细表（见附表1、附表2）。

2. 按照新制度设立 2019 年 1 月 1 日的新账。

3. 按照本规定要求，登记新账的财务会计科目余额和预算结余科目余额，包括将原账科目余额转入新账财务会计科目、按照原账科目余额登记新账预算结余科目（行政单位新旧会计制度转账、登记新账科目对照表见附表3），将未入账事项登记新账科目，并对相关新账科目余额进行调整。原账科目是指按照原制度规定设置的会计科目。

4. 按照登记及调整后新账的各会计科目余额，编制 2019 年 1 月 1 日的科目余额表，作为新账各会计科目的期初余额。

5. 根据新账各会计科目期初余额，按照新制度编制 2019 年 1 月 1 日资产负债表。

（三）及时调整会计信息系统。单位应当按照新制度要求对原有会计信息系统进行及时更新和调试，实现数据正确转换，确保新旧账套的有序衔接。

二、财务会计科目的新旧衔接

（一）将 2018 年 12 月 31 日原账会计科目余额转入新账财务会计科目

1. 资产类。

（1）"库存现金""零余额账户用款额度""财政应返还额度""应收账款""预付账款""无形资产""公共基础设施""政府储备物资""受托代理资产""待处理财产损溢"科目

新制度设置了"库存现金""零余额账户用款额度""财政应返还额度""应收账款""预付账款""无形资产""公共基础设施""政府储备物资""受托代理资产""待处理财产损溢"科目，其核算内容与原账的上述相应科目的核算内容基本相同。转账时，单位应当将原账的上述科目余额直接转入新账的相应科目。其中，还应当将原账的"库存现金"科目余额中属于新制度规定受托代理资产的金额，转入新账"库存现金"科目下的"受托代理资产"明细科目。

（2）"银行存款"科目。

新制度设置了"银行存款"和"其他货币资金"科目，原制度设置了"银行存款"科目。转账时，单位应当将原账"银行存款"科目中核算的属于新制度规定的其他货币资金的金额，转入新账的"其他货币资金"科目；将原账"银行存款"科目余额减去其中属于其他货币资金金额后的差额，转入新账的"银行存款"科目。其中，还应当将原账"银行存款"科目余额中属于新制度规定受托代理资产的金额，转入新账"银行存款"科目下的"受托代理资产"明细科目。

（3）"其他应收款"科目。

新制度设置了"其他应收款"科目，该科目的核算内容与原账"其他应收款"科目的核算内容基本相同。转账时，单位应当将原账的"其他应收款"科目余额转入新账的"其他应收款"科目。

新制度设置了"在途物品"科目，单位在原账的"其他应收款"科目中核算了已经付款、尚未收到物资的，应当将原账的"其他应收款"科目余额中已经付款、尚未收到物资的金额，转入新账的"在途物品"科目。

（4）"存货"科目。

新制度设置了"库存物品"和"加工物品"科目，原制度设置了"存货"科目。转账时，单位应当将原账的"存货——委托加工存货成本"科目余额转入新账的"加工物品"科目；将原账的"存货"科目余额减去属于委托加工存货成本余额后的差额，转入新账的"库存物品"科目。

单位在原账的"存货"科目中核算了按照新制度规定的政府储备物资的，应当将原账的"存货"科目余额中属于政府储备物资的金额，转入新账的"政府储备物资"科目。

（5）"固定资产"科目。

新制度设置了"固定资产""公共基础设施""政府储备物资""文物文化资产""保障性住房"科目。单位在原账"固定资产"科目中只核算了按照新制度规定的固定资产内容的，转账时，应当将原账的"固定资产"科目余额全部转入新账的"固定资产"科目。单位在原账的"固定资产"科目中核算了按照新制度规定应当记入"公共基础设施""政府储备物资""文物文化资产""保障性住房"科目内容的，转账时，应当将原账的"固定资产"科目余额中相应资产的账面余额，分别转入新账的"公共基础设施""政府储备物资""文物文化资产""保障性住房"科目，并将原账的"固定资产"科目余额减去上述金额后的差额，转入新账的"固定资产"科目。

（6）"累计折旧"科目。

新制度设置了"固定资产累计折旧"科目，该科目的核算内容与原账"累计折旧——固定资产累计折旧"科目的核算内容基本相同。单位已经计提了固定资产折旧并记入"累计折旧——固定资产累计折旧"科目的，转账时，应当将原账的"累计折旧——固定资产累计折旧"科目余额，转入新账的"固定资产累计折旧"科目。

新制度设置了"公共基础设施累计折旧（摊销）"科目，该科目的核算内容与原账"累计折旧——公共基础设施累计折旧"科目的核算内容基本相同。单位已经计提了公共基础设施折旧并记入"累计折旧——公共基础设施累计折旧"科目的，转账时，应当将原账的"累计折旧——公共基础设施累计折旧"科目余额，转入新账的"公共基础设施累计折旧（摊销）"科目。

单位在原账的"固定资产"科目中核算了按照新制度规定应当记入"公共基础设施""保障性住房"科目的内容，且已经计提了固定资产折旧并记入"累计折旧——固定资产累计折旧"科目的，转账时，应当将原账的"累计折旧——固定资产累计折旧"科目余额中属于公共基础设施累计折旧（摊销）、保障性住房累计折旧的金额，分别转入新账的"公共基础设施累计折旧（摊销）""保障性住房累计折旧"科目。

（7）"在建工程"科目。

新制度设置了"在建工程""工程物资"和"预付账款——预付备料款、预付工程款"科目，原制度设置了"在建工程"科目。转账时，单位应当将原账的"在建工程"科目余额（基建"并账"后的金额，下同）中属于工程物资的金额，转入新账的"工程物资"科目；将原账"在建工程"科目余额中属于预付备料款、预付工程款的金额，转入新账"预付账款"相关明细科目；将原账的"在建工程"科目余额减去工程物资和预付备料款、预付工程款金额后的差额，转入新账的"在建工程"科目。

（8）"累计摊销"科目。

新制度设置了"无形资产累计摊销"科目，该科目的核算内容与原账"累计摊销"科目的核算内容基本相同。单位已经计提了无形资产摊销的，转账时，应当将原账的"累计摊销"科目余额，转入新账的"无形资产累计摊销"科目。

2. 负债类。

（1）"应缴财政款""应付职工薪酬""应付政府补贴款""其他应付款""长期应付款""受托代理负债"科目。

新制度设置了"应缴财政款""应付职工薪酬""应付政府补贴款""其他应付款""长期应付款""受托代理负债"科目，其核算内容与原账的上述相应科目的核算内容基本相同。转账时，单位应当将原账的上述科目余额直接转入新账的相应科目。

（2）"应缴税费"科目。

新制度设置了"应交增值税""其他应交税费"科目，原制度设置了"应缴税费"科目。转账时，单位应当将原账的"应缴税费——应缴增值税"科目余额转入新账"应交增值税"科目中的相关明细科目；将原账的"应缴税费"科目余额减去属于应交增值税余额后的差额，转入新账的"其他应交税费"科目。

（3）"应付账款"科目。

新制度设置了"应付账款"科目，该科目的核算内容与原账"应付账款"科目的核算内容基本相同，但是不再核算应付质量保证金，应付质量保证金改在新账的"其他应付款"科目核算。转账时，单位应当将原账的"应付账款"科目余额中属于尚未支付质量保证金的余额，转入新账的"其他应付款"科目；将原账的"应付账款"科目余额减去其中属于尚未支付质量保证金的余额后的差额，转入新账的"应付账款"科目。

3. 净资产类。

（1）"财政拨款结转""财政拨款结余""其他资金结转结余"科目。

新制度设置了"累计盈余"科目，该科目的余额包含了原账的"财政拨款结转""财政拨款结余""其他资金结转结余"科目的余额内容。转账时，单位应当将原账的"财政拨款结转""财政拨款结余""其他资金结转结余"科目余额，转入新账的"累计盈余"科目。

（2）"资产基金""待偿债净资产"科目。

依据新制度，单位无需对原制度中"资产基金""待偿债净资产"科目对应的内容进行核算。转账时，单位应当将原账"资产基金"科目贷方余额转入新账的"累计盈余"科目贷方，将原账的"待偿债净资产"科目借方余额转入新账的"累计盈余"科目借方。

4. 收入类、支出类。

由于原账中收入类、支出类科目年末无余额，单位无需进行转账处理。自2019年1月1日起，单位应当按照新制度设置收入类、费用类科目并进行账务处理。

单位存在其他本规定未列举的原账科目余额的，应当比照本规定转入新账的相应科目。新账科目设有明细科目的，应当对原账中对应科目的余额加以分析，分别转入新账中相应科目的相关明细科目。

单位在进行新旧衔接的转账时，应当编制转账的工作分录，作为转账的工作底稿，并将转入新账的对应原账户余额及分拆原账户余额的依据作为原始凭证。

（二）将原未入账事项登记新账财务会计科目。

1. 在途物品、政府储备物资、公共基础设施、文物文化资产、保障性住房。

单位在新旧制度转换时，应当将2018年12月31日前未入账的在途物品、政府储备物资、公共基础设施、文物文化资产、保障性住房按照新制度规定记入新账。登记新账时，按照确定的在途物品、政府储备物资、公共基础设施、文物文化资产、保障性住房初始入账成本，分别借记"在途物品""政府储备物资""公共基础设施""文物文化资产""保障性住房"科目，贷记"累计盈余"科目。

单位对于登记新账时首次确认的公共基础设施、保障性住房，应当于2019年1月1日以后，按照其在登记新账时确定的成本和尚可使用年限计提折旧（摊销）。

2. 受托代理资产。

单位在新旧制度转换时，应当将2018年12月31日前未入账的受托代理物资按照新制度规定记入新账。登记新账时，按照确定的受托代理物资成本，借记"受托代理资产"科目，贷记"受托代理负债"科目。

3. 盘盈资产。

单位在新旧制度转换时，应当将2018年12月31日前未入账的盘盈资产按照新制度规定记入新账。登记新账时，按照确定的盘盈资产及其成本，分别借记有关资产科目，按照盘盈资产成本的合计金额，贷记"累计盈余"科目。

4. 预计负债。

单位在新旧制度转换时，应当将2018年12月31日按照新制度规定确认的预计负债记入新账。登记新账时，按照确定的预计负债金额，借记"累计盈余"科目，贷记"预计负债"科目。

单位存在2018年12月31日前未入账的其他事项的，应当比照本规定登记新账的相应科目。

单位对新账的财务会计科目补记未入账事项时，应当编制记账凭证，并将补充登记事项的确认依据作为原始凭证。

（三）对新账的相关财务会计科目余额按照新制度规定的核算基础进行调整。

1. 补提折旧。

单位在原账中尚未计提固定资产折旧、公共基础设施折旧（摊销）的，应当全面核查截至2018年12月31日固定资产、公共基础设施的预计使用年限、已使用年限、尚可使用年限等，并按照新制度规定于2019年1月1日对尚未计提折旧的固定资产、公共基础设施补提折旧，按照应计提的折旧金额，借记"累计盈余"科目，贷记"固定资产累计折旧""公共基础设施累计折旧（摊销）"科目。

单位在原账的"固定资产"科目中核算了按照新制度规定应当记入"公共基础设施""保障性住房"科目内容的，应当比照前款规定补提公共基础设施折旧（摊销）、保障性住房折旧，按照应计提的折旧（摊销）金额，借记"累计盈余"科目，贷记"公共基础设施累计折旧（摊销）""保障性住房累计折旧"科目。

2. 补提摊销。

单位在原账中尚未计提无形资产摊销的，应当全面核查截至2018年12月31日无形资产的预计使用年限、已使用年限、尚可使用年限等，并按照新制度规定于2019年1月1日对尚未摊销的无形资产补提摊销，按照应计提的摊销金额，借记"累计盈余"科目，贷记"无形资产累计摊销"科目。

单位对新账的财务会计科目期初余额进行调整时，应当编制记账凭证，并将调整事项的确认依据作为原始凭证。

三、预算会计科目的新旧衔接

（一）"财政拨款结转"和"财政拨款结余"科目及对应的"资金结存"科目余额。

新制度设置了"财政拨款结转""财政拨款结余"科目及对应的"资金结存"科目。在新旧制度转换时，单位按照新制度规定将原账其他应收款中的预付款项计入预算支出的，应当对原账的"财政拨款结转"科目余额进行逐项分析，按照减去已经支付财政资金尚未计入预算支出（如其他应收款中的预付款项等）的金额后的差额，登记新账的"财政拨款结转"科目及其明细科目贷方；按照原账的"财政拨款结余"科目余额，登记新账的"财政拨款结余"科目及其明细科目贷方。

单位应当按照原账的"财政应返还额度"科目余额登记新账的"资金结存——财政应返还额度"科目借方；按照新账的"财政拨款结转"和"财政拨款结余"科目贷方余额合计数，减去新账的"资金结存——财政应返还额度"科目借方余额后的差额，登记新账的"资金结存——货币资金"科目的借方。

（二）"非财政拨款结转"科目及对应的"资金结存"科目余额。

新制度设置了"非财政拨款结转"科目及对应的"资金结存"科目。在新旧制度转换时，单位按照新制度规定将原账其他应收款中的预付款项计入预算支出的，应当对原账的"其他资金结转结余——项目结转"科目余额进行逐项分析，按照减去已经支付非财政拨款专项资金尚未计入预算支出（如其他应收款中的预付款项等）的金额后的差额，登记新账的"非财政拨款结转"科目及其明细科目贷方；同时，按照相同的金额登记新账的"资金结存——货币资金"科目借方。

（三）"非财政拨款结余"科目及对应的"资金结存"科目余额。

1. 登记"非财政拨款结余"科目余额。

新制度设置了"非财政拨款结余"科目及对应的"资金结存"科目。在新旧制度转换时，单位应当按照原账的"其他资金结转结余——非项目结余"科目余额，借记新账的"资金结存——货币资金"科目，贷记新账的"非财政拨款结余"科目。

2. 对新账"非财政拨款结余"科目及"资金结存"科目余额进行调整。

单位按照新制度规定将原账其他应收款中的预付款项计入预算支出的，应当对原账的"其他应收款"科目余额进行分析，区分其中预付款项的金额（将来很可能列支）和非预付款项的金额，并对预付款项的金额划分为财政拨款资金预付的金额、非财政拨款专项资金预付的金额和非财政拨款非专项资金预付的金额，按照非财政拨款非专项资金预付的金额，借记新账的"非财政拨款结余"科目，贷记新账的"资金结存——货币资金"科目。

（四）预算收入类、预算支出类会计科目。

由于预算收入类、预算支出类会计科目年初无余额，在新旧制度转换时，单位无需对预算收入类、预算支出类会计科目进行新账年初余额登记。

单位应当自2019年1月1日起，按照新制度设置预算收入类、预算支出类科目并进行账务处理。

单位存在2018年12月31日前需要按照新制度预算会计核算基础调整预算会计科目期初余额的其他事项的，应当比照本规定调整新账的相应预算会计科目期初余额。

单位对预算会计科目的期初余额登记和调整，应当编制记账凭证，并将期初余额登记和调整的依据作为原始凭证。

四、财务报表和预算会计报表的新旧衔接。

（一）编制2019年1月1日资产负债表。

单位应当根据2019年1月1日新账的财务会计科目余额，按照新制度编制2019年1月1日资产负债表（仅要求填列各项目"年初余额"）。

（二）2019年度财务报表和预算会计报表的编制。

单位应当按照新制度规定编制2019年财务报表和预算会计报表。在编制2019年度收入费用表、净资产变动表、现金流量表和预算收入支出表、预算结转结余变动表时，不要求填列上年比较数。

单位应当根据 2019 年 1 月 1 日新账财务会计科目余额，填列 2019 年净资产变动表各项目的"上年年末余额"；根据 2019 年 1 月 1 日新账预算会计科目余额，填列 2019 年预算结转结余变动表的"年初预算结转结余"项目和财政拨款预算收入支出表的"年初财政拨款结转结余"项目。

五、其他事项

（一）截至 2018 年 12 月 31 日尚未进行基建"并账"的单位，应当首先参照《新旧行政单位会计制度有关衔接问题的处理规定》（财库〔2013〕219 号），将基建账套相关数据并入 2018 年 12 月 31 日原账中的相关科目余额，再按照本规定将 2018 年 12 月 31 日原账相关会计科目余额转入新账相应科目。

（二）2019 年 1 月 1 日前执行新制度的单位，应当参照本规定做好新旧制度衔接工作。

附表 1： 行政单位原会计科目余额明细表一

总账科目	明细分类	金额	备注
库存现金	库存现金		
	其中：受托代理现金		
银行存款	银行存款		
	其中：受托代理银行存款		
	其他货币资金		
其他应收款	在途物资		已经付款，尚未收到物资
	其他		
存货	在加工存货		
	非在加工存货		
	政府储备物资		
固定资产	固定资产		
	公共基础设施		
	政府储备物资		
	文物文化资产		
	保障性住房		
累计折旧	固定资产累计折旧		
	公共基础设施累计折旧		
	保障性住房累计折旧		

续表

总账科目	明细分类	金额	备注
在建工程	在建工程		
	工程物资		
	预付工程款、预付备料款		
应缴税费	应交增值税		
	其他应交税费		
应付账款	应付质量保证金		购置固定资产、完成在建工程等扣留的质量保证金
	其他		

附表2： 行政单位原会计科目余额明细表二

总账科目	明细分类	金额	备注
其他应收款	预付款项		如职工预借的差旅费等
	其中：财政拨款资金预付		
	非财政拨款专项资金预付		
	非财政拨款非专项资金预付		
	需要收回及其他		如支付的押金、应收为职工垫付的款项等

附表3： 行政单位新旧会计制度转账、登记新账科目对照表

序号	新制度科目		原制度科目	
	编号	名称	编号	名称
一、资产类				
1	1001	库存现金	1001	库存现金
2	1002	银行存款	1002	银行存款
3	1021	其他货币资金		
4	1011	零余额账户用款额度	1011	零余额账户用款额度
5	1201	财政应返还额度	1021	财政应返还额度
6	1212	应收账款	1212	应收账款
7	1214	预付账款	1213	预付账款
			1511	在建工程

续表

序号	新制度科目		原制度科目	
	编号	名称	编号	名称
8	1218	其他应收款	1215	其他应收款
9	1301	在途物品	1301	存货
10	1302	库存物品		
11	1303	加工物品		
12	1811	政府储备物资		
13	1601	固定资产	1501	固定资产
	1801	公共基础设施		
	1811	政府储备物资		
14	1821	文物文化资产		
15	1831	保障性住房		
16	1602	固定资产累计折旧	1502	累计折旧
17	1802	公共基础设施累计折旧（摊销）		
18	1832	保障性住房累计折旧		
19	1611	工程物资	1511	在建工程
20	1613	在建工程		
21	1701	无形资产	1601	无形资产
22	1702	无形资产累计摊销	1602	累计摊销
23	1801	公共基础设施	1802	公共基础设施
24	1811	政府储备物资	1801	政府储备物资
25	1891	受托代理资产	1901	受托代理资产
26	1902	待处理财产损溢	1701	待处理财产损溢
二、负债类				
27	2103	应缴财政款	2001	应缴财政款
28	2101	应交增值税	2101	应缴税费
29	2102	其他应交税费		
30	2201	应付职工薪酬	2201	应付职工薪酬
31	2302	应付账款	2301	应付账款
	2307	其他应付款		

续表

序号	新制度科目		原制度科目	
	编号	名称	编号	名称
32	2303	应付政府补贴款	2302	应付政府补贴款
33	2307	其他应付款	2305	其他应付款
34	2502	长期应付款	2401	长期应付款
35	2901	受托代理负债	2901	受托代理负债
三、净资产类				
36	3001	累计盈余	3001	财政拨款结转
			3002	财政拨款结余
			3101	其他资金结转结余
			3501	资产基金
			3502	待偿债净资产
四、预算结余类				
37	8101	财政拨款结转	3001	财政拨款结转
38	8102	财政拨款结余	3002	财政拨款结余
39	8201	非财政拨款结转	3101	其他资金结转结余
40	8202	非财政拨款结余		
41	8001	资金结存（借方）	3001	财政拨款结转
			3002	财政拨款结余
			3101	其他资金结转结余

3.7 《政府会计制度——行政事业单位会计科目和报表》与《事业单位会计制度》有关衔接问题的处理规定

2018年2月1日　财会〔2018〕3号

我部于2017年10月24日印发了《政府会计制度——行政事业单位会计科目和报表》（财会〔2017〕25号，以下简称新制度）。目前执行《事业单位会计制度》（财会〔2012〕22号，以下简称原制度）的单位，自2019年1月1日起执行新制度，不再执行原制度。为了确保新旧会计制度顺利过渡，现对单位执行新制度的有关衔接问题规定如下：

一、新旧制度衔接总要求

（一）自 2019 年 1 月 1 日起，单位应当严格按照新制度的规定进行会计核算、编制财务报表和预算会计报表。

（二）单位应当按照本规定做好新旧制度衔接的相关工作，主要包括以下几个方面：

1. 根据原账编制 2018 年 12 月 31 日的科目余额表，并按照本规定要求，编制原账的部分科目余额明细表（参见附表 1、附表 2）。

2. 按照新制度设立 2019 年 1 月 1 日的新账。

3. 按照本规定要求，登记新账的财务会计科目余额和预算结余科目余额，包括将原账科目余额转入新账财务会计科目、按照原账科目余额登记新账预算结余会计科目（事业单位新旧会计制度转账、登记新账科目对照表见附表 3），将未入账事项登记新账科目，并对相关新账科目余额进行调整。原账科目是指按照原制度规定设置的会计科目。

4. 按照登记及调整后新账的各会计科目余额，编制 2019 年 1 月 1 日的科目余额表，作为新账各会计科目的期初余额。

5. 根据新账各会计科目期初余额，按照新制度编制 2019 年 1 月 1 日资产负债表。

（三）及时调整会计信息系统。单位应当按照新制度要求对原有会计信息系统进行及时更新和调试，实现数据正确转换，确保新旧账套的有序衔接。

二、财务会计科目的新旧衔接

（一）将 2018 年 12 月 31 日原账会计科目余额转入新账财务会计科目。

1. 资产类。

（1）"库存现金""零余额账户用款额度""财政应返还额度""短期投资""应收票据""应收账款""预付账款""无形资产"科目。

新制度设置了"库存现金""零余额账户用款额度""财政应返还额度""短期投资""应收票据""应收账款""预付账款""无形资产"科目，其核算内容与原账的上述相应科目的核算内容基本相同。转账时，单位应当将原账的上述科目余额直接转入新账的相应科目。其中，还应当将原账的"库存现金"科目余额中属于新制度规定受托代理资产的金额，转入新账"库存现金"科目下的"受托代理资产"明细科目。

（2）"银行存款"科目。

新制度设置了"银行存款"和"其他货币资金"科目，原制度设置了"银行存款"科目。转账时，单位应当将原账"银行存款"科目中核算的属于新制度规定的其他货币资金的金额，转入新账"其他货币资金"科目；将原账"银行存款"科目余额减去其中属于其他货币资金余额后的差额，转入新账的"银行存款"科目。其中，还应当将原账的"银行存款"科目余额中属于新制度规定受托代理资产的金额，转入新账"银行存款"科目下的"受托代理资产"明细科目。

（3）"其他应收款"科目。

新制度设置了"其他应收款"科目，该科目的核算内容与原账"其他应收款"科目的核算内容基本相同。转账时，单位应当将原账的"其他应收款"科目余额，转入新账的"其他应收款"科目。

新制度设置了"在途物品"科目，单位在原账"其他应收款"科目中核算了已经付款或开出商业汇票、尚未收到物资的，应当将原账的"其他应收款"科目余额中已经付款或开出商业汇票、尚未收到物资的金额，转入新账的"在途物品"科目。

（4）"存货"科目。

新制度设置了"库存物品""加工物品"科目，原制度设置了"存货"科目。转账时，单位应当将原账的"存货"科目余额中属于在加工存货的金额，转入新账的"加工物品"科目；将原账的"存货"科目余额减去属于在加工存货的金额后的差额，转入新账的"库存物品"科目。

单位在原账的"存货"科目中核算了属于新制度规定的工程物资、政府储备物资、受托代理物资的，应当将原账的"存货"科目余额中属于工程物资、政府储备物资、受托代理物资的金额，分别转入新账的"工程物资""政府储备物资""受托代理资产"科目。

（5）"长期投资"科目。

新制度设置了"长期股权投资"和"长期债券投资"科目，原制度设置了"长期投资"科目。转账时，单位应当将原账的"长期投资"科目余额中属于股权投资的金额，转入新账的"长期股权投资"科目及其明细科目；将原账的"长期投资"科目余额中属于债券投资的金额，转入新账的"长期债券投资"科目及其明细科目。

（6）"固定资产"科目。

新制度设置了"固定资产""公共基础设施""政府储备物资""文物文化资产""保障性住房"科目。单位在原账"固定资产"科目中只核算了按照新制度规定的固定资产内容的，转账时，应当将原账的"固定资产"科目余额全部转入新账的"固定资产"科目。单位在原账的"固定资产"科目中核算了按照新制度规定应当记入"公共基础设施""政府储备物资""文物文化资产""保障性住房"科目内容的，转账时，应当将原账的"固定资产"科目余额中相应资产的账面余额，分别转入新账的"公共基础设施""政府储备物资""文物文化资产""保障性住房"科目，并将原账的"固定资产"科目余额减去上述金额后的差额，转入新账的"固定资产"科目。

（7）"累计折旧"科目。

新制度设置了"固定资产累计折旧"科目，该科目的核算内容与原账"累计折旧"科目的核算内容基本相同。单位已经计提了固定资产折旧并记入"累计折旧"科目的，转账时，应当将原账的"累计折旧"科目余额，转入新账的"固定资产累计折旧"科目。

新制度设置了"公共基础设施累计折旧（摊销）"和"保障性住房累计折旧"科目，单位在原账的"固定资产"科目中核算了按照新制度规定应当记入"公共基础设施""保障性住房"科目的内容，且已经计提了固定资产折旧的，转账时，应当将原账的"累计折旧"科目余额中属于公共基础设施累计折旧（摊销）、保障性住房累计折旧的金额，分别转入新账的"公共基础设施累计折旧（摊销）""保障性住房累计折旧"科目。

（8）"在建工程"科目。

新制度设置了"在建工程"和"预付账款——预付备料款、预付工程款"科目，原制度设置了"在建工程"科目。转账时，单位应当将原账的"在建工程"科目余额（基建"并账"后的金额，下同）中属于预付备料款、预付工程款的金额，转入新账"预付账款"相关明细科目；将原账的"在建工程"科目余额减去预付备料款、预付工程款金额后的差额，转入新账的"在建工程"科目。

单位在原账"在建工程"科目中核算了按照新制度规定应当记入"工程物资"科目内容的，应当将原账"在建工程"科目余额中属于工程物资的金额，转入新账的"工程物资"科目。

（9）"累计摊销"科目。

新制度设置了"无形资产累计摊销"科目，该科目的核算内容与原账"累计摊销"科目的核算内容基本相同。单位已经计提了无形资产摊销的，转账时，应当将原账的"累计摊销"科目余额，转入新账的"无形资产累计摊销"科目。

（10）"待处置资产损溢"科目。

新制度设置了"待处理财产损溢"科目，该科目的核算内容与原账"待处置资产损溢"科目的核算内容基本相同。转账时，单位应当将原账的"待处置资产损溢"科目余额，转入新账的"待处理财产损溢"科目。

2. 负债类。

（1）"短期借款""应付职工薪酬""应付票据""应付账款""预收账款""长期借款""长期应付款"科目。

新制度设置了"短期借款""应付职工薪酬""应付票据""应付账款""预收账款""长期借款""长期应付款"科目，这些科目的核算内容与原账的上述相应科目的核算内容基本相同。转账时，单位应当将原账的上述科目余额直接转入新账的相应科目。

（2）"应缴税费"科目。

新制度设置了"应交增值税"和"其他应交税费"科目，原制度设置了"应缴税费"科目。转账时，单位应当将原账的"应缴税费——应缴增值税"科目余额，转入新账"应交增值税"中的相关明细科目；将原账的"应缴税费"科目余额减去属于应缴增值税余额后的差额，转入新账的"其他应交税费"科目。

（3）"应缴国库款""应缴财政专户款"科目。

新制度设置了"应缴财政款"科目，原制度设置了"应缴国库款""应缴财政专户款"科目。转账时，单位应当将原账的"应缴国库款""应缴财政专户款"科目余额，转入新账的"应缴财政款"科目。

（4）"其他应付款"科目。

新制度设置了"其他应付款"科目，该科目的核算内容与原账"其他应付款"科目的核算内容基本相同。转账时，单位应当将原账的"其他应付款"科目余额，转入新账的"其他应付款"科目。其中，单位在原账的"其他应付款"科目中核算了属于新制度规定的受托代理负债的，应当将原账的"其他应付款"科目余额中属于受托代理负债的余额，转入新账的"受托代理负债"科目。

3. 净资产类。

（1）"事业基金"科目。

新制度设置了"累计盈余"科目，该科目的核算内容包含了原账"事业基金"科目的核算内容。转账时，单位应当将原账的"事业基金"科目余额转入新账的"累计盈余"科目。

（2）"非流动资产基金"科目。

依据新制度，无需对原制度中"非流动资产基金"科目对应内容进行核算。转账时，单位应当将原账的"非流动资产基金"科目余额转入新账的"累计盈余"科目。

（3）"专用基金"科目。

新制度设置了"专用基金"科目，该科目的核算内容与原账"专用基金"科目的核算内容基本相同。转账时，单位应当将原账的"专用基金"科目余额转入新账的"专用基金"科目。

（4）"财政补助结转""财政补助结余""非财政补助结转"科目。

新制度设置了"累计盈余"科目，该科目的余额包含了原账的"财政补助结转""财政补助结余""非财政补助结转"科目的余额内容。转账时，单位应当将原账的"财政补助结转""财政补助结余""非财政补助结转"科目余额,转入新账的"累计盈余"科目。

（5）"经营结余"科目。

新制度设置了"本期盈余"科目,该科目的核算内容包含了原账"经营结余"科目的核算内容。新制度规定"本期盈余"科目余额最终转入"累计盈余"科目,如果原账的"经营结余"科目有借方余额,转账时,单位应当将原账的"经营结余"科目借方余额,转入新账的"累计盈余"科目借方。

（6）"事业结余""非财政补助结余分配"科目。

由于原账的"事业结余""非财政补助结余分配"科目年末无余额,这两个科目无需进行转账处理。

4. 收入类、支出类。

由于原账中收入类、支出类科目年末无余额,无需进行转账处理。自2019年1月1日起,单位应当按照新制度设置收入类、费用类科目并进行账务处理。

单位存在其他本规定未列举的原账科目余额的,应当比照本规定转入新账的相应科目。新账的科目设有明细科目的,应将原账中对应科目的余额加以分析,分别转入新账中相应科目的相关明细科目。

单位在进行新旧衔接的转账时,应当编制转账的工作分录,作为转账的工作底稿,并将转入新账的对应原账户余额及分拆原账户余额的依据作为原始凭证。

（二）将原未入账事项登记新账财务会计科目。

1. 应收账款、应收股利、在途物品。

单位在新旧制度转换时,应当将2018年12月31日前未入账的应收账款、应收股利、在途物品按照新制度规定记入新账。登记新账时,按照确定的入账金额,分别借记"应收账款""应收股利""在途物品"科目,贷记"累计盈余"科目。

2. 公共基础设施、政府储备物资、文物文化资产、保障性住房。

单位在新旧制度转换时,应当将2018年12月31日前未入账的公共基础设施、政府储备物资、文物文化资产、保障性住房按照新制度规定记入新账。登记新账时,按照确定的初始入账成本,分别借记"公共基础设施""政府储备物资""文物文化资产""保障性住房"科目,贷记"累计盈余"科目。

单位对于登记新账时首次确认的公共基础设施、保障性住房,应当于2019年1月1日以后,按照其在登记新账时确定的成本和剩余折旧（摊销）年限计提折旧（摊销）。

3. 受托代理资产。

单位在新旧制度转换时,应当将2018年12月31日前未入账的受托代理资产按照新制度规定记入新账。登记新账时,按照确定的受托代理资产入账成本,借记"受托代理资产"科目,贷记"受托代理负债"科目。

4. 盘盈资产。

单位在新旧制度转换时,应当将2018年12月31日前未入账的盘盈资产按照新制度规定记入新账。登记新账时,按照确定的盘盈资产及其成本,分别借记有关资产科目,按照盘盈资产成本的合计金额,贷记"累计盈余"科目。

5. 预计负债。

单位在新旧制度转换时,应当将2018年12月31日按照新制度规定确认的预计负债记入新账。登记新账时,按照确定的预计负债金额,借记"累计盈余"科目,贷记"预计负债"科目。

6. 应付质量保证金。

单位在新旧制度转换时，应当将 2018 年 12 月 31 日前未入账的应付质量保证金按照新制度规定记入新账。登记新账时，按照确定未入账的应付质量保证金金额，借记"累计盈余"科目，贷记"其他应付款"科目[扣留期在 1 年以内（含 1 年）]、"长期应付款"科目[扣留期超过 1 年]。

单位存在 2018 年 12 月 31 日前未入账的其他事项的，应当比照本规定登记新账的相应科目。

单位对新账的财务会计科目补记未入账事项时，应当编制记账凭证，并将补充登记事项的确认依据作为原始凭证。

（三）对新账的相关财务会计科目余额按照新制度规定的会计核算基础进行调整。

1. 计提坏账准备。

新制度要求对单位收回后无需上缴财政的应收账款和其他应收款提取坏账准备。在新旧制度转换时，单位应当按照 2018 年 12 月 31 日无需上缴财政的应收账款和其他应收款的余额计算应计提的坏账准备金额，借记"累计盈余"科目，贷记"坏账准备"科目。

2. 按照权益法调整长期股权投资账面余额。

对按照新制度规定应当采用权益法核算的长期股权投资，在新旧制度转换时，单位应当在"长期股权投资"科目下设置"新旧制度转换调整"明细科目，依据被投资单位 2018 年 12 月 31 日财务报表的所有者权益账面余额，以及单位持有被投资单位的股权比例，计算应享有或应分担的被投资单位所有者权益的份额，调整长期股权投资的账面余额，借记或贷记"长期股权投资——新旧制度转换调整"科目，贷记或借记"累计盈余"科目。

3. 确认长期债券投资期末应收利息。

单位应当按照新制度规定于 2019 年 1 月 1 日补记长期债券投资应收利息，按照长期债券投资的应收利息金额，借记"长期债券投资"科目[到期一次还本付息]或"应收利息"科目[分期付息、到期还本]，贷记"累计盈余"科目。

4. 补提折旧。

单位在原账中尚未计提固定资产折旧的，应当全面核查截至 2018 年 12 月 31 日的固定资产的预计使用年限、已使用年限、尚可使用年限等，并于 2019 年 1 月 1 日对尚未计提折旧的固定资产补提折旧，按照应计提的折旧金额，借记"累计盈余"科目，贷记"固定资产累计折旧"科目。

单位在原账的"固定资产"科目中核算了按照新制度规定应当记入"公共基础设施""保障性住房"科目内容的，应当比照前款规定补提公共基础设施折旧（摊销）、保障性住房折旧，按照应计提的折旧（摊销）金额，借记"累计盈余"科目，贷记"公共基础设施累计折旧（摊销）""保障性住房累计折旧"科目。

5. 补提摊销。

单位在原账中尚未计提无形资产摊销的，应当全面核查截至 2018 年 12 月 31 日无形资产的预计使用年限、已使用年限、尚可使用年限等，并于 2019 年 1 月 1 日对前期尚未计提摊销的无形资产补提摊销，按照应计提的摊销金额，借记"累计盈余"科目，贷记"无形资产累计摊销"科目。

6. 确认长期借款期末应付利息。

单位应当按照新制度规定于 2019 年 1 月 1 日补记长期借款的应付利息金额，对其中资本化的部分，借记"在建工程"科目，对其中费用化的部分，借记"累计盈余"科目，按照全部长期借款应付利息金额，贷记"长期借款"科目[到期一次还本付息]或"应付利息"科目[分期付息、到期还本]。

单位对新账的财务会计科目期初余额进行调整时,应当编制记账凭证,并将调整事项的确认依据作为原始凭证。

三、预算会计科目的新旧衔接

(一)"财政拨款结转"和"财政拨款结余"科目及对应的"资金结存"科目余额。

新制度设置了"财政拨款结转""财政拨款结余"科目及对应的"资金结存"科目。在新旧制度转换时,单位应当对原账的"财政补助结转"科目余额进行逐项分析,加上各项结转转入的预算支出中已经计入预算支出尚未支付财政资金(如发生时列支的应付账款)的金额,减去已经支付财政资金尚未计入预算支出(如购入的存货、预付账款等)的金额,按照增减后的金额,登记新账的"财政拨款结转"科目及其明细科目贷方;按照原账"财政补助结余"科目余额,登记新账的"财政拨款结余"科目及其明细科目贷方。

按照原账"财政应返还额度"科目余额登记新账的"资金结存——财政应返还额度"科目借方;按照新账的"财政拨款结转"和"财政拨款结余"科目贷方余额合计数,减去新账的"资金结存——财政应返还额度"科目借方余额后的差额,登记新账的"资金结存——货币资金"科目借方。

(二)"非财政拨款结转"科目及对应的"资金结存"科目余额。

新制度设置了"非财政拨款结转"科目及对应的"资金结存"科目。在新旧制度转换时,单位应当对原账的"非财政补助结转"科目余额进行逐项分析,加上各项结转转入的预算支出中已经计入预算支出尚未支付非财政补助专项资金(如发生时列支的应付账款)的金额,减去已经支付非财政补助专项资金尚未计入预算支出(如购入的存货、预付账款等)的金额,加上各项结转转入的预算收入中已经收到非财政补助专项资金尚未计入预算收入(如预收账款)的金额,减去已经计入预算收入尚未收到非财政补助专项资金(如应收账款)的金额,按照增减后的金额,登记新账的"非财政拨款结转"科目及其明细科目贷方;同时,按照相同的金额登记新账的"资金结存——货币资金"科目借方。

(三)"非财政拨款结余"科目及对应的"资金结存"科目余额。

1. 登记"非财政拨款结余"科目余额。

新制度设置了"非财政拨款结余"科目及对应的"资金结存"科目。在新旧制度转换时,单位应当按照原账的"事业基金"科目余额,借记新账的"资金结存——货币资金"科目,贷记新账的"非财政拨款结余"科目。

2. 对新账"非财政拨款结余"科目及"资金结存"科目余额进行调整。

(1)调整短期投资对非财政拨款结余的影响。

单位应当按照原账的"短期投资"科目余额,借记"非财政拨款结余"科目,贷记"资金结存——货币资金"科目。

(2)调整应收票据、应收账款对非财政拨款结余的影响。

单位应当对原账的"应收票据""应收账款"科目余额进行分析,区分其中发生时计入预算收入的金额和没有计入预算收入的金额。对发生时计入预算收入的金额,再区分计入专项资金收入的金额和计入非专项资金收入的金额,按照计入非专项资金收入的金额,借记"非财政拨款结余"科目,贷记"资金结存——货币资金"科目。

(3)调整预付账款对非财政拨款结余的影响。

单位应当对原账的"预付账款"科目余额进行分析,区分其中由财政补助资金预付的金额、非财政补助专项资金预付的金额和非财政补助非专项资金预付的金额,按照非财政补助非专项资金预付的金额，借记"非财政拨款结余"科目，贷记"资金结存——货币资金"科目。

（4）调整其他应收款对非财政拨款结余的影响。

单位按照新制度规定将原账其他应收款中的预付款项计入预算支出的，应当对原账的"其他应收款"科目余额进行分析，区分其中预付款项的金额（将来很可能列支）和非预付款项的金额，并对预付款项的金额划分为财政补助资金预付的金额、非财政补助专项资金预付的金额和非财政补助非专项资金预付的金额，按照非财政补助非专项资金预付的金额，借记"非财政拨款结余"科目，贷记"资金结存——货币资金"科目。

（5）调整存货对非财政拨款结余的影响。

单位应当对原账的"存货"科目余额进行分析，区分购入的存货金额和非购入的存货金额。对购入的存货金额划分出其中使用财政补助资金购入的金额、使用非财政补助专项资金购入的金额和使用非财政补助非专项资金购入的金额，按照使用非财政补助非专项资金购入的金额，借记"非财政拨款结余"科目，贷记"资金结存——货币资金"科目。

（6）调整长期股权投资对非财政拨款结余的影响。

单位应当对原账的"长期投资"科目余额中属于股权投资的余额进行分析，区分其中用现金资产取得的金额和用非现金资产及其他方式取得的金额，按照用现金资产取得的金额，借记"非财政拨款结余"科目，贷记"资金结存——货币资金"科目。

（7）调整长期债券投资对非财政拨款结余的影响。

单位应当按照原账的"长期投资"科目余额中属于债券投资的余额，借记"非财政拨款结余"科目，贷记"资金结存——货币资金"科目。

（8）调整短期借款、长期借款对非财政拨款结余的影响。

单位应当按照原账的"短期借款""长期借款"科目余额，借记"资金结存——货币资金"科目，贷记"非财政拨款结余"科目。

（9）调整应付票据、应付账款对非财政拨款结余的影响。

单位应当对原账的"应付票据""应付账款"科目余额进行分析，区分其中发生时计入预算支出的金额和未计入预算支出的金额。将计入预算支出的金额划分出财政补助应付的金额、非财政补助专项资金应付的金额和非财政补助非专项资金应付的金额，按照非财政补助非专项资金应付的金额，借记"资金结存——货币资金"科目，贷记"非财政拨款结余"科目。

（10）调整预收账款对非财政拨款结余的影响。

单位应当按照原账的"预收账款"科目余额中预收非财政非专项资金的金额，借记"资金结存——货币资金"科目，贷记"非财政拨款结余"科目。

（四）"专用结余"科目及对应的"资金结存"科目余额。

新制度设置了"专用结余"科目及对应的"资金结存"科目。在新旧制度转换时，单位应当按照原账"专用基金"科目余额中通过非财政补助结余分配形成的金额，借记新账的"资金结存——货币资金"科目，贷记新账的"专用结余"科目。

（五）"经营结余"科目及对应的"资金结存"科目余额。

新制度设置了"经营结余"科目及对应的"资金结存"科目。如果原账的"经营结余"科目期末有借方余额，在新旧制度转换时，单位应当按照原账的"经营结余"科目余额，借记新账的"经营结余"科目，贷记新账的"资金结存——货币资金"科目。

（六）"其他结余""非财政拨款结余分配"科目。

新制度设置了"其他结余"和"非财政拨款结余分配"科目。由于这两个科目年初无余额，在新旧制度转换时，单位无需对"其他结余"和"非财政拨款结余分配"科目进行新账年初余额登记。

（七）预算收入类、预算支出类会计科目。

由于预算收入类、预算支出类会计科目年初无余额，在新旧制度转换时，单位无需对预算收入类、预算支出类会计科目进行新账年初余额登记。

单位应当自2019年1月1日起，按照新制度设置预算收入类、预算支出类科目并进行账务处理。

单位存在2018年12月31日需要按照新制度预算会计核算基础调整预算会计科目期初余额的其他事项的，应当比照本规定调整新账的相应预算会计科目期初余额。

单位对预算会计科目的期初余额登记和调整，应当编制记账凭证，并将期初余额登记和调整的依据作为原始凭证。

四、财务报表和预算会计报表的新旧衔接

（一）编制2019年1月1日资产负债表。

单位应当根据2019年1月1日新账的财务会计科目余额，按照新制度编制2019年1月1日资产负债表（仅要求填列各项目"年初余额"）。

（二）2019年度财务报表和预算会计报表的编制。

单位应当按照新制度规定编制2019年财务报表和预算会计报表。在编制2019年度收入费用表、净资产变动表、现金流量表和预算收入支出表、预算结转结余变动表时，不要求填列上年比较数。

单位应当根据2019年1月1日新账财务会计科目余额，填列2019年净资产变动表各项目的"上年年末余额"；根据2019年1月1日新账预算会计科目余额，填列2019年预算结转结余变动表的"年初预算结转结余"项目和财政拨款预算收入支出表的"年初财政拨款结转结余"项目。

五、其他事项

（一）截至2018年12月31日尚未进行基建"并账"的单位，应当首先参照《新旧事业单位会计制度有关衔接问题的处理规定》（财会〔2013〕2号），将基建账套相关数据并入2018年12月31日原账中的相关科目余额，再按照本规定将2018年12月31日原账相关会计科目余额转入新账相应科目。

（二）2019年1月1日前执行新制度的单位，应当参照本规定做好新旧制度衔接工作。

附表1： 事业单位原会计科目余额明细表一

总账科目	明细分类	金额	备注
库存现金	库存现金		
	其中：受托代理现金		
银行存款	银行存款		
	其中：受托代理银行存款		
	其他货币资金		

续表

总账科目	明细分类	金额	备注
其他应收款	在途物资		已经付款或已开出商业汇票，尚未收到物资
	其他		
存货	在加工存货		
	非在加工存货		
	工程物资		
	政府储备物资		
	受托代理资产		
长期投资	长期股权投资		
	长期债券投资		
固定资产	固定资产		
	公共基础设施		
	政府储备物资		
	文物文化资产		
	保障性住房		
累计折旧	固定资产累计折旧		
	公共基础设施累计折旧		
	保障性住房累计折旧		
在建工程	在建工程		
	工程物资		
	预付工程款、预付备料款		
应缴税费	应交增值税		
	其他应交税费		
其他应付款	受托代理负债		因接受代管资金形成的应付款
	其他		

附表 2： **事业单位原会计科目余额明细表二**

总账科目	明细分类	金额	备注
应收票据、应收账款	发生时不计入预算收入		如转让资产的应收票据、应收账款
	发生时计入预算收入		
	其中：专项收入		
	其他		
预付账款	财政补助资金预付		
	非财政补助专项资金预付		
	非财政补助非专项资金预付		
其他应收款	预付款项		如职工预借的差旅费等
	其中：财政补助资金预付		
	非财政补助专项资金预付		
	非财政补助非专项资金预付		
	需要收回及其他		如支付的押金、应收为职工垫付的款项等
存货	购入存货		
	其中：使用财政补助资金购入		
	使用非财政补助专项资金购入		
	使用非财政补助非专项资金购入		
	非购入存货		如无偿调入、接受捐赠的存货等
长期投资	长期股权投资		
	其中：用现金资产取得		
	用非现金资产或其他方式取得		
	长期债券投资		
应付票据、应付账款	发生时不计入预算支出		
	发生时计入预算支出		
	其中：财政补助资金应付		
	非财政补助专项资金应付		
	非财政补助非专项资金应付		
预收账款	预收专项资金		
	预收非专项资金		

附表3： 事业单位新旧会计制度转账、登记新账科目对照表

序号	新制度科目		原制度科目	
	编号	名称	编号	名称
一、资产类				
1	1001	库存现金	1001	库存现金
2	1002	银行存款	1002	银行存款
3	1021	其他货币资金		
4	1011	零余额账户用款额度	1011	零余额账户用款额度
5	1201	财政应返还额度	1201	财政应返还额度
6	1101	短期投资	1101	短期投资
7	1211	应收票据	1211	应收票据
8	1212	应收账款	1212	应收账款
9	1214	预付账款	1213	预付账款
			1511	在建工程
10	1218	其他应收款	1215	其他应收款
11	1301	在途物品		
12	1302	库存物品		
13	1303	加工物品	1301	存货
14	1611	工程物资		
15	1811	政府储备物资		
16	1891	受托代理资产		
17	1501	长期股权投资	1401	长期投资
18	1502	长期债券投资		
19	1601	固定资产		
20	1801	公共基础设施		
21	1811	政府储备物资	1501	固定资产
22	1821	文物文化资产		
23	1831	保障性住房		
24	1602	固定资产累计折旧		
25	1802	公共基础设施累计折旧（摊销）	1502	累计折旧
26	1832	保障性住房累计折旧		

续表

序号	新制度科目		原制度科目	
	编号	名称	编号	名称
27	1611	工程物资	1511	在建工程
	1613	在建工程		
28	1701	无形资产	1601	无形资产
29	1702	无形资产累计摊销	1602	累计摊销
30	1902	待处理财产损溢	1701	待处置资产损溢
二、负债类				
31	2001	短期借款	2001	短期借款
32	2101	应交增值税	2101	应缴税费
33	2102	其他应交税费		
34	2103	应缴财政款	2102	应缴国库款
			2103	应缴财政专户款
35	2201	应付职工薪酬	2201	应付职工薪酬
36	2301	应付票据	2301	应付票据
37	2302	应付账款	2302	应付账款
38	2305	预收账款	2303	预收账款
39	2307	其他应付款	2305	其他应付款
40	2901	受托代理负债		
41	2501	长期借款	2401	长期借款
42	2502	长期应付款	2402	长期应付款
三、净资产类				
43	3001	累计盈余	3001	事业基金
			3101	非流动资产基金
			3301	财政补助结转
			3302	财政补助结余
			3401	非财政补助结转
			3403	经营结余
44	3101	专用基金	3201	专用基金
四、预算结余类				
45	8101	财政拨款结转	3301	财政补助结转

序号	新制度科目		原制度科目	
	编号	名称	编号	名称
46	8102	财政拨款结余	3302	财政补助结余
47	8201	非财政拨款结转	3401	非财政补助结转
48	8202	非财政拨款结余	3001	事业基金
49	8301	专用结余	3201	专用基金
50	8401	经营结余	3403	经营结余
51	8001	资金结存（借方）	3301	财政补助结转
			3302	财政补助结余
			3401	非财政补助结转
			3001	事业基金
			3201	专用基金
			3403	经营结余

3.8　关于国有林场和苗圃执行《政府会计制度——行政事业单位会计科目和报表》的补充规定

2018年7月12日　财会〔2018〕11号

根据《政府会计准则——基本准则》，结合行业实际情况，现就国有林场和苗圃[4]（以下简称林场）执行《政府会计制度——行政事业单位会计科目和报表》（以下简称新制度）做出如下补充规定：

一、新增一级科目及其使用说明

（一）林场应当增设"1614 营林工程"和"1841 林木资产"一级科目。

（二）关于增设科目的使用说明：

1614 营林工程

一、本科目核算林场发生的育苗、造林、抚育、管护各种林木和苗木的生产成本。

生产性林木资产达到正式投产可以采收林产品后，继续发生的管护费用，应当作为林产品的生产成本，通过"加工物品"科目核算。

二、本科目应当设置"苗木生产成本""林木生产成本""间接费用"等明细科目。在"林木生产成本"明细科目下，可按"消耗性林木成本""生产性林木成本""公益性林木成本"

---

[4] 本规定所指的国有林场和苗圃，是指中华人民共和国境内各级人民政府设立的，从事保护培育森林资源、维护国家生态安全、提供生态服务，不以营利为目的、独立核算的公益性事业单位性质国有林场和苗圃。

设置明细科目。

三、营林工程的主要账务处理如下：

（一）发生属于营林生产的费用时，按照可以直接计入营林成本的费用，借记本科目（苗木生产成本、林木生产成本），按照需要分摊计入营林成本的费用，借记本科目（间接费用），贷记"林木资产——苗木""库存物品""应付职工薪酬""财政拨款收入""零余额账户用款额度""银行存款""固定资产累计折旧""长期待摊费用"等科目。

（二）月末，将间接费用按照一定的分配方法计入营林成本，借记本科目（苗木生产成本、林木生产成本），贷记本科目（间接费用）。结转后，本科目的"间接费用"明细科目应无余额。

（三）期末，将竣工的营林工程发生的营林生产成本转入林木资产，借记"林木资产"科目，贷记本科目。

（四）采伐或处置未竣工的林木、苗木时，应当先将林木、苗木的生产成本转入林木资产账面余额。结转时，借记"林木资产"科目，贷记本科目。

四、本科目期末借方余额，反映林场尚未结转的营林工程发生的实际成本。

1841 林木资产

一、本科目核算林场营造管理的各种活立木资产和苗木资产的累计成本。

二、本科目应当设置"苗木"和"林木"两个明细科目，在"林木"明细科目下，可按"消耗性林木资产""生产性林木资产""公益性林木资产"设置明细科目。

三、林木资产的主要账务处理如下：

（一）林木资产取得时，应当按照其取得时的成本入账。

1.自行营造形成的林木，期末按照该林木达到营林工程竣工标准发生的育苗、造林、抚育、管护成本，结转营林生产成本，借记本科目，贷记"营林工程"科目。

2.购入或有偿调入的林木，按照购入或有偿调入的成本，借记本科目，贷记"财政拨款收入""零余额账户用款额度""银行存款"等科目。

3.无偿调入的林木，按照该林木资产在调出方的账面价值加相关费用，借记本科目，按照发生的归属于调入方的相关费用，贷记"银行存款"等科目，按照其差额，贷记"无偿调拨净资产"科目。

（二）按规定采伐林木、自主出售成品苗木或造林时，应当减少相应林木资产的账面余额。

1.更新采伐公益性林木资产时，按照被采伐林木的林木资产账面余额，借记"业务活动费用""库存物品"等科目，贷记本科目。

2.采伐消耗性林木资产时，按照被采伐林木的林木资产账面余额，借记"业务活动费用""经营费用""库存物品"等科目，贷记本科目。

3.自主出售成品苗木或造林时，按照该苗木的林木资产账面余额，借记"经营费用"等科目[出售]或"营林工程"科目[造林]，贷记本科目。

（三）生产性林木资产的账面余额，应当在林产品采收期限内逐期摊入林产品的成本，各期摊销时，借记"加工物品——林产品生产成本"科目，贷记本科目。

（四）按规定报经批准处置林木资产，应当分别以下情况处理：

1.报经批准有偿转让林木资产（不含可自主出售的林木资产）时，按照被转让林木资产的账面余额，借记"资产处置费用"科目，贷记本科目。同时，按照收到的价款，借记"银行存款"等科目，按照处置过程中发生的相关费用，贷记"银行存款"等科目，按照收到的价款扣除相关费用后的差额，贷记"应缴财政款"科目；如果按照有关规定将林木资产转让净收入纳入本单位预算管理的,应当按照收到的价款扣除相关费用后的差额,贷记"其他收入"科目。

报经批准有偿转让林木的林地使用权,其林地附着的林木资产的账面余额及处置收入和费用,按照有偿转让林木资产进行账务处理。

2. 报经批准无偿调出林木资产时,按照调出林木资产的账面余额,借记"无偿调拨净资产"科目,贷记本科目。同时,按照无偿调出过程中发生的归属于调出方的相关费用,借记"资产处置费用"科目,贷记"银行存款"等科目。

3. 报经批准用林木资产投资时,参照新制度中关于置换换入相关资产的规定进行账务处理。

4. 因遭受自然灾害等致使林木资产发生损毁时,应当将被损毁林木资产的账面余额转入待处理财产损溢。结转时,借记"待处理财产损溢"科目,贷记本科目。

四、本科目期末借方余额,反映林场林木资产的累计成本。

二、关于报表及编制说明

(一)新增项目。

林场应当在资产负债表"保障性住房净值"和"长期待摊费用"项目之间增加"林木资产"项目。

(二)新增项目的填列方法。

林场在编制资产负债表时,应当按照"林木资产——苗木"和"林木资产——林木——消耗性林木资产"科目期末余额的合计数填列"存货"项目,按照"林木资产"科目其余的期末余额填列"林木资产"项目;按照"营林工程——苗木生产成本"和"营林工程——林木生产成本——消耗性林木成本"科目期末余额的合计数填列"存货"项目,按照"营林工程"科目其余的期末余额填列"林木资产"项目。

三、生效日期

本规定自 2019 年 1 月 1 日起施行。

3.9 关于国有林场和苗圃执行《政府会计制度——行政事业单位会计科目和报表》的衔接规定

2018 年 7 月 12 日 财会〔2018〕11 号

我部于 2017 年 10 月 24 日印发了《政府会计制度——行政事业单位会计科目和报表》(财会〔2017〕25 号,以下简称新制度)。原执行《国有林场和苗圃会计制度(暂行)》(财农字〔1994〕第 371 号)和财政部有关事业单位会计核算、原国家林业局有关国有林场和苗圃会计核算的补充规定(以下简称原制度)的国有林场和苗圃[5](以下简称林场),自 2019 年 1 月 1 日起执行新制度,不再执行原制度。为了确保新旧会计制度顺利过渡,现对林场执行新制度及《关于国有林场和苗圃执行〈政府会计制度——行政事业单位会计科目和报表〉的补充规定》(以下简称补充规定)的有关衔接问题规定如下:

---

5 本规定所指的国有林场和苗圃,是指中华人民共和国境内各级人民政府设立的,从事保护培育森林资源、维护国家生态安全、提供生态服务,不以营利为目的、独立核算的公益性事业单位性质国有林场和苗圃。

一、新旧制度衔接总要求

（一）自 2019 年 1 月 1 日起，林场应当严格按照新制度及补充规定进行会计核算、编报财务报表和预算会计报表。

（二）林场应当按照本规定做好新旧制度衔接的相关工作，主要包括以下几个方面：

1. 根据原账编制 2018 年 12 月 31 日的科目余额表，并按照本规定要求，编制原账的部分科目余额明细表（参见附表 1、附表 2）。

2. 按照新制度设立 2019 年 1 月 1 日的新账。

3. 按照本规定要求，登记新账的财务会计科目余额和预算结余科目余额，包括将原账科目余额转入新账财务会计科目、按照原账科目余额登记新账预算结余科目（林场新旧会计制度转账、登记新账科目对照表参见附表 3），将未入账事项登记新账科目，并对相关新账科目余额进行调整。

原账科目是指按照原制度规定设置的会计科目，以及按照财政部有关事业单位会计核算、原国家林业局有关国有林场和苗圃会计核算补充规定增设的会计科目。

4. 按照登记及调整后新账的各会计科目余额，编制 2019 年 1 月 1 日的科目余额表，作为新账各会计科目的期初余额。

5. 根据新账各会计科目期初余额，按照新制度编制 2019 年 1 月 1 日资产负债表。

（三）及时调整会计信息系统。林场应当按照新制度要求对原有会计信息系统进行及时更新和调试，实现数据正确转换，确保新旧账套的有序衔接。

二、财务会计科目的新旧衔接

（一）将 2018 年 12 月 31 日原账会计科目余额转入新账财务会计科目。

1. 资产类。

（1）"库存现金"（或"现金"）、"银行存款""其他货币资金""短期投资""财政应返还额度""应收票据""应收账款""预付账款""坏账准备""待摊费用""无形资产""待处理财产损溢"科目新制度设置了"库存现金""银行存款""其他货币资金""短期投资""财政应返还额度""应收票据""应收账款""预付账款""坏账准备""待摊费用""无形资产""待处理财产损溢"科目，其核算内容与原账的上述相应科目的核算内容基本相同。转账时，应当将原账的上述科目余额直接转入新账的相应科目。其中，还应当将原账的"库存现金""银行存款"科目余额中属于新制度规定受托代理资产的金额，分别转入新账"库存现金""银行存款"科目下的"受托代理资产"明细科目。

（2）"内部往来"科目。

有的林场在原账中使用"内部往来"科目，作为本单位内部核算科目，核算本单位内部各单位之间的往来款项，不在本单位的会计报表中反映。新旧衔接时不对原账的"内部往来"科目余额进行处理。

（3）"其他应收款"科目。

新制度设置了"其他应收款"科目，该科目的核算内容与原账的"其他应收款"科目的核算内容基本相同。转账时，应当将原账的"其他应收款"科目余额转入新账的"其他应收款"科目。如果原账的"其他应收款"科目余额有应收股利，还应当将原账的"其他应收款"科目余额中应收股利的金额，转入新账的"应收股利"科目。

（4）"库存物资"科目。

有的林场在原账中使用"库存物资"科目，其核算内容包含了在途材料、材料、低值易耗品、产成品、分期收款发出商品等。新制度设置了"在途物品""库存物品"科目。转账时，应当将原账的"库存物资"科目余额中属于在途物品的金额转入新账的"在途物品"科目，将原账的"库存物资"科目余额减去在途物品金额后的差额转入新账的"库存物品"科目。

（5）"在途材料""材料""低值易耗品""产成品""分期收款发出商品"科目。

有的林场在原账中使用"在途材料""材料""低值易耗品""产成品""分期收款发出商品"科目。新制度设置了"在途物品""库存物品"科目。转账时，应当在新账的"库存物品"科目下设置"发出物品"明细科目，将原账的"分期收款发出商品"科目余额转入新账的"库存物品——发出物品"科目，将原账的"在途材料"科目余额转入新账的"在途物品"科目，将原账的"材料""低值易耗品""产成品"科目余额转入新账的"库存物品"科目相关明细科目。

（6）"委托加工材料"科目。

新制度设置了"加工物品"科目，该科目的核算内容与原账的"委托加工材料"科目的核算内容基本相同。转账时，应当将原账的"委托加工材料"科目余额转入新账的"加工物品"科目。

（7）"长期投资"科目。

新制度设置了"长期股权投资""长期债券投资"和"应收利息"科目。原制度设置了"长期投资"科目。转账时，应当将原账的"长期投资"科目余额中属于股权投资的金额转入新账的"长期股权投资"科目及其明细科目；将原账的"长期投资"科目余额中属于债券投资的金额转入新账的"长期债券投资"科目，并将其中分期付息、到期还本的长期债券投资的应收利息金额，转入新账的"应收利息"科目。

（8）"拨付所属资金"科目。

有的林场在原账中使用"拨付所属资金"科目。如果所属单位为企业，转账时应当将原账的"拨付所属资金"科目相应余额转入新账的"长期股权投资"科目[成本法]或"长期股权投资——成本"科目[权益法]；如果所属单位为事业单位，转账时应当将原账的"拨付所属资金"科目的相应余额转入新账的"累计盈余"科目借方。

（9）"固定资产"科目。

新制度设置了"固定资产"科目，该科目的核算内容与原账的"固定资产"科目的核算内容基本相同。转账时，应当将原账的"固定资产"科目余额转入新账的"固定资产"科目。

林场在原账的"固定资产"科目中核算新制度规定的无形资产内容的，应当将原账的"固定资产"科目余额中属于新制度规定的无形资产的金额转入新账的"无形资产"科目。

（10）"累计折旧"科目。

新制度设置了"固定资产累计折旧"科目，该科目的核算内容与原账的"累计折旧"科目的核算内容基本相同。转账时，应当将原账的"累计折旧"科目余额转入新账的"固定资产累计折旧"科目。

（11）"在建工程"科目。

新制度设置了"在建工程"和"预付账款——预付备料款、预付工程款"科目，原制度设置了"在建工程"科目。转账时，林场应当将原账的"在建工程"科目余额中属于预付备料款、预付工程款的金额，转入新账的"预付账款"科目相关明细科目；将原账的"在建工程"科目余额减去预付备料款、预付工程款金额后的差额，转入新账的"在建工程"科目。

林场在原账"在建工程"科目中核算了按照新制度规定应当记入"工程物资"科目内容的，

应当将原账的"在建工程"科目余额中属于工程物资的金额,转入新账的"工程物资"科目。

(12)"固定资产清理"科目。

新制度设置了"待处理财产损溢"科目。转账时,应当将原账的"固定资产清理"科目余额,转入新账的"待处理财产损溢"科目。

(13)"累计摊销"科目。

新制度设置了"无形资产累计摊销"科目,该科目的核算内容与原账的"累计摊销"科目的核算内容基本相同。转账时,应当将原账的"累计摊销"科目余额转入新账的"无形资产累计摊销"科目。

(14)"递延资产"科目。

有的林场在原账中使用"递延资产"科目。新制度设置"长期待摊费用"科目,该科目的核算内容与原账的"递延资产"科目的核算内容基本相同。转账时,应当将原账的"递延资产"科目余额转入新账的"长期待摊费用"科目。

(15)"林木资产""苗木资产"科目。

新制度补充规定对林场设置了"林木资产"科目,该科目的核算内容包含了原账的"林木资产"科目和"苗木资产"科目的核算内容。转账时,应当将原账的"林木资产"和"苗木资产"科目余额转入新账的"林木资产"科目相应明细科目。

(16)"零余额账户用款额度"科目。

由于原账的"零余额账户用款额度"科目年末无余额,该科目无需进行转账处理。

2. 负债类。

(1)"短期借款""应付票据""应付职工薪酬"科目。

新制度设置了"短期借款""应付票据""应付职工薪酬"科目,这些科目的核算内容与原账的上述相应科目的核算内容基本相同。转账时,应当将原账的上述科目余额直接转入新账的相应科目。

有的林场在原账中使用"应付工资"科目。转账时,应当将原账的"应付工资"科目余额转入新账的"应付职工薪酬"科目。

(2)"应付账款"科目。

新制度设置了"应付账款"科目,该科目的核算内容与原账的"应付账款"科目核算内容基本相同。转账时,应当将原账的"应付账款"科目余额转入新账的"应付账款"科目。其中,如果原账的"应付账款"科目余额中有属于新制度规定的预收账款,应当将属于预收账款的金额转入新账的"预收账款"科目。

(3)"专项应付款""拨入事业费"科目。

新制度设置了"累计盈余"科目。转账时,应当将原账的"专项应付款""拨入事业费"科目余额转入新账的"累计盈余"科目。

(4)"应缴款项"科目。

新制度设置了"应缴财政款"科目,该科目的核算内容与原账的"应缴款项"科目核算内容基本相同。转账时,应当将原账的"应缴款项"科目余额转入新账的"应缴财政款"科目。

(5)"应付福利费"科目。

新制度没有设置"应付福利费"科目。转账时,应当对原账的"应付福利费"科目余额进行分析,将其中属于职工福利基金的金额转入新账的"专用基金"科目,将其他余额转入新账的"累计盈余"科目。

（6）"其他应付款"科目。

新制度设置了"其他应付款"科目，该科目的核算内容包含了原账的"其他应付款"科目的核算内容。转账时，应当将原账的"其他应付款"科目余额转入新账的"其他应付款"科目。其中，如果在原账的"其他应付款"科目中核算属于新制度规定的受托代理负债，应当将原账的"其他应付款"科目余额中属于受托代理负债的金额转入新账的"受托代理负债"科目；如果在原账的"其他应付款"科目中核算属于新制度规定的应付社会保险费（如统筹退休金），应当将原账的"其他应付款"科目余额中属于应付社会保险费的金额转入新账的"应付职工薪酬"科目。

（7）"应交税金"科目。

新制度设置了"应交增值税"和"其他应交税费"科目，这两个科目的核算内容包含了原账的"应交税金"科目的核算内容。转账时，应当将原账的"应交税金"科目余额中属于应缴增值税的金额转入新账的"应交增值税"科目，将原账的"应交税金"科目余额减去属于应缴增值税金额后的差额转入新账的"其他应交税费"科目。

（8）"预提费用"科目。

新制度设置了"预提费用"科目。转账时，应当将原账的"预提费用"科目余额中属于预提短期借款应付未付利息的金额转入新账的"应付利息"科目，将原账的"预提费用"科目余额减去预提短期借款利息金额后的差额转入新账的"预提费用"科目。

（9）"其他应交款"科目。

新制度没有设置"其他应交款"科目，原账的"其他应交款"科目核算内容分别在新制度的"应缴财政款""其他应交税费""其他应付款"科目中核算。转账时，应当将原账的"其他应交款"科目余额中属于应缴财政款的金额转入新账的"应缴财政款"科目，将属于其他应缴税费（如应缴的教育费附加）的金额转入新账的"其他应交税费"科目，将原账的"其他应交款"科目的其余余额转入新账的"其他应付款"科目。

（10）"长期借款"科目。

新制度设置了"长期借款"科目。转账时，应当将原账的"长期借款"科目余额，转入新账的"长期借款"科目。其中，如果原账的"长期借款"科目余额中有分期付息、到期还本的长期借款应付利息，应当将原账的"长期借款"科目余额中属于分期付息、到期还本的长期借款应付利息金额转入新账的"应付利息"科目。

（11）"住房周转金"科目。

新制度设置了"长期应付款"科目。转账时，应当将原账的"住房周转金"科目余额转入新账的"长期应付款"科目。

（12）"育林基金"科目。

新制度设置了"专用基金"科目。转账时，应当将原账中"育林基金"科目的余额转入新账"专用基金——森林恢复基金"科目。

3.净资产类。

（1）"事业基金"科目。

新制度设置了"累计盈余"科目。该科目的余额包含了原账的"事业基金"科目的核算内容。转账时，应当将原账的"事业基金"科目余额转入新账的"累计盈余"科目。

（2）"专用基金"科目。

新制度设置了"专用基金"科目。转账时，应当将原账"专用基金"科目的余额转入新账的"专用基金"科目相关明细科目。

（3）"林木资本"科目。

新制度未设置"林木资本"科目。转账时，应当将原账的"林木资本"科目余额转入新账的"累计盈余"科目。

（4）"财政补助结转（余）"科目。

新制度设置了"累计盈余"科目，该科目的余额包含了原账的"财政补助结转（余）"科目的余额内容。转账时，应当将原账的"财政补助结转（余）"科目余额转入新账的"累计盈余"科目。

（5）"上级拨入资金"科目。

新制度没有设置"上级拨入资金"科目。原设置了"上级拨入资金"科目的林场，转账时，应当将原账的"上级拨入资金"科目余额转入新账的"累计盈余"科目。

（6）"实收资本""资本公积""盈余公积""利润分配"科目。

有的林场在原账中使用"实收资本""资本公积""盈余公积""利润分配"科目，新制度没有设置这些科目。新制度设置了"累计盈余"科目。转账时，应当将原账的"实收资本""资本公积""盈余公积""利润分配"科目余额转入新账的"累计盈余"科目。

（7）"本年利润""本年结余""结余分配"科目。

由于原账的"本年利润""本年结余""结余分配"科目年末无余额，这些科目无需进行转账处理。

4. 成本和收入、费用类。

（1）成本类。

新制度补充规定设置了"营林工程"科目。转账时，应当将原账的"生产成本"科目余额中营林成本部分转入新账的"营林工程"科目，其余部分转入"加工物品""库存物品"等科目。

由于原账除了"生产成本"科目，其他成本类科目年末无余额，无需进行转账处理。

（2）收入类、费用类。

由于原账的收入类、费用类各科目年末无余额，无需进行转账处理。

自2019年1月1日起，应当按照新制度设置收入类、费用类科目并进行账务处理。

5. 将原账的基建账科目余额并入原"大账"。

单独设置基建账（即按照《国有建设单位会计制度》设置的账套）、没有将原基建账相关科目余额并入原"大账"（即按照原制度及后来的补充规定设置的账套）科目余额的林场，应当在新旧衔接时先将原基建账各科目余额并入原"大账"相应科目余额（参见附表4），再按照本规定进行财务会计科目余额的转账处理。并账的主要账务处理如下：

（1）按照原《国有建设单位会计制度》将原基建账的"交付使用资产"科目余额冲转原基建账的"基建拨款"等科目。

（2）将原基建账的资金运用类科目余额并入相对应"大账"的资产类科目。

（3）将原基建账的资金来源类科目余额并入相对应"大账"的负债类、净资产类科目。

（4）按照并入"大账"的原基建账资金运用类科目余额与资金来源类科目余额的差额，加上其他尚未并入"大账"的原基建账资金运用类科目余额与资金来源类科目余额的差额，贷记或借记原"大账"的"事业基金"科目。

基建账并账完成后，原基建账各科目无余额。

林场存在其他本规定未列举的原账科目余额的，应当比照本规定转入新账的相应科目。新账科目设有明细科目的，应将原账中对应科目的余额加以分析，分别转入新账中相应科目的相关明细科目。

林场在进行新旧衔接的转账时，应当编制转账的工作分录，作为转账的工作底稿，并将转入新账的对应原科目余额及分拆原科目余额的依据作为原始凭证。将原基建账各科目余额并入原"大账"相应科目余额的，还要将基建账各科目余额转入"大账"科目的依据（并账科目对应表）作为原始凭证。

（二）将原未入账事项登记新账财务会计科目。

1. 应收股利。

林场在新旧制度转换时，应当将2018年12月31日前未入账的应收股利（宣告派发尚未收到的股利）按照新制度规定记入新账。登记新账时，按照确定的应收股利金额，借记"应收股利"科目，贷记"累计盈余"科目。

2. 无形资产。

林场在新旧制度转换时，应当将2018年12月31日前未入账的无形资产按照新制度规定记入新账。登记新账时，按照确定的无形资产金额，借记"无形资产"科目，按照截止至2018年12月31日无形资产应当分期摊销的累计摊销金额，贷记"无形资产累计摊销"科目，按照两者的差额，贷记"累计盈余"科目。

3. 受托代理资产。

林场在新旧制度转换时，应当将2018年12月31日前未入账（含仅记录备查账）的代储政府储备物资按照新制度规定记入新账。登记新账时，按照确定的代储政府储备物资金额，借记"受托代理资产"科目，贷记"受托代理负债"科目。

4. 预计负债。

林场在新旧制度转换时，应当将2018年12月31日按照新制度规定确认的预计负债记入新账。登记新账时，按照确定的预计负债金额，借记"累计盈余"科目，贷记"预计负债"科目。

林场存在2018年12月31日前未入账的其他事项的，应当比照本规定登记新账的相应科目。

林场对新账的财务会计科目补记未入账事项时，应当编制记账凭证，并将补充登记事项的确认依据作为原始凭证。

（三）对新账的相关财务会计科目余额按照新制度规定的核算基础进行调整。

1. 按照权益法调整长期股权投资账面余额。

对按照新制度规定应当采用权益法核算的长期股权投资，在新旧制度转换时，林场应当在"长期股权投资"科目下设置"新旧制度转换调整"明细科目，依据被投资单位2018年12月31日财务报表的所有者权益账面余额，以及林场持有被投资单位的股权比例，计算应享有或应分担的被投资单位所有者权益的份额，调整长期股权投资的账面余额，借记或贷记"长期股权投资——新旧制度转换调整"科目，贷记或借记"累计盈余"科目。

2. 确认长期借款期末应付利息。

林场按照新制度规定于2019年1月1日补记长期借款的应付利息金额，对其中资本化的部分，借记"在建工程"科目，对其中费用化的部分，借记"累计盈余"科目，按照全部长期借款应付利息金额，贷记"长期借款"科目［到期一次还本付息］或"应付利息"科目［分期付息、到期还本］。

林场对新账的财务会计科目期初余额进行调整时，应当编制记账凭证，并将调整事项的确认依据作为原始凭证。

三、预算会计科目的新旧衔接

（一）"财政拨款结转"和"财政拨款结余"科目及对应的"资金结存"科目余额。

新制度设置了"财政拨款结转""财政拨款结余"科目及对应的"资金结存"科目。在新旧制度转换时，林场应当对原账的"财政补助结转（余）"科目余额中结转资金的金额进行逐项分析，加上各项结转转入的支出中已经计入支出尚未支付财政资金（如发生时列支的应付账款）的金额，减去已经支付财政资金尚未计入支出（如预付账款、固定资产和无形资产的净值等）的金额，按照增减后的金额登记新账的"财政拨款结转"科目及其明细科目贷方；按照原账的"财政补助结转（余）"科目余额中结余资金的金额登记新账的"财政拨款结余"科目及其明细科目贷方。

原账的"拨入事业费"科目有余额的，对余额中属于同级财政拨款资金的，按照原账的"财政补助结转（余）"科目余额处理方式处理。

按照原账"财政应返还额度"科目余额登记新账"资金结存——财政应返还额度"科目的借方。按照新账"财政拨款结转"和"财政拨款结余"科目贷方余额减去新账"资金结存——财政应返还额度"科目借方余额后的差额，登记新账"资金结存——货币资金"科目的借方。

（二）"非财政拨款结转"科目及对应的"资金结存"科目余额。

新制度设置了"非财政拨款结转"科目及对应的"资金结存"科目。在新旧制度转换时，林场应当对原账的"专项应付款"科目余额经过调整〔加上支出中已经计入支出尚未支付非财政专项资金（如发生时列支的应付账款）的金额，减去已经支付非财政专项资金尚未计入支出（如预付账款、固定资产和无形资产的净值等）的金额，加上收入中已经收到非财政补助专项资金尚未计入收入（如预收账款）的金额，减去已经计入收入尚未收到非财政补助专项资金（如应收账款）的金额〕后，登记新账的"非财政拨款结转"科目及其明细科目贷方；同时，按照相同的金额登记新账"资金结存——货币资金"科目的借方。

（三）"专用结余"科目及对应的"资金结存"科目余额。

新制度设置了"专用结余"科目及对应的"资金结存"科目。在新旧制度转换时，林场应当按照原账"专用基金"科目余额中通过非财政补助结余分配形成的金额，借记新账的"资金结存——货币资金"科目，贷记新账的"专用结余"科目。

（四）"非财政拨款结余"科目及对应的"资金结存"科目余额。

1. 登记"非财政拨款结余"科目余额。

按照原账"事业基金"科目的余额，登记新账的"非财政拨款结余"科目贷方，同时，按照相同的金额登记新账的"资金结存——货币资金"科目的借方。

原账的"拨入事业费"科目有余额的，按照原账的"拨入事业费"科目余额中非同级财政拨款的金额，登记新账的"非财政拨款结余"科目贷方，同时，按照相同的金额登记新账的"资金结存——货币资金"科目的借方。

原账的"育林基金"科目有余额的，按照原账的"育林基金"科目余额，登记新账的"非财政拨款结余"科目贷方，同时，按照相同的金额登记新账的"资金结存——货币资金"科目的借方。

2. 对新账"非财政拨款结余"科目及"资金结存"科目余额进行追溯调整。

（1）调整短期投资对非财政拨款结余的影响。

按照原账的"短期投资"科目余额，借记"非财政拨款结余"科目，贷记"资金结存——货币资金"科目。

（2）调整应收票据、应收账款对非财政拨款结余的影响。

对原账的"应收票据""应收账款"科目余额进行分析，区分其中发生时入收入的金额和没有计入收入的金额。对发生时计入收入的金额，再区分计入专项资金收入的金额和计入非专项资金收入的金额，按照计入非专项资金收入的金额，借记"非财政拨款结余"科目，贷记"资金结存——货币资金"科目。

（3）调整预付账款对非财政拨款结余的影响。

对原账的"预付账款"科目余额进行分析，区分其中由财政补助资金预付的金额、非财政补助专项资金预付的金额和非财政补助非专项资金预付的金额，按照非财政补助非专项资金预付的金额借记"非财政拨款结余"科目，贷记"资金结存——货币资金"科目。

（4）调整其他应收款对非财政拨款结余的影响。

按照新制度规定将原账其他应收款中的预付款项列入预算支出的，应当对转账前原账的"其他应收款"科目余额进行分析，区分其中预付款项的金额（将来很可能列支）和非预付款项的金额，并对预付款项的金额划分为财政补助资金预付的金额、非财政补助专项资金预付的金额和非财政补助非专项资金预付的金额，按照非财政补助非专项资金预付的金额，借记"非财政拨款结余"科目，贷记"资金结存——货币资金"科目。

（5）调整库存物资、生产成本等对非财政拨款结余的影响。

对原账的"库存物资""生产成本"科目余额进行分析，区分已经支付资金的金额和未支付资金购入的金额。对已经支付资金的库存物资和生产成本金额划分出其中使用财政补助资金支付的金额、使用非财政补助专项资金支付的金额、使用非财政补助非专项资金购入的金额，按照使用非财政补助非专项资金支付的金额，借记"非财政拨款结余"科目，贷记"资金结存——货币资金"科目。

（6）调整长期股权投资对非财政拨款结余的影响。

对原账的"长期投资"科目余额中属于股权投资的余额进行分析，区分其中用现金资产取得的金额和用非现金资产及其他方式取得的金额，按照用现金资产取得的金额，借记"非财政拨款结余"科目，贷记"资金结存——货币资金"科目。

（7）调整长期债券投资对非财政拨款结余的影响。

按原账的"长期投资"科目余额中属于债券投资成本的余额，借记"非财政拨款结余"科目，贷记"资金结存——货币资金"科目。

（8）调整固定资产、无形资产对非财政拨款结余的影响。

对原账的"固定资产""无形资产"科目余额进行分析，区分出其中使用财政补助资金支付的金额、使用非财政补助专项资金支付的金额、使用非财政补助非专项资金购入的金额，按照使用非财政补助非专款资金比例计算的固定资产净值和无形资产净值的金额，借记"非财政拨款结余"科目，贷记"资金结存——货币资金"科目。

（9）调整在建工程对非财政拨款结余的影响。

对原账的"在建工程"科目余额进行分析，划分出其中使用财政补助资金支付的金额、使用非财政补助专项资金支付的金额、使用非财政补助非专项资金购入的金额，按照使用非财政补助非专款资金的金额，借记"非财政拨款结余"科目，贷记"资金结存——货币资金"科目。

（10）调整短期借款、长期借款对非财政拨款结余的影响。

按照原账的"短期借款""长期借款"科目余额中借款本金的金额，借记"资金结存——货币资金"科目，贷记"非财政拨款结余"科目。

（11）调整应付票据、应付账款对非财政拨款结余的影响。

对原账的"应付票据""应付账款"科目余额进行分析，区分其中发生时计入支出的金额和未计入支出的金额。将计入支出的金额划分出财政补助应付的金额、非财政补助专项资金应付的金额和非财政补助非专项资金应付的金额，按照非财政补助非专项资金应付的金额，借记"资金结存——货币资金"科目，贷记"非财政拨款结余"科目。

（12）调整预收账款对非财政拨款结余的影响。

对原账的"预收账款"科目余额进行分析，区分其中预收非财政专项资金的金额和预收非财政非专项资金的金额。按照预收非财政非专项资金的金额，借记"资金结存——货币资金"科目，贷记"非财政拨款结余"科目。

（13）调整专用基金对非财政拨款结余的影响。

对原账"专用基金"科目余额进行分析，区分通过非财政补助结余分配形成的金额和其他金额，按照其他金额，借记"资金结存——货币资金"科目，贷记"非财政拨款结余"科目。

3. 林场按照前述1、2两个步骤难以准确调整出"非财政拨款结余"科目及对应的"资金结存"科目余额的，在新旧制度转换时，可以在新账的"库存现金""银行存款""其他货币资金""财政应返还额度"科目借方余额合计数基础上，对不纳入单位预算管理的资金进行调整（如减去新账中货币资金形式的受托代理资产、应缴财政款、已收取将来需要退回资金的其他应付款等，加上已支付将来需要收回资金的其他应收款等），按照调整后的金额减去新账的"财政拨款结转""财政拨款结余""非财政拨款结转""专用结余"科目贷方余额合计数，登记新账的"非财政拨款结余"科目贷方；同时，按照相同的金额登记新账的"资金结存——货币资金"科目借方。

（五）"其他结余"和"非财政拨款结余分配"科目。

新制度设置了"其他结余"和"非财政拨款结余分配"科目，按照新制度规定这两个科目年初无余额，在新旧衔接时，无需对"其他结余"和"非财政拨款结余分配"科目进行新账年初余额登记。

（六）预算收入类、预算支出类会计科目。

由于预算收入类、预算支出类会计科目年初无余额，在新旧衔接时，无需对预算收入类、预算支出类会计科目进行新账年初余额登记。

林场应当自2019年1月1日起，按照新制度设置预算收入类、预算支出类科目并进行账务处理。

林场存在2018年12月31日需要按照新制度预算会计核算基础调整预算会计科目期初余额的其他事项，应当比照本规定调整新账的相应预算会计科目期初余额。

林场对预算会计科目的期初余额登记和调整，应当编制记账凭证，并将期初余额登记和调整的依据作为原始凭证。

四、财务报表和预算会计报表的新旧衔接

（一）编制2019年1月1日资产负债表。

林场应当根据2019年1月1日新账的财务会计科目余额，按照新制度编制2019年1月1日资产负债表（仅要求填列各项目"年初余额"）。

（二）2019年度财务报表和预算会计报表的编制。

林场应当按照新制度规定编制2019年财务报表和预算会计报表。在编制2019年度收入费用表、净资产变动表和预算收入支出表、预算结转结余变动表时，不要求填列上年比较数。

林场应当根据2019年1月1日新账财务会计科目余额，填列2019年净资产变动表各项目的"上年年末余额";根据 2019 年 1 月 1 日新账预算会计科目余额,填列 2019 年预算结转结余变动表的"年初预算结转结余"项目和财政拨款预算收入支出表的"年初财政拨款结转结余"项目。

附表 1: 　　　　　　　　　林场原会计科目余额明细表一

总账科目	明细分类	金额	备注
库存现金、现金	库存现金		
	其中:受托代理现金		
银行存款	银行存款		
	其中:受托代理银行存款		
其他应收款	应收股利		
	其他		
库存物资	在途物品		
	分期收款发出商品		
	其他库存物资		
长期投资	长期股权投资		
	长期债券投资		
	分期付息的债券投资应收利息		
拨付所属资金	拨付所属事业单位		
	拨付所属企业		
固定资产	固定资产		
	无形资产		
在建工程	在建工程		
	工程物资		
	预付工程款、预付备料款		
应交税金	应交增值税		
	其他应交税金		
应付账款	应付账款		
	预收账款		
其他应付款	受托代理负债		代管款项等
	应付社会统筹工资		
	其他		

续表

总账科目	明细分类	金额	备注
其他应交款	应缴财政款		
	应缴政府性收费		
	其他		
长期借款	分期付息的应付利息		
	其他		
长期应付款	住房周转金		
	其他		

附表2：   **林场原会计科目余额明细表二**

总账科目	明细分类	金额	备注
应收票据、应收账款	发生时不计入收入		如转让资产的应收票据、应收账款
	发生时计入收入		
	其中：专项收入		
	其他		
预付账款	财政补助资金预付		
	非财政补助专项资金预付		
	非财政补助非专项资金预付		
其他应收款	预付款项		如职工预借的差旅费等
	其中：财政补助资金预付		
	非财政补助专项资金预付		
	非财政补助非专项资金预付		
	需要收回及其他		如支付的押金、应收为职工垫付的款项等
库存物资、苗木资产、林木资产、生产成本	支付资金：		
	其中：使用财政补助资金支付		
	使用非财政补助专项资金支付		
	使用非财政补助非专项支付		
	非支付资金		如无偿调入的库存物资等

续表

总账科目	明细分类	金额	备注
长期投资	长期股权投资		
	其中：用现金资产取得		
	用非现金资产或其他方式取得		
	长期债券投资		
固定资产净值、无形资产净值	支付资金取得		
	其中：使用财政补助资金		
	使用非财政补助专项资金		
	使用非财政补助非专项资金		
	非支付资金取得		如换入、无偿调入的固定资产等
在建工程	使用财政补助资金		
	使用非财政补助专项资金		
	使用非财政补助非专项资金		
应付票据、应付账款	发生时不记入支出		
	发生时记入支出		
	其中：财政拨款资金应付		
	非财政拨款专项资金应付		
	非财政拨款非专项资金应付		
预收账款	预收专项资金		
	预收非专项资金		
拨入事业费	拨入本级财政资金		
	其中：财政补助结转资金		
	财政补助结余资金		
	拨入其他资金		

附表3： 林场新旧会计制度转账、登记新账科目对照表

序号	新制度科目		原制度科目	
	编号	名称	编号	名称
一、资产类				
1	1001	库存现金	101	现金
2	1001	库存现金	1001	库存现金

续表

序号	新制度科目		原制度科目	
	编号	名称	编号	名称
3	1002	银行存款	1002	银行存款
4	1021	其他货币资金	1004	其他货币资金
5	1101	短期投资	1101	短期投资
6	1201	财政应返还额度	1201	财政应返还额度
7	1211	应收票据	1211	应收票据
8	1212	应收账款	1212	应收账款
9	1214	预付账款	1213	预付账款
10	1215	应收股利	1215	其他应收款
11	1218	其他应收款		
12	1219	坏账准备	1221	坏账准备
13	1301	在途物品	1301	库存物资
14	1302	库存物品		
15	1301	在途物品	121	在途材料
16	1302	库存物品	123	材料
17			129	低值易耗品
18			137	产成品
19			138	分期收款发出商品
20	1303	加工物品	132	委托加工材料
21	1841	林木资产	1303	苗木资产
22	1401	待摊费用	139	待摊费用
23	1501	长期股权投资	1501	长期投资
24	1502	长期债券投资		
25	1216	应收利息		
26	1501	长期股权投资		拨付所属资金
27	3001	累计盈余（借方）		
28	1601	固定资产	151	固定资产
29	1701	无形资产		
30	1602	固定资产累计折旧	155	累计折旧
31	1902	待处理财产损溢	156	固定资产清理

续表

序号	新制度科目		原制度科目	
	编号	名称	编号	名称
32	1611	工程物资	159	在建工程
33	1613	在建工程		
34	1214	预付账款		
35	1901	长期待摊费用	171	递延资产
36	1701	无形资产	161	无形资产
37	1702	无形资产累计摊销	1802	累计摊销
38	1902	待处理财产损溢	181	待处理财产损溢
39	1841	林木资产	191	林木资产
二、负债类				
40	2001	短期借款	2001	短期借款
41	2103	应缴财政款	2101	应缴款项
42	2301	应付票据	2201	应付票据
43	2302	应付账款	2202	应付账款
44	2305	预收账款		
45	3001	累计盈余	206	专项应付款
46			207	拨入事业费
47	3101	专用基金	208	育林基金
48	2201	应付职工薪酬	2204	应付职工薪酬
49	2201	应付职工薪酬	211	应付工资
50	3001	累计盈余	214	应付福利费
51	3101	专用基金		
52	2307	其他应付款	2207	其他应付款
53	2201	应付职工薪酬		
54	2901	受托代理负债		
55	2101	应交增值税	2206	应交税金
56	2102	其他应交税费		
57	2304	应付利息	2209	预提费用
58	2401	预提费用		

续表

序号	新制度科目		原制度科目	
	编号	名称	编号	名称
59	2103	应缴财政款	222	其他应交款
60	2102	其他应交税费		
61	2307	其他应付款		
62	2501	长期借款	2301	长期借款
63	2304	应付利息		
64	2502	长期应付款	2241	住房周转金
三、净资产类				
65	3001	累计盈余	3001	事业基金
66	3101	专用基金	3101	专用基金
67	3001	累计盈余	302	林木资本
68			3401	财政补助结转（余）
69	3001	累计盈余	301	实收资本
70			311	资本公积
71			313	盈余公积
72			322	利润分配
73	3001	累计盈余		上级拨入资金
四、成本类				
74	1614	营林工程	401	生产成本
75	1302	库存物品		
76	1303	加工物品		

附表 4： 林场原"大账"与基建账会计科目对照表

"大账"会计科目		基建账会计科目	
编号	名称	编号	名称
一、资产类			
1001	库存现金	233	现金
1002	银行存款	232	银行存款
1003	零余额账户用款额度	234	零余额账户用款额度
1201	财政应返还额度	235	财政应返还额度

续表

"大账"会计科目		基建账会计科目	
编号	名称	编号	名称
1101	短期投资	281	有价证券
1501	长期投资		
1212	应收账款	251	应收有偿调出器材及工程款
1211	应收票据	253	应收票据
1215	其他应收款	252	其他应收款
		261	拨付所属投资借款
151	固定资产	201	固定资产
155	累计折旧	202	累计折旧
159	在建工程	101	建筑安装工程投资
		102	设备投资
		103	待摊投资
		104	其他投资
		211	器材采购
		212	采购保管费
		213	库存设备
		214	库存材料
		218	材料成本差异
		219	委托加工器材
1213	预付账款	241	预付备料款
		242	预付工程款
156	固定资产清理	203	固定资产清理
181	待处理财产损溢	271	待处理财产损失
二、负债类			
2101	应缴款项	362	应交基建包干节余（应交财政部分）
		363	应交基建收入（应交财政部分）
		364	其他应交款（应交财政部分）
221	应交税金	361	应交税金
211	应付工资	341	应付工资
214	应付福利费	342	应付福利费

续表

"大账"会计科目		基建账会计科目	
编号	名称	编号	名称
2202	应付账款	331	应付器材款
		332	应付工程款（1年以内[注1]偿还的）
		351	应付有偿调入器材及工程款
2201	应付票据	353	应付票据
2207	其他应付款	352	其他应付款
		362	应交基建包干节余（非应交财政部分）
		363	应交基建收入（非应交财政部分）
		364	其他应交款（非应交财政部分）
222	其他应交款[未设"应缴款项"科目的]	362	应交基建包干节余
		363	应交基建收入
		364	其他应交款
261	长期应付款	332	应付工程款（超过1年[注2]偿还的）
2001	短期借款	304	基建投资借款（1年以内偿还）
		305	上级拨入投资借款（1年以内偿还）
		306	其他借款（1年以内偿还）
241	长期借款	304	基建投资借款（1年以上偿还）
		305	上级拨入投资借款（1年以上偿还）
		306	其他借款（1年以上偿还）
三、净资产类			
3401	财政补助结转（余）	301	基建拨款（余额中属于同级财政拨款的剩余资金）
		401	留成收入（属于同级财政拨款形成的部分）
206	专项应付款	301	基建拨款（余额中属于非同级财政拨款的剩余资金）
		401	留成收入（属于非同级财政拨款形成的部分）

注1：含1年，以下同。

注2：不含1年，以下同。

3.10 关于测绘事业单位执行《政府会计制度——行政事业单位会计科目和报表》的衔接规定

2018年7月22日　财会〔2018〕16号

我部于2017年10月24日印发了《政府会计制度——行政事业单位会计科目和报表》（财会〔2017〕25号，以下简称新制度）。目前执行《测绘事业单位会计制度》（财会字〔1999〕1号）和财政部有关事业单位会计核算的补充规定（以下简称原制度）的测绘事业单位，自2019年1月1日起执行新制度，不再执行原制度。为了确保新旧会计制度顺利过渡，现对测绘事业单位执行新制度的有关衔接问题规定如下：

一、新旧制度衔接总要求

（一）自2019年1月1日起，测绘事业单位应当严格按照新制度的规定进行会计核算、编制财务报表和预算会计报表。

（二）测绘事业单位应当按照本规定做好新旧制度衔接的相关工作，主要包括以下几个方面：

1. 根据原账编制2018年12月31日的科目余额表，并按照本规定要求，编制原账的部分科目余额明细表（参见附表1、附表2）。

2. 按照新制度设立2019年1月1日的新账。

3. 按照本规定要求，登记新账的财务会计科目余额和预算结余科目余额，包括将原账科目余额转入新账财务会计科目、按照原账科目余额登记新账预算结余科目（测绘事业单位新旧会计制度转账、登记新账科目对照表参见附表3），将未入账事项登记新账科目，并对相关新账科目余额进行调整。原账科目是指按照原制度规定设置的会计科目。

4. 按照登记及调整后新账的各会计科目余额，编制2019年1月1日的科目余额表，作为新账各会计科目的期初余额。

5. 根据新账各会计科目期初余额，按照新制度编制2019年1月1日资产负债表。

（三）及时调整会计信息系统。测绘事业单位应当按照新制度要求对原有会计信息系统进行及时更新和调试，实现数据正确转换，确保新旧账套的有序衔接。

二、财务会计科目的新旧衔接

（一）将2018年12月31日原账会计科目余额转入新账财务会计科目。

1. 资产类。

（1）"现金"科目。

新制度设置了"库存现金"科目，该科目的核算内容与原账的"现金"科目的核算内容基本相同。转账时，应当将原账的"现金"科目余额转入新账的"库存现金"科目。其中，还应当将原账的"现金"科目余额中属于新制度规定受托代理资产的金额，转入新账"库存现金"科目下的"受托代理资产"明细科目。

（2）"银行存款"科目。

新制度设置了"银行存款"和"其他货币资金"科目，原账设置了"银行存款"科目。转账时，应当将原账"银行存款"科目中核算的属于新制度规定的其他货币资金的金额，转入新账的"其他货币资金"科目；将原账"银行存款"科目余额减去其中属于其他货币资金金额后的差额，转入新账的"银行存款"科目。其中，还应当将原账"银行存款"科目余额中属于新制度规定受托代理资产的金额，转入新账"银行存款"科目下的"受托代理资产"明细科目。

（3）"财政应返还额度""应收票据""应收账款""预付账款""待摊费用""无形资产""待处理财产损溢"科目。

新制度设置了"财政应返还额度""应收票据""应收账款""预付账款""待摊费用""无形资产""待处理财产损溢"科目，其核算内容与原账的上述相应科目的核算内容基本相同。转账时，应当将原账的上述科目余额直接转入新账的相应科目。

（4）"备用金"科目。

新制度设置了"其他应收款"科目，该科目的核算内容包含了原账"备用金"科目的核算内容。转账时，应当将原账的"备用金"科目余额转入新账的"其他应收款"科目。

（5）"其他应收款"科目。

新制度设置了"其他应收款"科目，该科目的核算内容与原账"其他应收款"科目的核算内容基本相同。转账时，应当将原账的"其他应收款"科目余额转入新账的"其他应收款"科目。

新制度设置了"在途物品"科目，测绘事业单位在原账"其他应收款"科目中核算了已经付款或开出商业汇票、尚未收到物资的，应当将原账的"其他应收款"科目余额中已经付款或开出商业汇票、尚未收到物资的金额，转入新账的"在途物品"科目。

（6）"库存材料""已完测绘项目""经营产品"科目。

新制度设置了"库存物品"科目，原制度设置了"库存材料""已完测绘项目""经营产品"科目。转账时，应当将原账的"库存材料""已完测绘项目""经营产品"科目余额转入新账"库存物品"科目中的相关明细科目。

（7）"对外投资"科目。

新制度设置了"短期投资""长期股权投资"和"长期债券投资"科目，原制度设置了"对外投资"科目。转账时，应当将原账的"对外投资"科目余额中属于短期投资[持有时间不超过1年（含1年）]的金额，转入新账的"短期投资"科目；将原账的"对外投资"科目余额中属于长期股权投资[持有时间超过1年（不含1年）]的金额，转入新账的"长期股权投资"科目；将原账的"对外投资"科目余额中属于长期债券投资[持有时间超过1年（不含1年）]的金额，转入新账的"长期债券投资"科目。

（8）"固定资产"科目。

新制度设置了"固定资产"科目，该科目的核算内容与原账的"固定资产"科目的核算内容基本相同。转账时，应当将原账的"固定资产"科目余额转入新账的"固定资产"科目。

测绘事业单位在原账的"固定资产"科目中核算了属于新制度规定的无形资产的，应当将原账的"固定资产"科目余额中属于无形资产的金额，转入新账的"无形资产"科目。

（9）"在建工程"科目。

新制度设置了"在建工程"和"预付账款——预付备料款、预付工程款"科目，原账在基建"并账"时设置了"在建工程"科目。转账时，应当将原账的"在建工程"科目余额中属于预付备料款、预付工程款的金额，转入新账"预付账款"科目中的相关明细科目；将原账的"在建工程"科目余额减去预付备料款、预付工程款金额后的差额，转入新账的"在建工程"科目。

测绘事业单位在原账"在建工程"科目中核算了按照新制度规定应当记入"工程物资"科目内容的，应当将原账"在建工程"科目余额中属于工程物资的金额，转入新账的"工程物资"科目。

（10）"零余额账户用款额度"科目。

由于原账的"零余额账户用款额度"科目年末无余额，该科目无需进行转账处理。

2. 负债类。

（1）"应付票据""应付账款""预收账款""长期应付款"科目。

新制度设置了"应付票据""应付账款""预收账款""长期应付款"科目，这些科目的核算内容与原账的上述相应科目的核算内容基本相同。转账时，应当将原账的上述科目余额直接转入新账的相应科目。

（2）"借入款项"科目。

新制度设置了"短期借款"和"长期借款"科目，原制度设置了"借入款项"科目。转账时，应当将原账的"借入款项"科目余额中属于短期借款[期限在1年内（含1年）]的金额，转入新账的"短期借款"科目；将原账的"借入款项"科目余额中属于长期借款[期限超过1年（不含1年）]的金额，转入新账的"长期借款"科目。

（3）"应付工资（离退休费）""应付地方（部门）津贴补贴""应付其他个人收入""应付社会保障金"科目。

新制度设置了"应付职工薪酬"科目，原制度设置了"应付工资（离退休费）""应付地方（部门）津贴补贴""应付其他个人收入""应付社会保障金"科目。转账时，应当将原账的"应付工资（离退休费）""应付地方（部门）津贴补贴""应付其他个人收入""应付社会保障金"科目余额，转入新账"应付职工薪酬"科目中的相关明细科目。

（4）"应缴预算款""应缴财政专户款"科目。

新制度设置了"应缴财政款"科目，原制度设置了"应缴预算款""应缴财政专户款"科目。转账时，应当将原账的"应缴预算款""应缴财政专户款"科目余额，转入新账的"应缴财政款"科目。

（5）"应交税金"科目。

新制度设置了"应交增值税"和"其他应交税费"科目，原制度设置了"应交税金"科目。转账时，应当将原账的"应交税金"科目余额中属于应交增值税的金额，转入新账的"应交增值税"科目；将原账的"应交税金"科目余额减去属于应交增值税金额后的差额，转入新账的"其他应交税费"科目。

（6）"其他应付款"科目。

新制度设置了"其他应付款"科目，该科目的核算内容与原账"其他应付款"科目的核算内容基本相同。转账时，应当将原账的"其他应付款"科目余额，转入新账的"其他应付款"科目。其中，测绘事业单位在原账的"其他应付款"科目中核算了属于新制度规定的其他应交税费（如应交的教育费附加）、长期应付款（如存入期限超过1年（不含1年）的保证金）、受托代理负债的，应当将原账的"其他应付款"科目余额中属于其他应交税费、长期应付款、受托代理负债的金额，分别转入新账的"其他应交税费""长期应付款""受托代理负债"科目。

（7）"预提费用"科目。

新制度设置了"预提费用"科目。转账时，应当将原账的"预提费用"科目余额，转入新账的"预提费用"科目。其中，测绘事业单位在原账的"预提费用"科目中核算了借入款项的应付未付利息的，应当将原账的"预提费用"科目余额中属于应付利息的金额，转入新账的"应付利息"科目。

3. 净资产类。

（1）"事业基金"科目。

新制度设置了"累计盈余"科目，该科目的核算内容包含了原账"事业基金"科目的核算内容。转账时，应当将原账的"事业基金"科目余额转入新账的"累计盈余"科目。

（2）"固定基金"科目。

依据新制度，无需对原制度中"固定基金"科目对应内容进行核算。转账时，应当将原账的"固定基金"科目余额转入新账的"累计盈余"科目。

（3）"专用基金"科目。

新制度设置了"专用基金"科目，该科目的核算内容与原账"专用基金"科目的核算内容基本相同。转账时，应当将原账的"专用基金"科目余额转入新账的"专用基金"科目。

（4）"财政补助结存"科目。

新制度设置了"累计盈余"科目，该科目的余额包含了原账的"财政补助结存"科目的余额内容。转账时，应当将原账的"财政补助结存"科目余额，转入新账的"累计盈余"科目。

（5）"非财政补助结转""专款结存"科目。

新制度设置了"累计盈余"科目，该科目的余额包含了原账的"非财政补助结转""专款结存"科目的余额内容。设置了"非财政补助结转""专款结存"科目的测绘事业单位，转账时，应当将原账的"非财政补助结转""专款结存"科目余额转入新账的"累计盈余"科目。

（6）"经营结余"科目。

新制度设置了"本期盈余"科目，该科目的核算内容包含了原账"经营结余"科目的核算内容。新制度规定"本期盈余"科目余额最终转入"累计盈余"科目，如果原账的"经营结余"科目有借方余额，转账时，应当将原账的"经营结余"科目借方余额，转入新账的"累计盈余"科目借方。

（7）"事业结余""结余分配"科目。

由于原账的"事业结余""结余分配"科目年末无余额，这两个科目无需进行转账处理。

4. 收入类、支出及成本费用类。

（1）"拨入专款"科目。

新制度未设置"拨入专款"科目。转账时，未设置"专款结存"科目的测绘事业单位，如果原账的"拨入专款"科目有余额，应当将原账的"拨入专款"科目余额中属于拨给本单位的金额，转入新账的"累计盈余"科目；将原账的"拨入专款"科目余额中属于拨给下属单位的金额，转入新账的"其他应付款"科目贷方。

（2）"拨出专款"科目。

新制度未设置"拨出专款"科目。转账时，未设置"专款结存"科目的测绘事业单位，如果原账的"拨出专款"科目有余额，应当将原账的"拨出专款"科目余额中属于使用拨入专款资金的金额，转入新账的"其他应付款"科目借方；将原账的"拨出专款"科目余额中属于使用本单位自有资金的金额，转入新账的"累计盈余"科目借方。

（3）"专款支出"科目。

新制度未设置"专款支出"科目。转账时，未设置"专款结存"科目的测绘事业单位，如果原账的"专款支出"科目有余额，应当将原账的"专款支出"科目余额，转入新账的"累计盈余"科目借方。

（4）"经营成本"科目。

新制度设置了"加工物品"科目，原制度设置了"经营成本"科目。转账时，应当将原账的"经营成本"科目余额，转入新账"加工物品"科目中的相关明细科目。

由于原账中收入类、支出及成本费用类科目除了"拨入专款""拨出专款""专款支出""经营成本"以外的其他科目年末无余额，无需进行转账处理。

自2019年1月1日起，测绘事业单位应当按照新制度设置收入类、费用类科目并进行账务处理。

测绘事业单位存在其他本规定未列举的原账科目余额的，应当比照本规定转入新账的相应科目。新账的科目设有明细科目的，应将原账中对应科目的余额加以分析，分别转入新账中相应科目的相关明细科目。

测绘事业单位在进行新旧衔接的转账时，应当编制转账的工作分录，作为转账的工作底稿，并将转入新账的对应原科目余额及分拆原科目余额的依据作为原始凭证。

（二）将原未入账事项登记新账财务会计科目。

1. 应收股利。

测绘事业单位在新旧制度转换时，应当将2018年12月31日前未入账的应收股利（宣告派发尚未收到的股利）按照新制度规定记入新账。登记新账时，按照确定的应收股利金额，借记"应收股利"科目，贷记"累计盈余"科目。

2. 无形资产。

测绘事业单位在新旧制度转换时，应当将2018年12月31日前未入账的无形资产按照新制度规定记入新账。登记新账时，按照确定的无形资产金额，借记"无形资产"科目，按照截至2018年12月31日无形资产应当分期摊销的累计摊销金额，贷记"无形资产累计摊销"科目，按照两者的差额，贷记"累计盈余"科目。

3. 预计负债。

测绘事业单位在新旧制度转换时，应当将2018年12月31日按照新制度规定确认的预计负债记入新账。登记新账时，按照确定的预计负债金额，借记"累计盈余"科目，贷记"预计负债"科目。

测绘事业单位存在2018年12月31日前未入账的其他事项的，应当比照本规定登记新账的相应科目。

测绘事业单位对新账的财务会计科目补记未入账事项时，应当编制记账凭证，并将补充登记事项的确认依据作为原始凭证。

（三）对新账的相关财务会计科目余额按照新制度规定的会计核算基础进行调整。

1. 计提坏账准备。

新制度要求对单位收回后无需上缴财政的应收账款和其他应收款提取坏账准备。在新旧制度转换时，测绘事业单位应当按照2018年12月31日无需上缴财政的应收账款和其他应收款的余额计算应计提的坏账准备金额，借记"累计盈余"科目，贷记"坏账准备"科目。

2. 按照权益法调整长期股权投资账面余额。

对按照新制度规定应当采用权益法核算的长期股权投资，在新旧制度转换时，测绘事业单位应当在"长期股权投资"科目下设置"新旧制度转换调整"明细科目，依据被投资单位2018年12月31日财务报表的所有者权益账面余额，以及单位持有被投资单位的股权比例，计算应享有或应分担的被投资单位所有者权益的份额，按其与原已确认的长期股权投资的差额，调整长期股权投资的账面余额，借记或贷记"长期股权投资——新旧制度转换调整"科目，贷记或借记"累计盈余"科目。

3. 确认长期债券投资期末应收利息。

测绘事业单位应当按照新制度规定于2019年1月1日补记长期债券投资应收利息，按照长期债券投资的应收利息金额，借记"长期债券投资"科目［到期一次还本付息］或"应收利息"科目［分期付息、到期还本］，贷记"累计盈余"科目。

4. 补提折旧。

测绘事业单位在原账中尚未计提固定资产折旧的，应当全面核查截至2018年12月31日的固定资产的预计使用年限、已使用年限、尚可使用年限等，并于2019年1月1日对尚未计提折旧的固定资产补提折旧，按照应计提的折旧金额，借记"累计盈余"科目，贷记"固定资产累计折旧"科目。

5. 调整无形资产的累计摊销。

测绘事业单位在原账中尚未计提无形资产摊销的，应当全面核查截至2018年12月31日无形资产的预计使用年限、已使用年限、尚可使用年限等，并于2019年1月1日对前期尚未计提摊销的无形资产补提摊销，按照应计提的摊销金额，借记"累计盈余"科目，贷记"无形资产累计摊销"科目。

测绘事业单位对原账中尚未核销、分期摊销并直接冲减账面价值的无形资产，按照截至2018年12月31日累计摊销的金额，借记"无形资产"科目，贷记"无形资产累计摊销"科目；对尚未核销、已经一次全部摊销并直接冲减账面价值的无形资产，按照原入账成本，借记"无形资产"科目，按照截至2018年12月31日应计提的摊销金额，贷记"无形资产累计摊销"科目，按照两者的差额，贷记"累计盈余"科目。

6. 确认长期借款期末应付利息。

测绘事业单位应当按照新制度规定于2019年1月1日补记长期借款的应付利息金额，对其中资本化的部分，借记"在建工程"科目，对其中费用化的部分，借记"累计盈余"科目，按照全部长期借款应付利息金额，贷记"长期借款"科目［到期一次还本付息］或"应付利息"科目［分期付息、到期还本］。

测绘事业单位对新账的财务会计科目期初余额进行调整时，应当编制记账凭证，并将调整事项的确认依据作为原始凭证。

三、预算会计科目的新旧衔接

（一）"财政拨款结转"和"财政拨款结余"科目及对应的"资金结存"科目余额。

新制度设置了"财政拨款结转""财政拨款结余"科目及对应的"资金结存"科目。在新旧制度转换时，应当对原账的"财政补助结存"科目余额进行逐项分析，按照其中属于结转资金的金额，加上各项结转转入的支出中已经计入支出尚未支付财政资金（如发生时列支的应付账款）的金额，减去已经支付财政资金尚未计入支出（如购买的库存材料、测绘项目成本中支付的款项、预付账款等）的金额，按照增减后的金额，登记新账的"财政拨款结转"科目及其明细科目贷方；按照原账的"财政补助结存"科目余额中属于结余资金的金额，登记新账的"财政拨款结余"科目及其明细科目贷方。

按照原账"财政应返还额度"科目余额登记新账"资金结存——财政应返还额度"科目的借方；按照新账的"财政拨款结转"和"财政拨款结余"科目贷方余额合计数，减去新账的"资金结存——财政应返还额度"科目借方余额后的差额，登记新账的"资金结存——货币资金"

科目借方。

（二）"非财政拨款结转"科目及对应的"资金结存"科目余额。

新制度设置了"非财政拨款结转"科目及对应的"资金结存"科目。在新旧制度转换时，设置了"非财政补助结转""专款结存"科目的测绘事业单位，应当对原账的"非财政补助结转""专款结存"科目余额进行逐项分析，加上各项结转转入的支出中已经计入支出尚未支付非财政补助专项资金（如发生时列支的应付账款）的金额，减去已经支付非财政补助专项资金尚未计入支出（如购买的库存材料、测绘项目成本和经营产品中支付的款项、预付账款等）的金额，加上各项结转转入的收入中已经收到非财政补助专项资金尚未计入收入（如预收账款）的金额，减去已经计入收入尚未收到非财政补助专项资金（如应收账款）的金额，按照增减后的金额，登记新账的"非财政拨款结转"科目及其明细科目贷方；同时，按照相同的金额登记新账的"资金结存——货币资金"科目借方。

未设置"专款结存"科目的测绘事业单位，原账的"拨入专款""专款支出"科目有余额的，还应当按照原账"拨入专款"科目余额中拨给本单位的部分减去"专款支出"科目余额后的差额，加上专款支出中已经计入支出尚未支付专款资金（如发生时列支的应付账款）的金额，减去已经支付专款资金尚未计入专款支出（如购买的库存材料、测绘项目成本和经营产品中支付的款项、预付账款、其他应收款中的预付款项等）的金额，按照增减后的金额，借记新账的"资金结存——货币资金"科目，贷记新账的"非财政拨款结转"科目。

（三）"非财政拨款结余"科目及对应的"资金结存"科目余额。

1. 登记"非财政拨款结余"科目余额。

新制度设置了"非财政拨款结余"科目及对应的"资金结存"科目。在新旧制度转换时，应当按照原账的"事业基金"科目余额，借记新账的"资金结存——货币资金"科目，贷记新账的"非财政拨款结余"科目。

2. 对新账"非财政拨款结余"科目及"资金结存"科目余额进行调整。

（1）调整应收票据、应收账款对非财政拨款结余的影响。

对原账的"应收票据""应收账款"科目余额进行分析，区分其中发生时计入收入的金额和没有计入收入的金额。对发生时计入收入的金额，再区分计入专项资金收入的金额和计入非专项资金收入的金额，按照计入非专项资金收入的金额，借记"非财政拨款结余"科目，贷记"资金结存——货币资金"科目。

（2）调整预付账款对非财政拨款结余的影响。

对原账的"预付账款"科目余额进行分析，区分其中由财政补助资金预付的金额、非财政补助专项资金预付的金额和非财政补助非专项资金预付的金额，按照非财政补助非专项资金预付的金额，借记"非财政拨款结余"科目，贷记"资金结存——货币资金"科目。

（3）调整其他应收款对非财政拨款结余的影响。

按照新制度规定将原账其他应收款中的预付款项计入支出的，应当对原账的"其他应收款"科目余额进行分析，区分其中预付款项的金额（将来很可能列支）和非预付款项的金额，并对预付款项的金额划分为财政补助资金预付的金额、非财政补助专项资金预付的金额和非财政补助非专项资金预付的金额，按照非财政补助非专项资金预付的金额，借记"非财政拨款结余"科目，贷记"资金结存——货币资金"科目。

（4）调整库存材料、已完测绘项目、经营产品对非财政拨款结余的影响。

对原账的"库存材料""已完测绘项目""经营产品"科目余额进行分析，区分已经支付资金的金额和未支付资金的金额。对已经支付资金的金额，划分出其中财政补助资金支付的金额、非财政补助专项资金支付的金额和非财政补助非专项资金支付的金额，按照非财政补助非专项资金支付的金额，借记"非财政拨款结余"科目，贷记"资金结存——货币资金"科目。

（5）调整对外投资对非财政拨款结余的影响。

对原账的"对外投资"科目余额进行分析，区分其中支付货币资金取得的金额和其他方式取得的金额，按照支付货币资金取得的金额，借记"非财政拨款结余"科目，贷记"资金结存——货币资金"科目。

（6）调整借入款项对非财政拨款结余的影响。

按照原账的"借入款项"科目余额，借记"资金结存——货币资金"科目，贷记"非财政拨款结余"科目。

（7）调整应付票据、应付账款对非财政拨款结余的影响。

对原账的"应付票据""应付账款"科目余额进行分析，区分其中发生时计入支出的金额和未计入支出的金额。将计入支出的金额划分出财政补助应付的金额、非财政补助专项资金应付的金额和非财政补助非专项资金应付的金额，按照非财政补助非专项资金应付的金额，借记"资金结存——货币资金"科目，贷记"非财政拨款结余"科目。

（8）调整预收账款对非财政拨款结余的影响。

按照原账的"预收账款"科目余额中预收非财政非专项资金的金额，借记"资金结存——货币资金"科目，贷记"非财政拨款结余"科目。

（9）调整经营成本对非财政拨款结余的影响。

对原账的"经营成本"科目余额进行分析，区分其中已支付资金的金额和未支付资金的金额。按照已支付资金的金额，借记"非财政拨款结余"科目，贷记"资金结存——货币资金"科目。

（10）调整专用基金对非财政拨款结余的影响。

对原账的"专用基金"科目余额进行分析，划分出按照预算收入比例列支提取的专用基金，按照列支提取的专用基金的金额，借记"资金结存——货币资金"科目，贷记"非财政拨款结余"科目。

3. 测绘事业单位按照前述1、2两个步骤难以准确调整出"非财政拨款结余"科目及对应的"资金结存"科目余额的，在新旧制度转换时，可以在新账的"库存现金""银行存款""其他货币资金""财政应返还额度"科目借方余额合计数基础上，对不纳入单位预算管理的资金进行调整(如减去新账中货币资金形式的受托代理资产、应缴财政款、已收取将来需要退回资金的其他应付款等，加上已支付将来需要收回资金的其他应收款等)，按照调整后的金额减去新账的"财政拨款结转""财政拨款结余""非财政拨款结转""专用结余"科目贷方余额合计数，加上"经营结余"科目借方余额后的金额，登记新账的"非财政拨款结余"科目贷方；同时，按照相同的金额登记新账的"资金结存——货币资金"科目借方。

（四）"专用结余"科目及对应的"资金结存"科目余额。

新制度设置了"专用结余"科目及对应的"资金结存"科目。在新旧制度转换时，测绘事业单位应当按照原账"专用基金"科目余额中通过非财政补助结余分配形成的金额，借记新账的"资金结存——货币资金"科目，贷记新账的"专用结余"科目。

（五）"经营结余"科目。

新制度设置了"经营结余"科目及对应的"资金结存"科目。如果原账的"经营结余"科目期末有借方余额，在新旧制度转换时，应当按照原账的"经营结余"科目余额，借记新账的"经营结余"科目，贷记新账的"资金结存——货币资金"科目。

（六）"其他结余""非财政拨款结余分配"科目。

新制度设置了"其他结余"和"非财政拨款结余分配"科目。由于这两个科目年初无余额，在新旧制度转换时，无需对"其他结余"和"非财政拨款结余分配"科目进行新账年初余额登记。

（七）预算收入类、预算支出类会计科目。

由于预算收入类、预算支出类会计科目年初无余额，在新旧制度转换时，无需对预算收入类、预算支出类会计科目进行新账年初余额登记。

测绘事业单位自 2019 年 1 月 1 日起，应当按照新制度设置预算收入类、预算支出类科目并进行账务处理。

测绘事业单位存在 2018 年 12 月 31 日需要按照新制度预算会计核算基础调整预算会计科目期初余额的其他事项的，应当比照本规定调整新账的相应预算会计科目期初余额。

测绘事业单位对预算会计科目的期初余额登记和调整，应当编制记账凭证，并将期初余额登记和调整的依据制作原始凭证。

四、财务报表和预算会计报表的新旧衔接

（一）编制 2019 年 1 月 1 日资产负债表。

测绘事业单位应当根据 2019 年 1 月 1 日新账的财务会计科目余额，按照新制度编制 2019 年 1 月 1 日资产负债表（仅要求填列各项目"年初余额"）。

（二）2019 年度财务报表和预算会计报表的编制。

测绘事业单位应当按照新制度规定编制 2019 年财务报表和预算会计报表。在编制 2019 年度收入费用表、净资产变动表、现金流量表和预算收入支出表、预算结转结余变动表时，不要求填列上年比较数。

测绘事业单位应当根据 2019 年 1 月 1 日新账财务会计科目余额，填列 2019 年净资产变动表各项目的"上年年末余额"；根据 2019 年 1 月 1 日新账预算会计科目余额，填列 2019 年预算结转结余变动表的"年初预算结转结余"项目和财政拨款预算收入支出表的"年初财政拨款结转结余"项目。

五、其他事项

截至 2018 年 12 月 31 日尚未进行基建"并账"的测绘事业单位，应当首先参照《新旧事业单位会计制度有关衔接问题的处理规定》（财会〔2013〕2 号），将基建账套相关数据并入 2018 年 12 月 31 日原账中的相关科目余额，再按照本规定将 2018 年 12 月 31 日原账相关会计科目余额转入新账相应科目。

附表 1：　　　　　　　　测绘事业单位原会计科目余额明细表一

总账科目	明细分类	金额	备注
现金	库存现金		
	其中：受托代理现金		
银行存款	银行存款		
	其中：受托代理银行存款		
	其他货币资金		

续表

总账科目	明细分类	金额	备注
其他应收款	在途物品		已经付款或已开出商业汇票，尚未收到物资
	其他		
对外投资	短期投资		
	长期股权投资		
	长期债券投资		
固定资产	固定资产		
	无形资产		
在建工程	在建工程		
	工程物资		
	预付工程款、预付备料款		
借入款项	短期借款		
	长期借款		
应交税金	应交增值税		
	其他应交税费		
其他应付款	其他应交税费		
	长期应付款		
	受托代理负债		
	其他		
预提费用	应付利息		
	其他		
拨入专款	拨给本单位专款		
	拨给下属单位专款		
拨出专款	使用拨入专款资金		
	使用本单位自有资金		

附表 2： **测绘事业单位原会计科目余额明细表二**

总账科目	明细分类	金额	备注
应收票据、应收账款	发生时不计入收入		如转让资产的应收票据、应收账款
	发生时计入收入		
	其中：专项收入		
	其他		
预付账款	财政补助资金预付		
	非财政补助专项资金预付		
	非财政补助非专项资金预付		
其他应收款	预付款项		如职工预借的差旅费等
	其中：财政补助资金预付		
	非财政补助专项资金预付		
	非财政补助非专项资金预付		
	需要收回及其他		如支付的押金、应收为职工垫付的款项等
库存材料、已完测绘项目、经营产品	已支付资金		
	其中：使用财政补助资金		
	使用非财政补助专项资金		
	使用非财政补助非专项资金		
	未支付资金		如无偿调入的库存物资等
对外投资	用现金资产取得		
	用非现金资产或其他方式取得		
应付票据、应付账款	发生时不计入支出		
	发生时计入支出		
	其中：财政补助资金应付		
	非财政补助专项资金应付		
	非财政补助非专项资金应付		
预收账款	预收专项资金		
	预收非专项资金		
经营成本	已支付资金		
	未支付资金		

附表 3： **测绘事业单位新旧会计制度转账、登记新账科目对照表**

序号	新制度科目		原制度科目	
	编号	名称	编号	名称
一、资产类				
1	1001	库存现金	101	现金
2	1002	银行存款	102	银行存款
3	1021	其他货币资金		
4	1211	应收票据	105	应收票据
5	1212	应收账款	106	应收账款
6	1214	预付账款	108	预付账款
7	1218	其他应收款	109	备用金
8	1218	其他应收款	110	其他应收款
9	1301	在途物品		
10	1302	库存物品	115	库存材料
11			116	已完测绘项目
12			117	经营产品
13	1401	待摊费用	118	待摊费用
14	1101	短期投资	119	对外投资
15	1501	长期股权投资		
16	1502	长期债券投资		
17	1601	固定资产	120	固定资产
18	1701	无形资产		
19	1611	工程物资		在建工程
20	1613	在建工程		
21	1214	预付账款		
22	1701	无形资产	124	无形资产
23	1201	财政应返还额度	125	财政应返还额度
24	1902	待处理财产损溢	130	待处理财产损溢
二、负债类				
25	2001	短期借款	201	借入款项
26	2501	长期借款		
27	2301	应付票据	202	应付票据

续表

序号	新制度科目		原制度科目	
	编号	名称	编号	名称
28	2302	应付账款	203	应付账款
29	2305	预收账款	204	预收账款
30	2201	应付职工薪酬	205	应付工资（离退休费）
31			206	应付社会保障金
32			212	应付地方（部门）津贴补贴
33			213	应付其他个人收入
34	2103	应缴财政款	208	应缴预算款
35			209	应缴财政专户款
36	2101	应交增值税	210	应交税金
37	2102	其他应交税费		
38	2307	其他应付款	211	其他应付款
39	2102	其他应交税费		
40	2502	长期应付款		
41	2901	受托代理负债		
42	2304	应付利息	231	预提费用
43	2401	预提费用		
44	2502	长期应付款	261	长期应付款
三、净资产类				
45	3001	累计盈余	301	事业基金
46			302	固定基金
47	3101	专用基金	303	专用基金
48	3001	累计盈余	304	财政补助结存
49			305	非财政补助结转
50				专款结存
51	3001	累计盈余（借方）	307	经营结余（借方）
四、收入类				
52	3001	累计盈余	404	拨入专款
53	2307	其他应付款		
五、支出及成本费用类				

续表

序号	新制度科目		原制度科目	
	编号	名称	编号	名称
54	2307	其他应付款（借方）	502	拨出专款
55	3001	累计盈余（借方）		
56	3001	累计盈余（借方）	503	专款支出
57	1303	加工物品	535	经营成本

3.11 关于地质勘查事业单位执行《政府会计制度——行政事业单位会计科目和报表》的衔接规定

2018年7月22日　财会〔2018〕17号

我部于2017年10月24日印发了《政府会计制度——行政事业单位会计科目和报表》（财会〔2017〕25号，以下简称新制度）。目前执行《地质勘查单位会计制度》（财会字〔1996〕15号）和财政部有关事业单位会计核算的补充规定（以下简称原制度）的地质勘查事业单位（以下简称地勘单位），自2019年1月1日起执行新制度，不再执行原制度。为了确保新旧会计制度顺利过渡，现对地勘单位执行新制度的有关衔接问题规定如下：

一、新旧制度衔接总要求

（一）自2019年1月1日起，地勘单位应当严格按照新制度的规定进行会计核算、编制财务报表和预算会计报表。

（二）地勘单位应当按照本规定做好新旧制度衔接的相关工作，主要包括以下几个方面：

1. 根据原账编制2018年12月31日的科目余额表，并按照本规定要求，编制原账的部分科目余额明细表（参见附表1、附表2）。

2. 按照新制度设立2019年1月1日的新账。

3. 按照本规定要求，登记新账的财务会计科目余额和预算结余科目余额，包括将原账科目余额转入新账财务会计科目、按照原账科目余额登记新账预算结余科目（地勘单位新旧会计制度转账、登记新账科目对照表参见附表3），将未入账事项登记新账科目，并对相关新账科目余额进行调整。原账科目是指按照原制度规定设置的会计科目。

4. 按照登记及调整后新账的各会计科目余额，编制2019年1月1日的科目余额表，作为新账各会计科目的期初余额。

5. 根据新账各会计科目期初余额，按照新制度编制2019年1月1日资产负债表。

（三）及时调整会计信息系统。地勘单位应当按照新制度要求对原有会计信息系统进行及时更新和调试，实现数据正确转换，确保新旧账套的有序衔接。

二、财务会计科目的新旧衔接

（一）将2018年12月31日原账会计科目余额转入新账财务会计科目。

1. 资产类。

（1）"现金"科目。

新制度设置了"库存现金"科目，该科目的核算内容与原账"现金"科目的核算内容基本相同。转账时，地勘单位应当将原账的"现金"科目余额转入新账的"库存现金"科目。其中，还应当将原账的"现金"科目余额中属于新制度规定受托代理资产的金额，转入新账"库存现金"科目下的"受托代理资产"明细科目。

（2）"银行存款""其他货币资金""财政应返还额度""短期投资""应收票据""应收账款""坏账准备""预付账款""待摊费用""固定资产""无形资产""待处理财产损溢"科目。

新制度设置了"银行存款""其他货币资金""财政应返还额度""短期投资""应收票据""应收账款""坏账准备""预付账款""待摊费用""固定资产""无形资产""待处理财产损溢"科目，其核算内容与原账的上述相应科目的核算内容基本相同。转账时，地勘单位应当将原账的上述科目余额直接转入新账的相应科目。其中，还应当将原账的"银行存款"科目余额中属于新制度规定受托代理资产的金额，转入新账"银行存款"科目下的"受托代理资产"明细科目。

（3）"备用金"科目。

新制度设置了"其他应收款"科目，该科目的核算内容包含了原账"备用金"科目的核算内容。转账时，应当将原账的"备用金"科目余额转入新账的"其他应收款"科目。

（4）"其他应收款"科目。

新制度设置了"其他应收款"科目，该科目的核算内容与原账"其他应收款"科目的核算内容基本相同。转账时，地勘单位应当将原账的"其他应收款"科目余额转入新账的"其他应收款"科目。

在原账的"其他应收款"科目中核算了属于新制度规定的应收股利和应收利息的地勘单位，应当将原账的"其他应收款"科目余额中属于应收股利、应收利息的金额，分别转入新账的"应收股利""应收利息"科目。

（5）"器材采购"科目。

新制度设置了"在途物品"科目，该科目的核算内容与原账"器材采购"科目的核算内容基本相同。转账时，地勘单位应当将原账的"器材采购"科目余额转入新账的"在途物品"科目。

（6）"材料""管材""管材摊销""器材成本差异""产成品""地质成果"科目

新制度设置了"库存物品"科目，该科目的核算内容包含了原账"材料""管材""管材摊销""器材成本差异""产成品""地质成果"科目的核算内容。转账时，地勘单位应当将原账的"材料""管材""管材摊销""器材成本差异""产成品""地质成果"科目余额转入新账"库存物品"科目中的相关明细科目。地勘单位可以根据实际情况自行设置明细科目。

（7）"委托加工器材"科目。

新制度设置了"加工物品"科目，该科目的核算内容包含了原账"委托加工器材"科目的核算内容。转账时，地勘单位应当将原账的"委托加工器材"科目余额转入新账的"加工物品"科目。

（8）"长期投资"科目。

新制度设置了"长期股权投资"和"长期债券投资"科目，原制度设置了"长期投资"科目。转账时，地勘单位应当将原账的"长期投资"科目余额中属于股权投资的金额，转入新账的"长期股权投资"科目及其明细科目；将原账的"长期投资"科目余额中属于债券投资的金额，转入新账的"长期债券投资"科目及其明细科目,并将其中分期付息、到期还本的长期债券投资的应收利息金额,转入新账的"应收利息"科目。

(9)"拨付所属资金"科目。

新制度未设置"拨付所属资金"科目。如果所属单位为企业,转账时应当将原账的"拨付所属资金"科目相应余额转入新账的"长期股权投资"科目[成本法]或"长期股权投资——成本"科目[权益法];如果所属单位为事业单位,转账时应当将原账的"拨付所属资金"科目的相应余额转入新账的"累计盈余"科目借方。地勘单位对本单位内部独立核算单位使用"拨付所属资金"科目的,该科目余额与内部独立核算单位的"上级拨入资金"科目余额冲销后,年末无余额。

(10)"累计折旧"科目。

新制度设置了"固定资产累计折旧"科目,该科目的核算内容与原账"累计折旧"科目的核算内容基本相同。转账时,地勘单位应当将原账的"累计折旧"科目余额转入新账的"固定资产累计折旧"科目。

(11)"固定资产清理"科目。

新制度设置了"待处理财产损溢"科目,该科目的核算内容包含了原账"固定资产清理"科目的核算内容。转账时,地勘单位应当将原账的"固定资产清理"科目余额转入新账的"待处理财产损溢"科目。

(12)"在建工程"科目。

新制度设置了"在建工程""工程物资"科目,原制度设置了"在建工程"科目。转账时,地勘单位应当将原账的"在建工程"科目余额中属于工程物资的金额,转入新账的"工程物资"科目;将原账的"在建工程"科目余额减去属于工程物资的金额后的差额,转入新账的"在建工程"科目。

(13)"累计摊销"科目。

新制度设置了"无形资产累计摊销"科目,该科目的核算内容与原账"累计摊销"科目的核算内容基本相同。设置了"累计摊销"科目的地勘单位,转账时,应当将原账的"累计摊销"科目余额,转入新账的"无形资产累计摊销"科目。

(14)"递延资产"科目。

新制度设置了"长期待摊费用"科目,该科目的核算内容与原账"递延资产"科目的核算内容基本相同。转账时,地勘单位应当将原账的"递延资产"科目余额,转入新账的"长期待摊费用"科目。

(15)"零余额账户用款额度"科目。

由于原账的"零余额账户用款额度"科目年末无余额,无需进行转账处理。

(16)"内部往来"科目。

原账的"内部往来"科目属于单位内部核算科目,核算本单位内部各单位之间的往来款项,不在本单位的会计报表中反映。新旧衔接时不对原账的"内部往来"科目余额进行处理。

(17)"限额存款"科目。

由于原账的"限额存款"科目已经不再使用,无需进行转账处理。

2. 负债类。

(1)"短期借款""应付票据""应付账款""预收账款""长期应付款"科目。

新制度设置了"短期借款""应付票据""应付账款""预收账款""长期应付款"科目,

这些科目的核算内容与原账的上述相应科目的核算内容基本相同。转账时，地勘单位应当将原账的上述科目余额直接转入新账的相应科目。

（2）"其他应付款"科目。

新制度设置了"其他应付款"科目，该科目的核算内容包含了原账"其他应付款"科目的核算内容。转账时，地勘单位应当将原账的"其他应付款"科目余额，转入新账的"其他应付款"科目。其中，地勘单位在原账的"其他应付款"科目中核算属于新制度规定的受托代理负债的，应当将原账的"其他应付款"科目余额中属于受托代理负债的金额，转入新账的"受托代理负债"科目。

（3）"应付工资"科目。

新制度设置了"应付职工薪酬"科目，原制度设置了"应付工资"科目。转账时，地勘单位应当将原账的"应付工资"科目余额中属于节余与收益分配转入的奖金金额，转入新账的"专用基金"科目，将原账的"应付工资"科目余额减去分配转入奖金后的差额，转入新账"应付职工薪酬"科目及其明细科目。

设置"应付工资（离退休费）""应付地方（部门）津贴补贴""应付其他个人收入"科目核算发放职工工资等的地勘单位，参照上述"应付工资"科目余额的转账处理，进行"应付工资（离退休费）""应付地方（部门）津贴补贴""应付其他个人收入"科目余额的转账。

（4）"应付福利费"科目。

新制度未设置"应付福利费"科目。转账时，地勘单位应当对原账的"应付福利费"科目余额进行分析，将其中属于职工福利基金的金额转入新账的"专用基金——职工福利基金"科目，将其他余额转入新账的"累计盈余"科目。

（5）"应交税金"科目。

新制度设置了"应交增值税"和"其他应交税费"科目，原制度设置了"应交税金"科目。转账时，地勘单位应当将原账的"应交税金"科目余额中属于应交增值税的金额，转入新账的"应交增值税"科目；将原账的"应交税金"科目余额减去属于应交增值税金额后的差额，转入新账的"其他应交税费"科目。

（6）"其他应交款"科目。

新制度未设置"其他应交款"科目。转账时，地勘单位应当将原账的"其他应交款"科目余额中属于应缴财政款的金额，转入新账的"应缴财政款"科目；将属于其他应交税费（如应交的教育费附加）的金额，转入新账的"其他应交税费"科目；将原账的"其他应交款"科目的其余余额，转入新账的"其他应付款"科目。

（7）"应缴国库款"和"应缴财政专户存款"科目。

新制度设置了"应缴财政款"科目，原制度设置了"应缴国库款"和"应缴财政专户存款"科目。设置了"应缴国库款"和"应缴财政专户存款"科目的地勘单位，转账时，应当将原账的"应缴国库款"和"应缴财政专户存款"科目余额，转入新账的"应缴财政款"科目。

（8）"预提费用"科目。

新制度设置了"预提费用"科目。转账时，地勘单位应当将原账的"预提费用"科目余额中属于预提短期借款应付未付利息的金额，转入新账的"应付利息"科目；将原账的"预提费用"科目余额减去属于预提短期借款利息金额后的差额，转入新账的"预提费用"科目。

（9）"长期借款"科目。

新制度设置了"长期借款"科目，该科目的核算内容与原账"长期借款"科目的核算内容基本相同。转账时，地勘单位应当将原账的"长期借款"科目余额，转入新账的"长期借款"科目。其中，在原账的"长期借款"科目中核算了分期付息、到期还本的长期借款应付利息的，应当将原账的"长期借款"科目余额中属于分期付息、到期还本的长期借款应付利息金额，转入新账的"应付利息"科目。

（10）"专项应付款"科目。

新制度未设置"专项应付款"科目。转账时，地勘单位应当将原账的"专项应付款"科目余额转入新账的"累计盈余"科目。

（11）"住房周转金"科目。

新制度未设置"住房周转金"科目。转账时，如果房产已经全部处理完毕，不需要和房管部门进行资金清算的，应当将原账的"住房周转金"科目余额转入新账的"累计盈余"科目；如果房产还未处理完毕，需要和房管部门进行资金清算的，应当将原账的"住房周转金"科目余额转入新账的"长期应付款"科目。地勘单位在原账的"住房周转金"科目中核算了职工集资建房资金的，应当将原账的"住房周转金"科目余额中属于职工集资建房资金的金额，转入新账的"长期应付款"科目。

3. 净资产类。

（1）"国家基金"科目。

新制度设置了"累计盈余"科目，该科目的核算内容包含了原账"国家基金"科目的核算内容。转账时，地勘单位应当将原账的"国家基金"科目余额转入新账的"累计盈余"科目。

（2）"上级拨入资金"科目。

新制度设置了"累计盈余"科目，地勘单位将上级单位拨付的资金、实物资产等计入原账的"上级拨入资金"科目的，转账时，应当将原账的"上级拨入资金"科目余额转入新账的"累计盈余"科目。

地勘单位的内部独立核算单位使用"上级拨入资金"科目的，该科目余额与地勘单位的"拨付所属资金"科目余额冲销后，年末无余额。

（3）"地勘发展基金"科目。

新制度设置了"累计盈余"科目，该科目的核算内容包含了原账"地勘发展基金"科目的核算内容。转账时，地勘单位应当将原账的"地勘发展基金"科目余额转入新账的"累计盈余"科目。

（4）"公益金"科目。

新制度设置了"专用基金"科目，该科目的核算内容包含了原账"公益金"科目的核算内容。转账时，地勘单位应当将原账的"公益金"科目余额转入新账的"专用基金——职工福利基金"科目。

（5）"节余与收益分配"科目。

新制度设置了"本年盈余分配"科目，该科目的核算内容与原账"节余与收益分配"科目的核算内容基本相同。新制度规定"本年盈余分配"科目余额最终转入"累计盈余"科目，如果原账的"节余与收益分配"科目有借方余额，转账时，地勘单位应当将原账的"节余与收益分配"科目借方余额，转入新账的"累计盈余"科目借方。

（6）"节余""收益"科目。

由于原账的"节余""收益"科目年末无余额，这两个科目无需进行转账处理。

4. 地勘拨款与支出类。

（1）"地勘工作拨款""已完地质项目支出""其他经费支出"科目。

转账时，地勘单位应当将原账的"地勘工作拨款""已完地质项目支出""其他经费支出"科目余额，转入新账的"累计盈余"科目。

（2）"未完地质项目支出"科目。

转账时，地勘单位应当将原账的"未完地质项目支出"科目余额，转入新账的"加工物品"科目。

5. 成本类。

（1）"地勘生产""辅助生产""多种经营生产"科目。

转账时，地勘单位应当将原账的"地勘生产""辅助生产""多种经营生产"科目余额，转入新账的"加工物品"科目。

（2）"间接费用"科目。

由于原账的"间接费用"科目年末无余额，无需进行转账处理。

6. 损益类。

由于原账中损益类科目年末无余额，无需进行转账处理。自 2019 年 1 月 1 日起，地勘单位应当按照新制度设置收入类、费用类科目并进行账务处理。

地勘单位存在其他本规定未列举的原账科目余额的，应当比照本规定转入新账的相应科目。新账的科目设有明细科目的，应将原账中对应科目的余额加以分析，分别转入新账中相应科目的相关明细科目。

地勘单位在进行新旧衔接的转账时，应当编制转账的工作分录，作为转账的工作底稿，并将转入新账的对应原科目余额及分拆原科目余额的依据作为原始凭证。

（二）将原未入账事项登记新账财务会计科目。

1. 应收股利。

地勘单位在新旧制度转换时，应当将 2018 年 12 月 31 日前未入账的应收股利（宣告派发尚未收到的股利）按照新制度规定记入新账。登记新账时，按照确定的应收股利金额，借记"应收股利"科目，贷记"累计盈余"科目。

2. 预计负债。

地勘单位在新旧制度转换时，应当将 2018 年 12 月 31 日按照新制度规定确认的预计负债记入新账。登记新账时，按照确定的预计负债金额，借记"累计盈余"科目，贷记"预计负债"科目。

地勘单位存在 2018 年 12 月 31 日前未入账的其他事项的，应当比照本规定登记新账的相应科目。

地勘单位对新账的财务会计科目补记未入账事项时，应当编制记账凭证，并将补充登记事项的确认依据作为原始凭证。

（三）对新账的相关财务会计科目余额按照新制度规定的会计核算基础进行调整。

1. 按照权益法调整长期股权投资账面余额。

对按照新制度规定应当采用权益法核算的长期股权投资，在新旧制度转换时，单位应当在"长期股权投资"科目下设置"新旧制度转换调整"明细科目，依据被投资单位 2018 年 12 月 31 日财务报表的所有者权益账面余额，以及单位持有被投资单位的股权比例，计算应享有或应分担的被投资单位所有者权益的份额，调整长期股权投资的账面余额，借记或贷记"长期股权投资——新旧制度转换调整"科目，贷记或借记"累计盈余"科目。

2. 调整无形资产累计摊销。

原账中未设置"累计摊销"科目的地勘单位,对尚未核销、已经分期摊销并直接冲减账面价值的无形资产,按照截至 2018 年 12 月 31 日无形资产累计摊销的金额,借记"无形资产"科目,贷记"无形资产累计摊销"科目。

地勘单位对新账的财务会计科目期初余额进行调整时,应当编制记账凭证,并将调整事项的确认依据作为原始凭证。

三、预算会计科目的新旧衔接

(一)"财政拨款结转""财政拨款结余"科目及对应的"资金结存"科目余额。

新制度设置了"财政拨款结转""财政拨款结余"科目及对应的"资金结存"科目。在新旧制度转换时,地勘单位应当对原账的"地勘工作拨款""已完地质项目支出""未完地质项目支出"等科目余额进行逐项分析,计算出属于本级政府财政拨款结转资金的金额,并对本级政府财政拨款结转金额进行收付实现制调整[加上支出中已经计入支出尚未支付财政资金(如发生时列支的应付账款)的金额,减去已经支付财政资金尚未计入支出(如预付账款、固定资产和无形资产的净值等)的金额]。按照分析、计算、调整后的金额,登记新账的"财政拨款结转"科目及其明细科目贷方。

地勘单位应当对原账的"地勘工作拨款""已完地质项目支出""未完地质项目支出"等科目余额进行逐项分析,计算出属于本级政府财政拨款结余资金的金额,登记新账的"财政拨款结余"科目及其明细科目贷方。

按照原账的"财政应返还额度"科目余额登记新账的"资金结存——财政应返还额度"科目借方;按照新账的"财政拨款结转"和"财政拨款结余"科目贷方余额合计数,减去新账的"资金结存——财政应返还额度"科目借方余额后的差额,登记新账的"资金结存——货币资金"科目借方。

(二)"非财政拨款结转"科目及对应的"资金结存"科目余额。

新制度设置了"非财政拨款结转"科目及对应的"资金结存"科目。在新旧制度转换时,地勘单位应当对原账的"地勘工作拨款""已完地质项目支出""未完地质项目支出""其他经费支出""专项应付款"等科目余额进行分析,计算出属于非财政拨款专项资金的金额,并进行收付实现制调整[加上支出中已经计入支出尚未支付非财政拨款专项资金(如发生时列支的应付账款)的金额,减去已经支付非财政拨款专项资金尚未计入支出(如预付账款、固定资产和无形资产的净值等)的金额,加上收入中已经收到非财政拨款专项资金尚未计入收入(如预收账款)的金额,减去已经计入收入尚未收到非财政拨款专项资金(如应收账款)的金额]。按照分析、计算、调整后的金额,登记新账的"非财政拨款结转"科目及其明细科目贷方;同时,按照相同的金额登记新账的"资金结存——货币资金"科目借方。

(三)"专用结余"科目及对应的"资金结存"科目余额。

新制度设置了"专用结余"科目及对应的"资金结存"科目。在新旧制度转换时,地勘单位应当按照原账"公益金"科目余额,加上原账的"应付工资"科目余额中分配转入的奖金的金额,借记新账的"资金结存——货币资金"科目,贷记新账的"专用结余"科目。

(四)"经营结余"科目及对应的"资金结存"科目余额。

新制度设置了"经营结余"科目及对应的"资金结存"科目。如果原账的"节余与收益分配"科目有借方余额,在新旧制度转换时,地勘单位应当按照原账的"节余与收益分配"科目借方余额中属于新制度规定的经营结余的金额,借记新账的"经营结余"科目,贷记新账的"资金结存——货币资金"科目。

（五）"非财政拨款结余"科目及对应的"资金结存"科目余额。

新制度设置了"非财政拨款结余"科目及对应的"资金结存"科目。在新旧制度转换时，地勘单位应当在新账的"库存现金""银行存款""其他货币资金""财政应返还额度"科目借方余额合计数基础上，对不纳入单位预算管理的资金进行调整（如减去新账中货币资金形式的受托代理资产、应缴财政款、已收取将来需要退回资金的其他应付款等，加上已支付将来需要收回资金的其他应收款等），按照调整后的金额减去新账的"财政拨款结转""财政拨款结余""非财政拨款结转""专用结余"科目贷方余额合计数，加上"经营结余"科目借方余额后的金额，登记新账的"非财政拨款结余"科目贷方；同时，按照相同的金额登记新账的"资金结存——货币资金"科目借方。

（六）"其他结余"和"非财政拨款结余分配"科目。

新制度设置了"其他结余"和"非财政拨款结余分配"科目。由于这两个科目年初无余额，在新旧制度转换时，地勘单位无需对"其他结余"和"非财政拨款结余分配"科目进行新账年初余额登记。

（七）预算收入类、预算支出类会计科目。

由于预算收入类、预算支出类会计科目年初无余额，在新旧制度转换时，无需对预算收入类、预算支出类会计科目进行新账年初余额登记。

地勘单位应当自 2019 年 1 月 1 日起，按照新制度设置预算收入类、预算支出类科目并进行账务处理。

地勘单位存在 2018 年 12 月 31 日需要按照新制度预算会计核算基础调整预算会计科目期初余额的其他事项的，应当比照本规定调整新账的相应预算会计科目期初余额。

地勘单位对预算会计科目的期初余额登记和调整，应当编制记账凭证，并将期初余额登记和调整的依据作为原始凭证。

四、财务报表和预算会计报表新旧衔接

（一）编制 2019 年 1 月 1 日资产负债表。

地勘单位应当根据 2019 年 1 月 1 日新账的财务会计科目余额，按照新制度编制 2019 年 1 月 1 日资产负债表（仅要求填列各项目"年初余额"）。

（二）2019 年度财务报表和预算会计报表的编制。

地勘单位应当按照新制度规定编制 2019 年财务报表和预算会计报表。在编制 2019 年度收入费用表、净资产变动表、现金流量表和预算收入支出表、预算结转结余变动表时，不要求填列上年比较数。

地勘单位应当根据 2019 年 1 月 1 日新账财务会计科目余额，填列 2019 年净资产变动表各项目的"上年年末余额"；根据 2019 年 1 月 1 日新账预算会计科目余额，填列 2019 年预算结转结余变动表的"年初预算结转结余"项目和财政拨款预算收入支出表的"年初财政拨款结转结余"项目。

五、其他事项

截至 2018 年 12 月 31 日尚未进行基建"并账"的地勘单位，应当首先参照《新旧事业单位会计制度有关衔接问题的处理规定》（财会〔2013〕2 号），将基建账套相关数据并入 2018 年 12 月 31 日原账中的相关科目余额，再按照本规定将 2018 年 12 月 31 日原账相关会计科目余额转入新账相应科目。

附表 1： 　　　　　　　　　　**地勘单位原会计科目余额明细表一**

总账科目	明细分类	金额	备注
现金	库存现金		
	其中：受托代理现金		
银行存款	银行存款		
	其中：受托代理银行存款		
其他应收款	应收股利		
	应收利息		
	其他		
长期投资	长期股权投资		
	长期债券投资		
	分期付息的债券投资应收利息		
拨付所属资金	拨付所属事业单位		
	拨付所属企业		
在建工程	在建工程		
	工程物资		
应付工资	节余和收益分配转入的奖金		
	其他		
应付福利费	属于职工福利基金		
	其他		
应交税金	应交增值税		
	其他应交税金		
其他应付款	受托代理负债		代管款项等
	其他		
其他应交款	应缴财政款		
	其他应交税费		
	其他		
预提费用	预提应付利息		
	其他		
长期借款	分期付息的应付利息		
	其他		
住房周转金	应付款项		
	其他		

附表2:　　　　　　　　地勘单位原会计科目余额明细表二

总账科目	明细分类	金额	备注
应收票据、应收账款	发生时不计入收入		如转让资产的应收票据、应收账款
	发生时计入收入		
	其中：专项收入		
	其他		
预付账款	财政拨款资金预付		
	非财政拨款专项资金预付		
	其他		
其他应收款	预付款项		如职工预借的差旅费等
	其中：财政拨款资金预付		
	非财政拨款专项资金预付		
	其他		
	需要收回及其他		如支付的押金、应收为职工垫付的款项等
器材采购、委托加工器材、材料、管材、管材摊销、器材成本差异、产成品、地质成果、地勘生产、辅助生产、多种经营生产	支付资金：		
	其中：使用财政拨款资金支付		
	使用非财政拨款专项资金支付		
	其他		
	非支付资金		如无偿调入的材料等
固定资产净值、无形资产净值	支付资金取得		
	其中：使用财政拨款资金		
	使用非财政拨款专项资金		
	其他		
	非支付资金取得		如换入、无偿调入的固定资产等
在建工程	使用财政拨款资金		
	使用非财政拨款专项资金		
	其他		

续表

总账科目	明细分类	金额	备注
应付票据、应付账款	发生时不计入支出		
	发生时计入支出		
	其中：财政拨款资金应付		
	非财政拨款专项资金应付		
	其他		
预收账款	预收专项资金		
	其他		
地勘工作拨款	拨入本级财政资金		
	其中：已完项目资金		
	未完项目资金		
	其他		
	拨入其他资金		
	其中：已完项目资金		
	未完项目资金		
	其他		
已完地质项目支出	本级政府财政拨款		
	非本级政府财政拨款		
未完地质项目支出	本级政府财政拨款		
	非本级政府财政拨款		
库存现金、银行存款、其他货币资金	不纳入单位预算管理的资金		包括货币资金形式的受托代理资产、应缴财政款、收到的将来需要退回资金的其他应付款等
	纳入单位预算管理的资金		

附表3： 地勘单位新旧会计制度转账、登记新账科目对照表

序号	新制度科目		原制度科目	
	编号	名称	编号	名称
一、资产类				
1	1001	库存现金	101	现金
2	1002	银行存款	102	银行存款
3	1021	其他货币资金	109	其他货币资金

续表

序号	新制度科目		原制度科目	
	编号	名称	编号	名称
4	1101	短期投资	111	短期投资
5	1201	财政应返还额度		财政应返还额度
6	1211	应收票据	112	应收票据
7	1212	应收账款	113	应收账款
8	1219	坏账准备	114	坏账准备
9	1214	预付账款	115	预付账款
10	1218	其他应收款	118	备用金
11	1215	应收股利	119	其他应收款
12	1216	应收利息		
13	1218	其他应收款		
14	1301	在途物品	121	器材采购
15	1302	库存物品	123	材料
16			125	管材
17			126	管材摊销
18			132	器材成本差异
19	1303	加工物品	133	委托加工器材
20	1302	库存物品	135	产成品
21			137	地质成果
22	1401	待摊费用	139	待摊费用
23	1501	长期股权投资	141	长期投资
24	1502	长期债券投资		
25	1216	应收利息		
26	1501	长期股权投资	145	拨付所属资金
27	3001	累计盈余（借方）		
28	1601	固定资产	151	固定资产
29	1602	固定资产累计折旧	155	累计折旧
30	1902	待处理财产损溢	156	固定资产清理
31	1611	工程物资	159	在建工程
32	1613	在建工程		

续表

序号	新制度科目		原制度科目	
	编号	名称	编号	名称
33	1701	无形资产	161	无形资产
34	1702	无形资产累计摊销		累计摊销
35	1901	长期待摊费用	171	递延资产
36	1902	待处理财产损溢	181	待处理财产损溢
二、负债类				
37	2001	短期借款	201	短期借款
38	2301	应付票据	202	应付票据
39	2302	应付账款	203	应付账款
40	2305	预收账款	204	预收账款
41	2307	其他应付款	209	其他应付款
42	2901	受托代理负债		
43	2201	应付职工薪酬	211	应付工资
44	3101	专用基金		
45	3001	累计盈余	214	应付福利费
46	3101	专用基金		
47	2101	应交增值税	221	应交税金
48	2102	其他应交税费		
49	2103	应缴财政款		应缴国库款
50				应缴财政专户款
51	2103	应缴财政款	229	其他应交款
52	2102	其他应交税费		
53	2307	其他应付款		
54	2304	应付利息	231	预提费用
55	2401	预提费用		
56	2501	长期借款	241	长期借款
57	2304	应付利息		
58	2502	长期应付款	251	长期应付款
59	3001	累计盈余	261	专项应付款

续表

序号	新制度科目		原制度科目	
	编号	名称	编号	名称
60	3001	累计盈余	271	住房周转金
61	2502	长期应付款		
三、净资产类				
62	3001	累计盈余	301	国家基金
63			305	上级拨入资金
64			311	地勘发展基金
65	3001	累计盈余（借方）	341	节余与收益分配（借方）
66	3101	专用基金	315	公益金
四、地勘拨款与支出类				
67	3001	累计盈余	401	地勘工作拨款
68	3001	累计盈余（借方）	412	已完地质项目支出
69	3001	累计盈余（借方）	413	其他经费支出
70	1303	加工物品	411	未完地质项目支出
五、成本类				
71	1303	加工物品	501	地勘生产
72			515	辅助生产
73			521	多种经营生产

3.12　关于高等学校执行《政府会计制度——行政事业单位会计科目和报表》的补充规定

2018年8月14日　财会〔2018〕19号

根据《政府会计准则——基本准则》，结合行业实际情况，现就高等学校[6]执行《政府会计制度——行政事业单位会计科目和报表》（以下简称新制度）做出如下补充规定：

一、关于在新制度相关一级科目下设置明细科目

（一）高等学校应当在新制度规定的"4101 事业收入"科目下设置"410101 教育事业收入""410102 科研事业收入"明细科目。

6　本规定所指高等学校包括各级人民政府举办的全日制普通高等学校和成人高等学校。

1."410101 教育事业收入"科目核算高等学校开展教学活动及其辅助活动实现的收入。

2."410102 科研事业收入"科目核算高等学校开展科研活动及其辅助活动实现的收入。

（二）高等学校应当在新制度规定的"5001 业务活动费用"科目下设置"500101 教育费用""500102 科研费用"明细科目。

1."500101 教育费用"科目核算高等学校开展教学及其辅助活动、学生事务等活动所发生的，能够直接计入或采用一定方法计算后计入的各项费用。

2."500102 科研费用"科目核算高等学校开展科研及其辅助活动所发生的，能够直接计入或采用一定方法计算后计入的各项费用。

（三）高等学校应当在新制度规定的"5101 单位管理费用"科目下设置"510101 行政管理费用""510102 后勤保障费用""510103 离退休费用"和"510109 单位统一负担的其他管理费用"明细科目。

1."510101 行政管理费用"科目核算高等学校开展单位的行政管理活动所发生的各项费用。

2."510102 后勤保障费用"科目核算高等学校统一负担的开展后勤保障活动所发生的各项费用。

3."510103 离退休费用"科目核算高等学校统一负担的离退休人员工资、补助、活动经费等各项费用。

4."510109 单位统一负担的其他管理费用"科目核算由高等学校统一负担的除行政管理费用、后勤保障费用、离退休费用之外的其他各项管理费用，如工会经费、诉讼费、中介费等。

（四）高等学校应当在新制度规定的"6101 事业预算收入"科目下设置"610101 教育事业预算收入"和"610102 科研事业预算收入"明细科目。

1."610101 教育事业预算收入"科目核算高等学校开展教学活动及其辅助活动取得的现金流入。

2."610102 科研事业预算收入"科目核算高等学校开展科研活动及其辅助活动取得的现金流入。

（五）高等学校应当在新制度规定的"7201 事业支出"科目下设置"720101 教育支出""720102 科研支出""720103 行政管理支出""720104 后勤保障支出""720105 离退休支出""720109 其他事业支出"明细科目。

1."720101 教育支出"科目核算高等学校开展教学及其辅助活动、学生事务等活动实际发生的各项现金流出。

2."720102 科研支出"科目核算高等学校开展科研及其辅助活动实际发生的各项现金流出。

3."720103 行政管理支出"科目核算高等学校开展单位的行政管理活动实际发生的各项现金流出。

4."720104 后勤保障支出"科目核算高等学校开展后勤保障活动实际发生的各项现金流出。

5."720105 离退休支出"科目核算高等学校实际发生的用于离退休人员的各项现金流出。

6."720109 其他事业支出"科目核算高等学校发生的除教学、科研、后勤保障、行政管理、离退休支出之外的其他各项事业支出。

二、关于报表及编制说明

（一）关于收入费用表。

1.新增项目。

高等学校应当在收入费用表的"（二）事业收入"项目下增加"其中：教育事业收入""科

研事业收入"项目,在"(十一)其他收入"项目下增加"其中:后勤保障单位净收入"项目,在"(一)业务活动费用"项目下增加"其中:教育费用""科研费用"项目,在"(二)单位管理费用"项目下增加"其中:行政管理费用""后勤保障费用""离退休费用""单位统一负担的其他管理费用"项目。详见附表1。

2. 新增项目的内容和填列方法。

(1)"其中:教育事业收入"项目,反映高等学校本期开展教学活动及其辅助活动实现的收入。本项目应当根据"事业收入——教育事业收入"科目的本期发生额填列。

(2)"科研事业收入"项目,反映高等学校本期开展科研活动及其辅助活动实现的收入。本项目应当根据"事业收入——科研事业收入"科目的本期发生额填列。

(3)"其中:后勤保障单位净收入"项目详见"(三)关于校内独立核算单位报表编制的规定"。

(4)"其中:教育费用"项目,反映高等学校本期开展教学及其辅助活动、学生事务等活动所发生的各项费用。本项目应当根据"业务活动费用——教育费用"科目的本期发生额填列。

(5)"科研费用"项目,反映高等学校本期开展科研及其辅助活动所发生的各项费用。本项目应当根据"业务活动费用——科研费用"科目的本期发生额填列。

(6)"其中:行政管理费用"项目,反映高等学校本期开展单位的行政管理活动所发生的各项费用。本项目应当根据"单位管理费用——行政管理费用"科目的本期发生额填列。

(7)"后勤保障费用"项目,反映高等学校本期统一负担的开展后勤保障活动所发生的各项费用。本项目应当根据"单位管理费用——后勤保障费用"科目的本期发生额填列。

(8)"离退休费用"项目,反映高等学校本期统一负担的离退休人员工资、补助、活动经费等各项费用。本项目应当根据"单位管理费用——离退休费用"科目的本期发生额填列。

(9)"单位统一负担的其他管理费用"项目,反映本期由高等学校统一负担的除行政管理费用、后勤保障费用、离退休费用之外的各项管理费用。本项目应当根据"单位管理费用——单位统一负担的其他管理费用"科目的本期发生额填列。

(二)关于预算收入支出表。

1. 新增项目。

高等学校应当在预算收入支出表的"(二)事业预算收入"项目下增加"其中:教育事业预算收入""科研事业预算收入"项目,在"(九)其他预算收入"项目下"其中:"后所列项目中增加"后勤保障单位净预算收入"项目,在"(二)事业支出"项目下增加"其中:教育支出""科研支出""行政管理支出""后勤保障支出""离退休支出""其他事业支出"项目。详见附表2。

2. 新增项目的内容和填列方法。

(1)"其中:教育事业预算收入"项目,反映高等学校本期开展教学及其辅助活动取得现金流入。本项目应当根据"事业预算收入——教育事业预算收入"科目的本年发生额填列。

(2)"科研事业预算收入"项目,反映高等学校本年开展科研及其辅助活动取得现金流入。本项目应当根据"事业预算收入——科研事业预算收入"科目的本年发生额填列。

(3)"后勤保障单位净预算收入"项目,详见"(三)关于校内独立核算单位报表编制的规定"。

(4)"其中:教育支出"项目,反映高等学校本年开展教学及其辅助活动、学生事务等活动实际发生的各项现金流出。本项目应当根据"事业支出——教育支出"科目的本年发生额填列。

（5）"科研支出"项目，反映高等学校本年开展科研及其辅助活动实际发生的各项现金流出。本项目应当根据"事业支出——科研支出"科目的本年发生额填列。

（6）"行政管理支出"项目，反映高等学校本年开展单位的行政管理活动实际发生的各项现金流出。本项目应当根据"事业支出——行政管理支出"科目的本年发生额填列。

（7）"后勤保障支出"项目，反映高等学校本年开展后勤保障活动实际发生的各项现金流出。本项目应当根据"事业支出——后勤保障支出"科目的本年发生额填列。

（8）"离退休支出"项目，反映高等学校本年实际发生的用于离退休人员的各项现金流出。本项目应当根据"事业支出——离退休支出"科目的本年发生额填列。

（9）"其他事业支出"项目，反映高等学校本年支付的除教学、科研、后勤保障、行政管理、离退休支出之外的其他各项事业支出。本项目应当根据"事业支出——其他事业支出"科目的本年发生额填列。

（三）关于校内独立核算单位报表编制的规定。

1. 关于高等学校报表编制的范围。

由高等学校及其所属单位举办的校内独立核算单位[7]，如研究院、分校、后勤部门等，应当按照新制度开展本单位的会计核算和报表编制工作。

高等学校在编制年度报表时，应当将校内独立核算单位纳入高等学校报表编制范围。

2. 关于将校内独立核算单位会计信息纳入高等学校报表的总原则。

将校内独立核算单位的会计信息纳入高等学校报表时，总的原则是将校内独立核算单位的报表信息并入学校相关报表的相应项目，并抵销学校内部业务或事项对学校报表的影响。

3. 关于具有后勤保障职能的校内独立核算单位[8]有关业务的特殊规定。

（1）高等学校编制包含校内独立核算单位的收入费用表时，对于具有后勤保障职能的校内独立核算单位，应当将其本年收入（不含从学校取得的补贴经费）、费用（不含使用学校补贴经费发生的费用）相抵后的净额计入本表中"其他收入"项目金额，并单独填列于该项目下的"后勤保障单位净收入"项目。如果具有后勤保障职能的全部校内独立核算单位本年收入（不含从学校取得的补贴经费）、费用（不含使用学校补贴经费发生的费用）相抵后的净额合计数为负数，则以"-"号填列于"后勤保障单位净收入"项目。

（2）高等学校编制包含校内独立核算单位的预算收入支出表时，对于具有后勤保障职能的校内独立核算单位，应当将其本年收入（不含从学校取得的补贴经费）、支出（不含使用学校补贴经费发生的支出）相抵后的净额计入本表中"其他预算收入"项目金额，并单独填列于该项目下的"后勤保障单位净预算收入"项目。如果具有后勤保障职能的全部校内独立核算单位本年收入（不含从学校取得的补贴经费）、支出（不含使用学校补贴经费发生的支出）相抵后的净额合计数为负数，则以"-"号填列于"后勤保障单位净预算收入"项目。

4. 关于将校内独立核算单位会计信息纳入高等学校财务报表情况的披露。

高等学校应当在年度财务报表附注中提供将校内独立核算单位财务会计信息纳入学校财务报表情况的说明，包括将校内独立核算单位资产、负债和净资产并入学校资产负债表时对内部业务或事项抵销处理的情况，具有后勤保障职能的各校内独立核算单位本年收入、费用情况，

---

[7] 本规定所称校内独立核算单位，是指高等学校内部不具有法人资格的独立核算单位或部门。本规定所称校内独立核算单位不同于新制度所称附属单位。新制度所称附属单位，是指高等学校下属的具有法人资格的独立核算单位。

[8] 具有后勤保障职能的校内独立核算单位一般指校医院、食堂、水电暖中心、物业管理中心、宿舍管理中心等。

将不具有后勤保障职能的其他校内独立核算单位的收入、费用并入学校收入费用表时对内部业务或事项抵销处理的情况。

高等学校在编制年度预算会计报表时，可参照上述规定，以适当形式提供将校内独立核算单位预算会计信息纳入高等学校预算会计报表的说明。

三、关于留本基金的会计处理

（一）会计科目设置。

1. 高等学校应当在"3101 专用基金"科目下设置"留本基金"明细科目，核算高等学校使用捐赠资金建立的具有永久性保留本金或在一定时期内保留本金的限定性基金。高等学校如有两个以上留本基金，应当按照每个留本基金设置明细科目进行核算。在每个留本基金明细科目下还应当设置"本金"和"收益"明细科目；在"本金"明细科目下，还应当设置"已投资"和"未投资"两个明细科目。

2. 高等学校应当在"1218 其他应收款"科目下设置"留本基金委托投资"明细科目，核算高等学校将留本基金委托给基金会进行的投资。

（二）主要账务处理（假设只有一个留本基金）。

1. 高等学校形成留本基金时，根据取得的留本基金数额，借记"银行存款"科目，贷记"专用基金——留本基金——本金——未投资"科目。

2. 高等学校委托基金会进行投资。

（1）投资时，按照转给基金会的留本基金数额，借记"其他应收款——留本基金委托投资"科目，贷记"银行存款"科目；同时，按照相同的金额，借记"专用基金——留本基金——本金——未投资"科目，贷记"专用基金——留本基金——本金——已投资"科目。

（2）收到基金会交回的投资收益，按照实际收到的金额，借记"银行存款"科目，贷记"专用基金——留本基金——收益"科目。

（3）从基金会收回使用留本基金委托的投资，按照收回的金额，借记"银行存款"科目，按照收回的留本基金本金金额，贷记"其他应收款——留本基金委托投资"科目，按照两者的差额，贷记或借记"专用基金——留本基金——收益"科目。同时，按照收回的留本基金本金金额，借记"专用基金——留本基金——本金——已投资"科目，贷记"专用基金——留本基金——本金——未投资"科目。

3. 高等学校直接使用留本基金进行投资。

（1）投资时，按照动用留本基金投资的数额，借记"短期投资""长期债券投资"等科目，贷记"银行存款"科目；同时，按照相同的金额，借记"专用基金——留本基金——本金——未投资"科目，贷记"专用基金——留本基金——本金——已投资"科目。

（2）期末，对持有的留本基金投资确认应计利息收入时，按照确认的应计利息，借记"应收利息""长期债券投资"科目，贷记"专用基金——留本基金——收益"科目。

（3）收到留本基金投资获得的利息时，按照实际收到的金额，借记"银行存款"科目，贷记"应收利息"科目。

（4）收回留本基金投资时，按照收回的金额，借记"银行存款"科目，按照收回的投资本金及相关利息金额，贷记"短期投资""长期债券投资"等科目，按照两者的差额，贷记或借记"专用基金——留本基金——收益"科目。同时，按照收回的留本基金本金金额，借记"专用基金——留本基金——本金——已投资"科目，贷记"专用基金——留本基金——本金——未投资"科目。

4.高等学校按照协议将留本基金收益转增本金时，按照转增的金额，借记"专用基金——留本基金——收益"科目，贷记"专用基金——留本基金——本金——未投资"科目。

5.高等学校按照协议可以使用留本基金取得的收益时，按照可以使用的金额，借记"专用基金——留本基金——收益"科目，贷记"捐赠收入"科目；同时，按照相同的金额，借记"资金结存——货币资金"科目，贷记"捐赠预算收入"科目。使用留本基金收益时，按照使用的金额，借记"业务活动费用"等科目，贷记"银行存款"等科目；同时，借记"事业支出——教育支出"等科目，贷记"资金结存——货币资金"科目。

6.按照协议规定的留本基金限定期限到期，高等学校将留本基金转为可以使用的资金，按照转为可以使用的资金数额，借记"专用基金——留本基金——本金——未投资"科目，贷记"捐赠收入"科目；同时按照相同的金额，借记"资金结存——货币资金"科目，贷记"捐赠预算收入"科目。

四、关于受托代理业务的账务处理

（一）高等学校应当在"1891受托代理资产"科目下设置"应收及暂付款""固定资产""无形资产"明细科目。

1.发生涉及受托代理资金的各种应收及暂付款项时，按照实际发生金额，借记"受托代理资产——应收及暂付款"科目，贷记"银行存款——受托代理资产""库存现金——受托代理资产"等科目；收回其他应收款项或报销时，借记"库存现金——受托代理资产""银行存款——受托代理资产""受托代理负债"等科目，贷记"受托代理资产——应收及暂付款"科目。

2.使用受托代理资金购置固定资产或无形资产时，借记"受托代理资产——固定资产"或"受托代理资产——无形资产"科目，贷记"银行存款——受托代理资产""库存现金——受托代理资产"等科目。受托代理资产科目下"固定资产""无形资产"不计提折旧和摊销。受托代理的固定资产、无形资产报废、转交时，按照受托代理的固定资产、无形资产账面余额，借记"受托代理负债"科目，贷记"受托代理资产"科目及其明细科目。

（二）高等学校核算的因公房出售形成的公共维修基金（个人缴纳部分），通过"受托代理负债"科目进行核算。

五、关于受托加工物品的账务处理

1.高等学校收到委托单位支付的资金用于加工设备、材料等时，借记"银行存款"等科目，贷记"预收账款"科目；同时，按照收到的资金，借记"资金结存——货币资金"科目，贷记"事业预算收入"等科目。

2.高等学校对受托加工物品进行加工时，按照加工消耗的料、工、费等，借记"加工物品——受托加工物品"科目，贷记"库存物品""应付职工薪酬""银行存款"等科目；同时，对加工中支付的资金，在支付时按照实际支付的金额，借记"事业支出——科研支出"科目，贷记"资金结存——货币资金"科目。

3.高等学校将加工完成的产品交付委托方时，按照受托加工产品的成本，借记"业务活动费用——科研费用"科目，贷记"加工物品——受托加工物品"科目，同时，确认委托方的委托加工收入，按照预收账款账面余额，借记"预收账款"科目，按照应确认的收入金额，贷记"事业收入"等科目，按照委托方补付或退回委托方的金额，借记或贷记"银行存款"等科目（同时借记或贷记"资金结存"科目，贷记或借记"事业预算收入"等科目）。涉及增值税业务的，相关账务处理参见"应缴增值税"科目。

六、关于计提和使用项目间接费用或管理费的账务处理

（一）高等学校按规定从科研项目收入中计提项目间接费用或管理费时，除按新制度规定借记"单位管理费用"科目外，也可根据实际情况借记"业务活动费用"等科目。

（二）高等学校使用计提的项目间接费用或管理费购买固定资产、无形资产的，在财务会计下，按照固定资产、无形资产的成本金额，借记"固定资产""无形资产"科目，贷记"银行存款"等科目；同时，按照相同的金额，借记"预提费用——项目间接费用或管理费"科目，贷记"累计盈余"科目。在预算会计下，按照相同的金额，借记"事业支出"等科目，贷记"资金结存"科目。

七、关于附属单位工资返还的账务处理

高等学校附属单位职工薪酬按规定自行负担，但需由高等学校代为发放时，高等学校按照实际垫付的金额，借记"其他应收款"科目，贷记"应付职工薪酬"科目。高等学校收到附属单位交来的返还款时，借记"银行存款"科目，贷记"其他应收款"科目。

八、关于出资成立非企业法人单位的账务处理

高等学校经批准出资成立非企业法人单位，如教育基金会、研究院等，应当借记"其他费用"科目，贷记"银行存款"科目；同时，借记"其他支出"科目，贷记"资金结存——货币资金"科目。

九、关于按合同完成进度确认事业收入

高等学校以合同完成进度确认事业收入时，应当根据业务实质，选择累计实际发生的合同成本占合同预计总成本的比例、已经完成的合同工作量占合同预计总工作量的比例、已经完成的时间占合同期限的比例、实际测定的完工进度等方法，合理确定合同完成进度。

十、关于固定资产折旧年限

通常情况下，高等学校应当按照附表3规定确定各类应计提折旧的固定资产的折旧年限。

十一、生效日期

本规定自2019年1月1日起施行。

附表1：

收入费用表

会政财02表

年　月

编制单位：　　　　　　　　　　　　　　　　　　　　　　　　　　　　　　单位：元

项　目	本月数	本年累计数
一、本期收入		
（一）财政拨款收入		
其中：政府性基金收入		
（二）事业收入		
其中：教育事业收入		
科研事业收入		
（三）上级补助收入		
（四）附属单位上缴收入		
（五）经营收入		

续表

项目	本月数	本年累计数
（六）非同级财政拨款收入		
（七）投资收益		
（八）捐赠收入		
（九）利息收入		
（十）租金收入		
（十一）其他收入		
其中：后勤保障单位净收入		
二、本期费用		
（一）业务活动费用		
其中：教育费用		
科研费用		
（二）单位管理费用		
其中：行政管理费用		
后勤保障费用		
离退休费用		
单位统一负担的其他管理费用		
（三）经营费用		
（四）资产处置费用		
（五）上缴上级费用		
（六）对附属单位补助费用		
（七）所得税费用		
（八）其他费用		
三、本期盈余		

附表2： 预算收入支出表

会政预01表

编制单位：　　　　　　　　　　　　　年　　　　　　　　　　　　　单位：元

项目	本年数	上年数
一、本年预算收入		
（一）财政拨款预算收入		
其中：政府性基金收入		

续表

项　目	本年数	上年数
（二）事业预算收入		
其中：教育事业预算收入		
科研事业预算收入		
（三）上级补助预算收入		
（四）附属单位上缴预算收入		
（五）经营预算收入		
（六）债务预算收入		
（七）非同级财政拨款预算收入		
（八）投资预算收益		
（九）其他预算收入		
其中：利息预算收入		
捐赠预算收入		
租金预算收入		
后勤保障单位净预算收入		
二、本年预算支出		
（一）行政支出		
（二）事业支出		
其中：教育支出		
科研支出		
行政管理支出		
后勤保障支出		
离退休支出		
（三）经营支出		
（四）上缴上级支出		
（五）对附属单位补助支出		
（六）投资支出		
（七）债务还本支出		
（八）其他支出		
其中：利息支出		
捐赠支出		
三、本年预算收支差额		

附表3： 高等学校固定资产折旧年限表

固定资产类别	折旧年限（年）	备注
一、房屋及构筑物		
1.房屋		
钢结构	50	
钢筋混凝土结构	50	
砖混结构	30	
砖木结构	30	
2.简易房	8	
3.房屋附属设施	8	围墙、停车设施等
4.构筑物	8	池、罐、槽、塔等
二、通用设备		
1.计算机设备	6	计算机、网络设备、安全设备、终端设备、存储设备等
2.办公设备	6	电话机、传真机、摄像机、刻录机等
3.车辆	8	载货汽车、牵引汽车、乘用车、专用车辆等
4.图书档案设备	5	
5.机械设备	10	锅炉、液压机械、金属加工设备、泵、风机、气体压缩机、气体分离及液化设备、分离及干燥设备等
6.电气设备	5	电机、变压器、电源设备、生活用电器等
7.雷达、无线电和卫星导航设备	10	
8.通信设备、广播、电视、电影设备	5	
9.仪器仪表、电子和通信测量仪器、计量标准器具及量具、衡器	5	
10.除上述以外其他通用设备	5	
三、专用设备		
1.探矿、采矿、选矿和造块设备	10	
2.石油天然气开采专用设备	10	
3.石油和化学工业专用设备	10	
4.炼焦和金属冶炼轧制设备	10	
5.电力工业专用设备	20	
6.核工业专用设备	20	

续表

固定资产类别	折旧年限（年）	备注
7. 航空航天工业专用设备	20	
8. 非金属矿物制品工业专用设备	10	
9. 工程机械	10	
10. 农业和林业机械	10	
11. 木材采集和加工设备	10	
12. 食品加工专用设备	10	
13. 饮料加工设备	10	
14. 烟草加工设备	10	
15. 粮油作物和饲料加工设备	10	
16. 纺织设备	10	
17. 缝纫、服饰、制革和毛皮加工设备	10	
18. 造纸和印刷机械	10	
19. 化学药品和中药专用设备	5	
20. 医疗设备	5	
21. 电工、电子专用生产设备	5	
22. 安全生产设备	10	
23. 邮政专用设备	10	
24. 环境污染防治设备	10	
25. 公安专用设备	3	
26. 水工机械	10	
27. 殡葬设备及用品	5	
28. 铁路运输设备	10	
29. 水上交通运输设备	10	
30. 航空器及其配套设备	10	
31. 专用仪器仪表	5	
32. 文艺设备	5	
33. 体育设备	5	
34. 娱乐设备	5	
四、家具、用具、装具		
1. 家具	15	

续表

固定资产类别	折旧年限（年）	备注
其中：学生用家具	5	
2.用具、装具	5	

3.13 关于高等学校执行《政府会计制度——行政事业单位会计科目和报表》的衔接规定

2018年8月14日　财会〔2018〕19号

我部于2017年10月24日印发了《政府会计制度——行政事业单位会计科目和报表》（财会〔2017〕25号，以下简称新制度）。原执行《高等学校会计制度》（财会〔2013〕30号，以下简称原制度）的高等学校[9]，自2019年1月1日起执行新制度，不再执行原制度。为了确保新旧会计制度顺利过渡，现对高等学校执行新制度及《关于高等学校执行〈政府会计制度——行政事业单位会计科目和报表〉的补充规定》（以下简称补充规定）有关衔接问题规定如下：

一、新旧制度衔接总要求

（一）自2019年1月1日起，高等学校应当严格按照新制度及补充规定进行会计核算、编制财务报表和预算会计报表。

（二）高等学校应当按照本规定做好新旧制度衔接的相关工作，主要包括以下几个方面：

1.根据原账编制2018年12月31日的科目余额表，并按照本规定要求，编制原账的部分科目余额明细表（参见附表1、附表2）。

2.按照新制度及补充规定设立2019年1月1日的新账。

3.按照本规定要求，登记新账的财务会计科目余额和预算结余科目余额，包括将原账科目余额转入新账财务会计科目、按照原账科目余额登记新账预算结余科目（高等学校新旧会计制度转账、登记新账科目对照表见附表3），将未入账事项登记新账科目，并对相关新账科目余额进行调整。原账科目是指按照原制度规定设置的会计科目。

4.按照登记及调整后新账的各会计科目余额，编制2019年1月1日的科目余额表，作为新账各会计科目的期初余额。

5.根据新账各会计科目期初余额，按照新制度编制2019年1月1日资产负债表。

（三）及时调整会计信息系统。高等学校应当按照新制度及补充规定要求对原有会计信息系统进行及时更新和调试，实现数据正确转换，确保新旧账套的有序衔接。

二、财务会计科目的新旧衔接

（一）将2018年12月31日原账会计科目余额转入新账财务会计科目。

1.资产类。

（1）"库存现金""财政应返还额度""短期投资""应收票据""应收账款""无形资

---

[9] 本规定所指高等学校包括各级人民政府举办的全日制普通高等学校和成人高等学校。

产"科目。

新制度设置了"库存现金""财政应返还额度""短期投资""应收票据""应收账款""无形资产"科目,其核算内容与原账的上述相应科目的核算内容基本相同。转账时,应当将原账的上述科目余额直接转入新账的相应科目。其中,还应当将原账的"库存现金"科目余额中属于新制度规定受托代理资产的金额转入新账的"库存现金"科目下"受托代理资产"明细科目。

(2)"银行存款"科目。

新制度设置了"银行存款"和"其他货币资金"科目,原制度设置了"银行存款"科目。转账时,高等学校应当将原账"银行存款"科目中核算的属于新制度规定的其他货币资金的金额,转入新账的"其他货币资金"科目;将原账"银行存款"科目余额减去其中属于其他货币资金余额后的差额,转入新账的"银行存款"科目。其中,还应当将原账的"银行存款"科目余额中属于新制度规定受托代理资产的金额,转入新账"银行存款"科目下的"受托代理资产"明细科目。

(3)"预付账款"科目。

新制度设置了"预付账款"科目,该科目的核算内容与原账"预付账款"科目的核算内容基本相同。转账时,高等学校应当将原账的"预付账款"科目余额转入新账的"预付账款"科目。

新制度设置了"受托代理资产"科目,高等学校在原账的"预付账款"科目中核算了使用受托代理资金的预付账款的,应当将原账的"预付账款"科目余额中使用受托代理资金的金额转入新账的"受托代理资产——应收及暂付款"科目。

(4)"其他应收款"科目。

新制度设置了"其他应收款"科目,该科目的核算内容与原账的"其他应收款"科目的核算内容基本相同。转账时,高等学校应当将原账的"其他应收款"科目余额转入新账的"其他应收款"科目。

新制度设置了"在途物品"科目,高等学校如果有在原账"其他应收款"科目中核算已经付款或开出商业汇票、尚未收到物资的款项,应当将原账的"其他应收款"科目余额中已经付款或开出商业汇票、尚未收到物资的款项金额转入新账的"在途物品"科目。

新制度设置了"受托代理资产"科目,高等学校如果有使用受托代理资金支付其他应收款的,应当将原账的"其他应收款"科目余额中使用受托代理资金的金额转入新账的"受托代理资产——应收及暂付款"科目。

(5)"存货"科目。

新制度设置了"库存物品"和"加工物品"科目,原制度设置了"存货"科目。转账时,高等学校应当将原账的"存货"科目余额中属于在加工存货的金额,转入新账的"加工物品"科目;将原账的"存货"科目余额减去属于在加工存货的金额后的差额,转入新账的"库存物品"科目。

高等学校在原账的"存货"科目中核算了属于新制度规定的受托代理物资的,应当将原账的"存货"科目余额中属于受托代理物资的金额,转入新账的"受托代理资产"科目。

(6)"长期投资"科目。

新制度设置了"长期股权投资"和"长期债券投资"科目,原制度设置了"长期投资"科目。转账时,高等学校应当将原账的"长期投资"科目余额中属于股权投资的金额转入新账的"长期股权投资"科目及其明细科目;将原账的"长期投资"科目余额中属于债券投资的金额,转入新账的"长期债券投资"科目及其明细科目。

高等学校原账的"长期投资"科目核算的内容中，如果有被投资单位属于非企业法人单位的，应当在转账时先将对非企业法人单位出资的金额从原账的"长期投资"科目余额转出，借记原账的"非流动资产基金——长期投资"科目，贷记原账的"长期投资"科目。

（7）"固定资产"科目。

新制度设置了"固定资产"科目，该科目的核算内容与原账"固定资产"科目的核算内容基本相同。转账时，高等学校应当将原账的"固定资产"科目余额转入新账的"固定资产"科目。

高等学校有使用受托代理资金购买的固定资产的，当将原账的"固定资产"科目余额中使用受托代理资金购买固定资产的金额转入新账的"受托代理资产——固定资产"科目借方。

（8）"累计折旧"科目。

新制度设置了"固定资产累计折旧"科目，该科目的核算内容与原账"累计折旧"科目的核算内容基本相同。转账时，高等学校已经计提了固定资产折旧的，应当将原账的"累计折旧"科目余额，转入新账的"固定资产累计折旧"科目。

高等学校有使用受托代理资金购买的固定资产并计提了折旧的，应当将原账的"累计折旧"科目余额中对使用受托代理资金购买固定资产计提折旧的金额转入新账的"累计盈余"科目。

（9）"在建工程"科目。

新制度设置了"在建工程"和"预付账款——预付备料款、预付工程款"科目，原制度设置了"在建工程"科目。转账时，高等学校应当将原账的"在建工程"科目余额（基建"并账"后的金额，下同）中属于预付备料款、预付工程款的金额，转入新账的"预付账款"科目相关明细科目；将原账的"在建工程"科目余额减去预付备料款、预付工程款金额后的差额，转入新账的"在建工程"科目。

高等学校在原账"在建工程"科目中核算了按照新制度规定应当记入"工程物资"科目内容的，应当将原账"在建工程"科目余额中属于工程物资的金额，转入新账的"工程物资"科目。

（10）"累计摊销"科目。

新制度设置了"无形资产累计摊销"科目，该科目的核算内容与原账"累计摊销"科目的核算内容基本相同。转账时，高等学校已经计提了无形资产摊销的，应当将原账的"累计摊销"科目余额，转入新账的"无形资产累计摊销"科目。

（11）"待处置资产损溢"科目。

新制度设置了"待处理财产损溢"科目，该科目的核算内容与原账的"待处置资产损溢"科目的核算内容基本相同。转账时，高等学校应当将原账的"待处置资产损溢"科目余额，转入新账的"待处理财产损溢"科目。

（12）"零余额账户用款额度"科目。

由于原账的"零余额账户用款额度"科目年末无余额，无需进行转账处理。

2. 负债类。

（1）"短期借款""应付职工薪酬""应付票据""应付账款""预收账款""长期借款""长期应付款"科目。

新制度设置了"短期借款""应付职工薪酬""应付票据""应付账款""预收账款""长期借款""长期应付款"科目，这些科目的核算内容与原账的上述相应科目的核算内容基本相同。转账时，高等学校应当将原账的上述科目余额直接转入新账的相应科目。

（2）"应缴税费"科目。

新制度设置了"应交增值税"和"其他应交税费"科目，原制度设置了"应缴税费"科目。

转账时，高等学校应当将原账的"应缴税费——应缴增值税"科目余额，转入新账"应交增值税"科目中的相关明细科目；将原账的"应缴税费"科目余额减去属于应缴增值税余额后的差额，转入新账的"其他应交税费"科目。

（3）"应缴国库款""应缴财政专户款"科目。

新制度设置了"应缴财政款"科目，原制度设置了"应缴国库款""应缴财政专户款"科目。转账时，高等学校应当将原账的"应缴国库款""应缴财政专户款"科目余额转入新账的"应缴财政款"科目。

（4）"其他应付款"科目。

新制度设置了"其他应付款"科目，该科目的核算内容与原账"其他应付款"科目的核算内容基本相同。转账时，高等学校应当将原账的"其他应付款"科目余额，转入新账的"其他应付款"科目。其中，高等学校在原账的"其他应付款"科目中核算了属于新制度规定的受托代理负债的，应当将原账的"其他应付款"科目余额中属于受托代理负债的余额，转入新账的"受托代理负债"科目。

（5）"代管款项"科目。

新制度设置了"受托代理负债"科目，原账的"代管款项"科目的核算内容包括了受托代理负债的内容。转账时，高等学校应当对原账中"代管款项"科目余额进行分析，将其中属于新制度规定受托代理负债的余额转入新账的"受托代理负债"科目；将不属于受托代理负债的余额，根据偿还期限分别转入新账的"其他应付款"和"长期应付款"科目。

3. 净资产类。

（1）"事业基金"科目。

新制度设置了"累计盈余"科目。该科目核算内容包含了原账"事业基金"科目的核算内容。转账时，高等学校应当将原账的"事业基金"科目余额，转入新账的"累计盈余"科目。

（2）"非流动资产基金"科目。

依据新制度，无需对原制度中"非流动资产基金"科目对应内容进行核算。转账时，高等学校应当将原账的"非流动资产基金"科目余额转入新账的"累计盈余"科目。

高等学校有使用受托代理资金购买的固定资产的，转账时，应当将"非流动资产基金——固定资产"科目余额中属于受托代理固定资产原值的金额转入新账的"受托代理负债"科目。

（3）"专用基金"科目。

新制度设置了"专用基金"科目，该科目的核算内容与原账"专用基金"科目的核算内容基本相同。转账时，高等学校应当将原账的"专用基金"科目余额转入新账的"专用基金"科目。

（4）"财政补助结转""财政补助结余""非财政补助结转"科目。

新制度设置了"累计盈余"科目，该科目的余额包含了原账的"财政补助结转""财政补助结余""非财政补助结转"科目的余额内容。转账时，高等学校应当将原账的"财政补助结转""财政补助结余""非财政补助结转"科目余额，转入新账的"累计盈余"科目。

（5）"经营结余"科目。

新制度设置了"本期盈余"科目，该科目的核算内容包含了原账"经营结余"科目的核算内容。新制度规定"本期盈余"科目余额最终转入"累计盈余"科目，如果原账的"经营结余"科目有借方余额，转账时，高等学校应当将原账的"经营结余"科目借方余额转入新账的"累计盈余"科目借方。

（6）"事业结余""非财政补助结余分配"科目。

由于原账的"事业结余""非财政补助结余分配"科目年末无余额，这两个科目无需进行转账处理。

4. 收入类、支出类。

由于原账中收入类、支出类科目年末无余额，无需进行转账处理。自2019年1月1日起，高等学校应当按照新制度设置收入类、费用类科目并进行账务处理。

高等学校存在其他本规定未列举的原账科目余额的，应当比照本规定转入新账的相应科目。新账的科目设有明细科目的，应将原账中对应科目的余额加以分析，分别转入新账中相应科目的相关明细科目。

高等学校在进行新旧衔接的转账时，应当编制转账的工作分录，作为转账的工作底稿，并将转入新账的对应原科目余额及分拆原科目余额的依据作为原始凭证。

（二）将原未入账事项登记新账财务会计科目。

1. 应收股利。

高等学校在新旧制度转换时，应当将2018年12月31日前未入账的应收股利按照新制度规定记入新账。登记新账时，按照确定的应收股利金额，借记"应收股利"科目，贷记"累计盈余"科目。

2. 研发支出。

高等学校在新旧制度转换时，应当将2018年12月31日前未入账的自行研究开发项目开发阶段的费用按照新制度规定记入新账。登记新账时，按照确定的开发阶段费用金额，借记"研发支出"科目，贷记"累计盈余"科目。

3. 受托代理资产。

高等学校在新旧制度转换时，应当将2018年12月31日前未入账的受托代理资产按照新制度规定记入新账。登记新账时，按照确定的受托代理资产金额，借记"受托代理资产"科目，贷记"受托代理负债"科目。

4. 盘盈资产。

高等学校在新旧制度转换时，应当将2018年12月31日前未入账的盘盈资产按照新制度规定记入新账。登记新账时，按照确定的盘盈资产及其成本，借记有关资产科目，按照盘盈资产成本的合计金额，贷记"累计盈余"科目。

5. 应付质量保证金。

高等学校在新旧制度转换时，应当将2018年12月31日前未入账的应付质量保证金按照新制度规定记入新账。登记新账时，按照确定未入账的应付质量保证金金额，借记"累计盈余"科目，贷记"其他应付款"科目[扣留期在1年以内（含1年）]、"长期应付款"科目[扣留期超过1年]。

6. 预计负债。

高等学校在新旧制度转换时，应当将2018年12月31日按照新制度规定确认的预计负债记入新账。登记新账时，按照确定的预计负债金额，借记"累计盈余"科目，贷记"预计负债"科目。

高等学校存在2018年12月31日前未入账的其他事项，应当比照本规定登记新账的相应科目。

高等学校对新账的财务会计科目补记未入账事项时，应当编制记账凭证，并将补充登记事项的确认依据作为原始凭证。

（三）对新账的相关财务会计科目余额按照新制度规定的会计核算基础进行调整。

1. 计提坏账准备。

新制度要求对单位收回后无需上缴财政的应收账款和其他应收款提取坏账准备。在新旧制度转换时，高等学校应当按照2018年12月31日无需上缴财政的应收账款和其他应收款的余额计算应计提的坏账准备金额，借记"累计盈余"科目，贷记"坏账准备"科目。

2. 按照权益法调整长期股权投资账面余额。

对按照新制度规定应当采用权益法核算的长期股权投资，在新旧制度转换时，单位应当在"长期股权投资"科目下设置"新旧制度转换调整"明细科目，依据被投资单位2018年12月31日财务报表的所有者权益账面余额，以及单位持有被投资单位的股权比例，计算应享有或应分担的被投资单位所有者权益的份额，调整长期股权投资的账面余额，借记或贷记"长期股权投资——新旧制度转换调整"科目，贷记或借记"累计盈余"科目。

高等学校对已经持有，且处于停产、半停产、连年亏损、资不抵债、主要靠政府补贴和学校续贷维持经营的被投资单位的投资，在新旧制度转换时可继续采用成本法进行核算。

3. 确认长期债券投资期末应收利息。

高等学校应当按照新制度规定于2019年1月1日补记长期债券投资应收利息，按照长期债券投资的应收利息金额，借记"长期债券投资"科目［到期一次还本付息］或"应收利息"科目［分期付息、到期还本］，贷记"累计盈余"科目。

4. 补提折旧。

高等学校在原账中尚未计提固定资产折旧的，应当全面核查截至2018年12月31日的固定资产的预计使用年限、已使用年限、尚可使用年限等，并于2019年1月1日对尚未计提折旧的固定资产补提折旧，按照应计提的折旧金额，借记"累计盈余"科目，贷记"固定资产累计折旧"科目。

5. 补提摊销。

高等学校在原账中尚未计提无形资产摊销的，应当全面核查截至2018年12月31日无形资产的预计使用年限、已使用年限、尚可使用年限等，并于2019年1月1日对前期尚未计提摊销的无形资产补提摊销，按照应计提的摊销金额，借记"累计盈余"科目，贷记"无形资产累计摊销"科目。

6. 确认长期借款期末应付利息。

高等学校应当按照新制度规定于2019年1月1日补记长期借款的应付利息金额，对其中资本化的部分，借记"在建工程"科目，对其中费用化的部分，借记"累计盈余"科目，按照全部长期借款应付利息金额，贷记"长期借款"科目［到期一次还本付息］或"应付利息"科目［分期付息、到期还本］。

高等学校对新账的财务会计科目期初余额进行调整时，应当编制记账凭证，并将调整事项的确认依据作为原始凭证。

三、预算会计科目的新旧衔接

（一）"财政拨款结转"和"财政拨款结余"科目及对应的"资金结存"科目余额。

新制度设置了"财政拨款结转""财政拨款结余"科目及对应的"资金结存"科目。在新旧制度转换时，高等学校应当对原账的"财政补助结转"科目及对应科目余额进行逐项分析，加上已经计入支出尚未支付财政资金（如发生时列支的应付票据、应付账款、应缴税费、应付职工薪酬等）的金额，减去已经支付财政资金尚未计入支出（如购入的存货、预付账款、其应收款等）的金额，按照增减后的金额，登记新账的"财政拨款结转"科目及其明细科目贷方；按照原账"财政补助结余"科目余额，登记新账的"财政拨款结余"科目及其明细科目贷方。

按照原账"财政应返还额度"科目余额登记新账的"资金结存——财政应返还额度"科目借方。按照新账的"财政拨款结转"和"财政拨款结余"科目贷方余额合计数，减去新账的"资金结存——财政应返还额度"科目借方余额后的差额，登记新账的"资金结存——货币资金"科目借方。

（二）"非财政拨款结转"科目及对应的"资金结存"科目余额。

新制度设置了"非财政拨款结转"科目及对应的"资金结存"科目。在新旧制度转换时，高等学校应当对原账的"非财政补助结转"及对应科目余额进行逐项分析，加上已经计入支出尚未支付非财政补助专项资金（如发生时列支的应付票据、应付账款、应缴税费、应付职工薪酬等）的金额，减去已经支付非财政补助专项资金尚未计入支出（如购入的存货、预付账款等）的金额，加上已经收到非财政补助专项资金尚未计入预算收入（如预收账款等）的金额，减去已经计入预算收入尚未收到非财政补助专项资金（如应收票据、应收账款、其他应收款等）的金额，按照增减后的金额，登记新账的"非财政拨款结转"科目及其明细科目贷方；同时，按照相同的金额，登记新账"资金结存——货币资金"科目的借方。

（三）"专用结余"科目及对应的"资金结存"科目余额。

新制度设置了"专用结余"科目及对应的"资金结存"科目。在新旧制度转换时，高等学校应当按照原账"专用基金"科目余额中通过非财政补助结余分配形成的金额，借记新账的"资金结存——货币资金"科目，贷记新账的"专用结余"科目。

（四）"经营结余"科目及对应的"资金结存"科目余额。

新制度设置了"经营结余"科目。如果原账的"经营结余"科目期末有借方余额，在新旧制度转换时，按照原账的"经营结余"科目余额，借记新账的"经营结余"科目，贷记新账的"资金结存——货币资金"科目。

（五）"非财政拨款结余"科目及对应的"资金结存"科目余额。

1.登记"非财政拨款结余"科目余额。

新制度设置了"非财政拨款结余"科目及对应的"资金结存"科目。在新旧制度转换时，高等学校应当按照原账的"事业基金"科目余额，借记新账的"资金结存——货币资金"科目，贷记新账的"非财政拨款结余"科目。

2.对新账"非财政拨款结余"科目及"资金结存"科目余额进行调整。

（1）调整短期投资对非财政拨款结余的影响。

高等学校应当按照原账的"短期投资"科目余额，借记"非财政拨款结余"科目，贷记"资金结存——货币资金"科目。

（2）调整应收票据、应收账款对非财政拨款结余的影响。

高等学校应当对原账的"应收票据""应收账款"科目余额进行分析，区分计入专项资金收入的金额和计入非专项资金收入的金额，按照计入非专项资金收入的金额借记"非财政拨款结余"科目，贷记"资金结存——货币资金"科目。

（3）调整预付账款对非财政拨款结余的影响。

高等学校应当对原账的"预付账款"科目余额进行分析，区分其中由财政补助资金预付的金额、非财政补助专项资金预付的金额和非财政补助非专项资金预付的金额，按照非财政补助非专项资金预付的金额，借记"非财政拨款结余"科目，贷记"资金结存——货币资金"科目。

（4）调整其他应收款对非财政拨款结余的影响。

高等学校按照新制度规定将原账其他应收款中的预付款项计入支出的，应当对原账的"其他应收款"科目余额进行分析，区分其中预付款项的金额（将来很可能列支）和非预付款项的金额，并对预付款项的金额划分为财政补助资金预付的金额、非财政补助专项资金预付的金额和非财政补助非专项资金预付的金额，按照非财政补助非专项资金预付的金额，借记"非财政拨款结余"科目，贷记"资金结存——货币资金"科目。

（5）调整存货对非财政拨款结余的影响。

高等学校应当对原账的"存货"科目余额进行分析，区分购入的存货金额和非购入的存货金额。对购入的存货金额划分出其中使用财政补助资金购入的金额、使用非财政补助专项资金购入的金额和使用非财政补助非专项资金购入的金额，按照使用非财政补助非专项资金购入的金额，借记"非财政拨款结余"科目，贷记"资金结存——货币资金"科目。

（6）调整长期股权投资对非财政拨款结余的影响。

高等学校应当对原账的"长期投资"科目余额中属于股权投资的余额（不含对非企业法人投资）进行分析，区分其中用现金资产取得的金额和用非现金资产及其他方式取得的金额，按照用现金资产取得的金额，借记"非财政拨款结余"科目，贷记"资金结存——货币资金"科目。

按照原制度核算长期投资、而且对应科目为"非流动资产基金——长期投资"的，不作此项调整。

（7）调整长期债券投资对非财政拨款结余的影响。

高等学校应当按照原账的"长期投资"科目余额中属于债券投资的余额，借记"非财政拨款结余"科目，贷记"资金结存——货币资金"科目。

按照原制度核算长期投资、而且对应科目为"非流动资产基金——长期投资"的，不作此项调整。

（8）调整短期借款、长期借款对非财政拨款结余的影响。

高等学校应当按照原账的"短期借款""长期借款"科目余额，借记"资金结存——货币资金"科目，贷记"非财政拨款结余"科目。

（9）调整应付票据、应付账款对非财政拨款结余的影响。

高等学校应当对原账的"应付票据""应付账款"科目余额进行分析，区分财政补助应付的金额、非财政补助专项资金应付的金额和非财政补助非专项资金应付的金额，按照非财政补助非专项资金应付的金额借记"资金结存——货币资金"科目，贷记"非财政拨款结余"科目。

（10）调整应缴增值税对非财政拨款结余的影响。

高等学校应当对原账"应缴税费——应缴增值税"科目余额进行分析，划分出与非财政补助专项资金相关的金额和与非财政补助非专项资金相关的金额。按照与非财政补助非专项资金相关的金额，计算应调整非财政拨款结余的金额。

应调整金额如为正数，按照该金额借记"资金结存——货币资金"科目，贷记"非财政拨款结余"科目；如为负数，按照该金额借记"非财政拨款结余"科目，贷记"资金结存——货币资金"科目。

（11）调整其他应缴税费对非财政拨款结余的影响。

高等学校应当对原账"应缴税费"科目余额中非增值税的其他应缴税费金额进行分析，划分出财政补助应交金额、非财政补助专项资金应交金额和非财政补助非专项资金应交金额，按照非财政补助非专项资金应交金额，借记"资金结存——货币资金"科目，贷记"非财政拨款结余"科目。

（12）调整预收账款对非财政拨款结余的影响。

高等学校应当按照原账的"预收账款"科目余额中预收非财政非专项资金的金额，借记"资金结存——货币资金"科目，贷记"非财政拨款结余"科目。

（13）调整其他应付款对非财政拨款结余的影响。

高等学校应当对原账的"其他应付款"科目余额（扣除属于受托代理负债的金额）进行分析，区分其中支出类的金额（确认其他应付款时计入了支出）和周转类的金额（如收取的押金、保证金等），并对支出类的金额划分为财政补助资金列支的金额、非财政补助专项资金列支的金额和非财政补助非专项资金列支的金额，按照非财政补助非专项资金列支的金额，借记"资金结存——货币资金"科目，贷记"非财政拨款结余"科目。

（14）调整专用基金对非财政拨款结余的影响。

高等学校应当对原账的"专用基金"科目余额进行分析，划分出按照收入比例列支提取的专用基金（如列支提取的职工福利基金、列支提取的学生奖助基金等），按照列支提取的专用基金的金额，借记"资金结存——货币资金"科目，贷记"非财政拨款结余"科目。

3.高等学校按照前述1、2两个步骤难以准确调整出"非财政拨款结余"科目及对应的"资金结存"科目余额的，在新旧制度转换时，可以在新账的"库存现金""银行存款""其他货币资金""财政应返还额度"科目借方余额合计数基础上，对不纳入单位预算管理的资金进行调整（如减去新账中货币资金形式的受托代理资产、应缴财政款、已收取将来需要退回资金的其他应付款，加上已支付将来需要收回资金的其他应收款），按照调整后的金额减去新账的"财政拨款结转""财政拨款结余""非财政拨款结转""专用结余"科目贷方余额合计数，加上"经营结余"科目借方余额后的金额，登记新账的"非财政拨款结余"科目贷方；同时，按照相同的金额登记新账的"资金结存——货币资金"科目借方。

（六）"其他结余""非财政拨款结余分配"科目。

新制度设置了"其他结余"和"非财政拨款结余分配"科目。由于这两个科目年初无余额，在新旧制度转换时，无需对"其他结余"和"非财政拨款结余分配"科目进行新账年初余额登记。

（七）预算收入类、预算支出类会计科目。

由于预算收入类、预算支出类会计科目年初无余额，在新旧制度转换时，高等学校无需对预算收入类、预算支出类会计科目进行新账年初余额登记。

高等学校自2019年1月1日起，应当按照新制度设置预算收入类、预算支出类科目并进行账务处理。

高等学校存在2018年12月31日需要按照新制度预算会计核算基础调整预算会计科目期初余额的其他事项的，应当比照本规定调整新账的相应预算会计科目期初余额。

高等学校对预算会计科目期初余额登记和调整，应当编制记账凭证，并将期初余额登记和调整的依据作为原始凭证。

四、财务报表和预算会计报表的新旧衔接

（一）编制2019年1月1日资产负债表。

高等学校应当根据2019年1月1日新账的财务会计科目余额，按照新制度编制2019年1月1日资产负债表（仅要求填列各项目"年初余额"）。

（二）2019年度财务报表和预算会计报表的编制。

高等学校应当按照新制度及补充规定编制2019年财务报表和预算会计报表。在编制2019

年度收入费用表、净资产变动表、现金流量表和预算收入支出表、预算结转结余变动表时，不要求填列上年比较数。

高等学校应当根据2019年1月1日新账财务会计科目余额，填列2019年净资产变动表各项目的"上年年末余额"；根据2019年1月1日新账预算会计科目余额，填列2019年预算结转结余变动表的"年初预算结转结余"项目和财政拨款预算收入支出表的"年初财政拨款结转结余"项目。

五、其他事项

（一）截至2018年12月31日尚未进行基建"并账"的高等学校，应当首先按照《新旧高等学校会计制度有关衔接问题的处理规定》（财会〔2014〕3号），将基建账套相关数据并入2018年12月31日原账中的相关科目余额，再按照本规定将2018年12月31日原账相关会计科目余额转入新账相应科目。

（二）2019年1月1日前执行新制度及补充规定的高等学校，应当按照本规定做好新旧制度衔接工作。

附表1：　　　　　　　　　　　高等学校原会计科目余额明细表一

总账科目	明细分类	金额	备注
库存现金	库存现金		
	其中：受托代理现金		
银行存款	银行存款		
	其中：受托代理银行存款		
	其他货币资金		
预付账款	使用受托代理资金预付		
	其他		
其他应收款	在途物品		已经付款或已开出商业汇票，尚未收到物资
	使用受托代理资金应收		
	其他		
存货	在加工存货		
	非在加工存货		
	受托代理资产		
长期投资	长期股权投资		
	其中：对企业法人单位的投资		
	长期债券投资		
固定资产	固定资产		
	受托代理固定资产		

续表

总账科目	明细分类	金额	备注
累计折旧	固定资产累计折旧		
	受托代理固定资产累计折旧		
在建工程	在建工程		
	工程物资		
	预付工程款、预付备料款		
应缴税费	应缴增值税		
	其他应缴税费		
其他应付款	其他应付款		
	受托代理负债		
代管款项	受托代理负债		
	其他应付款		
	长期应付款		

附表2: **高等学校原会计科目余额明细表二**

总账科目	明细分类	金额	备注
应收票据、应收账款	发生时不计入收入		如转让资产的应收票据、应收账款
	发生时计入收入		
	其中：专项收入		
	其他		
预付账款（扣除属于受托代理资产的预付款）	财政补助资金预付		
	非财政补助专项资金预付		
	非财政补助非专项资金预付		
其他应收款（扣除属于受托代理资产的应收款）	预付款项		如职工预借的差旅费等
	其中：财政补助资金预付		
	非财政补助专项资金预付		
	非财政补助非专项资金预付		
	需要收回及其他		如支付的押金、应收为职工垫付的款项等

续表

总账科目	明细分类	金额	备注
存货（扣除属于受托代理资产的存货）	购入存货		
	其中：使用财政补助资金购入		
	使用非财政补助专项资金购入		
	使用非财政补助非专项资金购入		
	非购入存货		如无偿调入、接受捐赠的存货等
长期投资（扣除对非企业法人股权投资）	长期股权投资		
	其中：用现金资产取得		
	用非现金资产或其他方式取得		
	长期债券投资		
应付票据、应付账款	发生时不计入支出		
	发生时计入支出		
	其中：财政补助资金应付		
	非财政补助专项资金应付		
	非财政补助非专项资金应付		
预收账款?	预收专项资金		
	预收非专项资金		
应缴税费—应缴增值税	非财政补助专项资金应交		
	非财政补助非专项资金应交		
应缴税费—应缴其他税费	财政补助资金应交		
	非财政补助专项资金应交		
	非财政补助非专项资金应交		
其他应付款（扣除属于受托代理负债的金额）	支出类		确认其他应付款时确认了支出
	其中：财政补助资金应付		
	非财政补助专项资金应付		
	非财政补助非专项资金应付		
	周转类		如收取的押金、保证金等
专用基金	从非财政补助结余分配中提取		
	从收入中列支提取		
	其他		

附表 3： 高等学校新旧会计制度转账、登记新账科目对照表

序号	新制度会计科目		原制度会计科目	
	编号	名称	编号	名称
一、资产类				
1	1001	库存现金	1001	库存现金
2	1002	银行存款	1002	银行存款
3	1021	其他货币资金		
4	1101	短期投资	1101	短期投资
5	1201	财政应返还额度	1201	财政应返还额度
6	1211	应收票据	1211	应收票据
7	1212	应收账款	1212	应收账款
8	1214	预付账款	1213	预付账款
9	1891	受托代理资产		
10	1218	其他应收款	1215	其他应收款
11	1301	在途物品		
12	1891	受托代理资产		
13	1302	库存物品	1301	存货
14	1303	加工物品		
15	1891	受托代理资产		
16	1501	长期股权投资	1401	长期投资
17	1502	长期债券投资		
18	1601	固定资产	1501	固定资产
19	1891	受托代理资产		
20	1602	固定资产累计折旧	1502	累计折旧
21	3001	累计盈余		
22	1611	工程物资	1511	在建工程
23	1613	在建工程		
24	1214	预付账款		
25	1701	无形资产	1601	无形资产
26	1702	无形资产累计摊销	1602	累计摊销
27	1902	待处理财产损溢	1701	待处置资产损溢

续表

序号	新制度会计科目		原制度会计科目	
	编号	名称	编号	名称
二、负债类				
28	2001	短期借款	2001	短期借款
29	2101	应交增值税	2101	应缴税费
30	2102	其他应交税费		
31	2103	应缴财政款	2102	应缴国库款
32		QPOR 应缴财政专户款		
33	2201	应付职工薪酬	2201	应付职工薪酬
34	2301	应付票据	2301	应付票据
35	2302	应付账款	2302	应付账款
36	2305	预收账款	2303	预收账款
37	2307	其他应付款	2305	其他应付款
38	2901	受托代理负债 RPOP 非流动资产基金		
39	2501	长期借款	2401	长期借款
40	2502	长期应付款	2402	长期应付款
41	2901	受托代理负债	2501	代管款项
42	2307	其他应付款		
43	2502	长期应付款		
三、净资产类				
44	3001	累计盈余	3001	事业基金
45		RPOP 非流动资产基金		
46	3101	专用基金	3201	专用基金
47	3001	累计盈余	3301	财政补助结转
48		RROQ 财政补助结余		
49		RSOP 非财政补助结转		
50	3001	累计盈余（借方）	3403	经营结余（借方）
四、预算结余类				

序号	新制度会计科目		原制度会计科目	
	编号	名称	编号	名称
51	8101	财政拨款结转	3301	财政补助结转
52	8102	财政拨款结余	3302	财政补助结余
53	8201	非财政拨款结转	3401	非财政补助结转
54	8202	非财政拨款结余	3001	事业基金
55	8301	专用结余	3201	专用基金
56	8401	经营结余	3403	经营结余
57	8001	资金结存（借方）	3301	财政补助结转
	3302	财政补助结转		
	3401	非财政补助结转		
	3001	事业基金		
	3201	专用基金		
	3403	经营结余		

3.14 关于中小学校执行《政府会计制度——行政事业单位会计科目和报表》的补充规定

2018 年 8 月 14 日　财会〔2018〕20 号

根据《政府会计准则——基本准则》，结合行业实际情况，现就中小学校[10]执行《政府会计制度——行政事业单位会计科目和报表》（以下简称新制度）做出如下补充规定：

一、关于"事业支出"科目的明细核算要求

中小学校对"事业支出"科目的明细核算除了遵循新制度规定外，还应当参照本规定附表1。

二、关于报表及编制说明

（一）新增项目及填列方法

中小学校应当在收入费用表的"（十一）其他收入"项目下增加"其中：食堂净收入"项目；应当在预算收入支出表的"（九）其他预算收入"项目下"其中："后所列项目中增加"食堂净预算收入"项目。

"其中：食堂净收入"和"食堂净预算收入"两个项目的内容及填列方法详见本规定"三、关于中小学校食堂业务的会计处理"。

---

[10] 本规定所指的中小学校包括各级人民政府和接受国家经常性资助的社会力量举办的普通中小学校、中等职业学校、特殊教育学校、工读教育学校、成人中学和成人初等学校。各级人民政府和接受国家经常性资助的社会力量举办的幼儿园依照本规定执行。

（二）关于报表附注

中小学校应当在财务报表附注中按照本规定附表 1 的格式披露事业支出的基本情况。

三、关于中小学校食堂业务的会计处理

中小学校食堂实行独立核算或对食堂收支等主要业务实行独立核算的，年末应当将食堂的报表信息并入学校相关报表的相应项目，并抵销中小学校与食堂的内部业务或事项对中小学校报表的影响。

但是，中小学校在编制收入费用表时，应当将食堂本年收入和费用相抵后的净额并入本表"其他收入"项目金额，并单独填列于该项目下的"食堂净收入"项目。如果食堂收入和费用相抵后的净额合计数为负数，则以"-"号填列。中小学校在编制预算收入支出表时，应当将食堂本年预算收支相抵后的净额并入本表"其他预算收入"项目金额，并单独填列于该项目下的"食堂净预算收入"项目。如果食堂预算收入和支出相抵后的净额合计数为负数，则以"-"号填列。

中小学校应当在年度财务报表附注中提供将食堂财务会计信息纳入学校财务报表情况的说明，包括内部业务或事项抵销处理的情况，食堂本年收入、费用情况。

四、固定资产折旧年限

通常情况下，中小学校应当按照附表 2 规定确定各类应计提折旧的固定资产的折旧年限。

五、生效日期

本规定自 2019 年 1 月 1 日起施行。

附表1：

中小学校事业支出明细表

事业支出（按照经费来源划分）

项目	合计	同级财政拨款			非同级财政拨款			其他资金		
		小计	基本支出	项目支出	小计	基本支出	项目支出	小计	基本支出	项目支出
一、工资福利支出										
基本工资										
津贴补贴										
奖金										
伙食补助费										
绩效工资										
基本养老保险缴费										
职业年金缴费										
基本医疗保险缴费										
其他社会保障缴费										
住房公积金										
医疗费										
外聘教职工工资										
外聘教职工社会保障缴费										
其他工资福利支出										
二、商品和服务支出										
办公费										

事业收入

续表

项目	合计	同级财政拨款			事业支出（按照经费来源划分） 事业收入			非同级财政拨款			其他资金		
		小计	基本支出	项目支出	小计	基本支出	项目支出	小计	基本支出	项目支出	小计	基本支出	项目支出
印刷费													
咨询费													
手续费													
水费													
电费													
邮电费													
取暖费													
学校安保费													
校园保洁费													
校园绿化费													
其他物业管理费													
市内差旅费													
国内差旅费													
教师出国（境）培训费													
其他教职工出国（境）培训费													
教职工出国（境）考察费													
仪器设备维修（护）费													

续表

项目	合计	事业支出（按照经费来源划分）											
		同级财政拨款			事业收入			非同级财政拨款			其他资金		
		小计	基本支出	项目支出	小计	基本支出	项目支出	小计	基本支出	项目支出	小计	基本支出	项目支出
信息系统维修（护）费													
房屋建筑物维修（护）费													
其他维修（护）费													
租赁费													
会议费													
教师培训费													
其他培训费													
公务接待费													
实验耗材费													
体育耗材费													
其他材料费													
劳务费													
委托业务费													
工会经费													
福利费													
校车运行维护费													
公务用车运行维护费													

续表

项目	合计	事业支出（按照经费来源划分）										
		同级财政拨款			事业收入			非同级财政拨款			其他资金		
		小计	基本支出	项目支出	小计	基本支出	项目支出	小计	基本支出	项目支出	小计	基本支出	项目支出
其他交通费													
学生活动费													
学生出国（境）活动费													
教师工会和党团活动													
学校财产和责任保险费用													
税费和附加费													
财务及审计费													
诉讼费													
其他商品和服务支出													
三、对个人和家庭补助支出													
离休费													
退休费													
退职费													
抚恤金													
生活补助													
医疗费补助													
其中：(1) 学生医疗费													

续表

项目	合计	事业支出（按照经费来源划分）										
		同级财政拨款			事业收入			非同级财政拨款			其他资金		
		小计	基本支出	项目支出	小计	基本支出	项目支出	小计	基本支出	项目支出	小计	基本支出	项目支出
(2) 教职工医疗费													
助学金													
其中：(1) 助学金													
(2) 奖学金													
(3) 书本费													
(4) 伙食补贴													
(5) 学生校外践习津贴													
奖励金													
其他对个人和家庭补助支出													
四、资本性支出													
房屋建筑物购建													
办公设备购置													
专用设备购置													
仪器设备大型修缮													
房屋建筑物大型修缮													
信息网络及软件购置更新													
文物和陈列品购置													

续表

项目	合计	事业支出（按照经费来源划分）											
		同级财政拨款			事业收入			非同级财政拨款			其他资金		
		小计	基本支出	项目支出	小计	基本支出	项目支出	小计	基本支出	项目支出	小计	基本支出	项目支出
图书购置													
无形资产购置													
其他资本性支出													
合计													

附表2: **中小学校固定资产折旧年限表**

固定资产类别	折旧年限	备注
一、房屋及构筑物		
1. 房屋		
钢结构	50年	
钢筋混凝土结构	50年	
砖混结构	30年	
砖木结构	30年	
2. 简易房	8年	
3. 房屋附属设施	8年	围墙、停车设施等
4. 构筑物	8年	池、罐、槽、塔等
二、通用设备		
1. 计算机设备	6年	计算机、网络设备、安全设备、终端设备、存储设备等
2. 办公设备	6年	电话机、传真机、复印机、投影仪、多功能一体机、录音设备、电子白板、LED显示屏、触控一体机等
3. 车辆	8年	校车、乘用车、载货汽车、专用车辆等
4. 图书档案设备	5年	
5. 机械设备	10年	电梯、制冷空调、锅炉等
6. 电气设备	5年	电机、变压器、电源设备、生活用电器等
7. 通信设备	5年	
8. 广播、电视、电影设备	5年	
9. 仪器仪表	5年	
10. 电子和通信测量设备、	5年	
11. 计量标准器具及量具、衡器	5年	
三、专用设备		
1. 专用仪器仪表	5年	教学专用仪器等
2. 文艺设备	5年	乐器、舞台设备、影剧院设备等
3. 体育设备	5年	田赛设备、径赛设备、球类设备、体育运动辅助设备等
4. 娱乐设备	5年	
5. 公安专用设备	3年	
6. 其他专用设备	10年	

固定资产类别	折旧年限	备注
四、家具、用具及装具		
1.家具	15 年	
其中：学生用家具（教学用）	5 年	
2.用具和装具	5 年	

3.15 关于中小学校执行《政府会计制度——行政事业单位会计科目和报表》的衔接规定

2018 年 8 月 14 日　　财会〔2018〕20 号

我部于 2017 年 10 月 24 日印发了《政府会计制度——行政事业单位会计科目和报表》（财会〔2017〕25 号，以下简称新制度）。目前执行《中小学校会计制度》（财会〔2013〕27 号，以下简称原制度）的中小学校[11]，自 2019 年 1 月 1 日起执行新制度，不再执行原制度。为了确保新旧会计制度顺利过渡，现对中小学校执行新制度及《关于中小学校执行〈政府会计制度——行政事业单位会计科目和报表〉的补充规定》（以下简称补充规定）的有关衔接问题规定如下：

一、新旧制度衔接总要求

（一）自 2019 年 1 月 1 日起，中小学校应当严格按照新制度及补充规定进行会计核算、编制财务报表和预算会计报表。

（二）中小学校应当按照本规定做好新旧制度衔接的相关工作，主要包括以下几个方面：

1. 根据原账编制 2018 年 12 月 31 日的科目余额表，并按照本规定要求，编制原账的部分科目余额明细表（参见附表 1、附表 2）。

2. 按照新制度及补充规定设立 2019 年 1 月 1 日的新账。

3. 按照本规定要求，登记新账的财务会计科目余额和预算结余科目余额，包括将原账科目余额转入新账财务会计科目、按照原账科目余额登记新账预算结余科目（中小学校新旧会计制度转账、登记新账科目对照表见附表 3），将未入账事项登记新账科目，并对相关新账科目余额进行调整。原账科目是指按照原制度规定设置的会计科目。

4. 按照登记及调整后新账的各会计科目余额，编制 2019 年 1 月 1 日的科目余额表，作为新账各会计科目的期初余额。

5. 根据新账各会计科目期初余额，按照新制度编制 2019 年 1 月 1 日资产负债表。

11　本规定所指的中小学校包括各级人民政府和接受国家经常性资助的社会力量举办的普通中小学校、中等职业学校、特殊教育学校、工读教育学校、成人中学和成人初等学校。各级人民政府和接受国家经常性资助的社会力量举办的幼儿园依照本规定执行。

（三）及时调整会计信息系统。中小学校应当按照新制度及补充规定要求对原有会计信息系统进行及时更新和调试，实现数据正确转换，确保新旧账套的有序衔接。

二、财务会计科目的新旧衔接

（一）将2018年12月31日原账会计科目余额转入新账财务会计科目。

1. 资产类。

（1）"库存现金""财政应返还额度""短期投资""固定资产""无形资产"科目。

新制度设置了"库存现金""财政应返还额度""短期投资""固定资产""无形资产"科目，其核算内容与原账的上述相应科目的核算内容基本相同。转账时，中小学校应当将原账的上述科目余额直接转入新账的相应科目。其中，还应当将原账的"库存现金"科目余额中属于新制度规定受托代理资产的金额，转入新账的"库存现金"科目下"受托代理资产"明细科目。

（2）"银行存款"科目。

新制度设置了"银行存款"和"其他货币资金"科目，原制度设置了"银行存款"科目。转账时，中小学校应当将原账"银行存款"科目中核算的属于新制度规定的其他货币资金的金额，转入新账"其他货币资金"科目；将原账"银行存款"科目余额减去其中属于其他货币资金余额后的差额，转入新账的"银行存款"科目。其中，还应当将原账的"银行存款"科目余额中属于新制度规定受托代理资产的金额，转入新账"银行存款"科目下的"受托代理资产"明细科目。

（3）"应收账款"科目。

新制度设置了"应收票据""应收账款""预付账款"科目，这三个科目的核算内容与原账的"应收账款"科目的核算内容基本相同。转账时，中小学校应当将原账的"应收账款"科目余额中属于新制度规定的应收票据的金额转入新账的"应收票据"科目；将原账的"应收账款"科目余额中属于新制度规定的应收账款的金额转入新账的"应收账款"科目；将原账的"应收账款"科目余额中属于新制度规定的预付账款的金额转入新账的"预付账款"科目。

（4）"其他应收款"科目。

新制度设置了"其他应收款"科目，该科目的核算内容与原账"其他应收款"科目的核算内容基本相同。转账时，中小学校应当将原账的"其他应收款"科目余额，转入新账的"其他应收款"科目。

新制度设置了"在途物品"科目，中小学校在原账"其他应收款"科目中核算了已经付款或开出商业汇票、尚未收到物资的款项，应当将原账的"其他应收款"科目余额中已经付款或开出商业汇票、尚未收到物资的款项金额，转入新账的"在途物品"科目。

（5）"存货"科目。

新制度设置了"库存物品"和"加工物品"科目，原制度设置了"存货"科目。转账时，中小学校应当将原账的"存货"科目余额中属于在加工存货的金额，转入新账的"加工物品"科目；将原账的"存货"科目余额减去属于在加工存货的金额后的差额，转入新账的"库存物品"科目。

中小学校在原账的"存货"科目中核算了属于新制度规定的受托代理物资的，应当将原账的"存货"科目余额中属于受托代理物资的金额，转入新账的"受托代理资产"科目。

（6）"长期投资"科目。

新制度设置了"长期股权投资"和"长期债券投资"科目，原制度设置了"长期投资"科目。转账时，中小学校应当将原账的"长期投资"科目余额中属于股权投资的金额，转入新账的"长期股权投资"科目及其明细科目；将原账的"长期投资"科目余额中属于债券投资的金额，转入新账的"长期债券投资"科目及其明细科目。

（7）"在建工程"科目。

新制度设置了"在建工程"和"预付账款——预付备料款、预付工程款"科目，原制度设置了"在建工程"科目。转账时，中小学校应当将原账的"在建工程"科目余额（基建"并账"后的金额，下同）中属于预付备料款、预付工程款的金额，转入新账的"预付账款"科目相关明细科目；将原账的"在建工程"科目余额减去预付备料款、预付工程款金额后的差额，转入新账的"在建工程"科目。

中小学校在原账"在建工程"科目中核算了按照新制度规定应当记入"工程物资"科目内容的，应当将原账"在建工程"科目余额中属于工程物资的金额，转入新账的"工程物资"科目。

（8）"待处置资产损溢"科目。

新制度设置了"待处理财产损溢"科目，该科目的核算内容与原账"待处置资产损溢"科目的核算内容基本相同。转账时，中小学校应当将原账的"待处置资产损溢"科目余额，转入新账的"待处理财产损溢"科目。

（9）"零余额账户用款额度"科目。

由于原账的"零余额账户用款额度"科目年末无余额，该科目无需进行转账处理。

2. 负债类。

（1）"短期借款""应付职工薪酬""长期借款""长期应付款"科目。

新制度设置了"短期借款""应付职工薪酬""长期借款""长期应付款"科目，这些科目的核算内容与原账的上述相应科目的核算内容基本相同。转账时，中小学校应当将原账的上述科目余额直接转入新账的相应科目。

（2）"应缴税费"科目。

新制度设置了"应交增值税"和"其他应交税费"科目，原制度设置了"应缴税费"科目。转账时，中小学校应当将原账的"应缴税费——应缴增值税"科目余额，转入新账"应交增值税"科目中的相关明细科目；将原账的"应缴税费"科目余额减去属于应缴增值税余额后的差额，转入新账的"其他应交税费"科目。

（3）"应缴国库款""应缴财政专户款"科目。

新制度设置了"应缴财政款"科目，原制度设置了"应缴国库款""应缴财政专户款"科目。转账时，中小学校应当将原账的"应缴国库款""应缴财政专户款"科目余额，转入新账的"应缴财政款"科目。

（4）"应付账款"科目。

新制度设置了"应付票据""应付账款""预收账款"科目，这三个科目的核算内容与原账的"应付账款"科目的核算内容基本相同。转账时，中小学校应当将原账的"应付账款"科目余额中属于应付票据的金额转入新账的"应付票据"科目；将原账的"应付账款"科目余额中属于应付账款的金额转入新账的"应付账款"科目；将原账的"应付账款"科目余额中属于预收账款的金额转入新账的"预收账款"科目。

（5）"其他应付款"科目。

新制度设置了"其他应付款"科目，该科目的核算内容与原账"其他应付款"科目的核算内容基本相同。转账时，中小学校应当将原账的"其他应付款"科目余额，转入新账的"其他应付款"科目。其中，中小学校在原账的"其他应付款"科目中核算了属于新制度规定的受托代理负债的，应当将原账的"其他应付款"科目余额中属于受托代理负债的余额，转入新账的"受托代理负债"科目。

（6）"代管款项"科目。

新制度设置了"受托代理负债"科目，原账的"代管款项"科目的核算内容包括了受托代理负债的内容。转账时，中小学校应当对原账中"代管款项"科目余额进行分析，将其中属于新制度规定受托代理负债的余额转入新账的"受托代理负债"科目；将不属于受托代理负债的余额，根据偿还期限分别转入新账中"其他应付款"和"长期应付款"科目。

3. 净资产类。

（1）"事业基金"科目。

新制度设置了"累计盈余"科目。该科目的余额包含了原账的"事业基金"科目的核算内容。转账时，中小学校应当将原账的"事业基金"科目余额转入新账的"累计盈余"科目。

（2）"非流动资产基金"科目。

依据新制度，无需进行原制度中"非流动资产基金"科目对应内容的核算。转账时，中小学校应当将原账的"非流动资产基金"科目余额转入新账的"累计盈余"科目。

（3）"专用基金"科目。

新制度设置了"专用基金"科目，该科目的核算内容与原账的"专用基金"科目的核算内容基本相同。转账时，中小学校应当将原账的"专用基金"科目余额转入新账的"专用基金"科目。

（4）"财政补助结转""财政补助结余""非财政补助结转"科目。

新制度设置了"累计盈余"科目，该科目的余额包含了原账的"财政补助结转""财政补助结余""非财政补助结转"科目的余额内容。转账时，中小学校应当将原账的"财政补助结转""财政补助结余""非财政补助结转"科目余额，转入新账的"累计盈余"科目。

（5）"经营结余"科目。

新制度设置了"本期盈余"科目，该科目的核算内容包含了原账"经营结余"科目的核算内容。新制度规定"本期盈余"科目余额最终转入"累计盈余"科目，如果原账的"经营结余"科目有借方余额，转账时，中小学校应当将原账的"经营结余"科目借方余额，转入新账的"累计盈余"科目借方。

（6）"事业结余""非财政补助结余分配"科目。

由于原账的"事业结余""非财政补助结余分配"科目年末无余额，这两个科目无需进行转账处理。

4. 收入类、支出类。

由于原账中收入类、支出类科目年末无余额，无需进行转账处理。自2019年1月1日起，应当按照新制度设置收入类、费用类科目并进行账务处理。

中小学校存在其他本规定未列举的原账科目余额的，应当比照本规定转入新账的相应科目。新账的科目设有明细科目的，应将原账中对应科目的余额加以分析，分别转入新账中相应科目的相关明细科目。

中小学校在进行新旧衔接的转账时，应当编制转账的工作分录，作为转账的工作底稿，并将转入新账的对应原科目余额及分拆原科目余额的依据作为原始凭证。

（二）将原未入账事项登记新账财务会计科目。

1. 应收股利。

中小学校在新旧制度转换时，应当将2018年12月31日前未入账的应收股利按照新制度规定记入新账。登记新账时，按照确定的应收股利金额，借记"应收股利"科目，贷记"累计盈余"

科目。

2. 受托代理资产。

中小学校在新旧制度转换时，应当将 2018 年 12 月 31 日前未入账的受托代理资产按照新制度规定记入新账。登记新账时，按照确定的受托代理资产金额，借记"受托代理资产"科目，贷记"受托代理负债"科目。

3. 盘盈资产。

中小学校在新旧制度转换时，应当将 2018 年 12 月 31 日前未入账的盘盈资产按照新制度规定记入新账。登记新账时，按照确定的盘盈资产及其成本，分别借记有关资产科目，按照盘盈资产成本的合计金额，贷记"累计盈余"科目。

4. 应付质量保证金。

中小学校在新旧制度转换时，应当将 2018 年 12 月 31 日前未入账的应付质量保证金按照新制度规定记入新账。登记新账时，按照确定未入账的应付质量保证金金额，借记"累计盈余"科目，贷记"其他应付款"科目 [扣留期在 1 年以内（含 1 年）]、"长期应付款"科目 [扣留期超过 1 年]。

5. 预计负债。

中小学校在新旧制度转换时，应当将 2018 年 12 月 31 日按照新制度规定确认的预计负债记入新账。登记新账时，按照确定的预计负债金额，借记"累计盈余"科目，贷记"预计负债"科目。

中小学校存在 2018 年 12 月 31 日前未入账的其他事项的，应当比照本规定登记新账的相应科目。

中小学校对新账的财务会计科目补记未入账事项时，应当编制记账凭证，并将补充登记事项的确认依据作为原始凭证。

（三）对新账的相关财务会计科目余额按照新制度规定的会计核算基础进行调整

1. 计提坏账准备。

新制度要求对中小学校收回后无需上缴财政的应收账款和其他应收款提取坏账准备。在新旧制度转换时，中小学校应当按照 2018 年 12 月 31 日无需上缴财政的应收账款和其他应收款的余额计算应计提的坏账准备金额，借记"累计盈余"科目，贷记"坏账准备"科目。

2. 按照权益法调整长期股权投资账面余额。

对按照新制度规定应当采用权益法核算的长期股权投资，在新旧制度转换时，中小学校应当在"长期股权投资"科目下设置"新旧制度转换调整"明细科目，依据被投资单位 2018 年 12 月 31 日财务报表的所有者权益账面余额，以及中小学校持有被投资单位的股权比例，计算应享有或应分担的被投资单位所有者权益的份额，调整长期股权投资的账面余额，借记或贷记"长期股权投资——新旧制度转换调整"科目，贷记或借记"累计盈余"科目。

3. 确认长期债券投资期末应收利息。

中小学校应当按照新制度规定于 2019 年 1 月 1 日补记长期债券投资应收利息，按照长期债券投资的应收利息金额，借记"长期债券投资"科目 [到期一次还本付息] 或"应收利息"科目 [分期付息、到期还本]，贷记"累计盈余"科目。

4. 补提折旧。

中小学校在原账中尚未计提固定资产折旧的，应当全面核查截至 2018 年 12 月 31 日的固定资产的预计使用年限、已使用年限、尚可使用年限等，并于 2019 年 1 月 1 日对尚未计提折旧的固定资产补提折旧，按照应计提的折旧金额，借记"累计盈余"科目，贷记"固定资产累计折旧"

科目。

5. 补提摊销。

中小学校在原账中尚未计提无形资产摊销的，应当全面核查截至 2018 年 12 月 31 日无形资产的预计使用年限、已使用年限、尚可使用年限等，并于 2019 年 1 月 1 日对前期尚未计提摊销的无形资产补提摊销，按照应计提的摊销金额，借记"累计盈余"科目，贷记"无形资产累计摊销"科目。

6. 确认长期借款期末应付利息。

中小学校应当按照新制度规定于 2019 年 1 月 1 日补记长期借款的应付利息金额，对其中资本化的部分，借记"在建工程"科目，对其中费用化的部分，借记"累计盈余"科目，按照全部长期借款应付利息金额，贷记"长期借款"科目[到期一次还本付息]或"应付利息"科目[分期付息、到期还本]。

中小学校对新账的财务会计科目期初余额进行调整时，应当编制记账凭证，并将调整事项的确认依据作为原始凭证。

三、预算会计科目的新旧衔接

（一）"财政拨款结转"和"财政拨款结余"科目及对应的"资金结存"科目余额。

新制度设置了"财政拨款结转""财政拨款结余"科目及对应的"资金结存"科目。在新旧制度转换时，中小学校应当对原账的"财政补助结转"科目及对应科目余额进行逐项分析，加上已经计入支出尚未支付财政资金（如发生时列支的应付账款、应缴税费、应付职工薪酬等）的金额，减去已经支付财政资金尚未计入支出（如购入的存货、预付账款、其他应收款等）的金额，按照增减后的金额，登记新账的"财政拨款结转"科目及其明细科目贷方；按照原账"财政补助结余"科目余额，登记新账的"财政拨款结余"科目及其明细科目贷方。

按照原账"财政应返还额度"科目余额登记新账"资金结存——财政应返还额度"科目借方。按照新账的"财政拨款结转"和"财政拨款结余"科目贷方余额合计数减去新账的"资金结存——财政应返还额度"科目借方余额后的差额，登记新账的"资金结存——货币资金"科目借方。

（二）"非财政拨款结转"科目及对应的"资金结存"科目余额。

新制度设置了"非财政拨款结转"科目及对应的"资金结存"科目。在新旧制度转换时，中小学校应当对原账的"非财政补助结转"科目及对应科目余额进行逐项分析，在原账的"非财政补助结转"科目余额基础上，加上已经计入支出尚未支付非财政补助专项资金（如发生时列支的应付票据、应付账款、应缴税费、应付职工薪酬等）的金额，减去已经支付非财政补助专项资金尚未计入支出（如购入的存货、预付账款、其他应收款等）的金额，加上已经收到非财政补助专项资金尚未计入预算收入（如预收账款等）的金额，减去已经计入预算收入尚未收到非财政补助专项资金（如应收票据、应收账款等）的金额，按照增减后的金额登记新账的"非财政拨款结转"科目及其明细科目贷方；同时，按照相同的金额登记新账"资金结存——货币资金"科目借方。

（三）"专用结余"科目及对应的"资金结存"科目余额。

新制度设置了"专用结余"科目及对应的"资金结存"科目。在新旧制度转换时，中小学校应当按照原账"专用基金"科目余额中通过非财政补助结余分配形成的金额，借记新账的"资金结存——货币资金"科目，贷记新账的"专用结余"科目。

（四）"经营结余"科目及对应的"资金结存"科目余额。

新制度设置了"经营结余"科目及对应的"资金结存"科目。如果原账的"经营结余"科目期末有借方余额，在新旧制度转换时，按照原账的"经营结余"科目余额，借记新账的"经营结余"科目，贷记新账的"资金结存"科目。

（五）"非财政拨款结余"科目及对应的"资金结存"科目余额。

1. 登记"非财政拨款结余"科目余额。

新制度设置了"非财政拨款结余"科目及对应的"资金结存"科目。在新旧制度转换时，中小学校应当按照原账的"事业基金"科目余额，借记新账的"资金结存——货币资金"科目，贷记新账的"非财政拨款结余"科目。

2. 对新账"非财政拨款结余"科目及"资金结存"科目余额进行调整。

（1）调整短期投资对非财政拨款结余的影响。

中小学校应当按照原账的"短期投资"科目余额，借记"非财政拨款结余"科目，贷记"资金结存——货币资金"科目。

（2）调整应收票据、应收账款对非财政拨款结余的影响。

中小学校应当对原账的"应收票据""应收账款"科目余额进行分析，区分其中发生时计入预算收入的金额和没有计入预算收入的金额。对发生时计入收入的金额，再区分计入专项资金收入的金额和计入非专项资金收入的金额，按照计入非专项资金收入的金额，借记"非财政拨款结余"科目，贷记"资金结存——货币资金"科目。

（3）调整预付账款对非财政拨款结余的影响。

中小学校应当对原账的"预付账款"科目余额进行分析，区分其中由财政补助资金预付的金额、非财政补助专项资金预付的金额和非财政补助非专项资金预付的金额，按照非财政补助非专项资金预付的金额，借记"非财政拨款结余"科目，贷记"资金结存——货币资金"科目。

（4）调整其他应收款对非财政拨款结余的影响。

中小学校按照新制度规定将原账其他应收款中的预付款项计入支出的，应当对原账的"其他应收款"科目余额进行分析，区分其中预付款项的金额（将来很可能列支）和非预付款项的金额，并对预付款项的金额划分为财政补助资金预付的金额、非财政补助专项资金预付的金额和非财政补助非专项资金预付的金额，按照非财政补助非专项资金预付的金额，借记"非财政拨款结余"科目，贷记"资金结存——货币资金"科目。

（5）调整存货对非财政拨款结余的影响。

中小学校应当对原账的"存货"科目余额进行分析，区分购入的存货金额和非购入的存货金额。对购入的存货金额划分出其中使用财政补助资金购入的金额、使用非财政补助专项资金购入的金额和使用非财政补助非专项资金购入的金额，按照使用非财政补助非专项资金购入的金额，借记"非财政拨款结余"科目，贷记"资金结存——货币资金"科目。

（6）调整长期股权投资对非财政拨款结余的影响。

中小学校应当对原账的"长期投资"科目余额中属于股权投资的余额进行分析，区分其中用现金资产取得的金额和用非现金资产及其他方式取得的金额，按照用现金资产取得的金额，借记"非财政拨款结余"科目，贷记"资金结存——货币资金"科目。

按照原制度核算长期投资、而且对应科目为"非流动资产基金——长期投资"的，不作此项调整。

（7）调整长期债券投资对非财政拨款结余的影响。

中小学校应当按原账的"长期投资"科目余额中属于债券投资的余额，借记"非财政拨款结余"科目，贷记"资金结存——货币资金"科目。

按照原制度核算长期投资、而且对应科目为"非流动资产基金——长期投资"的，不作此项调整。

（8）调整短期借款、长期借款对非财政拨款结余的影响。

中小学校应当按照原账的"短期借款""长期借款"科目余额，借记"资金结存——货币资金"科目，贷记"非财政拨款结余"科目。

（9）调整应缴税费、应付职工薪酬对非财政拨款结余的影响。

中小学校应当对原账的"应缴税费""应付职工薪酬"科目余额进行分析，将计入支出尚未支付的金额划分出财政补助应付的金额、非财政补助专项资金应付的金额和非财政补助非专项资金应付的金额，按照非财政补助非专项资金应付的金额，借记"资金结存——货币资金"科目，贷记"非财政拨款结余"科目。

（10）调整应付票据、应付账款对非财政拨款结余的影响。

中小学校应当对原账的"应付票据""应付账款"科目余额进行分析，区分其中发生时计入支出的金额和未计入支出的金额。将计入支出的金额划分出财政补助应付的金额、非财政补助专项资金应付的金额和非财政补助非专项资金应付的金额，按照非财政补助非专项资金应付的金额，借记"资金结存——货币资金"科目，贷记"非财政拨款结余"科目。

（11）调整预收账款对非财政拨款结余的影响。

中小学校应当按照原账的"预收账款"科目余额中预收非财政非专项资金的金额，借记"资金结存——货币资金"科目，贷记"非财政拨款结余"科目。

（12）调整专用基金对非财政拨款结余的影响。

中小学校应当对原账的"专用基金"科目余额进行分析，划分出按照预算收入比例列支提取的专用基金，按照列支提取的专用基金的金额，借记"资金结存——货币资金"科目，贷记"非财政拨款结余"科目。

3. 中小学校按照前述1、2两个步骤难以准确调整出"非财政拨款结余"科目及对应的"资金结存"科目余额的，在新旧制度转换时，可以在新账的"库存现金""银行存款""其他货币资金""财政应返还额度"科目借方余额合计数基础上，对不纳入单位预算管理的资金进行调整(如减去新账中货币资金形式的受托代理资产、应缴财政款、已收取将来需要退回资金的其他应付款，加上已支付将来需要收回资金的其他应收款)，按照调整后的金额减去新账的"财政拨款结转""财政拨款结余""非财政拨款结转""专用结余"科目贷方余额合计数，加上"经营结余"科目借方余额后的金额，登记新账的"非财政拨款结余"科目贷方；同时，按照相同的金额登记新账的"资金结存——货币资金"科目借方。

（六）"其他结余""非财政拨款结余分配"科目。

新制度设置了"其他结余"和"非财政拨款结余分配"科目。由于这两个科目年初无余额，在新旧制度转换时，无需对"其他结余"和"非财政拨款结余分配"科目进行新账年初余额登记。

（七）预算收入类、预算支出类会计科目。

由于预算收入类、预算支出类会计科目年初无余额，在新旧制度转换时，无需对预算收入类、预算支出类会计科目进行新账年初余额登记。

中小学校应当自2019年1月1日起，按照新制度设置预算收入类、预算支出类科目并进行账务处理。

中小学校存在2018年12月31日需要按照新制度预算会计核算基础调整预算会计科目期初余额的其他事项的，应当比照本规定调整新账的相应预算会计科目期初余额。

中小学校对预算会计科目的期初余额登记和调整，应当编制记账凭证，并将期初余额登记和调整的依据作为原始凭证。

四、财务报表和预算会计报表新旧衔接

（一）编制 2019 年 1 月 1 日资产负债表。

中小学校应当根据 2019 年 1 月 1 日新账的财务会计科目余额，按照新制度编制 2019 年 1 月 1 日资产负债表（仅要求填列各项目"年初余额"）。

（二）2019 年度财务报表和预算会计报表的编制。

中小学校应当按照新制度及补充规定编制 2019 年财务报表和预算会计报表。在编制 2019 年度收入费用表、净资产变动表、现金流量表和预算收入支出表、预算结转结余变动表时，不要求填列上年比较数。

中小学校应当根据 2019 年 1 月 1 日新账财务会计科目余额，填列 2019 年净资产变动表各项目的"上年年末余额"；根据 2019 年 1 月 1 日新账预算会计科目余额，填列 2019 年预算结转结余变动表的"年初预算结转结余"项目和财政拨款预算收入支出表的"年初财政拨款结转结余"项目。

五、其他事项

（一）截至 2018 年 12 月 31 日尚未进行基建"并账"的中小学校，应当首先按照《新旧中小学校会计制度有关衔接问题的处理规定》（财会〔2014〕5 号），将基建账套相关数据并入 2018 年 12 月 31 日原账中的相关科目余额，再按照本规定将 2018 年 12 月 31 日原账相关会计科目余额转入新账相应科目。

（二）2019 年 1 月 1 日前执行新制度及补充规定的中小学校，应当按照本规定做好新旧制度衔接工作。

附表 1：　　　　　　　　　中小学校原会计科目余额明细表一

总账科目	明细分类	金额	备注
库存现金	库存现金		
	其中：受托代理现金		
银行存款	银行存款		
	其中：受托代理银行存款		
	其他货币资金		
应收账款	应收票据		
	应收账款		
	预收账款		
其他应收款	在途物品		已经付款，尚未收到物资
	其他		
存货	库存物品		
	受托代理物资		

续表

总账科目	明细分类	金额	备注
长期投资	长期股权投资		
	长期债券投资		
在建工程	在建工程		
	工程物资		
	预付工程款、预付备料款		
应缴税费	应缴增值税		
	其他应缴税费		
应付账款	应付票据		
	应付账款		
	预收账款		
其他应付款	其他应付款		
	受托代理负债		
代管款项	受托代理负债		
	其他应付款		
	长期应付款		

附表2：　　　　　　　　　**中小学校原会计科目余额明细表二**

总账科目	明细分类	金额	备注
应收账款	应收票据和应收账款		
	其中：发生时不计入收入		如转让资产的应收票据和应收账款
	发生时计入收入		
	其中：专项收入		
	其他		
	预付账款		
	其中：财政补助资金预付		
	非财政补助专项资金预付		
	非财政补助非专项资金预付		

续表

总账科目	明细分类	金额	备注
其他应收款	预付款项		如职工预借的差旅费等
	其中：财政补助资金预付		
	非财政补助专项资金预付		
	非财政补助非专项资金预付		
	需要收回及其他		如支付的押金、应收为职工垫付的款项等
存货	购入存货		
	其中：使用财政补助资金购入		
	使用非财政补助专项资金购入		
	使用非财政补助非专项购入		
	非购入存货		如无偿调入、接受捐赠的存货等
长期投资	长期股权投资		
	其中：用现金资产取得		
	用非现金资产或其他方式取得		
	长期债券投资		
应付账款	应付票据和应付账款		
	其中：发生时不计入支出		
	发生时计入支出		
	其中：财政补助资金应付		
	非财政补助专项资金应付		
	非财政补助非专项资金应付		
	预收账款		
	其中：预收专项资金		
	预收非专项资金		
专用基金	从非财政补助结余分配中提取		
	从收入中列支提取		
	其他		

附表3： 中小学校新旧会计制度转账、登记新账科目对照表

序号	新制度会计科目		原制度会计科目	
	编号	名称	编号	名称
一、资产类				
1	1001	库存现金	1001	库存现金
2	1002	银行存款	1002	银行存款
3	1021	其他货币资金		
4	1101	短期投资	1101	短期投资
5	1201	财政应返还额度	1201	财政应返还额度
6	1211	应收票据	1212	应收账款
7	1212	应收账款		
8	1214	预付账款		
9	1218	其他应收款	1215	其他应收款
10	1301	在途物品		
11	1302	库存物品	1301	存货
12	1891	受托代理资产		
13	1501	长期股权投资	1401	长期投资
14	1502	长期债券投资		
15	1601	固定资产	1501	固定资产
16	1611	工程物资	1511	在建工程
17	1613	在建工程		
18	1214	预付账款		
19	1701	无形资产	1601	无形资产
20	1902	待处理财产损溢	1701	待处置资产损溢
二、负债类				
21	2001	短期借款	2001	短期借款
22	2101	应交增值税	2101	应缴税费
23	2102	其他应交税费		
24	2103	应缴财政款	2102	应缴国库款
25			2103	应缴财政专户款
26	2201	应付职工薪酬	2201	应付职工薪酬

续表

序号	新制度会计科目		原制度会计科目	
	编号	名称	编号	名称
27	2301	应付票据	2302	应付账款
28	2302	应付账款		
29	2305	预收账款		
30	2307	其他应付款	2305	其他应付款
31	2901	受托代理负债		
32	2501	长期借款	2401	长期借款
33	2502	长期应付款	2402	长期应付款
34	2901	受托代理负债	2501	代管款项
35	2307	其他应付款		
36	2502	长期应付款		
三、净资产类				
37	3001	累计盈余	3001	事业基金
38			3101	非流动资产基金
39	3101	专用基金	3201	专用基金
40	3001	累计盈余	3301	财政补助结转
41			3302	财政补助结转
42			3401	非财政补助结转
43	3001	累计盈余（借方）	3403	经营结余（借方）
四、预算结余类				
44	8101	财政拨款结转	3301	财政补助结转
45	8102	财政拨款结余	3302	财政补助结转
46	8201	非财政拨款结转	3401	非财政补助结转
47	8202	非财政拨款结余	3001	事业基金
48	8301	专用结余	3201	专用基金
49	8401	经营结余	3403	经营结余

続表

序号	新制度会计科目		原制度会计科目	
	编号	名称	编号	名称
50	8001	资金结存（借方）	3301	财政补助结转
			3302	财政补助结余
			3401	非财政补助结转
			3001	事业基金
			3201	专用基金
			3403	经营结余

3.16 关于科学事业单位执行《政府会计制度——行政事业单位会计科目和报表》的补充规定

2018年8月20日　财会〔2018〕23号

根据《政府会计准则——基本准则》，结合行业实际情况，现就科学事业单位[12]执行《政府会计制度——行政事业单位会计科目和报表》（以下简称新制度）做出如下补充规定：

一、关于在新制度一级科目下设置明细科目

（一）科学事业单位应当在新制度规定的"4101 事业收入"科目下设置"410101 科研收入""410102 非科研收入"明细科目。

1."410101 科研收入"明细科目核算科学事业单位开展科研活动及其辅助活动实现的收入。

2."410102 非科研收入"明细科目核算科学事业单位开展科研活动以外的其他业务活动及其辅助活动实现的收入，包括技术活动收入、学术活动收入、科普活动收入、试制产品活动收入、教学活动收入等。

技术活动收入是指科学事业单位对外提供技术咨询、技术服务等活动实现的收入。

学术活动收入是指科学事业单位开展学术交流、学术期刊出版等活动实现的收入。

科普活动收入是指科学事业单位开展科学知识宣传、讲座和科技展览等活动实现的收入。

试制产品活动收入是指科学事业单位试制中间试验产品等活动实现的收入。

教学活动收入是指科学事业单位开展教学活动实现的收入。

（二）科学事业单位应当在新制度规定的"5001 业务活动费用"科目下设置"500101 科研活动费用""500102 非科研活动费用"明细科目。

1."500101 科研活动费用"明细科目核算科学事业单位开展科研活动及其辅助活动发生的各项费用。

2."500102 非科研活动费用"明细科目核算科学事业单位开展科研活动以外的其他业务活

12　其他主要从事科学研究活动的事业单位可参照执行本规定。

动及其辅助活动发生的各项费用，包括技术活动费用、学术活动费用、科普活动费用、试制产品活动费用和教学活动费用等。

技术活动费用是指科学事业单位对外提供技术咨询、技术服务等活动发生的各项费用。

学术活动费用是指科学事业单位开展学术交流、学术期刊出版等活动发生的各项费用。

科普活动费用是指科学事业单位开展科学知识宣传、讲座和科技展览等活动发生的各项费用。

试制产品活动费用是指科学事业单位试制中间试验产品等活动发生的各项费用。

教学活动费用是指科学事业单位开展教学活动发生的各项费用。

（三）科学事业单位应当在新制度规定的"6101 事业预算收入"科目下设置"610101 科研预算收入""610102 非科研预算收入"明细科目。

1."610101 科研预算收入"明细科目核算科学事业单位开展科研活动及其辅助活动取得的现金流入。

2."610102 非科研预算收入"明细科目核算科学事业单位开展科研活动以外的其他业务活动及其辅助活动取得的现金流入，包括技术活动预算收入、学术活动预算收入、科普活动预算收入、试制产品活动预算收入、教学活动预算收入等。

技术活动预算收入是指科学事业单位对外提供技术咨询、技术服务等活动取得的现金流入。

学术活动预算收入是指科学事业单位开展学术交流、学术期刊出版等活动取得的现金流入。

科普活动预算收入是指科学事业单位开展科学知识宣传、讲座和科技展览等活动取得的现金流入。

试制产品活动预算收入是指科学事业单位试制中间试验产品等活动取得的现金流入。

教学活动预算收入是指科学事业单位开展教学活动取得的现金流入。

（四）科学事业单位应当在新制度规定的"7201 事业支出"科目下设置"720101 科研支出""720102 非科研支出""720103 管理支出"明细科目。

1."720101 科研支出"明细科目核算科学事业单位开展科研活动及其辅助活动发生的各项现金流出。

2."720102 非科研支出"明细科目核算科学事业单位开展科研活动以外的其他业务活动及其辅助活动发生的各项现金流出，包括技术活动支出、学术活动支出、科普活动支出、试制产品活动支出和教学活动支出等。

技术活动支出是指科学事业单位对外提供技术咨询、技术服务等活动发生的各项现金流出。

学术活动支出是指科学事业单位开展学术交流、学术期刊出版等活动发生的各项现金流出。

科普活动支出是指科学事业单位开展科学知识宣传、讲座和科技展览等活动发生的各项现金流出。

试制产品活动支出是指科学事业单位试制中间试验产品等活动发生的各项现金流出。

教学活动支出是指科学事业单位开展教学活动发生的各项现金流出。

3."720103 管理支出"明细科目核算科学事业单位行政及后勤管理部门开展管理活动发生的各项现金流出，包括单位行政及后勤管理部门发生的人员经费、公用经费，以及由单位统一负担的离退休人员经费、工会经费、诉讼费、中介费等现金流出。

二、关于报表及编制说明

（一）关于收入费用表。

1. 新增项目。

科学事业单位应当在收入费用表的"（二）事业收入"项目下增加"其中：科研收入""非科研收入"项目，在"（一）业务活动费用"项目下增加"其中：科研活动费用""非科研活动费用"项目，详见附表1。

2.新增项目的内容和填列方法。

（1）"其中：科研收入"项目，反映科学事业单位本期开展科研活动及其辅助活动实现的收入。本项目应当根据"事业收入——科研收入"科目的本期发生额填列。

（2）"非科研收入"项目，反映科学事业单位本期开展科研活动以外的其他业务活动及其辅助活动实现的收入。本项目应当根据"事业收入——非科研收入"科目的本期发生额填列。

（3）"其中：科研活动费用"项目，反映科学事业单位本期开展科研活动及其辅助活动发生的各项费用。本项目应当根据"业务活动费用——科研活动费用"科目的本期发生额填列。

（4）"非科研活动费用"项目，反映科学事业单位本期开展科研活动以外的其他业务活动及其辅助活动发生的各项费用。本项目应当根据"业务活动费用——非科研活动费用"科目的本期发生额填列。

（二）关于预算收入支出表。

1.新增项目。

科学事业单位应当在预算收入支出表的"（二）事业预算收入"项目下增加"其中：科研预算收入""非科研预算收入"项目，在"（二）事业支出"项目下增加"其中：科研支出""非科研支出""管理支出"项目，详见附表2。

2.新增项目的内容和填列方法。

（1）"其中：科研预算收入"项目，反映科学事业单位本期开展科研活动及其辅助活动取得的现金流入。本项目应当根据"事业预算收入——科研预算收入"科目的本期发生额填列。

（2）"非科研预算收入"项目，反映科学事业单位本期开展科研活动以外的其他业务活动及其辅助活动取得的现金流入。本项目应当根据"事业预算收入——非科研预算收入"科目的本期发生额填列。

（3）"其中：科研支出"项目，反映科学事业单位本期开展科研活动及其辅助活动发生的各项现金流出。本项目应当根据"事业支出——科研支出"科目的本期发生额填列。

（4）"非科研支出"项目，反映科学事业单位本期开展科研活动以外的其他业务活动及其辅助活动发生的各项现金流出。本项目应当根据"事业支出——非科研支出"科目的本期发生额填列。

（5）"管理支出"项目，反映科学事业单位本期行政及后勤管理部门开展管理活动发生的各项现金流出，以及由单位统一负担的其他现金流出。本项目应当根据"事业支出——管理支出"科目的本期发生额填列。

（三）关于附注。

科学事业单位应当在财务报表附注中披露以下信息：

1.收入费用表有关项目的说明。

（1）关于"非科研收入"项目，披露"技术活动收入""学术活动收入""科普活动收入""试制产品活动收入"和"教学活动收入"等构成项目的金额。

（2）关于"非科研活动费用"项目，披露"技术活动费用""学术活动费用""科普活动费用""试制产品活动费用"和"教学活动费用"等构成项目的金额。

2.预算收入支出表有关项目的说明。

（1）关于"非科研预算收入"项目，披露"技术活动预算收入""学术活动预算收入""科普活动预算收入""试制产品活动预算收入"和"教学活动预算收入"等构成项目的金额。

（2）关于"非科研支出"项目，披露"技术活动支出""学术活动支出""科普活动支出""试制产品活动支出"和"教学活动支出"等构成项目的金额。

三、关于合作项目款的账务处理

本规定所称合作项目款是指科学事业单位从非同级政府财政部门取得的，需要与其他单位合作完成的科技项目（课题）款项。科学事业单位对合作项目款核算的账务处理如下：

（一）从付款方预收款项时，在财务会计下，按照收到的款项金额，借记"银行存款"等科目，贷记"预收账款"科目；同时，在预算会计下，按照相同的金额，借记"资金结存——货币资金"科目，贷记"事业预算收入"科目。

（二）按照合同规定将合作项目款转拨合作单位时，在财务会计下，按照实际转拨的金额，借记"预收账款"科目，贷记"银行存款"等科目；同时，在预算会计下，按照相同的金额，借记"事业预算收入"科目[转拨当年收到的合作项目款]或"非财政拨款结转"科目[转拨以前年度收到的合作项目款]，贷记"资金结存——货币资金"科目。

（三）按照合同完成进度确认本单位科研收入时，按照计算确认收入的金额，借记"预收账款"科目，贷记"事业收入"科目。

（四）发生因科技项目（课题）终止等情形，需按照规定将项目剩余资金退回项目（课题）立项部门时，对本单位承担项目使用的剩余资金，在财务会计下，按照实际退回的金额，借记"预收账款"科目[尚未确认收入]或"事业收入"科目[已经确认收入]，贷记"银行存款"等科目；同时，在预算会计下，按照相同的金额，借记"事业预算收入"科目[本年度取得的合作项目款]或"非财政拨款结转"科目[以前年度取得的合作项目款]，贷记"资金结存——货币资金"科目。

对合作单位承担项目使用的剩余资金，于收回时按照收回的金额，借记"银行存款"等科目，贷记"其他应付款"科目；转退回给项目（课题）立项部门时，借记"其他应付款"科目，贷记"银行存款"等科目。

四、关于计提和使用项目间接费用或管理费的账务处理

（一）科学事业单位按规定从科研项目收入中计提项目间接费用或管理费时，除按新制度规定借记"单位管理费用"科目外，也可根据实际情况借记"业务活动费用"等科目。

（二）科学事业单位使用计提的项目间接费用或管理费购买固定资产、无形资产的，在财务会计下，按照固定资产、无形资产的成本金额，借记"固定资产""无形资产"科目，贷记"银行存款"等科目；同时，按照相同的金额，借记"预提费用——项目间接费用或管理费"科目，贷记"累计盈余"科目。在预算会计下，按照相同的金额，借记"事业支出"等科目，贷记"资金结存"科目。

五、关于按合同完成进度确认事业收入

科学事业单位以合同完成进度确认事业收入时，应当根据业务实质，选择累计实际发生的合同成本占合同预计总成本的比例、已经完成的合同工作量占合同预计总工作量的比例、已经完成的时间占合同期限的比例、实际测定的完工进度等方法，合理确定合同完成进度。

六、生效日期

本规定自2019年1月1日起施行。

附表 1　　　　　　　　　　收入费用表

会政财 02 表

编制单位：　　　　　　　　　　年　月　　　　　　　　　　　　单位：元

项　目	本月数	本年累计数
一、本期收入		
（一）财政拨款收入		
其中：政府性基金收入		
（二）事业收入		
其中：科研收入		
非科研收入		
（三）上级补助收入		
（四）附属单位上缴收入		
（五）经营收入		
（六）非同级财政拨款收入		
（七）投资收益		
（八）捐赠收入		
（九）利息收入		
（十）租金收入		
（十一）其他收入		
二、本期费用		
（一）业务活动费用		
其中：科研活动费用		
非科研活动费用		
（二）单位管理费用		
（三）经营费用		
（四）资产处置费用		
（五）上缴上级费用		
（六）对附属单位补助费用		
（七）所得税费用		
（八）其他费用		
三、本期盈余		

附表 2　　　　　　　　　　　　**预算收入支出表**

会政预 01 表

编制单位：　　　　　　　　　　　　年　　　　　　　　　　　　　　　　单位：元

项　目	本年数	上年数
一、本年预算收入		
（一）财政拨款预算收入		
其中：政府性基金收入		
（二）事业预算收入		
其中：科研预算收入		
非科研预算收入		
（三）上级补助预算收入		
（四）附属单位上缴预算收入		
（五）经营预算收入		
（六）债务预算收入		
（七）非同级财政拨款预算收入		
（八）投资预算收益		
（九）其他预算收入		
其中：利息预算收入		
捐赠预算收入		
租金预算收入		
二、本年预算支出		
（一）行政支出		
（二）事业支出		
其中：科研支出		
非科研支出		
管理支出		
（三）经营支出		
（四）上缴上级支出		
（五）对附属单位补助支出		
（六）投资支出		
（七）债务还本支出		
（八）其他支出		
其中：利息支出		

项 目	本年数	上年数
捐赠支出		
三、本年预算收支差额		

3.17 关于科学事业单位执行《政府会计制度——行政事业单位会计科目和报表》的衔接规定

2018年8月20日　财会〔2018〕23号

我部于2017年10月24日印发了《政府会计制度——行政事业单位会计科目和报表》（财会〔2017〕25号，以下简称新制度）。目前执行《科学事业单位会计制度》（财会〔2013〕29号，以下简称原制度）的科学事业单位，自2019年1月1日起执行新制度，不再执行原制度。为了确保新旧会计制度顺利过渡，现对科学事业单位执行新制度及《关于科学事业单位执行〈政府会计制度——行政事业单位会计科目和报表〉的补充规定》（以下简称补充规定）的有关衔接问题规定如下：

一、新旧制度衔接总要求

（一）自2019年1月1日起，科学事业单位应当严格按照新制度及补充规定进行会计核算、编制财务报表和预算会计报表。

（二）科学事业单位应当按照本规定做好新旧制度衔接的相关工作，主要包括以下几个方面：

1.根据原账编制2018年12月31日的科目余额表，并按照本规定要求，编制原账的部分科目余额明细表（参见附表1、附表2）。

2.按照新制度及补充规定设立2019年1月1日的新账。

3.按照本规定要求，登记新账的财务会计科目余额和预算结余科目余额，包括将原账科目余额转入新账财务会计科目、按照原账科目余额登记新账预算结余科目（科学事业单位新旧会计制度转账、登记新账科目对照表见附表3），将未入账事项登记新账科目，并对相关新账科目余额进行调整。原账科目是指按照原制度规定设置的会计科目。

4.按照登记及调整后新账的各会计科目余额，编制2019年1月1日的科目余额表，作为新账各会计科目的期初余额。

5.根据新账各会计科目期初余额，按照新制度编制2019年1月1日资产负债表。

（三）及时调整会计信息系统。科学事业单位应当按照新制度及补充规定要求对原有会计信息系统进行及时更新和调试，实现数据正确转换，确保新旧账套的有序衔接。

二、财务会计科目的新旧衔接

（一）将2018年12月31日原账会计科目余额转入新账财务会计科目。

1.资产类。

（1）"库存现金"科目。

新制度设置了"库存现金"科目。转账时，科学事业单位应当将原账的"库存现金"科目余额直接转入新账的"库存现金"科目。其中，还应当将原账的"库存现金"科目余额中属于新制度规定受托代理资产的金额，转入新账"库存现金"科目下的"受托代理资产"明细科目。

（2）"银行存款"科目。

新制度设置了"银行存款"和"其他货币资金"科目，原制度设置了"银行存款"科目。转账时，科学事业单位应当将原账"银行存款"科目中核算的属于新制度规定的其他货币资金的金额，转入新账"其他货币资金"科目；将原账"银行存款"科目余额减去其中属于其他货币资金余额后的差额，转入新账的"银行存款"科目。其中，还应当将原账的"银行存款"科目余额中属于新制度规定受托代理资产的金额，转入新账"银行存款"科目下的"受托代理资产"明细科目。

（3）"财政应返还额度""短期投资""应收票据""应收账款""预付账款""无形资产""固定资产"科目。

新制度设置了"财政应返还额度""短期投资""应收票据""应收账款""预付账款""无形资产""固定资产"科目，其核算内容与原账的上述相应科目的核算内容基本相同。转账时，科学事业单位应当将原账的上述科目余额直接转入新账的相应科目。

新制度设置了"受托代理资产"科目，科学事业单位在原账上述科目中核算了属于新制度规定受托代理资产的，应当将原账上述科目余额中属于新制度规定受托代理资产的金额转入新账"受托代理资产"科目。

（4）"其他应收款"科目。

新制度设置了"其他应收款"科目，该科目的核算内容与原账"其他应收款"科目的核算内容基本相同。转账时，科学事业单位应当将原账的"其他应收款"科目余额，转入新账的"其他应收款"科目。

新制度设置了"在途物品"科目，科学事业单位在原账"其他应收款"科目中核算了已经付款或开出商业汇票、尚未收到物资的，应当将原账的"其他应收款"科目余额中已经付款或开出商业汇票、尚未收到物资的金额，转入新账的"在途物品"科目。

（5）"库存材料"科目。

新制度设置了"库存物品""加工物品"科目，原制度设置了"库存材料"科目。转账时，科学事业单位应当将原账的"库存材料"科目余额中属于在加工材料的金额，转入新账的"加工物品"科目；将原账"库存材料"科目余额减去属于在加工材料的金额后的差额，转入新账的"库存物品"科目。

（6）"科技产品"科目。

新制度设置了"库存物品""加工物品"科目，原制度设置了"科技产品"科目。转账时，科学事业单位应当将原账的"科技产品"科目中"生产成本"明细科目余额转入新账的"加工物品"科目；将原账的"科技产品"科目中"产成品"明细科目余额转入新账的"库存物品"科目。

（7）"长期投资"科目。

新制度设置了"长期股权投资"和"长期债券投资"科目，原制度设置了"长期投资"科目。转账时，科学事业单位应当将原账的"长期投资"科目余额中属于股权投资的金额，转入新账的"长期股权投资"科目及其明细科目；将原账的"长期投资"科目余额中属于债券投资的金额，转入新账的"长期债券投资"科目及其明细科目。

（8）"累计折旧"科目。

新制度设置了"固定资产累计折旧"科目，该科目的核算内容与原账的"累计折旧"科目的核算内容基本相同。已经计提了固定资产折旧的科学事业单位，转账时，应当将原账的"累计折旧"科目余额转入新账的"固定资产累计折旧"科目。

（9）"在建工程"科目。

新制度设置了"在建工程"和"预付账款——预付备料款、预付工程款"科目，原制度设置了"在建工程"科目。转账时，科学事业单位应当将原账的"在建工程"科目余额（基建"并账"后的金额，下同）中属于预付备料款、预付工程款的金额，转入新账"预付账款"科目相关明细科目；将原账的"在建工程"科目余额减去预付备料款、预付工程款金额后的差额，转入新账的"在建工程"科目。

科学事业单位在原账"在建工程"科目中核算了按照新制度规定应当记入"工程物资"科目内容的，应当将原账"在建工程"科目余额中属于工程物资的金额，转入新账的"工程物资"科目。

（10）"累计摊销"科目。

新制度设置了"无形资产累计摊销"科目，该科目的核算内容与原账"累计摊销"科目的核算内容基本相同。已经计提了无形资产摊销的科学事业单位，转账时，应当将原账的"累计摊销"科目余额转入新账的"无形资产累计摊销"科目。

（11）"待处置资产损溢"科目。

新制度设置了"待处理财产损溢"科目，该科目的核算内容与原账"待处置资产损溢"科目的核算内容基本相同。转账时，科学事业单位应当将原账的"待处置资产损溢"科目余额，转入新账的"待处理财产损溢"科目。

（12）"零余额账户用款额度"科目。

由于原账的"零余额账户用款额度"科目年末无余额，该科目无需进行转账处理。

2. 负债类。

（1）"短期借款""应付职工薪酬""应付票据""应付账款""预收账款""长期借款""长期应付款"科目。

新制度设置了"短期借款""应付职工薪酬""应付票据""应付账款""预收账款""长期借款""长期应付款"科目，这些科目的核算内容与原账的上述相应科目的核算内容基本相同。转账时，科学事业单位应当将原账的上述科目余额直接转入新账的相应科目。

（2）"应缴税费"科目。

新制度设置了"应交增值税"和"其他应交税费"科目，原制度设置了"应缴税费"科目。转账时，科学事业单位应当将原账的"应缴税费——应缴增值税"科目余额转入新账"应交增值税"科目中的相关明细科目；将原账的"应缴税费"科目余额减去属于应缴增值税余额后的差额，转入新账的"其他应交税费"科目。

（3）"应缴国库款""应缴财政专户款"科目。

新制度设置了"应缴财政款"科目，原制度设置了"应缴国库款""应缴财政专户款"科目。转账时，科学事业单位应当将原账的"应缴国库款""应缴财政专户款"科目余额转入新账的"应缴财政款"科目。

（4）"其他应付款"科目。

新制度设置了"其他应付款"科目，该科目的核算内容与原账"其他应付款"科目的核算内容基本相同。转账时，科学事业单位应当将原账的"其他应付款"科目余额转入新账的"其他应付款"科目。其中，科学事业单位在原账的"其他应付款"科目中核算了属于新制度规定的受托代理负债的,应当将原账的"其他应付款"科目余额中属于受托代理负债的余额,转入新账的"受托代理负债"科目。

3.净资产类。

(1)"事业基金"科目。

新制度设置了"累计盈余"科目,该科目的核算内容包含了原账"事业基金"科目的核算内容。转账时,科学事业单位应当将原账的"事业基金"科目余额转入新账的"累计盈余"科目。

(2)"非流动资产基金"科目。

依据新制度,无需对原制度中"非流动资产基金"科目对应内容进行核算。转账时,科学事业单位应当将原账的"非流动资产基金"科目余额转入新账的"累计盈余"科目。

(3)"专用基金"科目。

新制度设置了"专用基金"科目,该科目的核算内容与原账"专用基金"科目的核算内容基本相同。转账时,科学事业单位应当将原账的"专用基金"科目余额转入新账的"专用基金"科目。

(4)"财政补助结转""财政补助结余""非财政补助结转"科目。

新制度设置了"累计盈余"科目,该科目的余额包含了原账的"财政补助结转""财政补助结余""非财政补助结转"科目的余额内容。转账时,科学事业单位应当将原账的"财政补助结转""财政补助结余""非财政补助结转"科目余额,转入新账的"累计盈余"科目。

(5)"经营结余"科目。

新制度设置了"本期盈余"科目,该科目的核算内容包含了原账"经营结余"科目的核算内容。新制度规定"本期盈余"科目余额最终转入"累计盈余"科目,如果原账的"经营结余"科目有借方余额,转账时,科学事业单位应当将原账的"经营结余"科目借方余额,转入新账的"累计盈余"科目借方。

(6)"事业结余""非财政补助结余分配"科目。

由于原账的"事业结余""非财政补助结余分配"科目年末无余额,这两个科目无需进行转账处理。

4.收入类、支出类。

由于原账中收入类、支出类科目年末无余额,无需进行转账处理。自2019年1月1日起,科学事业单位应当按照新制度设置收入类、费用类科目并进行账务处理。

科学事业单位存在其他本规定未列举的原账科目余额的,应当比照本规定转入新账的相应科目。新账的科目设有明细科目的,应将原账中对应科目的余额加以分析,分别转入新账中相应科目的相关明细科目。

科学事业单位在进行新旧衔接的转账时,应当编制转账的工作分录,作为转账的工作底稿,并将转入新账的对应原科目余额及分拆原科目余额的依据作为原始凭证。

(二)将原未入账事项登记新账财务会计科目。

1.应收股利。

科学事业单位在新旧制度转换时,应当将2018年12月31日前未入账的应收股利按照新制度规定记入新账。登记新账时,按照确定的应收股利金额,借记"应收股利"科目,贷记"累计盈余"科目。

2.研发支出。

科学事业单位在新旧制度转换时,应当将2018年12月31日前未入账的自行研究开发项目开发阶段的费用按照新制度规定记入新账。登记新账时,按照确定的开发阶段费用金额,借记"研发支出"科目,贷记"累计盈余"科目。

3. 受托代理资产。

科学事业单位在新旧制度转换时,应当将 2018 年 12 月 31 日前未入账的受托代理资产按照新制度规定记入新账。登记新账时,按照确定的受托代理资产入账成本,借记"受托代理资产"科目,贷记"受托代理负债"科目。

4. 盘盈资产。

科学事业单位在新旧制度转换时,应当将 2018 年 12 月 31 日前未入账的盘盈资产按照新制度规定记入新账。登记新账时,按照确定的盘盈资产及其成本,分别借记有关资产科目,按照盘盈资产成本的合计金额,贷记"累计盈余"科目。

5. 预计负债。

科学事业单位在新旧制度转换时,应当将 2018 年 12 月 31 日按照新制度规定确认的预计负债记入新账。登记新账时,按照确定的预计负债金额,借记"累计盈余"科目,贷记"预计负债"科目。

6. 应付质量保证金。

科学事业单位在新旧制度转换时,应当将 2018 年 12 月 31 日前未入账的应付质量保证金按照新制度规定记入新账。登记新账时,按照确定未入账的应付质量保证金金额,借记"累计盈余"科目,贷记"其他应付款"科目 [扣留期在 1 年以内(含 1 年)]、"长期应付款"科目 [扣留期超过 1 年]。

科学事业单位存在 2018 年 12 月 31 日前未入账的其他事项的,应当比照本规定登记新账的相应科目。

科学事业单位对新账的财务会计科目补记未入账事项时,应当编制记账凭证,并将补充登记事项的确认依据作为原始凭证。

(三)对新账的相关财务会计科目余额按照新制度规定的会计核算基础进行调整。

1. 计提坏账准备。

新制度要求对单位收回后无需上缴财政的应收账款和其他应收款提取坏账准备。在新旧制度转换时,科学事业单位应当按照 2018 年 12 月 31 日无需上缴财政的应收账款和其他应收款的余额计算应计提的坏账准备金额,借记"累计盈余"科目,贷记"坏账准备"科目。

2. 按照权益法调整长期股权投资账面余额。

对按照新制度规定应当采用权益法核算的长期股权投资,在新旧制度转换时,科学事业单位应当在"长期股权投资"科目下设置"新旧制度转换调整"明细科目,依据被投资单位 2018 年 12 月 31 日财务报表的所有者权益账面余额,以及科学事业单位持有被投资单位的股权比例,计算应享有或应分担的被投资单位所有者权益的份额,调整长期股权投资的账面余额,借记或贷记"长期股权投资——新旧制度转换调整"科目,贷记或借记"累计盈余"科目。

3. 确认长期债券投资期末应收利息。

科学事业单位应当按照新制度规定于 2019 年 1 月 1 日补记长期债券投资应收利息,按照长期债券投资的应收利息金额,借记"长期债券投资"科目 [到期一次还本付息] 或"应收利息"科目 [分期付息、到期还本],贷记"累计盈余"科目。

4. 补提折旧。

科学事业单位在原账中尚未计提固定资产折旧的,应当全面核查截至 2018 年 12 月 31 日的固定资产的预计使用年限、已使用年限、尚可使用年限等，并于2019年1月1日对尚未计提折旧的固定资产补提折旧，按照应计提的折旧金额，借记"累计盈余"科目，贷记"固定资产累计折旧"科目。

5. 补提摊销。

科学事业单位在原账中尚未计提无形资产摊销的，应当全面核查截至2018年12月31日无形资产的预计使用年限、已使用年限、尚可使用年限等，并于2019年1月1日对前期尚未计提摊销的无形资产补提摊销，按照应计提的摊销金额，借记"累计盈余"科目，贷记"无形资产累计摊销"科目。

6. 确认长期借款期末应付利息。

科学事业单位应当按照新制度规定于2019年1月1日补记长期借款的应付利息金额，对其中资本化的部分，借记"在建工程"科目，对其中费用化的部分，借记"累计盈余"科目，按照全部长期借款应付利息金额，贷记"长期借款"科目［到期一次还本付息］或"应付利息"科目［分期付息、到期还本］。

科学事业单位对新账的财务会计科目期初余额进行调整时，应当编制记账凭证，并将调整事项的确认依据作为原始凭证。

三、预算会计科目的新旧衔接

（一）"财政拨款结转"和"财政拨款结余"科目及对应的"资金结存"科目余额。

新制度设置了"财政拨款结转""财政拨款结余"科目及对应的"资金结存"科目。在新旧制度转换时，科学事业单位应当对原账的"财政补助结转"科目余额进行逐项分析，加上各项结转转入的支出中已经计入支出尚未支付财政资金（如发生时列支的应付账款）的金额，减去已经支付财政资金尚未计入支出（如购入的库存材料、科技产品成本中支付的款项、预付账款等）的金额，按照增减后的金额，登记新账的"财政拨款结转"科目及其明细科目贷方；按照原账"财政补助结余"科目余额，登记新账的"财政拨款结余"科目及其明细科目贷方。

按照原账"财政应返还额度"科目余额登记新账的"资金结存——财政应返还额度"科目借方；按照新账的"财政拨款结转"和"财政拨款结余"科目贷方余额合计数，减去新账的"资金结存——财政应返还额度"科目借方余额后的差额，登记新账"资金结存——货币资金"科目借方。

（二）"非财政拨款结转"科目及对应的"资金结存"科目余额。

新制度设置了"非财政拨款结转"科目及对应的"资金结存"科目。在新旧制度转换时，科学事业单位应当对原账的"非财政补助结转"科目余额进行逐项分析，加上各项结转转入的支出中已经计入支出尚未支付非财政补助专项资金（如发生时列支的应付账款）的金额，减去已经支付非财政补助专项资金尚未计入支出（如购入的库存材料、科技产品成本中支付的款项、预付账款等）的金额，加上各项结转转入的收入中已经收到非财政补助专项资金尚未计入收入（如预收账款）的金额，减去已经计入收入尚未收到非财政补助专项资金（如应收账款）的金额，按照增减后的金额，登记新账的"非财政拨款结转"科目及其明细科目贷方；同时，按照相同的金额登记新账的"资金结存——货币资金"科目借方。

（三）"专用结余"科目及对应的"资金结存"科目余额。

新制度设置了"专用结余"科目及对应的"资金结存"科目。在新旧制度转换时，科学事业单位应当按照原账"专用基金"科目余额中通过非财政补助结余分配形成的金额，借记新账的"资金结存——货币资金"科目，贷记新账的"专用结余"科目。

（四）"经营结余"科目及对应的"资金结存"科目余额。

新制度设置了"经营结余"科目及对应的"资金结存"科目。如果原账的"经营结余"科目期末有借方余额，在新旧制度转换时，科学事业单位应当按照原账的"经营结余"科目余额，借记新账的"经营结余"科目，贷记新账的"资金结存——货币资金"科目。

（五）"非财政拨款结余"科目及对应的"资金结存"科目余额。

1. 登记"非财政拨款结余"科目余额。

新制度设置了"非财政拨款结余"科目及对应的"资金结存"科目。在新旧制度转换时，科学事业单位应当按照原账的"事业基金"科目余额，借记新账的"资金结存——货币资金"科目，贷记新账的"非财政拨款结余"科目。

2. 对新账"非财政拨款结余"科目及"资金结存"科目余额进行调整。

（1）调整短期投资对非财政拨款结余的影响。

科学事业单位应当按照原账的"短期投资"科目余额，借记"非财政拨款结余"科目，贷记"资金结存——货币资金"科目。

（2）调整应收票据、应收账款对非财政拨款结余的影响。

科学事业单位应当对原账的"应收票据""应收账款"科目余额进行分析，区分其中发生时计入收入的金额和没有计入收入的金额。对发生时计入收入的金额，再区分计入专项资金收入的金额和计入非专项资金收入的金额，按照计入非专项资金收入的金额，借记"非财政拨款结余"科目，贷记"资金结存——货币资金"科目。

（3）调整预付账款对非财政拨款结余的影响。

科学事业单位应当对原账的"预付账款"科目余额进行分析，区分其中由财政补助资金预付的金额、非财政补助专项资金预付的金额和非财政补助非专项资金预付的金额，按照非财政补助非专项资金预付的金额，借记"非财政拨款结余"科目，贷记"资金结存——货币资金"科目。

（4）调整其他应收款对非财政拨款结余的影响。

科学事业单位应当对原账的"其他应收款"科目余额进行分析，区分其中预付款项的金额（将来很可能列支）和非预付款项的金额，并对预付款项的金额划分为财政补助资金预付的金额、非财政补助专项资金预付的金额和非财政补助非专项资金预付的金额，按照非财政补助非专项资金预付的金额，借记"非财政拨款结余"科目，贷记"资金结存——货币资金"科目。

（5）调整库存材料对非财政拨款结余的影响。

科学事业单位应当对原账的"库存材料"科目余额进行分析，区分购入的库存材料金额和非购入的库存材料金额。对购入的库存材料金额划分出其中使用财政补助资金购入的金额、使用非财政补助专项资金购入的金额和使用非财政补助非专项资金购入的金额，按照使用非财政补助非专项资金购入的金额，借记"非财政拨款结余"科目，贷记"资金结存——货币资金"科目。

（6）调整科技产品对非财政拨款结余的影响。

科学事业单位应当对原账的"科技产品"科目余额进行分析，区分其中已经支付资金的金额。对科技产品成本中已经支付资金的金额划分出其中使用非财政补助专项资金支付的金额和使用非财政补助非专项资金支付的金额，按照使用非财政补助非专项资金支付的金额，借记"非财政拨款结余"科目，贷记"资金结存——货币资金"科目。

（7）调整长期股权投资对非财政拨款结余的影响。

科学事业单位应当对原账的"长期投资"科目余额中属于股权投资的余额进行分析，区分其中用现金资产取得的金额和用非现金资产及其他方式取得的金额，按照用现金资产取得的金额，借记"非财政拨款结余"科目，贷记"资金结存——货币资金"科目。

按照原制度核算长期投资、而且对应科目为"非流动资产基金——长期投资"的，不作此项调整。

（8）调整长期债券投资对非财政拨款结余的影响。

科学事业单位应当按照原账的"长期投资"科目余额中属于债券投资的余额，借记"非财政拨款结余"科目，贷记"资金结存——货币资金"科目。

按照原制度核算长期投资、而且对应科目为"非流动资产基金——长期投资"的，不作此项调整。

（9）调整短期借款、长期借款对非财政拨款结余的影响。

科学事业单位应当按照原账的"短期借款""长期借款"科目余额，借记"资金结存——货币资金"科目，贷记"非财政拨款结余"科目。

（10）调整应付票据、应付账款、应付职工薪酬、长期应付款对非财政拨款结余的影响。

科学事业单位应当对原账的"应付票据""应付账款""应付职工薪酬""长期应付款"科目余额进行分析，区分其中发生时计入支出的金额和未计入支出的金额。将计入支出的金额划分出财政补助应付的金额、非财政补助专项资金应付的金额和非财政补助非专项资金应付的金额，按照非财政补助非专项资金应付的金额借记"资金结存——货币资金"科目，贷记"非财政拨款结余"科目。

（11）调整应缴增值税对非财政拨款结余的影响。

科学事业单位应当对原账"应缴税费——应缴增值税"科目余额进行分析，划分出与非财政补助专项资金相关的金额和与非财政补助非专项资金相关的金额。按照与非财政补助非专项资金相关的金额，计算应调整非财政拨款结余的金额。

应调整金额如为正数，按照该金额借记"资金结存——货币资金"科目，贷记"非财政拨款结余"科目；如为负数，按照该金额借记"非财政拨款结余"科目，贷记"资金结存——货币资金"科目。

（12）调整其他应缴税费对非财政拨款结余的影响。

科学事业单位应当对原账"应缴税费"科目余额中非增值税的其他应交税费金额进行分析，划分出财政补助应交金额、非财政补助专项资金应交金额和非财政补助非专项资金应交金额，按照非财政补助非专项资金应交金额，借记"资金结存——货币资金"科目，贷记"非财政拨款结余"科目。

（13）调整预收账款对非财政拨款结余的影响。

科学事业单位应当按照原账的"预收账款"科目余额中预收非财政非专项资金的金额，借记"资金结存——货币资金"科目，贷记"非财政拨款结余"科目。

（14）调整其他应付款对非财政拨款结余的影响。

科学事业单位应当对原账的"其他应付款"科目余额（扣除属于受托代理负债的金额）进行分析，区分其中支出类的金额（确认其他应付款时计入支出）和周转类的金额（如收取的押金、保证金等），并对支出类的金额划分为财政补助资金列支的金额、非财政补助专项资金列支的金额和非财政补助非专项资金列支的金额，按照非财政补助非专项资金列支的金额，借记"资金结存——货币资金"科目，贷记"非财政拨款结余"科目。

（15）调整专用基金对非财政拨款结余的影响。

科学事业单位应当对原账的"专用基金"科目余额进行分析，划分出按照收入比例列支提取的专用基金，按照列支提取的专用基金的金额，借记"资金结存——货币资金"科目，贷记"非财政拨款结余"科目。

3.科学事业单位按照前述1、2两个步骤难以准确调整出"非财政拨款结余"科目及对应的"资金结存"科目余额的，在新旧制度转换时，可以在新账的"库存现金""银行存款""其他货币资金""财政应返还额度"科目借方余额合计数基础上，对不纳入单位预算管理的资金进行调整(如减去新账中货币资金形式的受托代理资产、应缴财政款、已收取将来需要退回资金的其他应付款等，加上已支付将来需要收回资金的其他应收款等)，按照调整后的金额减去新账的"财政拨款结转""财政拨款结余""非财政拨款结转""专用结余"科目贷方余额合计数，加上"经营结余"科目借方余额后的金额，登记新账的"非财政拨款结余"科目贷方；同时，按照相同的金额登记新账的"资金结存——货币资金"科目借方。

（六）"其他结余""非财政拨款结余分配"科目。

新制度设置了"其他结余"和"非财政拨款结余分配"科目。由于这两个科目年初无余额，在新旧制度转换时，科学事业单位无需对"其他结余"和"非财政拨款结余分配"科目进行新账年初余额登记。

（七）预算收入类、预算支出类会计科目。

由于预算收入类、预算支出类会计科目年初无余额，在新旧制度转换时，科学事业单位无需对预算收入类、预算支出类会计科目进行新账年初余额登记。

科学事业单位应当自2019年1月1日起，按照新制度设置预算收入类、预算支出类科目并进行账务处理。

科学事业单位存在2018年12月31日需要按照新制度预算会计核算基础调整预算会计科目期初余额的其他事项的，应当比照本规定调整新账的相应预算会计科目期初余额。

科学事业单位对预算会计科目的期初余额登记和调整，应当编制记账凭证，并将期初余额登记和调整的依据作为原始凭证。

四、财务报表和预算会计报表的新旧衔接

（一）编制2019年1月1日资产负债表。

科学事业单位应当根据2019年1月1日新账的财务会计科目余额，按照新制度编制2019年1月1日资产负债表（仅要求填列各项目"年初余额"）。

（二）2019年度财务报表和预算会计报表的编制。

科学事业单位应当按照新制度及补充规定编制2019年财务报表和预算会计报表。在编制2019年度收入费用表、净资产变动表、现金流量表和预算收入支出表、预算结转结余变动表时，不要求填列上年比较数。

科学事业单位应当根据2019年1月1日新账财务会计科目余额，填列2019年净资产变动表各项目的"上年年末余额"；根据2019年1月1日新账预算会计科目余额，填列2019年预算结转结余变动表的"年初预算结转结余"项目和财政拨款预算收入支出表的"年初财政拨款结转结余"项目。

五、其他事项

（一）截至2018年12月31日尚未进行基建"并账"的科学事业单位，应当首先按照《新旧科学事业单位会计制度有关衔接问题的处理规定》（财会〔2014〕4号），将基建账套相关数据并入2018年12月31日原账中的相关科目余额，再按照本规定将2018年12月31日原账相关会计科目余额转入新账相应科目。

（二）2019年1月1日前执行新制度及补充规定的科学事业单位，应当按照本规定做好新旧制度衔接工作。

附表1： 科学事业单位原会计科目余额明细表一

总账科目	明细分类	金额	备注
库存现金	库存现金		
	其中：受托代理现金		
银行存款	银行存款		
	其中：受托代理银行存款		
	其他货币资金		
其他应收款	在途物品		已经付款或已开出商业汇票，尚未收到物资
	其他		
库存材料	在加工材料		
	非在加工材料		
科技产品	生产成本		
	产成品		
长期投资	长期股权投资		
	长期债券投资		
在建工程	在建工程		
	工程物资		
	预付工程款、预付备料款		
应缴税费	应交增值税		
	其他应交税费		
其他应付款	受托代理负债		
	其他		

附表2： 科学事业单位原会计科目余额明细表二

总账科目	明细分类	金额	备注
应收票据、应收账款	发生时不计入收入		如转让资产的应收票据、应收账款
	发生时计入收入		
	其中：专项收入		
	其他		

续表

总账科目	明细分类	金额	备注
预付账款	财政补助资金预付		
	非财政补助专项资金预付		
	非财政补助非专项资金预付		
其他应收款	预付款项		如职工预借的差旅费等
	其中：财政补助资金预付		
	非财政补助专项资金预付		
	非财政补助非专项资金预付		
	需要收回及其他		如支付的押金、应收为职工垫付的款项等
库存材料、科技产品	购入存货		
	其中：使用财政补助资金购入		
	使用非财政补助专项资金购入		
	使用非财政补助非专项资金购入		
	非购入存货		
长期投资	长期股权投资		
	其中：用现金资产取得		
	用非现金资产或其他方式取得		
	长期债券投资		
应付票据、应付账款、应付职工薪酬、长期应付款	发生时不计入支出		
	发生时计入支出		
	其中：财政补助资金应付		
	非财政补助专项资金应付		
	非财政补助非专项资金应付		
预收账款	预收专项资金		
	预收非专项资金		
应缴税费—应缴增值税	非财政补助专项资金应交		
	非财政补助非专项资金应交		
应缴税费—应缴其他税费	财政补助应交		
	非财政补助专项资金应交		
	非财政补助非专项资金应交		

续表

总账科目	明细分类	金额	备注
其他应付款	支出类		确认其他应付款时确认支出
	其中：财政补助资金应付		
	非财政补助专项资金应付		
	非财政补助非专项资金应付		
	周转类		如收取的押金、保证金等
专用基金	从非财政补助结余分配中提取		
	从收入中列支提取		
	其他		

附表3： **科学事业单位新旧会计制度转账、登记新账科目对照表**

序号	新制度科目		原制度科目	
	编号	名称	编号	名称
一、资产类				
1	1001	库存现金	1001	库存现金
2	1002	银行存款	1002	银行存款
3	1021	其他货币资金		
4	1101	短期投资	1101	短期投资
5	1201	财政应返还额度	1201	财政应返还额度
6	1211	应收票据	1211	应收票据
7	1212	应收账款	1212	应收账款
8	1214	预付账款	1213	预付账款
9	1218	其他应收款	1215	其他应收款
10	1301	在途物品		
11	1302	库存物品	1301	库存材料
12	1303	加工物品		
13	1302	库存物品	1302	科技产品
14	1303	加工物品		
15	1501	长期股权投资	1401	长期投资
16	1502	长期债券投资		
17	1601	固定资产	1501	固定资产

续表

序号	新制度科目		原制度科目	
	编号	名称	编号	名称
18	1602	固定资产累计折旧	1502	累计折旧
19	1611	工程物资	1511	在建工程
20	1613	在建工程		
21	1214	预付账款		
22	1701	无形资产	1601	无形资产
23	1702	无形资产累计摊销	1602	累计摊销
24	1902	待处理财产损溢	1701	待处置资产损溢
二、负债类				
25	2001	短期借款	2001	短期借款
26	2101	应交增值税	2101	应缴税费
27	2102	其他应交税费		
28	2103	应缴财政款	2102	应缴国库款
29			2103	应缴财政专户款
30	2201	应付职工薪酬	2201	应付职工薪酬
31	2301	应付票据	2301	应付票据
32	2302	应付账款	2302	应付账款
33	2305	预收账款	2303	预收账款
34	2307	其他应付款	2305	其他应付款
35	2901	受托代理负债		
36	2501	长期借款	2401	长期借款
37	2502	长期应付款	2402	长期应付款
三、净资产类				
38	3001	累计盈余	3001	事业基金
39			3101	非流动资产基金
40	3101	专用基金	3201	专用基金
41	3001	累计盈余	3301	财政补助结转
42			3302	财政补助结余
43			3401	非财政补助结转
44	3001	累计盈余（借方）	3403	经营结余（借方）

续表

序号	新制度科目		原制度科目	
	编号	名称	编号	名称
四、预算结余类				
45	8101	财政拨款结转	3301	财政补助结转
46	8102	财政拨款结余	3302	财政补助结余
47	8201	非财政拨款结转	3401	非财政补助结转
48	8202	非财政拨款结余	3001	事业基金
49	8301	专用结余	3201	专用基金
50	8401	经营结余	3403	经营结余
51	8001	资金结存（借方）	3301	财政补助结转
52			3302	财政补助结余
53			3401	非财政补助结转
54			3001	事业基金
55			3201	专用基金
56			3403	经营结余

3.18 关于医院执行《政府会计制度——行政事业单位会计科目和报表》的补充规定

2018年8月27日 财会〔2018〕24号

根据《政府会计准则——基本准则》，结合行业实际情况，现就公立医院[13]（以下简称医院）执行《政府会计制度——行政事业单位会计科目和报表》（以下简称新制度）做出如下补充规定：

一、关于在新制度相关一级科目下设置明细科目

（一）医院应当在新制度规定的"1212 应收账款"科目下设置如下明细科目：

1. "121201 应收在院病人医疗款"科目，核算医院因提供医疗服务而应向在院病人收取的医疗款。

2. "121202 应收医疗款"科目，核算医院因提供医疗服务而应向医疗保险机构、门急诊病人、出院病人等收取的医疗款，应当按照医疗保险机构、门急诊病人、出院病人等进行明细核算。医院应当在本科目下设置如下明细科目：

---

13 本规定所指公立医院包括中华人民共和国境内各级各类独立核算的公立医院，含综合医院、中医院、中西医结合医院、民族医院、专科医院、门诊部（所）、疗养院等，不包括城市社区卫生服务中心（站）、乡镇卫生院等基层医疗卫生机构。

（1）"12120201 应收医保款"科目，核算医院因提供医疗服务而应向医疗保险机构收取的医疗款。

（2）"12120202 门急诊病人欠费"科目，核算门急诊病人应付未付医疗款。

（3）"12120203 出院病人欠费"科目，核算出院病人应付未付医疗款。

3. "121203 其他应收账款"科目核算医院除应收在院病人医疗款、应收医疗款以外的其他应收账款，如医院因提供科研教学等服务、按合同或协议约定应向接受服务单位收取的款项。

（二）医院应当在新制度规定的"1219 坏账准备"科目下设置如下明细科目：

1. "121901 应收账款坏账准备"科目，核算医院按规定对"应收账款——应收医疗款""应收账款——其他应收账款"提取的坏账准备。

2. "121902 其他应收款坏账准备"科目，核算医院按规定对其他应收款提取的坏账准备。

（三）医院应当在新制度规定的"1302 库存物品"科目下设置"130201 药品""130202 卫生材料""130203 低值易耗品""130204 其他材料"和"130205 成本差异"明细科目。在"130202 卫生材料"科目下设置"13020201 血库材料""13020202 医用气体""13020203 影像材料""13020204 化验材料"和"13020205 其他卫生材料"明细科目，分别核算相关物品的成本。

（四）医院应当在新制度规定的"1601 固定资产""1602 固定资产累计折旧"科目下按照形成固定资产的经费性质（财政项目拨款经费、科教经费、其他经费）进行明细核算。

（五）医院应当在新制度规定的"1701 无形资产""1702 无形资产累计摊销"科目下按照形成无形资产的经费性质（财政项目拨款经费、科教经费、其他经费）进行明细核算。

（六）医院应当根据核算需要，参照"1601 固定资产""1701 无形资产"等科目，在新制度规定的"1613 在建工程""1703 研发支出"等科目下按照经费性质（财政项目拨款经费、科教经费、其他经费）进行明细核算。

（七）医院应当在新制度规定的"2305 预收账款"科目下设置如下明细科目：

1. "230501 预收医疗款"科目，核算医院预收医疗保险机构预拨的医疗保险金和预收病人的预交金。医院应当在本科目下设置如下明细科目：

（1）"23050101 预收医保款"科目，核算医院预收医疗保险机构预拨的医疗保险金。

（2）"23050102 门急诊预收款"科目，核算医院预收门急诊病人的预交金。

（3）"23050103 住院预收款"科目，核算医院预收住院病人的预交金。

2. "230502 其他预收账款"科目，核算医院除预收医疗款以外的其他预收账款，如医院因提供科研教学等服务、按合同或协议约定预收接受服务单位的款项。

（八）医院应当在新制度规定的"3001 累计盈余"科目下设置如下明细科目：

1. "300101 财政项目盈余"科目，核算医院财政项目拨款收入减去使用财政项目经费发生的费用后的累计盈余。

2. "300102 医疗盈余"科目，核算医院开展医疗活动形成的、财政项目盈余以外的累计盈余。

3. "300103 科教盈余"科目，核算医院开展科研教学活动形成的、财政项目盈余以外的累计盈余。

4. "300104 新旧转换盈余"科目，核算医院新旧制度衔接时转入新制度下累计盈余中除财政项目盈余、医疗盈余和科教盈余以外的累计盈余。

（九）医院应当在新制度规定的"3101 专用基金"科目下设置如下明细科目：

1. "310101 职工福利基金"科目，核算医院根据有关规定、依据财务会计下医疗盈余（不含财政基本拨款形成的盈余）计算提取的职工福利基金。

2."310102 医疗风险基金"科目,核算医院根据有关规定、按照财务会计下相关数据计算提取并列入费用的医疗风险基金。

(十)医院应当在新制度规定的"3301 本期盈余"科目下设置如下明细科目:

1."330101 财政项目盈余"科目,核算医院本期财政项目拨款相关收入、费用相抵后的余额。

2."330102 医疗盈余"科目,核算医院本期医疗活动产生的、除财政项目拨款以外的各项收入、费用相抵后的余额。

3."330103 科教盈余"科目,核算医院本期科研教学活动产生的、除财政项目拨款以外的各项收入、费用相抵后的余额。

(十一)医院应当在新制度规定的"3302 本年盈余分配"科目下设置"330201 提取职工福利基金""330202 转入累计盈余"明细科目。

(十二)医院应当在新制度规定的"4001 财政拨款收入"科目下按照财政基本拨款收入、财政项目拨款收入进行明细核算。

(十三)医院应当在新制度规定的"4101 事业收入"科目下设置如下明细科目:

1."410101 医疗收入"科目,核算医院开展医疗服务活动实现的收入。医院应当在本科目下设置如下明细科目:

(1)"41010101 门急诊收入"科目,核算医院为门急诊病人提供医疗服务实现的收入。

医院应当在"41010101 门急诊收入"科目下设置"4101010101 挂号收入""4101010102 诊察收入""4101010103 检查收入""4101010104 化验收入""4101010105 治疗收入""4101010106 手术收入""4101010107 卫生材料收入""4101010108 药品收入""4101010109 其他门急诊收入"等明细科目;在"4101010108 药品收入"科目下设置"410101010801 西药收入""410101010802 中成药收入"和"410101010803 中药饮片收入"明细科目。

(2)"41010102 住院收入"科目,核算医院为住院病人提供医疗服务实现的收入。

医院应当在"41010102 住院收入"科目下设置"4101010201 床位收入""4101010202 诊察收入""4101010203 检查收入""4101010204 化验收入""4101010205 治疗收入""4101010206 手术收入""4101010207 护理收入""4101010208 卫生材料收入""4101010209 药品收入""4101010210 其他住院收入"等明细科目;在"4101010209 药品收入"科目下设置"410101020901 西药收入""410101020902 中成药收入"和"410101020903 中药饮片收入"明细科目。

(3)"41010103 结算差额"科目,核算医院同医疗保险机构结算时,因医院按照医疗服务项目收费标准计算确认的应收医疗款金额与医疗保险机构实际支付金额不同而产生的需要调整医院医疗收入的差额(不包括医院因违规治疗等管理不善原因被医疗保险机构拒付所产生的差额)。医院因违规治疗等管理不善原因被医疗保险机构拒付而不能收回的应收医疗款,应按规定确认为坏账损失,不通过本明细科目核算。

2."410102 科教收入"科目,核算医院开展科研教学活动实现的收入。

医院应当在"410102 科教收入"科目下设置"41010201 科研收入""41010202 教学收入"明细科目。

医院因开展科研教学活动从非同级政府财政部门取得的经费拨款,应当在"事业收入——科教收入——科研收入"和"事业收入——科教收入——教学收入"科目下单设"非同级财政拨款"明细科目进行核算。

(十四)医院应当在新制度规定的"5001 业务活动费用"科目下按照经费性质(财政基本拨

款经费、财政项目拨款经费、科教经费、其他经费)进行明细核算,并对政府指令性任务进行明细核算。此外,医院除遵循新制度规定外,还可根据管理要求,参照《政府收支分类科目》中"部门预算支出经济分类科目"对业务活动费用进行明细核算,在新制度规定的"商品和服务费用"明细科目下设置"专用材料费"明细科目,并按照"卫生材料费""药品费"进行明细核算。

(十五)医院应当在新制度规定的"5101 单位管理费用"科目下按照经费性质(财政基本拨款经费、财政项目拨款经费、科教经费、其他经费)进行明细核算。医院可根据管理要求,参照《政府收支分类科目》中"部门预算支出经济分类科目"进行明细核算,在新制度规定的"商品和服务费用"明细科目下设置"专用材料费"明细科目,并按照"卫生材料费""药品费"进行明细核算。

(十六)医院应当在新制度规定的"5901 其他费用"科目下对政府指令性任务进行明细核算。

(十七)医院应当在新制度规定的"6101 事业预算收入"科目下设置如下明细科目:

1. "610101 医疗预算收入"科目,核算医院开展医疗活动取得的现金流入。

医院应当在"610101 医疗预算收入"科目下设置"61010101 门急诊预算收入""61010102 住院预算收入"明细科目。

2. "610102 科教预算收入"科目,核算医院开展科研教学活动取得的现金流入。

医院应当在"610102 科教预算收入"科目下设置"61010201 科研项目预算收入""61010202 教学项目预算收入"明细科目,并单设"非同级财政拨款"明细科目进行核算。

医院执行新制度在新制度相关一级科目下新增明细科目的情况详见附表1。

二、关于报表及编制说明

医院应当按月度和年度编制财务报表和预算会计报表,至少按年度编制财务报表附注。

医院除按照新制度编制财务报表和预算会计报表外,还应按照本规定编制医疗活动收入费用明细表(详见附表4)。

(一)关于资产负债表。

1. 新增项目。

医院应当在资产负债表"累计盈余"项目下增加"其中:财政项目盈余""医疗盈余""科教盈余""新旧转换盈余"项目(详见附表2)。

2. 新增项目的内容和填列方法。

(1)"财政项目盈余"项目,反映医院接受财政项目拨款产生的累计盈余。本项目应当根据"累计盈余——财政项目盈余"科目的期末余额填列。

(2)"医疗盈余"项目,反映医院开展医疗活动产生的累计盈余。本项目应当根据"累计盈余——医疗盈余"科目的期末余额填列。

(3)"科教盈余"项目,反映医院开展科研教学活动产生的累计盈余。本项目应当根据"累计盈余——科教盈余"科目的期末余额填列。

(4)"新旧转换盈余"项目,反映医院在新旧制度衔接时形成的转换盈余扣除执行新制度后累计弥补医疗亏损后的金额。本项目应当根据"累计盈余——新旧转换盈余"科目的期末余额填列。

(二)关于净资产变动表。

1. 调整项目。

医院应当将净资产变动表中"其中:从预算收入中提取"行项目调整为"其中:从财务会计相关收入中提取",将"从预算结余中提取"行项目调整为"从本期盈余中提取"。

2. 调整项目的内容和填列方法。

（1）"从财务会计相关收入中提取"行，反映医院本年从财务会计相关收入中提取专用基金对净资产的影响。本行"专用基金"项目应当通过对"专用基金"科目明细账记录的分析，根据本年按有关规定从财务会计相关收入中提取专用基金的金额填列。

（2）"从本期盈余中提取"行，反映医院本年根据有关规定从本年度盈余中提取专用基金对净资产的影响。本行"累计盈余""专用基金"项目应当通过对"专用基金"科目明细账记录的分析，根据本年按有关规定从本期盈余中提取专用基金的金额填列；本行"累计盈余"项目以"-"号填列。

（三）关于收入费用表。

1. 新增项目。

医院应当在收入费用表的"其中：政府性基金收入"项目后增加"其中：财政基本拨款收入""财政项目拨款收入"项目；在"（二）事业收入"项目下增加"其中：医疗收入""科教收入"项目；在"（一）业务活动费用"项目下增加"其中：财政基本拨款经费""财政项目拨款经费""科教经费""其他经费"项目；在"（二）单位管理费用"项目下增加"其中：财政基本拨款经费""财政项目拨款经费""科教经费""其他经费"项目；在"三、本期盈余"项目下增加"其中：财政项目盈余""医疗盈余""科教盈余"项目，详见附表3。

2. 新增项目的内容和填列方法。

（1）"（一）财政拨款收入"项目下的"其中：财政基本拨款收入"项目，反映医院本期取得的财政拨款收入中属于财政基本拨款的金额。本项目应当根据"财政拨款收入——财政基本拨款收入"科目的本期发生额填列。

"财政项目拨款收入"项目，反映医院本期取得的财政拨款收入中属于财政项目拨款的金额。本项目应当根据"财政拨款收入——财政项目拨款收入"科目的本期发生额填列。

（2）"（二）事业收入"项目下的"其中：医疗收入"项目，反映医院本期开展医疗活动实现的收入。本项目应当根据"事业收入——医疗收入"科目的本期发生额填列。

"科教收入"项目，反映医院本期开展科研教学活动实现的收入。本项目应当根据"事业收入——科教收入"科目的本期发生额填列。

（3）"（一）业务活动费用"项目下的"其中：财政基本拨款经费"项目，反映医院本期使用财政基本拨款经费发生的各项业务活动费用。本项目应当根据"业务活动费用"科目中经费性质为财政基本拨款经费部分的本期发生额填列。

"财政项目拨款经费"项目，反映医院本期使用财政项目拨款经费发生的各项业务活动费用。本项目应当根据"业务活动费用"科目中经费性质为财政项目拨款经费部分的本期发生额填列。

"科教经费"项目，反映医院本期使用科教经费开展科研教学活动所发生的各项业务活动费用。本项目应当根据"业务活动费用"科目中经费性质为科教经费部分的本期发生额填列。

"其他经费"项目，反映医院本期使用其他经费开展医疗活动所发生的各项业务活动费用。本项目应当根据"业务活动费用"中经费性质为其他经费部分的本期发生额填列。

（4）"（二）单位管理费用"项目下的"其中：财政基本拨款经费"项目，反映医院本期使用财政基本拨款经费发生的各项单位管理费用。本项目应当根据"单位管理费用"科目中经费性质为财政基本拨款经费部分的本期发生额填列。

"财政项目拨款经费"项目，反映医院本期使用财政项目拨款经费发生的各项单位管理费用。本项目应当根据"单位管理费用"科目中经费性质为财政项目拨款经费部分的本期发生额填列。

"科教经费"项目,反映医院本期使用科教经费(从科教经费中提取的项目管理费或间接费)所发生的各项单位管理费用。本项目应当根据"单位管理费用"科目中经费性质为科教经费部分的本期发生额填列。

"其他经费"项目,反映医院本期使用其他经费开展医疗活动所发生的各项单位管理费用。本项目应当根据"单位管理费用"科目中经费性质为其他经费部分的本期发生额填列。

(5)"三、本期盈余"项目下的"其中:财政项目盈余"项目,反映医院本期财政项目拨款收入扣除使用财政项目拨款经费发生的费用后的净额。本项目应当根据本表中"财政拨款收入"项目下"财政项目拨款收入"项目金额减去"业务活动费用"项目下"财政项目拨款经费"项目与"单位管理费用"项目下"财政项目拨款经费"项目金额合计数后的金额填列。

"医疗盈余"项目,反映医院本期医疗活动相关收入扣除医疗活动相关费用后的净额。本项目应当根据本表中"财政拨款收入"项目下"财政基本拨款收入""事业收入"项目下"医疗收入""上级补助收入""附属单位上缴收入""经营收入""非同级财政拨款收入""投资收益""捐赠收入""利息收入""租金收入""其他收入"项目金额合计数减去"业务活动费用"项目下"财政基本拨款经费"和"其他经费""单位管理费用"项目下"财政基本拨款经费"和"其他经费""经营费用""资产处置费用""上缴上级费用""对附属单位补助费用""所得税费用""其他费用"项目金额合计数后的金额填列;如相减后金额为负数,以"-"号填列。

"科教盈余"项目,反映医院本期科研教学活动收入扣除科研教学活动费用后的净额。本项目应当根据本表中"事业收入"项目下"科教收入"项目金额减去"业务活动费用"项目下"科教经费"项目与"单位管理费用"项目下"科教经费"项目金额合计数后的金额填列。

(四)关于医疗活动收入费用明细表。

1.本表反映医院在某一会计期间内医疗活动相关收入、费用及其所属明细项目的详细情况。

2.本表"本月数"栏反映各项目的本月实际发生数。编制年度医疗活动收入费用明细表时,应当将本栏改为"本年数",反映本年度各项目的实际发生数。

本表"本年累计数"栏反映各项目自年初至报告期期末的累计实际发生数。编制年度医疗活动收入费用明细表时,应当将本栏改为"上年数",反映上年度各项目的实际发生数,"上年数"栏应当根据上年年度医疗活动收入费用明细表中"本年累计数"栏内所列数字填列。

如果本年度医疗活动收入费用明细表规定的项目名称和内容同上年度不一致,应当对上年度医疗活动收入费用明细表项目名称和数字按照本年度的规定进行调整,将调整后的金额填入本年度医疗活动收入费用明细表的"上年数"栏内。

3.本表各项目的填列方法。

(1)医疗活动收入。

"医疗活动收入合计"项目,反映医院本期医疗活动收入总额。本项目应当根据本表中"财政基本拨款收入""医疗收入""上级补助收入""附属单位上缴收入""经营收入""非同级财政拨款收入""投资收益""捐赠收入""利息收入""租金收入""其他收入"项目金额的合计数填列。

"财政基本拨款收入"项目应根据"财政拨款收入——基本支出"明细科目本期发生额填列。

"医疗收入"项目及其所属明细项目应根据"事业收入——医疗收入"科目及其所属明细科目的本期发生额填列。

"上级补助收入""附属单位上缴收入""经营收入""非同级财政拨款收入""投资收益""捐

赠收入""利息收入""租金收入""其他收入"项目应根据所对应科目的本期发生额填列。

（2）医疗活动费用。

"医疗活动费用合计"项目，反映医院本期医疗活动费用总额。本项目应当根据本表中"业务活动费用""单位管理费用""经营费用""资产处置费用""上缴上级费用""对附属单位补助费用""所得税费用""其他费用"项目金额的合计数填列。

"业务活动费用""单位管理费用"项目及其所属明细项目应根据"业务活动费用""单位管理费用"科目及其所属明细科目中经费性质为财政基本拨款经费和其他经费的本期发生额填列。

"经营费用""资产处置费用""上缴上级费用""对附属单位补助费用""所得税费用""其他费用"项目应根据所对应科目的本期发生额填列。

（五）关于预算收入支出表。

1. 新增项目。

医院应当在预算收入支出表的"其中：政府性基金收入"项目后增加"其中：财政基本拨款预算收入""财政项目拨款预算收入"；在"（二）事业预算收入"项目下增加"其中：医疗预算收入""科教预算收入"项目；在"（二）事业支出"项目下增加"其中：财政基本拨款支出""财政项目拨款支出""科教资金支出""其他资金支出"项目；在"三、本年预算收支差额"项目下增加"其中：财政项目拨款收支差额""医疗收支差额""科教收支差额"项目，详见附表5。

2. 新增项目的内容和填列方法。

（1）"（一）财政拨款预算收入"项目下的"其中：财政基本拨款预算收入"项目，反映医院本期取得的财政拨款预算收入中属于财政基本支出拨款的金额。本项目应当根据"财政拨款预算收入——基本支出"科目的本期发生额填列。

"财政项目拨款预算收入"项目，反映医院本期取得的财政拨款收入中属于财政项目支出拨款的金额。本项目应当根据"财政拨款预算收入——项目支出"科目的本期发生额填列。

（2）"（二）事业预算收入"项目下的"其中：医疗预算收入"项目，反映医院本期开展医疗活动取得的预算收入。本项目应当根据"事业预算收入——医疗预算收入"科目的本期发生额填列。

"科教预算收入"项目，反映医院本期开展科研教学活动取得的预算收入。本项目应当根据"事业预算收入——科教预算收入"科目的本期发生额填列。

（3）"（二）事业支出"项目下的"其中：财政基本拨款支出"项目，反映医院本期使用财政基本拨款发生的事业支出。本项目应当根据"事业支出"科目中资金性质为财政基本拨款部分的本期发生额填列。

"财政项目拨款支出"项目，反映医院本期使用财政项目拨款发生的事业支出。本项目应当根据"事业支出"科目中资金性质为财政项目拨款部分的本期发生额填列。

"科教资金支出"项目，反映医院本期开展科研教学活动所发生的事业支出。本项目应当根据"事业支出"科目中资金性质为科教资金部分的本期发生额填列。

"其他资金支出"项目，反映医院本期开展医疗活动所发生的事业支出。本项目应当根据"事业支出"科目中资金性质为其他资金部分的本期发生额填列。

（4）"三、本年预算收支差额"项目下的"财政项目拨款收支差额"项目，反映医院本期财政项目拨款预算收入扣除财政项目拨款支出后的差额，应当根据本表中"财政拨款预算收入"

项目下"财政项目拨款预算收入"项目金额减去本表中"事业支出"项目下"财政项目拨款支出"项目金额后的金额填列。

"医疗收支差额"项目，反映医院本期医疗活动相关的预算收入扣除相关预算支出后的差额，应当根据本表中"财政拨款预算收入"项目下"财政基本拨款预算收入"项目金额以及本表中"事业预算收入——医疗预算收入""上级补助预算收入""附属单位上缴预算收入""经营预算收入""债务预算收入""非同级财政拨款预算收入""投资预算收益""其他预算收入"项目金额合计数减去"事业支出"项目下"财政基本拨款支出""事业支出"项目下"其他资金支出""经营支出""上缴上级支出""对附属单位补助支出""投资支出""债务还本支出""其他支出"项目金额合计数后的金额填列；如相减后金额为负数，以"-"号填列。

"科教收支差额"项目，反映医院本期开展科研教学活动相关预算收入扣除相关预算支出后的差额，应当根据本表中"事业预算收入"项目下"科教预算收入"项目金额减去"事业支出"项目下"科教资金支出"项目金额后的金额填列。

（六）关于财务报表附注。

医院应当在财务报表附注中披露所承担的政府指令性任务的相关费用信息，披露格式如下：

政府指令性任务	业务活动费用	其他费用	合计
任务1			
……			
其他			
合计			

三、关于坏账准备的计提范围

医院应当对除应收在院病人医疗款以外的应收账款和其他应收款按规定提取坏账准备。

四、关于运杂费的会计处理

医院为取得库存物品单独发生的运杂费等，能够直接计入业务成本的，计入业务活动费用，借记"业务活动费用"科目，贷记"库存现金""银行存款"等科目；不能直接计入业务成本的，计入单位管理费用，借记"单位管理费用"科目，贷记"库存现金""银行存款"等科目。

五、关于自制制剂的会计处理

医院对于按自主定价或备案价核算的自制制剂，在已经制造完成并验收入库时，按照自主定价或备案价，借记"库存物品——药品"科目，按照所发生的实际成本，贷记"加工物品"科目，按照借贷方之间的差额，借记或贷记"库存物品——成本差异"科目。

医院开展业务活动等领用或发出自制制剂，按照自主定价或备案价加上或减去成本差异后的金额，借记"业务活动费用""单位管理费用"等科目，按照自主定价或备案价，贷记"库存物品——药品"科目，按照领用或发出自制制剂应负担的成本差异，借记或贷记"库存物品——成本差异"科目。

六、关于固定资产折旧年限

通常情况下，医院应当按照本规定附表6确定各类应计提折旧的固定资产的折旧年限。

七、关于弥补医疗亏损的账务处理

年末，医院"累计盈余——医疗盈余"科目为借方余额的，医院应当按照有关规定确定的用于弥补医疗亏损的金额，借记"累计盈余——新旧转换盈余"科目，贷记"累计盈余——医疗盈余"科目。

八、关于本期盈余结转的账务处理

期末,医院应当将财政拨款收入中的财政项目拨款收入的本期发生额转入本期盈余,借记"财政拨款收入——财政项目拨款收入"科目,贷记"本期盈余——财政项目盈余"科目;将业务活动费用、单位管理费用中经费性质为财政项目拨款经费部分的本期发生额转入本期盈余,借记"本期盈余——财政项目盈余"科目,贷记"业务活动费用""单位管理费用"科目的相关明细科目。

期末,医院应当将财政拨款收入中的财政基本拨款收入、事业收入中的医疗收入、上级补助收入、附属单位上缴收入、经营收入、非同级财政拨款收入、投资收益、捐赠收入、利息收入、租金收入、其他收入的本期发生额转入本期盈余,借记"财政拨款收入——财政基本拨款收入""事业收入——医疗收入""上级补助收入""附属单位上缴收入""经营收入""非同级财政拨款收入""投资收益""捐赠收入""利息收入""租金收入""其他收入"科目,贷记"本期盈余——医疗盈余"科目;将业务活动费用、单位管理费用中与医疗活动相关且经费性质为财政基本拨款经费和其他经费的部分,以及经营费用、资产处置费用、上缴上级费用、对附属单位补助费用、所得税费用、其他费用的本期发生额转入本期盈余,借记"本期盈余——医疗盈余"科目,贷记"业务活动费用"和"单位管理费用"科目的相关明细科目、"经营费用""资产处置费用""上缴上级费用""对附属单位补助费用""所得税费用""其他费用"科目。

期末,医院应当将事业收入中的科教收入的本期发生额转入本期盈余,借记"事业收入——科教收入"科目,贷记"本期盈余——科教盈余"科目;将业务活动费用中经费性质为科教经费的部分、单位管理费用中经费性质为科教经费的部分(从科教经费中提取的项目管理费或间接费)的本期发生额转入本期盈余,借记"本期盈余——科教盈余"科目,贷记"业务活动费用""单位管理费用"科目的相关明细科目。

年末,完成上述结转后,医院应当将"本期盈余——财政项目盈余""本期盈余——医疗盈余"科目中财政基本拨款形成的盈余余额和"本期盈余——科教盈余"科目余额转入累计盈余对应明细科目,借记或贷记"本期盈余——财政项目盈余""本期盈余——医疗盈余""本期盈余——科教盈余"科目的相关明细科目,贷记或借记"累计盈余——财政项目盈余""累计盈余——医疗盈余""累计盈余——科教盈余"科目。"本期盈余——医疗盈余"科目扣除财政基本拨款形成的盈余后为贷方余额的,将"本期盈余——医疗盈余"科目对应贷方余额转入"本年盈余分配"科目,借记"本期盈余——医疗盈余"科目,贷记"本年盈余分配"科目;"本期盈余——医疗盈余"科目扣除财政基本拨款形成的盈余后为借方余额的,将"本期盈余——医疗盈余"科目对应借方余额转入"累计盈余"科目,借记"累计盈余——医疗盈余"科目,贷记"本期盈余——医疗盈余"科目。

九、关于本年盈余分配的账务处理

年末,医院在按照规定提取专用基金后,应当将"本年盈余分配"科目余额转入累计盈余,借记"本年盈余分配——转入累计盈余"科目,贷记"累计盈余——医疗盈余"科目。

十、关于医疗收入的确认

医院应当在提供医疗服务(包括发出药品)并收讫价款或取得收款权利时,按照规定的医疗服务项目收费标准计算确定的金额确认医疗收入。医院给予病人或其他付费方折扣的,按照折扣后的实际金额确认医疗收入。

十一、关于医事服务费和药事服务费的会计处理

执行医事服务费的医院应当通过"事业收入——医疗收入——门急诊收入——诊察收入"和"事业收入——医疗收入——住院收入——诊察收入"科目核算医事服务收入。医院在实现医事服务收入时，应当借记"库存现金""银行存款""应收账款"等科目，属于门急诊收入的，贷记"事业收入——医疗收入——门急诊收入——诊察收入"科目，属于住院收入的，贷记"事业收入——医疗收入——住院收入——诊察收入"科目。

执行药事服务费的医院应当通过"事业收入——医疗收入——门急诊收入——其他门急诊收入"和"事业收入——医疗收入——住院收入——其他住院收入"科目核算药事服务收入。医院在实现药事服务收入时，应当借记"库存现金""银行存款""应收账款"等科目，属于门急诊收入的，贷记"事业收入——医疗收入——门急诊收入——其他门急诊收入"科目，属于住院收入的，贷记"事业收入——医疗收入——住院收入——其他住院收入"科目。

十二、关于医院与医疗保险机构结算医疗款的账务处理

医院同医疗保险机构结算医疗款时，应当按照实际收到的金额，借记"银行存款"科目，按照医院因违规治疗等管理不善原因被医疗保险机构拒付的金额，借记"坏账准备"科目，按照应收医疗保险机构的金额，贷记"应收账款——应收医疗款——应收医保款"科目，按照借贷方之间的差额，借记或贷记"事业收入——医疗收入——结算差额"科目。

医院预收医疗保险机构医保款的，在同医疗保险机构结算医疗款时，还应冲减相关的预收医保款。

十三、关于按合同完成进度确认科教收入

医院以合同完成进度确认科教收入时，应当根据业务实质，选择累计实际发生的合同成本占合同预计总成本的比例、已经完成的合同工作量占合同预计总工作量的比例、已经完成的时间占合同期限的比例、实际测定的完工进度等方法，合理确定合同完成进度。

十四、关于计提和使用项目间接费用或管理费的账务处理

（一）医院按规定从科研项目收入中计提项目间接费用或管理费时，除按新制度规定借记"单位管理费用"科目外，也可根据实际情况借记"业务活动费用"等科目。

（二）医院使用计提的项目间接费用或管理费购买固定资产、无形资产的，在财务会计下，按照固定资产、无形资产的成本金额，借记"固定资产""无形资产"科目，贷记"银行存款"等科目；同时，按照相同的金额，借记"预提费用——项目间接费用或管理费"科目，贷记"累计盈余"科目。在预算会计下，按照相同的金额，借记"事业支出"等科目，贷记"资金结存"科目。

十五、关于成本报表

医院应当按月度和年度编制成本报表，具体包括医院各科室直接成本表（见附表7）、医院临床服务类科室全成本表（见附表8）和医院临床服务类科室全成本构成分析表（见附表9）。成本报表主要以科室、诊次和床日为成本核算对象，所反映的成本均不包括财政项目拨款经费、科教经费形成的各项费用。

（一）医院各科室直接成本表。

1. 本表反映在将医院的单位管理费用（行政后勤类科室成本）和医疗技术、医疗辅助科室成本分摊至临床服务类科室成本前各科室直接成本情况。直接成本是指科室开展医疗服务活动发生的能够直接计入或采用一定方法计算后直接计入科室成本的各种费用。

各科室直接成本需要按成本项目，即人员经费、卫生材料费、药品费、固定资产折旧费、无形资产摊销费、提取医疗风险基金和其他费用分别列示。

2. 编制说明。

（1）医院各科室直接成本表的各栏目应根据"业务活动费用""单位管理费用"科目所属明细科目的记录直接或分析填列。

"人员经费"项目应当根据"工资福利费用"和"对个人和家庭的补助费用"明细科目的本期发生额分析填列，"卫生材料费"项目应当根据"商品和服务费用——专用材料费——卫生材料费"明细科目的本期发生额分析填列，"药品费"项目应当根据"商品和服务费用——专用材料费——药品费"明细科目的本期发生额分析填列，"固定资产折旧费"项目应当根据"固定资产折旧费"明细科目的本期发生额分析填列，"无形资产摊销费"项目应当根据"无形资产摊销费"明细科目的本期发生额分析填列，"提取医疗风险基金"项目应当根据"计提专用基金——医疗风险基金"明细科目的本期发生额分析填列，"其他费用"应当根据"业务活动费用""单位管理费用"科目除以上明细科目外其他明细科目的本期发生额分析填列。

（2）医疗业务成本合计 = 临床服务类科室成本小计 + 医疗技术类科室成本小计 + 医疗辅助类科室成本小计。

（3）本月总计 = 医疗业务成本合计 + 管理费用。

（二）医院临床服务类科室全成本表。

1. 本表反映医院根据《医院财务制度》规定的原则和程序，将单位管理费用、医疗辅助类科室直接成本、医疗技术类科室直接成本逐步分摊转移到临床服务类科室后，各临床服务类科室的全成本情况。临床服务类科室全成本包括科室直接成本和分摊转移的间接成本。

各临床服务类科室的直接成本、间接成本和全成本应当按照人员经费、卫生材料费、药品费、固定资产折旧费、无形资产摊销费、提取医疗风险基金和其他费用等成本项目分别列示。

2. 编制说明。

医院临床服务类科室全成本表中的"直接成本"栏应当根据"业务活动费用""单位管理费用"科目及其所属明细科目记录直接或分析填列。该栏目金额应当与"医院各科室直接成本表"中对应栏目金额保持一致。

本表中"间接成本"栏应当根据《医院财务制度》规定的方法计算填列。

本表中"全成本"栏应当根据本表中"直接成本"栏金额和"间接成本"栏金额合计数填列。

（三）医院临床服务类科室全成本构成分析表。

1. 本表反映各临床服务类科室的全成本中各项成本所占的比例情况，以及各临床服务类科室的床日成本、诊次成本情况。

诊次和床日成本核算是以诊次、床日为核算对象，将科室成本进一步分摊到门急诊人次、住院床日中，计算出诊次成本、床日成本。

2. 编制说明。

（1）医院临床服务类科室全成本构成分析表各项目应当依据医院临床服务类科室全成本表的数据计算填列，其中，床日成本、诊次成本应当根据《医院财务制度》计算填列。

（2）医院临床服务类科室全成本构成分析表用于对医院临床服务类科室全成本要素及其结构进行分析与监测。"##"为某一临床服务类科室不同成本项目的构成比，用于分析各临床服务类科室的成本结构，确定各科室内部成本管理的重点成本项目。

例：人员经费%（##）=（某一临床服务类科室人员经费金额/该科室全成本合计）×100%

人员经费金额合计（**）= 各临床服务类科室人员经费之和

人员经费合计%=（各临床服务类科室人员经费之和/各临床服务类科室全成本合计）×100%

十六、生效日期

本规定自2019年1月1日起施行。

附表1　　　　　　　　　　　医院执行新制度新增明细科目表

科目编码	科目名称	备注
1212	应收账款	
121201	应收账款\应收在院病人医疗款	
121202	应收账款\应收医疗款	
12120201	应收账款\应收医疗款\应收医保款	
1212020101	应收账款\应收医疗款\应收医保款\应收门急诊医保款	
1212020102	应收账款\应收医疗款\应收医保款\应收住院医保款	
12120202	应收账款\应收医疗款\门急诊病人欠费	
12120203	应收账款\应收医疗款\出院病人欠费	
121203	应收账款\其他应收账款	
1219	坏账准备	
121901	坏账准备\应收账款坏账准备	
121902	坏账准备\其他应收款坏账准备	
1302	库存物品	
130201	库存物品\药品	
130202	库存物品\卫生材料	
13020201	库存物品\卫生材料\血库材料	
13020202	库存物品\卫生材料\医用气体	
13020203	库存物品\卫生材料\影像材料	
13020204	库存物品\卫生材料\化验材料	
13020205	库存物品\卫生材料\其他卫生材料	
130203	库存物品\低值易耗品	
130204	库存物品\其他材料	
130205	库存物品\成本差异	
1601	固定资产	按形成固定资产的经费性质（财政项目拨款经费、科教经费、其他经费）进行明细核算
1602	固定资产累计折旧	

续表

科目编码	科目名称	备注
1701	无形资产	按形成无形资产的经费性质（财政项目拨款经费、科教经费、其他经费）进行明细核算
1702	无形资产累计摊销	
2305	预收账款	按债权人明细核算
230501	预收账款\预收医疗款	
23050101	预收账款\预收医疗款\预收医保款	
23050102	预收账款\预收医疗款\门急诊预收款	
23050103	预收账款\预收医疗款\住院预收款	
230502	预收账款\其他预收账款	
3001	累计盈余	
300101	累计盈余\财政项目盈余	
300102	累计盈余\医疗盈余	
300103	累计盈余\科教盈余	
300104	累计盈余\新旧转换盈余	
3101	专用基金	
310101	专用基金\职工福利基金	
310102	专用基金\医疗风险基金	
3301	本期盈余	
330101	本期盈余\财政项目盈余	
330102	本期盈余\医疗盈余	
330103	本期盈余\科教盈余	
3302	本年盈余分配	
330201	本年盈余分配\提取职工福利基金	
330202	本年盈余分配\转入累计盈余	
4001	财政拨款收入	按照财政基本支出、项目支出进行明细核算
4101	事业收入	对"非同级财政拨款"进行明细核算
410101	事业收入\医疗收入	
41010101	事业收入\医疗收入\门急诊收入	
4101010101	事业收入\医疗收入\门急诊收入\挂号收入	
4101010102	事业收入\医疗收入\门急诊收入\诊察收入	核算医事服务收入

续表

科目编码	科目名称	备注
4101010103	事业收入\医疗收入\门急诊收入\检查收入	
4101010104	事业收入\医疗收入\门急诊收入\化验收入	
4101010105	事业收入\医疗收入\门急诊收入\治疗收入	
4101010106	事业收入\医疗收入\门急诊收入\手术收入	
4101010107	事业收入\医疗收入\门急诊收入\卫生材料收入	
4101010108	事业收入\医疗收入\门急诊收入\药品收入	
410101010801	事业收入\医疗收入\门急诊收入\药品收入\西药收入	
410101010802	事业收入\医疗收入\门急诊收入\药品收入\中成药收入	
410101010803	事业收入\医疗收入\门急诊收入\药品收入\中药饮片收入	
4101010109	事业收入\医疗收入\门急诊收入\其他门急诊收入	核算药事服务收入
41010102	事业收入\医疗收入\住院收入	
4101010201	事业收入\医疗收入\住院收入\床位收入	
4101010202	事业收入\医疗收入\住院收入\诊察收入	核算医事服务收入
4101010203	事业收入\医疗收入\住院收入\检查收入	
4101010204	事业收入\医疗收入\住院收入\化验收入	
4101010205	事业收入\医疗收入\住院收入\治疗收入	
4101010206	事业收入\医疗收入\住院收入\手术收入	
4101010207	事业收入\医疗收入\住院收入\护理收入	
4101010208	事业收入\医疗收入\住院收入\卫生材料收入	
4101010209	事业收入\医疗收入\住院收入\药品收入	
410101020901	事业收入\医疗收入\住院收入\药品收入\西药收入	
410101020902	事业收入\医疗收入\住院收入\药品收入\中成药收入	
410101020903	事业收入\医疗收入\住院收入\药品收入\中药饮片收入	
4101010210	事业收入\医疗收入\住院收入\其他住院收入	核算药事服务收入
41010103	事业收入\医疗收入\结算差额	
410102	事业收入\科教收入	
41010201	事业收入\科教收入\科研收入	
41010202	事业收入\科教收入\教学收入	

续表

科目编码	科目名称	备注
5001	业务活动费用	按照经费性质（财政基本拨款经费、财政项目拨款经费、科教经费、其他经费）进行明细核算，并对"政府指令性任务"进行明细核算
5101	单位管理费用	按照经费性质（财政基本拨款经费、财政项目拨款经费、科教经费、其他经费）进行明细核算
5901	其他费用	对"政府指令性任务"进行明细核算
6101	事业预算收入	对"非同级财政拨款"进行明细核算
610101	事业预算收入\医疗预算收入	
61010101	事业预算收入\医疗预算收入\门急诊预算收入	
61010102	事业预算收入\医疗预算收入\住院预算收入	
610102	事业预算收入\科教预算收入	
61010201	事业预算收入\科教预算收入\科研项目预算收入	
61010202	事业预算收入\科教预算收入\教学项目预算收入	

附表 2

资产负债表

会政财 01 表

编制单位：　　　　　　　　　　　　　　年　月　日　　　　　　　　　　　　　　单位：元

资　产	期末余额	年初余额	负债和净资产	期末余额	年初余额
流动资产：			流动负债：		
货币资金			短期借款		
短期投资			应交增值税		
财政应返还额度			其他应交税费		
应收票据			应缴财政款		
应收账款净额			应付职工薪酬		
预付账款			应付票据		
应收股利			应付账款		
应收利息			应付政府补贴款		
其他应收款净额			应付利息		
存货			预收账款		
待摊费用			其他应付款		

续表

资产	期末余额	年初余额	负债和净资产	期末余额	年初余额
一年内到期的非流动资产			预提费用		
其他流动资产			一年内到期的非流动负债		
流动资产合计			其他流动负债		
非流动资产：			流动负债合计		
长期股权投资			非流动负债：		
长期债券投资			长期借款		
固定资产原值			长期应付款		
减：固定资产累计折旧			预计负债		
固定资产净值			其他非流动负债		
工程物资			非流动负债合计		
在建工程			受托代理负债		
无形资产原值			负债合计		
减：无形资产累计摊销					
无形资产净值					
研发支出					
公共基础设施原值					
减：公共基础设施累计折旧（摊销）					
公共基础设施净值			净资产：		
政府储备物资			累计盈余		
文物文化资产			其中：财政项目盈余		
保障性住房原值			医疗盈余		
减：保障性住房累计折旧			科教盈余		
保障性住房净值			新旧转换盈余		
长期待摊费用			专用基金		
待处理财产损溢			权益法调整		
其他非流动资产			无偿调拨净资产 *		——
非流动资产合计			本期盈余 *		——
受托代理资产			净资产合计		
资产总计			负债和净资产总计		

注："*"标识项目为月报项目，年报中不需列示。

附表 3　　　　　　　　　　　　　　收入费用表

会政财 02 表

编制单位：　　　　　　　　　　　　　年　月　　　　　　　　　　　　　　单位：元

项目	本月数	本年累计数
一、本期收入		
（一）财政拨款收入		
其中：政府性基金收入		
其中：财政基本拨款收入		
财政项目拨款收入		
（二）事业收入		
其中：医疗收入		
科教收入		
（三）上级补助收入		
（四）附属单位上缴收入		
（五）经营收入		
（六）非同级财政拨款收入		
（七）投资收益		
（八）捐赠收入		
（九）利息收入		
（十）租金收入		
（十一）其他收入		
二、本期费用		
（一）业务活动费用		
其中：财政基本拨款经费		
财政项目拨款经费		
科教经费		
其他经费		
（二）单位管理费用		
其中：财政基本拨款经费		
财政项目拨款经费		
科教经费		
其他经费		
（三）经营费用		

续表

项目	本月数	本年累计数
（四）资产处置费用		
（五）上缴上级费用		
（六）对附属单位补助费用		
（七）所得税费用		
（八）其他费用		
三、本期盈余		
其中：财政项目盈余		
医疗盈余		
科教盈余		

附表 4　　　　医疗活动收入费用明细表

会政财 02 表附表 01

编制单位：　　　　　　　　　　　　　　　年　月　　　　　　　　　　　　　　　单位：元

项目	本月数	本年累计数	项目	本月数	本年累计数
医疗活动收入合计			医疗活动费用合计		
财政基本拨款收入			业务活动费用		
医疗收入			人员经费		
门急诊收入			其中：工资福利费用		
挂号收入			对个人和家庭的补助费用		
诊察收入			商品和服务费用		
检查收入			固定资产折旧费		
化验收入			无形资产摊销费		
治疗收入			计提专用基金		
手术收入			单位管理费用		
卫生材料收入			人员经费		
药品收入			其中：工资福利费用		
其他门急诊收入			对个人和家庭的补助费用		
住院收入			商品和服务费用		
床位收入			固定资产折旧费		
诊察收入			无形资产摊销费		
检查收入			经营费用		

续表

项目	本月数	本年累计数	项目	本月数	本年累计数
化验收入			资产处置费用		
治疗收入			上缴上级费用		
手术收入			对附属单位补助费用		
护理收入			所得税费用		
卫生材料收入			其他费用		
药品收入					
其他住院收入					
结算差额					
上级补助收入					
附属单位上缴收入					
经营收入					
非同级财政拨款收入					
投资收益					
捐赠收入					
利息收入					
租金收入					
其他收入					

附表 5　　　　　　　　　预算收入支出表

会政预 01 表

编制单位：　　　　　　　　　　　年　月　　　　　　　　　　　单位：元

项目	本年数	上年数
一、本年预算收入		
（一）财政拨款预算收入		
其中：政府性基金收入		
其中：财政基本拨款预算收入		
财政项目拨款预算收入		
（二）事业预算收入		
其中：医疗预算收入		
科教预算收入		
（三）上级补助预算收入		

续表

项目	本年数	上年数
（四）附属单位上缴预算收入		
（五）经营预算收入		
（六）债务预算收入		
（七）非同级财政拨款预算收入		
（八）投资预算收益		
（九）其他预算收入		
其中：利息预算收入		
捐赠预算收入		
租金预算收入		
二、本年预算支出		
（一）行政支出		
（二）事业支出		
其中：财政基本拨款支出		
财政项目拨款支出		
科教资金支出		
其他资金支出		
（三）经营支出		
（四）上缴上级支出		
（五）对附属单位补助支出		
（六）投资支出		
（七）债务还本支出		
（八）其他支出		
其中：利息支出		
捐赠支出		
三、本年预算收支差额		
其中：财政项目拨款收支差额		
医疗收支差额		
科教收支差额		

附表 6　　　　　　　　　　医院固定资产折旧年限表

固定资产类别	折旧年限（年）	固定资产类别	折旧年限（年）
一、房屋及构筑物		医用电子仪器	5
业务及管理用房		医用超声仪器	6
钢结构	50	医用高频仪器设备	5
钢筋混凝土结构	50	物理治疗及体疗设备	5
砖混结构	30	高压氧舱	6
砖木结构	30	中医仪器设备	5
简易房	8	医用磁共振设备	6
房屋附属设施	8	医用X线设备	6
构筑物	8	高能射线设备	8
二、通用设备		医用核素设备	6
计算机设备	6	临床检验分析仪器	5
通信设备	5	体外循环设备	5
办公设备	6	手术急救设备	5
车辆	10	口腔设备	6
图书档案设备	5	病房护理设备	5
机械设备	10	消毒设备	6
电气设备	5	其他	5
雷达、无线电和卫星导航设备	10	光学仪器及窥镜	6
广播、电视、电影设备	5	激光仪器设备	5
仪器仪表	5	四、家具、用具及装具	
电子和通信测量设备	5	家具	15
计量标准器具及量具、衡器	5	用具、装具	5
三、专用设备			

附表7

医院各科室直接成本表

成本医01表

年 月

编制单位：　　单位：元

成本项目 科室名称	人员经费 (1)	卫生材料费 (2)	药品费 (3)	固定资产折旧费 (4)	无形资产摊销费 (5)	提取医疗风险基金 (6)	其他费用 (7)	合计 (8)=(1)+(2)+(3)+(4) +(5)+(6)+(7)
临床服务类科室1								
临床服务类科室2								
……								
小计								
医技技术类科室1								
医技技术类科室2								
……								
小计								
医疗辅助类科室1								
医疗辅助类科室2								
……								
小计								
医疗业务成本合计								
管理费用								
本月总计								

附表 8

医院临床服务类科室全成本表

成本医 02 表

编制单位：　　　　　　　　　　　　　　年　月　　　　　　　　　　　　　　　　　　　　　　　　单位：元

成本项目 科室名称	人员经费(1)			卫生材料费(2)			药品费(3)			固定资产折旧费(4)			无形资产摊销费(5)			提取医疗风险基金(6)			其他费用(7)			合计 (8)=(1)+(2) +(3)+(4)+(5) +(6)+(7)		
	直接成本	间接成本	全成本	直接成本	间接成本	全成本	直接成本	间接成本	全成本	直接成本	间接成本	全成本	直接成本	间接成本	全成本	直接成本	间接成本	全成本	直接成本	间接成本	全成本	直接成本	间接成本	全成本
临床服务类科室1																								
临床服务类科室2																								
……																								
科室全成本合计																								

附表 9　　　　　　　　　医院临床服务类科室全成本构成分析表

成本医 03 表

编制单位：　　　　　　　　　　　　　　　年　月　　　　　　　　　　　　　　　　单位：元

成本项目 \ 科室名称	内科		……		各临床服务类科室合计	
	金额	%			金额	%
人员经费 卫生材料费 药品费 固定资产折旧 无形资产摊销 提取医疗风险基金 其他费用	(##)				(**)	
科室全成本合计		(100%)				(100%)
科室收入						
收入——成本						
床日成本						
诊次成本						

3.19　关于医院执行《政府会计制度——行政事业单位会计科目和报表》的衔接规定

2018 年 8 月 27 日　财会〔2018〕24 号

我部于 2017 年 10 月 24 日印发了《政府会计制度——行政事业单位会计科目和报表》（财会〔2017〕25 号，以下简称新制度）。原执行《医院会计制度》（财会〔2010〕27 号，以下简称原制度）的公立医院（以下简称医院），自 2019 年 1 月 1 日起执行新制度，不再执行原制度。为了确保新旧会计制度顺利过渡，现对医院执行新制度及《关于医院执行〈政府会计制度——行政事业单位会计科目和报表〉的补充规定》（以下简称补充规定）的有关衔接问题规定如下：

一、新旧制度衔接总要求

（一）自 2019 年 1 月 1 日起，医院应当严格按照新制度及补充规定进行会计核算、编制财务报表和预算会计报表。

（二）医院应当按照本规定做好新旧制度衔接的相关工作，主要包括以下几个方面：

1. 根据原账编制 2018 年 12 月 31 日的科目余额表，并按照本规定要求，编制原账的部分科目余额明细表（参见附表 1、附表 2）。

2. 按照新制度及补充规定设立 2019 年 1 月 1 日的新账。

3. 按照本规定要求，登记新账的财务会计科目余额和预算结余科目余额，包括将原账科目余额转入新账财务会计科目、按照原账科目余额登记新账预算结余科目（医院新旧会计制度转账、登记新账科目对照表参见附表3），将未入账事项登记新账科目，并对相关新账科目余额进行调整。原账科目是指按照原制度规定设置的会计科目。

4. 按照登记及调整后新账的各会计科目余额，编制2019年1月1日的科目余额表，作为新账各会计科目的期初余额。

5. 根据新账各会计科目期初余额，按照新制度及补充规定编制2019年1月1日资产负债表。

（三）及时调整会计信息系统。医院应当按照新制度及补充规定要求对原有会计信息系统进行及时更新和调试，实现数据正确转换，确保新旧账套的有序衔接。

二、财务会计科目的新旧衔接

（一）将2018年12月31日原账会计科目余额转入新账财务会计科目。

1. 资产类。

（1）"库存现金""银行存款""其他货币资金""财政应返还额度""短期投资""坏账准备""待摊费用""固定资产""无形资产""长期待摊费用""待处理财产损溢"科目。

新制度设置了"库存现金""银行存款""其他货币资金""财政应返还额度""短期投资""坏账准备""待摊费用""固定资产""无形资产""长期待摊费用""待处理财产损溢"科目，其核算内容与原账的上述相应科目的核算内容基本相同。转账时，医院应当将原账的上述科目余额直接转入新账的相应科目。其中，还应当将原账的"库存现金""银行存款"科目余额中属于新制度规定受托代理资产的金额，转入新账的"库存现金""银行存款"科目下"受托代理资产"明细科目。

（2）"应收在院病人医疗款"和"应收医疗款"科目。

新制度及补充规定设置了"应收账款"科目，并在该科目下设置了"应收在院病人医疗款""应收医疗款"和"其他应收账款"明细科目。"应收在院病人医疗款"和"应收医疗款"明细科目的核算内容与原账的"应收在院病人医疗款"和"应收医疗款"科目的核算内容基本相同。转账时，医院应当将原账的"应收在院病人医疗款"和"应收医疗款"科目余额转入新账的"应收账款"科目下"应收在院病人医疗款"和"应收医疗款"明细科目。

（3）"其他应收款"科目。

新制度设置了"其他应收款"科目。转账时，医院应当对原账的"其他应收款"科目余额进行分析，将原账"其他应收款"科目中核算的应收长期股权投资的股利，转入新账的"应收股利"科目；将原账"其他应收款"科目中核算的应收长期债权投资的利息，转入新账的"应收利息"科目；将原账"其他应收款"科目中核算出租资产等应收取的款项，转入新账的"应收账款"科目；将原账"其他应收款"科目中核算的已经付款或开出商业汇票、尚未收到物资的金额，转入新账的"在途物品"科目；将剩余余额，转入新账的"其他应收款"科目。

（4）"预付账款"科目。

新制度设置了"在途物品"和"预付账款"科目，原制度设置了"预付账款"科目。转账时，医院应当将原账"预付账款"科目中核算的已经付款或开出商业汇票、尚未收到物资的金额，转入新账的"在途物品"科目，将剩余余额，转入新账的"预付账款"科目。

（5）"库存物资"科目。

新制度设置了"库存物品"科目，原制度设置了"库存物资"科目。转账时，医院应当将原账"库存物资"科目余额中属于医院受托存储保管的物资和受托转赠的物资金额，转入新账的"受托代理资产"科目；将原账"库存物资"科目余额中属于为在建工程购买和使用的材料物资金额,转入新账"工程物资"科目;将剩余余额,按照医院库存物品的类别(如药品、卫生材料等),分别转入新账的"库存物品"科目的有关明细科目。

(6)"在加工物资"科目。

新制度设置了"加工物品"科目,其核算内容与原账的"在加工物资"科目的核算内容基本相同。转账时,医院应当将原账的"在加工物资"科目余额转入新账的"加工物品"科目。

(7)"长期投资"科目。

新制度设置了"长期股权投资"和"长期债券投资"科目,原制度设置了"长期投资"科目。转账时,医院应当将原账的"长期投资"科目中核算的股权投资金额,转入新账的"长期股权投资"科目及其明细科目;将原账的"长期投资"科目中核算的债券投资金额,转入新账的"长期债券投资"科目及其明细科目。

(8)"累计折旧"科目。

新制度设置了"固定资产累计折旧"科目,该科目的核算内容与原账的"累计折旧"科目的核算内容基本相同。转账时,医院应当将原账的"累计折旧"科目余额转入新账的"固定资产累计折旧"科目。

(9)"累计摊销"科目。

新制度设置了"无形资产累计摊销"科目,该科目的核算内容与原账的"累计摊销"科目的核算内容基本相同。转账时,医院应当将原账的"累计摊销"科目余额转入新账的"无形资产累计摊销"科目。

(10)"在建工程"科目。

新制度设置了"在建工程"科目,该科目的核算内容与原账的"在建工程"科目的核算内容基本相同。转账时,医院应当将原账的"在建工程"科目余额(基建"并账"后的金额,下同),转入新账的"在建工程"科目。

医院在原账"在建工程"科目中核算了按照新制度规定应当记入"工程物资"科目内容的,应当将原账"在建工程"科目余额中属于工程物资的金额,转入新账的"工程物资"科目。

(11)"固定资产清理"科目。

新制度设置了"待处理财产损溢"科目,该科目的核算内容与原账的"固定资产清理"科目的核算内容基本相同。转账时,医院应当将原账的"固定资产清理"科目余额,转入新账的"待处理财产损溢"科目。

(12)"零余额账户用款额度"科目。

由于原账的"零余额账户用款额度"科目年末无余额,无需进行转账处理。

2.负债类。

(1)"短期借款""应付票据""长期应付款"科目。

新制度设置了"短期借款""应付票据""长期应付款"科目,其核算内容与原账的上述相应科目的核算内容基本相同。转账时,医院应当将原账的上述科目余额直接转入新账的相应科目。

(2)"应付账款"科目。

新制度设置了"应付账款"科目,其核算内容与原制度中"应付账款"科目的核算内容基本相同。转账时,医院应当将原账的"应付账款"科目余额,转入新账的"应付账款"科目。其中,医院在原账的"应付账款"科目中核算了无力支付银行承兑汇票而转入"应付账款"科目的余额的,应当将原账"应付账款"科目余额中属于因无力支付银行承兑汇票而转入应付账款科目的余额，转入新账的"短期借款"科目。

（3）"应缴款项"科目。

新制度设置了"应缴财政款"科目，原制度设置了"应缴款项"科目。转账时，医院应当将原账的"应缴款项"科目余额中属于应缴财政款项的金额转入新账的"应缴财政款"科目，将原账的"应缴款项"科目余额减去属于应缴财政款项金额后的差额转入新账的"其他应付款"科目。

（4）"预收医疗款"科目。

新制度设置了"预收账款"科目，其核算内容与原账的"预收医疗款"科目的核算内容基本相同。转账时，医院应当将原账的"预收医疗款"科目余额转入新账的"预收账款"科目。

（5）"应付职工薪酬""应付社会保障费"科目。

新制度设置了"应付职工薪酬"科目，原制度设置了"应付职工薪酬""应付社会保障费"科目。转账时，医院应当将原账的"应付职工薪酬""应付社会保障费"科目余额，转入新账的"应付职工薪酬"科目。

（6）"应付福利费"科目。

新制度未设置"应付福利费"科目。转账时，医院应当将原账的"应付福利费"科目余额转入新账的"累计盈余——新旧转换盈余"科目。

（7）"应交税费"科目。

新制度设置了"应交增值税"和"其他应交税费"科目，原制度设置了"应交税费"科目。转账时，医院应当将原账的"应交税费——应交增值税"科目余额转入新账的"应交增值税"科目，将原账的"应交税费"科目余额减去属于应交增值税余额后的差额，转入新账的"其他应交税费"科目。

（8）"其他应付款"科目。

新制度设置了"其他应付款"科目，该科目的核算内容与原账的"其他应付款"科目的核算内容基本相同。转账时，医院应当将原账的"其他应付款"科目余额，转入新账的"其他应付款"科目。其中，医院在原账的"其他应付款"科目中核算了属于新制度规定的受托代理负债的，应当将原账的"其他应付款"科目余额中属于受托代理负债的余额，转入新账的"受托代理负债"科目。

（9）"预提费用"科目。

新制度设置了"预提费用"科目，该科目的核算内容与原账的"预提费用"科目的核算内容基本相同。转账时，医院应当将原账的"预提费用"科目余额转入新账的"预提费用"科目。原账"预提费用"科目中核算了属于预提短期借款应付未付利息的，转账时，医院应当将预提短期借款应付未付利息的金额转入新账的"应付利息"科目。

（10）"长期借款"科目。

新制度设置了"长期借款"科目，该科目的核算内容与原账的"长期借款"科目的核算内容基本相同。转账时，医院应当将原账的"长期借款"科目余额转入新账的"长期借款"科目。其中，医院在原账的"长期借款"科目中核算了分期付息、到期还本的长期借款应付利息的，应当将原账的"长期借款"科目余额中属于分期付息、到期还本的长期借款应付利息金额转入新账的"应付利息"科目。

3. 净资产类。

（1）"事业基金"科目。

新制度设置了"累计盈余"科目。该科目的核算内容包含了原账的"事业基金"科目的核算内容。转账时,医院应当将原账的"事业基金"科目余额转入新账的"累计盈余——新旧转换盈余"科目。

(2)"专用基金"科目。

新制度设置了"专用基金"科目,该科目的核算内容与原账的"专用基金"科目的核算内容基本相同。转账时,医院应当将原账的"专用基金"科目余额转入新账的"专用基金"科目。

(3)"待冲基金"科目。

依据新制度,无需对原制度中"待冲基金"科目对应内容进行核算。转账时,医院应当将原账的"待冲基金——待冲财政基金"科目余额转入新账的"累计盈余——财政项目盈余"科目,将原账的"待冲基金——待冲科教项目基金"科目余额转入新账的"累计盈余——科教盈余"科目。

(4)"财政补助结转(余)""科教项目结转(余)"科目。

新制度设置了"累计盈余"科目,该科目的余额包含了原账的"财政补助结转(余)"和"科教项目结转(余)"科目余额内容。转账时,医院应当将原账的"财政补助结转(余)"科目中项目支出结转和项目支出结余部分的余额转入新账的"累计盈余——财政项目盈余"科目,将原账的"财政补助结转(余)"科目中基本支出结转部分的余额转入新账的"累计盈余——医疗盈余"科目;将原账的"科教项目结转(余)"科目余额转入新账的"累计盈余——科教盈余"科目。

(5)"结余分配"科目。

新制度设置了"本年盈余分配"科目,该科目的核算内容与原账的"结余分配"科目的核算内容基本相同。新制度规定"本年盈余分配"科目余额年末应当转入"累计盈余"科目。原账"结余分配"科目有借方余额的,转账时,医院应当将原账的"结余分配"科目借方余额转入新账的"累计盈余——新旧转换盈余"科目借方。

(6)"本期结余"科目。

由于原账的"本期结余"科目年末无余额,该科目无需进行转账处理。

4. 收入类、费用类。

由于原账中收入类、费用类科目年末无余额,无需进行转账处理。自2019年1月1日起,应当按照新制度设置收入类、费用类科目并进行账务处理。

医院存在其他本规定未列举的原账科目余额的,应当比照本规定转入新账的相应科目。新账的科目设有明细科目的,应将原账中对应科目的余额加以分析,分别转入新账中相应科目的相关明细科目。

医院在进行新旧衔接的转账时,应当编制转账的工作分录,作为转账的工作底稿,并将转入新账的对应原科目余额及分拆原科目余额的依据作为原始凭证。

(二)将原未入账事项登记新账财务会计科目。

1. 受托代理资产。

医院在新旧制度转换时,应当将2018年12月31日前未入账的受托代理资产按照新制度规定记入新账。登记新账时,按照确定的受托代理资产入账成本,借记"受托代理资产"科目,贷记"受托代理负债"科目。

2. 盘盈资产。

医院在新旧制度转换时,应当将2018年12月31日前未入账的盘盈资产按照新制度规定记入新账。登记新账时,按照确定的盘盈资产及其成本,分别借记有关资产科目,按照盘盈资产成本的合计金额，贷记"累计盈余——新旧转换盈余"科目。

3. 预计负债。

医院在新旧制度转换时，应当将 2018 年 12 月 31 日按照新制度规定确认的预计负债记入新账。登记新账时，按照确定的预计负债金额，借记"累计盈余——新旧转换盈余"科目，贷记"预计负债"科目。

医院存在 2018 年 12 月 31 日前未入账的其他事项的，应当比照本规定登记新账的相应科目。

医院对新账的财务会计科目补记未入账事项时，应当编制记账凭证，并将补充登记事项的确认依据作为原始凭证。

（三）对新账的相关财务会计科目余额按照新制度规定的会计核算基础进行调整。

1. 调整坏账准备。

新制度要求对医院收回后无需上缴财政的应收账款和其他应收款提取坏账准备。在新旧制度转换时，医院应当按照 2018 年 12 月 31 日无需上缴财政的"应收账款"科目扣除应收在院病人医疗款后的余额，以及"其他应收款"科目余额，计算应计提的坏账准备金额，对比原账"坏账准备"科目余额进行调整。补提坏账准备时，借记"累计盈余——新旧转换盈余"科目，贷记"坏账准备"科目；冲回多提坏账准备时，借记"坏账准备"科目，贷记"累计盈余——新旧转换盈余"科目。

2. 按照权益法调整长期股权投资账面余额。

对按照新制度规定应当采用权益法核算的长期股权投资，在新旧制度转换时，医院应当在"长期股权投资"科目下设置"新旧制度转换调整"明细科目，依据被投资单位 2018 年 12 月 31 日财务报表的所有者权益账面余额，以及医院持有被投资单位的股权比例，计算应享有或应分担的被投资单位所有者权益的份额，调整长期股权投资的账面余额，借记或贷记"长期股权投资——新旧制度转换调整"科目，贷记或借记"累计盈余——新旧转换盈余"科目。

3. 补提折旧。

医院应当对截至 2018 年 12 月 31 日前购置的未计提完折旧的固定资产，在新旧制度转换时，按照补充规定提供的折旧年限计算补提一个月折旧，按照由财政项目拨款经费形成的固定资产应补提的金额，借记"累计盈余——财政项目盈余"科目，贷记"固定资产累计折旧"科目相关明细科目；按照由科教经费形成的固定资产应补提的金额，借记"累计盈余——科教盈余"科目，贷记"固定资产累计折旧"科目相关明细科目；按照其他固定资产应补提的金额，借记"累计盈余——新旧转换盈余"科目，贷记"固定资产累计折旧"科目相关明细科目。

医院对新账的财务会计科目期初余额进行调整时，应当编制记账凭证，并将调整事项的确认依据作为原始凭证。

三、预算会计科目的新旧衔接

（一）"财政拨款结转"和"财政拨款结余"科目及对应的"资金结存"科目余额。

新制度设置了"财政拨款结转""财政拨款结余"科目及对应的"资金结存"科目。在新旧制度转换时，医院应当对原账的"财政补助结转（余）"科目余额中结转资金的金额进行逐项分析，加上各项结转转入的支出中已经计入支出尚未支付财政资金（如发生时列支的应付账款）的金额，减去已经支付财政资金尚未计入支出（如预付账款等）的金额，按照增减后的金额登记新账的"财政拨款结转"科目及其明细科目贷方，按照原账的"财政补助结转（余）"科目余额中结余资金的金额登记新账的"财政拨款结余"科目及其明细科目贷方。

医院应当按照原账"财政应返还额度"科目余额登记新账"资金结存——财政应返还额度"

科目的借方；按照新账"财政拨款结转"和"财政拨款结余"科目贷方余额合计数，减去新账"资金结存——财政应返还额度"科目借方余额后的差额，登记新账"资金结存——货币资金"科目的借方。

（二）"非财政拨款结转"科目及对应的"资金结存"科目余额。

新制度设置了"非财政拨款结转"科目及对应的"资金结存"科目。在新旧制度转换时，医院应当对原账的"科教项目结转（余）"科目余额进行逐项分析，加上各项结转（余）转入的支出中已经计入支出尚未支付非财政补助专项资金（如发生时列支的应付账款）的金额，减去已经支付非财政补助专项资金尚未计入支出（如预付账款等）的金额，按照增减后的金额登记新账的"非财政拨款结转"科目及其明细科目贷方；同时，按照相同的金额登记新账"资金结存——货币资金"科目的借方。

（三）"专用结余"科目及对应的"资金结存"科目余额。

新制度设置了"专用结余"科目及对应的"资金结存"科目。在新旧制度转换时，医院应当按照原账"专用基金"科目余额中通过非财政补助结余分配形成的金额，借记新账的"资金结存——货币资金"科目，贷记新账的"专用结余"科目。

（四）"非财政拨款结余"科目及对应的"资金结存"科目余额。

新制度设置了"非财政拨款结余"科目及对应的"资金结存"科目。在新旧制度转换时，医院应当在新账的"库存现金""银行存款""其他货币资金""财政应返还额度"科目借方余额合计数基础上，对不纳入单位预算管理的资金进行调整（如减去新账中货币资金形式的受托代理资产、应缴财政款、已收取将来需要退回资金的其他应付款，加上已支付将来需要收回资金的其他应收款），按照调整后的金额减去新账的"财政拨款结转""财政拨款结余""非财政拨款结转""专用结余"科目贷方余额合计数的金额，登记新账的"非财政拨款结余"科目贷方；同时，按照相同的金额登记新账"资金结存——货币资金"科目借方。

（五）"其他结余""非财政拨款结余分配"科目。

新制度设置了"其他结余"和"非财政拨款结余分配"科目。由于这两个科目年初无余额，在新旧制度转换时，医院无需对"其他结余"和"非财政拨款结余分配"科目进行新账年初余额登记。

（六）预算收入类、预算支出类会计科目。

由于预算收入类、预算支出类会计科目年初无余额，在新旧制度转换时，医院无需对预算收入类、预算支出类会计科目进行新账年初余额登记。

医院应当自2019年1月1日起，按照新制度设置预算收入类、预算支出类科目并进行账务处理。

医院存在2018年12月31日需要按照新制度预算会计核算基础调整预算会计科目期初余额的其他事项的，应当比照本规定调整新账的相应预算会计科目期初余额。

医院对预算会计科目的期初余额登记和调整，应当编制记账凭证，并将期初余额登记和调整的依据作为原始凭证。

四、财务报表和预算会计报表的新旧衔接

（一）编制2019年1月1日资产负债表。

医院应当根据2019年1月1日新账的财务会计科目余额，按照新制度及补充规定编制2019年1月1日资产负债表（仅要求填列各项目"年初余额"）。

（二）2019 年度财务报表和预算会计报表的编制。

医院应当按照新制度及补充规定编制 2019 年财务报表和预算会计报表。在编制 2019 年度收入费用表、医疗活动收入费用明细表、净资产变动表、现金流量表和预算收入支出表、预算结转结余变动表时，不要求填列上年比较数。

医院应当根据 2019 年 1 月 1 日新账财务会计科目余额，填列 2019 年净资产变动表各项目的"上年年末余额"；根据 2019 年 1 月 1 日新账预算会计科目余额，填列 2019 年预算结转结余变动表的"年初预算结转结余"项目和财政拨款预算收入支出表的"年初财政拨款结转结余"项目。

五、其他事项

（一）截至 2018 年 12 月 31 日尚未进行基建"并账"的医院，应当首先参照《新旧事业单位会计制度有关衔接问题的处理规定》（财会〔2013〕2 号），将基建账套相关数据并入 2018 年 12 月 31 日原账中的相关科目余额，再按照本规定将 2018 年 12 月 31 日原账相关会计科目余额转入新账相应科目。

（二）2019 年 1 月 1 日前执行新制度及补充规定的医院，应当按照本规定做好新旧制度衔接工作。

附表 1　　　　　　　　　医院原会计科目余额明细表一

总账科目	明细分类	金额	备注
库存现金	库存现金		
	其中：受托代理现金		
银行存款	银行存款		
	其中：受托代理银行存款		
预付账款	在途物品		
	其他		
其他应收款	应收股利		
	应收利息		
	应收账款		
	在途物品		已经付款，尚未收到物资
	其他		
库存物资	受托代理资产		
	工程物资		
	其他		
长期投资	长期股权投资		
	长期债券投资		

续表

总账科目	明细分类	金额	备注
在建工程	在建工程		
	工程物资		
应交税费	应交增值税		
	其他应交税费		
应缴款项	应缴财政款		
	其他		
其他应付款	受托代理负债		
	其他		
预提费用	短期借款应付利息		
	其他		
长期借款	分期付息、到期还本的长期借款应付利息		
	其他		
待冲基金	对应财政项目拨款经费形成的资产的待冲基金		
	对应科教经费形成的资产的待冲基金		
财政补助结转（余）	项目支出结转和项目支出结余		
	基本支出结转		

附表2　　　　　　　　　医院原会计科目余额明细表二

总账科目	明细分类	金额	备注
预付账款	财政补助资金预付		
	非财政补助专项资金预付		
	非财政补助非专项资金预付		
其他应收款	预付款项		如职工预借的差旅费等
	其中：财政补助资金预付		
	非财政补助专项资金预付		
	非财政补助非专项资金预付		
	需要收回及其他		如支付的押金、应收为职工垫付的款项等
库存物资	购入库存物资		
	非购入库存物资		如接受捐赠、无偿调入物资等

续表

总账科目	明细分类	金额	备注
在加工物资	加工过程中支付资金		
	其中：财政补助资金支付		
	非财政补助专项资金支付		
	非财政补助非专项资金支付		
	加工过程中未支付资金		
长期投资	长期股权投资		
	其中：现金资产取得		
	非现金资产或其他方式取得		
	长期债券投资		
	其中：投资成本		
	其他		
应付票据、应付账款	发生时不计入支出		
	发生时计入支出		
	其中：财政补助资金应付		
	非财政补助专项资金应付		
	非财政补助非专项资金应付		
长期借款	借款本金		
	其他		
待冲基金	对应非流动资产的待冲基金		
	对应流动资产的待冲基金		
专用基金	从非财政补助结余分配中提取		
	其他		

附表3　医院新旧会计制度转账、登记新账科目对照表

序号	新制度科目		原制度科目	
	编号	名称	编号	名称
一、资产类				
1	1001	库存现金	1001	库存现金
2	1002	银行存款	1002	银行存款
3	1021	其他货币资金	1004	其他货币资金

续表

序号	新制度科目		原制度科目	
	编号	名称	编号	名称
4	1201	财政应返还额度	1201	财政应返还额度
5	1101	短期投资	1101	短期投资
6	1212	应收账款	1211	应收在院病人医疗款
			1212	应收医疗款
7	1218	其他应收款	1215	其他应收款
8	1215	应收股利		
9	1216	应收利息		
10	1212	应收账款		
11	1301	在途物品		
12	1219	坏账准备	1221	坏账准备
13	1214	预付账款	1231	预付账款
14	1301	在途物品		
15	1302	库存物品	1301	库存物资
16	1611	工程物资		
17	1891	受托代理资产		
18	1303	加工物品	1302	在加工物资
19	1401	待摊费用	1401	待摊费用
20	1501	长期股权投资	1501	长期投资
21	1502	长期债券投资		
22	1601	固定资产	1601	固定资产
23	1602	固定资产累计折旧	1602	累计折旧
24	1611	工程物资	1611	在建工程
25	1613	在建工程		
26	1902	待处理财产损溢	1621	固定资产清理
27	1701	无形资产	1701	无形资产
28	1702	无形资产累计摊销	1702	累计摊销
29	1901	长期待摊费用	1801	长期待摊费用
30	1902	待处理财产损溢	1901	待处理财产损溢
二、负债类				

续表

序号	新制度科目		原制度科目	
	编号	名称	编号	名称
31	2001	短期借款	2001	短期借款
32	2103	应缴财政款	2101	应缴款项
33	2307	其他应付款		
34	2301	应付票据	2201	应付票据
35	2302	应付账款	2202	应付账款
36	2001	短期借款		
37	2305	预收账款	2203	预收医疗款
38	2201	应付职工薪酬	2204	应付职工薪酬
39	3001	累计盈余	2205	应付福利费
40	2201	应付职工薪酬	2206	应付社会保障费
41	2101	应交增值税	2207	应交税费
42	2102	其他应交税费		
43	2307	其他应付款	2209	其他应付款
44	2901	受托代理负债		
45	2401	预提费用	2301	预提费用
46	2304	应付利息		
47	2501	长期借款	2401	长期借款
48	2304	应付利息		
49	2502	长期应付款	2402	长期应付款
三、净资产类				
50	3001	累计盈余	3001	事业基金
			3201	待冲基金
			3301	财政补助结转（余）
			3302	科教项目结转（余）
51	3101	专用基金	3101	专用基金
52	3001	累计盈余（借方）	3501	结余分配（借方）
四、预算结余类				
53	8101	财政拨款结转	3301	财政补助结转（余）
54	8102	财政拨款结余		

续表

序号	新制度科目		原制度科目	
	编号	名称	编号	名称
55	8201	非财政拨款结转	3302	科教项目结转（余）
56	8202	非财政拨款结余	3001	事业基金
57	8301	专用结余	3101	专用基金
58	8001	资金结存（借方）	3301	财政补助结转（余）
			3302	科教项目结转（余）
			3001	事业基金
			3101	专用基金

3.20 关于基层医疗卫生机构执行《政府会计制度——行政事业单位会计科目和报表》的补充规定

2018年8月31日　财会〔2018〕25号

根据《政府会计准则——基本准则》，结合行业实际情况，现就基层医疗卫生机构[14]执行《政府会计制度——行政事业单位会计科目和报表》（以下简称新制度）做出如下补充规定：

一、关于新增一级科目及其使用说明

（一）基层医疗卫生机构应当增设"2308 待结算医疗款"一级科目。

（二）关于增设科目的使用说明

2308 待结算医疗款

1. 本科目核算按"收支两条线"管理的基层医疗卫生机构的待结算医疗收费。

按"收支两条线"管理的基层医疗卫生机构应当在为病人提供医疗服务（包括发出药品，下同）并收讫价款或取得收款权利时，按照规定的医疗服务项目收费标准计算确定收费金额并确认待结算医疗款。给予病人或其他付费方的折扣金额不计入待结算医疗款。

基层医疗卫生机构同医疗保险机构等结算时，因基层医疗卫生机构按照医疗服务项目收费标准计算确定的应收医疗款金额与医疗保险机构等实际支付金额之间的差额应当调整待结算医疗款。

2. 基层医疗卫生机构应当在本科目下设置如下明细科目，并按照医疗服务类型进行明细核算。

（1）"230801 门急诊收费"科目，核算基层医疗卫生机构为门急诊病人提供医疗服务所确认的待结算医疗收费。

---

[14] 本规定所指基层医疗卫生机构包括中华人民共和国境内各级各类独立核算的城市社区卫生服务中心（站）、乡镇卫生院等基层医疗卫生机构。

基层医疗卫生机构应当在"230801 门急诊收费"科目下设置"23080101 挂号收费""23080102 诊察收费""23080103 检查收费""23080104 化验收费""23080105 治疗收费""23080106 手术收费""23080107 卫生材料收费""23080108 药品收费""23080109 一般诊疗费收费""23080110 其他门急诊收费"和"23080111 门急诊结算差额"明细科目。

基层医疗卫生机构应当在"23080108 药品收费"科目下设置"2308010801 西药费""2308010802 中成药收费"和"2308010803 中药饮片收费"明细科目；在"2308010801 西药收费"科目下设置"230801080101 西药""230801080102 疫苗"明细科目。

（2）"230802 住院收费"科目，核算基层医疗卫生机构为住院病人提供医疗服务所确认的待结算医疗收费。

基层医疗卫生机构应当在"230802 住院收费"科目下设置"23080201 床位收费""23080202 诊察收费""23080203 检查收费""23080204 化验收费""23080205 治疗收费""23080206 手术收费""23080207 护理收费""23080208 卫生材料收费""23080209 药品收费""23080210 一般诊疗费收费""23080211 其他住院收费"和"23080212 住院结算差额"明细科目。

基层医疗卫生机构应当在"23080209 药品收费"科目下设置"2308020901 西药收费""2308020902 中成药收费"和"2308020903 中药饮片收费"明细科目；在"2308020901 西药收费"科目下应当设置"230802090101 西药""230802090102 疫苗"明细科目。

执行医事服务费的基层医疗卫生机构应当分别在"待结算医疗款——门急诊收费——诊察收费"和"待结算医疗款——住院收费——诊察收费"科目中核算医事服务费。执行药事服务费的基层医疗卫生机构应当分别在"待结算医疗款——门急诊收费——其他门急诊收费"和"待结算医疗款——住院收费——其他住院收费"科目中核算药事服务费。

基层医疗卫生机构有打包性质收费的，应当按照医疗服务项目类别对收费进行拆分，分别计入本科目的相应明细科目。

3. 待结算医疗款的主要账务处理如下：

（1）基层医疗卫生机构与门急诊病人结算医疗款时，对于应向门急诊病人收取的部分，按照门急诊病人实际支付或应付未付的医疗款金额，借记"库存现金""银行存款""应收账款——应收医疗款——门急诊病人欠费"等科目，对于应由医疗保险机构等负担的部分，按照依有关规定计算确定的应收医保款金额，借记"应收账款——应收医疗款——应收医保款"科目，按照依有关规定计算确定的门急诊病人医疗款金额，贷记本科目（门急诊收费）。

（2）病人住院期间，基层医疗卫生机构因提供医疗服务确认待结算医疗款时，按照依有关规定计算确定的住院病人医疗款金额，借记"应收账款——应收在院病人医疗款"科目，贷记本科目（住院收费）。

（3）基层医疗卫生机构与住院病人结算医疗款时，住院病人应付医疗款金额大于其预交金额的，按照预收住院病人医疗款金额，借记"预收账款——预收医疗款——住院预收款"科目，按照病人实际补付或应付未付金额，借记"库存现金""银行存款""应收账款——应收医疗款——出院病人欠费"等科目，按照依有关规定计算的应由医疗保险机构等负担的医疗保险金额，借记"应收账款——应收医疗款——应收医保款"科目，按照已经确认的应收在院病人医疗款金额，贷记"应收账款——应收在院病人医疗款"科目。

住院病人应付医疗款金额小于其预交金额的，按照预收住院病人医疗款金额，借记"预收账款——预收医疗款——住院预收款"科目，按照依有关规定计算的应由医疗保险机构等负担的医疗保险金额，借记"应收账款——应收医疗款——应收医保款"科目，按照退还给住院病人的金额，贷记"库存现金""银行存款"等科目，按照已经确认的应收在院病人医疗款金额，贷记"应收账款——应收在院病人医疗款"科目。

（4）基层医疗卫生机构与医疗保险机构等结算时，按照实际收到的金额，借记"银行存款"科目，按照应收医保款的金额，贷记"应收账款——应收医疗款——应收医保款"科目，按照借贷方之间的差额，借记或贷记本科目（门急诊收费——门急诊结算差额）或本科目（住院收费——住院结算差额）。

（5）在期末或规定的上缴时间，基层医疗卫生机构按照依有关规定确定的金额，借记本科目，按照依有关规定确定的上缴同级财政部门的金额，贷记"银行存款"等科目，按照依有关规定确定留用的金额，贷记"事业收入——医疗收入"科目。

4. 本科目期末贷方余额，反映基层医疗卫生机构期末待结算医疗款。

二、关于在新制度相关一级科目下设置明细科目

（一）基层医疗卫生机构应当在新制度规定的"1212 应收账款"科目下设置如下明细科目：

1. "121201 应收在院病人医疗款"科目，核算基层医疗卫生机构因提供医疗服务应向在院病人收取的医疗款，应当按照在院病人进行明细核算。

2. "121202 应收医疗款"科目，核算基层医疗卫生机构因提供医疗服务应向医疗保险机构、门急诊病人、出院病人等收取的医疗款，应当按照医疗保险机构、门急诊病人、出院病人等进行明细核算。基层医疗卫生机构应当在本科目下设置如下明细科目：

（1）"12120201 应收医保款"科目，核算基层医疗卫生机构因提供医疗服务而应向医疗保险机构等收取的医疗款。

（2）"12120202 门急诊病人欠费"科目，核算门急诊病人应付未付医疗款。

（3）"12120203 出院病人欠费"科目，核算出院病人应付未付医疗款。

3. "121203 其他应收账款"科目，核算基层医疗卫生机构除应收在院病人医疗款、应收医疗款以外的其他应收账款，如基层医疗卫生机构因提供科研教学等服务、按合同或协议约定应向接受服务单位收取的款项。

（二）基层医疗卫生机构应当在新制度规定的"1219 坏账准备"科目下设置如下明细科目：

1. "121901 应收账款坏账准备"科目，核算未按"收支两条线"管理的基层医疗卫生机构按规定对除应收在院病人医疗款以外的应收账款和其他应收款提取的坏账准备，以及按"收支两条线"管理的基层医疗卫生机构按规定对除应收在院病人医疗款、应收医疗款外的应收账款和其他应收款提取的坏账准备。

2. "121902 其他应收款坏账准备"科目，核算基层医疗卫生机构按规定对其他应收款提取的坏账准备。

（三）基层医疗卫生机构应当在新制度规定的"1302 库存物品"科目下设置"130201 药品""130202 卫生材料""130203 低值易耗品"和"130204 其他材料"明细科目。

基层医疗卫生机构应当在"130201 药品"科目下设置"13020101 西药""13020102 中成药"和"13020103 中药饮片"明细科目；在"13020101 西药"科目下设置"1302010101 西药"和"1302010102 疫苗"明细科目。

基层医疗卫生机构应当在"130202 卫生材料"科目下设置"13020201 血库材料""13020202 医用气体""13020203 影像材料""13020204 化验材料"和"13020205 其他卫生材料"明细科目。

（四）基层医疗卫生机构应当在新制度规定的"2305 预收账款"科目下设置如下明细科目：

1. "230501 预收医疗款"科目，核算基层医疗卫生机构预收医疗保险机构等预拨的医疗保

险金和预收病人的预交金。基层医疗卫生机构应当在本科目下设置如下明细科目：

（1）"23050101 预收医保款"科目，核算基层医疗卫生机构预收医疗保险机构等预拨的医疗保险金。

（2）"23050102 门急诊预收款"科目，核算基层医疗卫生机构预收门急诊病人的预交金。

（3）"23050103 住院预收款"科目，核算基层医疗卫生机构预收住院病人的预交金。

2."230502 其他预收账款"科目，核算基层医疗卫生机构除预收医疗款以外的其他预收账款，如基层医疗卫生机构因提供科研教学等服务、按合同或协议约定预收接受服务单位的款项。

（五）基层医疗卫生机构应当在新制度规定的"3001 累计盈余"科目下设置如下明细科目：

1."300101 医疗盈余"科目，核算基层医疗卫生机构开展医疗活动产生的累计盈余。

2."300102 公共卫生盈余"科目，核算基层医疗卫生机构开展公共卫生活动产生的累计盈余。

3."300103 科教盈余"科目，核算基层医疗卫生机构开展科研教学活动产生的累计盈余。

4."300104 新旧转换盈余"科目，核算基层医疗卫生机构执行新制度前形成的、除新旧转换时转入医疗盈余、公共卫生盈余和科教盈余外的累计盈余。

（六）基层医疗卫生机构应当在新制度规定的"3101 专用基金"科目下设置如下明细科目：

1."310101 职工福利基金"科目，核算基层医疗卫生机构根据有关规定、按照财务会计下相关数据计算提取的职工福利基金。

2."310102 医疗风险基金"科目，核算基层医疗卫生机构根据相关规定、按照财务会计下相关数据计算提取并列入费用的医疗风险基金。

3."310103 奖励基金"科目，核算基层医疗卫生机构根据相关规定、按照财务会计下相关数据计算提取的奖励基金。

（七）基层医疗卫生机构应当在新制度规定的"3301 本期盈余"科目下设置如下明细科目：

1."330101 医疗盈余"科目，核算基层医疗卫生机构本期医疗活动产生的各项收入、费用相抵后的余额。

2."330102 公共卫生盈余"科目，核算基层医疗卫生机构本期公共卫生活动产生的各项收入、费用相抵后的余额。

3."330103 科教盈余"科目，核算基层医疗卫生机构本期科研教学活动产生的各项收入、费用相抵后的余额。

（八）基层医疗卫生机构应当在新制度规定的"3302 本年盈余分配"科目下设置"330201 提取职工福利基金""330202 提取奖励基金""330203 转入累计盈余"明细科目。

年末，基层医疗卫生机构在按照规定提取专用基金后，应当将"本年盈余分配"科目余额转入累计盈余，借记"本年盈余分配——转入累计盈余"科目，贷记"累计盈余——医疗盈余"科目。

（九）基层医疗卫生机构应当在新制度规定的"4001 财政拨款收入"科目下设置如下明细科目：

1."400101 财政基本拨款收入"科目，核算基层医疗卫生机构取得的用于基本支出的财政拨款收入。基层医疗卫生机构应当在本科目下设置如下明细科目：

（1）"40010101 医疗收入"科目，核算基层医疗卫生机构取得的与医疗活动相关的财政基本拨款收入。

（2）"40010102 公共卫生收入"科目，核算基层医疗卫生机构取得的与公共卫生活动相关的财政基本拨款收入。

2."400102 财政项目拨款收入"科目,核算基层医疗卫生机构取得的用于项目支出的财政拨款收入。基层医疗卫生机构应当在本科目下设置如下明细科目:

(1)"40010201 医疗收入"科目,核算基层医疗卫生机构取得的与医疗活动相关的财政项目拨款收入。

(2)"40010202 公共卫生收入"科目,核算基层医疗卫生机构取得的与公共卫生活动相关的财政项目拨款收入。

(3)"40010203 科教收入"科目,核算基层医疗卫生机构取得的与科研教学活动相关的财政项目拨款收入。

(十)基层医疗卫生机构应当在新制度规定的"4101 事业收入"科目下设置如下明细科目:

1."410101 医疗收入"科目,核算基层医疗卫生机构开展医疗服务活动实现的收入。基层医疗卫生机构应当在本科目下设置如下明细科目:

(1)"41010101 门急诊收入"科目,核算基层医疗卫生机构为门急诊病人提供医疗服务所实现的收入,包括按"收支两条线"管理的基层医疗卫生机构按规定留用的待结算医疗款,以及收到的同级财政部门返还的上缴门急诊收费。

基层医疗卫生机构应当在"41010101 门急诊收入"科目下设置"4101010101 挂号收入""4101010102 诊察收入""4101010103 检查收入""4101010104 化验收入""4101010105 治疗收入""4101010106 手术收入""4101010107 卫生材料收入""4101010108 药品收入""4101010109 一般诊疗费收入"和"4101010110 其他门急诊收入"明细科目(未按"收支两条线"管理的基层医疗卫生机构还应当设置"4101010111 门急诊结算差额"明细科目)。

基层医疗卫生机构应当在"4101010108 药品收入"科目下设置"410101010801 西药""410101010802 中成药"和"410101010803 中药饮片"明细科目;在"410101010801 西药"科目下设置"41010101080101 西药""41010101080102 疫苗"明细科目。

"4101010111 门急诊结算差额"科目,核算未按"收支两条线"管理的基层医疗卫生机构同医疗保险机构等结算时,因基层医疗卫生机构按照医疗服务项目收费标准计算确定的应收医疗款金额与医疗保险机构等实际支付金额之间的差异而产生的需要调整基层医疗卫生机构医疗收入的差额,但不包括基层医疗卫生机构因违规治疗等管理不善原因被医疗保险机构等拒付的金额。

(2)"41010102 住院收入"科目,核算基层医疗卫生机构为住院病人提供医疗服务所实现的收入,包括按"收支两条线"管理的基层医疗卫生机构按规定留用的待结算医疗款,以及收到的同级财政部门返还的上缴住院收费。

基层医疗卫生机构应当在"41010102 住院收入"科目下设置"4101010201 床位收入""4101010202 诊察收入""4101010203 检查收入""4101010204 化验收入""4101010205 治疗收入""4101010206 手术收入""4101010207 护理收入""4101010208 卫生材料收入""4101010209 药品收入""4101010210 一般诊疗费收入"和"4101010211 其他住院收入"明细科目(未按"收支两条线"管理的基层医疗卫生机构还应当设置"4101010212 住院结算差额"明细科目)。

基层医疗卫生机构应当在"4101010209 药品收入"科目下设置"410101020901 西药""410101020902 中成药"和"410101020903 中药饮片"明细科目;在"410101020901 西药"科目下设置"41010102090101 西药""41010102090102 疫苗"明细科目。

"4101010212 住院结算差额"科目,核算未按"收支两条线"管理的基层医疗卫生机构同医疗保险机构等结算时，因基层医疗卫生机构按照医疗服务项目收费标准计算确定的应收医疗款金额，与医疗保险机构等实际支付金额之间的差异而产生的需要调整基层医疗卫生机构医疗收入的差额，但不包括基层医疗卫生机构因违规治疗等管理不善原因被医疗保险机构等拒付的金额。

2."410102 公共卫生收入"科目，核算基层医疗卫生机构开展公共卫生活动实现的收入。

3."410103 科教收入"科目，核算基层医疗卫生机构开展科研教学活动实现的收入。

基层医疗卫生机构应当在"410103 科教收入"科目下设置"41010301 科研收入""41010302 教学收入"明细科目。

基层医疗卫生机构因开展科研教学活动从非同级政府财政部门取得的财政拨款，应当在"事业收入——科教收入——科研收入"和"事业收入——科教收入——教学收入"科目下单设"非同级财政拨款"明细科目进行核算。

（十一）基层医疗卫生机构应当在新制度规定的"4601 非同级财政拨款收入"科目下设置"460101 医疗收入"和"460102 公共卫生收入"明细科目。

（十二）基层医疗卫生机构应当在新制度规定的"5001 业务活动费用"科目下设置"500101 医疗费用""500102 公共卫生费用"和"500103 科教费用"明细科目。

1."500101 医疗费用"科目，核算基层医疗卫生机构开展医疗活动发生的各项费用。基层医疗卫生机构应当在"500101 医疗费用"科目下设置"人员费用""药品费""专用材料费""维修费""计提专用基金""固定资产折旧""无形资产摊销""其他医疗费用"等明细科目；在"人员费用"明细科目下设置"工资福利费用""对个人和家庭的补助费用"明细科目；在"药品费"明细科目下设置"西药""中成药""中药饮片"明细科目，在"西药"明细科目下设置"西药""疫苗"明细科目；在"专用材料费"明细科目下设置"卫生材料费""低值易耗品""其他材料费"明细科目，在"卫生材料费"明细科目下设置"血库材料""医用气体""影像材料""化验材料"和"其他卫生材料"明细科目。

2."500102 公共卫生费用"科目，核算基层医疗卫生机构开展公共卫生活动发生的各项费用。基层医疗卫生机构应当在"500102 公共卫生费用"科目下设置"人员费用""药品费""专用材料费""维修费""其他公共卫生费用"等明细科目；在"人员费用"明细科目下设置"工资福利费用""对个人和家庭的补助费用"明细科目；在"药品费"明细科目下设置"西药""中成药""中药饮片"明细科目，在"西药"明细科目下设置"西药""疫苗"明细科目；在"专用材料费"明细科目下设置"卫生材料费""低值易耗品""其他材料费"明细科目，在"卫生材料费"明细科目下设置"血库材料""医用气体""影像材料""化验材料"和"其他卫生材料"明细科目。

3."500103 科教费用"科目，核算基层医疗卫生机构开展科研教学活动发生的各项费用。基层医疗卫生机构应当在"500103 科教费用"科目下设置"科研费用""教学费用"明细科目。

（十三）基层医疗卫生机构应当在新制度规定的"5101 单位管理费用"科目下设置"人员费用""商品和服务费用""固定资产折旧""无形资产摊销"等明细科目；在"人员费用"明细科目下设置"工资福利费用""对个人和家庭的补助费用"明细科目。

（十四）基层医疗卫生机构应当在新制度规定的"6101 事业预算收入"科目下设置如下明细科目：

1."610101 医疗预算收入"科目，核算基层医疗卫生机构开展医疗活动取得的现金流入。

基层医疗卫生机构应当在"610101 医疗预算收入"科目下设置"61010101 门急诊预算收

入""61010102 住院预算收入"明细科目。

2."610102 公共卫生预算收入"科目，核算基层医疗卫生机构开展公共卫生活动取得的现金流入。

3."610103 科教预算收入"科目，核算基层医疗卫生机构开展科研教学活动取得的现金流入。

基层医疗卫生机构应当在"610103 科教预算收入"科目下设置"61010301 科研项目预算收入""61010302 教学项目预算收入"明细科目，并单设"非同级财政拨款"明细科目进行核算。

（十五）基层医疗卫生机构应当在新制度规定的"8301 专用结余"科目下设置如下明细科目：

1."830101 职工福利基金"科目，核算基层医疗卫生机构职工福利基金资金的变动和滚存情况。

2."830102 奖励基金"科目，核算基层医疗卫生机构奖励基金资金的变动和滚存情况。

基层医疗卫生机构执行新制度新增会计科目的情况详见附表 1。

三、关于报表及编制说明

基层医疗卫生机构应当按月度和年度编制财务报表和财政拨款预算收入支出表，至少按年度编制财务报表附注、预算收入支出表和预算结转结余变动表。

基层医疗卫生机构除按照新制度和本规定编制财务报表和预算会计报表外，还应当按照本规定按月度和年度编制待结算医疗款明细表（详见附表 3）和医疗及公共卫生收入费用明细表（详见附表 5）。

（一）资产负债表。

1. 新增项目。

基层医疗卫生机构应当在资产负债表中增加以下项目（详见附表 2）：

（1）在"应缴财政款"和"应付职工薪酬"项目之间增加"待结算医疗款"项目。

（2）在"累计盈余"项目下增加"其中：医疗盈余""公共卫生盈余""科教盈余""新旧转换盈余"项目。

2. 新增项目的内容和填列方法。

（1）"待结算医疗款"项目，反映按"收支两条线"管理的基层医疗卫生机构期末待结算医疗收费。本项目应当根据"待结算医疗款"科目的期末余额填列。

（2）"累计盈余"项目下"医疗盈余"项目，反映基层医疗卫生机构开展医疗活动产生的累计盈余。本项目应当根据"累计盈余——医疗盈余"科目的期末余额填列。

"累计盈余"项目下"公共卫生盈余"项目，反映基层医疗卫生机构开展公共卫生活动产生的累计盈余。本项目应当根据"累计盈余——公共卫生盈余"科目的期末余额填列。

"累计盈余"项目下"科教盈余"项目，反映基层医疗卫生机构开展科研教学活动产生的累计盈余。本项目应当根据"累计盈余——科教盈余"科目的期末余额填列。

"累计盈余"项目下"新旧转换盈余"项目，反映基层医疗卫生机构执行新制度前形成的、除新旧转换时转入医疗盈余、公共卫生盈余和科教盈余外的累计盈余。本项目应当根据"累计盈余——新旧转换盈余"科目的期末余额填列。

（二）待结算医疗款明细表。

1. 本表适用于按"收支两条线"管理的基层医疗卫生机构，反映按"收支两条线"管理的基层医疗卫生机构在某一会计期间内的各项医疗收费情况。

2. 本表各项目金额应当根据"待结算医疗款"科目相关明细科目的本期贷方发生额填列；"门急诊结算差额"和"住院结算差额"项目，应当根据"待结算医疗款"科目相关明细科目的本期净发生额填列，净发生额为借方数的，以"－"号填列。

编制月度报表时，本表"本月数"栏反映各项目的本月贷方实际发生数（"门急诊结算差额""住院结算差额"项目为本月净发生额，下同），本表"本年累计数"栏反映各项目自年初至报告期期末的累计贷方实际发生数。

编制年度报表时，应当将本表的"本月数"栏改为"本年数"，反映本年度各项目的贷方实际发生数；将本表的"本年累计数"栏改为"上年数"，反映上年度各项目的贷方实际发生数，"上年数"栏应当根据上年年度待结算医疗款明细表中"本年数"栏内所列数字填列。

如果本年度待结算医疗款明细表规定的项目名称和内容同上年度不一致，应当对上年度待结算医疗款明细表项目名称和数字按照本年度的规定进行调整，将调整后的金额填入本年度待结算医疗款明细表的"上年数"栏内。

（三）关于净资产变动表。

1. 调整项目。

基层医疗卫生机构应当将净资产变动表中"其中：从预算收入中提取"行项目调整为"其中：从财务会计相关收入中提取"，将"从预算结余中提取"行项目调整为"从本期盈余中提取"。

2. 调整项目的内容和填列方法。

（1）"从财务会计相关收入中提取"行，反映基层医疗卫生机构本年从财务会计相关收入中提取专用基金对净资产的影响。本行"专用基金"项目应当通过对"专用基金"科目明细账记录的分析，根据本年按有关规定从财务会计相关收入中提取专用基金的金额填列。

（2）"从本期盈余中提取"行，反映基层医疗卫生机构本年根据有关规定从本年度盈余中提取专用基金对净资产的影响。本行"累计盈余""专用基金"项目应当通过对"专用基金"科目明细账记录的分析，根据本年按有关规定从本期盈余中提取专用基金的金额填列；本行"累计盈余"项目以"－"号填列。

（四）收入费用表。

1. 新增项目。

基层医疗卫生机构应当在收入费用表中增加以下项目（详见附表4）：

（1）在"其中：政府性基金收入"项目后增加"其中：财政基本拨款收入""财政项目拨款收入"项目，在"其中：财政基本拨款收入"项目下增加"其中：医疗收入""公共卫生收入"项目，在"财政项目拨款收入"项目下增加"其中：医疗收入""公共卫生收入""科教收入"项目。

（2）在"（二）事业收入"项目下增加"其中：医疗收入""公共卫生收入""科教收入"项目。

（3）在"（六）非同级财政拨款收入"项目下增加"其中：医疗收入""公共卫生收入"项目。

（4）在"（一）业务活动费用"项目下增加"其中：医疗费用""公共卫生费用""科教费用"项目。

（5）在"三、本期盈余"项目下增加"其中：医疗盈余""公共卫生盈余""科教盈余"项目。

2. 新增项目的内容和填列方法。

（1）"财政基本拨款收入"项目，反映基层医疗卫生机构本期取得的财政基本拨款收入。本项目应当根据"财政拨款收入——财政基本拨款收入"科目的本期发生额填列。

"财政基本拨款收入"项目下"医疗收入"项目,反映基层医疗卫生机构本期开展医疗活动取得的财政基本拨款收入。本项目应当根据"财政拨款收入——财政基本拨款收入——医疗收入"科目的本期发生额填列。

"财政基本拨款收入"项目下"公共卫生收入"项目,反映基层医疗卫生机构本期开展公共卫生活动取得的财政基本拨款收入。本项目应当根据"财政拨款收入——财政基本拨款收入——公共卫生收入"科目的本期发生额填列。

"财政项目拨款收入"项目,反映基层医疗卫生机构本期取得的财政项目拨款收入。本项目应当根据"财政拨款收入——财政项目拨款收入"科目的本期发生额填列。

"财政项目拨款收入"项目下"医疗收入"项目,反映基层医疗卫生机构本期开展医疗活动取得的财政项目拨款收入。本项目应当根据"财政拨款收入——财政项目拨款收入——医疗收入"科目的本期发生额填列。

"财政项目拨款收入"项目下"公共卫生收入"项目,反映基层医疗卫生机构本期开展公共卫生活动取得的财政项目拨款收入。本项目应当根据"财政拨款收入——财政项目拨款收入——公共卫生收入"科目的本期发生额填列。

"财政项目拨款收入"项目下"科教收入"项目,反映基层医疗卫生机构本期开展科研教学活动取得的财政项目拨款收入。本项目应当根据"财政拨款收入——财政项目拨款收入——科教收入"科目的本期发生额填列。

(2)"事业收入"项目下"医疗收入"项目,反映基层医疗卫生机构本期开展医疗业务活动实现的收入。本项目应当根据"事业收入——医疗收入"科目的本期发生额填列。

"事业收入"项目下"公共卫生收入"项目,反映基层医疗卫生机构本期开展公共卫生活动实现的收入。本项目应当根据"事业收入——公共卫生收入"科目的本期发生额填列。

"事业收入"项目下"科教收入"项目,反映基层医疗卫生机构本期开展科研教学活动实现的收入。本项目应当根据"事业收入——科教收入"科目的本期发生额填列。

(3)"非同级财政拨款收入"项目下"医疗收入"项目,反映基层医疗卫生机构本期开展医疗业务活动取得的非同级财政拨款收入。本项目应当根据"非同级财政拨款收入——医疗收入"科目的本期发生额填列。

"非同级财政拨款收入"项目下"公共卫生收入"项目,反映基层医疗卫生机构本期开展公共卫生活动取得的非同级财政拨款收入。本项目应当根据"非同级财政拨款收入——公共卫生收入"科目的本期发生额填列。

(4)"业务活动费用"项目下"医疗费用"项目,反映基层医疗卫生机构本期为提供医疗服务所发生的各项费用。本项目应当根据"业务活动费用——医疗费用"科目本期发生额填列。

"业务活动费用"项目下"公共卫生费用"项目,反映基层医疗卫生机构本期为开展公共卫生服务活动所发生的各项费用。本项目应当根据"业务活动费用——公共卫生费用"科目本期发生额填列。

"业务活动费用"项目下"科教费用"项目,反映基层医疗卫生机构本期为开展科研教学活动所发生的各项费用。本项目应当根据"业务活动费用——科教费用"科目本期发生额填列。

(5)"本期盈余"项目下"医疗盈余"项目,反映基层医疗卫生机构本期医疗活动相关收入扣除医疗活动相关费用后的净额。本项目应当根据本表中"财政基本拨款收入"项目下"医疗收入""财政项目拨款收入"项目下"医疗收入""事业收入"项目下"医疗收入""上级补助收入""附属单位上缴收入""经营收入""非同级财政拨款收入"项目下"医疗收入""投资收益""捐赠收入""利息收入""租金收入""其他收入"项目金额合计数减去"业务活动费用"项目下"医疗费用""单位管理费用""经营费用""资产处置费用""上缴上级费用""对附属单位补助费用""所得税费用""其他费用"项目金额合计数后的金额填列;如相减后金额为负数,以"-"号填列。

"本期盈余"项目下"公共卫生盈余"项目,反映基层医疗卫生机构本期公共卫生活动相关收入扣除公共卫生活动相关费用后的净额。本项目应当根据本表中"财政基本拨款收入"项目下"公共卫生收入""财政项目拨款收入"项目下"公共卫生收入""事业收入"项目下"公共卫生收入""非同级财政拨款收入"项目下"公共卫生收入"项目金额合计数减去"业务活动费用"项目下"公共卫生费用"项目金额后的金额填列;如相减后金额为负数,以"-"号填列。

"本期盈余"项目下"科教盈余"项目,反映基层医疗卫生机构本期科研教学活动相关收入扣除科研教学活动相关费用后的净额。本项目应当根据本表中"财政项目拨款收入"项目下"科教收入""事业收入"项目下"科教收入"项目金额合计数减去"业务活动费用"项目下"科教费用"项目金额后的金额填列。

(五)医疗及公共卫生收入费用明细表。

1. 本表反映基层医疗卫生机构在某一会计期间内发生的医疗和公共卫生活动相关的收入、费用的详细情况。

2. 本表"本月数"栏反映各项目的本月实际发生数。编制年度医疗及公共卫生收入费用明细表时,应当将本栏改为"本年数",反映本年度各项目的实际发生数。

本表"本年累计数"栏反映各项目自年初至报告期期末的累计实际发生数。编制年度医疗及公共卫生收入费用明细表时,应当将本栏改为"上年数",反映上年度各项目的实际发生数,"上年数"栏应当根据上年年度医疗及公共卫生收入费用明细表中"本年数"栏内所列数字填列。

如果本年度医疗及公共卫生收入费用明细表规定的项目名称和内容同上年度不一致,应当对上年度医疗及公共卫生收入费用明细表项目名称和数字按照本年度的规定进行调整,将调整后的金额填入本年度医疗及公共卫生收入费用明细表的"上年数"栏内。

如果本年度基层医疗卫生机构发生了因前期差错更正、会计政策变更等调整以前年度盈余的事项,还应当对年度医疗及公共卫生收入费用明细表中"上年数"栏中的有关项目金额进行相应调整。

3. 本表"(一)医疗收入"项目及所属明细项目应当根据"事业收入——医疗收入"科目及相关明细科目的本期发生额填列,"(二)公共卫生收入"项目应当根据"事业收入——公共卫生收入"科目的本期发生额填列。

本表"(一)医疗费用"项目及所属明细项目应当根据"业务活动费用——医疗费用"科目及相关明细科目的本期发生额填列,"(二)公共卫生费用"项目及所属明细项目应当根据"业务活动费用——公共卫生费用"科目及相关明细科目的本期发生额填列。

本表"三、单位管理费用"项目及所属明细项目应当根据"单位管理费用"科目及相关明细科目的本期发生额填列。

(六)关于财务报表附注。

1. 基层医疗卫生机构除按新制度规定按照债务人类别披露应收账款信息外,还应当按照应收项目类别披露应收账款信息,具体格式如下:

应收账款类别	期末余额	年初余额
应收在院病人医疗款：		
应收医疗款：		
应收医保款		
门急诊病人欠费		
住院病人欠费		
其他应收账款		
合计		

2. 基层医疗卫生机构应当按照存货种类披露存货信息，具体披露格式如下：

存货种类	期末余额	年初余额
药品		
西药		
其中：疫苗		
中成药		
中药饮片		
卫生材料		
血库材料		
医用气体		
影像材料		
化验材料		
其他卫生材料		
低值易耗品		
其他材料		
合计		

四、关于坏账准备的计提范围

未按"收支两条线"管理的基层医疗卫生机构应当对除应收在院病人医疗款以外的应收账款和其他应收款提取坏账准备。

按"收支两条线"管理的基层医疗卫生机构应当对除应收在院病人医疗款、应收医疗款外的应收账款和其他应收款提取坏账准备。

五、关于运杂费的会计处理

基层医疗卫生机构为取得库存物品单独发生的运杂费等，能够直接计入业务成本的，计入业务活动费用，借记"业务活动费用"科目，贷记"库存现金""银行存款"等科目；不能直接计入业务成本的，计入单位管理费用，借记"单位管理费用"科目，贷记"库存现金""银行存款"等科目。

六、关于固定资产折旧年限

通常情况下,基层医疗卫生机构应当按照本规定附表6确定应计提折旧的固定资产的折旧年限。

七、关于本期盈余结转的账务处理

期末,基层医疗卫生机构应当将财政基本拨款收入和财政项目拨款收入中的医疗收入、事业收入中的医疗收入、上级补助收入、附属单位上缴收入、经营收入、非同级财政拨款收入中的医疗收入、投资收益、捐赠收入、利息收入、租金收入、其他收入的本期发生额转入本期盈余,借记"财政拨款收入——财政基本拨款收入——医疗收入""财政拨款收入——财政项目拨款收入——医疗收入""事业收入——医疗收入""上级补助收入""附属单位上缴收入""经营收入""非同级财政拨款收入——医疗收入""投资收益""捐赠收入""利息收入""租金收入""其他收入"科目,贷记"本期盈余——医疗盈余"科目;将业务活动费用中的医疗费用、单位管理费用、经营费用、资产处置费用、上缴上级费用、对附属单位补助费用、所得税费用、其他费用的本期发生额转入本期盈余,借记"本期盈余——医疗盈余"科目,贷记"业务活动费用——医疗费用""单位管理费用""经营费用""资产处置费用""上缴上级费用""对附属单位补助费用""所得税费用""其他费用"科目。

期末,基层医疗卫生机构应当将财政基本拨款收入和财政项目拨款收入中的公共卫生收入、事业收入中的公共卫生收入、非同级财政拨款收入中的公共卫生收入的本期发生额转入本期盈余,借记"财政拨款收入——财政基本拨款收入——公共卫生收入""财政拨款收入——财政项目拨款收入——公共卫生收入""非同级财政拨款收入——公共卫生收入"科目,贷记"本期盈余——公共卫生盈余"科目;将业务活动费用中的公共卫生费用的本期发生额转入本期盈余,借记"本期盈余——公共卫生盈余"科目,贷记"业务活动费用——公共卫生费用"科目。

期末,基层医疗卫生机构应当将财政项目拨款收入中的科教收入、事业收入中的科教收入的本期发生额转入本期盈余,借记"财政拨款收入——财政项目拨款收入——科教收入""事业收入——科教收入"科目,贷记"本期盈余——科教盈余"科目;将业务活动费用中的科教经费的本期发生额转入本期盈余,借记"本期盈余——科教盈余"科目,贷记"业务活动费用——科教费用"科目。

年末,完成上述结转后,"本期盈余——医疗盈余"科目为贷方余额的,基层医疗卫生机构应当将"本期盈余——医疗盈余"科目余额转入"本年盈余分配"科目,借记"本期盈余——医疗盈余"科目,贷记"本年盈余分配"科目;"本期盈余——医疗盈余"科目为借方余额的,基层医疗卫生机构应当将"本期盈余——医疗盈余"科目余额转入累计盈余对应明细科目,借记"累计盈余——医疗盈余"科目,贷记"本期盈余——医疗盈余"科目。基层医疗卫生机构应当将"本期盈余——公共卫生盈余""本期盈余——科教盈余"科目余额转入累计盈余对应明细科目,借记或贷记"本期盈余——公共卫生盈余""本期盈余——科教盈余"科目,贷记或借记"累计盈余——公共卫生盈余""累计盈余——科教盈余"科目。

八、关于本年盈余分配的账务处理

年末,基层医疗卫生机构在按照规定提取专用基金后,应当将"本年盈余分配"科目余额转入累计盈余,借记"本年盈余分配——转入累计盈余"科目,贷记"累计盈余——医疗盈余"科目。

九、关于弥补医疗亏损的账务处理

年末,基层医疗卫生机构"累计盈余——医疗盈余"科目为借方余额的,基层医疗卫生机构应当按照有关规定确定的用于弥补医疗亏损的金额,借记"累计盈余——新旧转换盈余"科目,贷记"累计盈余——医疗盈余"科目。

十、关于事业收入(医疗收入)的确认和计量

未按"收支两条线"管理的基层医疗卫生机构应当在提供医疗服务并收讫价款或取得收款权利时,按照规定的医疗服务项目收费标准计算确定的金额确认事业收入(医疗收入)。基层医疗卫生机构给予病人或其他付费方折扣的,按照折扣后的实际金额确认事业收入(医疗收入)。基层医疗卫生机构同医疗保险机构等结算时,因基层医疗卫生机构按照医疗服务项目收费标准计算确定的应收医疗款金额与医疗保险机构等实际支付金额之间的差额(不包括基层医疗卫生机构因违规治疗等管理不善原因被医疗保险机构等拒付的金额)应当调整事业收入(医疗收入)。基层医疗卫生机构因违规治疗等管理不善原因被医疗保险机构等拒付的金额,应当冲减坏账准备。

按"收支两条线"管理的基层医疗卫生机构应当在收到财政返还的医疗款时,按照实际返还医疗款的金额确认事业收入(医疗收入)。基层医疗卫生机构按规定留用待结算医疗款时,应当按照批准留用的医疗款金额确认事业收入(医疗收入)。

十一、关于医事服务费和药事服务费的会计处理

未按"收支两条线"管理、执行医事服务费的基层医疗卫生机构应当通过"事业收入——医疗收入——门急诊收入——诊察收入"和"事业收入——医疗收入——住院收入——诊察收入"科目核算医事服务收入。基层医疗卫生机构在实现医事服务收入时,应当借记"库存现金""银行存款""应收账款"等科目,属于门急诊收入的,贷记"事业收入——医疗收入——门急诊收入——诊察收入"科目,属于住院收入的,贷记"事业收入——医疗收入——住院收入——诊察收入"科目。

未按"收支两条线"管理的、执行药事服务费的基层医疗卫生机构应当通过"事业收入——医疗收入——门急诊收入——其他门急诊收入"和"事业收入——医疗收入——住院收入——其他住院收入"科目核算药事服务收入。基层医疗卫生机构在实现药事服务收入时,应当借记"库存现金""银行存款""应收账款"等科目,属于门急诊收入的,贷记"事业收入——医疗收入——门急诊收入——其他门急诊收入"科目,属于住院收入的,贷记"事业收入——医疗收入——住院收入——其他住院收入"科目。

按"收支两条线"管理的基层医疗卫生机构关于医事服务费、药事服务费的会计处理,参见本规定关于"2308 待结算医疗款"科目的说明。

十二、关于未按"收支两条线"管理的基层医疗卫生机构与医疗保险机构等结算医疗款的账务处理

未按"收支两条线"管理的基层医疗卫生机构同医疗保险机构等结算医疗款时,应当按照实际收到的金额,借记"银行存款"科目,按照基层医疗卫生机构因违规治疗等管理不善原因被医疗保险机构等拒付的金额,借记"坏账准备"科目,按照应收医疗保险机构等的金额,贷记"应收账款——应收医疗款——应收医保款"科目,按照借贷方之间的差额,借记或贷记"事业收入——医疗收入——门急诊收入——门急诊结算差额"或"事业收入——医疗收入——住院收入——住院结算差额"科目。

基层医疗卫生机构预收医疗保险机构等医保款的,在同医疗保险机构等结算医疗款时,还应冲减相关的预收医保款。

十三、关于按合同完成进度确认科教收入

基层医疗卫生机构以合同完成进度确认科教收入时,应当根据业务实质,选择累计实际发生的合同成本占合同预计总成本的比例、已经完成的合同工作量占合同预计总工作量的比例、已经完成的时间占合同期限的比例、实际测定的完工进度等方法,合理确定合同完成进度。

十四、生效日期

本规定自 2019 年 1 月 1 日起施行。

附表 1　　　　　　　　基层医疗卫生机构执行新制度新增会计科目表

科目编码	科目名称	备注
1212	应收账款	
121201	应收账款\应收在院病人医疗款	
121202	应收账款\应收医疗款	
12120201	应收账款\应收医疗款\应收医保款	
12120202	应收账款\应收医疗款\门急诊病人欠费	
12120203	应收账款\应收医疗款\出院病人欠费	
121203	应收账款\其他应收账款	
1219	坏账准备	
121901	坏账准备\应收账款坏账准备	
121902	坏账准备\其他应收款坏账准备	
1302	库存物品	
130201	库存物品\药品	
13020101	库存物品\药品\西药	
1302010101	库存物品\药品\西药\西药	
1302010102	库存物品\药品\西药\疫苗	
13020102	库存物品\药品\中成药	
13020103	库存物品\药品\中药饮片	
130202	库存物品\卫生材料	
13020201	库存物品\卫生材料\血库材料	
13020202	库存物品\卫生材料\医用气体	
13020203	库存物品\卫生材料\影像材料	
13020204	库存物品\卫生材料\化验材料	
13020205	库存物品\卫生材料\其他卫生材料	
130203	库存物品\低值易耗品	

续表

科目编码	科目名称	备注
130204	库存物品\其他材料	
2305	预收账款	
230501	预收账款\预收医疗款	
23050101	预收账款\预收医疗款\预收医保款	
23050102	预收账款\预收医疗款\门急诊预收款	
23050103	预收账款\预收医疗款\住院预收款	
230502	预收账款\其他预收账款	
2308	待结算医疗款	
230801	待结算医疗款\门急诊收费	
23080101	待结算医疗款\门急诊收费\挂号收费	
23080102	待结算医疗款\门急诊收费\诊察收费	核算医事服务收费
23080103	待结算医疗款\门急诊收费\检查收费	
23080104	待结算医疗款\门急诊收费\化验收费	
23080105	待结算医疗款\门急诊收费\治疗收费	
23080106	待结算医疗款\门急诊收费\手术收费	
23080107	待结算医疗款\门急诊收费\卫生材料收费	
23080108	待结算医疗款\门急诊收费\药品收费	
2308010801	待结算医疗款\门急诊收费\药品收费\西药收费	
230801080101	待结算医疗款\门急诊收费\药品收费\西药收费\西药	
230801080102	待结算医疗款\门急诊收费\药品收费\西药收费\疫苗	
2308010802	待结算医疗款\门急诊收费\药品收费\中成药收费	
2308010803	待结算医疗款\门急诊收费\药品收费\中药饮片收费	
23080109	待结算医疗款\门急诊收费\一般诊疗费收费	
23080110	待结算医疗款\门急诊收费\其他门急诊收费	核算药事服务收费
23080111	待结算医疗款\门急诊收费\门急诊结算差额	
230802	待结算医疗款\住院收费	
23080201	待结算医疗款\住院收费\床位收费	
23080202	待结算医疗款\住院收费\诊察收费	核算医事服务收费

续表

科目编码	科目名称	备注
23080203	待结算医疗款\住院收费\检查收费	
23080204	待结算医疗款\住院收费\化验收费	
23080205	待结算医疗款\住院收费\治疗收费	
23080206	待结算医疗款\住院收费\手术收费	
23080207	待结算医疗款\住院收费\护理收费	
23080208	待结算医疗款\住院收费\卫生材料收费	
23080209	待结算医疗款\住院收费\药品收费	
2308020901	待结算医疗款\住院收费\药品收费\西药收费	
230802090101	待结算医疗款\门急诊收费\药品收费\西药收费\西药	
230802090102	待结算医疗款\门急诊收费\药品收费\西药收费\疫苗	
2308020902	待结算医疗款\住院收费\药品收费\中成药收费	
2308020903	待结算医疗款\住院收费\药品收费\中药饮片收费	
23080210	待结算医疗款\住院收费\一般诊疗费收费	
23080211	待结算医疗款\住院收费\其他住院收费	核算药事服务收费
23080212	待结算医疗款\住院收费\住院结算差额	
3001	累计盈余	
300101	累计盈余\医疗盈余	
300102	累计盈余\公共卫生盈余	
300103	累计盈余\科教盈余	
300104	累计盈余\新旧转换盈余	
3101	专用基金	
310101	专用基金\职工福利基金	
310102	专用基金\医疗风险基金	
310103	专用基金\奖励基金	
3301	本期盈余	
330101	本期盈余\医疗盈余	
330102	本期盈余\公共卫生盈余	
330103	本期盈余\科教盈余	
3302	本年盈余分配	

续表

科目编码	科目名称	备注
330201	本年盈余分配\提取职工福利基金	
330202	本年盈余分配\提取奖励基金	
330203	本年盈余分配\转入累计盈余	
4001	财政拨款收入	
400101	财政拨款收入\财政基本拨款收入	
40010101	财政拨款收入\财政基本拨款收入\医疗收入	
40010102	财政拨款收入\财政基本拨款收入\公共卫生收入	
400102	财政拨款收入\财政项目拨款收入	
40010201	财政拨款收入\财政项目拨款收入\医疗收入	
40010202	财政拨款收入\财政项目拨款收入\公共卫生收入	
40010203	财政拨款收入\财政项目拨款收入\科教收入	
4101	事业收入	对"非同级财政拨款"进行明细核算
410101	事业收入\医疗收入	
41010101	事业收入\医疗收入\门急诊收入	
4101010101	事业收入\医疗收入\门急诊收入\挂号收入	
4101010102	事业收入\医疗收入\门急诊收入\诊察收入	核算医事服务收入
4101010103	事业收入\医疗收入\门急诊收入\检查收入	
4101010104	事业收入\医疗收入\门急诊收入\化验收入	
4101010105	事业收入\医疗收入\门急诊收入\治疗收入	
4101010106	事业收入\医疗收入\门急诊收入\手术收入	
4101010107	事业收入\医疗收入\门急诊收入\卫生材料收入	
4101010108	事业收入\医疗收入\门急诊收入\药品收入	
410101010801	事业收入\医疗收入\门急诊收入\药品收入\西药	
41010101080101	事业收入\医疗收入\门急诊收入\药品收入\西药\西药	
41010101080102	事业收入\医疗收入\门急诊收入\药品收入\西药\疫苗	
410101010802	事业收入\医疗收入\门急诊收入\药品收入\中成药	
410101010803	事业收入\医疗收入\门急诊收入\药品收入\中药饮片	
4101010109	事业收入\医疗收入\门急诊收入\一般诊疗费收入	
4101010110	事业收入\医疗收入\门急诊收入\其他门急诊收入	核算药事服务收入

续表

科目编码	科目名称	备注
4101010111	事业收入\医疗收入\门急诊收入\门急诊结算差额	
41010102	事业收入\医疗收入\住院收入	
4101010201	事业收入\医疗收入\住院收入\床位收入	
4101010202	事业收入\医疗收入\住院收入\诊察收入	核算医事服务收入
4101010203	事业收入\医疗收入\住院收入\检查收入	
4101010204	事业收入\医疗收入\住院收入\化验收入	
4101010205	事业收入\医疗收入\住院收入\治疗收入	
4101010206	事业收入\医疗收入\住院收入\手术收入	
4101010207	事业收入\医疗收入\住院收入\护理收入	
4101010208	事业收入\医疗收入\住院收入\卫生材料收入	
4101010209	事业收入\医疗收入\住院收入\药品收入	
410101020901	事业收入\医疗收入\住院收入\药品收入\西药	
41010102090101	事业收入\医疗收入\门急诊收入\药品收入\西药\西药	
41010102090102	事业收入\医疗收入\门急诊收入\药品收入\西药\疫苗	
410101020902	事业收入\医疗收入\住院收入\药品收入\中成药	
410101020903	事业收入\医疗收入\住院收入\药品收入\中药饮片	
4101010210	事业收入\医疗收入\住院收入\一般诊疗费收入	
4101010211	事业收入\医疗收入\住院收入\其他住院收入	核算药事服务收入
4101010212	事业收入\医疗收入\住院收入\住院结算差额	
410102	事业收入\公共卫生收入	
410103	事业收入\科教收入	
41010301	事业收入\科教收入\科研收入	
41010302	事业收入\科教收入\教学收入	
4601	非同级财政拨款收入	
460101	非同级财政拨款收入\医疗收入	
460102	非同级财政拨款收入\公共卫生收入	
5001	业务活动费用	

续表

科目编码	科目名称	备注
500101	业务活动费用\医疗费用	按照"人员费用""药品费""专用材料费""维修费""计提专用基金""固定资产折旧""无形资产摊销""其他医疗费用"等进行明细核算
500102	业务活动费用\公共卫生费用	按照"人员费用""药品费""专用材料费""维修费""其他公共卫生费用"等进行明细核算
500103	业务活动费用\科教费用	按照"科研费用""教学费用"等进行明细核算
5101	单位管理费用	按照"人员费用""商品和服务费用""固定资产折旧""无形资产摊销"等进行明细核算
6101	事业预算收入	对"非同级财政拨款"进行明细核算
610101	事业预算收入\医疗预算收入	
61010101	事业预算收入\医疗预算收入\门急诊预算收入	
61010102	事业预算收入\医疗预算收入\住院预算收入	
610102	事业预算收入\公共卫生预算收入	
610103	事业预算收入\科教预算收入	
61010301	事业预算收入\科教预算收入\科研项目预算收入	
61010302	事业预算收入\科教预算收入\教学项目预算收入	
8301	专用结余	
830101	专用结余\职工福利基金	
830102	专用结余\奖励基金	

附表2   **资产负债表**

会政财01表

编制单位：　　　　　　　　　　年　月　日　　　　　　　　　　单位：元

资产	期末余额	年初余额	负债和净资产	期末余额	年初余额
流动资产：			流动负债：		
货币资金			短期借款		
短期投资			应交增值税		
财政应返还额度			其他应交税费		

续表

资产	期末余额	年初余额	负债和净资产	期末余额	年初余额
应收票据			应缴财政款		
应收账款净额			待结算医疗款		
预付账款			应付职工薪酬		
应收股利			应付票据		
应收利息			应付账款		
其他应收款净额			应付政府补贴款		
存货			应付利息		
待摊费用			预收账款		
一年内到期的非流动资产			其他应付款		
其他流动资产			预提费用		
流动资产合计			一年内到期的非流动负债		
非流动资产：			其他流动负债		
长期股权投资			流动负债合计		
长期债券投资			非流动负债：		
固定资产原值			长期借款		
减：固定资产累计折旧			长期应付款		
固定资产净值			预计负债		
工程物资			其他非流动负债		
在建工程			非流动负债合计		
无形资产原值			受托代理负债		
减：无形资产累计摊销			负债合计		
无形资产净值					
研发支出					
公共基础设施原值					
减：公共基础设施累计折旧（摊销）					
公共基础设施净值			净资产：		
政府储备物资			累计盈余		
文物文化资产			其中：医疗盈余		
保障性住房			公共卫生盈余		

续表

资产	期末余额	年初余额	负债和净资产	期末余额	年初余额
减：保障性住房累计折旧			科教盈余		
保障性住房净值			新旧转换盈余		
长期待摊费用			专用基金		
待处理财产损溢			权益法调整		
其他非流动资产			无偿调拨净资产*		
非流动资产合计			本期盈余*		
受托代理资产			净资产合计		
资产总计			负债和净资产总计		

注："*"标识项目为月报项目，年报中不需列示。

附表 3   **待结算医疗款明细表**

会政财 01 表附表 01

编制单位：　　　　　　　　　　　　　　年　月　　　　　　　　　　　　　　单位：元

项目	本月数	本年累计数
待结算医疗款		
（一）门急诊收费		
挂号收费		
诊察收费		
其中：医事服务费		
检查收费		
化验收费		
治疗收费		
手术收费		
卫生材料收费		
药品收费		
其中：西药收费		
其中：疫苗		
中成药收费		
中药饮片收费		
一般诊疗费收费		
其他门急诊收费		

续表

项目	本月数	本年累计数
其中：药事服务费		
门急诊结算差额		
（二）住院收费		
床位收费		
诊察收费		
其中：医事服务费		
检查收费		
化验收费		
治疗收费		
手术收费		
护理收费		
卫生材料收费		
药品收费		
其中：西药收费		
其中：疫苗		
中成药收费		
中药饮片收费		
一般诊疗费收费		
其他住院收费		
其中：药事服务费		
住院结算差额		

附表 4　　　　　　　收入费用表

会政财 02 表

编制单位：　　　　　　　　　　年　月　　　　　　　　　　单位：元

项目	本月数	本年累计数
一、本期收入		
（一）财政拨款收入		
其中：政府性基金收入		
其中：财政基本拨款收入		
其中：医疗收入		

续表

项目	本月数	本年累计数
公共卫生收入		
财政项目拨款收入		
其中：医疗收入		
公共卫生收入		
科教收入		
（二）事业收入		
其中：医疗收入		
公共卫生收入		
科教收入		
（三）上级补助收入		
（四）附属单位上缴收入		
（五）经营收入		
（六）非同级财政拨款收入		
其中：医疗收入		
公共卫生收入		
（七）投资收益		
（八）捐赠收入		
（九）利息收入		
（十）租金收入		
（十一）其他收入		
二、本期费用		
（一）业务活动费用		
其中：医疗费用		
公共卫生费用		
科教费用		
（二）单位管理费用		
（三）经营费用		
（四）资产处置费用		
（五）上缴上级费用		
（六）对附属单位补助费用		

续表

项目	本月数	本年累计数
（七）所得税费用		
（八）其他费用		
三、本期盈余		
其中：医疗盈余		
公共卫生盈余		
科教盈余		

附表 5   **医疗及公共卫生收入费用明细表**

会政财 02 表附表 01

编制单位：　　　　　　　　　　　　　年　月　　　　　　　　　　　　　单位：元

项目	本月数	本年累计数
一、医疗及公共卫生收入		
（一）医疗收入		
1.门急诊收入		
挂号收入		
诊察收入		
其中：医事服务收入		
检查收入		
化验收入		
治疗收入		
手术收入		
卫生材料收入		
药品收入		
其中：西药		
其中：疫苗		
中成药		
中药饮片		
一般诊疗费收入		
其他门急诊收入		
其中：药事服务收入		
门急诊结算差额		

续表

项目	本月数	本年累计数
2. 住院收入		
床位收入		
诊察收入		
其中：医事服务收入		
检查收入		
化验收入		
治疗收入		
手术收入		
护理收入		
卫生材料收入		
药品收入		
其中：西药		
其中：疫苗		
中成药		
中药饮片		
一般诊疗费收入		
其他住院收入		
其中：药事服务收入		
住院结算差额		
（二）公共卫生收入		
二、医疗及公共卫生费用		
（一）医疗费用		
人员费用		
工资福利费用		
对个人和家庭的补助费用		
药品费		
西药		
其中：疫苗		
中成药		
中药饮片		

续表

项目	本月数	本年累计数
专用材料费		
卫生材料费		
血库材料		
医用气体		
影像材料		
化验材料		
其他卫生材料		
低值易耗品		
其他材料费		
维修费		
计提专用基金		
其中：计提医疗风险基金		
固定资产折旧		
无形资产摊销		
其他医疗费用		
（二）公共卫生费用		
人员费用		
工资福利费用		
对个人和家庭的补助费用		
药品费		
西药		
其中：疫苗		
中成药		
中药饮片		
专用材料费		
卫生材料费		
血库材料		
医用气体		
影像材料		
化验材料		

续表

项目	本月数	本年累计数
其他卫生材料		
低值易耗品		
其他材料费		
维修费		
其他公共卫生费用		
三、单位管理费用		
人员费用		
工资福利费用		
对个人和家庭的补助费用		
商品和服务费用		
固定资产折旧		
无形资产摊销		

附表 6　　基层医疗卫生机构固定资产折旧年限表

固定资产类别	折旧年限（年）	固定资产类别	折旧年限（年）
一、房屋及构筑物		医用电子仪器	5-10
业务及管理用房		医用超声仪器	6-10
钢结构	50	医用高频仪器设备	5-10
钢筋混凝土结构	50	物理治疗及体疗设备	5-10
砖混结构	30	高压氧舱	6-10
砖木结构	30	中医仪器设备	5-10
简易房	8	医用磁共振设备	6-10
房屋附属设施	8	医用 X 线设备	6-10
构筑物	8	高能射线设备	8-10
二、通用设备		医用核素设备	6-10
计算机设备	6	临床检验分析仪器	5-10
通信设备	5	体外循环设备	5-10
办公设备	6	手术急救设备	5-10
车辆	10	口腔设备	6-10
图书档案设备	5	病房护理设备	5-10

续表

固定资产类别	折旧年限（年）	固定资产类别	折旧年限（年）
机械设备	10	消毒设备	6–10
电气设备	5	其他	5–10
雷达、无线电和卫星导航设备	10	光学仪器及窥镜	6–10
广播、电视、电影设备	5	激光仪器设备	5–10
仪器仪表	5	四、家具、用具及装具	
电子和通信测量设备	5	家具	15
计量标准器具及量具、衡器	5	用具、装具	5
三、专用设备			

3.21　关于基层医疗卫生机构执行《政府会计制度——行政事业单位会计科目和报表》的衔接规定

2018年8月31日　财会〔2018〕25号

我部于2017年10月24日印发了《政府会计制度——行政事业单位会计科目和报表》（财会〔2017〕25号，以下简称新制度）。目前执行《基层医疗卫生机构会计制度》（财会〔2010〕26号，以下简称原制度）的基层医疗卫生机构，自2019年1月1日起执行新制度，不再执行原制度。为了确保新旧会计制度顺利过渡，现对基层医疗卫生机构执行新制度及《关于基层医疗卫生机构执行〈政府会计制度——行政事业单位会计科目和报表〉的补充规定》（以下简称补充规定）的有关衔接问题规定如下：

一、新旧制度衔接总要求

（一）自2019年1月1日起，基层医疗卫生机构应当严格按照新制度及补充规定进行会计核算、编制财务报表和预算会计报表。

（二）基层医疗卫生机构应当按照本规定做好新旧制度衔接的相关工作，主要包括以下几个方面：

1. 根据原账编制2018年12月31日的科目余额表，并按照本规定要求，编制原账的部分科目余额明细表（参见附表1、附表2）。

2. 按照新制度及补充规定设立2019年1月1日的新账。

3. 按照本规定要求，登记新账的财务会计科目余额和预算结余科目余额，包括将原账科目余额转入新账财务会计科目、按照原账科目余额登记新账预算结余科目（基层医疗卫生机构新旧会计制度转账、登记新账科目对照表见附表3），将未入账事项登记新账科目，并对相关新账科目余额进行调整。原账科目是指按照原制度规定设置的会计科目。

4. 按照登记及调整后新账的各会计科目余额，编制2019年1月1日的科目余额表，作为新账各会计科目的期初余额。

5.根据新账各会计科目期初余额，按照新制度及补充规定编制2019年1月1日资产负债表。

（三）及时调整会计信息系统。基层医疗卫生机构应当按照新制度及补充规定要求对原有会计信息系统进行及时更新和调试，实现数据正确转换，确保新旧账套的有序衔接。

二、财务会计科目的新旧衔接

（一）将2018年12月31日原账会计科目余额转入新账财务会计科目。

1.资产类。

（1）"库存现金""银行存款""其他货币资金""财政应返还额度""固定资产""无形资产"科目。

新制度设置了"库存现金""银行存款""其他货币资金""财政应返还额度""无形资产"科目，其核算内容与原账的上述相应科目的核算内容基本相同。转账时，基层医疗卫生机构应当将原账的上述科目余额直接转入新账的相应科目。其中，还应当将原账的"库存现金""银行存款"科目余额中属于新制度规定受托代理资产的金额转入新账的"库存现金""银行存款"科目下"受托代理资产"明细科目。

（2）"应收医疗款"科目。

新制度设置了"应收账款"科目，该科目包含了原账的"应收医疗款"科目的核算内容。转账时，基层医疗卫生机构应当将原账的"应收医疗款"科目余额转入新账的"应收账款"科目。

（3）"其他应收款"科目。

新制度设置了"其他应收款"科目，该科目的核算内容与原账的"其他应收款"科目的核算内容基本相同。转账时，基层医疗卫生机构应当将原账的"其他应收款"科目余额转入新账的"其他应收款"科目。

新制度设置了"在途物品"科目，基层医疗卫生机构在原账的"其他应收款"科目中核算已经付款或开出商业汇票、尚未收到物资的款项，应当将原账的"其他应收款"科目余额中已经付款或开出商业汇票、尚未收到物资的金额转入新账的"在途物品"科目。

基层医疗卫生机构在原账的"其他应收款"科目中核算了属于新制度规定的预付账款的，应当将原账的"其他应收款"科目余额中属于预付账款的金额转入新账的"预付账款"科目。

基层医疗卫生机构在原账的"其他应收款"科目中核算了尚未按照相关规定完成批准程序的待处理财产损溢的，转账时，应当将原账的"其他应收款"科目余额中属于待处理财产损溢的金额，转入新账的"待处理财产损溢"科目。

（4）"库存物资"科目。

新制度设置了"库存物品""加工物品"科目，原制度设置了"库存物资"科目。转账时，基层医疗卫生机构应当将原账的"库存物资"科目余额中属于在加工存货的金额，转入新账的"加工物品"科目；将原账的"库存物资"科目余额减去属于在加工存货金额后的差额，转入新账的"库存物品"科目。

基层医疗卫生机构在原账的"库存物资"科目中核算了属于新制度规定的工程物资、受托代理物资（如受托保管的政府储备物资）的，应当将原账的"库存物资"科目余额中属于工程物资、受托代理物资的金额，分别转入新账的"工程物资""受托代理资产"科目。

（5）"在建工程"科目。

新制度设置了"在建工程"和"预付账款——预付备料款、预付工程款"科目，原制度设置了"在建工程"科目。转账时，基层医疗卫生机构应当将原账的"在建工程"科目余额（基建"并账"后的金额，下同）中属于预付备料款、预付工程款的金额，转入新账"预付账款"科目相关明细科目；将原账的"在建工程"科目余额减去预付备料款、预付工程款金额后的差额，转入新账的"在建工程"科目。

基层医疗卫生机构在原账"在建工程"科目中核算了按照新制度规定应当记入"工程物资"科目内容的，应当将原账"在建工程"科目余额中属于工程物资的金额，转入新账的"工程物资"科目。

（6）"零余额账户用款额度""待摊支出"科目。

由于原账的"零余额账户用款额度""待摊支出"科目年末无余额，无需进行转账处理。

2. 负债类。

（1）"借入款"科目。

新制度设置了"短期借款"和"长期借款"科目，原制度设置了"借入款"科目。转账时，基层医疗卫生机构应当将原账的"借入款"科目余额中属于短期借款[期限不超过1年（含1年）]的金额转入新账的"短期借款"科目；将原账的"借入款"科目余额中属于长期借款[期限超过1年（不含1年）]的金额转入新账的"长期借款"科目。

（2）"待结算医疗款"科目。

补充规定设置了"待结算医疗款"科目，该科目的核算内容与原账的"待结算医疗款"科目核算的内容基本相同。转账时，基层医疗卫生机构应当将原账的"待结算医疗款"科目余额转入新账的"待结算医疗款"科目。

（3）"应缴款项"科目。

新制度设置了"应缴财政款"科目，该科目的核算内容与原账的"应缴款项"科目核算的内容基本相同。转账时，基层医疗卫生机构应当将原账的"应缴款项"科目余额转入新账的"应缴财政款"科目。

（4）"应付账款"科目。

新制度设置了"应付账款""长期应付款"科目，原账设置了"应付账款"科目。转账时，基层医疗卫生机构应当将原账的"应付账款"科目余额中属于应付账款[期限不超过1年（含1年）]的金额转入新账的"应付账款"科目，将原账的"应付账款"科目余额中属于长期应付款[期限超过1年（不含1年）]的金额转入新账的"长期应付款"科目。

（5）"预收医疗款"科目。

新制度设置了"预收账款"科目，该科目包含了原账的"预收医疗款"科目的核算内容。转账时，基层医疗卫生机构应当将原账的"预收医疗款"科目余额转入新账的"预收账款"科目。

（6）"应付职工薪酬""应付社会保障费"科目。

新制度设置了"应付职工薪酬"科目，原账设置了"应付职工薪酬"和"应付社会保障费"科目。转账时，基层医疗卫生机构应当将原账的"应付职工薪酬""应付社会保障费"科目余额转入新账的"应付职工薪酬"科目。

（7）"应交税费"科目。

新制度设置了"应交增值税"和"其他应交税费"科目，原账设置了"应交税费"科目。转账时，基层医疗卫生机构应当将原账的"应交税费"科目余额中属于应交增值税的金额转入新账的"应交增值税"科目，将原账的"应交税费"科目余额减去属于应交增值税金额后的差额转入新账的"其他应交税费"科目。

（8）"其他应付款"科目。

新制度设置了"其他应付款"科目，该科目的核算内容与原账的"其他应付款"科目的核算内容基本相同。转账时，基层医疗卫生机构应当将原账的"其他应付款"科目余额，转入新账的"其他应付款"科目。其中，基层医疗卫生机构在原账的"其他应付款"科目中核算了属于新制度规定的长期应付款的，应当将原账的"其他应付款"科目余额中属于长期应付款的金额转入新账的"长期应付款"科目；在原账的"其他应付款"科目中核算了属于新制度规定的应付利息的，应当将原账的"其他应付款"科目余额中属于应付利息的金额转入新账的"应付利息"科目；在原账的"其他应付款"科目中核算了属于新制度规定的受托代理负债的，应当将原账的"其他应付款"科目余额中属于受托代理负债的金额转入新账的"受托代理负债"科目。

3. 净资产类。

（1）"固定基金"科目。

依据新制度，无需对原制度中"固定基金"科目对应内容进行核算。转账时，基层医疗卫生机构应当将原账的"固定基金"科目余额转入新账的"累计盈余——医疗盈余"科目。

（2）"事业基金"科目。

新制度及补充规定设置了"累计盈余"科目及相关明细科目，"累计盈余"科目的核算内容包含了原账"事业基金"科目的核算内容。转账时，基层医疗卫生机构应当将原账的"事业基金"科目余额转入新账的"累计盈余——新旧转换盈余"科目。

（3）"专用基金"科目。

新制度设置了"专用基金"科目，该科目的核算内容与原账"专用基金"科目的核算内容基本相同。转账时，基层医疗卫生机构应当将原账的"专用基金"科目余额转入新账的"专用基金"科目。

（4）"财政补助结转（余）""其他限定性用途结转（余）"科目。

新制度及补充规定设置了"累计盈余"科目及相关明细科目，"累计盈余"科目的核算内容包含了原账"财政补助结转（余）"和"其他限定性用途结转（余）"科目的核算内容。转账时，基层医疗卫生机构应当对原账的"财政补助结转（余）""其他限定性用途结转（余）"科目余额进行分析，将属于公共卫生活动形成结转（余）的余额转入新账的"累计盈余——公共卫生盈余"科目，将属于科教项目形成结转（余）的余额转入新账的"累计盈余——科教盈余"科目，将剩余金额转入新账的"累计盈余——医疗盈余"科目。

（5）"结余分配"科目。

新制度设置了"本年盈余分配"科目，该科目的核算内容与原账的"结余分配"科目的核算内容基本相同。新制度规定"本年盈余分配"科目余额最终转入"累计盈余"科目，如果原账的"结余分配"科目有借方余额，转账时，基层医疗卫生机构应当将原账的"结余分配"科目借方余额转入新账的"累计盈余——新旧转换盈余"科目借方。

（6）"本期结余"科目。

由于原账的"本期结余"科目年末无余额，无需进行转账处理。

4. 收入类、支出类。

由于原账中收入类、支出类科目年末无余额，无需进行转账处理。自 2019 年 1 月 1 日起，基层医疗卫生机构应当按照新制度设置收入类、费用类科目并进行账务处理。

基层医疗卫生机构存在其他本规定未列举的原账科目余额的，应当比照本规定转入新账的相应科目。新账的科目设有明细科目的，应将原账中对应科目的余额加以分析，分别转入新账中相应科目的相关明细科目。

基层医疗卫生机构在进行新旧衔接的转账时，应当编制转账的工作分录，作为转账的工作底稿，并将转入新账的对应原科目余额及分拆原科目余额的依据作为原始凭证。

（二）将原未入账事项登记新账财务会计科目。

1. 受托代理资产。

医院在新旧制度转换时，应当将2018年12月31日前未入账的受托代理资产按照新制度规定记入新账。登记新账时，按照确定的受托代理资产入账成本，借记"受托代理资产"科目，贷记"受托代理负债"科目。

2. 盘盈资产。

基层医疗卫生机构在新旧制度转换时，应当将2018年12月31日前未入账的盘盈资产按照新制度规定记入新账。登记新账时，按照确定的盘盈资产及其成本，分别借记有关资产科目，按照盘盈资产成本的合计金额，贷记"累计盈余——新旧转换盈余"科目。

3. 预计负债。

基层医疗卫生机构在新旧制度转换时，应当将2018年12月31日前按照新制度规定确认的预计负债记入新账。登记新账时，按照确定的预计负债金额，借记"累计盈余——新旧转换盈余"科目，贷记"预计负债"科目。

4. 应付质量保证金。

基层医疗卫生机构在新旧制度转换时，应当将2018年12月31日前未入账的应付质量保证金按照新制度规定记入新账。登记新账时，按照确定未入账的应付质量保证金金额，借记"累计盈余——新旧转换盈余"科目，贷记"其他应付款"科目[扣留期在1年以内（含1年）]、"长期应付款"科目[扣留期超过1年]。

基层医疗卫生机构存在2018年12月31日前未入账的其他事项的，应当比照本规定登记新账的相应科目。

基层医疗卫生机构对新账的财务会计科目补记未入账事项时，应当编制记账凭证，并将补充登记事项的确认依据作为原始凭证。

（三）对新账的相关财务会计科目余额按照新制度规定的会计核算基础进行调整。

1. 计提坏账准备。

新制度要求对单位收回后无需上缴财政的应收账款和其他应收款提取坏账准备。在新旧制度转换时，未按"收支两条线"管理的基层医疗卫生机构应当按照2018年12月31日除应收在院病人医疗款以外的应收账款和其他应收款的余额计算应计提的坏账准备金额，借记"累计盈余——新旧转换盈余"科目，贷记"坏账准备"科目；按"收支两条线"管理的基层医疗卫生机构应当按照2018年12月31日除应收在院病人医疗款、应收医疗款外的应收账款和其他应收款的余额计算应计提的坏账准备金额，借记"累计盈余——新旧转换盈余"科目，贷记"坏账准备"科目。

2. 补提折旧。

基层医疗卫生机构在原账中尚未计提固定资产折旧的，应当全面核查截至2018年12月31日的固定资产的预计使用年限、已使用年限、尚可使用年限等，并于2019年1月1日对尚未计提折旧的固定资产补提折旧，按照应计提的折旧金额，借记"累计盈余——医疗盈余"科目，贷记"固定资产累计折旧"科目。

3. 补提摊销。

基层医疗卫生机构在原账中尚未计提无形资产摊销的，应当全面核查截至2018年12月31日无形资产的预计使用年限、已使用年限、尚可使用年限等，并于2019年1月1日对前期尚未计提摊销的无形资产补提摊销，按照应计提的摊销金额，借记"累计盈余——医疗盈余"科目，贷记"无形资产累计摊销"科目。

4. 确认长期借款期末应付利息。

基层医疗卫生机构应当按照新制度规定于2019年1月1日补记长期借款的应付利息金额，对其中资本化的部分，借记"在建工程"科目，对其中费用化的部分，借记"累计盈余——新旧转换盈余"科目，按照全部长期借款应付利息金额，贷记"长期借款"科目［到期一次还本付息］或"应付利息"科目［分期付息、到期还本］。

基层医疗卫生机构对新账的财务会计科目期初余额进行调整时，应当编制记账凭证，并将调整事项的确认依据作为原始凭证。

三、预算会计科目的新旧衔接。

（一）"财政拨款结转"和"财政拨款结余"科目及对应的"资金结存"科目余额。

新制度设置了"财政拨款结转""财政拨款结余"科目及对应的"资金结存"科目。在新旧制度转换时，基层医疗卫生机构应当对原账的"财政补助结转（余）"科目余额中结转资金的金额进行逐项分析，加上各项结转转入的支出中已经计入支出尚未支付财政资金（如发生时列支的应付账款）的金额，减去已经支付财政资金尚未计入支出（如购入的库存物资等）的金额，按照增减后的金额登记新账的"财政拨款结转"科目及其明细科目贷方；按照原账的"财政补助结转（余）"科目余额中结余资金的金额登记新账的"财政拨款结余"科目及其明细科目贷方。

基层医疗卫生机构应当按照原账"财政应返还额度"科目余额登记新账"资金结存——财政应返还额度"科目的借方；按照新账"财政拨款结转"和"财政拨款结余"科目贷方余额合计数减去新账"资金结存——财政应返还额度"科目借方余额后的差额，登记新账"资金结存——货币资金"科目的借方。

（二）"非财政拨款结转"科目及对应的"资金结存"科目余额。

新制度设置了"非财政拨款结转"科目及对应的"资金结存"科目。在新旧制度转换时，基层医疗卫生机构应当对原账的"其他限定性用途结转（余）"科目余额中结转资金的金额进行逐项分析，加上各项结转（余）转入的支出中已经计入支出尚未支付非财政补助专项资金（如发生时列支的应付账款）的金额，减去已经支付非财政补助专项资金尚未计入支出（如购入的库存物资等）的金额，按照增减后的金额登记新账的"非财政拨款结转"科目及其明细科目贷方；同时，按照相同的金额登记新账"资金结存——货币资金"科目的借方。

（三）"专用结余"科目及对应的"资金结存"科目余额。

新制度设置了"专用结余"科目及对应的"资金结存"科目。在新旧制度转换时，基层医疗卫生机构应当按照原账"专用基金"科目余额中通过非财政补助结余分配形成的金额，借记新账的"资金结存——货币资金"科目，贷记新账的"专用结余"科目。

（四）"非财政拨款结余"科目及对应的"资金结存"科目余额。

1. 登记"非财政拨款结余"科目余额。

新制度设置了"非财政拨款结余"科目对应的"资金结存"科目。在新旧制度转换时，基层医疗卫生机构应当按照原账"事业基金"科目的余额，借记新账的"资金结存——货币资金"

科目，贷记新账的"非财政拨款结余"科目。

基层医疗卫生机构原账"结余分配——待分配结余"有借方科目余额的，应当借记新账的"非财政拨款结余"科目，贷记新账的"资金结存——货币资金"科目。

2. 对新账"非财政拨款结余"科目及"资金结存"科目余额进行调整。

（1）调整应收医疗款对非财政拨款结余的影响。

基层医疗卫生机构应当按照原账的"应收医疗款"科目余额，借记"非财政拨款结余"科目，贷记"资金结存——货币资金"科目。

（2）调整其他应收款对非财政拨款结余的影响。

基层医疗卫生机构按照新制度规定将原账其他应收款中的预付款项计入支出的，应当对原账的"其他应收款"科目余额进行分析，区分其中预付款项的金额（将来很可能列支）和非预付款项的金额，并对预付款项的金额划分为财政补助资金预付的金额、非财政补助专项资金预付的金额和非财政补助非专项资金预付的金额，按照非财政补助非专项资金预付的金额，借记"非财政拨款结余"科目，贷记"资金结存——货币资金"科目。

（3）调整库存物资对非财政拨款结余的影响。

基层医疗卫生机构应当对原账的"库存物资"科目余额进行分析，区分购入的库存物资金额和非购入的库存物资金额。对购入的库存物资金额划分出其中使用财政补助资金购入的金额、使用非财政补助专项资金购入的金额和使用非财政补助非专项资金购入的金额，按照使用非财政补助非专项资金购入的金额，借记"非财政拨款结余"科目，贷记"资金结存——货币资金"科目。

（4）调整借入款对非财政拨款结余的影响。

基层医疗卫生机构应当按照原账的"借入款"科目余额，借记"资金结存——货币资金"科目，贷记"非财政拨款结余"科目。

（5）调整应付账款对非财政拨款结余的影响。

基层医疗卫生机构应当对原账的"应付账款"科目余额进行分析，区分其中发生时计入支出的金额和未计入支出的金额。将计入支出的金额划分为财政补助资金应付的金额、非财政补助专项资金应付的金额和非财政补助非专项资金应付的金额，按照非财政补助非专项资金应付的金额，借记"资金结存——货币资金"科目，贷记"非财政拨款结余"科目。

（6）调整预收医疗款对非财政拨款结余的影响。

基层医疗卫生机构应当按照原账的"预收医疗款"科目余额，借记"资金结存——货币资金"科目，贷记"非财政拨款结余"科目。

（7）调整专用基金对非财政拨款结余的影响。

基层医疗卫生机构应当对原账的"专用基金"科目余额进行分析，划分出提取时列支的专用基金余额，按照提取时列支的专用基金余额，借记"资金结存——货币资金"科目，贷记"非财政拨款结余"科目。

3. 基层医疗卫生机构按照前述1、2两个步骤难以准确调整出"非财政拨款结余"科目及对应的"资金结存"科目余额的，在新旧制度转换时，可以在新账的"库存现金""银行存款""其他货币资金""财政应返还额度"科目借方余额合计数基础上，对不纳入单位预算管理的资金进行调整（如减去新账中货币资金形式的受托代理资产、应缴财政款、已收取将来需要退回资金的其他应付款等，加上已支付将来需要收回资金的其他应收款等），按照调整后的金额减去新账的"财政拨款结转""财政拨款结余""非财政拨款结转""专用结余"科目贷方余额合计数,登记新账的"非财政拨款结余"科目贷方;同时,按照相同的金额登记新账的"资金结存——货币资金"科目借方。

(五)"经营结余"科目。

新制度设置了"经营结余"科目。在新旧制度转换时,无需对"经营结余"科目进行新账年初余额登记。

(六)"其他结余""非财政拨款结余分配"科目。

新制度设置了"其他结余"和"非财政拨款结余分配"科目。由于这两个科目年初无余额,在新旧制度转换时,基层医疗卫生机构无需对"其他结余"和"非财政拨款结余分配"科目进行新账年初余额登记。

(七)预算收入类、预算支出类会计科目。

由于预算收入类、预算支出类会计科目年初无余额,在新旧制度转换时,基层医疗卫生机构无需对预算收入类、预算支出类会计科目进行新账年初余额登记。

基层医疗卫生机构自2019年1月1日起,应当按照新制度设置预算收入类、预算支出类科目并进行账务处理。

基层医疗卫生机构存在2018年12月31日前需要按照新制度预算会计核算基础调整预算会计科目期初余额的其他事项的,应当比照本规定调整新账的相应预算会计科目期初余额。

基层医疗卫生机构对预算会计科目的期初余额登记和调整,应当编制记账凭证,并将期初余额登记和调整的依据作为原始凭证。

四、财务报表和预算会计报表的新旧衔接

(一)编制2019年1月1日资产负债表。

基层医疗卫生机构应当根据2019年1月1日新账的财务会计科目余额,按照新制度及补充规定编制2019年1月1日资产负债表(仅要求填列各项目"年初余额")。

(二)2019年度财务报表和预算会计报表的编制。

基层医疗卫生机构应当按照新制度及补充规定编制2019年财务报表和预算会计报表。在编制2019年度收入费用表、医疗及公共卫生收入费用明细表、净资产变动表、现金流量表和预算收入支出表、预算结转结余变动表时,不要求填列上年比较数。

基层医疗卫生机构应当根据2019年1月1日新账财务会计科目余额,填列2019年净资产变动表各项目的"上年年末余额";根据2019年1月1日新账预算会计科目余额,填列2019年预算结转结余变动表的"年初预算结转结余"项目和财政拨款预算收入支出表的"年初财政拨款结转结余"项目。

五、其他事项

(一)截至2018年12月31日尚未进行基建"并账"的基层医疗卫生机构,应当首先参照《新旧事业单位会计制度有关衔接问题的处理规定》(财会〔2013〕2号),将基建账套相关数据并入2018年12月31日原账中的相关科目余额,再按照本规定将2018年12月31日原账相关会计科目余额转入新账相应科目。

(二)2019年1月1日前执行新制度及补充规定的基层医疗卫生机构,应当按照本规定做好新旧制度衔接工作。

附表 1　　　　　　　　基层医疗卫生机构原会计科目余额明细表一

总账科目	明细分类	金额	备注
库存现金	库存现金		
	其中：受托代理现金		
银行存款	银行存款		
	其中：受托代理银行存款		
其他应收款	预付账款		按照合同规定预先支付的款项（包括定金）
	在途物品		已经付款，尚未收到物资
	待处理财产损溢		
	其他		
库存物资	受托代理资产		
	加工存货		
	工程物资		
	其他		
在建工程	在建工程		
	工程物资		
	预付工程款等		
借入款	短期借款		
	长期借款		
应交税费	应交增值税		
	其他应交税费		
应付账款	应付账款		
	长期应付款		
其他应付款	长期应付款		
	应付利息		
	受托代理负债		
	其他		
财政补助结转（余）	公共卫生活动形成结转（余）		
	科教项目形成结转（余）		
	其他		

续表

总账科目	明细分类	金额	备注
其他限定性用途结转（余）	公共卫生活动形成结转（余）		
	科教项目形成结转（余）		
	其他		

附表2　　基层医疗卫生机构原会计科目余额明细表二

总账科目	明细分类	金额	备注
其他应收款	预付款项		如预付账款、职工预借的差旅费等
	其中：财政补助资金预付		
	非财政补助专项资金预付		
	非财政补助非专项资金预付		
	需要收回及其他		如支付的押金、应收为职工垫付的款项等
库存物资（扣除属于受托代理资产的物资）	购入库存物资		
	其中：使用财政补助资金购入		
	使用非财政补助专项资金购入		
	使用非财政补助非专项资金购入		
	非购入库存物资		如接受捐赠的物资等
应付账款	发生时不计入支出		
	发生时计入支出		
	其中：财政补助资金应付		
	非财政补助专项资金应付		
	非财政补助非专项资金应付		
专用基金	从非财政补助结余分配中提取		
	从收入中列支提取		
	其他		

附表3　　基层医疗卫生机构新旧会计制度转账、登记新账科目对照表

序号	新制度科目		原制度科目	
	编号	名称	编号	名称
一、资产类				
1	1001	库存现金	101	库存现金

续表

序号	新制度科目		原制度科目	
	编号	名称	编号	名称
2	1002	银行存款	102	银行存款
3	1011	零余额账户用款额度	103	零余额账户用款额度
4	1021	其他货币资金	104	其他货币资金
5	1201	财政应返还额度	111	财政应返还额度
6	1212	应收账款	112	应收医疗款
7	1218	其他应收款	114	其他应收款
8	1301	在途物品		
9	1214	预付账款		
10	1902	待处理财产损溢		
11	1302	库存物品	121	库存物资
12	1303	加工物品		
13	1611	工程物资		
14	1891	受托代理资产		
15	1601	固定资产	131	固定资产
16	1613	在建工程	133	在建工程
17	1611	工程物资		
18	1214	预付账款		
19	1701	无形资产	141	无形资产
二、负债类				
20	2001	短期借款	201	借入款
21	2501	长期借款		
22	2308	待结算医疗款	202	待结算医疗款
23	2103	应缴财政款	203	应缴款项
24	2302	应付账款	206	应付账款
25	2502	长期应付款		
26	2305	预收账款	207	预收医疗款
27	2201	应付职工薪酬	208	应付职工薪酬
			210	应付社会保障费

续表

序号	新制度科目		原制度科目	
	编号	名称	编号	名称
28	2101	应交增值税	211	应交税费
29	2102	其他应交税费		
30	2307	其他应付款	221	其他应付款
31	2304	应付利息		
32	2502	长期应付款		
33	2901	受托代理负债		
三、净资产类				
34	3001	累计盈余	301	固定基金
			302	事业基金
			305	财政补助结转（余）
			306	其他限定用途结转（余）
			308	结余分配－待分配结余
35	3101	专用基金	303	专用基金
四、预算结余类				
36	8101	财政拨款结转	305	财政补助结转（余）
37	8102	财政拨款结余		
38	8201	非财政拨款结转	306	其他限定用途结转（余）
39	8202	非财政拨款结余	302	事业基金
			308	结余分配—待分配结余（借方）
40	8301	专用结余	303	专用基金
41	8001	资金结存（借方）	305	财政补助结转（余）
			306	其他限定用途结转（余）
			302	事业基金
			303	专用基金
			308	结余分配—待分配结余（借方）

3.22 关于彩票机构执行《政府会计制度——行政事业单位会计科目和报表》的补充规定

2018年8月31日 财会〔2018〕26号

根据《政府会计准则——基本准则》，结合行业实际情况，现就彩票发行机构和彩票销售机构（以下简称彩票机构）执行《政府会计制度——行政事业单位会计科目和报表》（以下简称新制度）做出如下补充规定：

一、关于新增一级科目及其使用说明

（一）彩票机构应当增设"2308 彩票销售结算""2309 应付返奖奖金""2310 应付代销费"一级科目。

（二）关于增设科目的使用说明

2308 彩票销售结算

1. 本科目核算彩票机构彩票销售资金的归集和分配情况。
2. 本科目应当按照彩票品种及游戏名称、彩票发行销售方式进行明细核算。
3. 彩票销售结算的主要账务处理如下：

（1）彩票机构实现彩票销售时，按照彩票销售结算的金额，借记"预收账款"等科目，贷记本科目。

（2）期末彩票机构分配彩票销售资金时，按照分配的彩票销售资金的金额，借记本科目，按照分配的彩票公益金、彩票机构业务费等金额，贷记"应缴财政款"科目，按照分配的应付返奖奖金的金额，贷记"应付返奖奖金"科目，按照分配的代销费金额，贷记"应付代销费"科目。

4. 本科目期末应无余额。

2309 应付返奖奖金

1. 本科目核算彩票机构按照彩票游戏规则确定的比例从彩票销售额中提取，用于支付给中奖者的资金，包括当期返奖奖金、奖池、调节基金和一般调节基金。

2. 本科目应当按照"当期返奖奖金""奖池""调节基金""一般调节基金"设置明细科目。在"当期返奖奖金""奖池""调节基金"明细科目下，按照彩票品种及游戏名称设置明细科目进行明细核算。

当期返奖奖金是指按照彩票游戏规则确定的比例在当期彩票奖金中提取并用于支付给中奖者的奖金。

奖池是指彩票游戏提取奖金与实际中出奖金的累积资金差额。

调节基金是指按照彩票销售额的一定比例提取的资金、逾期未退票的票款和浮动奖取整后的余额。调节基金应当专项用于支付各种不可预见的奖金风险支出或开展派奖。

停止销售的彩票游戏兑奖期结束后，奖池资金和调节基金有结余的，转为一般调节基金，用于不可预见情况下的奖金风险支出或开展派奖。

3. 应付返奖奖金的主要账务处理如下：

（1）当期返奖奖金。

①提取当期返奖奖金时，按照彩票资金分配比例计算确定的当期返奖奖金金额，借记"彩

票销售结算"科目,贷记本科目(当期返奖奖金——××游戏)。

②兑付中奖者奖金时,按照实际兑付金额,借记本科目(当期返奖奖金——××游戏),贷记"银行存款""其他应交税费""预收账款——预收彩票销售款"[通过彩票代销者兑奖]等科目。

③逾期未兑付的弃奖奖金转入彩票公益金时,按照实际转出的金额,借记本科目(当期返奖奖金——××游戏),贷记"应缴财政款"科目。

④彩票机构之间因联网游戏奖金结算产生的应收款项,按照实际发生的金额,借记"应收账款——应收彩票联网游戏结算款"科目,贷记本科目(当期返奖奖金——××游戏);产生的应付款项,按照实际发生的金额,借记本科目(当期返奖奖金——××游戏),贷记"应付账款——应付彩票联网游戏结算款"科目。

(2)奖池。

①彩票游戏设置奖池的,兑付当期返奖奖金后,按照提取的当期返奖奖金与当期实际中出奖金的差额,借记或贷记本科目(当期返奖奖金——××游戏),贷记或借记本科目(奖池——××游戏)。

②使用奖池资金兑付中奖者奖金时,按照实际兑付金额,借记本科目(奖池——××游戏),贷记"银行存款"等科目。

(3)调节基金。

①彩票游戏设置调节基金的,在提取调节基金时,按照彩票资金分配比例计算确定的调节基金金额,借记"彩票销售结算"科目,贷记本科目(调节基金——××游戏)。

②彩票游戏设置奖池的,奖池资金达到一定额度后,按照彩票游戏规则中规定将超过部分转入该彩票游戏的调节基金时,按照实际转出的金额,借记本科目(奖池——××游戏),贷记本科目(调节基金——××游戏)。

③使用调节基金支付各种不可预见的奖金风险支出和开展派奖时,按照实际支出的金额,借记本科目(调节基金——××游戏),贷记"银行存款"等科目。

④使用调节基金弥补奖池资金时,按照实际弥补奖池资金的金额,借记本科目(调节基金——××游戏),贷记本科目(奖池——××游戏)。

(4)一般调节基金。

①停止销售的彩票游戏兑奖期结束后,奖池资金和调节基金有结余的,转入一般调节基金时,按照实际转出的金额,借记本科目(奖池、调节基金——××游戏),贷记本科目(一般调节基金)。

②使用一般调节基金弥补某游戏奖池资金时,按照实际弥补奖池资金的金额,借记本科目(一般调节基金),贷记本科目(奖池——××游戏)。

4. 本科目期末贷方余额,反映彩票机构尚未支付的奖金和调节基金。

2310 应付代销费

1. 本科目核算彩票机构按照彩票代销合同的约定比例从彩票销售额中提取,用于支付给彩票代销者的资金。

2. 本科目应当按照彩票代销者和彩票结算方式进行明细核算。

3. 应付代销费的主要账务处理如下:

(1)提取应付代销费时,按合同约定比例计算确定的金额,借记"彩票销售结算"科目,贷记本科目。

（2）实行内扣方式结算应付代销费的，结算彩票代销者代销费时，按照从彩票代销者缴交的彩票销售资金中直接抵扣的资金金额，借记本科目，贷记"预收账款——预收彩票销售款"科目。

（3）不实行内扣方式结算应付代销费的，向彩票代销者支付代销费时，按照实际支付的金额，借记本科目，贷记"银行存款"等科目。

4. 本科目期末贷方余额，反映彩票机构尚未支付给彩票代销者的代销费。

二、关于在新制度一级科目下设置明细科目

（一）彩票机构应当在"1212 应收账款"科目下设置"应收彩票联网游戏结算款"明细科目，用于核算彩票机构与其他彩票机构因彩票联网游戏结算发生的应收款项。在"应收彩票联网游戏结算款"明细科目下按照省（自治区、直辖市）、彩票游戏名称等进行明细核算。

（二）彩票机构应当在"1302 库存物品"科目下设置"库存彩票"明细科目，用于核算彩票机构购进的已验收入库彩票的实际成本。

（三）彩票机构应当在"2103 应缴财政款"科目下设置"应缴发行机构业务费""应缴销售机构业务费""应缴中央公益金""应缴地方公益金"等明细科目，用于核算彩票机构应缴国库的彩票机构业务费和彩票公益金等。

（四）彩票机构应当在"2302 应付账款"科目下设置"应付彩票联网游戏结算款"明细科目，用于核算彩票机构与其他彩票机构因彩票联网游戏结算发生的应付款项。在"应付彩票联网游戏结算款"明细科目下按照省（自治区、直辖市）、彩票游戏名称等进行明细核算。

（五）彩票机构应当在"2305 预收账款"科目下设置"预收彩票销售款"明细科目，用于核算彩票机构预收彩票代销者预存的彩票销售款。

（六）彩票机构应当在"2307 其他应付款"科目下设置"彩票投注设备押金"明细科目，用于核算彩票机构收取彩票代销者交付的彩票投注设备押金。

（七）彩票机构应当在"3101 专用基金"科目下设置"彩票兑奖周转金"明细科目，用于核算财政部门累计拨入结存的彩票兑奖周转金。

三、关于报表及编制说明

彩票机构除按新制度编制财务报表和预算会计报表外，还应按照本规定编制返奖奖金变动明细表和彩票资金分配明细表。

（一）资产负债表。

1. 新增项目。

彩票机构应当在资产负债表的流动负债部分"应付职工薪酬"与"应付票据"项目之间增加"应付返奖奖金""应付代销费"项目。

2. 新增项目的填列方法。

（1）"应付返奖奖金"项目，反映彩票机构应返还给中奖者的奖金。本项目应当根据"应付返奖奖金"科目的期末余额填列。

（2）"应付代销费"项目，反映彩票机构按彩票代销合同的约定比例从彩票销售额中提取，用于支付给彩票代销者的资金。本项目应当根据"应付代销费"科目的期末余额填列。

（二）返奖奖金变动明细表。

1. 本表反映彩票机构在某一会计年度内返奖奖金的兑付情况，格式详见附表1。

2. 返奖奖金变动明细表的填列方法

本表中"年初余额""本年增加数""本年减少数""年末余额""调节基金""奖池"

和"一般调节基金"各项目,应当根据"应付返奖奖金"科目各明细科目中的相关信息分析填列。

(三)彩票资金分配明细表。

1. 本表反映彩票机构在某一会计年度内彩票资金的分配情况,格式详见附表2。

2. 彩票资金分配明细表的填列方法

本表中"彩票销售额""彩票返奖奖金""彩票公益金""彩票业务费"和"彩票代销费"各栏,以及各栏的明细栏内各项数字,应当根据"彩票销售结算""应缴财政款""应付返奖奖金""应付代销费"等科目的明细科目中的相关信息分析填列。

四、关于库存彩票的账务处理

(一)彩票机构购入的彩票验收入库时,按照发生的彩票印制费等确定的成本,借记"库存物品——库存彩票"科目,贷记"应付账款""零余额账户用款额度""银行存款"等科目。

(二)彩票机构发出库存彩票时,按照确定的发出彩票的实际成本,借记"业务活动费用"科目,贷记"库存物品——库存彩票"科目。

(三)发生彩票退回时,借记"库存物品——库存彩票"科目,贷记"业务活动费用"科目[退回本年发出的库存彩票]或"以前年度盈余调整"科目[退回以前年度发出的库存彩票]。

(四)对于盘盈、盘亏及毁损、报废的库存彩票,彩票机构应当及时查明原因,按照规定报经批准后进行账务处理。

1. 库存彩票盘盈时,按照同类库存彩票的入账成本确认入账价值,借记"库存物品——库存彩票"科目,贷记"待处理财产损溢"科目;库存彩票盘亏或毁损、报废时,按照待处置库存彩票的账面价值,借记"待处理财产损溢——待处理财产价值"科目,贷记"库存物品——库存彩票"科目。

2. 报经批准予以处理盘盈的库存彩票时,按照待处理的库存彩票价值,借记"待处理财产损溢"科目,贷记"单位管理费用"科目。

3. 报经批准予以处理盘亏或损毁、报废的库存彩票时,按照待处置库存彩票的账面价值,借记"资产处置费用"科目,贷记"待处理财产损溢——待处理财产价值"科目。

处置毁损、报废库存彩票过程中所取得的收入、发生的相关费用,以及处置收入扣除相关费用后的净收入的账务处理,参见新制度"待处理财产损溢"科目。

五、关于预收彩票销售款的账务处理

(一)彩票机构收到彩票代销者预存的销售款时,按照实际收到的金额,借记"银行存款"等科目,贷记"预收账款——预收彩票销售款"科目。

(二)彩票机构实现彩票销售时,按照冲销预收彩票销售款的金额,借记"预收账款——预收彩票销售款"科目,贷记"彩票销售结算"科目。

(三)彩票代销者兑付中奖者奖金时,彩票机构按照实际兑付金额,借记"应付返奖奖金——当期返奖奖金——××游戏"科目,贷记"预收账款——预收彩票销售款"等科目。

(四)实行内扣方式结算应付代销费的,结算彩票代销者代销费时,彩票机构按照从彩票代销者缴交的彩票销售资金中直接抵扣的资金金额,借记"应付代销费"科目,贷记"预收账款——预收彩票销售款"科目。

六、关于彩票投注设备押金的账务处理

(一)彩票机构收取彩票代销者交付的彩票投注设备押金时,按照实际收到的金额,借记"银行存款"等科目,贷记"其他应付款——彩票投注设备押金"科目。

(二)彩票机构向彩票代销者退回彩票投注设备押金时,按照实际支付的金额,借记"其他应付款——彩票投注设备押金"科目,贷记"银行存款"等科目。

七、关于彩票兑奖周转金的账务处理

(一)彩票机构取得财政部门拨付的彩票兑奖周转金时,按照财政授权支付额度到账通知书中的授权支付额度,借记"零余额账户用款额度"科目,贷记"财政拨款收入——政府性基金预算财政拨款"科目;同时,按照相同的金额,借记"资金结存——零余额账户用款额度"科目,贷记"财政拨款预算收入"科目。

(二)报经批准将彩票兑奖周转金从零余额账户转入彩票机构的银行存款账户时,按照实际转入的金额,借记"银行存款"科目,贷记"零余额账户用款额度"科目;同时,按照相同的金额,借记"资金结存——货币资金"科目,贷记"资金结存——零余额账户用款额度"科目。

(三)按规定提取专用基金时,按照提取的金额,借记"业务活动费用"科目,贷记"专用基金——彩票兑奖周转金"科目;同时,按照相同的金额,借记"事业支出"科目,贷记"资金结存——货币资金"科目。

八、生效日期

本规定自 2019 年 1 月 1 日起施行。

附表 1

返奖奖金变动明细表

会政财 01 表附表 01

年度

编制单位：　　单位：元

项　目	行次	传统型	即开型	数字型	乐透型	竞猜型	视频型	基诺型	一般调节基金	合计
一、年初余额	1									
其中：调节基金	2								—	
奖池	3									
二、本年增加数	4									
其中：调节基金	5								—	
奖池	6									
三、本年减少数	7									
其中：调节基金	8								—	
奖池	9									
四、年末余额	10									
其中：调节基金	11								—	
奖池	12								—	

附表 2

彩票资金分配明细表

会政财 01 表附表 02

编制单位：　　　　　　　　　　　　年度　　　　　　　　　　　　　　　　单位：元

序号	彩票品种	彩票游戏	彩票销售额	彩票返奖奖金				彩票公益金				彩票业务费				彩票代销费
				计提比例(%)	计提金额		中奖金额	计提比例(%)	计提金额	弃奖奖金转入额	实际上缴额	发行机构	省级销售机构	省级以下	小计	
					奖金	调节基金	小计										
1	传统型		①				②		③						④	⑤
2	即开型															
3	数字型															
4	乐透型															
5	竞猜型															
6	视频型															
7	基诺型															
8	其他															
9	合计															

说明：

（1）本表中"彩票销售额"①＝"彩票返奖奖金——计提金额——小计"②＋"彩票公益金——计提金额"③＋"彩票业务费——小计"④＋"彩票代销费"⑤；

（2）各彩票品种及游戏返奖奖金和公益金提取比例不同的应分栏填写。

3.23 关于彩票机构执行《政府会计制度——行政事业单位会计科目和报表》的衔接规定

2018年8月31日　财会〔2018〕26号

我部于2017年10月24日印发了《政府会计制度——行政事业单位会计科目和报表》（财会〔2017〕25号，以下简称新制度）。目前执行《彩票机构会计制度》（财会〔2013〕23号，以下简称原制度）的彩票发行机构和彩票销售机构（以下简称彩票机构），自2019年1月1日起执行新制度，不再执行原制度。为了确保新旧会计制度顺利过渡，现对彩票机构执行新制度及《关于彩票机构执行〈政府会计制度——行政事业单位会计科目和报表〉的补充规定》（以下简称补充规定）的有关衔接问题规定如下：

一、新旧制度衔接总要求

（一）自2019年1月1日起，彩票机构应当严格按照新制度及补充规定进行会计核算、编制财务报表和预算会计报表。

（二）彩票机构应当按照本规定做好新旧制度衔接的相关工作，主要包括以下几个方面：

1. 根据原账编制2018年12月31日的科目余额表，并按照本规定要求，编制原账的部分科目余额明细表（参见附表1、附表2）。

2. 按照新制度及补充规定设立2019年1月1日的新账。

3. 按照本规定要求，登记新账的财务会计科目余额和预算结余科目余额，包括将原账科目余额转入新账财务会计科目、按照原账科目余额登记新账预算结余会计科目（彩票机构新旧会计制度转账、登记新账科目对照表见附表3），将未入账事项登记新账科目，并对相关新账科目余额进行调整。原账科目是指按照原制度规定设置的会计科目。

4. 按照登记及调整后新账的各会计科目余额，编制2019年1月1日的科目余额表，作为新账各会计科目的期初余额。

5. 根据新账各会计科目期初余额，按照新制度及补充规定编制2019年1月1日资产负债表。

（三）及时调整会计信息系统。彩票机构应当按照新制度及补充规定要求对原有会计信息系统进行及时更新和调试，实现数据正确转换，确保新旧账套的有序衔接。

二、财务会计科目的新旧衔接

（一）将2018年12月31日原账会计科目余额转入新账财务会计科目。

1. 资产类。

（1）"库存现金""短期投资""应收票据""应收账款""预付账款""固定资产""无形资产"科目。

新制度设置了"库存现金""短期投资""应收票据""应收账款""预付账款""固定资产""无形资产"科目，其核算内容与原账的上述相应科目的核算内容基本相同。转账时，彩票机构应当将原账的上述科目余额直接转入新账的相应科目。其中，还应当将原账的"库存现金"科目余额中属于新制度规定受托代理资产的金额，转入新账"库存现金"科目下的"受托代理资产"明细科目。

（2）"银行存款"科目。

新制度设置了"银行存款"和"其他货币资金"科目，原制度设置了"银行存款"科目。转账时，彩票机构应当将原账"银行存款"科目中核算的属于新制度规定的其他货币资金的金额，转入新账"其他货币资金"科目；将原账"银行存款"科目余额减去其中属于其他货币资金余额后的差额，转入新账的"银行存款"科目。其中，还应当将原账的"银行存款"科目余额中属于新制度规定受托代理资产的金额，转入新账"银行存款"科目下的"受托代理资产"明细科目。

（3）"其他应收款"科目。

新制度设置了"其他应收款"科目，该科目的核算内容与原账"其他应收款"科目的核算内容基本相同。转账时，彩票机构应当将原账的"其他应收款"科目余额，转入新账的"其他应收款"科目。

新制度设置了"在途物品"科目，彩票机构在原账"其他应收款"科目中核算了已经付款或开出商业汇票、尚未收到物资的，应当将原账的"其他应收款"科目余额中已经付款或开出商业汇票、尚未收到物资的金额，转入新账的"在途物品"科目。

（4）"库存材料""库存彩票"科目。

新制度设置了"库存物品"科目，原制度设置了"库存材料""库存彩票"科目。转账时，彩票机构应当将原账的"库存材料""库存彩票"科目余额转入新账的"库存物品"科目及其明细科目。

（5）"长期投资"科目。

新制度设置了"长期股权投资"和"长期债券投资"科目，原制度设置了"长期投资"科目。转账时，彩票机构应当将原账的"长期投资"科目余额中属于股权投资的金额，转入新账的"长期股权投资"科目及其明细科目；将原账的"长期投资"科目余额中属于债券投资的金额，转入新账的"长期债券投资"科目及其明细科目。

（6）"累计折旧"科目。

新制度设置了"固定资产累计折旧"科目，该科目的核算内容与原账"累计折旧"科目的核算内容基本相同。彩票机构已经计提了固定资产折旧并记入"累计折旧"科目的，转账时，应当将原账的"累计折旧"科目余额，转入新账的"固定资产累计折旧"科目。

（7）"在建工程"科目。

新制度设置了"在建工程"和"预付账款——预付备料款、预付工程款"科目，原制度设置了"在建工程"科目。转账时，彩票机构应当将原账的"在建工程"科目余额（基建"并账"后的金额，下同）中属于预付备料款、预付工程款的金额，转入新账"预付账款"科目相关明细科目；将原账的"在建工程"科目余额减去预付备料款、预付工程款金额后的差额，转入新账的"在建工程"科目。

彩票机构在原账"在建工程"科目中核算了按照新制度规定应当记入"工程物资"科目内容的，应当将原账"在建工程"科目余额中属于工程物资的金额，转入新账的"工程物资"科目。

（8）"累计摊销"科目。

新制度设置了"无形资产累计摊销"科目，该科目的核算内容与原账"累计摊销"科目的核算内容基本相同。彩票机构已经计提了无形资产摊销的，转账时，应当将原账的"累计摊销"科目余额，转入新账的"无形资产累计摊销"科目。

（9）"待处置资产损溢"科目。

新制度设置了"待处理财产损溢"科目，该科目的核算内容与原账"待处置资产损溢"科目的核算内容基本相同。转账时，彩票机构应当将原账的"待处置资产损溢"科目余额，转入新账的"待处理财产损溢"科目。

（10）"零余额账户用款额度"科目。

由于原账的"零余额账户用款额度"科目年末无余额，该科目无需进行转账处理。

2. 负债类。

（1）"短期借款""应付职工薪酬""应付票据""应付账款""预收账款""应付返奖奖金""应付代销费""长期借款""长期应付款"科目。

新制度及补充规定设置了"短期借款""应付职工薪酬""应付票据""应付账款""预收账款""应付返奖奖金""应付代销费""长期借款""长期应付款"科目，这些科目的核算内容与原账的上述相应科目的核算内容基本相同。转账时，彩票机构应当将原账的上述科目余额直接转入新账的相应科目。

（2）"应缴税费"科目。

新制度设置了"应交增值税"和"其他应交税费"科目，原制度设置了"应缴税费"科目。转账时，彩票机构应当将原账的"应缴税费——应缴增值税"科目余额，转入新账"应交增值税"科目中的相关明细科目；将原账的"应缴税费"科目余额减去属于应缴增值税余额后的差额，转入新账的"其他应交税费"科目。

（3）"应缴国库款""应缴财政专户款"科目。

新制度设置了"应缴财政款"科目，原制度设置了"应缴国库款""应缴财政专户款"科目。转账时，彩票机构应当将原账的"应缴国库款""应缴财政专户款"科目余额，转入新账的"应缴财政款"科目。

（4）"其他应付款"科目。

新制度设置了"其他应付款"科目，该科目的核算内容与原账"其他应付款"科目的核算内容基本相同。转账时，彩票机构应当将原账的"其他应付款"科目余额，转入新账的"其他应付款"科目。其中，彩票机构在原账的"其他应付款"科目中核算了属于新制度规定的受托代理负债的，应当将原账的"其他应付款"科目余额中属于受托代理负债的余额，转入新账的"受托代理负债"科目。

（5）"彩票销售结算"科目。

由于原账的"彩票销售结算"科目年末无余额，该科目无需进行转账处理。

3. 净资产类。

（1）"事业基金"科目。

新制度设置了"累计盈余"科目，该科目的核算内容包含了原账"事业基金"科目的核算内容。转账时，彩票机构应当将原账的"事业基金"科目余额转入新账的"累计盈余"科目。

（2）"库存彩票基金""非流动资产基金"科目。

依据新制度，无需对原制度中"库存彩票基金""非流动资产基金"科目对应内容进行核算。转账时，彩票机构应当将原账的"库存彩票基金""非流动资产基金"科目余额转入新账的"累计盈余"科目。

（3）"专用基金"科目。

新制度设置了"专用基金"科目，该科目的核算内容不包括原账"专用基金"科目中彩票发行销售风险基金核算内容。转账时，彩票机构应当将原账的"专用基金"科目余额减去属于彩票发行销售风险基金金额后的差额转入新账的"专用基金"科目，将原账的"专用基金"科目余额中属于彩票发行销售风险基金的金额转入新账的"累计盈余"科目。

（4）"财政专户核拨资金结转""财政专户核拨资金结余""非财政专户核拨资金结转"科目。

新制度设置了"累计盈余"科目，该科目的余额包含了原账的"财政专户核拨资金结转""财政专户核拨资金结余""非财政专户核拨资金结转"科目的余额内容。转账时，彩票机构应当将原账的"财政专户核拨资金结转""财政专户核拨资金结余""非财政专户核拨资金结转"科目余额，转入新账的"累计盈余"科目。

（5）"经营结余"科目。

新制度设置了"本期盈余"科目，该科目的核算内容包含了原账"经营结余"科目的核算内容。新制度规定"本期盈余"科目余额最终转入"累计盈余"科目，如果原账的"经营结余"科目有借方余额，转账时，彩票机构应当将原账的"经营结余"科目借方余额转入新账的"累计盈余"科目借方。

（6）"待分配事业结余""非财政专户核拨资金结余分配"科目。

由于原账的"待分配事业结余""非财政专户核拨资金结余分配"科目年末无余额，这两个科目无需进行转账处理。

4. 收入类、支出类。

由于原账中收入类、支出类科目年末无余额，无需进行转账处理。自2019年1月1日起，彩票机构应当按照新制度设置收入类、费用类科目并进行账务处理。

彩票机构存在其他本规定未列举的原账科目余额的，应当比照本规定转入新账的相应科目。新账的科目设有明细科目的，应将原账中对应科目的余额加以分析，分别转入新账中相应科目的相关明细科目。

彩票机构在进行新旧衔接的转账时，应当编制转账的工作分录，作为转账的工作底稿，并将转入新账的对应原科目余额及分拆原科目余额的依据作为原始凭证。

（二）将原未入账事项登记新账财务会计科目。

1. 应收账款、应收股利、在途物品。

彩票机构在新旧制度转换时，应当将2018年12月31日前未入账的应收账款、应收股利、在途物品按照新制度规定记入新账。登记新账时，按照确定的入账金额，分别借记"应收账款""应收股利""在途物品"科目，贷记"累计盈余"科目。

2. 受托代理资产。

彩票机构在新旧制度转换时，应当将2018年12月31日前未入账的受托代理资产按照新制度规定记入新账。登记新账时，按照确定的受托代理资产入账成本，借记"受托代理资产"科目，贷记"受托代理负债"科目。

3. 盘盈资产。

彩票机构在新旧制度转换时，应当将2018年12月31日前未入账的盘盈资产按照新制度规定记入新账。登记新账时，按照确定的盘盈资产及其成本，分别借记有关资产科目，按照盘盈资产成本的合计金额，贷记"累计盈余"科目。

4. 预计负债。

彩票机构在新旧制度转换时，应当将2018年12月31日按照新制度规定确认的预计负债记入新账。登记新账时，按照确定的预计负债金额，借记"累计盈余"科目，贷记"预计负债"科目。

5. 应付质量保证金。

彩票机构在新旧制度转换时，应当将2018年12月31日前未入账的应付质量保证金按照新制度规定记入新账。登记新账时，按照确定未入账的应付质量保证金金额，借记"累计盈余"科目，贷记"其他应付款"科目［扣留期在1年以内（含1年）］、"长期应付款"科目［扣留期超过1年］。

彩票机构存在2018年12月31日前未入账的其他事项的，应当比照本规定登记新账的相应科目。

彩票机构对新账的财务会计科目补记未入账事项时，应当编制记账凭证，并将补充登记事项的确认依据作为原始凭证。

（三）对新账的相关财务会计科目余额按照新制度规定的会计核算基础进行调整。

1. 计提坏账准备。

新制度要求对单位收回后无需上缴财政的应收账款和其他应收款提取坏账准备。在新旧制度转换时，彩票机构应当按照2018年12月31日无需上缴财政的应收账款和其他应收款的余额计算应计提的坏账准备金额，借记"累计盈余"科目，贷记"坏账准备"科目。

2. 按照权益法调整长期股权投资账面余额。

对按照新制度规定应当采用权益法核算的长期股权投资，在新旧制度转换时，彩票机构应当在"长期股权投资"科目下设置"新旧制度转换调整"明细科目，依据被投资单位2018年12月31日财务报表的所有者权益账面余额，以及彩票机构持有被投资单位的股权比例，计算应享有或应分担的被投资单位所有者权益的份额，调整长期股权投资的账面余额，借记或贷记"长期股权投资——新旧制度转换调整"科目，贷记或借记"累计盈余"科目。

3. 确认长期债券投资期末应收利息。

彩票机构应当按照新制度规定于2019年1月1日补记长期债券投资应收利息，按照长期债券投资的应收利息金额，借记"长期债券投资"科目［到期一次还本付息］或"应收利息"科目［分期付息、到期还本］，贷记"累计盈余"科目。

4. 补提折旧。

彩票机构在原账中尚未计提固定资产折旧的，应当全面核查截至2018年12月31日的固定资产的预计使用年限、已使用年限、尚可使用年限等，并于2019年1月1日对尚未计提折旧的固定资产补提折旧，按照应计提的折旧金额，借记"累计盈余"科目，贷记"固定资产累计折旧"科目。

5. 补提摊销。

彩票机构在原账中尚未计提无形资产摊销的，应当全面核查截至2018年12月31日无形资产的预计使用年限、已使用年限、尚可使用年限等，并于2019年1月1日对前期尚未计提摊销的无形资产补提摊销，按照应计提的摊销金额，借记"累计盈余"科目，贷记"无形资产累计摊销"科目。

6. 确认长期借款期末应付利息。

彩票机构应当按照新制度规定于2019年1月1日补记长期借款的应付利息金额，对其中资本化的部分，借记"在建工程"科目，对其中费用化的部分，借记"累计盈余"科目，按照全部长期借款应付利息金额，贷记"长期借款"科目［到期一次还本付息］或"应付利息"科目［分期付息、到期还本］。

彩票机构对新账的财务会计科目期初余额进行调整时，应当编制记账凭证，并将调整事项的确认依据作为原始凭证。

三、预算会计科目的新旧衔接

（一）"财政拨款结转"和"财政拨款结余"科目及对应的"资金结存"科目余额。

新制度设置了"财政拨款结转""财政拨款结余"科目及对应的"资金结存"科目。在新旧制度转换时，彩票机构应当对原账的"财政专户核拨资金结转"科目余额进行逐项分析，加上各项结转转入的支出中已经计入支出尚未支付财政资金（如发生时列支的应付账款）的金额，减去已经支付财政资金尚未计入支出（如购入的存货、预付账款等）的金额，按照增减后的金额，登记新账的"财政拨款结转"科目及其明细科目贷方；按照原账"财政专户核拨资金结余"科目余额，登记新账的"财政拨款结余"科目及其明细科目贷方。

彩票机构应当按照原账"财政应返还额度"科目余额登记新账的"资金结存——财政应返还额度"科目借方；按照新账的"财政拨款结转"和"财政拨款结余"科目贷方余额合计数，减去新账的"资金结存——财政应返还额度"科目借方余额后的差额，登记新账的"资金结存——货币资金"科目借方。

（二）"非财政拨款结转"科目及对应的"资金结存"科目余额。

新制度设置了"非财政拨款结转"科目及对应的"资金结存"科目。在新旧制度转换时，彩票机构应当对原账的"非财政专户核拨资金结转"科目余额进行逐项分析，加上各项结转转入的支出中已经计入支出尚未支付非财政专户核拨专项资金（如发生时列支的应付账款）的金额，减去已经支付非财政专户核拨专项资金尚未计入支出（如购入的存货、预付账款等）的金额，加上各项结转转入的收入中已经收到非财政专户核拨专项资金尚未计入收入（如预收账款）的金额，减去已经计入收入尚未收到非财政专户核拨专项资金（如应收账款）的金额，按照增减后的金额，登记新账的"非财政拨款结转"科目及其明细科目贷方；同时，按照相同的金额登记新账的"资金结存——货币资金"科目借方。

（三）"专用结余"科目及对应的"资金结存"科目余额。

新制度设置了"专用结余"科目及对应的"资金结存"科目。在新旧制度转换时，彩票机构应当按照原账"专用基金"科目余额中通过非财政专户核拨资金结余分配形成的金额，借记新账的"资金结存——货币资金"科目，贷记新账的"专用结余"科目。

（四）"经营结余"科目。

新制度设置了"经营结余"科目及对应的"资金结存"科目。如果原账的"经营结余"科目期末有借方余额，在新旧制度转换时，彩票机构应当按照原账的"经营结余"科目余额借记新账的"经营结余"科目，贷记新账的"资金结存——货币资金"科目。

（五）"非财政拨款结余"科目及对应的"资金结存"科目余额。

1. 登记"非财政拨款结余"科目余额。

新制度设置了"非财政拨款结余"科目及对应的"资金结存"科目。在新旧制度转换时，彩票机构应当按照原账的"事业基金"科目余额，借记新账的"资金结存——货币资金"科目，贷记新账的"非财政拨款结余"科目。

2. 对新账"非财政拨款结余"科目及"资金结存"科目余额进行调整。

（1）调整短期投资对非财政拨款结余的影响。

彩票机构应当按照原账的"短期投资"科目余额，借记"非财政拨款结余"科目，贷记"资金结存——货币资金"科目。

（2）调整应收票据、应收账款对非财政拨款结余的影响。

彩票机构应当对原账的"应收票据""应收账款"科目余额除去应收彩票资金后进行分析，区分其中发生时计入收入的金额和没有计入收入的金额。对发生时计入收入的金额，再区分计入专项资金收入的金额和计入非专项资金收入的金额，按照计入非专项资金收入的金额，借记"非财政拨款结余"科目，贷记"资金结存——货币资金"科目。

（3）调整预付账款对非财政拨款结余的影响。

彩票机构应当对原账的"预付账款"科目余额进行分析，区分其中由财政专户核拨资金预付的金额、非财政专户核拨专项资金预付的金额和非财政专户核拨非专项资金预付的金额，按照非财政专户核拨非专项资金预付的金额借记"非财政拨款结余"科目，贷记"资金结存——货币资金"科目。

（4）调整其他应收款对非财政拨款结余的影响。

在新制度中选择将其他应收款中预付款项列入支出核算的彩票机构，应当对原账的"其他应收款"科目余额进行分析，区分其中预付款项的金额（将来很可能列支）和非预付款项的金额，并对预付款项的金额划分为财政专户核拨资金预付的金额、非财政专户核拨专项资金预付的金额和非财政专户核拨非专项资金预付的金额，按照用非财政专户核拨非专项资金预付的金额，借记"非财政拨款结余"科目，贷记"资金结存——货币资金"科目。

（5）调整库存材料对非财政拨款结余的影响。

彩票机构应当对原账的"库存材料"科目余额进行分析，区分购入的库存材料金额和非购入的库存材料金额。对购入的库存材料金额划分出其中使用财政专户核拨资金购入的金额、使用非财政专户核拨专项资金购入的金额和使用非财政专户核拨非专项资金购入的金额，按照使用非财政专户核拨非专项资金购入的金额借记"非财政拨款结余"科目，贷记"资金结存——货币资金"科目。

（6）调整长期股权投资对非财政拨款结余的影响。

彩票机构应当对原账的"长期投资"科目余额中属于股权投资的余额进行分析，区分其中用现金资产取得的金额和用非现金资产及其他方式取得的金额，按照用现金资产取得的金额借记"非财政拨款结余"科目，贷记"资金结存——货币资金"科目。

按照原制度核算长期投资、而且对应核算"非流动资产基金——长期投资"的，不作此项调整。

（7）调整长期债券投资对非财政拨款结余的影响。

彩票机构应当按照原账的"长期投资"科目余额中属于债券投资的余额，借记"非财政拨款结余"科目，贷记"资金结存——货币资金"科目。

按照原制度核算长期投资、而且对应核算"非流动资产基金——长期投资"的，不作此项调整。

（8）调整短期借款、长期借款对非财政拨款结余的影响。

彩票机构应当按照原账的"短期借款""长期借款"科目余额，借记"资金结存——货币资金"科目，贷记"非财政拨款结余"科目。

（9）调整应付票据、应付账款对非财政拨款结余的影响。

彩票机构应当对原账的"应付票据""应付账款"科目余额扣除应付彩票资金后的余额进行分析，区分其中发生时计入支出的金额和未计入支出的金额。将计入支出的金额划分出财政专户核拨资金应付的金额、非财政专户核拨专项资金应付的金额和非财政专户核拨非专项资金应付的金额，按照非财政专户核拨非专项资金应付的金额借记"资金结存——货币资金"科目，贷记"非财政拨款结余"科目。

（10）调整预收账款对非财政拨款结余的影响。

彩票机构应当按照原账的"预收账款"科目余额中扣除预收彩票资金后的余额进行分析，划分出预收的专项资金和预收的非专项资金，按照预收非专项资金的金额，借记"资金结存——货币资金"科目，贷记"非财政拨款结余"科目。

（11）调整专用基金对非财政拨款结余的影响。

彩票机构应当对原账的"专用基金"科目余额进行分析，划分出按照收入比例列支提取的专用基金，按照列支提取的专用基金的金额，借记"资金结存——货币资金"科目，贷记"非财政拨款结余"科目。

3. 彩票机构按照前述1、2两个步骤难以准确调整出"非财政拨款结余"科目及对应的"资金结存"科目余额的，在新旧制度转换时，可以在新账的"库存现金""银行存款""其他货币资金""财政应返还额度"科目借方余额合计数基础上，对不纳入单位预算管理的资金进行调整（如减去新账中货币资金形式的受托代理资产、应缴财政款、已收取将来需要退回资金的其他应付款等，加上已支付将来需要收回资金的其他应收款等），按照调整后的金额减去新账的"财政拨款结转""财政拨款结余""非财政拨款结转""专用结余"科目贷方余额合计数，加上"经营结余"科目借方余额后的金额，登记新账的"非财政拨款结余"科目贷方；同时，按照相同的金额登记新账的"资金结存——货币资金"科目借方。

（六）"其他结余"和"非财政拨款结余分配"科目。

新制度设置了"其他结余"和"非财政拨款结余分配"科目。由于这两个科目年初无余额，在新旧制度转换时，彩票机构无需对"其他结余"和"非财政拨款结余分配"科目进行新账年初余额登记。

（七）预算收入类、预算支出类会计科目。

由于预算收入类、预算支出类会计科目年初无余额，在新旧制度转换时，彩票机构无需对预算收入类、预算支出类会计科目进行新账年初余额登记。

彩票机构应当自2019年1月1日起，按照新制度设置预算收入类、预算支出类科目并进行账务处理。

彩票机构存在2018年12月31日需要按照新制度预算会计核算基础调整预算会计科目期初余额的其他事项的，应当比照本规定调整新账的相应预算会计科目期初余额。

彩票机构对预算会计科目的期初余额登记和调整，应当编制记账凭证，并将期初余额登记和调整的依据作为原始凭证。

四、财务报表和预算会计报表的新旧衔接

（一）编制2019年1月1日资产负债表。

彩票机构应当根据2019年1月1日新账的财务会计科目余额，按照新制度及补充规定编制2019年1月1日资产负债表（仅要求填列各项目"年初余额"）。

（二）2019年度财务报表和预算会计报表的编制。

彩票机构应当按照新制度及补充规定编制2019年财务报表和预算会计报表。在编制2019年度收入费用表、净资产变动表、现金流量表和预算收入支出表、预算结转结余变动表时，不要求填列上年比较数。

彩票机构应当根据2019年1月1日新账财务会计科目余额，填列2019年净资产变动表各项目的"上年年末余额"；根据2019年1月1日新账预算会计科目余额，填列2019年预算结转结余变动表的"年初预算结转结余"项目和财政拨款预算收入支出表的"年初财政拨款结转结余"项目。

五、其他事项

（一）截至 2018 年 12 月 31 日尚未进行基建"并账"的彩票机构，应当首先按照《彩票机构新旧会计制度有关衔接问题的处理规定》（财会〔2014〕2 号），将基建账套相关数据并入 2018 年 12 月 31 日原账中的相关科目余额，再按照本规定将 2018 年 12 月 31 日原账相关会计科目余额转入新账相应科目。

（二）2019 年 1 月 1 日前执行新制度及补充规定的彩票机构，应当按照本规定做好新旧制度衔接工作。

附表 1： **彩票机构原会计科目余额明细表一**

总账科目	明细分类	金额	备注
库存现金	库存现金		
	其中：受托代理现金		
银行存款	银行存款		
	其中：受托代理银行存款		
	其他货币资金		
其他应收款	在途物品		已经付款或已开出商业汇票，尚未收到物资
	其他		
长期投资	长期股权投资		
	长期债券投资		
在建工程	在建工程		
	工程物资		
	预付工程款、预付备料款		
应缴税费	应交增值税		
	其他应交税费		
其他应付款	受托代理负债		
	其他		
专用基金	彩票兑奖周转金		
	彩票发行销售风险基金		
	其他专用基金		

附表2: **彩票机构原会计科目余额明细表二**

总账科目	明细分类	金额	备注
应收票据、应收账款（扣除应收彩票资金）	发生时不计入收入		如转让资产的应收票据、应收账款
	发生时计入收入		
	其中：专项收入		
	其他		
预付账款	财政专户核拨资金预付		
	非财政专户核拨专项资金预付		
	非财政专户核拨非专项资金预付		
其他应收款	预付款项		如职工预借的差旅费等
	其中：财政专户核拨资金预付		
	非财政专户核拨专项资金预付		
	非财政专户核拨非专项资金预付		
	需要收回及其他		如支付的押金、应收为职工垫付的款项等
库存材料	购入材料		
	其中：使用财政专户核拨资金购入		
	使用非财政专户核拨专项资金购入		
	使用非财政专户核拨非专项资金购入		
	非购入材料		如无偿调入、接受捐赠的材料等
长期投资	长期股权投资		
	其中：用现金资产取得		
	用非现金资产或其他方式取得		
	长期债券投资		
应付票据、应付账款（扣除应付彩票资金）	发生时不计入支出		
	发生时计入支出		
	其中：财政专户核拨资金应付		
	非财政专户核拨专项资金应付		
	非财政专户核拨非专项资金应付		
预收账款（扣除预收彩票资金）	预收专项资金		
	预收非专项资金		

续表

总账科目	明细分类	金额	备注
专用基金	从非财政专户核拨资金结余分配中提取		
	从收入中列支提取		
	其他		

附表3：彩票机构新旧会计制度转账、登记新账科目对照表

序号	新制度		原制度	
	编号	名称	编号	名称
一、资产类				
1	1001	库存现金	1001	库存现金
2	1002	银行存款	1002	银行存款
3	1021	其他货币资金		
4	1101	短期投资	1101	短期投资
5	1211	应收票据	1211	应收票据
6	1212	应收账款	1212	应收账款
7	1214	预付账款	1213	预付账款
8	1218	其他应收款	1215	其他应收款
9	1301	在途物品		
10	1302	库存物品	1301	库存材料
11			1302	库存彩票
12	1501	长期股权投资	1401	长期投资
13	1502	长期债券投资		
14	1601	固定资产	1501	固定资产
15	1602	固定资产累计折旧	1502	累计折旧
16	1611	工程物资	1511	在建工程
17	1613	在建工程		
18	1214	预付账款		
19	1701	无形资产	1601	无形资产
20	1702	无形资产累计摊销	1602	累计摊销
21	1902	待处理财产损溢	1701	待处置资产损溢

续表

序号	新制度		原制度	
	编号	名称	编号	名称
二、负债类				
22	2001	短期借款	2001	短期借款
23	2101	应交增值税	2101	应缴税费
24	2102	其他应交税费		
25	2103	应缴财政款	2102	应缴国库款
26			2103	应缴财政专户款
27	2201	应付职工薪酬	2201	应付职工薪酬
28	2301	应付票据	2301	应付票据
29	2302	应付账款	2302	应付账款
30	2309	应付返奖奖金	2401	应付返奖奖金
31	2310	应付代销费	2402	应付代销费
32	2305	预收账款	2303	预收账款
33	2307	其他应付款	2305	其他应付款
34	2901	受托代理负债		
35	2501	长期借款	2501	长期借款
36	2502	长期应付款	2502	长期应付款
三、净资产类				
37	3001	累计盈余	3001	事业基金
38			3005	库存彩票基金
39			3101	非流动资产基金
40	3101	专用基金	3201	专用基金
41	3001	累计盈余		
42	3001	累计盈余	3301	财政专户核拨资金结转
43			3302	财政专户核拨资金结余
44			3401	非财政专户核拨资金结转
45	3001	累计盈余（借方）	3403	经营结余（借方）
四、预算结余类				
46	8101	财政拨款结转	3301	财政专户核拨资金结转
47	8102	财政拨款结余	3302	财政专户核拨资金结余

续表

序号	新制度		原制度	
	编号	名称	编号	名称
48	8201	非财政拨款结转	3401	非财政专户核拨资金结转
49	8202	非财政拨款结余	3001	事业基金
50	8202	非财政拨款结余	3201	专用基金
51	8301	专用结余		
52	8401	经营结余	3403	经营结余
53	8001	资金结存（借方）	3301	财政专户核拨资金结转
54			3302	财政专户核拨资金结余
55			3401	非财政专户核拨资金结转
56			3001	事业基金
57			3201	专用基金
58			3403	经营结余

04 财务管理制度法规

4.1 行政单位财务规则

2012 年 12 月 6 日　财政部令第 71 号

第一章　总则

第一条　为了规范行政单位的财务行为,加强行政单位财务管理和监督,提高资金使用效益,保障行政单位工作任务的完成,制定本规则。

第二条　本规则适用于各级各类国家机关、政党组织(以下统称行政单位)的财务活动。

第三条　行政单位财务管理的基本原则是:量入为出,保障重点,兼顾一般,厉行节约,制止奢侈浪费,降低行政成本,注重资金使用效益。

第四条　行政单位财务管理的主要任务是:

(一)科学、合理编制预算,严格预算执行,完整、准确、及时编制决算,真实反映单位财务状况;

(二)建立健全财务管理制度,实施预算绩效管理,加强对行政单位财务活动的控制和监督;

(三)加强资产管理,合理配置、有效利用、规范处置资产,防止国有资产流失;

(四)定期编制财务报告,进行财务活动分析;

(五)对行政单位所属并归口行政财务管理的单位的财务活动实施指导、监督;

(六)加强对非独立核算的机关后勤服务部门的财务管理,实行内部核算办法。

第五条　行政单位的财务活动在单位负责人领导下,由单位财务部门统一管理。

行政单位应当单独设置财务机构,配备专职财务会计人员,实行独立核算。人员编制少、财务工作量小等不具备独立核算条件的单位,可以实行单据报账制度。

第二章　单位预算管理

第六条　行政单位预算由收入预算和支出预算组成。

第七条　按照预算管理权限,行政单位预算管理分为下列级次:

（一）向同级财政部门申报预算的行政单位，为一级预算单位；
（二）向上一级预算单位申报预算并有下级预算单位的行政单位，为二级预算单位；
（三）向上一级预算单位申报预算，且没有下级预算单位的行政单位，为基层预算单位。
一级预算单位有下级预算单位的，为主管预算单位。

第八条 各级预算单位应当按照预算管理级次申报预算，并按照批准的预算组织实施，定期将预算执行情况向上一级预算单位或者同级财政部门报告。

第九条 财政部门对行政单位实行收支统一管理，定额、定项拨款，超支不补，结转和结余按规定使用的预算管理办法。

第十条 行政单位编制预算，应当综合考虑以下因素：
（一）年度工作计划和相应支出需求；
（二）以前年度预算执行情况；
（三）以前年度结转和结余情况；
（四）资产占有和使用情况；
（五）其他因素。

第十一条 行政单位预算依照下列程序编报和审批：
（一）行政单位测算、提出预算建议数，逐级汇总后报送同级财政部门；
（二）财政部门审核行政单位提出的预算建议数，下达预算控制数；
（三）行政单位根据预算控制数正式编制年度预算，逐级汇总后报送同级财政部门；
（四）经法定程序批准后，财政部门批复行政单位预算。

第十二条 行政单位应当严格执行预算，按照收支平衡的原则，合理安排各项资金，不得超预算安排支出。
预算在执行中原则上不予调整。因特殊情况确需调整预算的，行政单位应当按照规定程序报送审批。

第十三条 行政单位应当按照规定编制决算，逐级审核汇总后报同级财政部门审批。

第十四条 行政单位应当加强决算审核和分析，规范决算管理工作，保证决算数据的完整、真实、准确。

第三章 收入管理

第十五条 收入是指行政单位依法取得的非偿还性资金，包括财政拨款收入和其他收入。
财政拨款收入，是指行政单位从同级财政部门取得的财政预算资金。
其他收入，是指行政单位依法取得的除财政拨款收入以外的各项收入。
行政单位依法取得的应当上缴财政的罚没收入、行政事业性收费、政府性基金、国有资产处置和出租出借收入等，不属于行政单位的收入。

第十六条 行政单位取得各项收入，应当符合国家规定，按照财务管理的要求，分项如实核算。

第十七条 行政单位的各项收入应当全部纳入单位预算，统一核算，统一管理。

第四章 支出管理

第十八条 支出是指行政单位为保障机构正常运转和完成工作任务所发生的资金耗费和损失，包括基本支出和项目支出。

基本支出，是指行政单位为保障机构正常运转和完成日常工作任务发生的支出，包括人员支出和公用支出。

项目支出，是指行政单位为完成特定的工作任务，在基本支出之外发生的支出。

第十九条 行政单位应当将各项支出全部纳入单位预算。

各项支出由单位财务部门按照批准的预算和有关规定审核办理。

第二十条 行政单位的支出应当严格执行国家规定的开支范围及标准，建立健全支出管理制度，对节约潜力大、管理薄弱的支出进行重点管理和控制。

第二十一条 行政单位从财政部门或者上级预算单位取得的项目资金，应当按照批准的项目和用途使用，专款专用、单独核算，并按照规定向同级财政部门或者上级预算单位报告资金使用情况，接受财政部门和上级预算单位的检查监督。

项目完成后，行政单位应当向同级财政部门或者上级预算单位报送项目支出决算和使用效果的书面报告。

第二十二条 行政单位应当严格执行国库集中支付制度和政府采购制度等规定。

第二十三条 行政单位应当加强支出的绩效管理，提高资金的使用效益。

第二十四条 行政单位应当依法加强各类票据管理，确保票据来源合法、内容真实、使用正确，不得使用虚假票据。

第五章 结转和结余管理

第二十五条 结转资金，是指当年预算已执行但未完成，或者因故未执行，下一年度需要按照原用途继续使用的资金。

第二十六条 结余资金，是指当年预算工作目标已完成，或者因故终止，当年剩余的资金。

结转资金在规定使用年限未使用或者未使用完的，视为结余资金。

第二十七条 财政拨款结转和结余的管理，应当按照同级财政部门的规定执行。

第六章 资产管理

第二十八条 资产是指行政单位占有或者使用的，能以货币计量的经济资源，包括流动资产、固定资产、在建工程、无形资产等。

第二十九条 流动资产是指可以在一年内变现或者耗用的资产，包括现金、银行存款、零余额账户用款额度、应收及暂付款项、存货等。

前款所称存货是指行政单位在工作中为耗用而储存的资产，包括材料、燃料、包装物和低值易耗品等。

第三十条 固定资产是指使用期限超过一年，单位价值在1000元以上（其中：专用设备单位价值在1500元以上），并且在使用过程中基本保持原有物质形态的资产。单位价值虽未达到规定标准，但是耐用时间在一年以上的大批同类物资，作为固定资产管理。

固定资产一般分为六类：房屋及构筑物；通用设备；专用设备；文物和陈列品；图书、档案；家具、用具、装具及动植物。

第三十一条 在建工程是指已经发生必要支出，但尚未达到交付使用状态的建设工程。

在建工程达到交付使用状态时，应当按照规定办理工程竣工财务决算和资产交付使用。

第三十二条 无形资产是指不具有实物形态而能为使用者提供某种权利的资产，包括著作权、土地使用权等。

第三十三条 行政单位应当建立健全单位资产管理制度，加强和规范资产配置、使用和处置管理，维护资产安全完整。

第三十四条 行政单位应当按照科学规范、从严控制、保障工作需要的原则合理配置资产。

行政单位资产有原始凭证的，按照原始凭证记账；无原始凭证的，应当依法进行评估，按照评估价值记账。

第三十五条 行政单位应当加强资产日常管理工作，做好资产建账、核算和登记工作，定期或者不定期进行清查盘点，保证账账相符，账实相符。年度终了，应当进行全面清查盘点。对资产盘盈、盘亏应当及时处理。

第三十六条 行政单位开设银行存款账户，应当报同级财政部门审批，并由财务部门统一管理。

第三十七条 行政单位应当加强应收及暂付款项的管理，严格控制规模，并及时进行清理，不得长期挂账。

第三十八条 行政单位的资产增加时，应当及时登记入账；减少时，应当按照资产处置规定办理报批手续，进行账务处理。

行政单位的固定资产不计提折旧，但财政部另有规定的除外。

第三十九条 行政单位不得以任何形式用占有、使用的国有资产对外投资或者举办经济实体。对于未与行政单位脱钩的经济实体，行政单位应当按照有关规定进行监管。

除法律、行政法规另有规定外，行政单位不得举借债务，不得对外提供担保。

第四十条 未经同级财政部门批准，行政单位不得将占有、使用的国有资产对外出租、出借。

第四十一条 行政单位应当按照国家有关规定实行资源共享、装备共建，提高资产使用效率。

第四十二条 行政单位资产处置应当遵循公开、公平、公正的原则，依法进行评估，严格履行相关审批程序。

第七章 负债管理

第四十三条 负债是指行政单位所承担的能以货币计量，需要以资产或者劳务偿还的债务，包括应缴款项、暂存款项、应付款项等。

第四十四条 应缴款项是指行政单位依法取得的应当上缴财政的资金，包括罚没收入、行政事业性收费、政府性基金、国有资产处置和出租出借收入等。

第四十五条 行政单位取得罚没收入、行政事业性收费、政府性基金、国有资产处置和出租出借收入等，应当按照国库集中收缴的有关规定及时足额上缴，不得隐瞒、滞留、截留、挪用和坐支。

第四十六条 暂存款项是行政单位在业务活动中与其他单位或者个人发生的预收、代管等待结算的款项。

第四十七条 行政单位应当加强对暂存款项的管理，不得将应当纳入单位收入管理的款项列入暂存款项；对各种暂存款项应当及时清理、结算，不得长期挂账。

第八章 行政单位划转撤并的财务处理

第四十八条 行政单位划转撤并的财务处理，应当在财政部门、主管预算单位等部门的监督指导下进行。

划转撤并的行政单位应当对单位的财产、债权、债务等进行全面清理，编制财产目录和债权、债务清单，提出财产作价依据和债权、债务处理办法，做好资产的移交、接收、划转和管理工作，并妥善处理各项遗留问题。

第四十九条 划转撤并的行政单位的资产经主管预算单位审核并上报财政部门和有关部门批准后，分别按照下列规定处理：

（一）转为事业单位和改变隶属关系的行政单位，其资产无偿移交，并相应调整、划转经费指标。

（二）转为企业的行政单位，其资产按照有关规定进行评估作价后，转作企业的国有资本。

（三）撤销的行政单位，其全部资产由财政部门或者财政部门授权的单位处理。

（四）合并的行政单位，其全部资产移交接收单位或者新组建单位；合并后多余的资产，由财政部门或者财政部门授权的单位处理。

（五）分立的行政单位，其资产按照有关规定移交分立后的行政单位，并相应划转经费指标。

第九章 财务报告和财务分析

第五十条 财务报告是反映行政单位一定时期财务状况和预算执行结果的总结性书面文件。

第五十一条 行政单位的财务报告，包括财务报表和财务情况说明书。

财务报表包括资产负债表、收入支出表、支出明细表、财政拨款收入支出表、固定资产投资决算报表等主表及有关附表。

财务情况说明书，主要说明行政单位本期收入、支出、结转、结余、专项资金使用及资产负债变动等情况，以及影响财务状况变化的重要事项，总结财务管理经验，对存在的问题提出改进意见。

第五十二条 财务分析是依据会计核算资料和其他有关信息资料，对单位财务活动过程及其结果进行的研究、分析和评价。

第五十三条 财务分析的内容包括预算编制与执行情况、收入支出状况、人员增减情况、资产使用情况等。

财务分析的指标主要有：支出增长率、当年预算支出完成率、人均开支、项目支出占总支出的比率、人员支出占总支出的比率、公用支出占总支出的比率、人均办公使用面积、人车比例等。

行政单位可以根据其业务特点，增加财务分析指标。

第五十四条 行政单位应当真实、准确、完整、及时地编制财务报告，认真进行财务分析，并按照规定报送财政部门、主管预算单位和其他有关部门。

第十章 财务监督

第五十五条 行政单位财务监督主要包括对预算管理、收入管理、支出管理、结转和结余管理、资产管理、负债管理等的监督。

第五十六条 行政单位财务监督应当实行事前监督、事中监督、事后监督相结合,日常监督与专项监督相结合,并对违反财务规章制度的问题进行检查处理。

第五十七条 行政单位应当建立健全内部控制制度、经济责任制度、财务信息披露制度等监督制度,依法公开财务信息。

第五十八条 行政单位应当依法接受主管预算单位和财政、审计部门的监督。

第五十九条 财政部门、行政单位及其工作人员违反本规则,按照《财政违法行为处罚处分条例》(国务院令第427号)处理。

第十一章 附 则

第六十条 行政单位基本建设投资的财务管理,应当执行本规则,但国家基本建设投资财务管理制度另有规定的,从其规定。

第六十一条 参照公务员法管理的事业单位财务制度的适用,由财政部另行规定。

行政单位所属独立核算的企业、事业单位分别执行相应的财务制度,不执行本规则。

第六十二条 省、自治区、直辖市人民政府财政部门可以依据本规则结合本地区实际情况制定实施办法。

第六十三条 本规则自2013年1月1日起施行。

附:行政单位财务分析指标

1. 支出增长率,衡量行政单位支出的增长水平。计算公式为:

支出增长率 =(本期支出总额 ÷ 上期支出总额 −1)× 100%

2. 当年预算支出完成率,衡量行政单位当年支出总预算及分项预算完成的程度。计算公式为:

当年预算支出完成率 = 年终执行数 ÷(年初预算数 ± 年中预算调整数)× 100%

年终执行数不含上年结转和结余支出数。

3. 人均开支,衡量行政单位人均年消耗经费水平。计算公式为:

人均开支 = 本期支出数 ÷ 本期平均在职人员数 × 100%

4. 项目支出占总支出的比率,衡量行政单位的支出结构。计算公式为:

项目支出比率 = 本期项目支出数 ÷ 本期支出总数 × 100%

5. 人员支出、公用支出占总支出的比率,衡量行政单位的支出结构。计算公式为:

人员支出比率 = 本期人员支出数 ÷ 本期支出总数 × 100%

公用支出比率 = 本期公用支出数 ÷ 本期支出总数 × 100%

6. 人均办公使用面积,衡量行政单位办公用房配备情况。计算公式为:

人均办公使用面积 = 本期末单位办公用房使用面积 ÷ 本期末在职人员数

7. 人车比例,衡量行政单位公务用车配备情况。计算公式为:

人车比例 = 本期末在职人员数 ÷ 本期末公务用车实有数 ÷ 1

发布日期：2012 年 12 月 10 日

4.2 事业单位财务规则

2012 年 2 月 7 日　财政部令第 68 号

第一章　总则

第一条　为了进一步规范事业单位的财务行为，加强事业单位财务管理和监督，提高资金使用效益，保障事业单位健康发展，制定本规则。

第二条　本规则适用于各级各类事业单位（以下简称事业单位）的财务活动。

第三条　事业单位财务管理的基本原则是：执行国家有关法律、法规和财务规章制度；坚持勤俭办事业的方针；正确处理事业发展需要和资金供给的关系，社会效益和经济效益的关系，国家、单位和个人三者利益的关系。

第四条　事业单位财务管理的主要任务是：合理编制单位预算，严格预算执行，完整、准确编制单位决算，真实反映单位财务状况；依法组织收入，努力节约支出；建立健全财务制度，加强经济核算，实施绩效评价，提高资金使用效益；加强资产管理，合理配置和有效利用资产，防止资产流失；加强对单位经济活动的财务控制和监督，防范财务风险。

第五条　事业单位的财务活动在单位负责人的领导下，由单位财务部门统一管理。

第二章　单位预算管理

第六条　事业单位预算是指事业单位根据事业发展目标和计划编制的年度财务收支计划。

事业单位预算由收入预算和支出预算组成。

第七条　国家对事业单位实行核定收支、定额或者定项补助、超支不补、结转和结余按规定使用的预算管理办法。

定额或者定项补助根据国家有关政策和财力可能，结合事业特点、事业发展目标和计划、事业单位收支及资产状况等确定。定额或者定项补助可以为零。

非财政补助收入大于支出较多的事业单位，可以实行收入上缴办法。具体办法由财政部门会同有关主管部门制定。

第八条　事业单位参考以前年度预算执行情况，根据预算年度的收入增减因素和措施，以及以前年度结转和结余情况，测算编制收入预算；根据事业发展需要与财力可能，测算编制支出预算。

事业单位预算应当自求收支平衡，不得编制赤字预算。

第九条　事业单位根据年度事业发展目标和计划以及预算编制的规定，提出预算建议数，经主管部门审核汇总报财政部门（一级预算单位直接报财政部门，下同）。事业单位根据财政部门下达的预算控制数编制预算，由主管部门审核汇总报财政部门，经法定程序审核批复后执行。

第十条 事业单位应当严格执行批准的预算。预算执行中，国家对财政补助收入和财政专户管理资金的预算一般不予调整。上级下达的事业计划有较大调整，或者根据国家有关政策增加或者减少支出，对预算执行影响较大时，事业单位应当报主管部门审核后报财政部门调整预算；财政补助收入和财政专户管理资金以外部分的预算需要调增或者调减的，由单位自行调整并报主管部门和财政部门备案。

收入预算调整后，相应调增或者调减支出预算。

第十一条 事业单位决算是指事业单位根据预算执行结果编制的年度报告。

第十二条 事业单位应当按照规定编制年度决算，由主管部门审核汇总后报财政部门审批。

第十三条 事业单位应当加强决算审核和分析，保证决算数据的真实、准确，规范决算管理工作。

第三章 收入管理

第十四条 收入是指事业单位为开展业务及其他活动依法取得的非偿还性资金。

第十五条 事业单位收入包括：

（一）财政补助收入，即事业单位从同级财政部门取得的各类财政拨款。

（二）事业收入，即事业单位开展专业业务活动及其辅助活动取得的收入。其中：按照国家有关规定应当上缴国库或者财政专户的资金，不计入事业收入；从财政专户核拨给事业单位的资金和经核准不上缴国库或者财政专户的资金，计入事业收入。

（三）上级补助收入，即事业单位从主管部门和上级单位取得的非财政补助收入。

（四）附属单位上缴收入，即事业单位附属独立核算单位按照有关规定上缴的收入。

（五）经营收入，即事业单位在专业业务活动及其辅助活动之外开展非独立核算经营活动取得的收入。

（六）其他收入，即本条上述规定范围以外的各项收入，包括投资收益、利息收入、捐赠收入等。

第十六条 事业单位应当将各项收入全部纳入单位预算，统一核算，统一管理。

第十七条 事业单位对按照规定上缴国库或者财政专户的资金，应当按照国库集中收缴的有关规定及时足额上缴，不得隐瞒、滞留、截留、挪用和坐支。

第四章 支出管理

第十八条 支出是指事业单位开展业务及其他活动发生的资金耗费和损失。

第十九条 事业单位支出包括：

（一）事业支出，即事业单位开展专业业务活动及其辅助活动发生的基本支出和项目支出。基本支出是指事业单位为了保障其正常运转、完成日常工作任务而发生的人员支出和公用支出。项目支出是指事业单位为了完成特定工作任务和事业发展目标，在基本支出之外所发生的支出。

（二）经营支出，即事业单位在专业业务活动及其辅助活动之外开展非独立核算经营活动发生的支出。

（三）对附属单位补助支出，即事业单位用财政补助收入之外的收入对附属单位补助发生的支出。

（四）上缴上级支出，即事业单位按照财政部门和主管部门的规定上缴上级单位的支出。

（五）其他支出，即本条上述规定范围以外的各项支出，包括利息支出、捐赠支出等。

第二十条 事业单位应当将各项支出全部纳入单位预算，建立健全支出管理制度。

第二十一条 事业单位的支出应当严格执行国家有关财务规章制度规定的开支范围及开支标准；国家有关财务规章制度没有统一规定的，由事业单位规定，报主管部门和财政部门备案。事业单位的规定违反法律制度和国家政策的，主管部门和财政部门应当责令改正。

第二十二条 事业单位在开展非独立核算经营活动中，应当正确归集实际发生的各项费用数；不能归集的，应当按照规定的比例合理分摊。

经营支出应当与经营收入配比。

第二十三条 事业单位从财政部门和主管部门取得的有指定项目和用途的专项资金，应当专款专用、单独核算，并按照规定向财政部门或者主管部门报送专项资金使用情况；项目完成后，应当报送专项资金支出决算和使用效果的书面报告，接受财政部门或者主管部门的检查、验收。

第二十四条 事业单位应当加强经济核算，可以根据开展业务活动及其他活动的实际需要，实行内部成本核算办法。

第二十五条 事业单位应当严格执行国库集中支付制度和政府采购制度等有关规定。

第二十六条 事业单位应当加强支出的绩效管理，提高资金使用的有效性。

第二十七条 事业单位应当依法加强各类票据管理，确保票据来源合法、内容真实、使用正确，不得使用虚假票据。

第五章 结转和结余管理

第二十八条 结转和结余是指事业单位年度收入与支出相抵后的余额。

结转资金是指当年预算已执行但未完成，或者因故未执行，下一年度需要按照原用途继续使用的资金。结余资金是指当年预算工作目标已完成，或者因故终止，当年剩余的资金。

经营收支结转和结余应当单独反映。

第二十九条 财政拨款结转和结余的管理，应当按照同级财政部门的规定执行。

第三十条 非财政拨款结转按照规定结转下一年度继续使用。非财政拨款结余可以按照国家有关规定提取职工福利基金，剩余部分作为事业基金用于弥补以后年度单位收支差额；国家另有规定的，从其规定。

第三十一条 事业单位应当加强事业基金的管理，遵循收支平衡的原则，统筹安排、合理使用，支出不得超出基金规模。

第六章 专用基金管理

第三十二条 专用基金是指事业单位按照规定提取或者设置的有专门用途的资金。

专用基金管理应当遵循先提后用、收支平衡、专款专用的原则，支出不得超出基金规模。

第三十三条 专用基金包括：

（一）修购基金，即按照事业收入和经营收入的一定比例提取，并按照规定在相应的购置和修缮科目中列支（各列50%），以及按照其他规定转入，用于事业单位固定资产维修和购置的资金。事业收入和经营收入较少的事业单位可以不提取修购基金，实行固定资产折旧的事业单位不提取修购基金。

（二）职工福利基金，即按照非财政拨款结余的一定比例提取以及按照其他规定提取转入，用于单位职工的集体福利设施、集体福利待遇等的资金。

（三）其他基金，即按照其他有关规定提取或者设置的专用资金。

第三十四条 各项基金的提取比例和管理办法，国家有统一规定的，按照统一规定执行；没有统一规定的，由主管部门会同同级财政部门确定。

第七章 资产管理

第三十五条 资产是指事业单位占有或者使用的能以货币计量的经济资源，包括各种财产、债权和其他权利。

第三十六条 事业单位的资产包括流动资产、固定资产、在建工程、无形资产和对外投资等。

第三十七条 事业单位应当建立健全单位资产管理制度，加强和规范资产配置、使用和处置管理，维护资产安全完整，保障事业健康发展。

第三十八条 事业单位应当按照科学规范、从严控制、保障事业发展需要的原则合理配置资产。

第三十九条 流动资产是指可以在一年以内变现或者耗用的资产，包括现金、各种存款、零余额账户用款额度、应收及预付款项、存货等。

前款所称存货是指事业单位在开展业务活动及其他活动中为耗用而储存的资产，包括材料、燃料、包装物和低值易耗品等。

事业单位应当建立健全现金及各种存款的内部管理制度，对存货进行定期或者不定期的清查盘点，保证账实相符。对存货盘盈、盘亏应当及时处理。

第四十条 固定资产是指使用期限超过一年，单位价值在 1000 元以上（其中：专用设备单位价值在 1500 元以上），并在使用过程中基本保持原有物质形态的资产。单位价值虽未达到规定标准，但是耐用时间在一年以上的大批同类物资，作为固定资产管理。

固定资产一般分为六类：房屋及构筑物；专用设备；通用设备；文物和陈列品；图书、档案；家具、用具、装具及动植物。行业事业单位的固定资产明细目录由国务院主管部门制定，报国务院财政部门备案。

第四十一条 事业单位应当对固定资产进行定期或者不定期的清查盘点。年度终了前应当进行一次全面清查盘点，保证账实相符。

第四十二条 在建工程是指已经发生必要支出，但尚未达到交付使用状态的建设工程。

在建工程达到交付使用状态时，应当按照规定办理工程竣工财务决算和资产交付使用。

第四十三条 无形资产是指不具有实物形态而能为使用者提供某种权利的资产，包括专利权、商标权、著作权、土地使用权、非专利技术、商誉以及其他财产权利。

事业单位转让无形资产，应当按照有关规定进行资产评估，取得的收入按照国家有关规定处理。事业单位取得无形资产发生的支出，应当计入事业支出。

第四十四条 对外投资是指事业单位依法利用货币资金、实物、无形资产等方式向其他单位的投资。

事业单位应当严格控制对外投资。在保证单位正常运转和事业发展的前提下，按照国家有关规定可以对外投资的，应当履行相关审批程序。事业单位不得使用财政拨款及其结余进行对外投资，不得从事股票、期货、基金、企业债券等投资，国家另有规定的除外。

事业单位以非货币性资产对外投资的，应当按照国家有关规定进行资产评估，合理确定资产价值。

第四十五条 事业单位资产处置应当遵循公开、公平、公正和竞争、择优的原则，严格履行相关审批程序。

事业单位出租、出借资产，应当按照国家有关规定经主管部门审核同意后报同级财政部门审批。

第四十六条 事业单位应当提高资产使用效率，按照国家有关规定实行资产共享、共用。

第八章　负债管理

第四十七条 负债是指事业单位所承担的能以货币计量，需要以资产或者劳务偿还的债务。

第四十八条 事业单位的负债包括借入款项、应付款项、暂存款项、应缴款项等。

应缴款项包括事业单位收取的应当上缴国库或者财政专户的资金、应缴税费，以及其他按照国家有关规定应当上缴的款项。

第四十九条 事业单位应当对不同性质的负债分类管理，及时清理并按照规定办理结算，保证各项负债在规定期限内归还。

第五十条 事业单位应当建立健全财务风险控制机制，规范和加强借入款项管理，严格执行审批程序，不得违反规定举借债务和提供担保。

第九章　事业单位清算

第五十一条 事业单位发生划转、撤销、合并、分立时，应当进行清算。

第五十二条 事业单位清算，应当在主管部门和财政部门的监督指导下，对单位的财产、债权、债务等进行全面清理，编制财产目录和债权、债务清单，提出财产作价依据和债权、债务处理办法，做好资产的移交、接收、划转和管理工作，并妥善处理各项遗留问题。

第五十三条 事业单位清算结束后，经主管部门审核并报财政部门批准，其资产分别按照下列办法处理：

（一）因隶属关系改变，成建制划转的事业单位，全部资产无偿移交，并相应划转经费指标。

（二）转为企业管理的事业单位，全部资产扣除负债后，转作国家资本金。需要进行资产评估的，按照国家有关规定执行。

（三）撤销的事业单位，全部资产由主管部门和财政部门核准处理。

（四）合并的事业单位，全部资产移交接收单位或者新组建单位，合并后多余的资产由主管部门和财政部门核准处理。

（五）分立的事业单位，资产按照有关规定移交分立后的事业单位，并相应划转经费指标。

第十章　财务报告和财务分析

第五十四条 财务报告是反映事业单位一定时期财务状况和事业成果的总结性书面文件。

事业单位应当定期向主管部门和财政部门以及其他有关的报表使用者提供财务报告。

第五十五条 事业单位报送的年度财务报告包括资产负债表、收入支出表、财政拨款收入支出表、固定资产投资决算报表等主表,有关附表以及财务情况说明书等。

第五十六条 财务情况说明书,主要说明事业单位收入及其支出、结转、结余及其分配、资产负债变动、对外投资、资产出租出借、资产处置、固定资产投资、绩效考评的情况,对本期或者下期财务状况发生重大影响的事项,以及需要说明的其他事项。

第五十七条 财务分析的内容包括预算编制与执行、资产使用、收入支出状况等。

财务分析的指标包括预算收入和支出完成率、人员支出与公用支出分别占事业支出的比率、人均基本支出、资产负债率等。主管部门和事业单位可以根据本单位的业务特点增加财务分析指标。

第十一章　财务监督

第五十八条 事业单位财务监督主要包括对预算管理、收入管理、支出管理、结转和结余管理、专用基金管理、资产管理、负债管理等的监督。

第五十九条 事业单位财务监督应当实行事前监督、事中监督、事后监督相结合,日常监督与专项监督相结合。

第六十条 事业单位应当建立健全内部控制制度、经济责任制度、财务信息披露制度等监督制度,依法公开财务信息。

第六十一条 事业单位应当依法接受主管部门和财政、审计部门的监督。

第十二章　附则

第六十二条 事业单位基本建设投资的财务管理,应当执行本规则,但国家基本建设投资财务管理制度另有规定的,从其规定。

第六十三条 参照公务员法管理的事业单位财务制度的适用,由国务院财政部门另行规定。

第六十四条 接受国家经常性资助的社会力量举办的公益服务性组织和社会团体,依照本规则执行;其他社会力量举办的公益服务性组织和社会团体,可以参照本规则执行。

第六十五条 下列事业单位或者事业单位特定项目,执行企业财务制度,不执行本规则:

(一)纳入企业财务管理体系的事业单位和事业单位附属独立核算的生产经营单位;

(二)事业单位经营的接受外单位要求投资回报的项目;

(三)经主管部门和财政部门批准的具备条件的其他事业单位。

第六十六条 行业特点突出,需要制定行业事业单位财务管理制度的,由国务院财政部门会同有关主管部门根据本规则制定。

部分行业根据成本核算和绩效管理的需要,可以在行业事业单位财务管理制度中引入权责发生制。

第六十七条 省、自治区、直辖市人民政府财政部门可以根据本规则结合本地区实际情况制定事业单位具体财务管理办法。

第六十八条 本规则自 2012 年 4 月 1 日起施行。

附件：事业单位财务分析指标

1. 预算收入和支出完成率，衡量事业单位收入和支出总预算及分项预算完成的程度。计算公式为：

预算收入完成率＝年终执行数÷（年初预算数±年中预算调整数）×100%

年终执行数不含上年结转和结余收入数

预算支出完成率＝年终执行数÷（年初预算数±年中预算调整数）×100%

年终执行数不含上年结转和结余支出数

2. 人员支出、公用支出占事业支出的比率，衡量事业单位事业支出结构。计算公式为：

人员支出比率＝人员支出÷事业支出×100%

公用支出比率＝公用支出÷事业支出×100%

3. 人均基本支出，衡量事业单位按照实际在编人数平均的基本支出水平。计算公式为：

人均基本支出＝（基本支出－离退休人员支出）÷实际在编人数

4. 资产负债率，衡量事业单位利用债权人提供资金开展业务活动的能力，以及反映债权人提供资金的安全保障程度。计算公式为：

资产负债率＝负债总额÷资产总额×100%

4.3 基本建设财务规则

2016年4月26日　财政部令第81号

第一章　总则

第一条　为了规范基本建设财务行为，加强基本建设财务管理，提高财政资金使用效益，保障财政资金安全，制定本规则。

第二条　本规则适用于行政事业单位的基本建设财务行为，以及国有和国有控股企业使用财政资金的基本建设财务行为。

基本建设是指以新增工程效益或者扩大生产能力为主要目的的新建、续建、改扩建、迁建、大型维修改造工程及相关工作。

第三条　基本建设财务管理应当严格执行国家有关法律、行政法规和财务规章制度，坚持勤俭节约、量力而行、讲求实效，正确处理资金使用效益与资金供给的关系。

第四条　基本建设财务管理的主要任务是：

（一）依法筹集和使用基本建设项目（以下简称项目）建设资金，防范财务风险；

（二）合理编制项目资金预算，加强预算审核，严格预算执行；

（三）加强项目核算管理，规范和控制建设成本；

（四）及时准确编制项目竣工财务决算，全面反映基本建设财务状况；

（五）加强对基本建设活动的财务控制和监督，实施绩效评价。

第五条　财政部负责制定并指导实施基本建设财务管理制度。

各级财政部门负责对基本建设财务活动实施全过程管理和监督。

第六条 各级项目主管部门（含一级预算单位，下同）应当会同财政部门，加强本部门或者本行业基本建设财务管理和监督，指导和督促项目建设单位做好基本建设财务管理的基础工作。

第七条 项目建设单位应当做好以下基本建设财务管理的基础工作：

（一）建立、健全本单位基本建设财务管理制度和内部控制制度；

（二）按项目单独核算，按照规定将核算情况纳入单位账簿和财务报表；

（三）按照规定编制项目资金预算，根据批准的项目概（预）算做好核算管理，及时掌握建设进度，定期进行财产物资清查，做好核算资料档案管理；

（四）按照规定向财政部门、项目主管部门报送基本建设财务报表和资料；

（五）及时办理工程价款结算，编报项目竣工财务决算，办理资产交付使用手续；

（六）财政部门和项目主管部门要求的其他工作。

按照规定实行代理记账和项目代建制的，代理记账单位和代建单位应当配合项目建设单位做好项目财务管理的基础工作。

第二章 建设资金筹集与使用管理

第八条 建设资金是指为满足项目建设需要筹集和使用的资金，按照来源分为财政资金和自筹资金。其中，财政资金包括一般公共预算安排的基本建设投资资金和其他专项建设资金，政府性基金预算安排的建设资金，政府依法举债取得的建设资金，以及国有资本经营预算安排的基本建设项目资金。

第九条 财政资金管理应当遵循专款专用原则，严格按照批准的项目预算执行，不得挤占挪用。

财政部门应当会同项目主管部门加强项目财政资金的监督管理。

第十条 财政资金的支付，按照国库集中支付制度有关规定和合同约定，综合考虑项目财政资金预算、建设进度等因素执行。

第十一条 项目建设单位应当根据批准的项目概（预）算、年度投资计划和预算、建设进度等控制项目投资规模。

第十二条 项目建设单位在决策阶段应当明确建设资金来源，落实建设资金，合理控制筹资成本。非经营性项目建设资金按照国家有关规定筹集；经营性项目在防范风险的前提下，可以多渠道筹集。

具体项目的经营性和非经营性性质划分，由项目主管部门会同财政部门根据项目建设目的、运营模式和盈利能力等因素核定。

第十三条 核定为经营性项目的，项目建设单位应当按照国家有关固定资产投资项目资本管理的规定，筹集一定比例的非债务性资金作为项目资本。

在项目建设期间，项目资本的投资者除依法转让、依法终止外，不得以任何方式抽走出资。

经营性项目的投资者以实物、知识产权、土地使用权等非货币财产作价出资的，应当委托具有专业能力的资产评估机构依法评估作价。

第十四条 项目建设单位取得的财政资金，区分以下情况处理：

经营性项目具备企业法人资格的，按照国家有关企业财务规定处理。不具备企业法人资格的，属于国家直接投资的，作为项目国家资本管理；属于投资补助的，国家拨款时对权属有规定的，按照规定执行，没有规定的，由项目投资者享有；属于有偿性资助的，作为项目负债管理。

经营性项目取得的财政贴息，项目建设期间收到的，冲减项目建设成本；项目竣工后收到的，按照国家财务、会计制度的有关规定处理。

非经营性项目取得的财政资金，按照国家行政、事业单位财务、会计制度的有关规定处理。

第十五条 项目收到的社会捐赠，有捐赠协议或者捐赠者有指定要求的，按照协议或者要求处理；无协议和要求的，按照国家财务、会计制度的有关规定处理。

第三章 预算管理

第十六条 项目建设单位编制项目预算应当以批准的概算为基础，按照项目实际建设资金需求编制，并控制在批准的概算总投资规模、范围和标准以内。

项目建设单位应当细化项目预算，分解项目各年度预算和财政资金预算需求。涉及政府采购的，应当按照规定编制政府采购预算。

项目资金预算应当纳入项目主管部门的部门预算或者国有资本经营预算统一管理。列入部门预算的项目，一般应当从项目库中产生。

第十七条 项目建设单位应当根据项目概算、建设工期、年度投资和自筹资金计划、以前年度项目各类资金结转情况等，提出项目财政资金预算建议数，按照规定程序经项目主管部门审核汇总报财政部门。

项目建设单位根据财政部门下达的预算控制数编制预算，由项目主管部门审核汇总报财政部门，经法定程序审核批复后执行。

第十八条 项目建设单位应当严格执行项目财政资金预算。对发生停建、缓建、迁移、合并、分立、重大设计变更等变动事项和其他特殊情况确需调整的项目，项目建设单位应当按照规定程序报项目主管部门审核后，向财政部门申请调整项目财政资金预算。

第十九条 财政部门应当加强财政资金预算审核和执行管理，严格预算约束。

财政资金预算安排应当以项目以前年度财政资金预算执行情况、项目预算评审意见和绩效评价结果作为重要依据。项目财政资金未按预算要求执行的，按照有关规定调减或者收回。

第二十条 项目主管部门应当按照预算管理规定，督促和指导项目建设单位做好项目财政资金预算编制、执行和调整，严格审核项目财政资金预算、细化预算和预算调整的申请，及时掌握项目预算执行动态，跟踪分析项目进度，按照要求向财政部门报送执行情况。

第四章 建设成本管理

第二十一条 建设成本是指按照批准的建设内容由项目建设资金安排的各项支出，包括建筑安装工程投资支出、设备投资支出、待摊投资支出和其他投资支出。

建筑安装工程投资支出是指项目建设单位按照批准的建设内容发生的建筑工程和安装工程的实际成本。

设备投资支出是指项目建设单位按照批准的建设内容发生的各种设备的实际成本。

待摊投资支出是指项目建设单位按照批准的建设内容发生的，应当分摊计入相关资产价值的各项费用和税金支出。

其他投资支出是指项目建设单位按照批准的建设内容发生的房屋购置支出，基本畜禽、林木等的购置、饲养、培育支出，办公生活用家具、器具购置支出，软件研发和不能计入设备投资的软件购置等支出。

第二十二条 项目建设单位应当严格控制建设成本的范围、标准和支出责任，以下支出不得列入项目建设成本：

（一）超过批准建设内容发生的支出；

（二）不符合合同协议的支出；

（三）非法收费和摊派；

（四）无发票或者发票项目不全、无审批手续、无责任人员签字的支出；

（五）因设计单位、施工单位、供货单位等原因造成的工程报废等损失，以及未按照规定报经批准的损失；

（六）项目符合规定的验收条件之日起 3 个月后发生的支出；

（七）其他不属于本项目应当负担的支出。

第二十三条 财政资金用于项目前期工作经费部分，在项目批准建设后，列入项目建设成本。没有被批准或者批准后又被取消的项目，财政资金如有结余，全部缴回国库。

第五章 基建收入管理

第二十四条 基建收入是指在基本建设过程中形成的各项工程建设副产品变价收入、负荷试车和试运行收入以及其他收入。

工程建设副产品变价收入包括矿山建设中的矿产品收入，油气、油田钻井建设中的原油气收入，林业工程建设中的路影材收入，以及其他项目建设过程中产生或者伴生的副产品、试验产品的变价收入。

负荷试车和试运行收入包括水利、电力建设移交生产前的供水、供电、供热收入，原材料、机电轻纺、农林建设移交生产前的产品收入，交通临时运营收入等。

其他收入包括项目总体建设尚未完成或者移交生产，但其中部分工程简易投产而发生的经营性收入等。

符合验收条件而未按照规定及时办理竣工验收的经营性项目所实现的收入，不得作为项目基建收入管理。

第二十五条 项目所取得的基建收入扣除相关费用并依法纳税后，其净收入按照国家财务、会计制度的有关规定处理。

第二十六条 项目发生的各项索赔、违约金等收入，首先用于弥补工程损失，结余部分按照国家财务、会计制度的有关规定处理。

第六章 工程价款结算管理

第二十七条 工程价款结算是指依据基本建设工程发承包合同等进行工程预付款、进度款、竣工价款结算的活动。

第二十八条 项目建设单位应当严格按照合同约定和工程价款结算程序支付工程款。竣工价款结算一般应当在项目竣工验收后 2 个月内完成，大型项目一般不得超过 3 个月。

第二十九条　项目建设单位可以与施工单位在合同中约定按照不超过工程价款结算总额的5%预留工程质量保证金，待工程交付使用缺陷责任期满后清算。资信好的施工单位可以用银行保函替代工程质量保证金。

第三十条　项目主管部门应当会同财政部门加强工程价款结算的监督，重点审查工程招投标文件、工程量及各项费用的计取、合同协议、施工变更签证、人工和材料价差、工程索赔等。

第七章　竣工财务决算管理

第三十一条　项目竣工财务决算是正确核定项目资产价值、反映竣工项目建设成果的文件，是办理资产移交和产权登记的依据，包括竣工财务决算报表、竣工财务决算说明书以及相关材料。

项目竣工财务决算应当数字准确、内容完整。竣工财务决算的编制要求另行规定。

第三十二条　项目年度资金使用情况应当按照要求编入部门决算或者国有资本经营决算。

第三十三条　项目建设单位在项目竣工后，应当及时编制项目竣工财务决算，并按照规定报送项目主管部门。

项目设计、施工、监理等单位应当配合项目建设单位做好相关工作。

建设周期长、建设内容多的大型项目，单项工程竣工具备交付使用条件的，可以编报单项工程竣工财务决算，项目全部竣工后应当编报竣工财务总决算。

第三十四条　在编制项目竣工财务决算前，项目建设单位应当认真做好各项清理工作，包括账目核对及账务调整、财产物资核实处理、债权实现和债务清偿、档案资料归集整理等。

第三十五条　在编制项目竣工财务决算时，项目建设单位应当按照规定将待摊投资支出按合理比例分摊计入交付使用资产价值、转出投资价值和待核销基建支出。

第三十六条　项目竣工财务决算审核、批复管理职责和程序要求由同级财政部门确定。

第三十七条　财政部门和项目主管部门对项目竣工财务决算实行先审核、后批复的办法，可以委托预算评审机构或者有专业能力的社会中介机构进行审核。对符合条件的，应当在6个月内批复。

第三十八条　项目一般不得预留尾工工程，确需预留尾工工程的，尾工工程投资不得超过批准的项目概（预）算总投资的5%。

项目主管部门应当督促项目建设单位抓紧实施项目尾工工程，加强对尾工工程资金使用的监督管理。

第三十九条　已具备竣工验收条件的项目，应当及时组织验收，移交生产和使用。

第四十条　项目隶属关系发生变化时，应当按照规定及时办理财务关系划转，主要包括各项资金来源、已交付使用资产、在建工程、结余资金、各项债权及债务等的清理交接。

第八章　资产交付管理

第四十一条　资产交付是指项目竣工验收合格后，将形成的资产交付或者转交生产使用单位的行为。

交付使用的资产包括固定资产、流动资产、无形资产等。

第四十二条　项目竣工验收合格后应当及时办理资产交付使用手续，并依据批复的项目竣工财务决算进行账务调整。

第四十三条 非经营性项目发生的江河清障疏浚、航道整治、飞播造林、退耕还林（草）、封山（沙）育林（草）、水土保持、城市绿化、毁损道路修复、护坡及清理等不能形成资产的支出，以及项目未被批准、项目取消和项目报废前已发生的支出，作为待核销基建支出处理；形成资产产权归属本单位的，计入交付使用资产价值；形成资产产权不归属本单位的，作为转出投资处理。

非经营性项目发生的农村沼气工程、农村安全饮水工程、农村危房改造工程、游牧民定居工程、渔民上岸工程等涉及家庭或者个人的支出，形成资产产权归属家庭或者个人的，作为待核销基建支出处理；形成资产产权归属本单位的，计入交付使用资产价值；形成资产产权归属其他单位的，作为转出投资处理。

第四十四条 非经营性项目为项目配套建设的专用设施，包括专用道路、专用通讯设施、专用电力设施、地下管道等，产权归属本单位的，计入交付使用资产价值；产权不归属本单位的，作为转出投资处理。

非经营性项目移民安置补偿中由项目建设单位负责建设并形成的实物资产，产权归属集体或者单位的，作为转出投资处理；产权归属移民的，作为待核销基建支出处理。

第四十五条 经营性项目发生的项目取消和报废等不能形成资产的支出，以及设备采购和系统集成（软件）中包含的交付使用后运行维护等费用，按照国家财务、会计制度的有关规定处理。

第四十六条 经营性项目为项目配套建设的专用设施，包括专用铁路线、专用道路、专用通讯设施、专用电力设施、地下管道、专用码头等，项目建设单位应当与有关部门明确产权关系，并按照国家财务、会计制度的有关规定处理。

第九章 结余资金管理

第四十七条 结余资金是指项目竣工结余的建设资金，不包括工程抵扣的增值税进项税额资金。

第四十八条 经营性项目结余资金，转入单位的相关资产。

非经营性项目结余资金，首先用于归还项目贷款。如有结余，按照项目资金来源属于财政资金的部分，应当在项目竣工验收合格后 3 个月内，按照预算管理制度有关规定收回财政。

第四十九条 项目终止、报废或者未按照批准的建设内容建设形成的剩余建设资金中，按照项目实际资金来源比例确认的财政资金应当收回财政。

第十章 绩效评价

第五十条 项目绩效评价是指财政部门、项目主管部门根据设定的项目绩效目标，运用科学合理的评价方法和评价标准，对项目建设全过程中资金筹集、使用及核算的规范性、有效性，以及投入运营效果等进行评价的活动。

第五十一条 项目绩效评价应当坚持科学规范、公正公开、分级分类和绩效相关的原则，坚持经济效益、社会效益和生态效益相结合的原则。

第五十二条 项目绩效评价应当重点对项目建设成本、工程造价、投资控制、达产能力与设计能力差异、偿债能力、持续经营能力等实施绩效评价，根据管理需要和项目特点选用社会效益指标、财务效益指标、工程质量指标、建设工期指标、资金来源指标、资金使用指标、实际投资回收期指标、实际单位生产（营运）能力投资指标等评价指标。

第五十三条 财政部门负责制定项目绩效评价管理办法，对项目绩效评价工作进行指导和监督，选择部分项目开展重点绩效评价，依法公开绩效评价结果。绩效评价结果作为项目财政资金预算安排和资金拨付的重要依据。

第五十四条 项目主管部门会同财政部门按照有关规定，制定本部门或者本行业项目绩效评价具体实施办法，建立具体的绩效评价指标体系，确定项目绩效目标，具体组织实施本部门或者本行业绩效评价工作，并向财政部门报送绩效评价结果。

第十一章 监督管理

第五十五条 项目监督管理主要包括对项目资金筹集与使用、预算编制与执行、建设成本控制、工程价款结算、竣工财务决算编报审核、资产交付等的监督管理。

第五十六条 项目建设单位应当建立、健全内部控制和项目财务信息报告制度，依法接受财政部门和项目主管部门等的财务监督管理。

第五十七条 财政部门和项目主管部门应当加强项目的监督管理，采取事前、事中、事后相结合，日常监督与专项监督相结合的方式，对项目财务行为实施全过程监督管理。

第五十八条 财政部门应当加强对基本建设财政资金形成的资产的管理，按照规定对项目资产开展登记、核算、评估、处置、统计、报告等资产管理基础工作。

第五十九条 对于违反本规则的基本建设财务行为，依照《预算法》《财政违法行为处罚处分条例》等有关规定追究责任。

第十二章 附则

第六十条 接受国家经常性资助的社会力量举办的公益服务性组织和社会团体的基本建设财务行为，以及非国有企业使用财政资金的基本建设财务行为，参照本规则执行。

使用外国政府及国际金融组织贷款的基本建设财务行为执行本规则。国家另有规定的，从其规定。

第六十一条 项目建设内容仅为设备购置的，不执行本规则；项目建设内容以设备购置、房屋及其他建筑物购置为主并附有部分建筑安装工程的，可以简化执行本规则。

经营性项目的项目资本中，财政资金所占比例未超过50%的，项目建设单位可以简化执行本规则，但应当按照要求向财政部门、项目主管部门报送相关财务资料。国家另有规定的，从其规定。

第六十二条 中央项目主管部门和各省、自治区、直辖市、计划单列市财政厅（局）可以根据本规则，结合本行业、本地区的项目情况，制定具体实施办法并报财政部备案。

第六十三条 本规则自2016年9月1日起施行。2002年9月27日财政部发布的《基本建设财务管理规定》（财建〔2002〕394号）及其解释同时废止。

本规则施行前财政部制定的有关规定与本规则不一致的，按照本规则执行。《企业财务通则》（财政部令第41号）、《金融企业财务规则》（财政部令第42号）、《事业单位财务规则》（财政部令第 68 号）和《行政单位财务规则》（财政部令第 71 号）另有规定的，从其规定。

4.4　基本建设项目竣工财务决算管理暂行办法

2016 年 6 月 30 日　财建〔2016〕503 号

第一条　为进一步加强基本建设项目竣工财务决算管理，依据《基本建设财务规则》（财政部令第 81 号），制定本办法。

第二条　基本建设项目（以下简称项目）完工可投入使用或者试运行合格后，应当在 3 个月内编报竣工财务决算，特殊情况确需延长的，中小型项目不得超过 2 个月，大型项目不得超过 6 个月。

第三条　项目竣工财务决算未经审核前，项目建设单位一般不得撤销，项目负责人及财务主管人员、重大项目的相关工程技术主管人员、概（预）算主管人员一般不得调离。

项目建设单位确需撤销的，项目有关财务资料应当转入其他机构承接、保管。项目负责人、财务人员及相关工程技术主管人员确需调离的，应当继续承担或协助做好竣工财务决算相关工作。

第四条　实行代理记账、会计集中核算和项目代建制的，代理记账单位、会计集中核算单位和代建单位应当配合项目建设单位做好项目竣工财务决算工作。

第五条　编制项目竣工财务决算前，项目建设单位应当完成各项账务处理及财产物资的盘点核实，做到账账、账证、账实、账表相符。项目建设单位应当逐项盘点核实、填列各种材料、设备、工具、器具等清单并妥善保管，应变价处理的库存设备、材料以及应处理的自用固定资产要公开变价处理，不得侵占、挪用。

第六条　项目竣工财务决算的编制依据主要包括：国家有关法律法规；经批准的可行性研究报告、初步设计、概算及概算调整文件；招标文件及招标投标书，施工、代建、勘察设计、监理及设备采购等合同，政府采购审批文件、采购合同；历年下达的项目年度财政资金投资计划、预算；工程结算资料；有关的会计及财务管理资料；其他有关资料。

第七条　项目竣工财务决算的内容主要包括：项目竣工财务决算报表（附表 1）、竣工财务决算说明书、竣工财务决（结）算审核情况及相关资料。

第八条　竣工财务决算说明书主要包括以下内容：

（一）项目概况；

（二）会计账务处理、财产物资清理及债权债务的清偿情况；

（三）项目建设资金计划及到位情况，财政资金支出预算、投资计划及到位情况；

（四）项目建设资金使用、项目结余资金分配情况；

（五）项目概（预）算执行情况及分析，竣工实际完成投资与概算差异及原因分析；

（六）尾工工程情况；

（七）历次审计、检查、审核、稽察意见及整改落实情况；

（八）主要技术经济指标的分析、计算情况；

（九）项目管理经验、主要问题和建议；

（十）预备费动用情况；

（十一）项目建设管理制度执行情况、政府采购情况、合同履行情况；

（十二）征地拆迁补偿情况、移民安置情况；

（十三）需说明的其他事项。

第九条 项目竣工决（结）算经有关部门或单位进行项目竣工决（结）算审核的，需附完整的审核报告及审核表（附表2），审核报告内容应当详实，主要包括：审核说明、审核依据、审核结果、意见、建议。

第十条 相关资料主要包括：

（一）项目立项、可行性研究报告、初步设计报告及概算、概算调整批复文件的复印件；

（二）项目历年投资计划及财政资金预算下达文件的复印件；

（三）审计、检查意见或文件的复印件；

（四）其他与项目决算相关资料。

第十一条 建设周期长、建设内容多的大型项目，单项工程竣工财务决算可单独报批，单项工程结余资金在整个项目竣工财务决算中一并处理。

第十二条 中央项目竣工财务决算，由财政部制定统一的审核批复管理制度和操作规程。中央项目主管部门本级以及不向财政部报送年度部门决算的中央单位的项目竣工财务决算，由财政部批复；其他中央项目竣工财务决算，由中央项目主管部门负责批复，报财政部备案。国家另有规定的，从其规定。

地方项目竣工财务决算审核批复管理职责和程序要求由同级财政部门确定。

经营性项目的项目资本中，财政资金所占比例未超过50%的，项目竣工财务决算可以不报财政部门或者项目主管部门审核批复。项目建设单位应当按照国家有关规定加强工程价款结算和项目竣工财务决算管理。

第十三条 财政部门和项目主管部门对项目竣工财务决算实行先审核、后批复的办法，可以委托预算评审机构或者有专业能力的社会中介机构进行审核。

第十四条 项目竣工财务决算审核批复环节中审减的概算内投资，按投资来源比例归还投资者。

第十五条 项目主管部门应当加强对尾工工程建设资金监督管理，督促项目建设单位抓紧实施尾工工程，及时办理尾工工程建设资金清算和资产交付使用手续。

第十六条 项目建设内容以设备购置、房屋及其他建筑物购置为主且附有部分建筑安装工程的，可以简化项目竣工财务决算编报内容、报表格式和批复手续；设备购置、房屋及其他建筑物购置，不用单独编报项目竣工财务决算。

第十七条 财政部门和项目主管部门审核批复项目竣工财务决算时，应当重点审查以下内容：

（一）工程价款结算是否准确，是否按照合同约定和国家有关规定进行，有无多算和重复计算工程量、高估冒算建筑材料价格现象；

（二）待摊费用支出及其分摊是否合理、正确；

（三）项目是否按照批准的概算（预）算内容实施，有无超标准、超规模、超概（预）算建设现象；

（四）项目资金是否全部到位，核算是否规范，资金使用是否合理，有无挤占、挪用现象；

（五）项目形成资产是否全面反映，计价是否准确，资产接受单位是否落实；

（六）项目在建设过程中历次检查和审计所提的重大问题是否已经整改落实；

（七）待核销基建支出和转出投资有无依据，是否合理；

（八）竣工财务决算报表所填列的数据是否完整，表间勾稽关系是否清晰、正确；

（九）尾工工程及预留费用是否控制在概算确定的范围内，预留的金额和比例是否合理；

（十）项目建设是否履行基本建设程序，是否符合国家有关建设管理制度要求等；

（十一）决算的内容和格式是否符合国家有关规定；

（十二）决算资料报送是否完整、决算数据间是否存在错误；

（十三）相关主管部门或者第三方专业机构是否出具审核意见。

第十八条 财政部对授权主管部门批复的中央项目竣工财务决算实行抽查制度。

第十九条 项目竣工后应当及时办理资金清算和资产交付手续，并依据项目竣工财务决算批复意见办理产权登记和有关资产入账或调账。

第二十条 项目建设单位经批准使用项目资金购买的车辆、办公设备等自用固定资产，项目完工时按下列情况进行财务处理：

资产直接交付使用单位的，按设备投资支出转入交付使用。其中，计提折旧的自用固定资产，按固定资产购置成本扣除累计折旧后的金额转入交付使用，项目建设期间计提的折旧费用作为待摊投资支出分摊到相关资产价值；不计提折旧的自用固定资产，按固定资产购置成本转入交付使用。

资产在交付使用单位前公开变价处置的，项目建设期间计提的折旧费用和固定资产清理净损益（即公开变价金额与扣除所提折旧后设备净值之间的差额）计入待摊投资，不计提自用固定资产折旧的项目，按公开变价金额与购置成本之间的差额作为待摊投资支出分摊到相关资产价值。

第二十一条 本办法自 2016 年 9 月 1 日起施行。《财政部关于加强和改进政府性基金年度决算和中央大中型基建项目竣工财务决算审批的通知》（财建〔2002〕26 号）和《财政部关于进一步加强中央基本建设项目竣工财务决算工作的通知》（财办建〔2008〕91 号）同时废止。

附表1：基本建设项目竣工财务决算报表

项目概况表（1-1）

建设项目（单项工程）名称			建设地址					
主要设计单位			主要施工企业					
占地面积（m²）	设计	实际	"总投资（万元）"	设计		实际		
新增生产能力	能力（效益）名称			设计		实际		
建设起止时间	设计	自 年 月 日至 年 月 日						
	实际	自 年 月 日至 年 月 日						
概算批准部门及文号								
完成主要工程量	建设规模		项目		概算批准金额	实际完成金额	备注
	设计	实际	基建支出	建筑安装工程			
				设备、工具、器具			
				待摊投资			
				其中：项目建设管理费			
				其他投资			
				待核销基建支出			
				转出投资			
			合计				
	单项工程项目、内容	批准概算	实际	设备（台、套、吨）			
				设计	实际		
			预计未完部分投资额	已完成投资额	预计完成时间		
尾工工程							
小计							

项目竣工财务决算表 (1-2)

项目名称:　　　　　　　　　　单位:

资金来源	金额	资金占用	金额
一、基建拨款		一、基本建设支出	
1. 中央财政资金		(一) 交付使用资产	
其中: 一般公共预算资金		1. 固定资产	
中央基建投资		2. 流动资产	
财政专项资金		3. 无形资产	
政府性基金		(二) 在建工程	
国有资本经营预算安排的基建项目资金		1. 建筑安装工程投资	
2. 地方财政资金		2. 设备投资	
其中: 一般公共预算资金		3. 待摊投资	
地方基建投资		4. 其他投资	
财政专项资金		(三) 待核销基建支出	
政府性基金		(四) 转出投资	
国有资本经营预算安排的基建项目资金		二、货币资金合计	
二、部门自筹资金 (非负债性资金)		其中: 银行存款	
三、项目资本		财政应返还额度	
1. 国家资本		其中: 直接支付	
2. 法人资本		授权支付	
3. 个人资本		现金	

续表

资金来源	金额	资金占用	金额
4. 外商资本		有价证券	
四、项目资本公积		三、预付及应收款合计	
五、基建借款		1. 预付备料款	
其中：企业债券资金		2. 预付工程款	
六、待冲基建支出		3. 预付设备款	
七、应付款合计		4. 应收票据	
1. 应付工程款		5. 其他应收款	
2. 应付设备款		四、固定资产合计	
3. 应付票据		固定资产原价	
4. 应付工资及福利费		减：累计折旧	
5. 其他应付款		固定资产净值	
八、未交款合计		固定资产清理	
1. 未交税金		待处理固定资产损失	
2. 未交结余财政资金			
3. 未交基建收入			
4. 其他未交款			
合计		合计	

补充资料：基建借款期末余额：
基建结余资金：

备注：资金来源合计扣除财政资金拨款与国家资本、资本公积重叠部分。

资金情况明细表 (1-3)

项目名称：　　　　　　　　　　单位：

资金来源类别	合计		备注
	预算下达或概算批准金额	实际到位金额	需备注预算下达文号
一、财政资金拨款			
1. 中央财政资金			
其中：一般公共预算资金			
中央基建投资			
财政专项资金			
政府性基金			
国有资本经营预算安排的基建项目资金			
政府统借统还非负债性资金			
2. 地方财政资金			
其中：一般公共预算资金			
地方基建投资			
财政专项资金			
政府性基金			
国有资本经营预算安排的基建项目资金			
行政事业性收费			
政府统借统还非负债性资金			
二、项目资本金			
其中：国家资本			
三、银行贷款			
四、企业债券资金			
五、自筹资金			
六、其他资金			
合计			

补充资料：项目缺口资金：
　　　　　缺口资金落实情况：

交付使用资产总表 (1-4)

项目名称： 单位：

序号	单项工程名称	总计	固定资产				流动资产	无形资产
			合计	建筑物及构筑物	设备	其他		

交付单位： 盖章： 负责人： 年 月 日

接收单位： 盖章： 负责人： 年 月 日

交付使用资产明细表 (1-5)

项目名称：　　　　　　　　　　　　　　　　　　　单位：

序号	单项工程名称	固定资产											流动资产		无形资产	
		建筑工程				设备 工具 器具 家具					名称	金额	名称	金额
		结构	面积	金额	其中：分摊待摊投资	名称	规格型号	数量	金额	其中：设备安装费	其中：分摊待摊投资				

交付单位：　　　　　　　　　　　　　　　　　　接收单位：

盖章：　　　　　　　　　　　　　　　　　　　　盖章：

负责人：　　　　　　　　　　　　　　　　　　　负责人：

　　　年　月　日　　　　　　　　　　　　　　　　年　月　日

待摊投资明细表（1-6）

项目名称：　　　　　　　　　　　单位：

项　目	金额	项　目	金额
1. 勘察费		25. 社会中介机构审计（查）费	
2. 设计费		26. 工程检测费	
3. 研究试验费		27. 设备检验费	
4. 环境影响评价费		28. 负荷联合试车费	
5. 监理费		29. 固定资产损失	
6. 土地征用及迁移补偿费		30. 器材处理亏损	
7. 土地复垦及补偿费		31. 设备盘亏及毁损	
8. 土地使用税		32. 报废工程损失	
9. 耕地占用税		33. (贷款) 项目评估费	
10. 车船税		34. 国外借款手续费及承诺费	
11. 印花税		35. 汇兑损益	
12. 临时设施费		36. 坏账损失	
13. 文物保护费		37. 借款利息	
14. 森林植被恢复费		38. 减：存款利息收入	
15. 安全生产费		39. 减：财政贴息资金	
16. 安全鉴定费		40. 企业债券发行费用	
17. 网络租赁费		41. 经济合同仲裁费	
18. 系统运行维护监理费		42. 诉讼费	
19. 项目建设管理费		43. 律师代理费	
20. 代建管理费		44. 航道维护费	
21. 工程保险费		45. 航标设施费	
22. 招投标费		46. 航测费	
23. 合同公证费		47. 其他待摊投资性质支出	
24. 可行性研究费		合　计	

待核销基建支出明细表 (1-7)

项目名称：   单位：

不能形成资产部分的财政投资支出				用于家庭或个人的财政补助支出			
支出类别	单位	数量	金额	支出类别	单位	数量	金额
1. 江河清障				1. 补助群众造林			
2. 航道清淤				2. 户用沼气工程			
3. 飞播造林				3. 户用饮水工程			
4. 退耕还林(草)				4. 农村危房改造工程			
5. 封山(沙)育林(草)				5. 垦区及林区棚户区改造			
6. 水土保持				……			
7. 城市绿化							
8. 毁损道路修复							
9. 护坡及清理							
10. 取消项目可行性研究费							
11. 项目报废							
……				合 计			

转出投资明细表（1-8）

项目名称：　　　　　　　　　　　　　　　　　　　　　单位：

序号	单项工程名称	建筑工程					设备 工具 器具 家具							流动资产		无形资产	
		结构	面积	金额	其中:分摊待摊投资	名称	"规格型号"	单位	数量	金额	设备安装费	其中:分摊待摊投资	名称	金额	名称	金额
1																
2																
3																
4																
5																
6																
7																
8																
合计																

交付单位：盖章：　　　负责人：　　年 月 日　　　接收单位：盖章：　　　负责人：　　年 月 日

附表 2：基本建设项目竣工财务决算审核表

项目竣工财务决算审核汇总表（2-1）

项目名称：

序号	工程项目及费用名称	批准概算		送审投资		审定投资		审定投资较概算增减额	备注
		数量	金额	数量	金额	数量	金额		
	按批准概算明细口径或单位工程、分部工程填列（以下为示例）								
	总计								
一	建筑安装工程投资								
	……								
二	设备、工器具								
	……								
三	工程建设其他费用								
……	……								

项目单位：　　　　　　　　　　　　　　　　　　　　　评审机构：

（盖单位公章）　　　　　　　　　　　　　　　　　　　（盖单位公章）

负责人签字：　　　　　　　　　　　　　　　　　　　评审负责人签字：

年 月 日　　　　　　　　　　　　　　　　　　　　　年 月 日

资金情况审核明细表 (2-2)

项目名称:　　　　　　　　　　　　　单位:

资金来源类别	合　计		备注
	预算下达或概算批准金额	实际到位金额	需备注预算下达文号
一、财政资金拨款			
1. 中央财政资金			
其中：一般公共预算资金			
中央基建投资			
财政专项资金			
政府性基金			
国有资本经营预算安排的基建项目资金			
政府统借统还非负债性资金			
2. 地方财政资金			
其中：一般公共预算资金			
地方基建投资			
财政专项资金			
政府性基金			
国有资本经营预算安排的基建项目资金			
行政事业性收费			
政府统借统还非负债性资金			
二、项目资本金			
其中：国家资本			
三、银行贷款			
四、企业债券资金			
五、自筹资金			
六、其他资金			
合计			

项目单位:　　　　　　　　　　　　　评审机构:
负责人签字:　　　　　　　　　　　　评审负责人签字:
　　　　年　月　日　　　　　　　　　　　　年　月　日

待摊投资审核明细表（2-3）

项目名称：　　　　　　　　　　　单位：

项目	审定金额	项目	审定金额
1. 勘察费		25. 社会中介机构审计(查)费	
2. 设计费		26. 工程检测费	
3. 研究试验费		27. 设备检验费	
4. 环境影响评价费		28. 负荷联合试车费	
5. 监理费		29. 固定资产损失	
6. 土地征用及迁移补偿费		30. 器材处理亏损	
7. 土地复垦及补偿费		31. 设备盘亏及毁损	
8. 土地使用税		32. 报废工程损失	
9. 耕地占用税		33. (贷款)项目评估费	
10. 车船税		34. 国外借款手续费及承诺费	
11. 印花税		35. 汇兑损益	
12. 临时设施费		36. 坏账损失	
13. 文物保护费		37. 借款利息	
14. 森林植被恢复费		38. 减：存款利息收入	
15. 安全生产费		39. 减：财政贴息资金	
16. 安全鉴定费		40. 企业债券发行费用	
17. 网络租赁费		41. 经济合同仲裁费	
18. 系统运行维护监理费		42. 诉讼费	
19. 项目建设管理费		43. 律师代理费	
20. 代建管理费		44. 航道维护费	
21. 工程保险费		45. 航标设施费	
22. 招投标费		46. 航测费	
23. 合同公证费		47. 其他待摊投资性质支出	
24. 可行性研究费		合　计	
项目单位：		评审机构：	

负责人签字：　　　　　　　　　　　　　评审负责人签字：

　　　年　月　日　　　　　　　　　　　　　　　　　年　月　日

交付使用资产审核明细表（2-4）

项目名称：

序号	单项工程名称	固定资产													流动资产		无形资产	
		建筑物及构筑物					名称	"规格型号"	单位	数量	设备 工具 器具 家具			金额合计	名称	金额	名称	金额
		结构	面积	未分摊前金额	分摊待摊投资	金额合计					未分摊前金额	设备安装费	分摊待摊投资					
1																		
2																		
3																		
4																		
5																		
6																		
7																		
8																		
9																		
10																		
	合计																	

项目单位： 负责人签字： 年 月 日

评审机构： 评审负责人签字： 年 月 日

转出投资审核明细表（2-5）

项目名称：

序号	单项工程名称	固定资产									流动资产		无形资产	
		建筑物及构筑物				设备								
		结构	面积	未分摊前金额	分摊待摊投资	金额合计	名称	"规格型号"	单位	数量	金额合计	名称	金额	名称	金额
1															
2															
3															
4															
5															
6															
7															
8															
9															
10															
	合计														

项目单位： 负责人签字： 年 月 日 评审机构： 评审负责人签字： 年 月 日

待核销基建支出审核明细表（2-6）

项目名称： 单位：

不能形成资产部分的财政投资支出				用于家庭或个人的财政补助支出			
支出类别	单位	数量	金额	支出类别	单位	数量	金额
1. 江河清障				1. 补助群众造林			
2. 航道清淤				2. 户用沼气工程			
3. 飞播造林				3. 户用饮水工程			
4. 退耕还林（草）				4. 农村危房改造工程			
5. 封山（沙）育林（草）				5. 垦区及林区棚户区改造			
6. 水土保持				……			
7. 城市绿化							
8. 毁损道路修复							
9. 护坡及清理							
10. 取消项目可行性研究费							
11. 项目报废							
……				合　计			

项目单位：　　　　　　　　负责人签字：　　　　　　　　评审机构：　　　　　　　　评审负责人签字：

年　月　日　　　　　　　　　　　　　　　　　　　　　　　　　　　　　年　月　日

05经费管理制度法规

5.1 关于印发《中央和国家机关会议费管理办法》的通知

2016年6月29日 财行〔2016〕214号

党中央有关部门，国务院各部委、各直属机构，全国人大常委会办公厅，全国政协办公厅，高法院，高检院，各民主党派中央，全国工商联，有关人民团体：

为贯彻落实《党政机关厉行节约反对浪费条例》关于加强相关开支标准之间的衔接，建立开支标准调整机制的规定，进一步加强会议费管理，我们制定了《中央和国家机关会议费管理办法》。现印发给你们，从2016年7月1日起施行，请认真遵照执行。执行中有何问题，请及时向我们反映。

附件：中央和国家机关会议费管理办法

财政部 国家机关事务管理局 中共中央直属机关事务管理局
2016年6月29日

附件

中央和国家机关会议费管理办法

第一章 总则

第一条 为进一步加强和规范中央和国家机关会议费管理，精简会议，改进会风，提高会议效率和质量，节约会议经费开支，制定本办法。

第二条 中央和国家机关会议的分类、审批和会议费管理等，适用本办法。

本办法所称中央和国家机关，是指党中央各部门，国务院各部委、各直属机构，全国人大常委会办公厅，全国政协办公厅，最高人民法院，最高人民检察院，各人民团体、各民主党派中央和全国工商联（以下简称各单位）。

第三条 各单位召开会议应当坚持厉行节约、反对浪费、规范简朴、务实高效的原则，严格控制会议数量和规模，规范会议费管理。

第四条 各单位召开的会议实行分类管理、分级审批。

第五条 各单位应当严格会议费预算管理，控制会议费预算规模。会议费预算应当细化到具体会议项目，执行中不得突破。会议费应当纳入部门预算，并单独列示。

第二章 会议分类和审批

第六条 中央和国家机关会议分类如下：

一类会议。是以党中央和国务院名义召开的，要求省、自治区、直辖市、计划单列市或中央部门负责同志参加的会议。

二类会议。是党中央和国务院各部委、各直属机构，最高人民法院，最高人民检察院，各人民团体召开的，要求省、自治区、直辖市、计划单列市有关厅（局）或本系统、直属机构负责同志参加的会议。

三类会议。是党中央和国务院各部委、各直属机构，最高人民法院，最高人民检察院，各人民团体及其所属内设机构召开的，要求省、自治区、直辖市、计划单列市有关厅（局）或本系统机构有关人员参加的会议。

四类会议。是指除上述一、二、三类会议以外的其他业务性会议，包括小型研讨会、座谈会、评审会等。

第七条 中央和国家机关会议按以下程序和要求进行审批：

一类会议。应当由主办单位报经党中央和国务院批准。会议总务、经费预算及费用结算等工作分别由中共中央直属机关事务管理局（以下简称中直管局）和国家机关事务管理局（以下简称国管局）负责。

二类会议。党中央和国务院各部委、各直属机构，各人民团体应当于每年12月底前，将下一年度会议计划（包括会议名称、召开的理由、主要内容、时间地点、代表人数、工作人员数、所需经费及列支渠道等）送财政部审核会签，按程序经中央办公厅、国务院办公厅审核后报批。各单位召开二类会议原则上每年不超过1次。

三类会议。各单位应当建立会议计划编报和审批制度，年度会议计划（包括会议数量、会议名称、召开的理由、主要内容、时间地点、代表人数、工作人员数、所需经费及列支渠道等）经单位领导办公会或党组（党委）会审批后执行。

四类会议。由单位分管领导审核后列入单位年度会议计划。

年度会议计划一经批准，原则上不得调整。对党中央、国务院交办等确需临时增加的会议，按规定程序报批。

第八条 一类会议会期按照批准文件，根据工作需要从严控制；二、三、四类会议会期均不得超过2天；传达、布置类会议会期不得超过1天。

会议报到和离开时间，一、二、三类会议合计不得超过2天，四类会议合计不得超过1天。

第九条 各单位应当严格控制会议规模：

一类会议参会人员按照批准文件，根据会议性质和主要内容确定，严格限定会议代表和工作人员数量。

二类会议参会人员不得超过300人，其中，工作人员控制在会议代表人数的15%以内；不请省、自治区、直辖市和中央部门主要负责同志、分管负责同志出席。

三类会议参会人员不得超过150人，其中，工作人员控制在会议代表人数的10%以内。

四类会议参会人员视内容而定，一般不得超过 50 人。

第十条 全国人大常委会办公厅、全国政协办公厅、各民主党派中央和全国工商联的会议分类、审批事项、会期及参会人员等，由上述部门依据法律法规、章程规定，参照第六条至第九条作出规定，并报财政部备案。

第十一条 各单位召开会议应当改进会议形式，充分运用电视电话、网络视频等现代信息技术手段，降低会议成本，提高会议效率。

传达、布置类会议优先采取电视电话、网络视频会议方式召开。电视电话、网络视频会议的主会场和分会场应当控制规模，节约费用支出。

第十二条 不能够采用电视电话、网络视频召开的会议实行定点管理。各单位会议应当到定点会议场所召开，按照协议价格结算费用。未纳入定点范围，价格低于会议综合定额标准的单位内部会议室、礼堂、宾馆、招待所、培训中心，可优先作为本单位或本系统会议场所。

无外地代表且会议规模能够在单位内部会议室安排的会议，原则上在单位内部会议室召开，不安排住宿。

第十三条 参会人员以在京单位为主的会议不得到京外召开。各单位不得到党中央、国务院明令禁止的风景名胜区召开会议。

第三章 会议费开支范围、标准和报销支付

第十四条 会议费开支范围包括会议住宿费、伙食费、会议场地租金、交通费、文件印刷费、医药费等。

前款所称交通费是指用于会议代表接送站，以及会议统一组织的代表考察、调研等发生的交通支出。

会议代表参加会议发生的城市间交通费，按照差旅费管理办法的规定回单位报销。

第十五条 会议费开支实行综合定额控制，各项费用之间可以调剂使用。

会议费综合定额标准如下：

单位：元／人天

会议类别	住宿费	伙食费	其他费用	合 计
一类会议	500	150	110	760
二类会议	400	150	100	650
三、四类会议	340	130	80	550

综合定额标准是会议费开支的上限。各单位应在综合定额标准以内结算报销。

第十六条 一类会议费在部门预算专项经费中列支，二、三、四类会议费原则上在部门预算公用经费中列支。

会议费由会议召开单位承担，不得向参会人员收取，不得以任何方式向下属机构、企事业单位、地方转嫁或摊派。

第十七条 各单位在会议结束后应当及时办理报销手续。会议费报销时应当提供会议审批文件、会议通知及实际参会人员签到表、定点会议场所等会议服务单位提供的费用原始明细单据、电子结算单等凭证。财务部门要严格按规定审核会议费开支，对未列入年度会议计划，以

及超范围、超标准开支的经费不予报销。

第十八条 各单位会议费支付，应当严格按照国库集中支付制度和公务卡管理制度的有关规定执行，以银行转账或公务卡方式结算，禁止以现金方式结算。

具备条件的，会议费应当由单位财务部门直接结算。

第四章 会议费公示和年度报告制度

第十九条 各单位应当将非涉密会议的名称、主要内容、参会人数、经费开支等情况在单位内部公示或提供查询，具备条件的应当向社会公开。

第二十条 一级预算单位应当于每年3月底前，将本级和下属预算单位上年度会议计划和执行情况（包括会议名称、主要内容、时间地点、代表人数、工作人员数、经费开支及列支渠道等）汇总后报财政部。党中央各部门同时抄送中直管理局，国务院各部门同时抄送国管局。（本条规定自2019年4月1日起停止执行）

第二十一条 财政部对各单位报送的会议年度报告进行汇总分析，针对执行中存在的问题，及时完善相关制度。（本条规定自2019年4月1日起停止执行）

第五章 管理职责

第二十二条 财政部的主要职责是：

（一）会同国管局、中直管理局等部门制定或修订中央本级会议费管理办法，并对执行情况进行监督检查；

（二）按规定对各单位报送的二类会议计划进行审核会签；

（三）对会议费支付结算实施动态监控；

（四）对各单位报送的会议年度报告进行汇总分析，提出加强管理的措施。（本款项规定自2019年4月1日起停止执行）

第二十三条 国管局的主要职责是：

（一）配合财政部制定或修订中央和国家机关会议费管理办法；

（二）负责国务院召开的一类会议的总务工作；

（三）配合财政部对国务院各部委、各直属机构会议费执行情况进行监督检查。

第二十四条 中直管理局的主要职责是：

（一）配合财政部制定或修订中央和国家机关会议费管理办法；

（二）负责党中央召开的一类会议的总务工作；

（三）配合财政部对中央各部门会议费执行情况进行监督检查。

第二十五条 各单位的主要职责是：

（一）负责制定本单位会议费管理的实施细则；

（二）负责单位年度会议计划编制和三类、四类会议的审批管理；

（三）负责安排会议预算并按规定管理、使用会议费，做好相应的财务管理和会计核算工作，对内部会议费报销进行审核把关，确保票据来源合法，内容真实、完整、合规；

（四）按规定报送会议年度报告，加强对本单位会议费使用的内控管理。（本款项规定自2019年4月1日起停止执行）

第六章 监督检查和责任追究

第二十六条 财政部、国管局、中直管理局会同有关部门对各单位会议费管理和使用情况进行监督检查。主要内容包括：

（一）会议计划的编报、审批是否符合规定；

（二）会议费开支范围和开支标准是否符合规定；

（三）会议费报销和支付是否符合规定；

（四）会议会期、规模是否符合规定，会议是否在规定的地点和场所召开；

（五）是否向下属机构、企事业单位或地方转嫁、摊派会议费；

（六）会议费管理和使用的其他情况。

第二十七条 严禁各单位借会议名义组织会餐或安排宴请；严禁套取会议费设立"小金库"；严禁在会议费中列支公务接待费。

各单位应严格执行会议用房标准，不得安排高档套房；会议用餐严格控制菜品种类、数量和份量，安排自助餐，严禁提供高档菜肴，不安排宴请，不上烟酒；会议会场一律不摆花草，不制作背景板，不提供水果。

不得使用会议费购置电脑、复印机、打印机、传真机等固定资产以及开支与本次会议无关的其他费用；不得组织会议代表旅游和与会议无关的参观；严禁组织高消费娱乐、健身活动；严禁以任何名义发放纪念品；不得额外配发洗漱用品。

第二十八条 违反本办法规定，有下列行为之一的，依法依规追究会议举办单位和相关人员的责任：

（一）计划外召开会议的；

（二）以虚报、冒领手段骗取会议费的；

（三）虚报会议人数、天数等进行报销的；

（四）违规扩大会议费开支范围，擅自提高会议费开支标准的；

（五）违规报销与会议无关费用的；

（六）其他违反本办法行为的。

有前款所列行为之一的，由财政部会同有关部门责令改正，追回资金，并经报批后予以通报。对直接负责的主管人员和相关负责人，报请其所在单位按规定给予行政处分。如行为涉嫌违法的，移交司法机关处理。

定点会议场所或单位内部宾馆、招待所、培训中心有关工作人员违反规定的，按照财政部定点会议场所管理的有关规定处理。

第七章 附则

第二十九条 各单位应当按照本办法规定，结合本单位业务特点和工作需要，制定会议费管理具体规定。

第三十条 党中央、国务院直属事业单位的会议费管理参照本办法执行。中央和国家机关各部门所属事业单位的会议费管理由各部门依据从严从紧原则参照本办法作出具体规定。

第三十一条 本办法由财政部负责解释，自2016年7月1日起施行。《中央和国家机关会议费管理办法》（财行〔2013〕286号）同时废止。

5.2 中共中央办公厅、国务院办公厅印发《关于严禁党政机关到风景名胜区开会的通知》

2014年9月19日　厅字〔2014〕50号

1998年中央办公厅、国务院办公厅下发《关于严禁党政机关到风景名胜区开会的通知》以来，各级党政机关到风景名胜区尤其是到中央明令禁止的12个风景名胜区开会现象得到了有效遏制。但是，违规到上述风景名胜区开会问题仍未完全杜绝，到其他热点风景名胜区开会以及在风景名胜区外开会到区内旅游的情况时有发生，有的单位还巧立名目组织公款旅游，损害了党和政府形象，广大干部群众对此反映强烈。为深入贯彻落实中央八项规定精神和《党政机关厉行节约反对浪费条例》，坚决杜绝以会议名义到风景名胜区公款旅游等违规行为，经党中央、国务院同意，现就有关事项通知如下。

一、各级党政机关一律不得到八达岭－十三陵、承德避暑山庄外八庙、五台山、太湖、普陀山、黄山、九华山、武夷山、庐山、泰山、嵩山、武当山、武陵源（张家界）、白云山、桂林漓江、三亚热带海滨、峨眉山－乐山大佛、九寨沟－黄龙、黄果树、西双版纳、华山21个风景名胜区召开会议，禁止召开会议的区域范围以风景名胜区总体规划确定的核心景区地域范围为准。

二、地方各级党政机关的会议一律在本行政区域内召开，不得到其他地区召开；因工作需要确需跨行政区域召开会议的，必须报同级党委、政府批准。风景名胜区核心景区与地方政府主要行政区域高度重合的，当地党政机关应当在机关内部会议场所或定点饭店召开会议。中央和国家机关各部门到京外召开会议的，必须严格执行会议费管理有关规定。

会议主办单位要合理安排会议日程，严格遵守报到、离会时限，严禁超出规定时限为参会人员提供食宿，严禁组织与会议无关的参观、考察等活动。

三、党政机关召开涉及旅游、宗教、林业、地震、气象、生态环保、国土资源以及景区规划等工作的专业性会议，确需到禁止名单中的风景名胜区召开的，应当完善管理制度，从严控制、严格审批。垂直管理单位应当报上一级主管部门批准，其他单位报同级党委、政府批准。

四、严禁各级党政机关以召开会议等名义组织公款旅游。严禁在会议费、培训费、接待费中列支风景名胜区等各类旅游景点门票费、导游费、景区内设施使用费、往返景区交通费等应由个人承担的费用。严禁向下级单位以及旅游景区管理部门、接待服务场所、旅游中介公司等单位转嫁上述费用。严禁违反规定要求旅游景区管理部门、有关企业等单位免除上述费用。

五、财政部门要建立会议经费定期或不定期财政监督检查制度，审计机关要建立会议费经常性审计监督制度，加大审计结果公开力度，必要时对旅游景区管理部门、接待服务场所、会议培训中介机构等单位开展延伸监督检查和审计，防止转嫁费用，并及时将违规违纪线索移交纪检监察机关。

六、本通知适用于各级党的机关、人大机关、行政机关、政协机关、审判机关、检察机关，以及工会、共青团、妇联等人民团体和参照公务员法管理的事业单位。

七、此前有关规定与本通知不一致的，以本通知为准。

5.3 关于印发《党政机关会议定点管理办法》的通知

2015年1月13日 财行〔2015〕1号

党中央有关部门，国务院各部委、各直属机构，全国人大常委会办公厅，全国政协办公厅，高法院，高检院，有关人民团体，各民主党派中央，新疆生产建设兵团，各省、自治区、直辖市、计划单列市财政厅（局）：

为加强和规范会议定点管理，根据《党政机关厉行节约反对浪费条例》和《中央和国家机关会议费管理办法》的有关规定，我们制定了《党政机关会议定点管理办法》。现印发给你们，请结合实际情况，认真贯彻执行。

请各地财政部门抓紧研究制定本地区会议定点管理实施细则，于2015年3月底前报财政部备案，并认真组织做好2015-2016年会议定点饭店招标采购工作。各地区在执行中有何问题，请及时向我们反映。

附件：党政机关会议定点管理办法

财政部
2015年1月13日

附件

党政机关会议定点管理办法

第一章 总则

第一条 为加强和规范党政机关会议定点管理，节约会议费支出，降低行政运行成本，根据《党政机关厉行节约反对浪费条例》《中央和国家机关会议费管理办法》等规定，制定本办法。

第二条 党政机关会议定点管理，是指财政部门或财政部门委托的机构通过政府采购方式确定一定数量的宾馆饭店或专业会议场所作为党政机关举办会议场所（以下称会议定点场所）的相关管理活动。

第三条 各级党政机关举办的会议，除采用电视电话、网络视频方式以及在本单位或本系统内部会议室、礼堂、宾馆、招待所、培训（会议）中心等举办的外，应当在会议定点场所召开。

第四条 省级（含自治区、直辖市和计划单列市，下同）财政部门统一负责本地区党政机关会议定点管理。各省级财政部门根据实际情况确定本地区各级财政部门在会议定点场所的政府采购和日常管理中的具体职责分工。

第五条 各地区确定的会议定点场所在全国范围内实行资源共享，各级党政机关举办会议共同使用，执行统一的会议定点场所目录和相同的协议价格。

第二章 会议定点场所及协议价格的确定

第六条 会议定点宾馆饭店应当具备保证会议所需要的住宿房间、会议室、餐厅以及相关设施。

专业会议场所应当具备会议所需要的会议室等相关设施。

第七条 确定会议定点场所应当遵循的原则：

（一）数量适当。会议定点场所的数量以能满足党政机关会议需要为宜。

（二）布局合理。会议定点场所的分布要合理，交通便利。

（三）档次适中。兼顾不同地区和不同级别党政机关会议的需要，确定不同档次的会议定点场所。

（四）价格优惠。宾馆饭店、专业会议场所对会议的收费给予优惠。

（五）公开公平。对各类宾馆饭店、专业会议场所等应执行公开、统一的政府采购标准。

第八条 会议定点场所应当通过公开招标方式确定。因特殊情况需要采用公开招标以外方式采购的，应当报经省级财政部门批准后执行。

第九条 会议定点场所政府采购的内容包括住宿房间价格、会议室租金和伙食费。住宿房间价格按标准间、单人间和普通套房三种类型确定。会议室租金按照大会议室、中会议室、小会议室三种类型确定。伙食费标准按照每人每天确定或明细到单餐。

会议定点场所的政府采购控制价格由具体负责政府采购的财政部门按照不高于本地区会议费管理办法规定的开支标准确定。

第十条 具备本办法第六条规定条件的宾馆饭店、专业会议场所可以参加会议定点场所招投标。

党政机关驻外地的内部宾馆、招待所、培训（会议）中心等具备本办法第六条规定条件的可以参加所在地的会议定点场所招投标。

第十一条 会议定点场所政府采购应坚持公开、公正、公平的原则，严格按照政府采购制度的有关规定进行。

第十二条 具体负责政府采购的财政部门通过政府采购确定会议定点场所后，应当与会议定点场所签订协议书，并督促会议定点场所在规定时间内在党政机关会议定点场所管理系统上注册。

省级财政部门汇总本地区政府采购的会议定点场所及协议价格报财政部备案。

第三章　会议定点场所的变动调整

第十三条 会议定点场所实行动态管理，两年调整一次。

第十四条 根据工作需要，各地财政部门可以对会议定点场所进行调整，调整办法由省级财政部门按有关规定制定。

第十五条 协议期满后，对符合招标文件中规定的续约条件的，经协议双方协商一致，本轮次的会议定点场所可以续签下一轮次的协议，继续保留会议定点场所资格；也可自愿退出，会议定点场所资格自动取消。

第十六条 会议定点场所在协议期内不得提高协议价格。

第十七条 会议定点场所在协议期内，由于名称、法人代表等信息发生变动的，由会议定点场所申请，经当地财政部门审核同意后重新注册，并报省级财政部门备案。

第十八条 协议期内会议定点场所发生下列情况之一的，由会议定点场所提出书面申请，经签订协议的财政部门审核同意后在党政机关会议定点场所管理系统办理注销：

（一）由于会议定点场所服务功能发生变化，不能满足协议要求的；

（二）由于自然灾害等不可抗力导致会议定点场所无法正常经营的；
（三）由于其他情况导致会议定点场所无法正常经营的。

第四章　管理与监督

第十九条　财政部负责制定党政机关会议定点管理办法和会议定点场所协议书的主要条款，统筹推进党政机关会议定点场所管理系统建设，组织、指导、协调和监督全国党政机关会议定点管理工作。

第二十条　省级财政部门负责制定本地区会议定点管理的实施细则，指导、协调和实施本地区会议定点场所政府采购工作，负责本省（区、市）党政机关会议定点场所管理系统的管理与运行维护，指导、协调本地区会议定点场所注册、日常管理、处理投诉等工作，负责本省（区、市）党政机关会议定点管理监督检查工作。

第二十一条　省级以下财政部门根据省级财政部门规定的职责，实施本地区会议定点场所的政府采购工作，设立投诉电话，受理对会议定点场所的投诉，对投诉进行及时处理，并定期将投诉情况汇总报省级财政部门。

第二十二条　各级财政部门负责督促本级党政机关执行会议定点管理规定，督促本地区会议定点场所履行协议规定。

第二十三条　党政机关在会议定点场所举办会议应当严格执行定点协议，不得要求会议定点场所虚报会议天数、人数、开具虚假发票等。

第二十四条　会议定点场所有权拒绝党政机关提出的超出协议的服务项目和要求。

第二十五条　会议定点场所有以下行为之一的，经调查属实，第一次予以书面警告，第二次取消会议定点场所资格，情节严重的不得参加下一轮次的会议定点场所政府采购：
（一）无正当理由拒绝接待党政机关会议的；
（二）超过协议价格收取费用或采取减少服务项目等降低服务质量的；
（三）提供虚假发票的；
（四）未按规定提供发票、费用原始明细单据、电子结算单等凭证的；
（五）不配合、甚至干扰阻挠财政部门正常核查工作的；
（六）违反协议规定的其他事项的。

第二十六条　会议定点场所在协议期内未经批准单方面终止履行协议或因违法经营行为受到行政处罚的，根据政府采购法等规定取消其会议定点场所资格，并不得参与下一轮次党政机关会议定点场所政府采购。

第五章　附则

第二十七条　本办法由财政部负责解释。

第二十八条　各省级财政部门应根据本办法，结合本地区实际，制订具体实施细则，并报财政部备案。

第二十九条　本办法自发布之日起实行。《中央国家机关出差和会议定点管理办法》（财行〔2006〕312号）《关于进一步加强党政机关出差和会议定点管理工作的通知》（财行〔2012〕254号）同时废止。其他党政机关会议定点管理规定与本办法不一致的，按照本办法执行。

5.4 关于党政机关会议定点场所管理信息系统投入使用的通知

2017 年 4 月 19 日　财办行〔2017〕72 号

党中央有关部门财务部门，国务院各部委、各直属机构财务部门，全国人大常委会办公厅机关事务管理局，全国政协办公厅机关事务管理局，高法院行装局，高检院计财局，各民主党派中央、全国工商联财务部门，有关人民团体财务部门，新疆生产建设兵团财务局：

根据《党政机关厉行节约反对浪费条例》、《党政机关会议定点管理办法》（财行〔2015〕1 号）、《中央和国家机关会议费管理办法》（财行〔2016〕214 号）等规定，党政机关会议召开场所实行政府采购定点管理；各地区确定的会议定点场所在全国范围内实行资源共享，各级党政机关举办会议共同使用，执行统一的会议定点场所目录和相同的协议价格。为做好党政机关会议定点管理工作，方便会议定点场所信息注册、查询，我部开发建设了"党政机关会议定点场所管理信息系统"（http://meeting.mof.gov.cn，以下简称信息系统），现投入使用，有关事项通知如下：

一、各单位会议应当到会议定点场所召开。未纳入定点范围，价格低于会议综合定额标准的单位内部会议室、礼堂、宾馆、招待所、培训中心，可优先作为本单位或本系统会议场所。

二、各单位召开会议，应根据会议情况和会议预算安排，按照有关规定，在信息系统中查询会议定点场所信息，选择符合条件的会议定点场所，通过电话等方式预订。

三、各单位在会议定点场所召开会议，应当按照协议价格结算费用。可以通过信息系统查询协议价格，也可以要求会议定点场所出示协议价格相关文件。如会议定点场所存在不履行协议价格等违约情况，请及时联系当地会议定点管理员进行投诉反映（联系电话可通过信息系统各页面右上角"问题反馈电话"查询）。

如信息系统应用中遇到问题，请及时反映。联系电话：

010–68551376（财政部行政政法司）。

010–68553117 或 68554109（北京用友政务软件有限公司）。

财政部办公厅
2017 年 4 月 19 日

5.5 财政部关于印发《在华举办国际会议经费管理办法》的通知

2015 年 7 月 30 日　财行〔2015〕371 号

党中央有关部门，国务院各部委、各直属机构，全国人大常委会办公厅，全国政协办公厅，高法院，高检院，各民主党派中央，有关人民团体，各省、自治区、直辖市、计划单列市财政厅（局），新疆生产建设兵团财务局：

为进一步规范和加强在华举办国际会议的经费管理，提高资金使用效益，我们制定了《在华举办国际会议经费管理办法》，现印发给你们，请认真遵照执行。

附件：在华举办国际会议经费管理办法

财政部
2015 年 7 月 30 日

附件

在华举办国际会议经费管理办法

第一章　总则

第一条　为进一步规范在华举办国际会议的经费管理，加强预算监督，提高资金使用效益，根据《中华人民共和国预算法》《党政机关厉行节约反对浪费条例》等有关法律法规，制定本办法。

第二条　本办法所称在华举办国际会议，是指中央和国家机关在我国境内举办的、与会者来自3个或3个以上国家和地区（不含港、澳、台地区）的年会、例会、研讨会、论坛等会议（以下简称国际会议）包括：中央和国家机关举办的国际会议，中央和国家机关与国际组织及外国有关团体、机构共同举办或受其委托承办的国际会议。

第三条　本办法所称中央和国家机关，是指党中央各部门，国务院各部委、各直属机构，全国人大常委会办公厅，全国政协办公厅，最高人民法院，最高人民检察院，各人民团体、各民主党派中央和全国工商联（以下简称各单位）。

第四条　在华举办国际会议应当遵循以下原则：

（一）严格审批，分类管理。各单位应当严格执行国际会议审批规定，实行分类管理。

（二）强化预算，厉行节约。各单位应当科学、规范、合理地编制和申报国际会议经费预算，并本着"勤俭办外事"的原则，严格控制会议数量、规格和规模。

（三）符合惯例，明确责任。各单位应当根据国际惯例对等接待外方参会人员，合理划分中央与地方应当负担的经费。

（四）加强监督，注重绩效。各单位应当主动配合监督检查工作，注重绩效管理，提高资金使用效益。

第二章　会议审批和分类管理

第五条　各单位应当严格按照中央有关规定实行国际会议中央和部级两级审批制度，从严控制国际会议数量。报请党中央、国务院审批的国际会议，报批文件应当明确各项经费来源，原则上应当先会签外交部，再会签财政部后上报。申请中央财政拨款的国际会议，应当按照部门预算管理程序，编制详细的会议经费预算，报财政部审核。

第六条　各单位原则上不得实行固定年会或与外方轮流开会机制，不得在同一时间或短时间内举办主题相同或类似的国际会议，无实质内容的国际会议一律不得举办。各单位应当严格控制邀请外宾的规模和规格，未经批准，不得擅自邀请或对外协商邀请重要外宾来访。

第七条 根据会议正式代表的级别,国际会议在经费管理上分类如下:

一类国际会议,是指以部长级官员作为会议正式代表出席的国际会议。

二类国际会议,是指以司局级官员作为会议正式代表出席的国际会议。

三类国际会议,是指以处级及以下官员或其他人员作为会议正式代表出席的国际会议。

第八条 一类国际会议会期按照审批文件,根据工作需要从严控制。除特殊情况报经批准外,二、三类国际会议会期原则上不得超过3天,会议报到和离开时间,合计不得超过2天。

第九条 各单位应当严格限定参会人员数量,控制会议规模。除特殊情况报经批准外,国际会议工作人员人数控制在会议正式代表人数的10%以内,驻会工作人员不得超过会议工作人员的50%。

第三章 收入管理

第十条 国际会议所需经费由我方全额负担或由与会各方分担的,按会议统一标准编制经费预算,我方负担的经费应当纳入部门预算管理。

第十一条 国际会议的收入包括:会议注册费收入、国际组织专项资助、中央财政拨款、赞助收入和其他收入。

(一)会议注册费收入,是指根据国际惯例,由会议举办单位向参会代表收取的用于会议支出的费用。

(二)国际组织专项资助,是指国际组织拨付给会议举办单位的专项经费。会议举办单位应当积极向国际组织申请专项资助。

(三)中央财政拨款,是指在无会议注册费收入和国际组织专项资助,或者会议注册费收入和国际组织专项资助不足以弥补会议支出时,中央财政对国际会议的补助。

(四)赞助收入,是指境内外机构或部门、企业、个人出于自愿,无偿向国际会议提供资金或物资赞助而形成的收入。

(五)其他收入,是指召开国际会议时举办展览、展示、广告、旅游中介等收入。

第十二条 举办国际会议取得的各项收入,必须统一纳入预算管理,单独核算。

第十三条 举办国际会议取得的赞助物资或购买的办公用品、消耗材料等财产物资应当严格管理:

(一)财产物资的取得、保管、领用要有规范明确的报批程序,并指派专人负责。

(二)购置或赞助取得的各项财产物资应当在会议结束后3个月内进行处理,具体处理方案报财政部备案,处置收入在扣除相关税费后上缴国库。

第四章 支出管理

第十四条 国际会议的支出范围包括:场地租金、同声传译设备和办公设备租金、宴请费用、交通费用、工作人员食宿费用、志愿人员费用、翻译费用、其他会务费用以及其他经财政部批准的支出。国际会议如有注册费收入,中方可承担国际组织官员及秘书处人员会议期间的食宿费用。

第十五条 国际会议举办场所应当注重安全适用,不追求奢华。会议正式代表场地租金的人均定额标准为:一类国际会议每天300元(人民币,货币单位下同),二类国际会议每天

200元，三类国际会议每天150元。

第十六条 会议正式代表同声传译设备和办公设备租金的人均定额标准为每天100元。

第十七条 会议期间可安排一次宴请，会议正式代表人均定额标准（含酒水及服务费用）为：一类国际会议220元，二类、三类国际会议180元。

第十八条 会议期间租用车辆安排会议代表往返驻地与会场及会议工作人员确因工作需要租用车辆的，各单位应当合理使用车型，严格控制随行车辆。租金定额标准为：大巴士（25座以上）每辆每天1500元，中巴士（25座及以下）每辆每天1000元，小轿车（5座及以下）每辆每天800元。

第十九条 会议期间工作人员食宿费用定额标准为每人每天450元。

第二十条 会议期间志愿人员确因工作需要不能按时用餐的，用餐或发放误餐补贴的定额标准为每人每天100元。志愿人员原则上不安排住宿。

第二十一条 同声传译人员口译定额标准为：使用联合国官方语言的同声传译人员，每人每天5000元；使用联合国官方语言以外的其他语种同声传译人员，每人每天6000元。笔译费用定额标准为每千字200元。对于境外同声传译人员，我方只承担同声传译人员乘坐经济舱的国际旅费，据实结算。

第二十二条 其他会务费用实行综合定额控制，会议正式代表人均支出标准为每天100元。支出范围包括：办公用品、消耗材料购置费用，会议文件印刷、会议代表及工作人员的制证费用等。其他会务费用各项目之间可以调剂使用，在综合定额控制内据实报销。

第二十三条 根据国家经济发展、物价变动等情况，适时对支出标准进行调整。

第二十四条 国际会议所有支出必须经举办单位财务部门审核同意方能报销。所有支出协议必须由会议举办单位预算执行部门负责人签署。

第二十五条 各单位应当遵循国际惯例，从严从紧控制经费支出：

（一）除外方特邀代表或存在外交对等接待的情况外，不得承担会议代表往返国际国内旅费（包括往返机场的交通费）及食宿费用。

（二）除劳务费及境外国际旅费外，不得承担同声传译人员的食宿、交通等费用。

（三）不得借举办国际会议的名义向地方政府或企业强行摊派或变相摊派会议费用。

（四）不得承担额外的义务，要厉行节约、讲求实效。

（五）申请中央财政拨款的国际会议，未经财政部同意，一律不准购买设备，且除会议场地、会议必要设备（不含消耗材料支出）外，各单位不得擅自对外提供任何免费服务。

第二十六条 国际会议结束后，中央财政拨款经费如有结余，按照财政部结转和结余资金管理的有关规定执行。

第五章　经费负担

第二十七条 国际会议举办城市应当具备办会需要的场地、设备等基本设施，为满足办会条件而产生的场地搭建、场馆改造等费用，原则上由地方负担，中央单位按第四章所列标准负担租金。

第二十八条 中央单位工作人员的费用由中央单位负担，地方单位工作人员的费用由地方单位负担。中央单位组织安排的会议正式代表的宴请、交通及其他会务费用由中央单位负担，地方单位组织安排的会议正式代表的宴请、交通及其他会务费用由地方单位负担。

第二十九条 中央单位聘请的同声传译人员和志愿人员的费用由中央单位负担,地方单位聘请的同声传译人员和志愿人员的费用由地方单位负担。会议文件翻译费用由中央单位负担。

第六章 绩效管理

第三十条 各单位应当加强国际会议绩效管理,强化支出责任,提高财政资金使用效益。

第三十一条 对于申请财政专项预算拨款的国际会议,各单位应当按照预算绩效管理要求,编制绩效计划,设定绩效目标。各单位应当加强对绩效目标的审核,并将其作为会议经费预算编制的重要依据,提高项目和资金安排的科学合理性。

第三十二条 各单位应当建立完善的绩效管理机制,依据确定的绩效目标组织开展绩效自评,评价结果作为绩效问责的重要依据。

第三十三条 财政部门对各单位国际会议进行绩效评价的结果,作为以后年度审核安排相关单位国际会议中央财政拨款的依据。

第七章 监督检查

第三十四条 各级外事、财政、审计部门应当加强对在华举办国际会议管理和经费使用情况的检查。各单位应当如实提供包括审批文件、会议预算、支出凭证等在内的相关资料,主动配合接受检查,并认真落实检查意见。

第三十五条 违反本办法规定,有下列行为之一的,按《党政机关厉行节约反对浪费条例》《财政违法行为处罚处分条例》等有关规定,由财政部会同有关部门责令改正,追回资金;对直接负责的主管人员和相关责任人,报请其所在单位按规定给予行政处分;涉嫌违法的,移交司法机关依法处理:

(一)擅自改变国际会议资金用途的;
(二)以虚报、冒领等手段骗取国际会议经费的;
(三)违规扩大支出范围,或超过支出标准的;
(四)违规报销与国际会议无关费用的;
(五)挪用、截留、侵占国际会议经费的;
(六)其他违反本办法行为的。

第八章 附则

第三十六条 中央级事业单位和地方政府举办的国际会议参照本办法执行。

第三十七条 经国务院批准的重大双边国际会议参照本办法执行。

第三十八条 国际比赛、国际博(展)览会、涉外文艺演出、涉外培训、日常外事工作会谈等不适用本办法。

第三十九条 国家元首、政府首脑、国家副元首、政府副首脑、王储等作为会议正式代表出席的国际会议,相关管理办法另行制定。

第四十条 一类、二类国际会议和300人以上的三类国际会议,举办单位应当根据本办法制定财务预算管理细则。

第四十一条 本办法由财政部负责解释。

第四十二条 本办法自 2015 年 9 月 1 日起执行。《财政部关于印发＜在华举办国际会议费用开支标准和财务管理办法＞的通知》（财行〔2012〕1 号）同时废止。

5.6 关于印发《中央财政科研项目专家咨询费管理办法》的通知

2017 年 9 月 4 日　财科教〔2017〕128 号

有关单位：

根据中央本级项目支出定额标准管理和预算管理的要求，为进一步规范和加强中央级科研项目专家咨询活动的经费支出管理，提高资金使用效益，我们制定了《中央财政科研项目专家咨询费管理办法》，现印发你们，请遵照执行。

附件：中央财政科研项目专家咨询费管理办法

财 政 部
2017 年 9 月 4 日

附件：

中央财政科研项目专家咨询费管理办法

第一条 为加强和规范专家咨询费的管理，根据《预算法》以及中央本级项目支出定额标准等国家有关预算管理制度规定，制定本办法。

第二条 专家咨询费是指科研项目（课题）承担单位（以下简称单位）在项目（课题）实施过程中支付给临时聘请的咨询专家的费用。

第三条 本办法适用于由中央财政科研项目资金列支的专家咨询费。

第四条 本办法的专家是指精通某一领域业务，或对相关科技业务的某一方面有独到见解，已取得高级专业技术职称的人员或被科研项目（课题）承担单位认可的其他专业人员。

第五条 单位应当结合实际制定统一、合理、规范的咨询专家遴选办法，并在单位内部公开。具备条件的单位应当建立多领域、多学科的咨询专家库。

第六条 高级专业技术职称人员的专家咨询费标准为 1500–2400 元／人天（税后）；其他专业人员的专家咨询费标准为 900–1500 元／人天（税后）。

第七条 院士、全国知名专家，可按照高级专业技术职称人员的专家咨询费标准上浮 50% 执行。

第八条 本办法所指专家咨询活动的组织形式主要有会议、现场访谈或者勘察、通讯三种形式：

（1）以会议形式组织的咨询，是指通过召开专家参加的会议，征询专家的意见和建议。

（2）以现场访谈或者勘察形式组织的咨询，是指通过组织现场谈话，或者查看实地、实物、原始业务资料等方式征询专家的意见和建议。

（3）以通讯形式组织的咨询，是指通过信函、邮件等方式征询专家的意见和建议。

第九条 不同形式组织的专家咨询活动适用专家咨询费标准如下:

组织形式 \ 会期	半天	不超过两天（含两天）	超过两天
会议	按照本办法第六条所规定标准的60%执行。	按照本办法第六条所规定的标准执行。	第一天、第二天：按照本办法第六条所规定的标准执行；第三天及以后：按照本办法第六条所规定标准的50%执行
现场访谈或者勘察	按照上述以会议形式组织的专家咨询费相关标准执行。		
通讯	按次计算，每次按照按照本办法第六条所规定标准的20%～50%执行。		

第十条 不同领域、相同专业技术职称的专家咨询费标准应当保持一致。

第十一条 根据国家经济社会发展水平和物价变动等情况，财政部适时对专家咨询费标准进行调整。

第十二条 专家咨询费不得支付给参与项目（课题）研究及其管理的相关人员。

第十三条 专家咨询费的发放应当按照国家有关规定由单位代扣代缴个人所得税。

第十四条 单位发放专家咨询费原则上采用银行转账方式。

第十五条 单位应当建立专家咨询费的支付审核机制，负责核实专家咨询行为及专家咨询费发放的真实性、合规性，并及时向代理银行办理支付手续。对专家信息不真实、存在虚假咨询行为，以及其他违反本办法或单位有关规定的，单位应当拒绝办理支付手续。

第十六条 单位应当对专家咨询费的开支做好财务记录，并及时归档，定期对专家咨询费支付情况进行检查。

第十七条 地方财政科研项目开支的专家咨询费可参照本办法，结合本地实际予以执行。

第十八条 单位可根据本办法有关规定，结合单位实际制定实施细则。

第十九条 本办法自印发之日起施行。

5.7 关于印发《中央和国家机关差旅费管理办法》的通知

2013年12月31日　财行〔2013〕531号

党中央各部门，国务院各部委、各直属机构，全国人大常委会办公厅，全国政协办公厅，高法院，高检院，各人民团体，各民主党派办公厅，新疆生产建设兵团：

为贯彻落实中央关于改进工作作风，密切联系群众八项规定及其实施细则，推进厉行节约反对浪费制度建设，加强和规范中央和国家机关差旅费管理，根据《党政机关厉行节约反对浪费条例》，我们制定了《中央和国家机关差旅费管理办法》。现印发给你们，从2014年1月1日起施行。执行中有何问题，请及时向我们反映。

请各省、自治区、直辖市、计划单列市财政厅（局）参照本办法，结合实际情况，抓紧修订本地党政机关差旅费管理办法，并报财政部备案。

附件：中央和国家机关差旅费管理办法

财政部
2013 年 12 月 31 日

附件：

中央和国家机关差旅费管理办法

第一章　总则

第一条　为加强和规范中央和国家机关国内差旅费管理，推进厉行节约反对浪费，根据《党政机关厉行节约反对浪费条例》，制定本办法。

第二条　本办法适用于中央和国家机关，以及参照公务员法管理的事业单位（以下简称中央单位）。

本办法所称中央和国家机关，是指党中央各部门，国务院各部委、各直属机构，全国人大常委会办公厅，全国政协办公厅，最高人民法院，最高人民检察院，各人民团体、各民主党派中央和全国工商联。

第三条　差旅费是指工作人员临时到常驻地以外地区公务出差所发生的城市间交通费、住宿费、伙食补助费和市内交通费。

第四条　中央单位应当建立健全公务出差审批制度。出差必须按规定报经单位有关领导批准，从严控制出差人数和天数；严格差旅费预算管理，控制差旅费支出规模；严禁无实质内容、无明确公务目的的差旅活动，严禁以任何名义和方式变相旅游，严禁异地部门间无实质内容的学习交流和考察调研。

第五条　财政部按照分地区、分级别、分项目的原则制定差旅费标准，并根据经济社会发展水平、市场价格及消费水平变动情况适时调整。

第二章　城市间交通费

第六条　城市间交通费是指工作人员因公到常驻地以外地区出差乘坐火车、轮船、飞机等交通工具所发生的费用。

第七条　出差人员应当按规定等级乘坐交通工具。乘坐交通工具的等级见下表：

交通工具 级别	火车（含高铁、动车、全列软席列车）	轮船（不包括旅游船）	飞机	其他交通工具（不包括出租小汽车）
部级及相当职务人员	火车软席（软座、软卧），高铁/动车商务座，全列软席列车一等软座	一等舱	头等舱	凭据报销
司局级及相当职务人员	火车软席（软座、软卧），高铁/动车一等座，全列软席列车一等软座	二等舱	经济舱	凭据报销
其余人员	火车硬席（硬座、硬卧），高铁/动车二等座，全列软席列车二等软座	三等舱	经济舱	凭据报销

部级及相当职务人员出差，因工作需要，随行一人可乘坐同等级交通工具。

未按规定等级乘坐交通工具的，超支部分由个人自理。

第八条 到出差目的地有多种交通工具可选择时，出差人员在不影响公务、确保安全的前提下，应当选乘经济便捷的交通工具。

第九条 乘坐飞机的，民航发展基金、燃油附加费可以凭据报销。

第十条 乘坐飞机、火车、轮船等交通工具的，每人次可以购买交通意外保险一份。所在单位统一购买交通意外保险的，不再重复购买。

第三章 住宿费

第十一条 住宿费是指工作人员因公出差期间入住宾馆（包括饭店、招待所，下同）发生的房租费用。

第十二条 财政部分地区制定住宿费限额标准。各省、自治区、直辖市和计划单列市财政厅(局)根据当地经济社会发展水平、市场价格、消费水平等因素，提出所在市（省会城市、直辖市、计划单列市，下同）的住宿费限额标准报财政部，经财政部统筹研究提出意见反馈地方审核确认后，由财政部统一发布作为中央单位工作人员到相关地区出差的住宿费限额标准。

对于住宿价格季节性变化明显的城市，住宿费限额标准在旺季可适当上浮一定比例，具体规定由财政部另行发布。

第十三条 部级及相当职务人员住普通套间，司局级及以下人员住单间或标准间。

第十四条 出差人员应当在职务级别对应的住宿费标准限额内，选择安全、经济、便捷的宾馆住宿。

第四章 伙食补助费

第十五条 伙食补助费是指对工作人员在因公出差期间给予的伙食补助费用。

第十六条 伙食补助费按出差自然(日历)天数计算，按规定标准包干使用。

第十七条 财政部分地区制定伙食补助费标准。各省、自治区、直辖市和计划单列市财政厅(局)负责根据当地经济社会发展水平、市场价格、消费水平等因素，参照所在市公务接待工作餐、会议用餐等标准提出伙食补助费标准报财政部，经财政部统筹研究提出意见反馈地方审核确认后，由财政部统一发布作为中央单位工作人员到相关地区出差的伙食补助费标准。

第十八条 出差人员应当自行用餐。凡由接待单位统一安排用餐的，应当向接待单位交纳伙食费。

第五章 市内交通费

第十九条 市内交通费是指工作人员因公出差期间发生的市内交通费用。

第二十条 市内交通费按出差自然(日历)天数计算，每人每天80元包干使用。

第二十一条 出差人员由接待单位或其他单位提供交通工具的，应向接待单位或其他单位交纳相关费用。

第六章　　报销管理

第二十二条　出差人员应当严格按规定开支差旅费，费用由所在单位承担，不得向下级单位、企业或其他单位转嫁。

第二十三条　城市间交通费按乘坐交通工具的等级凭据报销，订票费、经批准发生的签转或退票费、交通意外保险费凭据报销。

住宿费在标准限额之内凭发票据实报销。

伙食补助费按出差目的地的标准报销，在途期间的伙食补助费按当天最后到达目的地的标准报销。

市内交通费按规定标准报销。

未按规定开支差旅费的，超支部分由个人自理。

第二十四条　工作人员出差结束后应当及时办理报销手续。差旅费报销时应当提供出差审批单、机票、车票、住宿费发票等凭证。

住宿费、机票支出等按规定用公务卡结算。

第二十五条　财务部门应当严格按规定审核差旅费开支，对未经批准出差以及超范围、超标准开支的费用不予报销。

实际发生住宿而无住宿费发票的，不得报销住宿费以及城市间交通费、伙食补助费和市内交通费。

第七章　　监督问责

第二十六条　各单位应当加强对本单位工作人员出差活动和经费报销的内控管理，对本单位出差审批制度、差旅费预算及规模控制负责，相关领导、财务人员等对差旅费报销进行审核把关，确保票据来源合法，内容真实完整、合规。对未经批准擅自出差、不按规定开支和报销差旅费的人员进行严肃处理。

一级预算单位应当强化对所属预算单位的监督检查，发现问题及时处理，重大问题向财政部报告。

各单位应当自觉接受审计部门对出差活动及相关经费支出的审计监督。

第二十七条　财政部会同有关部门对中央单位差旅费管理和使用情况进行监督检查。主要内容包括：

（一）单位差旅审批制度是否健全，出差活动是否按规定履行审批手续；

（二）差旅费开支范围和标准是否符合规定；

（三）差旅费报销是否符合规定；

（四）是否向下级单位、企业或其他单位转嫁差旅费；

（五）差旅费管理和使用的其他情况。

第二十八条　出差人员不得向接待单位提出正常公务活动以外的要求，不得在出差期间接受违反规定用公款支付的宴请、游览和非工作需要的参观，不得接受礼品、礼金和土特产品等。

第二十九条　违反本办法规定，有下列行为之一的，依法依规追究相关单位和人员的责任：

（一）单位无出差审批制度或出差审批控制不严的；

（二）虚报冒领差旅费的；

（三）擅自扩大差旅费开支范围和提高开支标准的；
（四）不按规定报销差旅费的；
（五）转嫁差旅费的；
（六）其他违反本办法行为的。

有前款所列行为之一的，由财政部会同有关部门责令改正，违规资金应予追回，并视情况予以通报。对直接责任人和相关负责人，报请其所在单位按规定给予行政处分。涉嫌违法的，移送司法机关处理。

第八章 附则

第三十条 工作人员外出参加会议、培训，举办单位统一安排食宿的，会议、培训期间的食宿费和市内交通费由会议、培训举办单位按规定统一开支；往返会议、培训地点的差旅费由所在单位按照规定报销。

第三十一条 不参照公务员法管理的事业单位参照本办法执行。

各单位应当根据本办法，结合本单位实际情况制定具体操作规定。

中国人民解放军和中国人民武装警察部队的差旅费管理办法参照本办法另行规定。

第三十二条 本办法由财政部负责解释。

第三十三条 本办法自2014年1月1日起施行。2006年11月13日发布的《财政部关于印发〈中央国家机关和事业单位差旅费管理办法〉的通知》(财行〔2006〕313号)同时废止，其他有关中央国家机关和事业单位差旅费管理规定与本办法不一致的，按照本办法执行。

5.8 关于印发《中央和国家机关差旅费管理办法有关问题的解答》的通知

2014年9月15日　财办行〔2014〕90号

党中央有关部门财务部门，国务院各部委、各直属机构财务部门，全国人大常委会办公厅机关事务管理局，全国政协办公厅机关事务管理局，高法院行装局，高检院计财局，有关人民团体财务部门，各民主党派中央办公厅，新疆生产建设兵团财务局：

《中央和国家机关差旅费管理办法》（财行〔2013〕531号）印发后，我们陆续接到有关部门和人员电话咨询差旅费管理办法执行的一些具体问题。为方便操作，我们制定了《中央和国家机关差旅费管理办法有关问题的解答》。现予印发，请在工作中遵循。

附件：中央和国家机关差旅费管理办法有关问题的解答

财政部办公厅
2014年9月15日

附件:

中央和国家机关差旅费管理办法有关问题的解答

1. 出差人员由接待单位统一安排食宿的如何交伙食费?

除接待单位按照《党政机关国内公务接待管理规定》安排的一次工作餐外,出差人员就餐应当自行解决。接待单位协助安排就餐的,出差人员应当在差旅费管理办法规定的标准内向接待单位交纳相应的伙食费。接待单位应向出差人员出具接收凭证(不作报销依据),收取的伙食费用于抵顶接待单位的招待费支出。

2. 出差人员由接待单位或其他单位提供交通工具的如何交市内交通费?

市内交通应由出差人员自行解决。接待单位提供交通工具的,出差人员应当在差旅费管理办法规定的标准内向接待单位交纳市内交通费。接待单位应向出差人员出具接收凭证(不作报销依据),收取的市内交通费用于抵顶接待单位的车辆运行支出。

3. 出差人员实际发生住宿而无住宿发票的差旅费如何报销?

出差人员实际发生住宿而无住宿费发票的,如果是住在自己家里的,或到边远地区出差,无法取得住宿费发票的,由出差人员说明情况并经所在部门领导批准,可以报销城市间交通费、伙食补助费和市内交通费,其他情况一般不予报销差旅费。

4. 中央在京单位工作人员到远郊区县开展公务活动如何报销差旅费?

中央在京单位工作人员到远郊区县参加会议、培训的,不报销住宿费、伙食补助费和市内交通费;到远郊区县开展其他公务活动且实际发生住宿、伙食、交通等费用的,按照差旅费管理办法的规定标准报销。统一安排伙食、交通工具的,不再报销伙食补助费和市内交通费。

北京市远郊区县是指门头沟区、房山区、通州区、顺义区、昌平区、大兴区、怀柔区、平谷区、密云县、延庆县。

5. 工作人员调动搬迁路费如何报销?

中央和国家机关工作人员因调动工作发生的城市间交通费、住宿费、伙食补助费和市内交通费,由调入单位按照差旅费管理办法的规定予以一次性报销。随迁家属和搬迁家具发生的费用由调动人员自理。

6. 出差人员符合乘坐火车软卧条件而改乘软座的是否给予补助?

差旅费管理办法规定的交通工具等级是出差人员可以乘坐交通工具的上限。出差人员应严格按照差旅费管理办法规定的等级乘坐相应交通工具,符合乘坐火车软卧条件而改乘软座的,不给予补助。

7. 经单位领导批准工作人员出差期间回家省亲办事的差旅费如何报销?

工作人员出差期间回家省亲办事的,城市间交通费按不高于从出差目的地返回单位按规定乘坐相应交通工具的票价予以报销,超出部分由个人自理;伙食补助费和市内交通费按从出差目的地返回单位的天数(扣除回家省亲办事的天数)和规定标准予以报销。

8. 参加会议、培训的差旅费如何报销?

到常驻地以外参加会议、培训的,会议、培训期间执行会议和培训费的相关制度。往返会议、培训地点发生的城市间交通费、伙食补助费和市内交通费按照差旅费管理办法的规定报销。其中,伙食补助费和市内交通费按往返各1天计发,当天往返的按1天计发。

9. 出差乘坐飞机的,从驻地到机场的交通费如何报销?

新修订的差旅费管理办法对市内交通费实行包干办法,按出差自然天数每人每天80元包干使用。往返驻地和机场的交通费在按规定发放的市内交通费内统筹解决，不再另外报销。

10. 出差人员是否可以乘坐全列软席列车软卧？

出差人员原则上乘坐全列软席列车软座，但在晚 8 时至次日晨 7 时期间乘车时间 6 小时以上的，或连续乘车超过 12 小时的，经单位领导批准，可以乘坐软卧，按照软卧车票报销。

11. 中央和国家机关工作人员出差是否还要入住定点饭店？

新修订的《中央和国家机关差旅费管理办法》不要求出差人员必须入住定点饭店，从 2015 年起，财政部也不再组织招标采购出差的定点饭店。

12. 司局级以下级别人员是否要求 2 人住 1 间房？

新修订的差旅费管理办法实行分地区按级别制定每人每天住宿费开支标准，在规定标准之内出差人员可以自行选择与其级别相适应的房间类型，对 2 人住 1 间房不再作硬性规定。

5.9　关于调整中央和国家机关差旅住宿费标准等有关问题的通知

2015 年 9 月 30 日　财行〔2015〕497 号

党中央有关部门，国务院各部委、各直属机构，全国人大常委会办公厅，全国政协办公厅，高法院，高检院，各人民团体，各民主党派中央，新疆生产建设兵团：

为贯彻落实《党政机关厉行节约反对浪费条例》和差旅费制度关于标准应适时调整的规定，进一步规范和加强中央和国家机关差旅费管理，提高差旅住宿费标准的科学性、有效性，综合考虑近两年全国各地区宾馆（饭店）住宿费价格变动、实际工作需要、淡旺季等因素，经研究决定，自 2016 年 1 月 1 日起调整《中央和国家机关差旅费管理办法》（财行〔2013〕531 号）规定的差旅住宿费标准。现就有关事项通知如下：

一、调整北京、上海等 11 个城市部级干部住宿费标准、7 个城市司局级干部住宿费标准和 33 个城市处级及以下干部住宿费标准，具体标准见附表。

二、拉萨、西宁、哈尔滨、海口、大连、青岛等 6 个受地理、气候等自然条件限制和季节性热点影响较大的城市试行差旅住宿费淡旺季标准。旺季期间及上浮后标准见附表。

三、调整后的差旅住宿费标准是中央和国家机关工作人员到各省会城市、直辖市、计划单列市出差的住宿费上限标准，各类人员应当坚持勤俭节约原则，根据职级对应的住宿费标准自行选择宾馆住宿（不分房型），在限额标准内据实报销。

中央和国家机关工作人员到各省、自治区、直辖市、计划单列市所辖地、州、市（县）出差执行当地财政部门制定的差旅住宿费标准。各地、州、市（县）差旅住宿费标准未制定公布前，可暂按其省会城市住宿费标准执行。

四、各单位应当严格按照差旅费制度和厉行节约反对浪费的有关规定，加强出差审批管理，从严控制出差人数和天数，严格差旅费预算管理和报销审核，控制差旅费支出规模。对违反差旅费管理规定的行为，有关部门应依法依规追究相关单位和人员的责任。

附件：中央和国家机关国内差旅住宿费标准调整表

财政部
2015 年 9 月 30 日

附件：

中央和国家机关国内差旅住宿费标准调整表

单位：元/人·天

序号	地区（城市）	住宿费标准			淡旺季浮动标准建议				
					旺季期间	旺季上浮价			上浮比例
		部级	司局级	其他人员		部级	司局级	其他人员	
1	北京市	1100	650	500					
2	天津市	800	480	380					
3	河北省（石家庄）	800	450	350					
4	山西省（太原）	800	480	350					
5	内蒙古（呼和浩特）	800	460	350					
6	辽宁省（沈阳）	800	480	350					
7	大连市	800	490	350	7-9月	960	590	420	20%
8	吉林省（长春）	800	450	350					
9	黑龙江省（哈尔滨）	800	450	350	7-9月	960	540	420	20%
10	上海市	1100	600	500					
11	江苏省（南京）	900	490	380					
12	浙江省（杭州）	900	500	400					
13	宁波市	800	450	350					
14	安徽省（合肥）	800	460	350					
15	福建省（福州）	900	480	380					
16	厦门市	900	500	400					
17	江西省（南昌）	800	470	350					
18	山东省（济南）	800	480	380					
19	青岛市	800	490	380	7-9月	960	590	450	20%
20	河南省（郑州）	900	480	380					
21	湖北省（武汉）	800	480	350					
22	湖南省（长沙）	800	450	350					
23	广东省（广州）	900	550	450					
24	深圳市	900	550	450					
25	广　西（南宁）	800	470	350					
26	海南省（海口）	800	500	350	11-2月	1040	650	450	30%

续表

序号	地区（城市）	住宿费标准			淡旺季浮动标准建议				
					旺季期间	旺季上浮价			上浮比例
		部级	司局级	其他人员		部级	司局级	其他人员	
27	重庆市	800	480	370					
28	四川省（成都）	900	470	370					
29	贵州省（贵阳）	800	470	370					
30	云南省（昆明）	900	480	380					
31	西 藏（拉萨）	800	500	350	6—9月	1200	750	530	50%
32	陕西省（西安）	800	460	350					
33	甘肃省（兰州）	800	470	350					
34	青海省（西宁）	800	500	350	6—9月	1200	750	530	50%
35	宁 夏（银川）	800	470	350					
36	新 疆（乌鲁木齐）	800	480	350					

5.10 关于印发《中央和国家机关工作人员赴地方差旅住宿费标准明细表》的通知

2016年4月1日　财行〔2016〕71号

党中央有关部门，国务院各部委、各直属机构，全国人大常委会办公厅，全国政协办公厅，高法院，高检院，各民主党派中央，全国工商联，有关人民团体：

按照《关于调整中央和国家机关差旅住宿费标准等有关问题的通知》（财行〔2015〕497号）的有关规定，中央和国家机关工作人员到各省会城市、直辖市、计划单列市出差，执行财政部制定的住宿费上限标准；到各省、自治区、直辖市、计划单列市所辖市县出差执行地方财政部门制定的住宿费标准。根据财政部的统一部署，目前，各地财政部门已将差旅住宿费标准细化到地市。为方便执行，我们将相关标准汇总整理后，制定了《中央和国家机关工作人员赴地方差旅住宿费标准明细表》，现印发给你们，自2016年5月1日起执行。

该明细标准已同时发布在财政部门户网站行政政法司子网站（xzzf.mof.gov.cn）政策发布栏目，各部门可根据需要自行下载。今后标准如有调整，我部将及时更新。

附件：中央和国家机关工作人员赴地方差旅住宿费标准明细表

财政部
2016年4月1日

附件：

中央和国家机关工作人员赴地方差旅住宿费标准明细表

单位：元/人·天

序号	地区（城市）		住宿费标准			旺季地区	旺季浮动标准			
								旺季上浮价		
			部级	司局级	其他人员		旺季期间	部级	司局级	其他人员
1	北京	全市	1100	650	500					
2	天津	6个中心城区、滨海新区、东丽区、西青区、津南区、北辰区、武清区、宝坻区、静海区、蓟县	800	480	380					
		宁河区	600	350	320					
3	河北	石家庄市、张家口市、秦皇岛市、廊坊市、承德市、保定市	800	450	350	张家口市	7-9月、11-3月	1200	675	525
						秦皇岛市	7-8月	1200	680	500
						承德市	7-9月	1000	580	580
		其他地区	800	450	310					
4	山西	太原市、大同市、晋城市	800	480	350					
		临汾市	800	480	330					
		阳泉市、长治市、晋中市	800	480	310					
		其他地区	800	400	240					
5	内蒙古	呼和浩特市	800	460	350					
		其他地区	800	460	320	海拉尔市、满洲里市、阿尔山市	7-9月	1200	690	480
						二连浩特市	7-9月	1000	580	400
						额济纳旗	9-10月	1200	690	480
6	辽宁	沈阳市	800	480	350					
		其他地区	800	480	330					
7	大连	全市	800	490	350	全市	7-9月	960	590	420

续表

序号	地区（城市）		住宿费标准			旺季地区	旺季浮动标准			
			部级	司局级	其他人员		旺季期间	旺季上浮价		
								部级	司局级	其他人员
8	吉林	长春市、吉林市、延边州、长白山管理区	800	450	350	吉林市、延边州、长白山管理区	7-9月	960	540	420
		其他地区	750	400	300					
9	黑龙江	哈尔滨市	800	450	350	哈尔滨市	7-9月	960	540	420
		其他地区	750	450	300	牡丹江市、伊春市、大兴安岭地区、黑河市、佳木斯市	6-8月	900	540	360
10	上海	全市	1100	600	500					
11	江苏	南京市、苏州市、无锡市、常州市、镇江市	900	490	380					
		其他地区	900	490	360					
12	浙江	杭州市	900	500	400					
		其他地区	800	490	340					
13	宁波	全市	800	450	350					
14	安徽	全省	800	460	350					
15	福建	福州市、泉州市、平潭综合实验区	900	480	380					
		其他地区	900	480	350					
16	厦门	全市	900	500	400					
17	江西	全省	800	470	350					
18	山东	济南市、淄博市、枣庄市、东营市、烟台市、潍坊市、济宁市、泰安市、威海市、日照市	800	480	380	烟台市、威海市、日照市	7-9月	960	570	450
		其他地区	800	460	360					
19	青岛	全市	800	490	380	全市	7-9月	960	590	450

续表

序号	地区（城市）		住宿费标准			旺季地区	旺季浮动标准			
			部级	司局级	其他人员		旺季期间	旺季上浮价		
								部级	司局级	其他人员
20	河南	郑州市	900	480	380					
		其他地区	800	480	330	洛阳市	4-5月上旬	1200	720	500
21	湖北	武汉市	800	480	350					
		其他地区	800	480	320					
22	湖南	长沙市	800	450	350					
		其他地区	800	450	330					
23	广东	广州市、珠海市、佛山市、东莞市、中山市、江门市	900	550	450					
		其他地区	850	530	420					
24	深圳	全市	900	550	450					
25	广西	南宁市	800	470	350					
		其他地区	800	470	330	桂林市、北海市	1-2月、7-9月	1040	610	430
26	海南	海口市、三沙市、儋州市、五指山市、文昌市、琼海市、万宁市、东方市、定安县、屯昌县、澄迈县、临高县、白沙县、昌江县、乐东县、陵水县、保亭县、琼中县、洋浦开发区	800	500	350	海口市、文昌市、澄迈县	11-2月	1040	650	450
						琼海市、万宁市、陵水县、保亭县	11-3月	1040	650	450
		三亚市	1000	600	400	三亚市	10-4月	1200	720	480
27	重庆	9个中心城区、北部新区	800	480	370					
		其他地区	770	450	300					

续表

序号	地区（城市）		住宿费标准			旺季地区	旺季浮动标准			
								旺季上浮价		
			部级	司局级	其他人员		旺季期间	部级	司局级	其他人员
28	四川	成都市	900	470	370					
		阿坝州、甘孜州	800	430	330					
		绵阳市、乐山市、雅安市	800	430	320					
		宜宾市	800	430	300					
		凉山州	750	430	330					
		德阳市、遂宁市、巴中市	750	430	310					
		其他地区	750	430	300					
29	贵州	贵阳市	800	470	370					
		其他地区	750	450	300					
30	云南	昆明市、大理州、丽江市、迪庆州、西双版纳州	900	480	380					
		其他地区	900	480	330					
31	西藏	拉萨市	800	500	350	拉萨市	6-9月	1200	750	530
		其他地区	500	400	300	其他地区	6-9月	800	500	350
32	陕西	西安市	800	460	350					
		榆林市、延安市	680	350	300					
		杨凌区	680	320	260					
		咸阳市、宝鸡市	600	320	260					
		渭南市、韩城市	600	300	260					
		其他地区	600	300	230					
33	甘肃	兰州市	800	470	350					
		其他地区	700	450	310					

续表

序号	地区（城市）	住宿费标准			旺季地区	旺季浮动标准			
							旺季上浮价		
		部级	司局级	其他人员		旺季期间	部级	司局级	其他人员
34	青海								
	西宁市	800	500	350	西宁市	6-9月	1200	750	530
	玉树州、果洛州	600	350	300	玉树州	5-9月	900	525	450
	海北州、黄南州	600	350	250	海北州、黄南州	5-9月	900	525	375
	海东市、海南州	600	300	250	海东市、海南州	5-9月	900	450	375
	海西州	600	300	200	海西州	5-9月	900	450	300
35	宁夏								
	银川市	800	470	350					
	其他地区	800	430	330					
36	新疆								
	乌鲁木齐市	800	480	350					
	石河子市、克拉玛依市、昌吉州、伊犁州、阿勒泰地区、博州、吐鲁番市、哈密地区、巴州、和田地区	800	480	340					
	克州	800	480	320					
	喀什地区	780	480	300					
	阿克苏地区	700	450	300					
	塔城地区	700	400	300					

5.11 财政部中国民用航空局关于加强公务机票购买管理有关事项的通知

2014年4月14日　财库〔2014〕33号

党中央有关部门，国务院各部委、各直属机构，全国人大常委会办公厅，全国政协办公厅，高法院，高检院，各人民团体，各民主党派，各省、自治区、直辖市、计划单列市人民政府外事办公室、财政厅（局），新疆生产建设兵团财务局、外事局：

　　为贯彻落实《党政机关厉行节约反对浪费条例》要求，规范公务机票购买行为，根据《财政部外交部关于印发〈因公临时出国经费管理办法〉的通知》（财行〔2013〕516号）及政府采购相关制度规定，现就加强公务机票购买管理的有关事项通知如下：

一、各级国家机关、事业单位和团体组织工作人员，以及使用财政性资金购买公务机票的其他人员（以下简称购票人），国内出差、因公临时出国购买机票，应当按照厉行节约和支持本国航空公司发展的原则，优先购买通过政府采购方式确定的我国航空公司（以下简称国内航空公司）航班优惠机票。

二、国内航空公司按政府采购合同约定给予公务机票优惠。对于市场折扣机票，各航空公司按国内、国际机票各航班舱位的折扣票价给予 9.5 折优惠；对于市场全价机票，则分别给予全价票价的 8.8 折、8.5 折优惠。政府采购机票优惠率的变动情况，将在政府采购机票管理网站（www.gpticket.org）上发布。

三、因公临时出国时，购票人应当选择直达目的地国家（地区）的国内航空公司航班出入境，没有直达航班的，应当选择国内航空公司航班到达的最邻近目的地国家（地区）进行中转。因中转 1 次以上（不含 1 次）等特殊原因确需选择非国内航空公司航班，以及因最临近目的地国家（地区）中转需办理过境签证而选择其他邻近中转地的，应当填写《乘坐非国内航空公司航班和改变中转地审批表》（见附件），事先报经单位外事部门和财务部门审批同意。

四、购票人应当做好公务出行计划安排，尽可能选择低价机票，原则上不得购买全价机票。对于各航空公司提供的低于政府采购优惠票价的团队价格或促销价格机票，购票人可选择购买，但不再享受政府采购优惠。购票人需要退改签机票的，按照各航空公司的退改签规定办理。

五、购票人可直接使用公务卡在政府采购机票管理网站购买机票，也可通过具备中国民航机票销售资质的各航空公司直销机构或机票销售代理机构，使用公务卡或银行转账方式购买机票。使用公务卡购票的，应当提前在政府采购机票管理网站进行公务卡注册或通过电话方式注册。使用银行转账方式购票的，需要在支票、汇款等票据上标注资金用途为"公务机票购票款"，填写的单位名称应与系统记录的单位名称一致。

六、各部门各单位要严格公务机票报销管理，购买国内航空公司航班机票的，应当以标注有政府采购机票查验号码的《航空运输电子客票行程单》作为报销凭证；购买非国内航空公司航班机票的，应当以相关有效票据作为报销凭证，并附经单位外事部门和财务部门出具审核意见的审批表。单位财务人员如需对购票单位、购票时间及购票价格等信息进行核实的，可登录政府采购机票管理网站按查验号码查询。

七、各级外事、财政、审计等部门应当将出国机票购买情况纳入因公临时出国情况联合检查的范围。各部门各单位在审计部门对因公临时出国经费管理使用情况进行审计时，应当提供乘坐非国内航空公司航班审批表等机票购买活动的资料以及经费管理使用的资料。

八、各级财政部门应当按预算级次整理本级预算单位名称全称、组织机构代码等信息，在本级预算单位实施公务机票购买管理改革前，按规定格式提供给中国民用航空局清算中心。中央预算单位信息由财政部提供，地方各级预算单位信息由省级财政部门审核汇总后提供。预算单位相关信息变更的，各级财政部门也按此要求办理。

九、中国民用航空局清算中心具体承担公务机票购买的相关执行工作，统一与各航空公司、机票销售机构签订服务合同，协调处理各中央预算单位和地方财政部门书面反映的航空公司执行优惠率、机票销售机构履行服务承诺等方面的问题，定期向各级财政部门报送公务机票购买执行情况。

十、中央预算单位从 2014 年 6 月 1 日起开始实施公务机票购买管理改革。各省级财政部门要统筹安排本地区改革工作,省级预算单位在 2014 年底前实施,地市级及以下级预算单位在 2015 年底前全部实施。

十一、各航空公司航班市场票价和政府采购优惠票价,预算单位基础信息表,公务卡注册流程,公务机票购买操作手册,以及国内航空公司和机票销售机构名录等内容,见政府采购机票管理网站。

十二、各地区各部门各单位可根据本通知规定,结合实际制定相应的实施细则。

十三、各中央部门和省级财政部门在实施工作中,有关政策制定、执行中的意见和建议,请与财政部国库司联系,联系电话:010-68552389。有关预算单位信息提供、购票中出现问题的处理等操作执行方面的问题,请与中国民用航空局清算中心联系,联系电话:010-84669065。

附件:乘坐非国内航空公司航班和改变中转地审批表

财政部
中国民用航空局
2014 年 4 月 14 日

附件:

乘坐非国内航空公司航班和改变中转地审批表

编号: 　　　　　　　　　　　　　　　　　　　　　　　填表日期:　年　月　日

团组名称			
组团单位		团员人数	
出访国家(地区)		出访时间	
乘坐航班			
选择非国内航空公司航班原因,或者改变最邻近目的地国家(地区)中转地原因			
外事部门审核意见			
审核单位		审核日期	
审核意见			
财务部门审核意见			
审核单位		审核日期	
审核意见			

5.12 关于中央国家机关和事业单位出差人员乘坐高速铁路列车座位等级及报销问题的通知

2011年6月21日　财办行〔2011〕36号

党中央各部门，国务院各部委、各直属机构，全国人大常委会办公厅，全国政协办公厅，高法院，高检院，有关人民团体：

随着我国高速铁路列车相继开通，现就中央国家机关和事业单位工作人员出差乘坐高铁（G字头）列车座位等级和报销问题通知如下：

中央国家机关和事业单位工作人员出差可以乘坐高铁列车。副部长级以及相当职务的人员（含随行一人）可以乘坐商务座，并按照商务座车票报销；正、副司（局）级人员可以乘坐一等座，并按照一等座车票报销；处级及以下人员可以乘坐二等座，并按照二等座车票报销。

财政部办公厅
2011年6月21日

5.13 财政部 中国民用航空局关于加强公务机票购买管理有关事项的补充通知

2014年11月3日　财库〔2014〕180号

党中央有关部门，国务院各部委、各直属机构，全国人大常委会办公厅，全国政协办公厅，高法院，高检院，各人民团体，各民主党派，各省、自治区、直辖市、计划单列市财政厅（局），新疆生产建设兵团财政局：

为完善和推进公务机票购买管理改革工作，进一步落实《财政部 中国民用航空局关于加强公务机票购买管理有关事项的通知》（财库〔2014〕33号）要求，现就公务机票购买有关问题补充通知如下：

一、关于完善公务机票购买方式问题

购票人可使用公务卡在政府采购机票管理网站、各航空公司直销机构或具备机票销售资质的代理机构为本人或其他公务人员购票，但需要保证出行公务人员持有的公务卡必须开通且在有效期内。购票人在政府采购机票管理网站购票的，应当事先在网站进行用户注册。购票人为未办理公务卡、公务卡额度不足的人员以及需要购买公务机票的其他人员购票的，可使用银行转账方式在各航空公司直销机构或具备机票销售资质的代理机构购票。

二、关于购买市场低价机票问题

为进一步贯彻落实厉行节约和支持本国航空公司发展的要求，国内出差、因公临时出国购买机票，购票人可以购买市场上公务机票销售渠道外低于政府采购优惠票价的国内航空公司航班机票，购票时应当保留从各航空公司官方网站或者政府采购机票管理网站下载的出行日期机票市场价格截图等证明其低于购票时点政府采购优惠票价的材料。

三、关于公务机票报销问题

购票人报销政府采购机票销售渠道购买的机票退票手续费时，可以各航空公司或机票销售代理机构出具的退款单据作为报销凭证。报销购买市场低价机票的费用时，应当提供低于政府采购优惠票价的证明材料。

中华人民共和国财政部
中国民用航空局
2014 年 11 月 3 日

5.14　干部教育培训工作条例

2015 年 10 月 14 日

第一章　总则

第一条　为了推进干部教育培训工作科学化、制度化、规范化，培养造就高素质干部队伍，依据《中国共产党章程》《中华人民共和国公务员法》和其他有关法律法规，制定本条例。

第二条　干部教育培训是建设高素质干部队伍的先导性、基础性、战略性工程，在推进中国特色社会主义伟大事业和党的建设新的伟大工程中具有不可替代的重要作用。干部教育培训工作必须坚持以马克思列宁主义、毛泽东思想、邓小平理论、"三个代表"重要思想、科学发展观为指导，深入贯彻习近平总书记系列重要讲话精神，紧紧围绕全面建成小康社会、全面深化改革、全面依法治国、全面从严治党的战略布局，以坚定理想信念、增强执政意识、提高执政能力为重点，把"三严三实"要求贯穿干部教育培训全过程，培养造就信念坚定、为民服务、勤政务实、敢于担当、清正廉洁的好干部，推动学习型、服务型、创新型马克思主义执政党建设和学习型社会建设，推进国家治理体系和治理能力现代化，为不断夺取中国特色社会主义新胜利、实现中华民族伟大复兴的中国梦提供思想政治保证、人才保证和智力支持。

第三条　本条例适用于党的机关、人大机关、行政机关、政协机关、审判机关、检察机关，以及列入公务员法实施范围的其他机关和参照公务员法管理的机关（单位）的干部教育培训工作。

国有企业、不参照公务员法管理的事业单位结合各自特点执行本条例。

第四条　干部教育培训工作应当遵循下列原则：

（一）服务大局，按需施教。始终坚持社会主义办学方向，紧紧围绕党和国家事业发展需要，结合干部岗位职责和健康成长需求，开展教育培训，全面提高质量和效益。

（二）以德为先，注重能力。贯彻干部队伍革命化、年轻化、知识化、专业化方针，坚持德才兼备、以德为先，突出理想信念教育和党性党规党纪教育，将能力培养贯穿始终，全面提高干部德才素质和履职能力。

（三）分类分级，全员培训。按照干部管理权限组织实施教育培训，把教育培训的普遍性要求与不同类别、不同层次、不同岗位干部的特殊需要结合起来，增强针对性，确保全覆盖。

（四）联系实际，学以致用。大力弘扬马克思主义学风，围绕中心工作，以问题为导向开展教育培训，引导干部在改造主观世界的同时，运用所学理论和知识指导实践、推动工作。

（五）与时俱进，改革创新。适应形势任务发展变化，遵循干部成长规律和干部教育培训规律，坚持开放办学，完善培训内容，改进培训方式，整合培训资源，优化培训队伍，不断推进干部教育培训理论创新、实践创新、制度创新。

（六）依法治教，从严管理。建立健全干部教育培训法规制度，依法依规开展干部教育培训，从严治校、从严治教、从严治学，保持良好的教学秩序和学习风气。

第二章 管理体制

第五条 全国干部教育培训工作实行在党中央领导下，由中央组织部主管，中央和国家机关有关工作部门分工负责，中央和地方分级管理的体制。

第六条 中央组织部履行全国干部教育培训工作的整体规划、制度建设、宏观指导、协调服务、督促检查等职能。

全国干部教育联席会议成员单位按照职责分工，负责相关的干部教育培训工作。

中央和国家机关各部门负责指导本行业本系统的业务培训。

第七条 地方各级党委领导本地区干部教育培训工作，贯彻执行党和国家干部教育培训工作的方针政策，把干部教育培训工作纳入本地区经济社会发展规划，统筹研究部署。

地方各级党委组织部主管本地区干部教育培训工作。地方各级干部教育领导小组或者联席会议成员单位按照职责分工，负责相关的干部教育培训工作。

第八条 干部所在单位按照干部管理权限，负责组织实施本单位的干部教育培训工作。

开展干部教育培训工作情况应当作为领导班子考核的重要内容。干部所在单位未按规定履行干部教育培训职责的，由干部教育培训管理部门责令其限期整改，并在一定范围内给予通报批评。

第九条 垂直管理部门的干部教育培训工作由部门负责。

双重管理单位的干部教育培训工作由主管方负责；经协商，也可以由协管方负责。

第十条 党委和政府工作部门抽调下级党委和政府领导班子成员参加培训，必须报同级干部教育培训主管部门审批，避免多头调训和重复培训。

第十一条 各级党委和政府及其有关工作部门、干部教育培训机构、干部所在单位和干部本人必须严格执行本条例，自觉接受组织监督、群众监督、社会监督。

干部教育培训主管部门会同有关部门对干部教育培训工作和贯彻执行本条例情况进行监督检查，制止和纠正违反本条例的行为，并对有关责任人员提出处理意见和建议。

第三章 教育培训对象

第十二条 干部有接受教育培训的权利和义务。

第十三条 干部教育培训的对象是全体干部，重点是县处级以上党政领导干部和优秀中青年干部。

第十四条 干部应当根据不同情况参加相应的教育培训：

（一）贯彻落实党和国家重大决策部署的集中轮训；

（二）党的基本理论和党性教育的专题培训；
（三）新录（聘）用的初任培训；
（四）晋升领导职务的任职培训；
（五）在职期间的岗位培训；
（六）从事专项工作的专门业务培训；
（七）其他培训。

第十五条 省部级、厅局级、县处级党政领导干部应当每5年参加党校、行政学院、干部学院，以及干部教育培训管理部门认可的其他培训机构累计3个月或者550学时以上的培训。提拔担任领导职务的，确因特殊情况在提任前未达到教育培训要求的，应当在提任后1年内完成培训。干部教育培训管理部门应当作出规划，统筹安排。

其他干部参加教育培训的时间，根据有关规定和工作需要确定，每年累计不少于12天或者90学时。

第十六条 干部必须严格遵守教育培训的规章制度，严格遵守学习培训和廉洁自律各项规定，完成规定的教育培训任务。

干部因故未按规定参加教育培训或者未达到教育培训要求的，应当及时补训。干部教育培训考核不合格的，年度考核不得确定为优秀等次。对无正当理由不参加教育培训的，给予批评教育直至组织处理。干部弄虚作假获取培训经历、学历或者学位的，按照有关规定严肃处理。

第十七条 干部在参加组织选派的脱产教育培训期间，一般应当享受在岗同等待遇，一般不承担所在单位的日常工作、出国（境）考察等任务。因特殊情况确需请假的，必须严格履行手续。

第十八条 干部个人参加社会化培训，费用一律由本人承担，不得由财政经费和单位经费报销，不得接受任何机构和他人的资助或者变相资助。

第四章 教育培训内容

第十九条 干部教育培训坚持以理想信念、党性修养、政治理论、政策法规、道德品行教育培训为重点，并注重业务知识、科学人文素养等方面教育培训，全面提高干部素质和能力。

第二十条 政治理论教育重点开展马克思列宁主义、毛泽东思想、邓小平理论、"三个代表"重要思想、科学发展观和习近平总书记系列重要讲话精神教育培训，加强党的路线方针政策、社会主义核心价值观、党史国史、国情形势等教育培训，引导干部坚定共产主义远大理想和中国特色社会主义共同理想，增强中国特色社会主义道路自信、理论自信、制度自信，提高运用马克思主义立场、观点、方法分析解决实际问题的能力，增强领导改革开放和社会主义现代化建设的本领。

对党员干部，必须加强党性教育，重点开展党章、党的宗旨、党规党纪、党的优良传统、党风廉政建设等教育培训，引导党员干部增强党的意识、宗旨意识、执政意识、大局意识、责任意识、规矩意识，做到对党忠诚、个人干净、敢于担当。

对党外干部，也应当根据其特点，开展相应的政治理论教育。

第二十一条 政策法规教育重点加强宪法法律和党内法规教育，开展党中央关于经济建设、政治建设、文化建设、社会建设、生态文明建设和党的建设等方面重大决策部署的培训，提高干部科学执政、民主执政、依法执政水平。

开展总体国家安全观教育，增强干部国家安全意识和推进国家安全建设的本领。

第二十二条 业务知识培训应当根据干部岗位特点和工作要求，有针对性地开展履行岗位职责所必备知识的培训，加强各种新知识新技能的教育培训，帮助干部提高专业素养和实际工作能力。

第二十三条 科学人文素养教育应当按照提高干部综合素质的要求，开展哲学、历史、科技、文学、艺术和军事、外交、民族、宗教、保密、心理健康等方面教育培训，帮助干部加快知识更新、优化知识结构、拓宽眼界视野。

第五章 教育培训方式方法

第二十四条 干部教育培训以脱产培训、党委（党组）中心组学习、网络培训、在职自学等方式进行。

第二十五条 脱产培训以组织调训为主。干部教育培训管理部门负责制定干部调训计划，选调干部参加脱产培训，对重要岗位的干部可以实行点名调训。干部所在单位按照计划完成调训任务。干部必须服从组织调训。

第二十六条 坚持和完善党委（党组）中心组学习制度。中心组学习应当以党的理论和路线方针政策为基本内容，在自学和调研基础上保证每个季度不少于1次集体学习研讨。

第二十七条 充分运用现代信息技术，完善网络培训制度，建立兼容、开放、共享、规范的干部网络培训体系。提高干部教育培训教学和管理信息化水平，用好大数据、"互联网+"等技术手段。

第二十八条 建立健全干部在职自学制度。干部所在单位应当支持鼓励干部在职自学，并提供必要条件。

第二十九条 严格规范和改进境外培训工作。干部教育培训管理部门应当根据工作需要，突出重点、注重实效，择优选派培训对象，合理确定培训机构，严格培训过程管理和效果评价。

第三十条 干部教育培训应当根据内容要求和干部特点，综合运用讲授式、研讨式、案例式、模拟式、体验式等教学方法，实现教学相长、学学相长。

引导和支持干部教育培训方式方法创新。

第六章 教育培训机构

第三十一条 加强干部教育培训机构建设，构建分工明确、优势互补、布局合理、竞争有序的干部教育培训机构体系。充分发挥党校、行政学院、干部学院在干部教育培训中的主渠道、主阵地作用。加强社会主义学院建设。

第三十二条 党校、行政学院、干部学院和社会主义学院应当坚持功能定位，突出办学特色，按照职能分工开展干部教育培训工作。

部门和行业系统干部教育培训机构，应当按照各自职责，提升专业化办学水平，做好本部门和本行业本系统的干部教育培训工作。

干部教育培训管理部门可以委托符合条件的高等学校、科研院所、社会培训机构等承担干部教育培训任务。

各类干部教育培训机构应当加强交流合作，通过联合办学等方式，促进资源优化配置，增强办学活力和实力。

充分发挥现场教学基地作用，统筹规划、规范管理，提升教学质量。

第三十三条 干部教育培训机构必须贯彻执行党和国家干部教育培训方针政策和法律法规。对违反规定的，由干部教育培训主管部门责令限期整改；逾期不改的，给予通报批评；情节严重的，由有关部门对负有主要责任的领导人员和直接责任人员给予纪律处分。

第三十四条 干部教育培训机构应当以教学为中心，深化教学改革，完善培训内容，科学设置培训班次和学制，优化学科结构，改进课程设计，创新教学方法，提高教学水平。

第三十五条 各级党委和政府应当加强干部教育培训机构的领导班子建设，改善干部教育培训机构的基础设施和办学条件。

各级党委和政府应当坚持办好基础较好、优势明显的干部教育培训机构，调整、整顿不具备办学能力和条件的干部教育培训机构。

第三十六条 实行干部教育培训机构准入制度。高等学校、科研院所、社会培训机构等承担干部教育培训任务，必须获得干部教育培训管理部门的资质认可。干部教育培训管理部门应当制定和公布相应的准入标准。不得组织干部到没有资质的教育培训机构培训。

培育和规范干部教育培训市场，引导和推动教育培训机构积极参与、规范运作、优化服务、提高质量，逐步形成由干部教育培训主管部门指导、公开平等、竞争有序、能进能出的干部教育培训市场机制。规范干部教育培训收费标准，严禁借干部教育培训之名谋取不当利益。

第三十七条 实行干部教育培训项目管理制度。干部教育培训管理部门可以采取直接委托、招标投标等方式，确定承担教育培训任务的教育培训机构。

第三十八条 加强干部教育培训管理者队伍建设，加强培养，严格管理，促进交流，优化结构，提高素质。

加强干部教育培训理论研究。

第七章 师资、课程、教材、经费

第三十九条 按照政治合格、素质优良、规模适当、结构合理、专兼结合的原则，建设高素质干部教育培训师资队伍。

第四十条 从事干部教育培训工作的教师，必须对党忠诚、政治坚定，严守纪律、严谨治学，具有良好的职业道德修养、较高的理论政策水平、扎实的专业知识基础，有一定的实际工作经验，掌握现代教育培训理论和方法，具备胜任教学、科研工作的能力。

第四十一条 从事干部教育培训工作的教师，应当联系实际开展教学，有的放矢，力戒空谈，严守讲坛纪律，不得传播违反党的理论和路线方针政策、违反中央决定的错误观点。对违反讲坛纪律的，给予批评教育直至纪律处分。

第四十二条 实行专职教师职务聘任和竞争上岗制度，通过考核、奖惩和教育培训，加强专职教师队伍建设。

建立专职教师知识更新机制和实践锻炼制度，保证专职教师每年参加教育培训的时间累计不少于1个月。逐步建立符合干部教育培训特点的师资队伍考核评价体系。

第四十三条 选聘思想政治素质过硬、实践经验丰富、理论水平较高的领导干部、企业经营管理人员、专家学者和先进模范人物、优秀基层干部等担任兼职教师，充分发挥兼职教师的作用。

建立健全领导干部上讲台制度。县级以上党政领导班子成员特别是主要领导干部应当带头到党校、行政学院、干部学院、社会主义学院和高等学校等授课。

第四十四条 中央组织部和各省、自治区、直辖市党委组织部应当建立完善干部教育培训师资库。有条件的地区和部门可以根据工作需要建立干部教育培训师资库。

第四十五条 建立完善干部教育培训课程开发和更新机制,构建富有时代特征和实践特色、务实管用的干部教育培训课程体系。

第四十六条 加强精品课程建设,重点开发体现马克思主义中国化最新成果、反映各领域理论和实践创新的精品课程。

建立国家级和省级干部教育培训精品课程库,实现优质课程资源共享。

第四十七条 适应不同类别干部教育培训的需要,着眼于提高干部综合素质和能力,逐步建立开放的、形式多样的、具有时代特色的干部教育培训教材体系。

第四十八条 坚持干部教育培训教材的开发和利用相结合,做到与时俱进、科学规划、编审分开、讲求实效。

第四十九条 加强干部教育培训教材编写、出版、发行、使用的管理和监督。

全国干部培训教材编审指导委员会负责组织制定干部教育培训教材建设规划,审定全国干部教育培训教材。有关地方、部门和机构按照教材建设规划的要求,可以编写符合需要、各具特色的干部教育培训教材,积极选用中央有关部门组织编写、推荐的权威教材和学习读本,并可以选用国内外优秀出版物。

第五十条 干部教育培训经费列入各级政府年度财政预算,保证干部教育培训工作需要。

加强干部教育培训经费管理,厉行节约,勤俭办学,提高经费使用效益。

第五十一条 加大对革命老区、民族地区、边疆地区、贫困地区干部教育培训支持力度,推动优质培训资源向基层延伸倾斜。

第八章 考核与评估

第五十二条 建立干部教育培训考核和激励机制。干部接受教育培训情况应当作为干部考核的内容和任职、晋升的重要依据。

第五十三条 干部教育培训考核的内容包括干部的学习态度和表现,理论、知识掌握程度,党性修养和作风养成情况,以及解决实际问题的能力等。

第五十四条 干部教育培训考核应当区分不同教育培训方式分别实施。脱产培训的考核,由主办单位和干部教育培训机构实施;网络培训和境外培训的考核,由主办单位和干部所在单位实施。

干部教育培训实行登记管理。各级干部教育培训主管部门和干部所在单位应当按照干部管理权限,建立完善干部教育培训档案,如实记载干部参加教育培训情况和考核结果。

建立健全跟班管理制度,加强对干部学习培训的考核与监督。

第五十五条 组织(人事)部门在干部年度考核、任用考察时,应当将干部接受教育培训情况作为一项重要内容。干部参加脱产培训情况应当记入干部年度考核表,参加 2 个月以上的脱产培训情况应当记入干部任免审批表。

第五十六条 建立健全干部教育培训评估制度,加强对干部教育培训机构、项目及课程的评估。

第五十七条 干部教育培训管理部门负责对干部教育培训机构进行评估,也可以委托干部教育培训管理部门认可的机构进行评估。

干部教育培训机构评估的内容包括办学方针、培训质量、师资队伍、组织管理、学风建设、基础设施、经费管理等。

干部教育培训管理部门应当充分运用评估结果,指导干部教育培训机构改进工作。

第五十八条 干部教育培训项目评估由项目委托方组织实施。

项目评估的内容包括培训设计、培训实施、培训管理、培训效果等。

评估结果应当作为评价教育培训机构办学质量的重要标准,作为确定教育培训机构承担培训任务的重要依据。

第五十九条 干部教育培训课程评估由教育培训机构组织实施。

课程评估的内容包括教学态度、教学内容、教学方法、教学效果等。

教育培训机构应当将评估结果作为指导教学部门和教师改进教学的重要依据。

第九章 附则

第六十条 中国人民解放军和中国人民武装警察部队的干部教育培训办法,由中央军事委员会根据本条例的基本精神制定。

第六十一条 本条例由中央组织部负责解释。

第六十二条 本条例自 2015 年 10 月 14 日起施行。2006 年 1 月 21 日中共中央印发的《干部教育培训工作条例(试行)》同时废止。

5.15 中央党的群众路线教育实践活动领导小组 中共中央组织部 教育部关于严格规范领导干部参加社会化培训有关事项的通知

2014 年 7 月 31 日 中组发〔2014〕18 号

各省、自治区、直辖市党委组织部、政府教育厅(教委),中央和国家机关各部委、各人民团体组织人事部门,新疆生产建设兵团党委组织部、教育局,各中管金融企业党委,各国有重要骨干企业党组(党委),各高等学校,中央党校、国家行政学院办公厅,中国浦东、井冈山、延安干部学院,中国大连高级经理学院:

根据《党政机关厉行节约反对浪费条例》《干部教育培训工作条例(试行)》,针对一些领导干部参加"天价培训""奢侈培训"等高收费社会化培训及出现的问题,现就严格规范党政机关、国有企业、事业单位领导干部(以下简称"领导干部")参加社会化培训的有关事项通知如下:

一、严禁领导干部参加高收费的培训项目和各类名为学习提高、实为交友联谊的培训项目。已经参加的要立即退出。

二、严禁各级各类干部教育培训机构和各高等学校举办允许领导干部参加的高收费培训项目,或委托其他社会机构举办各类领导干部培训班。

三、领导干部个人参加其他面向社会举办的教育培训项目,包括各种非学历教育、学历教育和在职学位教育等教育培训,必须按照干部管理权限向组织人事部门报告,并说明培训项目的举办机构、项目名称、学习期限和费用等。未经批准不得擅自参加。

四、领导干部个人参加其他非高收费的社会化培训,费用一律由本人承担,不得由财政经费和单位经费报销,不得接受任何机构或他人的资助或变相资助。

五、各级领导干部和各高等学校,各类干部教育培训机构要严格执行上述规定。违反规定的,要追究单位负责人和相关人员的责任,并依照有关规定给予党纪政纪处分。

六、各级组织人事部门要加强对领导干部参加社会化培训的监督管理,切实维护干部培训良好秩序。

各地区各部门各单位接到本通知后,要开展专项清理整顿并纳入教育实践活动整改范围。清理整顿情况于8月底之前报中央组织部,高等学校的清理整顿情况按隶属关系报教育部。

中央党的群众路线教育实践活动领导小组

中共中央组织部

教育部

2014年7月31日

5.16 关于印发《中央和国家机关培训费管理办法》的通知

2016年12月27日　财行〔2016〕540号

党中央各部门,国务院各部委、各直属机构,全国人大常委会办公厅,全国政协办公厅,高法院,高检院,各人民团体,各民主党派中央,全国工商联,新疆生产建设兵团财务局、组织部、公务员局:

为进一步推进厉行节约反对浪费制度体系建设,推进干部教育培训事业持续健康发展,我们对《中央和国家机关培训费管理办法》(财行〔2013〕523号)进行了修订。现将修订后的《中央和国家机关培训费管理办法》印发给你们,请认真遵照执行。

附件:中央和国家机关培训费管理办法

财政部 中共中央组织部 国家公务员局

2016年12月27日

附件:

中央和国家机关培训费管理办法

第一章　总则

第一条　为进一步规范中央和国家机关培训工作,保证培训工作需要,加强培训经费管理,依据《中华人民共和国公务员法》《干部教育培训工作条例》和其他有关法律法规,制定本办法。

第二条　本办法所称培训,是指中央和国家机关及其所属机构使用财政资金在境内举办的三个月以内的各类培训。

第三条 本办法所称中央和国家机关,是指党中央各部门,国务院各部委、各直属机构,全国人大常委会办公厅,全国政协办公厅,最高人民法院,最高人民检察院,各人民团体,各民主党派中央和全国工商联(以下简称各单位)。

第四条 各单位举办培训应当坚持厉行节约、反对浪费的原则,实行单位内部统一管理,增强培训计划的科学性和严肃性,增强培训项目的针对性和实效性,保证培训质量,节约培训资源,提高培训经费使用效益。

第二章 计划和备案管理

第五条 建立培训计划编报和审批制度。各单位培训主管部门制订的本单位年度培训计划(包括培训名称、目的、对象、内容、时间、地点、参训人数、所需经费及列支渠道等),经单位财务部门审核后,报单位领导办公会议或党组(党委)会议批准后施行。

第六条 年度培训计划一经批准,原则上不得调整。因工作需要确需临时增加培训项目的,报单位主要负责同志审批。

第七条 各单位年度培训计划于每年3月31日前同时报中央组织部、财政部、国家公务员局备案。

第三章 开支范围和标准

第八条 本办法所称培训费,是指各单位开展培训直接发生的各项费用支出,包括师资费、住宿费、伙食费、培训场地费、培训资料费、交通费以及其他费用。

(一)师资费是指聘请师资授课发生的费用,包括授课老师讲课费、住宿费、伙食费、城市间交通费等。

(二)住宿费是指参训人员及工作人员培训期间发生的租住房间的费用。

(三)伙食费是指参训人员及工作人员培训期间发生的用餐费用。

(四)培训场地费是指用于培训的会议室或教室租金。

(五)培训资料费是指培训期间必要的资料及办公用品费。

(六)交通费是指用于培训所需的人员接送以及与培训有关的考察、调研等发生的交通支出。

(七)其他费用是指现场教学费、设备租赁费、文体活动费、医药费等与培训有关的其他支出。

参训人员参加培训往返及异地教学发生的城市间交通费,按照中央和国家机关差旅费有关规定回单位报销。

第九条 除师资费外,培训费实行分类综合定额标准,分项核定、总额控制,各项费用之间可以调剂使用。综合定额标准如下:

单位:元/人天

培训类别	住宿费	伙食费	场地、资料、交通费	其他费用	合计
一类培训	500	150	80	30	760
二类培训	400	150	70	30	650
三类培训	340	130	50	30	550

一类培训是指参训人员主要为省部级及相应人员的培训项目。

二类培训是指参训人员主要为司局级人员的培训项目。

三类培训是指参训人员主要为处级及以下人员的培训项目。

以其他人员为主的培训项目参照上述标准分类执行。

综合定额标准是相关费用开支的上限。各单位应在综合定额标准以内结算报销。

30天以内的培训按照综合定额标准控制；超过30天的培训，超过天数按照综合定额标准的70%控制。上述天数含报到撤离时间，报到和撤离时间分别不得超过1天。

第十条 师资费在综合定额标准外单独核算。

（一）讲课费（税后）执行以下标准：副高级技术职称专业人员每学时最高不超过500元，正高级技术职称专业人员每学时最高不超过1000元，院士、全国知名专家每学时一般不超过1500元。

讲课费按实际发生的学时计算，每半天最多按4学时计算。

其他人员讲课费参照上述标准执行。

同时为多班次一并授课的，不重复计算讲课费。

（二）授课老师的城市间交通费按照中央和国家机关差旅费有关规定和标准执行，住宿费、伙食费按照本办法标准执行，原则上由培训举办单位承担。

（三）培训工作确有需要从异地（含境外）邀请授课老师，路途时间较长的，经单位主要负责同志书面批准，讲课费可以适当增加。

第四章 培训组织

第十一条 培训实行中央和地方分级管理，各单位举办培训，原则上不得下延至市、县及以下。

第十二条 各单位开展培训，应当在开支范围和标准内优先选择党校、行政学院、干部学院以及组织人事部门认可的其他培训机构承办。

第十三条 组织培训的工作人员控制在参训人员数量的10%以内，最多不超过10人。

第十四条 严禁借培训名义安排公款旅游；严禁借培训名义组织会餐或安排宴请；严禁组织高消费娱乐健身活动；严禁使用培训费购置电脑、复印机、打印机、传真机等固定资产以及开支与培训无关的其他费用；严禁在培训费中列支公务接待费、会议费；严禁套取培训费设立"小金库"。

培训住宿不得安排高档套房，不得额外配发洗漱用品；培训用餐不得上高档菜肴，不得提供烟酒；除必要的现场教学外，7日以内的培训不得组织调研、考察、参观。

第十五条 邀请境外师资讲课，须严格按照有关外事管理规定，履行审批手续。境内师资能够满足培训需要的，不得邀请境外师资。

第十六条 培训举办单位应当注重教学设计和质量评估，通过需求调研、课程设计和开发、专家论证、评估反馈等环节，推进培训工作科学化、精准化；注重运用大数据、"互联网+"等现代信息技术手段开展培训和管理。所需费用纳入部门预算予以保障。

第五章 报销结算

第十七条 报销培训费，综合定额范围内的，应当提供培训计划审批文件、培训通知、实际参训人员签到表以及培训机构出具的收款票据、费用明细等凭证；师资费范围内的，应当提供讲课费签收单或合同，异地授课的城市间交通费、住宿费、伙食费按照差旅费报销办法提供相关凭据；执行中经单位主要负责同志批准临时增加的培训项目，还应提供单位主要负责同志审批材料。

各单位财务部门应当严格按照规定审核培训费开支，对未履行审批备案程序的培训，以及超范围、超标准开支的费用不予报销。

第十八条 培训费的资金支付应当执行国库集中支付和公务卡管理有关制度规定。

第十九条 培训费由培训举办单位承担，不得向参训人员收取任何费用。

第六章 监督检查

第二十条 各单位应当将非涉密培训的项目、内容、人数、经费等情况，以适当方式公开。

第二十一条 各单位应当于每年3月31日前将上年度培训计划执行情况（包括培训名称、对象、内容、时间、地点、参训人数、工作人员数、经费开支及列支渠道、培训成效、问题建议等）报送中央组织部、财政部、国家公务员局。

第二十二条 中央组织部、财政部、国家公务员局等有关部门对各单位培训活动和培训费管理使用情况进行监督检查。主要内容包括：

（一）培训计划的编报是否符合规定；
（二）临时增加培训计划是否报单位主要负责同志审批；
（三）培训费开支范围和开支标准是否符合规定；
（四）培训费报销和支付是否符合规定；
（五）是否存在虚报培训费用的行为；
（六）是否存在转嫁、摊派培训费用的行为；
（七）是否存在向参训人员收费的行为；
（八）是否存在奢侈浪费现象；
（九）是否存在其他违反本办法的行为。

第二十三条 对于检查中发现的违反本办法的行为，由中央组织部、财政部、国家公务员局等有关部门责令改正，追回资金，并予以通报。对相关责任人员，按规定予以党纪政纪处分；涉嫌违法的，移交司法机关处理。

第七章 附则

第二十四条 各单位可以按照本办法，结合本单位业务特点和工作实际，制定培训费管理具体规定。

第二十五条 中央组织部、国家公务员局组织的调训和统一培训，有关部门组织的援外培训，不适用本办法，按有关规定执行。

第二十六条 中央事业单位培训费管理参照本办法执行。

第二十七条 本办法由财政部会同中央组织部、国家公务员局负责解释。

第二十八条 本办法自2017年1月1日起施行。《中央和国家机关培训费管理办法》（财行〔2013〕523号）同时废止。

5.17 关于停止执行培训年度计划备案及执行情况报告规定的通知

2019年7月29日　财行〔2019〕231号

党中央有关部门，国务院各部委、各直属机构，全国人大常委会办公厅，全国政协办公厅，高法院，高检院，各民主党派中央，全国工商联，有关人民团体：

《中央和国家机关培训费管理办法》（财行〔2016〕540号）印发以来，各中央部门结合业务特点和工作需要，进一步完善培训费管理制度，加强培训计划管理、审批管理和内部控制，培训管理新机制已基本建立并有效运行。为贯彻落实党中央国务院关于完善财政科研项目资金管理、推进"放管服"等文件精神，现就培训年度计划备案及执行情况报告有关事项通知如下：

一、自2019年8月1日起，停止执行《中央和国家机关培训费管理办法》（财行〔2016〕540号）第七条及第二十一条之规定。

二、各部门要认真落实《党政机关厉行节约反对浪费条例》和培训费管理有关规定，完善培训计划编报和审批制度，严格计划执行，规范培训费管理，加强监督检查，提高财政资金使用效益。

财政部 中共中央组织部
2019年7月29日

5.18 关于印发《因公短期出国培训费用管理办法》的通知

2014年2月25日　财行〔2014〕4号

党中央各部门，国务院各部委、各直属机构，全国人大常委会办公厅，全国政协办公厅，高法院，高检院，各人民团体，各民主党派，各省、自治区、直辖市、计划单列市财政厅（局）、外国专家局，新疆生产建设兵团财务局、外国专家局：

根据中共中央政治局《关于改进工作作风、密切联系群众的八项规定》的要求和《党政机关厉行节约反对浪费条例》的精神，为进一步规范因公短期出国培训费用管理，我们研究制定了《因公短期出国培训费用管理办法》（以下简称《办法》），现印发给你们，请认真遵照执行。

请各地区各部门各单位根据《办法》基本原则和要求，结合实际制定具体规定，并于2014年4月1日前报送财政部备案。

附件：因公短期出国培训费用管理办法

财政部 国家外国专家局
2014年2月25日

附件：

因公短期出国培训费用管理办法

第一条 为进一步规范因公短期出国培训费用管理，加强预算监督，提高资金使用效益，保证出国培训工作的顺利开展，根据《党政机关厉行节约反对浪费条例》等法律法规，制定本办法。

第二条 各级党的机关、人大机关、行政机关、政协机关、审判机关、检察机关、民主党派、人民团体和事业单位（以下简称各单位）因公短期出国培训费用的管理适用本办法。

第三条 因公短期出国培训，是指各单位选派各类专业技术人员和管理人员到国外进行90天以内（不含90天）的业务培训。

第四条 因公短期出国培训应当坚持强化预算约束、优化培训结构、因事立项定人、加强监督管理的原则，严控费用规模，严格计划执行。

第五条 因公短期出国培训费用纳入预算管理。各单位安排因公短期出国培训项目应当实行经费预算先行审核，无预算或超预算的不得安排出国培训。

第六条 因公短期出国培训实行计划审核审批管理。组织、外专等有关部门应当加强出国培训的总体规划，严格控制出国培训规模，科学设置培训项目，择优选派培训对象，注重出国培训的质量和实效。

第七条 各单位应当建立因公短期出国培训计划与预算管理的内部控制制度。组团单位应当填报《因公短期出国培训任务和预算审批意见表》，由出国培训管理部门和财务部门分别审核并出具审签意见，报经本单位领导办公会或党组（党委）审议确定。培训任务、培训费用预算审核未通过的，不得列入单位出国培训计划，不得安排出国培训。

第八条 因公短期出国培训费用开支范围包括：培训费、国际旅费、国外城市间交通费、住宿费、伙食费、公杂费和其他费用。其中，培训费是指出国培训团组用于授课、翻译、场租、资料、课程设计、对口业务考察或业务实践活动等在国外培训所必须发生的费用。

第九条 国际旅费、国外城市间交通费、住宿费、伙食费、公杂费、其他费用的管理要求和开支标准参照《因公临时出国经费管理办法》（财行〔2013〕516号）执行。

培训费开支在规定的标准之内据实报销。

出国培训团组需在国内开展预培训和培训总结所发生的费用，参照国内培训费相关规定执行。

第十条 组团单位和培训项目境外承办机构双方应当签订培训协议，明确培训费用的明细支出项目。

国家外国专家局对培训项目境外承办机构定期进行资格认定和监督检查，认定结果予以公开。

第十一条 中央财政安排出国培训专项经费，对专业技术人才、高技能人才、农村实用及社会工作人才类培训予以重点资助。

第十二条 由外方资助出国培训经费的，各单位不得重复支付。外方对费用开支有明确规定的，按其规定执行；没有规定的，参照规定的标准和要求执行。外方资助经费不足以弥补规定培训费用开支的，可以按照规定的开支标准，由各单位补足其费用差额部分。

第十三条 培训人员回国报销费用时，应当凭出国任务批件和出国培训审核件，填报《因公短期出国培训费用报销单》，并附各项经费开支有效票据。

各单位财务部门应当对因公短期出国培训团组提供的出国任务批件、护照（包括签证和出入境记录）复印件及有效费用明细票据进行认真审核，严格按照批准的出国培训团组人员、天数、路线、经费预算及开支标准核销经费，超出部分不得核销。

第十四条 各单位不得组织计划外或营利性出国培训项目，也不得安排照顾性质、无实质内容、无实际需要及参观考察等一般性出国培训项目。

第十五条 培训团组在国外期间，原则上不赠送礼品，一律不安排宴请。

培训团组严禁接受或变相接受企事业单位资助，严禁向同级机关、下级机关、所属单位、我驻外机构等摊派或转嫁出国培训费用。

第十六条 建立出国培训项目信息公开制度和成果共享机制。除涉密内容和事项外，各单位应当将培训的项目、内容、人数、经费等情况，以适当方式进行公开。

第十七条 各级出国培训管理、外事、财政、审计等部门对因公短期出国培训项目执行情况和培训费用管理使用情况进行定期或不定期检查。

各单位应当建立健全因公短期出国培训项目内部监督检查机制，每半年向同级出国培训管理、外事、财政部门报送本单位因公短期出国培训项目执行和费用使用情况。

第十八条 各单位以及培训人员违反本办法规定，有下列行为之一的，相关开支一律不予报销，并按照《财政违法行为处罚处分条例》和《党政机关厉行节约反对浪费条例》等有关规定予以处理：

（一）无预算或未经财务部门同意安排出国培训项目的；

（二）违规扩大出国培训费用开支范围的；

（三）擅自提高出国培训费用开支标准的；

（四）虚报培训团组人数、天数等，套取出国培训费用的；

（五）使用虚假票据报销出国培训费用的；

（六）培训期间存在铺张浪费、公款旅游行为的；

(七) 其他违反本办法的行为。

第十九条 各单位因公短期赴香港、澳门、台湾地区培训的，适用本办法。

第二十条 确有必要到未列培训费开支标准的国家（地区）开展因公培训的，可按照经济社会发展水平相近的国家标准执行。

第二十一条 国有企业和其他机构因公短期出国培训参照本办法执行。

第二十二条 本办法由财政部、国家外国专家局负责解释。

第二十三条 本办法自2014年4月1日起施行。国家外国专家局、财政部《关于出国（境）实习培训团组集体开支的培训费标准和管理办法的暂行规定》（外专发〔1994〕162号）及国家外国专家局、财政部《关于调整短期出国（境）培训生活费开支标准和部分国家培训费币种的通知》（外专发〔2002〕95号）同时废止。

附1： **因公短期出国培训任务和预算审批意见表**

项目名称						
项目单位		团长（级别）		团员人数		
培训国别（含经停）			培训时间（天数）			
出国培训任务审核意见						
审核单位			审核日期			
审核依据						
审核内容	培训目标或必要性：					
	培训时间和国别是否符合规定：					
	培训日程是否符合规定：					
	培训团组人数是否符合规定：					
	其他事项：					
审核意见						
预算财务审核意见						
审核单位			审核日期			
审核依据						
审核内容	资金来源及金额	1. 列入年度预算（人民币）：　　　元				
		合计	培训费	国际旅费	住宿费	伙食费	公杂费	国外城市间交通费	其他费用
		2. 外方资助（折合人民币）：　　　元；外方名称：				
		合计	培训费	国际旅费	住宿费	伙食费	公杂费	国外城市间交通费	其他费用
	需说明事项						
审核意见							

附2:　　　　　　　**因公短期出国培训费用报销单（参考表样）**

报销单位：　　　　　报销日期：

项目名称				
团长姓名		培训国别（含经停）		
应派出人数		实际成行人数		
出国日期	年月日至年月日共天			
序号	开支内容	币别	金额	单据张数	备注
1	培训费				附原始单据
2	住宿费				附原始单据
3	伙食费				
4	公杂费				
5	城市间交通费				附原始单据
6	国际旅费				附原始单据
7	其他费用				附原始单据
	合计	大写		小写	

团长：　　　　　经手人：

5.19　党政机关公务用车管理办法

2017年12月11日　中办发〔2017〕71号

第一章　总则

第一条　为了进一步规范党政机关公务用车管理，有效保障公务活动，促进党风廉政建设和节约型机关建设，根据《党政机关厉行节约反对浪费条例》《机关事务管理条例》等有关规定，制定本办法。

第二条　本办法适用于党的机关、人大机关、行政机关、政协机关、监察机关、审判机关、检察机关，以及工会、共青团、妇联等人民团体和参照公务员法管理的事业单位。

第三条　本办法所称公务用车，是指党政机关配备的用于定向保障公务活动的机动车辆，包括机要通信用车、应急保障用车、执法执勤用车、特种专业技术用车以及其他按照规定配备的公务用车。

机要通信用车是指用于传递、运送机要文件和涉密载体的机动车辆。

应急保障用车是指用于处理突发事件、抢险救灾或者其他紧急公务的机动车辆。

执法执勤用车是指中央批准的执法执勤部门（系统）用于一线执法执勤公务的机动车辆。

特种专业技术用车是指固定搭载专业技术设备、用于执行特殊工作任务的机动车辆。

第四条 党政机关公务用车管理遵循统一管理、定向保障、经济适用、节能环保的原则。

第五条 党政机关公务用车实行统一制度规范、分级分类管理。党政机关公务用车主管部门负责本级党政机关公务用车管理工作，根据职责实行统一编制、统一标准、统一购置经费、统一采购配备管理；指导监督下级党政机关公务用车管理工作。

第二章 编制和标准管理

第六条 党政机关公务用车实行编制管理。车辆编制根据机构设置、人员编制和工作需要等因素确定。

机要通信用车、应急保障用车和其他按照规定配备的公务用车编制由公务用车主管部门会同有关部门确定。

执法执勤用车、特种专业技术用车编制由财政部门会同有关部门确定，并送公务用车主管部门备案。

第七条 党政机关配备公务用车应当严格执行以下标准：

（一）机要通信用车配备价格12万元以内、排气量1.6升（含）以下的轿车或者其他小型客车。

（二）应急保障用车和其他按照规定配备的公务用车配备价格18万元以内、排气量1.8升（含）以下的轿车或者其他小型客车。确因情况特殊，可以适当配备价格25万元以内、排气量3.0升（含）以下的其他小型客车、中型客车或者价格45万元以内的大型客车。

（三）执法执勤用车配备价格12万元以内、排气量1.6升（含）以下的轿车或者其他小型客车，因工作需要可以配备价格18万元以内、排气量1.8升（含）以下的轿车或者其他小型客车。确因情况特殊，可以适当配备价格25万元以内、排气量3.0升（含）以下的其他小型客车、中型客车或者价格45万元以内的大型客车。

（四）特种专业技术用车配备标准由有关部门会同财政部门按照保障工作需要、厉行节约的原则确定。

公务用车配备新能源轿车的，价格不得超过18万元。

上述配备标准应当根据公务保障需要、汽车行业技术发展、市场价格变化等因素适时调整。

第八条 严格控制执法执勤用车的配备范围、编制和标准。执法执勤用车配备应当严格限定在一线执法执勤岗位。

第三章 配备和经费管理

第九条 公务用车主管部门根据公务用车配备更新标准和现状，编制年度公务用车配备更新计划。

第十条 财政部门根据年度公务用车配备更新计划，按照预算管理有关规定统筹安排购置经费，列入公务用车主管部门预算。

第十一条 财政部门会同公务用车主管部门制定公务用车运行费用定额标准，统筹安排公务用车运行费用，列入党政机关部门预算。

第十二条 公务用车主管部门按照政府采购法律法规和国家有关政策规定，统一组织实施公务用车集中采购。

第十三条 党政机关应当配备使用国产汽车，带头使用新能源汽车，按照规定逐步扩大新能源汽车配备比例。

第十四条 地方各级党政机关确因工作需要超出规定标准配备公务用车的，必须报省级公务用车主管部门批准。

党政机关原则上不配备越野车。确因工作需要，按照程序报批后，可以适当配备国产越野车。越野车不得作为领导干部固定用车。

第十五条 除涉及国家安全、侦查办案等有保密要求的特殊工作用车外，党政机关公务用车产权注册登记所有人应当为本机关法人，不得将公务用车登记在下属单位、企业或者个人名下。

第四章 使用和处置管理

第十六条 党政机关应当加强公务用车使用管理，严格按照规定使用公务用车，严禁公车私用、私车公养，不得既领取公务交通补贴又违规使用公务用车。

第十七条 党政机关应当推进公务用车服务平台建设。各地区应当结合实际，将各类公务用车纳入平台集中管理，采用信息化手段统筹调度、高效使用，鼓励通过社会化专业机构提高平台管理运行效率。

第十八条 党政机关应当推进公务用车标识化管理。除涉及国家安全、侦查办案和其他有保密要求的特殊工作用车外，公务用车应当统一标识。

第十九条 党政机关应当建立公务用车管理台账，加强相关证照档案的保存和管理。

各省、自治区、直辖市以及中央和国家机关公务用车主管部门应当建立统一的公务用车管理信息系统，提高公务用车配备使用管理信息化水平。

第二十条 党政机关应当建立健全公务用车使用管理制度，严格执行，加强监督，降低运行成本。

严格公务用车使用时间、事由、地点、里程、油耗、费用等信息登记和公示制度。严格执行回单位或者其他指定地点停放制度，节假日期间除工作需要外应当封存停驶。

实行公务用车保险、维修、加油政府集中采购和定点保险、定点维修、定点加油制度，健全公务用车油耗、运行费用单车核算和年度绩效评价制度。

第二十一条 党政机关应当减少公务用车长途行驶，工作人员到外地办理公务，除特殊情况外，应当乘用公共交通工具。外事接待、会议和集体活动用车主要通过社会租赁方式解决。

第二十二条 公务用车使用年限超过 8 年的可以更新；达到更新年限仍能继续使用的，应当继续使用。因安全等原因确需提前更新的，应当严格履行审批手续。

公务用车按照规定更新后，可以采取拍卖、厂家回收、报废等方式规范处置旧车。处置收入按照非税收入有关规定管理。

第五章 监督问责

第二十三条 党政机关应当建立公务用车配备更新和使用情况统计报告制度。各省、自治区、直辖市公务用车主管部门负责统计汇总本地区公务用车配备更新和使用情况。国家机关事务管理局、中共中央直属机关事务管理局负责统计汇总中央和国家机关公务用车配备更新和使用情况。

第二十四条 党政机关应当严格执行公务用车配备使用管理各项规定,将公务用车配备更新、使用、处置和经费预算执行等情况纳入内部审计、政务公开和政务诚信建设范围,接受社会监督。

公务用车主管部门应当加强对党政机关公务用车配备更新、使用、处置等情况的监督检查,定期通报或者公示相关情况。

财政、审计部门应当加强对公务用车经费预算管理使用情况的监督检查,依法处理、督促整改违规问题,并将涉嫌违纪违法问题移送有关部门查处。

公安交通管理部门应当定期与公务用车主管部门交换公务用车注册登记信息、使用状态等情况。

纪检监察机关应当及时受理群众举报和有关部门移送的公务用车管理问题线索,严肃查处违纪违法问题。

第二十五条 公务用车主管部门有下列情形之一的,依纪依法追究相关人员责任:
(一)违规核定公务用车编制的;
(二)违规审批超编制、超标准配备公务用车的;
(三)违规审批未到年限更新公务用车的;
(四)违规安排公务用车经费预算的;
(五)有其他未按规定履行管理监督职责行为的。

第二十六条 党政机关有下列情形之一的,依纪依法追究相关人员责任:
(一)超编制、超标准配备公务用车的;
(二)违反规定将公务用车登记在下属单位、企业或者个人名下的;
(三)公车私用、私车公养,或者既领取公务交通补贴又违规使用公务用车的;
(四)换用、借用、占用下属单位或者其他单位和个人的车辆,或者擅自接受企事业单位和个人赠送车辆的;
(五)挪用或者固定给个人使用执法执勤、机要通信等公务用车的;
(六)为公务用车增加高档配置或者豪华内饰的;
(七)在车辆维修等费用中虚列名目或者夹带其他费用,为非本单位车辆报销运行维护费用的;
(八)违规处置公务用车的;
(九)有其他违反公务用车配备使用管理规定行为的。

第六章 附则

第二十七条 本办法所称小型客车、中型客车、大型客车等,依据中华人民共和国公共安全行业标准 GA802-2014《机动车类型 术语和定义》界定。

第二十八条 各省、自治区、直辖市以及中央和国家机关各部门,应当根据本办法,结合实际制定具体管理办法。

第二十九条 中央和国家机关所属垂直管理机构、派出机构公务用车由行政主管部门依照本办法进行管理。

各民主党派机关公务用车管理适用本办法。

不参照公务员法管理的事业单位公务用车，按照本办法的原则管理。

第三十条 本办法由国家机关事务管理局、中共中央直属机关事务管理局会同有关部门负责解释。

第三十一条 本办法自 2017 年 12 月 5 日起施行。中共中央办公厅、国务院办公厅 2011 年 1 月 6 日印发的《党政机关公务用车配备使用管理办法》同时废止。

5.20 国家机关事务管理局关于印发《在京中央和国家机关公务用车指标管理办法》的通知

2011 年 4 月 12 日　　国管资〔2011〕167 号

中央和国家机关各部门：

为贯彻落实党中央、国务院关于各级党政机关厉行节约、反对铺张浪费的工作要求，加强在京中央和国家机关公务用车管理，严格控制公务用车数量，降低机关运行成本，根据《中共中央办公厅、国务院办公厅关于印发〈党政机关公务用车配备使用管理办法〉的通知》（中办发〔2011〕2 号）和《北京市人民政府关于进一步推进首都交通科学发展加大力度缓解交通拥堵工作的意见》（京政发〔2010〕42 号），我们制定了《在京中央和国家机关公务用车指标管理办法》，现印发给你们，请按照执行。

附件：在京中央和国家机关公务用车指标管理办法

国家机关事务管理局
2011 年 4 月 12 日

附件：

在京中央和国家机关公务用车指标管理办法

第一条 为了加强在京中央和国家机关公务用车管理，严格控制公务用车数量，降低机关运行成本，根据《中共中央办公厅、国务院办公厅关于印发〈党政机关公务用车配备使用管理办法〉的通知》（中办发〔2011〕2 号）和《北京市人民政府关于进一步推进首都交通科学发展加大力度缓解交通拥堵工作的意见》（京政发〔2010〕42 号），制定本办法。

第二条 中央和国家机关各部门及其所属在京行政事业单位公务用车的指标管理，适用本办法。

执行企业会计制度的中央和国家机关各部门所属在京事业单位公务用车的指标管理，不适用本办法。

第三条 实行指标管理的公务用车，包括部级干部专车、一般公务用车和执法执勤用车，含轿车、越野车、旅行车、大客车等。

第四条 国务院机关事务管理局（以下简称国管局）负责中央国家机关各部门及其所属在京行政事业单位公务用车的指标管理，中共中央直属机关事务管理局（以下简称中直管理局）负责中共中央直属机关各部门及其所属在京行政事业单位公务用车的指标管理。

国管局、中直管理局应当从严审核在京中央和国家机关公务用车指标，确保公务用车数量零增长。

第五条 各部门及其所属在京行政事业单位申请公务用车指标，应当符合下列条件：

（一）已实行公务用车编制管理，且编制有空缺；

（二）年度公务用车配备更新计划经国管局、中直管理局批准；

（三）处置一辆，更新一辆，不增加本单位公务用车数量；

（四）公务用车购置经费来源符合有关规定。

第六条 各部门及其所属在京行政事业单位申请公务用车指标，应当按照下列程序办理：

（一）用车单位向所在部门提出申请；

（二）所在部门审核同意后分别报国管局、中直管理局，并提供公务用车配备更新计划、购置经费预算批复文件及编制和处置证明复印件；

（三）国管局、中直管理局审核同意后，向用车单位所在部门复函；

（四）用车单位凭复函，按照政府采购有关规定采购公务用车后，凭政府采购验收单、购车发票和组织机构代码证书复印件，分别到国管局、中直管理局办理公务用车更新证明，作为公务用车指标凭证。各部门申请机关本级公务用车指标的，凭复函和组织机构代码证书复印件到国管局、中直管理局直接办理公务用车更新证明；

（五）用车单位凭公务用车更新证明，在北京市车辆购置税征稽部门缴纳车辆购置税后，到北京市公安交通管理部门办理车辆注册登记手续；

（六）用车单位将车辆行驶证复印件分别报国管局、中直管理局备案。

第七条 各部门及其所属在京行政事业单位因新设机构、调整职能、处置突发事件等特殊原因，需要在年度配备更新计划外配备更新公务用车的，由部门审核后分别报国管局、中直管理局申请核发公务用车更新证明。

第八条 各部门及其所属在京行政事业单位之间调剂公务用车，需要办理过户手续的，凭国管局、中直管理局出具的调拨凭证，到北京市公安交通管理部门办理车辆转移登记手续。

第九条 各部门及其所属在京行政事业单位应当严格执行公务用车指标管理规定，不得提供虚假申请材料和信息，不得伪造、涂改公务用车更新证明和调拨凭证，不得通过参加北京市小客车指标摇号方式购置公务用车。

第十条 国管局、中直管理局会同有关部门对中央和国家机关公务用车指标管理规定执行情况进行监督检查，对违反本办法规定的，不予核发公务用车指标，并依照中办发〔2011〕2号文件有关规定进行处理。

第十一条 最高人民法院、最高人民检察院、各人民团体及其所属在京行政事业单位公务用车的指标管理，依照本办法执行。

第十二条 本办法由国管局会同中直管理局负责解释。

第十三条 本办法自印发之日起施行。

5.21 中央公务用车制度改革领导小组关于印发《中央事业单位公务用车制度改革实施意见》的通知

中央和国家机关各部委、各直属机构、各人民团体公务用车制度改革领导小组，各中央企业：

现将《中央事业单位公务用车制度改革实施意见》印发你们，请结合实际认真贯彻执行。

附件：中央事业单位公务用车制度改革实施意见

中央公务用车制度改革领导小组
2015 年 12 月 29 日
（此件公开发布）

附件

中央事业单位公务用车制度改革实施意见

为贯彻落实党的十八大和十八届三中、四中、五中全会精神，根据《中共中央办公厅 国务院办公厅印发〈关于全面推进公务用车制度改革的指导意见〉的通知》（中办发〔2014〕40 号）有关要求，现就推进中央事业单位公务用车制度改革提出以下意见。

一、充分认识中央事业单位公务用车制度改革的重要意义

中央事业单位公务用车制度改革是坚决贯彻落实中央八项规定精神和厉行节约反对浪费要求的重要举措，是全面推进公务用车制度改革的重要任务，对规范中央事业单位职务待遇、节约成本、提高效能、促进党风廉政建设具有重要意义，也对地方事业单位公务用车制度改革具有先行示范作用。

事业单位行业类别众多，单位类型复杂，经费来源多样，人员身份不一，车辆规模庞大，事业单位分类改革和工资制度改革也尚在推进中，必须充分认识中央事业单位公务用车制度改革复杂性，切实增强责任感、使命感和紧迫感，坚定信心，扎实工作，确保改革工作有序推进。

二、改革范围、工作目标和基本原则

（一）改革范围

单位范围为党中央、国务院直属非参照公务员法管理的事业单位，以及中央和国家机关各部门各单位（以下简称各部门）所属非参照公务员法管理的各级各类事业单位；人员范围为所有原符合公务用车配备条件的岗位和人员，目前按照报销公务交通费用保障公务出行的岗位和人员原则上维持现有方式。其中，执行企业会计制度的中央事业单位、中央企业所属事业单位可按照本意见要求实施改革，也可参照中央企业公务用车制度改革有关规定实施改革。

（二）工作目标

按照中央厉行节约反对浪费的总要求，坚持社会化、市场化方向，创新公务交通保障机制，取消一般公务用车，公务活动出行实行社会化，采取报销公务交通费用、适度发放公务交通补贴或其他符合规定的社会化方式保障公务出行，从严配备定向化保障的公务用车，实现中央事业单位公务交通保障高效、费用节约、成本下降和管理规范。党中央、国务院直属事业单位机关本级公务用车制度改革 2016 年上半年完成；各部门所属在京事业单位公务用车制度改革 2016 年底前完成；京外中央事业单位公务用车制度改革，按属地化原则，与地方同步完成。

（三）基本原则

1. 坚持厉行节约，保障高效。科学制定改革方案，各参改事业单位要对本单位公车改革节支情况进行详细测算，确保改革后公务交通费用支出低于改革前支出，不能因此增加财政预算支出；积极探索和创新符合中央事业单位公务出行特点的市场化交通保障机制，确保中央事业单位社会服务和公益事业工作不受影响。

2. 坚持从严从紧，应改尽改。将应改单位和符合参改条件人员全部纳入改革范围，从严核定保留车辆，从紧确定公务交通费用报销额度或公务交通补贴标准，不开口子，不留后门，坚决避免违规配备使用公务用车现象。

3. 坚持统筹兼顾，分类指导。从实际出发，妥善处理各种利益关系，根据中央事业单位行业特点和工作实际，区分不同单位性质、岗位类别和人员身份，采取不同的改革措施，不搞一刀切。完善各项配套政策，切实搞好与事业单位工资及财务管理制度等相关方面的统筹与衔接，确保新旧制度平稳过渡。

4. 坚持统一部署，分级负责。中央公务用车制度改革领导小组审核批复党中央、国务院直属事业单位机关本级公务用车制度改革实施方案。各部门按照本意见，切实落实领导责任，强化主管部门主体责任，审核批复所属事业单位公务用车制度改革实施方案，确保事业单位公务用车制度改革任务按期完成。

三、主要任务

（一）分类推进中央事业单位公务用车制度改革

党中央、国务院直属事业单位机关本级，按照《中共中央办公厅 国务院办公厅关于印发〈中央和国家机关公务用车制度改革方案〉的通知》（中办发〔2014〕41号）有关规定实施改革，取消一般公务用车，保留必要的机要通信、应急、特种专业技术用车和离退休干部服务用车等车辆，在确保节支的前提下，对参改人员适度发放公务交通补贴，通过社会化方式保障其公务活动出行。中央和国务院直属新闻媒体单位本级管理的新闻记者可根据情况由单位确定选择领取补贴或实报实销公务交通费用。

各部门所属事业单位，取消一般公务用车，保留必要的特种专业技术用车和必要的业务用车等车辆，在确保本单位节支的前提下，对参改人员采取报销公务交通费用、发放公务交通补贴或其他符合规定的社会化方式等保障其公务活动出行。

已经试行公务用车制度改革的中央事业单位，按照本意见进行规范。

（二）合理确定公务交通补贴或费用报销的范围、标准或额度

党中央、国务院直属事业单位机关本级，公务交通补贴的标准、发放范围和方式及管理使用，按照中办发〔2014〕41号文件有关规定执行。

各部门所属事业单位，对参改人员实行以按规定报销公务交通费用为主的办法，个别特定岗位确需发放公务交通补贴的应从严从紧核定并报本单位所属的主管部门批准。公务交通费用报销额度及公务交通补贴标准，由主管部门根据取消车辆数量、运行成本和改革前交通费支出情况，在节支的前提下，按照不高于同地区、同级别机关相应层级公务员交通补贴标准的原则从严确定。不得既发放公务交通补贴又报销公务交通费用。严格按规定控制报销或发放人员范围，避免普遍发放交通补贴或允许限额报销的福利化改革倾向。建立公务交通费用报销总额度和公务交通补贴总数与所在单位规模增长相匹配的动态调整机制。

（三）从严核定保留车辆

党中央、国务院直属事业单位机关本级保留车辆，按照《关于做好中央和国家机关公务用

车制度改革中车辆保留和处置工作的通知》（中车改办〔2014〕3号）有关规定核定。

各部门所属事业单位车改保留车辆，由主管部门核定并报财政部备案，同时按职责权限分系统分别抄送国管局、中直管理局备案。各部门机关本级的机关服务部门可保留1至2辆后勤服务用车。各部门所属其他事业单位可根据业务保障和专业技术活动工作实际，保留必要的医疗救护、新闻转播、科学考察、技术勘察、检疫检测、环卫清洁等特定功能的特种专业技术用车和必要的业务用车，保留的车辆要有预算，其中特种专业技术用车必须长期搭载固定设备并进行标识化管理，不得在公车改革过程中新增车辆。与主管部门机关同城异地办公的可根据需要保留1辆工作用车，用于机要通信、应急等公务，但不得借车改名义新增车辆。

各部门所属事业单位的中央管理领导干部，由各部门自行选择确定参加公务用车制度改革或维持原有公务交通保障方式。

各部门所属事业单位主要负责人应当纳入改革范围，改革后原则上不再配备工作用车。原配有符合规定标准工作用车，确因工作需要保留，应当经本单位职代会或党委会同意，报主管部门批准；其本人不得再领取公务交通补贴或报销公务交通费用等。

（四）妥善安置司勤人员

中央事业单位可按照《关于中央和国家机关公务用车制度改革中妥善安置司勤人员的指导意见》有关政策，根据以人为本、积极稳妥、因地制宜的原则，认真做好司勤人员安置工作，不能简单推向社会，要立足内部消化，保障其合法权益，确保公务用车制度改革顺利实施。

（五）规范处置取消车辆

党中央、国务院直属事业单位机关本级取消的车辆分别移交国管局、中直管理局，按照《中央和国家机关公务用车制度改革涉及的车辆处置办法》规定程序进行统一规范处置。

各部门所属事业单位取消的车辆，由主管部门按照中央行政事业单位国有资产管理有关规定，严格履行资产处置审批手续后，委托国管局、中直管理局公开招标确定的评估、拍卖和解体机构，通过公开拍卖等方式进行处置。处置收入按事业单位有关财务管理制度进行管理和核算。

四、认真做好组织实施工作

（一）切实加强组织领导

各部门要高度重视中央事业单位公务用车制度改革工作，切实加强领导，明确任务分工，落实工作责任。各部门公务用车制度改革工作组要统一负责部署和组织本部门所属事业单位公务用车制度改革工作，正确把握改革方向，明确改革工作任务，督促落实到位；事业单位数量和人数众多的教科文卫等事业单位相关行业主管部门要结合行业实际，加强政策指导，要根据行业业务特点制定本行业事业单位公车改革办法并报中央公车改革领导小组批准；各中央事业单位主要负责人要亲自抓，明确专门机构人员，精心组织实施，严格按照要求做好本单位公务用车制度改革工作。

（二）认真制定实施方案

党中央、国务院直属事业单位，按照本意见制定机关本级公务用车制度改革实施方案，于2016年2月底前报中央公务用车制度改革领导小组，经批准后执行。

各部门所属事业单位，按照本意见和行业主管部门制定的事业单位公车改革办法，在深入调研、全面摸底、细致测算的基础上，结合单位实际，认真制定本单位公务用车制度改革实施方案（包括本单位节支率详细测算情况），报主管部门批准后执行。各部门对所属事业单位公务用车制度改革实施方案批复完成后3个月内，将有关情况进行汇总，包括改革的工作安排、参改人员范围和数量、各类岗位和人员的改革方式、公务交通补贴标准或公务交通费用报销额度、保留车辆核定原则和数量、取消车辆处置方式和数量、司勤人员安置情况和改革节支情况等，报中央公务用车制度改革领导小组办公室备案。

（三）严格保留车辆管理

中央事业单位应当对保留车辆实行集中管理，统一调度，严格车辆使用管理程序，健全车辆日常使用登记和公示制度，经批准保留的车辆要严格用于规定用途。

（四）加大监督检查力度

中央事业单位要严肃公务用车制度改革和公务用车管理使用纪律，不得变相超编制、超标准配备公务用车，不得以任何方式换用、借用、占用下属单位或其他单位和个人的车辆，不得向其他单位和个人提供车辆，不得以各种名义占用特种专业技术用车等定向化保障的车辆或长期租用车辆变相作为个人固定用车，不得既领取公务交通补贴、又违规乘坐公务用车或报销公务交通费用。

纪检监察机关要强化监督检察，及时受理群众举报，依法依纪查处违反公务用车制度改革政策和公务用车管理规定的行为，严肃追究相关责任人的责任。审计部门要对公务用车制度改革情况进行监督，并将改革后保留车辆的配备及运行维护费、保留车辆经费支出、车辆处置情况等纳入日常和专项审计监督。各部门要建立健全责任追究制度，对违反本意见及公务用车管理规定的责任人追究相关责任，予以严肃处理。

5.22　国务院机关事务管理局 中共中央直属机关事务管理局关于印发《中央和国家机关公务用车耗油定额标准（试行）》的通知

2009年1月7日　国管资〔2009〕28号

中央和国家机关各部门、各单位：

为进一步加强中央和国家机关公务用车节油工作，推进节能减排，降低车辆运行成本，我们参照各种车辆出厂规定的耗油标准，并通过实际测算，制定了《中央和国家机关公务用车耗油定额标准（试行）》，现印发你们。请各部门、各单位结合实际制定具体实施办法并组织实施，执行情况分别报国管局、中直管理局备案。

附件：中央和国家机关公务用车耗油定额标准（试行）

国务院机关事务管理局
中共中央直属机关事务管理局
2009年1月7日

附件：

中央和国家机关公务用车耗油定额标准（试行）

一、为进一步加强中央和国家机关公务用车节油工作，推进节能减排，降低车辆运行成本，制定本标准。

二、中央和国家机关公务用车主要车型耗油定额标准：

序号	车辆类型	定额标准（升/百公里）
1	奥迪 FV7241 型	13.7
2	奥迪 A6L2.4 型	13.9
3	奥迪 FV7201 型	12.7
4	奥迪 A6L1.8T 型	12.5
5	别克系列	14.0
6	帕萨特系列	13.0
7	蒙迪欧型	12.7
8	中华尊驰型	12.5
9	奇瑞东方之子型	11.9
10	红旗奔腾型	11.5
11	奥迪 100 系列	13.1
12	奥迪 200 系列	13.2
13	桑塔纳系列	12.0
14	汇众旅行车	14.6
15	金杯旅行车	13.6
16	柯斯达旅行车	19.7

三、本标准中未列入的车型，各部门、各单位可参照车辆出厂规定的耗油标准，结合车辆实际耗油情况，自行规定。

四、各部门、各单位应当根据本标准，加强单车核算和耗油统计，建立健全耗油公示制度和奖惩制度。

五、请各部门、各单位加强领导，健全组织，完善车辆管理制度，切实把公务用车节油工作落到实处。

5.23 关于印发《因公临时出国经费管理办法》的通知

2013 年 12 月 20 日　财行〔2013〕516 号

党中央各部门，国务院各部委、各直属机构，总后勤部、武警总部，全国人大常委会办公厅，全国政协办公厅，高法院，高检院，各人民团体，各民主党派，各省、自治区、直辖市、计划单列市财政厅（局）、人民政府外事办公室，新疆生产建设兵团财务局、外事局：

根据中共中央政治局《关于改进工作作风、密切联系群众的八项规定》的要求和《党政机关厉行节约反对浪费条例》的精神，为进一步规范因公临时出国经费管理，我们对《临时出国人员费用开支标准和管理办法》（财行〔2001〕73号）进行了修订。现将修订后的《因公临时出国经费管理办法》（以下简称《办法》）印发给你们，请认真遵照执行。

请各地区各部门各单位根据《办法》基本原则和要求，结合实际制定具体规定，并于2014年2月1日前报送财政部备案。边境地区有频繁出国任务的，由所在省、自治区财政厅根据实际情况制定本地区因公临时出国经费开支标准和管理办法，并于2014年4月1日前报送财政部备案。

财政部 外交部
2013年12月20日

附件：

因公临时出国经费管理办法

第一章 总则

第一条 为了进一步规范因公临时出国经费管理，加强预算监督，提高资金使用效益，保证外事工作的顺利开展，根据《中华人民共和国预算法》《党政机关厉行节约反对浪费条例》等法律法规，制定本办法。

第二条 本办法适用于各级党政军机关、人大政协机关、审判机关、检察机关、民主党派、人民团体和事业单位因公组派临时代表团组的省部级以下（含省部级）出国人员（以下简称出国人员）。

第三条 各地区各部门各单位因公组派临时出国团组应当坚持强化预算约束、优化经费结构、厉行勤俭节约、讲求务实高效的原则，严格控制因公临时出国规模，规范因公临时出国经费管理。

第二章 预算管理和计划管理

第四条 因公临时出国经费应当全部纳入预算管理，并按照下列规定执行：

（一）各级财政部门应当加强因公临时出国经费的预算管理，严格控制因公临时出国经费总额，科学合理地安排因公临时出国经费预算。

（二）各地区各部门各单位应当加强预算硬约束，认真贯彻落实厉行节约的要求，在核定的年度因公临时出国经费预算内，务实高效、精简节约地安排因公临时出国活动，不得超预算或无预算安排出访团组。确有特殊需要的，按规定程序报批。

第五条 出访团组实行计划审批管理，并按照下列规定执行：

（一）各地区各部门各单位应当认真贯彻中央有关外事管理规定，科学制订年度因公临时出国计划，认真履行因公临时出国计划报批制度，严格控制因公临时出国团组人数、国家数和在外停留天数，正确执行限量管理规定。组团单位和派出单位要明确责任，谁派出、谁负责。

（二）因公临时出国应当坚持因事定人的原则，不得因人找事，不得安排照顾性和无实质内容的一般性出访，不得安排考察性出访。

（三）各级外事部门应当加强因公临时出国计划的审核审批管理，严格把关，对违反规定、不适合成行的团组予以调整或者取消。驻外使馆答复国内因公临时出国征求意见时，应当严格履行把关职责。

第六条 各地区各部门各单位出国经费的支付，应当严格按照国库集中支付制度和公务卡管理制度的有关规定执行。

各地区各部门各单位应当严格执行各项经费开支标准，不得擅自突破，严禁接受或变相接受企事业单位资助，严禁向同级机关、下级机关、下属单位、企业、驻外机构等摊派或转嫁出访费用。

第七条 各地区各部门各单位应当建立因公临时出国计划与财务管理的内部控制制度。出访团组应当事先填报《因公临时出国任务和预算审批意见表》（见附1），由单位外事和财务部门分别出具审签意见，明确审核责任。出国任务、出国经费预算未通过审核的，不得安排出访团组。

第三章 经费管理

第八条 因公临时出国经费包括：国际旅费、国外城市间交通费、住宿费、伙食费、公杂费和其他费用。

国际旅费，是指出境口岸至入境口岸旅费。

国外城市间交通费，是指为完成工作任务所必须发生的，在出访国家的城市与城市之间的交通费用。

住宿费是指出国人员在国外发生的住宿费用。

伙食费是指出国人员在国外期间的日常伙食费用。

公杂费是指出国人员在国外期间的市内交通、邮电、办公用品、必要的小费等费用。

其他费用主要是指出国签证费用、必需的保险费用、防疫费用、国际会议注册费用等。

第九条 国际旅费按照下列规定执行：

（一）选择经济合理的路线。出国人员应当优先选择由我国航空公司运营的国际航线，由于航班衔接等原因确需选择外国航空公司航线的，应当事先报经单位外事和财务部门审批同意。不得以任何理由绕道旅行，或以过境名义变相增加出访国家和时间。

（二）按照经济适用的原则，通过政府采购等方式，选择优惠票价，并尽可能购买往返机票。

（三）因公临时出国购买机票，须经本单位外事和财务部门审批同意。机票款由本单位通过公务卡、银行转账方式支付，不得以现金支付。单位财务部门应当根据《航空运输电子客票行程单》等有效票据注明的金额予以报销。

（四）出国人员应当严格按照规定安排交通工具，不得乘坐民航包机或私人、企业和外国航空公司包机。

（五）省部级人员可以乘坐飞机头等舱、轮船一等舱、火车高级软卧或全列软席列车的商务座；司局级人员可以乘坐飞机公务舱、轮船二等舱、火车软卧或全列软席列车的一等座；其他人员均乘坐飞机经济舱、轮船三等舱、火车硬卧或全列软席列车的二等座。所乘交通工具舱位等级划分与以上不一致的，可乘坐同等水平的舱位。所乘交通工具未设置上述规定中本级别人员可乘坐舱位等级的，应乘坐低一等级舱位。上述人员发生的国际旅费据实报销。

（六）出国人员乘坐国际列车，国内段按国内差旅费的有关规定执行；国外段超过6小时以上的按自然（日历）天数计算，每人每天补助12美元。

第十条 出国人员根据出访任务需要在一个国家城市间往来,应当事先在出国计划中列明,并报本单位外事和财务部门批准。未列入出国计划、未经本单位外事和财务部门批准的,不得在国外城市间往来。出国人员的旅程必须按照批准的计划执行,其城市间交通费凭有效原始票据据实报销。

第十一条 住宿费按照下列规定执行:

(一)出国人员应当严格按照规定安排住宿,省部级人员可安排普通套房,住宿费据实报销;厅局级及以下人员安排标准间,在规定的住宿费标准之内予以报销。

(二)参加国际会议等的出国人员,原则上应当按照住宿费标准执行。如对方组织单位指定或推荐酒店,应当严格把关,通过询价方式从紧安排,超出费用标准的,须事先报经本单位外事和财务部门批准。经批准,住宿费可据实报销。

第十二条 伙食费和公杂费按照下列规定执行:

(一)出国人员伙食费、公杂费可以按规定的标准发给个人包干使用。包干天数按离、抵我国国境之日计算。

(二)根据工作需要和特点,不宜个人包干的出访团组,其伙食费和公杂费由出访团组统一掌握,包干使用。

(三)外方以现金或实物形式提供伙食费和公杂费接待我代表团组的,出国人员不再领取伙食费和公杂费。

(四)出访用餐应当勤俭节约,不上高档菜肴和酒水,自助餐也要注意节俭。

第十三条 出访团组对外原则上不搞宴请,确需宴请的,应当连同出国计划一并报批,宴请标准按照所在国家一人一天的伙食费标准掌握。

出访团组与我国驻外使领馆等外交机构和其他中资机构、企业之间一律不得用公款相互宴请。

第十四条 出访团组在国外期间,收授礼品应当严格按有关规定执行。原则上不对外赠送礼品,确有必要赠送的,应当事先报经本单位外事和财务部门审批同意,按照厉行节俭的原则,选择具有民族特色的纪念品、传统手工艺品和实用物品,朴素大方,不求奢华。

出访团组与我国驻外使领馆等外交机构和其他中资机构、企业之间一律不得以任何名义、任何方式互赠礼品或纪念品。

第十五条 出国签证费用、防疫费用、国际会议注册费用等凭有效原始票据据实报销。根据到访国要求,出国人员必须购买保险的,应当事先报经本单位外事和财务部门批准后,按照到访国驻华使领馆要求购买,凭有效原始票据据实报销。

第十六条 出国人员回国报销费用时,须凭有效票据填报有团组负责人审核签字的国外费用报销单(具体表格由各单位制定)。各种报销凭证须用中文注明开支内容、日期、数量、金额等,并由经办人签字。

各单位财务部门应当根据本办法制定本单位财务报销审批的具体规定,加强对因公临时出国团组的经费核销管理。各单位财务部门应当对因公临时出国团组提交的出国任务批件、护照(包括签证和出入境记录)复印件及有效费用明细票据进行认真审核,严格按照批准的出国团组人员、天数、路线、经费预算及开支标准核销经费,不得核销与出访任务无关的开支。

第十七条 中央各部门根据出国经费预算,结合实际购汇需求,自主核定本部门及其所属单位购汇数额,通过财政部批准的人民币资金账户,向外汇指定银行购买外汇。

省级财政部门根据本级各部门和下级财政部门的申请,自主核定本地区购汇数额,并确定一家外汇指定银行具体办理购汇手续。

第四章 监督检查

第十八条 除涉密内容和事项外，因公临时出国经费的预决算应当按照预决算信息公开的有关规定，及时公开，主动接受社会监督。

第十九条 各级外事、财政、审计等部门对因公临时出国情况进行定期或不定期联合检查。各级财政部门应当定期或不定期对各部门各单位因公临时出国经费管理使用情况进行监督检查。审计部门应当对各部门各单位因公临时出国经费管理使用情况进行审计。

财务部门应当建立健全因公临时出国团组内部监督检查机制，每半年向同级外事、财政部门报送本部门本单位因公临时出国经费使用情况。严格按照预算绩效管理的有关规定，加强因公临时出国经费预算绩效评价，切实提高预算资金的使用效益。

第二十条 组团单位应当采取集中形式，对团组全体人员进行行前财经纪律教育。对出国人员违反本办法规定，有下列行为之一的，除相关开支一律不予报销外，按照《财政违法行为处罚处分条例》等有关规定严肃处理，并追究有关人员责任：

（一）违规扩大出国经费开支范围的；
（二）擅自提高经费开支标准的；
（三）虚报团组级别、人数、国家数、天数等，套取出国经费的；
（四）使用虚假发票报销出国费用的；
（五）其他违反本办法的行为。

第五章 附则

第二十一条 各地区各部门各单位因公临时赴香港、澳门、台湾地区的，适用本办法。

第二十二条 各地区各部门各单位可以根据本办法,结合实际制定具体规定,报财政部备案。边境地区有频繁出国任务的，其因公临时出国经费开支标准和管理办法由所在省、自治区财政厅根据实际情况制定，并报财政部备案。

第二十三条 对与我新建交或未建交国家，相关经费开支标准暂按照经济水平相近的邻国标准执行。

第二十四条 财政部、外交部根据出访国家或地区经济发展、物价等变动情况，对相关经费开支标准适时调整。

第二十五条 国有企业和其他因公临时出国人员参照本办法执行。

第二十六条 本办法由财政部、外交部负责解释。

第二十七条 本办法自发布之日起30日后施行。财政部、外交部《关于印发〈临时出国人员费用开支标准和管理办法〉的通知》（财行〔2001〕73号）和财政部、中国民用航空总局《关于加强因公出国机票管理的通知》（财外字〔1998〕283号）同时废止。

附 1： 　　　　　　　　　**因公临时出国任务和预算审批意见表**

团组名称						
组团单位		团长（级别）		团员人数		
出访国别（含经停）				出访时间（天数）		
出国任务审核意见						
审核单位				审核日期		
审核依据						
审核内容	是否列入出国计划：					
	出访目标和必要性：					
	时间和国别是否符合规定：					
	路线是否符合规定：					
	团组人数是否符合规定：					
	其他事项：					
审核意见						
预算财务审核意见						
审核单位				审核日期		
审核依据						
审核内容	是否列入年度预算：					
	合计	国际旅费	住宿费	伙食费	公杂费	其他费用
	须事先报批的支出事项：					
	其他事项：					
审核意见						

备注：出访团组和单位财务部门应对各项支出的测算和审核做详细说明。

5.24 财政部外交部关于调整因公临时出国住宿费标准等有关事项的通知

2017 年 11 月 13 日　　财行〔2017〕434 号

党中央有关部门，国务院各部委、各直属机构，中央军委后勤保障部、武警总部，全国人大常委会办公厅，全国政协办公厅，高法院，高检院，各民主党派中央，有关人民团体，各省、自治区、直辖市、计划单列市财政厅（局）、人民政府外事办公室，新疆生产建设兵团财务局、外事局：

为贯彻落实《党政机关厉行节约反对浪费条例》，进一步规范和加强因公临时出国经费管理，更好地保障对外工作开展，根据《因公临时出国经费管理办法》（财行〔2013〕516号）关于适时调整经费开支标准的规定，自2018年1月1日起，适当调整部分因公临时出国住宿费标准，进一步明确有关执行问题。现就有关事项通知如下：

一、调整伊朗等国家（地区）61个城市住宿费标准，具体标准见附件。

二、出国人员在境外往返机场的交通费用，可参照城市间交通费有关规定执行。

三、外方以现金或实物形式，为我出访团组仅提供交通接待的，出国人员可按标准的40%领取公杂费。

四、省部级人员按规定安排普通套房的，住宿费及按固定比例收取的服务费据实报销；服务费无固定比例的，按不超过住宿费的5%报销。工作涉密、任务紧急且飞行时间超过6个小时（含中转航班）的，经事先报本单位外事和财务部门批准，省部级人员随行一人可乘坐同等级交通工具。

五、中央管理的正司局级干部因工作需要，原则上可参照省部级人员的经费开支标准执行。

六、各地区各部门各单位应进一步加强因公临时出国经费管理，坚持强化预算约束、优化经费结构、厉行勤俭节约、讲求务实高效。应严格执行各项制度规定，严禁将住宿费等不宜包干使用的经费发给个人包干使用，切实提高预算绩效。对违反因公临时出国经费管理规定的行为，有关部门应依法依规追究相关单位和人员的责任。

附件：因公临时出国住宿费标准调整表

财政部
外交部
2017年11月13日

附件　　　　　　　　　　因公临时出国住宿费标准调整表

序号	国家（地区）	城市	币种	住宿费标准（每人每天）	备注
一	亚洲				
1	朝鲜		美元	120	
2	日本	新潟	日元	11000	新增标准
3	巴基斯坦	伊斯兰堡	美元	270	
4		其他城市	美元	170	含拉合尔卡拉奇、奎达
5	斯里兰卡		美元	140	
6	马尔代夫		美元	200	
7	伊拉克	宿务	美元	320	新增标准
8			美元	290	
9	阿曼		美元	200	
10	伊朗		美元	180	

续表

序号	国家（地区）	城市	币种	住宿费标准（每人每天）	备注
11	巴林		美元	190	
12	以色列		美元	380	
13	老挝		美元	130	
14	菲律宾	宿务	美元	180	新增标准
15	阿富汗		美元	200	
16	黎巴嫩		美元	400	
17	约旦		美元	160	
18	叙利亚		美元	350	
19	香港		港元	1900	
二	非洲				
20	几内亚比绍		美元	170	
21	布隆迪		美元	220	
22	索马里		美元	200	
23	马里		美元	280	
24	中非		美元	280	
25	加纳		美元	250	
26	利比里亚		美元	220	
27	南苏丹		美元	200	
三	欧洲				
28	罗马尼亚	康斯坦察	美元	120	
29	斯洛文尼亚		欧元	140	
30	克罗地亚		美元	180	
31	拉脱维亚		欧元	120	
32	爱沙尼亚		欧元	120	
33	乌克兰	基辅	美元	130	
34	哈萨克斯坦	阿斯塔纳	美元	200	
35	波兰	华沙	美元	190	
36	德国	慕尼黑	欧元	170	
37	希腊		欧元	150	

续表

序号	国家（地区）	城市	币种	住宿费标准（每人每天）	备注
38	法国	巴黎	欧元	180	
39		马赛、斯特拉斯堡、尼斯、里昂	欧元	160	
40		其他城市	欧元	150	
41	爱尔兰		欧元	160	
42	斯洛伐克		美元	120	
43	瑞士		美元	230	
44	冰岛		美元	260	
45	马耳他		欧元	160	
46	英国	伦敦	英镑	200	
四	美洲				
47	美国	华盛顿、芝加哥	美元	260	
48	美国	纽约	美元	270	
49	美国	洛杉矶	美元	250	
50	美国	其他城市	美元	200	
51	墨西哥	坎昆	美元	160	新增标准
52	厄瓜多尔		美元	150	
53	阿根廷		美元	190	
54	智利	安托法加斯塔、阿里卡	美元	140	
55	古巴		美元	200	
56	格林纳达		美元	280	
57	安提瓜和巴布达		美元	220	
58	苏里南		美元	140	
59	多米尼克		美元	200	
五	大洋洲及太平洋岛屿				
60	澳大利亚	堪培拉	美元	210	
61	瓦努阿图		美元	220	

5.25 财政部 外交部 监察部 审计署 国家预防腐败局关于印发《加强党政干部因公出国（境）经费管理暂行办法》的通知

2008 年 8 月 5 日　财行〔2008〕230 号

党中央有关部门，国务院各部委、直属机构，总后勤部、武警总部，全国人大常委会办公厅，全国政协办公厅，高法院，高检院，有关人民团体，各省、自治区、直辖市、计划单列市财政厅（局）、外事办、监察厅（局、委）、审计厅（局），新疆生产建设兵团财务局、外事（旅游）局、纪委监察局，审计局：

为贯彻落实中共中央办公厅、国务院办公厅《关于进一步加强因公出国（境）管理的若干规定》（中办发〔2008〕9号），规范因公出国（境）行为，加强因公出国（境）经费审批及预算管理，我们制定了《加强党政干部因公出国（境）经费管理暂行办法》，现印发给你们，请结合实际情况，认真贯彻执行。

附件：加强党政干部因公出国（境）经费管理暂行办法

财政部 外交部 监察部
审计署 国家预防腐败局
2008 年 8 月 5 日

附件：

加强党政干部因公出国（境）经费管理暂行办法

第一条 为贯彻落实党中央、国务院关于加强因公出国（境）管理工作的指示精神，切实规范党政干部因公出国（境）活动，进一步严格因公出国（境）经费审批及监督管理，强化预算约束，提高财政资金使用效益，制定本办法。

第二条 各级党政机关因公出国（境）活动，包括访问、考察、培训、参加国际活动等，应严格执行中共中央办公厅、国务院办公厅《关于进一步加强因公出国（境）管理的若干规定》（中办发〔2008〕9号），严格遵守预算管理的法律、行政法规，不得为不符合因公出国（境）条件的团组安排经费。

第三条 各级财政部门应进一步加强对因公出国(境)经费的预算管理。应根据财力的可能，科学合理地安排因公出国（境）经费预算额度，将因公出国（境）经费全部纳入预算管理，未安排预算的单位视为无出国（境）任务安排。严格控制因公出国（境）经费预算规模，对各级党政机关因公出国（境）经费预算实行零增长。

第四条 各级财政部门应进一步加强对因公出国（境）活动的用汇额度管理。按照各级党政机关因公出国（境）经费预算规模相应安排出国（境）用汇额度，采取切实措施加强党政机关出国（境）用汇管理，实行因公出国（境）经费预算及用汇额度双控制。

第五条 各级党政机关应切实加强因公出国（境）经费管理。要在财政部门批准的年度因公出国（境）经费预算和外汇额度内核定出国（境）计划，并根据工作需要组织安排出国（境）活动，确定出国（境）团组数量和规模，如需调整，应在预算内调剂安排。各级党政机关不得超预算或无预算安排出国（境）团组，不得接受或变相接受企事业单位资助，或向同级机关、下级机关和下属单位摊派、转嫁费用。

第六条 各级党政机关应贯彻"勤俭办外事"的方针，加强对因公出国（境）团组的财经纪律教育。因公出国（境）团组应严格执行各项费用开支标准，本着务实、高效、精简、节约的原则开展工作，努力提高工作效率和工作质量。

第七条 各级党政机关应建立因公出国（境）经费先行审核制度。因公出国（境）经费审批部门和任务审批部门要实行审批联动，从源头上把握和控制因公出国（境）活动，坚决制止公款出国（境）旅游行为。因公出国（境）经费审批部门和任务审批部门应根据各自的职责参与因公出国（境）的审批联动，具体审核原则如下：

（一）各级党政机关按照部门预算管理程序向同级财政部门申请出国（境）经费预算时，必须同时提供上一年度出国（境）经费预算执行情况。

（二）各级外事审批部门与财政部门应及时沟通因公出国（境）计划情况。各级财政部门应根据国家和地方财力及出国（境）经费预算申请情况确定各部门的出国经费预算额度，并实行总量控制。

（三）各地区各部门每年1月底前向中央外事工作领导小组办公室和外交部报送省部级人员本年度出国（境）计划时，应明确预算安排可以保证出国（境）团组经费开支。

（四）各级党政机关预算经各级人大批准以后，各级外事审批部门与派出单位的财务部门要根据出国（境）经费预算对纳入出国（境）计划的具体出国（境）任务逐一进行任务和经费联动审核，相互及时沟通情况，严格把关，堵塞漏洞。

（五）各级外事审批部门在审批因公出国（境）任务时，派出单位的财务部门应出具经费安排的意见，双跨类团组参团人员由其所在单位的财务部门出具经费审核意见，确保出国（境）任务在部门预算确定的出国（境）经费预算额度内执行。

（六）中央外事工作领导小组办公室和外交部在审批省部级因公出国（境）团组任务时，团组成员所在中央单位财务部门、地方财政部门应出具经费安排的意见。

（七）对于部门预算中未安排出国（境）经费预算，要求使用其他经费（包括单位行政、事业经费，摊派经费，企业赞助经费等）的因公出国（境）团组申请，视为无出国（境）经费预算安排，财务部门一律不得出具认可意见。凡未经财务部门经费审核认可的因公出国（境）申请，各级外事审批部门一律不予批准。

第八条 国家外国专家局安排的出国（境）培训团组，已纳入国家外国专家局计划并由其资助的出国人员，由国家外国专家局出具经费审核意见，其他参团人员由其所在单位的财务部门出具经费审核意见。

第九条 财务部门应进一步严格对因公出国（境）团组的经费核销管理。对因公出国（境）团组提供的出国（境）任务批件、护照（包括签证和出入境记录）复印件及有效费用明细票据进行认真审核，严格按照批准的出国（境）团组人数、天数、出国路线、经费计划以及有关的经费开支标准等进行核销，不得核销与公务活动无关的开支和计划外发生的费用，不得核销虚假费用单据。

除中央有关文件规定的特殊情况外，各级财政部门一律不得报销党政干部持因私出国（境）证件的出国（境）费用。

第十条 各级党政机关应建立健全对因公出国（境）团组的内部监督检查机制。财务部门应定期或不定期对因公出国（境）团组及经费使用情况进行检查，并于每年第一季度向同级财政部门报送上年度因公出国（境）经费和外汇使用情况。

第十一条　各级纪检监察机关应加强对因公出国（境）经费使用情况的有效监管。应将监管因公出国（境）经费使用情况作为坚决制止公费出国（境）旅游的重要内容，加大监督检查力度。

第十二条　各级审计机关应加强对因公出国（境）经费使用情况的审计监督。应将因公出国（境）经费的管理和使用情况的审计监督作为审计工作的重点，对各单位因公出国（境）经费管理和使用情况进行专项审计。

第十三条　各级纪检监察、审计机关对因公出国（境）经费使用管理中出现的违反财经纪律的行为，应按有关规定严肃处理。对弄虚作假，挪用其他资金、摊派转嫁出国（境）费用的，各级纪检监察机关要追究组团单位和团组相关人员的责任；对不认真履行经费审核、核销责任的，要追究财政、财务部门相关人员的责任；对未经经费审核部门认可而批准出国（境）的，要追究外事审批部门相关人员的责任。对涉嫌犯罪的要移送司法机关依法追究刑事责任。

第十四条　各地区各部门根据本办法并结合实际情况制定加强因公出国（境）经费管理的具体办法及出国任务与经费审批联动的具体实施方案。

第十五条　事业单位因公出国（境）经费的管理可参照本办法执行。

第十六条　本办法由财政部负责解释。

第十七条　本办法自发布之日起实施。

5.26　中共中央办公厅 国务院办公厅转发中央组织部 中央外办等部门《关于加强和改进教学科研人员因公临时出国管理工作的指导意见》的通知

2016年5月11日　厅字〔2016〕17号

各省、自治区、直辖市党委和人民政府，中央和国家机关各部委，中央军委办公厅，各人民团体：

中央组织部、中央外办、外交部、教育部、科技部、财政部《关于加强和改进教学科研人员因公临时出国管理工作的指导意见》已经中央领导同志同意，现转发给你们，请结合实际认真贯彻执行。

附件：关于加强和改进教学科研人员因公临时出国管理工作的指导意见

中共中央办公厅 国务院办公厅
2016年5月11日

附件：

关于加强和改进教学科研人员因公临时出国管理工作的指导意见

近期，中共中印发的《关于深化人才发展体制机制改革的意见》（中发〔2016〕9号提出，鼓励支持人才更广泛地参加国际学术交流与合作，完善相关管理办法。为贯彻落实中央要求，进一步支持高等学校和科研院所在扩大对外交流合作中激发人才创新创造创业活力，现就加强和改进教学科研人员因公临时出国管理工作提出如下指导意见。

一、指导思想

必须坚持党对外事工作的统一领导。高等学校和科研院所党委对本单位外事工作负有领导责任，要按照党中央关于加强和规范外事管理工作的指示要求，健全领导机制，加强制度建设，进一步完善包括对外学术交流合作在内的因公临时出国管理。

必须强化服务大局意识。对外学术交流合作要着眼国家发展大局和实际需要，通过积极参与国际重大科学计划、科学工程和专业学术交流，实现国际协同创新，全面加强基础学科、国际前沿、薄弱和空白学科建设，造就培养人才，提升教育科研领域国家软实力、国际影响力和国际竞争力。

二、实施区别管理

党的十八大以来，中央全面加强和规范国家工作人员因公临时出国管理，对加强党风廉政建设意义重大，必须严格贯彻，持之以恒。同时，根据高等学校和科研院所对外学术交流合作的实际需求，实施导向明确的区别管理。

（一）在因公临时出国管理中，教学科研人员出国开展学术交流合作要与其他性质的出访有所区别。学术交流合作主要包括开展教育教学活动、科学研究、学术访问、出席重要国际学术会议以及执行国际学术组织履职任务等。其他出访主要指一般性中外校际和科研院所间的工作交流。

（二）教学科研人员指高等学校和科研院所直接从事教学和科研任务的人员（含退离休返聘人员），以及在高等学校和科研院所及其二级单位中担任领导职务的专家学者。

（三）上述教学科研人员出国执行前项明确的学术交流合作任务，单位与个人的出国批次数、团组人数、在外停留天数根据实际需要安排。

高等学校和科研院所学术交流合作以外的因公临时出国，仍执行国家工作人员因公临时出国管理政策。

三、优化审批程序

加强和改进高等学校和科研院所教学科研人员出国开展学术交流合作管理工作，在调整中体现服务，在管理中突出保障，提高管理和服务的针对性。

（一）要科学制订教学科研人员出国开展学术交流合作年度计划，统筹规划和合理安排相关工作。年度计划由各高等学校和科研院所负责管理，并按外事审批权限报备，不列入国家工作人员因公临时出国批次限量管理范围。对确需临时安排的学术交流合作，应在个案报批时说明理由。

（二）教学科研人员出国开展学术交流合作，按行政隶属关系、组织人事管理权限和外事审批权限审批，各审批部门应各负其责，加强管理，提高审批效率，为教学科研人员出国开展学术交流合作提供便利和服务。高等学校和科研院所对包括对外学术交流合作在内的因公临时出国管理负有主体责任，主要负责人是第一责任人。高等学校和科研院所纪检监察机构要负起监督责任。

（三）教学科研人员出国开展学术交流合作，应持因公护照。特殊情况需持普通护照出国，应说明理由并按组织人事管理权限报组织人事部门批准。

四、加强经费管理

高等学校和科研院所应切实加强教学科研人员出国开展学术交流合作经费的预算管理，认真执行因公临时出国经费先行审核制度，由经费审批部门和任务审批部门实行审批联动。

高等学校和科研院所教学科研人员使用国家科技计划（专项、基金）等经费出国开展学术交流合作，应按照有关管理办法和制度规定执行，体现既符合科研活动规律、又符合预算管理要求的原则。

教学科研人员如需持普通护照出国开展学术交流合作，应凭本单位有关批件、出国证件及出入境记录报销与学术交流合作相关的费用。

五、强化监督和追责

要从加强党风廉政建设的高度，进一步强化纪律意识和责任意识，按照权责一致的原则，建立完善监督检查和责任追究机制。

（一）教学科研人员出国开展学术交流合作所执行的任务、涉及的国家（地区）和在外日程等要按规定公示，接受监督。未按规定公示的不予审批，不予核销相关费用。

（二）加强绩效评估。教学科研人员出国开展学术交流合作要及时提交总结报告，高等学校和科研院所要建立相应的交流合作成果和经费使用绩效评估制度。

（三）加强监督检查和责任追究。对教学科研人员以对外学术交流合作名义变相公款出国旅游等违规违纪行为，上级部门、纪检监察机构要严肃追究责任，并依规依纪惩处。对因管理不善、滥用政策造成严重不良影响的单位，要追究有关领导的责任。

各地区各部门各单位要根据本指导意见，结合实际制定实施细则，确保有关政策准确贯彻实施。

本指导意见自2016年7月1日起实施。此前有关规定与本指导意见不一致的，按本指导意见执行。

5.27　关于印发《关于加强中长期因公出国（境）培训管理工作的意见》的通知

2015年12月21日　外专发〔2015〕212号

各省、自治区、直辖市及副省级城市外国专家局，新疆生产建设兵团外国专家局，国务院各部委、各直属机构引智归口管理部门：

为贯彻落实中央关于因公出国（境）培训工作的新要求，进一步规范管理，严肃培训纪律，提升服务水平，切实提高中长期出国（境）培训（90天及以上）的质量和效益，现将《关于加强中长期因公出国（境）培训管理工作的意见的通知》印发给你们，请遵照执行。

国家外国专家局
2015年12月21日

附件：

关于加强中长期因公出国（境）培训管理工作的意见

为贯彻落实中央关于因公出国（境）培训工作的新要求，进一步规范管理，严肃培训纪律，提升服务水平，切实提高中长期出国（境）培训（90天及以上）的质量和效益，现就加强中长期因公出国（境）培训管理工作提出如下意见：

一、进一步加强对培训项目和参训人员的审核把关

根据国家经济社会发展战略需求，紧密围绕培养造就创新型科技人才、领军人才和复合型人才、重点领域急需紧缺专门人才等方面的迫切需要，以高层次人才和高技能人才为重点，切实加大对中长期培训项目支持力度。

坚持问题导向，进一步增强培训的针对性和实效性。组团单位、各地区各部门出国（境）培训归口管理部门、审批（审核）部门要对培训任务的必要性、报批材料的真实性、参训人员的相关性、行程安排的合理性严格审核把关。不得将出国（境）培训作为福利待遇，坚决杜绝照顾关系、搭车出国等现象，对与培训主题相关性不足、超龄和外语水平等未达到规定要求的人员不得派出。

严格中长期培训人员选派标准。参训人员应具有良好的政治素质、业务能力，身体健康，有3年以上工作经历，有完成培训任务所需的外语语言能力（达到BFT高级或具有同等水平）。参训人员须为国家机关、国有企事业单位的正式工作人员，外籍及已取得国外永久居留权的人员、正在境外工作或学习的人员不得选派。

国家外国专家局将根据有关规定和标准，优先支持中长期培训项目。已获得境外全额资助或者国家及地方其他公费资助人员不能重复申请。

二、认真做好参训人员预培训工作

各地区各部门出国（境）培训归口管理部门应加强对预培训工作的指导。组团单位在派出前须对参训人员进行系统的预培训，有完整的预培训方案，明确出国（境）培训的任务目标，强化政治纪律、组织纪律、外事纪律、培训纪律、财务纪律、安全保密、应急处理等方面教育，明确出国（境）培训管理相关规定、纪律要求和出国（境）注意事项，进行业务知识和外语强化培训等。双跨团组须由组团单位对所有参训人员在派出前集中进行预培训。预培训时间由组团单位根据培训任务和参训人员的实际情况确定。

进行预培训后，组团单位应与团长及每名参训人员签订《中长期因公出国（境）培训任务责任书》（参考样本见附件），明确出国（境）培训任务、培训总体要求及责任、组团单位与其约定的其他责任和义务等。

三、加强团组及参训人员境外培训期间的管理

出国（境）培训团组实行团长负责制。两人及以上团组必须明确指定团长，团长负责整个团组在国（境）外期间的政治、培训、纪律和安全等各方面管理工作。

团组及参训人员应严格执行中央对外工作方针政策，严守外事纪律，提高安全防范和保密意识，建立完善突发事件应急机制。遵守所在国法律法规，尊重当地风俗习惯，杜绝不文明行为。不得使用公款大吃大喝，聚众酗酒和参加高消费娱乐活动，严禁出入赌博、色情等场所。

培训团组及参训人员在境外期间须主动接受所在国我驻外使领馆的领导和监督，接受中国国际人才交流协会驻外代表处的监管，发生重大或突发事件时应及时请示报告。组团单位应加强与团组及参训人员的联系沟通，及时跟踪掌握培训相关动态情况。

团组及参训人员应严格执行经批准的培训日程。参训人员应遵守学习纪律，严格执行考勤和请销假制度。参训人员原则上不得申请中途回国休假。

（一）团组需按照有关规定，通过在线系统按时填写《培训日志》，作为境外培训考勤记录。如团组在境外未按规定填写《培训日志》的，将视具体情况或将决定中止境外培训任务。在境外领取资助经费和办理财务核销时将对《培训日志》进行审核。国家外国专家局资助经费的团组，回国后由国家外国专家局出国培训管理司审核《培训日志》并签署意见后才能办理经费核销

手续。

（二）境外培训期间原则上不许请假办理与培训任务无关事宜，不在培训所在国（地区）公休日之外时间休假。如有不可抗拒的特殊情况，可以按照以下程序申报办理：

1. 参训人员因事要在执行培训任务所在国（地区）处理而需暂停培训任务的，必须经团长同意并报回国内组团单位核准后，上报本次出国（境）培训任务归属管理的省、自治区、直辖市及副省级城市外国专家局或部门的出国（境）培训归口管理部门批准，并由批准部门报送国家外国专家局出国培训管理司备案。

2. 参训人员因事需要临时回国、中止培训任务提前回国或赴培训任务所在国（地区）之外的国家（地区）的，须由团长签署意见并经由国内组团单位上报本次出国（境）培训任务归属管理的省、自治区、直辖市及副省级城市外国专家局或部门的出国（境）培训归口管理部门审定后，报国家外国专家局出国培训管理司批准。

3. 如遇特别紧急情况来不及按以上1、2条规定办理报批手续的，可先行执行，但必须在5个工作日内按规定补齐各级报批手续。

（三）请假累计次数超过2次，或请假天数累计超过境外培训总时间十分之一的，将视具体情况或将决定中止境外培训任务。

（四）请假期内所发生费用均由请假人自付，国家资助的相关费用将按标准扣除；中止培训任务提前回国的，按相关规定返还多领取的资助费用。

完成培训任务回国后，须在1个月内向组团单位、所在地区或部门的出国（境）培训归口管理部门提交出国（境）培训总结报告和影音资料等（附电子版），由出国（境）培训归口管理部门向国家外国专家局出国培训管理司提交出国（境）培训总结报告。

国家外国专家局资助经费的中长期培训团组，由国家外国专家局出国培训管理司制发《国家外国专家局资助培训人员经费发放通知单》并提前通知中国国际人才交流协会驻外代表处（所在国没有驻外代表处的，将指定联系单位）。团组应在抵达后10个工作日内通过传真、电子邮件等方式向指定的中国国际人才交流协会驻外代表处报到，将银行账户信息等尽快通知代表处，应每3个月（提前一周）向代表处书面简要报告学习培训情况，由团长、境外培训机构负责人签字报代表处，由代表处审核后再行发放下一季度或余下的资助经费。如团组未按规定填写《培训日志》的，将视具体情况暂停发放资助经费或将决定中止境外培训任务。中止培训任务提前回国的，应及时通知代表处停拨经费。完成培训任务回国后，须在1个月内到国家外国专家局财务司核销相关经费，如逾期未核销，由组团单位负责催办，问题解决前将暂停组团单位其他团组派出。

四、进一步落实责任，加强监督管理

要按照"谁组团，谁负责""谁派出，谁负责""谁审批，谁负责"的原则，统筹考虑"选拔、派出、管理、回国"各环节，进一步明确责任，规范管理，抓好落实。

各地区各部门出国（境）培训归口管理部门应加强统筹规划、需求调研、业务指导、过程监管、优化服务，健全面向专业人才，特别是基层一线人员中长期出国（境）培训的管理和服务体系，切实提高培训的质量和效益。

组团单位作为直接责任主体，应指定专门部门和人员负责出国（境）培训参训人员的管理和服务工作，制定相应的管理办法，完善适合单人、小团组专业技术人员及中长期出国（境）培训项目的预培训和外事教育制度，及时跟踪掌握参训人员在外学习培训的动态情况，做到派出前有要求，派出后有跟踪管理，回国后有考核，并督促参训人员及时提交培训总结报告及培训成果,及时核销资助经费。

对于在中长期因公出国(境)培训中发生的违规违纪问题,国家外国专家局将会同相关部门进行严肃处理,相关开支不予报销,参训人员须退回公费资助的全部或部分费用,并对组团单位、出国(境)培训归口管理部门或审批(审核)部门进行通报处理,根据情节轻重给予暂停或取消其当年部分或全部出国(境)培训项目的执行、暂停审批其下一年度出国(境)培训项目等处理,并将通报处理意见在国家外国专家局政府网站上公布。

附件:

中长期因公出国(境)培训任务责任书(参考样本)

为进一步明确出国(境)培训的目标任务,规范管理,严肃培训纪律,确保出国(境)培训取得实效,签订如下责任书:

一、出国(境)培训任务

1. 培训团组名称:
2. 团长姓名:
3. 团员姓名:
4. 任务目标:
5. 出国(境)期限:
6. 培训所赴国家:
7. 城市(列明经批准所赴全部城市):
8. 境外培训机构:

二、培训总体要求及责任

1. 出国(境)培训团组实行团长负责制,团长负责整个团组在国(境)外期间的政治、培训、纪律和安全等各方面管理工作。

2. 团组及参训人员应严格执行经批准的培训日程。团组需按照有关规定,通过在线系统按时填写《培训日志》,作为境外培训考勤记录。参训人员应遵守学习纪律,严格执行考勤和请销假制度。

3. 严格执行中央对外工作方针政策,严守外事纪律,提高安全防范和保密意识,建立完善突发事件应急机制。遵守所在国法律法规,尊重当地风俗习惯,杜绝不文明行为。不得使用公款大吃大喝,聚众酗酒和参加高消费娱乐活动,严禁出入赌博、色情等场所。

4. 按有关规定购买境外保险,确保在境外期间受到意外伤害或生病时,能够得到及时救助和治疗,如因未购买保险导致的损失由其个人或者组团单位负担。

5. 完成培训任务回国后,须在1个月内向组团单位、本次出国(境)培训任务归属管理的出国(境)培训归口管理部门提交出国(境)培训总结报告和和影音资料等(附电子版),由出国(境)培训归口管理部门向国家外国专家局出国培训管理司提交。国家外国专家局资助经费的团组,须在回国后1个月内到国家外国专家局财务司核销相关经费。

6. 培训期间团组及参训人员发生违规违纪问题,按照国家法律、法规和出国(境)培训管理的相关规定进行严肃处理,追究相关人员责任,相关开支不予报销,参训人员须退回公费资助的全部或部分费用。

三、组团单位约定的其他责任和义务

团长或参训人员：　　　　　　　组团单位负责人：

（签字）　　　　　　　　　　　　（签字）
年 月 日　　　　　　　　　　　　年 月 日

5.28　国家外国专家局 财政部关于调整中长期出国（境）培训人员费用开支标准的通知

2012 年 7 月 30 日　外专发〔2012〕126 号

各省、自治区、直辖市及副省级城市外国专家局（引智办）、财政厅（局），新疆生产建设兵团外国专家局、财政局，国务院各部委、各直属机构引智归口管理部门：

根据突出重点、优化结构、提高质量的要求，为进一步加强高层次人才出国（境）培训力度，保证中长期出国（境）培训工作健康稳定发展，考虑到近年来国外物价水平的上涨、医疗保险费用的增加以及其他一些相关费用的提高，经研究，决定对中长期出国（境）培训人员的费用开支标准进行调整。现将有关事项通知如下：

一、中长期出国（境）培训是指 90 天以上（含 90 天）的出国（境）培训。调整后的中长期出国（境）培训人员费用开支项目包括：伙食费、住宿费、交通费、通讯费、书籍资料费、医疗保险费和零用费等。

二、中长期出国（境）培训人员费用开支标准分为"高级职称"人员开支标准和"普通职称"人员开支标准两类。"高级职称"指高级工程师（或相当高级工程师的其他职称）及以上职称、正县（处）级及以上行政职务。"普通职称"指工程师（或相当工程师的其他职称）及以下职称、副县（处）级及以下行政职务。

三、各派出单位要从严掌握党政干部中长期出国（境）培训规模，认真选拔培训人员，加强出国前外语和专业培训，严格考核，确保培训质量。

四、各地区、各部门要认真执行本通知精神，执行情况和效果及时向国家外国专家局报告。

五、调整后的中长期出国（境）培训人员费用开支标准（见附件）自本通知发布之日执行。

附件：中长期出国（境）培训人员费用开支标准表

国家外国专家
财政部
2012 年 7 月 30 日

中长期出国（境）培训人员费用开支标准表

序号	国家和地区	币别	标准（每人每月）	
			高级职称	普通职称
一	美洲、大洋洲			

续表

序号	国家和地区	币别	标准（每人每月）	
			高级职称	普通职称
1	美国（一类地区）	美元	2000	1800
	美国（二类地区）	美元	2000	1700
	美国（三类地区）	美元	2000	1400
2	加拿大	加元	2600	1700
3	澳大利亚	澳元	2100	1800
4	新西兰	新西兰元	2200	2000
5	其他国家（地区）	美元	1100	600
二	欧洲			
6	俄罗斯	美元	1400	1100
7	白俄罗斯	美元	1150	800
8	乌克兰	美元	1150	800
9	其他独联体国家	美元	1100	700
10	德国	欧元	1800	1300
11	法国	欧元	1800	1300
12	芬兰	欧元	1800	540
13	荷兰	欧元	1800	730
14	爱尔兰	欧元	1800	450
15	奥地利	欧元	1800	650
16	比利时	欧元	1800	6000
17	卢森堡	欧元	1800	1300
18	葡萄牙	欧元	1800	1100
19	西班牙	欧元	1800	1100
20	希腊	欧元	1800	1100
21	意大利	欧元	1800	1100
22	冰岛	欧元	1800	1100
23	塞浦路斯	欧元	1800	1100
24	马耳他	欧元	1800	1100
25	斯洛文尼亚	美元	1100	800
26	保加利亚	美元	1100	800

续表

序号	国家和地区	币别	标准（每人每月）	
			高级职称	普通职称
27	匈牙利	美元	1100	800
28	波兰	美元	1400	950
29	英国（伦敦地区）	英镑	1400	1150
	英国（其他地区）	英镑	1400	1000
30	丹麦	丹麦克朗	12000	9500
31	挪威	挪威克朗	13000	11000
32	瑞典	瑞典克朗	15000	13000
33	瑞士	瑞士法郎	2500	2000
34	其他国家（地区）	美元	1100	700
三	亚洲、非洲			
35	日本	日元	200000	160000
36	韩国	美元	2000	1400
37	新加坡	新元	2200	2100
38	印度	美元	1100	600
39	以色列	美元	1200	1000
40	南非	美元	1100	760
41	其他国家（地区）	美元	1100	600
42	香港	港元	14000	12000

5.29 中共中央办公厅 国务院办公厅关于印发《党政机关国内公务接待管理规定》的通知

2013年12月1日 中办发〔2013〕22号

各省、自治区、直辖市党委和人民政府，中央和国家机关各部委，解放军各总部、各大单位，各人民团体：

《党政机关国内公务接待管理规定》已经中央领导同志同意，现印发给你们，请遵照执行。

附件：党政机关国内公务接待管理规定

中共中央办公厅 国务院办公厅
2013年12月1日

附件：

党政机关国内公务接待管理规定

第一条 为了规范党政机关国内公务接待管理，厉行勤俭节约，反对铺张浪费，加强党风廉政建设，根据《党政机关厉行节约反对浪费条例》规定，制定本规定。

第二条 本规定适用于各级党的机关、人大机关、行政机关、政协机关、审判机关、检察机关，以及工会、共青团、妇联等人民团体和参照公务员法管理事业单位的国内公务接待行为。

本规定所称国内公务，是指出席会议、考察调研、执行任务、学习交流、检查指导、请示汇报工作等公务活动。

第三条 国内公务接待应当坚持有利公务、务实节俭、严格标准、简化礼仪、高效透明、尊重少数民族风俗习惯的原则。

第四条 各级党政机关公务接待管理部门应当结合当地实际，完善国内公务接待管理制度，制定国内公务接待标准。

县级以上党政机关公务接待管理部门负责管理本级党政机关国内公务接待工作，指导下级党政机关国内公务接待工作。

乡镇党委、政府应当加强国内公务接待管理，严格执行有关管理规定和开支标准。

第五条 各级党政机关应当加强公务外出计划管理，科学安排和严格控制外出的时间、内容、路线、频率、人员数量，禁止异地部门间没有特别需要的一般性学习交流、考察调研，禁止重复性考察，禁止以各种名义和方式变相旅游，禁止违反规定到风景名胜区举办会议和活动。

公务外出确需接待的，派出单位应当向接待单位发出公函，告知内容、行程和人员。

第六条 接待单位应当严格控制国内公务接待范围，不得用公款报销或者支付应由个人负担的费用。

国家工作人员不得要求将休假、探亲、旅游等活动纳入国内公务接待范围。

第七条 接待单位应当根据规定的接待范围，严格接待审批控制，对能够合并的公务接待统筹安排。无公函的公务活动和来访人员一律不予接待。

公务活动结束后，接待单位应当如实填写接待清单，并由相关负责人审签。接待清单包括接待对象的单位、姓名、职务和公务活动项目、时间、场所、费用等内容。

第八条 国内公务接待不得在机场、车站、码头和辖区边界组织迎送活动，不得跨地区迎送，不得张贴悬挂标语横幅，不得安排群众迎送，不得铺设迎宾地毯；地区、部门主要负责人不得参加迎送。严格控制陪同人数，不得层层多人陪同。

接待单位安排的活动场所、活动项目和活动方式，应当有利于公务活动开展。安排外出考察调研的，应当深入基层、深入群众，不得走过场、搞形式主义。

第九条 接待住宿应当严格执行差旅、会议管理的有关规定，在定点饭店或者机关内部接待场所安排，执行协议价格。出差人员住宿费应当回本单位凭据报销，与会人员住宿费按会议费管理有关规定执行。

住宿用房以标准间为主，接待省部级干部可以安排普通套间。接待单位不得超标准安排接待住房，不得额外配发洗漱用品。

第十条 接待对象应当按照规定标准自行用餐。确因工作需要，接待单位可以安排工作餐一次，并严格控制陪餐人数。接待对象在10人以内的，陪餐人数不得超过3人；超过10人的，不得超过接待对象人数的三分之一。

工作餐应当供应家常菜，不得提供鱼翅、燕窝等高档菜肴和用野生保护动物制作的菜肴，不得提供香烟和高档酒水，不得使用私人会所、高消费餐饮场所。

第十一条 国内公务接待的出行活动应当安排集中乘车，合理使用车型，严格控制随行车辆。

接待单位应当严格按照有关规定使用警车，不得违反规定实行交通管控。确因安全需要安排警卫的，应当按照规定的警卫界限、警卫规格执行，合理安排警力，尽可能缩小警戒范围，不得清场闭馆。

第十二条 各级党政机关应当加强对国内公务接待经费的预算管理，合理限定接待费预算总额。公务接待费用应当全部纳入预算管理，单独列示。

禁止在接待费中列支应当由接待对象承担的差旅、会议、培训等费用，禁止以举办会议、培训为名列支、转移、隐匿接待费开支；禁止向下级单位及其他单位、企业、个人转嫁接待费用，禁止在非税收入中坐支接待费用；禁止借公务接待名义列支其他支出。

第十三条 县级以上地方党委、政府应当根据当地经济发展水平、市场价格等实际情况，按照当地会议用餐标准制定本级国内公务接待工作餐开支标准，并定期进行调整。接待住宿应当按照差旅费管理有关规定，执行接待对象在当地的差旅住宿费标准。接待开支标准应当报上一级党政机关公务接待管理部门、财政部门备案。

第十四条 接待费报销凭证应当包括财务票据、派出单位公函和接待清单。

接待费资金支付应当严格按照国库集中支付制度和公务卡管理有关规定执行。具备条件的地方应当采用银行转账或者公务卡方式结算，不得以现金方式支付。

第十五条 机关内部接待场所应当建立健全服务经营机制，推行企业化管理，推进劳动、用工和分配制度与市场接轨，建立市场化的接待费结算机制，降低服务经营成本，提高资产使用效率，逐步实现自负盈亏、自我发展。

各级党政机关不得以任何名义新建、改建、扩建内部接待场所，不得对机关内部接待场所进行超标准装修或者装饰、超标准配置家具和电器。推进机关内部接待场所集中统一管理和利用，建立资源共享机制。

第十六条 接待单位不得超标准接待，不得组织旅游和与公务活动无关的参观，不得组织到营业性娱乐、健身场所活动，不得安排专场文艺演出，不得以任何名义赠送礼金、有价证券、纪念品和土特产品等。

第十七条 县级以上党政机关公务接待管理部门应当会同有关部门加强对本级党政机关各部门和下级党政机关国内公务接待工作的监督检查。监督检查的主要内容包括：

（一）国内公务接待规章制度制定情况；

（二）国内公务接待标准执行情况；

（三）国内公务接待经费管理使用情况；

（四）国内公务接待信息公开情况；

（五）机关内部接待场所管理使用情况。

党政机关各部门应当定期汇总本部门国内公务接待情况，报同级党政机关公务接待管理部门、财政部门、纪检监察机关备案。

第十八条 财政部门应当对党政机关国内公务接待经费开支和使用情况进行监督检查。审计部门应当对党政机关国内公务接待经费进行审计，并加强对机关内部接待场所的审计监督。

第十九条 县级以上党政机关公务接待管理部门应当会同财政部门按年度组织公开本级国

内公务接待制度规定、标准、经费支出、接待场所、接待项目等有关情况,接受社会监督。

第二十条 各级党政机关应当将国内公务接待工作纳入问责范围。纪检监察机关应当加强对国内公务接待违规违纪行为的查处,严肃追究接待单位相关负责人、直接责任人的党纪责任、行政责任并进行通报,涉嫌犯罪的移送司法机关依法追究刑事责任。

第二十一条 积极推进国内公务接待服务社会化改革,有效利用社会资源为国内公务接待提供住宿、用餐、用车等服务。推行接待用车定点服务制度。

第二十二条 地方各级党委、政府应当依照本规定制定本地区国内公务接待管理办法。

第二十三条 地方各级政府因招商引资等工作需要,接待除国家工作人员以外的其他因公来访人员,应当参照本规定实行单独管理,明确标准,控制经费总额,注重实际效益,加强审批管理,强化审计监督,杜绝奢侈浪费。严禁扩大接待范围、增加接待项目,严禁以招商引资为名变相安排公务接待。

第二十四条 国有企业、国有金融企业和不参照公务员法管理的事业单位参照本规定执行。

第二十五条 本规定由国家机关事务管理局会同有关部门负责解释。

第二十六条 本规定自发布之日起施行。2006年10月20日中共中央办公厅、国务院办公厅印发的《党政机关国内公务接待管理规定》同时废止。

5.30 财政部关于印发《中央和国家机关外宾接待经费管理办法》

2013年12月31日 财行〔2013〕533号

党中央各部门、国务院各部委、各直属机构、总后勤部、武警总部、全国人大常委会办公厅、全国政协办公厅、高法院、高检院、各人民团体、各民主党派中央、全国工商联:

根据中共中央政治局关于改进工作作风、密切联系群众的八项规定和中央领导对有关厉行节约、反对浪费等方面的重要批示,为进一步做好接待外宾工作,规范接待外宾管理,我们对《关于接待外宾费用开支标准和管理办法的规定》(财外字〔1997〕559号)进行了修订。现将修订后的《中央和国家机关外宾接待经费管理办法》(以下简称《办法》)印发给你们,请遵照执行。

请各省、自治区、直辖市、计划单列市财政厅(局)依照《办法》,结合各地区实际,制定相应的外宾接待管理办法和开支标准,并于2014年2月15日前报送财政部、外交部备案。

附件:中央和国家机关外宾接待经费管理办法

财政部
2013年12月31日

附件:

中央和国家机关外宾接待经费管理办法

第一章 总则

第一条 为了进一步规范外宾接待工作,加强外宾接待经费管理,强化预算监督,根据《中华人民共和国预算法》《党政机关厉行节约反对浪费条例》等有关法律法规，制定本办法。

第二条 中央和国家机关以及参照公务员法管理的事业单位(以下简称中央单位)接待国外、境外来宾适用本办法。

本办法所称的中央和国家机关，是指党中央各部门，国务院各部委、各直属机构，全国人大常委会办公厅，全国政协办公厅，最高人民法院，最高人民检察院，各人民团体、各民主党派中央和全国工商联。

第三条 中央单位外宾接待工作应当坚持服务外交、友好对等、务实节俭的原则。

第四条 中央单位邀请外宾来访应当按照有关外事管理规定，严格执行计划审批规定。未经批准或授权，不得对外发出正式邀请或作出承诺。接待计划应当明确外宾团组中由我方招待的人数、天数，费用开支范围以及资金来源、列支渠道、预算等。计划编制必须严格控制在年度外宾接待费预算内，不得突破。

第二章　预算管理

第五条 外宾接待费应纳入部门预算。中央单位应当加强外宾接待费预算管理，控制预算规模，在核定的年度外宾接待费预算内安排外宾接待活动，不得超预算或无预算安排外宾接待。

第六条 对应邀来华的外宾，中央单位应当根据互惠对等原则或外事交流协议等，区分为全部招待、部分招待和外宾自理。

无互惠对等原则及外事交流协议的，招待天数不得超过5天（含抵、离境当天），招待人数可由中央单位按内部规定执行，超出规定天数和人数的，一律由外宾自理。

第七条 中央单位应当从严从紧控制外宾接待经费，严格执行接待费开支标准，不得擅自突破，不得向同级机关、下级机关、下属单位和企业等摊派、转嫁费用。

第八条 外宾接待费的报销支付应严格按照国库集中支付和公务卡管理的有关制度执行，采用银行转账或公务卡方式结算，不得以现金方式支付。

第三章　开支范围及标准

第九条 外宾接待经费开支范围主要包括：住宿费、日常伙食费、宴请费、交通费、赠礼等。外宾接待经费原则上不得列支外宾来华国际旅费。

第十条 住宿费按以下办法执行：

（一）外宾住宿应当注重安全舒适，不追求奢华。副部长级及以上人员率领的外宾代表团，可安排在五星级、四星级宾馆；司局级及以下人员率领的代表团以及其他一般外宾代表团，安排的宾馆最高不超过四星级。

（二）外宾住房标准：副部长级及以上人员可安排套间，其他人员安排标准间。

（三）中央单位可结合实际情况与符合条件的宾馆签订长期合作协议，争取优惠价格。

第十一条 日常伙食费按以下办法执行：

（一）外宾日常伙食招待应当注意节俭，严格根据伙食费标准选择菜品，提倡采用自助餐等形式。

（二）外宾日常伙食费（含酒水、饮料）标准：国家元首、政府首脑级每人每天600元；副总统、副总理和正、副议长级每人每天550元；正、副部长级每人每天500元；其他人员每人每天 300 元。

第十二条 宴请费按以下办法执行：

（一）宴请外宾严禁讲排场，原则上安排在宴请举办单位内部的宾馆和招待所，不上高档菜肴和酒水，杜绝奢侈浪费。除宴会外，提倡采用冷餐会、酒会、茶会等多种宴请形式。

（二）外宾宴请费（含酒水、饮料）标准：正、副部长级人员出面举办的宴会，每人每次 400 元；司局级及以下人员出面举办的宴会，每人每次 300 元。冷餐、酒会、茶会分别为每人每次 150 元、100 元、60 元。

（三）外宾在华期间，宴请不得超过 2 次，包含赴地方访问时，由地方接待单位或有关单位联合安排的 1 次宴请。

第十三条 交通费按以下办法执行：

（一）外宾用车应当根据实际情况安排，除少数重要外宾乘坐小轿车外，其他外宾可视人数多少安排小轿车、中巴士或大巴士。在符合礼宾要求的前提下，外宾出行应当集中乘车，减少随行车辆。

（二）接待外宾确需租用车辆的，中央单位应当与资质合格、运营规范的汽车租赁公司签订租赁合同。

（三）外宾赴地方访问时，应当按级别乘坐相应等级标准交通工具，副部长级及以上外宾可提供飞机头等舱、轮船一等舱和火车软席（含高铁／动车商务座、全列软席列车一等座、火车高级软卧），其他人员可提供飞机经济舱、轮船二等舱和火车软席（含高铁／动车一等座、全列软席列车一等座、火车软卧）。

确因工作需要并经接待单位领导批准，外方主宾的重要随行人员可随主宾乘坐相应舱位，原则上按随行不超过主人来安排。

外宾途中伙食费按日常伙食费标准执行。

第十四条 对外赠礼按以下办法执行：

（一）对外赠礼应当节约从简，实物礼品应当尽量选择具有中国特色的纪念品、传统手工艺品和实用物品，朴素大方，不求奢华。

（二）赠礼对象仅为外方团长夫妇，必要时可包括主要陪同人员，原则上由接待单位赠礼 1 次，其他单位不得重复赠礼。如外方赠礼，可按对等原则回礼。

（三）对外赠礼以赠礼方或受礼方级别较高一方的级别确定赠礼标准。赠礼方或受礼方为正、副部长级人员的，每人次礼品不得超过 400 元；赠礼方或受礼方为司局级人员的，每人次礼品不得超过 200 元；其他人员，可以视情况赠送小纪念品。

（四）对访问我国的著名友好人士、社会名流、专家学者，确有必要赠礼的，按照正、副部长级人员标准执行。

第十五条 外宾在华期间的医药、邮电通讯、洗衣、理发等费用，除国家元首、政府首脑外，均由外宾自理。

第四章 陪同人员及经费管理

第十六条 我方陪同人员人数，应当根据礼宾要求，从严掌握。

第十七条 接待国家元首、政府首脑级外宾的重大外交外事活动，我方参加宴请人数应当根据礼宾要求安排。其他宴请，外宾 5 人（含）以内的，中外人数原则上在 1∶1 以内安排；外宾超过 5 人的，超过部分中外人数原则上在 1：2 以内安排。

第十八条 陪同外宾赴地方访问期间，陪同人员的伙食费、住宿费、交通费等开支标准按照中央和国家机关国内差旅费管理的有关规定执行，并由所在单位分别负担。确需与外宾同餐、同住、同行的，经所在单位领导批准，可按对应的外宾接待标准实报实销。

第十九条 中央单位的接待工作人员在接待活动期间，确因工作需要不能按时用餐的，经接待单位领导批准，可以领取误餐补助，标准为每人每次 50 元。

第五章 支出责任

第二十条 外宾接待原则上由邀请单位负担经费。中央单位邀请的外宾团组经费支出由中央单位负担；地方单位邀请的外宾团组经费支出由地方负担。

第二十一条 由中央单位邀请的外宾团组，确需到地方访问的，接待单位应当事先在接待方案中明确划分中央与地方分别承担的接待费用。

第六章 监督检查

第二十二条 除涉密内容和事项外，外宾接待经费的预决算应当按照预决算信息公开的有关规定，及时公开，接受社会监督。

第二十三条 外事、财政、审计等部门应当加强对外宾接待管理和经费使用情况的监督检查。各中央单位应如实提供包括接待计划、经费预算、开支报销凭证等在内的相关资料，主动配合接受检查，并认真落实检查意见。

第二十四条 违反本办法规定，有下列行为之一的，按照《财政违法行为处罚处分条例》《党政机关厉行节约反对浪费条例》等有关规定，责令整改，追回资金，并追究有关人员责任：

（一）擅自提高接待开支标准的；

（二）计划未经批准接待外宾的；

（三）违规扩大外宾接待开支范围，或报销与接待无关的费用的；

（四）虚报外宾接待级别、人数、天数，套取接待经费的；

（五）使用虚假发票报销接待费用的；

（六）其他违反本办法的行为。

第七章 附则

第二十五条 各省、自治区、直辖市财政部门应当根据本办法制定本地区外宾接待经费管理办法和开支标准，报财政部、外交部备案。

第二十六条 中央单位邀请的外宾团组赴地方访问时，执行当地的外宾接待经费开支标准。

第二十七条 中国人民解放军、中国人民武装警察部队和中央级事业单位的外宾接待经费管理参照本办法执行。

第二十八条 在华举办国际会议涉及的外宾接待费用管理按照在华举办国际会议的有关规定执行。

第二十九条 本办法由财政部负责解释。

第三十条 本办法自 2014 年 1 月 31 日起施行。1997 年 12 月 19 日发布的《关于接待外宾费用开支标准和管理办法的规定》（财外字〔1997〕559 号）同时废止。

5.31 财政部 中国人民银行关于印发《中央预算单位公务卡管理暂行办法》的通知

2007 年 7 月 12 日　财办库〔2007〕63 号

党中央有关部门，国务院各部委、各直属机构，武警总部，全国人大常委会办公厅，全国政协办公厅，高法院，高检院，有关人民团体，新疆生产建设兵团财务局，国库集中支付各代理银行：

为进一步深化国库集中支付制度改革，方便预算单位用款，减少现金结算，提高支付透明度，加强预算执行监控管理，根据《财政国库管理制度改革试点方案》（财库〔2001〕24 号）和《银行卡业务管理办法》（银发〔1999〕17 号）、《支付结算办法》（银发〔1997〕393 号）等有关规定，财政部、中国人民银行制定了《中央预算单位公务卡管理暂行办法》，现予印发，请遵照执行。执行中有何问题，请及时向财政部、中国人民银行反映。

各中央预算部门实施公务卡试点的时间等事项，财政部将另行通知。

附件：中央预算单位公务卡管理暂行办法

财政部 中国人民银行
2007 年 7 月 12 日

附件

中央预算单位公务卡管理暂行办法

第一章　总则

第一条 为进一步深化国库集中支付制度改革，规范中央预算单位财政授权支付业务，减少现金支付结算，提高支付透明度，加强财政监督，方便预算单位用款，根据《财政国库管理制度改革试点方案》（财库〔2001〕24 号）和《银行卡业务管理办法》（银发〔1999〕17 号）、《支付结算办法》（银发〔1997〕393 号）等相关规定，制定本办法。

第二条 本办法所称公务卡，是指中央预算单位工作人员持有的，主要用于日常公务支出和财务报销业务的信用卡。

第三条 中央预算单位财政授权支付业务中原使用现金结算的公用经费支出，包括差旅费、会议费、招待费和 5 万元（以人民币为单位，下同）以下的零星购买支出等，一般应当使用公务卡结算。中央预算单位应根据银行卡受理环境等情况，积极扩大公务卡使用范围，尽量减少现金支出。

第四条 公务卡的发卡银行（以下简称发卡行）是指办理国库集中支付业务的代理银行，预算单位在确定的代理银行范围内，自行选择本单位公务卡发卡行。

第五条 与公务卡管理有关的信息维护、财务报销、银行划款和动态监控等业务，通过专门的公务卡支持系统辅助办理。

第六条 持有公务卡的工作人员（以下统称持卡人）应当妥善保管公务卡，规范使用公务卡办理公务支出的支付结算业务，并及时向所在单位财务部门申请办理报销手续。

第七条 预算单位财务部门应当依托公务卡支持系统，认真审核公务卡报销事项。对于批准报销的公务卡消费支出，应当按规定时间，通过零余额账户办理向公务卡的资金还款手续。

第二章 公务卡日常管理

第八条 公务卡由中央预算单位统一组织本单位工作人员向发卡行申办。公务卡申办成功后，经预算单位确认核实，由发卡行将持卡人姓名和卡号等信息统一录入公务卡支持系统管理。

第九条 预算单位在工作人员新增或调动、退休时，应及时组织办理公务卡的申领或停止使用等手续，并通知发卡行及时维护公务卡支持系统。现有工作人员涉及公务卡的相关信息变动时，应及时通知发卡行维护公务卡支持系统。

第十条 公务卡应当使用银联标准信用卡。试点阶段，公务卡原则上仅用于办理人民币支出结算业务。

第十一条 公务卡主要用于公务支出的支付结算。公务支出发生后，由持卡人及时向所在单位财务部门申请办理报销手续。公务卡也可用于个人支付结算业务，但不得办理财务报销手续，单位不承担私人消费行为引致的一切责任。

第十二条 公务卡的信用额度，由预算单位根据银行卡管理规定和业务需要，与发卡行协商设定。原则上每张公务卡的信用额度不超过 5 万元、不少于 2 万元。持卡人在规定的信用额度和免息还款期内先支付，后还款。

第十三条 发卡行可根据持卡人资信情况对其公务卡信用额度进行调整，并及时通知持卡人和持卡人所在单位财务部门。其中，调增信用额度的，须事前商持卡人所在单位财务部门同意。

第十四条 公务卡的卡片和密码均由个人负责保管。公务卡遗失或损毁后的补办等事项由个人自行到发卡行申请办理，并通过单位财务部门及时通知发卡行维护公务卡支持系统。

第十五条 发卡行应按月向持卡人提供公务卡对账单，并按照与持卡人约定的方式，及时向持卡人提供公务卡账户资金变动情况和还款提示等重要信息。

第十六条 持卡人对公务消费交易发生疑义，可按发卡行的相关规定等提出交易查询。

第三章 公务卡支付管理

第十七条 对于差旅、会议、购买等公务支出，使用公务卡结算的，应在公务卡信用额度内，先通过公务卡结算，并须取得发票等财务报销凭证和有关银行卡消费凭证。持卡人所在单位财务部门对于公务支出有事前审批要求的，持卡人应事先按要求履行相关审批手续。

第十八条 原则上同一持卡人信用消费单笔不得超过 2 万元，月透支余额不得超过 5 万元。

第十九条 特殊情况下公务卡信用额度不能满足公务支付需要时，持卡人可通过单位财务部门提前向发卡行申请临时增加信用额度，增加的额度和使用期限等具体事项，按照发卡行有关规定执行。

第二十条 持卡人在执行公务中原则上不允许通过公务卡提取现金。确有特殊需要，应当事前经过单位财务部门批准，未经批准的提现业务，提现手续费等费用由持卡人承担。

第四章 公务卡财务报销管理

第二十一条 持卡人使用公务卡消费结算的各项公务支出，必须在发卡行规定的免息还款期内，到所在单位财务部门报销。因个人报销不及时造成的罚息、滞纳金等相关费用，由持卡人承担；因持卡人所在单位报销不及时造成的利息等费用，以及由此带来的对个人资信影响等责任，由单位承担。

第二十二条 持卡人办理公务卡消费支出报销业务时，应当按照所在单位财务部门要求填写报销审批单，并附有关财务报销凭证及公务卡消费凭证，按照单位规定的财务报销程序报请审批。

第二十三条 确因工作需要，持卡人不能在规定的免息还款期内返回单位办理报销手续的，可由持卡人或其所在单位相关人员向单位财务部门提供持卡人姓名、交易日期和每笔交易金额的明细信息，办理相关借款手续，经财务部门审核批准，于免息还款期之前，先将资金转入公务卡，持卡人返回单位后按财务部门规定时间补办报销手续。

第二十四条 单位财务人员登录公务卡支持系统，根据持卡人提供的姓名、交易日期和消费金额等信息，查询核对公务消费的真实性，审核确认后批准报销。

第二十五条 单位财务人员对批准报销的公务卡消费支出，按以下规定办理报销还款手续：

（一）通过公务卡支持系统，编制"还款明细表"，生成"还款汇总表"，并以电子文档形式将"还款汇总表"及"还款明细表"提交发卡行。

（二）签发财政授权支付指令（支票等支付凭证），附加盖单位财务公章的"还款汇总表"，通知发卡行向指定的公务卡还款。

（三）原则上应在公务卡免息还款期的前三个工作日内，统一办理报销资金的还款手续；对于确需提前还款的业务，预算单位可及时签发财政授权支付指令办理公务卡报销还款手续。

第二十六条 "还款明细表"应包含流水号、预算单位组织机构代码、零余额账户账号、持卡人姓名、公务卡号、交易日期、交易金额、报销金额、商户名称、预算管理类型、预算科目（功能分类和经济分类）、支出类型、用途、创建用户、创建时间、复核用户、复核时间、处理状态等要素。

第二十七条 "还款汇总表"在"还款明细表"基础上生成，应包含还款记录序号、持卡人姓名、公务卡号、报销金额、预算科目（功能分类）、支票号码、汇总还款金额等要素。

第二十八条 "还款汇总表"电子信息与纸质信息必须确保一致。预算单位提交发卡行的"还款汇总表"必须从公务卡支持系统直接打印，不得使用另行编辑或下载修改的"还款汇总表"。

第二十九条 中央预算单位填写所有用于公务卡还款的财政授权支付指令时，国库集中支付制度原规定必须填写的12位连续代码中的后四位代码（3位经济分类代码和1位支出类型代码），改为统一填写"3000"代码。"还款明细表"中经济分类代码和支出类型代码，填写规定不变。财政授权支付指令收款人统一填写持卡人所在单位名称。

第三十条 代理银行根据预算单位签发的支付指令和"还款汇总表"信息，于收到支付指令的当日，将资金支付到公务卡账户。

第三十一条 因特殊原因导致发卡行当日无法将资金划转到公务卡账户，发卡行应于第二个工作日上午与预算单位沟通核实并重新划款。3个工作日内仍无法完成划款的，须及时通知预算单位，由预算单位按照财政授权支付业务流程，签发《财政授权支付更正（退回）通知书》，向零余额账户办理资金退回手续。

第三十二条 因向供应商退货等原因导致已报销资金退回公务卡的，持卡人应及时将相应款项退回所在单位财务部门，并由单位财务部门及时退回零余额账户。持卡人退款的财务审核手续按所在单位内部财务制度规定执行。

第三十三条 预算单位办理公务卡报销和资金退回等业务的账务处理，按照《财政部关于印发〈财政国库管理制度改革试点会计核算暂行办法〉的通知》（财库〔2001〕54号）等规定执行。

第三十四条 发卡行应当按财政部要求，向财政部动态监控系统实时、全面、准确反馈零余额账户向公务卡还款的支付信息，以及该笔报销业务所对应的公务卡明细消费信息。

第三十五条 发卡行应以纸质或电子形式按月向预算单位提供公务卡报销信息对账单。对账单区分预算科目，按日期、姓名、卡号、报销金额、退回金额等内容编制。

第五章 管理职责

第三十六条 财政部在公务卡管理工作中的主要职责是：

（一）会同中国人民银行组织制定公务卡管理的有关制度规定，组织管理中央预算单位公务卡试点和实施工作。

（二）指导和督促发卡行按照双方签署的协议，做好公务卡实施的系统建设、信息传递和资金还款等工作。

（三）管理国库动态监控系统，对中央预算单位公务卡项下的公务消费支出和报销事项进行监控管理，对重大问题进行调研或组织核查。

（四）协调有关部门，解决公务卡实施中的有关政策衔接问题，并协同推动银行卡受理环境的改善和银行卡产业发展。

第三十七条 中国人民银行在公务卡管理中的主要职责是：

（一）配合财政部组织制定公务卡管理的有关制度规定，共同推进公务卡实施工作。

（二）加强对发卡行在公务卡应用推广方面的指导和管理，引导推动发卡行不断加强公务卡应用方面的软、硬件设施建设。

（三）加强与有关方面的协调配合，落实与公务卡有关的配套措施建设，推动有关方面共同创造良好的公务卡用卡环境。

第三十八条 预算单位在公务卡管理工作中的主要职责是：

（一）选择本单位公务卡发卡行，签订公务卡服务协议。

（二）组织本单位工作人员统一办理公务卡，做好新增、调动、退休等人员的公务卡管理工作。

（三）督促本单位持卡人及时办理公务卡项下公务消费支出的财务报销手续。协助发卡行向本单位有逾期欠款的持卡人催收欠款。

（四）通过公务卡支持系统，审核本单位持卡人提请报销的公务卡消费信息，及时办理公务卡报销还款和资金退回等业务，及时下载保存报销还款信息，做好相关账务处理工作，并按月与发卡行就公务卡报销还款情况进行对账。

（五）配合财政部做好公务卡监督管理等有关工作。

第三十九条　发卡行在公务卡管理工作中的主要职责是：

（一）加强与公务卡管理有关的内部制度规范和信息系统建设，积极扩大银行卡机具布设范围，规范有关银行卡机具使用和银行卡消费信息的收集、存储、传送等方面的管理，提供良好的公务卡应用环境。

（二）按照与财政部所签订协议的要求定制公务卡，在试点初期开发维护或协助维护公务卡支持系统，及时、准确为财政部传送零余额账户资金支付及公务卡中的公务消费支出等动态监控信息，并确保信息传送的及时性、准确性和保密性。

（三）按照与预算单位签订的公务卡服务协议，为预算单位工作人员办理公务卡，维护公务卡支持系统，为公务卡报销、审核与支付还款业务提供及时、准确、规范、便捷的服务。

（四）按照本办法规定，与预算单位协商设定公务卡信用额度，为持卡人提供公务卡使用、挂失、注销等方面的便捷优质服务，并及时向持卡人反馈资金还款信息。

第四十条　中央预算单位工作人员除有涉密任务外，原则上均应在单位统一组织下申请办理公务卡。持卡人的主要职责是：

（一）按规定申请办理公务卡，妥善保管卡片和密码，并承担因个人保管不善等原因引起的公务卡有关费用。

（二）执行公务所需支出，原则上应使用公务卡结算和报销，并接受财政部门和所在单位财务部门对公务支出的监控管理。

（三）及时归还公务卡项下银行欠款。因离职、退休等原因离开所在单位，应按单位要求清理公务卡项下债权债务，停止公务卡的使用。

（四）遵守国家关于银行卡使用管理的法律法规和本办法有关规定，规范使用公务卡。

第四十一条　严禁预算单位将非本单位工作人员纳入公务卡管理范围、违规办理公务卡报销业务或查询、泄漏本单位公务卡持卡人的私人交易信息；严禁持卡人违规使用公务卡、恶意透支、拖欠还款或将非公务支出用于公务报销；严禁发卡行对外泄漏与公务卡支出有关的各种数据资料。违反规定的，追究单位负责人和直接责任人的行政责任，情节严重涉嫌犯罪的，移交司法机关，依法追究刑事责任。

第六章　附则

第四十二条　试点阶段，发卡行应为预算单位零余额账户的开户行。

第四十三条　试点阶段，对于特殊情况的，经单位财务部门审核同意，工作人员可向单位财务预借现金支付，并按现行财务规定办理报销手续。

第四十四条　中央预算单位财务部门应根据本办法规定，结合单位财务内部控制规范，制定本单位公务卡报销管理细则，加强财务管理，并认真做好对本单位持卡人的宣传培训等工作。

第四十五条　本办法未尽事宜，有相关规定的，按相关规定执行，没有相关规定的，由财政部会同中国人民银行负责解释。

第四十六条　本办法自印发之日起执行。

5.32 关于实施中央预算单位公务卡强制结算目录的通知

2011年11月25日 财库〔2011〕160号

党中央有关部门，国务院各部委、各直属机构，武警部队，新疆生产建设兵团，全国人大常委会办公厅，全国政协办公厅，高法院，高检院，有关人民团体：

　　为加强和规范公务支出管理，进一步推进公务卡制度改革，扩大公务卡使用范围，切实减少公务支出中的现金提取和使用，根据《财政部中国人民银行关于印发〈中央预算单位公务卡管理暂行办法〉的通知》（财库〔2007〕63号）等有关规定，决定在中央预算单位实施公务卡强制结算目录。现就有关事项通知如下：

　　一、充分认识实施公务卡强制结算目录的必要性

　　公务卡制度改革自2007年推行以来，改革覆盖面迅速扩大，公务卡发卡量快速增长，对减少预算单位现金支付结算、规范公务支出的政策效应逐步显现。但同时也存在公务卡使用范围偏窄、使用率不高的问题，"有卡不用"现象较为普遍。建立公务卡强制结算目录，严格规定预算单位公务支出中必须使用公务卡结算的项目，有利于提高公务卡使用率，充分发挥公务卡制度优势，进一步加强和规范公务支出管理。各部门各单位要从党风廉政建设和源头预防腐败的高度，切实提高对实施公务卡强制结算目录必要性和重要性的认识，认真抓好落实工作。

　　二、严格执行公务卡强制结算目录

　　（一）所有实行公务卡制度改革的中央预算单位，都应严格执行中央预算单位公务卡强制结算目录。

　　（二）凡目录规定的公务支出项目，应按规定使用公务卡结算，原则上不再使用现金结算。原使用转账方式结算的，可继续使用转账方式。

　　（三）下列情况可暂不使用公务卡结算：

1. 在县级以下（不包括县级）地区发生的公务支出；
2. 在县级及县级以上地区不具备刷卡条件的场所发生的单笔消费在200元以下的公务支出；
3. 按规定支付给个人的支出；
4. 签证费、快递费、过桥过路费、出租车费用等目前只能使用现金结算的支出。

除上述情况外，因特殊情形确实不能使用公务卡结算的，应报经单位财务部门批准。

　　三、有关工作要求

　　（一）制定具体细则。各部门应尽快制定本部门实施公务卡强制结算目录的管理办法，并于2011年12月31日前报财政部备案。各部门要加强对所属预算单位的指导，要求各单位制定相应的实施细则，重点明确不能使用公务卡结算情况下的财务审批程序和报销手续。各部门各单位应从严控制不使用公务卡结算的支出事项，必要时报销申请人应提供不能使用公务卡结算的证明材料。

　　（二）加强培训宣传。各部门各单位要加强公务卡管理政策培训，使单位财务人员和工作人员熟练掌握公务卡强制结算目录。同时要加强宣传，在本部门本单位形成良好的主动用卡、自觉用卡氛围。

　　（三）加大改革力度。各部门要于2012年底前将公务卡制度改革推进到所有基层预算单位，并督促基层预算单位严格执行公务卡强制结算目录。

本通知自 2012 年 1 月 1 日起实施。
附件：中央预算单位公务卡强制结算目录

财政部
2011 年 11 月 25 日

附件：   **中央预算单位公务卡强制结算目录**

序号	公务卡结算项目	备注
01	办公费	指单位购买按财务会计制度规定不符合固定资产确认标准的日常办公用品、书报杂志等支出。
02	印刷费	指单位的印刷费支出。
03	咨询费	指单位咨询方面的支出。
04	手续费	指单位支付的手续费支出。
05	水电费	指单位支付的水电费支出。
06	邮电费	指单位开支的电话费、电报费、传真费、网络通讯费等支出。
07	物业管理费	指单位开支的办公用房、职工及离退休人员宿舍等的物业管理费，包括综合治理、绿化、卫生等方面的支出。
08	差旅费	指单位工作人员因出差支付的住宿费、购买机票支出等。
09	维修（护）费	指单位日常开支的固定资产（不包括车船等交通工具）修理和维护费用，网络信息系统运行与维护费用。
10	租赁费	指租赁办公用房、宿舍、专用通讯网以及其他设备等方面的费用。
11	会议费	指会议中按规定开支的房租费、伙食补助费以及文件资料的印刷费、会议场地租用费等。
12	培训费	指各类培训支出。
13	公务接待费	指单位按规定开支的各类公务接待（含外宾接待）费用。
14	专用材料费	指单位购买日常专用材料的支出。具体包括药品及医疗耗材，农用材料，兽医用品，实验室用品，专用服装，消耗性体育用品，专用工具和仪器，艺术部门专用材料和用品，广播电视台发射台发射机的电力、材料等方面的支出。
15	公务用车运行维护费	指公务用车的燃料费、维修费、保险费等支出。
16	其他交通费用	指单位除公务用车运行维护费以外的其他交通费用。如飞机、船舶等的燃料费、维修费、保险费等。

5.33 财政部 科技部关于中央财政科研项目使用公务卡结算有关事项的通知

2015 年 12 月 31 日   财库〔2015〕245 号

党中央有关部门，国务院各部委、各直属机构，武警部队，新疆生产建设兵团，高法院，高检院，有关人民团体，各省、自治区、直辖市、计划单列市财政厅（局）、科技厅（局）：

为进一步加强中央财政科研项目资金管理，规范科研活动支付业务，减少现金结算，提高支付透明度，强化资金安全，按照《中共中央国务院关于深化科技体制改革加快国家创新体系建设的意见》《国务院关于改进加强中央财政科研项目和资金管理的若干意见》（国发〔2014〕11 号），以及公务卡管理制度规定，结合有关单位实际情况，现就科研院所、高等学校等事业单位承担中央财政科研项目使用公务卡结算有关事项通知如下：

一、充分认识科研项目推行公务卡结算的重要意义。当前，科研项目经费管理中存在的一个突出问题是缺乏对经费使用的过程监管。推行科研项目经费使用公务卡结算，不仅可以有效提高科研支出的透明度，加强科研项目经费管理，提高资金使用效益，而且可以方便项目承担单位用款，减少现金提取和使用，进一步提高财务管理水平。各地区、各部门应当充分认识科研项目经费推行公务卡结算的重要性和紧迫性，加强组织领导，精心部署，确保相关工作落实到位。

二、科研院所、高等学校等事业单位承担中央财政科技计划（专项、基金等）以及纳入中央部门预算管理的科研项目，所发生的属于《中央预算单位公务卡强制结算目录》（财库〔2011〕160 号）范围的支出以及小额材料费和测试化验加工费等，要按规定实行公务卡结算。对上述支出中，因不具备刷卡条件而无法采用公务卡结算，但科研工作实际需要发生的支出，如市内交通费、野外科考工作中发生的支出等，报经单位科研管理部门及财务部门批准可以暂不使用公务卡结算。项目承担单位应当制定相关实施细则，明确不具备刷卡条件情形下的财务审批程序和报销手续，从严控制现金支出事项，减少现金提取和使用。

三、各有关单位应当按照公务卡管理有关制度规定，为单位工作人员统一办理公务卡，规范公务卡支付行为，严格落实科研项目经费使用公务卡结算要求。非预算单位工作人员原则上不得办理公务卡。对于参与科研项目 1 年以上，并负责科研经费支出报销业务的项目聘用人员，由聘用人员与项目负责人共同申请，经项目管理部门和财务部门批准后，可以办理公务卡。

四、各有关单位应当依托代理银行公务卡支持系统（或财政部门国库集中支付系统公务卡模块），审核公务卡报销事项。报销业务量大的单位，可结合本单位实际情况，在单位财务管理信息系统中增加公务卡模块，由报销人在网上自行完成消费记录验证环节，提高报销审核效率。对于批准报销的公务卡消费支出，应在规定的还款期限内，区分报销资金的不同来源，通过零余额账户或实有资金账户以转账方式办理公务卡还款手续。

五、公务卡为个人信用卡，除公务消费支出由单位报销还款外，公务卡的其他消费支出均由个人负责还款，单位不承担因个人原因导致的一切责任。工作人员离职，应及时办理销卡手续，不得继续使用公务卡。若离职人员不配合销卡，单位财务部门可直接提请发卡银行冻结相应的公务卡。

六、科研项目财务验收检查时,科研项目使用公务卡结算情况作为验收内容之一。公务卡使用情况纳入科研信用管理范围,凡未按规定使用公务卡的,将与项目承担单位或依托单位以及项目负责人和参加者的科研信用记录挂钩。

七、各地区可参照本通知,制定地方财政科研项目使用公务卡结算管理办法。

八、本通知由财政部会同科技部负责解释。

九、本通知自 2016 年 2 月 1 日起执行。

财政部 科技部
2015 年 12 月 31 日

5.34 关于印发《中央和国家机关基层党组织党建活动经费管理办法》的通知

财行〔2017〕324 号

党中央各部门,国务院各部委、各直属机构,全国人大常委会办公厅,全国政协办公厅,高法院,高检院,各人民团体:

为进一步加强中央和国家机关基层党组织建设,推进"两学一做"学习教育常态化制度化,规范党建活动经费管理,我们研究制定了《中央和国家机关基层党组织党建活动经费管理办法》,现印发给你们,请认真遵照执行。执行中有何问题,请及时向我们反映。

附件:中央和国家机关基层党组织党建活动经费管理办法

财政部 中央直属机关工委 中央国家机关工委
2017 年 8 月 19 日

附件:

中央和国家机关基层党组织党建活动经费管理办法

第一章 总则

第一条 为加强中央和国家机关基层党组织建设,推进"两学一做"学习教育常态化制度化,规范党建活动经费管理,依据《中华人民共和国预算法》《中国共产党党和国家机关基层组织工作条例》等有关法律法规,制定本办法。

第二条 中央和国家机关基层党组织使用财政资金开展的党建活动,适用本办法。

本办法所称中央和国家机关基层党组织,是指党的关系隶属于中央直属机关工委、中央国家机关工委的中央和国家机关各部门、各人民团体(以下简称各单位)按照《中国共产党党和国家机关基层组织工作条例》设置的机关党的基层组织(包括党的基层委员会、党总支、党支部),不包括各单位机关党委。

本办法所称党建活动,是指基层党组织开展的"三会一课"、主题党日活动、党员和入党积极分子教育培训、学习调研等活动。

第三条 各单位基层党组织开展党建活动，必须坚持厉行节约、反对浪费的原则，统筹使用财政资金和党费，结合党建工作要求和机关工作实际，按年度编制计划，实行审批备案管理。

第二章 计划管理

第四条 各单位基层党组织开展党建活动，应当按年度编制党建活动计划（包括活动内容、形式、时间、地点、人数、所需经费及列支渠道等），报单位机关党委审核。

第五条 各单位基层党组织编制党建活动计划，应当充分听取党员意见，并经基层党的委员会或支部（总支）委员会讨论。

第六条 各单位机关党委汇总并审核所属基层党组织年度党建活动计划，经单位财务部门审核后，报部委（党组、党委）批准。

各单位机关党委要严格控制到常驻地以外开展的党建活动规模、时间和数量。

第七条 各单位基层党组织根据党建工作需要，临时增加使用财政资金开展的党建活动，应当报单位机关党委和财务部门批准。

第八条 各单位应当于每年3月31日前按党组织隶属关系，将党建活动计划分别报中央直属机关工委、中央国家机关工委备案。

第三章 开支范围和标准

第九条 本办法所称党建活动经费支出项目包括：租车费、城市间交通费、伙食费、住宿费、场地费、讲课费、资料费和其他费用。

（一）租车费是指开展党建活动需集体出行发生的租车费用。

（二）城市间交通费是指到常驻地以外开展党建活动发生的城市间交通支出。

（三）伙食费是指开展党建活动期间发生的用餐费用。

（四）住宿费是指开展党建活动期间发生的租住房间的费用。

（五）场地费是指用于党建活动的会议室、活动场地租金。

（六）讲课费是指请师资为党员授课所支付的费用。

（七）资料费是指为党员学习教育集中购买的培训资料费用。

第十条 党建活动经费按支出项目，分别执行下列标准：

（一）城市间交通费、住宿费，参照中央和国家机关差旅费有关规定，按标准执行；个人不得领取交通补助。

（二）伙食费，参照中央和国家机关差旅费有关规定，在差旅费伙食补助费标准内据实报销；一天仅一次就餐的，人均伙食费不超过40元；个人不得领取伙食补助。

（三）讲课费，参照中央和国家机关培训费有关标准执行。

（四）租车费，大巴士（25座以上）每辆每天不超过1500元，中巴士（25座及以下）每辆每天不超过1000元；租车到常驻地以外的，租车费可以适当增加。

（五）场地费，每半天人均不得超过50元。

（六）资料费和其他有关费用经批准后据实报销。

第四章 活动组织

第十一条 开展党建活动，要突出增强党员的政治意识、大局意识、核心意识、看齐意识，同时注重与中心工作结合，注重质量效果，防止形式主义。

第十二条 开展主题党日活动，应当有详细的活动方案，明确主题，注重活动的政治性和庄重感。

第十三条 开展党建活动，要充分发挥党员的主体作用，必须自行组织，不得将活动组织委托给旅行社等其他单位。

第十四条 开展党建活动，要因地制宜，充分利用本地条件；每个基层党组织到常驻地以外开展党建活动原则上每两年不超过一次；要严格控制租用场地举办活动，确需租用的，要选择安全、经济、便捷的场地。

第十五条 开展党建活动，要根据实际情况集体出行。集体出行确需租用车辆的，应当视人数多少租用大巴车或中巴车，不得租用轿车（5座及以下）。到常驻地以外开展党建活动，一般不得乘坐飞机。

第十六条 开展党建活动，要严格遵守中央八项规定精神，严格执行廉洁自律各项规定。

严禁借党建活动名义安排公款旅游；严禁到党中央、国务院明令禁止的风景名胜区开展党建活动；严禁借党建活动名义组织会餐或安排宴请；严禁组织高消费娱乐健身活动；严禁购置电脑、复印机、打印机、传真机等固定资产以及开支与党建活动无关的其他费用；严禁套取资金设立"小金库"；严禁发放任何形式的个人补助；严禁转嫁党建活动费用。

第五章 报销结算

第十七条 报销党建活动经费，需经单位机关党委审核后履行报销程序。

各单位财务部门应当严格按照规定进行审核报销。

第十八条 党建活动的资金支付，应当执行国库集中支付和公务卡管理有关制度规定。

第十九条 党建活动所需财政资金，原则上在部门预算公用经费中列支，由各单位在年度部门预算中合理保障。

第六章 监督检查

第二十条 各单位应当将党建活动经费开支情况以适当方式公开。

第二十一条 各单位应当于每年3月31日前将上年度党建活动开展情况（包括活动形式、内容、时间、地点、人数、经费开支及列支渠道等）按党组织隶属关系，分别报中央直属机关工委、中央国家机关工委备案。

第二十二条 中央直属机关工委、中央国家机关工委、财政部等有关部门对各单位党建活动经费管理使用情况进行监督检查。

（一）党建活动计划的编报是否符合规定；

（二）临时增加党建活动是否报单位机关党委批准；

（三）党建活动经费开支范围和开支标准是否符合规定；

（四）党建活动经费报销和支付是否符合规定；

（五）是否存在奢侈浪费现象；

（六）是否存在其他违反本办法的行为。

第二十三条 有违反本办法的行为，由中央直属机关工委、中央国家机关工委、财政部等有关部门责令改正，追回资金，并予以通报。相关责任人员按规定予以党纪政纪处分；涉嫌违法的，移交司法机关处理。

第七章　附则

第二十四条 各单位应当按照本办法，结合本单位业务特点和工作实际，制定基层党组织党建活动经费管理具体规定。

第二十五条 事业单位参照本办法执行。

第二十六条 本办法由财政部会同中央直属机关工委、中央国家机关工委负责解释。

第二十七条 本办法自 2017 年 10 月 1 日起施行。

06 内部控制法规制度

6.1 行政事业单位内部控制规范(试行)

2012年11月29日　财会〔2012〕21号

第一章　总则

第一条　为了进一步提高行政事业单位内部管理水平,规范内部控制,加强廉政风险防控机制建设,根据《中华人民共和国会计法》《中华人民共和国预算法》等法律法规和相关规定,制定本规范。

第二条　本规范适用于各级党的机关、人大机关、行政机关、政协机关、审判机关、检察机关、各民主党派机关、人民团体和事业单位(以下统称单位)经济活动的内部控制。

第三条　本规范所称内部控制,是指单位为实现控制目标,通过制定制度、实施措施和执行程序,对经济活动的风险进行防范和管控。

第四条　单位内部控制的目标主要包括:合理保证单位经济活动合法合规、资产安全和使用有效、财务信息真实完整,有效防范舞弊和预防腐败,提高公共服务的效率和效果。

第五条　单位建立与实施内部控制,应当遵循下列原则:

(一)全面性原则。内部控制应当贯穿单位经济活动的决策、执行和监督全过程,实现对经济活动的全面控制。

(二)重要性原则。在全面控制的基础上,内部控制应当关注单位重要经济活动和经济活动的重大风险。

(三)制衡性原则。内部控制应当在单位内部的部门管理、职责分工、业务流程等方面形成相互制约和相互监督。

(四)适应性原则。内部控制应当符合国家有关规定和单位的实际情况,并随着外部环境的变化、单位经济活动的调整和管理要求的提高,不断修订和完善。

第六条　单位负责人对本单位内部控制的建立健全和有效实施负责。

第七条　单位应当根据本规范建立适合本单位实际情况的内部控制体系,并组织实施。具体工作包括梳理单位各类经济活动的业务流程,明确业务环节,系统分析经济活动风险,确定风险点，选择风险应对策略，在此基础上根据国家有关规定建立健全单位各项内部管理制度并督促相关工作人员认真执行。

第二章 风险评估和控制方法

第八条 单位应当建立经济活动风险定期评估机制，对经济活动存在的风险进行全面、系统和客观评估。

经济活动风险评估至少每年进行一次；外部环境、经济活动或管理要求等发生重大变化的，应及时对经济活动风险进行重估。

第九条 单位开展经济活动风险评估应当成立风险评估工作小组，单位领导担任组长。

经济活动风险评估结果应当形成书面报告并及时提交单位领导班子，作为完善内部控制的依据。

第十条 单位进行单位层面的风险评估时，应当重点关注以下方面：

（一）内部控制工作的组织情况。包括是否确定内部控制职能部门或牵头部门；是否建立单位各部门在内部控制中的沟通协调和联动机制。

（二）内部控制机制的建设情况。包括经济活动的决策、执行、监督是否实现有效分离；权责是否对等；是否建立健全议事决策机制、岗位责任制、内部监督等机制。

（三）内部管理制度的完善情况。包括内部管理制度是否健全；执行是否有效。

（四）内部控制关键岗位工作人员的管理情况。包括是否建立工作人员的培训、评价、轮岗等机制；工作人员是否具备相应的资格和能力。

（五）财务信息的编报情况。包括是否按照国家统一的会计制度对经济业务事项进行账务处理；是否按照国家统一的会计制度编制财务会计报告。

（六）其他情况。

第十一条 单位进行经济活动业务层面的风险评估时，应当重点关注以下方面：

（一）预算管理情况。包括在预算编制过程中单位内部各部门间沟通协调是否充分，预算编制与资产配置是否相结合、与具体工作是否相对应；是否按照批复的额度和开支范围执行预算，进度是否合理，是否存在无预算、超预算支出等问题；决算编报是否真实、完整、准确、及时。

（二）收支管理情况。包括收入是否实现归口管理，是否按照规定及时向财会部门提供收入的有关凭据，是否按照规定保管和使用印章和票据等；发生支出事项时是否按照规定审核各类凭据的真实性、合法性，是否存在使用虚假票据套取资金的情形。

（三）政府采购管理情况。包括是否按照预算和计划组织政府采购业务；是否按照规定组织政府采购活动和执行验收程序；是否按照规定保存政府采购业务相关档案。

（四）资产管理情况。包括是否实现资产归口管理并明确使用责任；是否定期对资产进行清查盘点，对账实不符的情况及时进行处理；是否按照规定处置资产。

（五）建设项目管理情况。包括是否按照概算投资；是否严格履行审核审批程序；是否建立有效的招投标控制机制；是否存在截留、挤占、挪用、套取建设项目资金的情形；是否按照规定保存建设项目相关档案并及时办理移交手续。

（六）合同管理情况。包括是否实现合同归口管理；是否明确应签订合同的经济活动范围和条件；是否有效监控合同履行情况，是否建立合同纠纷协调机制。

（七）其他情况。

第十二条 单位内部控制的控制方法一般包括：

（一）不相容岗位相互分离。合理设置内部控制关键岗位，明确划分职责权限，实施相应的分离措施，形成相互制约、相互监督的工作机制。

（二）内部授权审批控制。明确各岗位办理业务和事项的权限范围、审批程序和相关责任，建立重大事项集体决策和会签制度。相关工作人员应当在授权范围内行使职权、办理业务。

（三）归口管理。根据本单位实际情况，按照权责对等的原则，采取成立联合工作小组并确定牵头部门或牵头人员等方式，对有关经济活动实行统一管理。

（四）预算控制。强化对经济活动的预算约束，使预算管理贯穿于单位经济活动的全过程。

（五）财产保护控制。建立资产日常管理制度和定期清查机制，采取资产记录、实物保管、定期盘点、账实核对等措施，确保资产安全完整。

（六）会计控制。建立健全本单位财会管理制度，加强会计机构建设，提高会计人员业务水平，强化会计人员岗位责任制，规范会计基础工作，加强会计档案管理，明确会计凭证、会计账簿和财务会计报告处理程序。

（七）单据控制。要求单位根据国家有关规定和单位的经济活动业务流程，在内部管理制度中明确界定各项经济活动所涉及的表单和票据，要求相关工作人员按照规定填制、审核、归档、保管单据。

（八）信息内部公开。建立健全经济活动相关信息内部公开制度，根据国家有关规定和单位的实际情况，确定信息内部公开的内容、范围、方式和程序。

第三章 单位层面内部控制

第十三条 单位应当单独设置内部控制职能部门或者确定内部控制牵头部门，负责组织协调内部控制工作。同时，应当充分发挥财会、内部审计、纪检监察、政府采购、基建、资产管理等部门或岗位在内部控制中的作用。

第十四条 单位经济活动的决策、执行和监督应当相互分离。单位应当建立健全集体研究、专家论证和技术咨询相结合的议事决策机制。

重大经济事项的内部决策，应当由单位领导班子集体研究决定。重大经济事项的认定标准应当根据有关规定和本单位实际情况确定，一经确定，不得随意变更。

第十五条 单位应当建立健全内部控制关键岗位责任制，明确岗位职责及分工，确保不相容岗位相互分离、相互制约和相互监督。单位应当实行内部控制关键岗位工作人员的轮岗制度，明确轮岗周期。不具备轮岗条件的单位应当采取专项审计等控制措施。

内部控制关键岗位主要包括预算业务管理、收支业务管理、政府采购业务管理、资产管理、建设项目管理、合同管理以及内部监督等经济活动的关键岗位。

第十六条 内部控制关键岗位工作人员应当具备与其工作岗位相适应的资格和能力。

单位应当加强内部控制关键岗位工作人员业务培训和职业道德教育，不断提升其业务水平和综合素质。

第十七条 单位应当根据《中华人民共和国会计法》的规定建立会计机构，配备具有相应资格和能力的会计人员。单位应当根据实际发生的经济业务事项按照国家统一的会计制度及时进行账务处理、编制财务会计报告，确保财务信息真实、完整。

第十八条 单位应当充分运用现代科学技术手段加强内部控制。对信息系统建设实施归口管理，将经济活动及其内部控制流程嵌入单位信息系统中，减少或消除人为操纵因素，保护信息安全。

第四章 业务层面内部控制

第一节 预算业务控制

第十九条 单位应当建立健全预算编制、审批、执行、决算与评价等预算内部管理制度。

单位应当合理设置岗位，明确相关岗位的职责权限，确保预算编制、审批、执行、评价等不相容岗位相互分离。

第二十条 单位的预算编制应当做到程序规范、方法科学、编制及时、内容完整、项目细化、数据准确。

（一）单位应当正确把握预算编制有关政策，确保预算编制相关人员及时全面掌握相关规定。

（二）单位应当建立内部预算编制、预算执行、资产管理、基建管理、人事管理等部门或岗位的沟通协调机制，按照规定进行项目评审，确保预算编制部门及时取得和有效运用与预算编制相关的信息，根据工作计划细化预算编制，提高预算编制的科学性。

第二十一条 单位应当根据内设部门的职责和分工，对按照法定程序批复的预算在单位内部进行指标分解、审批下达，规范内部预算追加调整程序，发挥预算对经济活动的管控作用。

第二十二条 单位应当根据批复的预算安排各项收支，确保预算严格有效执行。

单位应当建立预算执行分析机制。定期通报各部门预算执行情况，召开预算执行分析会议，研究解决预算执行中存在的问题，提出改进措施，提高预算执行的有效性。

第二十三条 单位应当加强决算管理，确保决算真实、完整、准确、及时，加强决算分析工作，强化决算分析结果运用，建立健全单位预算与决算相互反映、相互促进的机制。

第二十四条 单位应当加强预算绩效管理，建立"预算编制有目标、预算执行有监控、预算完成有评价、评价结果有反馈、反馈结果有应用"的全过程预算绩效管理机制。

第二节 收支业务控制

第二十五条 单位应当建立健全收入内部管理制度。

单位应当合理设置岗位，明确相关岗位的职责权限，确保收款、会计核算等不相容岗位相互分离。

第二十六条 单位的各项收入应当由财会部门归口管理并进行会计核算，严禁设立账外账。

业务部门应当在涉及收入的合同协议签订后及时将合同等有关材料提交财会部门作为账务处理依据，确保各项收入应收尽收，及时入账。财会部门应当定期检查收入金额是否与合同约定相符；对应收未收项目应当查明情况，明确责任主体，落实催收责任。

第二十七条 有政府非税收入收缴职能的单位，应当按照规定项目和标准征收政府非税收入，按照规定开具财政票据，做到收缴分离、票款一致，并及时、足额上缴国库或财政专户，不得以任何形式截留、挪用或者私分。

第二十八条 单位应当建立健全票据管理制度。财政票据、发票等各类票据的申领、启用、核销、销毁均应履行规定手续。单位应当按照规定设置票据专管员，建立票据台账，做好票据的保管和序时登记工作。票据应当按照顺序号使用，不得拆本使用，做好废旧票据管理。负责保管票据的人员要配置单独的保险柜等保管设备，并做到人走柜锁。

单位不得违反规定转让、出借、代开、买卖财政票据、发票等票据，不得擅自扩大票据适用范围。

第二十九条　单位应当建立健全支出内部管理制度，确定单位经济活动的各项支出标准，明确支出报销流程，按照规定办理支出事项。单位应当合理设置岗位，明确相关岗位的职责权限，确保支出申请和内部审批、付款审批和付款执行、业务经办和会计核算等不相容岗位相互分离。

第三十条　单位应当按照支出业务的类型，明确内部审批、审核、支付、核算和归档等支出各关键岗位的职责权限。实行国库集中支付的，应当严格按照财政国库管理制度有关规定执行。

（一）加强支出审批控制。明确支出的内部审批权限、程序、责任和相关控制措施。审批人应当在授权范围内审批，不得越权审批。

（二）加强支出审核控制。全面审核各类单据。重点审核单据来源是否合法，内容是否真实、完整，使用是否准确，是否符合预算，审批手续是否齐全。

支出凭证应当附反映支出明细内容的原始单据，并由经办人员签字或盖章，超出规定标准的支出事项应由经办人员说明原因并附审批依据，确保与经济业务事项相符。

（三）加强支付控制。明确报销业务流程，按照规定办理资金支付手续。签发的支付凭证应当进行登记。使用公务卡结算的，应当按照公务卡使用和管理有关规定办理业务。

（四）加强支出的核算和归档控制。由财会部门根据支出凭证及时准确登记账簿；与支出业务相关的合同等材料应当提交财会部门作为账务处理的依据。

第三十一条　根据国家规定可以举借债务的单位应当建立健全债务内部管理制度，明确债务管理岗位的职责权限，不得由一人办理债务业务的全过程。大额债务的举借和偿还属于重大经济事项，应当进行充分论证，并由单位领导班子集体研究决定。

单位应当做好债务的会计核算和档案保管工作。加强债务的对账和检查控制，定期与债权人核对债务余额，进行债务清理，防范和控制财务风险。

第三节　政府采购业务控制

第三十二条　单位应当建立健全政府采购预算与计划管理、政府采购活动管理、验收管理等政府采购内部管理制度。

第三十三条　单位应当明确相关岗位的职责权限，确保政府采购需求制定与内部审批、招标文件准备与复核、合同签订与验收、验收与保管等不相容岗位相互分离。

第三十四条　单位应当加强对政府采购业务预算与计划的管理。建立预算编制、政府采购和资产管理等部门或岗位之间的沟通协调机制。根据本单位实际需求和相关标准编制政府采购预算，按照已批复的预算安排政府采购计划。

第三十五条　单位应当加强对政府采购活动的管理。对政府采购活动实施归口管理，在政府采购活动中建立政府采购、资产管理、财会、内部审计、纪检监察等部门或岗位相互协调、相互制约的机制。

单位应当加强对政府采购申请的内部审核，按照规定选择政府采购方式、发布政府采购信息。对政府采购进口产品、变更政府采购方式等事项应当加强内部审核，严格履行审批手续。

第三十六条　单位应当加强对政府采购项目验收的管理。根据规定的验收制度和政府采购文件，由指定部门或专人对所购物品的品种、规格、数量、质量和其他相关内容进行验收，并出具验收证明。

第三十七条 单位应当加强对政府采购业务质疑投诉答复的管理。指定牵头部门负责、相关部门参加，按照国家有关规定做好政府采购业务质疑投诉答复工作。

第三十八条 单位应当加强对政府采购业务的记录控制。妥善保管政府采购预算与计划、各类批复文件、招标文件、投标文件、评标文件、合同文本、验收证明等政府采购业务相关资料。定期对政府采购业务信息进行分类统计，并在内部进行通报。

第三十九条 单位应当加强对涉密政府采购项目安全保密的管理。对于涉密政府采购项目，单位应当与相关供应商或采购中介机构签订保密协议或者在合同中设定保密条款。

第四节 资产控制

第四十条 单位应当对资产实行分类管理，建立健全资产内部管理制度。

单位应当合理设置岗位，明确相关岗位的职责权限，确保资产安全和有效使用。

第四十一条 单位应当建立健全货币资金管理岗位责任制，合理设置岗位，不得由一人办理货币资金业务的全过程，确保不相容岗位相互分离。

（一）出纳不得兼管稽核、会计档案保管和收入、支出、债权、债务账目的登记工作。

（二）严禁一人保管收付款项所需的全部印章。财务专用章应当由专人保管，个人名章应当由本人或其授权人员保管。负责保管印章的人员要配置单独的保管设备，并做到人走柜锁。

（三）按照规定应当由有关负责人签字或盖章的，应当严格履行签字或盖章手续。

第四十二条 单位应当加强对银行账户的管理，严格按照规定的审批权限和程序开立、变更和撤销银行账户。

第四十三条 单位应当加强货币资金的核查控制。指定不办理货币资金业务的会计人员定期和不定期抽查盘点库存现金，核对银行存款余额，抽查银行对账单、银行日记账及银行存款余额调节表，核对是否账实相符、账账相符。对调节不符、可能存在重大问题的未达账项应当及时查明原因，并按照相关规定处理。

第四十四条 单位应当加强对实物资产和无形资产的管理，明确相关部门和岗位的职责权限，强化对配置、使用和处置等关键环节的管控。

（一）对资产实施归口管理。明确资产使用和保管责任人，落实资产使用人在资产管理中的责任。贵重资产、危险资产、有保密等特殊要求的资产，应当指定专人保管、专人使用，并规定严格的接触限制条件和审批程序。

（二）按照国有资产管理相关规定，明确资产的调剂、租借、对外投资、处置的程序、审批权限和责任。

（三）建立资产台账，加强资产的实物管理。单位应当定期清查盘点资产，确保账实相符。财会、资产管理、资产使用等部门或岗位应当定期对账，发现不符的，应当及时查明原因，并按照相关规定处理。

（四）建立资产信息管理系统，做好资产的统计、报告、分析工作，实现对资产的动态管理。

第四十五条 单位应当根据国家有关规定加强对对外投资的管理。

（一）合理设置岗位，明确相关岗位的职责权限，确保对外投资的可行性研究与评估、对外投资决策与执行、对外投资处置的审批与执行等不相容岗位相互分离。

（二）单位对外投资，应当由单位领导班子集体研究决定。

（三）加强对投资项目的追踪管理，及时、全面、准确地记录对外投资的价值变动和投资收益情况。

（四）建立责任追究制度。对在对外投资中出现重大决策失误、未履行集体决策程序和不按规定执行对外投资业务的部门及人员，应当追究相应的责任。

第五节 建设项目控制

第四十六条 单位应当建立健全建设项目内部管理制度。

单位应当合理设置岗位，明确内部相关部门和岗位的职责权限，确保项目建议和可行性研究与项目决策、概预算编制与审核、项目实施与价款支付、竣工决算与竣工审计等不相容岗位相互分离。

第四十七条 单位应当建立与建设项目相关的议事决策机制，严禁任何个人单独决策或者擅自改变集体决策意见。决策过程及各方面意见应当形成书面文件，与相关资料一同妥善归档保管。

第四十八条 单位应当建立与建设项目相关的审核机制。项目建议书、可行性研究报告、概预算、竣工决算报告等应当由单位内部的规划、技术、财会、法律等相关工作人员或者根据国家有关规定委托具有相应资质的中介机构进行审核，出具评审意见。

第四十九条 单位应当依据国家有关规定组织建设项目招标工作，并接受有关部门的监督。

单位应当采取签订保密协议、限制接触等必要措施，确保标底编制、评标等工作在严格保密的情况下进行。

第五十条 单位应当按照审批单位下达的投资计划和预算对建设项目资金实行专款专用，严禁截留、挪用和超批复内容使用资金。财会部门应当加强与建设项目承建单位的沟通，准确掌握建设进度，加强价款支付审核，按照规定办理价款结算。实行国库集中支付的建设项目，单位应当按照财政国库管理制度相关规定支付资金。

第五十一条 单位应当加强对建设项目档案的管理。做好相关文件、材料的收集、整理、归档和保管工作。

第五十二条 经批准的投资概算是工程投资的最高限额，如有调整，应当按照国家有关规定报经批准。

单位建设项目工程洽商和设计变更应当按照有关规定履行相应的审批程序。

第五十三条 建设项目竣工后，单位应当按照规定的时限及时办理竣工决算，组织竣工决算审计，并根据批复的竣工决算和有关规定办理建设项目档案和资产移交等工作。

建设项目已实际投入使用但超时限未办理竣工决算的，单位应当根据对建设项目的实际投资暂估入账，转作相关资产管理。

第六节 合同控制

第五十四条 单位应当建立健全合同内部管理制度。

单位应当合理设置岗位，明确合同的授权审批和签署权限，妥善保管和使用合同专用章，严禁未经授权擅自以单位名义对外签订合同，严禁违规签订担保、投资和借贷合同。

单位应当对合同实施归口管理，建立财会部门与合同归口管理部门的沟通协调机制，实现合同管理与预算管理、收支管理相结合。

第五十五条 单位应当加强对合同订立的管理，明确合同订立的范围和条件。对于影响重大、涉及较高专业技术或法律关系复杂的合同，应当组织法律、技术、财会等工作人员参与谈判，必要时可聘请外部专家参与相关工作。谈判过程中的重要事项和参与谈判人员的主要意见，应当予以记录并妥善保管。

第五十六条 单位应当对合同履行情况实施有效监控。合同履行过程中，因对方或单位自身原因导致可能无法按时履行的，应当及时采取应对措施。

单位应当建立合同履行监督审查制度。对合同履行中签订补充合同，或变更、解除合同等应当按照国家有关规定进行审查。

第五十七条 财会部门应当根据合同履行情况办理价款结算和进行账务处理。未按照合同条款履约的，财会部门应当在付款之前向单位有关负责人报告。

第五十八条 合同归口管理部门应当加强对合同登记的管理，定期对合同进行统计、分类和归档，详细登记合同的订立、履行和变更情况，实行对合同的全过程管理。与单位经济活动相关的合同应当同时提交财会部门作为账务处理的依据。

单位应当加强合同信息安全保密工作，未经批准，不得以任何形式泄露合同订立与履行过程中涉及的国家秘密、工作秘密或商业秘密。

第五十九条 单位应当加强对合同纠纷的管理。合同发生纠纷的，单位应当在规定时效内与对方协商谈判。合同纠纷协商一致的，双方应当签订书面协议；合同纠纷经协商无法解决的，经办人员应向单位有关负责人报告，并根据合同约定选择仲裁或诉讼方式解决。

第五章 评价与监督

第六十条 单位应当建立健全内部监督制度，明确各相关部门或岗位在内部监督中的职责权限，规定内部监督的程序和要求，对内部控制建立与实施情况进行内部监督检查和自我评价。

内部监督应当与内部控制的建立和实施保持相对独立。

第六十一条 内部审计部门或岗位应当定期或不定期检查单位内部管理制度和机制的建立与执行情况，以及内部控制关键岗位及人员的设置情况等，及时发现内部控制存在的问题并提出改进建议。

第六十二条 单位应当根据本单位实际情况确定内部监督检查的方法、范围和频率。

第六十三条 单位负责人应当指定专门部门或专人负责对单位内部控制的有效性进行评价并出具单位内部控制自我评价报告。

第六十四条 国务院财政部门及其派出机构和县级以上地方各级人民政府财政部门应当对单位内部控制的建立和实施情况进行监督检查，有针对性地提出检查意见和建议，并督促单位进行整改。

国务院审计机关及其派出机构和县级以上地方各级人民政府审计机关对单位进行审计时，应当调查了解单位内部控制建立和实施的有效性，揭示相关内部控制的缺陷，有针对性地提出审计处理意见和建议，并督促单位进行整改。

第六章 附则

第六十五条 本规范自 2014 年 1 月 1 日起施行。

6.2 财政部关于印发《行政事业单位内部控制报告管理制度（试行）》的通知

2017年1月25日　财会〔2017〕1号

党中央有关部门，国务院各部委、各直属机构，全国人大常委会办公厅，全国政协办公厅，高法院，高检院，各民主党派中央，有关人民团体，各省、自治区、直辖市、计划单列市财政厅（局），新疆生产建设兵团财务局：

为全面推进行政事业单位加强内部控制建设，根据《财政部关于全面推进行政事业单位内部控制建设的指导意见》（财会〔2015〕24号）和《行政事业单位内部控制规范（试行）》（财会〔2012〕21号）的有关要求，我们制定了《行政事业单位内部控制报告管理制度（试行）》，现印发你们，请遵照执行。执行中有何问题，请及时反馈我们。

附件：行政事业单位内部控制报告管理制度（试行）

财政部
2017年1月25日

附件：

行政事业单位内部控制报告管理制度（试行）

第一章　总则

第一条　为贯彻落实党的十八届四中全会通过的《中共中央关于全面推进依法治国若干重大问题的决定》的有关精神，进一步加强行政事业单位内部控制建设，规范行政事业单位内部控制报告的编制、报送、使用及报告信息质量的监督检查等工作，促进行政事业单位内部控制信息公开，提高行政事业单位内部控制报告质量，根据《财政部关于全面推进行政事业单位内部控制建设的指导意见》（财会〔2015〕24号，以下简称《指导意见》）和《行政事业单位内部控制规范（试行）》（财会〔2012〕21号，以下简称《单位内部控制规范》）等，制定本制度。

第二条　本制度适用于所有行政事业单位。

本制度所称行政事业单位包括各级党的机关、人大机关、行政机关、政协机关、审判机关、检察机关、各民主党派机关、人民团体和事业单位。

第三条　本制度所称内部控制报告，是指行政事业单位在年度终了，结合本单位实际情况，依据《指导意见》和《单位内部控制规范》，按照本制度规定编制的能够综合反映本单位内部控制建立与实施情况的总结性文件。

第四条　行政事业单位编制内部控制报告应当遵循下列原则：

（一）全面性原则。内部控制报告应当包括行政事业单位内部控制的建立与实施、覆盖单位层面和业务层面各类经济业务活动，能够综合反映行政事业单位的内部控制建设情况。

（二）重要性原则。内部控制报告应当重点关注行政事业单位重点领域和关键岗位，突出重点、兼顾一般，推动行政事业单位围绕重点开展内部控制建设，着力防范可能产生的重大风险。

（三）客观性原则。内部控制报告应当立足于行政事业单位的实际情况，坚持实事求是，真实、完整地反映行政事业单位内部控制建立与实施情况。

（四）规范性原则。行政事业单位应当按照财政部规定的统一报告格式及信息要求编制内部控制报告，不得自行修改或删减报告及附表格式。

第五条 行政事业单位是内部控制报告的责任主体。

单位主要负责人对本单位内部控制报告的真实性和完整性负责。

第六条 行政事业单位应当根据本制度，结合本单位内部控制建立与实施的实际情况，明确相关内设机构、管理层级及岗位的职责权限，按照规定的方法、程序和要求，有序开展内部控制报告的编制、审核、报送、分析使用等工作。

第七条 内部控制报告编报工作按照"统一部署、分级负责、逐级汇总、单向报送"的方式，由财政部统一部署，各地区、各垂直管理部门分级组织实施并以自下而上的方式逐级汇总，非垂直管理部门向同级财政部门报送，各行政事业单位按照行政管理关系向上级行政主管部门单向报送。

第二章 内部控制报告编报工作的组织

第八条 财政部负责组织实施全国行政事业单位内部控制报告编报工作。其职责主要是制定行政事业单位内部控制报告的有关规章制度及全国统一的行政事业单位内部控制报告格式，布置全国行政事业单位内部控制年度报告编报工作并开展相关培训，组织和指导全国行政事业单位内部控制报告的收集、审核、汇总、报送、分析使用，组织开展全国行政事业单位内部控制报告信息质量的监督检查工作，组织和指导全国行政事业单位内部控制考核评价工作，建立和管理全国行政事业单位内部控制报告数据库等工作。

第九条 地方各级财政部门负责组织实施本地区行政事业单位内部控制报告编报工作，并对本地区内部控制汇总报告的真实性和完整性负责。其职责主要是布置本地区行政事业单位内部控制年度报告编报工作并开展相关培训，组织和指导本地区行政事业单位内部控制报告的收集、审核、汇总、报送、分析使用，组织和开展本地区行政事业单位内部控制报告信息质量的监督检查工作，组织和指导本地区行政事业单位内部控制考核评价工作，建立和管理本地区行政事业单位内部控制报告数据库等工作。

第十条 各行政主管部门（以下简称各部门）应当按照财政部门的要求，负责组织实施本部门行政事业单位内部控制报告编报工作，并对本部门内部控制汇总报告的真实性和完整性负责。其职责主要是布置本部门行政事业单位内部控制年度报告编报工作并开展相关培训，组织和指导本部门行政事业单位内部控制报告的收集、审核、汇总、报送、分析使用，组织和开展本部门行政事业单位内部控制报告信息质量的监督检查工作，组织和指导本部门行政事业单位内部控制考核评价工作，建立和管理本部门行政事业单位内部控制报告数据库。

第三章 行政事业单位内部控制报告的编制与报送

第十一条 年度终了，行政事业单位应当按照本制度的有关要求，根据本单位当年内部控制建设工作的实际情况及取得的成效，以能够反映内部控制工作基本事实的相关材料为支撑，按照财政部发布的统一报告格式编制内部控制报告，经本单位主要负责人审批后对外报送。

第十二条　行政事业单位能够反映内部控制工作基本事实的相关材料一般包括内部控制领导机构会议纪要、内部控制制度、流程图、内部控制检查报告、内部控制培训会相关材料等。

第十三条　行政事业单位应当在规定的时间内，向上级行政主管部门报送本单位内部控制报告及能够反映本单位内部控制工作基本事实的相关材料。

第四章　部门行政事业单位内部控制报告的编制与报送

第十四条　各部门应当在所属行政事业单位上报的内部控制报告和部门本级内部控制报告的基础上，汇总形成本部门行政事业单位内部控制报告。

第十五条　各部门汇总的行政事业单位内部控制报告应当以所属行政事业单位上报的信息为准，不得虚报、瞒报和随意调整。

第十六条　各部门应当在规定的时间内，向同级财政部门报送本部门行政事业单位内部控制报告。

第五章　地区行政事业单位内部控制报告的编制与报送

第十七条　地方各级财政部门应当在下级财政部门上报的内部控制报告和本地区部门内部控制报告的基础上，汇总形成本地区行政事业单位内部控制报告。

第十八条　地方各级财政部门汇总的本地区行政事业单位内部控制报告应当以本地区部门和下级财政部门上报的信息为准，不得虚报、瞒报和随意调整。

第十九条　地方各级财政部门应当在规定的时间内，向上级财政部门逐级报送本地区行政事业单位内部控制报告。

第六章　行政事业单位内部控制报告的使用

第二十条　行政事业单位应当加强对本单位内部控制报告的使用，通过对内部控制报告中反映的信息进行分析，及时发现内部控制建设工作中存在的问题，进一步健全制度，提高执行力，完善监督措施，确保内部控制有效实施。

第二十一条　各地区、各部门应当加强对行政事业单位内部控制报告的分析，强化分析结果的反馈和使用，切实规范和改进财政财务管理，更好发挥对行政事业单位内部控制建设的促进和监督作用。

第七章　行政事业单位内部控制报告的监督检查

第二十二条　各地区、各部门汇总的内部控制报告报送后，各级财政部门、各部门应当组织开展对所报送的内部控制报告内容的真实性、完整性和规范性进行监督检查。

第二十三条　行政事业单位内部控制报告信息质量的监督检查工作采取"统一管理、分级实施"原则。中央部门内部控制报告信息质量监督检查工作由财政部组织实施，各地区行政事业单位内部控制报告信息质量监督检查工作由同级财政部门按照统一的工作要求分级组织实施，各部门所属行政事业单位内部控制报告信息质量监督检查由本部门组织实施。

第二十四条 行政事业单位内部控制报告信息质量的监督检查应按规定采取适当的方式来确定对象,并对内部控制报告存在明显质量问题或以往年份监督检查不合格单位进行重点核查。

第二十五条 各地区、各部门应当认真组织落实本地区(部门)的行政事业单位内部控制报告编报工作,加强对内部控制报告编报工作的考核。

第二十六条 行政事业单位应当认真、如实编制内部控制报告,不得漏报、瞒报有关内部控制信息,更不得编造虚假内部控制信息;单位负责人不得授意、指使、强令相关人员提供虚假内部控制信息,不得对拒绝、抵制编造虚假内部控制信息的人员进行打击报复。

第二十七条 对于违反规定、提供虚假内部控制信息的单位及相关负责人,按照《中华人民共和国会计法》《中华人民共和国预算法》《财政违法行为处罚处分条例》等有关法律法规规定追究责任。

各级财政部门及其工作人员在行政事业单位内部控制报告管理工作中,存在滥用职权、玩忽职守、徇私舞弊等违法违纪行为的,按照《公务员法》《行政监察法》《财政违法行为处罚处分条例》等国家有关规定追究相应责任;涉嫌犯罪的,移送司法机关处理。

第八章 附则

第二十八条 各地区、各部门可依据本制度,结合工作实际,制定相应的实施细则。

第二十九条 本制度自 2017 年 3 月 1 日起施行。